Oracle Database 11*g*
Manual do DBA

Os Autores
Bob Bryla é um profissional certificado em Oracle 9*i* e 10*g* com mais de 20 anos de experiência em projetos, desenvolvimento de aplicações, treinamento e administração de bancos de dados Oracle. É o principal projetista de banco de dados para Internet e DBA Oracle na Landsí End em Dodgeville, Wisconsin.

No seu tempo livre, Bryla é editor técnico de diversos livros das Oracle Press e Apress, além de autor de diversos manuais de estudo de certificação para o Oracle 10*g* e Oracle 11*g*. Ele também aproveita para assistir filmes e ler livros de ficção científica.

Kevin Loney, diretor de gerenciamento de dados de uma importante instituição financeira, é um especialista em projeto, desenvolvimento, administração e ajuste de bancos de dados Oracle, reconhecido internacionalmente. Desenvolvedor e DBA Oracle desde 1987, implementou sistemas de processamento de transações em grande escala e data warehouses.

É autor de diversos artigos técnicos e autor principal ou co-autor de best-sellers como *Oracle: The Complete Reference*. Regularmente, ele se apresenta em conferências para grupos de usuários Oracle na América do Norte e Europa, e em 2002 foi denominado Consultor do Ano pela *ORACLE Magazine*.

O Editor Técnico
Scott Gossett é diretor técnico da organização Advanced Technology Solutions da Oracle Corporation especializado em RAC, ajuste de desempenho e bancos de dados de alta disponibilidade. Antes de tornar-se diretor técnico, Scott foi Senior Principal Instructor da Oracle Education durante cerca de doze anos, ensinando principalmente fundamentos, ajuste de desempenho, RAC e administração de banco de dados. Além disso, Scottt é um dos arquitetos e principais autores do exame Oracle Certified Masters.

B916o   Bryla, Bob.
            Oracle database 11g : manual do DBA / Bob Bryla, Kevin Loney ; tradução Altair Caldas Dias de Moraes. – Porto Alegre : Bookman, 2009.
            688 p ; 25 cm.

           ISBN 978-85-7780-360-6

           1. Base de dados. 2. Oracle. 3. Linguagem-padrão de consultas (SQL). I. Loney, Kevin. II. Título.

           CDU 004.655.3

Catalogação na publicação: Renata de Souza Borges CRB-10/Prov-021/08

Bob Bryla
DBA Oracle e analista de Dados

Kevin Loney
Consultor e autor best-seller da Oracle Press

Oracle Database 11*g*
Manual do DBA

Tradução:
Altair Caldas Dias de Moraes

Consultoria, supervisão e revisão técnica desta edição:
Denis Dias de Souza Abrantes
Bacharel em Ciências da Computação pela UNISANTA – SP
Profissional Certificado em Oracle Application Server 10*g*
Consultor de Vendas da Oracle no Brasil

bookman®

2009

Obra originalmente publicada sob o título
Oracle Database 11g DBA Handbook

ISBN 978-0-071-496636

Copyright © 2007, The McGraw-Hill Companies, Inc.

Capa: *Gustavo Demarchi*

Leitura final: *Vinícius Selbach*

Supervisão editorial: *Elisa Viali*

Editoração eletrônica: *Techbooks*

Oracle é marca registrada da Oracle Corporation e/ou suas afiliadas. Todas as outras marcas registradas são propriedade de seus donos.

As capturas de tela de softwares registrados da Oracle foram reproduzidas neste livro com permissão da Oracle Corporation e/ou de suas afiliadas.

Reservados todos os direitos de publicação, em língua portuguesa, à
ARTMED® EDITORA S.A.
(BOOKMAN® COMPANHIA EDITORA é uma divisão da ARTMED® EDITORA S.A.)
Av. Jerônimo de Ornelas, 670 - Santana
90040-340 Porto Alegre RS
Fone (51) 3027-7000   Fax (51) 3027-7070

É proibida a duplicação ou reprodução deste volume, no todo ou em parte,
sob quaisquer formas ou por quaisquer meios (eletrônico, mecânico, gravação,
fotocópia, distribuição na Web e outros), sem permissão expressa da Editora.

SÃO PAULO
Av. Angélica, 1.091 - Higienópolis
01227-100 São Paulo SP
Fone (11) 3665-1100   Fax (11) 3667-1333

SAC 0800 703-3444

IMPRESSO NO BRASIL
PRINTED IN BRAZIL
Impresso sob demanda na Meta Brasil a pedido de Grupo A Educação.

Para o pessoal lá de casa: eu não poderia ter feito isso sem vocês!
E sem as pizzas!
B.B.

Muitos livros técnicos demandam conhecimentos específicos de mais de uma pessoa e este não é exceção. Muito obrigado a Kevin por sua perícia nas edições anteriores deste livro, tornando-o um sucesso. Também agradeço a Carolyn Welch e Lisa McClain por preencherem as lacunas nos meus cursos de inglês da faculdade, a Mandy Canales por manter-me sempre no cronograma e a Scott Gossett, que me deu bons conselhos em relação à prática.
Muitos dos meus colegas na Landsí End foram fontes de inspiração e orientação: Joe Johnson, Brook Swenson e Ann Van Dyn Hoven. Nesse caso, o todo é maior que a soma de suas partes.
Se você tiver perguntas ou comentários sobre qualquer parte deste livro, não hesite em mandar um e-mail para rjbryla@centurytel.net.

Bob Bryla

Introdução

Seja você um DBA experiente, um DBA iniciante ou um desenvolvedor de aplicações, precisa entender como os novos recursos do Oracle11g podem ajudá-lo a atender melhor às suas necessidades. Neste livro, são abordados os recursos mais recentes, assim como maneiras de mesclar esses recursos no gerenciamento de um banco de dados Oracle. A ênfase do início ao fim está no gerenciamento das capacidades do banco de dados de maneira eficiente para fornecer um produto de qualidade. O resultado final será um banco de dados robusto, seguro e extensível.

Vários componentes são importantes para esse objetivo e todos eles são abordados detalhadamente após introduzirmos a arquitetura Oracle, os problemas de atualização do Oracle 11g e o planejamento de tablespace na Parte I. Uma arquitetura de banco de dados lógica e física bem-projetada melhorará o desempenho e facilitará a administração distribuindo adequadamente os objetos de banco de dados. Na Parte II, você verá estratégias apropriadas de monitoramento, segurança e ajuste para bancos de dados independentes e em rede. As estratégias de backup e recuperação são fornecidas para ajudar a garantir a recuperabilidade do banco de dados. Cada seção enfoca tanto os recursos quanto as técnicas de planejamento e gerenciamento corretas para cada área.

A alta disponibilidade é discutida em todas as suas facetas: Real Application Clusters (RAC), Recovery Manager (RMAN) e Oracle Data Guard, para nomear alguns dos tópicos cobertos na Parte III.

Os problemas de rede e o gerenciamento de bancos de dados cliente/servidor e distribuídos são discutidos em detalhe. O Oracle Net, as configurações de rede, as visões materializadas, a transparência de localização e tudo que for necessário para implementar com êxito um banco de dados cliente/servidor ou distribuído são descritos na Parte IV. Exemplos reais para cada configuração importante também são fonecidos.

Além dos comandos necessários para executar as atividades do DBA, você também verá páginas Web do Oracle Enterprise Manager a partir das quais é possível executar funções similares.

Seguindo as técnicas deste livro, seus sistemas poderão ser projetados e implementados tão bem que os esforços de ajuste serão mínimos. A administração do banco de dados se tornará mais fácil à medida que os usuários conseguirem um produto melhor, enquanto o banco de dados funciona – e funciona bem.

Sumário Resumido

PARTE I
Arquitetura de banco de dados

1 Apresentando a arquitetura do Oracle 27
2 Atualizando para o Oracle Database 11g 73
3 Planejando e gerenciando os tablespaces 85
4 Layouts físicos de banco de dados e gerenciamento
   de armazenamento 99

PARTE II
Gerenciamento de banco de dados

5 Desenvolvendo e implementando aplicações 147
6 Monitorando o uso de espaço 187
7 Gerenciando transações com tablespaces de undo 231
8 Ajuste do banco de dados 265
9 Segurança e auditoria de banco de dados 301

PARTE III
Alta disponibilidade

10 Real Application Clusters 373
11 Opções de backup e recuperação 415
12 Usando o Recovery Manager (RMAN) 441
13 Oracle Data Guard 499
14 Outros recursos para alta disponibilidade 519

PARTE IV
O Oracle em rede

15 O Oracle Net 535
16 Gerenciando grandes bancos de dados 567
17 Gerenciando bancos de dados distribuídos 623
    Apêndice: Instalação e configuração 659
    Índice 677

Sumário

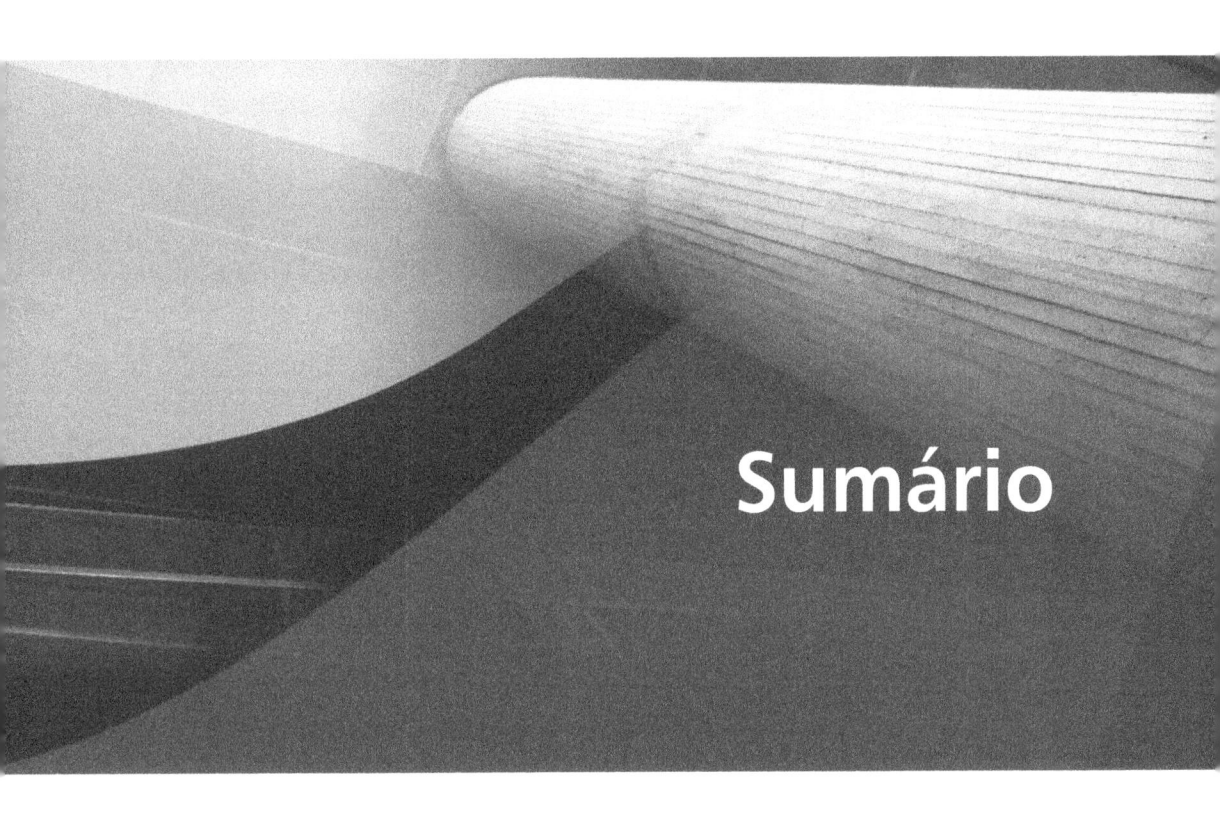

PARTE I
Arquitetura de banco de dados

1 Apresentando a arquitetura do Oracle 27
    Visão geral dos bancos de dados e instâncias 28
        Bancos de dados 28
        Instâncias 29
    Estruturas de armazenamento lógico do Oracle 30
        Tablespaces 30
        Blocos 31
        Extensões 31
        Segmentos 31
    Estruturas lógicas do banco de dados do Oracle 32
        Tabelas 32
        Constraints (Restrições) 39
        Índices 41
        Visões 43
        Usuários e esquemas 45
        Perfis 45
        Seqüências 46
        Sinônimos 46

  PL/SQL 46
  Acesso a arquivo externo 47
  Links de bancos de dados (database links) e bancos de dados remotos 48
 Estruturas de armazenamento físico do Oracle 48
  Arquivos de dados 49
  Arquivos de redo log 50
  Arquivos de controle 50
  Arquivos de log arquivados 51
  Arquivos de parâmetro de inicialização 51
  Arquivos de log de alerta e de rastreamento 52
  Arquivos de backup 52
  Oracle managed files 53
  Arquivos de senha 53
 Multiplexando arquivos de banco de dados 53
  Automatic storage management 53
  Multiplexação manual 54
 Estruturas de memória Oracle 56
  System global area (Área Global do Sistema) 57
  Program Global Area (Área Global do Programa) 59
  Software Code Area (Área de Código de Software) 59
  Processos em segundo plano 59
 Visão geral de backup/recuperação 62
  Exportação/importação 62
  Backups offline 62
  Backups online 63
  RMAN 63
 Recursos de segurança 63
  Privilégios e atribuições (roles) 63
  Auditoria 64
  Auditoria refinada 64
  Virtual Private Database 65
  Label Security 65
 Real Application Clusters 65
 Oracle Streams 65
 Oracle Enterprise Manager 66
 Parâmetros de inicialização do Oracle 66
  Parâmetros de inicialização básicos 67
  Parâmetros de inicialização avançados 71

2 Atualizando para o Oracle Database 11g 73
 Escolhendo um método de atualização 75
 Antes de atualizar 76
 Usando o Database Upgrade Assistant 77
 Executando uma atualização direta manual 78

Usando Export e Import 81
    Versões do export e import a serem usadas 81
    Executando a atualização 81
Usando o método de cópia de dados 82
Depois da atualização 83

3 Planejando e gerenciando os tablespaces 85
Arquitetura do tablespace 86
    Tipos de tablespace 86
    Optimal Flexible Architecture 92
Tablespaces de instalação Oracle 95
    SYSTEM 96
    SYSAUX 96
    TEMP 96
    UNDOTBS1 96
    USERS 96
    EXAMPLE 97
Separação de segmentos 97

4 Layouts físicos de banco de dados e gerenciamento de armazenamento ... 99
Armazenamento em espaço em disco tradicional 100
    Redimensionando tablespaces e arquivos de dados 100
    Movendo arquivos de dados 116
    Movendo arquivos de redo log online 118
    Movendo arquivos de controle 120
Automatic Storage Management 122
    Arquitetura ASM 122
    Criando uma instância ASM 123
    Componentes da instância ASM 125
    Visões de desempenho dinâmico ASM 127
    Formatos de nome de arquivo ASM 127
    Templates e tipos de arquivo ASM 130
    Administrando grupos de discos ASM 131

PARTE II
Gerenciamento de banco de dados

5 Desenvolvendo e implementando aplicações 147
Tuning by Design: melhores práticas 148
    Faça o mínimo possível 148
    Simplifique o máximo possível 151
    Diga ao banco de dados o que ele precisa saber 153
    Maximize o throughput no ambiente 154
    Divida e conquiste os seus dados 155
    Teste corretamente 155

Padrões para materiais entregáveis 157
Gerenciamento de recursos e tópicos armazenados 160
    Implementando o Database Resource Manager 160
    Implementando tópicos armazenados 164
    Dimensionando objetos de banco de dados 167
    Usando tabelas temporárias 173
Dando suporte a tabelas com base em tipos de dados abstratos 174
    Usando visões de objeto 175
    Segurança para tipos de dados abstratos 178
    Indexando atributos de tipo de dados abstratos 180
Parando e suspendendo o banco de dados 181
Dando suporte ao desenvolvimento iterativo 182
    Definições de colunas iterativas 182
    Forçando o compartilhamento de cursor 183
Gerenciando o desenvolvimento de aplicações empacotadas 184
    Gerando diagramas 184
    Requisitos de espaço 184
    Metas de Ajuste 184
    Requisitos de segurança 185
    Requisitos de dados 185
    Requisitos da versão 185
    Planos de execução 185
    Procedimentos de teste de aceitação 186
    O ambiente de teste 186

6 Monitorando o uso de espaço 187
Problemas comuns de gerenciamento de espaço 188
    Falta de espaço em um tablespace 189
    Espaço insuficiente para segmentos temporários 189
    Alocação excessiva ou insuficiente de espaço de Undo 189
    Tablespaces e segmentos fragmentados 190
Segmentos, extensões e blocos Oracle 190
    Blocos de dados 191
    Extensões 193
    Segmentos 194
Visões de dicionário de dados e visões de desempenho dinâmico 195
    DBA_TABLESPACES 195
    DBA_SEGMENTS 196
    DBA_EXTENTS 196
    DBA_FREE_SPACE 197
    DBA_LMT_FREE_SPACE 197
    DBA_THRESHOLDS 197
    DBA_OUTSTANDING_ALERTS 198
    DBA_ALERT_HISTORY 198
    V$ALERT_TYPES 198

  V$UNDOSTAT 199
  V$OBJECT_USAGE 199
  V$SORT_SEGMENT 199
  V$TEMPSEG_USAGE 199
 Metodologias de gerenciamento de espaço.. 199
  Tablespaces gerenciados localmente 200
  Usando o OMF para gerenciar espaço.. 201
  Tablespaces bigfile 202
  Automatic Storage Management 203
  Considerações do gerenciamento de undo 205
  Monitoramento e uso do SYSAUX 206
 Gerenciamento de arquivo de redo log arquivado... 208
 Ferramentas de gerenciamento de espaço predefinidas... 208
  Supervisor de segmento (Segment Advisor) 209
  Supervisor de Undo e Automatic Workload Repository 211
  Uso do índice... 213
  Níveis de alerta de uso de espaço.. 214
  Resumable space allocation (alocação de espaço retomável)............................ 216
  Gerenciando arquivos de alerta e de rastreamento com ADR........................... 219
  Gerenciamento de espaço do SO 221
 Scripts de gerenciamento de espaço 221
  Segmentos que não podem alocar extensões adicionais 221
  Espaço usado e livre por tablespace e arquivo de dados 222
 Automatizando e simplificando o processo de notificação... 223
  Usando o DBMS_SCHEDULER.. 223
  Controle e monitoramento de jobs no OEM... 224

7 Gerenciando transações com tablespaces de undo 231
 Conceitos básicos de transações 232
 Conceitos básicos de undo 233
  Rollback... 233
  Consistência de leitura 233
  Recuperação de banco de dados 234
  Operações de flashback 234
 Gerenciando tablespaces de undo 234
  Criando tablespaces de undo... 234
  Visões de desempenho dinâmico do tablespace 240
  Parâmetros de inicialização de tablespace de undo 240
  Múltiplos tablespaces de undo 241
  Dimensionando e monitorando o tablespace de undo 244
  Consistência de leitura vs. DML bem-sucedido.. 246
 Recursos de flashback.. 247
  Flashback Query 247
  DBMS_FLASHBACK... 249
  Flashback Transaction Backout 251

  Flashback Table 251
  Flashback Version Query 256
  Flashback Transaction Query 258
  Flashback Data Archive 259
  Flashback e LOBs 263
Migrando para o Automatic Undo Management.. 263

8 Ajuste do banco de dados 265
Ajustando o projeto de aplicação... 266
  Projeto de tabela eficiente 267
  Distribuição dos requisitos de CPU 268
  Projeto de aplicação eficiente... 269
Ajustando a SQL... 270
  Impacto da ordenação sobre as taxas de carga 272
  Opções adicionais de indexação 272
  Gerando planos de execução 274
Ajustando o uso da memória 276
  Especificando o tamanho da SGA 279
  Usando o otimizador baseado em custo 280
  Implicações da opção COMPUTE STATISTICS 281
Ajustando o acesso aos dados 281
  Tablespaces gerenciados localmente 281
  Identificando linhas encadeadas.. 282
  Aumentando o tamanho de bloco do Oracle 284
  Usando tabelas organizadas por índice 284
  Ajustando as tabelas organizadas por índice 285
Ajustando a manipulação de dados 286
  Inserções em grandes quantidades: usando a opção Direct Path do SQL*Loader...... 286
Movimentações de grandes quantidades de dados: usando tabelas externas 288
  Inserções em grandes quantidades: armadilhas comuns e truques bem-sucedidos .. 288
  Exclusões em grandes quantidades: o comando truncate 289
  Usando partições 290
Ajustando o armazenamento físico 291
  Usando Raw Devices 291
  Usando o Automatic Storage Management 291
Reduzindo o tráfego da rede 292
  Replicação de dados usando visões materializadas 292
  Usando chamadas de procedure remota (Remote Procedure Calls – RPCs) 294
Usando o Automatic Workload Repository.. 295
  Gerenciamento de snapshots.. 295
  Gerenciando linhas de base 295
  Gerando relatórios AWR.. 296
  Executando relatórios com o Automatic Database Diagnostic Monitor 296
  Usando o Automatic SQL Tuning Advisor... 296
Soluções de ajuste 298

9 Segurança e auditoria de banco de dados 301
Segurança não relacionada a banco de dados.. 303
Métodos de autenticação de banco de dados.. 303
    Autenticação de banco de dados.. 304
    Autenticação do administrador do banco de dados 304
    Autenticação pelo sistema operacional.. 307
    Autenticação pela rede... 308
    Autenticação de três camadas 310
    Autenticação no cliente.. 310
    Oracle Identity Management 310
    Contas de usuário.. 312
Métodos de autorização de banco de dados 316
    Gerenciamento de perfil.. 316
    Privilégios de sistema 323
    Privilégios de objeto 326
    Criando, designando e mantendo atribuições....................................... 330
    Usando um VPD para implementar políticas de segurança de aplicações 337
Auditoria 355
    Locais de auditoria 355
    Auditoria de instruções.. 356
    Auditoria de privilégios 360
    Auditoria de objetos de esquema 361
    Auditoria refinada.. 362
    Visões de dicionários de dados relativas à auditoria.............................. 363
    Protegendo o rastreamento de auditoria 364
    Ativando a auditoria aprimorada 364
Técnicas de criptografia de dados 366
    Pacote DBMS_CRYPTO 366
    Transparent Data Encryption.. 366

PARTE III
Alta disponibilidade

10 Real Application Clusters 373
Visão geral do Real Application Cluster... 374
    Configuração de hardware 375
    Configuração de software 375
    Configuração de rede 376
    Armazenamento em disco 376
Instalação e configuração 377
    Configuração de sistema operacional 378
    Instalação de software 384
Características do RAC... 402
    Características do arquivo de parâmetros do servidor 403
    Parâmetros de inicialização relativos ao RAC....................................... 404

Visões de desempenho dinâmico.. 404
Manutenção do RAC... 406
    Inicializando um RAC 406
    Redo Logs em um ambiente RAC... 407
    Tablespaces de undo em um ambiente RAC 407
    Cenários de failover e TAF 407
    Cenário de falha do nó RAC.. 409
    Ajustando um nó RAC 413
    Gerenciamento do tablespace 414

11 Opções de backup e recuperação 415
Recursos.. 416
Backups lógicos... 416
Backups físicos 417
    Backups offline... 417
    Backups online... 418
Usando o Data Pump Export and Import 419
    Criando um diretório.. 419
    Opções do Data Pump Export 420
    Iniciando um job do Data Pump Export... 423
Opções do Data Pump Import 427
    Iniciando um job do Data Pump Import.. 430
    EXCLUDE, INCLUDE e QUERY... 432
    Comparando o Data Pump Export/Import com os utilitários Export/Import 434
    Implementando backups offline... 435
    Implementando backups online... 435
    Integração dos procedimentos de backup 438
    Integração dos backups lógico e físico.. 439
    Integração de backups de banco de dados e de sistema operacional..................... 440

12 Usando o Recovery Manager (RMAN) 441
Recursos e componentes do RMAN 442
    Componentes do RMAN... 443
    RMAN vs. métodos de backup tradicionais... 444
    Tipos de backup 445
Visão geral de comandos e opções RMAN... 447
    Comandos usados com freqüência 447
    Configurando um repositório.. 447
    Registrando um banco de dados... 452
    Persistindo as configurações RMAN.. 452
    Parâmetros de inicialização 456
Visões de desempenho dinâmico e dicionário de dados 457
Operações de backup.. 458
    Backups de banco de dados completo.. 459
    Tablespace 463
    Arquivos de dados... 466

Cópias-imagem 466
Backup de arquivo de controle e do SPFILE 468
Redo Logs arquivados 468
Backups incrementais 469
Backups atualizados incrementalmente 471
Rastreando alterações nos blocos de backup incremental 474
Compactação de backup 475
Usando uma área de recuperação flash 476
Validando backups 477
Operações de recuperação 479
Recuperação de mídia em bloco 479
Restaurando um arquivo de controle 480
Restaurando um tablespace 480
Restaurando um arquivo de dados 483
Restaurando um banco de dados inteiro 485
Validando as operações de restauração 488
Recuperação pontual 489
Data Recovery Advisor 489
Operações diversas 494
Catalogando outros backups 494
Manutenção de catálogo 495
REPORT e LIST 497

13 Oracle Data Guard 499
Arquitetura do Data Guard 500
Bancos de dados standby físicos vs. lógicos 501
Modos de proteção de dados 501
Atributos do parâmetro LOG_ARCHIVE_DEST_n 502
Criando a configuração do banco de dados standby 503
Preparando o banco de dados primário 504
Criando bancos de dados standby lógicos 508
Usando aplicação em tempo real 510
Gerenciando intervalos nas seqüências de log de arquivamento 510
Gerenciando atribuições – switchovers e failovers 511
Switchovers 511
Switchovers para bancos de dados standby físicos 512
Switchovers para bancos de dados standby lógicos 513
Failovers para bancos de dados standby físicos 514
Failovers para bancos de dados standby lógicos 514
Administrando os bancos de dados 515
Inicialização e shutdown de bancos de dados standby físicos 515
Abrindo os bancos de dados standby físicos no modo somente leitura 515
Gerenciando arquivos de dados em ambientes Data Guard 516
Executando DDL em um banco de dados standby lógico 516

14 Outros recursos para alta disponibilidade **519**
    Recuperando tabelas descartadas usando o Flashback Drop 520
    O comando flashback database 522
    Usando o LogMiner 524
        Como o LogMiner funciona 524
        Extraindo o dicionário de dados 525
        Analisando um ou mais arquivos de redo log 526
        Recursos do LogMiner introduzidos no Oracle Database 10g 529
        Recursos do LogMiner introduzidos no Oracle Database 11g 529
    Reorganização online de objetos 530
        Criando índices online 530
        Reconstruindo índices online 530
        Aglutinando índices online 530
        Reconstruindo tabelas organizadas por índice online 530
        Redefinindo tabelas online 531

PARTE IV
O Oracle em rede

15 O Oracle Net **535**
    Visão geral do Oracle Net 536
        Descritores de conexão 539
        Nomes de serviço de rede 540
        Substituindo o tnsnames.ora pelo Oracle Internet Directory 541
        Listeners 541
    Usando o Oracle Net Configuration Assistant 544
        Configurando o Listener 545
    Usando o Oracle Net Manager 549
    Iniciando o processo listener do servidor 551
    Controlando o processo listener do servidor 552
        O Oracle Connection Manager 555
        Usando o Connection Manager 555
        Nomeando diretórios com o Oracle Internet Directory 558
    Usando Conexão Fácil para resolução de nomes 561
    Usando links de banco de dados 562
    Ajustando o Oracle Net 564
        Limitando o uso de recursos 565
        Depurando os problemas de conexão 565

16 Gerenciando grandes bancos de dados **567**
    Criando tablespaces em um ambiente VLDB 569
        Conceitos básicos do tablespace bigfile 569
    Criando e modificando tablespaces bigfile 570
        Formato ROWID do tablespace bigfile 570

DBMS_ROWID e tablespaces bigfile 571
    Usando DBVERIFY com tablespaces bigfile 574
    Considerações de parâmetros de inicialização para tablespace bigfile 575
    Alterações de dicionários de dados para tablespace bigfile 576
Tipos avançados de tabela Oracle 576
    Tabelas organizadas por índice 577
    Tabelas temporárias globais 577
    Tabelas externas 579
    Tabelas particionadas 581
    Visões materializadas 613
Usando índices de bitmap 613
    Entendendo os índices de bitmap 613
    Usando índices de bitmap 614
    Usando índices de join de bitmap 614
Oracle Data Pump 615
    Data Pump Export 616
    Data Pump Import 616
    Usando tablespaces transportáveis 617

17 Gerenciando bancos de dados distribuídos 623
Consultas remotas 625
Manipulação de dados remotos: Two-Phase Commit 626
Replicação de dados dinâmicos 627
Gerenciando dados distribuídos 628
    A infra-estrutura: implementando a transparência de localização 628
    Gerenciando links de banco de dados 633
    Gerenciando triggers de bancos de dados 634
    Gerenciando visões materializadas 636
Usando DBMS_MVIEW e DBMS_ADVISOR 640
    Que tipo de renovações podem ser executadas? 649
    Usando visões materializadas para alterar os caminhos de execução de consulta ... 653
Gerenciando transações distribuídas 654
    Resolvendo transações em dúvida 655
    Força do Ponto de Commit 655
Monitorando bancos de dados distribuídos 656
Ajustando os bancos de dados distribuídos 656

Apêndice: Instalação e configuração 659
Instalação do software 660
    Visão geral das opções de licenciamento e instalação 661
    Usando o OUI para instalar o software Oracle 662
    Usando o DBCA para criar um banco de dados 662
Criando manualmente um banco de dados 673

Índice 677

PARTE
I

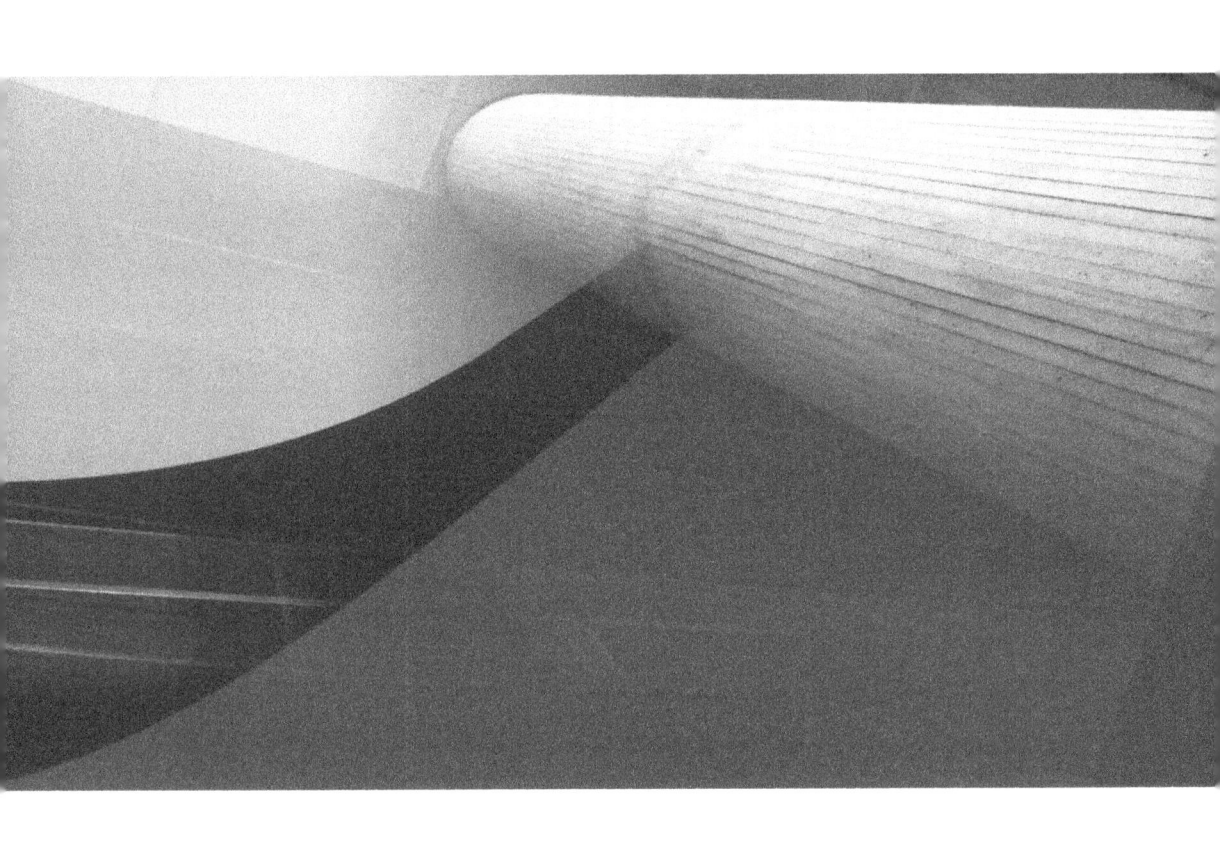

Arquitetura de banco de dados

CAPÍTULO 1

Apresentando a arquitetura do Oracle

O banco de dados Oracle 11g é uma evolução da versão anterior, o Oracle 10g, que foi, por sua vez, uma etapa revolucionária em relação ao Oracle9i em termos de recursos de configuração. O Oracle 11g continua a tradição de aprimoramento de recursos, tornando o gerenciamento de memória mais automatizado, adicionando vários novos advisors (supervisores) e melhorando a disponibilidade e funcionalidades de failover. A Parte I deste livro aborda os conceitos básicos da arquitetura e da implantação de uma infra-estrutura bem-sucedida do Oracle, com conselhos práticos para uma nova instalação ou atualização de uma versão anterior. Para fornecer uma boa base para o software Oracle 11g, abordaremos os problemas de configuração de sistema operacional e hardware de servidor nas seções relevantes.

Na Parte II deste livro, discutiremos sobre várias áreas relevantes para a manutenção e operação diária de um banco de dados Oracle 11g. O primeiro capítulo da Parte II relata os requisitos que um DBA precisa antes de montar o CD de instalação no seu servidor. Os capítulos seguintes tratam das maneiras como o DBA pode gerenciar o espaço em disco, o uso da CPU e o ajuste de parâmetros do Oracle para otimizar os recursos do servidor, usando diversas ferramentas à sua disposição para monitorar o desempenho do banco de dados. O gerenciamento de transações é bastante simplificado pelo Automated Undo Management (AUM), um recurso do Oracle Database introduzido no Oracle9i e aprimorado no Oracle 10g e Oracle 11g.

A Parte III deste livro enfoca os aspectos de alta disponibilidade do Oracle 11g. Isso inclui o uso do Recovery Manager (RMAN) do Oracle para executar e automatizar backups e recuperações de bancos de dados, juntamente com outros recursos, como o Oracle Data Guard, para fornecer um modo fácil e confiável de recuperar a partir de uma falha de banco de dados. Por último, mas não menos importante, mostraremos como o Real Application Clusters (RAC) do Oracle 11g pode, ao mesmo tempo, fornecer escalabilidade extrema e funcionalidades transparentes de failover para um ambiente de banco de dados. Mesmo que você não use os recursos do RAC do Oracle 11g, os recursos de standby o tornam quase tão disponível quanto uma solução clusterizada. A possibilidade de ser capaz de alternar facilmente entre o banco de dados standby e o principal, bem como consultar um banco de dados standby físico, proporciona uma solução de alta disponibilidade robusta até que você esteja pronto para implementar um banco de dados em RAC. Na Parte IV deste livro, trataremos sobre várias questões envolvendo o Networked Oracle (Oracle em rede). Discutiremos não apenas o modo como o Oracle Net pode ser configurado em um ambiente de n camadas, mas também como gerenciar bancos de dados grandes e distribuídos que poderiam residir em diferentes cidades ou países.

Neste capítulo, abordaremos os conceitos básicos do Oracle Database 11g, destacando grande parte dos recursos que discutiremos no restante do livro, bem como os fundamentos da instalação do Oracle 11g usando o Oracle Universal Installer (OUI) e o Database Configuration Assistant (DBCA). Falaremos a respeito dos elementos que compõe uma instância do Oracle 11g, explorando desde as estruturas de memória às estruturas de disco, parâmetros de inicialização, tabelas, índices e PL/SQL. Cada um desses elementos desempenha um papel importante para tornar o Oracle 11g um ambiente seguro, disponível e altamente escalonável.

VISÃO GERAL DOS BANCOS DE DADOS E INSTÂNCIAS

Embora os termos "banco de dados" e "instância" sejam muitas vezes usados de forma alternada, eles são muito diferentes. Eles são entidades distintas em um ambiente Oracle, como você verá nas seções a seguir.

Bancos de dados

Um *banco de dados* é uma coleção de dados em um ou mais arquivos no disco de um servidor que coleta e mantém informações relacionadas. O banco de dados consiste em várias estruturas físicas e lógicas, sendo a tabela a sua estrutura lógica mais importante. Uma tabela é composta de linhas e colunas que contêm dados relacionados. No mínimo, um banco de dados deve conter ao menos tabelas para armazenar informações úteis. A Figura 1-1 mostra uma tabela de exemplo contendo quatro linhas e três colunas. Os dados em cada linha da tabela estão relacionados: cada linha contém informações sobre um funcionário específico da empresa.

Além disso, um banco de dados fornece níveis de segurança para impedir o acesso não autorizado aos dados. O Oracle Database 11g fornece muitos mecanismos para manter seguros dados confidenciais. Segurança e controle de acesso no banco de dados Oracle serão abordados mais detalhadamente no Capítulo 9.

Os arquivos que compõem um banco de dados se encaixam em duas categorias abrangentes: arquivos de banco de dados e arquivos não banco de dados. A distinção encontra-se no tipo de dado que está armazenado em cada um deles. Os arquivos de banco de dados contêm dados e metadados; os arquivos não banco de dados contêm parâmetros de inicialização, informações de log e assim por diante. Os arquivos de banco de dados são críticos para a operação contínua do banco de dados momento a momento. Cada uma dessas estruturas físicas de armazenamento será discutida posteriormente, na seção "Estruturas de armazenamento físico do Oracle".

Instâncias

Os componentes principais de um servidor corporativo típico são um ou mais CPUs, espaço em disco e memória. Enquanto o banco de dados Oracle é armazenado em um disco do servidor, uma instância Oracle existe na memória do servidor. Uma *instância* Oracle é composta de um grande bloco de memória alocado em uma área denominada *System Global Area (SGA)*, junto com vários processos em segundo plano que interagem entre a SGA e os arquivos de banco de dados no disco.

Em um Oracle Real Application Cluster (RAC), o mesmo banco de dados será usado por mais de uma instância. Embora as instâncias que compartilham o banco de dados possam estar no mesmo servidor, é mais provável que elas estejam em servidores separados conectados por uma interconexão de alta velocidade e que acessam um banco de dados que reside em um subsistema de disco especializado com RAID habilitado. Para obter mais detalhes sobre como uma instalação RAC é configurada, consulte o Capítulo 10.

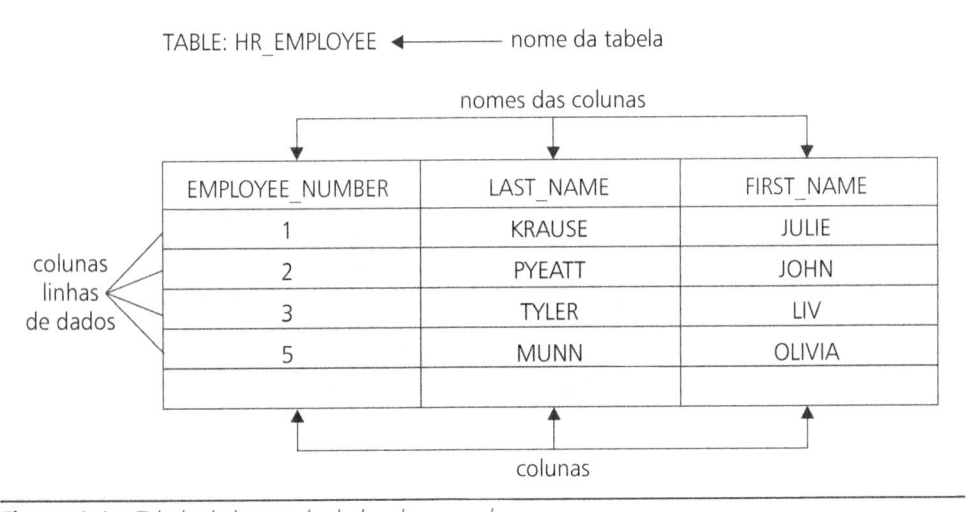

TABLE: HR_EMPLOYEE ← nome da tabela

nomes das colunas

EMPLOYEE_NUMBER	LAST_NAME	FIRST_NAME
1	KRAUSE	JULIE
2	PYEATT	JOHN
3	TYLER	LIV
5	MUNN	OLIVIA

colunas linhas de dados

colunas

Figura 1-1 *Tabela de banco de dados de exemplo.*

ESTRUTURAS DE ARMAZENAMENTO LÓGICO DO ORACLE

Os arquivos de dados em um banco de dados Oracle são agrupados em uma ou mais tablespaces. Dentro de cada tablespace, as estruturas lógicas do banco de dados, como tabelas e índices, são segmentos subdivididos em ainda mais extensões e blocos. Essa subdivisão lógica do armazenamento permite ao Oracle controlar com mais eficiência o uso do espaço em disco. A Figura 1-2 mostra a relação entre as estruturas lógicas de armazenamento em um banco de dados.

Tablespaces

Um *tablespace* Oracle consiste em um ou mais arquivos de dados; um arquivo de dados pode ser parte de apenas um tablespace. Durante uma instalação do Oracle 11g são criados um mínimo de dois tablespaces: o tablespace SYSTEM e o tablespace SYSAUX; uma instalação padrão do Oracle 11g cria seis tablespaces (consulte o apêndice "Instalação e configuração" para obter exemplos de instalações). O Oracle 11g permite criar um tipo especial de tablespace denominado *bigfile tablespace*, que pode ter até 128TB (terabytes). O uso de bigfiles torna o gerenciamento do tablespace completamente transparente para o DBA; em outras palavras, o DBA pode gerenciar o tablespace como uma unidade sem se preocupar com o tamanho e a estrutura dos arquivos de dados subjacentes.

Usar o Oracle Managed Files (OMF) facilita ainda mais o gerenciamento de arquivos de dados do tablespace. Com o OMF, o DBA especifica um ou mais locais no sistema de arquivos onde os arquivos de dados, arquivos de controle e arquivos de redo log residirão, e o Oracle trata automaticamente a nomeação e o gerenciamento desses arquivos. Discutiremos o OMF com mais detalhes no Capítulo 4.

Se um tablespace for *temporário*, ele em si será permanente; somente os segmentos salvos no tablespace são temporários. Um tablespace temporário pode ser usado para operações de classificação e para tabelas que existam apenas durante a sessão do usuário. Dedicar um tablespace a esses tipos de operações ajuda a reduzir a disputa de E/S entre segmentos temporários e segmentos permanentes armazenados em outro tablespace, como tabelas.

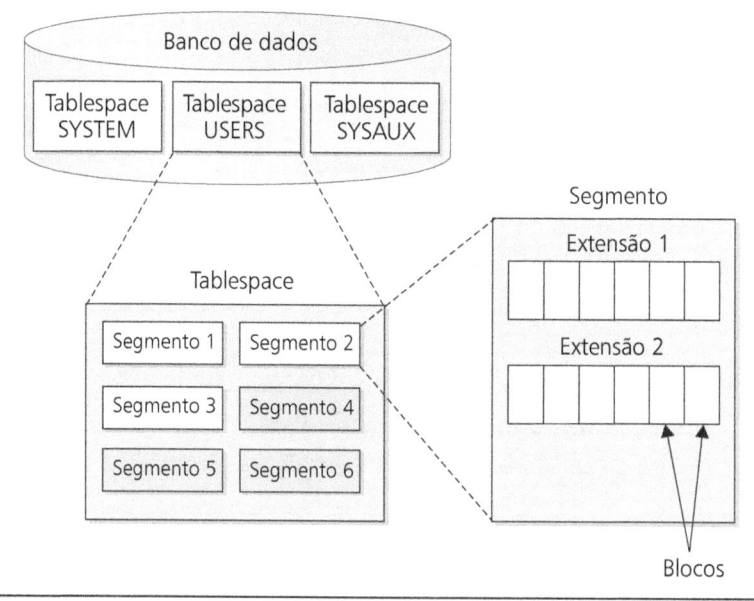

Figura 1-2 *Estruturas de armazenamento lógico.*

Os tablespaces podem ser *gerenciados por dicionário* ou *gerenciados localmente*. Em um tablespace gerenciado por dicionário, o gerenciamento de extensões é registrado nas tabelas do dicionário de dados. Portanto, mesmo se todas as tabelas da aplicação estiverem no tablespace USERS, o tablespace SYSTEM ainda será acessado para gerenciar operações DML nas tabelas da aplicação. Como todos os usuários e aplicações devem usar o tablespace SYSTEM para o gerenciamento de extensões, isso cria um gargalo potencial para aplicações que fazem uso intenso de gravação. Em um tablespace gerenciado localmente, o Oracle mantém um bitmap em cada arquivo de dados do tablespace para monitorar a disponibilidade de espaço. Apenas quotas são gerenciadas no dicionário de dados, reduzindo muito a disputa para as tabelas de dicionários de dados.

A partir do Oracle9*i*, se o tablespace SYSTEM é gerenciado localmente, todos os outros tablespaces devem ser gerenciados da mesma forma, caso seja necessário executar operações de leitura e gravação neles. Os tablespaces gerenciados por dicionário devem ser somente para leitura em bancos de dados com um tablespace SYSTEM gerenciado localmente.

Blocos

Um *bloco* de banco de dados é a menor unidade de armazenamento no banco de dados Oracle. O tamanho de um bloco é um número específico de bytes de armazenamento dentro de um determinado tablespace, dentro do banco de dados.

Um bloco é normalmente um múltiplo do tamanho de bloco do sistema operacional para facilitar a E/S de disco eficiente. O tamanho de bloco padrão é especificado pelo parâmetro de inicialização do Oracle DB_BLOCK_SIZE. Outros quatro tamanhos podem ser definidos para outros tablespaces no banco de dados, embora os blocos nos tablespaces SYSTEM, SYSAUX e em qualquer tablespace temporário devam ser do tamanho DB_BLOCK_SIZE.

Extensões

A *extensão* é o nível seguinte de agrupamento lógico no banco de dados. Uma extensão consiste em um ou mais blocos de banco de dados. Quando um objeto de banco de dados é expandido, o espaço adicionado ao objeto é alocado como uma extensão.

Segmentos

O próximo nível de agrupamento lógico em um banco de dados é o *segmento*. Um segmento é um grupo de extensões que abrange um objeto de banco de dados tratado pelo Oracle como uma unidade, por exemplo, uma tabela ou índice. Como resultado, essa é normalmente a menor unidade de armazenamento com a qual um usuário final do banco de dados lidará. Quatro tipos de segmentos são encontrados em um banco de dados Oracle: segmentos de dados, segmentos de índices, segmentos temporários e segmentos de rollback.

Segmento de dados

Cada tabela no banco de dados reside em um único *segmento de dados*, consistindo em uma ou mais extensões; o Oracle alocará mais de um segmento para uma tabela se ela for particionada ou clusterizada. As tabelas particionadas e clusterizadas serão discutidas mais adiante neste capítulo. Os segmentos de dados incluem segmentos de LOB (large object) que armazenam os dados do LOB referenciados por uma coluna Localizador de LOB em um segmento de tabela (caso o LOB não esteja armazenado inline na tabela).

Segmento de índice

Cada índice é armazenado no seu próprio *segmento de índice*. Como nas tabelas particionadas, cada partição de um índice é armazenado no seu próprio segmento. Incluídos nesta categoria estão os segmentos de índice de LOB; colunas não LOB de uma tabela, colunas LOB de uma tabela e os índices associados de LOBs podem residir em seus próprios tablespaces para melhorar o desempenho.

Segmento temporário

Quando uma instrução SQL de um usuário precisa de espaço em disco para completar uma operação, como uma operação de classificação que não encontra memória suficiente, o Oracle aloca um *segmento temporário*. Os segmentos temporários têm a mesma duração das instruções SQL.

Segmento de rollback

A partir do Oracle 10g, os segmentos de rollback só existem no tablespace SYSTEM, e normalmente o DBA não precisa manter o segmento de rollback SYSTEM. Nas versões anteriores do Oracle, um segmento de rollback era criado para salvar os valores anteriores de uma operação DML do banco de dados, se a transação fosse revertida (rollback), e para manter os dados da imagem do "antes" para fornecer visões consistentes de leitura dos dados da tabela para outros usuários que a estivessem acessando. Os segmentos de rollback eram também usados durante a recuperação do banco de dados para aplicar rollback em transações não encerradas com commit, que estivessem ativas quando a instância do banco de dados travasse ou terminasse inesperadamente.

O Automatic Undo Management (Gerenciamento de Undo Automático) trata a alocação automática e o gerenciamento de segmentos de rollback dentro de um tablespace de undo. Dentro de um tablespace de undo, esses segmentos de undo são estruturados de maneira similar aos segmentos de rollback, exceto que os detalhes de como esses segmentos são gerenciados estão sob o controle do Oracle, em vez de serem gerenciados (freqüentemente de forma ineficiente) pelo DBA. Os segmentos de undo automáticos estão disponíveis desde o Oracle9*i*, mas os segmentos de rollback gerenciados manualmente ainda estão disponíveis no Oracle 10g. Entretanto, esta funcionalidade é obsoleta no Oracle 10g e não estará mais disponível nas versões futuras. No Oracle 11g, o Automatic Undo Management está ativado por padrão; além disso, uma procedure PL/SQL é fornecida para ajudar a dimensionar o tablespace UNDO. O Automatic Undo Management será discutido em detalhes no Capítulo 7.

ESTRUTURAS LÓGICAS DO BANCO DE DADOS DO ORACLE

Nesta seção, discutiremos os pontos mais importantes de todas as principais estruturas lógicas do banco de dados, iniciando com tabelas e índices. Em seguida, discutiremos os vários tipos de dados que podemos usar para definir as colunas de uma tabela. Quando criamos uma tabela com colunas, podemos impor *constraints* (restrições) sobre as colunas.

Uma das muitas razões pelas quais usamos um sistema de gerenciamento de banco de dados relacional (RDBMS) para gerenciar nossos dados é tirar proveito da segurança e dos recursos de auditoria do banco de dados Oracle. Examinaremos as maneiras como poderemos segregar o acesso ao banco de dados pelo usuário ou pelo objeto que está sendo acessado.

Além disso, mencionaremos muitas outras estruturas lógicas que podem ser definidas tanto pelo DBA quanto pelo usuário, incluindo sinônimos, links a arquivos externos e a outros bancos de dados.

Tabelas

Uma *tabela* é a unidade básica de armazenamento em um banco de dados Oracle. Sem tabelas, um banco de dados não tem valor algum para uma empresa. Independentemente do tipo de tabela, os seus dados são armazenados em *linhas* e *colunas*, similar ao modo como os dados são armazenados em uma planilha. Mas as semelhanças terminam aí. A robustez de uma tabela de banco de dados devida à confiabilidade, integridade e escalabilidade do ambiente do banco de dados Oracle torna uma planilha uma segunda opção ineficiente ao decidir sobre um local para armazenar informações importantes.

Nesta seção, examinaremos os muitos tipos diferentes de tabelas do banco de dados Oracle e como elas podem atender à maioria das necessidades de armazenamento de dados para uma empresa. Você pode encontrar mais detalhes sobre como escolher entre esses tipos de tabelas para uma aplicação específica e como gerenciá-las no Capítulo 5 e no Capítulo 8.

Tabelas relacionais

Uma tabela *relacional* é o tipo mais comum de tabela em um banco de dados. Uma tabela relacional é uma tabela não ordenada, ou organizada por heap (HOT – Heap Organized Table); em outras palavras, suas linhas não são armazenadas em uma ordem específica. No comando **create table**, você pode especificar a cláusula **organization heap** para definir uma tabela não ordenada, mas como esse é o padrão, a cláusula pode ser omitida.

Cada linha de uma tabela contém uma ou mais colunas; cada coluna tem um tipo de dados e um comprimento. A partir do Oracle versão 8, uma coluna pode conter um tipo de objeto definido pelo usuário, uma tabela aninhada ou um VARRAY. Além disso, uma tabela pode ser definida como uma tabela de objetos. Examinaremos as tabelas de objetos e objetos mais adiante nesta seção.

Os tipos de dados internos do Oracle são apresentados na Tabela 1-1. O Oracle também dá suporte a tipos de dados compatíveis com ANSI; o mapeamento entre os tipos de dados ANSI e os tipos de dados Oracle é fornecido na Tabela 1-2.

Tabela 1-1 *Tipos de dados internos do Oracle*

Tipos de dados internos do Oracle	Descrição
VARCHAR2 (*tamanho*) [BYTE | CHAR]	Um conjunto de caracteres de comprimento variável com no máximo 4000 bytes e no mínimo 1 byte. CHAR indica que a semântica de caracteres é usada para dimensionar a string; BYTE indica que a semântica de bytes é usada.
NVARCHAR2(*tamanho*)	Um conjunto de caracteres de comprimento variável com no máximo 4000 bytes.
NUMBER(p,s)	Um número com uma precisão (*p*) e escala (*s*). A precisão varia de 1 a 38 e a escala pode ser de –84 a 127.
LONG	Um dado de caractere de comprimento variável com um comprimento até 2GB ($2^{31}-1$).
DATE	Valores de data de 1º de janeiro de 4712 A.C. a 31 de dezembro de 9999 A.D.
BINARY_FLOAT	Um número de ponto flutuante de 32 bits.
BINARY_DOUBLE	Um número de ponto flutuante de 64 bits.
TIMESTAMP (*segundos_fracionários*)	Ano, mês, dia, hora, minuto, segundo e segundos fracionários. O valor de *segundos_fracionários* pode variar de 0 a 9; em outras palavras, até a precisão de um bilionésimo de um segundo. O padrão é 6 (um milionésimo).
TIMESTAMP (*segundos_fracionários*) WITH TIME ZONE	Contém um valor de TIMESTAMP além de um valor de deslocamento de fuso horário. O deslocamento de fuso horário pode ser um deslocamento UTC (como "-06:00") ou um nome de região (por exemplo, "US/Central").
TIMESTAMP (*segundos_fracionários*) WITH LOCAL TIME ZONE	Similar a TIMESTAMP WITH TIMEZONE, exceto que (1) os dados são normalizados de acordo com o fuso horário do banco de dados quando são armazenados e (2) durante a recuperação de colunas com esse tipo de dados, o usuário vê os dados no fuso horário da sessão.
INTERVAL YEAR (*precisão_do_ano*) TO MONTH	Armazena um período de tempo em anos e meses. O valor de *precisão_do_ano* é o número de dígitos do campo YEAR.
INTERVAL DAY (*precisão_do_dia*) TO SECOND (*precisão_dos_segundos_fracionários*)	Armazena um período de tempo como dias, horas, minutos, segundos e segundos fracionários. O valor para *precisão_do_dia* varia de 0 a 9, com um padrão igual a 2. O valor de *precisão_dos_segundos_fracionários* é similar aos segundos fracionários em um valor TIMESTAMP; o intervalo é de 0 a 9, com um padrão igual a 6.
RAW(*tamanho*)	Dados binários brutos, com um tamanho máximo de 2000 bytes.

(continua)

Tabela 1-1 *Tipos de dados internos do Oracle (continuação)*

Tipos de dados internos do Oracle	Descrição
LONG RAW	Dados binários brutos, comprimento variável, até 2GB.
ROWID	Uma string em base 64 representando o endereço único de uma linha na sua tabela correspondente. Esse endereço é exclusivo em todo o banco de dados.
UROWID [(*tamanho*)]	Uma string de base 64 representando o endereço lógico de uma linha em uma tabela organizada por índices. O *tamanho* máximo é 4000 bytes.
CHAR(*tamanho*) [BYTE | CHAR]	Uma string de caractere de comprimento fixo, cujo comprimento corresponde ao argumento *tamanho*. O tamanho mínimo é 1 e o máximo é 2000 bytes. Os parâmetros BYTE e CHAR são semântica de BYTE e CHAR, como em VARCHAR2.
NCHAR(*tamanho*)	Uma string de caractere de comprimento fixo de até 2000 bytes; o argumento *tamanho* máximo depende da definição do conjunto de caracteres nacional para o banco de dados. O argumento *tamanho* padrão é igual a 1.
CLOB	Um Character Large Object contendo caracteres single-byte ou multibytes; suporta conjuntos de caracteres de largura fixa ou de largura variável. O tamanho máximo é (4GB – 1) * DB_BLOCK_SIZE.
NCLOB	Similar ao CLOB, exceto que caracteres Unicode são armazenados tanto de conjuntos de caracteres de largura fixa quanto de largura variável. O tamanho máximo é (4GB – 1) * DB_BLOCK_SIZE.
BLOB	Um Binary Large Object; o tamanho máximo é (4GB – 1) * DB_BLOCK_SIZE.
BFILE	Um ponteiro para um Large Binary File armazenado fora do banco de dados. Arquivos binários devem ser acessíveis a partir do servidor que executa a instância Oracle. O tamanho máximo é de 4GB.

Tabela 1-2 *Tipos de dados Oracle equivalente ao ANSI*

Tipo de dados ANSI SQL	Tipo de dados Oracle
CHARACTER(n) CHAR(n)	CHAR(n)
CHARACTER VARYING(n) CHAR VARYING(n)	VARCHAR(n)
NATIONAL CHARACTER(n) NATIONAL CHAR(n) NCHAR(n)	NCHAR(n)
NATIONAL CHARACTER VARYING(n) NATIONAL CHAR VARYING(n) NCHAR VARYING(n)	NVARCHAR2(n)
NUMERIC(p,s) DECIMAL(p,s)	NUMBER(p,s)
INTEGER INT SMALLINT	NUMBER(38)
FLOAT(b) DOUBLE PRECISION REAL	NUMBER

Tabelas temporárias

As tabelas temporárias estão disponíveis desde o Oracle8*i*. Elas são temporárias no que diz respeito aos dados que armazenam, não à definição da tabela propriamente dita. O comando **create global temporary table** cria uma tabela desse tipo.

Desde que outros usuários tenham permissões para a acessar a tabela, eles podem executar instruções **select** ou comandos DML (Data Manipulation Language Commands), como **insert**, **update** ou **delete**, em uma tabela temporária. Entretanto, cada usuário vê apenas seus próprios dados na tabela. Quando um usuário trunca uma tabela temporária, apenas os dados que ele inseriu são removidos dela.

Existem dois tipos diferentes de dados em uma tabela temporária: temporários em relação à duração da transação e temporários em relação à duração da sessão. A longevidade dos dados temporários é controlada pela cláusula **on commit**; **on commit delete rows** remove todas as linhas da tabela temporária quando um comando **commit** ou **rollback** é emitido e **on commit preserve rows** mantém as linha na tabela além do limite da transação. Entretanto, quando a sessão do usuário termina, todas as linhas do usuário na tabela temporária são removidas.

Existem algumas outras coisas que é bom lembrar ao usar tabelas temporárias. Embora seja possível criar um índice em uma tabela temporária, as entradas no índice são deletadas juntamente com as linhas de dados, como em uma tabela normal. Além disso, devido à natureza temporária dos dados em uma tabela temporária, nenhuma informação de redo é gerada para operações DML nelas; entretanto, as informações de undo são criadas no tablespace de undo.

Tabelas organizadas por índice

Como você descobrirá mais tarde, na subseção sobre índices, a criação de um índice torna mais eficiente a localização de uma linha específica em uma tabela. Entretanto, isso aumenta um pouco o overhead, porque o banco de dados precisa atualizar as linhas de dados e as entradas de índice para a tabela. E se sua tabela não tiver muitas colunas e o acesso à tabela ocorrer principalmente em uma única coluna? Nesse caso, uma *tabela organizada por índice (IOT, index-organized table)* poderia ser a solução correta. Uma tabela organizada por índice armazena as linhas de uma tabela em um índice de árvore B (B-tree), onde cada nó do índice de árvore B contém uma coluna indexada junto com uma ou mais colunas não indexadas.

A vantagem mais óbvia de uma tabela organizada por índice é que apenas uma estrutura de armazenamento precisa ser atualizada em vez de duas; da mesma maneira, os valores para a chave primária da tabela são armazenados apenas uma vez em uma tabela organizada por índice, versus duas vezes em uma normal.

Entretanto, existem algumas desvantagens ao usar uma tabela organizada por índice. Algumas tabelas, como as de eventos de logging, podem não precisar de uma chave primária ou de quaisquer chaves; uma tabela organizada por índice deve ter uma chave primária. Além disso, as tabelas organizadas por índice não podem ser membro de um cluster. Finalmente, uma tabela organizada por índice não é a melhor solução se houver um grande número de colunas na tabela e grande parte delas for freqüentemente acessada quando suas linhas forem recuperadas.

Tabelas de objetos

Desde o Oracle8, o banco de dados Oracle tem dado suporte a muitos recursos orientados a objetos no banco de dados. Os tipos definidos pelo usuário, junto com quaisquer métodos definidos para esses tipos de objetos, podem permitir uma implementação sem falhas de um projeto de desenvolvimento orientado a objeto (OO) no Oracle.

As tabelas de objetos têm linhas que são objetos propriamente ditos, ou instanciações de definições de tipos. As linhas em uma tabela de objetos podem ser referenciadas pela ID do objeto (OID, object ID), ao contrário de uma chave primária em uma tabela relacional ou normal; entretanto, as tabelas de objetos podem ter ainda chaves primárias e únicas, exatamente como as relacionais.

Vamos supor, por exemplo, que você esteja criando um sistema de RH (Recursos Humanos) a partir do zero, portanto, tem a flexibilidade de projetar o banco de dados a partir de um ponto de vista inteiramente orientado a objeto. A primeira etapa é definir um objeto ou tipo funcionário, criando o tipo:

```
create type PERS_TYP as object
    (Last_Name         varchar2(45),
     First_Name        varchar2(30),
     Middle_Initial    char(1),
     Surname           varchar2(10),
     SSN               varchar2(15));
```

Nesse caso específico, você não está criando um método com o objeto PERS_TYP, mas, por padrão, o Oracle cria um método construtor para o tipo que tem o mesmo nome do tipo (nesse caso, PERS_TYP). Para criar uma tabela de objetos como uma coleção de objetos PERS_TYP, use a sintaxe familiar **create table**, como a seguir:

```
create table pers of pers_typ;
```

Para adicionar uma instância de um objeto à tabela de objetos, você pode especificar o método constructor no comando **insert**:

```
insert into pers
    values(pers_typ('Graber','Martha','E','Ms.','123-45-6789'));
```

Desde o Oracle Database 10g, não é necessário usar o método construtor se a tabela for composta de instâncias de um único objeto; aqui está a sintaxe simplificada:

```
insert into pers values('Graber','Martha','E','Ms.','123-45-6789');
```

Referências a instâncias do objeto PERS_TYP podem ser armazenadas em outras tabelas como objetos REF e os dados da tabela PERS podem ser recuperados sem uma referência direta à tabela PERS. Para obter mais exemplos de como usar objetos para implementar um projeto orientado a objeto, consulte o Capítulo 5.

Tabelas externas

As *tabelas externas* foram introduzidas no Oracle9i. Em resumo, *elas* permitem que um usuário acesse uma origem de dados, como um arquivo de texto, como se fosse uma tabela no banco de dados. Os metadados para a tabela são armazenados dentro do dicionário de dados Oracle, mas o conteúdo dela é armazenado externamente.

A definição de uma tabela externa contém duas partes. A primeira parte e mais familiar é a definição da tabela do ponto de vista do usuário do banco de dados. Essa definição é parecida com uma definição típica que seria vista em uma instrução **create table**.

A segunda parte é que diferencia uma tabela externa de uma tabela normal. É aí que ocorre o mapeamento entre as colunas do banco de dados e a origem de dados externa – em qual(is) coluna(s) o elemento de dados inicia, qual a largura da coluna e se o formato da coluna externa é caractere ou binário. A sintaxe para o tipo padrão da tabela externa, ORACLE_LOADER, é praticamente idêntica àquela de um arquivo de controle no SQL*Loader. Essa é uma das vantagens das tabelas externas; o usuário só precisa saber como acessar uma tabela de banco de dados padrão para chegar ao arquivo externo.

Há, porém algumas desvantagens no uso de tabelas externas. Nelas, não é possível criar índices nem executar operações de inserção, atualização ou exclusão. Essas desvantagens são menores quando consideramos as vantagens de usá-las para carregar tabelas nativas de bancos de dados, por exemplo, em um ambiente de data warehouse.

Tabelas clusterizadas

Quando duas ou mais tabelas são freqüentemente acessadas juntas (por exemplo, uma tabela de pedidos e uma de detalhes de produtos), a criação de uma *tabela clusterizada* talvez seja uma boa maneira de melhorar o desempenho de consultas que fazem referência a elas. No caso de uma tabela de pedidos com uma de detalhes de produtos associada, as informações do cabeçalho do pedido podem ser armazenadas no mesmo bloco dos registros de detalhes do produto, reduzindo assim a quantidade de E/S (entrada e saída) necessária para recuperar as informações sobre o pedido e o produto.

As tabelas clusterizadas também reduzem a quantidade de espaço necessário para armazenar as colunas que as duas têm em comum, também conhecido como *valor de chave do cluster* (*cluster key value*). O valor de chave do cluster é também armazenado em um índice do *cluster* (cluster index). O índice do cluster opera quase como um tradicional, pois ele aprimora as consultas em relação às tabelas clusterizadas quando acessadas pelo valor da chave do cluster. No nosso exemplo com pedidos e produtos, o número do pedido é armazenado apenas uma vez, em vez de ser repetido para cada linha dos detalhes do produto.

As vantagens da clusterização de uma tabela são reduzidas caso operações **insert**, **update** e **delete** ocorram com freqüência na tabela em relação ao número de instruções **select** realizadas na tabela. Além disso, consultas freqüentes em tabelas individuais no cluster também podem reduzir os benefícios da clusterização das mesmas.

Clusters de hash

Um tipo especial de tabela clusterizada, um *cluster de hash,* opera de modo muito similar a uma tabela clusterizada normal, exceto que em vez de usar um índice clusterizado, um cluster de hash usa um algoritmo de hashing para armazenar e recuperar linhas em uma tabela. A quantidade total estimada de espaço necessário para a tabela é alocada quando ela é criada, de acordo com o número de chaves de hash especificado durante a criação do cluster. No nosso exemplo de entrada de pedidos, vamos supor que o banco de dados Oracle precise espelhar o sistema legado de entrada de dados, que reutiliza números de pedidos periodicamente. Além disso, o número do pedido sempre tem seis dígitos. Poderíamos criar o cluster para os pedidos, como no exemplo a seguir:

```
create cluster order_cluster (order_number number(6))
    size 50
    hash is order_number hashkeys 1000000;

create table cust_order (
    order_number      number(6) primary key,
    order_date        date,
    customer_number   number)
cluster order_cluster(order_number);
```

Os clusters de hash apresentam benefícios de desempenho quando as linhas são selecionadas em uma tabela usando uma comparação de igualdade, como neste exemplo:

```
select order_number, order_date from cust_order
    where order_number = 196811;
```

Em geral, esse tipo de consulta recuperará a linha com apenas uma operação de E/S se o número de **chaves de hash** for suficientemente alto e se a cláusula **hash is**, que contém o algoritmo de hashing, produzir uma chave de hash proporcionalmente distribuída.

Clusters de hash classificados

Os *clusters de hash classificados* foram lançados no Oracle 10g. Eles são similares aos clusters de hash normais pelo fato de que o algoritmo de hashing é usado para localizar uma linha em uma tabela. No entanto, além disso, os clusters de hash classificados permitem que as linhas na tabela sejam classificadas por uma ou mais colunas em ordem crescente. Isso permite que os dados sejam processados de forma mais rápida para aplicações que utilizam o processamento "primeiro a entrar, primeiro a sair" (FIFO, First In, First Out).

Clusters de hash classificados são criados usando a mesma sintaxe das tabelas clusterizadas normais, com a adição do parâmetro posicional SORT após as definições de colunas dentro do cluster. Aqui está um exemplo da criação de uma tabela em um cluster de hash classificado:

```
create table order_detail (
       order_number       number,
       order_timestamp    timestamp sort,
       customer_number    number)
cluster order_detail_cluster (
       order_number,
       order_timestamp);
```

Devido à natureza FIFO de um cluster de hash classificado, quando os pedidos são acessados por **order_number** os pedidos mais antigos são recuperados primeiro com base no valor de **order_timestamp**.

Tabelas particionadas

O *particionamento* de uma tabela (ou índice, como veremos na próxima seção) ajuda a tornar uma grande tabela mais gerenciável. Uma tabela pode ser particionada, ou mesmo subparticionada, em partes menores. Do ponto de vista da aplicação, o particionamento é transparente (isto é, não é necessária uma referência explícita a uma partição específica em qualquer SQL de usuário final). O único efeito que um usuário pode observar é que a consulta à tabela particionada que usa critérios na cláusula **where,** correspondentes ao esquema de particionamento, é bem mais rápida.

Do ponto de vista do DBA, as vantagens do particionamento são muitas. Se uma partição de uma tabela estiver em um volume de disco corrompido, as outras partições da tabela ainda continuarão disponíveis para consultas de usuário enquanto o volume danificado é reparado. Da mesma maneira, os backups de partições podem ocorrer durante dias, uma partição de cada vez, em vez de exigir um único backup da tabela inteira.

As partições dividem-se em três tipos: particionada por faixa de valores (range partitioning), particionada por hash (hash partitioning) ou, desde o Oracle9*i*, particionada por lista (list partitioning). A partir do Oracle 11g, é possível também particionar por relacionamentos pai/filho (parent/child relationships), particionamento gerenciado por aplicação (application-controlled partitioning) e muitas combinações de tipos básicos de partições, incluindo hash de lista (list-hash), lista-lista (list-list), lista-faixa (list-range) e faixa-faixa (range-range). Cada linha em uma tabela particionada pode existir em somente uma partição. A *chave de partição* (partition key) direciona a linha para a partição apropriada; ela pode ser uma composta de até 16 colunas da tabela. Existem algumas constraints sobre os tipos de tabelas que podem ser particionadas; por exemplo, uma tabela que contém uma coluna LONG ou LONG RAW não pode ser particionada. A constraint LONG raramente deve ser um problema; LOBs (CLOBs e BLOBs, character large objects e binary large objects) são muito mais flexíveis e incluem todos os recursos dos tipos de dados LONG e LONG RAW.

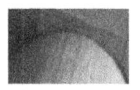

DICA
A Oracle Corporation recomenda que o particionamento seja considerado para qualquer tabela que tenha um tamanho maior que 2GB.

Independentemente do tipo de particionamento em uso, cada membro de uma tabela particionada deve ter os mesmos atributos lógicos, como nomes de colunas, tipos de dados, constraints e assim por diante. No entanto, os atributos físicos de cada partição podem ser diferentes dependendo do seu tamanho e localização no disco. O principal é que a tabela particionada deve ser logicamente consistente do ponto de vista de uma aplicação ou do usuário.

Partições por faixa de valores (range partitions)   Uma *partição por faixa de valores* é aquela cuja chave de partição incorre em um determinado intervalo. Por exemplo, as visitas ao site corporativo de comércio eletrônico podem ser atribuídas a uma partição com base na data da visita, com uma partição por trimestre. Um visita ao site em 24 de maio de 2004 será registrada na partição com o nome FY2004Q2, ao passo que uma visita ao site em 2 de dezembro de 2004 será registrada na partição com o nome FY2004Q4.

Partições por lista (list partitions)   Uma *partição por lista* é aquela cuja chave incorre em grupos de valores distintos. Por exemplo, as vendas por região do país podem criar uma partição para NY, CT, MA e VT, e outra partição para IL, WI, IA e MN. Quaisquer vendas de outros países podem ser atribuídas à sua própria partição quando não houver o código do estado.

Partições por hash (hash partitions)   Uma *partição por hash* atribui uma linha a uma partição com base em um algoritmo de hashing, especificando a coluna ou colunas usadas nesse algoritmo, mas sem atribuir explicitamente a partição, apenas especificando quantas delas estão disponíveis. O Oracle atribuirá a linha a uma partição e garantirá uma distribuição equilibrada de linhas em cada uma.

As partições por hash são úteis quando não há claramente uma lista ou esquema de particionamento por faixa de valores para os tipos de colunas na tabela, ou quando os tamanhos relativos das partições são alterados com freqüência, exigindo repetidos ajustes manuais para o esquema de particionamento.

Partições compostas (composite partitions)   Um refinamento ainda maior do processo de particionamento está disponível com as *partições compostas*. Por exemplo, uma tabela pode ser particionada por faixa de valores e dentro de cada faixa, subparticionada por lista ou por hash. Novas combinações no Oracle 11*g* incluem os particionamentos hash de lista, lista-lista, lista-faixa e faixa-faixa.

Índices particionados

Você também pode particionar índices em uma tabela, correspondendo ao esquema de partição da tabela que está sendo indexada *(índices locais)* ou particionados independentemente do esquema de partição da tabela *(índices globais)*. Os índices particionados locais têm a vantagem de aumentar a disponibilidade do índice quando as operações de partição ocorrem; por exemplo, arquivar ou descartar a partição FY2002Q4 e seu índice local não afetará a disponibilidade dos índices para as outras partições da tabela.

Constraints (Restrições)

Uma *constraint* do Oracle é uma ou mais regras que você pode definir em uma ou mais colunas em uma tabela para ajudar a impor uma regra de negócio. Por exemplo, uma constraint pode impor a regra de negócio que diz que o salário inicial de um funcionário deve ser de no mínimo $25.000,00. Outro exemplo de uma constraint impondo uma regra de negócio é exigir que, quando um novo funcionário seja atribuído a um departamento (embora ele não precise ser atribuído a um departamento específico de imediato), o número do departamento seja validado e exista na tabela DEPT.

Seis tipos de regras de integridade de dados podem ser aplicadas às colunas das tabelas: regra nula, valores de coluna únicos, valores de chave primária, valores de integridade referencial, integridade inline complexa e integridade baseada em trigger (gatilho). Abordaremos cada um deles brevemente nas seções seguintes.

Todas as constraints em uma tabela são definidas quando a tabela é criada ou quando uma coluna é alterada, exceto para triggers, que são definidos de acordo com a operação

DML que você está executando na tabela. As constraints podem ser ativadas ou desativadas na criação ou em qualquer momento no futuro; quando isso acontece (usando as palavras-chave **enable** ou **disable**), os dados existentes na tabela podem ou não precisar ser validados (usando as palavras-chave **validate** ou **novalidate**) em relação à constraint, dependendo das regras de negócio em vigor.

Por exemplo, uma tabela em um banco de dados de um fabricante de carros denominado CAR_INFO, que contém os dados de novos automóveis, precisa de uma nova constraint na coluna AIRBAG_QTY, onde o valor dessa última não deve ser NULL e deve ter um valor de ao menos 1 para todos os veículos novos. No entanto, essa tabela contém dados do modelo para anos anteriores à exigência dos air bags e como resultado, essa coluna é 0 ou NULL. Nesse caso, uma solução seria criar uma constraint na tabela AIRBAG_QTY para impor a nova regra para as novas linhas adicionadas à ela, mas não validar a constraint para linhas existentes.

Eis uma tabela criada com todos os tipos de constraints. Cada uma será examinada nas subseções seguintes.

```
create table CUST_ORDER
    (Order_Number           NUMBER(6)     PRIMARY KEY,
     Order_Date             DATE          NOT NULL,
     Delivery_Date          DATE,
     Warehouse_Number       NUMBER        DEFAULT 12,
     Customer_Number        NUMBER        NOT NULL,
     Order_Line_Item_Qty    NUMBER        CHECK (Order_Line_Item_Qty < 100),
     UPS_Tracking_Number    VARCHAR2(50)  UNIQUE,
     foreign key (Customer_Number) references CUSTOMER(Customer_Number));
```

Regra de nulo (null)

A constraint NOT NULL impede que valores NULL sejam inseridos na coluna Order_Date ou Customer_Number. Isso faz muito sentido do ponto de vista da regra de negócio: cada pedido deve ter uma data e ele só faz sentido se um cliente o fizer.

Observe que um valor NULL em uma coluna não significa que ele seja em branco ou zero; em vez disso, o valor não existe. Um valor NULL não é igual a nada, nem mesmo a outro valor NULL. Esse conceito é importante quando fazemos consultas SQL em colunas que podem ter valores NULL.

Valores de coluna únicos

A constraint de integridade UNIQUE garante que uma coluna ou grupo de colunas (em uma constraint composta) seja única em toda a tabela. No exemplo anterior, a coluna UPS_Tracking_Number não conterá valores duplicados.

Para impor a constraint, o Oracle criará um índice único na coluna UPS_Tracking_Number. Se já houver um índice único válido na coluna, o Oracle usará esse índice para impor a constraint.

Uma coluna com uma constraint UNIQUE também pode ser declarada como NOT NULL. Se a coluna não for declarada com a constraint NOT NULL, qualquer número de linhas poderá conter valores NULL, desde que as linhas restantes tenham valores únicos nessa coluna.

Em uma constraint única composta que permite NULLs em uma ou mais colunas, as colunas que não são NULL determinam se a constraint está sendo satisfeita. A coluna NULL sempre satisfaz a constraint porque um valor NULL não é igual a nada.

Valores de chave primária

A constraint de integridade PRIMARY KEY é o tipo mais comum de constraint encontrado em uma tabela de banco de dados. No máximo, apenas uma constraint de chave primária pode existir em uma tabela. A coluna ou colunas que compõem a chave primária não podem ter valores NULL.

No exemplo anterior, a coluna Order_Number é a chave primária. Um índice único é criado para impor a constraint; se houver um índice único utilizável para a coluna, a constraint de chave primária usará esse índice.

Valores de integridade referencial

A integridade referencial ou constraint FOREIGN KEY é mais complicada que as outras que abordamos até aqui porque ela precisa de outra tabela para restringir que valores podem ser inseridos na coluna com a constraint de integridade referencial.

No exemplo anterior, uma FOREIGN KEY é declarada na coluna Customer_Number; todos os valores inseridos nessa coluna também devem existir na Customer_Number de outra tabela (nesse caso, a tabela CUSTOMER).

Como nas outras constraints que permitem valores NULL, uma coluna com constraint de integridade referencial pode ser NULL sem exigir que a coluna referenciada contenha um valor NULL.

Além do mais, uma constraint FOREIGN KEY pode ser auto-referencial. Em uma tabela EMPLOYEE cuja chave primária é Employee_Number, a coluna Manager_Number pode ser uma FOREIGN KEY declarada em relação à coluna Employee_Number na mesma tabela. Isso permite a criação de uma hierarquia de funcionários e gerentes dentro da própria tabela EMPLOYEE.

Os índices quase sempre devem ser declarados em uma coluna FOREIGN KEY para melhorar o desempenho; a única exceção a essa regra é quando a chave primária ou chave única referenciada na tabela pai nunca é atualizada ou excluída.

Integridade inline complexa

As regras de negócio mais complexas podem ser impostas em termos de coluna usando uma constraint CHECK. No exemplo anterior, a coluna Order_Line_Item_Qty nunca deve exceder a 99.

Uma constraint CHECK pode usar outras colunas da linha que está sendo inserida ou atualizada para avaliá-la. Por exemplo, uma constraint na coluna STATE_CD permitiria valores NULL somente se a coluna COUNTRY_CD não fosse USA. Além disso, a constraint pode usar valores literais e funções internas, como TO_CHAR ou TO_DATE, desde que essas funções operem em literais ou colunas na tabela.

Múltiplas constraints CHECK são permitidas em uma coluna. Todas elas devem ser avaliadas como TRUE para permitir que um valor seja inserido na coluna. Por exemplo, nós poderemos modificar a constraint CHECK anterior para garantir que Order_Line_Item_Qty seja maior que 0 e menor que 100.

Integridade baseada em trigger

Se as regras de negócio forem muito complexas para serem implementadas usando constraints únicas, um *trigger* (gatilho) de banco de dados pode ser criado em uma tabela usando o comando **create trigger** junto com um bloco de código PL/SQL para impor a regra de negócio.

Os triggers são necessários para impor constraints de integridade referencial quando a tabela referenciada existir em um banco de dados diferente. Os triggers também têm muita utilidade fora dos limites de verificação de constraint (auditar o acesso a uma tabela, por exemplo). Os triggers de banco de dados serão discutidos detalhadamente no Capítulo 17.

Índices

Um *índice* Oracle permite acesso mais rápido às linhas de uma tabela quando um pequeno subconjunto de linhas for recuperado da tabela. Um índice armazena o valor da coluna ou colunas que estão sendo indexadas, junto com o RowID físico da linha que contém o valor indexado, exceto para tabelas organizadas por índice (IOTs, index-organized tables), que usam a chave primária como um RowID lógico. Uma vez que uma correspondência é encontrada no índice, o RowID do índice aponta para o local exato da linha da tabela: qual arquivo, qual bloco dentro do arquivo e qual linha dentro do bloco.

Os índices são criados em uma única coluna ou em múltiplas colunas. As entradas de índice são armazenadas em uma estrutura de árvore B de modo que percorrê-lo para encontrar o valor da chave da linha exija poucas operações de E/S. Um índice pode servir a um objetivo duplo no caso de um índice único: ele não apenas acelera a procura da linha, mas impõe uma constraint de chave única ou primária na coluna indexada. As entradas dentro de um índice são automaticamente atualizadas sempre que o conteúdo de uma linha da tabela é inserido, atualizado ou excluído. Quando uma tabela é descartada, todos os índices criados na tabela também são automaticamente descartados.

Vários tipos de índices estão disponíveis no Oracle, cada um deles apropriado para um tipo específico de tabela, método de acesso ou ambiente de aplicação. Apresentaremos os destaques e recursos dos tipos de índices mais comuns nas subseções a seguir.

Índices únicos

Um *índice único* é a forma mais comum de índice de árvore B. Ele é usado freqüentemente para impor a constraint de chave primária de uma tabela. Os índices únicos garantem que não existirão valores duplicados na coluna ou colunas que estão sendo indexadas. Um índice único pode ser criado em uma coluna na tabela EMPLOYEE para o Número de Seguridade Social (Social Security Number) porque não podem haver dados duplicados nessa coluna. Entretanto, alguns funcionários podem não ter um Número de Seguridade Social, portanto, esta coluna poderá conter valores NULL.

Índices não-únicos

Um *índice não-único* ajuda a acelerar o acesso a uma tabela sem impor exclusividade. Por exemplo, podemos criar um índice não único na coluna Last_Name da tabela EMPLOYEE para acelerar nossas pesquisas por sobrenome, mas certamente teremos muitas duplicatas para algum determinado sobrenome. Um índice de árvore B não-único é criado em uma coluna por padrão se nenhuma outra palavra-chave for especificada em uma instrução CREATE INDEX.

Índices de chave invertida (reverse key indexes)

Um *índice de chave invertida* é um tipo especial usado normalmente em um ambiente OLTP (online transaction processing). Em um índice de chave invertida, todos os bytes no valor de chave de cada coluna são inversos. A palavra-chave **reverse** especifica um índice de chave invertida no comando **create index**. Aqui está um exemplo da criação de um índice de chave invertida:

```
create index IE_LINE_ITEM_ORDER_NUMBER
    on LINE_ITEM(Order_Number) REVERSE;
```

Se o número de pedido 123459 é colocado, o índice de chave invertida armazena o número do pedido como 954321. As inserções na tabela são distribuídas por todas as chaves de folha do índice, reduzindo a disputa entre diversos processos de gravação que fazem inserções de novas linhas. Um índice de chave invertida também reduz o potencial desses "pontos com grande volume de concorrência de E/S" em um ambiente OLTP se os pedidos forem consultados ou modificados logo após serem feitos.

Índices baseados em função (function-based indexes)

Um *índice baseado em função* é similar a um índice de árvore B padrão, exceto que uma transformação de uma coluna, ou colunas, declarada como uma expressão, é armazenada no índice em vez de ser armazenada nas próprias colunas.

Os índices baseados em função são úteis em casos em que nomes e endereços são armazenados no banco de dados com letras maiúsculas e minúsculas misturadas. Um índice normal em uma coluna que contém o valor "SmiTh" não retornaria um valor caso o critério de pesquisa fosse "Smith". Por outro lado, se o índice armazenasse sobrenomes em letras maiúsculas, todas as pesquisas por sobrenomes poderiam usar letras maiúsculas. Aqui está um exemplo da criação de um índice baseado em função na coluna Last_Name da tabela EMPLOYEE:

```
create index up_name on employee(upper(Last_Name));
```

Como resultado, as pesquisas que usam consultas como a seguir utilizarão o índice que acabamos de criar, em vez de pesquisar toda a tabela:

```
select Employee_Number, Last_Name, First_Name, from employee
     where upper(Last_Name) = 'SMITH';
```

Índices de bitmap

Um *índice de bitmap* tem uma estrutura significativamente diferente de um índice de árvore B no nó de folha do índice. Ele armazena uma string de bits para cada valor possível (a cardinalidade) da coluna que está sendo indexada. O comprimento da string de bits é igual ao número de linhas da tabela que está sendo indexada.

Além de economizar uma quantidade enorme de espaço se comparado aos índices tradicionais, um índice de bitmap pode fornecer melhorias enormes no tempo de resposta, porque o Oracle pode remover rapidamente potenciais linhas de uma consulta que contêm múltiplas cláusulas **where** muito antes de a própria tabela precisar ser acessada. Múltiplos bitmaps podem usar operações **and** e **or** lógicas para determinar que linhas acessar na tabela.

Embora seja possível usar um índice de bitmap em qualquer coluna de uma tabela, ele é mais eficiente quando a coluna que está sendo indexada tem uma baixa *cardinalidade,* ou número de valores distintos. Por exemplo, a coluna Gender na tabela PERS será NULL, M ou F. O índice de bitmap na coluna Gender terá apenas três bitmaps armazenados no índice. Por outro lado, um índice de bitmap na coluna Last_Name terá quase o mesmo número de strings de bitmap que as linhas da tabela. As consultas que procuram um sobrenome específico provavelmente demorarão menos tempo se uma varredura integral de tabela (full table scan) for executada em vez de usar um índice. Nesse caso, um índice de árvore B não único tradicional faz mais sentido.

Uma variação dos índices de bitmap denominada *índices de junção de bitmap* (bitmap join indexes) cria um índice em uma coluna da tabela que freqüentemente sofre junção com uma ou mais tabelas na mesma coluna. Isso proporciona vantagens enormes em um ambiente de data warehouse onde um índice de junção de bitmap é criado em uma tabela fato e em uma ou mais tabelas dimensão, essencialmente fazendo a junção prévia dessas tabelas e economizando recursos de CPU e E/S quando uma junção real é executada.

NOTA
Os índices de bitmap só estão disponíveis na edição Enterprise do Oracle 11g.

Visões

As visões permitem que os usuários vejam uma apresentação personalizada dos dados de uma única tabela ou mesmo de uma junção de muitas tabelas. Uma visão também é conhecida como uma *consulta armazenada* – os detalhes das consultas subjacentes à visão são ocultos do usuário. Uma visão normal não armazena dados, apenas a definição, e a consulta subjacente é executada toda vez que a visão é acessada. A extensão de uma visão normal, denominada *visão materializada,* permite que os resultados da consulta sejam armazenados juntamente com a definição da consulta para acelerar o processamento, entre outros benefícios. As visões de objeto, como as visões tradicionais, ocultam os detalhes das junções das tabelas subjacentes e permitem que o desenvolvimento e o processamento orientado a objeto ocorram no banco de dados enquanto as tabelas subjacentes permanecem em um formato relacional.

A seguir, examinaremos os conceitos básicos dos tipos de visões que um DBA, desenvolvedor ou usuário típico do banco de dados irão criar e usar regularmente.

Visões regulares

Uma *visão regular,* ou mais comumente referenciada como uma *visão,* não aloca um armazenamento; apenas sua definição, uma consulta, é armazenada no dicionário de dados. As tabelas na consulta subjacente à visão são denominadas *tabelas base;* cada uma delas em uma visão pode ser adicionalmente definida como uma visão.

As vantagens de uma visão são muitas. Elas ocultam a complexidade dos dados – um analista senior pode definir uma visão composta das tabelas EMPLOYEE, DEPARTMENT e SALARY para que a gerência superior consulte as informações sobre salários de funcionários mais facilmente, por meio de uma instrução **select** executada no que parece ser uma tabela, mas, na verdade, é uma visão que contém uma consulta que junta as tabelas EMPLOYEE, DEPARTMENT e SALARY.

As visões também podem ser usadas para impor segurança. Uma visão da tabela EMPLOYEE denominada EMP_INFO pode conter todas as colunas, exceto a coluna de salários, e ela também pode ser definida como **read only** para impedir atualizações na tabela:

```
create view EMP_INFO as
    select Employee_Number, Last_Name,
           First_Name, Middle_Initial, Surname
from EMPLOYEE
with READ ONLY;
```

Sem a cláusula **read only**, é possível atualizar ou adicionar linhas a uma visão, mesmo a uma que contém múltiplas tabelas. Há algumas construções em uma visão que impedem que ela se torne atualizável, como ter um operador **distinct**, uma função agregada ou uma cláusula **group by**.

Quando o Oracle processa uma consulta que contém uma visão, ele substitui a definição da consulta subjacente na instrução **select** do usuário e processa a consulta resultante como se a visão não existisse. O resultado é que, quando uma visão é utilizada, os benefícios de quaisquer índices existentes nas tabelas base não são perdidos.

Visões materializadas

Em alguns aspectos, uma *visão materializada* é muito similar a uma regular: a sua definição é armazenada no dicionário de dados e a visão oculta do usuário os detalhes da consulta base subjacente. Mas essas são as únicas semelhanças. Uma visão materializada também aloca espaço em um segmento de banco de dados para armazenar o conjunto de resultados da execução da consulta base.

Uma visão materializada pode ser usada para replicar uma cópia somente leitura da tabela para outro banco de dados, com os mesmos dados e definições de coluna da tabela base. Essa é a implementação mais simples de uma visão materializada. Para melhorar o tempo de resposta quando uma visão materializada precisa ser atualizada, um *log de visão materializada* pode ser criado para atualizá-la. Caso contrário, será preciso uma atualização completa quando uma atualização for necessária – os resultados da consulta base devem ser executados na sua totalidade para atualizar a visão materializada. O log de visão materializada facilita as suas atualizações incrementais.

Em um ambiente de data warehouse, as visões materializadas podem armazenar dados agregados de uma consulta **group by rollup** ou **group by cube**. Se os valores dos parâmetros de inicialização apropriados estiverem definidos, como QUERY_REWRITE_ENABLED e a própria consulta permitir reescrita (com a cláusula **query rewrite**), qualquer consulta que parece fazer o mesmo tipo de agregação da visão materializada a utilizará automaticamente em vez de executar a consulta original.

Independentemente do tipo de visão materializada, ela pode ser atualizada de forma automática quando uma transação finalizada com commit ocorrer na tabela base, ou pode ser atualizada sob demanda. As visões materializadas têm muitas semelhanças com os índices, pelo fato de que elas são diretamente ligadas a uma tabela e ocupam espaço, elas devem ser atualizadas quando as tabelas base são atualizadas, suas existências são virtualmente transparentes para o usuário e podem ajudar na otimização das consultas pelo uso de um caminho de acesso alternativo para retornar seus resultados.

O Capítulo 17 fornece mais detalhes sobre como usar visões materializadas em um ambiente distribuído.

Visões de objeto

Os ambientes de desenvolvimento de aplicações orientadas a objeto (OO) estão se tornando cada vez mais predominantes e o banco de dados Oracle 11g fornece um suporte completo à implementação de objetos e métodos no banco de dados. Entretanto, uma migração de um ambiente de banco de dados puramente relacional para um puramente orientado a objetos não é uma transição fácil de fazer; poucas empresas têm tempo e recursos para construir um novo sistema a partir de zero. O Oracle 11g facilita a transição com visões de objeto. As visões de objeto permitem que as aplicações orientadas a objetos vejam os dados como uma coleção de objetos que tem atributos e métodos, enquanto os sistemas legados ainda podem executar trabalhos em lote na tabela INVENTORY. As visões de objetos podem simular tipos de dados abstratos, identificadores de objetos (OIDs) e referências que um genuíno ambiente de banco de dados orientado a objeto proporcionaria.

Como nas visões regulares, é possível usar triggers **instead of** na definição da visão para permitir operações DML na visão por meio da execução de um bloco de código PL/SQL em vez da instrução DML real fornecida pelo usuário ou aplicação.

Usuários e esquemas

O acesso ao banco de dados é concedido para uma conta conhecida como *usuário*. Um usuário pode existir no banco de dados sem possuir objetos. No entanto, se o usuário cria e possui objetos no banco de dados, esses objetos são parte do *esquema* que tem o mesmo nome do usuário do banco de dados. Um esquema pode possuir qualquer tipo de objeto no banco de dados: tabelas, índices, seqüências, visões e assim por diante. O proprietário do esquema ou DBA pode conceder acesso a esses objetos para outros usuários do banco de dados. O usuário sempre tem todos os privilégios e controle sobre os objetos do seu esquema.

Quando um usuário é criado pelo DBA (ou por algum outro usuário com o privilégio de sistema **create user**), várias outras características podem ser atribuídas a ele, como quais tablespaces estão disponíveis para a criação de objetos e se a senha é pré-expirada.

Os usuários no banco de dados podem ser autenticados com três métodos: autenticação de banco de dados, autenticação de sistema operacional e autenticação de rede. Com a autenticação de banco de dados, a senha criptografada do usuário é armazenada no banco de dados. Por outro lado, a autenticação de sistema operacional assume que um usuário já autenticado por uma conexão de sistema operacional tenha os mesmo privilégios de um usuário com o mesmo nome ou similar (dependendo do valor do parâmetro de inicialização OS_AUTHENT_PREFIX). A autenticação de rede usa soluções baseadas em PKI (Public Key Infrastructure). Esses métodos de autenticação de rede requerem o Oracle 11g Enterprise Edition com a opção Oracle Advanced Security.

Perfis

Os recursos do banco de dados não são ilimitados; portanto, um DBA deve gerenciar e alocar recursos entre todos os usuários do banco de dados. Alguns exemplos de recursos de banco de dados são tempo de CPU, sessões simultâneas, leituras lógicas e tempo de conexão.

Um *perfil* de banco de dados é um conjunto nomeado de limites de recursos que você pode atribuir a um usuário. Depois que o Oracle é instalado, o perfil DEFAULT passa a existir e é atribuído a qualquer usuário não explicitamente atribuído a um perfil. O DBA pode adicionar novos perfis ou alterar o perfil DEFAULT para se ajustar às necessidades da empresa. Os valores iniciais para o perfil DEFAULT permitem o uso ilimitado de todos os recursos do banco de dados.

Seqüências

Uma *seqüência* Oracle atribui números seqüenciais, que são únicos, a não ser que a seqüência seja recriada ou redefinida. Ela produz uma série de números únicos em um ambiente multiusuário sem os overheads de bloqueio de disco ou chamadas de E/S especiais, além do que é necessário para carregar a seqüência no shared pool (pool compartilhado).

As seqüências podem gerar números de até 38 dígitos de comprimento; a série de números pode ser ascendente ou descendente, o intervalo pode ser qualquer valor especificado pelo usuário e o Oracle pode armazenar em cache blocos de números de uma seqüência na memória para obter um desempenho ainda mais rápido.

Os números das seqüências são garantidamente únicos, mas não necessariamente seqüenciais. Se um bloco de números for armazenado em cache e a instância for reiniciada ou uma transação que usa um número de uma seqüência sofrer rollback, a próxima chamada para recuperar um número na seqüência não retornará o número que não foi usado na referência original à ela.

Sinônimos

Um *sinônimo* Oracle é simplesmente um apelido para um objeto de banco de dados, para simplificar as referências aos seus objetos e ocultar os detalhes da origem desses objetos. Os sinônimos podem ser atribuídos a tabelas, visões, visões materializadas, seqüências, procedures, funções e pacotes. Como nas visões, um sinônimo não aloca um espaço no banco de dados além da sua definição no dicionário de dados.

Os sinônimos podem ser públicos ou privados. Um sinônimo privado é definido no esquema de um usuário e está disponível apenas para o usuário. Um sinônimo público é normalmente criado por um DBA e está automaticamente disponível para uso por qualquer usuário do banco de dados.

> **DICA**
> *Após a criação de um sinônimo público, certifique-se de que os usuários do sinônimo têm os privilégios corretos para o objeto referenciado pelo sinônimo.*

Ao referenciar um objeto de banco de dados, o Oracle primeiro verifica se ele existe no esquema do usuário. Caso não exista, o Oracle verifica se há um sinônimo privado. Se não houver, o Oracle verifica se há um sinônimo público. Em caso negativo, o Oracle retornará um erro.

PL/SQL

O Oracle PL/SQL é uma extensão da linguagem procedural do Oracle para SQL. O PL/SQL é útil quando o DML padrão e as instruções **select** não podem produzir resultados de uma maneira fácil devido à falta dos elementos procedurais encontrado em uma linguagem de terceira geração tradicional, como C++ e Ada. A partir do Oracle9*i,* o mecanismo de processamento do SQL é compartilhado entre o SQL e o PL/SQL, o que significa que todos os novos recursos adicionados ao SQL estão automaticamente disponíveis para o PL/SQL.

Nas próximas seções, mostraremos algumas vantagens de usar o Oracle PL/SQL.

Procedures (procedimentos)/Funções

As procedures e funções PL/SQL são exemplos de *blocos nomeados* PL/SQL. Um bloco PL/SQL é uma seqüência de instruções PL/SQL tratadas como uma unidade com a finalidade de execução e contém até três seções: uma seção de declaração de variáveis, uma seção executável e uma seção de exceções. A diferença entre uma procedure e uma função é que uma função retornará um único valor para o programa que a executar, como uma instrução **select** SQL. Uma procedure, por outro lado, não retorna um valor, apenas um código de status. Entretanto, as procedures podem ter uma ou mais variáveis que podem ser definidas e retornadas como parte da sua lista de argumentos.

As procedures e funções têm muitas vantagens em um ambiente de banco de dados. As procedures são compiladas e armazenadas no dicionário de dados uma vez; quando mais de um usuário precisar chamá-la, ela já estará compilada e haverá somente uma cópia da procedure armazenada no shared pool. Além disso, o tráfego da rede é reduzido, mesmo que os recursos procedurais do PL/SQL não sejam usados. Uma chamada PL/SQL consome muito menos largura de banda do que várias instruções SQL **select** e **insert** enviadas separadamente pela rede, sem mencionar o reparsing (reinterpretação) que ocorre para cada instrução enviada pela rede.

Pacotes

Os *pacotes* PL/SQL agrupam funções e procedures relacionadas, juntamente com variáveis e cursores comuns. Os pacotes consistem em duas partes: uma especificação de pacote e um corpo de pacote. Na especificação de pacote, seus métodos e atributos são expostos; a implementação dos métodos e de quaisquer métodos e atributos privados é ocultada no corpo do pacote. Usar um pacote em vez de uma procedure ou função independente permite que a procedure ou função incorporada seja alterada sem invalidar um objeto que referencie os elementos da especificação do pacote, evitando assim a recompilação dos objetos que o referenciam.

Triggers

Os triggers são um tipo especializado de bloco de código PL/SQL ou Java que é executado, ou *disparado,* quando um evento especificado ocorre. Os tipos de eventos podem ser instruções DML em uma tabela ou visão, instruções DDL e mesmo eventos de banco de dados, como inicialização ou shutdown. Um trigger pode ser configurado para ser executado em um evento específico, para um usuário específico, ou como parte de uma estratégia de auditoria.

Os triggers são extremamente úteis em um ambiente distribuído para simular um relacionamento de chave estrangeira entre tabelas que não existem no mesmo banco de dados. Eles também são úteis na implementação de regras de integridade complexas que não podem ser definidas usando os tipos de constraints Oracle predefinidos.

Para obter mais informações sobre como os triggers podem ser usados em um ambiente distribuído robusto, consulte o Capítulo 17.

Acesso a arquivo externo

Além das tabelas externas, existem diversas outras maneiras como o Oracle pode acessar os arquivos externos:

- No SQL*Plus, seja acessando um script externo que contém outros comandos SQL a serem executados ou enviando a saída a partir de um comando **spool** do SQL*Plus para um arquivo no sistema de arquivos do sistema operacional.
- As informações de texto podem ser lidas ou escritas a partir de uma procedure PL/SQL usando o pacote predefinido UTL_FILE; de maneira similar, as chamadas **dbms_output** dentro de uma procedure PL/SQL podem gerar diagnósticos e mensagens de texto que podem ser capturados por outra aplicação e salvas em um arquivo de texto.
- Os dados externos podem ser referenciados pelo tipo de dados BFILE. Um tipo de dados BFILE é um ponteiro para um arquivo binário externo. Para que os BFILEs possam ser usados em um banco de dados, é necessário criar um *apelido de diretório* com o comando **create directory** que especifica um prefixo contendo o caminho de diretório completo onde o alvo de BFILE será armazenado.

- O DBMS_PIPE pode se comunicar com qualquer linguagem 3GL que o Oracle suporte, como C++, Ada, Java ou COBOL, e trocar informações.
- O UTL_MAIL, um novo pacote no Oracle 10g, permite que uma aplicação PL/SQL envie emails sem saber como usar a pilha de protocolos SMTP subjacente.

Ao usar um arquivo externo como uma origem de dados para entrada ou saída, algumas precauções devem ser tomadas. Os tópicos a seguir devem ser cuidadosamente considerados antes de usar uma origem de dados externa:

- Os dados do banco de dados e os dados externos podem estar freqüentemente fora de sincronização quando uma das origens de dados muda sem sincronizar-se com a outra.
- É importante certificar-se de que os backups das duas origens de dados ocorram praticamente ao mesmo tempo para garantir que a recuperação de uma origem de dados manterá as duas origens de dados em sincronia.
- Os arquivos de script podem conter senhas; muitas empresas proíbem a representação em texto simples de qualquer conta de usuário em um arquivo de script. Nesta situação, a validação do sistema operacional pode ser uma boa alternativa para autenticação de usuários.
- Você deve examinar a segurança dos arquivos localizados em um diretório que seja referenciado por cada objeto DIRECTORY. As medidas de segurança extremas nos objetos de banco de dados são penalizadas por uma segurança negligente nos arquivos do sistema operacional referenciado.

Links de bancos de dados (database links) e bancos de dados remotos

Os links de bancos de dados permitem que um banco de dados Oracle referencie objetos armazenados fora do banco de dados local. O comando **create database link** cria o caminho para um banco de dados remoto que, por sua vez, permite o acesso a objetos nestes. Um link de banco de dados empacota o nome do banco de dados remoto, um método de conexão ao banco de dados remoto e uma combinação de nome de usuário/senha para autenticar a conexão ao banco de dados remoto. De certa maneira, um link de banco de dados é similar a um sinônimo de banco de dados: ele pode ser público ou privado e fornece um modo abreviado e conveniente de acessar outro conjunto de recursos. A principal diferença é que o recurso está fora do banco de dados em vez de estar no mesmo banco de dados e, portanto, requer mais informações para resolver a referência. A outra diferença é que um sinônimo é uma referência a um objeto específico, ao passo que um link de banco de dados é um caminho definido usado para acessar qualquer número de objetos em um banco de dados remoto.

Para que os links funcionem entre os bancos de dados em um ambiente distribuído, o nome do banco de dados global de cada banco de dados no domínio deve ser diferente. Portanto, é importante atribuir corretamente os parâmetros de inicialização DB_NAME e DB_DOMAIN.

Para facilitar ainda mais o uso de links de bancos de dados, você pode atribuir um sinônimo a um link para tornar o acesso de tabela ainda mais transparente; o usuário não sabe se o sinônimo acessa um objeto localmente ou em um banco de dados distribuído. O objeto pode ser movido para um banco de dados remoto diferente ou para um banco de dados local, e o nome do sinônimo pode permanecer o mesmo, tornando o acesso ao objeto transparente para os usuários.

Abordaremos como os links de bancos de dados a bancos de dados remotos são aproveitados em um ambiente distribuído no Capítulo 17.

ESTRUTURAS DE ARMAZENAMENTO FÍSICO DO ORACLE

O banco de dados Oracle usa diversas estruturas de armazenamento físico no disco para conservar e gerenciar os dados de transações de usuários. Algumas dessas estruturas de armazenamento, como arquivos de dados, arquivos de redo log e arquivos de redo log arquivados, contêm dados reais de usuários; outras estruturas, como arquivos de controle, mantêm o estado dos objetos do banco de dados e arquivos de rastreamento e alertas baseados em texto contêm informações de log tanto para eventos de rotina como condições de erro no banco de dados. A Figura 1-3 mostra o relacionamento entre essas estruturas físicas e as estruturas de armazenamento lógico que examinamos na seção anterior "Estruturas lógicas do banco de dados Oracle".

Arquivos de dados

Cada banco de dados Oracle deve conter ao menos um *arquivo de dados*. Um arquivo de dados Oracle corresponde a um arquivo físico do sistema operacional em disco. Cada arquivo de dados em um banco de dados Oracle é membro de somente um tablespace que, entretanto, pode ser composto de muitos arquivos de dados. (Um tablespace BIGFILE é composto de exatamente um arquivo de dados.)

Um arquivo de dados Oracle pode ser expandido automaticamente quando não houver mais espaço, se o DBA o tiver criado com o parâmetro AUTOEXTEND. O DBA também pode limitar a quantidade de expansão para um determinado arquivo de dados usando o parâmetro MAXSIZE. De qualquer maneira, o tamanho do arquivo de dados estará, enfim, limitado pelo volume de disco no qual ele reside.

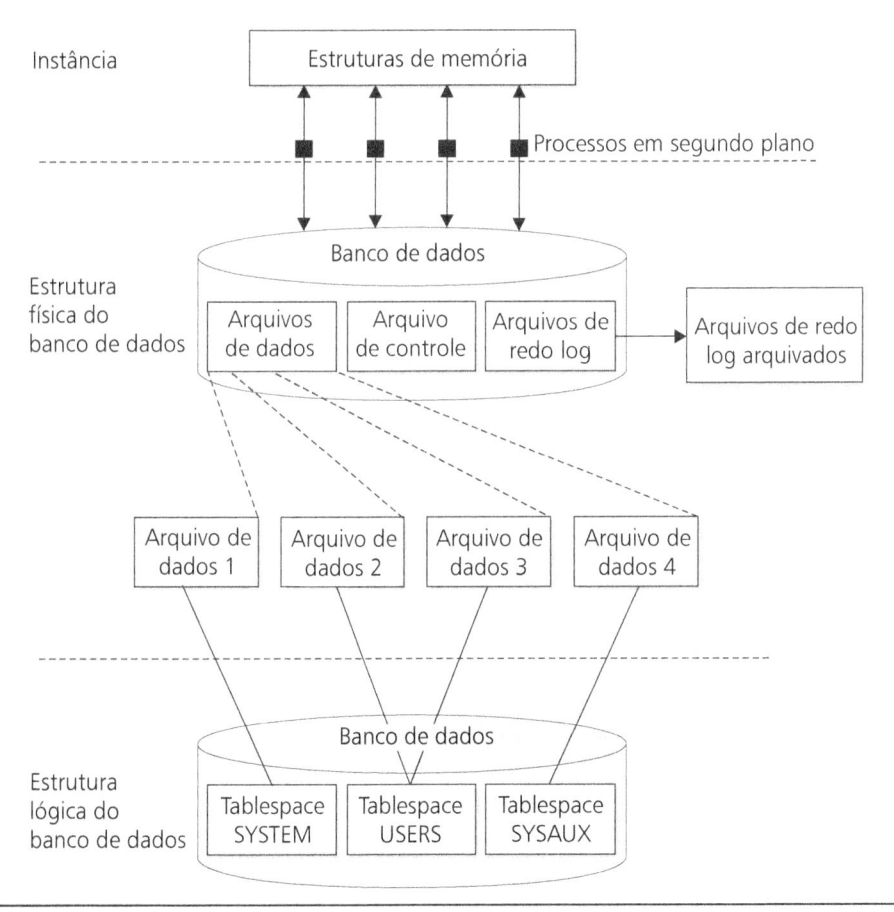

Figura 1-3   *Estruturas de armazenamento físico do Oracle.*

> **DICA**
> O DBA freqüentemente tem de decidir se deve alocar um arquivo de dados que possa ser auto-estendido indefinidamente ou alocar muitos arquivos de dados menores com um limite de quanto cada um deles pode ser estendido. Embora o desempenho de cada solução seja possivelmente muito similar, talvez seja melhor permanecer com mais arquivos de dados com menos de 2 GB cada um. É muito mais fácil mover arquivos relativamente pequenos e, de qualquer maneira, alguns sistemas de arquivos podem limitar o tamanho de um arquivo individual a 2 GB. Além disso, se for preciso mover temporariamente todos os arquivos de dados de um tablespace para outro servidor, geralmente será mais fácil encontrar vários volumes, cada um deles com espaço suficiente para conter um dos arquivos de dados, do que um volume com espaço suficiente para conter um único arquivo que tenha 25 GB.

O arquivo de dados é o lugar de armazenamento final para todos os dados no banco de dados. Os blocos que são acessados freqüentemente em um arquivo de dados são armazenados em cache na memória; da mesma maneira, os novos blocos de dados não são imediatamente gravados no arquivo de dados mas, em vez disso, são gravados no arquivo de dados dependendo de quando o processo de gravação do banco de dados está ativo. No entanto, antes de uma transação de usuário ser considerada concluída, as alterações da transação são gravadas nos arquivos de redo log.

Arquivos de redo log

Sempre que os dados são adicionados, removidos ou alterados em uma tabela, índice ou outro objeto Oracle, uma entrada é gravada no *arquivo de redo log* atual. Cada banco de dados Oracle deve ter ao menos dois arquivos de redo log, porque o Oracle reutiliza os arquivos de redo log de maneira circular. Quando um arquivo de redo log é preenchido com entradas, o arquivo de redo log atual é marcado como ACTIVE, caso ele ainda seja necessário para recuperação de instância, ou INACTIVE, caso ele não seja mais necessário para recuperação de instância; o próximo arquivo de log na seqüência é reutilizado do início do arquivo e é marcado como CURRENT.

Idealmente, as informações contidas em um arquivo de redo log nunca são usadas. Entretanto, quando ocorrer uma falha de energia ou alguma outra falha de servidor provocar uma falha na instância Oracle, os blocos de dados novos ou atualizados no cache do buffer do banco de dados talvez ainda não tenham sido gravados nos arquivos. Quando a instância Oracle for reiniciada, as entradas no arquivo de redo log serão aplicadas aos arquivos de banco de dados em uma operação *roll forward* para restaurar o seu estado até o ponto onde a falha ocorreu.

Para conseguir recuperar a perda de um arquivo de redo log dentro de um grupo de redo log, várias cópias de um arquivo de redo log podem existir em diferentes discos físicos. Posteriormente neste capítulo, você verá como os arquivos de redo log, arquivos de log arquivados e arquivos de controle podem ser *multiplexados* para garantir a disponibilidade e a integridade de dados do banco de dados Oracle.

Arquivos de controle

Cada banco de dados Oracle tem ao menos um *arquivo de controle* que mantém os seus metadados (em outras palavras, os dados sobre a estrutura física do próprio banco de dados). Entre outras coisas, ele contém o nome do banco de dados, quando ele foi criado e os nomes e locais de todos os arquivos de dados e arquivos de redo log. Além disso, o arquivo de controle mantém as informações usadas pelo Recovery Manager (RMAN), como as configurações RMAN persistentes e os tipos de backups que foram executados no banco de dados. O RMAN será discutido em mais detalhes no Capítulo 12. Sempre que qualquer alteração é feita à estrutura do banco de dados, as informações sobre elas são imediatamente refletidas no arquivo de controle.

Como o arquivo de controle é muito importante para a operação do banco de dados, ele também pode ser multiplexado. Entretanto, independentemente da quantidade de cópias do arquivo de controle associada a uma instância, somente um dos arquivos de controle é designado como principal para fins de recuperação dos metadados do banco de dados.

O comando **alter database backup controlfile to trace** é outra maneira de fazer backup do arquivo de controle. Ele produz um script SQL que pode ser usado para recriar o arquivo de controle do banco de dados caso todas as versões binárias multiplexadas do arquivo de controle sejam perdidas devido a uma falha catastrófica.

Esse arquivo de rastreamento também pode ser usado, por exemplo, para recriar um arquivo de controle se o banco de dados precisar ser renomeado ou para alterar vários limites de banco de dados que, do contrário, não poderiam ser alterados sem recriar o banco de dados inteiro.

Arquivos de log arquivados

Um banco de dados Oracle pode operar em um dos dois modos: modo **archivelog** ou **noarchivelog**. Quando o banco de dados está no modo **noarchivelog**, a reutilização circular dos arquivos de redo log (também conhecidos como arquivos de redo log *online*) significa que as entradas de redo (o conteúdo das transações anteriores) não estão mais disponíveis no caso de uma falha na unidade de disco ou outro tipo de falha relacionada à mídia. A operação no modo **noarchivelog** protege a integridade do banco de dados no caso de falha de uma instância ou uma queda de sistema, porque todas as transações encerradas com commit, mas que ainda não foram gravadas nos arquivos de dados estarão disponíveis nos arquivos de redo log online.

Por outro lado, o modo **archivelog** envia um arquivo de redo log preenchido para um ou mais destinos especificados e pode estar disponível para reconstruir o banco de dados a qualquer momento caso ocorra uma falha de mídia do banco de dados. Por exemplo, se a unidade de disco que contém os arquivos de dados for danificada, o conteúdo do banco de dados pode ser recuperado até o momento anterior ao problema, devido a um backup recente dos arquivos de dados e aos arquivos de redo log que foram gerados desde que ele ocorreu.

O uso de múltiplos destinos de logs arquivados para arquivos de redo log preenchidos é crucial para um dos recursos de alta disponibilidade do Oracle conhecido como Oracle Data Guard, antigamente chamado de Oracle Standby Database. O Oracle Data Guard será abordado abordado no Capítulo 13.

Arquivos de parâmetro de inicialização

Quando uma instância de banco de dados inicia, a memória para a instância Oracle é alocada e um dos dois tipos de *arquivos de parâmetro de inicialização* é aberto: um arquivo texto denominado init<SID>.ora (conhecido genericamente como init.ora ou PFILE) ou um arquivo de parâmetro de servidor (conhecido como SPFILE). A instância primeiro procura um SPFILE no local padrão do sistema operacional ($ORACLE_HOME/dbs no Unix, por exemplo) como spfile<SID>.ora ou spfile.ora. Se nenhum desses arquivos existir, a instância procura um PFILE com o nome init<SID>.ora. Como alternativa, o comando **startup** pode especificar explicitamente um PFILE para ser usado na inicialização.

Os arquivos de parâmetros de inicialização, independentemente do formato, especificam as localizações para arquivos de rastreamento, arquivos de controle, arquivos de redo log preenchidos e assim por diante. Eles também definem os limites quanto aos tamanhos das várias estruturas na System Global Area (SGA) e também quanto à quantidade de usuários que podem se conectar ao banco de dados simultaneamente.

Até o Oracle9*i*, usar o arquivo init.ora era a única maneira de especificar os parâmetros de inicialização para a instância. Embora seja fácil editá-lo com um editor de texto, ele tem algumas desvantagens. Se um parâmetro dinâmico de sistema for alterado na linha de comando com o comando **alter system**, o DBA deverá lembrar-se de alterar o arquivo init.ora para que o novo valor do parâmetro entre em vigor na próxima vez que a instância for reiniciada.

Um SPFILE torna mais fácil e eficaz o gerenciamento de parâmetros para o DBA. Se um SPFILE estiver em uso para a instância em execução, qualquer comando **alter system** que altere um parâmetro de inicialização poderá alterar o parâmetro de inicialização automaticamente no SPFILE, alterá-lo somente para a instância em execução ou ambos. Nenhuma edição do SPFILE é necessária ou mesmo possível sem corrompê-lo.

Embora não seja possível espelhar um arquivo de parâmetros ou SPFILE, é possível fazer um backup de um SPFILE para um arquivo init.ora e tanto o init.ora como o SPFILE para a instância Oracle devem ser copiados em backup por meio dos comandos de sistema operacional convencionais ou usando o Recovery Manager no caso de um SPFILE.

Quando o DBCA é usado para criar um banco de dados, um SPFILE é criado por padrão.

Arquivos de log de alerta e de rastreamento

Quando algo dá errado, o Oracle pode e freqüentemente gravar mensagens no *log de alerta* e, no caso de processos em segundo plano ou sessões de usuário, nos arquivos de *log de rastreamento*. O arquivo de log de alerta, localizado no diretório especificado pelo parâmetro de inicialização BACKGROUND_DUMP_DEST, contém mensagens de status de rotina e condições de erro. Quando o banco de dados é inicializado ou desligado, uma mensagem é registrada no log de alerta, junto com uma lista de parâmetros de inicialização que são diferentes dos seus valores padrão. Além disso, todos os comandos **alter database** ou **alter system** emitidos pelo DBA são registrados. Operações envolvendo tablespaces e seus arquivos de dados também são registradas aqui, como adicionar e descartar um tablespace e adicionar um arquivo de dados a um tablespace. As condições de erro, como tablespaces sem espaço, redo logs corrompidos e assim por diante, também são registradas aqui.

Os arquivos de rastreamento para os processos em segundo plano da instância Oracle igualmente estão localizados no BACKGROUND_DUMP_DEST. Por exemplo, os arquivos de rastreamento para PMON e SMON contêm uma entrada para quando ocorrer um erro ou quando o SMON precisar executar uma recuperação de instância; os arquivos de rastreamento para QMON contêm mensagens com informações para quando ele gerar um novo processo. Os arquivos de rastreamento também são criados para sessões ou conexões de usuário individual ao banco de dados. Esses arquivos de rastreamento estão localizados no diretório especificado pelo parâmetro de inicialização USER_DUMP_ DEST. Os arquivos de rastreamento para processos de usuário são criados em duas situações: a primeira é quando algum tipo de erro ocorre em uma sessão de usuário devido a um problema de privilégio, falta de espaço e assim por diante. Na segunda situação, um arquivo de rastreamento pode ser criado explicitamente com o comando **alter session set sql_trace=true**. As informações de rastreamento são geradas para cada instrução SQL que o usuário executa, o que pode ser útil ao ajustar uma instrução SQL do usuário.

O arquivo de log de alerta pode ser excluído ou renomeado a qualquer momento; ele será recriado na próxima vez que uma mensagem de log de alerta for gerada. O DBA costuma configurar um job em lote diariamente (seja por meio de um mecanismo do sistema operacional ou usando o Scheduler do Oracle Enterprise Manager) para renomear e arquivar o log de alerta.

Arquivos de backup

Os arquivos de backup podem ser gerados de diversas formas, como comandos copy do sistema operacional ou o Oracle Recovery Manager (RMAN). Se o DBA excuta um backup "a frio" (cold backup) (consulte a seção intitulada "Visão geral de backup/recuperação" para obter mais detalhes sobre os tipos de backup), esses arquivos são simplesmente cópias via sistema operacional de arquivos de dados, arquivos de redo log, arquivos de controle, arquivos de redo log arquivados e assim por diante.

Além das cópias de imagem bit a bit dos arquivos de dados (o padrão no RMAN), o RMAN pode gerar backups completos e incrementais dos arquivos de dados, arquivos de controle, arquivos de redo log arquivados e SPFILEs que estão em um formato especial, denominado *conjuntos de backup,* legíveis somente pelo RMAN. Os conjuntos de backup do RMAN são geralmente menores do que os arquivos de dados originais porque o RMAN não faz backup de blocos não utilizados.

Oracle managed files

O Oracle Managed Files (OMF), introduzido no Oracle versão 9*i*, facilita o trabalho do DBA automatizando a criação e a remoção de arquivos de dados que compõem as estruturas lógicas no banco de dados.

Sem o OMF, um DBA poderia descartar um tablespace e esquecer-se de remover os arquivos subjacentes no sistema operacional. Isso torna ineficiente o uso dos recursos de disco e aumenta desnecessariamente o tempo de backup para os arquivos de dados que não são mais necessários para o banco de dados.

O OMF é bem adequado para bancos de dados pequenos com um número baixo de usuários e sem um DBA dedicado, onde a configuração otimizada de um banco de dados de produção não é necessária.

Arquivos de senha

Um *arquivo de senha* Oracle é um arquivo dentro da estrutura administrativa ou de diretório do software Oracle usado para autenticar os administradores de sistema Oracle para tarefas como criar um banco de dados ou inicializar ou efetuar shutdown nele. Os privilégios concedidos através desse arquivo são os privilégios SYSDBA e SYSOPER. A autenticação de qualquer outro tipo de usuário é feita dentro do próprio banco de dados; como ele pode estar fora do ar ou não montado, outra forma de autenticação de administrador é necessária nesses casos.

O utilitário de linha de comando Oracle **orapwd** cria um arquivo de senha caso ele ainda não exista ou esteja danificado. Devido aos privilégios extremamente altos concedidos por meio deste arquivo, ele deve ser armazenado em um diretório seguro que não esteja disponível para qualquer pessoa, a não ser para DBAs e administradores do sistema operacional. Após este arquivo ser criado, o parâmetro de inicialização REMOTE_LOGIN_ PASSWORDFILE deve ser definido como EXCLUSIVE para permitir que outros usuários além do SYS usem o arquivo de senha.

> **DICA**
> *Crie ao menos um usuário além do SYS ou SYSTEM que tenha privilégios de DBA para as tarefas administrativas diárias. Se houver mais de um DBA administrando um banco de dados, cada DBA deve ter sua própria conta com privilégios de DBA.*

Como alternativa, a autenticação para privilégios SYSDBA e SYSOPER pode ser feita com autenticação via Sistema Operacional; nesse caso, um arquivo de senha não precisa ser criado e o parâmetro de inicialização REMOTE_LOGIN_PASSWORDFILE é definido como NONE.

MULTIPLEXANDO ARQUIVOS DE BANCO DE DADOS

Para minimizar a possibilidade de perda de um arquivo de controle ou um arquivo de redo log, a multiplexação dos arquivos de banco de dados reduz ou elimina os problemas de perda de dados causados por falhas de mídia. A multiplexação pode ser em parte automatizada por meio de uma instância do Automatic Storage Management (ASM), disponível desde o Oracle 10g. Para uma empresa com um orçamento menor, os arquivos de controle e os arquivos de redo log podem ser multiplexados manualmente.

Automatic storage management

O *Automatic Storage Management* é uma solução de multiplexação que automatiza o layout dos arquivos de dados, arquivos de controles e arquivos de redo log por meio da distribuição desses arquivos para todos os discos disponíveis. Quando novos discos são adicionados ao cluster ASM, os arquivos de banco de dados são automaticamente distribuídos para todos os volumes de disco de forma a otimizar o desempenho. Os recursos de multiplexação de um cluster ASM minimizam a possibilidade de perda de dados e são geralmente mais eficazes do que um esquema manual que coloca arquivos e backups cruciais em diferentes unidades físicas.

Multiplexação manual

Sem uma solução RAID ou ASM, você ainda pode fornecer algumas salvaguardas para seus arquivos de banco de dados importantes configurando alguns parâmetros de inicialização e fornecendo um local adicional para os arquivos de controle, arquivos de redo log e arquivos de redo log arquivados.

Arquivos de controle

Os arquivos de controle podem ser imediatamente multiplexados quando o banco de dados é criado ou podem ser multiplexados posteriormente com algumas etapas adicionais para copiá-los manualmente para vários destinos. É possível multiplexar até oito cópias de um arquivo de controle.

Multiplexar os arquivos de controle quando o banco de dados for criado, ou posteriormente, não altera o valor do parâmetro de inicialização CONTROL_FILES.

Caso você queira adicionar outro local multiplexado, é necessário editar o arquivo de parâmetro de inicialização e adicionar outro local para o parâmetro CONTROL_FILES. Se estiver usando um SPFILE em vez de um arquivo init.ora, utilize um comando similar ao mostrado a seguir para alterar o parâmetro CONTROL_ FILES:

```
alter system
    set control_files = '/u01/oracle/whse2/ctrlwhse1.ctl,
       /u02/oracle/whse2/ctrlwhse2.ctl,
       /u03/oracle/whse2/ctrlwhse3.ctl'
scope=spfile;
```

Os outros valores possíveis para SCOPE no comando **alter system** são MEMORY e BOTH.

A especificação de um desses valores para SCOPE retornará um erro, porque o parâmetro CONTROL_FILES não pode ser alterado para a instância em execução, somente para sua próxima reinicialização. Portanto, apenas o SPFILE é alterado.

Em ambos os casos, a próxima etapa é efetuar um shutdown no banco de dados. Copie o arquivo de controle para os novos destinos, conforme especificado em CONTROL_FILES e reinicialize o banco de dados. Sempre há possibilidade de verificar os nomes e locais dos arquivos de controle examinando uma das visões do dicionário de dados:

```
select value from v$spparameter where name='control_files';
```

Essa consulta retornará uma linha para cada cópia multiplexada do arquivo de controle. Além disso, a visão V$CONTROLFILE contém uma linha para cada cópia do arquivo de controle junto com seu status.

Arquivos de redo log

Arquivos de redo log são multiplexados convertendo-se um conjunto de arquivos de redo log para um *grupo de arquivos de redo log*. Em uma instalação Oracle padrão, é criado um conjunto de três arquivos de redo log. Como você já aprendeu na seção anterior sobre arquivos de redo log, depois que cada arquivo de log é preenchido, ele começa a preencher o próximo na seqüência. Depois que o terceiro é preenchido, o primeiro é reutilizado. Para alterar o conjunto de três arquivos de log de redo para um grupo, é possível adicionar um ou mais arquivos idênticos associados a cada um dos arquivos de redo log existentes. Depois que os grupos são criados, as entradas de redo log são simultaneamente gravadas para o grupo de arquivos de redo log. Quando o grupo de arquivos de redo log é preenchido, ele começa a gravar as entradas de redo para o próximo grupo.

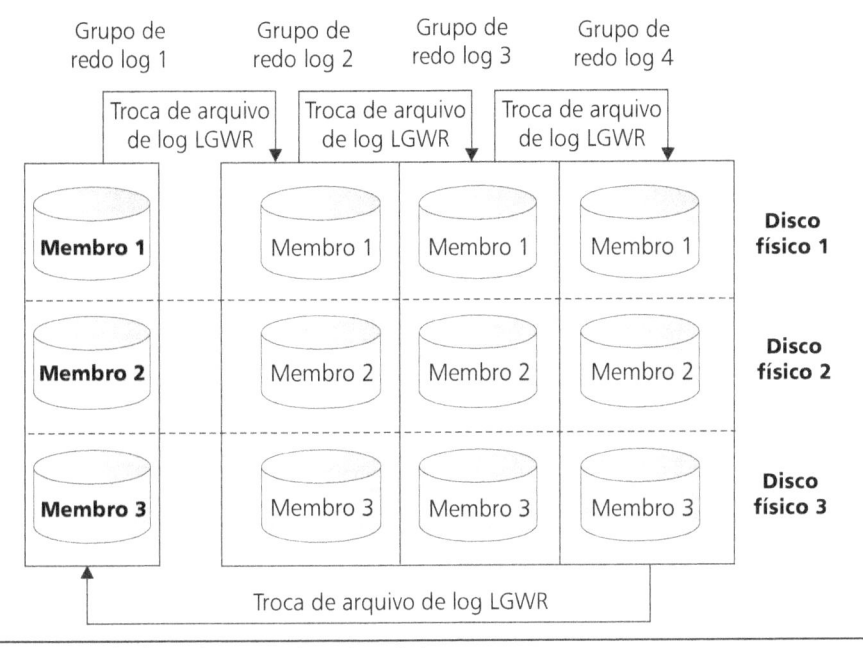

CAPÍTULO 1 APRESENTANDO A ARQUITETURA DO ORACLE 55

```
                Grupo de      Grupo de      Grupo de      Grupo de
                redo log 1    redo log 2    redo log 3    redo log 4

                Troca de arquivo  Troca de arquivo  Troca de arquivo
                de log LGWR       de log LGWR       de log LGWR

                Membro 1     Membro 1     Membro 1     Membro 1     Disco
                                                                    físico 1

                Membro 2     Membro 2     Membro 2     Membro 2     Disco
                                                                    físico 2

                Membro 3     Membro 3     Membro 3     Membro 3     Disco
                                                                    físico 3

                        Troca de arquivo de log LGWR
```

Figura 1-4 *Multiplexando os arquivos de redo log.*

A Figura 1-4 mostra como um conjunto de quatro arquivos de redo log pode ser multiplexado com quatro grupos, cada grupo contendo três membros.

Adicionar um membro a um grupo de redo log é muito simples. No comando **alter database**, especificamos o nome do novo arquivo e o grupo ao qual adicioná-lo. O novo arquivo é criado com o mesmo tamanho dos outros membros do grupo:

```
alter database
      add logfile member '/u05/oracle/dc2/log_3d.dbf'
      to group 3;
```

Se os arquivos de redo log forem preenchidos mais rapidamente do que possam ser arquivados, uma solução possível é adicionar outro grupo de redo log. Eis um exemplo de como adicionar um quinto grupo de redo log ao conjunto de grupos de redo log da Figura 1-4:

```
alter database
      add logfile group 5
      ('/u02/oracle/dc2/log_3a.dbf',
       '/u03/oracle/dc2/log_3b.dbf',
       '/u04/oracle/dc2/log_3c.dbf') size 250m;
```

Todos os membros de um grupo de redo log devem ter o mesmo tamanho. Entretanto, os tamanhos dos arquivos de log entre os grupos podem ser diferentes. Além disso, os grupos de redo log podem ter número de membros diferente. No exemplo anterior, começamos com quatro grupos de redo log, adicionamos um membro extra ao grupo de redo log 3 (para um total de quatro membros) e adicionamos um quinto grupo de redo log com três membros.

A partir do Oracle 10g, o Redo Logfile Sizing Advisor pode ser usado para ajudar a determinar o tamanho ideal dos arquivos de redo log de modo a evitar uma atividade de E/S excessiva ou gargalos. Consulte o Capítulo 8 para obter mais informações sobre como usar o Redo Logfile Sizing Advisor.

Arquivos de redo log arquivados

Se o banco de dados estiver no modo **archivelog**, o Oracle copiará os arquivos de redo log para um local especificado antes que eles possam ser reutilizados no ciclo de troca de redo log.

ESTRUTURAS DE MEMÓRIA ORACLE

O Oracle usa a memória física do servidor para armazenar diversos objetos de uma instância Oracle: o próprio código executável Oracle, informações de sessão, processos individuais associados ao banco de dados e informações compartilhadas entre processos (como bloqueios nos objetos de banco de dados). Além disso, as estruturas de memória contêm instruções SQL de usuário e de dicionário de dados, junto com informações armazenadas em cache que algumas vezes são permanentemente armazenadas em disco, como blocos de dados de segmentos de banco de dados e informações sobre transações concluídas no banco de dados. Uma área de dados alocada para uma instância Oracle é denominada *System Global Area (SGA)*. Os executáveis Oracle residem na área de código de software. Além disso, uma área denominada *Program Global Area (PGA)* é privativa para cada servidor e processo em segundo plano; uma PGA é alocada para cada processo. A Figura 1-5 mostra os relacionamentos entre essas estruturas de memória Oracle.

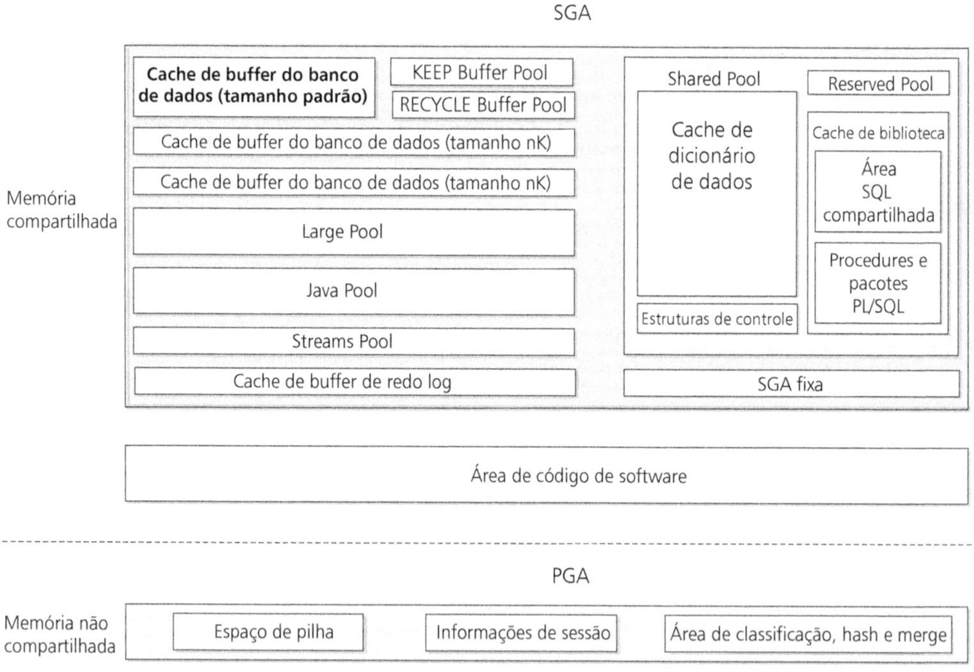

Figura 1-5 *Estruturas de memória lógica do Oracle.*

System global area (Área Global do Sistema)

A *System Global Area* é um grupo de estruturas de memória compartilhada para uma instância Oracle, compartilhada pelos usuários da instância do banco de dados. Quando uma instância Oracle é iniciada, a memória é alocada para a SGA com base nos valores especificados no arquivo de parâmetros de inicialização ou codificadas no software Oracle. Muitos desses parâmetros que controlam o tamanho das várias partes da SGA são dinâmicos; no entanto, se o parâmetro SGA_MAX_SIZE for especificado, o tamanho total de todas as áreas SGA não deverá exceder o valor de SGA_MAX_SIZE. Se SGA_MAX_SIZE não for especificado, mas o parâmetro SGA_TARGET sim, o Oracle ajustará automaticamente os tamanhos dos componentes SGA para que a quantidade total de memória alocada seja igual a SGA_TARGET. SGA_TARGET é um parâmetro dinâmico; ele pode ser alterado enquanto a instância está em execução. O parâmetro MEMORY_TARGET, novo no Oracle 11*g*, equilibra toda a memória disponível para o Oracle entre a SGA e a Program Global Area (discutida mais adiante neste capítulo) para otimizar o desempenho.

A memória na SGA é alocada em unidades de *grânulos*. Um grânulo pode ter 4MB ou 16MB, dependendo do tamanho total da SGA. Se a SGA for menor ou igual a 128MB, um grânulo terá 4MB; do contrário, terá 16MB.

A seguir, abordaremos os principais aspectos de como o Oracle usa cada seção na SGA. Para mais informações sobre como adequar os parâmetros de inicialização associados a essas áreas, consulte o Capítulo 8.

Caches de buffer

O *cache de buffer* de banco de dados contém blocos de dados do disco recentemente lidos para satisfazer uma instrução **select** ou que contém blocos modificados que foram alterados ou adicionados a partir de uma instrução DML. A partir do Oracle9*i*, a área de memória na SGA que armazena esses blocos de dados é dinâmica. Esse é um bom recurso, considerando que pode haver tablespaces no banco de dados com tamanhos de blocos diferentes do tamanho de bloco padrão; tablespaces com até cinco tamanhos de blocos diferentes (um tamanho de bloco para o padrão e até mais quatro) requerem cache de buffer próprios. À medida que as necessidades de processamento e de transações mudam durante o dia ou durante a semana, os valores de DB_CACHE_SIZE e DB_nK_CACHE_SIZE podem ser dinamicamente alterados sem reiniciar a instância para melhorar o desempenho de uma tablespace com um determinado tamanho de bloco.

O Oracle pode usar dois caches adicionais com o mesmo tamanho de bloco como o tamanho de bloco padrão (DB_CACHE_SIZE): o pool de buffers KEEP e o pool de buffers RECYCLE. A partir do Oracle9*i*, esses pools alocam memória independentemente de outros caches na SGA.

Quando uma tabela é criada, é possível especificar o pool em que os blocos de dados da tabela residem usando a cláusula BUFFER_POOL KEEP ou BUFFER_POOL_RECYCLE na cláusula STORAGE. Para tabelas usadas com freqüência durante o dia, seria vantajoso colocar essa tabela no pool de buffer KEEP para minimizar a necessidade de E/S para recuperar blocos na tabela.

Shared Pool (pool compartilhado)

O *shared pool* contém dois subcaches principais: o cache de biblioteca e o cache de dicionário de dados. O shared pool é dimensionado pelo parâmetro de inicialização SHARED_POOL_SIZE. Esse é outro parâmetro dinâmico que pode ser redimensionado desde que o tamanho total da SGA seja menor que SGA_MAX_SIZE ou SGA_TARGET.

Cache de biblioteca   O *cache de biblioteca* armazena informações sobre instruções SQL e PL/SQL que são executadas no banco de dados. No cache de biblioteca, como ele é compartilhado por todos os usuários, muitos usuários diferentes de banco de dados podem potencialmente compartilhar a mesma instrução SQL.

Junto com a própria instrução SQL, o plano de execução e a árvore de parse da instrução SQL são armazenados no cache de biblioteca. A segunda vez que uma instrução SQL idêntica for executada, pelo mesmo usuário ou por um usuário diferente, o plano de execução e a árvore de parse já estarão computados, melhorando o tempo de execução da consulta ou da instrução DML.

Se o cache de biblioteca for dimensionado com um tamanho muito pequeno, os planos de execução e as árvores de parse são apagados do cache, exigindo recargas freqüentes das instruções SQL para o cache de biblioteca. Consulte o Capítulo 8 para obter informações sobre como monitorar a eficiência do cache de biblioteca.

Cache de dicionário de dados   O *dicionário de dados* é uma coleção de tabelas de dados, de propriedade dos esquemas SYS e SYSTEM, que contêm os metadados sobre o banco de dados, suas estruturas e privilégios e atribuições (roles) dos seus usuários. O *cache de dicionário de dados* armazena um subconjunto de colunas das tabelas do dicionário de dados após ser lido pela primeira vez no cache de buffer. Os blocos de dados das tabelas no dicionário de dados são usadas continuamente para auxiliar no processamento de consultas do usuário e outros comandos DML.

Se o cache de dicionário de dados for muito pequeno, as solicitações de informações no dicionário de dados causarão ocorrências adicionais de E/S; essas solicitações ao dicionário de dados vinculadas a ocorrências de E/S são denominadas chamadas recursivas e devem ser evitadas dimensionando corretamente o cache de dicionário de dados.

Buffer de redo log

O *buffer de redo log* armazena as alterações mais recentes feitas aos blocos de dados nos arquivos de dados. Quando um terço do buffer de redo log estiver preenchido, ou a cada três segundos, o Oracle grava os registros de redo log nos arquivos de redo log. A partir do Oracle Database 10g, o processo LGWR grava os registros de redo log nos arquivos de redo log quando 1MB de entradas de redo são armazenadas no buffer de redo log. As entradas no buffer de redo log, uma vez gravadas no arquivos de redo log, são cruciais para a recuperação de banco de dados caso ocorra uma falha na instância antes que os blocos de dados alterados sejam gravados do cache de buffer para os arquivos de dados. Uma transação de usuário que sofreu um commit não é considerada concluída até que as entradas de redo log sejam gravadas com sucesso nos arquivos de redo log.

Large Pool

A *large pool* é uma área opcional da SGA. Ela é usada para transações que interagem com mais de um banco de dados, buffers de mensagens para processos que executam consultas paralelas e operações de backup e restauração paralelos RMAN. Como o nome implica, o large pool torna disponível grandes blocos de memória para operações que precisam alocar esses blocos de uma vez.

O parâmetro de inicialização LARGE_POOL_SIZE controla o tamanho do large pool e é um parâmetro dinâmico desde o Oracle9*i* release 2.

Java Pool

O *Java pool* é usado pelo Oracle JVM (Java Virtual Machine) para todos os códigos e dados Java dentro de uma sessão de usuário. O armazenamento dos códigos e dados no Java pool é análogo aos códigos SQL e PL/SQL armazenados em cache no shared pool.

Streams Pool

Novo no Oracle 10g, o *streams pool* é dimensionado por meio do parâmetro de inicialização STREAMS_ POOL_SIZE. O streams pool armazena estruturas de dados e de controle para suportar o recurso Oracle Streams do Oracle Enterprise Edition. O Oracle Streams gerencia o compartilhamento de dados e eventos em um ambiente distribuído. Se o parâmetro de inicialização STREAMS_POOL_SIZE não for inicializado ou definido como zero, a memória usada para operações Streams é alocada do shared pool e pode usar até 10% dele. Para obter mais informações sobre o Oracle Streams, consulte o Capítulo 17.

Program Global Area (Área Global do Programa)

A *Program Global Area* é uma área da memória alocada e privativa para um processo. A configuração da PGA depende da configuração de conexão do banco de dados Oracle: *servidor compartilhado* ou *dedicado*.

Em uma configuração de servidor compartilhado, múltiplos usuários compartilham uma conexão ao banco de dados, minimizando o uso da memória no servidor, mas afetando potencialmente o tempo de resposta das consultas dos usuários. Em um ambiente de servidor compartilhado, o SGA, em vez do PGA, armazena as informações de sessão para um usuário. Os ambientes de servidor compartilhado são ideais para um número grande de conexões simultâneas ao banco de dados com raras solicitações ou de vida curta.

Em um ambiente de servidor dedicado, cada processo de usuário tem sua própria conexão ao banco de dados; o PGA contém a memória da sessão para esta configuração. O PGA também inclui uma área de classificação. A área de classificação é usada sempre que uma solicitação de usuário requer uma operação de classificação, merge de bitmap ou junção de hash.

A partir do Oracle9*i*, o parâmetro PGA_AGGREGATE_TARGET, em conjunto com o parâmetro de inicialização WORKAREA_SIZE_POLICY, pode facilitar a administração do sistema permitindo que o DBA escolha o tamanho total de todas as áreas de trabalho e delegue ao Oracle a administração e alocação de memória entre todos os processos de usuário. Conforme mencionamos anteriormente neste capítulo, o parâmetro MEMORY_TARGET gerencia a memória da PGA e da SGA como um todo para otimizar o desempenho.

Software Code Area (Área de Código de Software)

As áreas de código de software armazenam os arquivos executáveis do Oracle que estão em execução como parte de uma instância Oracle.

Essas áreas de código são estáticas por natureza e só mudam quando uma nova versão do software é instalada. Em geral, as áreas de código de software Oracle estão localizadas em uma área de memória privilegiada separada de outros programas de usuário.

O código de software Oracle é somente-leitura e pode ser instalado de modo compartilhado ou não compartilhado. A instalação do código de software Oracle como compartilhável economiza memória quando múltiplas instâncias Oracle estão em execução no mesmo servidor e possuem o mesmo nível de release de software.

Processos em segundo plano

Quando uma instância do Oracle inicia, vários processos em segundo plano também iniciam. Um *processo em segundo plano* é um bloco de código executável projetado para executar uma tarefa específica. A Figura 1-6 mostra o relacionamento entre os processos em segundo plano, o banco de dados e a SGA do Oracle. Ao contrário do processo em primeiro plano, como uma sessão SQL*Plus ou um navegador da Web, um processo em segundo plano funciona nos bastidores. Juntos, a SGA e os processos em segundo plano compõem uma instância Oracle.

SMON

SMON é o processo *System Monitor*. No caso de uma queda ou falha de sistema, devido à falta de energia ou falha da CPU, o processo SMON executa a recuperação de falhas aplicando as entradas dos arquivos de redo log online aos arquivos de dados. Além disso, segmentos temporários em todos os tablespaces são eliminados durante a reinicialização do sistema. Uma das tarefas de rotina do SMON é juntar o espaço livre nos tablespaces regularmente se eles forem gerenciados por dicionário.

PMON

Se uma conexão de usuário cair, ou se um processo de usuário falhar, o PMON, também conhecido como *Process Monitor,* faz o trabalho de limpeza. Ele limpa o cache de buffer de banco de dados

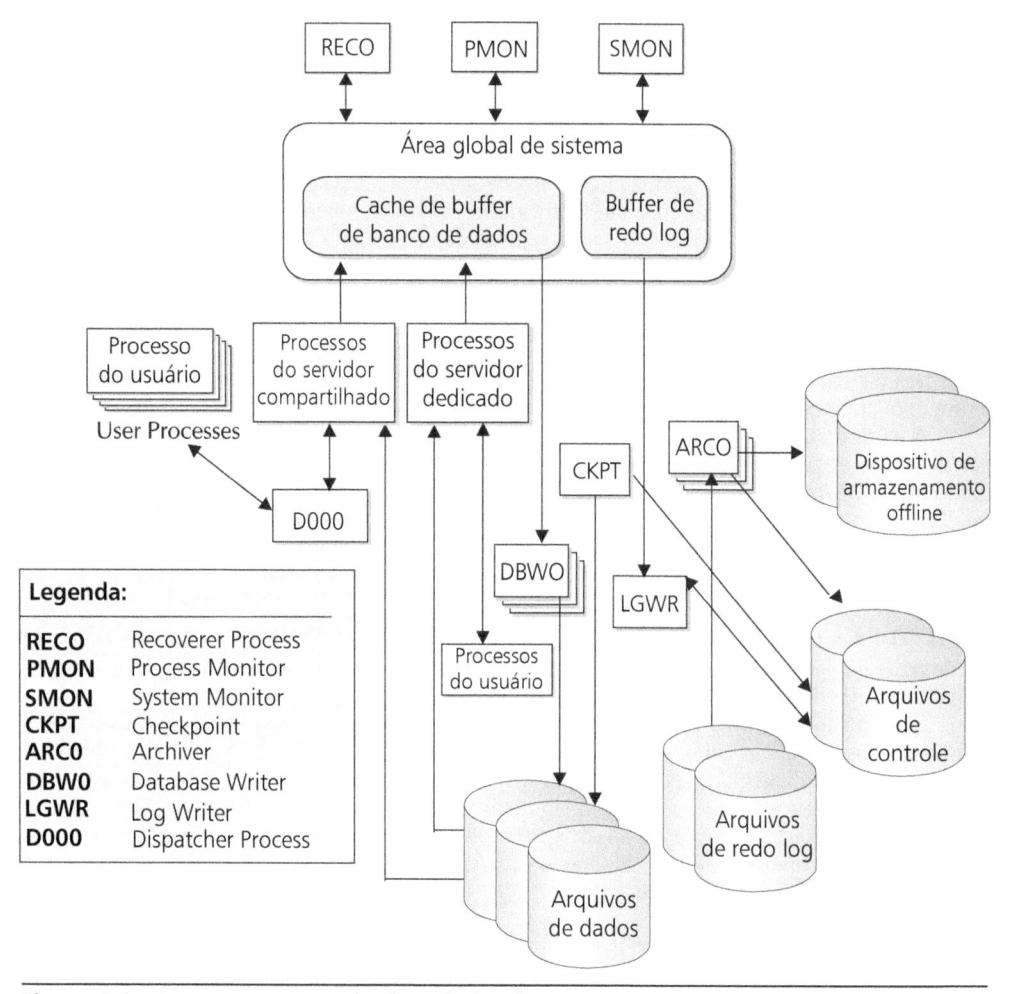

Figura 1-6 *Processos em segundo plano do Oracle.*

juntamente com qualquer outro recurso que a conexão do usuário estava usando. Por exemplo, uma sessão de usuário pode estar atualizando algumas linhas em uma tabela, estabelecendo um bloqueio em uma ou mais linhas. Uma tempestade interrompe o fornecimento de energia para o computador do usuário e a sessão SQL*Plus desaparece quando a estação de trabalho é desligada. Em poucos momentos, o PMON detectará que a conexão deixou de existir e executará as seguintes tarefas:

- Aplicar rollback na transação que estava em andamento quando houve a interrupção de energia.
- Marcar os blocos de transação como disponíveis no cache de buffer.
- Remover os bloqueios nas linhas afetadas da tabela.
- Remover a ID de processo do processo desconectado da lista de processos ativos.

O PMON também interagirá com os listeners fornecendo informações sobre o status da instância para as próximas solicitações de conexão.

DBWn

O processo *database writer*, conhecido como DBWR nas versões mais antigas do Oracle, grava blocos de dados novos ou alterados (conhecidos como *blocos "sujos"*) do cache de buffer nos arquivos de dados. Usando um algoritmo LRU (Least Recently Used – menos utilizados recentemente), o DBWn grava primeiro os blocos mais antigos e menos ativos. Como resultado, os blocos mais solicitados, mesmo que sejam blocos "sujos", permanecem na memória.

Até 20 processos DBWn podem ser iniciados, do DBW0 ao DBW9 e DBWa ao DBWj. O número de processos DBWn é controlado pelo parâmetro DB_WRITER_PROCESSES.

LGWR

LGWR, ou *Log Writer*, é responsável pelo gerenciamento do buffer de redo log. O LGWR é um dos processos mais ativos em uma instância com atividade DML intensa. Uma transação não é considerada concluída até que o LGWR grave com êxito as informações de redo, incluindo o registro de commit, nos arquivos de redo log. Além disso, os buffers sujos no cache de buffer não podem ser gravados nos arquivos de dados pelo DBWn até que o LGWR tenha gravado as informações de redo.

Se os arquivos de redo log forem agrupados e um dos arquivos de redo log multiplexados em um grupo for danificado, o LGWR gravará nos membros restantes do grupo e registrará um erro no arquivo de log de alertas. Se todos os membros de um grupo não forem utilizáveis, o processo LGWR falhará e a instância inteira ficará suspensa até que o problema possa ser corrigido.

ARCn

Se o banco de dados estiver no modo ARCHIVELOG, o *archiver process* (*processo arquivador*), ou ARCn, copiará os redo logs para um ou mais diretórios de destino, dispositivos ou locais de rede sempre que um redo log for preenchido e a informações de redo começarem a preencher o próximo redo log na seqüência. O ideal é que o processo de arquivamento termine antes que o redo log preenchido seja necessário novamente; do contrário, ocorrerão sérios problemas de desempenho – os usuários não poderão concluir suas transações até que as entradas sejam gravadas nos arquivos de redo log e o arquivo de redo log não estará pronto para aceitar novas entradas porque ainda estará sendo gravado no local de arquivamento. Há pelo menos três soluções potenciais para esse problema: aumentar o tamanho dos arquivos de redo log, aumentar o número de grupos de redo log e aumentar o número de processos ARCn. Podem ser iniciados até dez processos ARCn para cada instância configurando o valor do parâmetro de inicialização LOG_ ARCHIVE_MAX_PROCESSES.

CKPT

O *checkpoint process* (*processo de checkpoint*), ou CKPT, ajuda a reduzir a quantidade de tempo necessário para recuperação da instância. Durante um checkpoint, o CKPT atualiza o cabeçalho do arquivo de controle e dos arquivos de dados para refletir o último *SCN (System Change Number)* bem-sucedido. Um checkpoint ocorre automaticamente cada vez que uma troca de arquivo de redo log ocorre. Os processos DBWn gravam, como rotina, os buffers sujos para avançar o checkpoint a partir de onde a recuperação da instância possa iniciar, reduzindo assim o *Mean Time to Recovery (MTTR)*.

RECO

O *recoverer process* (*processo recuperador*) trata falhas de transações distribuídas (isto é, transações que incluem alterações feitas às tabelas em mais de um banco de dados). Se uma tabela no banco de dados CCTR for alterada junto com uma tabela no banco de dados WHSE e a conexão de rede entre os bancos de dados falhar antes que a tabela do banco de dados WHSE possa ser atualizada, o RECO executará um rollback na transação falha.

VISÃO GERAL DE BACKUP/RECUPERAÇÃO

O Oracle dá suporte a muitas formas diferentes de backup e recuperação. Algumas delas podem ser gerenciadas pelo usuário, como exportação e importação; a maioria delas permanece estritamente centrada no DBA, como backups online ou offline e a utilização de comandos do sistema operacional ou o utilitário RMAN.

Os detalhes para configurar e usar esses métodos de backup e recuperação podem ser encontrados no Capítulo 11 e 12.

Exportação/importação

O comando export é um utilitário independente em todas as plataformas Oracle de hardware e software e é iniciado por meio da execução do comando **exp** no prompt de linha de comando do sistema operacional ou através do console Oracle Enterprise Manager em um ambiente GUI. A exportação é considerada um backup *lógico*, porque as características de armazenamento subjacente das tabelas não são registradas, somente os metadados da tabela, os privilégios de usuário e os dados da tabela. O comando **exp** pode exportar todas as tabelas do banco de dados, todas as tabelas de um ou mais usuários ou um conjunto específico de tabelas, dependendo da tarefa e se o usuário tiver privilégio de DBA.

Para restaurar a partir de uma exportação de banco de dados, o comando import, iniciado por meio do comando **imp**, pega o arquivo de formato binário criado pela exportação e o importa para o banco de dados, pressupondo que os usuários das tabelas exportadas do banco de dados de origem existem no banco de dados no qual o comando import é executado.

Uma vantagem de usar exportação e importação é que um usuário avançado de banco de dados pode gerenciar seus próprios backups e recuperações, especialmente em um ambiente de desenvolvimento. Além disso, um arquivo binário gerado pela exportação é geralmente legível em várias versões do Oracle, simplificando a transferência de um pequeno conjunto de tabelas de sua versão mais antiga para uma versão mais recente.

A exportação e a importação são backups inerentemente pontuais e, portanto, não são as soluções de backup e recuperação mais robustas se os dados forem voláteis.

No Oracle 10g, o Oracle Data Pump leva as operações de importação e exportação para um novo nível de desempenho. As exportações para uma origem dados externa pode ser até duas vezes mais rápida e uma operação de importação pode ser até 45 vezes mais rápida porque o Data Pump Import usa carga de caminho direto, ao contrário da importação tradicional. Além disso, uma exportação do banco de dados de origem pode ser simultaneamente importada para o banco de dados de destino sem um arquivo de dump intermediário, economizando tempo e esforço administrativo. O Oracle Data Pump é implementado por meio do pacote DBMS_DATAPUMP com os comandos **expdb** e **impdb** e inclui vários outros recursos de gerenciabilidade, como seleção refinada de objeto. Para obter mais informações sobre o Oracle Data Pump, consulte o Capítulo 17.

Backups offline

Uma das maneiras de fazer um backup físico do banco de dados é executar um backup *offline*. Para tanto, executa-se um shutdown no banco de dados e todos os arquivos relativos a ele, incluindo os arquivos de dados, arquivos de controle, SPFILEs, arquivos de senha e assim por diante, são copiados para um segundo local. Depois que a operação de cópia é concluída, a instância do banco de dados pode ser iniciada. Os backups offline são similares a backups de exportação porque são pontuais e, conseqüentemente, de menor valor se a recuperação do banco de dados até um determinado momento no tempo for necessária e ele não estiver no modo **archivelog**. Outra desvantagem dos backups offline é a quantidade de tempo de inatividade necessária para executá-lo; qualquer empresa multinacional que precise de acesso ao banco de dados 24 horas durante os sete dias da semana provavelmente não fará backups offline com freqüência.

Backups online

Se um banco de dados estiver no modo **archivelog**, é possível fazer backups *online* do banco de dados. O banco de dados pode ser aberto e ficar disponível para os usuários mesmo enquanto o backup estiver sendo processado. O procedimento para fazer backups online é tão fácil quanto colocar um tablespace em um estado de backup usando o comando **alter tablespace users begin backup**, fazer backup dos arquivos de dados no tablespace com os comandos do sistema operacional e, em seguida, tirar o tablespace do estado de backup com o comando **alter tablespace users end backup**.

RMAN

A ferramenta de backup Recovery Manager, mais conhecida como *RMAN,* está disponível desde o Oracle8. O RMAN fornece muitas vantagens sobre as outras formas de backup. Ele pode executar backups incrementais apenas dos blocos de dados que foram alterados entre os backups completos do banco de dados enquanto este permanece online durante todo esse processo.

O RMAN monitora os backups por meio de um de dois métodos: através do arquivo de controle do banco de dados que está sendo copiado ou através de um catálogo de recuperação armazenado em outro banco de dados. Para o RMAN, a utilização do arquivo de controle do banco de dados de destino é fácil, mas não é a melhor solução para uma metodologia robusta de backup corporativo. Embora um catálogo de recuperação exija que outro banco de dados armazene os metadados do banco de dados de destino juntamente com um registro de todos os backups, ele vale muito a pena quando todos os arquivos de controle no banco de dados de destino são perdidos devido a uma falha catastrófica. Além disso, um catálogo de recuperação contém as informações sobre o histórico do backup que podem ser sobrescritas no arquivo de controle do banco de dados de destino se o valor de CONTROL_FILE_RECORD_KEEP_TIME estiver configurado com um valor baixo. O RMAN será discutido com detalhes no Capítulo 12.

RECURSOS DE SEGURANÇA

Nas próximas seções, faremos uma breve visão geral dos diferentes modos como o Oracle 11g Database controla e impõe a segurança em um banco de dados. A segurança de conta baseada em usuário e objetos de esquema foi abordada na seção sobre objetos de banco de dados; os outros tópicos de segurança serão abordados aqui. Esses e outros recursos de segurança dentro do Oracle serão tratados com mais detalhes no Capítulo 9.

Privilégios e atribuições (roles)

Em um banco de dados Oracle, os *privilégios* controlam o acesso às ações que um usuário pode executar e aos objetos do banco de dados. Os privilégios que controlam o acesso a ações no banco de dados são denominados *privilégios de sistema,* ao passo que os privilégios que controlam o acesso aos dados e a outros objetos são denominados *privilégios de objeto.*

Para facilitar a definição e gerenciamento de privilégios para o DBA, uma *atribuição* de banco de dados agrupa os privilégios. Ou seja, uma atribuição é um grupo nomeado de privilégios. Além disso, uma atribuição pode ter outras atribuições aplicadas a ela.

Os privilégios e atribuições são concedidos e revogados com os comandos **grant** e **revoke**. O grupo de usuários PUBLIC não é um usuário nem uma atribuição e também não pode ser descartado; entretanto, quando os privilégios são concedidos a PUBLIC, eles são concedidos a todos os usuários do banco de dados, presentes e futuros.

Privilégios de sistema

Os privilégios de sistema concedem o direito de executar um tipo específico de ação no banco de dados, como criar usuários, alterar tablespaces ou descartar alguma visão. Aqui está um exemplo de concessão de um privilégio de sistema:

    grant DROP ANY TABLE to SCOTT WITH ADMIN OPTION;

O usuário SCOTT pode descartar a tabela de qualquer usuário em qualquer esquema. A cláusula **with admin option** permite que SCOTT conceda seu privilégio mais recente a outros usuários.

Privilégios de objeto

Os privilégios de objeto são concedidos a um objeto específico no banco de dados. Os privilégios de objeto mais comuns são SELECT, UPDATE, DELETE e INSERT para tabelas, EXECUTE para um objeto PL/SQL armazenado e INDEX para conceder privilégios de criação de índice em uma tabela. No exemplo a seguir, o usuário RJB pode executar qualquer DML na tabela JOBS de propriedade do esquema HR:

    grant SELECT, UPDATE, INSERT, DELETE on HR.JOBS to RJB;

Auditoria

Para auditar o acesso aos objetos no banco de dados pelos usuários, você pode configurar uma trilha de auditoria em um objeto ou ação especificado usando o comando **audit**. Tanto as instruções SQL quanto o acesso a um objeto de banco de dados específico podem ser auditados; o sucesso ou falha da ação (ou ambos) podem ser registrados na tabela de trilhas de auditoria, SYS. AUD$, ou em um arquivo de sistema operacional se especificado pelo parâmetro de inicialização AUDIT_TRAIL com um valor de OS.

Para cada operação auditada, o Oracle cria um registro de auditoria com o nome de usuário, o tipo de operação que foi executada, o objeto envolvido e um timestamp (carimbo de data/hora). Várias visões de dicionário de dados, como DBA_AUDIT_TRAIL e DBA_FGA_ AUDIT_TRAIL, facilitam a interpretação dos resultados brutos na tabela de trilhas de auditoria SYS.AUD$.

> **CUIDADO**
> *O excesso de auditoria em objetos de banco de dados pode ter um efeito adverso sobre o desempenho. Comece com uma auditoria básica nos privilégios e objetos principais e expanda a auditoria quando a auditoria básica revelar um possível problema.*

Auditoria refinada

O recurso de auditoria refinada que foi introduzido no Oracle9*i* e aprimorado tanto no Oracle 10g quanto no Oracle 11g leva esse processo um passo adiante: a auditoria padrão pode detectar quando uma instrução **select** foi executada em uma tabela EMPLOYEE; a auditoria refinada gravará um registro de auditoria contendo as colunas específicas acessadas na tabela EMPLOYEE, como a coluna SALARY.

A auditoria refinada é implementada por meio do pacote DBMS_FGA juntamente com a visão de dicionário de dados DBA_FGA_AUDIT_TRAIL. A visão de dicionário de dados DBA_COMMON_AUDIT_ TRAIL combina registros de auditoria padrão no DBA_AUDIT_TRAIL com registros de auditoria refinada.

Virtual Private Database

O recurso Virtual Private Database do Oracle, introduzido no Oracle8*i*, associa um controle de acesso refinado com um contexto seguro de aplicação. As políticas de segurança são anexadas ao dados e não à aplicação; isso garante que as regras de segurança sejam impostas independentemente de como os dados são acessados.

Por exemplo, um contexto de aplicação médica pode retornar um predicado com base no número de identificação do paciente que acessa os dados; o predicado retornado será usado em uma cláusula WHERE para garantir que os dados recuperados da tabela sejam somente os dados associados ao paciente.

Label Security

O Oracle Label Security fornece uma solução "VPD Out-of-the-Box" para restringir o acesso a linhas em qualquer tabela com base no rótulo do usuário que solicita o acesso e o rótulo da linha na própria tabela. Os administradores do Oracle Label Security não precisam de uma habilidade de programação especial para atribuir rótulos de política de segurança a usuários e linhas na tabela.

Esse enfoque altamente granular à segurança de dados pode, por exemplo, permitir que um DBA em um Application Service Provider (ASP) crie apenas uma instância de uma aplicação de contas a receber e use o Label Security para restringir as linhas em cada tabela às informações de contas a receber de uma empresa individual.

REAL APPLICATION CLUSTERS

O recurso Real Application Clusters (RAC), conhecido na versão 8 do Oracle como a opção Oracle Parallel Server, permite que mais de uma instância, em servidores separados, acesse os mesmos arquivos de dados.

Uma instalação RAC pode fornecer disponibilidade extremamente alta para interrupções planejadas e não planejadas. Uma instância pode ser reiniciada com novos parâmetros de inicialização enquanto a outra instância continua a atender as solicitações feitas ao banco de dados. Se um dos servidores parar devido a algum tipo de falha, a instância Oracle no outro servidor continuará a processar as transações, mesmo de usuários que estavam conectados ao servidor parado, de maneira transparente e com um tempo de inatividade mínimo.

O RAC, entretanto, não é uma solução apenas de software: o hardware que implementa o RAC tem requisitos especiais. O banco de dados compartilhado deve estar armazenado em um subsistema de discos com RAID ativado para garantir que cada componente do sistema de armazenamento seja tolerante a falhas. Além disso, o RAC requer uma interconexão, ou rede privada, de alta velocidade entre os nós do cluster para dar suporte à troca de mensagens e à transferência de blocos de uma instância para a outra usando o mecanismo Cache Fusion.

O diagrama da Figura 1-7 mostra uma instalação RAC com dois nós. Como instalar e configurar o Real Application Clusters será discutido detalhadamente no Capítulo 10.

ORACLE STREAMS

Como um componente do Oracle Enterprise Edition, o *Oracle Streams* é o componente de nível mais alto da infra-estrutura Oracle que complementa o Real Application Clusters. O Oracle Streams permite o fluxo suave e o compartilhamento de dados e eventos dentro do mesmo banco de dados ou de um banco de dados para outro. É outra peça chave da longa lista de soluções de alta disponibilidade do Oracle, juntando e melhorando as funções de fila de mensagens, replicação de dados e gerenciamento de eventos do Oracle. O Capítulo 17 fornece mais informações sobre como implementar o Oracle Streams.

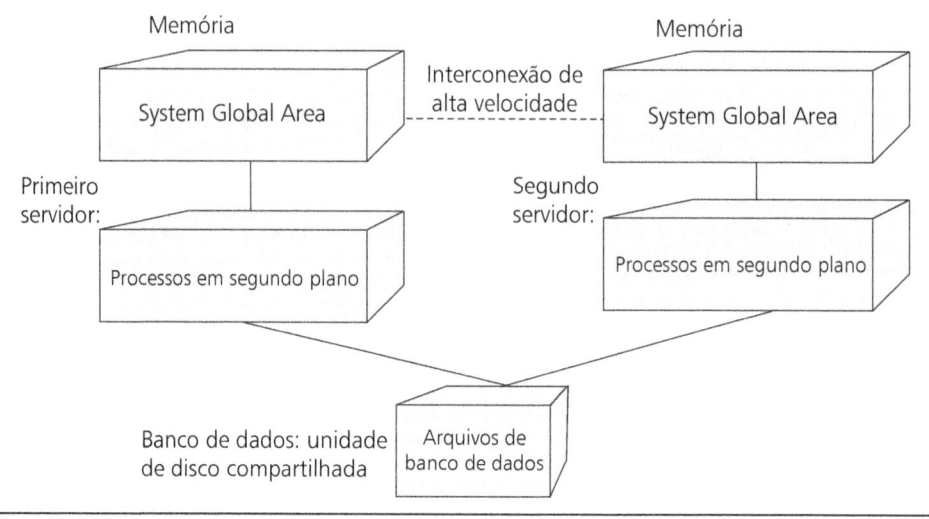

Figura 1-7 *Uma configuração do Real Application Clusters (RAC) com dois nós.*

ORACLE ENTERPRISE MANAGER

O Oracle Enterprise Manager (OEM) é um conjunto valioso de ferramentas que facilita o gerenciamento abrangente de todos os componentes de uma infra-estrutura Oracle, incluindo as instâncias de banco de dados, servidores de aplicação Oracle e servidores Web. Se houver um agente de gerenciamento para uma aplicação de terceiros, o OEM pode gerenciar essa aplicação na mesma estrutura de qualquer outra tecnologia Oracle.

O OEM é totalmente compatível com a Web via Netscape or Internet Explorer e, como resultado, qualquer plataforma de sistema operacional que dê suporte ao Netscape ou IE pode ser usada para iniciar o console OEM.

Uma das principais decisões a ser tomada ao usar o OEM com o Oracle Grid Control é o local de armazenamento do *repositório de gerenciamento*. O repositório de gerenciamento OEM é armazenado em um banco de dados separado dos nós e serviços que estão sendo gerenciados ou monitorados. Os metadados dos nós e serviços estão centralizados e isso facilita a administração desses nós. O backup do banco de dados de repositório de gerenciamento deve ser executado com freqüência e separadamente dos bancos de dados que estão sendo gerenciados. Uma instalação de OEM traz um grande valor agregado "out-of-the-box". Quando a instalação OEM é concluída, as notificações de email já estão configuradas para enviar mensagens para o SYSMAN ou outra conta de email para condições críticas e a descoberta inicial de alvos é automaticamente concluída.

PARÂMETROS DE INICIALIZAÇÃO DO ORACLE

Um banco de dados Oracle usa parâmetros de inicialização para configurar a memória, localizações de discos e assim por diante. Existem duas maneiras de armazenar os parâmetros de inicialização: usando um arquivo texto editável e usando um arquivo binário do servidor. Independentemente do método usado para armazenar os parâmetros de inicialização, há um conjunto definido de parâmetros de inicialização básicos (desde o Oracle 10g) com o qual todo DBA deve estar familiarizado quando criar um novo banco de dados.

Desde o Oracle 10g, os parâmetros de inicialização incorrem em duas categorias abrangentes: parâmetros de inicialização básicos e parâmetros de inicialização avançados. À medida que o

Oracle se torna mais e mais auto-gerenciável, o número de parâmetros com o qual um DBA deve conhecer e ajustar diariamente é reduzido.

Parâmetros de inicialização básicos

A lista de parâmetros de inicialização básicos do Oracle 10g aparece na Tabela 1-3 junto com uma breve descrição de cada um deles. Nas seções a seguir, daremos algumas explicações e informações adicionais sobre como alguns destes parâmetros devem ser configurados, dependendo do ambiente de hardware e software, os tipos de aplicações e o número de usuários no banco de dados.

Alguns desses parâmetros serão revisitados no apêndice, onde configuraremos os parâmetros iniciais para a SGA, locais de arquivos e outros limites.

Tabela 1-3 *Parâmetros de inicialização básicos*

Parâmetro de inicialização	Descrição
CLUSTER_DATABASE	Ativa esse nó para ser um membro de um cluster.
COMPATIBLE	Permite que uma nova versão de banco de dados seja instalada enquanto garante a compatibilidade com a versão especificada por este parâmetro.
CONTROL_FILES	Especifica o local dos arquivos de controle para esta instância.
DB_BLOCK_SIZE	Especifica o tamanho dos blocos do Oracle. Este tamanho de bloco é usado para os tablespaces SYSTEM, SYSAUX e temporários na criação do banco de dados.
DB_CREATE_FILE_DEST	O local padrão para os arquivos de dados OMF. Também especifica o local padrão dos arquivos de controle e arquivos de redo log se DB_CREATE_ONLINE_LOG_DEST_*n* não for configurado.
DB_CREATE_ONLINE_LOG_DEST_*n*	*O local padrão para arquivos de controle OMF e arquivos de redo log online.*
DB_DOMAIN	O nome do domínio lógico em que o banco de dados reside em um sistema de banco de dados distribuído (por exemplo, us.oracle.com).
DB_NAME	Um identificador de banco de dados de até oito caracteres. Pré-fixado ao valor DB_DOMAIN para um nome totalmente qualificado (por exemplo, sales. us.oracle.com).
DB_RECOVERY_FILE_DEST	O local padrão para a área de recuperação. Deve ser definido junto com DB_RECOVERY_FILE_DEST_SIZE.
DB_RECOVERY_FILE_DEST_SIZE	O tamanho máximo, em bytes, para os arquivos usados para recuperação no local da área de recuperação.
DB_UNIQUE_NAME	Um nome globalmente único para o banco de dados. Distingue os bancos de dados que têm o mesmo DB_NAME dentro do mesmo DB_DOMAIN.
INSTANCE_NUMBER	Em uma instalação RAC, o número da instância desse nó no cluster.
JOB_QUEUE_PROCESSES	O número máximo de processos permitidos para executar jobs, variando de 0 a 1000.
LDAP_DIRECTORY_SYSAUTH	Ativa ou desativa autorização baseada em diretório para usuários com as atribuições SYSDBA e SYSOPER.
LOG_ARCHIVE_DEST_*n*	*Para o modo ARCHIVELOG, até dez locais para enviar arquivos de log arquivados.*
LOG_ARCHIVE_DEST_STATE_*n*	*Configura a disponibilidade dos locais LOG_ARCHIVE_DEST_n correspondentes.*
NLS_LANGUAGE	Especifica o idioma padrão do banco de dados, incluindo mensagens, nomes de dias e meses e regras de classificação (por exemplo, "AMERICAN").
NLS_TERRITORY	O nome de território usado para numeração de dia e semana (exemplo: "SWEDEN", "TURKEY" ou "AMERICA").

(continua)

Tabela 1-3 *Parâmetros de inicialização básicos (continuação)*

Parâmetro de inicialização	Descrição
OPEN_CURSORS	O número máximo de cursores abertos por sessão.
PGA_AGGREGATE_TARGET	A memória total a ser alocada para todos os processos do servidor nesta instância.
PROCESSES	O número máximo de processos do sistema operacional que podem conectar-se ao Oracle simultaneamente. SESSIONS e TRANSACTIONS são derivados desse valor.
REMOTE_LISTENER	Uma resolução de nome de rede para um listener remoto Oracle Net.
REMOTE_LOGIN_PASSWORDFILE	Especifica como o Oracle usa os arquivos de senha. Necessário para RAC.
ROLLBACK_SEGMENTS	Nomes dos segmentos de rollback privados a serem colocados online, se o gerenciamento de undo não for usado para rollback de transação.
SESSIONS	O número máximo de sessões e, portanto, de usuários simultâneos, na instância. Assume o padrão de 1.1*PROCESSES + 5.
SGA_TARGET	Especifica o tamanho total de todos os componentes SGA; este parâmetro determina automaticamente DB_CACHE_SIZE, SHARED_POOL_SIZE, LARGE_POOL_SIZE, STREAMS_POOL_SIZE e JAVA_POOL_SIZE.
SHARED_SERVERS	O número de processos de servidor compartilhados a ser alocado quando uma instância é iniciada.
STAR_TRANSFORMATION_ENABLED	Controla a otimização da consulta quando consultas são executadas em um modelo star schema.
UNDO_MANAGEMENT	Especifica se o gerenciamento de undo é automático (AUTO) ou manual (MANUAL). Se MANUAL for especificado, os segmentos de rollback são usados para o gerenciamento de undo.
UNDO_TABLESPACE	O tablespace a ser usado quando UNDO_MANAGEMENT é definido como AUTO.

COMPATIBLE

O parâmetro COMPATIBLE permite que uma versão mais recente do Oracle seja instalada, embora restringindo o conjunto de recursos da nova versão como se uma versão mais antiga do Oracle estivesse instalada. Essa é uma boa maneira de prosseguir com uma atualização do banco de dados e permanecer compatível com uma aplicação que pode vir a falhar quando executada com a nova versão do software. O parâmetro COMPATIBLE pode então ser atualizado à medida que as aplicações são retrabalhadas ou reescritas para funcionar com a nova versão do banco de dados.

A desvantagem de usar este parâmetro é que nenhuma das novas aplicações para o banco de dados podem tirar vantagem dos novos recursos até que o parâmetro COMPATIBLE seja configurado com o mesmo valor da versão atual.

DB_NAME

DB_NAME especifica a parte local do nome do banco de dados. Ele pode ter até oito caracteres e deve começar com um caractere alfanumérico. Uma vez definido, ele só pode ser alterado com o utilitário DBNEWID do Oracle (**nid**); o DB_NAME é gravado em cada arquivo de dados, arquivo de redo log e arquivo de controle no banco de dados. Na inicialização do banco de dados, o valor deste parâmetro deve corresponder ao valor do DB_ NAME gravado no arquivo de controle.

DB_DOMAIN

DB_DOMAIN especifica o nome do domínio de rede em que o banco de dados residirá. A combinação de DB_NAME e DB_DOMAIN deve ser única dentro de um sistema de banco de dados distribuído.

DB_RECOVERY_FILE_DEST and DB_RECOVERY_FILE_DEST_SIZE

Quando as operações de recuperação de banco de dados ocorrem, devido a uma falha de instância ou a uma falha de mídia, é conveniente ter uma *área de recuperação flash* para armazenar e gerenciar arquivos relacionados a uma operação de recuperação ou backup. A partir do Oracle 10g, o parâmetro DB_RECOVERY_FILE_DEST pode ser uma localização de diretório no servidor local, uma localização diretório de rede ou uma área de disco ASM (Automatic Storage Management). O parâmetro DB_RECOVERY_FILE_DEST_SIZE estipula um limite sobre a quantidade de espaço permitida para os arquivos de recuperação ou backup.

Esses parâmetros são opcionais, mas se forem especificados, o Recovery Manager (RMAN) pode gerenciar automaticamente os arquivos necessários para as operações de backup e recuperação. O tamanho dessa área de recuperação deve ser suficientemente grande para armazenar duas cópias de todos os arquivos de dados, os backups RMAN incrementais, redo logs online, arquivos de log arquivados que ainda não foram copiados em backup para fita, o SPFILE e o arquivo de controle.

CONTROL_FILES

O parâmetro CONTROL_FILES não é exigido quando você cria um banco de dados. Se ele não for especificado, o Oracle criará um arquivo de controle em um local padrão, ou se o OMF for configurado, no local especificado pelo DB_CREATE_FILE_DEST ou pelo DB_CREATE_ONLINE_LOG_DEST_n e um local secundário especificado por DB_RECOVERY_FILE DEST. Depois que o banco de dados é criado, o parâmetro CONTROL_FILES reflete os nomes dos locais dos arquivos de controle, caso você esteja usando um SPFILE; se estiver usando um arquivo texto de parâmetros de inicialização, deve adicionar o local para este arquivo manualmente.

Entretanto, é muito recomendável que várias cópias do arquivo de controle sejam criadas em volumes físicos separados. Os arquivos de controle são tão críticos para a integridade do banco de dados e são tão pequenos que ao menos três cópias multiplexadas do arquivo de controle devem ser criadas em discos físicos separados. Além disso, o comando **alter database backup controlfile to trace** deve ser executado para criar uma cópia no formato de texto do arquivo de controle, caso ocorra um grande desastre.

O exemplo a seguir especifica três locais para cópias do arquivo de controle:

```
CONTROL_FILES = (/u01/oracle10g/test/control01.ctl,
                 /u03/oracle10g/test/control02.ctl,
                 /u07/oracle10g/test/control03.ctl)
```

DB_BLOCK_SIZE

O parâmetro DB_BLOCK_SIZE especifica o tamanho do bloco padrão do Oracle no banco de dados. Na criação do banco de dados, os tablespaces SYSTEM, TEMP e SYSAUX são criados com esse tamanho de bloco. O ideal é que este parâmetro seja igual ou um múltiplo do tamanho de bloco do sistema operacional para eficiência de E/S.

Antes do Oracle9*i*, você podia especificar um tamanho de bloco menor (4KB ou 8KB) para sistemas OLTP e um tamanho de bloco maior (até 32KB) para bancos de dados DSS (decision support system). Entretanto, agora que tablespaces com até cinco tamanhos de blocos diferentes podem coexistir no mesmo banco de dados, um valor menor para o DB_ BLOCK_SIZE é suficiente. No entanto, 8KB provavelmente é um valor mínimo preferível para qualquer banco de dados, a menos que tenha sido rigorosamente provado no ambiente de destino que um tamanho de bloco de 4KB não causará problemas de desempenho.

SGA_TARGET

O Oracle 11*g* tem a capacidade de especificar uma quantidade total de memória para todos os componentes SGA. Se SGA_TARGET for especificado, os parâmetros DB_CACHE_SIZE, SHARED_POOL_SIZE, LARGE_POOL_SIZE, STREAMS_POOL_ SIZE e JAVA_POOL_SIZE serão dimensionados automaticamente pelo Automatic Shared Memory Management (ASMM). Se algum desses quatro parâmetros forem dimensionados manualmente quando SGA_TARGET também for configurado, o ASMM usará os parâmetros dimensionados como valores mínimos.

Depois que a instância é iniciada, os parâmetros dimensionados de forma automática podem ser aumentados ou reduzidos dinamicamente, desde que o parâmetro SGA_MAX_SIZE não seja excedido. O parâmetro SGA_MAX_ SIZE especifica um limite superior máximo para a SGA inteira e ele não pode ser excedido ou alterado até que a instância seja reinicializada.

Independente de como a SGA é dimensionada, certifique-se que haja memória física livre suficiente disponível no servidor para armazenar os componentes da SGA e todos os processos de segundo plano; do contrário, ocorrerá uma paginação excessiva e o desempenho sofrerá.

MEMORY_TARGET

Embora MEMORY_TARGET não seja um parâmetro "básico" de acordo com a documentação do Oracle, ele pode simplificar o gerenciamento de memória da instância. Esse parâmetro especifica a memória utilizável em todo o sistema Oracle. O Oracle, por sua vez, realoca a memória entre, por exemplo, a SGA e a PGA para otimizar os desempenhos.

DB_CACHE_SIZE and DB_nK_CACHE_SIZE

O parâmetro DB_CACHE_SIZE especifica o tamanho da área na SGA que armazena blocos de tamanho padrão, incluindo aqueles dos tablespaces SYSTEM, TEMP e SYSAUX. É possível definir até mais quatro caches se existirem tablespaces com tamanhos de blocos diferentes dos tablespaces SYSTEM e SYSAUX. O valor de **n** pode ser 2, 4, 8, 16 ou 32; se o valor de **n** for igual ao tamanho de bloco padrão, o parâmetro DB_nK_CACHE_SIZE correspondente é ilegal. Embora esse parâmetro não seja um dos básicos de inicialização, ele torna-se muito básico quando você transporta um tablespace de outro banco de dados com um tamanho de bloco diferente de DB_BLOCK_SIZE.

Existem vantagens distintas para um banco de dados que contém múltiplos tamanhos de blocos. O tablespace que trata de aplicações OLTP pode ter um tamanho de bloco menor e o tablespace com tabelas de data warehouse pode ter um tamanho de bloco maior. Porém, tenha cuidado ao alocar memória para cada um desses tamanhos de cache para não destinar muita memória para um em detrimento do outro. A partir do Oracle9*i*, o recurso Buffer Cache Advisory do Oracle monitora o uso do cache para cada tamanho de cache na visão V$DB_CACHE_ADVICE a fim de ajudar o DBA no dimensionamento dessas áreas de memória. Mais informações sobre como usar o recurso Buffer Cache Advisory podem ser encontradas no Capítulo 8.

SHARED_POOL_SIZE, LARGE_POOL_SIZE, STREAMS_POOL_SIZE e JAVA_POOL_SIZE

Os parâmetros SHARED_POOL_SIZE, LARGE_POOL_SIZE, STREAMS_POOL_SIZE e JAVA_ POOL_ SIZE, que dimensionam o shared pool, o large pool, o streams pool e o Java pool, respectivamente, são dimensionados de maneira automática pelo Oracle se o parâmetro de inicialização SGA_TARGET for especificado. Mais informações sobre como ajustar manualmente essas áreas podem ser encontradas no Capítulo 8.

PROCESSES

O valor para o parâmetro de inicialização PROCESSES representa o número total de processos que podem conectar-se simultaneamente ao banco de dados. Isso inclui tanto processos em segundo plano quanto processos de usuário; um bom ponto de partida para o parâmetro PROCESSES seria 15 para os processos em segundo plano mais o número máximo de usuários simultâneos esperados; para um banco de dados menor, 50 é um bom ponto de partida, porque há pouco ou nenhum overhead associado a um parâmetro PROCESSES muito grande.

UNDO_MANAGEMENT e UNDO_TABLESPACE

O Automatic Undo Management (AUM), introduzido no Oracle9*i*, elimina ou pelo menos reduz as dificuldades de alocar o número e tamanho correto de segmentos de rollback para manipular as informações de undo para transações. Em vez disso, um único tablespace de undo é especificado para todas as operações de undo (exceto para um segmento de rollback SYSTEM) e todo o seu gerenciamento é manipulado automaticamente quando o parâmetro UNDO_MANAGEMENT é configurado como AUTO.

A tarefa que resta para o DBA é dimensionar o tablespace de undo. As visões de dicionário de dados, como V$UNDOSTAT e o Supervisor de Undo podem ajudar o DBA a ajustar o tamanho do tablespace de undo.

Múltiplos tablespace de undo podem ser criados; por exemplo, um tablespace de undo menor está online durante o dia para manipular volumes de transações relativamente pequenos e um tablespace de undo maior é colocado online durante a noite para manipular trabalhos em lote e consultas de longa duração que carregam o data warehouse e precisam de consistência transacional. Apenas um tablespace de undo pode estar ativo em um determinado momento.

A partir do Oracle 11g, o AUM está ativado por padrão. Além disso, novas procedures PL/SQL estão disponíveis para suplementar as informações obtidas do Undo Advisor e V$UNDOSTAT.

Parâmetros de inicialização avançados

Os parâmetros de inicialização avançados incluem os demais parâmetros de inicialização não listados aqui, para um total de 283 deles no release 1 do Oracle Database 11g. A maioria deles pode ser definido e ajustado automaticamente pela instância Oracle quando os parâmetros de inicialização básicos são configurados. Examinaremos esses parâmetros no apêndice "Instalação e Configuração".

CAPÍTULO 2

Atualizando para o Oracle Database 11g

Se você já instalou uma versão anterior do servidor de banco de dados Oracle, poderá atualizar para o Oracle Database 11g. Vários caminhos de atualização são suportados; a melhor opção para você dependerá de fatores como a versão do seu software Oracle atual e o tamanho do seu banco de dados. Neste capítulo, você verá as descrições desses métodos e as diretrizes para sua utilização.

Se você não usou uma versão do Oracle anterior ao Oracle Database 11g, pode pular este capítulo por enquanto. Entretanto, provavelmente você precisará consultá-lo quando atualizar do Oracle Database 11g para uma versão posterior ou quando migrar os dados de um banco de dados diferente para o seu banco de dados.

Antes de começar a atualização, você deve ler o Oracle Database 11g Installation Guide referente ao seu sistema operacional. Uma instalação bem-sucedida depende de um ambiente corretamente configurado – incluindo os níveis de patch do sistema operacional e as configurações de parâmetros do sistema. Planeje fazer uma instalação e atualização corretas logo na primeira vez, em vez de tentar reiniciar uma instalação parcialmente bem-sucedida. Configure o sistema para fornecer suporte à instalação do software Oracle e à criação de um banco de dados inicial (starter database) utilizável.

Este capítulo assume que sua instalação do software Oracle Database 11g (consulte o Capítulo 1 e o apêndice "Instalação e configuração") foi concluída com êxito e que você tem um banco de dados Oracle que usa uma versão anterior do software Oracle no mesmo servidor.

Observe que, se você estiver instalando a partir do zero ou atualizando de uma versão anterior do Oracle Database, há vantagens distintas para instalar o software Oracle Database 11g e criar o banco de dados em etapas separadas. Ao instalar a partir do zero, você tem maior controle sobre os parâmetros de inicialização, localizações dos arquivos de banco de dados, alocação de memória e assim por diante, quando cria o banco de dados em uma etapa separada; na atualização a partir de uma versão anterior, ao instalar primeiramente o software, você tem acesso ao Oracle Pre-Upgrade Information Tool que pode ser usado no banco de dados existente para alertá-lo sobre qualquer problema possível de compatibilidade com o Oracle Database 11g. Para atualizar esse banco de dados, você tem quatro opções:

- **Utilize o Database Upgrade Assistant (DBUA) para orientá-lo e executar a atualização in place** Durante este processo, o banco de dados antigo se tornará um banco de dados Oracle 11g. O DBUA dá suporte ao Oracle Real Application Clusters (RAC) e ao Automatic Storage Management (ASM); você pode inicializar o DBUA como parte do processo de instalação ou como uma ferramenta independente após a instalação. O Oracle recomenda a utilização do DBUA para os principais releases do Oracle Database ou patches de atualizações de release.

- **Execute uma atualização manual do banco de dados** Durante este processo, o banco de dados antigo se tornará um banco de dados Oracle 11g. Embora você tenha um controle muito preciso sobre cada etapa deste processo, este método é mais suscetível de erro, caso você pule uma etapa ou esqueça uma etapa de pré-requisito.

- **Utilize os utilitários Export e Import (ou o Oracle Data Pump) para mover os dados de uma versão anterior do Oracle para o banco de dados Oracle 11g** Dois bancos de dados separados serão usados – o banco de dados antigo como a origem para exportação e o banco de dados novo como o destino para a importação. Se você estiver atualizando a partir do Oracle Database 10g, usará o Oracle Data Pump para mover seus dados do banco de dados antigo para o novo.

- **Copie os dados de uma versão anterior do Oracle para um banco de dados Oracle 11g** Dois bancos de dados separados serão usado – o banco de dados antigo como origem da cópia e o banco de dados novo como o destino da cópia. Esse método é o mais direto e simples porque sua migração consiste principalmente nas instruções SQL **create table as select** que referenciam os bancos de dados antigo e novo; entretanto, a menos que seu banco de dados tenha muito poucas tabelas e você não se importe com o uso de definições de ajuste SQL existentes, estatísticas e assim por diante, o Oracle não recomenda este método para bancos de dados de produção.

A atualização de banco de dados in place – por meio do Database Upgrade Assistant ou do caminho de atualização manual – é denominada uma *atualização direta* (direct upgrade). Como uma atualização direta não envolve a criação de um segundo banco de dados para um que está sendo atualizado, ela pode ser concluída mais rapidamente e requer menos espaço em disco do que uma atualização indireta.

> **NOTA**
> *A atualização direta do banco de dados para a versão 11 só é suportada se o banco de dados presente estiver usando um desses releases do Oracle: 9.2.0.4, 10.1.0.2 ou 10.2.0.1. Se você estiver usando qualquer outra versão, primeiramente terá de atualizar o banco de dados para um daqueles releases ou precisará usar uma opção de atualização diferente. O Oracle 8.0.6 só é suportado em algumas versões (em geral de 64 bits), portanto verifique as matrizes de certificação online no site Metalink da Oracle ou no Oracle Database Upgrade Guide.*

> **NOTA**
> *Planeje suas atualizações cuidadosamente; talvez você precise de tempo para fazer várias atualizações incrementais (como do 8.1.7 para o 8.1.7.4 para o 9.2.0.8) antes de atualizar para o Oracle Database 11g.*

ESCOLHENDO UM MÉTODO DE ATUALIZAÇÃO

Conforme descrito na seção anterior, dois caminhos de atualização direta e dois de atualização indireta estão disponíveis. Nesta seção, você verá uma descrição mais detalhada das opções, seguida das descrições de utilização.

Em geral, os caminhos de atualização direta executarão a atualização mais rapidamente porque elas atualizam o banco de dados in place. O outro método envolve a cópia de dados, seja para um arquivo dump de um Export no sistema operacional, por meio de um link de banco de dados, ou via uma exportação Data Pump. Para bancos de dados muito grandes, o tempo necessário para recriar completamente o banco de dados por meio de métodos indiretos pode excluí-los como opções viáveis.

O primeiro método direto conta com o *Database Upgrade Assistant (DBUA)*. O DBUA é uma ferramenta interativa que o orienta durante o processo de atualização. O DBUA avalia as configurações presentes do banco de dados e recomenda as modificações que podem ser implementadas durante o processo de atualização. Essas recomendações podem incluir o dimensionamento de arquivos e as especificações para o novo tablespace SYSAUX, caso você esteja atualizando de uma versão anterior à 10g. Depois que você aceita as recomendações, o DBUA executa a atualização em segundo plano enquanto um painel de progresso é exibido. O enfoque do DBUA é muito similar ao Database Configuration Assistant (DBCA). Conforme discutido no Capítulo 1 e no apêndice, o DBCA é uma interface gráfica para as etapas e parâmetros necessários para fazer uma atualização bem-sucedida.

O segundo método direto é denominado *atualização manual*. Enquanto o DBUA executa scripts em segundo plano, o caminho de atualização manual exige que os próprios administradores de banco de dados que executem os scripts. O enfoque de atualização manual permite que você tenha um grande controle da atualização, mas também aumenta o nível de risco na atualização porque você deve executar as etapas na ordem correta.

Você pode usar o Export e Import original (ou o Oracle Data Pump Export/Import a partir do Oracle Database 10g) como método indireto para atualizar um banco de dados. Nesse método, você exporta os dados da versão antiga do banco de dados e, em seguida, os importa para um banco de dados que usa a nova versão do software Oracle. Esse processo pode exigir espaço em disco para várias cópias de dados – no banco de dados de origem, no arquivo dump do Export e no banco de dados de destino. Em troca desses custos, esse método proporciona maior flexibilidade na escolha de que dados serão migrados. Você pode selecionar tablespaces, esquemas, tabelas e linhas específicos a serem exportados.

Nos métodos Export/Import e Data Pump, o banco de dados original não é atualizado; seus dados são extraídos e movidos, e o banco de dados pode ser excluído ou ser executado em paralelo com o novo banco de dados até que o teste do novo banco de dados esteja concluído. No processo de execução da exportação/importação, você seleciona e reinsere cada linha do banco de dados. Se o banco de dados for muito grande, o processo de importação pode demorar muito tempo, impactando sua capacidade de fornecer o banco de dados atualizado aos seus usuários de maneira adequada. Consulte o Capítulo 12 para obter detalhes dos utilitários Export/Import e Data Pump utilities.

NOTA
Dependendo da versão do banco de dados de origem, você precisará usar uma versão específica dos utilitários Export e Import. Consulte a seção "Versões do Export e do Import a serem usadas" mais adiante neste capítulo.

No método de cópia de dados, você emite uma série de comandos **create table as select...** ou **insert into... select** que utilizam os links de banco de dados (consulte o Capítulo 16) para recuperar os dados de origem. As tabelas são criadas no banco de dados Oracle 11g com base nas consultas de dados de um banco de dados de origem separado.

Esse método permite migrar os dados incrementalmente e limitar as linhas e colunas migradas. Entretanto, você precisará ter cuidado para que os dados copiados mantenham todos os relacionamentos necessários entre tabelas, assim como todos os índices ou constraints. Como no método Export/Import, esse método pode exigir uma quantidade de tempo significativa para bancos de dados maiores.

NOTA
Se você estiver alterando a plataforma de operação ao mesmo tempo, poderá usar tablespaces transportáveis para mover os dados do banco de dados antigo para o novo. Para bancos de dados muito grandes, esse método pode ser mais rápido do que outros métodos de cópia de dados. Consulte o Capítulo 17 para obter detalhes sobre tablespaces transportáveis.

A seleção de um método de atualização adequado requer que você avalie a experiência técnica da sua equipe, os dados que serão migrados e o tempo de inatividade permitido para o banco de dados durante a migração. Em geral, a utilização do DBUA será o método preferido para bancos de dados muito grandes, ao passo que bancos de dados menores podem usar um método indireto.

ANTES DE ATUALIZAR

Antes de atualizar, você deve fazer uma cópia backup do banco de dados existente e do software de banco de dados. Se a migração falhar por algum motivo e você não conseguir reverter o banco de dados ou o software para sua versão anterior, será possível restaurar seu backup e recriar o banco de dados.

Você deve desenvolver e testar os scripts que permitirão avaliar o desempenho e a funcionalidade do banco de dados após a atualização. Essa avaliação pode incluir o desempenho de operações específicas de banco de dados ou o desempenho geral do banco de dados sob uma carga significativa de usuários.

Antes de executar o processo de atualização em um banco de dados de produção, você deve tentar atualizar em um banco de dados de teste para que os componentes que faltam (como patches do sistema operacional) possam ser identificados e o tempo necessário para a atualização possa ser medido.

O Oracle Database 11g inclui uma ferramenta chamada Pre-Upgrade Information Tool, disponível através do arquivo utlu111i.sql. Essa ferramenta está incluída entre os arquivos de instalação no diretório $ORACLE_HOME/rdbms/admin. Copie este script para um local acessível pelo banco de dados antigo, conecte ao banco de dados antigo com privilégios SYSDBA e execute esta ferramenta em uma sessão SQL*Plus da seguinte forma:

```
SQL> spool upgrade_11g_info.txt
SQL> @utlu111i.sql
SQL> spool off
```

Examine o arquivo upgrade_11g_info.txt para verificar os ajustes que devem ser feitos antes de executar a atualização real; esses ajustes incluem aumentar o tamanho dos tablespaces, remover parâmetros de inicialização obsoletos e revogar atribuições obsoletas, como CONNECT. A partir do Oracle Database 11g, a atribuição CONNECT só contém o privilégio CREATE SESSION. Você precisa conceder permissões para usuários com a atribuição CONNECT antes de atualizar. Aqui está uma consulta que você pode usar para identificar os usuários aos quais foi concedida a atribuição CONNECT:

```
SELECT grantee FROM dba_role_privs
    WHERE granted_role = 'CONNECT' and grantee NOT IN (
        'SYS', 'OUTLN', 'SYSTEM', 'CTXSYS', 'DBSNMP',
        'LOGSTDBY_ADMINISTRATOR', 'ORDSYS',
        'ORDPLUGINS', 'OEM_MONITOR', 'WKSYS', 'WKPROXY',
        'WK_TEST', 'WKUSER', 'MDSYS', 'LBACSYS', 'DMSYS',
        'WMSYS', 'OLAPDBA', 'OLAPSVR', 'OLAP_USER',
        'OLAPSYS', 'EXFSYS', 'SYSMAN', 'MDDATA',
        'SI_INFORMTN_SCHEMA', 'XDB', 'ODM');
```

Antes de executar uma atualização direta, você deve analisar as tabelas do dicionário de dados. Durante o processo de atualização para o Oracle 11g, o dicionário de dados será analisado, caso ainda não tenha sido, portanto, executar essa etapa antecipadamente ajudará o desempenho da atualização. Para um banco de dados Oracle versão 10g, você pode usar esta chamada de procedure para juntar as estatísticas do dicionário:

```
EXEC DBMS_STATS.GATHER_DICTIONARY_STATS;
```

USANDO O DATABASE UPGRADE ASSISTANT

Você pode iniciar o Database Upgrade Assistant (DBUA) por meio do comando

```
dbua
```

(em ambientes Unix) ou selecionando o Database Upgrade Assistant na opção de menu Oracle Configuration and Migration Tools (em ambientes Windows). Se estiver usando um ambiente Unix, você precisará ativar um display X Window antes de iniciar o DBUA. Quando iniciado, o DBUA exibirá uma tela de Boas-Vindas. Na próxima tela, selecione o banco de dados que você deseja atualizar na lista de bancos de dados disponíveis. Você pode atualizar somente um banco de dados de cada vez.

Após fazer a seleção, o processo de atualização inicia. O DBUA executará verificações de pré-atualização (como parâmetros de inicialização obsoletos ou arquivos muito pequenos). O DBUA criará então o tablespace SYSAUX, um tablespace padrão em todos os bancos de dados

Oracle 10*g* e 11*g*. Você pode substituir os padrões do Oracle dos parâmetros de localização e tamanho para os arquivos de dados usados pelo tablespace SYSAUX.

O DBUA solicitará então que você recompile os objetos PL/SQL inválidos após a atualização. Se esses objetos não forem recompilados após a atualização, o seu primeiro usuário será forçado a esperar enquanto o Oracle executa uma recompilação em tempo de execução.

O DBUA solicitará que você faça uma cópia backup do banco de dados como parte do processo de atualização. Se esse procedimento já foi executado antes de iniciar o DBUA, você pode pular esta etapa. Se decidir que o DBUA fará o backup do banco de dados, ele fará um shutdown do banco de dados e executará um backup offline dos arquivos de dados para o diretório que você especificar. O DBUA também criará um arquivo em lote nesse diretório para automatizar a restauração desses arquivos para seus locais anteriores.

A próxima etapa será decidir se o Oracle Enterprise Manager (OEM) será ativado para gerenciar o banco de dados. Se ativar o Oracle Management Agent, o banco de dados atualizado estará automaticamente disponível via OEM.

Você, então, será solicitado a finalizar a configuração de segurança para o banco de dados atualizado. Como no processo de criação de banco de dados, é possível especificar senhas para cada conta privilegiada ou definir uma única senha para ser aplicada a todas as contas de usuário OEM.

Finalmente, você será solicitado a fornecer detalhes sobre a localização da área de recuperação flash (consulte o Capítulo 14), a configuração do log de arquivamento e a configuração de rede. Uma tela de resumo final exibe suas opções de atualização e a atualização inicia quando você as aceita. Após concluir a atualização, o DBUA exibirá a tela Checking Upgrade Results, mostrando as etapas executadas, os arquivos de log relacionados e o status. A seção da tela com o título Password Management permite que o gerenciamento das senhas e do status bloqueado/desbloqueado das contas no banco de dados atualizado.

Se não estiver satisfeito com os resultados da atualização, você pode escolher a opção Restore. Se usou o DBUA para executar o backup, a restauração será executada automaticamente; do contrário, será executada a restauração manual.

Quando você sai do DBUA após atualizar o banco de dados com êxito, o DBUA remove a entrada do banco de dados antigo no arquivo de configuração de listener de rede, insere uma entrada para o banco de dados atualizado e recarrega o arquivo.

EXECUTANDO UMA ATUALIZAÇÃO DIRETA MANUAL

Em uma atualização manual, você deve executar as etapas que o DBUA executa. O resultado será uma atualização direta na qual você é responsável por (e controla) cada etapa do processo de atualização. O Pre-Upgrade Information Tool deve ser usado para analisar o banco de dados antes da atualização. Como mencionamos anteriormente neste capítulo, essa ferramenta é fornecida em um script SQL que está instalado no software Oracle Database 11*g*; você precisará executá-lo no banco de dados a ser atualizado. O arquivo, denominado utlu111i.sql, está localizado no subdiretório $ORACLE_HOME/rdbms/admin abaixo do diretório inicial do software Oracle 11*g*. Você deve executar este arquivo *no banco de dados a ser atualizado* como um usuário com privilégio SYSDBA, transferindo os resultados para um arquivo de log. Os resultados mostraram as possíveis problemas que devem ser resolvidos antes da atualização.

Se não houver problemas a serem resolvidos antes da atualização, faça um shutdown no banco de dados e execute um backup offline antes de continuar o processo de atualização. Isso garantirá que, se ocorrer algum problema sério com a atualização do banco de dados, você sempre poderá retornar ao estado em que banco de dados antigo estava na hora em que o processo de atualização foi iniciado. Uma vez que exista um backup que possa ser restaurado, se necessário, você já está pronto para continuar com o processo de atualização. O processo é detalhado e baseado em script, portanto, você deve consultar a documentação de instalação e atualização do Oracle referente ao seu ambiente e versão. As etapas são:

1. Copie os arquivos de configuração (init.ora, spfile.ora, arquivos de senha) do seu local antigo para o novo diretório inicial do software Oracle. Por padrão, os arquivos de configuração são encontrados no subdiretório /dbs nas plataformas Unix e no diretório \database nas plataformas Windows.
2. Remova os parâmetros de inicialização obsoletos dos arquivos de configuração identificados no Pre-Upgrade Information Tool. Atualize todos os parâmetros de inicialização com os valores mínimos especificados no relatório do Pre-Upgrade Information Tool. Use os nomes de caminho completos nos arquivos de parâmetros.
3. Se você estiver atualizando um banco de dados de cluster, configure o parâmetro de inicialização CLUSTER_DATABASE como FALSE. Após a atualização, você deve configurar esse parâmetro de inicialização novamente como TRUE.
4. Encerre a instância com o comando shutdown.
5. Se você estiver usando o Windows, pare o serviço associado à instância e exclua o serviço Oracle no prompt de comando. Para o Oracle 8.0, use o comando

    ```
    NET STOP OracleServiceName
    ORADIM -DELETE -SID instance_name
    ```

    Em seguida, crie o novo serviço Oracle Database 11g usando o comando ORADIM, conforme mostrado aqui. As variáveis para este comando são mostradas na tabela a seguir.

    ```
    C:\> ORADIM -NEW -SID SID -INTPWD PASSWORD -MAXUSERS USERS
        -STARTMODE AUTO -PFILE ORACLE_HOME\DATABASE\INITSID.ORA
    ```

Variável	Descrição
SID	O nome do SID (identificador de instância) do banco de dados que você está atualizando.
PASSWORD	A senha para a nova instância de banco de dados da versão 11.1. Esta é a senha para o usuário que está conectado com privilégios SYSDBA. Se você não especificar INTPWD, será usada a autenticação do sistema operacional e nenhuma senha será exigida.
USERS	O número máximo de usuários que podem receber privilégios SYSDBA e SYSOPER.
ORACLE_HOME	O diretório home da versão 11.1 do Oracle. Certifique-se de especificar o nome de caminho completo com a opção -PFILE, incluindo a letra da unidade do diretório home do Oracle.

6. Se o seu sistema operacional for Unix ou Linux, verifique se as variáveis de ambiente ORACLE_ HOME e PATH apontam para os novos diretórios da versão 11.1, se ORACLE_SID está configurado como o SID do banco de dados existente e se o arquivo /etc/oratab aponta para o novo diretório home do Oracle Database 11g. Além disso, todos os scripts de servidor ou cliente que configuram o ORACLE_HOME devem ser alterados para apontar para o novo diretório home do software Oracle.
7. Faça login no sistema como o proprietário do software Oracle Database 11g.

8. Altere seu diretório para o subdiretório $ORACLE_HOME/rdbms/admin abaixo do diretório home do software Oracle.
9. Conecte ao SQL*Plus como um usuário com privilégios SYSDBA.
10. Emita o comando **startup upgrade**.
11. Use o comando **spool** para registrar os resultados das etapas seguintes.
12. Crie um tablespace SYSAUX por meio do comando **create tablespace** se você está atualizando a partir de uma versão anterior à 10.1. Você deve alocar para o SYSAUX entre 500MB e 5GB de espaço em disco, dependendo do número de objetos de usuário. O tablespace SYSAUX deve ser criado com as seguintes cláusulas: **online**, **permanent**, **read write**, **extent management local** e **segment space management auto**. Todas essas cláusulas, exceto **segment space management auto,** são predefinidas. Consulte a saída do Pre-Upgrade Information Tool para obter o tamanho sugerido do tablespace SYSAUX. Eis um exemplo:

```
create tablespace SYSAUX
  datafile '/u01/oradata/db1/sysaux01.dbf'
  size 500m reuse
  extent management local
  segment space management auto
  online;
```

13. Execute o script catupgrd.sql no ambiente 11g. Esse script determina automaticamente quais scripts de atualização devem ser executados, executa-os e, em seguida, executa um shutdown no banco de dados.
14. Pare o a gravação de dados em spool (comando **spool off**) e examine os erros no arquivo de spool. Resolva todos os problemas identificados. Reinicie o banco de dados no prompt do SQL*Plus usando comando **startup**.
15. Execute o arquivo utlu111s.sql para atualizar os componentes Oracle, como o Oracle Text, Oracle Ultra Search, Oracle Application Express e o próprio Oracle Server. Execute-o como a seguir:

```
@utlu101s.sql
```

16. O Oracle exibirá então o status de atualização de cada componente. Os elementos da atualização devem estar todos listados com um status "VALID."
17. Execute o script catuppst.sql, localizado em $ORACLE_HOME/rdbms/admin para executar as etapas de atualização que não requerem que o banco de dados esteja no modo UPGRADE:

```
@rdbms/admin/catuppst.sql
```

18. Execute o script utlrp.sql para recompilar os pacotes inválidos:

```
@utlrp.sql
```

19. Você pode então verificar que todos os pacotes e classes são válidos usando o SQL a seguir:
```
select count(*) from dba_invalid_objects;
select distinct object_name from dba_invalid_objects;
```
20. Saia do SQL*Plus.
21. Desligue o banco de dados e execute um backup offline do banco de dados; em seguida, reinicie o banco de dados. A atualização está concluída.

NOTA
Depois da atualização, nunca inicie seu banco de dados Oracle 11g com o software de uma versão anterior.

USANDO EXPORT E IMPORT

O Export e Import fornecem um método indireto de atualização. Você pode criar um banco de dados Oracle 11g lado a lado com seu banco de dados existente e usar o Export e Import para mover os dados do banco de dados antigo para o banco de dados novo. Quando o movimento dos dados for concluído, você precisará apontar suas aplicações para conectarem-se ao novo banco de dados em vez do banco de dados antigo. Você também precisará atualizar todos os arquivos de configuração, scripts específicos da versão e os arquivos de configuração de rede (tnsnames.ora e listener.ora) para apontar para o novo banco de dados.

A vantagem de usar um método Export/Import é que o banco de dados existente não é afetado durante o processo de atualização; entretanto, para garantir que a integridade relacional permaneça intacta e nenhuma das novas transações seja deixada para trás no banco de dados antigo, você pode executar o banco de dados antigo no modo restrito durante a exportação e atualização.

Versões do export e import a serem usadas

Quando você cria um arquivo de dump de exportação por meio do utilitário Export, esse arquivo pode ser importado em todas as versões posteriores do Oracle. Ao criar um arquivo de dump do Data Pump Export, você só poderá importá-lo na mesma versão ou em versões posteriores do Data Pump Export. Arquivos de dump de exportação não têm compatibilidade com versões anteriores, portanto, se for necessário reverter para uma versão anterior do Oracle, você precisará selecionar cuidadosamente a versão do Export e Import a ser usada. A tabela a seguir mostra as versões dos executáveis do Export/Import e Data Pump Export/Import que você deve usar quando migrar as versões do Oracle:

Exportar de	Importar para	Usar o utilitário Export	Usar o utilitário Import
Versão 10.2	Versão 11.1	Data Pump Export 10.2	Data Pump Import 11.1
Versão 10.1	Versão 11.1	Data Pump Export 10.1	Data Pump Import 11.1
Versão 9.2	Versão 11.1	Original Export 9.2	Original Import 11.1
Versão 8.1.7	Versão 11.1	Original Export 8.1.7	Original Import 11.1
Versão 8.0.6	Versão 11.1	Original Export 8.0.6	Original Import 11.1
Versão 7.3.4	Versão 11.1	Original Export 7.3.4	Original Import 11.1

Observe que, quando você está exportando para rebaixar a versão do banco de dados, deve usar a versão mais antiga do utilitário Export para minimizar os problemas de compatibilidade. Talvez ainda haja problemas de compatibilidade se a versão mais recente do banco de dados usa recursos novos (como tipos de dados novos) para os quais a versão antiga não dá suporte.

Executando a atualização

Exporte os dados do banco de dados de origem usando a versão do utilitário Export especificada na seção anterior. Execute uma exportação consistente ou execute a exportação quando o banco de dados não estiver disponível para atualizações durante e depois da exportação.

NOTA
Se você tiver pouco espaço disponível, faça um backup nesse ponto e exclua o banco de dados existente e, em seguida, instale o software Oracle Database 11g e crie um banco de dados de

destino para a importação. Se possível, mantenha os bancos de dados de origem e de destino simultaneamente durante a atualização. A única vantagem de ter apenas um banco de dados de cada vez no servidor é que eles podem compartilhar o mesmo nome de banco de dados.

Instale o software Oracle Database 11g e crie o banco de dados de destino. No banco de dados de destino, crie previamente os usuários e tablespaces necessários para armazenar os dados de origem. Se os bancos de dados de origem e destino coexistirem no servidor, você precisará ter cuidado para não sobrescrever os arquivos de dados de um banco de dados com os arquivos de dados do outro. O utilitário Import tentará executar os comandos **create tablespace** encontrados no arquivo de dump do Export e esses comandos incluirão os nomes dos arquivos de dados do banco de dados de origem. Por padrão, esses comandos falharão se os arquivos já existirem (embora isso possa ser ignorado por meio do parâmetro DESTROY do Import). Para evitar este problema, crie previamente os tablespaces com nomes de arquivos de dados adequados.

> **NOTA**
> Você pode exportar tablespaces, usuários, tabelas e linhas específicos.

Uma vez que o banco de dados tenha sido preparado, use Import ou Data Pump Import para carregar os dados do arquivo de dump Export para o banco de dados de destino. No arquivo de log, examine as informações sobre os objetos que não foram importados com êxito. Consulte o Capítulo 11 para obter informações detalhadas sobre como usar o Data Pump Export e Import.

USANDO O MÉTODO DE CÓPIA DE DADOS

O método de cópia de dados requer a coexistência do banco de dados de origem e do banco de dados de destino. Esse método é mais apropriado quando as tabelas a serem migradas são poucas e pequenas. Como no método Export/Import, você deve ter cuidado com transações que ocorrem no banco de dados de origem durante e após a extração dos dados. Neste método, os dados são extraídos por meio de consultas nos links de bancos de dados.

Crie o banco de dados de destino usando o software Oracle Database 11g e, em seguida, crie os tablespaces, usuários e tabelas a serem preenchidas com dados do banco de dados de origem. Crie os links de dados (consulte o Capítulo 16) no banco de dados de destino que acessem as contas no banco de dados de origem. Use o comando **insert as select** para mover os dados do banco de dados de origem para o de destino.

O método de cópia de dados permite que você converta apenas as linhas e colunas necessárias; suas consultas limitam os dados migrados. Tenha cuidado com os relacionamentos entre tabelas no banco de dados de origem para que você possa recriá-los corretamente no banco de dados de destino. Se puder interromper a aplicação por um longo período para executar a atualização e precisar modificar as estruturas de dados durante a migração, o método de cópia de dados pode ser apropriado para as suas necessidades. Observe que este método requer que os dados sejam armazenados em vários locais ao mesmo tempo, impactando assim as suas necessidades de armazenamento.

Para melhorar o desempenho desse método, considere as seguintes opções:

- Desative todos os índices e constraints até que todos os dados tenham sido carregados.
- Execute vários serviços de cópia de dados em paralelo.
- Use a opção de consulta paralela para melhorar o desempenho de consultas e inserções individuais.
- Use a dica APPEND para melhorar o desempenho das inserções.

A partir do Oracle 10g, é possível usar tablespaces transportáveis em diversas plataformas. Ao transportar tablespaces, você exporta e importa somente os metadados do tablespace, enquanto os arquivos de dados são fisicamente movidos para a nova plataforma. Para bancos de dados muito grandes, o tempo necessário para mover os arquivos de dados poderá ser significativamente menor do que o tempo necessário para reinserir as linhas. Consulte o Capítulo 17 para obter detalhes sobre como usar tablespaces transportáveis; consulte o Capítulo 8 para obter informações adicionais sobre o ajuste do desempenho.

DEPOIS DA ATUALIZAÇÃO

Depois da atualização, você deve verificar os arquivos de configuração e parâmetros relacionados ao banco de dados, particularmente se o nome da instância for alterado no processo de migração. Esses arquivos incluem:

- O arquivo tnsnames.ora
- O arquivo listener.ora
- Os programas que talvez tenham nomes de instância codificados diretamente neles

NOTA
Você precisará recarregar manualmente o arquivo listener.ora modificado se não estiver usando o DBUA para executar a atualização.

Você deve examinar os parâmetros de inicialização do banco de dados para verificar se os parâmetros obsoletos foram removidos; eles devem ter sido identificados durante o processo de migração, quando você executou o utlu111i.sql do Pre-Upgrade Information Tool. Certifique-se de recompilar todos os programas gravados que utilizam as bibliotecas de software de banco de dados.

Uma vez que atualização esteja concluída, execute os testes funcionais e de desempenho identificados antes da atualização começar. Se houver problema com a funcionalidade do banco de dados, tente identificar algumas configurações de parâmetros ou falta de objetos que podem estar impactando os resultados do teste. Se o problema não puder ser resolvido, talvez seja necessário reverter para a versão anterior. Se você executou um backup completo antes de iniciar a atualização, conseguirá facilmente reverter para a versão antiga com um tempo de inatividade mínimo.

PARTE II

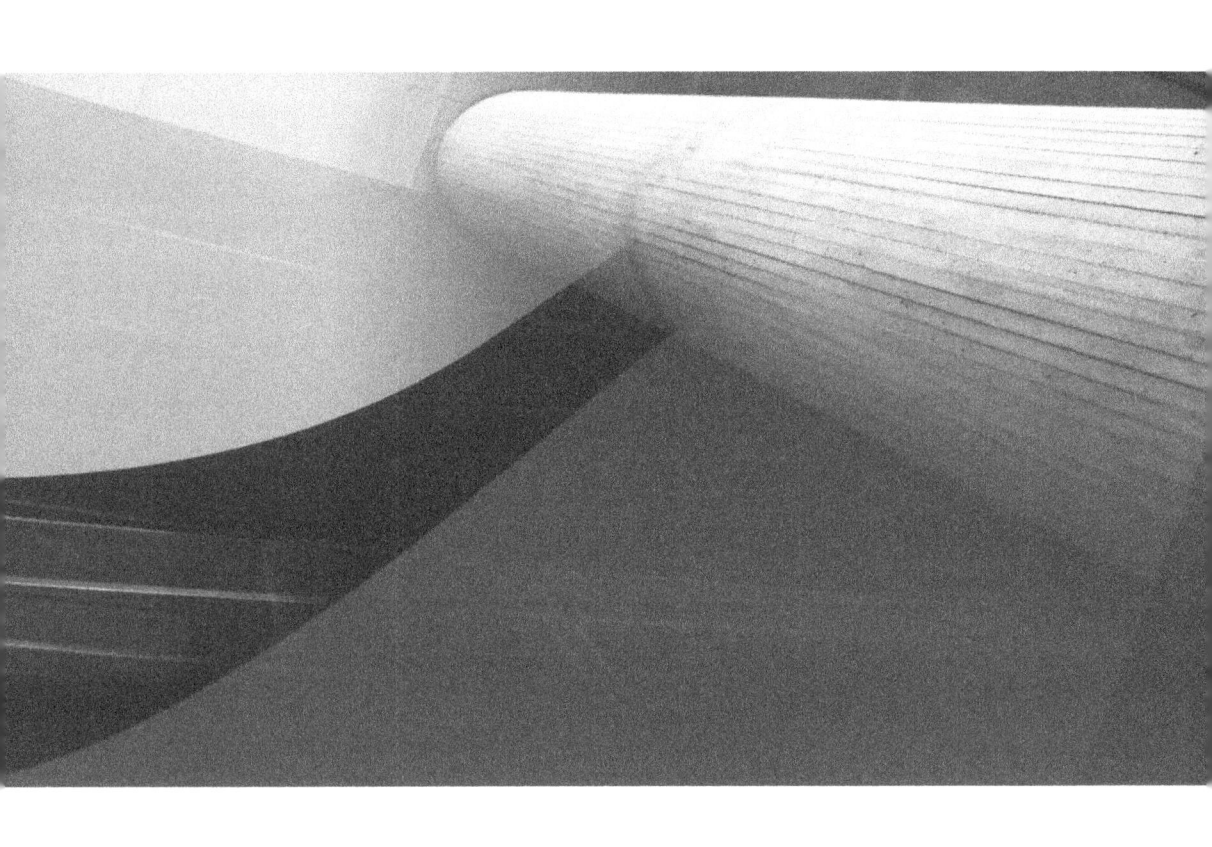

Gerenciamento de banco de dados

CAPÍTULO 5

Desenvolvendo e implementando aplicações

Gerenciar o desenvolvimento de aplicações pode ser um processo difícil. Da perspectiva de um DBA, a melhor maneira de gerenciar o processo de desenvolvimento é tornar-se parte integrante das equipes envolvidas no processo. Neste capítulo, você aprenderá as diretrizes para migrar aplicações em bancos de dados e os detalhes técnicos necessários para a implementação, incluindo o dimensionamento dos objetos de banco de dados.

Este capítulo enfoca o projeto e a criação de aplicações que usam o banco de dados. Essas atividades devem ser integradas com as atividades de planejamento de banco de dados descritas nos Capítulos 3 e 4. Os capítulos desta parte do livro tratam das atividades de monitoramento e ajuste que seguem a criação do banco de dados.

Implementar uma aplicação em um banco de dados executando simplesmente uma série de comandos **create table** não possibilita a integração do processo de criação com outras áreas importantes (planejamento, monitoramento e ajuste). O DBA deve estar envolvido no processo de desenvolvimento da aplicação para projetar corretamente o banco de dados que dará suporte ao produto final. Os métodos descritos neste capítulo também fornecerão informações importantes para estruturar o monitoramento do banco de dados e os esforços de ajuste. A primeira seção deste capítulo trata das considerações gerais sobre design e implementação que afetam diretamente o desempenho. As seções seguintes enfocam os detalhes de implementação, como gerenciamento de recursos, utilização de tópicos armazenados, dimensionamento de tabelas e índices, inativação do banco de dados para atividades de manutenção e gerenciamento de aplicações em pacotes.

TUNING BY DESIGN: MELHORES PRÁTICAS

Em pelo menos 50% das vezes – em uma estimativa conservadora – os problemas de desempenho são criados em uma aplicação. Durante o projeto da aplicação e das estruturas de banco de dados relacionadas, os arquitetos da aplicação podem não conhecer todas as maneiras como a empresa usará os dados da aplicação ao longo do tempo. O resultado é que pode haver componentes cujo desempenho será fraco durante a versão inicial, enquanto outros problemas aparecerão mais tarde, à medida que o uso corporativo da aplicação mudar e aumentar.

Em alguns casos, a correção será extremamente simples – alterando um parâmetro de inicialização, adicionando um índice ou reagendando operações grandes. Em outros casos, o problema não poderá ser corrigido sem alterar a arquitetura da aplicação. Por exemplo, uma aplicação pode ser projetada para reutilizar pesadamente as funções para todos os acessos aos dados – para que funções chamem outras funções, as quais chamam funções adicionais, mesmo para executar as ações mais simples de banco de dados. Como resultado, uma única chamada de banco de dados pode resultar em dezenas de milhares de chamadas de funções e acessos ao banco de dados. Uma aplicação desse tipo em geral não irá escalar de forma adequada; quanto mais usuários forem adicionados ao sistema, a sobrecarga da CPU pelo número de execuções por usuário diminuirá o desempenho para os usuários individuais. O ajuste das instruções SQL individuais executadas como parte dessa aplicação pode produzir um benefício pequeno no desempenho; as próprias instruções talvez já estejam bem ajustadas. Certamente, é o grande número de execuções que leva ao problema de desempenho.

As melhores práticas a seguir podem parecer extremamente simples, mas elas são violadas repetidamente em aplicações de banco de dados, e essas violações resultam diretamente em problemas de desempenho. Sempre existem exceções às regras – a próxima alteração feita ao seu software ou ambiente talvez permita que você viole as regras sem afetar o desempenho. No entanto, geralmente, o cumprimento dessas regras permitirá que você atenda aos requisitos de desempenho à medida que o uso da aplicação aumenta.

Faça o mínimo possível

Em geral, os usuários finais não se importam se as estruturas subjacentes do banco de dados estão totalmente normalizadas de acordo com a Terceira Forma Normal (3FN) ou se estão dispostas em conformidade com os padrões orientados a objetos. Os usuários desejam executar um processo de negócios e a aplicação de banco de dados deve ser uma ferramenta que ajude esse processo a ser concluído o mais rapidamente possível. O foco do seu projeto não deve ser a perfeição teórica do projeto; ele deve sempre estar na habilidade do usuário final de executar seu trabalho. Portanto, simplifique os processos envolvidos em cada etapa da aplicação.

Isso pode ser um ponto difícil de negociar com as equipes de desenvolvimento de aplicação. Se as equipes de desenvolvimento de aplicação ou os arquitetos da empresa insistirem em modelos de dados perfeitamente normalizados, os DBAs devem destacar o número de etapas de banco de dados envolvidas até na mais simples transação. Por exemplo, as inserções para uma transação complexa (como um item de produto de uma fatura) podem envolver muitas pesquisas na tabela de códigos, assim como várias inserções. Para um único usuário isso pode não representar um problema, mas com muitos usuários simultâneos, esse projeto pode levar a problemas de desempenho ou a problemas de bloqueio de tabelas. Da perspectiva do planejamento de desempenho, as inserções devem envolver a menor quantidade de tabelas possível e as consultas devem recuperar dados que já estejam armazenados em um formato o mais próximo possível do formato final solicitado pelos usuários. Os bancos de dados totalmente normalizados e os projetos orientados a objetos tendem a requerer um alto número de junções durante as consultas complexas. Embora você deva esforçar-se para manter um modelo de dados gerenciável, a primeira ênfase deve ser na funcionalidade da aplicação e sua capacidade de atender às necessidades de desempenho da empresa.

No projeto da aplicação, esforce-se para eliminar as leituras lógicas

No passado, havia um foco intenso na eliminação das leituras físicas – e embora essa seja ainda uma boa idéia, nenhuma leitura física ocorre a menos que as leituras lógicas as requisitem.

Vamos tomar um exemplo simples. Selecione a hora atual na tabela DUAL. Se você selecionar no nível de minutos, o valor mudará 86.400 vezes por dia. Mesmo assim, existem projetistas de aplicações que executam essa consulta milhões de vezes por dia. Uma consulta desse tipo provavelmente executa poucas leituras físicas durante todo o dia. Portanto, se seu foco for somente ajustar a E/S física, você provavelmente não a considerará. Entretanto, isso pode impactar significativamente o desempenho da aplicação. Como? Usando os recursos disponíveis da CPU. Cada execução da consulta forçará o Oracle a realizar trabalho, usando poder de processamento para localizar e retornar a data correta. À medida que cada vez mais usuários executam o comando repetidamente, você talvez descubra que o número de leituras lógicas usado pela consulta excede todas as outras consultas. Em muitos casos, vários processadores no servidor são dedicados a atender pequenas consultas repetitivas desse tipo. Se vários usuários precisarem ler os mesmos dados, você deve armazená-lo em uma tabela ou uma variável de pacote.

NOTA
A partir do Oracle Database 10g, a tabela DUAL é uma tabela interna, não uma tabela física e, portanto, não gera leituras consistentes em disco contanto que você não use o asterisco (*) como a lista de coluna em uma consulta que referencia a tabela DUAL.

Considere o seguinte exemplo do mundo real. Um programador queria implementar uma pausa em um programa, forçando-o a esperar 30 segundos entre duas etapas. Como o desempenho do ambiente não seria consistente o tempo todo, o programador codificou a rotina no formato a seguir (mostrado no pseudocódigo):

```
perform Step 1
select SysDate from DUAL into a StartTime variable
begin loop
    select SysDate from DUAL in a CurrentTime variable;
    Compare CurrentTime with the StartTime variable value.
```

```
        If 30 seconds have passed, exit the loop;
            Otherwise repeat the loop, calculating SysDate again.
    end loop
    Perform Step 2.
```

Esse é um enfoque razoável? Não! Ele fará o que o desenvolvedor deseja, mas a um custo significativo para a aplicação. Além do mais, não há algo que um administrador de banco de dados possa fazer para melhorar seu desempenho. Nesse caso, o custo não será devido à atividade de E/S – a tabela DUAL permanecerá na área de memória da instância – mas será devido à atividade da CPU. Cada vez que esse programa for executado, por cada usuário, o banco de dados gastará 30 segundos consumindo a quantidade de recursos da CPU que o sistema puder suportar. Nesse caso específico, consultas **select SysDate from DUAL** contabilizam cerca de 40% de todo o tempo de CPU usado pela aplicação. Todo esse tempo de CPU é desperdiçado. Ajustar os parâmetros de inicialização do banco de dados não resolverá o problema. Ajustar a instrução SQL individual não ajudará; o projeto da aplicação deve ser revisado para eliminar a execução desnecessária dos comandos. Por exemplo, nesse caso o desenvolvedor poderia ter usado um comando **sleep** no nível do sistema operacional ou dentro de um programa PL/SQL usando a procedure DBMS_LOCK. SLEEP() para impor o mesmo comportamento sem os acessos ao banco de dados.

Para aqueles que são favoráveis ao ajuste com base na taxa de acessos (hit ratio) do cache de buffer, esse banco de dados tem uma taxa de acesso de quase 100% devido ao alto número de leituras lógicas completamente desnecessárias sem as leituras físicas relativas. A taxa de acesso do cache de buffer compara o número de leituras lógicas ao número de leituras físicas; se 10% das leituras lógicas exigirem leituras físicas, a taxa de acesso do cache de buffer será de 90%. Baixas taxas de acesso identificam bancos de dados que executam um alto número de leituras físicas; taxas de acesso do cache de buffer extremamente altas, como as encontradas neste exemplo, podem identificar bancos de dados que executam um número excessivo de leituras lógicas. Você deve examinar além da taxa de acesso do cache de buffer para identificar os comandos que estão gerando as leituras lógicas e as leituras físicas.

No projeto da aplicação, esforce-se para evitar repetição de acessos ao banco de dados

Lembre-se de que uma aplicação está sendo ajustada, não uma consulta. Ao ajustar as operações do banco de dados, talvez seja necessário combinar várias consultas em uma única procedure para que o banco de dados possa ser visitado somente uma vez, em vez de várias vezes para cada tela. Esse enfoque de empacotamento de consultas é particularmente relevante para aplicações baseadas em thin-client que contam com várias camadas de aplicação. Procure consultas que estejam interrelacionadas com base nos valores retornados e se há oportunidades de transformá-las em blocos de código únicos. O objetivo não é criar uma consulta monolítica que nunca será concluída; o objetivo é evitar executar trabalho que não precisa ser executado. Neste caso, a constante comunicação entre o servidor do banco de dados, o servidor de aplicações e o computador do usuário final é um objeto de ajuste.

Esse problema normalmente é visto em formulários de entrada de dados complexos, no qual cada campo exibido na tela é preenchido por meio de uma consulta separada. Cada uma dessas consultas é um acesso separado ao banco de dados. Como no exemplo da seção anterior, o banco de dados é forçado a executar muitas consultas relacionadas. Mesmo que cada uma dessas consultas seja ajustada, a sobrecarga do número de comandos – multiplicada pelo número de usuários – consumirá os recursos de CPU disponíveis no servidor. Um projeto desse tipo também pode impactar o uso da rede, mas a rede raramente é o problema – o problema é o número de vezes que o banco de dados é acessado.

Dentro dos seus pacotes e procedures, é preciso se esforçar para eliminar os acessos desnecessários ao banco de dados. Armazene valores normalmente necessários em variáveis locais em vez de consultar repetidamente o banco de dados. Se não for necessário acessar o banco de dados para obter as informações, não o faça. Isso parece simples, mas você ficaria surpreso com a freqüência com que os desenvolvedores de aplicações falham em considerar esse aviso. Não há parâmetro de inicialização que possa fazer essa alteração entrar em vigor. É uma questão de projeto e requer o envolvimento ativo dos desenvolvedores, projetistas, DBAs e usuários da aplicação no planejamento do desempenho da aplicação e no processo de ajuste.

Para sistemas de relatórios, armazene os dados da maneira como os usuários irão consultá-los

Se souber quais consultas serão executadas – por meio de relatórios parametrizados, por exemplo – faça um esforço para armazenar os dados de modo que o Oracle tenha o mínimo trabalho possível para transformar os formatos dos dados das tabelas no formato apresentado para o usuário. Isso talvez requeira a criação e a manutenção de visões materializadas ou tabelas de relatórios. Essa manutenção é, claro, um trabalho adicional que o banco de dados e o DBA devem executar – mas ele é executado no modo de lote e não afeta diretamente o usuário final. O usuário final, por outro lado, se beneficia da capacidade de executar a consulta mais rapidamente. O banco de dados como um todo executará menos leituras lógicas e físicas porque o acesso às tabelas de dados para preencher e atualizar as visões materializadas é executado com menos freqüência quando comparado às consultas do usuário final às visões.

Evite conexões repetidas ao banco de dados

Abrir uma conexão de banco de dados pode demorar mais tempo do que os comandos que é executado nessa conexão. Se for necessário conectar-se ao banco de dados, mantenha a conexão aberta e reutilize a conexão. Consulte o Capítulo 15 para obter mais informações sobre o Oracle Net e como otimizar as conexões de banco de dados.

Um projetista de aplicação levou a normalização ao extremo, movendo todas as tabelas de código para seus próprios bancos de dados. O resultado é que a maioria das operações no sistema de processamento de pedidos abria repetidamente os links de banco de dados para acessar as tabelas de código, dificultando o desempenho da aplicação. Novamente, o ajuste dos parâmetros de inicialização do banco de dados não apresenta vantagens de desempenho; a aplicação é lenta devido ao projeto.

Use os índices corretos

Em um esforço para eliminar as leituras físicas, alguns desenvolvedores de aplicação criam vários índices em cada tabela. Fora o impacto que eles acarretam nos tempos de carga de dados, muitos desses índices talvez nunca sejam necessários para dar suporte às consultas. Em aplicações OLTP, você não deve usar índices de bitmap; se uma coluna tem poucos valores distintos, você deve considerar deixá-la não indexada. O otimizador dá suporte a acessos de índice do tipo "skip-scan", portanto, ele pode escolher um índice em um conjunto de colunas mesmo que a coluna inicial do índice não seja uma condição limitante para a consulta.

Simplifique o máximo possível

Uma vez que os custos de desempenho de leituras lógicas desnecessárias tenham sido eliminados, acessos desnecessários ao banco de dados, conexões não gerenciadas e índices inadequados, vamos examinar os comandos que restaram.

Seja atômico

É possível usar o SQL para combinar muitas etapas em uma consulta grande. Em alguns casos, isso pode beneficiar sua aplicação – você pode criar stored procedures e reutilizar o código e, assim, reduzir o número de acessos ao banco de dados executados. Entretanto, isso pode ser levado longe demais, com a criação de grandes consultas que não conseguem ser concluídas suficientemente rápido. Essas consultas em geral incluem vários conjuntos de operações de agrupamentos, visões inline e complexos cálculos de várias linhas em relação a milhões de linhas.

Se você está executando operações em lote, talvez consiga dividir essa consulta nos seus componentes atômicos, criando tabelas temporárias para armazenar os dados de cada etapa. Se existe uma operação que demora horas para ser concluída, quase sempre é possível encontrar uma maneira de dividi-la em partes menores. Divida e supere o problema de desempenho.

Por exemplo, um operação em lote pode combinar dados de várias tabelas, executar junções e classificações e, em seguida, inserir o resultado em uma tabela. Em uma escala pequena, isso pode ser executado satisfatoriamente. Em uma escala grande, talvez você tenha de dividir essa operação em várias etapas:

1. Crie uma tabela de trabalho. Insira as linhas na tabela a partir de uma das tabelas de origem da consulta, selecionando apenas aquelas linhas e colunas com as quais você se preocupará mais tarde no processo.
2. Crie uma segunda tabela de trabalho para as colunas e linhas da segunda tabela.
3. Crie os índices necessários nas tabelas de trabalho. Observe que todas as etapas até este ponto podem ser paralelizadas – as inserções, as consultas das tabelas de origem e a criação de índices.
4. Execute a junção, novamente, paralelizada. A saída da junção pode ficar em outra tabela de trabalho.
5. Execute as classificações necessárias. Classifique o menor volume possível de dados.
6. Insira os dados na tabela de destino.

Por que seguir todas essas etapas? Porque você pode ajustá-las individualmente e talvez consiga ajustá-las para que sejam completadas muito mais rapidamente do que o Oracle poderia fazer como um único comando. Para operações em lote, você deve considerar simplificar as etapas o máximo possível.

Será preciso gerenciar o espaço alocado para as tabelas de trabalho, mas esse enfoque pode gerar benefícios significativos para o desempenho do processamento em lote.

Eliminar classificações desnecessárias

Como parte do exemplo na seção anterior, a operação de classificação foi executada por último. Em geral, as operações de classificação não são apropriadas para aplicações OLTP. As operações de classificação não retornam uma linha para o usuário até que o conjunto inteiro de linhas seja classificado. As operações de linhas, por outro lado, retornam as linhas para os usuários assim que essas linhas estão disponíveis.

Considere o teste simples a seguir: execute uma varredura integral de tabela em uma grande tabela. Logo que a consulta começa a executar, as primeiras linhas são exibidas. Agora, execute a mesma varredura integral de tabela, mas adicione uma cláusula **order by** em uma coluna não indexada. Nenhuma linha será exibida até que todas as linhas tenham sido classificadas. Por que isso acontece? Porque para a segunda consulta o Oracle executa uma operação SORT ORDER BY sobre os resultados da varredura integral da tabela. Como é uma operação de conjunto, o conjunto deve ser concluído antes de a próxima operação ser executada.

Agora, imagine uma aplicação na qual existem muitas consultas executadas dentro de uma procedure. Cada uma das consultas tem uma cláusula **order by**. Isso se transforma em uma série de classificações aninhadas – nenhuma operação pode iniciar até que a anterior a ela esteja concluída.

Observe que as operações **union** executam classificações. Se for apropriado para o lógica de negócio, use uma operação **union all** no lugar de uma **union**, porque uma **union all** não executa uma classificação.

> **NOTA**
> Uma operação **union all** não elimina linhas duplicadas do conjunto de resultados, desse modo ela pode gerar mais linhas – e, portanto, resultados diferentes – que uma operação **union**.

Elimine a necessidade de consultar segmentos de undo

Quando executa uma consulta, o Oracle precisará manter uma imagem de leitura consistente das linhas consultadas. Se uma linha for modificada por outro usuário, o banco de dados precisará consultar o segmento de undo para ver a linha no estado em que ela estava na hora que sua consulta começou. Os projetos de aplicações que chamam consultas para acessar com freqüência dados que outros usuários podem estar alterando na mesma hora forçam o banco de dados a trabalhar mais – ele tem que procurar em vários locais para encontrar uma informação. Novamente, esse é um problema de projeto. Os DBAs talvez consigam configurar áreas de segmento de undo para reduzir a possibilidade das consultas encontrarem erros de "Snapshot too old", mas corrigir o problema fundamental requer uma alteração no projeto da aplicação.

Diga ao banco de dados o que ele precisa saber

O otimizador do Oracle utiliza estatísticas quando avalia os milhares de possíveis caminhos a serem tomados durante a execução de uma consulta. A maneira como você gerencia essas estatísticas pode impactar significativamente o desempenho das suas consultas.

Mantenha suas estatísticas atualizadas

Com que freqüência você deve reunir as estatísticas? A cada alteração importante feita aos dados da sua tabela, você deve reanalisar as tabelas. Se as tabelas forem particionadas, você pode analisá-las partição por partição. A partir do Oracle Database 10g, você pode usar o recurso Automatic Statistics Gathering para automatizar a coleção de estatísticas. Por padrão, esse processo reúne estatísticas durante uma janela de manutenção entre 22h e 6h, todas as noites e durante todo o dia nos fins de semana. É claro que a reunião manual de estatísticas ainda está disponível quando você tem tabelas voláteis que estão sendo descartadas ou excluídas durante o dia, ou quando tabelas carregadas em lote aumentam de tamanho em mais de 10%.

Como o trabalho de análise é, em geral, uma operação em lote executada depois do expediente, você pode ajustá-lo melhorando o desempenho da classificação e da varredura integral de tabela na sua sessão. Se você está executando a análise manualmente, aumente as configurações do parâmetro DB_FILE_MULTIBLOCK_READ_COUNT na sua sessão ou o parâmetro PGA_AGGREGATE_TARGET no sistema para coletar as estatísticas. Se você não está usando PGA_AGGREGATE_TARGET ou não deseja modificar uma configuração em todo o sistema, aumente SORT_AREA_SIZE (que é modificável no nível da sessão). O resultado será um desempenho otimizado para as classificações e varreduras integrais de tabela que a análise executa.

> **CUIDADO**
> Aumentar o parâmetro DB_FILE_MULTIBLOCK_READ_COUNT em um ambiente de banco de dados RAC pode causar problemas de desempenho quando muitos blocos são enviados pela interconexão.

Dê uma dica onde necessário

Na maioria dos casos, o otimizador baseado em custos (CBO, cost-based optimizer) seleciona o caminho de execução mais eficiente para as consultas. Entretanto, você pode ter informações sobre um caminho melhor. Você pode dar uma dica (hint) para o Oracle para influenciar as operações de junção, o objetivo geral da consulta, os índices específicos a serem usados ou o paralelismo da consulta.

Maximize o throughput no ambiente

Em um ambiente ideal, nunca há necessidade de consultar informações fora do cache de buffer; todos os dados permanecem na memória todo o tempo. No entanto, a menos que você esteja trabalhando com um banco de dados muito pequeno, esse não é um enfoque real. Nesta seção, você verá as diretrizes para maximizar o throughput do ambiente.

Use cache de disco

Se o Oracle não puder encontrar os dados necessários no cache de buffer ou no PGA, ele executa uma leitura física. Mas quantas leituras físicas realmente acessam o disco? Se você usa cache de disco, talvez consiga evitar 90% ou mais de solicitações de acesso para os blocos mais necessários. Se a taxa de acesso do cache de buffer do banco de dados é de 90%, você está acessando os discos 10% do tempo – e se o cache de disco evita que 90% dessas solicitações acessem o disco, sua taxa de acesso é de 99%. As estatísticas internas do Oracle não refletem essa melhoria; você precisará trabalhar com seus administradores de disco para configurar e monitorar o cache de disco.

Use um tamanho de bloco de banco de dados maior

Há somente uma razão para não usar o maior tamanho de bloco disponível no ambiente de um novo banco de dados: se você não puder dar suporte a um número maior de usuários executando atualizações e inserções em um único bloco. Exceto por isso, aumentar o tamanho do bloco poderá melhorar o desempenho de quase tudo na sua aplicação. Tamanhos de bloco de banco de dados maiores ajudam a evitar a divisão de índices e a manter mais dados na memória por mais tempo. Se você tiver problemas com esperas de buffer ocupado durante as inserções, aumente as configurações do parâmetro **freelists** configurando no nível de objeto (se estiver usando o Automatic Segment Space Management, o parâmetro **freelists** não se aplicará).

Projete para throughput, não para espaço em disco

Pegue uma aplicação que está executando em oito discos de 9GB e mova-a para um único disco de 72GB. A aplicação executará de forma mais rápida ou mais lenta? Em geral, ela executará de forma mais lenta porque o throughput do único disco provavelmente não é igual ao throughput combinando oitos discos separados. Em vez de projetar seu disco com base no espaço disponível (um método comum), projete-o com base no throughput dos discos disponíveis. Você pode decidir usar apenas parte de cada disco. O espaço restante no disco não será usado pela aplicação de produção, a menos que o throughput disponível para esse disco melhore.

Evite usar segmentos temporários

Sempre que possível, execute todas as classificações na memória. Toda operação que grava segmentos temporários possivelmente desperdiça recursos. O Oracle usa os segmentos temporários quando o parâmetro SORT_ AREA_SIZE (ou PGA_AGGREGATE_TARGET, se ele for utilizado) não aloca memória suficiente para dar suporte à demanda de classificação das operações. As operações de classificação incluem criações de índice, cláusula **order by**, coleta de estatísticas, operações **group by** e algumas operações de junções. Como observado anteriormente neste capítulo, você deve esforçar-se para classificar o menor volume de linhas possível. Execute na memória as classificações que forem necessárias.

Prefira menos processadores, porém mais rápidos

Dada a opção, use um número pequeno de processadores rápidos em vez de um número grande de processadores lentos. O sistema operacional terá menos filas de processamento para administrar e geralmente terá um melhor desempenho.

Divida e conquiste os seus dados

Se você não puder evitar a execução de operações dispendiosas no seu banco de dados, poderá tentar dividir o trabalho em partes mais gerenciáveis. Freqüentemente, você pode limitar bastante o número de linhas que são afetadas pelas suas operações, melhorando substancialmente o desempenho.

Use partições

As partições podem beneficiar os usuários finais, DBAs e o pessoal de suporte da aplicação. Para usuários finais, existem duas vantagens potenciais: melhor desempenho de consulta e melhor disponibilidade do banco de dados. O desempenho de consulta pode melhorar devido à *eliminação da partição*. O otimizador sabe quais partições podem conter os dados solicitados por uma consulta. O resultado é que as partições que não participam são eliminadas do processo de consulta. Como poucas leituras físicas e lógicas são necessárias, a consulta deve ser concluída mais rapidamente.

> **NOTA**
> *A Partitioning Option é uma opção de custo extra para o Enterprise Edition do software de banco de dados Oracle.*

A disponibilidade melhora devido às vantagens que as partições geram para os DBAs e para o pessoal de suporte da aplicação. Muitas funções administrativas podem ser executadas em partições únicas, permitindo que o restante da tabela não seja afetado. Por exemplo, você pode truncar uma partição única de uma tabela. Pode dividir uma partição, movê-la para um tablespace diferente ou alterná-la com uma tabela existente (para que a tabela anteriormente independente seja, então, considerada uma partição). Você pode coletar estatísticas em uma partição de cada vez. Todos esses recursos estreitam o escopo das funções administrativas, reduzindo seu impacto na disponibilidade do banco de dados como um todo.

Use visões materializadas

Você pode usar visões materializadas para dividir os tipos de operações que os usuários executam nas tabelas. Quando você cria uma visão materializada, pode direcionar os usuários para consultá-la ou pode aproveitar a capacidade de reescrita de consultas do Oracle para redirecionar as consultas para a visão materializada. Como resultado, você terá duas cópias dos dados – uma que atende à entrada dos novos dados transacionais e a segunda (a visão materializada) que atende às consultas. O resultado é que você pode deixar uma delas offline para manutenção sem afetar a disponibilidade da outra. Além disso, a visão materializada pode fazer uma junção antecipada das tabelas e gerar previamente agregações para que as consultas do usuário sejam executadas com o menor trabalho possível.

Use o paralelismo

Quase toda operação importante pode ser paralelizada – incluindo consultas, inserções, criações de objetos e cargas de dados. As opções de paralelismo permitem que você envolva vários processadores na execução de um único comando, dividindo efetivamente o comando em vários comandos coordenados menores. Como resultado, o comando pode ser executado melhor. Você pode especificar um grau de paralelismo no nível de objeto e pode sobrescrevê-lo por meio de dicas nas suas consultas.

Teste corretamente

Na maioria das metodologias de desenvolvimento, o teste de aplicação tem várias fases, incluindo o teste de módulo, teste de sistema completo e teste de stress de desempenho. Muitas vezes, o teste de sistema completo e o teste de stress de desempenho não são executados adequadamente devido a constraints de tempo à medida que a aplicação se aproxima do seu prazo de entrega. O resultado é que essas aplicações são liberadas para produção sem garantia de que a funcionalidade e desempenho da aplicação como um todo atenderá às necessidades dos usuários. Essa é uma falha séria e significativa e não deve ser tolerada por nenhum usuário da aplicação. Os usuários não precisam que somente um componente da aplicação funcione adequadamente no suporte de um processo de negócio. Se eles não puderem efetuar transações equivalentes a um dia de negócios em um dia, a aplicação falhará.

Esse é um princípio-chave no que se refere a identificar a necessidade de ajuste: *se a aplicação reduzir a velocidade do processo de negócio, ela deve ser ajustada*. Os testes executados devem ser capazes de determinar se a aplicação retardará a velocidade do processo de negócio abaixo da carga de produção esperada.

Teste com grandes volumes de dados

Conforme descrito anteriormente neste capítulo, os objetos dentro do banco de dados funcionam de maneira diferente após terem sido usados por algum tempo. Por exemplo, as configurações **pctfree** e **pctused** de uma tabela podem fazer com que apenas metade dos blocos seja usada ou que as linhas sejam encadeadas. Cada um desses cenários causa problemas de desempenho que só serão vistos depois que o aplicação estiver sendo usado há algum tempo.

Um problema adicional com volume de dados diz respeito aos índices. Como um índice de árvore B cresce em tamanho, ele pode ser dividido internamente – o nível de entradas dentro do índice aumenta. Como resultado, você pode enxergar o novo nível como sendo um índice dentro do índice. O nível adicional aumenta o efeito negativo do índice sobre as taxas de carga de dados. Você não verá esse impacto até *após* o índice ser dividido. As aplicações que funcionam de modo aceitável na produção durante a primeira ou segunda semana e de repente começam a falhar depois que o volume de dados alcança níveis críticos, não suportam as necessidades da empresa. Durante o teste, não há algo que substitua os dados de produção carregados a taxas semelhantes às de produção, em tabelas que já contenham uma quantidade substancial de dados.

Teste com muitos usuários simultâneos

O teste com um único usuário não reflete o uso de produção esperado da maioria das aplicações de banco de dados. Você deve ser capaz de determinar se usuários simultâneos encontrarão deadlocks, problemas de consistência de dados ou problemas de desempenho. Por exemplo, suponha que um módulo de aplicação use uma tabela de trabalho durante seu processamento. As linhas são inseridas na tabela, manipuladas e, em seguida, consultadas. Um módulo de aplicação separado faz um processamento similar – e usa a mesma tabela. Quando executados ao mesmo tempo, um processo tenta usar os dados do outro. A menos que você esteja testando com vários usuários executando diversas funções da aplicação simultaneamente, talvez não descubra esse problema e os erros de dados corporativos que ele gerará.

Testar com muitos usuários simultâneos também ajudará a identificar áreas em que os usuários freqüentemente usam segmentos de undo para concluir suas consultas, impactando assim o desempenho.

Teste o impacto dos índices sobre seus tempos de carga

Cada transação **insert**, **update** ou **delete** em uma coluna indexada pode ser mais lenta do que a mesma transação em um tabela não indexada. Existem algumas exceções – por exemplo, dados classificados têm muito menos impacto – mas a regra em geral é verdadeira. O impacto depende do seu ambiente operacional, das estruturas de dados envolvidas e do grau com que os dados são classificados.

Quantas linhas por segundo você pode inserir no seu ambiente? Execute uma série de testes simples. Crie uma tabela sem índices e insira uma grande quantidade de número de linhas. Repita os testes para reduzir o impacto das leituras físicas sobre os resultados de tempo. Calcule o número de linhas inseridas por segundo. Na maioria dos ambientes você pode inserir dezenas de milhares de linhas por segundo no banco de dados. Execute o mesmo teste em outros ambientes de banco de dados para que você possa identificar algum que seja significativamente diferente dos outros.

Agora considere sua aplicação. Você consegue inserir linhas nas suas tabelas por meio da sua aplicação a uma taxa próxima da que você acabou de calcular? Muitas aplicações executam a uma taxa de menos de 5% em relação à taxa que o ambiente suporta. Elas não executam mais rápido devido aos índices desnecessários ou ao tipo de problemas de projeto de código descritos anteriormente neste capítulo. Se a taxa de carga da sua aplicação diminuir – digamos, de 40 linhas por segundo para 20 linhas por segundo – o foco do seu ajuste deve ser não somente como essa redução ocorreu, mas também como é possível a aplicação gravar somente 40 linhas por segundo em um ambiente que suporta milhares de linhas inseridas por segundo.

Faça com que todos os testes sejam repetidos

A maioria das indústrias regularizadas tem padrões para testes. Seus padrões são tão razoáveis que *todos* os esforços de teste devem ser feitos para segui-los. Entre os padrões, há um que diz que todos os testes devem ser repetidos. Para ser compatível com os padrões, você deve ser capaz de recriar o conjunto de dados usado, a ação exata executada, o resultado exato esperado e o resultado exato visto e registrado. Os testes de pré-produção para validação da aplicação devem ser executados no hardware de produção. Mover a aplicação para um hardware diferente requer que o teste da aplicação seja executado novamente. O responsável pelos testes e os usuários das áreas de negócio devem assinar todos os testes.

A maioria das pessoas, ao ouvirem essas constraints, concordariam que elas são boas medidas a serem adotadas em qualquer processo de teste. De fato, os usuários das áreas de negócio podem estar esperando que as pessoas que estejam desenvolvendo uma aplicação sigam tais padrões, mesmo que eles não sejam exigidos pela indústria. Mas eles são seguidos? E se não forem, por que não? Os dois motivos mais citados para não seguir tais padrões são tempo e custo. Esses testes requerem planejamento, recursos de pessoal, envolvimento dos usuários das áreas de negócio e tempo para execução e documentação. Testar em um hardware com capacidade de produção pode exigir a compra de servidores adicionais. Esses são os custos mais evidentes – mas qual é o custo de negócios em não conseguir executar tais testes? Os requisitos de teste para sistemas validados em algumas empresas de saúde foram implementados porque esses sistemas impactam diretamente a integridade de produtos cruciais como a segurança do estoque de sangue. Se a sua empresa tem componentes críticos atendidos por sua aplicação (e se não tem, por que você está criando uma aplicação?), você deve considerar os custos de um teste insuficiente e executado às pressas, e comunicar esses custos potenciais aos usuários das áreas de negócio. A avaliação dos riscos dos dados incorretos ou de um desempenho lento inaceitável deve envolver os usuários das áreas de negócio. Por sua vez, isso pode levar a um prazo final estendido para suportar os testes apropriados.

Em muitos casos, o ciclo de testes executado às pressas ocorre porque um padrão de testes não estava pronto no início do projeto. Se houver um padrão de testes consistente, completo e bem documentado pronto na sua empresa quando o projeto iniciar, o ciclo de testes será mais curto quando ele for finalmente executado. Os responsáveis pelos testes saberão antecipadamente que conjuntos de dados repetíveis serão necessários. Os modelos para testes estarão disponíveis. Se houver um problema com algum resultado de teste, ou se a aplicação precisar ser novamente testada após uma alteração, o teste poderá ser repetido. Além disso, os usuários da aplicação saberão que o teste é suficientemente robusto para simular o uso da aplicação em ambiente de produção. Além disso, o ambiente de teste deve dar suporte à automação das tarefas que serão automatizadas em ambiente de produção, especialmente se os desenvolvedores usaram muitos processos manuais no ambiente de desenvolvimento. Se o sistema não passar pelos testes por razões de desempenho, o problema poderá ser uma questão de projeto (conforme descrito nas seções anteriores) ou um problema com uma consulta individual.

Padrões para materiais entregáveis

Como você sabe se uma aplicação está pronta para ser migrada para um ambiente de produção? A metodologia de desenvolvimento de aplicação deve definir claramente, tanto no formato quanto no nível de detalhes, os materiais entregáveis para cada estágio do ciclo de vida. Estes devem incluir as especificações para cada um dos itens a seguir:

- Diagrama de entidade-relacionamento
- Diagrama de banco de dados físico
- Requisitos de espaço
- Objetivos de ajuste para consultas e processamento de transações
- Requisitos de segurança
- Requisitos de dados
- Planos de execução para consultas
- Procedimentos de testes de aceitação

Nas seções a seguir, você verá as descrições de cada um desses itens.

Diagrama de entidade-relacionamento

O *diagrama de entidade-relacionamento* (E-R, Entity-Relationship) ilustra os relacionamentos que foram identificados entre as entidades que compõem a aplicação. Os diagramas E-R são cruciais para fornecer um entendimento dos objetivos do sistema. Eles também ajudam a identificar os pontos de interface com outras aplicações e a garantir a consistência nas definições em toda a empresa.

Diagrama de banco de dados físico

Um *diagrama de banco de dados físico* (physical database diagram) mostra as tabelas físicas geradas a partir de entidades e as colunas geradas a partir de atributos definidos no modelo lógico; a maioria, se não todas, das ferramentas de modelagem de dados dá suporte à conversão automática de um diagrama de banco de dados lógico para o projeto de banco de dados físico. Uma ferramenta de diagramação de banco de dados físico é, em geral, capaz de gerar o DDL necessário para criar os objetos da aplicação.

Você pode usar o diagrama de banco de dados físico para identificar as tabelas que, mais provavelmente, estão envolvidas nas transações. Você deve também ser capaz de identificar quais tabelas são mais comumente usadas durante uma entrada de dados ou uma operação de consulta. Você pode usar essas informações para planejar efetivamente a distribuição dessas tabelas (e seus índices) por todos os dispositivos físicos disponíveis para reduzir a quantidade de disputa de E/S encontrada.

Em aplicações de data warehouse, o diagrama de banco de dados mostrará as agregações e as visões materializadas acessadas pelas consultas do usuário. Embora eles contenham dados derivados, podem ser componentes cruciais do caminho de acesso aos dados e devem ser documentados.

Requisitos de espaço

Os requisitos de espaço para a aplicação devem mostrar os requisitos de espaço inicial para cada tabela e índice do banco de dados. As recomendações para o tamanho apropriado das tabelas, clusters e índices serão mostrados mais tarde na seção "Dimensionando objetos de dados" neste capítulo.

Metas de ajuste para consultas e processamento de transações

As alterações ao projeto da aplicação podem ter um impacto significativo no desempenho da aplicação. As escolhas feitas no projeto da aplicação também podem afetar diretamente sua habilidade de ajustar a aplicação. Como o projeto da aplicação tem um grande efeito na habilidade do DBA ajustar seu desempenho, o DBA deve envolver-se no processo do projeto.

Você deve identificar as metas de desempenho de um sistema *antes* dele entrar em produção. O papel da expectativa na percepção não pode ser enfatizado demais. Se os usuários têm uma expectativa de que o sistema será ao menos tão rápido quanto um sistema existente, qualquer coisa menor que isso será inaceitável. O tempo de resposta estimado para cada um dos componentes mais usados da aplicação deve ser definido e aprovado.

É importante, durante esse processo, estabelecer dois conjuntos de metas: metas razoáveis e metas para desempenho extremo. As *metas para desempenho extremo* representam os resultados dos esforços concentrados para ir além das constraints de hardware e software que limitam o desempenho do sistema. Manter dois conjuntos de metas de desempenho ajuda a focar os esforços nessas metas que são, na verdade, a missão crítica versus aquelas que estão além do escopo dos resultados do sistema central. Em termos de metas, você deve estabelecer limites de controle para o desempenho de consultas e transações; o desempenho da aplicação será avaliado como "fora de controle" se os limites de controle forem ultrapassados.

Requisitos de segurança

A equipe de desenvolvimento deve especificar a estrutura de contas que a aplicação usará, incluindo o proprietário de todos os objetos na aplicação e a maneira como os privilégios serão concedidos. Todas as atribuições e privilégios devem ser claramente definidos. Os resultados desta seção serão usados para gerar a estrutura de contas e privilégios da aplicação de produção (consulte o Capítulo 9 para obter uma visão geral completa dos recursos de segurança do Oracle).

Dependendo da aplicação, talvez você precise especificar o uso das contas referentes às contas em lote separadamente das contas online. Por exemplo, as contas em lote podem usar os recursos de login automático do banco de dados, ao passo que os usuários online têm de fazer login manual. Seus planos de segurança para a aplicação devem dar suporte a ambos os tipos de usuários.

Como no espaço do produto final, o planejamento de segurança é uma área na qual o envolvimento do DBA é crucial. O DBA deve ser capaz de projetar uma implementação que atenda às necessidades da aplicação e, ao mesmo tempo, ajustá-la aos planos de segurança de banco de dados da empresa.

Requisitos de dados

Os métodos para entrada e recuperação de dados devem ser claramente definidos. Os métodos de entrada de dados devem ser testados e verificados enquanto a aplicação está em ambiente de teste. Todos os requisitos especiais de arquivamento de dados da aplicação também devem ser documentados porque eles serão específicos da aplicação.

Você também deve descrever os requisitos de backup e recuperação para a aplicação. Esses requisitos podem, então, ser comparados aos planos de backup de banco de dados da empresa (consulte o Capítulo 11 para obter as diretrizes). Todos os requisitos de recuperação de banco de dados que ultrapassem o padrão da empresa exigirão uma modificação do padrão de backup ou a adição de um módulo para acomodar as necessidades da aplicação.

Planos de execução de consulta

Os *planos de execução* são as etapas que o banco de dados percorrerá durante a execução de consultas. Eles são gerados por meio dos comandos **explain plan** ou **set autotrace**, conforme descrito no Capítulo 8. O registro dos planos de execução para as consultas mais importantes no banco de dados ajudará no planejamento do uso do índice e no ajuste dos objetivos da aplicação. Gerá-los antes da implementação da aplicação em produção simplificará os esforços de ajuste e identificará os possíveis problemas de desempenho antes que a aplicação seja liberada. Gerar os planos de execução para as suas consultas mais importantes também facilitará o processo de execução de revisões dos códigos da aplicação.

Se você estiver implementando uma aplicação de terceiros, talvez não tenha visibilidade de todos os comandos SQL que a aplicação está gerando. Conforme descrito no Capítulo 8, você pode usar as ferramentas automatizadas de ajuste e monitoramento do Oracle para identificar entre dois pontos no tempo as consultas que mais usam recursos; muitos desses novos recursos de ajuste automático introduzidos no Oracle Database 10g são melhorados no Oracle Database 11g, como a capacidade de armazenar linhas de base do Automatic Workload Repository (AWR) além de criar automaticamente perfis SQL.

Procedimentos de teste de aceitação

Os desenvolvedores e usuários devem definir muito claramente que metas de funcionalidade e desempenho devem ser alcançadas antes que a aplicação possa ser migrada para produção. Essas metas formarão a base dos procedimentos de teste que serão executados na aplicação enquanto ela estiver no ambiente de teste.

Os procedimentos também devem descrever o modo como lidar com as metas não atendidas. Os procedimentos devem listar claramente as metas funcionais que devem ser atendidas antes que o sistema possa ter continuidade. Uma segunda lista de metas funcionais não críticas também deve ser fornecida. Essa separação de capacidades funcionais ajudarão a resolver conflitos de agendamento e a estruturar testes apropriados.

> **NOTA**
> Como parte do teste de aceitação, todas as interfaces com a aplicação devem ser testadas e suas entradas e saídas verificadas.

GERENCIAMENTO DE RECURSOS E TÓPICOS ARMAZENADOS

Você pode usar tópicos armazenados para migrar os caminhos de execução entre os bancos de dados e pode usar o Database Resource Manager para controlar a alocação dos recursos do sistema entre os usuários do banco de dados. Os tópicos armazenados e o gerenciamento de recursos são componentes importantes em um ambiente de desenvolvimento gerenciado. O Database Resource Manager dá aos DBAs mais controle sobre a alocação dos recursos do sistema do que é possível só com os controles do sistema operacional.

> **NOTA**
> A partir do Oracle 10g, você pode usar os perfis SQL para refinar ainda mais o caminho de execução selecionado.

Implementando o Database Resource Manager

Você pode usar o Database Resource Manager para alocar porcentagens de recursos do sistema a classes de usuários e jobs. Por exemplo, você pode alocar 75% dos recursos disponíveis da CPU aos seus usuários online, deixando 25% para os usuários em lote. Para usar o Database Resource Manager, você precisará criar planos de recursos, grupos de consumidores de recursos e diretivas de planos de recursos.

Antes de usar os comandos do Database Resource Manager, você deve criar uma "área pendente" para seu trabalho. Para criar uma área pendente, use a procedure CREATE_PENDING_AREA do pacote DBMS_RESOURCE_MANAGER. Quando tiver concluído suas alterações, use a procedure VALIDATE_PENDING_AREA para verificar a validade do novo conjunto de planos, subplanos e diretivas. Você pode, então, submeter as alterações (via SUBMIT_PENDING_AREA) ou limpar as alterações (via CLEAR_PENDING_AREA). As procedures que gerenciam a área pendente não têm variáveis de entrada, portanto, um exemplo de criação de uma área pendente usa a sintaxe a seguir:

```
execute DBMS_RESOURCE_MANAGER.CREATE_PENDING_AREA();
```

Se a área pendente não for criada, você receberá uma mensagem de erro quando tentar criar um plano de recursos.

Para criar um plano de recursos, use a procedure CREATE_PLAN do pacote DBMS_RESOURCE_ MANAGER. A sintaxe para a procedure CREATE_PLAN é mostrada na listagem a seguir:

```
CREATE_PLAN
    (plan                          IN VARCHAR2,
     comment                       IN VARCHAR2,
```

```
        cpu_mth                          IN VARCHAR2 DEFAULT 'EMPHASIS',
        active_sess_pool_mth             IN VARCHAR2 DEFAULT
'ACTIVE_SESS_POOL_ABSOLUTE',
        parallel_degree_limit_mth        IN VARCHAR2 DEFAULT
             'PARALLEL_DEGREE_LIMIT_ABSOLUTE',
        queueing_mth                     IN VARCHAR2 DEFAULT 'FIFO_TIMEOUT')
```

Quando você cria um plano, fornece a esse plano um nome (na variável *plan*) e um comentário. Por padrão, o método de alocação da CPU usará o método "emphasis", alocando os recursos da CPU com base em porcentagem. O exemplo a seguir mostra a criação de um plano denominado DEVELOPERS:

```
execute DBMS_RESOURCE_MANAGER.CREATE_PLAN -
    (Plan => 'DEVELOPERS', -
     Comment => 'Developers, in Development database');
```

NOTA
*O caractere hífen (-) é um caractere de continuação no SQL*Plus, permitindo que um único comando se expanda por várias linhas.*

Para criar e gerenciar planos de recursos e grupos de consumidores de recursos, você deve ter o privilégio de sistema ADMINISTER_RESOURCE_MANAGER ativado para sua sessão. Os DBAs têm este privilégio com **with admin option**. Para conceder esse privilégio a não DBAs, você deve executar a procedure GRANT_SYSTEM_PRIVILEGE do pacote DBMS_RESOURCE_MANAGER_PRIVS. O exemplo a seguir concede ao usuário MARTHAG a capacidade para gerenciar o Database Resource Manager:

```
execute DBMS_RESOURCE_MANAGER_PRIVS.GRANT_SYSTEM_PRIVILEGE -
    (grantee_name => 'MarthaG', -
     privilege_name => 'ADMINISTER_RESOURCE_MANAGER', -
     admin_option => TRUE);
```

Você pode revogar os privilégios de MARTHAG por meio da procedure REVOKE_SYSTEM_PRIVILEGE do pacote DBMS_RESOURCE_MANAGER.

Com o privilégio ADMINISTER_RESOURCE_MANAGER ativado, você pode criar um grupo de consumidores de recursos usando a procedure CREATE_CONSUMER_GROUP dentro de DBMS_RESOURCE_ MANAGER. A sintaxe para a procedure CREATE_CONSUMER_GROUP é mostrada na listagem a seguir:

```
CREATE_CONSUMER_GROUP
     (consumer_group IN VARCHAR2,
      comment        IN VARCHAR2,
      cpu_mth        IN VARCHAR2 DEFAULT 'ROUND-ROBIN')
```

Você estará atribuindo usuários a grupos de consumidores de recursos, portanto, nomeie os grupos com base nas divisões lógicas dos seus usuários. O exemplo a seguir cria dois grupos – um de desenvolvedores online e um segundo de desenvolvedores em lote:

```
execute DBMS_RESOURCE_MANAGER.CREATE_CONSUMER_GROUP -
  (Consumer_Group => 'Online_developers', -
   Comment => 'Online developers');

execute DBMS_RESOURCE_MANAGER.CREATE_CONSUMER_GROUP -
  (Consumer_Group => 'Batch_developers', -
   Comment => 'Batch developers');
```

Uma vez que o plano e os grupos de consumidores de recursos estejam estabelecidos, você precisa criar diretivas de plano de recursos e atribuir os usuários aos grupos de consumidores de recursos. Para atribuir diretivas a um plano, use a procedure CREATE_PLAN_DIRECTIVE do pacote DBMS_RESOURCE_MANAGER. A sintaxe para a procedure CREATE_PLAN_DIRECTIVE é mostrada na listagem a seguir:

```
CREATE_PLAN_DIRECTIVE
     (plan                         IN  VARCHAR2,
     group_or_subplan              IN  VARCHAR2,
     comment                       IN  VARCHAR2,
     cpu_p1                        IN  NUMBER    DEFAULT NULL,
     cpu_p2                        IN  NUMBER    DEFAULT NULL,
     cpu_p3                        IN  NUMBER    DEFAULT NULL,
     cpu_p4                        IN  NUMBER    DEFAULT NULL,
     cpu_p5                        IN  NUMBER    DEFAULT NULL,
     cpu_p6                        IN  NUMBER    DEFAULT NULL,
     cpu_p7                        IN  NUMBER    DEFAULT NULL,
     cpu_p8                        IN  NUMBER    DEFAULT NULL,
     active_sess_pool_p1           IN  NUMBER    DEFAULT UNLIMITED,
     queueing_p1                   IN  NUMBER    DEFAULT UNLIMITED,
     parallel_degree_limit_p1      IN  NUMBER    DEFAULT NULL,
     switch_group                  IN  VARCHAR2  DEFAULT NULL,
     switch_time                   IN  NUMBER    DEFAULT UNLIMITED,
     switch_estimate               IN  BOOLEAN   DEFAULT FALSE,
     max_est_exec_time             IN  NUMBER    DEFAULT UNLIMITED,
     undo_pool                     IN  NUMBER    DEFAULT UNLIMITED,
     max_idle_time                 IN  NUMBER    DEFAULT NULL,
     max_idle_time_blocker         IN  NUMBER    DEFAULT NULL,
     switch_time_in_call           IN  NUMBER    DEFAULT NULL);
```

As diversas variáveis de CPU na procedure CREATE_PLAN_DIRECTIVE dão suporte à criação de vários níveis de alocação de CPU. Por exemplo, você poderá alocar 75% de todos os seus recursos de CPU (nível 1) para seus usuários online. Do restante dos recursos de CPU (nível 2), você poderá alocar 50% para um segundo conjunto de usuários. Você poderá dividir os 50% restantes dos recursos disponíveis no nível 2 para vários grupos em um terceiro nível. A procedure CREATE_PLAN_DIRECTIVE dá suporte a até oito níveis de alocações de CPU.

O exemplo a seguir mostra a criação das diretivas do plano para os grupos de consumidores de recursos ONLINE_DEVELOPERS e BATCH_DEVELOPERS dentro do plano de recursos DEVELOPERS:

```
execute DBMS_RESOURCE_MANAGER.CREATE_PLAN_DIRECTIVE -
   (Plan => 'DEVELOPERS', -
   Group_or_subplan => 'ONLINE_DEVELOPERS', -
   Comment => 'online developers', -
   Cpu_p1 => 75, -
   Cpu_p2=> 0, -
   Parallel_degree_limit_p1 => 12);

execute DBMS_RESOURCE_MANAGER.CREATE_PLAN_DIRECTIVE -
   (Plan => 'DEVELOPERS', -
   Group_or_subplan => 'BATCH_DEVELOPERS', -
   Comment => 'Batch developers', -
   Cpu_p1 => 25, -
   Cpu_p2 => 0, -
   Parallel_degree_limit_p1 => 6);
```

Além de alocar os recursos da CPU, as diretivas do plano restringem o paralelismos das operações executadas por membros do grupo de consumidores de recursos. No exemplo anterior, os desenvolvedores em lote são limitados a um grau de paralelismo igual a 6, reduzindo sua habilidade de consumir recursos do sistema. Os desenvolvedores online são limitados a um grau de paralelismo igual a 12.

Para atribuir um usuário a um grupo de consumidores de recursos, use a procedure SET_INITIAL_CONSUMER_GROUP do pacote DBMS_RESOURCE_MANAGER. A sintaxe para a procedure SET_INITIAL_ CONSUMER_GROUP é mostrada na listagem a seguir:

```
SET_INITIAL_CONSUMER_GROUP
    (user            IN VARCHAR2,
     consumer_group IN VARCHAR2)
```

Se um usuário nunca teve um grupo de consumidores inicial configurado por meio da procedure SET_INITIAL_CONSUMER_GROUP, ele é automaticamente inscrito no grupo de consumidores de recursos denominado DEFAULT_ CONSUMER_GROUP.

Para ativar o Resource Manager dentro do seu banco de dados, configure o parâmetro de inicialização de banco de dados RESOURCE_MANAGER_PLAN com o nome do plano de recursos da instância. Planos de recursos podem ter subplanos, portanto, é possível criar camadas de alocações de recursos dentro da instância. Se você não configurar um valor para o parâmetro RESOURCE_MANAGER_PLAN, o gerenciamento de recursos não será executado na instância.

Você pode alterar dinamicamente a instância para usar um plano de alocação de recursos diferente usando o parâmetro de inicialização RESOURCE_MANAGER_PLAN: por exemplo, você poderá criar um plano de recursos para os seus usuários que usam o banco de dados durante o dia (DAYTIME_USERS) e um segundo para seus usuários em lote (BATCH_ USERS). Você poderá criar um job que cada dia executa esse comando às 6h:

```
alter system set resource_manager_plan = 'DAYTIME_USERS';
```

Depois, em uma hora definida à noite, você poderá alterar os grupos de consumidores para beneficiar os usuários em lote:

```
alter system set resource_manager_plan = 'BATCH_USERS';
```

O plano de alocação de recursos para a instância será alterada sem precisar efetuar shutdown e reiniciar a instância.

Ao usar vários planos de alocação de recursos desse modo, você precisará certificar-se de não usar acidentalmente o plano errado na hora errada. Por exemplo, se o banco de dados estiver parado durante uma alteração agendada do plano, seu trabalho que altera a alocação do plano não poderá ser executado. Como isso afetará os usuários? Se você usar vários planos de alocação de recursos, precisará considerar o impacto de usar o plano errado na hora errada. Para evitar esses problemas, você deve tentar minimizar o número de planos de alocação de recursos em uso.

Além dos exemplos e comandos mostrados nesta seção, você pode atualizar os planos de recursos existentes (por meio da procedure UPDATE_PLAN), excluir planos de recursos (via DELETE_PLAN) e dispor em cascata a exclusão de um plano de recursos mais todos os seus subplanos e grupos de consumidores de recursos relacionados (DELETE_PLAN_CASCADE). Você pode atualizar e excluir grupos de consumidores de recursos por meio das procedures UPDATE_CONSUMER_GROUP e DELETE_CONSUMER_GROUP, respectivamente. As diretivas de plano de recursos podem ser atualizadas via UPDATE_PLAN_DIRECTIVE e excluídas via DELETE_PLAN_DIRECTIVE.

Quando você está modificando planos de recursos, grupos de consumidores de recursos e diretivas de plano de recursos, deve testar as alterações antes de implementá-las. Para testar suas alterações, crie uma área pendente para seu trabalho. Para criar uma área pendente, use a procedure CREATE_PENDING_AREA do pacote DBMS_RESOURCE_MANAGER. Quando tiver concluído suas alterações, use a procedure VALIDATE_PENDING_AREA para verificar a validade dos novos conjuntos de planos, subplanos e diretivas. Você pode submeter as alterações (via SUBMIT_PENDING_AREA) ou limpar as alterações (via CLEAR_PENDING_AREA). As procedures que gerenciam a área pendente não têm variáveis de entrada, portanto, um exemplo de validação e submissão de uma área pendente usa a sintaxe a seguir:

```
execute DBMS_RESOURCE_MANAGER.VALIDATE_PENDING_AREA();
execute DBMS_RESOURCE_MANAGER.SUBMIT_PENDING_AREA();
```

Alternando grupos de consumidores

Três dos parâmetros na procedure CREATE_PLAN_DIRECTIVE permitem sessões para trocar grupos de consumidores quando os limites do recurso são atendidos. Como mostrado na seção anterior, os parâmetros para CREATE_PLAN_DIRECTIVE incluem SWITCH_GROUP, SWITCH_TIME e SWITCH_ESTIMATE. O valor SWITCH_TIME é o tempo, em segundos, que um job pode ser executado antes de ser trocado para outro grupo de consumidores. O valor SWITCH_TIME padrão é NULL (ilimitado). Você deve configurar o valor do parâmetro SWITCH_GROUP como o grupo para o qual a sessão será trocada uma vez que o limite de tempo de troca é alcançado. Por padrão, SWITCH_GROUP é NULL. Se você configurar SWITCH_GROUP como o valor "CANCEL_SQL", a chamada atual será cancelada quando os critérios de troca forem atendidos. Se o valor SWITCH_GROUP for "KILL_SESSION", a sessão será eliminada quando os critérios de troca forem atendidos. Você pode usar o terceiro parâmetro, SWITCH_ESTIMATE, para informar ao banco de dados para trocar o grupo de consumidores para uma chamada de banco de dados antes mesmo que a operação comece a executar. Se você configurar SWITCH_ESTIMATE como TRUE, o Oracle usará sua estimativa de tempo de execução para trocar automaticamente o grupo de consumidores da operação em vez de esperar ele alcançar o valor SWITCH_TIME. Você pode usar os recursos de troca de grupos para minimizar o impacto de jobs de longa duração dentro do banco de dados. É possível configurar grupos de consumidores com diferentes níveis de acesso para os recursos do sistema e personalizá-los para dar suporte a jobs rápidos assim como jobs de longa duração – os que alcançarem o limite de troca serão redirecionados para os grupos apropriados antes mesmo de serem executados.

Implementando tópicos armazenados

À medida que migra de um banco de dados para outro, os caminhos de execução para suas consultas podem mudar. Seus caminhos de execução podem mudar por diversas razões:

- Você pode ter ativado diferentes recursos do otimizador em diferentes bancos de dados.
- As estatísticas para as tabelas consultadas podem diferir nos bancos de dados.
- A freqüência com a qual as estatísticas são coletadas pode diferir entre os bancos de dados.
- Os bancos de dados podem estar executando em diferentes versões do kernel Oracle.

Os efeitos dessas diferenças nos seus caminhos de execução podem ser dramáticos e eles podem ter um impacto negativo no desempenho das suas consultas à medida que você migrar ou atualizar sua aplicação. Para minimizar o impacto dessas diferenças no desempenho das consultas, use um recurso denominado *tópico armazenado*.

Um tópico armazenado guarda um conjunto de dicas para uma consulta. Essas dicas serão usadas toda vez que a consulta é executada. Usar as dicas armazenadas aumentará as probabilidades de que a consulta usará o mesmo caminho de execução todas as vezes. As dicas diminuem o impacto das mudanças do banco de dados sobre o desempenho da consulta. Você pode visualizar os tópicos e dicas relacionadas por meio das visões USER_OUTLINES e USER_OUTLINE_HINTS. Para iniciar a criação de dicas para todas as consultas, crie categorias personalizadas de tópicos e use o nome da categoria como um valor do parâmetro CREATE_STORED_OUTLINES no arquivo de inicialização de banco de dados, como mostrado aqui:

```
CREATE_STORED_OUTLINES = development
```

Nesse exemplo, os tópicos serão armazenados para consultas com a categoria DEVELOPMENT. Você deve ter o privilégio de sistema CREATE ANY OUTLINE para criar um tópicos. Use o comando **create outline** para criar um tópico para uma consulta, conforme mostrado na listagem a seguir:

```
create outline YTD_SALES
   for category DEVELOPMENT
     on
select Year_to_Date_Sales
  from SALES
 where region = 'SOUTH'
   and period = 1;
```

NOTA
Se você não especificar um nome para o seu tópico, ele receberá um nome gerado pelo sistema.

Se CREATE_STORED_OUTLINES for configurado como um nome de categoria no arquivo de inicialização, o Oracle criará tópicos armazenados para suas consultas; usar o comando **create outline** dá mais controle sobre os tópicos que são criados. A menos que você tenha certeza de que deseja criar tópicos armazenados para o banco de dados inteiro, configure esse parâmetro no nível de sessão em vez de no nível de sistema.

NOTA
*Você pode criar tópicos para comandos DML e para comandos **create table as select**.*

Uma vez que um tópico tenha sido criado, você pode alterá-lo. Por exemplo, talvez você precise alterar o tópico para refletir alterações significativas nos volumes e distribuição de dados. Use a cláusula **rebuild** do comando **alter outline** para gerar as dicas usadas durante a execução da consulta, conforme mostrado:

```
alter outline YTD_SALES rebuild;
```

Você também pode renomear um tópico por meio da cláusula **rename** do comando **alter outline**, como mostrado:

```
alter outline YTD_SALES rename to YTD_SALES_REGION;
```

Você pode alterar a categoria de um tópico por meio da cláusula **change category**, conforme mostrado:

```
alter outline YTD_SALES_REGION change category to DEFAULT;
```

Para gerenciar os tópicos armazenados, use o pacote DBMS_OUTLN, que fornece as capacidades a seguir:

- Descartar tópicos que nunca foram usados
- Descartar tópicos dentro de uma categoria específica
- Mover tópicos de uma categoria para outra
- Criar tópicos para instruções específicas
- Atualizar tópicos para a assinatura da versão atual
- Redefinir a flag de uso de um tópico

Cada uma dessas capacidades tem um procedimento correspondente dentro do DBMS_OUTLN. Para descartar os tópicos que nunca foram usados, execute o procedimento DROP_UNUSED, conforme mostrado no exemplo a seguir:

```
execute DBMS_OUTLN.DROP_UNUSED;
```

Você pode limpar a configuração "used" de um tópico por meio da procedure CLEAR_USED. Passe o nome do tópico como uma variável de entrada para CLEAR_USED:

```
execute DBMS_OUTLN.CLEAR_USED('YTD_SALES_REGION');
```

Para descartar todos os tópicos dentro de uma categoria, execute a procedure DROP_BY_CAT. A procedure DROP_BY_CAT tem o nome da categoria como seu único parâmetro de entrada. O exemplo a seguir descarta todos os tópicos dentro da categoria DEVELOPMENT:

```
execute DBMS_OUTLN.DROP_BY_CAT('DEVELOPMENT');
```

Para reatribuir os tópicos de uma categoria antiga para uma categoria nova, use a procedure UPDATE_BY_CAT, conforme mostrado no exemplo a seguir:

```
execute OUTLN_PKG.UPDATE_BY_CAT -
  (oldcat => 'DEVELOPMENT', -
   newcat => 'TEST');
```

Para descartar um tópico específico, use o comando **drop outline**.

Se você tiver importado tópicos gerados em uma versão anterior, use a procedure UPDATE_SIGNATURES do pacote DBMS_OUTLN para garantir que as assinaturas sejam compatíveis com o algoritmo de computação da versão atual.

Editando os tópicos armazenados

Você pode usar DBMS_OUTLN_EDIT para editar os tópicos armazenados. As procedures dentro do DBMS_ OUTLN_EDIT estão detalhadas na tabela a seguir:

Procedure	Descrição
CHANGE_JOIN_POS	Altera a posição de junção da dica identificada pelo nome do tópico e o número da dica para a posição especificada. As entradas são *name, hintno* e *newpos*.
CREATE_EDIT_TABLES	Cria tabelas de edição de tópico no esquema do usuário.
DROP_EDIT_TABLES	Descarta as tabelas de edição de tópico no esquema do usuário.
GENERATE_SIGNATURE	Gera uma assinatura para o texto SQL especificado.
REFRESH_PRIVATE_OUTLINE	Atualiza a cópia na memória do tópico, sincronizando-a com as edições feitas.

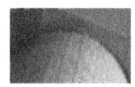

> **NOTA**
> *A partir do Oracle 10g, você não precisa mais executar a procedure CREATE_EDIT_ TABLES, pois as tabelas de edição estão disponíveis como tabelas temporárias no esquema SYSTEM. No entanto, a procedure ainda estará disponível para compatibilidade com versões anteriores.*

Você pode usar os tópicos privados, que só são vistos dentro da sua sessão atual. As alterações feitas a um tópico privado não afetam os outros usuários. Para permitir a edição de tópico privado, configure o parâmetro de inicialização USE_ PRIVATE_OUTLINES como TRUE. Use a procedure REFRESH_PRIVATE_OUTLINE para que suas alterações entrem em vigor para as versões dos tópicos armazenadas na memória.

Usando perfis SQL

A partir do Oracle 10g, você pode usar perfis SQL para refinar ainda mais os planos de execução SQL escolhidos pelo otimizador. Os perfis SQL são particularmente úteis quando você está tentando ajustar o código ao qual você não tem acesso direto (por exemplo, dentro de uma aplicação empacotada). O perfil SQL consiste em estatísticas que são específicas para a instrução, permitindo que o otimizador saiba mais sobre a seletividade e custo exato das etapas do plano de execução.

O perfil SQL é parte da capacidade de ajuste automático que descreverei no Capítulo 8. Uma vez que você aceite uma recomendação de perfil SQL, ela é armazenada no dicionário de dados. Como nos perfis armazenados, você pode usar um atributo de categoria para controlar seu uso. Consulte o Capítulo 8 para obter mais detalhes sobre o uso de ferramentas automáticas para detecção e diagnóstico de problemas de desempenho SQL.

Dimensionando objetos de banco de dados

A escolha de uma alocação de espaço apropriada para objetos de banco de dados é uma questão importante. Os desenvolvedores devem começar a estimar os requisitos de espaço antes dos primeiros objetos de banco de dados serem criados. Depois, os requisitos de espaço podem ser redefinidos com base em estatísticas reais de uso. Nas seções seguintes, você verá os métodos de estimativa de espaço para tabelas, índices e clusters. Você também verá métodos para determinar as configurações adequadas para **pctfree** e **pctused**.

> **NOTA**
> *Você pode ativar o Automatic Segment Space Management quando criar um tablespace; não é possível ativar este recurso para tablespaces existentes. Se você estiver usando o Automatic Segment Space Management, o Oracle irá ignorar os parâmetros **pctused**, **freelists** e **freelist groups**.*

Por que dimensionar objetos?

Você deve dimensionar seus objetos de banco de dados por três razões:

- Para alocar previamente o espaço no banco de dados, minimizando a quantidade de trabalho futuro necessário para gerenciar os requisitos de espaço dos objetos
- Para reduzir a quantidade de espaço desperdiçado devido à superalocação de espaço
- Para melhorar a probabilidade de uma extensão livre descartada ser reutilizada por outro segmento

Você pode realizar todas essas metas seguindo a metodologia de dimensionamento mostrada nas seções a seguir. Essa metodologia é baseada nos métodos internos do Oracle de alocação de espaço para objetos de banco de dados. Em vez de contar com cálculos detalhados, a metodologia tem aproximações que simplificam dramaticamente o processo de dimensionamento como também a capacidade de manutenção do banco de dados em longo prazo.

A regra de ouro para os cálculos de espaço

Mantenha os cálculos de espaço simples, genéricos e consistentes para seus bancos de dados. Há maneiras mais produtivas de gastar seu tempo de trabalho do que executar cálculos de espaço extremamente detalhados que o Oracle talvez ignore. Mesmo se você seguir os cálculos de dimensionamento mais rigorosos, não é possível garantir como o Oracle carregará os dados na tabela ou no índice.

Na seção a seguir, você verá como simplificar o processo de estimativa de espaço, ficando livre para executar funções de DBA muito mais úteis. Esses processos devem ser seguidos caso você esteja gerando os valores **default storage** para um tablespace gerenciado por dicionário ou os tamanhos de extensões para tablespaces gerenciados localmente.

> **NOTA**
> *Em um banco de dados Oracle 10g, você deve usar tablespaces gerenciados localmente. Se você atualizou a partir de uma versão anterior que usava tablespaces gerenciados por dicionário, deve substituí-los por tablespaces gerenciados localmente.*

As regras fundamentais para cálculos de espaço

O Oracle segue um conjunto de regras internas quando aloca espaço:

- O Oracle só aloca blocos inteiros, nunca partes de blocos
- O Oracle aloca conjuntos de blocos em vez de blocos individuais
- O Oracle pode alocar conjuntos de blocos maiores ou menores, dependendo do espaço livre disponível no tablespace

Sua meta deve ser trabalhar com os métodos de alocação de espaço do Oracle e não contra eles. Se você usar tamanhos de extensão consistentes, poderá delegar grande parte da alocação de espaço para o Oracle mesmo em um tablespace gerenciado por dicionário.

O impacto do tamanho da extensão no desempenho

A redução do número de extensões em uma tabela não gera uma vantagem de desempenho direta. Em algumas situações (como em ambientes Parallel Query), ter várias extensões em uma tabela pode reduzir significativamente a disputa de E/S e melhorar seu desempenho. Independente do número de extensões nas suas tabelas, elas precisam ser corretamente dimensionadas; a partir do Oracle Database 10g, você deve contar com a alocação de extensão automática (gerenciada pelo sistema) se os objetos no tablespace forem de vários tamanhos. A menos que você saiba a quantidade exata de espaço necessário para cada objeto e o número e tamanho de extensões, use **autoallocate** quando criar um tablespace, como neste exemplo:

```
create tablespace users12
    datafile '+DATA' size 100m
    extent management local autoallocate;
```

A cláusula **extent management local** é o padrão para **create tablespace**; **autoallocate** é o padrão para os tablespaces com gerenciamento de extensão local.

O Oracle lê os dados das tabelas de duas maneiras: por RowID (em geral imediatamente após um acesso de índice) e via varreduras integrais de tabela. Se os dados são lidos via RowID, o número de extensões na tabela não é um fator no desempenho da leitura. O Oracle lerá cada linha no seu local físico (conforme especificado em RowID) e recuperará os dados.

Se os dados são lidos via varredura integral de tabela, o tamanho das suas extensões poderá impactar o desempenho em um grau muito pequeno. Ao ler os dados via uma varredura integral de tabela, o Oracle lerá vários blocos ao mesmo tempo. O número de blocos lidos ao mesmo tempo é definido por meio do parâmetro de inicialização de banco de dados DB_FILE_MULTIBLOCK_READ_COUNT e é limitado pelo tamanho do buffer de E/S do sistema operacional. Por exemplo, se o tamanho de bloco do banco de dados for 8KB e o tamanho de buffer de E/S do sistema operacional for 128KB, você poderá ler até 16 blocos por leitura durante uma varredura integral de tabela.

Nesse caso, configurar DB_FILE_ MULTIBLOCK_READ_COUNT com um valor maior que 16 não afetará o desempenho das varreduras integrais de tabela.

Estimando os requisitos de espaço para tabelas

A partir do Oracle Database 10g, você pode usar a procedure CREATE_TABLE_COST do pacote DBMS_ SPACE para estimar o espaço requerido para uma tabela. A procedure determina o espaço requerido para uma tabela com base em atributos como os parâmetros de armazenamento de tablespace, o tamanho de bloco do tablespace, o número de linhas e o comprimento médio da linha. A procedure é válida para tablespaces gerenciados por dicionário e gerenciados localmente.

> **DICA**
> *Quando você cria uma nova tabela usando o Oracle Enterprise Manager DB Control, pode clicar no botão Estimate Table Size para estimar o tamanho da tabela para um determinado número de linhas estimado.*

Há duas versões da procedure CREATE_TABLE_COST (ela é sobrecarregada para que você possa usar a mesma procedure das duas maneiras). A primeira versão tem quatro variáveis de entrada: tablespace_name, avg_row_size, row_count e pct_free. Suas variáveis de saída são used_bytes e alloc_bytes. As variáveis de entrada da segunda versão são tablespace_name, colinfos, row_count e pct_free; suas variáveis de saída são used_bytes e alloc_bytes. As descrições das variáveis são fornecidas a seguir:

Parâmetro	Descrição
tablespace_name	O tablespace no qual o objeto será criado.
avg_row_size	O comprimento médio de uma linha na tabela.
colinfos	A descrição das colunas.
row_count	O número antecipado de linhas na tabela.
pct_free	A configuração **pctfree** para a tabela.
used_bytes	O espaço usado pelos dados da tabela. Esse valor inclui o overhead devido à configuração **pctfree** e outros recursos de bloco.
alloc_bytes	O espaço alocado para os dados da tabela, com base nas características do tablespace. Este valor leva em conta as configurações do tamanho da extensão do tablespace.

Por exemplo, se houver um tablespace denominado USERS, você pode estimar o espaço necessário para uma nova tabela neste tablespace. No exemplo a seguir, a procedure CREATE_TABLE_COST é executada com valores passados para o tamanho médio de linha, o número de linhas e a configuração **pctfree**. As variáveis used_bytes e alloc_bytes são definidas e exibidas por meio da procedure DBMS_ OUTPUT.PUT_LINE:

```
declare
    calc_used_bytes NUMBER;
    calc_alloc_bytes NUMBER;
begin
    DBMS_SPACE.CREATE_TABLE_COST (
        tablespace_name => 'USERS',
        avg_row_size => 100,
        row_count => 5000,
        pct_free => 10,
```

```
            used_bytes => calc_used_bytes,
            alloc_bytes => calc_alloc_bytes
     );
     DBMS_OUTPUT.PUT_LINE('Used bytes: '||calc_used_bytes);
     DBMS_OUTPUT.PUT_LINE('Allocated bytes: '||calc_alloc_bytes);
     end;
     /
```

A saída deste bloco PL/SQL exibirá os bytes usados e alocados calculados para essas configurações de variável. Você pode calcular facilmente o uso de espaço esperado para várias combinações de configurações de espaço antes de criar a tabela. Aqui está a saída do exemplo anterior:

```
Used bytes: 589824
Allocated bytes: 589824

PL/SQL procedure successfully completed.
```

NOTA
Você deve usar o comando **set serveroutput on** *para ativar a saída do script exibida dentro de uma sessão SQL*Plus.*

Estimando os requisitos de espaço para índices

A partir do Oracle Database 10g, você pode usar a procedure CREATE_INDEX_COST do pacote DBMS_ SPACE para estimar o espaço exigido por um índice. A procedure determina o espaço necessário para uma tabela com base em atributos, como os parâmetros de armazenamento do tablespace, o tamanho de bloco do tablespace, o número de linha e o comprimento médio da linha. A procedure é válida para tablespaces gerenciados por dicionário e gerenciados localmente.

Para estimativas de espaço de índice, as variáveis de entrada incluem os comandos DDL executados para criar o índice e o nome da tabela de plano local (se houver). As estimativas do espaço de índice utilizam as estatísticas para a tabela relacionada. Você deve se certificar de que suas estatísticas estão corretas antes de iniciar o processo de estimativa de espaço; do contrário, os resultados estarão distorcidos.

As variáveis para a procedure CREATE_INDEX_COST são descritas a seguir:

Parâmetro	Descrição
ddl	O comando **create index**
used_bytes	O número de bytes usados pelos dados do índice
alloc_bytes	O número de bytes alocados para extensões do índice
plan_table	A tabela de plano a ser usada (o padrão é NULL)

Como a procedure CREATE_INDEX_COST baseia seus resultados nas estatísticas da tabela, você não poderá usar esta procedure até que a tabela tenha sido criada, carregada e analisada. O exemplo a seguir estima o espaço necessário para um novo índice na tabela BOOKSHELF. A designação do tablespace é parte do comando **create index** passado para a procedure CREATE_INDEX_COST como parte do valor da variável *ddl*.

```
declare
     calc_used_bytes NUMBER;
     calc_alloc_bytes NUMBER;
begin
     DBMS_SPACE.CREATE_INDEX_COST (
```

```
            ddl => 'create index EMP_FN on EMPLOYEES '||
              '(FIRST_NAME) tablespace USERS',
            used_bytes => calc_used_bytes,
           alloc_bytes => calc_alloc_bytes
       );
       DBMS_OUTPUT.PUT_LINE('Used bytes = '||calc_used_bytes);
       DBMS_OUTPUT.PUT_LINE('Allocated bytes = '||calc_alloc_bytes);
    end;
    /
```

A saída do script mostrará os valores de bytes usados e alocados para o índice proposto para o primeiro nome do funcionário:

```
Used bytes = 749
Allocated bytes = 65536

PL/SQL procedure successfully completed.
```

Estimando o valor correto para pctfree

O valor **pctfree** representa a porcentagem de *cada* bloco de dados que é reservado como espaço livre. Esse espaço é usado quando o comprimento uma linha que já foi armazenada nesse bloco de dados aumenta devido a atualizações dos campos previamente NULL ou à atualizações de valores existentes para valores maiores. O tamanho da linha aumenta (e, portanto, move a linha dentro de um bloco) durante uma atualização quando uma coluna NUMBER aumenta sua precisão ou uma coluna VARCHAR2 aumenta de comprimento.

Não há um valor único para **pctfree** que seja adequado para todas as tabelas em todos os bancos de dados. Para simplificar o gerenciamento de espaço, escolha um conjunto consistente de valores **pctfree**:

- Para índices cujos valores chave raramente são alterados: 2
- Para tabelas cujas linhas raramente são alteradas: 2
- Para tabelas cujas linhas freqüentemente são alteradas: 10 a 30

Por que manter espaço livre em uma tabela ou em um índice mesmo que as linhas raramente sejam alteradas? O Oracle precisa de espaço dentro dos blocos para executar funções de manutenção. Se não houver espaço suficiente disponível (por exemplo, para dar suporte a um grande número de cabeçalhos de transações durante as inserções simultâneas), o Oracle temporariamente alocará parte da área **pctfree** do bloco. Escolha um valor de **pctfree** que suporte esta alocação de espaço. Para reservar espaço dos cabeçalhos de transações em tabelas com grande número de inserções, defina o parâmetro **initrans** como um valor não padrão. Em geral, sua área **pctfree** deve ser suficientemente grande para armazenar várias linhas de dados.

NOTA
O Oracle permite automaticamente até 255 transações de atualização concorrentes para qualquer bloco de dados, dependendo do espaço disponível no bloco.

Como **pctfree** está vinculado à maneira como as atualizações ocorrem em uma aplicação, a determinação da adequação da sua configuração é um processo simples. A configuração **pctfree** controla o número de registros que estão armazenados em um bloco em uma tabela. Para ver se **pctfree** foi configurado corretamente, determine primeiro o número de linhas em um bloco. Você pode usar o pacote DBMS_STATS para coletar estatísticas. Se a configuração **pctfree** for muito baixa, o número de linhas encadeadas aumentará constantemente. Você pode monitorar a visão V$SYSSTAT do banco de dados (ou o Automatic Workload Repository) para detectar o aumento dos valores da ação "table fetch continued row"; isso indica que o banco de dados precisa acessar vários blocos em uma única linha.

> **NOTA**
> Quando as linhas são movidas devido ao espaço inadequado na área **pctfree**, a movimentação é denominada uma migração de linha. A migração de linha impactará o desempenho das suas transações.

A procedure DBMS_STATS, embora poderosa, não coleta estatísticas em linhas encadeadas. Você ainda pode usar o comando **analyze**, que normalmente não é mais utilizado, em favor do DBMS_STATS, para revelar as linhas encadeadas, como neste exemplo:

```
analyze table employees list chained rows;
```

> **NOTA**
> Para índices que darão suporte a um grande número de inserções, **pctfree** talvez precise ser de até 50%.

Índices de chave invertida

Em um índice de chave invertida, os valores são armazenados de trás para frente – por exemplo, um valor 2201 é armazenado como 1022. Se você usar um índice padrão, os valores consecutivos serão armazenados um ao lado do outro. Em um índice de chave invertida, os valores consecutivos não são armazenados um ao lado do outro. Se suas consultas normalmente não executam buscas por faixa de valores e você estiver preocupado com a disputa de E/S (em um ambiente de banco de dados RAC) ou concorrência (estatística **buffer busy waits** no ADDM) nos seus índices, os índices de chave invertida podem ser uma solução de ajuste a ser considerada. Quando dimensionar um índice de chave invertida, siga o mesmo método usado para dimensionar um índice padrão, como mostrado nas seções anteriores deste capítulo.

No entanto, há uma desvantagem nos índices de chave invertida: eles precisam de valor alto de pctfree para permitir inserções freqüentes e devem ser reconstruídos freqüentemente, com mais freqüência do que um índice de árvore B padrão.

Dimensionando índices de bitmap

Se você criar um índice de bitmap, o Oracle compactará dinamicamente os bitmaps gerados. A compactação de bitmaps pode resultar em uma economia substancial de armazenamento. Para estimar o tamanho de um índice de bitmap, estime o tamanho de um índice padrão (árvore B) sobre as mesmas colunas usando os métodos fornecidos nas seções anteriores deste capítulo. Após calcular os requisitos de espaço para o índice de árvore B, divida esse tamanho por 10 para determinar o tamanho máximo mais provável de um índice de bitmap para essas colunas. Em geral, os índices de bitmap de baixa cardinalidade terão entre 2 e 10% do tamanho de um índice de árvore B. O tamanho de um índice de bitmap dependerá da variabilidade e número de valores distintos nas colunas indexadas; se um índice de bitmap for criado em uma coluna de alta cardinalidade, o espaço ocupado por um índice de bitmap pode exceder o tamanho de um índice de árvore B na mesma coluna.

> **NOTA**
> Os índices de bitmap só estão disponíveis nas Edições Enterprise, Standard One e Standard do banco de dados Oracle.

Dimensionando tabelas organizadas por índice

Uma tabela organizada por índice é armazenada classificada por sua chave primária. Os requisitos de espaço de uma tabela organizada por índice são quase iguais aos requisitos de um índice em todas as colunas da tabela. A diferença em estimativa de espaço provém do cálculo do espaço usado por linha, porque uma tabela organizada por índice não tem RowIDs.

A listagem a seguir fornece o cálculo para o requisito de espaço por linha de uma tabela organizada por índice (observe que essa estimativa de armazenamento é para a linha inteira, incluindo seu armazenamento fora da linha (out-of-line)):

```
Row length for sizing = Average row length
                      + number of columns
                      + number of LOB columns          + 2 header
bytes
```

Insira este valor como o comprimento da linha quando usar a procedure CREATE_TABLE_COST para a tabela organizada por índice.

Dimensionando tabelas que contêm Large Objects (LOBs)

Os dados LOB (em tipos de dados BLOB ou CLOB) são normalmente armazenados separadamente da tabela principal. Você pode usar a cláusula **lob** do comando **create table** para especificar os atributos de armazenamento para os dados LOB, como um tablespace diferente. Na tabela principal, o Oracle armazena um valor de localizador LOB que aponta para os dados LOB. Quando os dados LOB são armazenados fora da linha, cerca de 36 a 86 bytes de dados de controle (o localizador LOB) permanecem inline em uma parte da linha.

O Oracle nem sempre armazena os dados LOB separados da tabela principal. Em geral, os dados LOB não são armazenados separados da tabela principal até que os dados LOB e o valor do localizador LOB totalizem mais de 4000 bytes. Portanto, se você armazenar valores LOB pequenos, precisará considerar seu impacto sobre o armazenamento da sua tabela principal. Se seus valores LOB forem menores que 4000 bytes, você talvez possa usar tipos de dados VARCHAR2 em vez de tipos de dados LOB para o armazenamento de dados.

Para especificar explicitamente onde o LOB residirá, se seu tamanho é 4000 bytes ou menos, use a cláusula **disable storage in row** ou **enable storage in row** na cláusula de armazenamento LOB da instrução **create table**. Se um LOB for armazenado inline e seu valor iniciar com um valor menor que 4000 bytes, ele migrará para fora da linha. Se um tamanho de LOB fora da linha tornar-se menor que 4000 bytes, ele permanecerá fora da linha.

Dimensionando partições

Você pode criar várias *partições* de uma tabela. Em uma tabela particionada, várias partições físicas separadas constituem a tabela. Por exemplo, uma tabela SALES pode ter quatro partições: SALES_NORTH, SALES_SOUTH, SALES_EAST e SALES_WEST. Você deve dimensionar cada uma dessas partições usando os métodos de dimensionamento de tabela descritos anteriormente neste capítulo. Você deve dimensionar os índices de partição usando os métodos de dimensionamento de índices mostrados anteriormente neste capítulo.

Usando tabelas temporárias

Você pode criar tabelas temporárias para armazenar dados temporários durante o processamento da aplicação. Os dados da tabela podem ser especificados para uma transação ou mantidos durante toda a sessão de um usuário. Quando a transação ou a sessão for concluída, os dados são truncados na tabela.

Para criar uma tabela temporária, use o comando **create global temporary table**. Para excluir automaticamente as linhas no final da transação, especifique **on commit delete rows**, conforme mostrado aqui:

```
create global temporary table MY_TEMP_TABLE
  (Name    VARCHAR2(25),
   Street  VARCHAR2(25),
   City    VARCHAR2(25))
on commit delete rows;
```

Você pode, então, inserir linhas em MY_TEMP_TABLE durante o processamento da aplicação. Quando efetuar um commit, o Oracle truncará MY_TEMP_TABLE. Para manter as linhas ao longo de toda a sessão, especifique **on commit preserve rows**.

Da perspectiva do DBA, você precisa saber se os desenvolvedores da aplicação estão usando este recursos. Se estiverem, você precisará considerar o espaço requerido pelas tabelas temporárias durante o processamento. As tabelas temporárias, em geral, são usadas para melhorar as velocidades de processamento de transações complexas, portanto você precisa equilibrar o benefício de desempenho com os custos de espaço. Você pode criar índices em tabelas temporárias para melhorar ainda mais o desempenho do processamento, novamente, com o custo do aumento do uso do espaço.

NOTA
*As tabelas temporárias e seus índices não alocam espaço até que a primeira instrução **insert** ocorra. Quando não são mais usadas, o espaço usado por elas é desalocado. Além disso, se você estiver usando PGA_AGGREGATE_TARGET, o Oracle tentará criar as tabelas na memória e só as gravará no espaço temporário, se necessário.*

DANDO SUPORTE A TABELAS COM BASE EM TIPOS DE DADOS ABSTRATOS

Os tipos de dados definidos por usuário, também conhecidos como *tipos de dados abstratos,* são uma parte crítica das aplicações de banco de dados objeto-relacional. Todo tipo de dados abstrato tem *métodos construtores* relacionados usados por desenvolvedores para manipular dados em tabelas. Os tipos de dados abstratos definem a estrutura de dados – por exemplo, um tipo de dado ADDRESS_TY pode conter atributos de dados de endereço, junto com métodos para manipular esses dados. Quando você criar o tipo de dado ADDRESS_TY, o Oracle automaticamente criará um método construtor denominado ADDRESS_TY. O método construtor ADDRESS_TY contém parâmetros que correspondem aos atributos do tipo de dados, facilitando as inserções de novos valores no formato do tipo de dados. Nas seções a seguir, você verá como criar tabelas que usam tipos de dados abstratos, junto com as informações sobre o dimensionamento e problemas de segurança associados a essa implementação. Você pode criar tabelas que usam tipos de dados abstratos para suas definições de coluna. Por exemplo, você poderá criar um tipo de dados abstrato para endereços, conforme mostrado:

```
create type ADDRESS_TY as object
  (Street  VARCHAR2(50),
   City    VARCHAR2(25),
   State   CHAR(2),
   Zip     NUMBER);
```

Uma vez que o tipo de dado ADDRESS_TY tenha sido criado, você pode usá-lo como um tipo de dados quando criar suas tabelas, conforme mostrado na listagem a seguir:

```
create table CUSTOMER
```

```
    (Name      VARCHAR2(25),
    Address    ADDRESS_TY);
```

Quando você cria um tipo de dado abstrato, o Oracle cria um método construtor para ser usado durante as inserções. O método construtor tem o mesmo nome do tipo de dados e seus parâmetros são os atributos do tipo de dados. Quando você insere registros na tabela CUSTOMER, precisa usar o método construtor do tipo de dados ADDRESS_TY para inserir os valores Address, conforme mostrado:

```
insert into CUSTOMER values
    ('Joe',ADDRESS_TY('My Street', 'Some City', 'ST', 10001));
```

Neste exemplo, o comando **insert** chama o método construtor ADDRESS_TY para inserir valores nos atributos do tipo de dados ADDRESS_TY.

O uso dos tipos de dados abstratos aumenta os requisitos de espaço das suas tabelas em oito bytes para cada tipo de dados usado. Se um tipo de dados contém outro tipo de dados, você deve adicionar oito bytes para cada um dos tipos de dados.

Usando visões de objeto

O uso de tipos de dados abstratos pode aumentar a complexidade do seu ambiente de desenvolvimento. Quando você consulta os atributos de um tipo de dados abstrato, deve usar uma sintaxe diferente da usada nas tabelas que não contêm tipos de dados abstratos. Se você não implementa tipos de dados abstratos em todas as suas tabelas, precisará usar uma sintaxe para algumas de suas tabelas e uma sintaxe separada para as outras – e precisará saber de antemão que consultas usam os tipos de dados abstratos. Por exemplo, a tabela CUSTOMER usa o tipo de dados ADDRESS_TY descrito na seção anterior:

```
create table CUSTOMER
    (Name      VARCHAR2(25),
    Address    ADDRESS_TY);
```

O tipo de dados ADDRESS_TY, por sua vez, tem quatro atributos: Street, City, State e Zip. Se você deseja selecionar o valor do atributo Street na coluna Address da tabela CUSTOMER, pode escrever a consulta a seguir:

```
select Address.Street from CUSTOMER;
```

Entretanto, essa consulta não *funcionará*. Quando você consulta os atributos dos tipos de dados abstratos, deve usar variáveis de correlação para os nomes da tabela. Do contrário, pode haver uma ambigüidade com referência ao objeto que está sendo selecionado. Para consultar o atributo Street, use uma variável de correlação (neste caso, "C") para a tabela CUSTOMER, conforme mostrado no exemplo a seguir:

```
select C.Address.Street from CUSTOMER C;
```

Como mostrado nesse exemplo, você precisa usar as variáveis de correlação para consultas de atributos de tipo de dados abstratos *mesmo se a consulta só acessar uma tabela*. Há, portanto, dois recursos de consultas a atributos de tipo de dados abstratos: a notação usada para acessar os atributos e o requisito das variáveis de correlação. Para implementar os tipos de dados abstratos consistentemente, você talvez precise alterar seus padrões SQL para dar suporte integral ao uso de variáveis de correlação. Mesmo que você use as variáveis de correlação de maneira consistente, a notação necessária para acessar os valores do atributo também pode causar problemas, porque você não pode usar uma notação similar em tabelas que não usam tipos de dados abstratos.

As visões de objeto fornecem uma solução conciliatória para essa inconsistência. A tabela CUSTOMER criada nos exemplos anteriores assume que um tipo de dados ADDRESS_TY já existe. Mas e se sua tabela já existir? E se você criou anteriormente uma aplicação de banco de dados relacional e está tentando implementar conceitos objeto-relacionais na sua aplicação sem reconstruir e recriar a aplicação inteira? O que você precisaria seria a habilidade de dispor as estruturas orientadas a objetos (OO), como tipos de dados abstratos, em tabelas relacionais existente. O Oracle fornece as *visões de objeto* como um meio de definir os objetos usados pelas tabelas relacionais existentes.

Se a tabela CUSTOMER já existir, você poderá criar o tipo de dados ADDRESS_TY e usar as visões de objeto para relacioná-lo à tabela CUSTOMER. Na listagem a seguir, a tabela CUSTOMER é criada como uma tabela relacional, usando apenas os tipos de dados fornecidos normalmente:

```
create table CUSTOMER
   (Name        VARCHAR2(25) primary key,
    Street      VARCHAR2(50),
    City        VARCHAR2(25),
    State       CHAR(2),
    Zip         NUMBER);
```

Se você quiser criar outra tabela ou aplicação que armazene informações sobre pessoas e endereços, pode escolher criar o tipo de dados ADDRESS_TY. Entretanto, para consistência, esse tipo de dados deve ser aplicado também à tabela CUSTOMER. Os exemplos a seguir usarão o tipo de dados ADDRESS_TY criado na seção anterior.

Para criar uma visão de objeto, use o comando **create view**. Dentro do comando **create view**, especifique a consulta que formará a base da visão. O código para criar a visão de objeto CUSTOMER_OV na tabela CUSTOMER é mostrado na listagem a seguir:

```
create view CUSTOMER_OV (Name, Address) as
select Name,
       ADDRESS_TY(Street, City, State, Zip)
  from CUSTOMER;
```

A visão CUSTOMER_OV terá duas colunas: as colunas Name e Address (a última é definida pelo tipo de dados ADDRESS_TY). Observe que você não pode especificar **object** como uma opção dentro do comando **create view**.

Vários problemas de sintaxe importantes são apresentados neste exemplo. Quando uma tabela é construída sobre tipos de dados abstratos existentes, você seleciona os valores de coluna na tabela pela referência aos nomes das colunas (como Name) em vez de seus métodos construtores. Ao criar a visão do objeto, entretanto, você referencia os nomes dos métodos construtores (como ADDRESS_TY). Além disso, você pode usar as cláusulas **where** na consulta que forma a base da visão do objeto. Você pode, portanto, limitar as linhas que são acessíveis por meio da visão de objeto.

Se usar as visões de objeto, você como DBA administrará as tabelas relacionais da mesma maneira que fez anteriormente. Ainda precisará gerenciar os privilégios para os tipos de dados (consulte a seção a seguir deste capítulo para obter informações sobre gerenciamento de segurança dos tipos de dados abstratos), mas as estruturas de tabela e índice serão iguais às anteriores à criação dos tipos de dados abstratos. Usar as estruturas relacionais simplificará a administração de tarefas enquanto permite que os desenvolvedores acessem os objeto através das visões de objeto das tabelas.

Você também pode usar as visões de objeto para simular as referências usadas pelos objetos de linha. Os objetos de linha são linhas dentro de uma tabela de objeto. Para criar uma visão de objeto que suporte objetos de linha, você precisa primeiro criar um tipo de dados que tenha a mesma estrutura da tabela, conforme mostrado aqui:

```
create or replace type CUSTOMER_TY as object
   (Name        VARCHAR2(25),
```

```
Street      VARCHAR2(50),
City        VARCHAR2(25),
State       CHAR(2),
Zip         NUMBER);
```

Em seguida, crie uma visão de objeto baseada no tipo CUSTOMER_TY enquanto atribui os valores do *identificador do objeto*, ou OID, às linhas em CUSTOMER:

```
create view CUSTOMER_OV of CUSTOMER_TY
   with object identifier (Name) as
select Name, Street, City, State, Zip
   from CUSTOMER;
```

A primeira parte deste comando **create view** dá um nome à visão (CUSTOMER_OV) e informa ao Oracle que a estrutura da visão é baseada no tipo de dados CUSTOMER_TY. Um identificador de objeto identifica o objeto da linha. Nessa visão de objeto, a coluna Name será usada como o OID.

Se você tem uma segunda tabela que referencia CUSTOMER via um relacionamento de chave estrangeira ou chave primária, pode configurar uma visão de objeto que contenha referências a CUSTOMER_OV. Por exemplo, a tabela CUSTOMER_CALL contém uma chave estrangeira para a tabela CUSTOMER, conforme mostrado aqui:

```
create table CUSTOMER_CALL
   (Name            VARCHAR2(25),
    Call_Number     NUMBER,
    Call_Date       DATE,
    constraint CUSTOMER_CALL_PK
       primary key (Name, Call_Number),
    constraint CUSTOMER_CALL_FK foreign key (Name)
       references CUSTOMER(Name));
```

A coluna Name de CUSTOMER_CALL referencia a mesma coluna na tabela CUSTOMER. Como você simulou os OIDs (denominado *pkOIDs*) com base na chave primária de CUSTOMER, precisa criar referências àqueles OIDs. O Oracle fornece um operador denominado MAKE_REF que cria as referências (denominadas pkREFs). Na listagem a seguir, o operador MAKE_REF é usado para criar referências da visão do objeto do CUSTOMER_CALL para a visão do objeto do CUSTOMER:

```
create view CUSTOMER_CALL_OV as
select MAKE_REF(CUSTOMER_OV, Name) Name,
       Call_Number,
       Call_Date
  from CUSTOMER_CALL;
```

Dentro da visão CUSTOMER_CALL_OV, você informa ao Oracle o nome da visão a ser referenciada e as colunas que constituem o pkREF. Você poderá agora consultar os dados de CUSTOMER_OV de dentro de CUSTOMER_CALL_OV usando o operador DEREF na coluna Customer_ID:

```
select DEREF(CCOV.Name)
   from CUSTOMER_CALL_OV CCOV
  where Call_Date = TRUNC(SysDate);
```

Você pode assim retornar os dados de CUSTOMER a partir da sua consulta sem consultar diretamente a tabela CUSTOMER. Neste exemplo, a coluna Call_Date é usada como uma condição limitante para as linhas retornadas pela consulta.

Se você usar objetos de linha ou objetos de coluna, poderá usar visões de objeto para proteger suas tabelas dos relacionamentos de objetos. As tabelas não são modificadas; você as administra da maneira como sempre fez. A diferença é que os usuários podem agora acessar as linhas da tabela CUSTOMER como se elas fossem objetos de linha. Da perspectiva de um DBA, as visões de objetos permitem que você continue a criar e dar suporte a tabelas e índices padrão enquanto os desenvolvedores da aplicação implementam recursos objeto-relacional avançados como uma camada acima dessas tabelas.

Segurança para tipos de dados abstratos

Os exemplos nas seções anteriores assumiram que o mesmo usuário possuía o tipo de dados ADDRESS_TY e a tabela CUSTOMER. E se o proprietário do tipo de dados não for o proprietário da tabela? E se outro usuário deseja criar um tipo de dados com base em um tipo de dados que você criou? No ambiente de desenvolvimento, você deve estabelecer diretrizes para a propriedade e uso dos tipos de dados abstratos exatamente como você faria para tabelas e índices.

Por exemplo, e se a conta denominada KAREN_SHELL possui o tipo de dados ADDRESS_TY e o usuário da conta denominado CON_K tenta criar um tipo de dados PERSON_TY? Mostraremos o problema com o proprietário do tipo e, em seguida, veremos uma solução fácil posteriormente nesta seção. Por exemplo, CON_K executa o comando a seguir:

```
create type PERSON_TY as object
    (Name    VARCHAR2(25),
    Address ADDRESS_TY);
/
```

Se CON_K não é proprietário do tipo de dados abstratos ADDRESS_TY, o Oracle responderá a este comando **create type** com a mensagem a seguir:

```
Warning: Type created with compilation errors.
```

Os erros de compilação são causados por problemas na criação do método construtor quando o tipo de dados é criado. O Oracle não pode resolver a referência ao tipo de dados ADDRESS_TY porque CON_K não é proprietário de um tipo de dados com esse nome.

CON_K não será capaz de criar o tipo de dados PERSON_TY (que inclui o tipo de dados ADDRESS_TY) a menos que KAREN_SHELL primeiramente conceda seu privilégio EXECUTE sobre o tipo. A listagem a seguir mostrará este comando **grant** em ação:

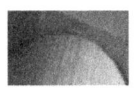

```
grant EXECUTE on ADDRESS_TY to CON_K;
```

NOTA
Você deve também conceder o privilégio EXECUTE sobre o tipo de para qualquer usuário que excutará operações DML na tabela.

Agora que as permissões apropriadas foram concedidas, CON_K pode criar um tipo de dados que é baseado no tipo de dados ADDRESS_TY de KAREN_SHELL:

```
create or replace type PERSON_TY as object
    (Name    VARCHAR2(25),
    Address KAREN_SHELL.ADDRESS_TY);
```

O tipo de dados PERSON_TY de CON_K agora será criado com sucesso. Entretanto, usar os tipos de dados com base em tipos de dados de outro usuário não é comum. Por exemplo, durante as operações **insert**, você deve especificar completamente o nome do proprietário de cada tipo. CON_K pode criar uma tabela com base no seu tipo de dados PERSON_TY (que inclui o tipo de dados ADDRESS_TY de KAREN_SHELL), conforme mostrado na listagem a seguir:

```
create table CON_K_CUSTOMERS
   (Customer_ID  NUMBER,
    Person       PERSON_TY);
```

Se CON_K fosse proprietário dos tipos de dados PERSON_TY e ADDRESS_TY, uma instrução **insert** na tabela CUSTOMER usaria o seguinte formato:

```
insert into CON_K_CUSTOMERS values
   (1,PERSON_TY('Jane Doe',
      ADDRESS_TY('101 Main Street','Dodgeville','WI',53595)));
```

Esse comando não funcionará. Durante o comando **insert**, o método construtor ADDRESS_TY é usado e KAREN_SHELL é proprietária dele. Portanto, o comando **insert** deve ser modificado para especificar KAREN_SHELL como a proprietária de ADDRESS_TY. O exemplo a seguir mostra a instrução **insert** corrigida, com a referência a KAREN_SHELL mostrada em negrito:

```
insert into CON_K_CUSTOMERS values
   (1,PERSON_TY('John Doe',
      KAREN_SHELL.ADDRESS_TY('101 Main Street','Dodgeville','WI',53595)));
```

A solução deste problema é fácil: a partir do Oracle Database 10g, você pode criar e usar um sinônimo público para um tipo de dados. Continuando com os exemplos anteriores, KAREN_SHELL pode criar um sinônimo público e conceder privilégios EXECUTE sobre o tipo:

```
create public synonym pub_address_ty for address_ty;
grant execute on address_ty to public;
```

Como resultado, qualquer usuário, incluindo CON_K, pode agora referenciar o tipo usando o sinônimo para criar novas tabelas ou tipos:

```
create or replace type person_ty as object
     (name     varchar2(25),
      address  pub_address_ty);
```

Em uma implementação puramente relacional do Oracle, você concede o privilégio EXECUTE sobre objetos procedurais, como procedures e pacotes. Dentro da implementação objeto-relacional do Oracle, o privilégio EXECUTE é estendido para abranger também tipos de dados abstratos, como você pode ver no exemplo anterior desta seção. O privilégio EXECUTE é usado porque os tipos de dados abstratos podem incluir *métodos* – funções e procedures PL/SQL que operam sobre os tipos de dados. Se você conceder o privilégio a alguém para usar seu tipo de dados, está concedendo ao usuário o privilégio para executar os métodos que você definiu sobre os tipo de dados. Embora KAREN_SHELL ainda não tenha definido métodos sobre o tipo de dados ADDRESS_TY, o Oracle cria automaticamente métodos construtores que são usados para acessar os dados. Todo objeto (como PERSON_TY) que usa o tipo de dados ADDRESS_TY usa o método construtor associado ao ADDRESS_TY.

Você não pode criar tipos públicos, mas como vimos anteriormente nesta seção, você pode criar sinônimos públicos para seus tipos. Isso ajuda a suavizar a solução para o problema de gerenciamento de tipo de dados; uma solução seria criar todos os tipos usando um nome de esquema único e criar os sinônimos apropriados. Os usuários que referenciam o tipo não precisam conhecer o proprietário dos tipos para usá-los com eficácia.

Indexando atributos de tipo de dados abstratos

No exemplo anterior, a tabela CON_K_CUSTOMERS foi criada com base em um tipo de dados PERSON_TY e em um tipo de dados ADDRESS_TY. Conforme mostrado na listagem a seguir, a tabela CON_K_CUSTOMERS contém uma coluna escalar (não orientada a objeto) – Customer_ID – e a coluna Person que é definida pelo tipo de dados abstratos PERSON_TY:

```
create table GEORGE_CUSTOMERS
    (Customer_ID    NUMBER,
     Person         PERSON_TY);
```

Nas definições de tipo de dados mostradas na seção anterior deste capítulo, você pode ver que PERSON_TY tem uma coluna – Name – seguida por uma coluna Address definida pelo tipo de dados ADDRESS_TY.

Ao referenciar colunas dentro dos tipos de dados abstratos durante consultas, atualizações e exclusões, especifique o caminho completo para os atributos de tipo de dados. Por exemplo, a consulta a seguir retorna a coluna Customer_ID junto com a coluna Name. A coluna Name é um atributo do tipo de dados que define a coluna Person, portanto você referencia o atributo como Person.Name, conforme mostrado aqui:

```
select C.Customer_ID, C.Person.Name
    from CON_K_CUSTOMERS C;
```

Você pode fazer referência aos atributos dentro do tipo de dados ADDRESS_TY especificando o caminho completo através das colunas relacionadas. Por exemplo, a coluna Street é referenciada como Person.Address.Street, que descreve seu local dentro da estrutura da tabela. No exemplo a seguir, a coluna City é referenciada duas vezes – uma vez na lista de colunas a serem selecionadas e uma vez dentro da cláusula **where**:

```
select C.Person.Name,
       C.Person.Address.City
    from CON_K_CUSTOMERS C
    where C.Person.Address.City like 'C%';
```

Como a coluna City é usada dentro de uma busca por faixa de valores na cláusula **where**, o otimizador talvez seja capaz de usar um índice quando resolver a consulta. Se um índice estiver disponível na coluna City, o Oracle poderá encontrar rapidamente todas as linhas que têm valores City iniciando com a letra C, conforme solicitado pela consulta.

Para criar um índice em uma coluna que seja parte de um tipo de dados abstratos, você precisa especificar o caminho completo para a coluna como parte do comando **create index**. Para criar um índice na coluna City (que é parte da coluna Address), você pode executar este comando:

```
create index I_CON_K_CUSTOMERS_CITY
    on CON_K_CUSTOMERS(Person.Address.City);
```

Esse comando criará um índice denominado I_CON_K_CUSTOMER_CITY na coluna Person. Address. City. Sempre que a coluna City for acessada, o otimizador avaliará o SQL usado para acessar os dados e determinar se o novo índice pode ser útil para melhorar o desempenho de acesso.

Ao criar tabelas com base nos tipos de dados abstratos, você deve considerar como as colunas com os tipos de dados abstratos serão acessadas. Se, como a coluna City no exemplo anterior, certas colunas forem comumente usadas como parte das condições de limitação em consultas, elas deverão ser indexadas. Nesse aspecto, a representação de várias colunas em um único tipo de dados abstratos pode atrapalhar o desempenho da sua aplicação, porque ele pode encobrir a necessidade de indexar colunas específicas dentro do tipo de dados.

Ao usar tipos de dados abstratos, você se acostuma a tratar um grupo de colunas como uma entidade única, como as colunas Address ou as colunas Person. É importante lembrar que o otimizador, quando avaliar os caminhos de acesso da consulta, considerará as colunas individualmente. Portanto, você precisa resolver os requisitos de indexação para colunas mesmo quando está usando tipos de dados abstratos. Além disso, lembre-se de que indexar a coluna City em uma tabela que usa o tipo de dados ADDRESS_TY não afeta a coluna City em uma segunda tabela que usa o tipo de dados ADDRESS_TY. Se houver uma segunda tabela denominada BRANCH que usa o tipo de dados ADDRESS_TY, então *sua* coluna City não indexará a menos que você crie explicitamente um índice para ela.

PARANDO E SUSPENDENDO O BANCO DE DADOS

Você pode parar ou suspender temporariamente o banco de dados durante suas operações de manutenção. O uso dessas opções permite que você mantenha o banco de dados aberto durante a manutenção da aplicação, evitando o impacto de disponibilidade e tempo associados às execuções de shutdown no banco de dados.

Enquanto o banco de dados estiver parado, nenhuma transação nova será permitida por nenhuma conta que não seja SYS e SYSTEM. Novas consultas ou tentativas de login ficarão suspensas até que você libere o banco de dados para funcionar novamente. O recurso quiesce é útil durante a execução da manutenção de tabelas ou manutenção de dados complicados. Para usar o recurso quiesce, você precisa primeiramente ativar o Database Resource Manager, conforme descrito anteriormente neste capítulo. Além disso, o parâmetro de inicialização RESOURCE_MANAGER_PLAN deve ter sido configurado como um plano válido quando o banco de dados foi iniciado e não deve ter sido desativado após a inicialização do banco de dados.

Enquanto estiver conectado como SYS ou SYSTEM (outras contas SYSDBA privilegiadas não podem executar estes comandos), pare o banco de dados como a seguir:

```
alter system quiesce restricted;
```

Todas as sessões não DBA conectadas no banco de dados continuarão até que seus comandos atuais sejam concluídos, ponto no qual eles se tornarão inativos. Em ambientes Real Application Clusters, todas as instâncias serão paradas.

Para ver se o banco de dados está no estado parado, conecte como SYS ou SYSTEM e execute a consulta a seguir:

```
select Active_State from V$INSTANCE;
```

O valor da coluna Active_State será NORMAL (não está parado), QUIESCING (sessões não DBA ativas ainda estão em execução) ou QUIESCED.

Para reativar o banco de dados, use o comando a seguir:

```
alter system unquiesce;
```

Em vez de parar o banco de dados, você pode suspendê-lo. Um banco de dados suspenso não executa operações de E/S nos seus arquivos de dados e arquivos de controle, permitindo que o banco de dados seja copiado em backup sem interferência de E/S. Para suspender o banco de dados, use o comando a seguir:

```
alter system suspend;
```

> **NOTA**
> *Não use o comando **alter system suspend** a menos que você tenha colocado o banco de dados no modo de hot backup.*

Embora o comando **alter system suspend** possa ser executado de qualquer conta com privilégio SYSDBA, você só pode reiniciar as operações normais do banco de dados a partir de contas SYS e SYSTEM. Use SYS e SYSTEM para evitar erros potenciais enquanto reinicia as operações de banco de dados. Em ambientes Real Application Clusters, todas as instâncias serão suspensas. Para ver o status atual da instância, use o comando a seguir:

```
select Database_Status from V$INSTANCE;
```

O banco de dados será SUSPENDED ou ACTIVE. Para reiniciar o banco de dados, conecte-se como SYS ou SYSTEM e execute o comando a seguir:

```
alter system resume;
```

DANDO SUPORTE AO DESENVOLVIMENTO ITERATIVO

Em geral, as metodologias de desenvolvimento iterativo consistem em uma série de protótipos rapidamente desenvolvidos. Esses protótipos são usados para definir os requisitos do sistema à medida que o sistema está sendo desenvolvido. Essas metodologias são atraentes devido à sua habilidade de mostrar aos clientes algo tangível à medida que o desenvolvimento ocorre. Entretanto, existem algumas armadilhas comuns que ocorrem durante o desenvolvimento iterativo que minam a sua eficiência.

Primeiro, o *controle de versão* nem sempre é usado. A criação de várias versões de uma aplicação permite que certos recursos sejam "congelados" enquanto outros são alterados. Ela também permite que diferentes seções da aplicação estejam em desenvolvimento enquanto outras estão em teste. Muito freqüentemente, uma versão da aplicação é usada a cada iteração de cada recurso, resultando em um produto final que não é adequadamente flexível para resolver as necessidades de alteração (que foi a finalidade alegada do desenvolvimento iterativo).

Em segundo lugar, os protótipos nem sempre são descartados. Os protótipos são desenvolvidos para dar ao cliente uma idéia de como será o produto final; eles não devem ser planejados como a base de um produto final. Usá-los como uma base não produzirá o sistema mais estável e flexível possível. Ao executar o desenvolvimento iterativo, trate os protótipos como sistemas legados temporários.

Em terceiro lugar, as divisões entre ambientes de desenvolvimento, teste e produção são confusas. A metodologia para o desenvolvimento iterativo deve definir muito claramente as condições que precisam ser atendidas antes que uma versão de aplicação possa ser movida para o próximo estágio. Pode ser melhor manter o desenvolvimento do protótipo completamente separado do desenvolvimento da aplicação inteira.

Finalmente, cronogramas irreais são freqüentemente definidos. Os mesmos resultados aplicados à metodologia estruturada são aplicados à metodologia iterativa. O fato de que a aplicação está sendo desenvolvida em um passo acelerado não implica que os entregáveis serão mais rápidos de gerar.

Definições de colunas iterativas

Durante o processo de desenvolvimento, suas definições de coluna podem ser freqüentemente alteradas. Você pode descartar colunas de tabelas existentes. Você pode descartar uma coluna imediatamente ou pode marcá-la como UNUSED para ser descartada posteriormente. Se a coluna for descartada imediatamente, a ação poderá impactar o desempenho. Se a coluna for marcada como não usada, não haverá um impacto sobre o desempenho. A coluna pode ser descartada mais tarde quando o banco de dados estiver sendo menos usado. Para descartar uma coluna, use a cláusula

set unused ou cláusula **drop** do comando **alter table**. Você não pode descartar uma pseudocoluna, uma coluna de tabelas aninhadas ou uma coluna chave de partição. No exemplo a seguir, a coluna Col2 é descartada de uma tabela denominada TABLE1:

```
alter table TABLE1 drop column Col2;
```

Você pode marcar uma coluna como não usada, conforme mostrado aqui:

```
alter table TABLE1 set unused column Col3;
```

Marcar uma coluna como não usada não libera o espaço anteriormente usado pela coluna. Você também pode descartar todas as colunas não usadas:

```
alter table TABLE1 drop unused columns;
```

Você pode consultar as tabelas USER_UNUSED_COL_TABS, DBA_UNUSED_COL e ALL_UNUSED_COL_TABS para ver todas as tabelas com colunas marcadas como não usadas.

> **NOTA**
> *Uma vez que você tenha marcado uma coluna como não usada, não será possível acessar essa coluna. Se você exportar a tabela após designar uma coluna como não usada, a coluna não será exportada.*

Você pode descartar várias colunas em um único comando, conforme mostrado:

```
alter table TABLE1 drop (Col4, Col5);
```

> **NOTA**
> *Ao descartar várias colunas, você não deve usar a palavra-chave* **column** *do comando* **alter table**. *Os nomes de múltiplas colunas devem estar entre parênteses, conforme mostrado no exemplo anterior.*

Se as colunas descartadas fazem parte de chaves primárias ou constraints únicas, você também precisará usar a cláusula **cascade constraints** como parte do seu comando **alter table**. Se você descartar uma coluna que pertença a uma chave primária, o Oracle descartará tanto a coluna como o índice da chave primária.

Se você não pode providenciar imediatamente um período de manutenção durante o qual possa descartar as colunas, marque-as como não usadas. Durante um período de manutenção posterior, é possível completar a manutenção a partir da conta SYS ou SYSTEM.

Forçando o compartilhamento de cursor

Em um cenário ideal, os desenvolvedores de aplicação devem usar variáveis vinculadas nos seus programas para maximizar a reutilização de seus comandos interpretados (parsed) anteriormente na área SQL compartilhada. Se as variáveis vinculadas não estiverem em uso, você talvez veja instruções muito similares no cache de biblioteca – consultas que diferem somente no valor literal na cláusula **where**.

As instruções que são idênticas, exceto para seus componentes de valor literal, são denominadas instruções *similares*. As instruções similares podem reutilizar previamente os comandos interpretados na área SQL compartilhada se o parâmetro de inicialização CURSOR_SHARING for definido como SIMILAR ou FORCE. Em geral, você deve favorecer o uso de SIMILAR em relação a FORCE, porque SIMILAR permitirá que um novo plano de execução seja gerado refletindo quaisquer dados de histograma conhecidos sobre o valor literal.

Configurar CURSOR_SHARING como EXACT (a configuração padrão) reutiliza os comandos interpretados previamente somente quando os valores literais são idênticos. Para usar os tópicos armazenados com CURSOR_SHARING configurados como FORCE ou SIMILAR, os tópicos devem ter sido gerados com essa configuração CURSOR_SHARING em vigor.

> **NOTA**
> Os comandos SQL dinâmicos são sempre interpretados, essencialmente evitando o valor da área SQL compartilhada.

GERENCIANDO O DESENVOLVIMENTO DE APLICAÇÕES EMPACOTADAS

Imagine um ambiente de desenvolvimento com as seguintes características:

- Nenhum dos seus padrões é obrigatórios
- Os objetos são criados sob a conta SYS ou SYSTEM
- A distribuição e dimensionamento apropriado das tabelas e índices são apenas ligeiramente considerados
- Cada aplicação é projetada como se fosse a única aplicação que você pretende executar no seu banco de dados

Por mais indesejáveis que sejam essas condições, elas são encontradas ocasionalmente durante a implementação das aplicações empacotadas, compradas no mercado. Gerenciar corretamente a implementação desses pacotes envolve grande parte dos mesmos problemas que foram descritos para os processos de desenvolvimento da aplicação nas seções anteriores. Esta seção fornecerá uma visão geral de como os pacotes devem ser tratados para que se ajustem ao seu ambiente de desenvolvimento.

Gerando diagramas

A maioria das ferramentas CASE tem a capacidade de executar *engenharia reversa* em um pacote para gerar um diagrama de banco de dados físico. A engenharia reversa consiste em analisar as estruturas da tabela e gerar um diagrama de banco de dados físico que seja consistente com essas estruturas, em geral analisando os nomes de colunas, constraints e índices para identificar colunas chave. Entretanto, normalmente não há uma correlação um para um entre o diagrama de banco de dados físico e o diagrama de entidade-relacionamento. Esses diagramas para pacotes podem normalmente ser obtidos no fornecedor do pacote; eles são úteis no planejamento de interfaces para o banco de dados do pacote.

Requisitos de espaço

A maioria dos pacotes baseados no Oracle fornece estimativas razoavelmente precisas do uso de recursos do banco de dados durante o uso de produção. Entretanto, eles em geral não levam em conta seus requisitos de uso durante as cargas de dados e as atualizações de software. Você deve monitorar cuidadosamente os requisitos de undo do pacote durante cargas de dados grandes. Um tablespace DATA sobressalente também pode ser necessário se o pacote criar cópias de todas as suas tabelas durante as operações de atualização.

Metas de ajuste

Assim como as aplicações personalizadas têm metas de ajuste, os pacotes também devem conter metas de ajuste. Estabelecer e rastrear esses valores de controle ajudará a identificar áreas do pacote que precisam de ajuste (consulte o Capítulo 8).

Requisitos de segurança

Infelizmente, muitos pacotes que usam bancos de dados Oracle falham em uma ou duas categorias: eles foram migrados para o Oracle de outros sistema de banco de dados ou assumem que têm privilégios completos de DBA para suas contas de proprietário de objeto.

Se os pacotes foram criados primeiramente em um sistema de banco de dados diferente, sua portabilidade para Oracle muito provavelmente não aproveita as vantagens dos recursos funcionais do Oracle, como seqüências, triggers e métodos. Ajustar um pacote desse tipo para atender às suas necessidades pode exigir modificação no código-fonte.

Se o pacote assume que tem autoridade DBA plena, ele não deve ser armazenado no mesmo banco de dados de qualquer outra aplicação de banco de dados importante. A maioria dos pacotes que requer autoridade de DBA age assim para adicionar novos usuários ao banco de dados. Você deve determinar exatamente quais privilégios do sistema a conta do administrador do pacote realmente requer (em geral, somente CREATE SESSION e CREATE USER). Você pode criar uma atribuição de sistema especializada para fornecer esse conjunto limitado de privilégios de sistema para o administrador do pacote.

Os pacotes que foram desenvolvidos primeiro em bancos de dados não-Oracle podem exigir o uso da mesma conta que outro pacote adaptado para o Oracle. Por exemplo, o proprietário de uma conta de banco de dados denominada SYSADM pode ser requerido por várias aplicações. A única maneira de resolver esse conflito com total confiança é criar os dois pacotes em bancos de dados separados.

Requisitos de dados

Todos os requisitos de processamento que os pacotes têm, especialmente sobre entrada de dados, devem ser claramente definidos. Esses requisitos são normalmente bem-documentados na documentação do pacote.

Requisitos da versão

As aplicações às quais você suporta podem ter dependências sobre versões e recursos específicos do Oracle. Se você usa aplicações empacotadas, precisará basear os planos de atualização da versão de kernel no suporte do fornecedor para as diferentes versões do Oracle. Além do mais, o fornecedor pode trocar os recursos de otimizador que ele suporta – por exemplo, exigir que o parâmetro COMPATIBLE seja configurado com um valor específico. Seu ambiente de banco de dados precisará ser o mais flexível possível para dar suporte a essas alterações.

Devido a essas constraints fora do seu controle, você deve tentar isolar a aplicação empacotada na sua própria instância. Se você freqüentemente consulta dados entre aplicações, o isolamento da aplicação à sua própria instância aumentará sua utilização dos links de banco de dados. É preciso avaliar os custos de manutenção para dar suporte a várias instâncias em relação aos custos de manutenção para dar suporte a várias aplicações em uma única instância.

Planos de execução

A geração de planos de execução requer o acesso a instruções SQL que são executadas no banco de dados. A área SQL compartilhada no SGA mantém as instruções SQL que são executadas no banco de dados (acessíveis por meio da visão V$SQL_PLAN). Fazer a correspondência de instruções SQL em relação a partes específicas da aplicação é um processo demorado. Você deve tentar identificar áreas específicas cuja funcionalidade e desempenho são críticas para o sucesso da aplicação e trabalhar com a equipe de suporte da aplicação empacotada para resolver os problemas de desempenho. Você pode usar o Automated Workload Repository (consulte o Capítulo 8) para reunir todos os comandos gerados durante os períodos de teste e, em seguida, determinar os planos de execução para a maioria das consultas que fazem uso intensivo de recursos nesse conjunto. Se os comandos ainda estiverem na área SQL compartilhada, você poderá ver as estatísticas por meio da visão V$SQL e o plano de execução por meio da visão V$SQL_PLAN.

Procedimentos de teste de aceitação

As aplicações empacotadas compradas devem cumprir os mesmos requisitos funcionais que as aplicações personalizadas devem atender. Os procedimentos de teste de aceitação devem ser desenvolvidos antes que o pacote seja selecionado; eles podem ser gerados a partir de critérios de seleção de pacote. Dessa forma, você estará testando a funcionalidade que você precisa e não a funcionalidade que os desenvolvedores do pacote pensaram que você queria.

Certifique-se de especificar quais são suas opções caso o pacote não tenha êxito no teste de aceitação por motivos funcionais ou de desempenho. Os fatores de sucesso cruciais para a aplicação não devem ser negligenciados apenas porque é uma aplicação comprada.

O ambiente de teste

Ao estabelecer um ambiente de teste, siga estas diretrizes:

- Deve ser maior que seu ambiente de produção. Você precisa ser capaz de prever um desempenho futuro.
- Deve conter conjuntos de dados conhecidos, planos de execução, resultados de desempenho e resultados de dados.
- Precisa ser usado para cada versão do banco de dados e ferramentas, assim como para novos recursos.
- Precisa dar suporte à geração de várias condições de teste para permitir a avaliação de custos corporativos dos recursos. Não é recomendável contar com análises pontuais dos resultados; em um cenário ideal, você pode determinar as curvas de custo/benefícios de um recurso à medida que aumenta o tamanho do banco de dados.
- Deve ser suficientemente flexível para permitir que você avalie opções de custo de licenciamento diferentes.
- Deve ser usado ativamente como uma parte da metodologia de implementação de tecnologia.

Ao testar o desempenho de transações, certifique-se de controlar a taxa de carga incremental ao longo do tempo. Em geral, os índices em uma tabela reduzirão o desempenho das cargas quando alcançarem um segundo nível interno. Consulte o Capítulo 8 para obter detalhes sobre índices e desempenho de carga.

Ao testar, suas consultas de exemplo devem representar cada um dos grupos a seguir:

- Consultas que executam junções, incluindo junções de mesclagem (merge joins), loops aninhados, junções externas (outer joins) e junções de hash (hash joins)
- Consultas que usam links de banco de dados
- Instruções DML que usam links de banco de dados
- Cada tipo de instrução DML (instruções **insert**, **update** e **delete**)
- Cada tipo de instrução DDL importante, incluindo as criação de tabela, reconstruções de índices e concessões
- Consultas que usam Parallel Query (se essa opção estiver em uso no seu ambiente)

O conjunto de exemplo não deve ser fabricado; ele deve representar suas operações e deve ser repetível. Gerar o conjunto de exemplo deve envolver a revisão do principais grupos de operações assim como as operações OLTP executadas pelos seus usuários. O resultado não refletirá cada ação dentro do banco de dados, mas permitirá que você esteja ciente das implicações das atualizações e, assim, reduza seu risco e tome melhores decisões sobre a implementação de novas opções.

CAPÍTULO 3

Planejando e gerenciando os tablespaces

A maneira como um DBA configura o layout dos tablespaces em um banco de dados afeta diretamente o seu desempenho e sua gerenciabilidade. Neste capítulo, examinaremos os diferentes tipos de tablespaces, e também como o uso de tablespaces temporários pode determinar o tamanho e o número de tablespaces em um banco de dados utilizando o recurso de grupo de tablespaces temporários introduzido no Oracle 10g.

Também mostraremos como o Optimal Flexible Architecture (OFA) do Oracle, com suporte desde o Oracle 7, ajuda a padronizar a estrutura de diretório tanto dos executáveis Oracle quanto dos próprios arquivos de banco de dados; o Oracle Database 11g melhora ainda mais o OFA para complementar seu papel original de melhorar o desempenho para otimizar a segurança e simplificar as tarefas de clonagem e atualização.

Uma instalação padrão do Oracle fornece um bom ponto de partida para o DBA, não apenas criando uma estrutura de diretório compatível com OFA, mas também separando os segmentos em vários tablespaces com base nas suas funções. Examinaremos os requisitos de espaço para cada um desses tablespaces e forneceremos dicas sobre como ajustar as características desses tablespaces.

Ao final do capítulo, forneceremos algumas diretrizes para ajudar a colocar os segmentos em diferentes tablespaces com base em seus tipos, tamanhos e freqüência de acesso, assim como identificar os pontos com grande volume de concorrência de E/S em um ou mais tablespaces.

ARQUITETURA DO TABLESPACE

Um pré-requisito para configurar de maneira competente os tablespaces no seu banco de dados é entender os diferentes tipos de tablespaces e como eles são usados no banco de dados Oracle. Nesta seção, examinaremos os diferentes tipos de tablespaces e daremos alguns exemplos de como eles são gerenciados.

Além disso, forneceremos uma visão geral do Optimal Flexible Architecture do Oracle e como ele fornece uma estrutura para armazenar arquivos de dados de tablespace assim como executáveis e outros componentes Oracle, como arquivos de redo log, arquivos de controle e assim por diante. Também examinaremos os tipos de tablespaces por categoria – tablespaces SYSTEM, a tablespace SYSAUX, tablespaces temporários, tablespaces de undo e tablespaces bigfile – além de descrever suas funções.

Tipos de tablespace

Os principais tipos de tablespaces em um banco de dados Oracle são: permanente, undo e temporário. Os tablespaces permanentes contêm segmentos que persistem além da duração de uma sessão ou uma transação.

Embora o tablespace de undo possa ter segmentos que são mantidos além do final de uma sessão ou um transação, ele fornece consistência de leitura para as instruções **select** que acessam as tabelas que estão sendo modificadas e também fornecem dados de undo para vários recursos de flashback do banco de dados. O mais importante, no entanto, é que os segmentos de undo armazenam os valores anteriores da colunas que estão sendo atualizadas ou excluídas, ou fornecem uma indicação de que a linha de um insert não existia, de modo que se uma sessão de usuário falhar antes do usuário emitir uma instrução **commit** ou **rollback**, as atualizações, inserções e exclusões serão descartadas. Os segmentos de undo nunca são diretamente acessados por uma sessão de usuário e os tablespaces de undo podem conter apenas segmentos de undo.

Como o nome implica, os tablespaces temporários contêm dados transitórios que só existem enquanto durar a sessão, como espaço para concluir uma operação de classificação que não caberá na memória.

Os tablespaces bigfile podem ser usados para qualquer um desses três tipos de tablespaces e simplificam o gerenciamento do tablespace movendo o ponto de manutenção do arquivo de dados para o tablespace. Tablespace bigfile consistem em um e apenas um arquivo de dados. Os tablespaces bigfile têm alguns aspectos negativos, que veremos mais adiante neste capítulo.

Permanente

Os tablespaces SYSTEM e SYSAUX são dois exemplos de tablespaces permanentes. Além disso, todos os segmentos que precisam ser mantidos por um usuário ou uma aplicação além dos limites de uma sessão ou transação devem ser armazenados em um tablespace permanente.

Tablespace SYSTEM Os segmentos de usuários nunca devem residir no tablespace SYSTEM. A partir do Oracle 10g, é possível especificar um tablespace permanente padrão além do recurso de especificar um tablespace temporário padrão no Oracle9i.

Se você usar o Oracle Universal Installer (OUI) para criar um banco de dados, um tablespace separado além do SYSTEM é criado para segmentos permanentes e temporários. Se você criar um banco de dados manualmente, especifique um tablespace permanente padrão e um tablespace temporário padrão, como no comando **create database** de exemplo a seguir.

```
CREATE DATABASE rjbdb
    USER SYS IDENTIFIED BY kshelt25
    USER SYSTEM IDENTIFIED BY mgrab45
    LOGFILE GROUP 1 ('/u02/oracle11g/oradata/rjbdb/redo01.log') SIZE 100M,
            GROUP 2 ('/u04/oracle11g/oradata/rjbdb/redo02.log') SIZE 100M,
            GROUP 3 ('/u06/oracle11g/oradata/rjbdb/redo03.log') SIZE 100M
    MAXLOGFILES 5
    MAXLOGMEMBERS 5
    MAXLOGHISTORY 1
    MAXDATAFILES 100
    MAXINSTANCES 1
    CHARACTER SET US7ASCII
    NATIONAL CHARACTER SET AL16UTF16
    DATAFILE '/u01/oracle11g/oradata/rjbdb/system01.dbf' SIZE 325M REUSE
    EXTENT MANAGEMENT LOCAL
    SYSAUX DATAFILE '/u01/oracle11g/oradata/rjbdb/sysaux01.dbf'
       SIZE 325M REUSE
    DEFAULT TABLESPACE USERS
       DATAFILE '/u03/oracle11g/oradata/rjbdb/users01.dbf'
       SIZE 50M REUSE
    DEFAULT TEMPORARY TABLESPACE tempts1
       TEMPFILE '/u01/oracle11g/oradata/rjbdb/temp01.dbf'
       SIZE 20M REUSE
    UNDO TABLESPACE undotbs
       DATAFILE '/u02/oracle11g/oradata/rjbdb/undotbs01.dbf'
       SIZE 200M REUSE AUTOEXTEND ON MAXSIZE UNLIMITED;
```

A partir do Oracle 10g, o tablespace SYSTEM é gerenciado localmente por padrão; em outras palavras, toda a utilização de espaço é gerenciada por um segmento de bitmap na primeira parte do primeiro arquivo de dados do tablespace. Em um banco de dados em que o tablespace SYSTEM é gerenciado localmente, os outros tablespaces no banco de dados devem ser gerenciados localmente ou devem ser somente leitura. Usar tablespaces gerenciados localmente remove parte da disputa no tablespace SYSTEM porque as operações de alocação e desalocação de espaço para um tablespace não precisam usar tabelas de dicionário de dados. Mais detalhes sobre tablespaces gerenciados localmente podem ser encontrados no Capítulo 6.

Tablespace SYSAUX Como no tablespace SYSTEM, o tablespace SYSAUX não deve ter segmentos de usuário. O conteúdo do tablespace SYSAUX, dividido por aplicação, pode ser examinado usando o EM Database Control. É possível editar o tablespace SYSAUX clicando no link Tablespaces abaixo da guia Server e clicando no link SYSAUX. A Figura 3-1 mostra uma representação gráfica do uso do espaço com SYSAUX.

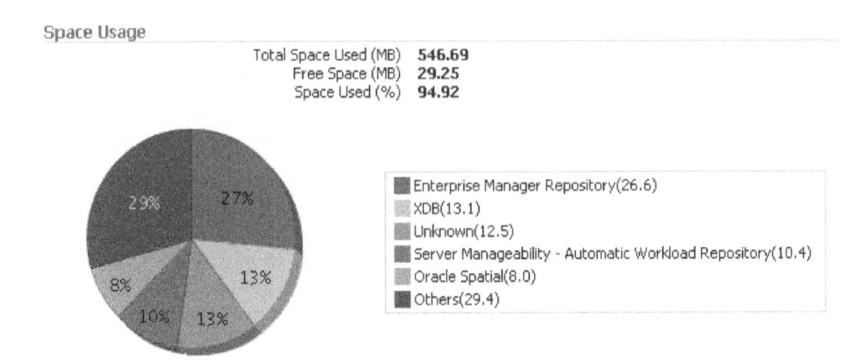

Figura 3-1 Conteúdo do tablespace SYSAUX no EM Database Control.

Se o uso do espaço para uma aplicação específica que reside no tablespace SYSAUX se tornar muito alto ou criar um gargalo de E/S através da alta disputa com outras aplicações que usam o tablespace SYSAUX, você pode mover uma ou mais dessas aplicações para um tablespace diferente.

Abaixo do gráfico de pizza da Figura 3-1, podemos clicar no link Change Tablespace de um ocupante do SYSAUX e movê-lo para outro, como mostrado na Figura 3-2. Um exemplo de mover um ocupante do SYSAUX para um tablespace diferente usando a interface de linha de comando poderá ser encontrado no Capítulo 6.

Occupants of SYSAUX

Name	Schema	Space Used (MB)	Space Used (%)	Change Tablespace
Enterprise Manager Repository	SYSMAN	153.25	26.61	Change Tablespace
XDB	XDB	75.25	13.07	Change Tablespace
Unknown		72.06	12.51	
Server Manageability - Automatic Workload Repository	SYS	59.88	10.40	
Oracle Spatial	MDSYS	46.31	8.04	
Free Space		29.25	5.08	
Analytical Workspace Object Table	SYS	25.56	4.44	Change Tablespace
OLAP API History Tables	SYS	25.56	4.44	Change Tablespace
Server Manageability - Optimizer Statistics History	SYS	15.94	2.77	
OLAP Catalog	OLAPSYS	15.56	2.70	
Oracle interMedia ORDSYS Components	ORDSYS	10.63	1.84	
Server Manageability - Advisor Framework	SYS	10.13	1.76	
LogMiner	SYSTEM	7.56	1.31	Change Tablespace
Workspace Manager	WMSYS	7.13	1.24	Change Tablespace
Oracle Text	CTXSYS	5.44	0.94	Change Tablespace
Server Manageability - Other Components	SYS	5.38	0.93	
Expression Filter System	EXFSYS	3.88	0.67	
SQL Management Base Schema	SYS	1.81	0.31	
Enterprise Manager Monitoring User	DBSNMP	1.44	0.25	
Logical Standby	SYSTEM	0.94	0.16	Change Tablespace
Transaction Layer - SCN to TIME mapping	SYS	0.94	0.16	
Unified Job Scheduler	SYS	0.63	0.11	
Oracle Streams	SYS	0.50	0.09	
PL/SQL Identifier Collection	SYS	0.38	0.07	
Automated Maintenance Tasks	SYS	0.31	0.05	
Oracle Transparent Session Migration User	TSMSYS	0.25	0.04	

Figura 3-2 Usando o EM Database Control para mover um ocupante do SYSAUX.

O tablespace SYSAUX pode ser monitorado exatamente como qualquer outro tablespace; posteriormente neste capítulo, mostraremos como o EM Database Control pode ajudar a identificar os pontos de grande volume de concorrência de E/S em um tablespace.

Undo

Vários tablespaces de undo podem existir em um banco de dados, mas somente um tablespace de undo pode estar ativo em um dado momento. Os tablespaces de undo são usados para aplicar rollback em transações, fornecer consistência de leitura para as instruções **select** que executam simultaneamente com instruções DML na mesma tabela ou conjunto de tabelas, e para dar suporte a vários recursos do Oracle Flashback, como o Flashback Query.

O tablespace de undo precisa ser dimensionado corretamente para evitar erros de "Snapshot too old" e fornecer espaço suficiente para suportar parâmetros de inicialização, como UNDO_RETENTION. Mais informações sobre como monitorar, dimensionar e criar tabelas de undo podem ser encontradas no Capítulo 7.

Temporário

É possível ter mais de um tablespace temporário ativo e online no banco de dados, mas até o Oracle 10g, várias sessões do mesmo usuário usariam o mesmo tablespace temporário, pois apenas um tablespace temporário padrão poderia ser atribuído a um usuário. Para resolver esse possível gargalo de desempenho, o Oracle dá suporte a *grupos de tablespaces temporários*. Um grupo de tablespaces temporários é um sinônimo para uma lista de tablespaces temporários.

Um grupo de tablespaces temporários deve consistir em ao menos um tablespace temporário; ele não pode ser vazio. Uma vez que um grupo de tablespace temporário não tenha membros, ele deixa de existir.

Uma das grandes vantagens de usar grupos de tablespaces temporários é fornecer a um usuário único com várias sessões a capacidade de usar um tablespace temporário diferente para cada sessão. No diagrama mostrado na Figura 3-3, o usuário OE tem duas sessões ativas que precisam de espaço temporário para executar operações de classificação.

Em vez de um único tablespace temporário ser atribuído a um usuário, um grupo deles é atribuído; neste exemplo, o grupo de tablespaces temporários TEMPGRP foi atribuído a OE. No entanto, como há três tablespaces temporários dentro do grupo de tablespaces temporários TEMPGRP, a primeira sessão OE pode usar o tablespace temporário TEMP1 e a instrução **select** executada pela segunda sessão OE pode usar os outros dois tablespaces temporários, TEMP2 e TEMP3, paralelamente. Antes do Oracle 10g, ambas as sessões usariam o mesmo tablespace temporário, causando possivelmente um problema de desempenho.

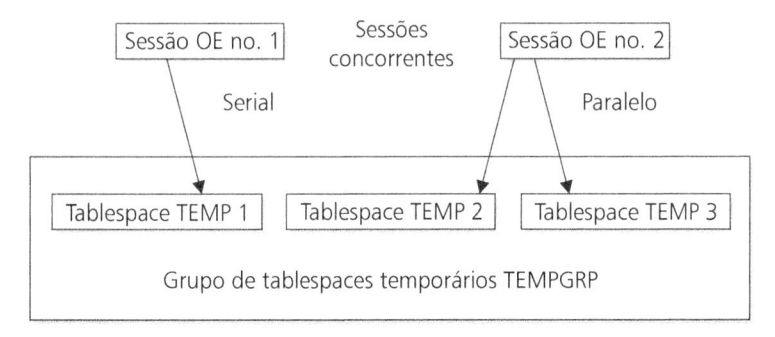

Figura 3-3 *Grupo de tablespaces temporários TEMPGRP.*

A criação de um grupo de tablespaces temporários é muito simples. Após criar os tablespaces individuais TEMP1, TEMP2 e TEMP3, podemos criar o grupo de tablespaces temporários denominado TEMPGRP como a seguir:

```
SQL> alter tablespace temp1 tablespace group tempgrp;
Tablespace altered.
SQL> alter tablespace temp2 tablespace group tempgrp;
Tablespace altered.
SQL> alter tablespace temp3 tablespace group tempgrp;
Tablespace altered.
```

Para alterar o tablespace temporário padrão do banco de dados para TEMPGRP usa-se o mesmo comando que é utilizado para para atribuir um tablespace temporário como o padrão; os grupos de tablespaces temporários são tratados logicamente da mesma maneira que um tablespace temporário:

```
SQL> alter database default temporary tablespace tempgrp;
Database altered.
```

Para eliminar um grupo de tablespaces, primeiro eliminamos todos os seus membros. A eliminação de um membro de um grupo de tablespaces é executada atribuindo o tablespace temporário a um grupo com uma string vazia (em outras palavras, removendo o tablespace do grupo):

```
SQL> alter tablespace temp3 tablespace group '';
Tablespace altered.
```

Como você poderia esperar, a atribuição de um grupo de tablespaces temporários a um usuário é idêntico a atribuir um tablespace temporário a um usuário; essa atribuição pode acontecer quando o usuário é criado ou em algum ponto no futuro. No exemplo a seguir, o novo usuário JENWEB é atribuído ao tablespace temporário TEMPGRP:

```
SQL> create user jenweb identified by pi4001
  2      default tablespace users
  3      temporary tablespace tempgrp;
User created.
```

Observe que se não atribuíssemos o tablespace durante a criação do usuário, TEMPGRP ainda seria atribuído ao usuário JENWEB como o tablespace temporário porque ele é o padrão do banco de dados definido no exemplo **create database** anterior.

Algumas alterações foram feitas às visões do dicionário de dados no Oracle Database 10*g* e Oracle Database 11*g* para dar suporte aos grupos de tablespaces temporários. A visão de dicionário de dados DBA_USERS ainda tem a coluna TEMPORARY_TABLESPACE, como nas versões anteriores do Oracle, mas essa coluna agora pode conter o nome do tablespace temporário atribuído ao usuário ou o nome de um grupo de tablespaces temporários.

```
SQL> select username, default_tablespace, temporary_tablespace
  2      from dba_users where username = 'JENWEB';

USERNAME              DEFAULT_TABLESPACE   TEMPORARY_TABLESPACE
--------------------  -------------------  --------------------
JENWEB                USERS                TEMPGRP

1 row selected.
```

A nova visão do dicionário de dados DBA_TABLESPACE_GROUPS mostra os membros de todos os grupos de tablespaces temporários:

```
SQL> select group_name, tablespace_name from dba_tablespace_groups;

GROUP_NAME                     TABLESPACE_NAME
------------------------------ ------------------------------
TEMPGRP                        TEMP1
TEMPGRP                        TEMP2
TEMPGRP                        TEMP3

3 rows selected.
```

Como na maioria dos outros recursos do Oracle que podem ser executados com a linha de comando, a atribuição de membros a grupos ou a remoção de membros dos grupos de tablespaces temporários pode ser executada usando o EM Database Control. Na Figura 3-4, nós podemos adicionar ou remover membros de um grupo de tablespaces temporários.

Bigfile

Um tablespace bigfile facilita a administração do banco de dados porque consiste em apenas um arquivo de dados. O único arquivo de dados pode ter até 128TB (terabytes) de tamanho se o tamanho de bloco do tablespace for 32KB. Muitos dos comandos disponíveis anteriormente somente para manutenção de arquivos de dados agora podem ser usados no tablespace se ele for um tablespace bigfile. O Capítulo 6 examinará como os tablespaces bigfile são criados e mantidos.

A conveniência da manutenção de tablespaces, em compensação, possui desvantagens potenciais. Como um tablespace bigfile é um único arquivo de dados, um backup completo de um

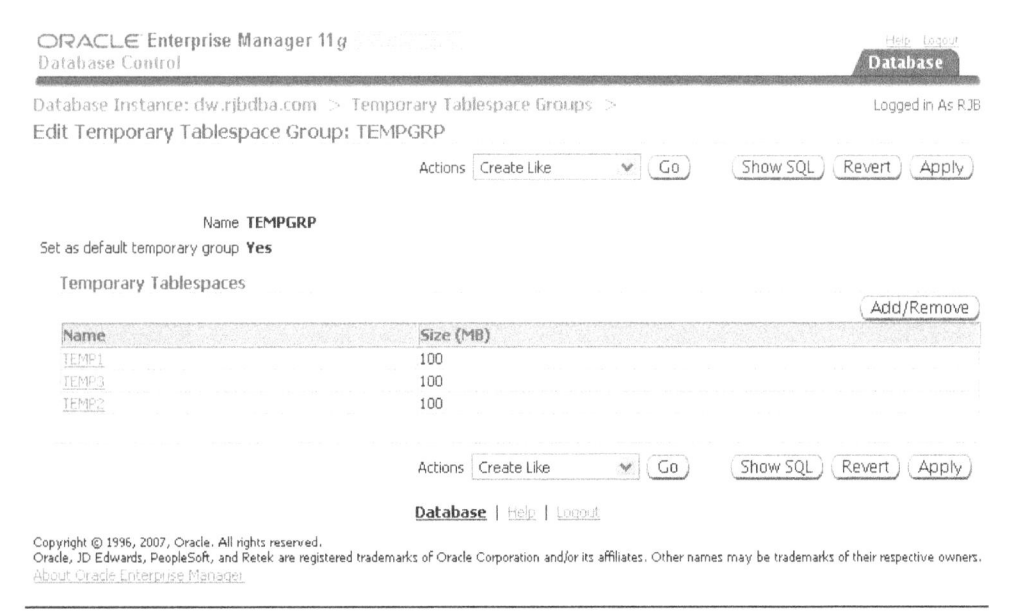

Figura 3-4 *Usando o EM Database Control para editar grupos de tablespaces temporários.*

único arquivo de dados grande será significativamente mais demorado do que um backup completo de vários arquivos de dados menores (com o mesmo tamanho total de um único tablespace bigfile) porque o Oracle só usa um processo escravo por arquivo de dados e, portanto, não faz backups de partes diferentes de um tablespace bigfile usando processos paralelos. Se seus tablespaces bigfile forem somente leitura ou somente blocos alterados forem copiados para backup regularmente, o problema do backup poderá não ser crítico no seu ambiente.

Optimal Flexible Architecture

A Optimal Flexible Architecture (OFA) do Oracle fornece diretrizes para facilitar a manutenção dos arquivos de banco de dados e software Oracle, assim como para melhorar o desempenho do banco de dados, posicionando os arquivos de banco de dados de tal modo que os gargalos de E/S são minimizados.

Embora o uso da OFA não seja estritamente imposto quando você está instalando ou fazendo a manutenção de um ambiente Oracle, o uso da OFA facilita a compreensão de como seu banco de dados está organizado no disco, evitando aquela chamada telefônica no meio da noite durante a sua semana de férias! A OFA é ligeiramente diferente dependendo do tipo de opções de armazenamento que você usa – um ambiente Automatic Storage Management (ASM) ou um sistema de arquivos do sistema operacional padrão que pode ou não estar usando um gerenciador de volumes lógico de terceiros ou um subsistema de disco com RAID ativado.

Ambiente não-ASM

Em um ambiente não-ASM em um servidor Unix, ao menos três sistemas de arquivos em dispositivos físicos separados são necessários para implementar as recomendações OFA. Iniciando de cima, o formato recomendado para um ponto de montagem é /<*string const*><*numeric key*>, onde <*string const*> pode ser uma ou várias letras e <*numeric key*> são dois ou três dígitos. Por exemplo, em um sistema podemos ter os pontos de montagem /u01, /u02, /u03 e /u04, com espaço para expandir para 96 pontos de montagem adicionais sem alterar a convenção de nomes de arquivos. A Figura 3-5 mostra um típico layout de sistema de arquivos Unix com uma estrutura de diretórios Oracle compatível com OFA.

Existem duas instâncias neste servidor: uma instância ASM para gerenciar grupos de disco e uma instância RDBMS padrão (**dw**).

Executáveis de software   Os executáveis de software para cada nome de produto distinto residem no diretório /<*string const*><*numeric key*>/<*directory type*>/<*product owner*>, onde <*string const*> e <*numeric key*> já foram definidos, <*directory type*> implica o tipo de arquivo instalado neste diretório e <*product owner*> é o nome do usuário que é o proprietário e instala os arquivos neste diretório. Por exemplo, /u01/app/oracle conteria arquivos relativos à aplicação (executáveis) instalados pelo usuário oracle no servidor. O diretório /u01/app/apache conteria os executáveis para o servidor Web de middleware instalado a partir de uma versão anterior do Oracle.

A partir do Oracle 10*g*, a padrão OFA facilita para o DBA a instalação de várias versões do banco de dados e do software cliente dentro do mesmo diretório de alto nível. O caminho inicial do Oracle no padrão OFA, correspondendo à variável de ambiente ORACLE_HOME, contém um sufixo que corresponde ao tipo e à versão da instalação. Por exemplo, uma instalação do Oracle 11*g*, duas instalações diferentes do Oracle 10*g* e uma instalação do Oracle9*i* podem residir nos três diretórios a seguir:

```
/u01/app/oracle/product/9.2.0.1
/u01/app/oracle/product/10.1.0/db_1
/u01/app/oracle/product/10.1.0/db_2
/u01/app/oracle/product/11.1.0/db_1
```

Ao mesmo tempo, os executáveis e a configuração do cliente Oracle podem ser armazenados no mesmo diretório pai dos executáveis de banco de dados:

```
/u01/app/oracle/product/10.1.0/client_1
```

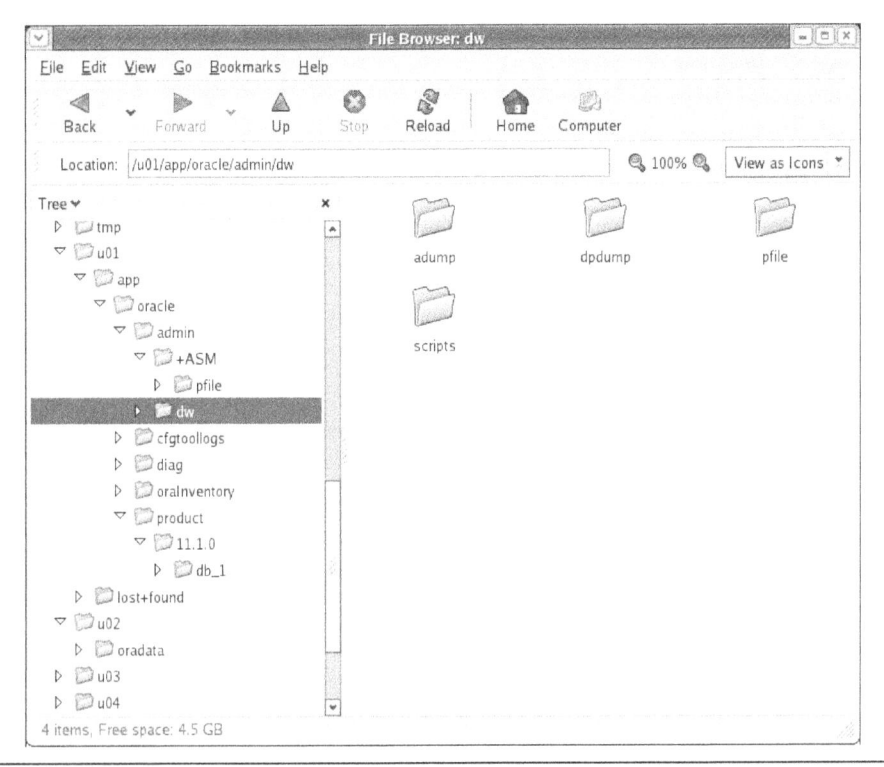

Figura 3-5 *Estrutura de diretórios Unix compatível com OFA.*

Alguns diretórios de instalação nunca terão mais de uma instância para um determinado produto; por exemplo, o Oracle Cluster Ready Services (CRS) será instalado no seguinte diretório de acordo com as instalações anteriores:

    /u01/app/oracle/product/11.1.0/crs

Como o CRS só pode ser instalado uma vez em um sistema, ele não tem um sufixo numérico de incremento.

Arquivos de banco de dados   Os arquivos de dados Oracle não ASM residem em /<mount point>/oradata/<database name>, onde <mount point> é um dos pontos de montagem discutidos anteriormente e <database name> é o valor do parâmetro de inicialização DB_NAME. Por exemplo, /u02/oradata/rac0 e /u03/oradata/rac0 conteriam os arquivos de controle não ASM, os arquivos de redo log e os arquivos de dados para a instância rac0, ao passo que /u05/oradata/dev1 conteria os mesmos arquivos para a instância dev1 no mesmo servidor. A convenção de nomes para os tipos de arquivos diferentes sob o diretório oradata está detalhada na Tabela 3-1.

Embora os nomes de tablespaces Oracle possam ter até 30 caracteres, é aconselhável manter os nomes de tablespaces com oito caracteres ou menos em um ambiente Unix. Como os nomes de arquivos Unix portáveis são restritos a 14 caracteres e o sufixo de um nome de arquivo de dados OFA é <n>.dbf, onde n tem dois dígitos, um total de seis caracteres são necessários para o sufixo no sistema de arquivo. Isso deixa oito caracteres para o nome do tablespace propriamente dito.

Tabela 3-1 *Convenções de nomes de arquivos de controle no padrão OFA, de arquivos de redo log e de arquivo de dados*

Tipo de arquivo	Formato do nome de arquivo	Variáveis
Arquivos de controle control.ctl	Nenhuma.	
Arquivos de redolog	redo<n>.log	n é um número de dois dígitos.
Arquivos de dados	<tn>.dbf	t é um nome de tablespace Oracle e n é um número de dois dígitos.

Apenas arquivos de controle, arquivos de redo log e arquivos de dados associados ao banco de dados *<nome do banco de dados>* devem ser armazenados no diretório /*<mount point>*/oradata/*<database name>*. Para o banco de dados ord gerenciado sem ASM, os nomes de arquivo de dados são:

```
SQL> select file#, name from v$datafile;
     FILE# NAME
     ----- ----------------------------------
         1 /u05/oradata/ord/system01.dbf
         2 /u05/oradata/ord/undotbs01.dbf
         3 /u05/oradata/ord/sysaux01.dbf
         4 /u05/oradata/ord/users01.dbf
         5 /u09/oradata/ord/example01.dbf
         6 /u09/oradata/ord/oe_trans01.dbf
         7 /u05/oradata/ord/users02.dbf
         8 /u06/oradata/ord/logmnr_rep01.dbf
         9 /u09/oradata/ord/big_users.dbf
        10 /u08/oradata/ord/idx01.dbf
        11 /u08/oradata/ord/idx02.dbf
        12 /u08/oradata/ord/idx03.dbf
        13 /u08/oradata/ord/idx04.dbf
        14 /u08/oradata/ord/idx05.dbf
        15 /u08/oradata/ord/idx06.dbf
        16 /u08/oradata/ord/idx07.dbf
        17 /u08/oradata/ord/idx08.dbf
17 rows selected.
```

Além dos arquivos números 8 e 9, todos os arquivos de dados no banco de dados ord estão no padrão OFA e são distribuídos por quatro pontos de montagem. O nome do tablespace no arquivo número 8 é muito longo e o arquivo número 9 não tem um contador de dois dígitos numéricos para representar os novos arquivos de dados para o mesmo tablespace.

Ambiente ASM

Em um ambiente ASM, os executáveis são armazenados na estrutura de diretório apresentada anteriormente; entretanto, se você navegasse no diretório /u02/oradata da Figura 3-5, não veria um arquivo. Todos os arquivos de controle, arquivos de redo log e arquivos de dados para a instância dw são gerenciados pela instância +ASM do ASM neste servidor.

Os nomes de arquivo de dados reais não são necessários para a maioria das funções administrativas porque os arquivos ASM são Oracle Manager Files (OMF). Isso facilita o esforço administrativo geral necessário para o banco de dados. Dentro da estrutura de armazenamento ASM, uma sintaxe do tipo OFA é usada para subdividir os tipos de arquivo ainda mais:

```
SQL>   select file#, name from v$datafile;

    FILE# NAME
---------- ----------------------------------------
         1 +DATA/dw/datafile/system.256.622426913
         2 +DATA/dw/datafile/sysaux.257.622426915
         3 +DATA/dw/datafile/undotbs1.258.622426919
         4 +DATA/dw/datafile/users.259.622426921
         5 +DATA/dw/datafile/example.265.622427181
5 rows selected.

SQL> select name from v$controlfile;

NAME
----------------------------------------
+DATA/dw/controlfile/current.260.622427059
+RECOV/dw/controlfile/current.256.622427123
2 rows selected.

SQL>   select member from v$logfile;

MEMBER
----------------------------------------
+DATA/dw/onlinelog/group_3.263.622427143
+RECOV/dw/onlinelog/group_3.259.622427145
+DATA/dw/onlinelog/group_2.262.622427135
+RECOV/dw/onlinelog/group_2.258.622427137
+DATA/dw/onlinelog/group_1.261.622427127
+RECOV/dw/onlinelog/group_1.257.622427131
6 rows selected.
```

Dentro dos grupos de disco +DATA e +RECOV, vemos que cada um dos tipos de arquivo do banco de dados, como arquivos de dados, arquivos de controle e arquivos de log online, tem seu próprio diretório. Os nomes de arquivo ASM totalmente qualificados têm o formato

```
+<group>/<dbname>/<file type>/<tag>.<file>.<incarnation>
```

Onde <group> é nome do grupo de discos, <dbname> é o banco de dados ao qual o arquivo pertence, <file type> é o tipo de arquivo Oracle, <tag> é a informação específica para o tipo de arquivo e o par <file>.<incarnation> garante a exclusividade dentro do grupo de discos.

O Automatic Storage Management será abordado no Capítulo 6.

TABLESPACES DE INSTALAÇÃO ORACLE

A Tabela 3-2 lista os tablespaces criados com uma instalação Oracle padrão usando o Oracle Universal Installer (OUI). O tablespace EXAMPLE é opcional; ele será instalado se você especificar que deseja esquemas de exemplo criados durante o diálogo de instalação.

Tabela 3-2 *Tablespaces padrão na instalação do Oracle*

Tablespace	Tipo	Gerenciamento de espaço de segmento	Tamanho alocado inicial aprox. (MB)
SYSTEM	Permanente	Manual	680
SYSAUX	Permanente	Auto	585
TEMP	Temporário	Manual	20
UNDOTBS1	Permanente	Manual	115
USERS	Permanente	Auto	16
EXAMPLE	Permanente	Auto	100

SYSTEM

Conforme mencionado anteriormente neste capítulo, nenhum segmento de usuário deve ser armazenado no tablespace SYSTEM. A nova cláusula **default tablespace** no comando **create database** ajuda a evitar essa ocorrência atribuindo automaticamente um tablespace permanente a todos os usuários que não foram explicitamente atribuídos a um tablespace permanente. Uma instalação Oracle executada por meio do Oracle Universal Installer atribuirá automaticamente o tablespace USERS como o tablespace permanente padrão.

O tablespace SYSTEM crescerá mais rapidamente quanto mais você usar objetos procedurais, como funções, procedures, triggers e assim por diante, porque esses objetos devem residir no dicionário de dados. Isso também se aplica aos tipos de dados abstratos e aos outros recursos orientados a objetos do Oracle.

SYSAUX

Como no tablespace SYSTEM, os segmentos de usuário nunca devem ser armazenados no tablespace SYSAUX. Se um ocupante específico do tablespace SYSAUX utilizar muito espaço disponível ou afetar significativamente o desempenho de outras aplicações que usam o tablespace SYSAUX, você deve considerar mover o ocupante para outro tablespace.

TEMP

Em vez de usar um tablespace temporário muito grande, considere usar vários tablespaces temporários menores e criar um grupo de tablespaces temporários para armazená-los. Como vimos anteriormente neste capítulo, isso pode melhorar o tempo de resposta para aplicações que criam muitas sessões com o mesmo nome de usuário.

UNDOTBS1

Embora um banco de dados possa ter mais de um tablespace de undo, apenas um tablespace de undo pode estar ativo em um dado momento. Se for necessário mais espaço para um tablespace de undo e o AUTOEXTEND não estiver ativado, outro arquivo de dados poderá ser adicionado. Um tablespace de undo deve estar disponível para cada nó em um ambiente Real Application Clusters (RAC) porque cada instância gerencia seu próprio undo.

USERS

O tablespace USERS destina-se a diversos segmentos criados por cada usuário do banco de dados e não é apropriado para aplicações de produção. Um tablespace separado deve ser criado para cada aplicação e tipo de segmento; posteriormente neste capítulo, nós apresentaremos alguns critérios adicionais que podem ser usados para decidir quando separar segmentos em tablespaces próprios.

EXAMPLE

Em um ambiente de produção, o tablespace EXAMPLE deve ser descartado; ele ocupa 100MB de espaço em disco e tem exemplos de todos os tipos de segmentos e estruturas de dados Oracle. Um banco de dados separado deve ser criado para fins de treinamento com esses esquemas de exemplo; para um banco de dados de treinamento existente, os esquemas de exemplo podem ser instalados no banco de dados de sua escolha usando os scripts no $ORACLE_HOME/demo/schema.

SEPARAÇÃO DE SEGMENTOS

Como regra geral, você dividirá os segmentos em diferentes tablespaces com base no seu tipo, tamanho e freqüência de acesso. Além do mais, cada um desses tablespaces se beneficiaria de estar em seu próprio grupo de discos ou dispositivo de disco; na prática, entretanto, a maioria das empresas não se dará ao luxo de armazenar cada tablespace em seu próprio dispositivo. Os pontos destacados a seguir identificam algumas das condições que você poderia usar para determinar como os segmentos devem ser separados entre os tablespaces. Eles não são priorizados aqui porque dependem do seu ambiente específico. O uso do Automatic Storage Management (ASM) elimina muitos problemas de disputa sem nenhum esforço adicional por parte do DBA. O ASM será discutido detalhadamente no Capítulo 4.

- Segmentos grandes e segmentos pequenos devem ficar em tablespaces separados.
- Os segmentos de tabela e seus segmentos de índice correspondentes devem estar em tablespaces separados.
- Um tablespace separado deve ser usado para cada aplicação.
- Os segmentos pouco utilizados e segmentos muito utilizados devem estar em tablespaces separados.
- Os segmentos estáticos devem ser separados de segmentos com muitas operações DML.
- As tabelas somente leitura devem estar em seus próprios tablespaces.
- As tabelas de staging para um data warehouse devem estar em seus próprios tablespaces.
- Os tablespaces devem ser criados com o tamanho de bloco apropriado, dependendo do tipo de acesso dos segmentos serem por linha ou varreduras de tabela inteira.
- As visões materializadas devem estar em um tablespace separado da tabela base.
- Para tabelas e índices particionados, cada partição deve estar em seu próprio tablespace.

Usando o EM Database Control, você pode identificar a disputa geral em qualquer tablespace identificando os pontos de grande volume de concorrência de E/S, em nível de arquivo ou em nível de objeto. Abordaremos o ajuste de desempenho, incluindo a resolução de problemas de disputa, no Capítulo 8.

CAPÍTULO 4

Layouts físicos de banco de dados e gerenciamento de armazenamento

No Capítulo 3, falamos sobre os componentes lógicos dos bancos de dados, os tablespaces e como não apenas criar o número e tipos corretos de tablespaces, mas também colocar segmentos de tabela e de índice no tablespace apropriado, com base nos seus padrões de uso e função. Neste capítulo, focalizaremos nos aspectos físicos de um banco de dados, nos arquivos de dados e em onde armazená-los para maximizar o throughput de E/S e o desempenho geral do banco de dados.

A premissa deste capítulo é que você está usando os tablespaces gerenciados localmente com o gerenciamento automático de espaço de segmento. Além de reduzir a carga sobre o tablespace SYSTEM usando os bitmaps armazenados no próprio tablespace em vez dos freelists armazenados nos blocos de cabeçalho de tabela ou índice, o gerenciamento automático de espaço de segmento (auto-alocado ou uniforme) torna mais eficiente o uso do espaço no tablespace. A partir do Oracle 10g, o tablespace SYSTEM é criado e configurado para ser gerenciado localmente. O resultado é que isso requer que todos os tablespaces de leitura e gravação também sejam gerenciados localmente.

Na primeira parte deste capítulo, examinaremos alguns dos problemas e soluções comuns ao usar o gerenciamento de espaço em disco tradicional usando um sistema de arquivos em um servidor de banco de dados. Na segunda metade do capítulo, apresentaremos uma visão geral do Automatic Storage Management (ASM), um gerenciador de volumes lógicos que facilita a administração, otimiza o desempenho e melhora a disponibilidade.

ARMAZENAMENTO EM ESPAÇO EM DISCO TRADICIONAL

Independentemente de usar um volume lógico de terceiros ou o Automatic Storage Management do Oracle (discutido mais adiante neste capítulo), você deve ser capaz de gerenciar os arquivos de dados físicos no seu banco de dados para garantir um alto nível de desempenho, disponibilidade e capacidade de recuperação. Em geral, isso significa distribuir seus arquivos de dados por diferentes discos físicos. Além de garantir a disponibilidade mantendo cópias espelhadas dos arquivos de redo log e arquivos de controle em diferentes discos, o desempenho de E/S é otimizado quando o usuário acessa tabelas que residem em tablespaces em vários discos físicos em vez de um único disco físico. A identificação de um gargalo de E/S ou uma deficiência de armazenamento em um volume de disco específico é apenas metade da batalha; uma vez que o gargalo seja identificado, você precisa ter as ferramentas e o conhecimento para mover os arquivos de dados para discos diferentes. Se um arquivo de dados tem muito espaço livre, ou não tem espaço disponível suficiente, o redimensionamento de um arquivo de dados existente é uma tarefa comum.

Nesta seção, discutiremos várias maneiras de redimensionar os tablespaces, sejam eles tablespaces smallfile ou bigfile. Além disso, abordaremos as maneiras mais comuns de mover os arquivos de dados, arquivos de redo log online e arquivos de controle para discos diferentes.

Redimensionando tablespaces e arquivos de dados

Em um banco de dados ideal, todos os tablespaces e seus objetos são criados com tamanhos otimizados. Redimensionar um tablespace proativamente ou configurar um tablespace para estender de modo automático pode potencialmente evitar um impacto no desempenho quando o tablespace expandir ou uma falha de aplicação ocorrer, caso os arquivos de dados dentro do tablespace também não possam ser estendidos. Mais detalhes sobre como monitorar o uso do espaço podem ser encontrados no Capítulo 6.

As procedures e métodos disponíveis para redimensionar um tablespace são ligeiramente diferentes, dependendo do tipo do tablespace ser *smallfile* ou *bigfile*. Um tablespace smallfile, o único tipo de tablespace disponível antes do Oracle 10g, pode consistir em vários arquivos de dados. Um tablespace bigfile, por outro lado, somente pode consistir em um arquivo de dados, mas o arquivo de dados pode ser muito maior que um arquivo de dados em um tablespace smallfile: um tablespace bigfile com blocos de 32K pode ter um arquivo de dados tão grande quanto 128TB. Além disso, tablespaces bigfile devem ser gerenciados localmente.

Redimensionando um tablespace smallfile usando ALTER DATABASE

No exemplo a seguir, tentaremos redimensionar o tablespace USERS, que contém um arquivo de dados, iniciando em 5MB. Primeiro o aumentaremos para 15MB, depois perceberemos que ele está muito grande e o reduziremos para 10MB. Depois, tentaremos reduzi-lo ainda mais. Finalmente, tentaremos aumentar demais seu tamanho.

```
SQL> alter database
  2     datafile '/u01/app/oracle/oradata/rmanrep/users01.dbf' resize 15m;
Database altered.
SQL> alter database
  2     datafile '/u01/app/oracle/oradata/rmanrep/users01.dbf' resize 10m;
Database altered.
SQL> alter database
  2     datafile '/u01/app/oracle/oradata/rmanrep/users01.dbf' resize 1m;
alter database
*
ERROR at line 1:
ORA-03297: file contains used data beyond requested RESIZE value
SQL> alter database
  2     datafile '/u01/app/oracle/oradata/rmanrep/users01.dbf' resize 100t;
alter database
*
ERROR at line 1:
ORA-00740: datafile size of (13421772800) blocks exceeds maximum file size
SQL> alter database
  2     datafile '/u01/app/oracle/oradata/rmanrep/users01.dbf' resize 50g;
alter database
*
ERROR at line 1:
ORA-01144: File size (6553600 blocks) exceeds maximum of 4194303 blocks
```

Se a solicitação de redimensionamento não puder ser suportada pelo espaço livre disponível, ou houver dados além do tamanho reduzido solicitado, ou um limite de tamanho de arquivo Oracle for excedido, o Oracle retornará um erro. Para evitar o redimensionamento manual dos tablespaces reativamente, poderemos ser proativos e usar as cláusulas **autoextend**, **next** e **maxsize** quando modificarmos ou criarmos um arquivo de dados. A Tabela 4-1 lista as cláusulas relativas a espaço para modificar ou criar arquivos de dados nos comandos **alter datafile** e **alter tablespace**.

No exemplo a seguir, definimos **autoextend** como ON para o arquivo de dados /u01/app/oracle/oradata/ rmanrep/users01.dbf, especificamos que cada extensão do arquivo de dados é 20MB e especificamos que o tamanho total do arquivo de dados não pode exceder 1GB:

```
SQL> alter database
  2     datafile '/u01/app/oracle/oradata/rmanrep/users01.dbf'
  3     autoextend on
  4     next 20m
  5     maxsize 1g;
Database altered.
```

Tabela 4-1 *Cláusulas de extensão de arquivos de dado*

Cláusula	Descrição
autoextend	Quando esta cláusula é definida como ON, o arquivo de dados tem permissão para expandir. Quando é definida como OFF, nenhuma expansão é permitida e as outras cláusulas são definidas como zero.
next <*tamanho*>	O tamanho, em bytes, da próxima quantidade de espaço em disco a ser alocada para o arquivo de dados quando a expansão é necessária; o valor de <*tamanho*> pode ser qualificado com K, M, G ou T para especificar o tamanho em kilobytes, megabytes, gigabytes ou terabytes, respectivamente.
maxsize <*tamanho*>	Quando esta cláusula é definida como **unlimited**, o tamanho do arquivo de dados é ilimitado dentro do Oracle, até 128TB para um tablespace bigfile e 128GB para um tablespace smallfile com blocos de 32K (também será limitado pelo sistema de arquivos que contém o arquivo de dados). Do contrário, **maxsize** é definido como o número máximo de bytes no arquivo de dados, usando os mesmos qualificadores da cláusula **next**: K, M, G ou T.

Se o volume de disco que contém o arquivo de dados não tiver espaço livre suficiente para a expansão do arquivo de dados, devemos então movê-lo para outro volume de disco ou criar um segundo arquivo de dados para o tablespace em outro volume de disco. Neste exemplo, vamos adicionar um segundo arquivo de dados ao tablespace USERS em um volume de disco diferente com um tamanho inicial de 50MB, permitindo a extensão automática do arquivo de dados, cada extensão com 10MB e um tamanho de arquivo de dados máximo de 200MB:

```
SQL> alter tablespace users
  2     add datafile '/u03/oradata/users02.dbf'
  3     size 50m
  4     autoextend on
  5     next 10m
  6     maxsize 200m;
Tablespace altered.
```

Observe que quando modificamos um arquivo de dados existente em um tablespace, usamos o comando **alter database**, ao passo que quando adicionamos um arquivo de dados a um tablespace, usamos o comando **alter tablespace**. Como você verá em breve, usar um tablespace bigfile tablespace simplifica esses tipos de operações.

Redimensionando um tablespace smallfile usando o EM database control

Usando o EM Database Control, podemos utilizar um dos métodos descritos na seção anterior: aumentar o tamanho e ativar a auto-extensão para o arquivo de dados único do tablespace, ou adicionar um segundo arquivo de dados.

Redimensionando um arquivo de dados em um tablespace smallfile Para redimensionar um arquivo de dados no EM Database Control, clique na guia Server na página inicial da instância

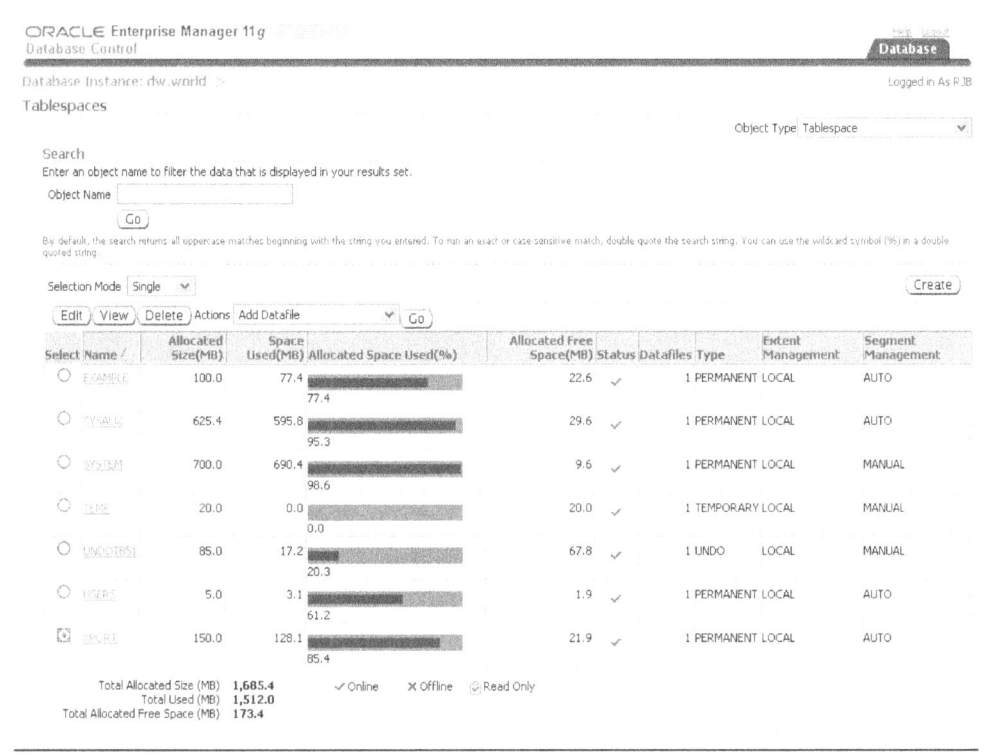

CAPÍTULO 4   LAYOUTS FÍSICOS DE BANCO DE DADOS E GERENCIAMENTO DE ARMAZENAMENTO   **103**

Select	Name	Allocated Size(MB)	Space Used(MB)	Allocated Space Used(%)	Allocated Free Space(MB)	Status	Datafiles	Type	Extent Management	Segment Management
○	EXAMPLE	100.0	77.4	77.4	22.6	✓	1	PERMANENT	LOCAL	AUTO
○	SYSAUX	625.4	595.8	95.3	29.6	✓	1	PERMANENT	LOCAL	AUTO
○	SYSTEM	700.0	690.4	98.6	9.6	✓	1	PERMANENT	LOCAL	MANUAL
○	TEMP	20.0	0.0	0.0	20.0	✓	1	TEMPORARY	LOCAL	MANUAL
○	UNDOTBS1	85.0	17.2	20.3	67.8	✓	1	UNDO	LOCAL	MANUAL
○	USERS	5.0	3.1	61.2	1.9	✓	1	PERMANENT	LOCAL	AUTO
◉	XPORT	150.0	128.1	85.4	21.9	✓	1	PERMANENT	LOCAL	AUTO

Total Allocated Size (MB) 1,685.4
Total Used (MB) 1,512.2
Total Allocated Free Space (MB) 173.4

Figura 4-1   *Usando o EM Database Control para editar as características do tablespace.*

do banco de dados e, em seguida, clique em Tablespaces sob o título Storage. Na Figura 4-1, você selecionou o tablespace XPORT; ele está cerca de 85% cheio, portanto, você decide expandir seu tamanho usando um segundo arquivo de dados. Esse tablespace foi criado originalmente por meio deste comando:

```
create tablespace xport datafile '/u02/oradata/xport.dbf' size 150m;
```

Em vez de permitir que o arquivo de dados do tablespace se estenda automaticamente, alteraremos seu tamanho atual de 150MB para 200MB. Clicando no botão Edit, você pode ver as características do tablespace XPORT, conforme mostra a Figura 4-2. Ele é gerenciado localmente, é permanente e não é um tablespace bigfile (isto é, ele é um tablespace smallfile). Na parte inferior da página está o único arquivo de dados do tablespace XPORT, /u02/oradata/xport.dbf.

Com o único arquivo de dados no tablespace XPORT selecionado, clique no botão Editar ou clique no nome do arquivo de dados e você verá a página Edit Tablespace: Edit Datafile, mostrada

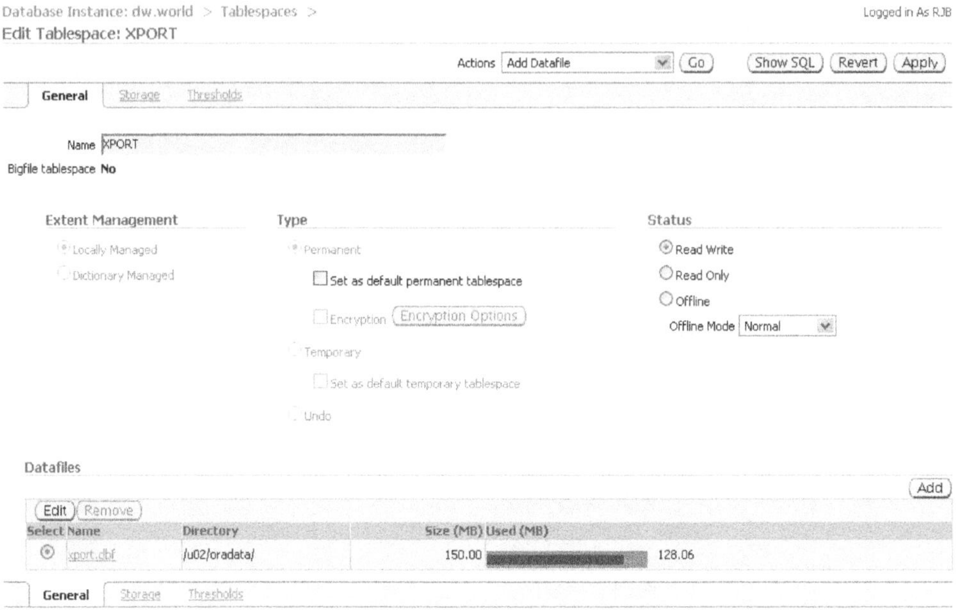

Figura 4-2 *Características do tablespace.*

na Figura 4-3, onde é possível alterar o tamanho do arquivo de dados. Nesta página, altere o tamanho do arquivo de 150MB para 200MB e clique em Continue.

Na Figura 4-4, estamos de volta à página Edit Tablespace. Neste ponto, você pode fazer alterações ao arquivo de dados clicando em Apply, cancelar as alterações clicando em Revert ou mostrar o SQL a ser executado clicando em Show SQL.

Antes de confirmar as alterações, é sempre bom rever os comandos SQL a serem executados clicando no botão Show SQL – é uma boa maneira de praticar a sintaxe dos comandos SQL. Aqui está o comando que será executado quando você clicar em Apply:

```
ALTER DATABASE DATAFILE '/u02/oradata/xport.dbf' RESIZE 200M
```

Quando você clica em Apply, o Oracle altera o tamanho do arquivo de dados. A página Edit Tablespace: XPORT reflete a operação bem-sucedida e o novo tamanho do arquivo de dados, conforme você pode ver na Figura 4-5.

Figura 4-3 *Editando o arquivo de dados de um tablespace.*

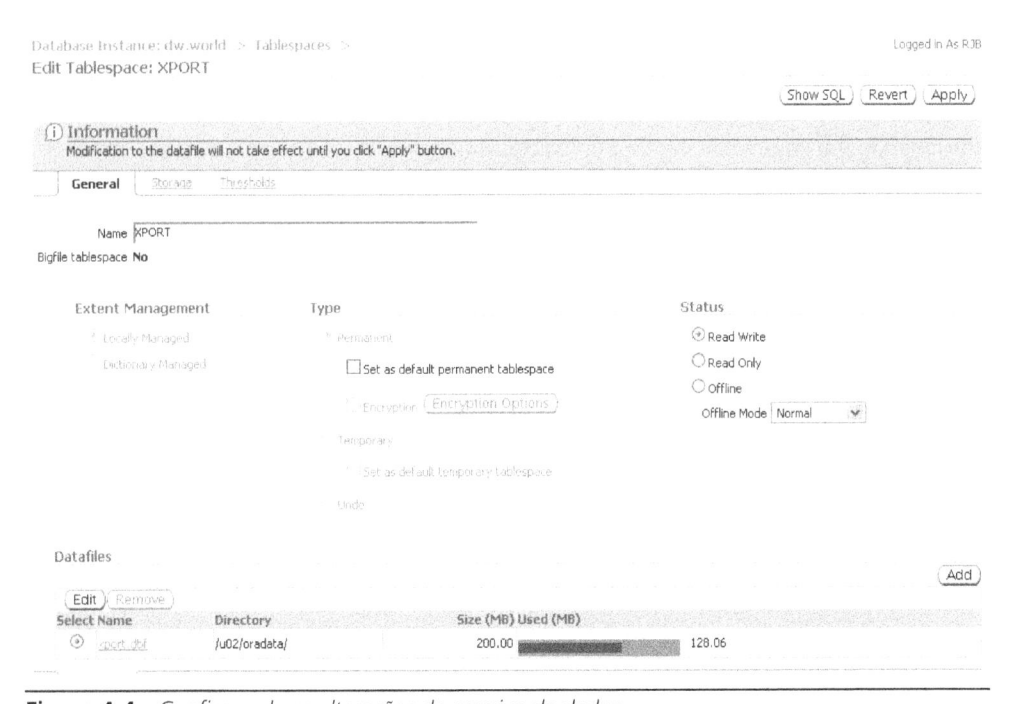

Figura 4-4 *Confirmando as alterações do arquivo de dados.*

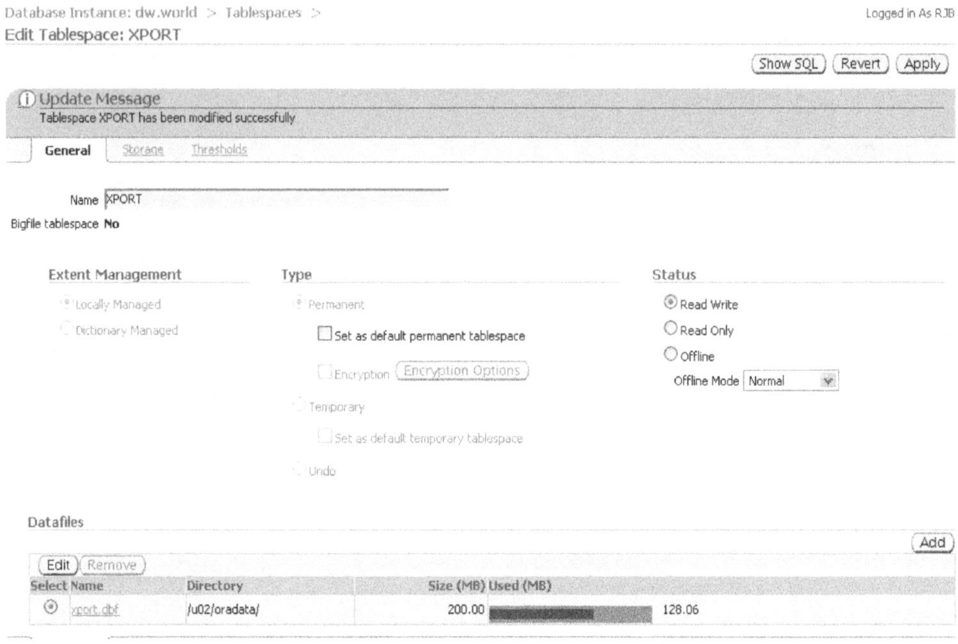

Figura 4-5 *Os resultados do redimensionamento do arquivo de dados.*

Adicionando um arquivo de dados a um tablespace smallfile Adicionar um arquivo de dados a um tablespace smallfile é tão fácil quanto redimensionar um arquivo de dados usando o EM Database Control. No exemplo anterior, expandimos o arquivo de dados do tablespace XPORT para 200MB. Como o sistema de arquivos (/u02) que contém o arquivo de dados do tablespace XPORT está agora na sua capacidade máxima teremos que desativar o AUTOEXTEND no arquivo de dados existente e, em seguida, criar um novo arquivo de dados em um sistema de arquivos diferente. Na Figura 4-6, você desativa o AUTOEXTEND para o arquivo de dados existente desmarcando a caixa de seleção na seção Storage. Este é o comando SQL que é executado para essa operação quando você clica em Continue e, em seguida, em Apply:

```
ALTER DATABASE
    DATAFILE '/u02/oradata/xport.dbf'
    AUTOEXTEND OFF;
```

Na página Tablespaces da Figura 4-1 anterior, selecione o botão de opção próximo ao tablespace XPORT e clique no botão Edit. Você verá a página da Figura 4-7. Clique no botão Add na Figura 4-7 e você verá a página da Figura 4-8.

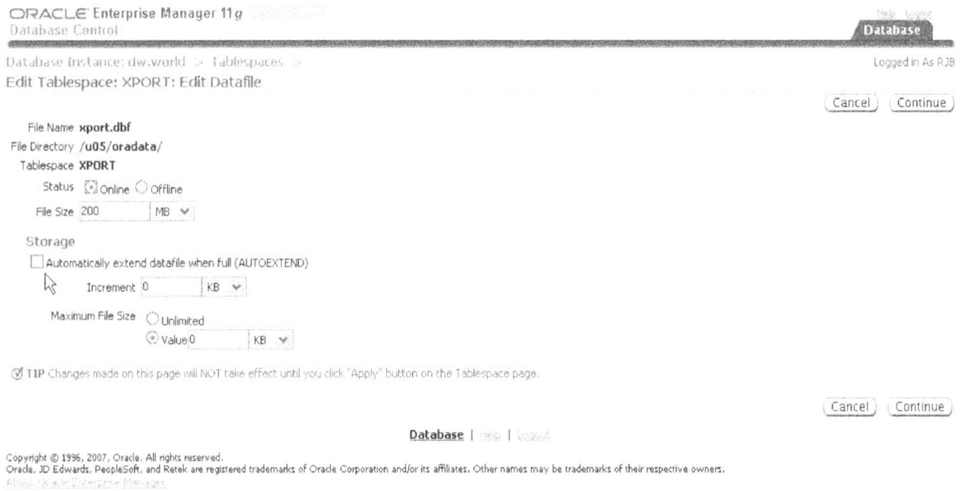

Figura 4-6 *Editando as características de arquivo de dados do tablespace.*

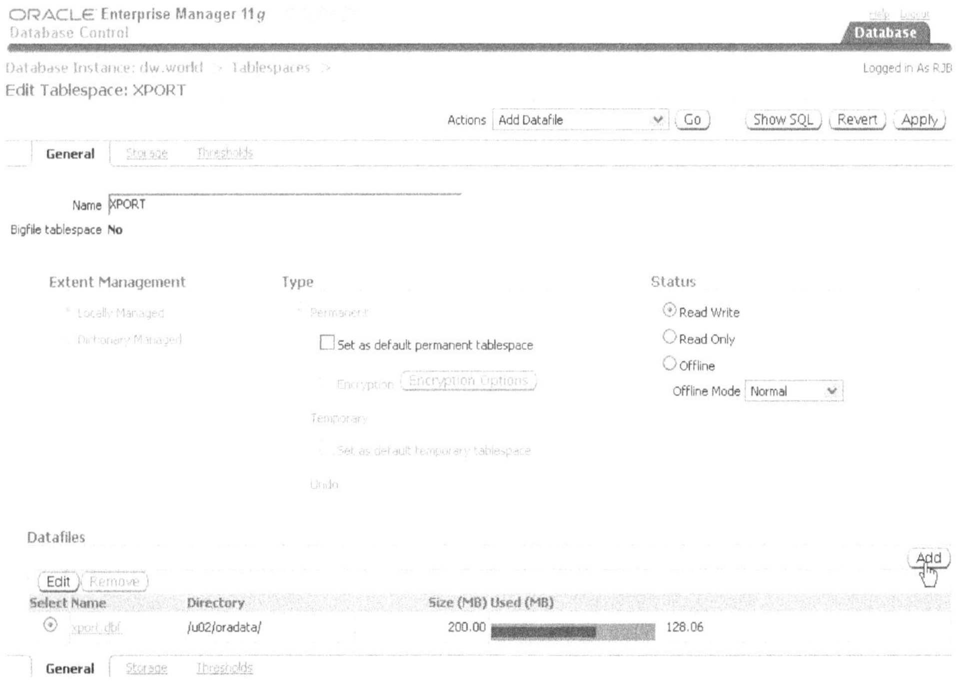

Figura 4-7 *Editando o tablespace XPORT.*

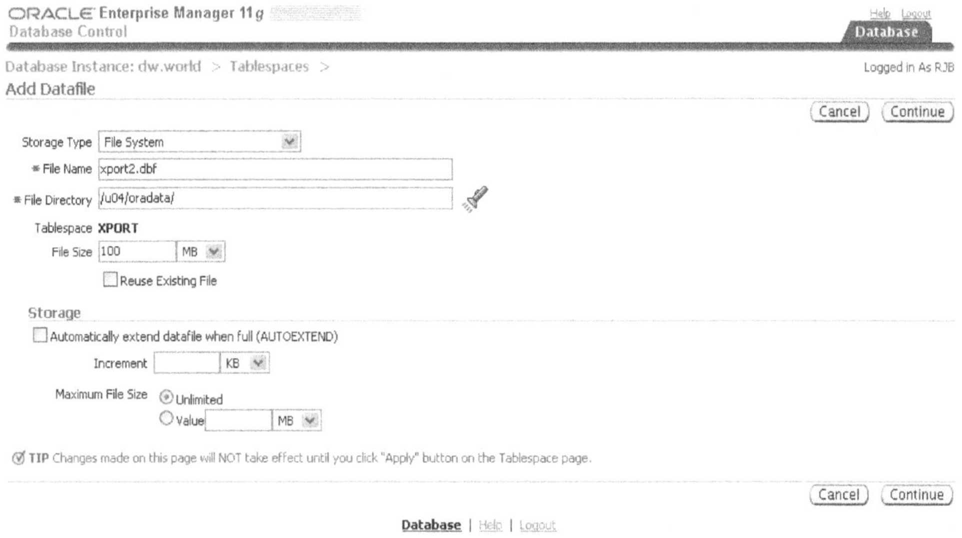

Figura 4-8 *Adicionando um arquivo de dados ao tablespace XPORT.*

Na página da Figura 4-8, especifique o nome de arquivo e o local do diretório para o novo arquivo de dados. Como você sabe que o sistema de arquivos /u04 tem ao menos 100MB de espaço livre em disco, especifique /u04/oradata como o diretório e xport2.dbf como o nome de arquivo, embora o nome do arquivo não precise conter o nome do tablespace. Além disso, configure o tamanho de arquivo como 100MB e não clique na caixa de seleção para AUTOEXTEND.

Depois de clicar em Continue e em Apply, você verá a tela Update Message e o novo tamanho dos arquivos de dados do tablespace XPORT, conforme mostrado na Figura 4-9.

Descartando um arquivo de dados de um tablespace

Nas versões anteriores do Oracle, descartar um arquivo de dados de um tablespace era problemático; não havia um comando único que pudesse ser emitido para descartar um arquivo de dados a menos que o tablespace inteiro fosse descartado. Você só tinha três alternativas:

- Viver com isso.
- Reduzi-lo e desativar o AUTOEXTEND.
- Criar um novo tablespace, mover todos os objetos para o novo tablespace e descartar o tablespace original.

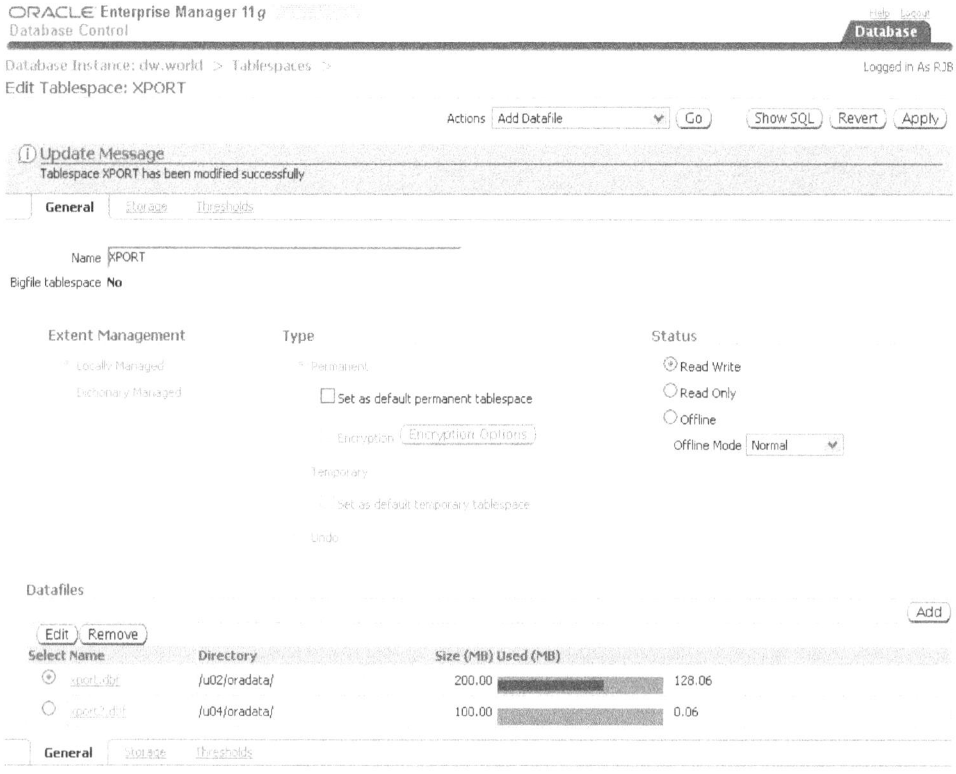

CAPÍTULO 4   LAYOUTS FÍSICOS DE BANCO DE DADOS E GERENCIAMENTO DE ARMAZENAMENTO   **109**

Figura 4-9 *Visualizando o tablespace XPORT após adicionar um arquivo de dados.*

Embora criar um novo tablespace fosse o mais ideal do ponto de vista de uma manutenção e metadados, a execução dessas etapas envolvidas era propensa a erros e envolvia alguma quantidade de tempo de inatividade para o tablespace, impactando a disponibilidade.

Usando o EM Database Control, é possível descartar um arquivo de dados e minimizar o tempo de inatividade e permitir que o EM Database Control gere os scripts. Continuando o exemplo anterior de expandir o tablespace XPORT adicionando um arquivo de dados, mostraremos um exemplo de como é possível remover o arquivo de dados reorganizando o tablespace. Na página Tablespace, selecione o tablespace a ser reorganizado (XPORT, neste caso), selecione Reorganize na caixa suspensa Actions e, em seguida, clique em Go, conforme mostrado na Figura 4-10.

Na Figura 4-11, na página Reorganize Objects, confirme que está reorganizando o tablespace XPORT e, em seguida, clique em Next.

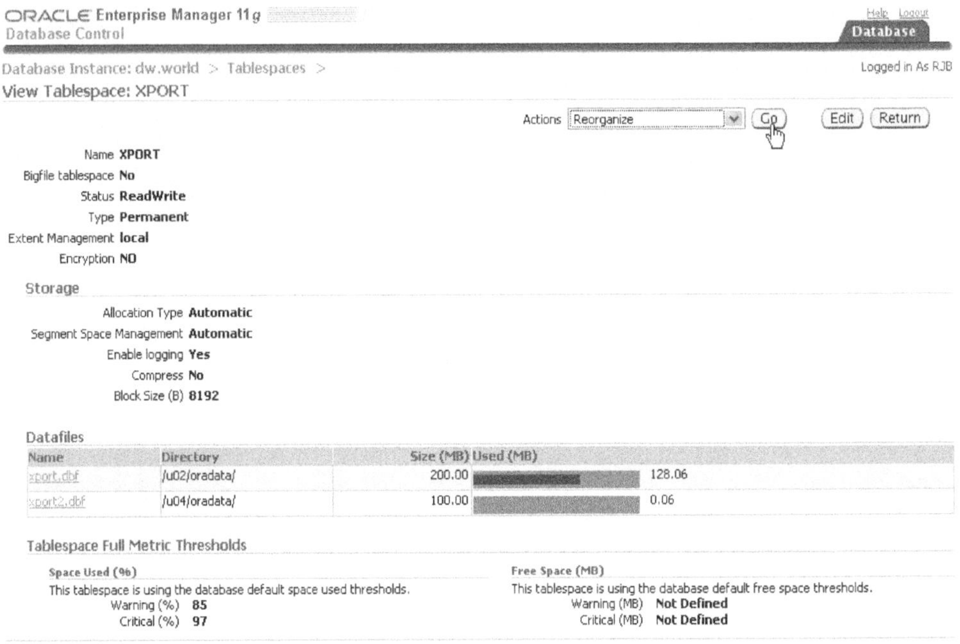

Figura 4-10 *Tablespace: Reorganize.*

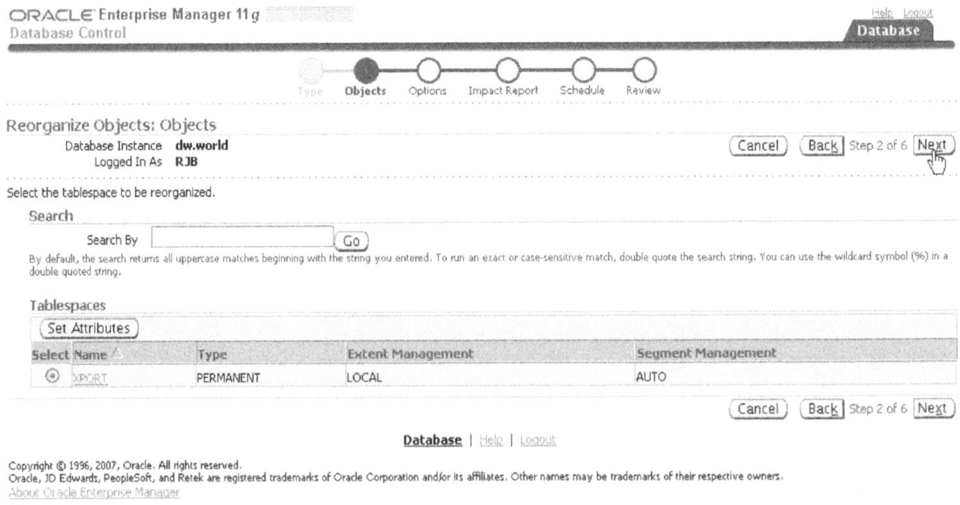

Figura 4-11 *Reorganize Objects: Objects.*

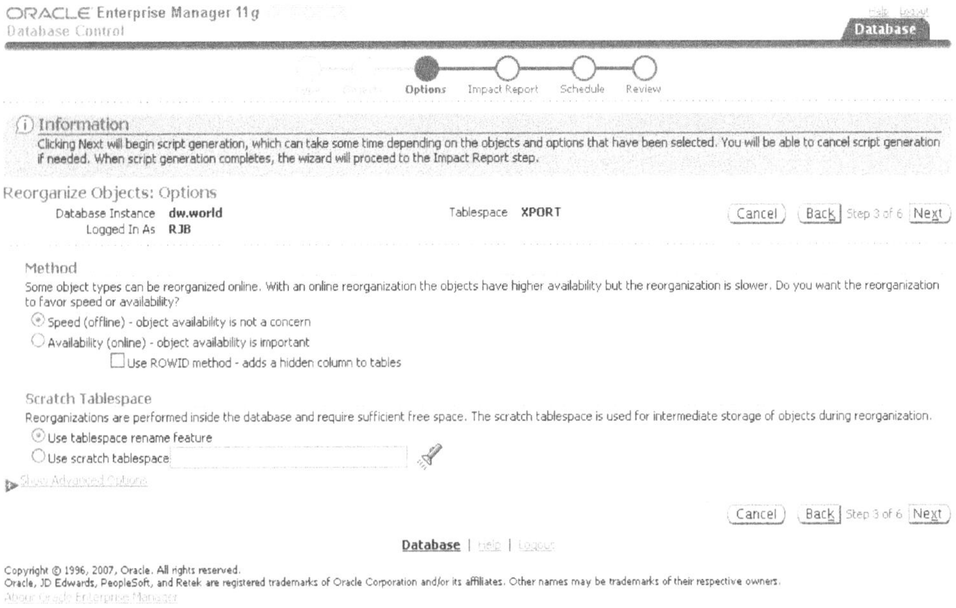

Figura 4-12 *Reorganize Objects: Options.*

A página seguinte, como você pode ver na Figura 4-12, é onde serão configurados alguns dos parâmetros para a reorganização, por exemplo, se o mais importante para essa reorganização é a velocidade da reorganização ou a disponibilidade do tablespace. Além disso, é possível tirar proveito do recurso de renomeação de tablespace em vez de usar um novo tablespace para uma área temporária, economizando potencialmente espaço em disco ou a quantidade de tempo gasto na reorganização. Outros parâmetros nesta página incluem a especificação da execução paralela, reconstruções de índices sem registro em log e que nível de coleta de estatísticas será necessário depois que a reorganização estiver concluída.

A Figura 4-13 mostra o status da criação do script. O tempo que ele leva para gerar o script é aproximadamente proporcional ao número de objetos no tablespace. Uma tela de resumo é apresentada com todos os avisos ou erros encontrados durante a geração do script, como pode ver na Figura 4-14 no Impact Report.

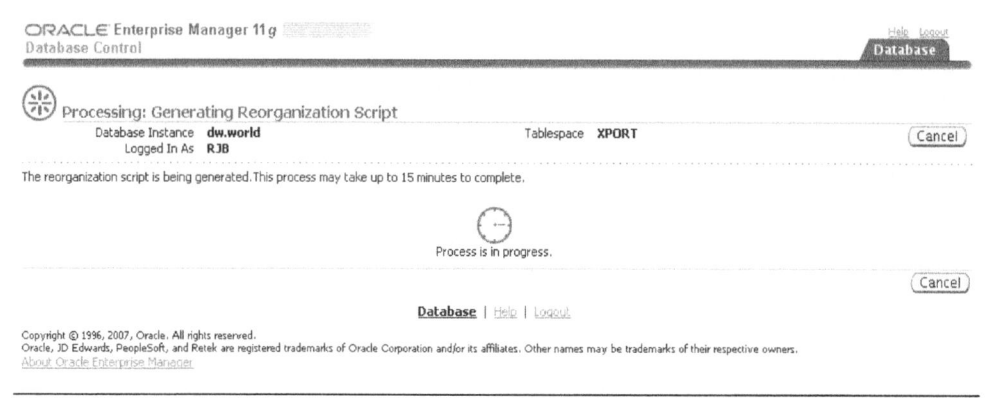

Figura 4-13 *Processing: Generating Reorganization Script.*

Após clicar em Next, a página Schedule aparece, conforme mostrado na Figura 4-15. Neste cenário, continue e especifique as credenciais de host para o servidor, mas não submeteremos o trabalho no final do assistente porque precisamos fazer uma edição no script.

Clicando em Next, chegamos à página Review na Figura 4-16. Um excerto do script gerado é apresentado na caixa de texto. Em vez de submeter o trabalho, clique em Save Full Script para fazer uma pequena alteração no script antes de executá-lo. Na Figura 4-17, especifique o local onde você deseja salvar o script.

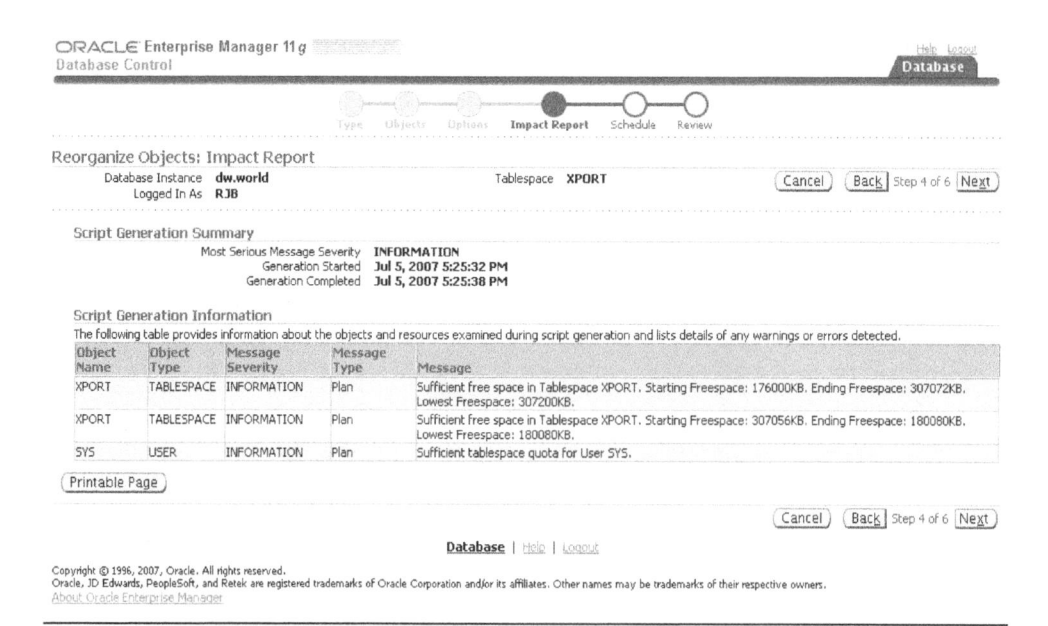

Figura 4-14 *Reorganize Objects: Impact Report.*

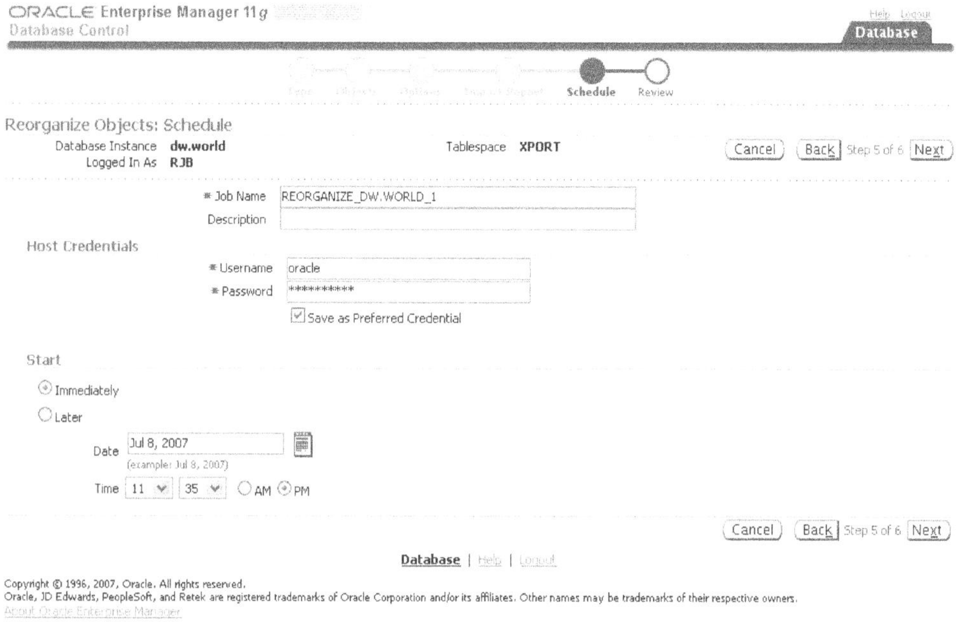

CAPÍTULO 4 LAYOUTS FÍSICOS DE BANCO DE DADOS E GERENCIAMENTO DE ARMAZENAMENTO **113**

Figura 4-15 *Reorganize Objects: Schedule.*

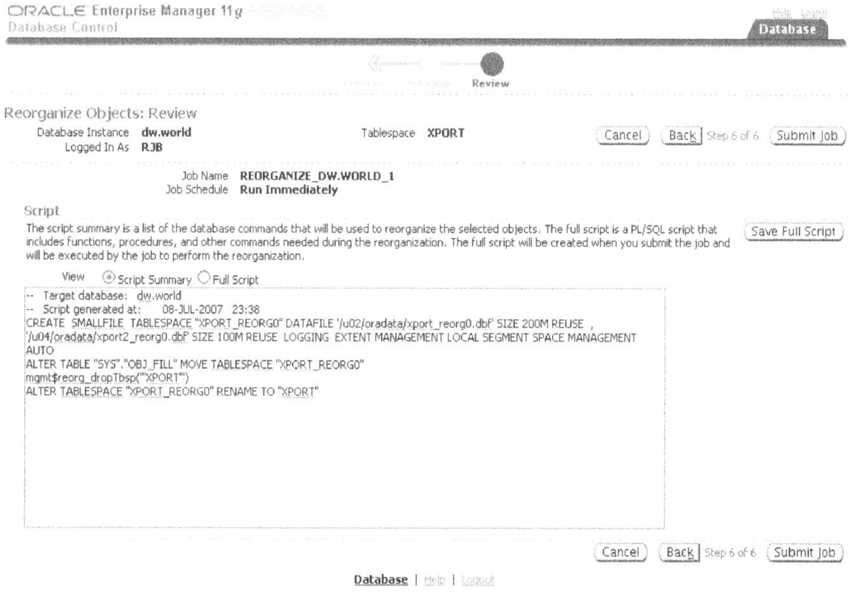

Figura 4-16 *Reorganize Objects: Review.*

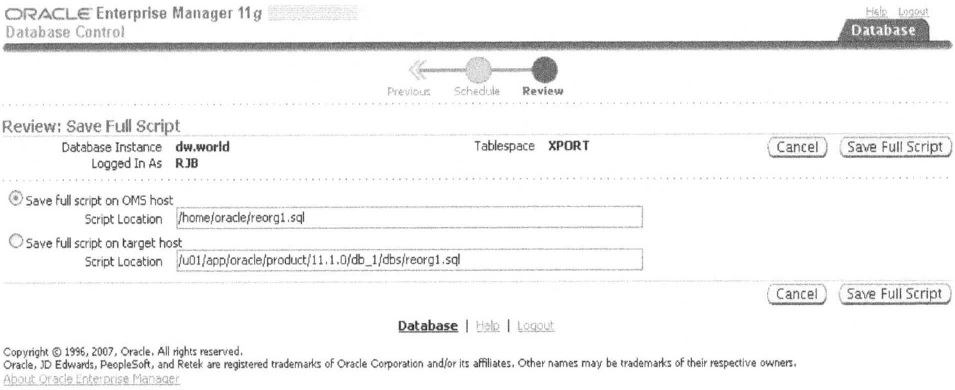

Figura 4-17 *Review: Save Full Script.*

Ao editar o script completo, localize o comando **execute immediate** onde o tablespace é criado:

```
EXECUTE IMMEDIATE 'CREATE SMALLFILE TABLESPACE "XPORT_REORG0"
    DATAFILE '/u02/oradata/xport_reorg0.dbf' SIZE 200M REUSE,
    ''/u04/oradata/xport2_reorg0.dbf'' SIZE 100M REUSE
    LOGGING EXTENT MANAGEMENT LOCAL
    SEGMENT SPACE MANAGEMENT AUTO';
```

Como desejamos descartar um arquivo de dados, queremos remover a cláusula de arquivo de dados realçada no script e, em seguida, alterar o local do segundo arquivo de dados ou recriar o primeiro arquivo de dados com um tamanho maior. Neste exemplo, você modifica o comando **create tablespace** para não apenas criar um novo tablespace com um tamanho maior, mas também colocar o novo tablespace em um volume de disco diferente:

```
EXECUTE IMMEDIATE 'CREATE SMALLFILE TABLESPACE "XPORT_REORG0"
    DATAFILE ''/u04/oradata/xport.dbf''
    SIZE 300M REUSE
    LOGGING EXTENT MANAGEMENT LOCAL
    SEGMENT SPACE MANAGEMENT AUTO';
```

Uma vez que o script tenha sido editado, execute-o no SQL*Plus usando uma conta com privilégios DBA. A saída do script é similar a esta:

```
SQL> @reorg1.sql
-- Target database: dw.world
-- Script generated at: 08-JUL-2007 23:38
Starting reorganization
Executing as user: RJB
CREATE SMALLFILE TABLESPACE "XPORT_REORG0" DATAFILE
'/u04/oradata/xport_reorg0.dbf' SIZE 300M REUSE LOGGING EXTENT MANAGEMENT
LOCAL SEGMENT SPACE MANAGEMENT AUTO
```

```
ALTER TABLE "SYS"."OBJ_FILL" MOVE TABLESPACE "XPORT_REORG0"
DROP TABLESPACE "XPORT" INCLUDING CONTENTS AND DATAFILES CASCADE
CONSTRAINTS
ALTER TABLESPACE "XPORT_REORG0" RENAME TO "XPORT"
Completed Reorganization. Starting cleanup phase.
Starting cleanup of recovery tables
Completed cleanup of recovery tables
Starting cleanup of generated procedures
Completed cleanup of generated procedures
Script execution complete
SQL>
```

Em vários casos, você pode evitar o uso de scripts de reorganização se usar tablespaces bigfile porque eles consistem em apenas um arquivo de dados. Discutiremos a reorganização de tablespace bigfile na próxima seção.

Redimensionando um tablespace bigfile usando alter tablespace

Um tablespace bigfile consiste em apenas um arquivo de dados. Você irá aprender mais sobre tablespaces bigfile no Capítulo 6, mas apresentaremos alguns detalhes sobre como um tablespace bigfile pode ser redimensionado. A maioria dos parâmetros disponíveis para alterar as características do arquivo de dados de um tablespace – como o tamanho máximo, se ele pode ser estendido e o tamanho das extensões – agora pode ser modificado no tablespace. Vamos começar com um tablespace bigfile criado como a seguir:

```
create bigfile tablespace dmarts
    datafile '/u05/oradata/dmarts.dbf' size 750m
    autoextend on next 100m maxsize unlimited
    extent management local
    segment space management auto;
```

As operações que são válidas somente no nível de arquivo de dados com tablespaces smallfile podem ser usadas com tablespaces bigfile no nível do tablespace:

```
SQL> alter tablespace dmarts resize 1g;
Tablespace altered.
```

Embora usar **alter database** com a especificação de arquivo de dados para o tablespace DMARTS funcione, a vantagem da sintaxe **alter tablespace** é óbvia: você não precisa saber onde o arquivo de dados está armazenado. Tentar alterar os parâmetros do arquivo de dados no nível do tablespace com tablespaces smallfile não é permitido:

```
SQL> alter tablespace users resize 500m;
alter tablespace users resize 500m
*
ERROR at line 1:
ORA-32773: operation not supported for smallfile tablespace USERS
```

Se um tablespace bigfile estiver sem espaço porque seu único arquivo de dados não pode ser estendido no disco, será preciso relocar o arquivo de dados em outro volume, conforme discutiremos na próxima seção, "Movendo arquivos de dados". Usar o Automatic Storage Management (ASM), apresentado mais adiante neste capítulo, poderá eliminar potencialmente a necessidade de mover manualmente os arquivos de dados: em vez de mover o arquivo de dados, você poderá adicionar outro volume de disco ao grupo de armazenamento ASM.

Movendo arquivos de dados

Para melhor gerenciar o tamanho de um arquivo de dados ou otimizar o desempenho geral de E/S do banco de dados, pode ser necessário mover um ou mais arquivos de dados em um tablespace para um local diferente. Existem três métodos de relocar os arquivos de dados: usando **alter database**, usando **alter tablespace** e por meio do EM Database Control, embora o EM Database Control não forneça todos os comandos necessários para relocar o arquivo de dados.

O método **alter tablespace** funciona para arquivos de dados em todos os tablespaces exceto para SYSTEM, SYSAUX, o tablespace de undo online e o tablespace temporário. O método **alter database** funciona para arquivos de dados em todos os tablespaces porque a instância é desativada quando a operação de movimentação ocorre.

Movendo arquivos de dados com alter database

As etapas para mover um ou mais arquivos de dados com **alter database** são:

1. Conecte-se ao banco de dados como SYSDBA e efetue um shutdown na instância.
2. Use os comandos do sistema operacional para mover o(s) arquivo(s) de dados.
3. Abra o banco de dados no modo MOUNT.
4. Use **alter database** para alterar as referências ao arquivo de dados no banco de dados.
5. Abra o banco de dados no modo OPEN.
6. Execute um backup incremental ou completo do banco de dados que inclua o arquivo de controle.

No exemplo a seguir, mostraremos como mover o arquivo de dados do tablespace XPORT do sistema de arquivos /u04 para o sistema de arquivos /u06. Primeiro, conecte-se ao banco de dados com privilégios de SYSDBA usando o seguinte comando:

```
sqlplus / as sysdba
```

Em seguida, faça uma consulta nas visões de desempenho dinâmico V$DATAFILE e V$TABLESPACE para confirmar os nomes dos arquivos de dados no tablespace XPORT:

```
SQL> select d.name from
  2     v$datafile d join v$tablespace t using(ts#)
  3     where t.name = 'XPORT';

NAME
--------------------------------------------------------------
/u04/oradata/xport.dbf

1 row selected.

SQL>
```

Para completar a etapa 1, desative o banco de dados:

```
SQL> shutdown immediate;
Database closed.
Database dismounted.
ORACLE instance shut down.
SQL>
```

Para a etapa 2, permaneça no SQL*Plus e use o caractere de escape "!" para executar o comando do sistema operacional para mover o arquivo de dados:

```
SQL>! mv /u04/oradata/xport.dbf /u06/oradata
```

Na etapa 3, inicialize o banco de dados no modo MOUNT para que o arquivo de controle fique disponível sem abrir os arquivos de dados:

```
SQL> startup mount
ORACLE instance started.

Total System Global Area   422670336 bytes
Fixed Size                   1299112 bytes
Variable Size              230690136 bytes
Database Buffers           184549376 bytes
Redo Buffers                 6131712 bytes
Database mounted.
```

Para a etapa 4, altere a referência de nome de caminho no arquivo de controle e aponte para o novo local do arquivo de dados:

```
SQL> alter database rename file
  2    '/u04/oradata/xport.dbf' to
  3    '/u06/oradata/xport.dbf';
Database altered.
```

Na etapa 5, abra o banco de dados para torná-lo disponível para os usuários:

```
SQL> alter database open;
Database altered.
```

Finalmente, na etapa 6, é possível fazer uma cópia backup do arquivo de controle atualizado:

```
SQL> alter database backup controlfile to trace;
Database altered.
SQL>
```

Como alternativa, o RMAN pode ser usado para executar um backup incremental que inclua um do arquivo de controle.

Movendo os arquivos de dados com alter tablespace

Se o arquivo de dados que você deseja mover faz parte de outro tablespace além do SYSTEM, SYSAUX, do tablespace de undo ativo ou do tablespace temporário, é preferível usar o método **alter tablespace** para mover um tablespace por um motivo fundamental: o banco de dados, exceto pelo tablespace cujo arquivo de dados será movido, permanece disponível para todos os usuários durante toda a operação.

As etapas para mover um ou mais arquivos de dados com **alter tablespace** são:

1. Usando uma conta com privilégio ALTER TABLESPACE, coloque o tablespace offline.
2. Use os comandos do sistema operacional para mover o arquivo de dados(s).
3. Use **alter tablespace** para alterar as referências ao arquivo de dados no banco de dados.
4. Coloque o tablespace novamente online.

No exemplo **alter database**, assuma que o arquivo de dados do tablespace XPORT foi movido para o sistema de arquivos errado. Neste exemplo, você o moverá de /u06/oradata para /u05/oradata:

```
SQL> alter tablespace xport offline;
Tablespace altered.

SQL>! mv /u06/oradata/xport.dbf /u05/oradata/xport.dbf

SQL> alter tablespace xport rename datafile
  2     '/u06/oradata/xport.dbf' to '/u05/oradata/xport.dbf';
Tablespace altered.

SQL> alter tablespace xport online;
Tablespace altered.
```

Observe como esse método é muito mais direto e causa menos interrupções do que o método **alter database**. O único tempo de inatividade do tablespace XPORT é a quantidade de tempo que ele leva para mover o arquivo de dados de um volume de disco para outro.

Movendo arquivos de dados com o EM Database Control

Na versão 1 do Oracle Database 11*g*, o EM Database Control não tem uma função explícita para mover um arquivo de dados, exceto para executar uma reorganização do tablespace, conforme demonstrado anteriormente no capítulo. Para mover um arquivo de dados para outro volume, este processo seria muito trabalhoso.

Movendo arquivos de redo log online

Embora seja possível mover indiretamente arquivos de redo log online descartando grupos de redo log inteiros e adicionando-os novamente em um local diferente, essa solução não funcionará se houver apenas dois grupos de arquivos de redo log porque um banco de dados não abrirá com apenas um grupo de arquivos de redo log. Adicionar temporariamente um terceiro grupo e descartar o primeiro ou o segundo grupo é uma opção se for necessário manter o banco de dados aberto; como alternativa, o método mostrado aqui moverá os arquivos de redo log enquanto o banco de dados estiver desativado.

No exemplo a seguir, teremos três grupos de arquivos de redo log com dois membros cada. Um membro de cada grupo está no mesmo volume do software Oracle e deve ser movido para um volume diferente a fim de eliminar qualquer disputa entre o preenchimento do arquivo de log e o acesso aos componentes do software Oracle. O método que você usará aqui é muito similar ao método usado para mover os arquivos de dados com o método **alter database**.

```
SQL> select group#, member from v$logfile
  2     order by group#, member;

    GROUP# MEMBER
---------- ---------------------------------------
         1 /u01/app/oracle/oradata/redo01.log
         1 /u05/oradata/redo01.log
         2 /u01/app/oracle/oradata/redo02.log
         2 /u05/oradata/redo02.log
         3 /u01/app/oracle/oradata/redo03.log
         3 /u05/oradata/redo03.log
6 rows selected.
```

```
SQL> shutdown immediate;
Database closed.
Database dismounted.
ORACLE instance shut down.
SQL>! mv /u01/app/oracle/oradata/redo0[1-3].log /u04/oradata

SQL> startup mount
ORACLE instance started.

Total System Global Area    422670336 bytes
Fixed Size                    1299112 bytes
Variable Size               230690136 bytes
Database Buffers            184549376 bytes
Redo Buffers                  6131712 bytes
Database mounted.

SQL> alter database rename file '/u01/app/oracle/oradata/redo01.log'
  2     to '/u04/oradata/redo01.log';
Database altered.

SQL> alter database rename file '/u01/app/oracle/oradata/redo02.log'
  2     to '/u04/oradata/redo02.log';
Database altered.

SQL> alter database rename file '/u01/app/oracle/oradata/redo03.log'
  2     to '/u04/oradata/redo03.log';
Database altered.

SQL> alter database open;
Database altered.

SQL> select group#, member from v$logfile
  2     order by group#, member;

    GROUP# MEMBER
---------- -----------------------------------------
         1 /u04/oradata/redo01.log
         1 /u05/oradata/redo01.log
         2 /u04/oradata/redo02.log
         2 /u05/oradata/redo02.log
         3 /u04/oradata/redo03.log
         3 /u05/oradata/redo03.log

6 rows selected.

SQL>
```

O processo de E/S dos arquivos de redo log não disputa mais com o software Oracle; além disso, os arquivos de redo log são multiplexados entre dois pontos de montagem diferentes, /u04 e /u05.

Movendo arquivos de controle

Mover um arquivo de controle ao usar um arquivo de parâmetros de inicialização segue um procedimento similar ao que foi usado para arquivos de dados e arquivos de redo log: efetuar shutdown na instância, mover os arquivos com os comandos do sistema operacional e reiniciar a instância.

Entretanto, quando um arquivo de parâmetro de servidor (SPFILE) é usado, o procedimento é um pouco diferente. O parâmetro de arquivo de inicialização CONTROL_FILES é alterado utilizando **alter system ... scope=spfile** quando a instância está em execução ou quando ela é desativada e aberta no modo NOMOUNT. Como o parâmetro CONTROL_FILES não é dinâmico, a instância deve ser desativada e reiniciada em ambos os casos.

Neste exemplo, você descobre que tem três cópias do arquivo de controle no seu banco de dados, mas elas não estão multiplexadas em discos diferentes. Você editará o SPFILE com os novos locais, efetuará shutdown na instância para que possa mover os arquivos de controle para discos diferentes e, em seguida, reiniciará a instância.

```
SQL> select name, value from v$spparameter
  2     where name = 'control_files';

NAME                  VALUE
----------------      -------------------------------------------------
control_files         /u01/app/oracle/oradata/control01.ctl
control_files         /u01/app/oracle/oradata/control02.ctl
control_files         /u01/app/oracle/oradata/control03.ctl

SQL> show parameter control_files

NAME                  TYPE         VALUE
----------------      ----------   -----------------------------
control_files         string       /u01/app/oracle/oradata/contro
                                   l01.ctl, /u01/app/orac le/orad
                                   ata/control02.ctl, /u01/app/or
                                   acle/oradata/control03.ctl

SQL> alter system set control_files =
  2    '/u02/oradata/control01.ctl',
  3    '/u03/oradata/control02.ctl',
  4    '/u04/oradata/control03.ctl'
  5  scope = spfile;

System altered.

SQL> shutdown immediate
Database closed.
Database dismounted.
ORACLE instance shut down.
SQL>! mv /u01/app/oracle/oradata/control01.ctl /u02/oradata
SQL>! mv /u01/app/oracle/oradata/control02.ctl /u03/oradata
SQL>! mv /u01/app/oracle/oradata/control03.ctl /u04/oradata

SQL> startup
ORACLE instance started.
```

CAPÍTULO 4   LAYOUTS FÍSICOS DE BANCO DE DADOS E GERENCIAMENTO DE ARMAZENAMENTO   121

```
Total System Global Area   422670336 bytes
Fixed Size                   1299112 bytes
Variable Size              230690136 bytes
Database Buffers           184549376 bytes
Redo Buffers                 6131712 bytes
Database mounted.
Database opened.
SQL> select name, value from v$spparameter
  2  where name = 'control_files';

NAME              VALUE
---------------   -----------------------------------------------
control_files     /u02/oradata/control01.ctl
control_files     /u03/oradata/control02.ctl
control_files     /u04/oradata/control03.ctl

SQL> show parameter control_files

NAME              TYPE        VALUE
---------------   ---------   ------------------------------
control_files     string      /u02/oradata/control01.ctl, /u
                              03/oradata/control02.ctl, /u04
                              /oradata/control03.ctl
SQL>
```

Os três arquivos de controle foram movidos para sistemas de arquivos separados, não estão mais no volume onde está o software Oracle e sim em uma configuração mais alta de disponibilidade (se o volume que contém um arquivo de controle falhar, dois outros volumes contêm os arquivos de controle atualizados).

NOTA
Em uma instalação padrão do Oracle Database 11g usando discos ASM para armazenamento de tablespace e a área de recuperação flash, uma cópia do arquivo de controle é criada no disco ASM do tablespace padrão e outra na área de recuperação flash.

Fazer uma ou mais cópias do arquivo de controle em um volume ASM é muito fácil: usando o utilitário RMAN (descrito em detalhes no Capítulo 12), restaure um backup de arquivo de controle para um local de disco ASM, como neste exemplo:

```
RMAN> restore controlfile to
      '+DATA/dw/controlfile/control_bak.ctl';
```

A próxima etapa é idêntica a adicionar arquivos de controle com base no sistema de arquivos conforme apresentado anteriormente nesta seção: altere o parâmetro CONTROL_FILES para adicionar o local +DATA/dw/controlfile/control_bak.ctl além dos locais de arquivos de controle existentes e, em seguida, faça um shutdown e reinicie o banco de dados.

```
SQL> show parameter control_files
```

```
NAME              TYPE        VALUE
----------------- ----------- -------------------------------
control_files     string      /u02/oradata/control01.ctl, /u
                              03/oradata/control02.ctl, /u04
                              /oradata/control03.ctl, +DATA/
                              dw/controlfile/control_bak.ctl
SQL>
```

Da mesma maneira, você pode usar o utilitário **asmcmd do** Linux para fazer cópias do arquivo de controle de um grupo de discos para outro e alterar o parâmetro CONTROL_FILES para refletir o novo local do arquivo de controle. Uma visão geral do comando **asmcmd** será apresentada mais adiante neste capítulo.

AUTOMATIC STORAGE MANAGEMENT

No Capítulo 3, apresentamos algumas das convenções de nomes de arquivos usadas para objetos ASM. Nesta seção, examinaremos mais detalhadamente como criar tablespaces – e, consequentemente, os arquivos de dados – em um ambiente ASM com um ou mais grupos de discos.

Ao criar um novo tablespace ou outra estrutura de banco de dados, como um arquivo de controle ou um arquivo de redo log, você pode especificar um grupo de discos como a área de armazenamento da estrutura de banco de dados em vez de um arquivo do sistema operacional. O ASM se aproveita da facilidade do Oracle-Managed Files (OMF) e a combina com recursos de espelhamento e striping* para fornecer um sistema de arquivos robusto e um gerenciador de volume lógico que pode até mesmo dar suporte a vários nós em um Oracle Real Application Cluster (RAC). O ASM elimina a necessidade de comprar um gerenciador de volume lógico de terceiros.

O ASM não apenas melhora o desempenho distribuindo automaticamente os objetos do banco de dados em vários dispositivos, mas também aumenta a disponibilidade permitindo que novos dispositivos de disco sejam adicionados ao banco de dados sem que seja necessário efetuar shutdown no banco de dados; o ASM rebalancea automaticamente a distribuição de arquivos com um mínimo de intervenção.

Também examinaremos a arquitetura ASM. Além disso, mostraremos como criar um tipo especial de instância Oracle para dar suporte ASM assim como inicializar e desativar uma instância ASM. Examinaremos os novos parâmetros de inicialização relativos ao ASM e os parâmetros de inicialização existentes que têm novos valores para dar suporte a uma instância ASM. Além disso, apresentaremos o utilitário de linha de comando **asmcmd**, novo no Oracle 10g Release 2, que fornece uma maneira alternativa de navegar e manter os objetos nos seus grupos de discos ASM. Finalmente, usaremos alguns dispositivos de disco raw** em um servidor Linux para demonstrar como os grupos de discos são criados e mantidos.

Arquitetura ASM

O ASM divide os arquivos de dados e outras estruturas de banco de dados em extensões e divide as extensões entre todos os discos do grupo de discos para melhorar o desempenho e a confiabilidade. Em vez de espelhar volumes de discos inteiros, o ASM espelha os objetos do banco de dados para fornecer a flexibilidade de espelhar ou distribuir (stripe) os objetos do banco de dados de modo diferente dependendo do seu tipo. Como opção, os objetos podem não ser distribuídos se o hardware de disco subjacente for RAID ativado, parte de uma área de armazenamento em rede (SAN, storage area network) ou parte de um dispositivo de armazenamento anexado à rede (NAS, network-attached storage).

O rebalanceamento automático é outro recurso importante do ASM. Quando um aumento no espaço em disco é necessário, dispositivos de disco adicionais podem ser acrescentados a um grupo de discos e o ASM move um número proporcional de arquivos de um ou mais discos existentes

---

* N. de R. T.: Gravação dos dados em diversas unidades físicas de disco, tratadas como uma única unidade lógica.
** N. de R. T.: Que não tem sistemas de arquivos.

para os novos discos para manter o equilíbrio global de E/S em todos os discos. Isso acontece em segundo plano enquanto os objetos do banco de dados contidos nos arquivos de disco ainda estão online e disponíveis para os usuários. Se o impacto para o subsistema de E/S for alto durante uma operação de rebalanceamento, a velocidade na qual o rebalanceamento ocorre pode ser reduzido por meio de um parâmetro de inicialização.

O ASM requer um tipo especial de instância Oracle para fornecer a interface entre uma instância Oracle tradicional e o sistema de arquivos; os componentes de software ASM são distribuídos com o software de banco de dados Oracle e sempre estão disponíveis como uma seleção quando você está selecionando o tipo de armazenamento para os tablespaces SYSTEM, SYSAUX e outros tablespaces quando o banco de dados é criado.

O uso do ASM, entretanto, não impede que você combine os grupos de discos ASM com as técnicas de gerenciamento manual de arquivos de dados do Oracle, como aquelas que apresentamos no Capítulo 3 e anteriormente neste capítulo.

No entanto, a facilidade de uso e o desempenho do ASM criam condições convincentes para eventualmente usar grupos de discos ASM para todas as suas necessidades de armazenamento. Dois processos Oracle em segundo plano introduzidos no Oracle Database 10*g* dão suporte às instâncias ASM: o RBAL e o ORB*n*. O RBAL coordena a atividade de disco dos grupos de discos, enquanto o ORB*n*, onde *n* pode ser um número de 0 a 9, executa o movimento das extensões entre os discos nos grupos de discos. Para bancos de dados que usam os discos ASM, há também dois novos processos em segundo plano a partir do Oracle Database 10*g*: o OSMB e o RBAL. OSMB executa a comunicação entre o banco de dados e a instância ASM, ao passo que o RBAL executa a abertura e o fechamento dos discos no grupo de discos como representante do banco de dados.

Criando uma instância ASM

O ASM requer uma instância Oracle dedicada para gerenciar os grupos de disco. Uma instância ASM em geral tem uma área menor de memória, na faixa de 60MB a 120MB e é automaticamente

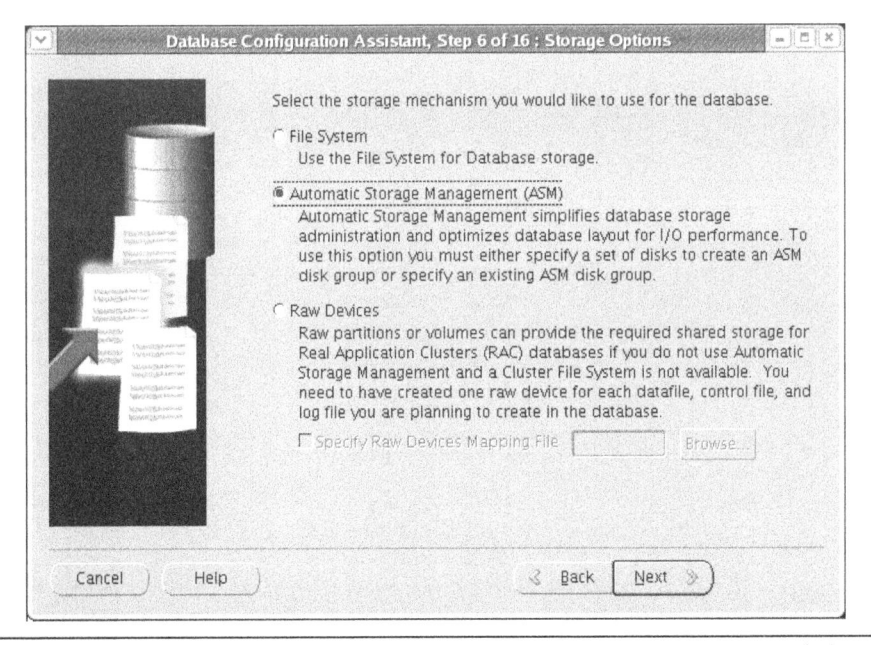

Figura 4-18 *Especificando o ASM como o método de armazenamento de arquivos do banco de dados.*

Tabela 4-2 *Discos raw para grupos de discos ASM*

Nome do dispositivo	Capacidade
/dev/raw/raw1	12GB
/dev/raw/raw2	12GB
/dev/raw/raw3	12GB
/dev/raw/raw4	12GB
/dev/raw/raw5	4GB
/dev/raw/raw6	4GB
/dev/raw/raw7	4GB
/dev/raw/raw8	4GB

configurada quando o ASM é especificado como a opção de armazenamento de arquivos do banco de dados quando o software Oracle é instalado e uma instância ASM já não existir, como você pode ver na tela do Oracle Universal Installer na Figura 4-18.

Como um exemplo de dispositivos de disco usado para criar grupos de discos ASM, suponha que nosso servidor Linux tem um número de dispositivos de disco RAW com capacidades listadas na Tabela 4-2.

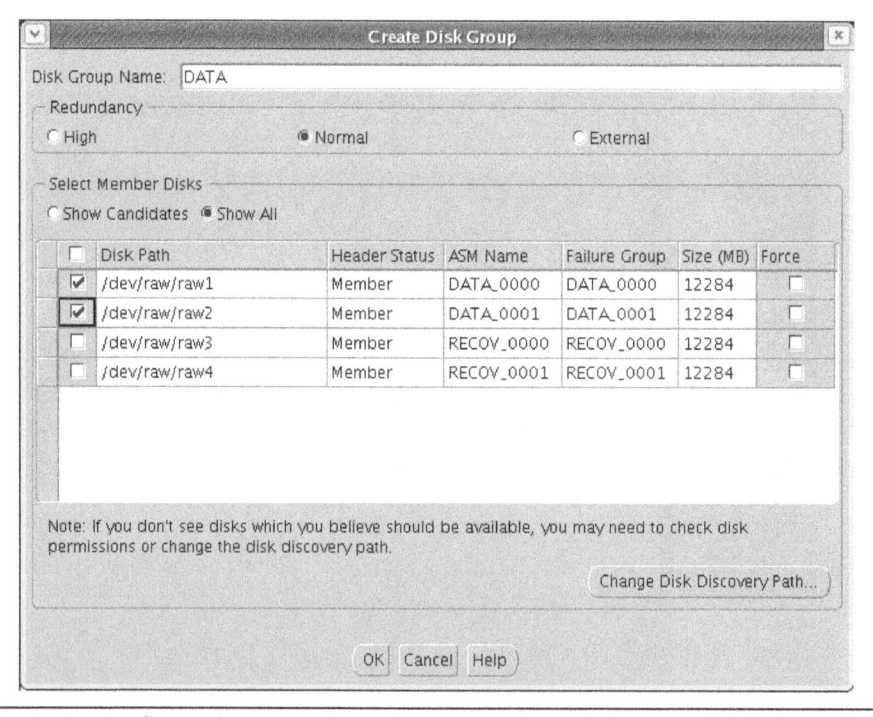

Figura 4-19 *Configurando o grupo de discos ASM inicial com o OUI.*

Configure o primeiro grupo de discos dentro do Oracle Universal Installer, como mostrado na Figura 4-19. O nome do primeiro grupo de discos é DATA e você usará /dev/raw/raw1 e /dev/raw/raw2 para criar o grupo de discos de redundância normal. Se um número insuficiente de discos raw for selecionado para o nível de redundância desejado, o OUI gera uma mensagem de erro. Depois que o banco de dados é criado, a instância normal e a instância ASM são iniciadas.

Uma instância ASM tem algumas outras características únicas. Embora ela tenha um arquivo de parâmetros de inicialização e um arquivo de senha, ela não tem dicionário de dados e, portanto, todas as conexões a uma instância ASM são via SYS e SYSTEM usando apenas a autenticação do sistema operacional. Só é possível conectar-se a uma instância ASM com o comando **connect / as sysdba**; qualquer nome de usuário/senha no comando **connect** é ignorado. Comandos de grupo de discos, como **create diskgroup**, **alter diskgroup** e **drop diskgroup**, só são válidos em uma instância ASM. Finalmente, uma instância ASM está em um estado NOMOUNT ou MOUNT; ela nunca está em um estado OPEN.

Componentes da instância ASM

As instâncias ASM não podem ser acessadas usando os vários métodos disponíveis com um banco de dados tradicional. Nesta seção, falaremos sobre os privilégios disponíveis para você que se conecta com privilégios SYSDBA e SYSOPER. Também distinguiremos uma instância ASM pelos parâmetros de inicialização novos e expandidos (introduzidos no Oracle Database 10g e melhorados no Oracle Database 11g) disponíveis somente para uma instância ASM. No final desta seção, apresentaremos os procedimentos para iniciar e parar uma instância ASM, juntamente com as dependências entre as instâncias ASM e as instâncias de banco de dados às quais elas servem.

Acessando uma instância ASM

Conforme mencionado anteriormente neste capítulo, uma instância ASM não tem um dicionário de dados, portanto o acesso à instância é restrito aos usuários que podem autenticar com o sistema operacional – em outras palavras, o usuário do sistema operacional que faz parte do grupo dba conecta-se como SYSDBA ou SYSOPER. Os usuários que se conectam a uma instância ASM como SYSDBA podem executar todas as operações ASM, como criar e excluir grupos de discos assim como adicionar e remover discos dos grupos de discos. Os usuários com privilégio SYSOPER tem um conjunto muito mais limitado de comandos disponíveis em uma instância ASM. Em geral, os comandos disponíveis para os usuários SYSOPER dão somente privilégios suficientes para executar operações de rotina para uma instância ASM já configurada e estável. A lista a seguir contém as operações disponíveis como SYSOPER:

- Inicializar e efetuar shutdown em uma instância ASM
- Montar ou desmontar um grupo de discos
- Alterar o status de um disco do grupo de discos de ONLINE para OFFLINE ou vice versa
- Rebalancear um grupo de discos
- Executar uma verificação de integridade de um grupo de discos
- Acessar as visões de desempenho dinâmico V$ASM_*

Parâmetros de inicialização ASM

Alguns parâmetros de inicialização são específicos para instâncias ASM ou têm novos valores dentro de uma instância ASM. Um SPFILE é altamente recomendado para uma instância ASM em vez de um arquivo de parâmetros de inicialização. Por exemplo, os parâmetros tais como ASM_DISK-GROUPS serão automaticamente atualizados quando um grupo de discos é adicionado ou descartado, liberando você de alterar esse valor manualmente.

Apresentaremos os parâmetros de inicialização relativos ao ASM nas seções a seguir.

INSTANCE_TYPE   Para uma instância ASM, o parâmetro INSTANCE_TYPE recebe o valor ASM. O padrão, para uma instância Oracle tradicional, é RDBMS.

DB_UNIQUE_NAME   O valor padrão para o parâmetro DB_UNIQUE_NAME é +ASM e é o nome único para um grupo de instâncias ASM dentro de um cluster ou um único nó.

ASM_POWER_LIMIT   Para garantir que as operações de rebalanceamento não interfiram nas E/S em andamento do usuário, o parâmetro ASM_POWER_LIMIT controla a rapidez com que essas operações ocorrem. Os valores variam de 1 a 11, com 11 sendo o mais alto valor possível; o valor padrão é 1 (baixo overhead de E/S). Como esse é um parâmetro dinâmico, você pode defini-lo como um valor baixo durante o dia e defini-lo mais alto durante a noite sempre que uma operação de rebalanceamento de disco precisar ocorrer.

ASM_DISKSTRING   O parâmetro ASM_DISKSTRING especifica uma ou mais strings, dependentes de sistema operacional, para limitar os dispositivos de disco que podem ser usados para criar grupos de discos. Se esse valor for NULL, todos os discos visíveis para a instância ASM são candidatos potenciais para a criação de grupos de discos. Para os exemplos neste capítulo para o nosso servidor de testes, o valor do parâmetro ASM_DISKSTRING é / dev/raw/*:

```
SQL> select name, type, value from v$parameter
  2      where name = 'asm_diskstring';

NAME                    TYPE VALUE
---------------         ---- -----------------------
asm_diskstring             2 /dev/raw/*
```

ASM_DISKGROUPS   O parâmetro ASM_DISKGROUPS especifica uma lista contendo os nomes dos grupos de discos a serem montados automaticamente pela instância ASM na inicialização ou pelo comando **alter diskgroup all mount**. Mesmo que esta lista esteja vazia na inicialização da instância, qualquer grupo de discos existente poderá ser montado manualmente.

LARGE_POOL_SIZE   O parâmetro LARGE_POOL_SIZE é útil para instâncias normais e ASM; entretanto, este pool é usado de modo diferente para uma instância ASM. Todos os pacotes ASM internos são executados a partir deste pool, portanto, esse parâmetro deve ser definido com ao menos 12MB para uma única instância e como 16MB para uma instância RAC.

ASM_PREFERRED_READ_FAILURE_GROUPS   O parâmetro ASM_PREFERRED_READ_FAILURE_ GROUPS, novo no Oracle Database 11g, contém uma lista de grupos de falha preferidos para uma determinada instância de banco de dados durante o uso de instâncias ASM clusterizadas. Esse parâmetro é específico para instância: cada instância pode especificar um grupo de falhas que esteja mais próximo ao nó da instância (por exemplo, um grupo de falhas em um disco local do servidor) para melhorar o desempenho.

Inicialização e desativação da instância ASM

Uma instância ASM é iniciada de modo muito parecido com uma instância de banco de dados, exceto que o comando **startup** é predefinido como **startup mount**. Como não há arquivo de controle, banco de dados ou dicionário de dados a ser montado, os grupos de discos ASM são montados em vez de um banco de dados. O comando **startup nomount** inicializa a instância, mas não monta um dos discos ASM. Além disso, é possível especificar **startup restrict** para impedir temporariamente que as instâncias de banco de dados conectem-se à instância ASM para montar grupos de discos. A execução de um comando **shutdown** em uma instância ASM executa o mesmo comando **shutdown** em todas as instâncias de banco de dados que usam a instância ASM; antes da instância ASM ser desativada, ela espera que todos os bancos de dados dependentes sejam desativados. A única exceção é se você usar o comando **shutdown abort** na instância ASM, que eventualmente forçará todos os bancos de dados dependentes a executarem um comando **shutdown abort**.

Para várias instâncias ASM que compartilham grupos de discos, como em um ambiente Real Application Clusters (RAC), a falha de uma instância ASM não provoca falha nas instâncias do banco de dados. Em vez disso, outra instância ASM executa uma operação de recuperação para a instância que falhou.

Visões de desempenho dinâmico ASM

Algumas visões de desempenho dinâmico são associadas às instâncias ASM. A Tabela 4-3 contém as visões comuns de desempenho dinâmico relativo ao ASM. Uma explicação adicional, onde for apropriado, para algumas dessas visões será fornecida mais adiante neste Capítulo.

Formatos de nome de arquivo ASM

Todos os arquivos ASM são Oracle-Managed Files (OMF), portanto, os detalhes do nome de arquivo real dentro do grupo de discos não são necessários para funções mais administrativas. Quando um objeto em um grupo de discos ASM é descartado, o arquivo é automaticamente excluído. Certos comandos exibirão os nomes de arquivo reais, como **alter database backup controlfile to trace**, assim como algumas visões de dicionário de dados e de desempenho dinâmico. Por exemplo, a visão

Tabela 4-3 *Visões de desempenho dinâmico relativas a ASM*

Nome da visão	Usado no banco de dados padrão?	Descrição
V$ASM_DISK	Sim	Uma linha para cada disco descoberto por uma instância ASM, usado ou não por um grupo de discos. Para uma instância de banco de dados, uma linha para cada grupo de discos em uso pela instância.
V$ASM_DISKGROUP	Sim	Para uma instância ASM, uma linha para cada grupo de discos que contém características gerais do grupo de discos. Para uma instância de banco de dados, uma linha para cada grupo de discos em uso esteja ele montado ou não.
V$ASM_FILE	Não	Uma linha para cada arquivo em cada grupo de discos montado.
V$ASM_OPERATION	Não	Uma linha para a execução de cada operação de longa duração na instância ASM.
V$ASM_TEMPLATE	Sim	Uma linha para cada template em cada grupo de discos montado na instância ASM. Para uma instância de banco de dados, uma linha para cada template para cada grupo de discos montado.
V$ASM_CLIENT	Sim	Uma linha para cada banco de dados que usa grupos de discos gerenciados pela instância ASM. Para uma instância de banco de dados, uma linha para a instância ASM se qualquer um dos arquivos ASM estiver aberto.
V$ASM_Apelido	Não	Uma linha para cada apelido em cada grupo de discos montado.

de desempenho dinâmico V$DATAFILE mostra os nomes de arquivo reais dentro de cada grupo de discos. Veja um exemplo:

```
SQL> select file#, name, blocks from v$datafile;

     FILE# NAME                                          BLOCKS
---------- ---------------------------------------- ----------
         1 +DATA/dw/datafile/system.256.627432971        89600
         2 +DATA/dw/datafile/sysaux.257.627432973        77640
         3 +DATA/dw/datafile/undotbs1.258.627432975      12800
         4 +DATA/dw/datafile/users.259.627432977           640
         5 +DATA/dw/datafile/example.265.627433157      12800
         6 /u05/oradata/dmarts.dbf                      32000
         8 /u05/oradata/xport.dbf                       38400

7 rows selected.
```

Os nomes de arquivos ASM podem estar em seis formatos diferentes. Nas seções a seguir, daremos uma visão geral dos diferentes formatos e o contexto onde eles podem ser usados – seja como uma referência a um arquivo existente, durante uma operação de criação de um único arquivo ou durante a operação de criação de vários arquivos.

Nomes totalmente qualificados

Os nomes de arquivos ASM totalmente qualificados são usados somente quando referenciam um arquivo existente. Um nome de arquivo ASM totalmente qualificado tem o formato

```
+group/dbname/file type/tag.file.incarnation
```

onde *group* é o nome do grupo de discos, *dbname* é o banco de dados ao qual o arquivo pertence, *file type* é o tipo de arquivo Oracle, *tag* é uma informação específica para o tipo de arquivo e o par *file.incarnation* garante a exclusividade. Aqui está um exemplo de um arquivo ASM para o tablespace USERS:

```
+DATA/dw/datafile/users.259.627432977
```

O nome do grupo de discos é +DATA, o nome do banco de dados é dw, ele é um arquivo de dados do tablespace USERS e o par number/incarnation do arquivo é 259.627432977 e garante a exclusividade se você decidir criar outro arquivo de dados ASM para o tablespace USERS.

Nomes numéricos

Os nomes numéricos são usados somente quando referenciam um arquivo ASM existente. Isso permite que você referencie um arquivo ASM existente apenas pelo nome do grupo de discos e o par number/incarnation do arquivo. O nome numérico para o arquivo ASM na seção precedente é

```
+DATA.259.627432977
```

Apelidos

Um apelido pode ser usado quando referencia um objeto existente ou cria um único arquivo ASM. Usando o comando **alter diskgroup add apelido**, um nome mais legível pode ser criado para um arquivo ASM novo ou existente e ele pode ser distinguido de um nome de arquivo ASM regular porque ele não termina em um par de números separados por pontos (o par number/incarnation do arquivo), conforme mostrado aqui:

```
SQL> alter diskgroup data
  2      add directory '+data/purch';
Diskgroup altered.

SQL> alter diskgroup data
  2      add apelido '+data/purch/users.dbf'
  3 for '+data/dw/datafile/users.259.627432977';
Diskgroup altered.

SQL>
```

Apelidos com nomes de template

Um apelido com um template somente pode ser usado durante a criação de um novo arquivo ASM. Os templates fornecem um modo abreviado de especificar um tipo de arquivo e uma tag ao criar um novo arquivo ASM. Veja um exemplo de um apelido usando um template para um novo tablespace no grupo de discos +DATA:

```
SQL> create tablespace users2 datafile '+data(datafile)';
Tablespace created.
```

O template **datafile** especifica o striping de modo COARSE(*), MIRROR para um grupo de redundância normal e HIGH para um grupo de alta redundância; ele é o padrão para um arquivo de dados. Como não qualificamos totalmente o nome, o nome ASM para esse grupo de discos é:

```
+DATA/dw/datafile/users2.267.627782171
```

Falaremos mais sobre os templates ASM na seção "Templates e tipos de arquivo ASM", posteriormente neste capítulo.

Nomes incompletos

Um formato de nome de arquivo incompleto pode ser usado para operações de criação de um único arquivo ou de vários arquivos. Somente o nome do grupo de discos é especificado e um template padrão é usado dependendo do tipo de arquivo, conforme mostrado aqui:

```
SQL> create tablespace users5 datafile '+data1';
Tablespace created.
```

Nomes incompletos com template

Como nos nomes de arquivo ASM incompletos, um nome de arquivo incompleto com um template pode ser usado para operações de criação de um único arquivo ou de vários arquivos. Independentemente do tipo de arquivo, o nome do template determina as características do arquivo.

Embora estejamos criando um tablespace no exemplo a seguir, as características de striping e espelhamento de um arquivo de log online (fine striping) são usadas para o novo tablespace em vez dos atributos do arquivo de dados (coarse striping):

```
SQL> create tablespace users6 datafile '+data1(onlinelog)';
Tablespace created.
```

Templates e tipos de arquivo ASM

O ASM fornece suporte a todos os tipos de arquivos usados pelo banco de dados exceto para executáveis do sistema operacional. A Tabela 4-4 contém a lista completa de tipos de arquivo ASM; as colunas Tipo de Arquivo ASM e Tag são aquelas apresentadas anteriormente para as convenções de nome de arquivo ASM.

Tabela 4-4 *Tipos de arquivo ASM*

Tipo de arquivo Oracle	Tipo de arquivo ASM	Tag	Template padrão
Arquivos de controle	controlfile	cf (arquivo de controle) ou bcf (arquivo de controle de backup)	CONTROLFILE
Arquivos de dados	datafile	tablespace name.file#	DATAFILE
Logs online	online_log	log_thread#	ONLINELOG
Logs de arquivo	archive_log	parameter	ARCHIVELOG
Arquivos temp	temp	tablespace name.file#	TEMPFILE
Conjunto de backup de arquivo de dados RMAN	backupset	Especificado pelo cliente	BACKUPSET
Conjunto de backup incremental RMAN	backupset	Especificado pelo cliente	BACKUPSET
Conjunto de backup do log de arquivo RMAN	backupset	Especificado pelo cliente	BACKUPSET
Cópia do arquivo de dados RMAN	datafile	tablespace name.file#	DATAFILE
Parâmetros de inicialização	init	spfile	PARAMETERFILE
Broker config	drc	drc	DATAGUARDCONFIG
Logs de flashback	rlog	thread#_log#	FLASHBACK
Change tracking bitmap	ctb	bitmap	CHANGETRACKING
Autobackup	autobackup	Especificado pelo cliente	AUTOBACKUP
Dumpset Data Pump	dumpset	dump	DUMPSET
Arquivos de dados para várias plataformas			XTRANSPORT

Os templates padrão de arquivo ASM referenciados na última coluna da Tabela 4-4 são apresentados na Tabela 4-5. Quando um novo grupo de discos é criado, um conjunto de templates de arquivos ASM copiado dos templates padrão da Tabela 4-5 é salvo com o grupo de discos; o resultado é que as características individuais do template podem ser alteradas e aplicadas somente ao grupo de discos em que residem. Em outras palavras, o template de sistema DATAFILE no grupo de discos +DATA1 pode ter striping de modo coarse por padrão, mas o template DATAFILE no grupo de discos +DATA2 pode ter striping de modo fine. Você pode criar seus próprios templates em cada grupo de discos conforme o necessário.

Quando um arquivo de dados ASM é criado com o template DATAFILE, o arquivo de dados tem por padrão 100MB, é auto-extensível e seu tamanho máximo é de 32767MB (32GB).

Tabela 4-5 *Padrões de templates de arquivo ASM*

Template de sistema	Redundância externa	Redundância normal	Redundância alta	Striping
CONTROLFILE	Desprotegido	Espelhamento bidirecional	Espelhamento tridirecional	Fine
DATAFILE	Desprotegido	Espelhamento bidirecional	Espelhamento tridirecional	Coarse
ONLINELOG	Desprotegido	Espelhamento bidirecional	Espelhamento tridirecional	Fine
ARCHIVELOG	Desprotegido	Espelhamento bidirecional	Espelhamento tridirecional	Coarse
TEMPFILE	Desprotegido	Espelhamento bidirecional	Espelhamento tridirecional	Coarse
BACKUPSET	Desprotegido	Espelhamento bidirecional	Espelhamento tridirecional	Coarse
XTRANSPORT	Desprotegido	Espelhamento bidirecional	Espelhamento tridirecional	Coarse
PARAMETERFILE	Desprotegido	Espelhamento bidirecional	Espelhamento tridirecional	Coarse
DATAGUARDCONFIG	Desprotegido	Espelhamento bidirecional	Espelhamento tridirecional	Coarse
FLASHBACK	Desprotegido	Espelhamento bidirecional	Espelhamento tridirecional	Fine
CHANGETRACKING	Desprotegido	Espelhamento bidirecional	Espelhamento tridirecional	Coarse
AUTOBACKUP	Desprotegido	Espelhamento bidirecional	Espelhamento tridirecional	Coarse
DUMPSET	Desprotegido	Espelhamento bidirecional	Espelhamento tridirecional	Coarse

Administrando grupos de discos ASM

O uso de grupos de discos ASM tem várias vantagens: o desempenho de E/S é melhorado, a disponibilidade é aumentada e a facilidade com que é possível adicionar um disco a um grupo de discos ou adicionar um grupo de disco totalmente novo permite que você gerencie muito mais bancos de dados na mesma quantidade de tempo. Entender os componentes de um grupo de discos, assim como configurar um grupo de discos corretamente, são metas importantes para um DBA bem-sucedido.

Nesta seção, abordaremos detalhadamente a estrutura de um grupo de discos. Examinaremos também os diferentes tipos de tarefas administrativas relacionadas a grupos de discos e mostraremos como os discos são atribuídos a grupos de falha, como os grupos de discos são espelhados e como os grupos de discos são criados, descartados e alterados. Analisaremos rapidamente a interface do EM Database Control para o ASM; na linha de comando, apresentaremos o utilitário de linha de comando **asmcmd**, que você pode usar para navegar, copiar e gerenciar objetos ASM.

Arquitetura de grupo de discos

Conforme definido anteriormente neste capítulo, um grupo de discos é uma coleção de discos físicos gerenciada como uma unidade. Cada disco ASM, como parte de um grupo de discos, tem um nome de disco ASM que é atribuído pelo DBA ou definido automaticamente quando é atribuído ao grupo de discos. Os arquivos em um grupo de discos são distribuídos nos discos usando striping no modo coarse ou no modo fine. Striping no modo *coarse* distribui os arquivos em unidades de 1MB cada, em todos os discos. Striping no modo coarse é apropriado para um sistema com um alto grau de pequenas solicitações de E/S concorrentes, como um ambiente OLTP. Por outro lado, striping no modo *fine* distribui os arquivos em unidades de 128KB, sendo apropriado para ambientes de data warehouse tradicionais ou sistemas OLTP com baixa concorrência e maximiza o tempo de resposta para solicitações de E/S individuais.

Espelhamento de grupo de discos e grupos de falha

Antes de definir o tipo de espelhamento dentro de um grupo de discos, você deve agrupar os discos em grupos de falha. Um *grupo de falha*, ou *grupo com proteção para falhas*, é composto de um ou mais discos dentro de um grupo de discos que compartilham um recurso comum, como um controlador de disco, cuja falha faria com que todo o conjunto de discos se tornasse indisponível para o grupo. Na maioria dos casos, uma instância ASM não conhece as dependências de hardware e software de um determinado disco. Portanto, a menos que você atribua especificamente um disco a um grupo de falha, cada disco em um grupo é atribuído ao seu próprio grupo de falha.

Uma vez que os grupos de falha tenham sido definidos, você pode definir o espelhamento para o grupo de discos; o número de grupos de falha disponível dentro de um grupo de discos pode restringir o tipo de espelhamento disponível para o grupo de discos. Existem três tipos de espelhamento disponíveis: redundância externa, redundância normal e redundância alta.

Redundância externa   A redundância externa requer somente um local de disco e assume que o disco não é importante para a operação em andamento do banco de dados ou que o disco é gerenciado externamente com um hardware de alta disponibilidade, como um controlador RAID.

Redundância normal   A redundância normal fornece um espelhamento bidirecional e requer ao menos dois grupos de falha dentro de um grupo de discos. A falha de um dos discos em um grupo de falha não provoca um tempo de inatividade para o grupo de discos ou qualquer perda de dados além de um pequeno impacto no desempenho para consultas feitas a objetos no grupo de discos; quando todos os discos no grupo de falha estão online, o desempenho de leitura em geral é melhorado porque os dados solicitados estão disponíveis em mais de um disco.

Redundância alta   A redundância alta fornece um espelhamento tridirecional e requer ao menos três grupos de falha dentro de um grupo de discos. A falha dos discos em dois dos três grupos de falha é, na maioria das vezes, transparente para os usuários do banco de dados, como no espelhamento de redundância normal.

O espelhamento é gerenciado em um nível muito baixo. As extensões, não os discos, são espelhadas. Além disso, cada disco terá uma mistura tanto de extensões primárias quanto de extensões espelhadas (secundária e terciária). Embora incorra uma pequena quantidade de overhead para gerenciar o espelhamento no nível da extensão, ele fornece a vantagem de distribuir a carga do disco com falha para todos os outros discos, em vez de para um único disco.

Rebalanceamento dinâmico de grupo de discos

Sempre que você altera a configuração de um grupo de discos – caso esteja adicionando ou removendo um grupo de falha ou um disco dentro de um grupo de falha – o rebalanceamento dinâmico ocorre automaticamente para realocar proporcionalmente os dados de outros membros do grupo de discos para o novo membro do grupo de discos. Esse rebalanceamento ocorre enquanto o banco de dados está online e disponível para os usuários; qualquer impacto sobre a E/S em andamento do banco de dados pode ser controlado ajustando o valor do parâmetro de inicialização ASM_POWER_LIMIT para um valor mais baixo.

O rebalanceamento dinâmico não apenas libera você da tarefa tediosa e freqüentemente passível de erro de identificar os pontos com grande volume de concorrência de E/S em um grupo de discos, mas também fornece um modo automático de migrar um banco de dados inteiro de um conjunto de discos mais lento para um conjunto de discos mais rápido, enquanto todo o banco de dados permanece online. Os discos mais rápidos são adicionados como um novo grupo de falha no grupo de discos existente com os discos mais lentos, e o rebalanceamento automático ocorre. Depois que as operações de rebalanceamento estão concluídas, os grupos de falha que contêm os discos mais lentos são descartados, deixando um grupo de discos apenas com os discos rápidos. Para tornar essa operação ainda mais rápida, as operações **add** e **drop** podem ser iniciadas dentro do mesmo comando **alter diskgroup**.

CAPÍTULO 4 LAYOUTS FÍSICOS DE BANCO DE DADOS E GERENCIAMENTO DE ARMAZENAMENTO   **133**

Como exemplo, suponha que você queira criar um novo grupo de discos com redundância alta para armazenar tablespaces para um novo sistema de autorização de cartão de crédito. Usando a visão V$ASM_DISK, você pode visualizar todos os discos descobertos por meio do parâmetro de inicialização ASM_DISKSTRING, junto com o status do disco (em outras palavras, se ele já está ou não atribuído a um grupo de discos existente). Este é o comando:

```
SQL> select group_number, disk_number, name,
  2       failgroup, create_date, path from v$asm_disk;

GROUP_NUMBER DISK_NUMBER NAME        FAILGROUP   CREATE_DA PATH
------------ ----------- ----------- ----------- --------- ---------------
           0           0                                   /dev/raw/raw8
           0           1                                   /dev/raw/raw7
           0           2                                   /dev/raw/raw6
           0           3                                   /dev/raw/raw5
           2           1 RECOV_0001  RECOV_0001  08-JUL-07 /dev/raw/raw4
           2           0 RECOV_0000  RECOV_0000  08-JUL-07 /dev/raw/raw3
           1           1 DATA_0001   DATA_0001   08-JUL-07 /dev/raw/raw2
           1           0 DATA_0000   DATA_0000   08-JUL-07 /dev/raw/raw1

8 rows selected.

SQL>
```

Entre os oito discos disponíveis para o ASM, apenas quatro deles estão atribuídos a dois grupos de discos, DATA e RECOV, cada um deles no seu próprio grupo de falha. O nome do grupo de discos pode ser obtido em na visão V$ASM_DISKGROUP:

```
SQL> select group_number, name, type, total_mb, free_mb
  2       from v$asm_diskgroup;

GROUP_NUMBER NAME       TYPE     TOTAL_MB    FREE_MB
------------ ---------- ------   ---------- ----------
           1 DATA       NORMAL        24568      20798
           2 RECOV      NORMAL        24568      24090

SQL>
```

Observe que se você tivesse vários discos e grupos de discos ASM, poderia ter juntado as duas visões na coluna GROUP_NUMBER e filtrado o resultado da consulta por GROUP_NUMBER. Além disso, você vê na visão V$ASM_DISKGROUP que ambos os grupos de discos são grupos de REDUNDÂNCIA NORMAL consistindo em dois discos cada.

Seu primeiro passo é criar o grupo de discos:

```
SQL> create diskgroup data2 high redundancy
  2       failgroup fg1 disk '/dev/raw/raw5' name d2a
  3       failgroup fg2 disk '/dev/raw/raw6' name d2b
  4       failgroup fg3 disk '/dev/raw/raw7' name d2c
  5       failgroup fg4 disk '/dev/raw/raw8' name d2d;

Diskgroup created.

SQL>
```

Examinando as visões de desempenho dinâmico, você vê o novo grupo de discos disponível em V$ASM_ DISKGROUP e os grupos de falha em V$ASM_DISK:

```
SQL> select group_number, name, type, total_mb, free_mb
  2 from v$asm_diskgroup;

GROUP_NUMBER NAME       TYPE    TOTAL_MB   FREE_MB
------------ ---------- ------  ---------- ----------
           1 DATA       NORMAL       24568      20798
           2 RECOV      NORMAL       24568      24090
           3 DATA2      HIGH         16376      16221

SQL> select group_number, disk_number, name,
  2 failgroup, create_date, path from v$asm_disk;

GROUP_NUMBER DISK_NUMBER NAME       FAILGROUP    CREATE_DA PATH
------------ ----------- ---------- ------------ --------- ---------------
           3           3 D2D        FG4          13-JUL-07 /dev/raw/raw8
           3           2 D2C        FG3          13-JUL-07 /dev/raw/raw7
           3           1 D2B        FG2          13-JUL-07 /dev/raw/raw6
           3           0 D2A        FG1          13-JUL-07 /dev/raw/raw5
           2           1 RECOV_0001 RECOV_0001   08-JUL-07 /dev/raw/raw4
           2           0 RECOV_0000 RECOV_0000   08-JUL-07 /dev/raw/raw3
           1           1 DATA_0001  DATA_0001    08-JUL-07 /dev/raw/raw2
           1           0 DATA_0000  DATA_0000    08-JUL-07 /dev/raw/raw1

8 rows selected.

SQL>
```

Entretanto, se o espaço em disco for pouco, não há necessidade de quatro membros. Para um grupo de discos de redundância alta, são necessários apenas três grupos de falha, portanto, você pode descartar o grupo de discos e recriá-lo com apenas três membros:

```
SQL> drop diskgroup data2;

Diskgroup dropped.
```

Se o grupo de discos tiver objetos de banco de dados além de metadados de grupo de discos, você precisará especificar a cláusula **including contents** no comando **drop diskgroup**. Essa é uma proteção para garantir que os grupos de discos que contêm objetos de banco de dados não sejam descartados acidentalmente. Este é o comando:

```
SQL> create diskgroup data2 high redundancy
  2     failgroup fg1 disk '/dev/raw/raw5' name d2a
  3     failgroup fg2 disk '/dev/raw/raw6' name d2b
  4     failgroup fg3 disk '/dev/raw/raw7' name d2c;

Diskgroup created.

SQL> select group_number, disk_number, name,
  2        failgroup, create_date, path from v$asm_disk;
```

```
GROUP_NUMBER DISK_NUMBER NAME       FAILGROUP   CREATE_DA  PATH
------------ ----------- ---------- ----------- ---------  -------------
           0           3                        13-JUL-07  /dev/raw/raw8
           3           2 D2C        FG3         13-JUL-07  /dev/raw/raw7
           3           1 D2B        FG2         13-JUL-07  /dev/raw/raw6
           3           0 D2A        FG1         13-JUL-07  /dev/raw/raw5
           2           1 RECOV_0001 RECOV_0001  08-JUL-07  /dev/raw/raw4
           2           0 RECOV_0000 RECOV_0000  08-JUL-07  /dev/raw/raw3
           1           1 DATA_0001  DATA_0001   08-JUL-07  /dev/raw/raw2
           1           0 DATA_0000  DATA_0000   08-JUL-07  /dev/raw/raw1

8 rows selected.
SQL>
```

Agora que a configuração do novo grupo de discos foi concluída, você pode criar um tablespace no novo grupo de discos a partir da instância do banco de dados:

```
SQL> create tablespace users3 datafile '+DATA2';
Tablespace created.
```

Como os arquivos ASM são Oracle-Managed Files (OMF), você não precisa especificar outra característica quando criar o tablespace.

Resincronização rápida do espelhamento do grupo de discos

O espelhamento de arquivos nos seus grupos de discos melhora o desempenho e a disponibilidade; entretanto, quando um disco com falha em um grupo de discos é reparado e colocado de novo online, o reespelhamento do novo disco inteiro pode ser demorado. Existem ocasiões em que um disco em um grupo de discos precisa ser colocado offline devido a uma falha do controlador de disco; o disco inteiro não precisa ser reespelhado e apenas os dados alterados durante o tempo de inatividade do disco com falha precisam ser resincronizados. O resultado é que você pode usar o recurso de resincronização rápida de espelhamento ASM (ASM fast mirror resync) introduzido no Oracle Database 11g.

Para implementar a resincronização rápida de espelhamento, configure a janela de tempo dentro da qual o ASM não eliminará automaticamente o disco do grupo de discos quando uma falha temporária, planejada ou não planejada, ocorrer. Durante a falha temporária, o ASM rastreará todos os blocos de dados alterados para que quando o disco indisponível for colocado novamente online, apenas os blocos alterados sejam reespelhados, em vez do disco inteiro.

Para configurar uma janela de tempo para o grupo de discos DATA, primeiro configure o nível de compatibilidade do grupo de discos como 11.1 ou superior tanto para a instância RDBMS e quanto para a instância ASM (isso só precisa ser feito uma vez para o grupo de discos):

```
SQL> alter diskgroup data set attribute
  2     'compatible.asm' = '11.1.0.0.0';

Diskgroup altered.

SQL> alter diskgroup data set attribute
  2     'compatible.rdbms' = '11.1.0.0.0';

Diskgroup altered.

SQL>
```

O único efeito colateral de usar um nível de compatibilidade mais alto para a instância RDBMS e ASM é que somente outras instâncias com um número de versão 11.1.0.0.0 ou superior poderão acessar este grupo de discos.

Em seguida, configure o atributo de grupo de discos **disk_repair_time** como neste exemplo:

```
SQL> alter diskgroup data set attribute
  2     'disk_repair_time' = '2.5h';

Diskgroup altered.

SQL>
```

O tempo de reparo de disco padrão é de 3,6 horas, o que deve ser mais do que adequado para a maioria das interrupções (temporárias) planejadas ou não planejadas. Uma vez que o disco esteja novamente online, execute este comando para notificar a instância ASM de que o disco DATA_0001 está novamente online:

```
SQL> alter diskgroup data online disk data_0001;

Diskgroup altered.

SQL>
```

Esse comando inicia o procedimento em segundo plano que copia todas as extensões alteradas nos discos restantes no grupo de discos para o disco DATA_0001 que está novamente online.

Alterando os grupos de discos

Os discos podem ser adicionados e descartados de um grupo de discos; além disso, a maioria das características de um grupo de discos pode ser alterada sem recriar o grupo de discos ou impactar as transações do usuário nos objetos do grupo de discos.

Quando um disco é adicionado a um grupo de discos, uma operação de rebalanceamento é executada em segundo plano depois que o novo disco é formatado para uso no grupo de discos. Conforme mencionado anteriormente neste capítulo, a velocidade do rebalanceamento é controlada pelo parâmetro de inicialização ASM_POWER_LIMIT. Continuando com o nosso exemplo da seção anterior, suponha que você decida melhorar as características de E/S do grupo de discos DATA adicionando o último disco RAW disponível ao grupo de discos, como a seguir:

```
SQL> alter diskgroup data
  2     add failgroup dlfg3 disk '/dev/raw/raw8' name dlc;

Diskgroup altered.
```

O comando retorna imediatamente e a formatação e rebalanceamento continuam em segundo plano. Você pode, então, verificar o status da operação de rebalanceamento verificando a visão V$ASM_OPERATION:

```
SQL> select group_number, operation, state, power, actual,
  2     sofar, est_work, est_rate, est_minutes from v$asm_operation;

GROUP_NUMBER OPERA STAT POWER ACTUA SOFAR EST_WORK EST_RATE EST_MINUTES
------------ ----- ---- ----- ----- ----- -------- -------- -----------
           1 REBAL RUN      1     1     3      964       60          16
```

Como a estimativa para completar a operação de reequilíbrio é de 16 minutos, você decide alocar mais recursos para a operação de rebalanceamento e alterar o power limit para essa operação de rebalanceamento específica:

```
SQL> alter diskgroup data rebalance power 8;
Diskgroup altered.
```

A verificação de status da operação de rebalanceamento confirma que o tempo estimado para a conclusão foi reduzido para quatro minutos em vez de 16:

```
SQL> select group_number, operation, state, power, actual,
  2      sofar, est_work, est_rate, est_minutes from v$asm_operation;

GROUP_NUMBER OPERA STAT POWER ACTUA SOFAR EST_WORK EST_RATE EST_MINUTES
------------ ----- ---- ----- ----- ----- -------- -------- -----------
           1 REBAL RUN      8     8    16      605      118           4
```

Cerca de quatro minutos mais tarde, você verifica o status mais uma vez:

```
SQL> /
no rows selected
```

Finalmente, você pode confirmar a configuração do novo disco nas visões V$ASM_DISK e V$ASM_DISKGROUP:

```
SQL> select group_number, disk_number, name,
  2 failgroup, create_date, path from v$asm_disk;

GROUP_NUMBER DISK_NUMBER NAME       FAILGROUP  CREATE_DA PATH
------------ ----------- ---------- ---------- --------- ---------------
           1           2 D1C        D1FG3      13-JUL-07 /dev/raw/raw8
           3           2 D2C        FG3        13-JUL-07 /dev/raw/raw7
           3           1 D2B        FG2        13-JUL-07 /dev/raw/raw6
           3           0 D2A        FG1        13-JUL-07 /dev/raw/raw5
           2           1 RECOV_0001 RECOV_0001 08-JUL-07 /dev/raw/raw4
           2           0 RECOV_0000 RECOV_0000 08-JUL-07 /dev/raw/raw3
           1           1 DATA_0001  DATA_0001  08-JUL-07 /dev/raw/raw2
           1           0 DATA_0000  DATA_0000  08-JUL-07 /dev/raw/raw1

8 rows selected.

SQL> select group_number, name, type, total_mb, free_mb
  2 from v$asm_diskgroup;

GROUP_NUMBER NAME       TYPE     TOTAL_MB    FREE_MB
------------ ---------- ------ ---------- ----------
           1 DATA       NORMAL      28662      24814
           2 RECOV      NORMAL      24568      24090
           3 DATA2      HIGH        12282      11820

SQL>
```

Tabela 4-6 *Comandos ALTER Disk Group*

Comando ALTER DISKGROUP	Descrição
alter diskgroup... drop disk	Remove um disco de um grupo de falha dentro de um grupo de discos e executa um rebalanceamento automático
alter diskgroup... drop... add	Descarta um disco de um grupo de falha e adiciona outro disco, tudo no mesmo comando
alter diskgroup... mount	Torna um grupo de discos disponível para todas as instâncias
alter diskgroup... dismount	Torna um grupo de discos indisponível para todas as instâncias
alter diskgroup... check all	Verifica a consistência interna do grupo de discos

Observe que o grupo de discos DATA está ainda em redundância normal, embora tenha três grupos de falha. Entretanto, o desempenho de E/S das instruções **select** nos objetos do grupo de discos DATA melhorou devido às cópias adicionais das extensões disponíveis no grupo de discos.

Outros comandos **alter de** grupo de discos estão listados na Tabela 4-6.

EM Database Control e grupos de discos ASM

O EM Database Control também pode ser usado para administrar grupos de discos. Para um banco de dados que usa grupos de discos ASM, o link Disk Groups sob a guia Administration o leva para uma página de login da instância ASM mostrada na Figura 4-20. Lembre-se de que a autenticação de uma instância ASM usa somente a autenticação do sistema operacional. A Figura 4-21 mostra a página inicial da instância ASM.

Após a autenticação com a instância ASM, execute as mesmas operações executadas anteriormente neste capítulo na linha de comando – montar e desmontar grupos de discos, adicionar grupos de discos, adicionar ou excluir membros de grupos de discos e assim por diante. A Figura 4-22 mostra a página de administração ASM, enquanto a Figura 4-23 mostra as estatísticas e opções para o grupo de discos DATA.

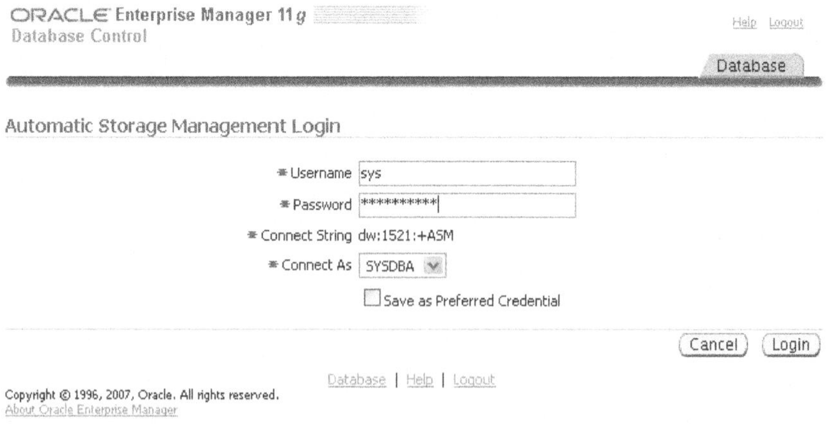

Figura 4-20 *Página de login da instância ASM do EM Database Control.*

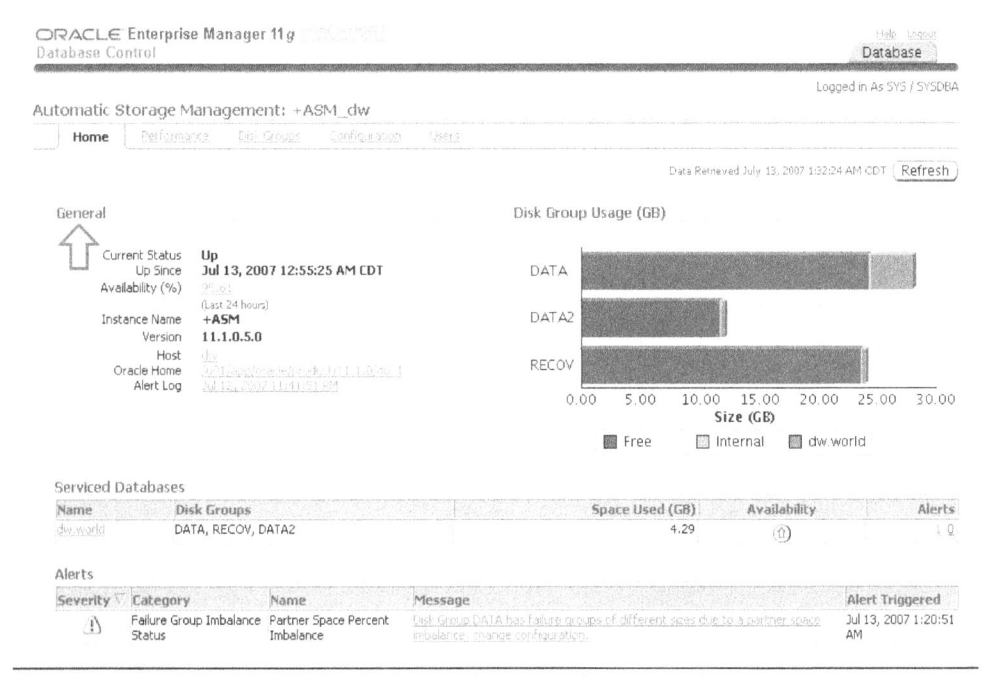

CAPÍTULO 4 LAYOUTS FÍSICOS DE BANCO DE DADOS E GERENCIAMENTO DE ARMAZENAMENTO **139**

Figura 4-21 *Página inicial da instância ASM do EM Database Control.*

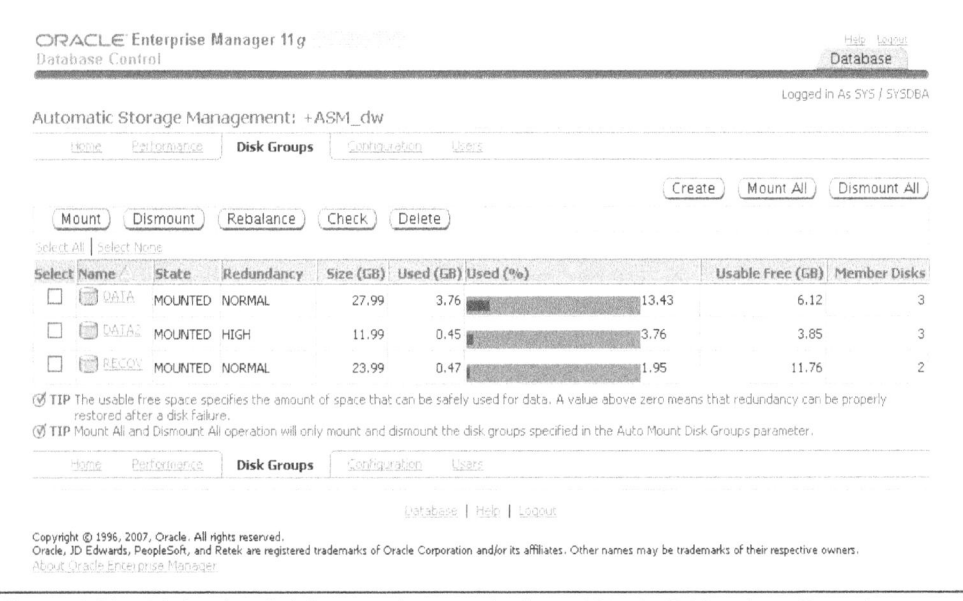

Figura 4-22 *Página de administração de grupo de discos ASM do EM Database Control.*

Figura 4-23 *Estatísticas de grupo de discos ASM do EM Database Control.*

Na página da Figura 4-23, você pode ver que o novo disco no grupo de discos é significativamente menor do que os outros discos no grupo; isso pode afetar o desempenho e desperdiçar espaço em disco dentro do grupo de discos. Para remover um grupo de falha usando o EM Database Control, marque a caixa de seleção do disco membro e clique no botão Remove.

Outras páginas relacionadas ao ASM do EM Database Control mostram o tempo de resposta de E/S para o grupo de discos, os templates definidos para o grupo de discos, os parâmetros de inicialização em vigor para esta instância ASM e mais.

Usando o comando asmcmd

O utilitário **asmcmd**, lançado no Oracle 10g Release 2, é um utilitário de linha de comando que fornece uma maneira fácil de navegar e manter objetos dentro de grupos de discos ASM usando um conjunto de comandos similares aos comandos do shell do Linux, como **ls** e **mkdir**. A natureza hierárquica dos objetos mantidos pela instância ASM presta-se a um conjunto de comandos similar ao que você usaria para navegar e manter arquivos em um sistema de arquivos Linux.

Antes que você possa usar o **asmcmd**, deve certificar-se de que as variáveis de ambiente ORACLE_BASE, ORACLE_HOME e ORACLE_SID estão configuradas para apontar para a instância ASM; para a instância ASM usada neste capítulo, essas variáveis estão configuradas assim:

```
ORACLE_BASE=/u01/app/oracle
ORACLE_HOME=/u01/app/oracle/product/11.1.0/db_1
ORACLE_SID=+ASM
```

Além disso, é preciso estar conectado no sistema operacional como um usuário do grupo dba, porque o utilitário **asmcmd** conecta ao banco de dados com privilégios SYSDBA. O usuário do sistema operacional em geral é oracle, mas pode ser qualquer outro usuário do grupo dba.

Você pode usar um comando **asmcmd** de cada vez usando o formato **asmcmd** *command* ou pode iniciar o **asmcmd** interativamente digitando apenas **asmcmd** no prompt do shell do Linux. Para obter uma lista de comandos disponíveis, use **help** no prompt ASMCMD> para obter mais detalhes. A Tabela 4-7 lista os comandos asmcmd e uma breve descrição de suas finalidades; os comandos **asmcmd** disponíveis somente no Oracle Database 11g estão anotados na coluna do meio.

Ao iniciar o **asmcmd**, você parte do nó raiz do sistema de arquivos da instância ASM; diferentemente de um sistema de arquivos Linux, o nó raiz é designado por um sinal de mais (+) em vez de uma barra invertida inicial (/), embora os níveis de diretórios subseqüentes usem uma barra invertida. Neste exemplo, você inicia o **asmcmd** e consulta os grupos de discos existentes, junto com o total de espaço em disco usado dentro de todos os grupos de discos:

```
[oracle@dw ~]$ asmcmd
ASMCMD> ls -l
State    Type    Rebal  Unbal   Name
MOUNTED  NORMAL  N      N       DATA/
MOUNTED  HIGH    N      N       DATA2/
MOUNTED  NORMAL  N      N       RECOV/
```

Tabela 4-7 *Resumo de comandos asmcmd*

Comando asmcmd	11g somente	Descrição
cd		Altera o diretório para o diretório especificado.
cp	S	Copia os arquivos entre grupos de discos ASM, ambos na mesma instância e em instâncias remotas.
du		Exibe o uso do espaço total em disco para o diretório atual e todos os subdiretórios.
exit		Termina o **asmcmd** e retorna ao prompt do shell do sistema operacional.
find		Localiza todas as ocorrências de nome (também usando curingas), iniciando com o diretório especificado.
help		Lista os comandos **asmcmd**.
ls		Lista o conteúdo do diretório atual.
lsct		Lista as informações sobre os bancos de dados ASM cliente atuais.
lsdg		Lista todos os grupos de discos e seus atributos.
lsdsk	S	Lista todos os discos visíveis para esta instância ASM.
md_backup	S	Cria script de backup de metadados para os grupos de discos especificados.
md_restore	S	Restaura os grupos de discos de um backup.
mkapelido		Cria um apelido para os nomes de arquivo ASM gerados pelo sistema.
mkdir		Cria um diretório ASM.
pwd		Exibe o diretório ASM atual.
remap	S	Repara um intervalo de blocos físicos corrompidos ou danificados em um disco.
rm		Remove arquivos ou diretórios ASM.
rmapelido		Remove um apelido ASM, mas não o alvo do apelido.

```
ASMCMD> du
Used_MB      Mirror_used_MB
   2143                4399
ASMCMD> pwd
+
ASMCMD>
```

Como no comando **ls** do shell do Linux, você pode anexar o parâmetro **–l** para obter uma listagem mais detalhada dos objetos recuperados pelo comando. O comando **ls** mostra os três grupos de discos da instância ASM usado em todo este capítulo, +DATA, +DATA2 e +RECOV.

Observe também que o comando **du** mostra apenas o espaço em disco usado e o espaço em disco total usado entre grupos de discos espelhados; para obter a quantidade de espaço livre em cada grupo de discos, use o comando **lsdg**. Neste exemplo, você deseja localizar todos os arquivos que têm a string user no nome de arquivo:

```
ASMCMD> pwd
+
ASMCMD> find . user*
+DATA/DW/DATAFILE/USERS.259.627432977
+DATA/DW/DATAFILE/USERS2.267.627782171
+DATA/purch/users.dbf
+DATA2/DW/DATAFILE/USERS3.256.627786775
ASMCMD> ls -l +DATA/purch/users.dbf
Type      Redund   Striped   Time    Sys  Name
                                      N   users.dbf =>
                                          +DATA/DW/DATAFILE/USERS.259.627432977

ASMCMD>
```

Observe a linha com +DATA/purch/users.dbf: o comando **find** localiza todos os objetos ASM; neste caso, ele encontra um apelido assim como os arquivos de dados que correspondem ao padrão.

Finalmente, você pode executar os backups de arquivos para sistemas de arquivos externos ou mesmo para outras instâncias ASM. Neste exemplo, você usa o comando **cp** para fazer um backup do SPFILE do banco de dados para o diretório /tmp no sistema de arquivos do host:

```
ASMCMD> pwd
+data/DW
ASMCMD> ls
CONTROLFILE/
DATAFILE/
ONLINELOG/
PARAMETERFILE/
TEMPFILE/
spfiledw.ora
ASMCMD> cp spfiledw.ora /tmp/BACKUPspfiledw.ora
source +data/DW/spfiledw.ora
target /tmp/BACKUPspfiledw.ora
copying file(s)...
file, /tmp/BACKUPspfiledw.ora, copy committed.
ASMCMD> exit
[oracle@dw ~]$ ls -l /tmp/BACKUP*
-rw-r----- 1 oracle oinstall 2560 Jul 13 09:47 /tmp/BACKUPspfiledw.ora
[oracle@dw ~]$
```

Esse exemplo também mostra como todos os arquivos de bancos de dados do banco de dados dw estão armazenados dentro do sistema de arquivos ASM. Embora pareça que eles foram armazenados em um sistema de arquivos de host tradicional, na verdade são gerenciados pelo ASM, fornecendo recursos de desempenho e redundância pré-definidos (otimizado para uso com o Oracle Database 11*g*), tornando a vida do DBA um pouco mais fácil no que se refere a gerenciamento de arquivo de dados.

CAPÍTULO 6

Monitorando o uso de espaço

Um bom DBA tem um conjunto de ferramentas prontas para monitorar o banco de dados, seja monitorando preventivamente os vários aspectos do banco de dados, como carga de transações, imposição de segurança, gerenciamento de espaço e monitoramento de desempenho, seja reagindo com eficiência a qualquer problema do sistema potencialmente desastrosos. O gerenciamento de transações, ajuste de desempenho, gerenciamento de memória, além de segurança e auditoria de banco de dados, serão discutidos nos Capítulos 7, 8 e 9. Neste capítulo, trataremos do modo como um DBA pode gerenciar, de maneira eficiente, o espaço em disco usado pelos objetos de banco de dados em diferentes tipos de tablespaces: o tablespace SYSTEM, o tablespace SYSAUX, os tablespaces temporários, os tablespaces de undo e os tablespaces de tamanhos diferentes.

Para reduzir a quantidade de tempo gasto para gerenciar o espaço em disco, é importante que o DBA entenda como as aplicações usarão o banco de dados assim como fornecer diretrizes durante o projeto da aplicação de banco de dados. O projeto e a implementação da aplicação de banco de dados, incluindo layouts de tablespace e crescimento esperado do banco de dados, foram abordados nos Capítulos 3, 4 e 5.

Neste capítulo, também forneceremos alguns scripts que não precisam de nada além do SQL*Plus e do conhecimento para interpretar os resultados. Esses scripts são bons para examinar rapidamente a saúde do banco de dados em um determinado ponto no tempo – por exemplo, para ver se há espaço em disco suficiente para manipular um grande job do SQL*Loader durante a noite ou diagnosticar alguns problemas de tempo de resposta de consultas que, em geral, são executadas rapidamente.

O Oracle fornece um número de pacotes predefinido para ajudar o atarefado DBA a gerenciar espaço e a diagnosticar problemas. Por exemplo, o Supervisor de Segmento, introduzido no Oracle Database 10g, ajuda a determinar se um objeto de banco de dados tem espaço disponível para reutilização, dada a quantidade de fragmentação existente no objeto. Outros recursos do Oracle, como Resumable Space Allocation, permitem que uma operação de longa duração que está executando sem espaço em disco seja suspensa até que o DBA possa intervir e alocar espaço em disco adicional para que ela possa ser concluída. O resultado é que o trabalho de longa duração não terá de ser reiniciado.

Abordaremos algumas das mais importantes visões de dicionários de dados e de desempenho dinâmico que examinam a estrutura do banco de dados e fornecem uma maneira de otimizar o uso do espaço. Muitos dos scripts fornecidos neste capítulo usam essas visões.

No final deste capítulo, discutiremos dois métodos diferentes para automatizar alguns scripts e ferramentas Oracle: usando o pacote predefinido DBMS_SCHEDULER assim como a infra-estrutura do Oracle Enterprise Manager (OEM).

O uso do espaço dos tablespaces será o principal foco deste capítulo, junto com os objetos contidos nos tablespaces. Outros arquivos de banco de dados, como arquivos de controle e arquivos de redo log, ocupam espaço em disco, mas em porcentagem de utilização de espaço total usado por um banco de dados, eles são pequenos. Entretanto, consideraremos rapidamente como os arquivos de log arquivados são gerenciados porque seu número aumentará indefinidamente na proporção em que ocorrer a atividade DML no banco de dados. Portanto, um bom plano para gerenciar os arquivos de log arquivados ajudará a manter o uso do espaço em disco sob controle.

PROBLEMAS COMUNS DE GERENCIAMENTO DE ESPAÇO

Os problemas de gerenciamento de espaço, em geral, pertencem a uma das três categorias: falta de espaço em um tablespace normal, espaço de undo insuficiente para consultas de longa duração que precisam de dados consistentes de uma imagem do "antes" da tabela e espaço insuficiente para segmentos temporários. Embora ainda possamos ter alguns problemas de fragmentação dentro de um objeto de banco de dados, como uma tabela ou índice, os tablespaces gerenciados localmente solucionam o problema de fragmentação de tablespace. Trataremos de cada uma dessas três áreas de problemas usando as técnicas descritas nas seções a seguir.

Falta de espaço em um tablespace

Se um tablespace não for definido com o atributo AUTOEXTEND, a quantidade total de espaço em todos os arquivos de dados que compõem o tablespace limita a quantidade de dados que pode ser armazenado no tablespace. Se o AUTOEXTEND for definido, um ou mais arquivos de dados que compõem o tablespace aumentarão de tamanho para acomodar as solicitações de novos segmentos ou o crescimento de segmentos existentes. Mesmo com o atributo AUTOEXTEND, a quantidade de espaço no tablespace é, por fim, limitado pela quantidade de espaço em disco na unidade de disco físico ou no grupo de armazenamento.

O atributo AUTOEXTEND é o padrão caso você não especifique o parâmetro SIZE no comando **create tablespace** e está usando OMF, portanto você na verdade terá que se esforçar para evitar o aumento de um arquivo de dados. No Oracle Database 11g com o parâmetro de inicialização DB_CREATE_FILE_DEST configurado com um local ASM ou do sistema de arquivos, você pode executar um comando **create tablespace** como este:

```
create tablespace bi_02;
```

Nesse caso, o tablespace BI_02 é criado com um tamanho de 100MB em um único arquivo de dados, o AUTOEXTEND está ativado e a próxima extensão é de 100MB quando o primeiro arquivo de dados estiver preenchido. Além disso, o gerenciamento de extensão está definido como LOCAL, a alocação de espaço é AUTOALLOCATE e o gerenciamento de espaço de segmentos definido como AUTO.

Devemos monitorar o espaço livre e o espaço usado dentro de um tablespace para detectar as tendências no uso do espaço ao longo do tempo e, como resultado, ser proativo, garantindo que haja espaço suficiente disponível para futuras solicitações de espaço. A partir do Oracle Database 10g, você pode usar o pacote DBMS_SERVER_ALERT para notificar automaticamente quando um tablespace alcançar um nível de espaço em disco considerado de advertência ou crítico, seja em termos de porcentagem usada, espaço restante ou ambos.

Espaço insuficiente para segmentos temporários

Um *segmento temporário* armazena resultados intermediários para operações de banco de dados como classificações, construções de índice, consultas **distinct,** consultas **union** ou qualquer outra operação que necessite uma operação de classificação/merge que não possa ser executada na memória. Os segmentos temporários devem ser alocados em um tablespace temporário, que apresentamos no Capítulo 1. Em nenhuma circunstância o tablespace SYSTEM deve ser usado para segmentos temporários; quando o banco de dados é criado, um tablespace não SYSTEM deve ser especificado como um tablespace temporário padrão para usuários que não estão atribuídos a um tablespace temporário. Se o tablespace SYSTEM for gerenciado localmente, um tablespace temporário padrão precisa ser definido quando o banco de dados for criado.

Quando não houver espaço disponível suficiente no tablespace temporário padrão do usuário, e se o tablespace não puder ser auto-estendido ou o atributo AUTOEXTEND do tablespace estiver desativado, a consulta do usuário ou instrução DML falhará.

Alocação excessiva ou insuficiente de espaço de Undo

A partir do Oracle9i, os tablespaces de undo simplificaram o gerenciamento de informações de rollback gerenciando as informações de undo automaticamente dentro do tablespace. O DBA não precisa mais definir o número e o tamanho dos segmentos de rollback para os tipos de atividades que ocorrem no banco de dados. A partir do Oracle 10g, o gerenciamento de rollback manual foi descontinuado.

Um segmento de undo permite não apenas reverter uma transação que não foi encerrada com commit, ele fornece uma leitura consistente a consultas de longa duração que começam antes de inserções, atualizações e exclusões ocorrerem em uma tabela. A quantidade de espaço de undo disponível para fornecer uma leitura consistente está sob o controle do DBA e é especificada como o número de segundos que o Oracle tentará garantir que os dados da imagem do "antes" permaneçam disponíveis para consultas de longa duração.

Como nos tablespaces temporários, devemos nos certificar de que teremos espaço suficiente alocado em um tablespace de undo para demandas de pico sem alocar mais do que é necessário. Como em qualquer tablespace, podemos usar a opção AUTOEXTEND ao criar o tablespace para permitir um crescimento inesperado do tablespace sem reservar muito espaço em disco antecipadamente.

O gerenciamento de segmentos de undo será discutido no Capítulo 7; as ferramentas para ajudar a dimensionar os tablespaces de undo serão discutidas mais adiante neste capítulo.

Tablespaces e segmentos fragmentados

A partir do Oracle8*i*, um tablespace que é gerenciado localmente usa bitmaps para controlar o espaço livre, o que, além de eliminar a disputa no dicionário de dados, elimina o desperdício de espaço porque todas as extensões são do mesmo tamanho (com uma alocação de extensão uniforme) ou são múltiplas do menor tamanho (com auto-alocação). Para migrar de um tablespace gerenciado por dicionário, examinaremos um exemplo que converte um tablespace gerenciado por dicionário em um tablespace gerenciado localmente. Em uma instalação padrão do Oracle Database 10*g* ou do Oracle Database 11*g* usando o Database CreationAssistant (DBCA), todos os tablespaces, incluindo os tablespaces SYSTEM e SYSAUX, são criados como tablespaces gerenciados localmente.

Embora os tablespaces gerenciados localmente com gerenciamento de extensão automática (usando a cláusula **autoallocate**) sejam criados por padrão quando você usa **create tablespace**, ainda é necessário especificar **extent management local** se for necessário especificar **uniform** para o tipo de gerenciamento de extensão na instrução **create tablespace**:

```
SQL> create tablespace USERS4
  2      datafile '+DATA'
  3      size 250M autoextend on next 250M maxsize 2000M
  4      extent management local uniform size 8M
  5      segment space management auto;
Tablespace created.
```

Esse tablespace será criado com um tamanho inicial de 250MB e pode crescer até 2000MB (2GB); as extensões serão gerenciadas localmente com um bitmap e cada extensão nesse tablespace terá exatamente 8MB de tamanho. O espaço dentro de cada segmento (tabela ou índice) será gerenciado automaticamente com um bitmap em vez de freelists.

Mesmo com uma alocação de extensões eficiente, os segmentos de tabela e índice podem eventualmente conter muito espaço livre devido às instruções **update** e **delete**. Como resultado, grande parte do espaço não usado pode ser aproveitado por meio de alguns scripts que forneceremos mais adiante neste capítulo, assim como por meio do Oracle Segment Advisor.

SEGMENTOS, EXTENSÕES E BLOCOS ORACLE

No Capítulo 1, vimos uma visão geral de tablespaces e das estruturas lógicas contidas neles. Apresentamos também resumidamente os arquivos de dados, alocados no nível do sistema operacional, como os blocos de construção dos tablespaces. Ser capaz de gerenciar de modo eficaz o espaço em disco no banco de dados requer um conhecimento profundo de tablespaces e arquivos de dados, assim como dos componentes dos segmentos armazenados dentro dos tablespaces, como tabelas e índices. No nível mais baixo, um segmento de tablespace consiste em uma ou mais extensões, cada uma delas composta de um ou mais blocos de dados.

A Figura 6-1 mostra o relacionamento entre segmentos, extensões e blocos em um banco de dados Oracle. Nas seções a seguir, abordaremos alguns detalhes dos blocos de dados, extensões e segmentos com foco no gerenciamento de espaço.

Blocos de dados

Um *bloco de dados* é a menor unidade de armazenamento no banco de dados. Em um cenário ideal, um bloco Oracle é um múltiplo do tamanho do bloco do sistema operacional para garantir operações de E/S eficientes. O tamanho de bloco padrão para o banco de dados é especificado com o parâmetro de inicialização DB_BLOCK_SIZE; esse tamanho de bloco é usado para os tablespaces SYSTEM, TEMP e SYSAUX na criação do banco de dados e não pode ser alterado sem recriar o banco de dados.

O formato para um bloco de dados é apresentado na Figura 6-2. Cada bloco de dados contém um *cabeçalho* que especifica o tipo de dados no bloco – linhas de tabela ou entradas de índice. A seção *diretório de tabela* tem informações sobre a tabela com linhas no bloco; um bloco pode ter linhas de apenas uma tabela ou entradas de apenas um índice, a menos que a tabela seja uma tabela clusterizada e, nesse caso, o diretório de tabela identifica todas as tabelas com linhas neste bloco. O *diretório de linha* fornece detalhes das linhas específicas da tabela ou entradas de índice no bloco.

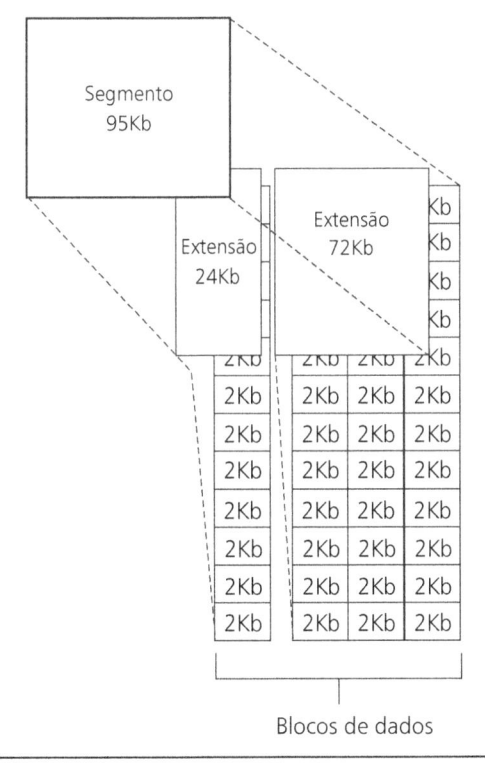

Figura 6-1 *Segmentos, extensões e blocos Oracle.*

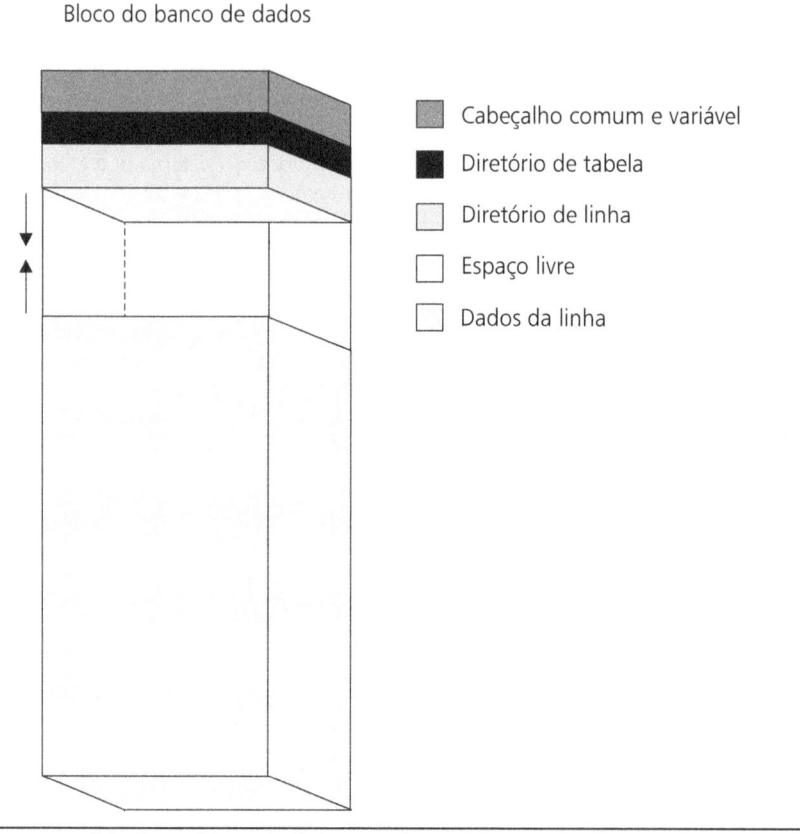

Figura 6-2 *Conteúdo de um bloco de dados Oracle.*

O espaço para o cabeçalho, diretório de tabela e diretório de linha é uma porcentagem muito pequena do espaço alocado para um bloco; nosso foco está no *espaço livre* e nos *dados da linha* dentro do bloco.

Dentro de um bloco recentemente alocado, o espaço livre está disponível para linhas novas e atualizações para linhas existentes; as atualizações podem aumentar ou diminuir o espaço alocado para a linha caso haja colunas de comprimento variável na linha ou um valor não NULL for alterado para um valor NULL ou vice versa. O espaço está disponível dentro de um bloco para novas inserções até que haja menos espaço do que uma determinada porcentagem de espaço disponível no bloco definido pelo parâmetro PCTFREE, especificado quando o segmento é criado.

Quando o limite PCTFREE é atingido no bloco, nenhuma inserção é permitida. Se as freelists forem usadas para gerenciar o espaço dentro dos blocos de um segmento, as novas inserções serão permitidas na tabela quando o espaço usado dentro do bloco ficar abaixo de PCTUSED.

Uma linha pode se expandir por mais de um bloco se o tamanho da linha for maior que o tamanho do bloco ou uma linha atualizada não couber mais no bloco original. No primeiro caso, uma linha que é muito grande para um bloco é armazenada em uma *cadeia* de blocos; isso talvez seja inevitável se uma linha contiver colunas que excedem até mesmo o maior tamanho de bloco permitido, que no Oracle 11*g* é 32KB.

No segundo caso, uma atualização a uma linha em um bloco talvez não caiba mais no bloco original e como resultado o Oracle *migrará* os dados da linha inteira para um novo bloco e deixará um ponteiro no primeiro bloco apontando para o local do segundo bloco onde a linha atualizada está armazenada. Como você pode deduzir, um segmento com muitas linhas migradas pode causar problemas de desempenho de E/S porque o número de blocos necessários para satisfazer uma consulta pode dobrar. Em alguns casos, ajustar o valor de PCTFREE ou reconstruir a tabela pode resultar em uma melhor utilização de espaço e desempenho de E/S. Mais dicas sobre como melhorar o desempenho de E/S podem ser encontradas no Capítulo 8.

Desde o Oracle9*i* Release 2, você pode usar o Automatic Segment Space Management (ASSM) para gerenciar o espaço livre dentro dos blocos; você ativa o ASSM nos tablespaces gerenciados localmente usando as palavras-chave **segment space management auto** no comando **create tablespace** (embora esse seja o padrão para os tablespaces gerenciados localmente).

O uso do ASSM reduz a disputa de cabeçalhos de segmentos e melhora o desempenho das inserções simultâneas; isso acontece porque o mapa de espaço livre é estendido para um bloco de bitmap dentro de cada extensão do segmento. Como resultado, você reduz dramaticamente as esperas porque cada processo que executa as operações **insert**, **update** ou **delete** provavelmente estará acessando blocos diferentes em vez de um freelist ou um dos poucos grupos de freelist. Além disso, cada bloco de bitmap da extensão lista cada bloco dentro da extensão junto com um indicador "de preenchimento" de quatro bits definido conforme a seguir (com espaço para expansão futura a partir de valores 6 – 15):

- **0000** Bloco não formatado
- **0001** Bloco cheio
- **0010** Menos de 25% de espaço disponível
- **0011** 25% a 50% de espaço livre
- **0100** 50% a 75% de espaço livre
- **0101** Mais de 75% de espaço livre

Em um ambiente de banco de dados RAC, o uso de segmentos ASSM significa que você não precisa mais criar vários grupos de freelist. Além disso, você não precisa mais especificar os parâmetros PCTUSED, FREELISTS ou FREELIST GROUPS quando criar uma tabela; se você especificar algum desses parâmetros, eles serão ignorados.

Extensões

Uma *extensão* é o próximo nível de alocação lógica de espaço em um banco de dados; ela é um número específico de blocos alocados para um tipo específico de objeto, como uma tabela ou índice. Uma extensão é o número mínimo de blocos alocados ao mesmo tempo. Quando o espaço em uma extensão está cheio, outra extensão é alocada.

Quando uma tabela é criada, uma extensão *inicial* é alocada. Uma vez que o espaço é usado na extensão inicial, extensões *incrementais* são alocadas. Em um tablespace gerenciado localmente, essas extensões subseqüentes podem ser do mesmo tamanho (usando a palavra-chave UNIFORM quando o tablespace é criado) ou dimensionadas com otimização pelo Oracle (AUTOALLOCATE). Para extensões que são dimensionadas com otimização, o Oracle começa com um tamanho de extensão mínima de 64KB e aumenta o tamanho das extensões subseqüentes como múltiplos da extensão inicial à medida que o segmento cresce. Dessa maneira, a fragmentação no tablespace é praticamente eliminada.

Quando as extensões são dimensionadas automaticamente pelo Oracle, os parâmetros de armazenamento INITIAL, NEXT, PCTINCREASE e MINEXTENTS são usados como uma diretriz, junto com o algoritmo interno do Oracle, para determinar os melhores tamanhos de extensões. No exemplo a seguir, uma tabela criada no tablespace USERS (durante a instalação de um novo banco de dados, o tablespace USERS é criado com AUTOALLOCATE ativado) não usa os parâmetros de armazenamento especificados na instrução **create table**:

```
SQL> create table t_autoalloc (c1 char(2000))
  2  storage (initial 1m next 2m pctincrease 50)
  3  tablespace users;

Table created.

SQL> begin
  2     for i in 1..3000 loop
  3        insert into t_autoalloc values ('a');
  4     end loop;
  5  end;
  6  /

PL/SQL procedure successfully completed.

SQL> select segment_name, extent_id, bytes, blocks
  2      from user_extents where segment_name = 'T_AUTOALLOC';

SEGMENT_NAME EXTENT_ID       BYTES      BLOCKS
------------ ----------  ----------  ----------
T_AUTOALLOC           0       65536           8
T_AUTOALLOC           1       65536           8
...
T_AUTOALLOC          15       65536           8
T_AUTOALLOC          16     1048576         128
...
T_AUTOALLOC          22     1048576         128

23 rows selected.
```

A menos que uma tabela seja truncada ou descartada, todos os blocos alocados para uma extensão permanecem alocados para a tabela, mesmo que todas as linhas tenham sido excluídas da tabela. O número máximo de blocos que podem ser alocados para uma tabela é conhecido como *high-water mark* (HWM, marca d'água superior).

Segmentos

Grupos de extensões são alocados para um único *segmento*. Um segmento deve estar totalmente contido em somente um tablespace. Cada segmento representa apenas um tipo de objeto de banco de dados, como uma tabela, uma partição de tabela particionada, um índice ou um segmento temporário. Para tabelas particionadas, cada partição reside no seu próprio segmento; entretanto, um cluster (com duas ou mais tabelas) reside dentro de um único segmento. Da mesma maneira, um índice particionado consiste em um segmento para cada partição de índice.

Segmentos temporários são alocados em vários cenários. Quando uma operação de classificação não cabe na memória, como uma instrução **select** que precisa classificar os dados para executar uma operação **distinct**, **group by** ou **union**, um segmento temporário é alocado para armazenar os resultados intermediários da classificação. A criação de um índice também requer a criação de um segmento temporário. Como a alocação e desalocação de segmentos temporários ocorre com freqüência, é altamente desejável criar um tablespace especificamente para armazenar segmentos temporários. Isso ajuda a distribuir a E/S solicitada para uma determinada operação e reduz a possibilidade de que a fragmentação possa ocorrer em outro tablespaces devido à alocação e desalocação dos segmentos temporários. Quando o banco de dados é criado, um *tablespace temporário* padrão pode ser criado para todos os novos usuários que não têm um tablespace temporário específico atribuído. Se o tablespace SYSTEM for gerenciado localmente, um tablespace temporário separado deve ser criado para armazenar segmentos temporários.

O modo como o espaço é gerenciado dentro de um segmento depende de como o tablespace que contém o bloco é criado. Se o tablespace é gerenciado por dicionário, o segmento usa freelists para gerenciar o espaço dentro dos blocos de dados; se o tablespace é gerenciado localmente, o espaço nos segmentos pode ser gerenciado com freelists ou bitmaps. O Oracle recomenda que todos os novos tablespaces sejam criados como gerenciados localmente e que o espaço livre dentro dos segmentos sejam gerenciados automaticamente com bitmaps. O gerenciamento automático de espaço de segmento permite mais acesso simultâneo às listas de bitmaps em um segmento se comparado às freelists; além disso, as tabelas que têm grandes variações nos tamanhos de linha tornam mais eficiente o uso do espaço nos segmentos que são gerenciados automaticamente.

Conforme mencionei anteriormente na seção "Blocos de dados", se um segmento é criado com gerenciamento automático de espaço de segmento, os bitmaps são usados para gerenciar o espaço dentro do segmento. Como resultado, as palavras-chave **pctused**, **freelist** e **freelist groups** dentro de uma instrução **create table** ou **create index** são ignoradas. A estrutura de bitmap de três níveis dentro do segmento indica se os blocos abaixo do HWM estão cheios (valor menor que o de **pctfree**), 0 a 25% livres, 25 a 50% livres, 50 a 75% livres, 75 a 100% livres, ou não formatados.

VISÕES DE DICIONÁRIO DE DADOS E VISÕES DE DESEMPENHO DINÂMICO

Diversas visões de dicionário de dados e desempenho dinâmico são cruciais para entender como o espaço em disco está sendo usado no seu banco de dados. As visões de dicionário de dados que começam com DBA_ são mais estáticas, ao passo que as visões V$, como esperado, são mais dinâmicas e fornecem estatísticas atualizadas sobre como o espaço está sendo usado no banco de dados.

Nas seções a seguir, destacaremos as visões de gerenciamento de espaço e forneceremos alguns exemplos rápidos. Mais adiante neste capítulo, você verá como essas visões formam a base das ferramentas de gerenciamento de espaço do Oracle.

DBA_TABLESPACES

A visão DBA_TABLESPACES contém uma linha para cada tablespace, seja ela nativa ou atualmente conectada a partir de outro banco de dados. Ela contém parâmetros de extensão padrão para objetos criados no tablespace que não especificam os valores **initial** e **next**. A coluna EXTENT_MANAGEMENT indica se o tablespace é gerenciado localmente ou gerenciado por dicionário. A partir do Oracle 10g, a coluna BIGFILE indica se o tablespace é do tipo smallfile ou do tipo bigfile. Os tablespaces bigfile serão discutidos posteriormente neste capítulo.

Na consulta a seguir, recuperaremos o tipo de tablespace e o tipo de gerenciamento de extensão de todos os tablespaces dentro do banco de dados:

```
SQL> select tablespace_name, block_size,
  2          contents, extent_management from dba_tablespaces;

TABLESPACE_NAME              BLOCK_SIZE CONTENTS  EXTENT_MAN
---------------------------- ---------- --------- ----------
SYSTEM                             8192 PERMANENT LOCAL
SYSAUX                             8192 PERMANENT LOCAL
UNDOTBS1                           8192 UNDO      LOCAL
TEMP                               8192 TEMPORARY LOCAL
```

```
USERS                            8192 PERMANENT LOCAL
EXAMPLE                          8192 PERMANENT LOCAL
DMARTS                          16384 PERMANENT LOCAL
XPORT                            8192 PERMANENT LOCAL
USERS2                           8192 PERMANENT LOCAL
USERS3                           8192 PERMANENT LOCAL
USERS4                           8192 PERMANENT LOCAL

11 rows selected.
```

Neste exemplo, todos os tablespaces são gerenciados localmente; além disso, o tablespace DMARTS têm um tamanho de bloco maior para melhorar o tempo de resposta das tabelas data mart que têm, em geral, centenas ou milhares de linhas acessadas ao mesmo tempo.

DBA_SEGMENTS

A visão de dicionário de dados DBA_SEGMENTS tem uma linha para cada segmento no banco de dados. Essa visão não é apenas boa para recuperar o tamanho do segmento, em blocos ou bytes, mas também para identificar o proprietário do objeto e o tablespace onde o objeto reside:

```
SQL> select tablespace_name, count(*) NUM_OBJECTS,
  2         sum(bytes), sum(blocks), sum(extents) from dba_segments
  3  group by rollup (tablespace_name);

TABLESPACE_NAME  NUM_OBJECTS  SUM(BYTES)  SUM(BLOCKS)  SUM(EXTENTS)
---------------  -----------  ----------  -----------  ------------
DMARTS                     2    67108864         4096            92
EXAMPLE                  418    81068032         9896           877
SYSAUX                  5657   759103488        92664          8189
SYSTEM                  1423   732233728        89384          2799
UNDOTBS1                  10    29622272         3616            47
USERS                     44    11665408         1424            73
XPORT                      1   134217728        16384            87
                        7555  1815019520       217464         12164
```

DBA_EXTENTS

A visão DBA_EXTENTS é similar à DBA_SEGMENTS, exceto que a DBA_EXTENTS examina mais detalhadamente cada objeto do banco de dados. Na DBA_EXTENTS há uma linha para cada extensão de cada segmento no banco de dados, junto com o FILE_ID e o BLOCK_ID do arquivo de dados que contém a extensão:

```
SQL> select owner, segment_name, tablespace_name,
  2         extent_id, file_id, block_id, bytes from dba_extents
  3  where segment_name = 'AUD$';

OWNER  SEGMENT_NAM  TABLESPACE  EXTENT_ID  FILE_ID  BLOCK_ID   BYTES
-----  -----------  ----------  ---------  -------  --------  ------
SYS    AUD$         SYSTEM              3        1     32407  196608
SYS    AUD$         SYSTEM              4        1     42169  262144
SYS    AUD$         SYSTEM              5        2       289  393216
SYS    AUD$         SYSTEM              2        1     31455  131072
SYS    AUD$         SYSTEM              1        1     30303   65536
SYS    AUD$         SYSTEM              0        1       261   16384
```

Nesse exemplo, a tabela AUD$, cujo proprietário é SYS, tem as extensões em dois arquivos de dados diferentes que compõem o tablespace SYSTEM.

DBA_FREE_SPACE

A visão DBA_FREE_SPACE é dividida de acordo com número de arquivos de dados existente dentro do tablespace. Você pode computar facilmente a quantidade de espaço livre em cada tablespace usando a consulta a seguir:

```
SQL> select tablespace_name, sum(bytes) from dba_free_space
  2  group by tablespace_name;

TABLESPACE_NAME   SUM(BYTES)
---------------   ----------
DMARTS            194969600
XPORT             180289536
SYSAUX             44105728
UNDOTBS1           75169792
USERS3            104792064
USERS4            260046848
USERS               1376256
USERS2            104792064
SYSTEM             75104256
EXAMPLE            23724032

10 rows selected.
```

Observe que o espaço livre não leva em conta o espaço que estaria disponível se e quando os arquivos de dados do tablespace fossem auto-estendidos. Além disso, qualquer espaço alocado em uma tabela para linhas que mais tarde serão excluídas estará disponível para inserções futuras na tabela, mas não é contabilizado nos resultados da consulta anterior como espaço disponível para outros objetos do banco de dados. Entretanto, quando uma tabela é truncada o espaço se torna disponível para outros objetos do banco de dados.

DBA_LMT_FREE_SPACE

A visão DBA_LMT_FREE_SPACE fornece a quantidade de espaço livre, nos blocos, para todos os tablespaces que são gerenciados localmente e deve estar combinada à DBA_DATA_FILES para obter os nomes dos tablespace.

DBA_THRESHOLDS

Lançada no Oracle 10g, a visão DBA_THRESHOLDS contém a lista atualmente ativa das métricas diferentes que avaliam a saúde do banco de dados e especificam uma condição sob a qual uma mensagem de alerta será emitida se o limite da métrica for alcançado ou exceder.

Os valores nessa visão em geral são mantidos por meio da interface OEM; além disso, o pacote PL/SQL DBMS_SERVER_ALERT do Oracle 10g pode configurar e obter os valores limite com as procedures SET_THRESHOLD e GET_THRESHOLD, respectivamente. Para ler as mensagens de alerta na fila de alertas, você pode usar os pacotes DBMS_AQ e DBMS_AQADM, ou o OEM pode ser configurado para enviar uma mensagem de pager ou de email quando os limites forem excedidos.

Para uma instalação padrão do Oracle Database 10g e do Oracle Database 11g, diversos limites são configurados, incluindo os seguintes:

- Ao menos uma sessão de usuário é bloqueada a cada minuto por três minutos consecutivos
- Alguns segmentos não são capazes de estender por algum motivo

- O número total de processos simultâneos pode chegar a 80% do valor do parâmetro de inicialização PROCESSES
- Há mais de dois objetos inválidos para algum usuário do banco de dados
- O número total de sessões de usuário simultâneas pode chegar a 80% do valor do parâmetro de inicialização SESSIONS
- Há mais de 1200 cursores simultâneos abertos
- Há mais de 100 logons por segundo
- Um tablespace está mais de 85% cheio (alerta) ou mais de 97% cheio (crítico)
- O tempo de logon do usuário é maior que 1000 milissegundos (1 segundo)

DBA_OUTSTANDING_ALERTS

A visão DBA_OUTSTANDING_ALERTS do Oracle 10g contém uma linha para cada alerta ativo no banco de dados, até que o alerta seja fechado ou redefinido. Um dos campos dessa visão, SUGGESTED_ACTION, contém uma recomendação para lidar com a condição de alerta.

DBA_ALERT_HISTORY

Após um alerta no DBA_OUTSTANDING_ALERTS ter sido resolvido e fechado, um registro do alerta fechado fica disponível na visão DBA_ALERT_HISTORY.

V$ALERT_TYPES

A visão de desempenho dinâmico V$ALERT_TYPES (novo no Oracle 10g) lista as 158 condições de alerta (a partir do Oracle 11g, versão 1) que podem ser monitoradas. A coluna GROUP_NAME classifica as condições de alerta por tipo. Por exemplo, para problemas de gerenciamento de espaço, usaríamos os alertas com um GROUP_NAME igual a "Space":

```
SQL> select reason_id, object_type, scope, internal_metric_category,
  2       internal_metric_name from v$alert_types
  3       where group_name = 'Space';

REASON_ID  OBJECT_TYPE     SCOPE     INTERNAL_METRIC_CATE INTERNAL_METRIC_NA
---------- --------------- --------- -------------------- ------------------
       123 RECOVERY AREA   Database  Recovery_Area        Free_Space
         1 SYSTEM                    Instance
         0 SYSTEM                    Instance
       133 TABLESPACE      Database  problemTbsp          bytesFree
         9 TABLESPACE      Database  problemTbsp          pctUsed
        12 TABLESPACE      Database  Suspended_Session    Tablespace
        10 TABLESPACE      Database  Snap_Shot_Too_Old    Tablespace
        13 ROLLBACKSEGMENT Database  Suspended_Session    Rollback_Segment
        11 ROLLBACKSEGMENT Database  Snap_Shot_Too_Old    Rollback_Segment
        14 DATAOBJECT      Database  Suspended_Session    Data_Object
        15 QUOTA           Database  Suspended_Session    Quota

11 rows selected.
```

Usando o tipo de alerta com REASON_ID=123 como exemplo, um alerta pode ser iniciado quando o espaço livre na área de recuperação do banco de dados ficar abaixo de uma porcentagem especificada.

V$UNDOSTAT
Ter muito espaço de undo e não ter espaço de undo suficiente são ambos problemas. Embora um alerta possa ser configurado para notificar o DBA quando o espaço de undo não é suficiente para fornecer um histórico de transações que satisfaça as consultas Flashback ou para fornecer dados da imagem do "antes" para evitar erros do tipo "Snapshot Too Old", um DBA pode ser proativo monitorando a visão de desempenho dinâmico V$UNDOSTAT durante os períodos de uso intensivo do banco de dados.

A visão V$UNDOSTAT exibe informações históricas sobre o consumo do espaço de undo a intervalos de dez minutos. Analisando os resultados nesta tabela, o DBA pode tomar uma decisão informada quando for ajustar o tamanho do tablespace de undo ou alterar o valor do parâmetro de inicialização UNDO_RETENTION.

V$OBJECT_USAGE
Se um índice não está sendo usado, ele não apenas ocupa um espaço que poderia ser usado por outros objetos, mas também o overhead de manter o índice sempre que ocorrer um comando **insert**, **update** ou **delete** causa desperdício de recursos. Usando o comando **alter index... monitoring usage**, a visão V$OBJECT_USAGE será atualizada quando o índice for acessado indiretamente devido a uma instrução **select**.

V$SORT_SEGMENT
A visão V$SORT_SEGMENT pode ser usada para visualizar a alocação e a desalocação do espaço em um segmento de classificação do tablespace temporário. A coluna CURRENT_USERS indica quantos usuários distintos estão usando ativamente um determinado segmento. A visão V$SORT_SEGMENT só é preenchida para tablespaces temporários.

V$TEMPSEG_USAGE
Da perspectiva dos usuários que solicitam segmentos temporários, a visão V$TEMPSEG_USAGE identifica as localizações, tipos e tamanhos dos segmentos temporários que estão sendo solicitados no momento. Diferentemente da visão V$SORT_SEGMENT, a visão V$TEMPSEG_USAGE conterá informações sobre os segmentos temporários nos tablespaces temporários e permanentes. Mais adiante neste capítulo, apresentaremos as ferramentas de gerenciamento de tablespaces temporários melhoradas e simplificadas disponíveis no Oracle Database 11*g*.

METODOLOGIAS DE GERENCIAMENTO DE ESPAÇO
Nas seções a seguir, consideraremos vários recursos do Oracle 11*g* para facilitar o uso eficiente do espaço em disco no banco de dados. Os tablespaces gerenciados localmente oferecem várias vantagens para o DBA, melhorando o desempenho dos objetos dentro do tablespace, assim como facilitando a administração do tablespace – a fragmentação de um tablespace é coisa do passado. Outro recurso introduzido no Oracle9*i*, o Oracle Managed Files, facilita a manutenção dos arquivos de dados removendo automaticamente os arquivos no nível do sistema operacional quando um tablespace ou qualquer outro objeto do banco de dados é descartado. Tablespaces bigfile, introduzidos no Oracle 10*g*, simplificam o gerenciamento do arquivo de dados porque apenas um arquivo de dados está associado a um tablespace bigfile. Isso move o ponto da manutenção um nível acima, do arquivo de dados para o tablespace. Além disso, examinaremos alguns outros recursos introduzidos no Oracle9*i* – tablespaces de undo e vários tamanhos de bloco.

Tablespaces gerenciados localmente

Antes do Oracle8*i*, havia apenas uma maneira de gerenciar o espaço livre dentro de um tablespace – usando as tabelas de dicionário de dados no tablespace SYSTEM. Se uma grande quantidade de atividades de inserção, exclusão e atualização ocorre em algum lugar do banco de dados, existe a possibilidade de ocorrer um "hot spot" (pontos com grande volume de concorrência de E/S no tablespace SYSTEM, onde se dá o gerenciamento de espaço. O Oracle removeu esse gargalo potencial introduzindo os *tablespaces gerenciados localmente* (LMTs, *locally managed tablespaces*). Um tablespace gerenciado localmente controla o espaço livre no tablespace com bitmaps, conforme discutido no Capítulo 1. Esses bitmaps podem ser gerenciados de modo muito eficaz porque eles são muito compactos se comparados a um freelist de blocos disponíveis. Como eles são armazenados no próprio tablespace, em vez de nas tabelas de dicionários de dados, a disputa no tablespace SYSTEM é reduzida.

A partir do Oracle 10*g*, por padrão, todos os tablespaces são criados como tablespaces gerenciados localmente, incluindo os tablespaces SYSTEM e SYSAUX. Quando o tablespace SYSTEM é gerenciado localmente, você não pode mais criar, no banco de dados, nenhum tablespace gerenciado por dicionário que seja de leitura e gravação. Um tablespace gerenciado por dicionário ainda poderá ser conectado ao banco de dados a partir de uma versão anterior do Oracle, mas ele será somente leitura. Um LMT pode ter objetos com um dos dois tipos de extensões: dimensionados automaticamente ou todos de um tamanho uniforme. Se a alocação da extensão for configurada como UNIFORM quando o LMT é criado, todas as extensões, conforme esperado, são do mesmo tamanho. Como todas as extensões são do mesmo tamanho, não há fragmentação. Já se foi o tempo do exemplo clássico de um segmento de 51MB que não pode ser alocado em um tablespace com duas extensões de 50MB livres porque estas extensões de 50MB não eram adjacentes.

Por outro lado, o gerenciamento automático de extensão de segmento dentro de um tablespace gerenciado localmente aloca espaço com base no tamanho do objeto. As extensões iniciais são pequenas e se o objeto permanece pequeno, muito pouco espaço é desperdiçado. Se o crescimento da tabela ultrapassar a extensão inicial alocada para o segmento, extensões subseqüentes ao segmento serão maiores. As extensões em um LMT auto-alocado tem tamanhos de 64KB, 1MB, 8MB e 64MB, e o tamanho da extensão aumenta à medida que o tamanho do segmento aumenta, até um máximo de 64MB. Em outras palavras, o Oracle especifica os valores de INITIAL, NEXT e PCTINCREASE automaticamente, dependendo de como o objeto aumenta de tamanho. Embora pareça que uma fragmentação pode ocorrer em um tablespace com auto-alocação, na prática a fragmentação é mínima porque um novo objeto com um tamanho de segmento inicial de 64KB se ajustará adequadamente em um bloco de 1MB, 4MB, 8MB ou 64MB alocado previamente para todos os outros objetos com um tamanho de extensão inicial de 64KB.

Dado um LMT com extensões gerenciadas automaticamente ou extensões uniformes, o espaço livre no próprio segmento pode ser AUTO ou MANUAL. Com o gerenciamento de espaço de segmento AUTO, um bitmap é usado para indicar a quantidade de espaço usada em cada bloco. Os parâmetros PCTUSED, FREELISTS e FREELIST GROUPS não precisam mais ser especificados quando o segmento é criado. Além disso, o desempenho das operações DML simultâneas é melhorado porque o bitmap do segmento permite acesso simultâneo. Em um segmento gerenciado por freelist, o bloco de dados no cabeçalho do segmento que contém o freelist é bloqueado para todos os outros processos de gravação do bloco quando um único processo de gravação está procurando um bloco livre no segmento. Embora a alocação de vários freelists para segmentos muito ativos de certa forma possa resolver o problema, essa será mais uma uma estrutura para o DBA gerenciar. Outra vantagem dos LMTs é que as informações de rollback são reduzidas ou eliminadas quando alguma operação relacionada a espaço é executada. Como a atualização de um bitmap em um tablespace não é gravada em uma tabela de dicionários de dados, nenhuma informação de rollback é gerada para esta transação. Além das aplicações de terceiros, como versões mais antigas do SAP que requerem tablespaces gerenciados por dicionários, não há outro motivo para criar novos tablespaces gerenciados por dicionário no Oracle 10*g*. Conforme mencionado anteriormente, a compatibilidade é fornecida em parte para permitir que tablespaces gerenciados por dicionário de versões anteriores do Oracle sejam "conectados" em um banco de dados Oracle 11g, embora se o tablespace SYSTEM for gerenciado localmente, todos os tablespaces gerenciados por dicionário deverão ser abertos como somente leitura. Mais adiante neste capítulo, você verá alguns exemplos de onde podemos otimizar o espaço e o desempenho movendo um tablespace de um banco de dados para outro e alocando buffers de dados adicionais para tablespaces com tamanhos diferentes.

A migração de um tablespace gerenciado por dicionário para um tablespace gerenciado localmente é muito simples usando o pacote predefinido DBMS_SPACE_ADMIN:

```
execute sys.dbms_space_admin.tablespace_migrate_to_local('USERS')
```

Após atualizar um banco de dados para o Oracle9i, Oracle 10g ou Oracle 11g, você talvez também queira considerar migrar o tablespace SYSTEM para um LMT; se for o caso, alguns pré-requisitos estão listados a seguir:

- Antes de iniciar a migração, faça um shutdown no banco de dados e execute um backup "a frio" do banco de dados.
- Todos os tablespaces não SYSTEM que devem permanecer leitura/gravação devem ser convertidos em LMTs.
- O tablespace temporário padrão não deve ser o SYSTEM.
- Se o gerenciamento automático de undo estiver sendo usado, o tablespace de undo deve estar online.
- Durante a conversão, todos os tablespaces exceto o tablespace de undo devem ser configurados como somente leitura.
- O banco de dados deve ser iniciado no modo RESTRICTED durante a conversão.

Se alguma dessas condições não for atendida, a procedure TABLESPACE_MIGRATE_TO_LOCAL não executará a migração.

Usando o OMF para gerenciar espaço

Em poucas palavras, o *Oracle-Managed Files* (OMF) simplifica a administração de um banco de dados Oracle. Na hora da criação do banco de dados, ou posteriormente ao alterar alguns parâmetros no arquivo de parâmetros de inicialização, o DBA pode especificar diversos locais padrão para objetos de banco de dados, como arquivos de dados, arquivos de redo log e arquivos de controle. Antes do Oracle9i, o DBA tinha de lembrar onde os arquivos de dados existentes eram armazenados consultando as visões DBA_DATA_FILES e DBA_TEMP_FILES. Em muitas ocasiões, um DBA descartava um tablespace, mas se esquecia de excluir os arquivos de dados subjacentes, desperdiçando espaço e tempo para fazer backups de arquivos que não eram mais usados pelo banco de dados.

Usando o OMF, o Oracle não apenas cria e exclui automaticamente os arquivos na localização de diretório especificada, ele garante que cada nome de arquivo seja único. Isso evita a corrupção e o tempo de inatividade do banco de dados em um ambiente não OMF devido a arquivos existentes sobrescritos por um DBA ao criar inadvertidamente um novo arquivo de dados com o mesmo nome de um arquivo de dados existente e usar a cláusula REUSE.

Em um ambiente de desenvolvimento ou de teste, o OMF reduz a quantidade de tempo que o DBA deve gastar no gerenciamento de arquivos e permite que ele se concentre nas aplicações e em outros aspectos do banco de dados de teste. O OMF tem uma vantagem adicional para aplicações empacotadas que precisam criar tablespaces: os scripts que criam os novos tablespaces não precisam de nenhuma modificação para incluir um nome de arquivo de dados, aumentando assim a probabilidade de uma implantação bem-sucedida da aplicação.

A migração para o OMF de um ambiente não-OMF é fácil e pode ser executada durante um período de tempo maior. Arquivos não-OMF e arquivos OMF podem coexistir indefinidamente no mesmo banco de dados. Quando os parâmetros de inicialização são configurados, todos os novos arquivos de dados, arquivos de controle e arquivos de redo log podem ser criados como arquivos OMF, enquanto os arquivos existentes anteriormente podem continuar a ser gerenciados manualmente até que sejam convertidos para OMF, se forem.

Os parâmetros de inicialização relativos ao OMF são detalhados na Tabela 6-1. Observe que os caminhos do sistema operacional especificados para qualquer desses parâmetros de inicialização já devem existir; o Oracle não criará o diretório. Além disso, esses diretórios devem ser graváveis pela conta do sistema operacional que é proprietária do software Oracle (que na maioria das plataformas é o usuário oracle).

Tablespaces bigfile

Os *tablespaces bigfile*, introduzidos no Oracle 10g, levam os arquivos OMF para um nível seguinte; em um tablespace bigfile, um único arquivo de dados é alocado e pode ter até 8EB (exabytes, um milhão de terabytes)* de tamanho. Tablespaces bigfile só podem gerenciadas localmente com gerenciamento automático de espaço de segmento. Se um tablespace bigfile for usado para segmentos temporários ou segmentos de undo automático, então o gerenciamento de espaço de segmento deve ser configurado como MANUAL.

Tablespaces bigfile podem economizar espaço na System Global Area (SGA) e no arquivo de controle porque menos arquivos de dados precisam ser controlados; da mesma maneira, todos os comandos **alter tablespace** em tablespaces bigfile não precisam referenciar arquivos de dados

Tabela 6-1 *Parâmetros de inicialização relacionados ao OMF*

Parâmetro de inicialização	Descrição
DB_CREATE_FILE_DEST	O diretório padrão de arquivos do sistema operacional onde os arquivos de dados e arquivos temporários são criados se nenhum nome de caminho for especificado no comando **create tablespace**. Esse local será usado para arquivos de redo log e arquivos de controle se DB_CREATE_ONLINE_LOG_DEST_*n* não for especificado.
DB_CREATE_ONLINE_LOG_DEST_*n*	Especifica o local padrão para armazenar os arquivos de redo log e os arquivos de controle quando nenhum nome de caminho for especificado para eles na hora da criação do banco de dados. Até cinco destinos podem ser especificados com esse parâmetro, permitindo até cinco arquivos de controle multiplexados e cinco membros de cada grupo de redo log.
DB_RECOVERY_FILE_DEST	Define o nome de caminho padrão no sistema de arquivos do servidor onde os backups RMAN, redo logs arquivados e logs de flashback estão localizados. Também usado para arquivos de redo log e arquivos de controle se não estiverem especificados nem DB_CREATE_FILE_DEST nem DB_CREATE_ONLINE_LOG_DEST_*n*.

---

* N. de R. T.: A capacidade total de armazenamento de um banco de dados Oracle chega aos 8 EX (exabytes). Esse limite de 8 exabytes se deve ao fato de que o banco de dados Oracle 11g suporta até 64k tablespaces, cada um podendo atingir 128 TB de tamanho, logo 64k · 128T = 8EX.

porque apenas um arquivo de dados está associado a cada tablespace bigfile. Isso move o ponto de manutenção do nível físico (arquivo de dados) para o nível lógico (tablespace), simplificando a administração. Uma desvantagem dos tablespaces bigfile é que o backup de um tablespace bigfile usa um processo único; vários tablespaces menores, entretanto, podem ser copiados em backup usando processos paralelos e, provavelmente, levará menos tempo do que fazer o backup de um único tablespace bigfile.

Criar um tablespace bigfile é tão simples quanto adicionar a palavra-chave **bigfile** ao comando **create tablespace**:

```
SQL> create bigfile tablespace whs01
  2        datafile '/u06/oradata/whs01.dbf' size 10g;
Tablespace created.
```

Se você estiver usando OMF, a cláusula **datafile** poderá ser omitida. Para redimensionar um tablespace bigfile, você pode usar a cláusula **resize**:

```
SQL> alter tablespace whs01 resize 80g;
Tablespace altered.
```

Nesse cenário, mesmo 80GB não é grande o suficiente para esse tablespace, portanto, permitiremos que ele auto-estenda 20GB de uma vez:

```
SQL> alter tablespace whs01 autoextend on next 20g;
Tablespace altered.
```

Observe em ambos os casos que não precisamos fazer referência a um arquivo de dados; há apenas um arquivo de dados e, uma vez que o tablespace é criado, não precisaremos mais nos preocupar com os detalhes dos arquivos de dados subjacentes e como eles são gerenciados.

Os tablespaces bigfile são concebidos para uso com o Automatic Storage Management, discutido na próxima seção.

Automatic Storage Management

O uso do *Automatic Storage Management* (ASM) pode reduzir significativamente o overhead administrativo do gerenciamento de espaço em um banco de dados, porque o DBA só precisará especificar um *grupo de discos* ASM quando alocar espaço para um tablespace ou outro objeto de banco de dados. Os arquivos de banco de dados são automaticamente distribuídos entre todos os discos disponíveis em um grupo de disco e a distribuição é automaticamente atualizada sempre que a configuração de disco é alterada. Por exemplo, quando um novo volume de disco é adicionado a um grupo de discos existente em uma instância ASM, todos os arquivos de dados dentro do grupo de discos são redistribuídos para usar o novo volume de disco. Apresentamos o ASM no Capítulo 4. Neste seção, revisitaremos alguns outros conceitos importantes do ASM do ponto de vista de gerenciamento de armazenamento e forneceremos mais exemplos.

Como o ASM coloca automaticamente os arquivos de dados em vários discos, o desempenho das consultas e as instruções DML são melhoradas porque a E/S é distribuída entre diversos discos. Opcionalmente, os discos em um grupo ASM podem ser espelhados para fornecer redundância adicional e benefícios de desempenho.

O uso do ASM fornece vários outras vantagens. Em muitos casos, uma instância ASM com vários discos físicos pode ser usada em vez de um gerenciador de volume de terceiros ou um subsistema NAS (network-attached storage). Como um benefício adicional em relação à outros gerenciadores de volumes, as operações de manutenção ASM não requerem um shutdown do banco de dados se for necessário adicionar ou remover um disco de um grupo de discos. Nas próximas seções, detalharemos ainda mais o modo como o ASM funciona, com um exemplo de como criar um objeto de banco de dados usando o ASM.

Redundância de grupo de discos

Um *grupo de discos* no ASM é uma coleção de um ou mais discos ASM gerenciados como uma entidade única. Os discos podem ser adicionados ou removidos de um grupo de discos sem desligar o banco de dados. Sempre que um disco é adicionado ou removido, o ASM rebalancea automaticamente os arquivos de dados nos discos para maximizar a redundância e o desempenho de E/S.

Além das vantagens da alta redundância, um grupo de discos pode ser usado por mais de um banco de dados. Isso ajuda a maximizar o investimento nas unidades de disco físicas realocando facilmente o espaço em disco entre diversos bancos de dados cuja necessidades de espaço em disco talvez sejam alteradas durante o curso de um dia ou de um ano.

Conforme explicamos no Capítulo 4, os três tipos de grupos de disco são redundância normal, redundância alta e redundância externa. Os grupos de redundância normal e redundância alta requerem que o ASM forneça a redundância para os arquivos armazenados no grupo. A diferença entre redundância normal e redundância alta é o número de *grupos de falha* requeridos: um grupo de discos de redundância normal geralmente tem dois grupos de falha e um grupo de discos de redundância alta terá ao menos três grupos de falha. Um grupo de falha no ASM corresponderia aproximadamente a um membro de grupo de arquivos de redo log usando o gerenciamento de arquivos de dados Oracle tradicional. A redundância externa requer que a redundância seja fornecida por outro mecanismo além do ASM (por exemplo, com um hardware de armazenamento RAID de terceiros). Alternativamente, um grupo de discos poderá conter um volume de discos não espelhado que será usado para um tablespace somente leitura que poderá facilmente ser recriado caso ocorra uma falha no volume de discos.

Instância ASM

O ASM requer uma instância Oracle dedicada, em geral no mesmo nó do banco de dados que está usando um grupo de discos ASM. Em um ambiente Oracle Real Application Clusters (RAC), cada nó em um banco de dados RAC tem uma instância ASM.

Uma instância ASM nunca monta um banco de dados; ela apenas coordena os volumes de disco para outras instâncias de banco de dados. Além disso, todas as E/S do banco de dados, a partir de uma instância, vai diretamente para os discos em um grupo de discos. Entretanto, a manutenção de um grupo de discos é executada na instância ASM; como resultado, a quantidade de memória necessária para dar suporte a um instância ASM pode ser tão pequena 64MB.

Para obter mais detalhes sobre como configurar o ASM para ser usado com RAC, consulte o Capítulo 10.

Processos em segundo plano

Dois novos processos em segundo plano existem na instância ASM. O processo em segundo plano RBAL coordena a atividade de rebalanceamento automático para um grupo de discos. Os outros processos em segundo plano, ORB0 a ORB9, executam a atividade de rebalanceamento em paralelo.

Criando objetos usando o ASM

Antes que um banco de dados possa usar um grupo de discos ASM, o grupo deve ser criado pela instância ASM. No exemplo a seguir, um novo grupo de discos, KMS25, é criado para gerenciar os volumes de disco Unix / dev/hda1, /dev/hda2, /dev/hdb1, /dev/hdc1 e /dev/hdd4:

```
SQL> create diskgroup kms25 normal redundancy
  2       failgroup mir1 disk '/dev/hda1','/dev/hda2',
  3       failgroup mir2 disk '/dev/hdb1','/dev/hdc1','/dev/hdd4';
```

Quando uma redundância normal é especificada, ao menos dois grupos de falha devem ser especificados para fornecer um espelhamento bidirecional para todos os arquivos de dados criados no grupo de discos.

Na instância de banco de dados que está usando o grupo de discos, o OMF é usado junto com o ASM para criar os arquivos de dados para as suas estruturas lógicas. No exemplo a seguir, configuramos o parâmetro de inicialização DB_CREATE_FILE_DEST usando um grupo de discos para que todos os tablespaces criados que usam o OMF sejam nomeados automaticamente e colocados no grupo de discos KMS25:

```
db_create_file_dest = '+kms25'
```

Criar um tablespace no grupo de discos é muito simples:

```
SQL> create tablespace lob_video;
```

Uma vez que um arquivo ASM é criado, os nomes de arquivo gerados automaticamente podem ser encontrados nas visões V$DATAFILE e V$LOGFILE, junto com os nomes de arquivo gerados manualmente. Todos os arquivos de banco de dados típicos podem ser criados usando o ASM, exceto para arquivos administrativos, incluindo arquivos de rastreamento, logs de alerta, arquivos de backup, arquivos de exportação e arquivos de core dump.

O OMF é uma opção útil quando o Oracle puder gerenciar a nomeação dos arquivos de dados para você, se o arquivo de dados estiver em um sistema de arquivos convencional ou em um grupo de discos ASM. Você pode também misturar: alguns dos seus arquivos de dados podem ser nomeados pelo OMF e outros podem ser nomeados manualmente.

Considerações do gerenciamento de undo

A criação de um tablespace de undo fornece vários benefícios tanto para o DBA quanto para um usuário de banco de dados típico. Para o DBA, o gerenciamento dos segmentos de rollback é uma coisa do passado – todos os segmentos de undo são gerenciados automaticamente pelo Oracle no tablespace de undo. Além de fornecer uma visão de leitura consistente dos objetos de banco de dados para seus leitores quando uma transação longa está em andamento em um objeto, um tablespace de undo pode fornecer um mecanismo para um usuário recuperar linhas de uma tabela.

Um tablespace de undo suficientemente grande minimizará a possibilidade de receber a clássica mensagem de erro "Snapshot too old", mas que quantidade de espaço de undo é suficiente? Se ele for subdimensionado, a janela de disponibilidade para consultas de flashback será pequena; se tiver um tamanho muito grande, o espaço em disco será desperdiçado e as operações de backup podem demorar mais do que o necessário.

Diversos arquivos de parâmetros de inicialização controlam a alocação e uso dos tablespaces de undo. O parâmetro UNDO_MANAGEMENT especifica se o gerenciamento de undo AUTOMATIC é usado e o parâmetro UNDO_TABLESPACE especifica o próprio tablespace de undo. Para alterar o gerenciamento de undo de segmentos de rollback para gerenciamento automático de undo (alterando o valor do parâmetro UNDO_MANAGEMENT de MANUAL para AUTO), a instância deve ser desligada e reiniciada para que a alteração entre em vigor; você pode alterar o valor do parâmetro UNDO_TABLESPACE enquanto o banco de dados está aberto. O parâmetro UNDO_RETENTION especifica, em segundos, a quantidade mínima de tempo que as informações de undo devem ser retidas para consultas de flashback. Entretanto, com um tablespace de undo subdimensionado e um uso de DML intensivo, algumas informações de undo podem ser sobrescritas antes do período de tempo especificado no parâmetro UNDO_RETENTION.

Uma novidade do Oracle 10g é a cláusula RETENTION GUARANTEE do comando CREATE UNDO TABLESPACE. Essencialmente, um tablespace de undo com uma cláusula RETENTION GUARANTEE não sobrescreverá informações de undo que não expiraram, preém com o risco de causar de falhas de operações DML quando não há espaço de undo livre suficiente no tablespace de undo. Mais detalhes sobre como usar essa cláusula podem ser encontrados no Capítulo 7. Os parâmetros de inicialização a seguir ativam o gerenciamento automático de undo com o tablespace de undo UNDO04 usando um período de retenção de pelo menos 24 horas:

```
undo_management = auto
undo_tablespace = undo04
undo_retention = 86400
```

A visão de desempenho dinâmico V$UNDOSTAT pode ajudar a dimensionar o tablespace de undo corretamente para a carga de transações durante períodos de processamento de pico. As linhas na visão V$UNDOSTAT são inseridas em intervalos de dez minutos e fornecem um snapshot do uso do tablespace de undo:

```
SQL> select to_char(end_time,'yyyy-mm-dd hh24:mi') end_time,
  2        undoblks, ssolderrcnt from v$undostat;

END_TIME              UNDOBLKS SSOLDERRCNT
------------------    -------- -----------
2007-07-23 10:28           522           0
2007-07-23 10:21          1770           0
2007-07-23 10:11           857           0
2007-07-23 10:01          1605           0
2007-07-23 09:51          2864           3
2007-07-23 09:41           783           0
2007-07-23 09:31          1543           0
2007-07-23 09:21          1789           0
2007-07-23 09:11           890           0
2007-07-23 09:01          1491           0
```

Nesse exemplo, um pico no uso do espaço de undo ocorreu entre 9:41 e 9:51h, resultando em um erro "Snapshot too old" para três consultas. Para evitar esses erros, o tablespace de undo deve ser redimensionado manualmente ou ter a auto-extensão permitida.

Monitoramento e uso do SYSAUX

O tablespace SYSAUX, introduzido no Oracle 10g, é um tablespace auxiliar para o tablespace SYSTEM e hospeda dados de diversos componentes do banco de dados Oracle que exigem tablespaces próprios ou usavam o tablespace SYSTEM em versões anteriores do Oracle. Esses componentes incluem o Enterprise Manager Repository, antigamente no tablespace OEM_REPOSITORY, assim como LogMiner, Oracle Spatial e Oracle Text, os quais usavam anteriormente o tablespace SYSTEM para armazenar informações de configuração. Os ocupantes atuais do tablespace SYSAUX podem ser identificados por meio de consulta à visão V$SYSAUX_OCCUPANTS:

```
SQL> select occupant_name, occupant_desc, space_usage_kbytes
  2  from v$sysaux_occupants;

OCCUPANT_NAME  OCCUPANT_DESC                              SPACE_USAGE_KBYTES
-------------  -----------------------------------------  ------------------
LOGMNR         LogMiner                                                 7744
LOGSTDBY       Logical Standby                                           960
SMON_SCN_TIME  Transaction Layer - SCN to TIME mapping                  3328
PL/SCOPE       PL/SQLIdentifier Collection                               384
STREAMS        OracleStreams                                            1024
XDB            XDB                                                     98816
AO             Analytical Workspace Object Table                       38208
XSOQHIST       OLAP API History Tables                                 38208
```

```
XSAMD              OLAP Catalog                                        15936
SM/AWR             Server Manageability - Automatic Workload
                   Repository                                         131712
SM/ADVISOR         Server Manageability - Advisor Framework            13248
SM/OPTSTAT         Server Manageability - Optimizer Statistics History 52672
SM/OTHER           Server Manageability - Other Components              6016
STATSPACK          Statspack Repository                                    0
SDO                Oracle Spatial                                      47424
WM                 Workspace Manager                                    7296
ORDIM              Oracle interMedia ORDSYS Components                 11200
ORDIM/PLUGINS      Oracle interMedia ORDPLUGINS Components                 0
ORDIM/SQLMM        Oracle interMedia SI_INFORMTN_SCHEMA Components         0
EM                 Enterprise Manager Repository                      155200
TEXT               Oracle Text                                          5568
ULTRASEARCH        Oracle Ultra Search                                  7616
ULTRASEARCH_D      Oracle Ultra Search Demo User                       12288
EMO_USER
EXPRESSION_FI      Expression Filter System                             3968
LTER
EM_MONITORING      Enterprise Manager Monitoring User                   1536
_USER
TSM                Oracle Transparent Session Migration User             256
SQL_MANAGEMEN      SQL Management Base Schema                           1728
T_BASE
AUTO_TASK          Automated Maintenance Tasks                           320
JOB_SCHEDULER      Unified Job Scheduler                                 576

29 rows selected.
```

Se o tablespace SYSAUX for colocado offline ou estiver corrompido, somente esses componentes do banco de dados Oracle estarão indisponíveis; as funcionalidades principais do banco de dados não serão afetadas. Em qualquer caso, o tablespace SYSAUX ajuda a reduzir a carga do tablespace SYSTEM durante uma operação normal do banco de dados.

Para monitorar o uso do tablespace SYSAUX, você pode consultar a coluna SPACE_USAGE_KBYTES de forma rotineira e ela pode alertar o DBA quando o uso de espaço crescer além de um determinado nível. Se o uso do espaço para um componente específico exigir que um tablespace dedicado seja alocado para o componente, como o EM Repository, a procedure identificada na coluna MOVE_ PROCEDURE da visão V$SYSAUX_OCCUPANTS moverá a aplicação para outro tablespace:

```
SQL> select occupant_name, move_procedure from v$sysaux_occupants
  2      where occupant_name = 'EM';

OCCUPANT_NAME    MOVE_PROCEDURE
---------------  ------------------------------------------------
EM               emd_maintenance.move_em_tblspc
```

No cenário a seguir, sabemos que adicionaremos várias centenas de nós ao nosso repositório de gerenciamento em um futuro próximo. Como queremos evitar o crescimento excessivo do tablespace SYSAUX, decidimos criar um novo tablespace para armazenar apenas os dados do Enterprise Manager. No exemplo a seguir, criaremos um novo tablespace e moveremos o esquema Enterprise Manager para o novo tablespace:

```
SQL> create tablespace EM_REP
  2>     datafile '+DATA' size 250m autoextend on next 100m;
```

```
Tablespace created.
SQL> execute sysman.emd_maintenance.move_em_tblspc('EM_REP');
PL/SQL procedure successfully completed.

SQL> select occupant_name, occupant_desc, space_usage_kbytes
  2>      from v$sysaux_occupants
  3>      where occupant_name = 'EM';

OCCUPANT_NAME   OCCUPANT_DESC                            SPACE_USAGE_KBYTES
-------------   --------------------------------------   ------------------
EM              Enterprise Manager Repository                             0

1 row selected.
```

Como a alocação de espaço atual para a ferramenta EM é de cerca de 150MB, um tablespace que começa com um tamanho de 250MB com extensões adicionais de 100MB cada, deve ser suficiente para a maioria dos ambientes. Observe que a linha do Enterprise Manager ainda está na visão V$SYSAUX_OCCUPANTS; embora ela não esteja ocupando espaço no tablespace SYSAUX, nós talvez queiramos mover seus metadados de volta para o tablespace SYSAUX em algum momento futuro. Portanto, nós talvez precisemos consultar a visão V$SYSAUX_OCCUPANTS novamente para recuperar a procedure de movimentação. Usamos a mesma procedure para mover a aplicação para dentro e para fora do tablespace SYSAUX:

```
SQL> execute sysman.emd_maintenance.move_em_tblspc('SYSAUX');
PL/SQL procedure successfully completed.
```

Se um componente não estiver sendo usado no banco de dados, como o Ultra Search, uma quantidade insignificante de espaço será usada no tablespace SYSAUX.

GERENCIAMENTO DE ARQUIVO DE REDO LOG ARQUIVADO

É importante considerar o gerenciamento de espaço para objetos que existem fora do banco de dados, como arquivos de redo log arquivados. No modo ARCHIVELOG, um arquivo de redo log online é copiado para o(s) destino(s) especificado(s) pelo LOG_ARCHIVE_DEST_n (onde n é um número de 1 a 10) ou pelo DB_RECOVERY_ FILE_DEST (a área de recuperação flash) se nenhum dos valores do LOG_ARCHIVE_DEST_n for configurado.

O redo log que está sendo copiado deve ser copiado com êxito para pelo menos um dos destinos antes que ele possa ser reutilizado pelo banco de dados. O parâmetro LOG_ARCHIVE_MIN_ SUCCEED_DEST tem como padrão o valor 1 e deve ser ao menos 1. Se nenhuma das operações de cópia for bem-sucedida, o banco de dados será suspenso até que pelo menos um dos destinos receba o arquivo de log. A falta de espaço em disco é um motivo possível para este tipo de falha.

Se o destino dos arquivos de log arquivados estiver em um sistema de arquivos local, um script de shell do sistema operacional poderá monitorar o uso do espaço do destino ou poderá ser agendado com DBMS_ SCHEDULER ou com OEM.

FERRAMENTAS DE GERENCIAMENTO DE ESPAÇO PREDEFINIDAS

O Oracle 10g fornece diversas ferramentas que um DBA pode usar sob demanda para determinar se existem problemas com o espaço em disco no banco de dados. A maioria, se não todas, dessas ferramentas pode ser configurada manualmente e executadas chamando o pacote predefinido apropriado. Neste seção, abordaremos os pacotes e procedures usados para procurar problemas de espaço ou avisos sobre gerenciamento de espaço no banco de dados. Além disso, mostraremos o novo parâmetro de inicialização usado pelo Automatic Diagnostic Repository para identificar o local dos arquivos de alerta e de rastreamento. Mais adiante neste capítulo, você verá como algumas dessas ferramentas podem ser automatizadas para notificar o DBA via email ou pager quando um problema for iminente; muitas, se não todas estas ferramentas estão disponíveis sob demanda via a interface do EM Database Control na Web.

Supervisor de segmento (Segment Advisor)

Inserções, atualizações e exclusões freqüentes em um tabela podem, ao longo do tempo, deixar o espaço da tabela fragmentado. O Oracle pode executar a *compressão de segmento* em uma tabela ou índice. Comprimir os segmentos torna o espaço livre no segmento disponível para outros segmentos no tablespace, com o potencial para melhorar futuras operações DML no segmento porque um número menor de blocos talvez precisem ser recuperados para a operação DML após a compressão de segmento. A compressão de segmento é muito similar à redefinição de tabela online pelo fato de que o espaço é recuperado. Entretanto, a compressão de segmento pode ser executada "in place", sem os requisitos de espaço adicionais de uma redefinição de tabela online.

Para determinar que segmentos serão beneficiados com a compressão de segmento, você pode chamar o *Supervisor de Segmento* para executar uma análise de tendência de crescimento sobre os segmentos especificados. Nesta seção, chamaremos o *Supervisor de Segmento* em alguns segmentos candidatos que podem estar vulneráveis à fragmentação. No exemplo a seguir, nós configuraremos o *Supervisor de Segmento* para monitorar a tabela HR.EMPLOYEES. Nos meses recentes, tem havido uma atividade alta nessa tabela; além disso, uma nova coluna, WORK_RECORD, foi adicionada à tabela, que o HR usa para armazenar comentários sobre os funcionários:

```
SQL> alter table hr.employees add (work_record varchar2(4000));
Table altered.
SQL> alter table hr.employees enable row movement;
Table altered.
```

Ativamos ROW MOVEMENT na tabela para que as operações de compressão possam ser executadas na tabela, caso seja recomendado pelo *Supervisor de Segmento*.

Depois que o *Supervisor de Segmento* foi chamado para fornecer recomendações, os resultados do *Supervisor de Segmento* estão disponíveis na visão de dicionário de dados DBA_ADVISOR_FINDINGS. Para mostrar os benefícios potenciais da compressão de segmentos quando o *Supervisor de Segmento* recomenda uma operação de compressão, a visão DBA_ADVISOR_RECOMMENDATIONS fornece a operação de compressão recomendada junto com a economia possível, em bytes, para a operação.

Para configurar o *Supervisor de Segmento* para analisar a tabela HR.EMPLOYEES, nós usaremos um bloco PL/SQL anônimo, como a seguir:

```
-- inicia a análise do Supervisor de Segmento para a tabela HR.EMPLOYEES
-- rev.  1.1    RJB    07/07/2007
--
-- Variável do SQL*Plus para retornar o número da tarefa do Supervisor de
Segmento
variable task_id number

-- Início do bloco PL/SQL
declare
    name varchar2(100);
    descr varchar2(500);
    obj_id number;
begin
    name:=''; -- nome único gerado a partir do create_task
```

```
        descr:= 'Check HR.EMPLOYEE table';
        dbms_advisor.create_task
            ('Segment Advisor',:task_id, name, descr, NULL);
        dbms_advisor.create_object
            (name, 'TABLE', 'HR', 'EMPLOYEES', NULL, NULL, obj_id);
        dbms_advisor.set_task_parameter(name, 'RECOMMEND_ALL', 'TRUE');
        dbms_advisor.execute_task(name);
end;

PL/SQL procedure successfully completed.

SQL> print task_id

    TASK_ID
    ----------
        384
SQL>
```

A procedure DBMS_ADVISOR.CREATE_TASK especifica o tipo de supervisor; neste caso, é o Supervisor de Segmento. A procedure retornará um ID de tarefa único e um nome gerado automaticamente para o programa que a chamou; atribuiremos nossa própria descrição à tarefa.

Dentro da tarefa, identificada pelo nome único gerado e retornado pelo procedimento anterior, nós identificamos o objeto a ser analisado com DBMS_ADVISOR.CREATE_OBJECT. Dependendo do tipo de objeto, há uma variação do segundo ao sexto argumento. Para tabelas, só precisamos especificar o nome do esquema e o nome da tabela.

Usando o DBMS_ADVISOR.SET_TASK_PARAMETER, nós dizemos ao Supervisor de Segmento para fornecer todas as recomendações possíveis sobre a tabela. Se quisermos desativar as recomendações para esta tarefa, podemos especificar FALSE em vez de TRUE para o último parâmetro. Finalmente, nós iniciamos a tarefa do Supervisor de Segmento com a procedure DBMS_ADVISOR. EXECUTE_TASK. Uma vez terminada, nós exibimos o identificador da tarefa para que possamos consultar os resultados nas visões de dicionário de dados apropriadas.

Agora que temos um número de tarefa obtido a partir da chamada ao Supervisor de Segmento, podemos consultar DBA_ADVISOR_FINDINGS para ver o que podemos fazer para melhorar a utilização de espaço da tabela HR.EMPLOYEES:

```
SQL> select owner, task_id, task_name, type,
  2      message, more_info from dba_advisor_findings
  3      where task_id = 384;

OWNER          TASK_ID TASK_NAME  TYPE
----------     ------- ---------- ------
RJB                  6 TASK_00003 INFORMATION

MESSAGE
--------------------------------------------------
Perform shrink, estimated savings is 107602 bytes.

MORE_INFO
--------------------------------------------------------------------
Allocated Space:262144: Used Space:153011: Reclaimable Space:107602:
```

Os resultados são razoavelmente auto-explicativos. Podemos executar uma operação de compressão de segmento na tabela para recuperar espaço de várias operações de inserção, exclusão e atualização na tabela HR.EMPLOYEES. Como a coluna WORK_RECORD foi adicionada à tabela HR.EMPLOYEES depois que a tabela já estava preenchida, talvez tenhamos criado algumas linhas encadeadas na tabela; além disso, como a coluna WORK_RECORD pode ter até 4000 bytes de tamanho, as atualizações ou exclusões de linhas com grandes colunas WORK_RECORD poderão criar blocos na tabela com espaço livre que podem ser recuperados. A visão DBA_ADVISOR_RE-COMMENDATIONS fornece informações similares:

```
SQL> select owner, task_id, task_name, benefit_type
  2  from dba_advisor_recommendations
  3  where task_id = 384;

OWNER         TASK_ID TASK_NAME
---------- --------- ----------
RJB               384 TASK_00003

BENEFIT_TYPE
--------------------------------------------------
Perform shrink, estimated savings is 107602 bytes.
```

Em todo caso, iremos comprimir o segmento HR.EMPLOYEES para recuperar espaço livre. Para economizar ainda mais tempo para o DBA, o SQL necessário para executar a compressão é fornecido na visão DBA_ADVISOR_ACTIONS:

```
SQL> select owner, task_id, task_name, command, attr1
  2      from dba_advisor_actions where task_id = 384;

OWNER         TASK_ID TASK_NAME  COMMAND
---------- --------- ---------- ----------------
RJB                 6 TASK_00003 SHRINK SPACE

ATTR1
--------------------------------------------------
alter table HR.EMPLOYEES shrink space

1 row selected.

SQL> alter table HR.EMPLOYEES shrink space;
Table altered.
```

Conforme mencionado anteriormente, a operação de compressão não requer um espaço adicional em disco e não impede o acesso à tabela durante a operação, exceto por um período de tempo muito curto no final do processo para liberar o espaço não utilizado. Todos os índices são mantidos na tabela durante a operação. Além de liberar espaço em disco para outros segmentos, existem outros benefícios na compressão de um segmento. A utilização do cache é melhorada porque um número menor de blocos precisam estar no cache para satisfazer a instrução SELECT ou outras instruções DML no segmento. Além disso, como os dados no segmento são mais compactos, o desempenho das varreduras integrais de tabela é melhor. Existem algumas desvantagens e constraints menores. Em primeiro lugar, a compressão de segmento não funcionará em segmentos LOB se você estiver usando o Oracle Database 10g. A reorganização da tabela online é o método mais apropriado nesse caso. Além disso, a compressão de segmento não é permitida em uma tabela que contém índices baseados em função independente de você estar usando o Oracle Database 10g ou 11g.

Supervisor de Undo e Automatic Workload Repository

Lançado no Oracle 10g, o *Supervisor de Undo* fornece informações de ajuste para o tablespace de undo, se ele está super dimensionado, está subdimensionado ou se a retenção de undo (via o parâmetro de inicialização UNDO_RETENTION) não está configurada de forma otimizada para tipos de transações que ocorrem no banco de dados.

Usar o Supervisor de Undo é similar a usar o Supervisor de Segmento pelo fato de que nós chamamos as procedures DBMS_ADVISOR e consultamos as visões de dicionário de dados DBA_ADVISOR_* para ver os resultados da análise.

Entretanto, o Supervisor de Undo conta com outro recurso lançado no Oracle 10g – o *AWR, Automatic Workload Repository (Repositório Automático de Carga de Trabalho)*. O Automatic Workload Repository, incorporado em cada banco de dados Oracle, contém os snapshots de todas as estatísticas e cargas de trabalho importantes no banco de dados em intervalos de 60 minutos, por padrão. As estatísticas no AWR são mantidas por sete dias, depois dos quais as estatísticas mais antigas são descartadas. Entretanto, tanto os intervalos de snapshots quanto o período de retenção podem ser ajustados ao seu ambiente. O AWR mantém o registro do histórico de como o banco de dados está sendo usado ao longo do tempo e ajuda a diagnosticar e prever a problemas muito antes que eles possam provocar uma interrupção no banco de dados.

Para configurar o Supervisor de Undo para analisar o uso de espaço de undo, utilizaremos um bloco PL/SQL anônimo similar ao que usamos para o Supervisor de Segmento. Entretanto, antes que possamos usar o Supervisor de Segmento, precisamos determinar o horário a ser analisado. A visão de dicionário de dados DBA_HIST_SNAPSHOT contém a quantidade de snapshots e os timestamp; procuraremos a quantidade de snapshots de 21 de julho de 2007, sábado, 8:00h até 21 de julho de 2007, sábado, 9:30h:

```
SQL> select snap_id, begin_interval_time, end_interval_time
  2      from DBA_HIST_SNAPSHOT
  3  where begin_interval_time > '21-Jul-07 08.00.00 PM' and
  4        end_interval_time < '21-Jul-07 09.31.00 PM'
  5  order by end_interval_time desc;

   SNAP_ID BEGIN_INTERVAL_TIME          END_INTERVAL_TIME
---------- ---------------------------- ----------------------------
         8 21-JAN-07 09.00.30.828 PM    21-JAN-07 09.30.14.078 PM
         7 21-JAN-07 08.30.41.296 PM    21-JAN-07 09.00.30.828 PM
         6 21-JAN-07 08.00.56.093 PM    21-JAN-07 08.30.41.296 PM
```

Dados esses resultados, usaremos o intervalo SNAP_ID de 6 a 8 quando chamarmos o Supervisor de Undo. O bloco PL/SQL anônimo é:

```
-- iniciar análise do Supervisor de Undo
--   rev. 1.1    RJB    7/16/2007
--
-- Variável do SQL*Plus para recuperar o número da tarefa do Supervidor de Undo
variable task_id number

declare
    task_id    number;
    name       varchar2(100);
    descr      varchar2(500);
    obj_id     number;
begin
    name:= ''; -- nome único gerado pelo create_task
    descr:= 'Check Undo Tablespace';
    dbms_advisor.create_task
        ('Undo Advisor',:task_id, name, descr);
```

```
        dbms_advisor.create_object
             (name, 'UNDO_TBS', NULL, NULL, NULL, 'null', obj_id);
        dbms_advisor.set_task_parameter(name, 'TARGET_OBJECTS', obj_id);
        dbms_advisor.set_task_parameter(name, 'START_SNAPSHOT', 6);
        dbms_advisor.set_task_parameter(name, 'END_SNAPSHOT', 8);
        dbms_advisor.set_task_parameter(name, 'INSTANCE', 1);
        dbms_advisor.execute_task(name);
end;

PL/SQL procedure successfully completed.

SQL> print task_id

TASK_ID
-------
    527
```

Como no Supervisor de Segmento, podemos examinar a visão DBA_ADVISOR_FINDINGS para ver o problema e as recomendações.

```
SQL> select owner, task_id, task_name, type,
  2      message, more_info from dba_advisor_findings
  3      where task_id = 527;

OWNER       TASK_ID TASK_NAME    TYPE
----------  ------- ----------   -------------
RJB             527 TASK_00003   PROBLEM

MESSAGE
--------------------------------------------------
The undo tablespace is OK.

MORE_INFO
------------------------------------------------------------------
```

Nesse cenário específico, o Supervisor de Undo indica que há espaço suficiente no tablespace de undo para manipular os tipos e volumes de consultas que são executadas nesse banco de dados.

Uso do índice

Embora os índices forneçam um enorme benefício acelerando as consultas, eles podem ter um impacto no uso do espaço no banco de dados. Se um índice não está sendo usado, o espaço ocupado por ele pode ser mais bem utilizado em outro lugar; se não precisamos usá-lo, também podemos economizar o tempo de processamento de operações de inserção, atualização e exclusão que têm um impacto sobre este. O uso do índice pode ser monitorado com a visão de desempenho dinâmico V$OBJECT_USAGE. No nosso esquema de HR, suspeitamos que o índice na coluna JOB_ID da tabela EMPLOYEES não está sendo usado. Ativamos o monitoramento para esse índice assim:

```
SQL> alter index hr.emp_job_ix monitoring usage;
Index altered.
```

Examinamos rapidamente a visão V$OBJECT_USAGE para nos certificarmos de que esse índice está sendo monitorado:

```
SQL> select * from v$object_usage;
```

```
INDEX_NAME        TABLE_NAME        MON USED START_MONITORING
----------------  ----------------  --- ---- ------------------
EMP_JOB_IX        EMPLOYEES         YES NO   07/24/2007 10:04:55
```

A coluna USED informará se esse índice é acessado para satisfazer uma consulta. Depois de um dia inteiro de atividades típicas de usuário, verificamos novamente a visão V$OBJECT_USAGE e, em seguida, desativamos o monitoramento:

```
SQL> alter index hr.emp_job_ix nomonitoring usage;
Index altered.
SQL> select * from v$object_usage;
INDEX_NAME  TABLE_NAME      MON USED START_MONITORING    END_MONITORING
----------  --------------  --- ---- ------------------  ----------------
EMP_JOB_IX  EMPLOYEES       NO  YES  07/24/2007 10:04:55 07/25/2007 11:39:45
```

Realmente o índice parece ter sido usado ao menos uma vez durante um dia normal. Na outra extremidade do espectro, um índice pode ser acessado com muita freqüência. Se os valores-chave forem inseridos, atualizados ou excluídos freqüentemente, um índice pode tornar-se menos eficiente em termos de uso do espaço. Os comandos a seguir podem ser usados como uma linha de base para um índice após ele ser criado e, então, executado periodicamente para ver se o uso do espaço se torna ineficiente:

```
SQL> analyze index hr.emp_job_ix validate structure;
Index analyzed.
SQL> select pct_used from index_stats where name = 'EMP_JOB_IX';
  PCT_USED
----------
        78
```

A coluna PCT_USED indica a porcentagem de espaço alocado para o índice em uso. Ao longo do tempo, a tabela EMPLOYEES é intensamente usada, devido à alta rotatividade de funcionários na empresa e esse índice, entre outros, não está usando seu espaço de maneira eficiente, conforme indicado pelo comando **analyze** e a consulta **select** a seguir, portanto, decidiremos que uma reconstrução é necessária:

```
SQL> analyze index hr.emp_job_ix validate structure;
Index analyzed.
SQL> select pct_used from index_stats where name = 'EMP_JOB_IX';
  PCT_USED
----------
        26
SQL> alter index hr.emp_job_ix rebuild online;
Index altered.
```

Observe a inclusão da opção **online** na instrução **alter index... rebuild**. A tabela indexada pode permanecer online com um overhead mínimo enquanto o índice está sendo reconstruído. Em circunstâncias raras, como comprimentos de chave maiores, você talvez não consiga usar a opção **online**.

Níveis de alerta de uso de espaço

Anteriormente neste capítulo, examinamos a visão de dicionário de dados DBA_THRESHOLDS, que contém uma lista de métricas ativas para medir a saúde de um banco de dados. Em uma instalação padrão do Oracle 11g, use a instrução **select** a seguir para ver alguns dos 22 limites predefinidos:

```
SQL> select metrics_name, warning_operator warn, warning_value wval,
  2     critical_operator crit, critical_value cval,
```

```
    3      consecutive_occurrences consec
    4      from dba_thresholds;
METRICS_NAME                      WARN WVAL            CRIT CVAL        CONSEC
------------------------------    ---- --------------  ---- ----------- ------
Average Users Waiting Counts      GT   10              NONE             3
...
Blocked User Session Count        GT   0               NONE             15
Current Open Cursors Count        GT   1200            NONE             3
Database Time Spent Waiting (%)   GT   30              NONE             3
...
Logons Per Sec                    GE   100             NONE             2
Session Limit %                   GT   90              GT   97          3
Tablespace Bytes Space Usage      LE   0               LE   0           1
Tablespace Space Usage            GE   85              GE   97          1

22 rows selected.
```

Em termos de uso do espaço, vemos que o nível de alerta para um determinado tablespace é quando ele está 85% cheio, e o espaço está em um nível crítico quando ele atinge 97%. Além disso, essa condição só precisa ocorrer durante um período de relatório, o que por padrão leva um minuto. Para as outras condições na lista, a condição deve ser verdadeira entre 2 e 15 períodos consecutivos de relatórios antes de um alerta ser emitido.

Para alterar o nível no qual um alerta é gerado, podemos usar a procedure DBMS_SERVER_ALERT. SET_THRESHOLD. Neste exemplo, queremos ser notificados antes se um tablespace estiver sem espaço disponível, portanto, atualizaremos o limite de alerta da notificação de alerta de 85% para 60%:

```
--
-- Procedure PL/SQL anônima para atualizar o limite de alerta de
utilização de espaço de tablespace
--

declare
    /* OUT */
    warning_operator      number;
    warning_value         varchar2(100);
    critical_operator     number;
    critical_value        varchar2(100);
    observation_period    number;
    consecutive_occurrences number;
    /* IN */
    metrics_id            number;
    instance_name         varchar2(50);
    object_type           number;
    object_name           varchar2(50);

    new_warning_value varchar2(100):= '60';
begin
    metrics_id:= DBMS_SERVER_ALERT.TABLESPACE_PCT_FULL;
    object_type:= DBMS_SERVER_ALERT.OBJECT_TYPE_TABLESPACE;
    instance_name:= 'dw';
    object_name:= NULL;

-- recupera os valores atuais com get_threshold
    dbms_server_alert.get_threshold(
        metrics_id, warning_operator, warning_value,
```

```
            critical_operator, critical_value,
            observation_period, consecutive_occurrences,
            instance_name, object_type, object_name);

-- atualiza o limite de alerta de 85 para 60
    dbms_server_alert.set_threshold(
        metrics_id, warning_operator, new_warning_value,
        critical_operator, critical_value,
        observation_period, consecutive_occurrences,
        instance_name, object_type, object_name);

end;

PL/SQL procedure successfully completed.
```

Verificando novamente a visão DBA_THRESHOLDS, vemos que o nível de alerta foi alterado para 60%:

```
SQL> select metrics_name, warning_operator warn, warning_value wval
  2    from dba_thresholds;

METRICS_NAME                         WARN  WVAL
-----------------------------------  ----  -------------
Average Users Waiting Counts         GT    10
...
Blocked User Session Count           GT    0
Current Open Cursors Count           GT    1200
Database Time Spent Waiting (%)      GT    30
...
Logons Per Sec                       GE    100
Session Limit %                      GT    90
Tablespace BytesSpace Usage          LE    0
Tablespace Space Usage               GE    60

22 rows selected.
```

Um exemplo detalhado de como usar o Advanced Queuing do Oracle para inscrever-se na fila de mensagens de alerta está além do escopo deste livro. No entanto, posteriormente neste capítulo, mostraremos alguns exemplos de como usar o Enterprise Manager para configurar notificações assíncronas de condições de alerta usando email, um pager ou uma procedure PL/SQL.

Resumable space allocation (alocação de espaço retomável)

Desde o Oracle9*i*, o banco de dados Oracle fornece uma maneira de suspender operações de longa duração no caso de falhas de alocação de espaço. Uma vez que o DBA seja notificado e o problema de alocação de espaço seja corrigido, a operação de longa duração poderá ser concluída. A operação de longa duração não tem que ser reiniciada desde o começo.

Três tipos de problemas de gerenciamento de espaço podem ser resolvidos com o Resumable Space Allocation:

- Espaço insuficiente no tablespace
- Extensões máximas alcançadas no segmento
- Cota de espaço excedida para um usuário

O DBA pode automaticamente tornar as instruções reiniciáveis configurando o parâmetro de inicialização RESUMABLE_TIMEOUT como um valor diferente de 0. Esse valor é especificado em segundos. No nível de sessão, um usuário pode ativar operações reiniciáveis usando o comando ALTER SESSION ENABLE RESUMABLE:

```
SQL> alter session enable resumable timeout 3600;
```

Nesse caso, qualquer operação de longa duração que seja executada sem espaço suficiente poderá ficar suspensa por até 3600 segundos (60 minutos), até que a condição de espaço esteja correta. Se ela não for corrigida dentro do tempo limite, a instrução falhará.

No cenário a seguir, o departamento HR está tentando adicionar os funcionários da tabela EMPLOYEES do escritório da filial em uma tabela EMPLOYEE_SEARCH que contém funcionários de toda a empresa. Sem a Resumable Space Allocation, o usuário HR recebe o erro a seguir:

```
SQL> insert into employee_search
  2     select * from employees;
insert into employee_search
*
ERROR at line 1:
ORA-01653: unable to extend table HR.EMPLOYEE_SEARCH by 128
         in tablespace USERS9
```

Após se deparar com este problema muitas vezes, o usuário HR decide usar a Resumable Space Allocation para evitar a repetição de trabalho sempre que houver problemas de espaço no banco de dados e tenta a operação novamente:

```
SQL> alter session enable resumable timeout 3600;
Session altered.
SQL> insert into hr.employee_search
  2     select * from hr.employees;
```

O usuário não recebe a mensagem e não está claro que a operação foi suspensa. Entretanto, no log de alerta (gerenciado pelo Automatic Diagnostic Repository a partir do Oracle Database 11g), a mensagem XML é exibida como a seguir:

```
<msg time='2007-07-23T22:58:26.749-05:00'
     org_id='oracle' comp_id='rdbms'
     client_id='' type='UNKNOWN' level='16'
     host_id='dw' host_addr='192.168.2.95' module='SQL*Plus'
pid='1843'>
<txt> ORA-01653: unable to extend table
         HR.EMPLOYEE_SEARCH by 128 in tablespace USERS9
</txt>
</msg>
```

O DBA recebe um alerta de pager, configurado no OEM e verifica a visão de dicionário de dados DBA_ RESUMABLE:

```
SQL> select user_id, instance_id, status, name, error_msg
  2  from dba_resumable;

  USER_ID INSTANCE_ID STATUS    NAME                 ERROR_MSG
---------- ----------- --------- -------------------- --------------------
       80           1 SUSPENDED User HR(80), Session ORA-01653: unable to
                                113, Instance 1      extend table HR.EMP
                                                     LOYEE_SEARCH by 128
                                                     in tablespace USERS9
```

O DBA observa que o tablespace USERS9 não permite auto-extensão e o modifica para permitir o crescimento:

```
SQL> alter tablespace users9
  2     add datafile '+DATA'
  3     size 100m autoextend on;
Tablespace altered.
```

O comando **insert da sessão do usuário é concluído com êxito** e o status da operação reiniciável é refletido na visão DBA_RESUMABLE:

```
   USER_ID INSTANCE_ID STATUS   NAME                  ERROR_MSG
---------- ----------- -------- --------------------- -------------------
        80           1 NORMAL   User HR(80), Session
                                113, Instance 1
```

O arquivo de log de alerta também indica um reinício bem-sucedido desta operação:

```
<msg time='2007-07-23T23:06:31.178-05:00'
    org_id='oracle' comp_id='rdbms'
    client_id='' type='UNKNOWN' level='16'
    host_id='dw' host_addr='192.168.2.95' module='SQL*Plus'
    pid='1843'>
<txt>statement in resumable session &apos;User HR(80),
    Session 113, Instance 1&apos; was resumed </txt>
</msg>
```

Na Figura 6-3, você pode ver o alerta de espaço do tablespace USERS9 que aparece na página inicial da instância na seção Alerts, além do aviso de alerta anterior que comunicando que o tablespace USERS9 estava quase cheio cerca de 15 minutos antes do usuário HR ficar temporariamente sem espaço em disco!

No que diz respeito ao usuário, a operação demorou mais tempo do que o esperado, mas foi concluída com êxito. Outra maneira de fornecer mais informações ao usuário é configurar um tipo especial de trigger introduzido no Oracle9*i* denominado *trigger de sistema*. Um trigger de sistema é como qualquer outro trigger, exceto que ele se baseia em algum tipo de evento do sistema em vez de uma instrução DML em um tabela. Aqui está um modelo de um trigger de sistema que dispara um evento AFTER SUSPEND:

```
create or replace trigger resumable_notify
    after suspend on database - executado quando um evento de resumable
space ocorrer
declare
    -- variáveis, caso necessárias
begin
    -- defina um período de 2 horas para o DBA resolver o problema
    dbms_resumable.set_timeout(7200);
    -- verifique o DBA_RESUMABLE para o ID do usuário, então envie e-mail
    utl_mail.send ('karen_s@rjbdba.com',... );
end;
```

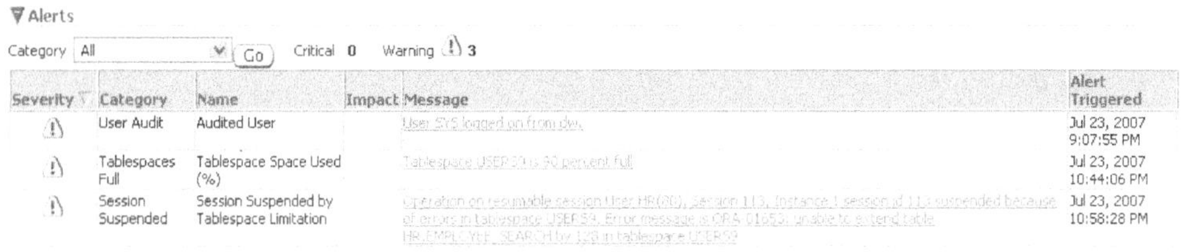

▼ Alerts

Category [All ▼] [Go] Critical 0 Warning ⚠ 3

Severity	Category	Name	Impact	Message	Alert Triggered
⚠	User Audit	Audited User		User SYS logged on from dw.	Jul 23, 2007 9:07:55 PM
⚠	Tablespaces Full	Tablespace Space Used (%)		Tablespace USERS is 90 percent full.	Jul 23, 2007 10:44:06 PM
⚠	Session Suspended	Session Suspended by Tablespace Limitation		Operation on resumable session (for HR(OE), Session 113, Instance 1 session id 113) suspended because of errors in tablespace USERS4. Error message is ORA-01653: unable to extend table HR.EMPLOYEE_SEARCH by 128 in tablespace USERS4	Jul 23, 2007 10:58:28 PM

Figura 6-3 *Seção de alertas na página inicial da instância.*

Gerenciando arquivos de alerta e de rastreamento com ADR

Novo no Oracle Database 11g, o Automatic Diagnostic Repository (ADR) é um repositório gerenciado pelo sistema para armazenar logs de alerta, arquivos de rastreamento e quaisquer outros dados de diagnóstico previamente controlados por outros parâmetros de inicialização.

O parâmetro de inicialização DIAGNOSTIC_DEST configura o local base de todos os diretórios de diagnóstico; no banco de dados dw usado em todo este capítulo, o valor do parâmetro DIAGNOSTIC_DEST é /u01/app/oracle. A Figura 6-4 mostra uma estrutura de diretório típica começando com o subdiretório /u01/app/oracle/diag.

Observe que há diretórios separados para os bancos de dados ASM e as instâncias (rdbms) de banco de dados; dentro do diretório rdbms, você pode ver o diretório dw duas vezes: o diretório de primeiro nível é o banco de dados dw e o segundo dw é a instância dw. Se esse banco de dados estivesse configurado em Real Application Clusters (RAC), você veria cada instância do banco de dados dw abaixo do diretório dw de primeiro nível. Na verdade, o Oracle recomenda que todas as instâncias dentro de um banco de dados RAC tenham o mesmo valor para DIAGNOSTIC_DEST.

Como o local de todas as informações de login e diagnóstico são controladas pelo parâmetro de inicialização DIAGNOSTIC_DEST, os parâmetros de inicialização a seguir são ignorados:

- BACKGROUND_DUMP_DEST
- USER_DUMP_DEST
- CORE_DUMP_DEST

Entretanto, para compatibilidade com versões anteriores, você ainda pode usar esses parâmetros somente leitura para determinar o local do log de alerta, arquivos de rastreamento e core dumps:

```
SQL> show parameter dump_dest
NAME                                 TYPE        VALUE
------------------------------------ ----------- ------------------------
background_dump_dest                 string      /u01/app/oracle/diag/
                                                 rdbms/dw/dw/trace
core_dump_dest                       string      /u01/app/oracle/diag/
                                                 rdbms/dw/dw/cdump
user_dump_dest                       string      /u01/app/oracle/diag/
                                                 rdbms/dw/dw/trace
```

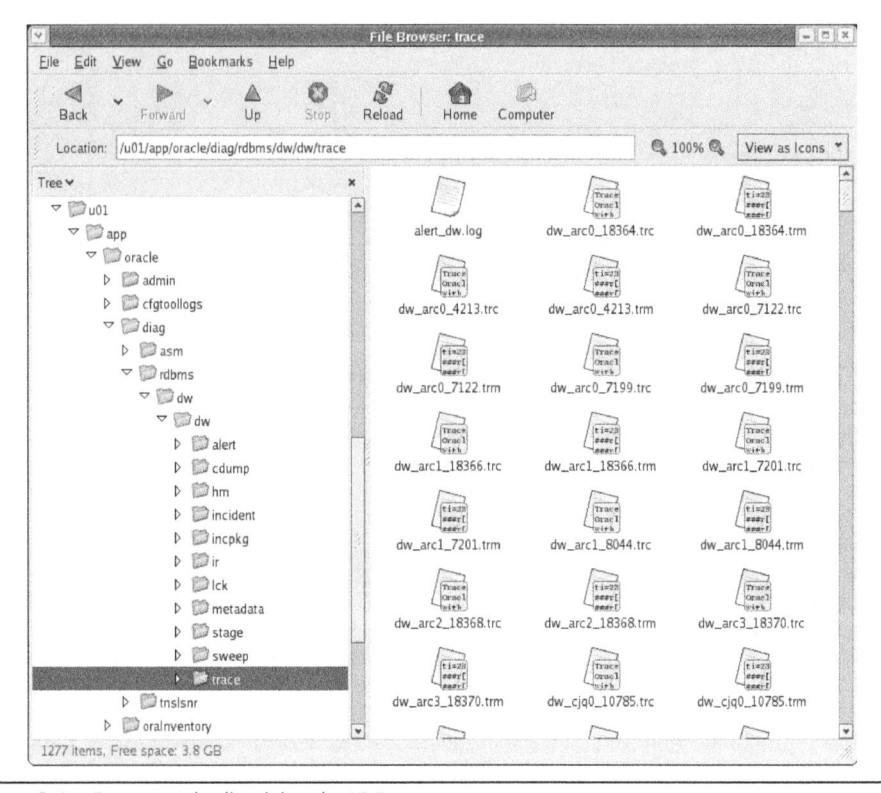

Figura 6-4 *Estrutura de diretórios do ADR.*

Você ainda pode alterar os valores para estes parâmetros, mas eles são ignorados pelo ADR. Alternativamente, você pode usar a visão V$DIAG_INFO para localizar todos os diretórios relativos a diagnósticos para a instância:

```
SQL> select name, value from v$diag_info;

NAME                          VALUE
---------------------------   --------------------------------------------
Diag Enabled                  TRUE
ADR Base                      /u01/app/oracle
ADR Home                      /u01/app/oracle/diag/rdbms/dw/dw
Diag Trace                    /u01/app/oracle/diag/rdbms/dw/dw/trace
Diag Alert                    /u01/app/oracle/diag/rdbms/dw/dw/alert
Diag Incident                 /u01/app/oracle/diag/rdbms/dw/dw/incident
Diag Cdump                    /u01/app/oracle/diag/rdbms/dw/dw/cdump
Health Monitor                /u01/app/oracle/diag/rdbms/dw/dw/hm
Default Trace File            /u01/app/oracle/diag/rdbms/dw/dw/trace/dw_ora
                              _28810.trc
```

```
Active Problem Count      0
Active Incident Count     0

11 rows selected.
```

Gerenciamento de espaço do SO

Fora do ambiente Oracle, o espaço deve ser monitorado pelo administrador do sistema com um entendimento completo, a partir do DBA com relação aos parâmetros adequados para os arquivos de dados auto-extensíveis. Configurar o AUTOEXTEND ON com valores NEXT grandes para um tablespace permitirá que um tablespace cresça e acomode mais inserções e atualizações, mas isso falhará se os volumes de discos do servidor não tiverem o espaço disponível.

SCRIPTS DE GERENCIAMENTO DE ESPAÇO

Nesta seção, iremos fornecer alguns scripts que você pode executar de acordo com a sua necessidade ou pode agendá-los para serem executados de modo a monitorar proativamente o banco de dados.

Esses scripts pegam as visões de dicionário e fazem um exame mais detalhado em uma estrutura particular. A funcionalidade de alguns destes scripts pode coincidir com os resultados fornecidos por algumas ferramentas mencionadas anteriormente no capítulo, mas eles podem ser mais concentrados e, em alguns casos, fornecer mais detalhes sobre os possíveis problemas de espaço no banco de dados.

Segmentos que não podem alocar extensões adicionais

No script a seguir, queremos identificar os segmentos (mais provavelmente tabelas ou índices) que não podem alocar extensões adicionais:

```
select s.tablespace_name, s.segment_name,
       s.segment_type, s.owner
from dba_segments s
where s.next_extent >=
      (select max(f.bytes)
        from dba_free_space f
        where f.tablespace_name = s.tablespace_name)
or s.extents = s.max_extents
order by tablespace_name, segment_name;

TABLESPACE_NAME   SEGMENT_NAME            SEGMENT_TYPE      OWNER
---------------   --------------------    ----------------  --------
USERS9            EMPLOYEE_SEARCH         TABLE             HR
```

Nesse exemplo, estamos usando uma subconsulta correlacionada para comparar o tamanho da próxima extensão com a quantidade de espaço livre deixado no tablespace. A outra condição que estamos verificando é se a próxima solicitação de extensão falhará, pois o segmento já está no número máximo de extensões.

O motivo para que esses objetos possam ter problemas é provavelmente uma das duas possibilidades: o tablespace não tem espaço suficiente para a próxima extensão desse segmento ou o segmento tem o número máximo de extensões alocadas. Para solucionar esse problema, o DBA pode estender o tablespace adicionando outro arquivo de dados ou exportando os dados do segmento e recriando-o com parâmetros de armazenamento que correspondam mais aproximadamente ao seu padrão de crescimento. A partir do Oracle9i, o uso de tablespaces gerenciados localmente em vez de tablespaces gerenciados por dicionário resolve esse problema quando há suficiente espaço em disco – o número máximo de extensões em um LMT é ilimitado.

Espaço usado e livre por tablespace e arquivo de dados

O script SQL*Plus a seguir divide o uso do espaço de cada tablespace, e subdivide o uso de espaço por cada arquivo de dados no seu interior. Essa é uma boa maneira de ver como o espaço é usado e estendido dentro de cada arquivo de dados de um tablespace e como ele pode ser útil para balanceamento de carga quando o ASM ou outro dispositivo de armazenamento de alta disponibilidade não está em uso.

```
--
-- Espaço livre dentro de arquivos de dados não-temporários, por
tablespace.
--
-- Sem argumentos.
-- 1024*1024*1000 = 1048576000 = 1GB para igualar ao OEM
--
column free_space_gb  format 9999999.999
column allocated_gb   format 9999999.999
column used_gb        format 9999999.999
column tablespace     format a12
column filename       format a20

select ts.name tablespace, trim(substr(df.name,1,100)) filename,
    df.bytes/1048576000 allocated_gb,
    ((df.bytes/1048576000) - nvl(sum(dfs.bytes)/1048576000,0)) used_gb,
    nvl(sum(dfs.bytes)/1048576000,0) free_space_gb
from v$datafile df
     join dba_free_space dfs on df.file# = dfs.file_id
     join v$tablespace ts on df.ts# = ts.ts#
group by ts.name, dfs.file_id, df.name, df.file#, df.bytes
order by filename;


TABLESPACE   FILENAME                 ALLOCATED_GB    USED_GB  FREE_SPACE_GB
------------ -------------------- ---------------- ---------- --------------
DMARTS       +DATA/dw/datafile/dm              .25    .0640625       .1859375
             arts.269.628621093
EM_REP       +DATA/dw/datafile/em              .25    .0000625       .2499375
             _rep.270.628640521
EXAMPLE      +DATA/dw/datafile/ex               .1     .077375        .022625
             ample.265.627433157
SYSAUX       +DATA/dw/datafile/sy         .7681875       .7145       .0536875
             saux.257.627432973
SYSTEM       +DATA/dw/datafile/sy              .77   .7000625       .0699375
             stem.256.627432971
UNDOTBS1     +DATA/dw/datafile/un             .265   .0155625       .2494375
```

```
                 dotbs1.258.627432975
USERS            +DATA/dw/datafile/us      .0125     .0111875      .0013125
                 ers.259.627432977
USERS2           +DATA/dw/datafile/us         .1     .0000625      .0999375
                 ers2.267.627782171
USERS4           +DATA/dw/datafile/us        .25         .002          .248
                 ers4.268.628561597
USERS9           +DATA/dw/datafile/us         .01    .0000625      .0099375
                 ers9.271.628727991
USERS9           +DATA/dw/datafile/us         .01    .0000625      .0099375
                 ers9.272.628729587
USERS9           +DATA/dw/datafile/us         .05    .0000625      .0499375
                 ers9.273.628730561
USERS3           +DATA2/dw/datafile/u         .1     .0000625      .0999375
                 sers3.256.627786775
XPORT            /u05/oradata/xport.          .3     .1280625      .1719375
                 dbf

14 rows selected.
```

Apenas o tablespace USERS9 tem mais de um arquivo de dados neste banco de dados. Para incluir tablespaces temporários neste relatório, é possível usar uma consulta **union** para combinar esta consulta com uma consulta similar baseada na visão V$TEMPFILE.

AUTOMATIZANDO E SIMPLIFICANDO O PROCESSO DE NOTIFICAÇÃO

Embora alguns dos scripts e pacotes apresentados anteriormente neste capítulo possam ser executados sob demanda, alguns deles podem e devem ser automatizados, não apenas para economizar tempo para o DBA, mas também por precaução e para capturar os problemas antes de eles provocarem uma interrupção no sistema.

Dois dos principais métodos para automatizar os scripts e pacotes são o DBMS_SCHEDULER e o Oracle Enterprise Manager. Cada um desses métodos tem suas vantagens e desvantagens.

O DBMS_SCHEDULER pode fornecer mais controle sobre o modo como a tarefa é agendada e pode ser configurado usando apenas uma interface de linha de comando. O Oracle Enterprise Manager, por outro lado, usa um ambiente completamente baseado na Web, que permite a um DBA administrar um ambiente de banco de dados a partir de qualquer local com acesso a um navegador da Web.

Usando o DBMS_SCHEDULER

O pacote DBMS_SCHEDULER foi lançado no Oracle 10g. Ele fornece novos recursos e funcionalidades em relação ao pacote agendador de jobs anterior, DBMS_JOB. Embora o DBMS_JOB ainda esteja disponível no Oracle 10g, é altamente recomendável que seus jobs sejam convertidos para o DBMS_SCHEDULER porque o pacote DBMS_JOB pode ser descontinuado em uma versão futura.

O DBMS_SCHEDULER contém grande parte dos procedimentos que poderiam ser esperados de um pacote de agendamento: CREATE_JOB, DROP_JOB, DISABLE, STOP_JOB e COPY_JOB. Além disso, o DBMS_SCHEDULER facilita a repetição automática de execuções de jobs com o CREATE_SCHEDULE e particiona os jobs em categorias com base no uso de recursos com a procedure CREATE_JOB_CLASS.

Controle e monitoramento de jobs no OEM

O Oracle Enterprise Manager não apenas pode apresentar a maioria das tarefas de administração de banco de dados em um ambiente gráfico baseado na Web, como pode automatizar algumas das tarefas de rotina que um DBA executará diariamente. Nesta seção, abordaremos a funcionalidade equivalente do OEM para o Supervisor de Segmento e o Supervisor de Undo, abordado anteriormente neste capítulo.

Supervisor de segmento

A Figura 6-5 mostra a página inicial do OEM. Grande parte das funções de gerenciamento de espaço, incluindo o Supervisor de Segmento, está disponível diretamente nessa página inicial, especialmente quando há um alerta pendente. A parte principal da página inicial lista as informações gerais de disponibilidade da instância, incluindo o seu nome, o nome do host, o uso da CPU e as informações de sessão. A metade inferior da página inicial contém links diretos a páginas de status e advisors. A Figura 6-6 mostra a parte inferior da página inicial da Figura 6-5.

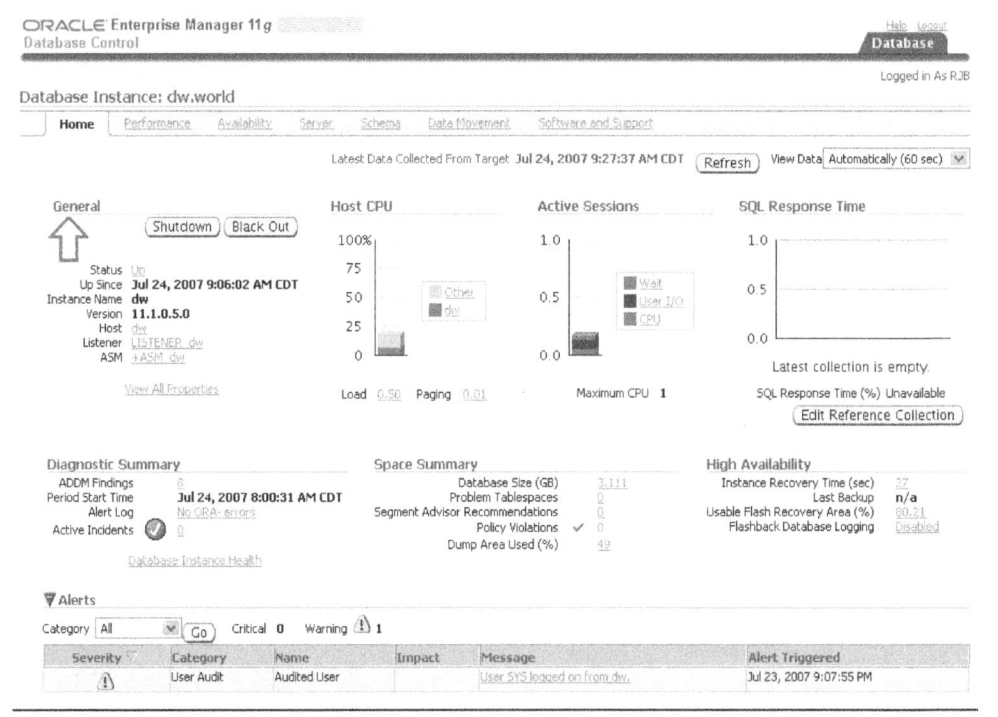

Figura 6-5 *Página inicial do OEM.*

Figura 6-6 *Links relativos à página inicial do OEM.*

Se não houver um alerta relativo ao espaço destacado e você quiser executar o Supervisor de Segmento, clique no link Advisor Central na Figura 6-6 e, em seguida, clique no link Segment Advisor; aparecerá a página da Figura 6-7.

Na Figura 6-7, selecione o botão de opção Tablespaces; você suspeita que um ou mais tabelas no tablespace USERS precisam de reorganização. Clique em Next; você verá a Etapa 2 na Figura 6-8. Adicione o tablespace USERS à lista de objetos a ser analisada.

Ao clicar em Next na Figura 6-8, é possível alterar o agendamento para o job de análise; por padrão, o job é executado imediatamente, que, nesse caso, é o desejado. A Figura 6-9 mostra as outras opções de agendamento. Ao clicar em Next na Figura 6-9, você vê a página de revisão da Figura 6-10 aparece. Clique em Show SQL se quiser ver o código SQL utilizado ou se quiser usar as instruções SQL para customizar um job em lote.

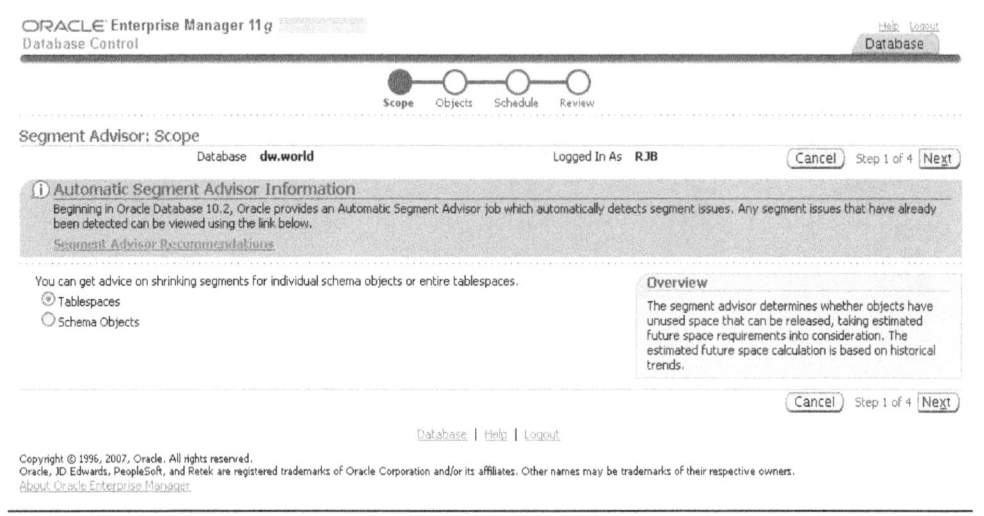

Figura 6-7 *Supervisor de Segmento Etapa 1: selecionar tipo de análise.*

Como você poderia suspeitar, clicar em Submit na Figura 6-10 envia o job para ser executado imediatamente ou na hora especificada. A próxima página é a guia Advisors na Figura 6-11.

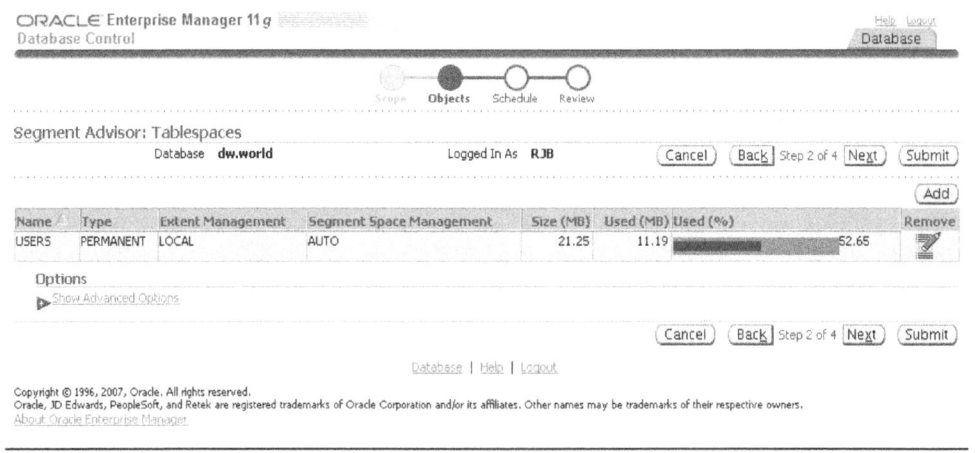

Figura 6-8 *Supervisor de Segmento Etapa 2: selecionar objetos.*

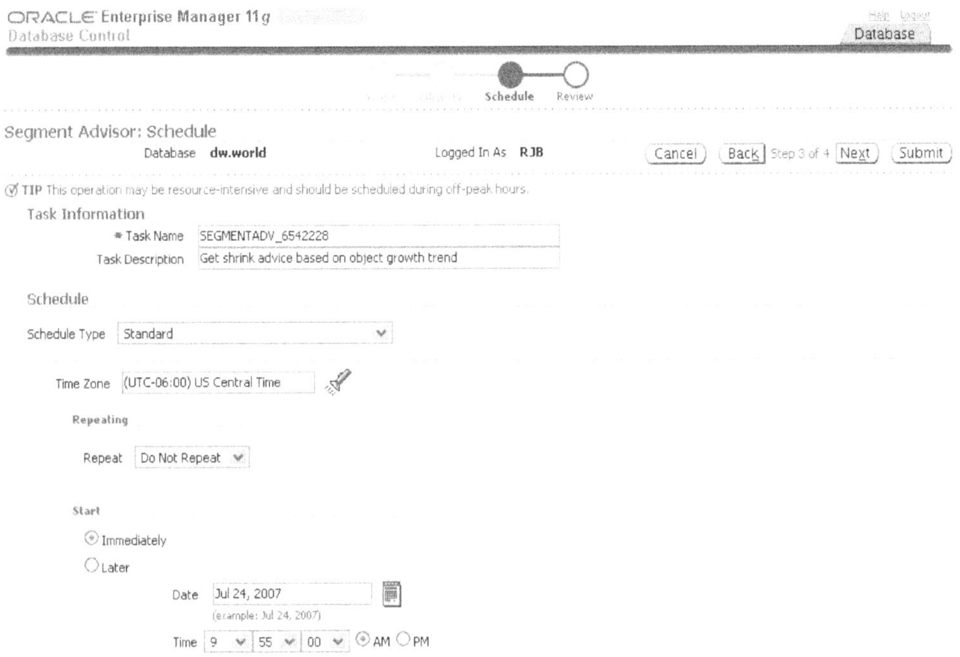

Figura 6-9 *Supervisor de Segmento Etapa 3: opções de agendamento.*

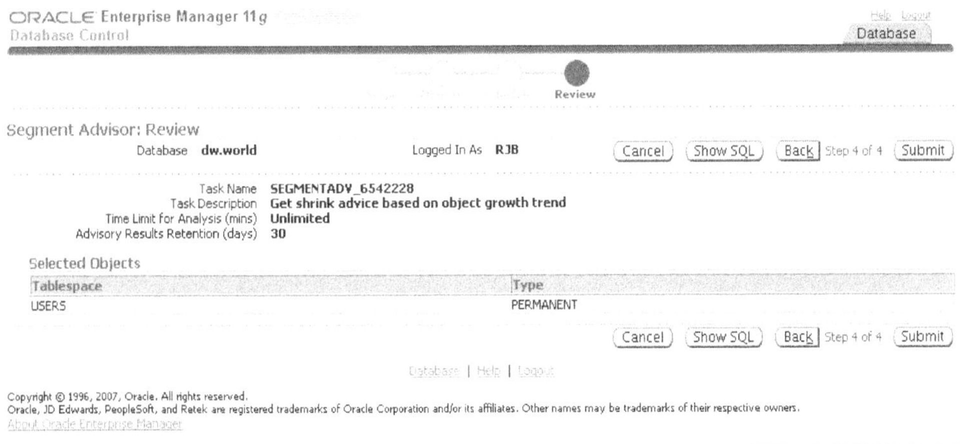

Figura 6-10 *Supervisor de Segmento Etapa 4: revisão.*

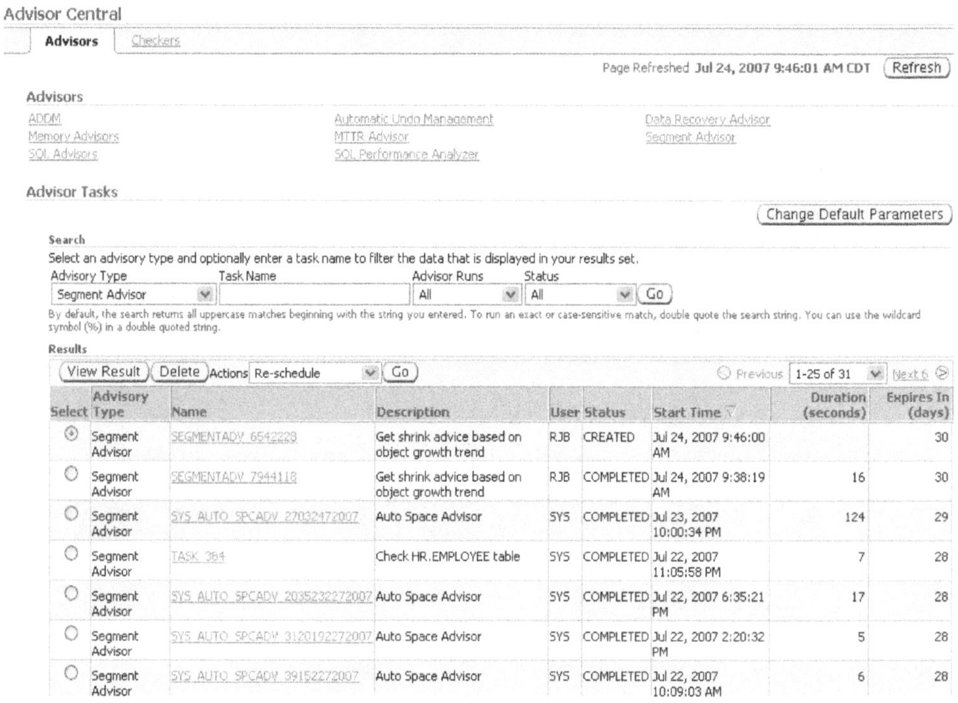

Figura 6-11 *Supervisores e tarefas.*

Na Figura 6-11, você vê a tarefa do Supervisor de Segmento que acabou de iniciar. Nesse caso, todas as tarefas recentes do Supervisor são tarefas do Supervisor de Segmento; dependendo da hora do dia e de outros jobs que estão agendados, essa pode ser uma combinação de tarefas do Supervisor de Memória, tarefas do Supervisor de SQL e assim por diante. A maioria das tarefas da Figura 6-11 é criada com a instalação padrão do Oracle e é executada regularmente, como o Auto Space Advisor. Como conseqüência, todos os resultados da tarefa de análise *ad hoc* eventualmente serão mostrados em um dos resultados periódicos do Supervisor de Segmento.

Quando a coluna Status do job do Supervisor de Segmento é alterada para COMPLETED (é possível atualizar a lista através da janela do navegador ou clicando em Refresh), clique no nome do job para ver seus resultados, mostrados na Figura 6-12.

Os resultados do supervisor da Figura 6-12 indicam que a tabela EMPLOYEES_SEARCH poderia se beneficiar de uma operação de compressão, melhorando potencialmente o acesso à tabela e liberando espaço no tablespace USERS. Para implementar a recomendação, clique no botão Shrink na coluna Recommendation.

Supervisor de Undo

Para iniciar o Automatic Undo Management Advisor, inicie a página da Figura 6-11 e clique no link Automatic Undo Management na parte superior da página. Veja na Figura 6-13 as configurações atuais para o tablespace de undo UNDOTBS1.

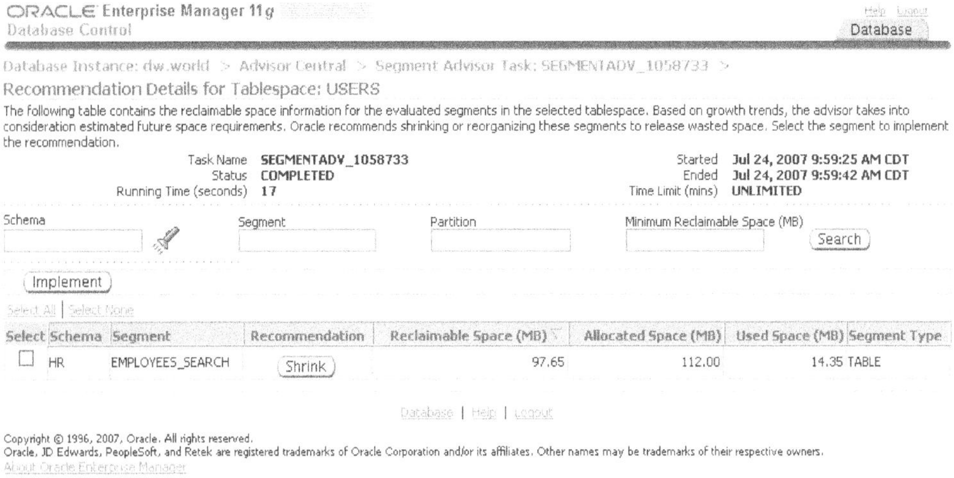

Figura 6-12 *Resultados do Supervisor de Segmento.*

Figura 6-13 *Configurações e opções atuais do Supervisor de Undo.*

Dada a carga de SQL recente nesse banco de dados, o tamanho atual do tablespace de undo (265MB) é suficiente (com o AUTOEXTEND configurado em incrementos de 5MB) para satisfazer às necessidades dos dados deste para consultas similares no futuro. Entretanto, você espera adicionar algumas tabelas de data warehouse e pode ter consultas de longa duração que precisam exceder os 15 minutos da janela de retenção de undo atual e também deseja manter o desempenho do sistema global evitando extensões freqüentes ao tablespace de undo existente. Portanto, você provavelmente precisa aumentar o tamanho do tablespace de undo. Na Figura 6-13, especifique 45 minutos na caixa de texto Duration e clique no botão Run Analysis; a análise é executada imediatamente. Na parte inferior da Figura 6-14, você vê que o tamanho mínimo requerido para o tablespace de undo é de 545MB.

Não é necessário alterar o tamanho do seu tablespace de undo imediatamente; com o Supervisor de Undo você pode alterar o período de tempo para análise e retenção a fim de ver quais serão seus requisitos de disco em um determinado cenário.

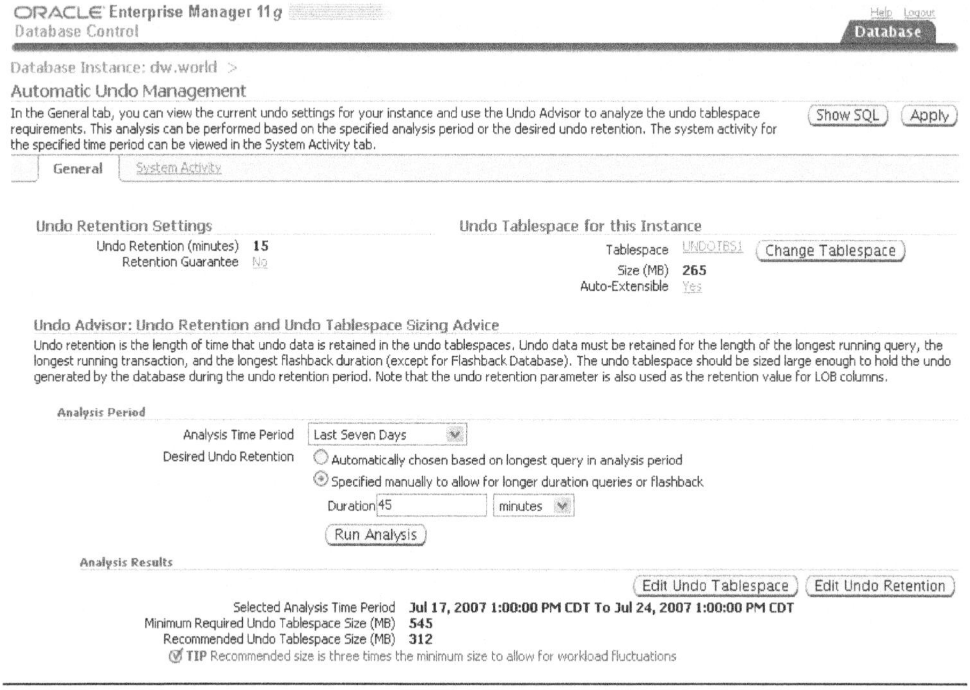

Figura 6-14 *Recomendações do Supervisor de Undo.*

CAPÍTULO 7

Gerenciando transações com tablespaces de undo

No Capítulo 6, mencionamos rapidamente o modo como o espaço em um tablespace de undo é gerenciado, junto com visões como V$UNDOSTAT que podem ajudar o DBA a monitorá-los e dimensioná-los. Neste capítulo, abordaremos a configuração e o gerenciamento do tablespace de undo, e como podemos resolver os requisitos, algumas vezes conflitantes, de fornecer undo suficiente para consistência de leitura e, ao mesmo tempo, evitarmos a falha de instruções DML porque o parâmetro de retenção está configurado muito alto.

Para começar este capítulo, analisaremos rapidamente as transações a partir do ponto de vista de um usuário de banco de dados para entender melhor como dar suporte às transações de usuários com o tablespace de undo dimensionado corretamente. Em seguida, discutiremos os conceitos básicos da criação de um tablespace de undo, durante a criação de banco de dados ou, mais tarde, usando o familiar comando **create tablespace**. Os segmentos de undo preenchem grande parte dos requisitos dos usuários de banco de dados e esses requisitos serão listados com alguns detalhes.

O Oracle fornece várias maneiras de monitorar e, como resultado, dimensionar com maior precisão os tablespaces de undo. O pacote **dbms_advisor** pode ser usado para analisar o uso do tablespace de undo, como fizemos no Capítulo 6; examinaremos esse pacote mais detalhadamente e mostraremos como o Oracle Enterprise Manager Database Control pode facilitar a execução da análise.

A última seção deste livro examinará os diferentes tipos de recursos do Oracle Flashback que contam com um tablespace de undo dimensionado corretamente para fazer a recuperação a partir de diferentes cenários de erro de usuário. Todos os principais recursos do Flashback no nível de consulta, tabela ou transação são abordados nesta seção; o Flashback Database será discutido no Capítulo 14.

Os segmentos de rollback de versões anteriores do Oracle eram difíceis de gerenciar e, em geral, eram dimensionados muito grandes ou muito pequenos pela maioria dos DBAs. O Oracle recomenda que todos os novos bancos de dados usem o Automatic Undo Management e que os bancos de dados atualizados de uma versão anterior do Oracle sejam convertidos para usá-lo. Não abordaremos aqui aspectos do gerenciamento de undo manual, exceto como migrar de segmentos de rollback para o undo automático.

CONCEITOS BÁSICOS DE TRANSAÇÕES

Uma *transação* é uma coleção de instruções SQL DML que são tratadas como uma unidade lógica; a falha de alguma das instruções na transação implica que nenhuma outra alteração feita ao banco de dados na transação será salva permanentemente no banco de dados. Uma vez que as instruções DML na transação tenham sido concluídas com êxito, a aplicação ou o usuário SQL*Plus emitirá um comando **commit** para tornar as alterações permanentes. No exemplo clássico de transações bancárias, como transferência de um montante de dólares de uma conta para outra só é bem-sucedida se o débito de uma conta (um **update** do saldo da conta poupança) e o crédito da outra conta (um **update** do saldo da conta corrente) forem bem-sucedidos. Uma falha de qualquer uma das instruções invalida a transação inteira. Quando a aplicação ou o usuário SQL*Plus emite um comando **commit**, se somente uma ou outra instrução **update** for bem-sucedida, o banco terá alguns clientes muito infelizes!

Uma transação é iniciada implicitamente. Depois que um comando **commit** de uma transação anterior é concluído e ao menos uma linha de uma tabela é inserida, atualizada ou excluída, uma nova transação é implicitamente criada. Além disso, todos os comandos DDL, como **create table** e **alter index** executarão commit em uma transação ativa e iniciarão uma nova. É possível nomear uma transação usando o comando **set transaction... name 'transaction_name'**. Embora isso não forneça uma vantagem direta à aplicação, o nome atribuído à transação está disponível na visão de desempenho dinâmico V$TRANSACTION e permite que um DBA monitore transações de longa duração. Além disso, o nome da transação ajuda o DBA a resolver transações incertas em ambientes de banco de dados distribuídos. O comando **set transaction**, se usado, deve ser a primeira instrução dentro da transação.

Dentro de uma determinada transação, é possível definir um savepoint. Um savepoint permite que a seqüência de comandos DML dentro de uma transação seja particionada para que se possa efetuar rollback em um ou mais comandos DML, depois do savepoint, e submeter comandos DML adicionais ou efetuar commit nos que foram executados antes do savepoint. Os savepoints são criados com o comando **savepoint** *savepoint_name*. Para desfazer os comandos DML desde o último savepoint, use o comando **rollback to savepoint** *savepoint_name*.

Uma transação sofre commit implicitamente se o usuário se desconecta normalmente do Oracle; se o processo do usuário terminar de forma anormal, a transação mais recente sofre rollback.

CONCEITOS BÁSICOS DE UNDO

Os tablespaces de undo facilitam o rollback de transações lógicas. Além disso, os tablespaces de undo dão suporte a vários outros recursos, incluindo consistência de leitura, várias operações de recuperação de banco de dados e funções de Flashback.

Rollback

Conforme descrito na seção anterior, todo comando DML dentro de uma transação – seja uma transação de um ou cem comandos DML – talvez necessite ser revertido. Quando um comando DML faz uma alteração a uma tabela, os valores de dados antigos alterados por ele são registrados no tablespace de undo, dentro de um segmento de undo gerenciado pelo sistema ou de um segmento de rollback.

Quando uma transação inteira sofre rollback (isto é, uma transação sem um savepoint), o Oracle desfaz todas as alterações feitas pelos comandos DML desde o início da transação usando os registros de undo correspondentes, libera eventuais bloqueios nas linhas afetadas, e encerra a transação.

Se parte de uma transação sofre rollback para um savepoint, o Oracle desfaz todas as alterações feitas pelos comandos DML depois do savepoint. Todos os savepoints subseqüentes são perdidos, todos os bloqueios obtidos depois dele são liberados e a transação permanece ativa.

Consistência de leitura

O undo fornece *consistência de leitura* para usuários que estejam lendo linhas que estão envolvidas em uma transação DML por outro usuário. Em outras palavras, todos os usuários que estão lendo as linhas afetadas não verão as alterações feitas às linhas até que emitam uma nova consulta depois que o usuário DML efetuar commit na transação. Os segmentos de undo são usados para reconstruir os blocos de dados de volta para uma versão de leitura consistente e, como resultado, fornecem os valores anteriores das linhas para qualquer usuário que emite uma instrução **select** antes de a transação sofrer commit. Por exemplo, o usuário CLOLSEN inicia uma transação às 10:00 que espera encerrar com commit às 10:15, com várias atualizações e inserções na tabela EMPLOYEES. Cada vez que um **insert**, **update** e **delete** ocorre na tabela EMPLOYEES, os valores antigos da tabela são salvos no tablespace de undo. Quando o usuário SUSANP emite uma instrução **select** na tabela EMPLOYEES às 10:08, nenhuma das alterações feitas por CLOLSEN é visível para os outros usuários, exceto para CLOLSEN. O tablespace de undo fornece os valores anteriores às alterações de CLOLSEN para SUSANP e todos os outros usuários. Mesmo que a consulta de SUSANP só termine às 10:20, a tabela ainda parecerá estar inalterada até que uma nova consulta seja emitida após as alterações sofrerem commit. Até que

CLOLSEN execute um comando **commit** às 10:15, os dados da tabela aparecerão inalterados como estavam às 10:00.

Se não houver espaço de undo suficiente disponível para armazenar os valores anteriores das linhas alteradas, o usuário que emite a instrução **select** poderá receber um erro "ORA-01555: Snapshot Too Old". Mais adiante neste capítulo, discutiremos como é possível resolver este problema.

Recuperação de banco de dados

Os tablespaces de undo também são um componente importante de recuperação de instância. Os redo logs online trazem as transações que encerraram com commit e as que não encerraram com commit ao ponto em que ocorreu a falha da instância. Os dados de undo são usados para aplicar rollback em todas as transações que não sofreram commit até a hora da queda ou falha da instância.

Operações de flashback

Os dados no tablespace de undo são usados para dar suporte a vários tipos de opções de Flashback: Flashback Table, Flashback Query e o pacote DBMS_FLASHBACK. O Flashback Table irá restaurar uma tabela para um ponto no passado, o Flashback Query permite que você visualize uma tabela a partir de um SCN ou tempo no passado e DBMS_FLASHBACK fornece uma interface programática para operações Flashback. O Flashback Data Archive, novo no Oracle Database 11g, armazena e rastreia todas as transações em uma tabela específica para um período de tempo determinado. Resumindo, o Flashback Data Archive armazena dados de undo para uma tabela específica fora do tablespace de undo global. Outra novidade no Oracle Database 11g é o Flashback Transaction Backout que pode aplicar rollback em uma transação que já sofreu commit e suas transações dependentes enquanto o banco de dados está online. Todas essas opções de Flashback são discutidas em mais detalhes no final deste capítulo.

GERENCIANDO TABLESPACES DE UNDO

Dentro do tablespace de undo, o Oracle automaticamente cria, dimensiona e gerencia os segmentos de undo, diferentemente das versões anteriores do Oracle nas quais o DBA precisava dimensionar manualmente e monitorar constantemente os segmentos de rollback.

Nas próximas seções, examinaremos os processos usados para criar e gerenciar tablespaces de undo, incluindo os parâmetros de inicialização relevantes. Além disso, examinaremos alguns cenários onde podemos criar mais de um tablespace de undo e veremos como alternar entre eles.

Criando tablespaces de undo

Os tablespaces de undo podem ser criados de duas maneiras: na criação do banco de dados ou com o comando **create tablespace** depois que o banco de dados é criado. Como em qualquer outro tablespace do Oracle 10g, o tablespace de undo pode ser do tipo bigfile, facilitando ainda mais a sua manutenção.

Criando um tablespace de undo com CREATE DATABASE

Um banco de dados pode ter mais de um tablespace de undo, embora apenas um possa estar ativo ao mesmo tempo. Veja como criar um tablespace de undo na criação do banco de dados:

```
create database ord
    user sys identified by ds88dkw2
    user system identified by md78s233
    sysaux datafile '/u02/oradata/ord/sysaux001.dbf' size 1g
    default temporary tablespace temp01
       tempfile '/u03/oradata/ord/temp001.dbf' size 150m
    undo tablespace undotbs01
       datafile '/u01/oradata/ord/undo001.dbf' size 500m;
```

Se o tablespace de undo não for criado com sucesso no comando **create database**, a operação inteira falhará. O erro deve ser corrigido, todos os arquivos remanescentes da operação devem ser excluídos e o comando deve ser executado novamente.

Embora a cláusula **undo tablespace** no comando **create database** seja opcional, se ela for omitida e o Automatic Undo Management estiver ativado, um tablespace de undo ainda será criado com um arquivo de dados auto-extensível, com um tamanho inicial de 10MB e o nome padrão de SYS_UNDOTBS.

Criando um tablespace de undo com CREATE TABLESPACE

A qualquer momento depois que o banco de dados é criado, um novo tablespace de undo pode ser criado. Um tablespace de undo é criado exatamente como qualquer outro, com a adição da palavra-chave **undo**:

```
create undo tablespace undotbs02
    datafile '/u01/oracle/rbdb1/undo0201.dbf'
    size 500m reuse autoextend on;
```

Dependendo da volatilidade do banco de dados ou da expectativa de que as necessidades de undo dele possam crescer dramaticamente no futuro, iniciamos esse tablespace com apenas 500MB e permitimos que ele aumente. As extensões em um tablespace de undo devem ser gerenciadas pelo sistema. Em outras palavras, você só pode especificar **extent management** como **local autoallocate**.

Criando um tablespace de undo usando EM Database Control

Usando o Enterprise Manager Database Control, a criação de um tablespace de undo é simples e direta. Na guia Server na página inicial, clique no link Tablespaces. Você verá uma lista de tablespaces existentes; clique no botão Create. Na Figura 7-1, um novo tablespace de undo denominado UNDO_BATCH é criado. Especifique também o Undo Retention Guarantee. Veremos como isso funciona mais adiante neste capítulo.

Na parte inferior da tela, clique em Add e especifique o nome do arquivo de dados a ser usado para o tablespace de undo, conforme indicado na Figura 7-2. Neste exemplo, use o grupo de discos ASM DATA para o arquivo de dados com um tamanho de 500MB e 100MB a mais cada vez que ele é estendido. Clique em Continue para retornar à página da Figura 7-1.

Clicar em Storage nos permite especificar a alocação de extensão, embora para um tablespace de undo ela deva ser automática. Se estamos dando suporte a vários tamanhos de blocos, podemos especificar o tamanho do bloco para o tablespace de undo. A Figura 7-3 mostra que estamos especificando uma alocação de extensão automática e um tamanho de bloco de 8192, o tamanho de bloco padrão e o único definido para o banco de dados.

Como em quase todas as telas de manutenção do EM Database Control, podemos visualizar os comandos SQL reais que serão executados quando estivermos prontos para criar o tablespace.

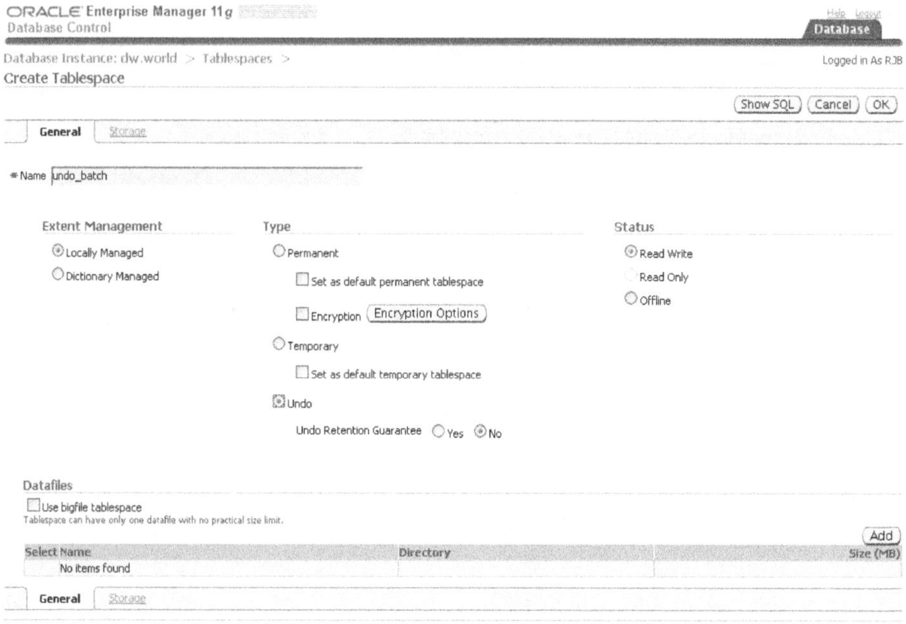

Figura 7-1 *Usando o EM Database Control para criar um tablespace de undo.*

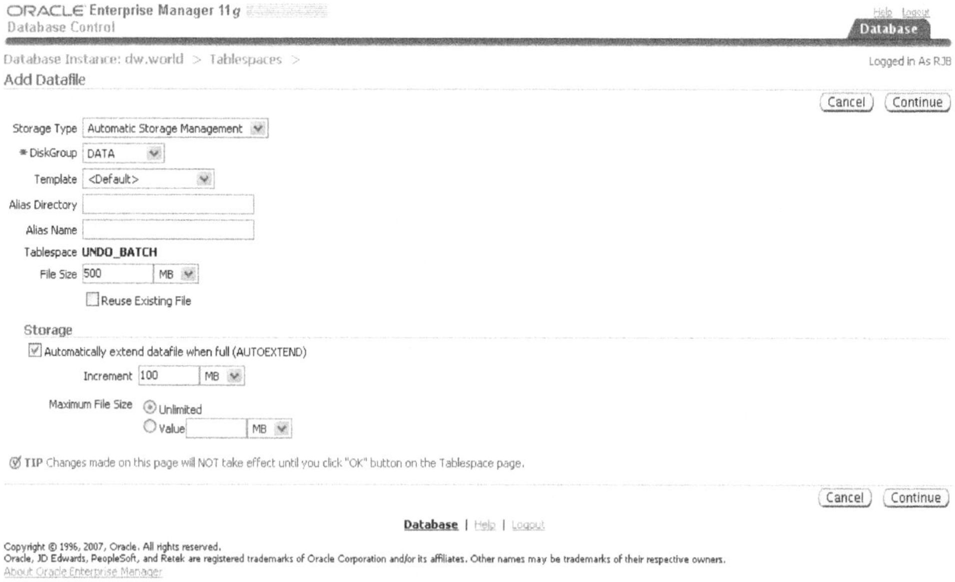

Figura 7-2 *Especificando um arquivo de dados para um novo tablespace de undo.*

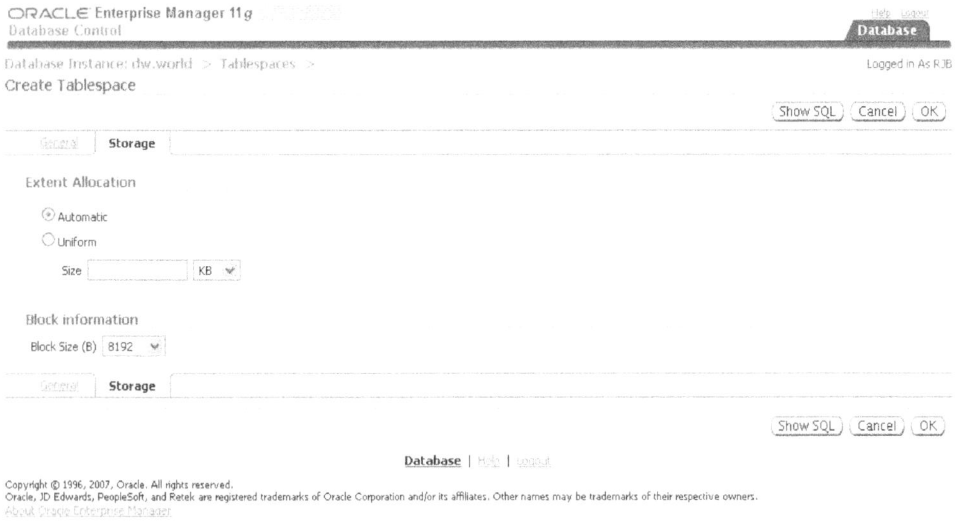

Figura 7-3 *Especificando as características de armazenamento para um tablespace de undo.*

Na Figura 7-4, clicamos no botão Show SQL para visualizar os comandos SQL usados para criar o tablespace. Após clicarmos em OK na Figura 7-3, o novo tablespace de undo é criado com êxito na Figura 7-5. Observe que o EM Database Control, embora economize muito tempo para o DBA, não abrange todos os cenários possíveis nem evita que ele tente criar um tablespace de undo com os parâmetros errados. Na Figura 7-3, poderíamos ter especificado uma alocação de extensão Uniform, mas ao tentar criar o tablespace, ocorrerá uma falha com uma mensagem de erro. Conforme mencionado anteriormente neste capítulo, os tablespaces de undo devem ter extensões alocadas automaticamente.

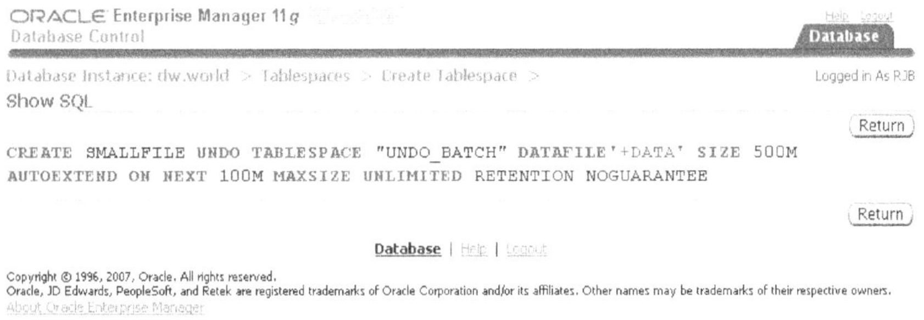

Figura 7-4 *Visualizando os comandos SQL para criar um tablespace de undo.*

Figura 7-5 *Confirmação Create Tablespace de undo.*

Descartando os tablespaces de undo

Descartar um tablespace de undo é similar a descartar qualquer outro tablespace; a única constraint é que o tablespace de undo que está sendo descartado não pode ser o tablespace de undo ativo ou ainda ter dados de undo para uma transação que não sofreu commit. Você pode, entretanto, descartar um tablespace de undo que tenha informações de undo não expiradas, o que pode provocar a falha de uma consulta de longa duração. Para descartar o tablespace que criamos na seção anterior, usamos o comando **drop tablespace**:

```
SQL> drop tablespace undo_batch;
Tablespace dropped.
SQL>
```

A cláusula **including contents** está implícita quando descartamos um tablespace de undo. Entretanto, para remover os arquivos de dados do sistema operacional quando o tablespace é descartado, você deve especificar **including contents and datafiles**. Não é permitido descartar o tablespace de undo ativo:

```
SQL> drop tablespace undotbs1;
drop tablespace undotbs1
*
ERROR at line 1:
ORA-30013: undo tablespace 'UNDOTBS1' is currently in use
SQL>
```

O tablespace de undo ativo deve ser trocado por outro antes que ele possa ser descartado. Mais informações sobre como trocar tablespaces de undo serão fornecidas posteriormente neste capítulo.

Modificando tablespaces de undo

As operações a seguir são permitidas em tablespaces de undo:

- Adicionar um arquivo de dados a um tablespace de undo
- Renomear um arquivo de dados em um tablespace de undo
- Alterar um arquivo de dados de tablespace de undo para online ou offline
- Iniciar ou terminar um backup de tablespace (**alter tablespace undotbs begin backup**)
- Ativar ou desativar a garantia de retenção de undo

Todo o restante é automaticamente gerenciado pelo Oracle.

Usando o OMF para tablespaces de undo

Além de usar um tablespace bigfile para tablespaces de undo, também é possível usar o OMF para nomeá-los automaticamente (e localizá-los, se não estiver usando o ASM); o parâmetro de inicialização DB_ CREATE_FILE_DEST contém o local onde eles serão criados se a cláusula **datafile** não for especificada no comando **create undo tablespace**. No exemplo a seguir, criamos um tablespace de undo usando OMF em um grupo de discos ASM:

```
SQL> show parameter db_create_file_dest
NAME                                 TYPE         VALUE
------------------------------------ ------------ ------------------------------
db_create_file_dest                  string       +DATA

SQL> create undo tablespace undo_bi;
Tablespace created.

SQL> select ts.name ts_name, df.name df_name, bytes
  2  from v$tablespace ts join v$datafile df using(ts#)
  3  where ts.name = 'UNDO_BI';

TS_NAME      DF_NAME                                              BYTES
------------ ---------------------------------------------------- ----------
UNDO_BI      +DATA/dw/datafile/undo_bi.275.629807457              104857600

SQL>
```

Como também não especificamos um tamanho de arquivo de dados, o tablespace assume um tamanho padrão de 100MB; além disso, o arquivo de dados é auto-extensível com um tamanho máximo ilimitado apenas pelo sistema de arquivos.

Visões de desempenho dinâmico do tablespace

Algumas visões de desempenho dinâmico e de dicionários de dados contêm informações sobre tablespaces de undo, transações de usuário e segmentos de undo. A Tabela 7-1 contém os nomes das visões e suas descrições. As visões da Tabela 7-1 são descritas mais adiante neste capítulo.

Parâmetros de inicialização de tablespace de undo

Nas seções a seguir, descreveremos os parâmetros de inicialização necessários para especificar o tablespace de undo para o banco de dados assim como controlar o período de tempo que o Oracle manterá as informações de undo no banco de dados.

UNDO_MANAGEMENT

O parâmetro UNDO_MANAGEMENT assume MANUAL como padrão no Oracle Database 10g e AUTO no Oracle Database 11g. Configurar o parâmetro UNDO_MANAGEMENT como AUTO coloca o banco de dados no modo Automatic Undo Management. Ao menos um tablespace de undo deve existir no banco de dados para que esse parâmetro seja válido, seja o parâmetro UNDO_TABLESPACE especificado ou não. O parâmetro UNDO_ MANAGEMENT não é dinâmico, portanto, a instância deve ser reiniciada sempre que UNDO_MANAGEMENT é alterado de AUTO para MANUAL, ou vice versa.

UNDO_TABLESPACE

O parâmetro UNDO_TABLESPACE especifica qual tablespace de undo será usado para o Automatic Undo Management. Se o parâmetro UNDO_MANAGEMENT não estiver especificado ou configurado como MANUAL e UNDO_ TABLESPACE estiver especificado, a instância não iniciará.

> **NOTA**
> O parâmetro UNDO_TABLESPACE é usado em um ambiente Real Application Clusters (RAC) para atribuir um tablespace de undo específico a uma instância, onde o número total de tablespaces de undo no banco de dados é igual ou maior que o número de instâncias no cluster.

Tabela 7-1 *Visões de tablespace de undo*

Visão	Descrição
DBA_TABLESPACES	Nomes e características dos tablespaces, incluindo a coluna CONTENTS, que pode ser PERMANENT, TEMPORARY ou UNDO; a coluna RETENTION de undo é NOT APPLY, GUARANTEE ou NOGUARANTEE.
DBA_UNDO_EXTENTS	Todos os segmentos de undo no banco de dados, incluindo seus tamanhos, suas extensões, o tablespace onde eles residem e o status atual (EXPIRED ou UNEXPIRED).
V$UNDOSTAT	A quantidade de utilização de undo para o banco de dados em intervalos de dez minutos; contém no máximo 1008 linhas (7 dias).
V$ROLLSTAT	As estatísticas dos segmentos de rollback, incluindo tamanho e status.
V$TRANSACTION	Contém uma linha para cada transação ativa para a instância.

Reciprocamente, se o parâmetro UNDO_MANAGEMENT for configurado como AUTO e não houver um tablespace de undo no banco de dados, a instância iniciará, mas o segmento de rollback SYSTEM será usado para todas as operações de undo e uma mensagem será gravada no log de alerta. Qualquer usuário DML que tentar fazer alterações em tablespaces não-SYSTEM receberá a mensagem de erro "ORA-01552: cannot use system rollback segment for non-system tablespace 'USERS'" e a instrução falhará.

UNDO_RETENTION

O parâmetro UNDO_RETENTION especifica a quantidade de tempo mínima que as informações de undo são mantidas para consultas. No modo undo automático, UNDO_RETENTION assume como padrão o valor de 900 segundos. Esse valor só é válido se houver espaço suficiente no tablespace de undo para dar suporte a consultas de leitura consistente; se as transações ativas exigirem espaço adicional, um undo não expirado poderá ser usado para atender às transações ativas e poderá provocar os erros do tipo "ORA-01555: Snapshot Too Old". A coluna TUNED_UNDORETENTION da visão de desempenho dinâmico V$UNDOSTAT fornece o tempo de retenção de undo ajustado para cada período de tempo. O status do tablespace de undo é atualizado na visão V$UNDOSTAT a cada dez minutos:

```
SQL> show parameter undo_retention

NAME                                 TYPE         VALUE
------------------------------------ ------------ ---------------
undo_retention                       integer      900

SQL> select to_char(begin_time,'yyyy-mm-dd hh24:mi'),
  2    undoblks, txncount, tuned_undoretention
  3    from v$undostat where rownum = 1;

TO_CHAR(BEGIN_TI   UNDOBLKS    TXNCOUNT  TUNED_UNDORETENTION
----------------   ---------   ---------  -------------------
2007-08-05 16:07          9          89                  900
1 row selected.
SQL>
```

Como a carga de transações é muito leve durante o período de tempo mais recente e a instância foi inicializada recentemente, o valor ajustado de retenção de undo é o mesmo do mínimo especificado no parâmetro de inicialização UNDO_RETENTION: 900 segundos (15 minutos).

DICA
Não é necessário especificar o parâmetro UNDO_RETENTION, a menos que você tenha requisitos de retenção para Flashback ou LOB; esse parâmetro UNDO_RETENTION não é usado para gerenciar rollback de transações.

Múltiplos tablespaces de undo

Conforme mencionado anteriormente neste capítulo, um banco de dados pode ter diversos tablespaces de undo, mas somente um deles pode estar ativo para uma determinada instância. Nesta seção, mostraremos como trocar para um tablespace de undo diferente enquanto o banco de dados está aberto.

> **NOTA**
> *Em um ambiente Real Application Clusters (RAC), é necessário um tablespace de undo para cada instância no cluster.*

No banco de dados **dw**, temos três tablespaces de undo:

```
SQL> select tablespace_name, status from dba_tablespaces
  2    where contents = 'UNDO';
TABLESPACE_NAME                STATUS
------------------------------ ---------
UNDOTBS1                       ONLINE
UNDO_BATCH                     ONLINE
UNDO_BI                        ONLINE

2 rows selected.
```

Mas apenas um tablespace de undo está ativo:

```
SQL> show parameter undo_tablespace
NAME                           TYPE        VALUE
------------------------------ ----------- ----------------------
undo_tablespace                string      UNDOTBS1
```

Para o processamento noturno, alteramos o tablespace de undo de UNDOTBS1 para o tablespace UNDO_BATCH, que é muito maior e dá suporte a uma atividade DML mais alta. O disco que contém o tablespace de undo para o período diurno é muito mais rápido, mas tem uma quantidade de espaço limitada; o disco que contém o tablespace de undo para o período noturno é muito maior, mas é mais lento. Como resultado, usamos o tablespace de undo menor para dar suporte ao OLTP durante o dia e o tablespace de undo maior para as cargas do nosso data mart e data warehouse, assim como outras atividades de agregação, à noite, quando o tempo de resposta não é um grande problema.

> **NOTA**
> *Além da circunstância especial descrita nesta seção, é improvável que você troque tablespaces de undo em uma determinada instância. As melhores práticas do Oracle sugerem que você crie um único tablespace de undo por instância suficientemente grande para manipular todas as cargas de transações.*

Aproximadamente no momento em que o tablespace de undo será trocado, a usuária HR está executando algumas operações de manutenção na tabela HR.EMPLOYEES e ela tem uma transação ativa no tablespace de undo atual:

```
SQL> connect hr/hr@dw;
Connected.
SQL> set transaction name 'Employee Maintenance';
Transaction set.
SQL> update employees set commission_pct = commission_pct * 1.1;
107 rows updated.
SQL>
```

Verificando a visão V$TRANSACTION, vemos a transação de HR que ainda não sofreu commit:

```
SQL> select t.status, t.start_time, t.name
  2    from v$transaction t join v$session s on t.ses_addr = s.saddr
  3    where s.username = 'HR';

STATUS          START_TIME             NAME
--------------- ---------------------- -------------------------
ACTIVE          08/05/07 17:41:50      Employee Maintenance

1 row selected.
```

O tablespace de undo é alterado desta forma:

```
SQL> alter system set undo_tablespace=undo_batch;
System altered.
```

A transação de HR ainda está ativa e, portanto, o tablespace de undo antigo ainda contém informações de undo da transação de HR, deixando o segmento de undo disponível com o status a seguir até que a transação sofra um commit ou rollback:

```
SQL> select r.status
  2    from v$rollstat r join v$transaction t on r.usn=t.xidusn
  3                      join v$session s on t.ses_addr = s.saddr
  4    where s.username = 'HR';

STATUS
---------------
PENDING OFFLINE

1 row selected.
```

Mesmo que o tablespace de undo atual seja UNDO_BATCH, o tablespace diurno UNDOTBS1 não pode ser colocado offline ou descartado até que a transação de HR sofra commit ou rollback:

```
SQL> show parameter undo_tablespace
NAME                          TYPE         VALUE
----------------------------- ------------ ----------------------
undo_tablespace               string       UNDO_BATCH

SQL> alter tablespace undotbs1 offline;
alter tablespace undotbs1 offline
*
ERROR at line 1:
ORA-30042: Cannot offline the undo tablespace
```

A mensagem de erro ORA-30042 se aplicará caso você tente colocar em offline um tablespace de undo que está em uso – um atual ou um que ainda tenha transações pendentes. Observe que se alterarmos novamente para o tablespace diurno antes que HR efetue um commit ou rollback na transação original, o status do segmento de rollback de HR reverterá para ONLINE:

```
SQL> alter system set undo_tablespace=undotbs1;
System altered.
```

```
SQL> select r.status
  2     from v$rollstat r join v$transaction t on r.usn=t.xidusn
  3                       join v$session s on t.ses_addr = s.saddr
  4    where s.username = 'HR';

STATUS
---------------
ONLINE

1 row selected.
```

Dimensionando e monitorando o tablespace de undo

Existem três tipos de dados de undo no tablespace de undo: *ativos* ou *não-expirados, expirados* e *não-usados*. Ativos ou não-expirados são dados de undo que ainda precisam de consistência de leitura, mesmo depois do commit de uma transação. Depois que todas as consultas que precisam de dados de undo ativos são concluídas e o período de retenção é atingido, os dados de undo ativos se tornam *expirados*. Os dados de undo expirados ainda podem ser usados para dar suporte a outros recursos do Oracle, como os recursos de Flashback, mas não são mais necessários para dar suporte à consistência de leitura para transações de longa duração. Dados de undo não usados equivalem a espaço no tablespace de undo que nunca foi usado.

Como resultado, o tamanho mínimo de um tablespace de undo é o espaço suficiente para armazenar as versões de imagens do antes de todos os dados das transações ativas que ainda não sofreram commit ou rollback. Se o espaço alocado para o tablespace de undo não puder suportar nem as alterações feitas às transações não encerradas com commit para suportar uma operação de rollback, o usuário receberá a mensagem de erro "ORA-30036: unable to extend segment by *quantidade_de_espaço* in undo tablespace *nome_do_tablespace*". Nesta situação, o DBA deve aumentar o tamanho do tablespace de undo ou, como uma medida temporária, o usuário pode dividir uma transação maior em outras menores, mantendo todas as regras de negócio necessárias.

Métodos manuais

O DBA pode usar vários métodos manuais para dimensionar corretamente o tablespace de undo. Conforme demonstrado no Capítulo 6, podemos examinar o conteúdo da visão de desempenho dinâmico V$UNDOSTAT para ver a utilização do segmento de undo em intervalos de dez minutos. Além disso, a coluna SSOLDERRCNT indica quantas consultas falharam com um erro "Snapshot too old":

```
SQL> select to_char(end_time,'yyyy-mm-dd hh24:mi') end_time,
  2>         undoblks, ssolderrcnt from v$undostat;
   END_TIME              UNDOBLKS SSOLDERRCNT
   ----------------- ---------- -----------
   2007-08-02 20:17          45           0
   2007-08-02 20:07         116           0
   2007-08-02 19:57        2763           0
   2007-08-02 19:47          23           0
   2007-08-02 19:37       45120           2
   2007-08-02 19:27         119           0
   2007-08-02 19:17         866           0
```

Entre 19:27 e 19:37, temos um pico de utilização do undo, resultando em algumas consultas falhas. Como regra geral, você pode usar os cálculos a seguir:

```
undo_tablespace_size = UR * UPS + overhead
```

Nessa fórmula, UR é igual à retenção de undo em segundos (do parâmetro de inicialização UNDO_RETENTION), UPS é igual aos blocos de undo usados por segundo (máximo) e overhead é igual aos metadados, normalmente um número muito pequeno em relação ao tamanho global. Por exemplo, se um banco de dados tem um tamanho de bloco de 8K e o parâmetro UNDO_RETENTION é igual a 43200 (12 horas), e geramos 500 blocos de undo a cada segundo, dos quais todos devem ser retidos por ao menos 12 horas, nosso espaço de undo total deve ser:

```
undo_tablespace_size = 43200 * 500 * 8192 = 176947200000 = 177GB
```

Adicione cerca de 10 a 20% a esse cálculo para permitir situações inesperadas. Alternativamente, é possível ativar a auto-extensão para os arquivos de dados no tablespace de undo. Embora esse cálculo seja útil como um ponto de partida, os advisors predefinidos do Oracle 10g e do Oracle 11g que usam análise de tendências podem fornecer uma imagem melhor do uso do espaço de undo e recomendações.

Supervisor de Undo

O Supervisor de Undo do Oracle 11g automatiza grande parte das tarefas necessárias para ajustar a quantidade de espaço necessário para um tablespace de undo. No Capítulo 6, examinamos dois exemplos do uso do Supervisor de Undo: por meio da interface EM Database Control e por meio dos pacotes PL/SQL DBMS_ADVISOR dentro do Automatic Workload Repository (AWR) para escolher programaticamente um período de tempo a fim de examinar e executar a análise.

A tela Automatic Undo Management é mostrada na Figura 7-6. O parâmetro UNDO_RETENTION está atualmente configurado para 15 minutos e o tamanho do tablespace de undo ativo (UNDO_BATCH) é de 500MB. Neste exemplo, se quisermos uma visão de leitura consistente dos

Figura 7-6 *Características do tablespace.*

dados da tabela para 720 minutos, clicar no botão Run Analysis nos informa que só precisamos de um tablespace de undo com um tamanho de 165MB (e, de maneira ideal, três vezes esse valor) para dar suporte às flutuações de carga de trabalho. Portanto, nosso tablespace de undo está dimensionado adequadamente em 500MB.

Controlando o uso do undo

A partir do Oracle9*i*, o Database Resource Manager do Oracle pode ajudar a controlar o uso do espaço de undo pelo usuário ou por grupos de usuários, dentro de um grupo de consumidores de recursos, por meio da diretiva UNDO_POOL. Cada grupo de consumidores pode ter seu próprio pool de undo; quando o undo total gerado por um grupo excede o limite atribuído, a transação atual que gera o undo é terminada e gera a mensagem de erro "ORA-30027: Undo quota violation – failed to get *number* (bytes)." A sessão terá de esperar até que o DBA aumente o tamanho do pool de undo ou até que outras transações de usuários no mesmo grupo de consumidores sejam concluídas.

No exemplo a seguir, alteramos o valor padrão do UNDO_POOL de NULL (ilimitado) para 50000KB (50MB) para usuários no grupo de consumidores de recursos LOW_GROUP:

```
begin
    dbms_resource_manager.create_pending_area();
    dbms_resource_manager.update_plan_directive(
        plan => 'system_plan',
        group_or_subplan => 'low_group',
        new_comment => 'Limit undo space for low priority groups',
        new_undo_pool => 50000);
    dbms_resource_manager.validate_pending_area();
    dbms_resource_manager.submit_pending_area();
end;
```

O Oracle Resource Manager e outras diretivas de recursos são abordadas com mais detalhes no Capítulo 5.

Consistência de leitura vs. DML bem-sucedido

Para bancos de dados OLTP, geralmente desejamos que os comandos DML sejam bem-sucedidos, em detrimento das consultas com leitura consistente. Para um ambiente DSS, entretanto, queremos que as consultas de longa duração sejam concluídas sem incorrer no erro "Snapshot too old". Embora aumentar o parâmetro UNDO_RETENTION ou aumentar o tamanho do tablespace de undo ajude a garantir que os blocos de undo estejam disponíveis para consultas de leitura consistente, os tablespaces de undo têm outra característica que ajuda a garantir que as consultas serão executadas até a conclusão: a configuração RETENTION GUARANTEE.

A garantia de retenção de undo é configurada no nível do tablespace e pode ser alterada a qualquer momento. Configurar uma garantia de retenção para um tablespace de undo assegura que um undo não expirado dentro do tablespace seja retido mesmo que isso signifique que transações DML possam não ter espaço de undo suficiente para serem concluídas com êxito. Por padrão, um tablespace é criado com NOGUARANTEE, a menos que você especifique a palavra-chave GUARANTEE quando o tablespace for criado ou posteriormente com ALTER TABLESPACE:

```
SQL> alter tablespace undotbs1 retention guarantee;
Tablespace altered.

SQL> select tablespace_name, retention
  2  from dba_tablespaces
  3  where tablespace_name = 'UNDOTBS1';
```

```
TABLESPACE_NAME                RETENTION
------------------------------ -----------
UNDOTBS1                       GUARANTEE

1 row selected.
```

Para tablespaces não-undo, o valor de RETENTION é sempre NOT APPLY.

RECURSOS DE FLASHBACK

Nesta seção, discutiremos os recursos de Flashback suportados pelos tablespaces de undo ou pelo Flashback Data Archive: Flashback Query, Flashback Table, Flashback Version Query e Flashback Transaction Query. Além disso, abordaremos os pontos principais da utilização do pacote DBMS_FLASHBACK. A partir do Oracle Database 11g, esses recursos são conhecidos como Oracle Total Recall Option.

O Flashback Database e o Flashback Drop serão abordados no Capítulo 14. O Flashback Database usa logs de Flashback no Flash Recovery Area em vez de undo em um tablespace de undo para fornecer a funcionalidade Flashback. O Flashback Drop coloca as tabelas descartadas em uma lixeira virtual dentro do tablespace e elas permanecem lá até que o usuário as recupere com o comando **flashback table... to before drop** ou esvazie a lixeira*, ou ainda até que o espaço seja necessitado por novos objetos permanentes no tablespace.

Para estender ainda mais as capacidades de auto-serviço do Oracle10g e do Oracle 11g, o DBA pode conceder privilégios de sistema e de objeto aos usuários para permitir que eles corrijam seus próprios problemas sem sua intervenção. No exemplo a seguir, permitimos que o usuário SCOTT execute operações Flashback em tabelas específicas e acesse os metadados de transações em todo o banco de dados:

```
SQL> grant insert, update, delete, select on hr.employees to scott;
Grant succeeded.
SQL> grant insert, update, delete, select on hr.departments to scott;
Grant succeeded.
SQL> grant flashback on hr.employees to scott;
Grant succeeded.
SQL> grant flashback on hr.departments to scott;
Grant succeeded.
SQL> grant select any transaction to scott;
Grant succeeded.
```

Flashback Query

A partir do Oracle9i Release 2, a cláusula **as of** está disponível em uma consulta **select** para recuperar o estado de uma tabela a partir de um determinado timestamp ou SCN. Você poderá usá-lo para localizar que linhas em uma tabela foram excluídas desde a meia-noite, ou talvez queira apenas fazer uma comparação das linhas em uma tabela hoje em relação às mesmas ontem.

No exemplo a seguir, HR limpa a tabela EMPLOYEES e exclui dois funcionários que não trabalham mais para a empresa:

```
SQL> delete from employees
  2  where employee_id in (195,196);
2 rows deleted.
```

---

* N. de R. T.: A lixeira pode ser esvaziada através do SQL* Plus com o comando purge recyclebin;.

```
SQL> commit;
Commit complete.

SQL>
```

Normalmente, primeiro o usuário HR copia essas linhas na tabela EMPLOYEES_ARCHIVE, mas, dessa vez, ele esqueceu; HR não precisa colocar essas linhas de volta na tabela EMPLOYEES, mas precisa selecionar duas linhas excluídas e colocá-las na tabela de arquivo. Como HR sabe que excluiu as linhas menos de uma hora atrás, podemos usar um valor relativo de timestamp com o Flashback Query para recuperar as linhas:

```
SQL> insert into hr.employees_archive
  2     select * from hr.employees
  3        as of timestamp systimestamp - interval '60' minute
  4        where hr.employees.employee_id not in
  5            (select employee_id from hr.employees);

2 rows created.

SQL> commit;
Commit complete.
```

Como sabemos que EMPLOYEE_ID é a chave primária da tabela, podemos usá-la para recuperar os registros dos funcionários que existiam uma hora atrás e que agora não existem mais. Observe também que não precisamos saber quais registros foram excluídos; essencialmente comparamos a tabela no seu estado atual com o seu estado anterior e inserimos os registros que deixaram de existir na tabela de arquivo.

DICA
É preferível usar o SCN para o Flashback em vez de um timestamp; os SCNs são exatos, ao passo que os valores do timestamp são armazenados apenas a cada três segundos para dar suporte às operações Flashback. Como resultado, ativar este último usando timestamps pode causar uma diferença de até 1,5 segundos.

Embora seja possível usar o Flashback Table para retornar toda a tabela e, em seguida, arquivar e excluir as linhas afetadas, nesse caso é muito mais simples recuperar as linhas excluídas e inseri-las diretamente na tabela de arquivo. Outra variação do Flashback Table é usar Create Table As Select (CTAS) com a subconsulta sendo um Flashback Query:

```
SQL> delete from employees where employee_id in (195,196);
2 rows deleted.

SQL> commit;
Commit complete.

SQL> create table employees_deleted as
  2     select * from employees
  3        as of timestamp systimestamp - interval '60' minute
  4        where employees.employee_id not in
  5            (select employee_id from employees);
```

```
Table created.

SQL> select employee_id, last_name from employees_deleted;

EMPLOYEE_ID LAST_NAME
----------- -------------------------
        195 Jones
        196 Walsh

2 rows selected.
```

Essa variação é conhecida como uma *restauração fora do lugar* (out-of-place restore), em outras palavras, restaurar a tabela ou um subconjunto dela para um local diferente do original. Ela tem a vantagem de conseguir manipular ainda mais as linhas que faltam, se necessário, antes de colocá-las de volta na tabela. Por exemplo, após examinar a restauração fora do lugar, uma constraint de integridade referencial existente pode exigir a inserção de uma linha em uma tabela-pai, antes de a linha restaurada poder ser colocada de volta na tabela-filho. Uma das desvantagens de uma restauração fora do lugar usando CTAS é que nem as constraints nem os índices são reconstruídos automaticamente.

DBMS_FLASHBACK

Uma alternativa ao Flashback Query é o pacote DBMS_FLASHBACK. Uma das principais diferenças é que o DBMS_FLASHBACK opera no nível de sessão, enquanto o Flashback Query opera no nível do objeto. Dentro de uma procedure PL/SQL ou uma sessão de usuário, o DBMS_FLASHBACK pode ser ativado e todas as operações subseqüentes, incluindo as aplicações existentes, podem ser executadas sem a cláusula **as of** ser adicionada às instruções **select**. Depois de ativado, a partir de um timestamp ou SCN específico, o banco de dados irá se comportar como se o seu relógio estivesse até que o DBMS_FLASHBACK seja desativado. Embora instruções DML não sejam permitidas nesse caso, um cursor pode ser aberto em uma procedure PL/SQL antes de o DBMS_FLASHBACK ser ativado para permitir que os dados de um ponto anterior no tempo sejam inseridos ou atualizados no banco de dados a partir do ponto atual no tempo.

A Tabela 7-2 lista as procedures disponíveis dentro do DBMS_FLASHBACK.

Tabela 7-2 *Procedures DBMS_FLASHBACK*

Procedure	Descrição
DISABLE	Desativa o modo Flashback para a sessão
ENABLE_AT_SYSTEM_CHANGE_NUMBER	Ativa o modo Flashback para a sessão, especificando um SCN
ENABLE_AT_TIME	Ativa o modo Flashback para a sessão, usando o SCN mais próximo do TIMESTAMP especificado
GET_SYSTEM_CHANGE_NUMBER	Retorna o SCN atual
TRANSACTION_BACKOUT	Recupera uma transação e todas as transações dependentes usando nomes de transações ou identificadores de transações (XIDs)

As procedures que ativam e desativam o modo Flashback são relativamente simples de usar. A complexidade normalmente encontra-se dentro de uma PL/SQL, por exemplo, que cria cursores para dar suporte aos comandos DML.

No exemplo a seguir, vamos rever a exclusão de HR das linhas de EMPLOYEES e como ele pode restaurá-las para a tabela usando o pacote DBMS_FLASHBACK. Neste cenário, o HR colocará as linhas dos funcionários excluídos de volta na tabela e adicionará uma coluna de data de rescisão para mostrar a data na qual os funcionários deixaram a empresa:

```
SQL> delete from hr.employees where employee_id in (195,196);
2 rows deleted.

SQL> commit;
Commit complete.
```

Cerca de dez minutos depois, HR decide reinserir as linhas usando o DBMS_FLASHBACK e ativar o Flashback para a sua sessão:

```
SQL> execute dbms_flashback.enable_at_time(
  2                to_timestamp(sysdate - interval '45' minute));
PL/SQL procedure successfully completed.
```

Em seguida, HR verifica que as duas linhas excluídas existiam 45 minutos atrás:

```
SQL> select employee_id, last_name from hr.employees
  2      where employee_id in (195,196);
EMPLOYEE_ID LAST_NAME
----------- ------------------------
        195 Jones
        196 Walsh

SQL>
```

Para colocar as linhas de volta na tabela HR.EMPLOYEES, HR escreve uma procedure PL/SQL anônima com o objetivo de criar um cursor para armazenar as linhas excluídas, desativar o Flashback Query e, em seguida, reinserir as linhas:

```
declare
      -- cursor para manter as linhas deletadas antes de fechar
      cursor del_emp is
         select * from employees where employee_id in (195,196);
      del_emp_rec del_emp%rowtype; -- todas as colunas da linha do
employeebegin
      -- abra o cursor ainda no modo Flashback
      open del_emp;
      -- Desative o Flashback para que possamos usar DML para gravar as
linhas
      -- de volta à tabela de EMPLOYEES
      dbms_flashback.disable;
      loop
         fetch del_emp into del_emp_rec;
         exit when del_emp%notfound;
         insert into employees values del_emp_rec;
      end loop;
```

```
        commit;
close del_emp;
end; -- final da procedure anônima PL/SQL
```

Observe que HR poderia ter ativado o Flashback dentro da procedure; neste caso, ele ativou-a fora da procedure para executar algumas consultas ad hoc e, em seguida, a usou para criar o cursor, desativar o Flashback e reinserir as linhas.

Flashback Transaction Backout

Uma determinada transação em uma aplicação complexa pode ser consistente e atômica, mas a sua validade pode não ser atestada até que muitas outras ocorram; em outras palavras, os efeitos prejudiciais de uma transação anterior podem fazer com que outras transações modifiquem ainda mais os mesmos dados da original. Tentar controlar manualmente as sucessivas transações interdependentes é cansativo e sujeito a erros. O Flashback Transaction Backout facilita a identificação e o rollback destas transações que apresentaram falhas e, opcionalmente, de todas as que estão dependentes.

Para ativar o Flashback Transaction Backout, ative o arquivamento (se ele ainda não estiver no modo ARCHIVELOG) enquanto o banco de dados está montado (mas não aberto):

```
alter database archivelog;
```

Em seguida, execute esses comandos para criar, pelo menos, um arquivo de redo log arquivado e para adicionar as informações adicionais de transações aos arquivos de log.

```
alter system archive log current;
alter database add supplemental log data;
```

A adição de dados de log suplementares terá um impacto considerável sobre o desempenho em um ambiente DML pesado. Certifique-se de monitorar os recursos do sistema antes e depois de ativar o registro de log adicional para avaliar o custo dessas operações. Finalmente, abra o banco de dados:

```
alter database open;
```

Aproveite os recursos do Flashback Transaction Backout por meio da procedure TRANSACTION_BACKOUT do pacote DBMS_FLASHBACK. Depois de executar o DBMS_FLASHBACK.TRANSACTION_BACKOUT, o DML é executado nas tabelas relativas, mas não sofre commit; então, examine as tabelas DBA_FLASHBACK_TRANSACTION_STATE e DBA_FLASHBACK_TRANSACTION_REPORT para ver se as transações corretas sofreram rollback. Então, execute manualmente um comando **commit** ou **rollback**.

Flashback Table

Lançado no Oracle10g, o recurso Flashback Table não apenas restaura o estado das linhas a partir de um ponto de tempo no passado, mas também restaura índices, triggers e constraints da tabela, enquanto o banco de dados está online, aumentando a sua disponibilidade global. A tabela pode ser restaurada a partir de um timestamp ou um SCN. O Flashback Table é preferível a outros métodos de Flashback, caso o escopo de erros do usuário seja pequeno e limitado a uma ou poucas tabelas. É também o mais simples se você souber que deseja restaurar a tabela até um ponto no passado, sem muitas condições. Para recuperar o estado de um grande número de tabelas, o Flashback Database pode ser uma escolha melhor. O Flashback Table não pode ser usado em um banco de dados em standby e não pode reconstruir todas as operações DDL, como adicionar e descartar colunas.

Para usar o Flashback Table em uma ou várias tabelas, ative o *movimento de linhas* (row movement) na tabela antes de executar a operação de Flashback, apesar de que ele não precisa estar em vigor quando o erro do usuário ocorrer. O movimento de linhas também é necessário para dar suporte à funcionalidade de compressão de segmentos do Oracle. Como ele altera o ROWID de uma linha da tabela, não o ative se suas aplicações dependerem deste último para uma determinada linha até que ela seja excluída. Como nenhuma de nossas aplicações referencia nossas tabelas por ROWID, nós podemos ativar seguramente o movimento de linhas para as tabelas HR:

```
SQL> alter table employees enable row movement;
Table altered.
SQL> alter table departments enable row movement;
Table altered.
SQL> alter table jobs enable row movement;
Table altered.
```

No dia seguinte, o usuário HR exclui acidentalmente todas as linhas da tabela EMPLOYEES devido a um erro de 'recortar e colar' em um script existente:

```
SQL> delete from hr.employees
  2  /
107 rows deleted.

SQL> commit
  2  ;
Commit complete.

SQL> where employee_id = 195
SP2-0734: unknown command beginning "where empl..." - rest of line
ignored.
```

Como o tablespace de undo é suficientemente grande e o usuário HR percebe o problema dentro do período de retenção, ele pode trazer de volta a tabela inteira rapidamente sem chamar o DBA:

```
SQL> flashback table employees
  2       to timestamp systimestamp - interval '15' minute;
Flashback complete.

SQL> select count(*) from employees;
  COUNT(*)
----------
       107
```

Se duas ou mais tabelas têm um relacionamento pai/filho, com constraints de chave estrangeira, e as linhas foram inadvertidamente excluídas de ambas, elas podem ser recuperadas com o mesmo comando **flashback**:

```
SQL> flashback table employees, departments
  2       to timestamp systimestamp - interval '15' minute;
Flashback complete.
```

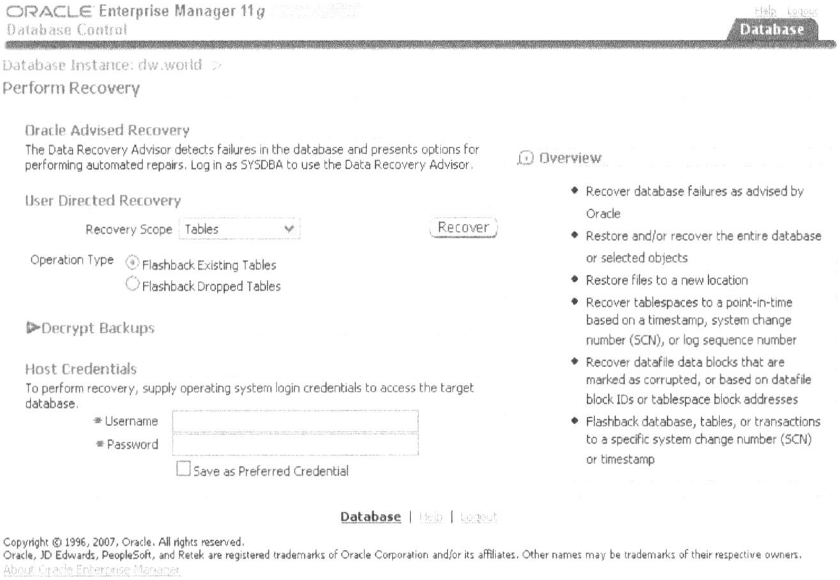

Figura 7-7   *Página EM Database Control Backup/Recovery.*

O usuário HR também pode usar o EM Database Control para efetuar o flashback de uma ou mais tabelas. Na Figura 7- 7, ele selecionou o link Perform Recovery sob a guia Availability.

Selecionando um tipo de objeto Tables, o usuário HR tem a opção de efetuar o flashback de tabelas existentes e tabelas descartadas. Nesse caso, ele efetuará o flashback de uma tabela existente. Após clicar em Next, ele sabe a hora precisa do dia no qual a tabela era válida e assim especifica a janela de tempo para cerca de dez minutos antes da operação de exclusão na tela da Figura 7-8. Além disso, é possível especificar um ponto de restauração ou SCN para a operação de restauração caso você não saiba a hora do dia.

Na Figura 7-9, HR está selecionando a tabela para efetuar o flashback (neste caso, HR.EMPLOYEES).

O EM Database Control identifica todas as dependências, como constraints de chave estrangeira, e alerta o usuário HR na Figura 7-10. A menos que haja um bom motivo para quebrar os relacionamentos pai/filho entre as tabelas, deixe a opção padrão Cascade selecionada. Na Figura 7-11, o usuário HR pode conferir as opções que ele selecionou.

Figura 7-8 *Especificando o horário para a operação de recuperação de tabela.*

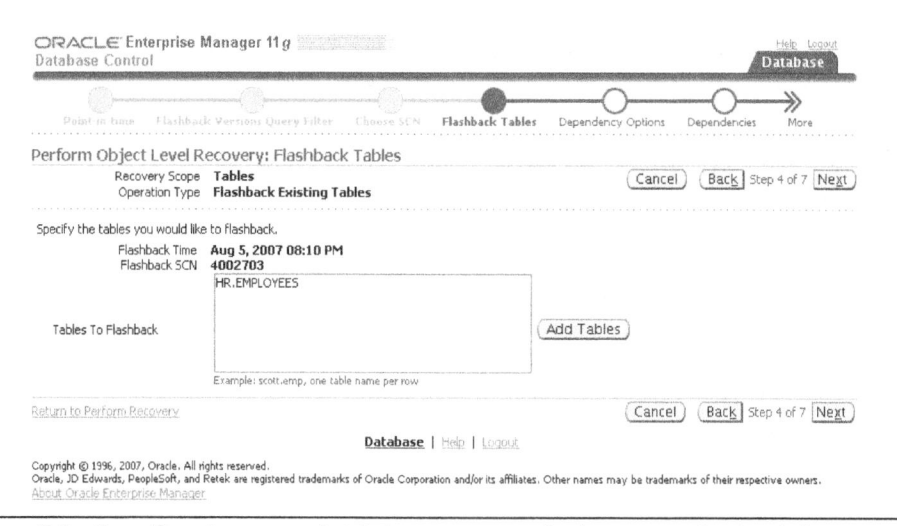

Figura 7-9 *Especificando o nome da tabela para a operação de recuperação de tabela.*

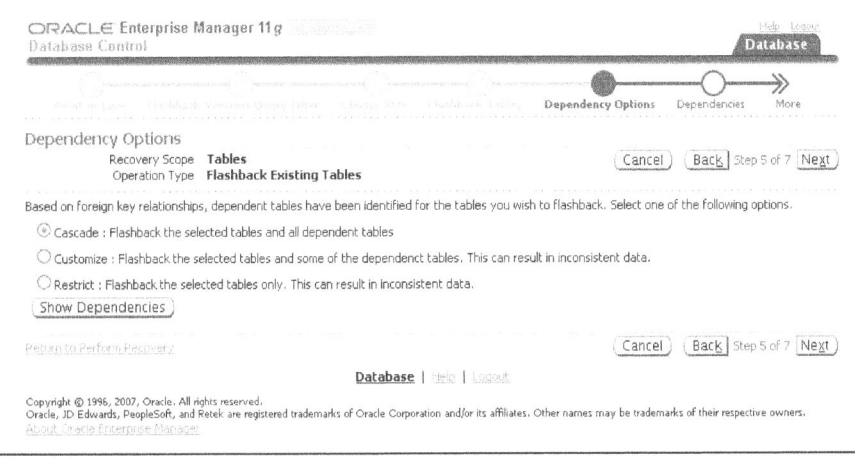

Figura 7-10 *Especificando as opções de dependência para a operação de recuperação de tabela.*

Além disso, como na maioria das telas do EM Database Control, ele pode examinar os comandos SQL gerados:

```
FLASHBACK TABLE HR.EMPLOYEES, HR.JOBS, HR.DEPARTMENTS TO TIMESTAMP
    to_timestamp('2007-08-05 20:10:47', 'YYYY-MM-DD HH24:MI:SS')
```

Figura 7-11 *Examinando as ações da operação de recuperação de tabela.*

Clique no comando Submit para executá-lo.

Observe que, neste exemplo, usar a linha de comando levará menos tempo e, provavelmente, será mais simples; entretanto, se você tem dependências desconhecidas ou se a sintaxe da linha de comando não lhe é familiar, o EM Database Control é uma opção melhor.

Flashback Version Query

O Flashback Version Query, outro recurso de Flashback que conta com dados de undo, fornece um nível mais apurado de detalhes do que uma consulta **as of**: Considerando que os métodos de Flashback que apresentamos até aqui trazem de volta as linhas de uma tabela ou uma tabela inteira referente a um determinado ponto no tempo, o Flashback Version Query retornará o histórico inteiro de uma determinada linha entre dois SCNs ou timestamps. Para os exemplos desta e da próxima seção, o usuário HR fará várias alterações nas tabelas HR.EMPLOYEES e HR.DEPARTMENTS:

```
SQL> select dbms_flashback.get_system_change_number from dual;
GET_SYSTEM_CHANGE_NUMBER
-----------------------
               4011365

SQL> update hr.employees set salary = salary*1.2 where employee_id=195;
1 row updated.

SQL> select dbms_flashback.get_system_change_number from dual;
GET_SYSTEM_CHANGE_NUMBER
-----------------------
               4011381

SQL> delete from hr.employees where employee_id = 196;
1 row deleted.

SQL> select dbms_flashback.get_system_change_number from dual;
GET_SYSTEM_CHANGE_NUMBER
-----------------------
               4011409

SQL> insert into hr.departments values (660,'Security', 100, 1700);
1 row created.

SQL> select dbms_flashback.get_system_change_number from dual;
GET_SYSTEM_CHANGE_NUMBER
-----------------------
               4011433

SQL> update hr.employees set manager_id = 100 where employee_id = 195;
1 row updated.

SQL> commit;

Commit complete.
```

```
SQL> select dbms_flashback.get_system_change_number from dual;
GET_SYSTEM_CHANGE_NUMBER
------------------------
                 4011464
SQL> update hr.employees set department_id = 660 where employee_id = 195;
1 row updated.

SQL> select dbms_flashback.get_system_change_number from dual;
GET_SYSTEM_CHANGE_NUMBER
------------------------
                 4011470

SQL> update hr.employees set salary = salary*1.2 where employee_id=195;
1 row updated.

SQL> commit;
Commit complete.

SQL> select dbms_flashback.get_system_change_number from dual;
GET_SYSTEM_CHANGE_NUMBER
------------------------
                 4011508

SQL>
```

No dia seguinte, o usuário HR não está no escritório e outros funcionários do departamento querem saber quais linhas e tabelas foram alteradas. Usando o Flashback Version Query, o usuário HR pode ver não apenas os valores de uma coluna em uma hora específica, mas todo o histórico de alterações entre os timestamps ou SCNs especificados. O Flashback Version Query usa a cláusula **versions between** para especificar um intervalo de SCNs ou timestamps para análise de uma determinada tabela (neste caso, a tabela EMPLOYEES). Quando **versions between** é usado em um Flashback Version Query, diversas pseudocolunas ficam disponíveis para ajudar a identificar o SCN e o timestamp das modificações, assim como o ID de transação e o tipo de operação executada na linha. A Tabela 7-3 mostra as pseudocolunas disponíveis com Flashback Version Queries.

Tabela 7-3 *Pseudocolunas do Flashback Version Query*

Pseudocoluna	Descrição
VERSIONS_START{SCN|TIME}	O SCN ou timestamp inicial de quando a alteração foi feita na linha.
VERSION_END{SCN|TIME}	O SCN ou timestamp final de quando a alteração não estava mais válida para a linha. Se esse valor for NULL, a versão da linha ainda é atual ou a linha foi excluída.
VERSIONS_XID	O ID da transação que criou a versão da linha.
VERSIONS_OPERATION	A operação executada na linha (I=Insert, D=Delete, U=Update).

O usuário HR executa o Flashback Version Query para ver as alterações feitas às colunas-chave na tabela HR.EMPLOYEES para os dois funcionários com os IDs 195 e 196:

```
SQL> select versions_startscn startscn, versions_endscn endscn,
  2        versions_xid xid, versions_operation oper,
  3        employee_id empid, last_name name, manager_id mgrid, salary sal
  4  from hr.employees
  5  versions between scn 4011365 and 4011508
  6  where employee_id in (195,196);

    STARTSCN    ENDSCN XID              OPER EMPID NAME       MGRID        SAL
  ---------- --------- ---------------- ---- ----- --------- ------ ----------
     4011507           1100120025000000 U      195 Jones        100       4032
     4011463   4011507 0E001A0024000000 U      195 Jones        100       3360
               4011463                         195 Jones        123       2800
     4011463           0E001A0024000000 D      196 Walsh        124       3100
               4011463                         196 Walsh        124       3100
```

As linhas são apresentadas com as alterações mais recentes por primeiro. Como alternativa, o HR pode ter filtrado a consulta por TIMESTAMP ou exibido os seus valores, mas ambas podem ser usadas em uma operação Flashback Query ou Flashback Table, se mais tarde for necessário. A partir deste output, nós vemos que um funcionário foi excluído e que outro funcionário recebeu dois ajustes de pagamento em vez de um. Também vale a pena notar que algumas transações contêm apenas um comando DML e outras têm duas. Na próxima seção, tentaremos corrigir alguns desses problemas.

Flashback Transaction Query

Ao identificarmos uma alteração incorreta feita em uma tabela, podemos usar o Flashback Transaction Query para detectar quaisquer outras mudanças feitas pela transação com alterações inadequadas. Uma vez identificadas, todas as alterações dentro da transação podem ser revertidas como um grupo, em geral para manter a sua integridade referencial ou as regras de negócio usadas para processá-la em primeiro lugar.

Um Flashback Transaction Query, ao contrário de um Flashback Version Query, não faz referência à tabela envolvida nas transações DML; em vez disso, consulte a visão de dicionário de dados FLASHBACK_TRANSACTION_QUERY. As colunas da visão FLASHBACK_TRANSACTION_QUERY estão resumidas na Tabela 7-4.

Para investigar mais detalhadamente as alterações feitas na tabela EMPLOYEES, consultaremos a visão FLASHBACK_TRANSACTION_QUERY com a transação mais antiga a partir da consulta da seção anterior:

```
SQL> select start_scn, commit_scn, logon_user,
  2     operation, table_name, undo_sql
  3  from flashback_transaction_query
  4  where xid = hextoraw('0E001A0024000000');

 START_SCN COMMIT_SCN LOGON_USER OPERATION    TABLE_NAME
---------- ---------- ---------- ------------ ---------------
UNDO_SQL
----------------------------------------------------------------
   4011380    4011463 HR         UPDATE       EMPLOYEES
```

```
update "HR"."EMPLOYEES" set "MANAGER_ID" = '123' where ROWID =
'AAARAxAAFAAAAHGABO';
   4011380      4011463 HR           INSERT      DEPARTMENTS
delete from "HR"."DEPARTMENTS" where ROWID = 'AAARAsAAFAAAAA3AAb';
   4011380       401146 HR           DELETE      EMPLOYEES
insert into "HR"."EMPLOYEES"("EMPLOYEE_ID","FIRST_NAME",
"LAST_NAME","EMAIL","PHONE_NUMBER","HIRE_DATE","JOB_ID","SALARY",
"COMMISSION_PCT","MANAGER_ID","DEPARTMENT_ID","WORK_RECORD")
values ('196','Alana','Walsh','AWALSH','650.507.9811',
TO_DATE('24-APR-98', 'DD-MON-RR'),'SH_CLERK','3100',
NULL,'124','50',NULL);

   4011380      4011463 HR           UPDATE      EMPLOYEES
update "HR"."EMPLOYEES" set "SALARY" = '2800' where
ROWID = 'AAARAxAAFAAAAHGABO';

   4011380      4011463 HR           BEGIN
```

Confirmamos o que já esperávamos – o fato de que outro usuário do departamento HR fez a exclusão e a atualização de salário (indicando a utilidade de atribuir contas de usuário separadas para cada membro do departamento HR). A coluna UNDO_SQL contém o código SQL que pode ser usado para reverter o efeito da transação. Observe, entretanto, neste exemplo, que essa é a primeira transação a ocorrer entre os SCNs de interesse. Se outras transações fizeram atualizações adicionais às mesmas colunas, talvez seja preciso revê-las antes de executar o código SQL na coluna UNDO_SQL.

Flashback Data Archive

Regulamentações recentes como Sarbanes-Oxley e HIPAA exigem um controle estrito e requisitos de rastreamento para dados de clientes e pacientes. Manter um registro do histórico de todas

Tabela 7-4 *Colunas FLASHBACK_TRANSACTION_QUERY*

Nome da coluna	Descrição
XID	Número do ID da transação
START_SCN	O SCN para o primeiro DML na transação
START_TIMESTAMP	Timestamp do primeiro DML na transação
COMMIT_SCN	O SCN quando a transação sofreu commit
COMMIT_TIMESTAMP	O timestamp de quando a transação sofreu commit
LOGON_USER	O usuário proprietário da transação
UNDO_CHANGE#	SCN de undo
OPERATION	Operação DML executada: DELETE, INSERT, UPDATE, BEGIN ou UNKNOWN
TABLE_NAME	A tabela alterada pelo DML
TABLE_OWNER	O proprietário da tabela alterada pelo DML
ROW_ID	O ROWID da linha modificada pelo DML
UNDO_SQL	A instrução SQL para desfazer a operação DML

as alterações feitas às linhas em tabelas críticas é um procedimento propenso a erros que requer aplicações personalizadas ou triggers de banco de dados para manter os repositórios de histórico de mudanças. Cada vez que criar uma nova aplicação ou utilizar nela uma tabela que requer um rastreamento histórico, deverá fazer alterações também na sua aplicação. A partir do Oracle Database 11*g*, você pode usar o Flashback Data Archive para salvar automaticamente o histórico de mudanças para todas as tabelas-chave de acordo com as exigências das agências reguladoras ou da direção da empresa.

O Flashback Data Archive é implementado originalmente no Oracle Database 11*g*; em resumo, crie uma ou mais áreas de repositório (uma das quais pode ser a padrão), atribua um período de retenção padrão para os objetos no repositório e, em seguida, marque as tabelas apropriadas para rastreamento.

Um Flashback Data Archive atua de maneira muito parecida a de um tablespace de undo; entretanto, registra somente instruções **update** e **delete**, mas não instruções **insert**. Além disso, os dados de undo são normalmente mantidos por um período de horas ou dias para todos os objetos; as linhas no Flashback Data Archives podem abranger anos ou mesmo décadas. O Flashback Data Archives tem também um foco muito mais limitado, registrando apenas alterações de histórico para as linhas da tabela; o Oracle usa os dados em um tablespace de undo para consistência de leitura em transações de longa duração e aplica rollback em transações que não foram encerradas com commit. É possível acessar os dados em um Flashback Data Archive exatamente como no Flashback Query: usando a cláusula **as of** em uma instrução **select**. Nas próximas seções, mostraremos como criar um Flashback Data Archive, atribuir permissões a usuários e objetos, e consultar seus dados de histórico.

Criando um arquivo

Você pode criar um ou vários Flashback Data Archives em tablespaces existentes usando o comando **create flashback archive**; entretanto, as melhores práticas do Oracle recomendam que você use os tablespaces dedicados. Todos os arquivos devem ter um período de retenção padrão usando a cláusula **retention** e podem ser identificados como o arquivo padrão usando a palavra-chave **default**. A cota de disco em um arquivo é limitada pelo seu espaço dentro do tablespace, a menos que atribua uma quantidade máxima de espaço em disco no arquivo usando a palavra-chave **quota**.

Neste exemplo, crie primeiro um tablespace dedicado para seu Flashback Data Archive:

```
SQL> create tablespace fbda1
  2  datafile '+data' size 10g;

Tablespace created.
SQL>
```

Em seguida, crie três Flashback Data Archives: um para o departamento ES sem limite de cota e um período de retenção de dez anos, um segundo para o departamento financeiro com um limite de 500MB com um período de retenção de sete anos e um terceiro para todos os outros usuários no tablespace USERS4 como padrão, com um limite de 250MB e um período de retenção de dois anos:

```
SQL> create flashback archive fb_es
  2  tablespace fbda1 retention 10 year;

Flashback archive created.

SQL> create flashback archive fb_fi
```

```
  2  tablespace fbda1 quota 500m
  3  retention 7 year;

Flashback archive created.

SQL> create flashback archive default fb_dflt
  2  tablespace users4 quota 250m
  3  retention 2 year;

Flashback archive created.

SQL>
```

Não é possível pode especificar mais de um tablespace no comando **create flashback archive**; use o comando **alter flashback archive** para adicioná-lo, conforme verá mais adiante neste capítulo, na seção "Gerenciando Flashback Data Archives".

Usando visões de dicionário de dados do Flashback Data Archive

Duas novas visões de dicionário de dados dão suporte ao Flashback Data Archives: DBA_FLASHBACK_ARCHIVE e DBA_FLASHBACK_ARCHIVE_TS. A visão DBA_FLASHBACK_ARCHIVE lista os arquivos e a DBA_ FLASHBACK_ARCHIVE_TS exibe o mapeamento tablespace-para-arquivo:

```
SQL> select flashback_archive_name, flashback_archive#,
  2         retention_in_days, status
  3  from dba_flashback_archive;

FLASHBACK_AR FLASHBACK_ARCHIVE# RETENTION_IN_DAYS STATUS
------------ ------------------ ----------------- -------
FB_ES                         1              3650
FB_FI                         2              2555
FB_DFLT                       3               730 DEFAULT

SQL> select * from dba_flashback_archive_ts;

FLASHBACK_AR FLASHBACK_ARCHIVE# TABLESPACE QUOTA_IN_M
------------ ------------------ ---------- ----------
FB_ES                         1 FBDA1
FB_FI                         2 FBDA1      500
FB_DFLT                       3 USERS4     250

SQL>
```

A visão DBA_FLASHBACK_ARCHIVE_TABLES rastreia as tabelas ativadas para o arquivamento de flashback. Veremos o conteúdo desta visão mais adiante neste capítulo após fazer o ativamento de uma delas.

Atribuindo permissões para Flashback Data Archive

Um usuário deve ter o privilégio de sistema FLASHBACK ARCHIVE ADMINISTER para criar ou modificar os Flashback Data Archives e o privilégio de objeto FLASHBACK ARCHIVE para ativar o rastreamento em uma tabela. Uma vez ativado, um usuário não precisa de permissões específicas para usar a cláusula **as of** em uma instrução **select** além da permissão SELECT na própria tabela.

O privilégio FLASHBACK_ARCHIVE_ADMINSTER também permite adicionar e remover tablespaces de um arquivo, descartar um arquivo e executar uma exclusão ad hoc dos dados de histórico.

Gerenciando Flashback Data Archives

É possível adicionar facilmente outro tablespace a um arquivo existente; use o comando **alter flashback archive** da seguinte forma para adicionar o tablespace USERS3 ao arquivo FB_DFLT com uma cota de 400MB:

```
SQL> alter flashback archive fb_dflt
  2  add tablespace users3 quota 400m;

Flashback archive altered.

SQL>
```

A exclusão de dados do arquivo pode ser feita com a cláusula **purge**; neste exemplo, você deseja excluir todas as linhas do arquivo FB_DFLT anteriores à 1º de janeiro de 2005:

```
SQL> alter flashback archive fb_dflt
  2  purge before timestamp
  3  to_timestamp('2005-01-01 00:00:00', 'YYYY-MM-DD HH24:MI:SS');
```

Atribuindo uma tabela a um Flashback Data Archive

A atribuição de uma tabela a um arquivo é feita na sua criação, usando a sintaxe padrão **create table** com a adição da cláusula **flashback archive** ou posteriormente com o comando **alter table**, como neste exemplo:

```
SQL> alter table hr.employees flashback archive fb_es;

Table altered.
```

Observe que, no comando anterior, um determinado arquivo foi especificado para a tabela HR.EMPLOYEES; se você não especificá-lo, o Oracle atribuirá o FB_DFLT. Você pode examinar as tabelas que usam o Flashback Data Archive consultando a visão de dicionário de dados DBA_FLASHBACK_ARCHIVE_TABLES:

```
SQL> select * from dba_flashback_archive_tables;

TABLE_NAME            OWNER_NAME FLASHBACK_AR ARCHIVE_TABLE_NAME
--------------------- ---------- ------------ --------------------
EMPLOYEES             HR         FB_ES        SYS_FBA_HIST_70313
```

Consultando Flashback Data Archives

Consultar os dados de histórico de uma tabela em um Flashback Data Archive é tão fácil quanto usar a cláusula **as of** quando executar a atividade DML armazenada em um tablespace de undo. Na verdade, os usuários não saberão se estão recuperando dados de histórico do tablespace de undo ou de um Flashback Data Archive.

Neste cenário, muito parecido com os anteriores deste capítulo, um dos funcionários do departamento HR exclui uma linha de funcionários da tabela EMPLOYEES e esquece de primeiro arquivá-la na tabela EMPLOYEE_HISTORY. Com o Flashback Data Archives ativado para a tabela EMPLOYEES, ele pode contar com o arquivo FB_ES para atender a todas as consultas sobre funcionários que não estão mais na tabela EMPLOYEE. Esta é a instrução **delete** de três semanas atrás:

```
SQL> delete from employees where employee_id = 169;

1 row deleted.

SQL>
```

O funcionário do HR precisa localizar a data de contratação do funcionário 169, para que possa recuperar as informações de histórico da tabela EMPLOYEES com a cláusula **as of** especificando o período de tempo de quatro semanas atrás:

```
SQL> select employee_id, last_name, hire_date
  2  from employees
  3  as of timestamp (systimestamp - interval '28' day)
  4  where employee_id = 169;

EMPLOYEE_ID LAST_NAME                 HIRE_DATE
----------- ------------------------- ---------
        169 Bloom                     23-MAR-98

SQL>
```

É completamente transparente para o usuário se o Oracle está usando um tablespace de undo ou um Flashback Data Archive para uma consulta contendo **as of**.

Flashback e LOBs

Os dados de undo para colunas LOB em uma tabela podem ocupar gigabytes de espaço em disco mesmo para uma única linha. Portanto, para ativar as operações de flashback para colunas LOB, especifique explicitamente a palavra-chave **retention** na cláusula storage para o LOB. Esta é mutuamente exclusiva com a palavra-chave **pctversion**, que especificava uma porcentagem de espaço de tabela para as versões antigas dos LOBs. Se você usar a palavra-chave **retention**, as versões antigas de um LOB são mantidas pela quantidade de tempo especificada pelo parâmetro UNDO_RETENTION, exatamente como todas as outras linhas de tabela no tablespace de undo.

MIGRANDO PARA O AUTOMATIC UNDO MANAGEMENT

Para migrar seu ambiente de segmentos de rollback gerenciados manualmente para o Automatic Undo Management, é necessário saber uma coisa: para qual tamanho dimensionar o tablespace de undo com base no uso dos segmentos de rollback no modo de undo manual. Com todos os segmentos de rollback manuais online, execute a procedure DBMS_UNDO_ADV.RBU_MIGRATION para retornar o tamanho, em megabytes, da utilização do segmento de rollback atual:

```
SQL> variable undo_size number
SQL> begin
  2       :undo_size:= dbms_undo_adv.rbu_migration;
  3  end;
  4  /
```

```
PL/SQL procedure successfully completed.

SQL> **print:undo_size**

UNDO_SIZE
---------
     2840

SQL>
```

Neste exemplo, um tablespace de undo criado para substituir os segmentos de rollback deve ter ao menos 2840MB ou 2.84GB, para poder suportar os seus requisitos.

CAPÍTULO 8

Ajuste do banco de dados

Do ponto de vista de ajustes, todo sistema tem um gargalo de desempenho que pode se mover de componente para componente por um período de tempo de dias ou mesmo semanas. O objetivo do projeto de desempenho é certificar-se de que as limitações físicas das aplicações e do software associado, taxas de throughput de E/S, tamanhos de memória, desempenho de consulta e assim por diante, não impactarão o desempenho corporativo. Se o desempenho da aplicação limita o processo corporativo que pretende suportar, a aplicação deve ser ajustada. Durante o processo de projeto, os limites do ambiente da aplicação – incluindo o hardware e o planejamento das interações da aplicação com o banco de dados – devem ser avaliados.

Nenhum ambiente fornece capacidade de computação infinita, portanto todo ambiente é projetado de forma a apresentar falhas a partir de um determinado nível de desempenho. No processo de projetar a aplicação, você deve esforçar-se para que suas necessidades de desempenho sejam amplamente atendidas pelos recursos do ambiente.

O ajuste de desempenho é uma parte do ciclo de vida de cada aplicação de banco de dados, e quanto mais cedo o tema desempenho for tratado (preferencialmente antes de entrar em produção), é mais provável que resolvido com êxito. Conforme observado em capítulos anteriores, a maioria dos problemas de desempenho não são sintomas isolados, mas é o resultado do projeto do sistema. Um processo de tuning deve, portanto, focar na identificação e na correção de falhas subjacentes que resultam em um desempenho inaceitável.

O ajuste é a etapa final de um processo de quatro etapas: planejamento, implementação e monitoramento devem precedê-lo. Se fizer o ajuste tendo-o apenas em mente, não conseguirá resolver o ciclo completo de atividades e possivelmente nunca resolverá as falhas subjacentes que provocaram o problema de desempenho.

Grande parte dos objetos de banco de dados que podem ser ajustados são discutidos em algum ponto deste livro, por exemplo, o Capítulo 7 é dedicado aos segmentos de undo. Este capítulo discute apenas as atividades relativas ao ajuste desses objetos, enquanto seus capítulos próprios abordam as atividades de planejamento e monitoramento.

O Oracle Database 10g trouxe ferramentas e recursos de ajuste que foram significativamente melhorados no Oracle Database 11g, incluindo o Automated Workload Repository. Para facilidade de uso e para aproveitar as diversas ferramentas automáticas de monitoração e diagnóstico, o OEM Database Control é a ferramenta recomendada pela Oracle. Entretanto, antes de passar para as ferramentas OEM, apresentaremos alguns pré-requisitos e princípios que estão por trás dos efetivos métodos de ajuste proativos e reativos.

Nas seções a seguir, serão vistas as atividades de ajuste para as áreas a seguir:

- Projeto de aplicação
- SQL
- Uso de memória
- Armazenamento de dados
- Manipulação de dados
- Armazenamento físico
- Armazenamento lógico
- Tráfego de rede

AJUSTANDO O PROJETO DE APLICAÇÃO

Por que um guia de ajuste para DBAs deve incluir uma seção de projeto de aplicação? E por que esta seção deve ser a primeira? Porque nada que você possa fazer como um DBA terá um impacto tão grande no desempenho do sistema quanto o projeto da aplicação. Os requisitos para tornar o envolvimento do DBA no desenvolvimento da aplicação uma realidade são descritos no Capítulo 5. Ao projetar uma aplicação, você pode adotar várias etapas para tornar o uso da tecnologia disponível mais efetiva e adequada, conforme descrito nas seções a seguir.

Projeto de tabela eficiente

Independentemente da qualidade do seu projeto de banco de dados, uma tabela mal projetada levará a um mau desempenho. Não apenas isso, mas a adesão excessivamente rígida aos projetos de tabela relacionais levará a um mau desempenho. Isso se deve ao fato de que, embora os projetos de tabelas completamente relacionais (diz-se estarem na *terceira forma normal* ou mesmo na *quarta forma normal*) sejam logicamente desejáveis, em geral, eles são indesejados na camada física de qualquer ambiente, exceto no ambiente OLTP.

O problema com esses tipos de projetos é que, embora eles reflitam precisamente as maneiras nas quais os dados de uma aplicação estão relacionados a outros dados, eles não refletem os caminhos de acesso normal que os usuários empregarão para acessar esses dados. Uma vez que os requisitos de acesso dos usuários sejam avaliados, o projeto de tabela completamente relacional se tornará impraticável para consultas muito grandes. Geralmente, os primeiros problemas ocorrerão com consultas que retornam um número grande de colunas. Essas estão normalmente distribuídas por diversas tabelas, forçando a junção destas últimas durante a consulta. Se uma das tabelas da junção for grande, o desempenho de toda a consulta poderá sofrer.

Ao projetar as tabelas para uma aplicação, os desenvolvedores devem primeiramente criar os modelos na terceira forma normal e, em seguida, considerar a desnormalização dos dados para atender a requisitos específicos – por exemplo, criar pequenas tabelas de resumo (ou visões materializadas) de tabelas grandes e estáticas. Esses dados podem ser derivados dinamicamente de tabelas grandes e estáticas por demanda? É claro. Mas se os usuários solicitarem esses dados com freqüência e eles não forem muito sujeitos a alteração, faz sentido armazená-los periodicamente *no formato no qual eles serão solicitados*.

Por exemplo, algumas aplicações armazenam dados de histórico e dados atuais na mesma tabela. Cada linha tem uma coluna de timestamp, portanto a linha atual em um conjunto é a que tem o timestamp mais recente. Cada vez que um usuário consulta a tabela com referência a uma linha atual, ele precisará executar uma subconsulta como a seguinte:

```
where timestamp_col =
   (select max(timestamp_col)
      from table
    where emp_no=196811)
```

Se duas tabelas estão em junção, haverá duas subconsultas. Em um banco de dados pequeno, isso pode não apresentar um problema de desempenho, mas à medida que o número de tabelas e linhas aumentar, os problemas de desempenho surgirão. Particionar os dados históricos separadamente dos dados atuais ou armazená-los em outra tabela envolverá mais trabalho para os DBAs e desenvolvedores, mas, em longo prazo, deve melhorar o desempenho da aplicação.

O projeto de tabela centralizado no usuário, em vez de centralizado na teoria, resultará em um sistema que atende melhor aos requisitos dos usuários; isso não quer dizer que não deva *projetar* o banco de dados usando as metodologias 3NF e 4NF: é um bom ponto de partida para revelar os requisitos da empresa e um pré-requisito para o projeto do banco de dados físico. Essas opções incluem separar uma única tabela em várias e o inverso – combinar várias tabelas em uma. A ênfase deve ser fornecer aos usuários o caminho mais direto possível para os dados desejados, no formato desejado.

Distribuição dos requisitos de CPU

Quando projetada de modo eficiente e com o hardware adequado, uma aplicação de banco de dados Oracle processará as solicitações de E/S sem esperas excessivas, usará áreas de memória sem fazer swap de disco e paginação de memória, e usará a CPU sem gerar altas médias de carga. Os dados lidos na memória por um processo serão armazenados na mesma e reutilizados por muitos processos antes de serem expirados dela. Os comandos SQL são reutilizados por intermédio de uma área sua compartilhada, reduzindo ainda mais a carga do sistema.

Se as cargas de E/S do sistema forem reduzidas, a carga da CPU pode aumentar. Há várias opções para gerenciar os recursos da CPU:

- A sua carga deve ser agendada. Agende consultas em lote de longa duração ou atualização de programas para que sejam executados fora dos horários de pico. Em vez de executá-los na prioridade mais baixa do sistema operacional, enquanto os usuários online estão executando transações, execute-os na prioridade normal do sistema operacional em um horário apropriado. Manter seus níveis de prioridade normal e agendar adequadamente os jobs minimizará possíveis conflitos de CPU, bloqueios e undo.

- Tire proveito da oportunidade de mudar fisicamente os requisitos de CPU de um servidor para outro. Sempre que possível, isole o servidor de banco de dados dos requisitos de CPU da aplicação. As técnicas de distribuição de dados nos capítulos sobre rede deste livro resultarão no seu armazenamento em locais mais apropriados e os requisitos de CPU da aplicação poderão ser separados dos requisitos de E/S no banco de dados.

- Considere usar a tecnologia Real Application Clusters (RAC) do Oracle para distribuir os requisitos de acesso de banco de dados para um único por muitas instâncias. Consulte o Capítulo 10 para obter uma visão detalhada dos recursos RAC junto com instruções passo a passo sobre como criar um banco de dados desse tipo.

- Utilize as funcionalidades de gerenciamento de recursos do banco de dados. É possível usar o Database Resource Manager para estabelecer planos de alocação de recursos e grupos de consumidores de recursos. Use as funcionalidades do Oracle para alterar as alocações de recursos disponíveis para os grupos de consumo. Consulte o Capítulo 5 para obter detalhes sobre como criar e implementar grupos de consumidores e planos de recursos por meio do Database Resource Manager.

- Use Parallel Query para distribuir os requisitos de processamento das instruções SQL entre várias CPUs. O paralelismo pode ser usado por quase todos os comandos SQL, incluindo **select**, **create table as select**, **create index**, **recover** e as opções de carga do SQL*Loader Direct Path.

O grau no qual uma transação é paralelizada depende do grau de paralelismo definido para ela. Cada tabela tem um grau de paralelismo definido e uma consulta pode ignorar o grau de paralelismo padrão usando a dica PARALLEL. O Oracle avalia o número de CPUs disponíveis no servidor e o número de discos no qual os dados estão armazenados para determinar o grau de paralelismo padrão.

O paralelismo máximo disponível é definido no nível da instância. O parâmetro de inicialização PARALLEL_MAX_SERVERS define o número máximo de processos de consulta paralela do servidor que podem ser usados a qualquer hora por todos os processos no banco de dados. Por exemplo, se você definir PARALLEL_ MAX_SERVERS como 32 para a sua instância e executar uma consulta que usa 30 processos de consulta paralela do servidor para suas operações de classificação e consulta, somente dois processos de consulta paralela do servidor estarão disponíveis para todo o restante dos usuários no banco de dados. Portanto, gerencie cuidadosamente o paralelismo para as suas consultas e operações em lote. O parâmetro PARALLEL_ADAPTIVE_MULTI_USER, quando definido como TRUE, permite um algoritmo adaptativo projetado para melhorar o desempenho em ambientes multiusuários usando a execução paralela. O algoritmo reduz automaticamente o grau de paralelismo solicitado de acordo com a carga do sistema no tempo de inicialização da consulta. O grau efetivo de paralelismo é baseado no seu grau padrão, ou no grau da tabela, ou em dicas, dividido por um fator de redução.

Para cada tabela, é possível definir um grau padrão de paralelismo por meio da cláusula **parallel** dos comandos **create table** e **alter table**. O *grau de paralelismo* informa ao Oracle quantos processos de consulta paralela do servidor deve tentar usar para cada parte da operação. Por exemplo, se uma consulta que executa operações de varredura integral de tabela e classificação de dados tem um grau de paralelismo igual a 5, poderão ser usados dez processos de consulta paralela do servidor – cinco para a varredura e cinco para a classificação. Você também pode especificar um grau de paralelismo para um índice quando ele é criado, por meio da cláusula **parallel** do comando **create index**.

O número mínimo de processos de consultas paralelas do servidor é definido por meio do parâmetro de inicialização PARALLEL_MIN_SERVERS. Em geral, este parâmetro deve ser definido como um número muito baixo (menor que 5), a menos que o sistema seja usado ativamente em todas as horas do dia. A configuração deste parâmetro com um valor baixo forçará o Oracle a iniciar repetidamente novos processos de consulta do servidor, mas, ao mesmo tempo, reduzirá muito a quantidade de memória mantida por processos ociosos de consultas paralelas do servidor durante períodos de pouco uso. Se configurar um valor alto para o parâmetro PARALLEL_MIN_SERVERS, freqüentemente haverá processos de consulta paralela do servidor ociosos no seu servidor, mantendo a memória adquirida anteriormente, porém, sem executar nenhuma função.

Paralelizar as operações distribui seus requisitos de processamento por várias CPUs; entretanto, use estes recursos com cuidado. Se um grau de paralelismo igual a 5 for usado para uma consulta grande, você terá cinco processos separados acessando os dados e, com esta quantidade, talvez haja uma disputa pelos discos nos quais eles estão armazenados, prejudicando o desempenho. Ao usar uma Parallel Query, aplique seletivamente àquelas tabelas cujos dados estão bem distribuídos por muitos dispositivos físicos. Além disso, evite usá-la para todas as tabelas; conforme observado anteriormente, uma única consulta pode usar todos os processos de consulta paralela do servidor, eliminando o paralelismo para o restante das transações no seu banco de dados.

Projeto de aplicação eficiente

Além dos tópicos do projeto de aplicação, descritos posteriormente neste capítulo, estão diversas diretrizes gerais para as aplicações Oracle.

Primeiro, elas devem minimizar o número de vezes que solicitam dados no banco de dados. As opções incluem o uso de seqüências, blocos PL/SQL e a desnormalização de tabelas. Utilize objetos distribuídos de banco de dados, como visões materializadas, para ajudar a reduzir o número de vezes que ele é consultado.

> **NOTA**
> *Mesmo um SQL levemente ineficiente pode impactar o desempenho do seu banco de dados se ele for executado freqüentemente. Um SQL que gera pouca ou nenhuma leitura E/S física ainda consome recursos da CPU.*

Segundo, diferentes usuários da mesma aplicação devem consultar o banco de dados de maneira semelhante. Os caminhos de acesso consistentes aumentam a probabilidade de que as consultas possam ser resolvidas por informações que já estão disponíveis no SGA. O compartilhamento de dados inclui não apenas as tabelas e linhas recuperadas, mas também as consultas usadas. Se elas forem idênticas, uma versão interpretada (parsed) de um consulta poderá já existir no pool SQL compartilhado, reduzindo a quantidade de tempo necessária para processá-la. As melhorias de compartilhamento de cursores no otimizador aumentam as probabilidades de reutilização dentro do shared pool, mas a aplicação precisa ser projetada com a reutilização de instruções em mente.

Terceiro, você deve restringir o uso de SQL dinâmica. Essa instrução não é definida até o tempo de execução; uma SQL dinâmica da aplicação pode selecionar um par de linhas na primeira vez, executar diversas varreduras integrais na tabela de pedidos na segunda vez e inadvertidamente executar uma junção cartesiana na terceira vez (ou deliberadamente executá-la usando a palavra-chave **cross join** em uma instrução **select**!). Além disso, não há como garantir que a síntaxe de uma instrução SQL gerada dinamicamente esteja correta até o momento da execução. Uma SQL gerada dinamicamente é uma espada de dois gumes: você tem a flexibilidade de criá-la com base na entrada do usuário, mas se expõe aos ataques de injeções de SQL tanto para aplicações internas quantos para aplicações externas da Web.

Quarto, você deve minimizar o número de vezes que abre e fecha sessões no banco de dados. Se a aplicação repetidamente abre uma sessão, executa um pequeno número de comandos e, em seguida, a fecha, o desempenho da SQL pode ser um fator secundário no desempenho global. O gerenciamento de sessão pode custar mais que qualquer outra etapa da aplicação.

Quando stored procedures são usadas, o mesmo código pode ser executado várias vezes, tirando proveito do shared pool. Também é possível compilar manualmente as procedures, funções e pacotes para evitar esse procedimento em tempo de execução. Quando uma procedure é criada, o Oracle a compila automaticamente. Se posteriormente a procedure se tornar inválida, o banco de dados deverá recompilá-la antes de executá-la. Para não incorrer neste custo de compilação em tempo de execução, use o comando **alter procedure** mostrado aqui:

```
alter procedure MY_RAISE compile;
```

O texto SQL de todas as procedures do banco de dados pode ser vizualizado através da coluna Text na visão DBA_ SOURCE. A visão USER_SOURCE exibirá as procedures cujo proprietário é o usuário que está executando a consulta. Textos de pacotes, funções e corpos de pacotes também são acessíveis através das visões DBA_SOURCE e USER_SOURCE, que, por sua vez, referenciam uma tabela denominada SYS.SOURCE$.

As duas primeiras diretrizes de projeto discutidas – limitando o número de acessos de usuário e coordenando suas solicitações – requerem que o desenvolvedor da aplicação conheça o máximo possível o modo como os dados serão usados e os caminhos de acesso envolvidos. Por esse motivo, é fundamental que os usuários estejam tão envolvidos no projeto da aplicação quanto no projeto da tabela. Se gastarem longas horas desenhando as imagens das tabelas com os modeladores de dados e pouco tempo com os desenvolvedores da aplicação discutindo os caminhos de acesso, ela muito provavelmente não atenderá às suas necessidades. Os caminhos de acesso devem ser discutidos como parte do exercício de modelagem de dados.

AJUSTANDO A SQL

Como no projeto da aplicação, o ajuste das instruções SQL parece estar fora das atribuições de um DBA. Entretanto, os DBAs devem se envolver na revisão da SQL escrita como parte da aplicação. Uma aplicação bem projetada pode ainda experimentar problemas de desempenho se a SQL usada não for ajustada adequadamente. Esses dois itens causam a maioria dos problemas de desempenho em bancos de dados projetados corretamente.

A chave para ajustar a SQL é minimizar o caminho de pesquisa que o banco de dados usa para localizar os dados. Em grande parte das tabelas do Oracle, cada linha tem um RowID associado a ela e esse contém informações sobre o local físico da linha – seu arquivo, o bloco dentro desse arquivo e a linha dentro do bloco do banco de dados.

Quando uma consulta sem a cláusula **where** é executada, o banco de dados geralmente executa uma *varredura integral de tabela,* lendo cada bloco da tabela. Durante uma varredura integral de tabela, o banco de dados localiza o primeiro bloco da tabela e, em seguida, lê seqüencialmente todos os outros blocos. Para grandes tabelas, as varreduras integrais podem ser muito demoradas.

Quando linhas específicas são consultadas, o banco de dados pode usar um índice para ajudar a acelerar a recuperação das desejadas. Um índice mapeia os valores lógicos em uma tabela para seus RowIDs – os quais, por sua vez, os mapeia para locais físicos específicos. Os índices podem ser únicos – nesse caso não há mais de uma ocorrência para cada valor – ou não-únicos. Os índices só armazenam RowIDs para valores NOT NULL nas colunas indexadas.

Várias colunas podem ser indexadas. Isso é denominado índice *concatenado* ou *composto* e será usado se sua coluna principal for usada na cláusula **where** da consulta. O otimizador também pode usar um enfoque "skip-scan", no qual um índice concatenado é usado mesmo se sua coluna principal não estiver na cláusula **where** da consulta.

Os índices devem ser ajustados para o caminho de acesso necessário. Considere o caso de um índice concatenado de três colunas. Conforme mostrado na listagem a seguir, esse índice é criado nas colunas City, State e Zip da tabela EMPLOYEE:

```
create index CITY_ST_ZIP_NDX
   on EMPLOYEE(City, State, Zip)
   tablespace INDEXES;
```

Se uma consulta do tipo

```
select * from EMPLOYEE
 where State='NJ';
```

for executada, a coluna principal do índice (City) não estará na cláusula **where**. O Oracle pode usar dois tipos de acessos baseados em índice para recuperar as linhas – um skip-scan ou uma varredura integral do índice. O otimizador selecionará um caminho de execução com base nas estatísticas do índice – seu tamanho, sua seletividade do índice e o tamanho da tabela. Se os usuários executarem freqüentemente esse tipo de consulta, as colunas do índice talvez precisem ser reordenadas com State, em primeiro lugar, para refletir o padrão de uso atual.

Uma *varredura por faixa* do índice (index range scan) é outra otimização baseada em índice que o Oracle pode usar para recuperar eficientemente os dados seletivos. O Oracle usará uma varredura por faixa quando a variável na cláusula **where** for igual, menor ou maior do que a constante especificada e for a coluna principal em um índice de várias partes. A cláusula **order by** não será necessária caso você queira que as linhas retornem na mesma ordem do índice, como neste exemplo onde procura-se os funcionários contratados antes de 1º de agosto de 2007:

```
select * from EMPLOYEE where hire_date < '1-AUG-2007';
```

É fundamental que os dados da tabela estejam tão ordenados quanto possível. Se os usuários estão freqüentemente executando consultas *por faixa* – selecionando aqueles valores que estão dentro de uma faixa específica – o fato dos dados estarem ordenados pode, então, exigir que menos blocos de dados sejam lidos para resolver a consulta, melhorando assim o desempenho. As entradas ordenadas no índice apontarão para um conjunto ordenado de blocos vizinhos na tabela, em vez de apontarem para blocos dispersos por todos os arquivos de dados. Por exemplo, considere uma consulta por faixa do tipo a seguir:

```
select *
  from EMPLOYEE
  where Empno between 1 and 100;
```

Essa consulta por faixa irá requerer que um número menor de blocos de dados sejam lidos caso as linhas físicas na tabela EMPLOYEE estejam ordenadas pela coluna EMPNO. Para garantir que elas estejam corretamente ordenadas na tabela, as extraia para um arquivo texto (ou outra tabela), classifique-as e, em seguida, exclua as linhas antigas e recarregue-as a partir do conjunto de dados classificado. Além disso, você deve usar a compressão de segmento online para recuperar o espaço livre fragmentado abaixo da marca d'água superior para tabelas com atividade DML freqüente; isso melhora a utilização de cache e requer que menos blocos sejam varridos nas varreduras de tabela completa. Use o comando **alter table... shrink space** para compactar o espaço livre em uma tabela.

Impacto da ordenação sobre as taxas de carga

Os índices influenciam o desempenho das consultas e das cargas de dados. Durante as operações **insert**, a ordem das linhas tem um impacto significativo sobre o desempenho da carga. Mesmo em ambientes pesadamente indexados, a ordenação apropriada das linhas antes das operações **insert** pode melhorar o desempenho da carga em 50%.

À medida que um índice aumenta, o Oracle aloca novos blocos. Se uma nova entrada de índice for adicionada depois da última entrada, a nova entrada será adicionada ao último bloco do índice. Se a nova entrada fizer com que o Oracle exceda o espaço disponível nesse bloco, ela será movida para um novo bloco. Há muito pouco impacto sobre o desempenho nesta alocação de bloco.

Se as linhas inseridas não estiverem ordenadas, as novas entradas de índice serão gravadas nos blocos de nós existentes nele. Se não houver mais espaço no bloco onde o novo valor for adicionado e esse não for o último bloco do índice, as suas entradas serão divididas em duas. Metade das entradas do índice permanecerá no bloco original e metade será movida para um novo bloco. Como resultado, o desempenho sofrerá durante as cargas (devido à atividade adicional de gerenciamento de espaço) durante as consultas (porque o índice contém mais espaço não utilizado, exigindo que mais blocos sejam lidos para o mesmo número de entradas lida).

> **NOTA**
> *Há uma queda significativa no desempenho de carga quando um índice aumenta seu número de níveis internos. Para ver o número de níveis, analise um índice e, em seguida, selecione seu valor de coluna do nível B em DBA_ INDEXES.*

Devido ao modo como o Oracle gerencia internamente seus índices, as taxas de carga são afetadas cada vez que um novo é adicionado (porque é pouco provável que as linhas inseridas serão classificadas corretamente em várias colunas). Da perspectiva da taxa de carga, dê preferência à poucos índices com múltiplas colunas à muitos índices com colunas únicas.

Opções adicionais de indexação

Se os dados não forem muito seletivos, considere o uso de *índices de bitmap*. Conforme descrito no Capítulo 16, estes índices são mais efetivos para consultas em grandes conjuntos de dados estáticos, com poucos valores distintos. Você pode criar índices de bitmap e índices normais (árvore B) na mesma tabela e o Oracle executará dinamicamente quaisquer conversões de índices necessárias durante o processamento da consulta. Consulte o Capítulo 16 para obter detalhes sobre como usar os índices de bitmap.

> **NOTA**
> *Evite criar índices bitmap em tabelas modificadas por transações online; as tabelas de data warehouse, entretanto, são excelentes candidatas para esses índices.*

Se duas tabelas são freqüentemente consultadas juntas, os *clusters* podem ser eficazes na melhoria do desempenho. Os clusters armazenam linhas de várias tabelas nos mesmos blocos de dados físicos, com base em seus valores lógicos (a chave do cluster).

As consultas nas quais um valor de coluna é comparado a um valor exato (em vez de um intervalo de valores) são denominadas consultas por *equivalência*. Um *cluster de hash* armazena uma linha em um local específico com base no seu valor na coluna chave do cluster. Toda vez que uma linha é inserida, seu valor na chave do cluster é usado para determinar em que bloco ela deve ser armazenada; essa mesma lógica pode ser usada durante as consultas para localizar rapidamente os blocos de dados que são necessários para a recuperação. Os clusters de hash são projetados para melhorar o desempenho de consultas por equivalência; eles não serão tão úteis na melhoria do desempenho das consultas por faixa, discutidas anteriormente. O desempenho será significativamente pior com consultas por faixa que forçam uma varredura integral da tabela ou para cluster de hash que são freqüentemente atualizados.

Os *índices de chave invertida* fornecem outra solução de ajuste para consultas por equivalência. Em um índice de chave invertida, os bytes do índice são armazenados em ordem inversa. Em um índice tradicional, dois valores consecutivos são armazenados um ao lado do outro. Em um índice de chave invertida, os valores consecutivos não são armazenados dessa maneira. Por exemplo, em um índice de chave invertida, os valores 2004 e 2005 são armazenados como 4002 e 5002, respectivamente. Embora não sejam apropriados para varreduras por faixa, esses índices podem reduzir a disputa por blocos de índice se muitas consultas por equivalência forem executadas. Os índices de chave invertida podem precisar ser reconstruídos com muita freqüência para poderem ter um desempenho adequado. Eles também devem incluir um valor grande de PCTFREE para permitir inserções.

> **NOTA**
> *Você não pode inverter um índice de bitmap.*

Você pode criar *índices baseados em função* nas expressões que envolvem colunas. Esta consulta não poderia usar um índice de árvore B na coluna Name:

```
Select * from EMPLOYEE
  where UPPER(Name) = 'JONES';
```

Entretanto, a consulta

```
select * from EMPLOYEE
  where Name = 'JONES';
```

poderia, porque a segunda consulta não executa uma função na coluna Name. Em vez de criar um índice na coluna Name, é possível criar um índice na expressão da coluna UPPER(Name), conforme mostrado no exemplo a seguir:

```
create index EMP_UPPER_NAME on
  EMPLOYEE(UPPER(Name));
```

Embora os índices baseados em função possam ser úteis, certifique-se de considerar os seguintes pontos ao criá-los:

- É possível restringir as funções que serão usadas na coluna? Se puder, você pode impedir que todas as funções sejam executadas nela?
- Há espaço de armazenamento adequado para os índices adicionais?
- Ao descartar a tabela, estará descartando mais índices (e, portanto, mais extensões) do que antes. Como isso influenciará o tempo exigido para descartar a tabela? (Isso deixa de ser considerado se estiver usando tablespaces gerenciados localmente, os quais deveria estar usando caso esteja executando o Oracle Database 10g ou posterior.)

Os índices baseados em função são úteis, mas você deve implementá-los com moderação. Quanto mais índices criar em uma tabela, mais demoradas serão as operações **insert**, **update** e **delete**. É claro que isso se aplica à criação de quaisquer índices adicionais em uma tabela, independentemente do tipo.

Os *índices de texto* usam as funcionalidades do Oracle Text para criar e gerenciar listas de palavras e suas ocorrências – similar à maneira como um índice de livro funciona. Os índices de texto são mais usados para dar suporte a aplicações que executam pesquisas em partes de palavras com curingas.

As tabelas particionadas podem ter índices que abrangem todas as partições (índices globais) ou índices que são particionados junto com as partições da tabela (índices locais). Da perspectiva de um ajuste de consulta, os índices locais podem ser preferíveis porque eles contêm menos entradas do que os índices globais.

Gerando planos de execução

Como é possível determinar que caminho de acesso o banco de dados usará para executar uma consulta? Essa informação pode ser visualizada por meio do comando **explain plan**. Esse comando avaliará o caminho de execução da consulta e colocará sua saída em uma tabela (denominada PLAN_TABLE) no banco de dados. Um exemplo do comando **explain plan** é mostrado na listagem a seguir:

```
explain plan
  for
select *
  from BOOKSHELF
  where Title like 'M%';
```

A primeira linha deste comando informa ao banco de dados que ele deve explicar seu plano de execução para a consulta sem, na verdade, executá-la. Como opção, você pode incluir uma cláusula **set Statement_ID** para rotular o plano de explicação na PLAN_TABLE. Após a palavra-chave **for**, a consulta a ser analisada é listada. A conta que está executando este comando deve ter uma tabela de planos no seu esquema. O Oracle fornece os comandos **create table** necessários para essa tabela. O arquivo, denominado utlxplan.sql, está localizado no diretório $ORACLE_HOME/rdbms/admin. Os usuários podem executar este script para criar a tabela em seus esquemas.

> **NOTA**
> *Descarte e recrie a tabela de planos após cada atualização do Oracle porque novas colunas podem ser adicionadas pelos scripts de atualização.*

Consulte a tabela de planos usando a procedure DBMS_XPLAN:

```
select * from table(DBMS_XPLAN.DISPLAY);
```

Também é possível usar o script fornecido pelo Oracle em $ORACLE_HOME/rdbms/admin/utlxpls.sql para consultar a tabela de planos para execução serial, ou $ORACLE_HOME/rdbms/admin/utlxplp.sql para execução paralela.

Essa consulta informará os tipos de operações que o banco de dados deve executar para resolver a consulta. A saída mostrará as etapas de execução da consulta de maneira hierárquica, ilustrando os relacionamentos entre elas. Por exemplo, você pode ver uma etapa baseada em índice que tem uma etapa TABLE ACCESS BY INDEX ROWID como seu pai, indicando que a etapa do índice será processada primeiro e os RowIDs retornados serão usados para recuperar as linhas específicas da tabela.

É possível usar o comando **set autotrace on** no SQL*Plus para gerar automaticamente a saída **explain plan** e informações de rastreamento para cada consulta executada. A saída gerada pelo utilitário autotrace não será exibida até que a consulta seja concluída, ao passo que a saída **explain plan** é gerada sem executar o comando. Para ativar a saída gerada pelo utilitário autotrace, uma tabela de planos deve ser criada no esquema no qual ele será usado ou criada no esquema SYSTEM com acesso concedido para o esquema que o usará. O script plustrce.sql, localizado no diretório $ORACLE_HOME/sqlplus/admin, também deve ser executado como SYS antes de usar o comando **set autotrace on**. Os usuários devem ter a função PLUSTRACE ativada antes de executar o comando **set autotrace on**.

Para uma instalação ou atualização para o Oracle Database 10g ou posterior, este script é executado automaticamente.

NOTA
Para mostrar o plano de execução sem executar a consulta, use o comando **set autotrace traceonly explain**.

Se você usar as opções de consulta paralela ou consultar bancos de dados remotos, uma seção adicional da saída **set autotrace on** mostrará o texto dessas executadas pelos processos de consulta paralela ou a própria executada no banco de dados remoto.

Para desativar o recurso autotrace, use o comando **set autotrace off**.

A listagem a seguir mostra como ativar o recurso autotrace e gerar um plano de execução:

```
set autotrace traceonly explain

select *
  from BOOKSHELF
 where Title like 'M%';

Execution Plan
----------------------------------------------------------
   0      SELECT STATEMENT Optimizer=ALL_ROWS (Cost=3 Card=2 Bytes=80)
   1    0   TABLE ACCESS (BY INDEX ROWID) OF 'BOOKSHELF' (TABLE) (Cost
          =3 Card=2 Bytes=80)
   2    1     INDEX (RANGE SCAN) OF 'SYS_C004834' (INDEX (UNIQUE)) (Co
          st=1 Card=2)
```

Para entender o plano de execução, leia a ordem das operações dentro da hierarquia de dentro para fora até chegar a um conjunto de operações no mesmo nível de recuo; depois leia de cima para baixo. Neste exemplo, não há operações no mesmo nível de recuo; portanto, você lê a ordem das operações de dentro para fora. A primeira operação é a varredura por faixa de índice, seguido pelo acesso à tabela; a operação SELECT STATEMENT exibe a saída para o usuário. Cada operação tem um valor de ID (a primeira coluna) e um valor de ID pai (o segundo número; ele está em branco na primeira operação). Em planos de execução mais complexos, você talvez precise usar os valores de ID pai para determinar a ordem das operações.

Este plano mostra que os dados retornados ao usuário chegam por meio de uma operação TABLE ACCESS BY INDEX ROWID. Os RowIDs são fornecidos por uma varredura por faixa de índice único. A cada etapa é atribuído um "custo". Ele é cumulativo, refletindo o custo dessa etapa mais os custos de todas as suas etapas filhas. É possível usar os valores de custo para identificar as etapas que contribuem com o maior valor para o custo global da consulta e, em seguida, focar os esforços de ajustes.

Quando avaliar a saída do comando **explain plan**, é preciso se certificar de que os índices mais seletivos (isto é, quase todos os índices únicos) sejam usados pela consulta. Se um índice não seletivo for usado, você talvez esteja forçando o banco de dados a executar leituras desnecessárias para resolver a consulta. Uma discussão completa do ajuste da SQL está além do escopo deste livro, mas é preciso concentrar esforços de ajuste para garantir que a maioria desse tipo de instruções, que demandam muitos recursos, estejam usando os índices mais seletivos possíveis.

Em geral, as aplicação orientadas a transações (como sistemas multiusuário usados para entrada de dados) avaliam o desempenho com base no tempo decorrido para retornar a primeira linha de uma consulta. Para aplicações orientadas a transações, concentre seus esforços de ajuste no uso de índices para reduzir o tempo de resposta do banco de dados para a consulta.

Se a aplicação é orientada em processamento de lote (com grandes transações e relatórios), concentre na melhoria do tempo decorrido para completar a transação inteira, em vez do tempo decorrido para retornar a primeira linha da transação. A melhoria do throughput global da transação pode exigir o uso de varreduras integrais das tabelas, em vez de acessos via índice, e pode melhorar o desempenho global da aplicação.

Se a aplicação está distribuída por vários bancos de dados, concentre na redução do número de vezes que os links de banco de dados são usados nas consultas. Se um banco de dados remoto é freqüentemente acessado durante uma consulta, o custo do acesso a esse banco de dados remoto é pago cada vez que os dados remotos são acessados. Mesmo que o custo do acesso aos dados remotos seja baixo, acessá-los milhares de vezes eventualmente colocará uma sobrecarga no desempenho da sua aplicação. Consulte a seção "Reduzindo o Tráfego da Rede" mais adiante neste capítulo para obter sugestões adicionais para bancos de dados distribuídos.

AJUSTANDO O USO DA MEMÓRIA

A partir do Oracle 10g, é possível usar o conjunto de ferramentas Automatic Workload Repository (AWR) para coletar e gerenciar dados estatísticos (conforme descrito mais adiante neste capítulo). A partir do Oracle 11g, é possível usar novos parâmetros de inicialização, como MEMORY_TARGET, para automatizar ainda mais a memória global usada pelo Oracle, ajudando a ajustar o banco de dados automaticamente quando você não tiver tempo para ler os relatórios AWR!

O cache de buffer de blocos de dados e o shared pool são gerenciados por meio de um algoritmo *least recently used (LRU)*. Uma área predefinida é separada para armazenar valores; quando é preenchida, os dados menos recentemente usados são eliminados da memória e gravados de volta no disco. Uma área de memória adequadamente dimensionada mantém os dados acessados com mais freqüência; o acesso aos dados usados menos freqüentemente requer leituras físicas.

Veja as consultas executando leituras lógicas e físicas no banco de dados na visão V$SQL. A visão V$SQL informa o número acumulado de leituras físicas e lógicas executadas para cada consulta atualmente no shared pool, assim como o número de vezes que cada consulta foi executada.

O script a seguir mostra o texto SQL para as consultas no shared pool, com as consultas com mais demanda de E/S listadas em primeiro lugar. A consulta também exibe o número de leituras lógicas (obtenções de buffer – buffer gets) por execução:

```
select Buffer_Gets,
       Disk_Reads,
       Executions,
       Buffer_Gets/Executions B_E,
       SQL_Text
  from V$SQL where executions!= 0
order by Disk_Reads desc;
```

Se o shared pool foi esvaziado, as consultas executadas antes do esvaziamento não poderão mais ser acessadas por meio da visão V$SQL. Entretanto, o impacto dessas consultas ainda pode ser visto, desde que os usuários ainda estejam conectados. A visão V$SESS_IO registra as leituras lógicas acumuladas e as leituras físicas executadas para cada sessão de usuário. É possível consultar a visão V$SESS_IO para obter a taxa de acesso de cada sessão, conforme mostrado na listagem a seguir:

```
select SESS.Username,
       SESS_IO.Block_Gets,
       SESS_IO.Consistent_Gets,
       SESS_IO.Physical_Reads,
       round(100*(SESS_IO.Consistent_Gets
          +SESS_IO.Block_Gets-SESS_IO.Physical_Reads)/
         (decode(SESS_IO.Consistent_Gets,0,1,
            SESS_IO.Consistent_Gets+SESS_IO.Block_Gets)),2)
              session_hit_ratio
  from V$SESS_IO sess_io, V$SESSION sess
 where SESS.Sid = SESS_IO.Sid
   and SESS.Username is not null
order by Username;
```

Para ver os objetos cujos blocos estão atualmente no cache de buffer de blocos de dados, consulte a tabela X$BH no esquema SYS, conforme mostrado na consulta a seguir (observe que os objetos SYS e SYSTEM são excluídos da saída de modo que o DBA pode se concentrar nas tabelas da aplicação e nos índices presentes na SGA):

```
select Object_Name,
       Object_Type,
       count(*) Num_Buff
  from X$BH a, SYS.DBA_OBJECTS b
 where A.Obj = B.Object_Id
   and Owner not in ('SYS','SYSTEM')
group by Object_Name, Object_Type;
```

NOTA
É possível consultar as colunas Name e Kind na visão V$CACHE para ver os dados similares, caso esteja conectado como o usuário SYS.

Existem várias áreas de cache dentro do cache de buffer de blocos de dados:

- **O cache DEFAULT** Cache padrão para objetos que usam o tamanho de bloco padrão para o banco de dados.
- **O cache KEEP** Dedicado a objetos que você deseja manter sempre na memória. Em geral, essa área é usada para pequenas tabelas com poucas transações. Esse cache é bom para tabelas com informações de busca, do tipo códigos de estados, CEPs e dados de vendedores.
- **O cache RECYCLE** Dedicado a objetos que você deseja eliminar da memória rapidamente. Como o KEEP cache, o RECYCLE cache isola os objetos na memória para que eles não interfiram com o funcionamento normal do cache DEFAULT.
- **Caches específicos de tamanho de bloco (Block-size-specific caches)** O Oracle dá suporte a vários tamanhos de blocos de banco de dados dentro de um único banco de dados; crie um cache para cada tamanho de bloco de banco de dados não-padrão.

Como todas as áreas da SGA – os buffers de blocos de dados, o cache de dicionário e o shared pool – a ênfase deve ser no compartilhamento de dados entre os usuários. Cada uma dessas áreas deve ser suficientemente grande para armazenar a maioria dos dados comumente solicitados no banco de dados. Nos casos do shared pool, ele deve ser suficientemente grande para armazenar as versões interpretadas (parsed) das consultas mais comumente usadas.

Quando são adequadamente dimensionadas, as áreas de memória na SGA podem melhorar efetivamente o desempenho de consultas individuais e do banco de dados como um todo.

Os tamanhos dos pools de buffer KEEP e RECYCLE não reduzem o espaço disponível no cache de buffer de blocos de dados. Para uma tabela usar um dos novos pools de buffer, especifique o nome do pool de buffer por meio do parâmetro **buffer_pool** dentro da cláusula **storage** da tabela. Por exemplo, se você deseja que uma tabela seja removida rapidamente da memória, atribua-a ao pool RECYCLE. O pool padrão é denominado DEFAULT, portanto você pode usar o comando **alter table** para redirecionar uma tabela para o pool DEFAULT em uma data posterior. Aqui está um exemplo de atribuição de uma tabela ao pool de buffer KEEP:

```
create table state_cd_lookup
  (state_cd char(2),
  state_nm varchar2(50)
)
storage (buffer_pool keep);
```

Use o parâmetro de inicialização LARGE_POOL_SIZE para especificar o tamanho, em bytes, do heap de alocação da large pool. Ele é usado em sistemas de servidor compartilhado para memória de sessão, pela execução paralela para buffers de mensagem e pelos processos de backup para buffers de E/S. Por padrão, o large pool não é criado.

A partir do Oracle Database 10g, é possível usar o Automatic Shared Memory Management (ASMM). Para ativá-lo, configure um valor diferente de zero para o parâmetro de inicialização de banco de dados SGA_TARGET. Após configurar o parâmetro SGA_TARGET para o tamanho desejado da SGA (isto é, a soma de todos os caches), então é possível configurar os outros parâmetros relacionados a cache (DB_CACHE_SIZE, SHARED_POOL_SIZE, JAVA_POOL_SIZE e LARGE_POOL_SIZE) cada um deles como 0. Se fornecer valores para esses parâmetros, eles servirão como o limite inferior para o algoritmo de ajuste automático. Execute um shutdown e reinicie o banco de dados para que as alterações entrem em vigor; o banco de dados iniciará, então, o gerenciamento proativo do tamanho de diferentes caches. Você pode monitorar o tamanho dos caches a qualquer momento por meio da visão de desempenho dinâmico V$SGASTAT. O Oracle Database 11g leva a automação um passo adiante: configurar MEMORY_TARGET para a quantidade total de memória disponível para o Oracle. A quantidade de memória especificada em MEMORY_TARGET é alocada entre a SGA e a PGA automaticamente; quando MEMORY_TARGET é configurado, SGA_TARGET e PGA_AGGREGATE_TARGET são configurados como zero e ignorados.

À medida que a carga de trabalho no banco de dados muda, ele alterará os tamanhos de cache para refletir as necessidades da aplicação. Por exemplo, se houver um carga de processamento em lote pesada à noite e uma carga de transações online mais intensa durante o dia, o banco de dados poderá alterar os tamanhos de cache de acordo com a alteração da carga. Essas alterações ocorrem automaticamente, sem intervenção do DBA. Se for especificado um valor para um pool no seu arquivo de parâmetros de inicialização, o Oracle o usará como o valor mínimo para esse pool.

> **NOTA**
> Os DBAs podem criar os pools KEEP e RECYCLE no cache de buffer. Os pools KEEP e RECYCLE não são afetados pelo redimensionamento de cache dinâmico e não fazem parte do pool de buffer DEFAULT.

De dentro do OEM, veja se o gerenciamento de memória dinâmica está ativo clicando na opção Memory Parameters; o botão Automatic Shared Memory Management pode ser configurado para "Enabled" ou "Disabled."

Você talvez queira reter seletivamente alguns pacotes no shared pool. Reter pacotes na memória imediatamente após iniciar o banco de dados aumentará a probabilidade de que uma seção suficientemente grande de espaços livres contíguos esteja disponível na memória. Como mostrado na listagem a seguir, a procedure KEEP do pacote DBMS_SHARED_POOL designa os pacotes a serem retidos no shared pool:

```
execute DBMS_SHARED_POOL.KEEP('APPOWNER.ADD_CLIENT','P');
```

O processo de retenção de pacotes está mais relacionado ao gerenciamento da aplicação do que ao seu ajuste, mas pode ter um impacto no desempenho. Se puder evitar o gerenciamento dinâmico de áreas de memória fragmentadas, minimizará o trabalho que o Oracle terá de fazer ao gerenciar o shared pool.

Especificando o tamanho da SGA

Para permitir o gerenciamento automático dos caches, configure o parâmetro de inicialização SGA_TARGET igual ao tamanho da SGA.

Se você decidir gerenciar os caches manualmente, poderá configurar o parâmetro SGA_MAX_SIZE para definir o tamanho da SGA. Será possível, então, especificar os tamanhos dos caches individuais; eles poderão ser alterados dinamicamente enquanto o banco de dados estiver em execução por meio do comando **alter system**.

É possível também configurar o parâmetro SGA_TARGET com um tamanho menor do que o do parâmetro SGA_MAX_SIZE. O Oracle usará o SGA_TARGET para configurar inicialmente os caches individuais e poderá aumentá-los ao longo do tempo para ocupar mais memória até o valor do SGA_MAX_SIZE. Essa é uma boa maneira de determinar quais devem ser os requisitos totais de memória antes de distribuir seu banco de dados em um ambiente de produção.

Parâmetro	Descrição
SGA_MAX_SIZE	O tamanho máximo até o qual a SGA pode crescer.
SHARED_POOL_SIZE	O tamanho do shared pool.
DB_BLOCK_SIZE	Este será o tamanho de bloco padrão para o banco de dados.
DB_CACHE_SIZE	O tamanho do cache especificado em bytes.
DB_nK_CACHE_SIZE	Se você estiver usando vários tamanhos de bloco dentro de um único banco de dados, deve especificar ao menos um valor para o parâmetro DB_CACHE_SIZE e ao menos um valor para o pa-

râmetro DB_nK_CACHE_SIZE. Por exemplo, se seu tamanho de bloco de banco de dados padrão é de 4KB, especifique um cache para os tablespaces com tamanho de bloco de 8KB por meio do parâmetro DB_8K_CACHE_SIZE.

Por exemplo, você pode especificar o seguinte:

```
SGA_MAX_SIZE=1024M
SHARED_POOL_SIZE=220M
DB_BLOCK_SIZE=8192
DB_CACHE_SIZE=320M
DB_4K_BLOCK_SIZE=4M
```

Com esses parâmetros, 4MB estarão disponíveis para os dados consultados a partir de objetos em tablespaces com tamanhos de bloco de 4KB. Os objetos que usam o tamanho de bloco padrão de 8KB usarão o cache de 160MB. Enquanto o banco de dados está aberto, é possível alterar os valores dos parâmetros SHARED_POOL_SIZE e DB_CACHE_SIZE por meio do comando **alter system**.

O SGA_TARGET é um parâmetro dinâmico e pode ser alterado por meio do Database Control ou com o comando **alter system**.

O SGA_TARGET pode ser aumentado até o valor de SGA_MAX_SIZE. Ele pode ser reduzido até que qualquer um de componentes auto-ajustados alcance seu tamanho mínimo, especificado pelo usuário ou determinado internamente. Esses dois parâmetros podem ser usados para ajustar a SGA.

Usando o otimizador baseado em custo

Com cada versão deste software, o Oracle adicionou novos recursos ao seu otimizador e melhorou os recursos existentes. O uso efetivo do otimizador baseado em custo requer que tabelas e índices na sua aplicação sejam analisados regularmente. A freqüência com que você analisa os objetos depende da taxa de alteração dentro dos objetos. Para aplicações de transações em lote, reanalise os objetos após cada conjunto grande de transações em lote. Para aplicações OLTP, reanalise os objetos em uma programação baseada em tempo (como via um processo semanal ou noturno).

> **NOTA**
> *A partir do Oracle Database 10g Release 1, o otimizador baseado em regra não é mais suportado.*

As estatísticas sobre objetos são coletadas por meio de execuções de procedures do pacote DBMS_STATS. Se você analisar uma tabela, seus índices associados são também automaticamente analisados. Um esquema pode ser analisado através da procedure GATHER_SCHEMA_STATS ou uma tabela específica, através da procedure GATHER_TABLE_ STATS. Também é possível analisar apenas colunas indexadas, acelerando assim o processo de análise. Em geral, você deve analisar os índices de uma tabela cada vez que analisa a tabela. Na listagem a seguir, o esquema PRACTICE é analisado:

```
execute DBMS_STATS.GATHER_SCHEMA_STATS('PRACTICE', 'COMPUTE');
```

As estatísticas das tabelas e índices são vizualizadas por meio de DBA_TABLES, DBA_TAB_COL_ STATISTICS e DBA_INDEXES. Algumas estatísticas em nível de coluna são ainda fornecidas na DBA_TAB_ COLUMNS, mas elas são fornecidas estritamente para compatibilidade com versões anteriores. As estatísticas para as colunas de tabelas particionadas são encontradas em DBA_PART_ COL_STATISTICS.

NOTA
A partir do Oracle Database 10g, as estatísticas são coletadas automaticamente em uma instalação padrão usando a infra-estrutura de tarefas de manutenção automática (AutoTask) durante as janelas de manutenção.

Quando o comando da listagem anterior é executado, todos os objetos que pertencem ao esquema PRACTICE serão analisados usando a opção **compute statistics**. Você também pode escolher estimar as estatísticas com base em uma porcentagem especificada das linhas da tabela.

Implicações da opção COMPUTE STATISTICS

Nos exemplos da seção anterior, a opção **compute statistics** foi usada para coletar estatísticas sobre objetos. O Oracle também fornece a opção **estimate statistics**, que baseia as estatísticas do objeto em um exame de uma parte dos dados. Se decidir usar **estimate statistics**, analise a tabela o máximo possível. Especifique uma porcentagem de linhas a serem analisadas – em geral, analisar 20% é suficiente.

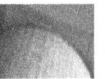

DICA
A disponibilidade do comando **analyze table... compute statistics** *ou* **analyze table... estimate statistics**, *fora do pacote DBMS_STATS, pode ser removida em uma versão futura do Oracle; use o comando* **analyze** *para tarefas não relacionadas a estatísticas, como* **validate structure** *ou* **list chained rows**, *ou mesmo para coletar informações de blocos freelist.*

Analisar os dados pode exigir grandes quantidades de espaço de classificação. Como a análise pode incluir também varreduras integrais de tabela, altere as configurações da sessão antes de iniciar a análise. Quando ela for concluída, termine sua sessão ou altere as configurações de volta para os valores do banco de dados. As configurações da sessão são iguais às de SORT_AREA_SIZE e DB_FILE_MULTIBLOCK_READ_COUNT. A partir do Oracle Database 10g, a Oracle recomenda o uso de PGA_AGGREGATE_TARGET para gerenciar automaticamente o valor de SORT_AREA_SIZE. Quanto maior o tamanho da área de classificação, menor a probabilidade de precisar usar o tablespace temporário para os segmentos de classificação. Quanto maior a contagem de leitura de múltiplos blocos, mais blocos você conseguirá ler durante uma única leitura física (conforme o limite imposto pelo sistema operacional). Use o comando **alter session** para aumentar esses valores para a sua sessão.

AJUSTANDO O ACESSO AOS DADOS

Mesmo que suas tabelas estejam adequadamente configuradas e indexadas, seu desempenho pode sofrer se houver eventos de espera provocados por acessos a arquivos. Nas seções a seguir, você verá as recomendações relacionadas à configuração de arquivo e tablespace.

Em geral, evite colocar os arquivos Oracle em sistemas RAID de paridade distribuída, como o RAID 5. O overhead gerado durante as gravações para esses sistemas geralmente apresenta um gargalo de desempenho à medida que o uso do sistema aumenta, em especial para arquivos gravados seqüencialmente, como arquivos de redo log online. Prefira usar o RAID 0+1 para dar suporte ao espelhamento e ao striping de dados sem introduzir esses gargalos de desempenho.

Tablespaces gerenciados localmente

É possível usar tablespaces gerenciados localmente para manipular o gerenciamento de extensões dentro dos tablespaces. Esse tipo de tablespaces gerencia seus próprios espaços mantendo um bitmap em cada arquivo de dados de blocos livres e usados, ou conjuntos de blocos no arquivo de dados. Cada vez que uma extensão é alocada ou liberada para ser reutilizada, o banco de dados atualiza o bitmap para mostrar o novo status.

> **NOTA**
> A partir do Oracle Database 10g, todos os tablespaces em uma instalação padrão são localmente gerenciados; tablespaces bigfile **devem** ser gerenciados dessa forma. Use tablespaces gerenciados por dicionários apenas para compatibilidade com versões anteriores do Oracle.

Quando você usa tablespaces gerenciados localmente, o dicionário de dados não é atualizado e a atividade de rollback não é gerada durante as criações de extensões. Tablespaces gerenciados localmente rastreiam automaticamente o espaço livre adjacente, portanto não há necessidade de combinar extensões. Dentro desse tipo de tablespace, todas as extensões podem ter o mesmo tamanho ou o sistema pode determinar automaticamente o tamanho das extensões.

Para usar o gerenciamento de espaço local, você pode especificar a opção **local** para a cláusula **extent management** no comando **create tablespace**. Um exemplo do comando **create tablespace** declarando um tablespace gerenciado localmente é mostrado aqui:

```
create tablespace CODES_TABLES
    datafile '/u01/oracle/VLDB/codes_tables.dbf'
    size 500M
    extent management local uniform size 256K;
```

Assumindo que o tamanho de bloco do banco de dados no qual esse tablespace é criado é de 8KB, neste exemplo, ele é criado com o gerenciamento de extensões declarado como **local** e com um tamanho uniforme de 256KB. Cada bit no bitmap descreve 32 blocos (256/8). Se a cláusulas **uniform size** for omitida, o padrão será **autoallocate**. O **size** padrão para **uniform** é 1MB.

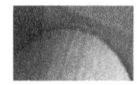

> **NOTA**
> Se você especificar **local** em um comando **create tablespace**, não poderá especificar uma cláusula **default storage**, **minextents** ou **temporary**. Se usar o comando **create temporary tablespace** para criar o tablespace, pode especificar **extent_management local**.

A partir do Oracle9i, por padrão os tablespaces são criados como gerenciados localmente, portanto a cláusula **extent management local** é opcional quando um novo tablespace é criado.

> **NOTA**
> Se você criar o tablespace SYSTEM gerenciado localmente, só poderá criar tablespaces gerenciados localmente dentro do banco de dados; quaisquer tablespaces gerenciados por dicionário importados por meio do recurso de tablespaces transportáveis só poderá ser aberto como somente leitura.

Identificando linhas encadeadas

Quando um segmento de dados é criado, um valor **pctfree** é especificado. O parâmetro **pctfree** informa ao banco de dados a quantidade de espaço que deve ser mantida livre em cada bloco de dados. O espaço livre é usado quando as linhas que já estão armazenadas no bloco de dados aumentam de comprimento através de operações **update**.

Se um comando **update** para atualizar uma linha faz com que ela não caiba mais em um único bloco de dados, ela pode ser movida ou *encadeada* em outro bloco. Se o comprimento das linhas que você está armazenando for maior do que o tamanho do bloco Oracle, você terá automaticamente um encadeamento.

O encadeamento afeta o desempenho porque requer que o Oracle examine vários locais físicos para encontrar dados que estão na mesma linha lógica. Eliminando o encadeamento desnecessário, reduzido o número de leituras físicas necessárias para retornar os dados de um arquivo.

O encadeamento pode ser evitado configurando o valor correto para **pctfree** durante a criação dos segmentos de dados. O valor padrão, 10, deve ser aumentado se a aplicação atualizar freqüentemente valores NULL para valores não-NULL, ou se valores de texto longo forem atualizados com freqüência.

É possível o comando **analyze** para coletar estatísticas sobre objetos de banco de dados. O otimizador baseado em custo pode usar essas estatísticas para determinar o melhor caminho de execução a ser usado. O comando **analyze** tem uma opção que detecta e registra linhas encadeadas em tabelas. Sua sintaxe é

```
analyze table TABLE_NAME list chained rows into CHAINED_ROWS;
```

O comando **analyze** colocará a saída dessa operação em uma tabela denominada CHAINED_ ROWS no seu esquema local. A SQL para criar a tabela CHAINED_ROWS está em um arquivo denominado utlchain.sql, no diretório $ORACLE_HOME/rdbms/admin. A consulta a seguir selecionará as colunas mais significativas da tabela CHAINED_ROWS:

```
select
        Owner_Name,      /*Owner of the data segment*/
        Table_Name,      /*Name of the table with the chained rows*/
        Cluster_Name,    /*Name of the cluster, if it is clustered*/
        Head_RowID       /*Rowid of the first part of the row*/
from CHAINED_ROWS;
```

A saída mostrará os RowIDs referentes a todas as linhas encadeadas, permitindo que você veja rapidamente quantas linhas estão encadeadas na tabela. Se o encadeamento for predominante em uma tabela, ela deve ser reconstruída com um valor mais alto para **pctfree**.

O impacto do encadeamento de linha pode ser visto consultando V$SYSSTAT. A entrada V$SYSSTAT para a estatística "table fetch continued row" será incrementada toda vez que o Oracle selecionar dados em uma linha encadeada. Essa estatística também será incrementada quando o Oracle selecionar dados em uma *linha excedida (spanned row)*, que está encadeada porque seu comprimento é maior do que um bloco. Tabelas com tipos de dados LONG, BLOB, CLOB e NCLOB têm mais probabilidade de possuírem linhas excedidas. A estatística "table fetch continued row" também está disponível nos relatórios AWR (ou relatórios STATSPACK no Oracle Database 10g e versões anteriores).

Além do encadeamento de linhas, o Oracle ocasionalmente moverá linhas. Se uma delas exceder o espaço disponível para seu bloco, ela poderá ser inserida em um bloco diferente. Esse processo é denominado *migração de linha* e a linha movida é denominada uma *linha migrada*. Durante a migração de linha, o Oracle tem de gerenciar dinamicamente o espaço em múltiplos blocos e acessar a freelist (a lista dos blocos disponíveis para operações **insert**). Uma linha migrada não aparece como uma linha encadeada, mas causa impacto no desempenho das suas transações. Consulte o Capítulo 6 para obter um exemplo de como usar o DBMS_ADVISOR para localizar e reorganizar tabelas com linhas encadeadas.

DICA
Acessar uma linha migrada aumenta a contagem na estatística "table fetch continued row".

Aumentando o tamanho de bloco do Oracle

O efeito de aumentar o tamanho de bloco do banco de dados é significativo. Dobrar o seu tamanho pode melhorar o desempenho de operações com um alto número de consultas em até 50%. O benefício do desempenho tem poucos custos. Como haverá mais linhas por bloco de banco de dados, é maior a probabilidade de disputa nesse nível durante os comandos de manipulação de dados. Para resolver os problemas de disputa, aumente as configurações de **freelists** e **initrans** no nível da tabela e do índice. Em geral, configurar **freelists** com um valor maior do que 4 não produzirá muitos benefícios adicionais. A configuração de **initrans** deve refletir o número de transações simultâneas esperadas dentro de um bloco. Quatro é um bom número para INITRANS destinado a aplicações OLTP com atividade DML pesada. Aumentar o valor de INITRANS para aplicações de data warehouse não melhora o desempenho. Observe também que as freelists são usadas somente para objetos em tablespaces não-ASSM.

> **NOTA**
> *O Oracle agora permite automaticamente até 255 transações de atualização simultâneas em qualquer bloco de dados, dependendo do espaço disponível no bloco.*

Ao criar um tablespace, você pode especificar um tamanho de bloco de banco de dados para o tablespace; por padrão, o tablespace usará o tamanho de bloco de banco de dados que você especificar através do parâmetro de inicialização DB_BLOCK_SIZE. Se você usar um tamanho de bloco de banco de dados não padrão para o tablespace, precisará criar um cache para esse tamanho de bloco. Por exemplo, se seu tamanho de bloco de banco de dados for 8KB e você quiser criar um tablespace com tamanho de bloco de banco de dados de 4KB, deverá primeiro configurar um valor para DB_4K_ CACHE_SIZE.

Para aumentar o tamanho de bloco de banco de dados para o banco de dados inteiro, reconstrua o banco de dados inteiro e exclua todos os seus arquivos antigos. Os novos arquivos podem ser criados no mesmo local dos seus antigos, com o mesmo tamanho, mas serão gerenciados com mais eficiência pelo banco de dados. A economia de desempenho é proveniente da maneira como o Oracle gerencia as informações de cabeçalho do bloco. Mais espaço é usado pelos dados, melhorando a capacidade de vários usuários acessarem o mesmo bloco de dados na memória. Dobrar o tamanho dos blocos do Oracle tem pouco efeito sobre o seu cabeçalho; por isso, uma porcentagem menor de espaço é usada para armazenar essas informações. Para configurar o tamanho do bloco, modifique o parâmetro de inicialização DB_BLOCK_SIZE antes de criar um novo banco de dados.

Usando tabelas organizadas por índice

Uma *tabela organizada por índice (index-organized table – IOT)* é um índice no qual uma linha inteira é armazenada, em vez de apenas os seus valores de chave. Em vez de armazenar um RowID para a linha, a chave primária da linha é tratada como o seu identificador lógico. As linhas nas IOTs não têm RowIDs.

Dentro da IOT, as linhas são armazenadas por seus valores de chave primária. Portanto, qualquer consulta baseada nestas chaves pode se beneficiar porque as linhas são armazenadas uma ao lado da outra (consulte a seção "Ajustando o SQL" para ver as etapas envolvidas na ordenação de dados dentro de tabelas normais). Além disso, qualquer consulta por equivalência baseada na chave primária pode ser vantajosa porque os dados da tabela são todos armazenados no índice. Na combinação tabela/índice tradicional, um acesso baseado em índice requer na sua seqüência um acesso de tabela. Em uma IOT, somente ela é acessada; não há um índice parceiro.

Entretanto, os ganhos de desempenho a partir de um único acesso de índice em vez de um acesso à combinação normal de índice/tabela podem ser mínimos – qualquer acesso baseado em índice deve ser rápido. Para ajudar a melhorar ainda mais o desempenho, as tabelas organizadas por índice oferecem recursos adicionais:

- **Uma área de overflow** Configurando o parâmetro **pctthreshold** quando a IOT é criada, é possível armazenar os dados da chave primária separados dos dados da linha. Se os dados da linha excederem o limite do espaço disponível no bloco, eles serão dinamicamente movidos para uma área de overflow. Estabeleça que a área de overflow fique em um tablespace separado, melhorando sua habilidade de distribuir a E/S associada à tabela.
- **Índices secundários** É possível criar índices secundários na IOT. O Oracle usará os valores de chave primária como os RowIDs lógicos para as linhas.
- **Requisitos de armazenamento reduzidos** Em uma combinação tabela/índice tradicional, os mesmos valores de chave são armazenados em dois lugares. Em uma IOT, eles são armazenados uma vez, reduzindo os requisitos de armazenamento.

DICA
Ao especificar uma área de overflow, você pode usar a cláusula **including column** *para especificar a coluna (e todas as colunas sucessivas na definição da tabela) que será armazenada na área de overflow:*

```
create table ord_iot
   (order_id number,
    order_date date,
    order_notes varchar2(1000), primary key(order_id,order_date))
    organization index including order_date
    overflow tablespace over_ord_tab
    PARTITION BY RANGE (order_date)
      (PARTITION p1 VALUES LESS THAN ('01-JAN-2005')
       TABLESPACE data01,
       PARTITION p2 VALUES LESS THAN (MAXVALUE)
    TABLESPACE data02);
```

Tanto **order_date** *quanto order_***notes** *serão armazenadas na área de overflow.*

Para criar uma IOT, use a cláusula **organization index** do comando **create table**. Especifique uma chave primária ao criar uma IOT. Dentro de uma IOT, descarte colunas ou marque-as como inativas por meio da cláusula **set unused** do comando **alter table**.

Ajustando as tabelas organizadas por índice

Assim como os índices, as IOTs podem tornar-se internamente fragmentadas ao longo do tempo, à medida que os valores são inseridos, atualizados e excluídos. Para reconstruir uma IOT, use a cláusula **move** do comando **alter table**. No exemplo a seguir, a tabela EMPLOYEE_IOT é reconstruída, junto com sua área de overflow:

```
alter table EMPLOYEE_IOT
   move tablespace DATA
   overflow tablespace DATA_OVERFLOW;
```

Evite armazenar linhas de dados longas nas IOTs. Em geral, evite o uso dessas tabelas se os dados forem maiores que 75% do tamanho de bloco de banco de dados. Se o tamanho de bloco de banco de dados for 4KB e suas linhas excederem 3KB no comprimento, você deve investigar o uso de índices e tabelas normais em vez de IOTs. Quanto maior a linha e quanto mais transações forem executadas nesse tipo de tabela, mais freqüentemente ela precisará ser reconstruída.

> **NOTA**
> Você não pode usar tipos de dados LONG em IOTs, mas pode usar os tipos de dados LOBs.

Conforme observado anteriormente neste capítulo, o índices influenciam as taxas de carga de dados. Para obter melhores resultados, o índice de chave primária de uma tabela organizada por índice deve ser carregado com valores seqüenciais para minimizar os seus custos.

AJUSTANDO A MANIPULAÇÃO DE DADOS
Diversas tarefas de manipulação de dados – normalmente relativas à manipulação de grandes quantidades destes – podem envolver o DBA. Você tem várias opções ao carregar e excluir grandes volumes de dados, conforme descrito nas seções a seguir.

Inserções em grandes quantidades: usando a opção Direct Path do SQL*Loader
Quando usado no modo Conventional Path, o SQL*Loader lê registros de um arquivo, gera comandos **insert** e os passa para o kernel Oracle. O Oracle, então, localiza os locais para essas linhas nos blocos livres na tabela e atualiza todos os índices associados.

No modo Direct Path, o SQL*Loader cria blocos de dados formatados e grava diretamente nos arquivos de dados. Isso requer verificações ocasionais no banco de dados para obter os novos locais dos blocos de dados, mas não é necessária nenhuma outra E/S no kernel do banco de dados. O resultado é um processo de carga de dados que é extremamente mais rápido do que no modo Conventional Path.

Se a tabela for indexada, os índices serão colocados no estado DIRECT PATH durante a carga. Após a carga ser completada, as novas chaves (valores de colunas de índice) serão classificadas e mescladas com as existentes no índice. Para manter o conjunto temporário de chaves, a carga criará um segmento de índice temporário que terá pelo menos o mesmo tamanho do maior índice da tabela. Os requisitos de espaço para isso podem ser minimizados pela classificação antecipada dos dados e pelo uso da cláusula SORTED INDEXES no arquivo de controle do SQL*Loader.

Para minimizar a quantidade de alocação espaço dinâmico necessário durante a carga, o segmento de dados a ser carregado já deverá ter sido criado com todo o espaço necessário já alocado. Classifique também previamente os dados nas colunas do maior índice na tabela. Classificar os dados e deixar os índices na tabela durante uma carga Direct Path normalmente produzirá melhor desempenho do que se você descartasse os índices antes da carga e, em seguida, os recriasse após completá-la.

Para aproveitar a opção Direct Path, a tabela não pode ser clusterizada e não pode haver nenhuma outra transação ativa nela. Durante a carga, somente as constraints NOT NULL, UNIQUE e PRIMARY KEY serão impostas; após ela ser concluída, as constraints CHECK e FOREIGN KEY podem ser automaticamente reativadas. Para que isso ocorra obrigatoriamente, use a cláusula no arquivo de controle do SQL*Loader.

```
REENABLE DISABLED_CONSTRAINTS
```

A única exceção para esse processo de reativação é que os triggers de inserção da tabela, quando reativados, não são executados para cada uma das novas linhas desta última. Um processo separado deve executar manualmente quaisquer comandos que deveriam ter sido processados por esse tipo de trigger.

A opção de carga Direct Path do SQL*Loader fornece melhorias significativas sobre o utilitário Conventional Path do SQL*Loader na carga de dados em tabelas Oracle, evitando o processamento SQL, o gerenciamento de cache de buffer e as leituras desnecessárias dos blocos de dados. A opção Parallel Data Loading do SQL*Loader permite que múltiplos processos carreguem dados na mesma tabela, utilizando poucos recursos do sistema e reduzindo o tempo total decorrido para a carga se houver recursos suficientes de CPU e E/S, isso pode reduzir significativamente os seus tempos totais.

Para usar o Parallel Data Loading, inicie várias sessões do SQL*Loader usando a palavra-chave **parallel** (do contrário, o SQL*Loader coloca um bloqueio exclusivo na tabela). Cada sessão é uma sessão independente exigindo seu próprio arquivo de controle. A listagem a seguir mostra três cargas Direct Path separadas, usando os parâmetro PARALLEL=TRUE na linha de comando:

```
sqlload USERID=ME/PASS CONTROL=PART1.CTL DIRECT=TRUE PARALLEL=TRUE
sqlload USERID=ME/PASS CONTROL=PART2.CTL DIRECT=TRUE PARALLEL=TRUE
sqlload USERID=ME/PASS CONTROL=PART3.CTL DIRECT=TRUE PARALLEL=TRUE
```

Por padrão, cada sessão cria seus próprios arquivos de log, de registros corrompidos e de descarte (part1.log, part2.log, part3.log, part1. bad, part2.bad etc). Como existe múltiplas sessões carregando dados na mesma tabela, somente a opção APPEND é permitida para o Parallel Data Loading. As opções REPLACE, TRUNCATE e INSERT do SQL*Loader não são permitidas para o Parallel Data Loading. Se for necessário excluir dados da tabela antes de iniciar a carga, faça-o manualmente (por meio dos comando **delete** ou **truncate**). Não é possível usar o SQL*Loader para excluir linhas automaticamente se estiver usando o Parallel Data Loading.

> **NOTA**
> *Se você usar o Parallel Data Loading, os índices não serão mantidos pela sessão do SQL*Loader. Antes de iniciar o processo de carga, descarte todos os índices na tabela e desative todas as suas constraints PRIMARY KEY e UNIQUE. Após completar as cargas, será possível recriar os índices da tabela.*

No Direct Path Loading serial (PARALLEL=FALSE), o SQL*Loader carrega os dados em extensões na tabela. Se o processo falhar antes de ser concluído, alguns dados podem sofrer commit na tabela antes de isso acontecer. No Parallel Data Loading, cada processo de carga cria segmentos temporários para carregar os dados e esses são posteriormente mesclados com a tabela. Se um processo Parallel Data Loading falhar antes da carga ser concluída, os segmentos temporários não serão mesclados com a tabela. Se isso não acontecer, nenhum dado da carga sofrerá commit na tabela.

Use o parâmetro FILE do SQL*Loader para direcionar cada sessão de carga de dados para um arquivo de dados diferente. Fazendo isso, é possível equilibrar a carga de E/S nesses processos. A carga de dados faz uso intenso de operações de E/S e deve ser distribuída por múltiplos discos para que a carga paralela consiga melhorias significativas de desempenho em relação à carga serial.

Após uma Parallel Data Load, cada sessão pode tentar reativar as constraints da tabela. Se ao menos uma sessão de carga ainda estiver em andamento, essa tentativa falhará. A sessão de carga final a ser concluída deve tentar reativar as constraints e ser bem sucedida. Verifique o status das suas constraints após a conclusão da carga. Se a tabela tiver constraints PRIMARY KEY e UNIQUE, será possível criar índices associados em paralelo antes de ativar as constraints.

MOVIMENTAÇÕES DE GRANDES QUANTIDADES DE DADOS: USANDO TABELAS EXTERNAS

Faça a consulta de dados de arquivos fora do banco de dados por meio de um objeto denominado *tabela externa*. Uma estrutura de tabela externa é definida através da cláusula **organization external** do comando **create table**; sua sintaxe lembra a do arquivo de controle do SQL*Loader.

Não é possível manipular linhas em uma tabela externa e nem indexá-las – cada acesso nela resulta na sua varredura integral (isto é, uma varredura completa do arquivo no nível do sistema operacional). Como resultado, o desempenho das consultas nas tabelas externas tende a ser pior do que os das tabelas armazenadas dentro do banco de dados. Entretanto, as primeiras oferecem alguns benefícios adicionais para sistemas que carregam grandes conjuntos de dados:

- Como os dados não são armazenados dentro do banco de dados, eles são armazenados apenas uma vez (fora do banco de dados, em vez de fora e dentro deles), dessa maneira economizando espaço.
- Como os dados nunca são carregados no banco de dados, seu tempo de carga é eliminado.

Como você não pode indexar tabelas externas, elas são mais úteis para operações nas quais grandes volumes de dados são acessado por programas em lote. Por exemplo, muitos ambientes de data warehousing trabalham com uma área de preparação na qual os dados são carregados em tabelas temporárias antes das linhas serem inseridas nas que os usuários irão consultar. Em vez de carregar os dados nessas tabelas, acesse os arquivos do sistema operacional diretamente por meio de tabelas externas, economizando tempo e espaço.

De uma perspectiva da arquitetura, as tabelas externas permitem focalizar o conteúdo do banco de dados nos objetos que os usuários usarão mais comumente – pequenas tabelas de códigos, tabelas de agregação e tabelas de transações – enquanto mantém os grandes conjuntos de dados fora do banco de dados. Os arquivos acessados podem ser substituídos pelas tabelas externas a qualquer momento sem ficar sujeito a nenhum overhead de transações dentro do banco de dados.

Inserções em grandes quantidades: armadilhas comuns e truques bem-sucedidos

Se seus dados não estão sendo inseridos a partir de um arquivo de texto, o SQL*Loader não será uma solução útil. Por exemplo, se você precisa mover um grande conjunto de dados de uma tabela para outra, provavelmente desejará evitar gravar os dados em um arquivo simples e, em seguida, lê-los de volta no banco de dados. A maneira mais rápida de mover os dados no seu banco de dados é movê-lo de uma tabela para outra sem recorrer ao sistema operacional.

Quando está movendo dados de uma tabela para outra, existem vários métodos comuns para melhorar o desempenho da migração de dados:

- Ajustar as estruturas (removendo índices e triggers).
- Desativar as constraints durante a migração de dados.
- Usar dicas e opções para melhorar o desempenho da transação.

A primeira das dicas, ajustar as estruturas, envolve desativar todos os triggers e índices que estão na tabela na qual os dados estão sendo carregados. Por exemplo, se você tem um trigger no nível da linha na tabela de destino, ele será executado para cada linha inserida na tabela. Se possível, desative-os antes da carga de dados. Se o trigger precisar ser executado para cada linha inserida, talvez seja possível fazer uma operação em grande quantidade uma vez que as linhas foram inseridas, em vez de repeti-la durante cada **insert**. Se adequadamente ajustada, a operação em grande quantidade será concluída mais rápido do que as execuções repetidas de triggers. Será preciso certificar-se de que as operações em grande quantidade sejam executadas para todas as linhas que ainda não foram processadas pelos triggers.

Além de desativar os triggers, é preciso desativar os índices na tabela de destino antes de iniciar a carga de dados. Se os índices forem deixados na tabela, o Oracle os gerenciará dinamicamente à medida que cada linha for inserida. Em vez de gerenciar continuamente o índice, descarte-o antes de iniciar a carga e o recrie quando ela estiver concluída.

> **NOTA**
> *Desativar os índices e triggers resolve grande parte dos problemas de desempenho associados aos esforços de migração de grandes volumes de dados entre tabelas.*

Além de desativar os índices, considere desativar as constraints na tabela. Se os dados de origem já estiverem em uma tabela no banco de dados, verifique se esses dados obedecem às suas constraints (como chaves estrangeiras ou constraints CHECK) antes de carregá-los na sua tabela de destino. Uma vez que os dados tenham sido carregados, será possível reativar as constraints. Se nenhuma dessas opções proporciona um desempenho adequado, investigue as opções que o Oracle introduziu para ajustar a migração de dados. Essas opções são as seguintes:

- **A dica append para comandos insert** como o Direct Path Loader, a dica APPEND carrega blocos de dados em uma tabela, iniciando na marca d'água superior da tabela. Usá-la pode aumentar o uso de espaço.
- **A opção nologging** se você está executando um comando **create table as select**, use a opção **nologging** para evitar gravar nos redo logs durante a operação.
- **A opção parallel** o Parallel Query usa vários processos para executar uma única tarefa. Para um comando **create table as select**, você pode paralelizar a parte **create table** e a consulta.

Se usar a opção parallel, você deve também usar a opção **nologging**; do contrário, as operações paralelas terão de esperar devido às gravações serializadas nos arquivos de redo log online.

Antes de usar qualquer uma dessas opções avançadas, primeiro investigue as estruturas da tabela de destino para certificar-se de que evitou as armadilhas comuns citadas anteriormente nesta seção.

Também é possível usar uma lógica de programação para fazer com que as operações **insert**s sejam processadas em arrays em vez de em conjuntos inteiros. Por exemplo, as linguagens COBOL e C dão suporte a **insert**s em array, reduzindo assim o tamanho das transações necessárias para processar um grande conjunto de dados.

Exclusões em grandes quantidades: o comando truncate

Ocasionalmente, os usuários tentam excluir todas as linhas de uma tabela em uma única operação. Quando encontram erros durante este processo, eles reclamam que os segmentos de rollback são muito pequenos, quando na verdade suas transações é que são muito grandes.

Um segundo problema ocorre depois que todas as linhas foram excluídas. Embora o segmento não contenha mais nenhuma linha, ele ainda mantém todo o espaço que foi alocado para elas. Portanto, a exclusão de todas as linhas não economiza um único byte de espaço alocado.

O comando **truncate** resolve esses dois problemas. Ele é um comando DDL, não um comando DML, *portanto não pode sofrer rollback*. Após usar o comando **truncate** em uma tabela, suas linhas são eliminadas e nenhum dos seus triggers de **delete** são executados no processo. Entretanto, a tabela retém todos os seus objetos dependentes – como concessões, índices e constraints.

O comando **truncate** é a maneira mais rápida de excluir grandes volumes de dados. Como ele excluirá todas as linha em uma tabela, isso poderá obrigá-lo a alterar o projeto da aplicação para que nenhuma linha protegida seja armazenada na mesma tabela que contém as linhas que serão excluídas. Com o uso de partições, uma parte da tabela poderá ser truncada sem afetar o restante das suas partições (consulte o Capítulo 16). Um exemplo do comando **truncate** para uma tabela é mostrado aqui:

```
truncate table EMPLOYEE drop storage;
```

Este exemplo, no qual as linhas da tabela EMPLOYEE são excluídas, mostra uma poderosa funcionalidade do comando **truncate**. A cláusula **drop storage** é usada para desalocar o espaço não-**initial** da tabela (essa é a opção padrão). Conseqüentemente, você pode excluir todas as linhas de uma tabela e recuperar todo o espaço alocado, exceto o espaço alocado da extensão inicial, sem descartar a tabela.

O comando **truncate** também funciona para clusters. Neste exemplo, a opção **reuse storage** é usada para deixar todo o espaço alocado vazio dentro do segmento que o adquiriu:

```
truncate cluster EMP_DEPT reuse storage;
```

Quando este comando de exemplo é executado, todas as linhas do cluster EMP_DEPT serão instantaneamente excluídas.

Para truncar uma partição, é necessário conhecer seu nome. No exemplo a seguir, a partição denominada PART3 da tabela EMPLOYEE é truncada por meio do comando **alter table**:

```
alter table EMPLOYEE
    truncate partition PART3
    drop storage;
```

O restante das partições da tabela EMPLOYEE não será afetado quando a partição PART3 for truncada. Consulte o Capítulo 16 para obter detalhes sobre a criação e gerenciamento de partições.

Como alternativa, crie um programa PL/SQL que usa SQL dinâmico para dividir uma grande operação **delete** em várias transações menores.

Usando partições

É possível usar partições para isolar os dados fisicamente, por exemplo, armazenar as transações de cada mês em uma partição separada de uma tabela ORDERS. Ao executar uma carga ou exclusão de uma grande quantidade de dados na tabela, as partições podem ser personalizadas para ajustar a operação de manipulação de dados. Por exemplo:

- Truncar uma partição e seus índices sem afetar o restante da tabela.
- Descartar uma partição por meio da cláusula **drop partition** do comando **alter table**.
- Descartar um índice local da partição.
- Configurar uma partição como **nologging**, reduzindo o impacto de grandes transações.

Da perspectiva do desempenho, a principal vantagem das partições reside na sua habilidade de ser gerenciada separadamente do restante da tabela. Por exemplo, ser capaz de truncar uma partição permite que você exclua uma grande quantidade de dados de uma tabela (mas não todos os dados) sem gerar informações de redo. Em curto prazo, o beneficiado por essa melhoria no desempenho é o DBA; em longo prazo, a empresa inteira se beneficia da disponibilidade melhorada dos dados. Consulte o Capítulo 16 para obter detalhes sobre como implementar partições e subpartições.

A opção **exchange partition** pode ser usada para reduzir bastante o impacto que os processos de carga de dados têm sobre a disponibilidade do sistema. Comece criando uma tabela vazia que tem a mesma estrutura de coluna da tabela particionada. Carregue os dados na nova tabela e, em seguida, analise a nova tabela. Crie índices na nova tabela para corresponder aos índices da tabela particionada; esses devem ser locais e não globais. Quando essas etapas estiverem concluídas, altere a tabela particionada usando a cláusula **exchange partition** para trocar uma partição vazia pela nova tabela preenchida.

Todos os dados carregados agora estarão acessíveis via a tabela particionada. Há pouco impacto na disponibilidade do sistema durante esta etapa porque ela é uma operação DDL.

AJUSTANDO O ARMAZENAMENTO FÍSICO

A E/S do banco de dados deve ser uniformemente distribuída pela maior quantidade de dispositivos possível. A solução padrão é denominada SAME (que significa *stripe and mirror everything – distribua e espelhe todos os dados*). Os limites de throughput de E/S dos discos são os limites-chave a serem superados, portanto a distribuição das necessidades de E/S por muitos discos permite tirar vantagem dos throughputs combinados de muitos dispositivos. O striping melhora o seu throughput, o que pode melhorar seu desempenho; o espelhamento fornece suporte no caso de falha de disco.

Além desse nível de ajuste de armazenamento físico, vários outros fatores devem ser considerados. As seções a seguir tratam dos fatores externos ao banco de dados, mas que podem causar um profundo impacto na sua capacidade de acessar os dados rapidamente.

Usando Raw Devices

Os Raw Devices* estão disponíveis com a maioria dos sistemas operacionais Unix. Quando são usados, o Oracle evita o cache de buffer deste último e elimina o overhead do sistema de arquivos. Para aplicações com muita demanda de E/S, eles podem resultar em uma melhora de desempenho de cerca de 20% sobre os sistemas de arquivos tradicionais (e uma melhora ligeiramente menor sobre o Automatic Storage Management). As recentes melhorias nos sistemas de arquivos superaram bastante essa diferença de desempenho.

Os Raw Devices não podem ser gerenciados com o mesmo comando dos sistemas de arquivos. Por exemplo, o comando **tar** não pode ser usado para fazer backup de arquivos individuais; em vez dele, use o comando **dd**. Esse é um comando com muito menos flexibilidade de uso e limita seus recursos de recuperação.

> **NOTA**
> *Os arquivos Oracle não devem residir nos mesmos dispositivos físicos não-Oracle, particularmente se você usa raw devices. A combinação de um sistema de arquivos Unix com um raw device Oracle ativo causará problemas de desempenho de E/S.*

A maioria dos sistemas operacionais que dão suporte a raw devices também fornecem uma camada de gerenciamento lógico de volume que permite que administradores executem para eles comandos do sistema operacional. Este enfoque permite ter os benefícios de gerenciamento do sistema operacional junto com os benefícios de desempenho dos raw devices. Se você está planejando usar raw devices, deve usar uma ferramenta de gerenciamento de volumes lógicos para simplificar o gerenciamento do sistema.

Usando o Automatic Storage Management

A partir do Oracle 10g, o Automatic Storage Management (ASM) pode ser usado para gerenciar a área de armazenamento de banco de dados. Consulte o Capítulo 4 para obter uma análise detalhada sobre como o ASM pode fornecer grande parte dos benefícios de desempenho dos raw devices com a facilidade de um sistema de arquivos do sistema operacional tradicional, junto com diversos exemplos.

Ao criar um novo tablespace ou outra estrutura de banco de dados em um ambiente ASM, como um arquivo de controle ou um arquivo de redo log, é possível especificar um grupo de discos como a área de armazenamento para a estrutura de banco de dados em vez de um arquivo do sis-

---
* N. de R.T.: Raw Device, ou Dispositivo Bruto, é um dispositivo de armazenamento (disco rígido) que não está formatado para um sistema operacional específico, permitindo que seja gerenciado diretamente pelo Banco de Dados, evitando a camada de sistema operacional para operações de E/S.

tema operacional. O ASM combina a facilidade de uso do Oracle-Managed Files (OMF) com os recursos de espelhamento e striping, para fornecer um sistema de arquivos robusto e um gerenciador de volumes lógicos que possa suportar diversos nós em um Oracle Real Application Cluster (RAC). O ASM elimina a necessidade de comprar gerenciadores de volumes lógicos de terceiros. Ele não apenas melhora o desempenho distribuindo automaticamente os objetos de banco de dados por vários dispositivos, mas também aumenta a disponibilidade permitindo que novos dispositivos de disco sejam adicionados ao banco de dados sem a sua interrupção; o ASM faz o rebalanceamento automático da distribuição de arquivos com um mínimo de intervenção.

REDUZINDO O TRÁFEGO DA REDE

À medida que os bancos de dados e as aplicações que os utilizam se tornam mais distribuídos, a rede que dá suporte aos servidores pode tornar-se um gargalo no processo de entrega dos dados para os usuários. Como os DBAs normalmente têm pouco controle sobre o gerenciamento da rede, é importante usar as capacidades do banco de dados para reduzir o número de pacotes de rede necessários para entregar dados, isso diminuirá sua dependência da rede e eliminará uma causa de problemas de desempenho.

Replicação de dados usando visões materializadas

Você pode manipular e consultar dados a partir de bancos de dados remotos. Entretanto, não é desejável ter grandes volumes deles sendo constantemente enviados de um banco de dados para outro. Para reduzir a quantidade de dados que são enviados pela rede, considere diferentes opções de replicação de dados.

Em um ambiente puramente distribuído, cada elemento de dados existe em um banco de dados. Quando são necessários, eles são acessados desde bancos de dados remotos através de links. Este enfoque purista é similar a implementar uma aplicação estritamente na terceira forma normal – um enfoque que não suportará facilmente nenhuma importante aplicação de produção. Modificar as tabelas da aplicação para melhorar o desempenho da recuperação de dados envolve desnormalizá-los. O processo de desnormalização armazena deliberadamente dados redundantes para encurtar os caminhos de acesso dos seus usuários.

Em um ambiente distribuído, a replicação de dados realiza esse objetivo. Em vez de forçar consultas através da rede para resolver as solicitações do usuário, os dados selecionados de servidores remotos são replicados para o servidor local. Isso pode ser realizado através de vários meios, conforme descrito nas seções a seguir.

Os dados replicados ficam desatualizados assim que são criados. Esse processo com a finalidade de desempenho é, por isso, mais eficaz quando os dados de origem não são alterados com freqüência ou quando os processos de negócios podem dar suporte ao uso de dados desatualizados.

As capacidades distribuídas do Oracle oferecem um meio de gerenciar a replicação de dados dentro de um banco de dados. As *visões materializadas* replicam os dados de uma fonte principal para vários destinos. O Oracle fornece ferramentas para atualizar os dados e atualizar os destinos em intervalos de tempo especificados.

As visões materializadas podem ser somente leitura ou atualizáveis. Os problemas de gerenciamento das visões materializadas serão abordados no Capítulo 17; nesta seção, você verá seus aspectos de ajuste de desempenho.

Antes de criar uma visão materializada para replicação, primeiramente crie um link de banco de dados para o banco de dados de origem. O exemplo a seguir cria um link de banco de dados privado denominado HR_LINK, usando o nome de serviço LOC:

```
create database link HR_LINK
    connect to HR identified by ESNOTHR1968
    using 'loc';
```

O comando **create database link**, conforme mostrado neste exemplo, tem diversos parâmetros:

- O nome do link (HR_LINK, neste caso).
- A conta à qual se conectar.
- O nome do serviço do banco de dados remoto (conforme encontrado no arquivo tnsnames.ora do servidor). Neste caso, o nome do serviço é LOC.

As visões materializadas automatizam o processo de replicação e atualização de dados. Quando elas são criadas, um *intervalo de atualização* é estabelecido para agendar as atualizações dos dados replicados. As atualizações locais podem ser evitadas e as atualizações baseadas em transações podem ser usadas. Estas últimas, disponíveis para muitos tipos de visões materializadas, enviam do banco de dados mestre para a visão materializada somente aquelas linhas que foram alteradas. Essa capacidade, descrita mais adiante neste capítulo, pode melhorar significativamente o desempenho das suas atualizações.

A sintaxe usada para criar a visão materializada no servidor local é mostrada no exemplo a seguir, onde ela recebe um nome (LOCAL_EMP) e seus parâmetros de armazenamento são especificados. Sua consulta base é dada assim como seu intervalo de atualização. Neste caso, instruímos a visão materializada para recuperar imediatamente os dados mestres e executar a operação de atualização novamente em sete dias (SYSDATE+7).

```
create materialized view LOCAL_EMP
    pctfree 5
    tablespace data_2
    storage (initial 100K next 100K pctincrease 0)
    refresh fast
        start with SysDate
        next SysDate+7
    as select * from EMPLOYEE@HR_LINK;
```

A cláusula **refresh fast** diz ao banco de dados para usar um log de visão materializada para atualizar a visão materializada local. A capacidade de usar esses logs durante as atualizações só estará disponível se a consulta base da visão materializada for simples o suficiente para que o Oracle possa determinar quais linhas serão alteradas nela quando uma linha for alterada nas tabelas de origem.

Quando um log de visão materializada é usado, somente as alterações feitas na tabela mestre são enviadas para os destinos. Se você usar uma visão materializada complexa, deverá usar a cláusula **refresh complete** em vez da cláusula **refresh fast**. Em uma atualização completa, essa substitui completamente os dados existentes na tabela subjacente da visão materializada.

Os logs de visão materializada devem ser criados no banco de dados mestre, por meio do comando **create materialized view log**. Um exemplo desse comando é mostrado aqui:

```
create materialized view log on EMPLOYEE
    tablespace DATA
    storage (initial 500k next 100k pctincrease 0);
```

Esse log é sempre criado no mesmo esquema da tabela mestre.

É possível usar visões materializadas com logs de visão materializada para reduzir o tráfego de rede envolvido na manutenção dos dados replicados. Como só as alterações feitas aos dados são enviadas via um log de visão materializada, a manutenção de visões materializadas simples deve usar menos recursos de rede do que as visões materializadas complexas exigem, particularmente se as tabelas mestre forem tabelas grandes e razoavelmente estáticas. Se as tabelas mestre não forem estáticas, o volume de transações enviado através do log de visão materializada poderá não ser menor do que o que seria enviado para executar uma atualização completa. Para obter detalhes sobre as capacidades de atualização das visões materializadas, consulte o Capítulo 17.

Independentemente da opção de atualização escolhida, você deve indexar a tabela base da visão materializada para otimizar as consultas feitas nela. Da perspectiva do desempenho, sua finalidade é apresentar para os usuários os dados desejados no formato desejado o mais rápido possível. Criando visões materializadas sobre dados remotos, você evita percorrer links de banco de dados durante as consultas. Criando visões materializadas sobre dados locais, você pode evitar que os usuários agreguem repetidamente grandes volumes de dados, apresentando a eles, em vez disso, os dados pré-agregados que respondem às suas consultas comuns.

Usando chamadas de procedure remota (Remote Procedure Calls – RPCs)

Ao usar procedures em um ambiente de banco de dados distribuído, é possível usar uma das duas opções: criar uma local que referencie as tabelas remotas ou criar uma remota que seja chamada por uma aplicação local.

O local apropriado para a procedure depende da distribuição dos dados e da maneira como eles serão usados. A ênfase deve ser na minimização da quantidade de dados que deve ser enviada pela rede a fim de resolver a sua solicitação. A procedure deve residir dentro do banco de dados que contém a maioria dos dados usados durante as suas operações.

Por exemplo, considere esta procedure:

```
create procedure MY_RAISE (My_Emp_No IN NUMBER, Raise IN NUMBER)
as begin
    update EMPLOYEE@HR_LINK
    set Salary = Salary+Raise
    where Empno = My_Emp_No;
end;
```

Neste caso, ela acessa somente uma única tabela (EMPLOYEE) em um nó remoto (conforme indicado pelo link de banco de dados HR_LINK). Para reduzir a quantidade de dados enviados pela rede, mova esta procedure para o banco de dados remoto identificado pelo link de banco de dados HR_LINK e remova a referência a esse link de banco de dados da cláusula **from** nela. Depois, chame-a no banco de dados local usando o link de banco de dados, conforme mostrado aqui:

```
execute MY_RAISE@HR_LINK(1234,2000);
```

Neste caso, dois parâmetros são passados para a procedure: My_Emp_No é configurado como 1234 e Raise é configurado como 2000. A procedure é chamada usando um link de banco de dados para dizer a esse onde encontrá-la.

A vantagem de executar uma chamada de procedure remota é que todo o seu processamento é executado no banco de dados onde os dados residem. Essa chamada minimiza a quantidade de tráfego de rede necessária para completar o processamento da procedure. Para manter a transparência do local, crie um sinônimo de local que aponte para a procedure remota. O nome do link de banco de dados será especificado no sinônimo de modo que as solicitações de usuários usarão automaticamente o banco de dados remoto:

```
create synonym MY_RAISE for MY_RAISE@HR_LINK;
```

Um usuário poderá então inserir o comando

```
execute MY_RAISE(1234,2000);
```

e ele executará a procedure remota definida pelo sinônimo MY_RAISE.

USANDO O AUTOMATIC WORKLOAD REPOSITORY

No Oracle Database 10g e versões anteriores, o STATSPACK coleta e informa as estatísticas de banco de dados, ainda que em um formato estritamente baseado em texto. A partir do Oracle 10g, o Automatic Workload Repository (AWR) fornece melhorias para o conceito STATSPACK, gerando todas as estatísticas encontradas nele e muito mais. Além disso, o AWR é altamente integrado com o OEM, facilitando a análise e correção de problemas de desempenho.

Como o STATSPACK, o AWR coleta e mantém as estatísticas de desempenho para finalidades de detecção de problemas e auto-ajuste. É possível gerar relatórios sobre os dados AWR e acessá-los por meio de visões ou através do OEM. Podem ser emitidos relatórios sobre a atividade da sessão recente assim como sobre as estatísticas globais do sistema e o uso de SQL.

O AWR captura as estatísticas do sistema a cada hora (criando "snapshots" do banco de dados) e armazena os dados nas suas tabelas de repositórios. Assim como no STATSPACK, os requisitos de espaço do repositório AWR aumentarão à medida que o período de retenção histórico for aumentado ou o intervalo entre os snapshots for reduzido. Por padrão, o repositório armazena o equivalente a sete dias de dados. Você pode ver os snapshots que são armazenados no repositório AWR por meio da visão DBA_HIST_SNAPSHOT.

Para ativar o AWR, configure o parâmetro de inicialização STATISTICS_LEVEL como TYPICAL ou ALL. Se você configurá-lo como BASIC, pode criar snapshots manuais de dados AWR, mas eles não serão tão abrangentes quanto aqueles que ele automaticamente executa. Configurar STATISTICS_LEVEL como ALL adiciona estatísticas de OS e de planos de de execução àquelas coletadas com a configuração TYPICAL.

Gerenciamento de snapshots

Para criar um snapshot manual, use a procedure CREATE_SNAPSHOT do pacote DBMS_WORKLOAD_ REPOSITORY:

```
execute DBMS_WORKLOAD_REPOSITORY.CREATE_SNAPSHOT ();
```

Para alterar as configurações do snapshot, use a procedure MODIFY_SNAPSHOT_SETTINGS. Você pode modificar a retenção (em minutos) e o intervalo (em minutos) para os snapshots. O exemplo a seguir altera o intervalo para 30 minutos para o banco de dados atual:

```
execute DBMS_WORKLOAD_REPOSITORY.MODIFY_SNAPSHOT_SETTINGS
  ( interval => 30);
```

Para descartar uma faixa de snapshots, use a procedure DROP_SNAPSHOT_RANGE, especificando o início e o final dos IDs dos snapshots a serem descartados:

```
execute DBMS_WORKLOAD_REPOSITORY.DROP_SNAPSHOT_RANGE
     (low_snap_id => 1, high_snap_id => 10);
```

Gerenciando linhas de base

Um conjunto de snapshots pode ser especificado como uma linha de base para o desempenho do sistema. Os dados da linha de base serão mantidos para comparações posteriores com os últimos. Use a procedure CREATE_BASELINE para especificar os snapshots inicial e final para a linha de base:

```
execute DBMS_WORKLOAD_REPOSITORY.CREATE_BASELINE
   (start_snap_id => 1, end_snap_id => 10,
   baseline_name => 'Monday baseline');
```

Quando você criar uma linha de base, o Oracle atribuirá um ID a ela; você pode visualizar linhas de base antigas por meio da visão DBA_HIST_BASELINE. Os snapshots que forem especificados para o início e o final da linha de base serão mantidos até serem descartados. Para descartar a linha de base, use a procedure DROP_BASELINE:

```
execute DBMS_WORKLOAD_REPOSITORY.DROP_BASELINE
   (baseline_name => 'Monday baseline', cascade => FALSE);
```

Se você configurar o parâmetro CASCADE da procedure DROP_BASELINE como TRUE, os snapshots relativos serão descartados quando a linha de base for descartada.

Veja os dados AWR via OEM ou por meio das visões de dicionário de dados listadas anteriormente nesta seção. As visões adicionais que suportam o AWR são V$ACTIVE_SESSION_HISTORY (verificada a cada segundo), DBA_HIST_SQL_PLAN (planos de execução) e DBA_HIST_WR_CONTROL (para as configurações AWR).

Gerando relatórios AWR

É possível gerar relatórios no AWR via OEM ou via os scripts fornecidos. O script awrrpt.sql gera um relatório com base em diferenças nas estatísticas entre os snapshots inicial e final. Um segundo relatório, awrrpti.sql, com base nos snapshots inicial e final para um banco de dados e uma instância especificados.

Tanto o awrrpt.sql quanto o awrrpti.sql estão localizados no diretório $ORACLE_HOME/rdbms/admin. Quando você executa um relatório (a partir de qualquer conta DBA), será solicitado a informar o tipo de relatório (HTML ou texto), o número de dias para os quais os snapshots serão listados, os IDs do snapshots inicial e final e o nome do arquivo de saída.

Executando relatórios com o Automatic Database Diagnostic Monitor

Em vez de contar com um relatório manual com informações da tabela AWR (muito parecido com o que você fazia com STATSPACK nas versões anteriores do Oracle), use o Automatic Database Diagnostic Monitor (ADDM). Como ele é baseado em dados AWR, o ADDM requer que o parâmetro STATISTICS_LEVEL seja configurado (como TYPICAL ou ALL, conforme recomendado anteriormente). É possível acessar o ADDM por meio da seção Performance Analysis do OEM ou executar um relatório seu manualmente.

Para executar o ADDM em um conjunto de snapshots, use o script addmrpt.sql localizado no diretório $ORACLE_ HOME/rdbms/admin.

> **NOTA**
> É necessário ter privilégio de sistema ADVISOR para executar os relatórios ADDM.

Dentro do SQL*Plus, execute o script addmrpt.sql. Você será solicitado a informar os IDs dos snapshots inicial e final para a análise e um nome para o arquivo de saída. Para visualizar os dados ADDM, use o OEM ou as visões de dicionário de dados do advisor. Estas últimas incluem DBA_ADVISOR_TASKS (tarefas existentes), DBA_ADVISOR_LOG (status e andamento das tarefas), DBA_ADVISOR_RECOMMENDATIONS (tarefas de diagnóstico completo mais recomendações) e DBA_ADVISOR_FINDINGS. É possível implementar as recomendações para resolver os resultado identificados usando o ADDM. A Figura 8-1 mostra um relatório AWR típico, gerado a partir da linha de base padrão; neste exemplo, o snapshot começa em 14-Set-2007 e termina em 22-Set-2007. Este banco de dados parece ter pouca carga com muitos recursos de CPU e de memória; por exemplo, não existe disputa por latch e há memória suficiente para executar todas as classificações sem usar o disco.

Usando o Automatic SQL Tuning Advisor

Novo no Oracle Database 11g, o Automatic SQL Tuning Advisor é executado durante a janela de manutenção padrão (usando AutoTask) e tem como objetivo as instruções SQL de carga mais alta

Instance Efficiency Percentages (Target 100%)

Buffer Nowait %:	100.00	Redo NoWait %:	100.00
Buffer Hit %:	98.37	In-memory Sort %:	100.00
Library Hit %:	98.64	Soft Parse %:	97.96
Execute to Parse %:	65.14	Latch Hit %:	100.00
Parse CPU to Parse Elapsd %:	0.00	% Non-Parse CPU:	93.79

Shared Pool Statistics

	Begin	End
Memory Usage %:	84.08	88.52
% SQL with executions>1:	80.16	83.58
% Memory for SQL w/exec>1:	79.13	85.91

Top 5 Timed Foreground Events

Event	Waits	Time(s)	Avg wait (ms)	% DB time	Wait Class
DB CPU		14,139		38.98	
db file sequential read	501,430	5,080	10	14.01	User I/O
resmgr:cpu quantum	39,868	2,017	51	5.56	Scheduler
control file sequential read	968,328	1,227	1	3.38	System I/O
db file scattered read	55,223	1,034	19	2.85	User I/O

Host CPU (CPUs: 1 Cores: Sockets:)

Load Average Begin	Load Average End	%User	%System	%WIO	%Idle
1.39	0.35	2.7	11.4	0.5	85.5

Instance CPU

%Total CPU	%Busy CPU	%DB time waiting for CPU (Resource Manager)
4.2	28.8	0.0

Memory Statistics

	Begin	End
Host Mem (MB):	1,519.3	1,519.3
SGA use (MB):	252.0	252.0
PGA use (MB):	302.9	379.7
% Host Mem used for SGA+PGA:	36.52	36.52

Figura 8-1 *Relatório de exemplo do AWR via OEM.*

coletadas no AWR. Após iniciar o ajuste automático do SQL durante uma janela de manutenção, as etapas a seguir são executadas pelo Automatic SQL Tuning Advisor:

1. Identificar as instruções SQL de carga alta nas estatísticas do AWR. As instruções SQL recentemente ajustadas e as instruções SQL recursivas são ignoradas.
2. Ajustar as instruções SQL de carga alta usando chamadas para o SQL Tuning Advisor (Supervisor de Ajuste SQL).
3. Criar SQL Profiles para as instruções SQL de carga alta; o desempenho é testado com e sem o perfil.

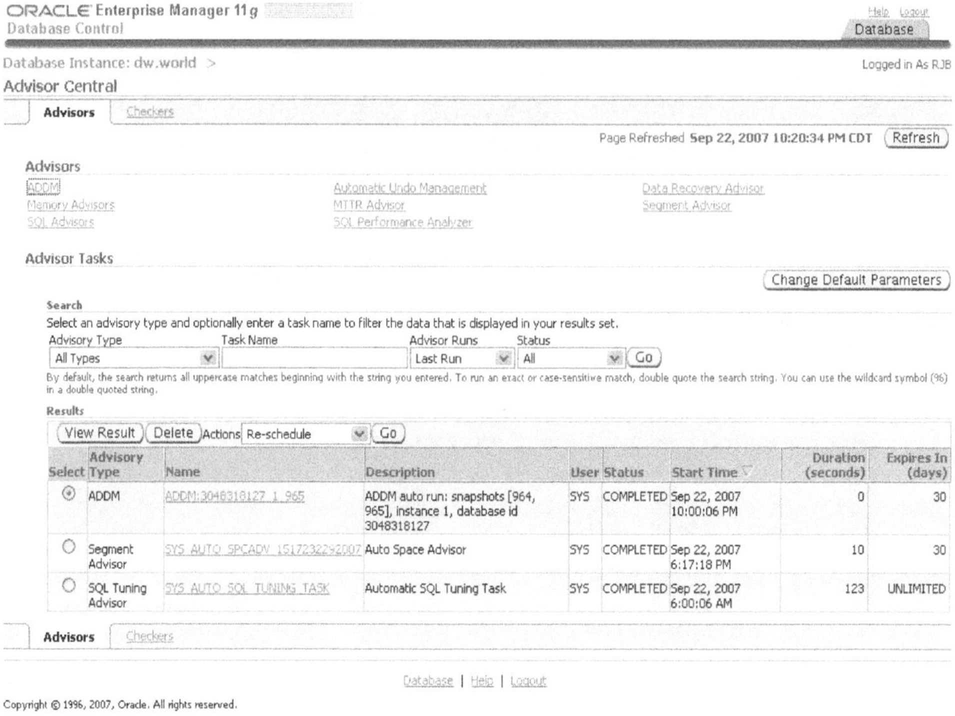

Figura 8-2 *Resumo do OEM Advisor Central.*

4. Se o desempenho for três vezes melhor, manter automaticamente o perfil; do contrário, registre a melhoria no relatório de ajuste.

A Figura 8-2 mostra um resumo das tarefas do Advisor no Advisor Central; neste exemplo, veja um resumo dos resultados para o Automatic Database Diagnostic Monitor (ADDM), o Supervisor de Segmento e o Supervisor de Ajuste SQL.

Clicando no link de resultados do Supervisor de Ajuste SQL, veja o resumo SQL Tuning Result da Figura 8-3. Neste banco de dados de pouco uso, o Supervisor de Ajuste SQL encontrou 14 instruções SQL repetidas que foram classificadas como carga alta, mas ele não encontrou uma maneira de melhorar o desempenho delas.

SOLUÇÕES DE AJUSTE

Este capítulo não aborda todas as soluções de ajuste potenciais. Entretanto, há um enfoque subjacente para as técnicas e ferramentas apresentadas em todo ele. Antes de gastar o seu tempo e recursos na implementação de uma nova função, você deve estabilizar seu ambiente e arquitetura – o

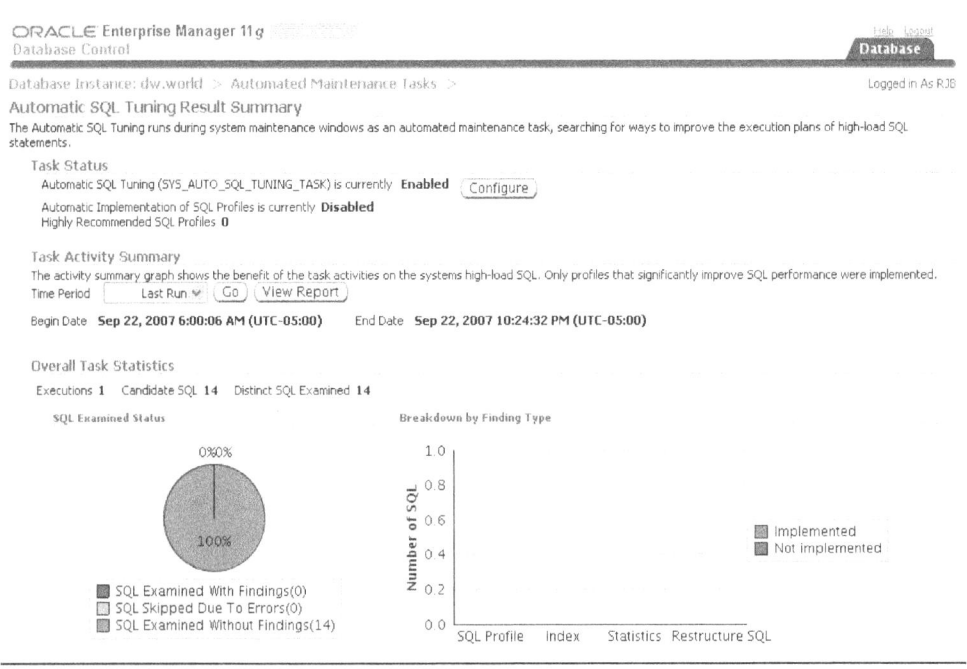

Figura 8-3 *Resultados do Automatic SQL Tuning Advisor.*

servidor, o banco de dados e a aplicação. Se o ambiente for estável, você deve ser capaz de realizar rapidamente dois objetivos:

1. Recriar com êxito o problema de desempenho.
2. Isolar com êxito a causa do problema.

Para alcançar esses objetivos, talvez precise de um ambiente disponível para seus testes de desempenho. Uma vez que o problema tenha sido isolado com êxito, aplique as etapas relacionadas neste capítulo referente ao problema. Em geral, seu enfoque de ajuste deve seguir a ordem das seções deste capítulo:

1. Avaliar o projeto da aplicação.
2. Ajustar a SQL.
3. Ajustar o uso da memória.
4. Ajustar o armazenamento de dados.
5. Ajustar a manipulação de dados.
6. Ajustar o armazenamento físico e lógico.
7. Ajustar o tráfego da rede.

Dependendo da natureza da sua aplicação, você pode escolher uma ordem diferente para as etapas ou pode combiná-las.

Se o projeto da aplicação não puder ser alterado e a SQL não puder ser alterada, é possível ajustar as áreas de memória e de disco usadas pela aplicação. Enquanto altera as configurações de área de memória e disco, certifique-se de revisitar o projeto da aplicação e a implementação SQL para garantir que elas não causem um impacto adverso à aplicação. A necessidade de rever o processo do projeto da aplicação é particularmente importante se você decidir usar um método de replicação, porque esses dados podem causar problemas no processo de negócio que é atendido pela aplicação.

CAPÍTULO 9

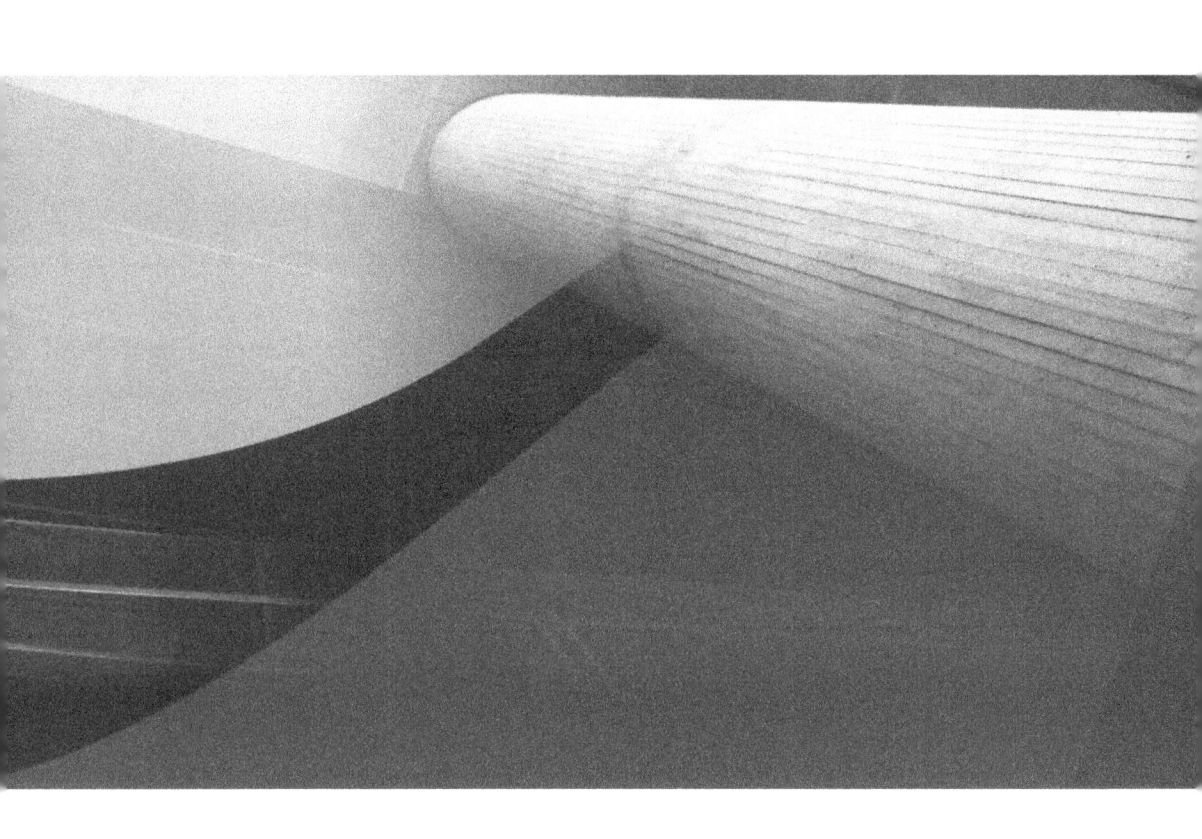

Segurança e auditoria de banco de dados

Para resguardar um dos bens mais essenciais para uma empresa – seus dados – você deve estar ciente de como o Oracle pode proteger os dados corporativos e também deve conhecer as diferentes ferramentas que tem à disposição. As ferramentas e mecanismos fornecidos pelo Oracle dividem-se três categorias abrangentes: autenticação, autorização e auditoria.

A *autenticação* inclui os métodos usados para identificar quem está acessando o banco de dados, garantindo que você é quem diz ser, independentemente de quais recursos está solicitando no banco de dados. Mesmo se estiver simplesmente tentando acessar o cardápio de almoço diário de um restaurante, é importante que se identifique corretamente para o banco de dados. Se, por exemplo, a aplicação web que acessa o banco de dados apresentar um conteúdo personalizado baseado no perfil do usuário, você precisa se certificar de que receberá o cardápio de almoço para seu escritório da filial em Houston, Texas, e não o cardápio para o escritório da matriz em Buffalo, Nova York.

A *autorização* fornece acesso a vários objetos no banco de dados, uma vez que você tenha sido autenticado nele. Alguns usuários podem ser autorizados para executar um relatório em relação à tabela de vendas diárias, alguns podem ser desenvolvedores e, portanto, precisam criar tabelas e relatórios, ao passo que outros podem somente ter permissão para ver o cardápio do almoço do dia. Alguns usuários podem nunca se conectar, mas seus esquemas podem possuir uma quantidade de tabelas para uma aplicação específica, como folha de pagamento ou contas a receber.

Alguns métodos de autorização adicionais são fornecidos para os administradores de banco de dados, devido ao extremo poder que ele tem. Como um DBA pode efetuar shutdown e inicializar um banco de dados, um nível adicional de autorização é fornecido.

A autorização vai bem além de um simples acesso a uma tabela ou relatório; ela também inclui os direitos para usar recursos do sistema no banco de dados assim como privilégios para executar determinadas ações nele. Um determinado usuário do banco de dados poderá ter permissão apenas para usar 15 segundos de tempo de CPU por sessão ou poderá ficar ocioso somente por cinco minutos antes de ser desconectado do banco. Outro usuário do banco poderá receber o privilégio para criar ou descartar tabelas no esquema de qualquer outro usuário, mas não poderá criar sinônimos ou visualizar tabelas de dicionários de dados. O controle de acesso refinado dá ao DBA mais controle sobre o modo como os objetos de banco de dados são acessados. Por exemplo, os privilégios de objeto padrão permitirão que um usuário acesse uma linha inteira de uma tabela ou não darão nenhuma permissão nesta tabela; usando o controle de acesso refinado, um DBA pode criar uma política implementada por uma stored procedure que restringe o acesso baseado na hora do dia, o local de origem da solicitação, quais coluna da tabela estão sendo acessadas, ou todos estes três itens.

No final da seção sobre autorização de banco de dados, nós apresentaremos um pequeno exemplo de *Virtual Private Database (VPD)* para fornecer métodos que definem, configuram e acessam atributos de banco de dados junto com os predicados (normalmente cláusulas WHERE) para controlar quais dados são acessíveis ou retornados para o usuário da aplicação.

A *auditoria* em um banco de dados Oracle abrange vários níveis diferentes de monitoramento no banco. Em um nível alto, ela pode registrar tanto as tentativas bem-sucedidas quanto as malsucedidas de login, acesso a objetos, ou execução de ações. A partir do Oracle9*i*, a *auditoria refinada* (fine-grained auditing, FGA) pode não apenas registrar quais objetos são acessados, mas quais colunas de uma tabela são acessadas quando uma operação de inserção, atualização ou exclusão está sendo executada nos dados da coluna. A auditoria refinada representa para a auditoria o que o controle de acesso refinado representa para a autorização padrão: controle e informações mais precisos sobre os objetos que estão sendo acessados ou sobre as ações que estão sendo executadas.

Os DBAs devem usar a auditoria criteriosamente para que não haja um número excessivo de registros dela ou um overhead muito grande causado pela implementação da auditoria contínua. Por outro lado, a auditoria pode ajudar a proteger os bens da empresa monitorando quem está utilizando qual recurso, a que horas e com que freqüência, assim como se o acesso foi bem sucedido ou não. Portanto, a auditoria é outra ferramenta que o DBA deve usar continuamente para monitorar a saúde da segurança do banco de dados.

SEGURANÇA NÃO RELACIONADA A BANCO DE DADOS

Todas as metodologias apresentadas mais adiante serão inúteis se o acesso ao sistema operacional não for seguro ou o hardware físico não estiver em um local seguro. Nesta seção, discutiremos alguns elementos fora do banco de dados propriamente dito que precisam estar seguros antes que ele possa ser considerado assim.

A seguir estão os tópicos que precisam ser considerados fora do banco de dados:

- **Segurança do sistema operacional**   A menos que o banco de dados Oracle esteja executando em um hardware dedicado somente com as contas **root** e **oracle** ativadas, a segurança do sistema operacional deve ser examinada e implementada. Verifique se o software está instalado com a conta **oracle** e não com a conta **root**. Considere também usar outra conta em vez da conta **oracle** como o proprietário do software e dos arquivos de banco de dados, eliminando um alvo fácil para hackers. Verifique se o software e os arquivos de banco de dados são legíveis apenas pela conta **oracle** e pelo grupo ao qual ela pertence. A não ser para os executáveis Oracle que requerem esta configuração, desative o bit de SUID (set UID, ou a permissão de executar com privilégios de root) para os arquivos que não a requerem. Não envie senhas (do sistema operacional ou do Oracle) a usuários por meio de e-mails em texto aberto. Finalmente, remova todos os serviços de sistema que não são exigidos no servidor para dar suporte ao banco de dados, como telnet e ftp.
- **Protegendo a mídia de backup**   Verifique se a mídia de backup do banco de dados – seja ela fita, disco ou CD/DVD-ROM – é acessível por um número limitado de pessoas. Um sistema operacional seguro e senhas criptografadas e fortes no banco de dados terão pouco valor se um hacker puder obter as cópias do banco de dados e carregá-las em outro servidor. O mesmo se aplica a qualquer servidor que contenha dados replicados do seu banco de dados.
- **Verificações de segurança em segundo plano**   A triagem dos funcionários que lidam com dados confidenciais do banco de dados – sejam eles DBAs, auditores ou administradores do sistema operacional – é imprescindível.
- **Educação sobre a segurança**   Certifique-se de que todos os usuários do banco de dados entendam as políticas de uso e segurança da infra-estrutura de TI. Exigir que os usuários entendam e sigam as políticas de segurança enfatiza a natureza crítica e o valor dos dados para a empresa, incluindo as informações contidas no banco de dados. Um usuário bem educado terá mais probabilidade de resistir às tentativas um hacker de conseguir acesso ao sistema utilizando de técnicas de engenharia social.
- **Acesso controlado ao hardware**   Todo hardware de computador que hospeda o banco de dados deve ser localizado em um ambiente seguro, que seja acessível somente com senhas de identificação ou códigos de acesso de segurança.

MÉTODOS DE AUTENTICAÇÃO DE BANCO DE DADOS

Para que o banco de dados possa permitir que uma pessoa ou aplicação acesse objetos ou privilégios nele, a pessoa ou aplicação devem ser autenticados; em outras palavras, a identidade de quem está tentando acessar o banco de dados precisa ser validada.

Nesta seção, faremos uma visão geral do método mais básico usado para permitir o acesso ao banco de dados – a conta do usuário, conhecido também como *autenticação de banco de dados*. Além disso, mostraremos como reduzir o número de senhas que um usuário precisa lembrar permitindo que o sistema operacional autentique o usuário e, como resultado, o conecte automaticamente ao banco de dados. Usar a autenticação de três camadas via um servidor de aplicação, autenticação de rede ou a solução de Identity Management da Oracle pode reduzir ainda mais o número de senhas. Finalmente, falaremos sobre como usar um arquivo de senhas para autenticar os DBAs quando o banco de dados estiver desativado e não puder fornecer serviços de autenticação.

Autenticação de banco de dados

Em um ambiente onde a rede é protegida do ambiente externo com firewalls e o tráfego da rede entre o servidor de banco de dados usa algum método de criptografia, a autenticação pelo banco de dados é o método mais comum e mais fácil de autenticar o seu usuário. Todas as informações necessárias para autenticar o usuário são armazenadas em uma tabela dentro do tablespace SYSTEM.

Muitas operações especiais do banco de dados, como inicializar ou efetuar shutdown, requerem uma forma diferente e mais segura de autenticação, seja a feita pelo sistema operacional ou usando arquivos de senhas.

A autenticação da rede conta com serviços de terceiros, como Distributed Computing Environment (DCE), Kerberos, Public Key Infrastructure (PKI) e Remote Authentication Dial-In User Service (RADIUS). A autenticação de três camadas, embora à primeira vista pareça ser um método de autenticação de rede, é diferente pelo fato de que uma camada intermediária (middle-tier), como o Oracle Application Server, autentica o usuário enquanto mantém a identidade do cliente no servidor. Além disso, a camada intermediária fornece serviços de pool de conexão e implementa a lógica de negócio para o cliente. Posteriormente neste capítulo, na seção denominada "Contas de usuário", examinaremos todas as opções disponíveis para que o DBA configure contas para autenticação no banco de dados.

Autenticação do administrador do banco de dados

O banco de dados nem sempre está disponível para autenticar um administrador seu, quando, por exemplo, está fora do ar devido à uma interrupção não planejada ou um backup offline. Para resolver esta situação, o Oracle usa um *arquivo de senhas* para manter uma lista de usuários do banco de dados que têm permissão para executar funções como inicializá-lo e desligá-lo, iniciar backups, etc.

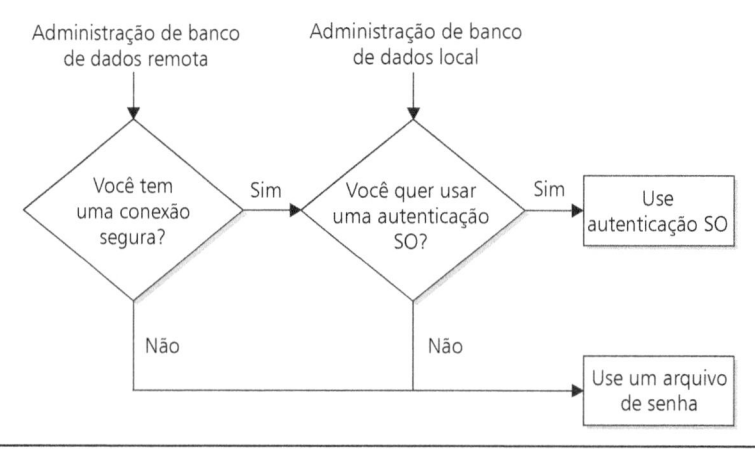

Figura 9-1 *Fluxograma de métodos de autenticação.*

Alternativamente, um administrador de banco de dados pode usar a autenticação pelo sistema operacional, que discutiremos na próxima seção. O fluxograma mostrado na Figura 9-1 identifica as opções disponíveis para um administrador ao decidir qual método funcionará melhor no seu ambiente.

Para conectar-se localmente ao servidor, a principal consideração é a conveniência de usar a mesma conta tanto para o sistema operacional quanto para o servidor Oracle versus manter um arquivo de senhas. Para um administrador remoto, a segurança da conexão é um fator determinante durante a escolha de um método de autenticação. Sem uma conexão segura, um hacker poderá facilmente se fazer passar por um usuário com a mesma conta de um administrador no próprio servidor e obter acesso total ao banco de dados com autenticação pelo SO.

NOTA
Ao usar um arquivo de senhas para autenticação, verifique se ele próprio está em um local de diretório que seja acessível somente por administradores do sistema operacional e o usuário ou grupo de usuários proprietários da instalação do software Oracle.

Discutiremos os privilégios de sistema detalhadamente mais adiante. Por enquanto, você precisa saber que existem três privilégios específicos de sistema que dão aos administradores uma autenticação especial no banco de dados: SYSDBA, SYSOPER e SYSASM. Um administrador com privilégio SYSOPER pode inicializar e efetuar shutdown no banco de dados, executar backups online e offline, arquivar os arquivos de redo log atuais e conectar-se ao banco de dados quando ele estiver no modo RESTRICTED SESSION. O privilégio SYSDBA contém todos os direitos do SYSOPER, além de ser capaz de criar um banco de dados e conceder privilégios SYSDBA ou SYSOPER a outros usuários daquele. Novo no Oracle Database 11g, o privilégio SYSASM é específico para uma instância ASM, para o gerenciamento da estrutura de armazenamento do banco de dados.

Para conectar-se ao banco de dados a partir de uma sessão SQL*Plus, anexe AS SYSDBA ou AS SYSOPER ao seu comando **connect**. Aqui está um exemplo:

```
[oracle@dw ~]$ sqlplus /nolog

SQL*Plus: Release 11.1.0.6.0 - Production on Fri Aug 10 20:57:30 2007
Copyright (c) 1982, 2007, Oracle. All rights reserved.

SQL> connect rjb/rjb as sysdba
Connected.
SQL> show user
USER is "SYS"
SQL>
```

Além dos privilégios adicionais disponíveis para os usuários que se conectam como SYSDBA ou SYSOPER, o esquema padrão também é diferente para eles quando se conectam ao banco de dados. Os usuários que se conectam com o privilégio SYSDBA ou SYSASM o fazem como o usuário SYS; o privilégio SYSOPER configura o usuário como PUBLIC:

```
SQL> show user
USER is "SYS"
```

Como em qualquer solicitação de conexão de banco de dados, existe a opção de especificar o nome de usuário e a senha na mesma linha do comando **sqlplus**, junto com a palavra-chave SYSDBA ou SYSOPER:

```
[oracle@dw ~]$ sqlplus rjb/rjb as sysdba
```

Criar um banco de dados através da instalação padrão do Oracle Database usando o Oracle Universal Installer, ou usando o Database Creation Assistant, criará automaticamente um arquivo de senhas. Porém, há ocasiões em que talvez precise recriá-lo se ele for acidentalmente excluído ou danificado. O comando **orapwd** criará um arquivo de senhas com uma única entrada para o usuário SYS e outras opções, conforme mencionado, quando você executar o comando **orapwd** sem nenhuma opção:

```
[oracle@dw ~]$ orapwd
Usage: orapwd file=<fname> password=<password>
     entries=<users> force=<y/n> ignorecase=<y/n> nosysdba=<y/n>

  where
    file - name of password file (required),
    password - password for SYS (optional),
    entries - maximum number of distinct DBA (required),
    force - whether to overwrite existing file (optional),
    ignorecase - passwords are case-insensitive (optional),
    nosysdba - whether to shut out the SYSDBA logon
       (optional Database Vault only).

  There must be no spaces around the equal-to (=) character.
[oracle@dw ~]$
```

Após recriar o arquivo de senhas, será necessário conceder privilégios SYSDBA e SYSOPER àqueles usuários do banco de dados que os tinham anteriormente. Além disso, se a senha que forneceu no comando **orapwd** não for a mesma senha que a conta SYS tem no banco de dados, isso não será problema: quando você se conectar usando **connect / as sysdba**, estará usando a autenticação pelo sistema operacional e se usar **connect sys/syspassword as sysdba**, a senha **syspassword** é para o SYS no banco de dados. E apenas para reiterar, se o banco de dados estiver fora do ar ou no modo MOUNT, é preciso usar a autenticação via sistema operacional ou arquivo de senhas. Além disso, vale a pena mencionar que a autenticação via sistema operacional tem prioridade sobre a autenticação por arquivo de senhas, portanto, desde que tenha preenchido os requisitos para a autenticação via sistema operacional, o arquivo de senhas não será usado para esse fim, caso ele exista.

CUIDADO
A partir do Oracle Database 11g, as senhas diferenciam maiúsculas e minúsculas. Para desativar essa diferenciação, configure o parâmetro de inicialização SEC_CASE_SENSITIVE_LOGON como FALSE.

O parâmetro de inicialização de sistema REMOTE_LOGIN_PASSWORDFILE controla o modo como os arquivos de senhas são usados para a instância do banco de dados. Ele tem três valores possíveis: NONE, SHARED e EXCLUSIVE.

Se o valor for NONE, o Oracle ignorará qualquer arquivo de senhas existente. Todos os usuários com privilégios devem ser autenticados por outros meios, como autenticação pelo sistema operacional, que será discutida na próxima sessão.

Com um valor SHARED, vários bancos de dados podem compartilhar o mesmo arquivo de senhas, mas somente o usuário SYS é autenticado com o arquivo de senhas e a sua senha não pode ser alterada.

Como resultado, esse método não é o mais seguro, mas ele permite que um DBA mantenha mais de um banco de dados com uma única conta SYS.

> **DICA**
> *Se um arquivo de senhas compartilhado precisar ser usado, verifique se a senha para SYS tem ao menos oito caracteres de comprimento e inclui uma combinação de letras maiúsculas e minúsculas, números e caracteres especiais para resistir a um ataque de força bruta.*

Um valor EXCLUSIVE vincula o arquivo de senhas a somente um banco de dados, e outras contas de usuário podem existir nesse arquivo. Assim que o arquivo de senhas for criado, use esse valor para maximizar a segurança das conexões SYSDBA ou SYSOPER.

A visão de desempenho dinâmico V$PWFILE_USERS lista todos os usuários de banco de dados que têm privilégios SYSDBA ou SYSOPER, conforme mostrado aqui:

```
SQL> select * from v$pwfile_users;

USERNAME                       SYSDB SYSOP SYSAS
------------------------------ ----- ----- -----
SYS                            TRUE  TRUE  FALSE
RJB                            TRUE  FALSE FALSE
```

Autenticação pelo sistema operacional

Se um DBA decide implementar *autenticação pelo sistema operacional,* os usuários do banco de dados são automaticamente conectados a ele quando usam a sintaxe SQL*Plus a seguir:

```
SQL> sqlplus /
```

Esse método é similar ao modo como um administrador se conecta ao banco de dados, porém sem a cláusula **as sysdba** ou **as sysoper**. A diferença principal é que os métodos de autorização de contas pelo sistema operacional são usados, em vez de um arquivo de senhas gerado e mantido pelo Oracle.

Na verdade, os administradores podem usar a autenticação pelo sistema operacional para conectarem-se usando **as sysdba** ou **as sysoper**. Se a conta de login do sistema operacional do administrador estiver no grupo **dba do** Unix (ou no grupo ORA_DBA do Windows), o administrador poderá se conectar ao banco de dados usando **as sysdba**.

Da mesma maneira, se a conta de login do sistema operacional estiver no grupo **oper do** Unix (ou no grupo ORA_OPER do Windows), o administrador poderá se conectar ao banco de dados usando **as sysoper** sem a necessidade de um arquivo de senhas do Oracle.

O Oracle Server pressupõe que se o usuário está autenticado por uma conta do sistema operacional, então ele também está autenticado para o banco de dados. Com a autenticação pelo sistema operacional, o Oracle não precisa manter as senhas no banco, mas ainda mantém os nomes de usuário. Esses ainda são necessários para configurar os tablespaces e esquema padrão, além de fornecer informações para auditoria.

Em uma instalação Oracle 11g padrão, assim como nas versões anteriores do Oracle, a autenticação pelo sistema operacional é ativada para contas de usuário quando você cria usuários de banco de dados com a cláusula **identified externally**. O prefixo para o nome de usuário do banco de dados deve corresponder ao valor do parâmetro de inicialização OS_AUTHENT_PREFIX; o valor padrão é OPS$. Aqui está um exemplo:

```
SQL> create user ops$corie identified externally;
```

Quando o usuário se conecta ao sistema operacional com a conta CORIE, ela é autenticada automaticamente no banco de dados Oracle como se a conta OPS$CORIE fosse criada com a própria autenticação.

Configurar o valor OS_AUTHENT_PREFIX como uma string nula permite que o administrador do banco de dados e o administrador da conta do sistema operacional usem nomes de usuário idênticos quando usarem autenticação externa.

Usar **identified globally** é similar a usar **identified externally** pelo fato da autenticação ser feita fora do banco de dados. Entretanto, com um usuário identificado globalmente, a autenticação é executada por um serviço de diretório corporativo, como o Oracle Internet Directory (OID). O OID facilita a manutenção das contas para os administradores de banco de dados e proporciona a conveniência de autenticação única (single sign-on) para usuários que precisam acessar mais do que apenas um banco de dados ou serviço.

Autenticação pela rede

A autenticação por um serviço de rede é outra opção disponível para o DBA autenticar usuários. Embora um tratamento completo esteja além do escopo deste livro, daremos um breve resumo de cada método e seus componentes. Esses componentes são Secure Sockets Layer (SSL), Distributed Computing Environment (DCE), Kerberos, PKI, RADIUS e serviços baseados em diretório.

Protocolo Secure Sockets Layer (SSL)

O Secure Sockets Layer é um protocolo originalmente desenvolvido pela Netscape Development Corporation para uso em navegadores da Web. Como é um padrão de mercado, e tem código aberto, ele constantemente enfrenta exames minuciosos por parte da comunidade de programadores para garantir que não haja falhas ou "backdoors" que possam comprometer sua robustez.

É necessário no mínimo um certificado de servidor para a autenticação. A autenticação no cliente também é possível com o SSL para validar o cliente, mas a configuração dos certificados pode tornar-se um grande esforço administrativo.

Usar o SSL sobre TCP/IP requer poucas alterações à configuração do listener por meio da adição de outro protocolo (TCPS) em um número de porta diferente no arquivo listener.ora. No excerto a seguir, configurado com o Oracle Net Configuration Assistant (**netca**), o listener denominado LISTENER no servidor dw10g aceitará o tráfego via TCP na porta 1521 e o tráfego SSL TCP na porta 2484:

```
# listener.ora Network Configuration File:
    /u01/app/oracle/product/10.1.0/network/admin/listener.ora
# Generated by Oracle configuration tools.
SID_LIST_LISTENER =
  (SID_LIST =
    (SID_DESC =
      (SID_NAME = PLSExtProc)
      (ORACLE_HOME = /u01/app/oracle/product/10.1.0)
      (PROGRAM = extproc)
    )
    (SID_DESC =
      (GLOBAL_DBNAME = dw.world)
      (ORACLE_HOME = /u01/app/oracle/product/10.1.0)
      (SID_NAME = dw)
    )
  )
```

```
LISTENER =
  (DESCRIPTION_LIST =
    (DESCRIPTION =
      (ADDRESS_LIST =
       (ADDRESS = (PROTOCOL = TCP)(HOST = dw10g)(PORT = 1521))
      )
      (ADDRESS_LIST =
         (ADDRESS = (PROTOCOL = TCPS)(HOST = dw10g)(PORT = 2484))
      )
    )
  )
)
```

Distributed Computing Environment

O Distributed Computing Environment (DCE) fornece vários serviços, como chamadas de procedures remotas, serviços de arquivos distribuídos e serviço de tempo distribuído, além de um serviço de segurança. O DCE fornece suporte a aplicações distribuídas em um ambiente heterogêneo em todas as principais plataformas de software e hardware.

O DCE é um dos protocolos que dá suporte ao SSO (single sign-on, autenticação única); uma vez que um usuário se autentica com o DCE, pode acessar com segurança qualquer banco de dados Oracle configurado com o DCE sem especificar um nome de usuário ou senha.

Kerberos

O Kerberos é outro sistema de autenticação de terceiros confiável que, como o DCE, fornece recursos de SSO. O Oracle dá total suporte ao Kerberos versão 5, através do componente Oracle Advanced Security, opcional da Edição Enterprise nas versões 10g e 11g *do banco de dados*.

Como em outras soluções de autenticação de middleware, a premissa básica é que as senhas nunca devem ser enviadas pela rede; toda autenticação é intermediada pelo servidor Kerberos. Na terminologia Kerberos, uma senha é um "segredo compartilhado" (shared secret).

Public Key Infrastructure

O Public Key Infrastructure (PKI) abrange diversos componentes. Ele é implementado por meio do protocolo SSL e é baseado no conceito de chaves privadas secretas que são relacionadas à chaves públicas para facilitar as comunicações seguras entre cliente e servidor.

Para fornecer serviços de identificação e autenticação, o PKI usa certificados e autoridades certificadoras (Certificate Authorities – CAs). Em poucas palavras, um certificado é a chave pública de uma entidade que é validada por um terceiro confiável (uma autoridade certificadora) e ela contém informações, como o nome do usuário do certificado, a data de expiração, a chave pública, etc.

RADIUS

O Remote Authentication Dial-In User Service (RADIUS) é um protocolo leve usado para autenticação assim como para serviços de conta e autorização. Em um ambiente Oracle, o Oracle Server atua como o cliente para um servidor RADIUS quando uma solicitação de autorização é enviada de um cliente seu.

Qualquer método de autenticação que dê suporte ao padrão RADIUS – seja ele através de tokens, smart cards ou SecurID ACE – pode facilmente ser adicionado ao servidor RADIUS como um novo método de autenticação sem nenhuma alteração feita nos arquivos de configuração do servidor ou cliente, como o sqlnet.ora.

Autenticação de três camadas

Em um ambiente de três camadas, ou de n-camadas, um servidor de aplicação pode fornecer serviços de autenticação para um cliente e fornecer uma interface comum para o servidor de banco de dados, mesmo que aqueles usem diversos navegadores diferentes ou aplicações "thick client". O servidor de aplicação, por sua vez, é autenticado no banco de dados e demonstra que o cliente tem permissão de conectar-se ao banco, preservando assim a sua identidade em todas as camadas.

Em ambientes multicamadas, tanto os usuários quanto as camadas intermediárias recebem o mínimo de privilégios possível para fazer seus trabalhos. A última recebe permissão para executar ações em nome de um usuário com o uso de um comando conforme o exemplo a seguir:

```
alter user kmourgos
     grant connect through oes_as
     with role all except ordmgmt;
```

Neste exemplo, o serviço OES_AS do servidor de aplicação recebe permissão para executar ações em nome do usuário de banco KMOURGOS. Esse usuário recebeu diversas atribuições e elas podem ser ativadas através do servidor de aplicação, exceto a atribuição ORDMGMT. Como resultado, quando KMOURGOS se conecta por meio do servidor de aplicação, ele tem permissão para acessar, via Web, todas as tabelas e privilégios que lhe foram concedidos através das atribuições, exceto as funções de gerenciamento de pedidos (ORDMGMT). Devido às regras de negócios em vigor na sua empresa, todos os acessos às aplicações de gerenciamento de pedido devem ser feitos via uma conexão direta ao banco de dados. As atribuições são discutidas detalhadamente na seção "Definindo e atualizando atribuições" mais adiante neste capítulo.

Autenticação no cliente

A autenticação no cliente é uma maneira de autenticar os usuários em um ambiente de várias camadas, mas a Oracle não estimula esse método a menos que todos os clientes estejam em uma rede segura, dentro de uma firewall, sem que conexões para o banco de dados possam ser feitas de fora dessa. Além disso, os usuários não devem ter direitos administrativos sobre nenhuma estação de trabalho que possa conectar-se ao banco de dados.

Se um usuário Oracle for criado com o atributo IDENTIFIED EXTERNALLY e o parâmetro de inicialização REMOTE_OS_AUTHENT for configurado como TRUE, um invasor poderá facilmente autenticar a si próprio na estação de trabalho com uma conta de usuário local que corresponda à conta de usuário Oracle e, como resultado, obter acesso ao banco de dados.

Como resultado, é altamente recomendado que o parâmetro REMOTE_OS_AUTHENT seja configurado como FALSE. O banco de dados terá de ser reiniciado para que esta alteração entre em vigor.

> **NOTA**
> *A partir do Oracle Database 11g, o parâmetro REMOTE_OS_AUTHENT se tornou obsoleto. Existem várias outras maneiras mais seguras de permitir o acesso remoto ao banco de dados.*

Oracle Identity Management

O Oracle Identity Management (IM), um componente do Oracle Application Server 10*g* e 11*g*, fornece um framework completo de ponta a ponta para gerenciar centralmente as contas de usuários, desde a criação das contas, autorização de acesso à recursos, até a exclusão da conta. Ele centraliza o gerenciamento de contas junto com os dispositivos, aplicações, serviços Web ou qualquer outra entidade de rede que usa autenticação e autorização.

O IM economiza tempo e dinheiro. Como as contas de usuário e os recursos associados estão centralizados, a administração é a mesma independente da aplicação que está sendo mantida. Além disso, o IM melhora a segurança da empresa. Como os usuários só usam um nome de usuário e senha para acessar todos os recursos da empresa, eles são menos propensos a escrevê-las ou esquecê-las. Quando um usuário deixa a empresa, todos os acessos a aplicações e serviços podem ser removidos rápida e facilmente em um único lugar.

Embora um tratamento completo do Oracle Identity Management esteja além do escopo deste livro, é importante que o DBA entenda como os componentes do IM impactarão o desempenho e a segurança do banco de dados Oracle. As informações de contas de usuários e outros metadados precisam ser armazenados em algum lugar e armazenados redundantemente, em um banco de dados Oracle. Além disso, as solicitações para serviços de autenticação e autorização devem ser processados dentro de uma quantidade de tempo razoável, definida dentro de um Service Level Agreement (SLA, nível de qualidade de serviço) determinado para uma ou mais aplicações.

Por exemplo, o Oracle Internet Directory (OID), um dos componentes mais importantes do Oracle Identity Management, requer um ajuste de banco de dados semelhante aos ajustes feitos para um sistema OLTP, com muitas transações curtas de um grande número de usuários com cargas variadas dependendo da hora do dia. Mas aqui termina a semelhança. Na Tabela 9-1 estão algumas diretrizes gerais para configurar vários parâmetros de inicialização de sistema para o banco de dados que estará mantendo as informações de um diretório Lightweight Directory Access Protocol (LDAP).

Pressupõe-se que o único trabalho deste banco de dados é manter as informações do diretório OID. Além de ajustar os parâmetros básicos do banco de dados, o throughput global dependerá de fatores como a largura de banda disponível entre o servidor e a comunidade de usuários, o local dos recursos de discos compartilhados, o throughput de disco, etc. Uma implementação IM típica com 500.000 entradas de diretório irá exigir aproximadamente 3GB de espaço em disco e a velocidade com que as entradas podem ser gravadas ou lidas nele poderá se tornar o gargalo de throughput.

Tabela 9-1 *Dimensionamento de parâmetros de inicialização de banco de dados para o OID*

Parâmetro de banco de dados	500 usuários simultâneos	2000 usuários simultâneos
OPEN_CURSORS	200	200
SESSIONS	225	1200
DB_BLOCK_SIZE	8K	8K
DB_CACHE_SIZE	250MB	250MB
SHARED_POOL_SIZE	40MB	40MB
PROCESSES	400	1500
SORT_AREA_SIZE	256KB	256KB
LOG_BUFFER	512KB	512KB

Contas de usuário

Para obter acesso ao banco de dados, um usuário deve fornecer um *nome de usuário* para acessar os recursos associados a essa conta. Cada nome de usuário tem uma senha e está associado a somente um esquema no banco de dados; algumas contas podem não ter objetos no esquema, mas em vez disso, têm os privilégios concedidos para acessá-los em outros esquemas. Nesta seção, explicaremos a sintaxe e daremos exemplos para criar, alterar e descartar usuários. Além disso, mostraremos como se tornar outro usuário sem conhecer explicitamente a sua senha.

Criando usuários

O comando **create user** é simples e direto. Ele tem vários parâmetros, que estão listados na Tabela 9-2 junto com uma breve descrição de cada um.

No exemplo a seguir, estamos criando um usuário (SKING) para corresponder ao usuário Steven King, funcionário número 100 da tabela HR.EMPLOYEES do esquema de exemplo instalado com o banco de dados:

```
SQL> create user sking identified by sking901
  2     account unlock
  3     default tablespace users
  4     temporary tablespace temp;
User created.
```

Tabela 9-2 *As opções para o comando CREATE USER*

Parâmetro	Uso
nome de usuário	O nome do esquema e, portanto, do usuário a ser criado. Ele pode ter até 30 caracteres e não pode ser uma palavra reservada a menos que ela esteja entre aspas (o que não é recomendado).
IDENTIFIED { BY *senha* | EXTERNALLY | GLOBALLY AS *'nome externo'* }	Especifica como o usuário será autenticado: pelo banco de dados com uma senha, pelo sistema operacional (local ou remoto), ou por um serviço (como o Oracle Internet Directory).
DEFAULT TABLESPACE *tablespace*	O tablespace onde os objetos permanentes são criados, a menos que um tablespace seja explicitamente especificado durante a criação.
TEMPORARY TABLESPACE *tablespace*	O tablespace onde os segmentos temporários são criados durante as operações de classificação, criação de índice, etc.
QUOTA { *tamanho* | UNLIMITED } ON *tablespace*	A quantidade de espaço permitido para os objetos criados no tablespace especificado. O tamanho é em kilobytes (K) ou megabytes (M).
PROFILE *perfil*	O perfil atribuído a este usuário. Eles serão discutidos mais adiante neste capítulo. Se um perfil não for especificado, o perfil DEFAULT será usado.
PASSWORD EXPIRE	No primeiro logon, o usuário deve alterar sua senha.
ACCOUNT {LOCK | UNLOCK}	Especifica se a conta está bloqueada ou desbloqueada. Por padrão, a conta está desbloqueada.

O usuário SKING é autenticado pelo banco de dados com uma senha inicial igual a SKING901. A segunda linha não é necessária; por padrão, todas as contas são criadas desbloqueadas. O tablespace permanente padrão e o tablespace temporário padrão são definidos no nível do banco de dados, portanto as últimas duas linhas de comando não são necessárias a menos que você queira um tablespace permanente ou um tablespace temporário diferentes para o usuário.

Embora o usuário SKING tenha sido explícita ou implicitamente atribuído a um tablespace permanente padrão, ele não pode criar nenhum objeto no banco de dados até que nós forneçamos uma quota e direitos para criar objetos no seu próprio esquema.

Uma *quota* é simplesmente um limite de espaço, por tablespace, para um determinado usuário. A menos que a quota seja explicitamente atribuída ou o usuário tenha privilégio UNLIMITED TABLESPACE (os privilégios serão discutidos mais adiante neste capítulo), o usuário não pode criar objetos em seu próprio esquema. No exemplo a seguir, estamos dando à conta SKING uma quota de 250MB no tablespace USERS:

```
SQL> alter user sking quota 250M on users;
User altered.
```

Observe que poderíamos ter concedido essa quota na hora em que a conta foi criada, junto com quase todas as outras opções no comando **create user**. No entanto, uma atribuição padrão só pode ser concedida depois que a conta é criada. (O gerenciamento de atribuições será discutido mais tarde neste capítulo.)

A menos que sejam concedidos alguns privilégios básicos a uma nova conta, ela não pode nem ao menos efetuar login; por isso, precisamos conceder ao menos o privilégio CREATE SESSION ou a atribuição CONNECT (as atribuições serão discutidas detalhadamente mais adiante neste capítulo). Para o Oracle Database 10g release 1 e anteriores, a atribuição CONNECT contém o privilégio CREATE SESSION, junto com outros privilégios básicos, como CREATE TABLE e ALTER SESSION. A partir do Oracle Database 10g release 2, a atribuição CONNECT tem somente o privilégio CREATE SESSION e portanto foi descontinuada. No exemplo a seguir, concedemos a SKING os privilégios CREATE SESSION e CREATE TABLE:

```
SQL> grant create session, create table to sking;
Grant succeeded.
```

Agora o usuário SKING tem uma quota no tablespace USERS assim como privilégios para criar objetos nele.

Todas essas opções para **create user** estão disponíveis na interface Web do Oracle Enterprise Manager, conforme demonstrado na Figura 9-2.

Como em qualquer operação do Enterprise Manager, o botão Show SQL mostra os comandos SQL, como **create** e **grant**, que serão executados quando o usuário for criado. Essa é uma maneira de tirar vantagem da facilidade de uso da interface Web, enquanto ao mesmo tempo relembra a sintaxe desses comandos.

Na Figura 9-3, veja que também é muito fácil selecionar um usuário existente e criar um novo usuário com as mesmas características exceto a senha.

Outras opções disponíveis na interface Enterprise Manager incluem expirar uma conta de usuário, gerar o DDL usado para criar a conta e bloqueá-la e desbloqueá-la.

Alterando usuários

A alteração das características de um usuário pode ser realizada por meio do comando **alter user**. A sintaxe de **alter user** é quase idêntica à do comando **create user**, exceto que **alter user** permite que você defina atribuições e também conceda direitos à aplicação da camada intermediária para executar funções em nome do usuário.

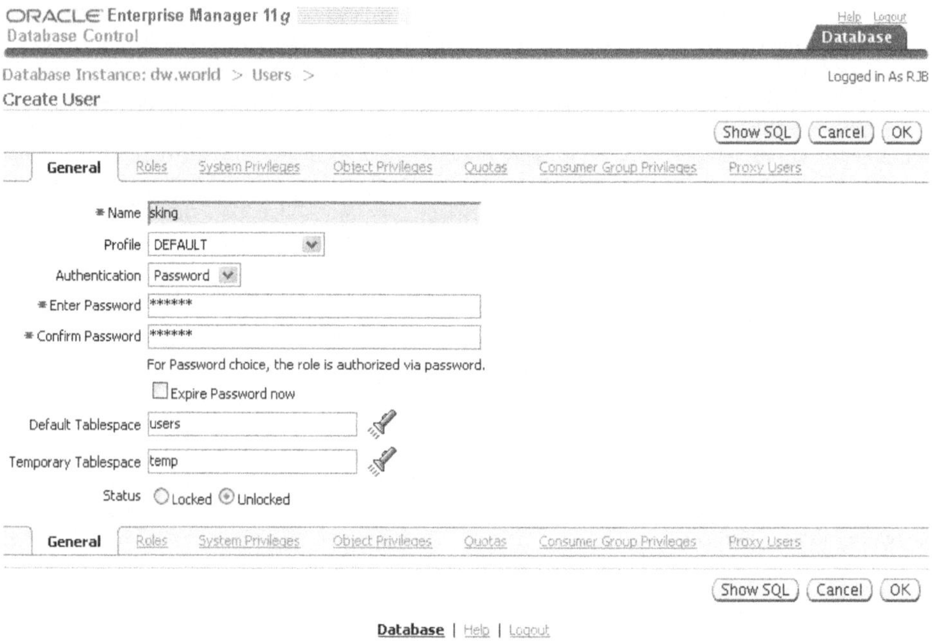

Figura 9-2 *Criando usuários com o Enterprise Manager.*

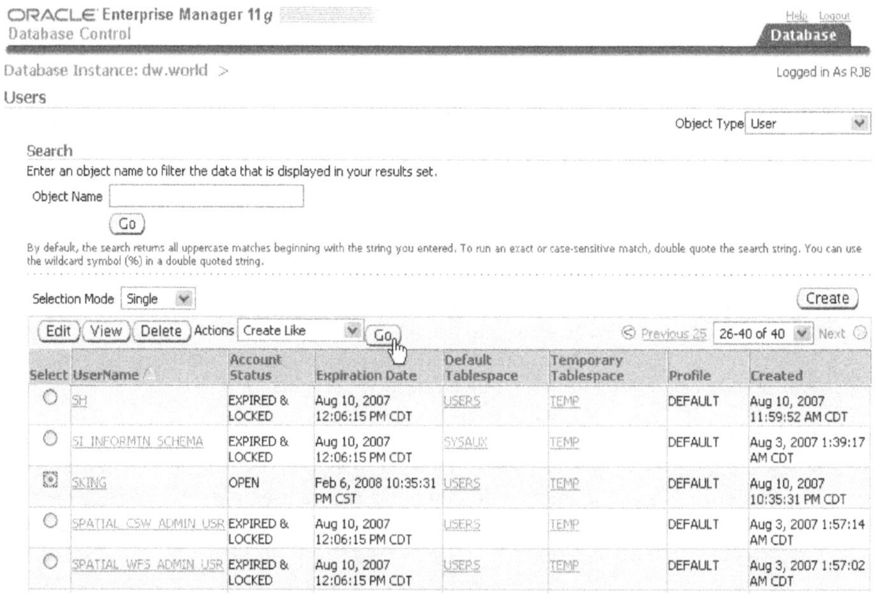

Figura 9-3 *Copiando usuários com o Enterprise Manager.*

Neste exemplo, alteraremos o usuário SKING para usar um tablespace permanente padrão diferente:

```
SQL> alter user sking
  2       default tablespace users2
  3       quota 500M on users2;
User altered.
```

Observe que o usuário SKING ainda pode criar objetos no tablespace USERS, mas ele deve especificar explicitamente USERS em quaisquer comandos **create table** e **create index**.

Descartando usuários

Descartar usuários é um processo muito rápido e fácil e é realizado com o comando **drop user**. Os únicos parâmetros são os nomes de usuário a serem descartados e a opção **cascade**; todos os objetos possuídos pelo usuário devem ser explicitamente descartados ou movidos para outro esquema se a opção **cascade** não for usada. No exemplo a seguir, o usuário QUEENB é descartado e se ele possuir objetos, esses também serão automaticamente descartados:

```
SQL> drop user queenb cascade;
User dropped.
```

Se outros objetos do esquema, como visões e pacotes, referenciarem objetos que serão descartados com o usuário, eles serão marcados como INVALID e devem ser recodificados para usar outros objetos e, em seguida, recompilados. Além disso, todos os privilégios de objeto que foram concedidos pelo primeiro usuário a um segundo usuário por meio da cláusula **with grant option** são automaticamente revogados do segundo se o primeiro for descartado.

Tornando-se outro usuário

Para depurar uma aplicação, um DBA às vezes precisa se conectar como outro usuário para simular o problema. Sem conhecer a senha do usuário, o DBA pode recuperá-la criptografada no banco de dados, alterá-la para o usuário e conectar-se com ela alterada, e, em seguida, alterá-la novamente usando uma cláusula não documentada do comando **alter user**. Pressupõe-se que o DBA tenha acesso à tabela DBA_USERS, junto com o privilégio ALTER USER. Se o DBA tiver a sua atribuição, então essas duas condições estarão satisfeitas.

A primeira etapa é recuperar a senha criptografada para o usuário, que é armazenada na tabela DBA_USERS:

```
SQL> select password from dba_users
  2       where username = 'SKING';

PASSWORD
------------------------------
83C7CBD27A941428

1 row selected.
```

Salve esta senha usando o recurso recortar e colar em um ambiente GUI, ou salve-a em um arquivo de texto para recuperá-la mais tarde. A próxima etapa é alterar temporariamente a senha do usuário e, em seguida, efetuar login usando a senha temporária:

```
SQL> alter user sking identified by temp_pass;
User altered.
SQL> connect sking/temp_pass@dw;
Connected.
```

Nesse ponto, depure a aplicação a partir do ponto de vista do usuário SKING. Uma vez depurada, altere a senha novamente usando a cláusula **by values** não documentada do comando **alter user**:

```
SQL> alter user sking identified by values '83C7CBD27A941428';
User altered.
```

Visões de dicionários de dados relativas a usuário

Diversas visões de dicionários de dados contêm informações relativas a usuários e características de usuários. A Tabela 9-3 lista as visões e tabelas mais comuns.

MÉTODOS DE AUTORIZAÇÃO DE BANCO DE DADOS

Após o usuário estar autenticado no banco de dados, a próxima etapa é determinar que tipos de objetos, privilégios e recursos o usuário tem permissão para acessar ou usar. Nesta seção, examinaremos não apenas como os perfis podem controlar como as senhas são gerenciadas, mas também como os perfis podem colocar limites em vários tipos de recursos do sistema.

Além disso, examinaremos os dois tipos de privilégios em um banco de dados Oracle: os de sistema e os de objeto. Esses dois tipos de privilégios podem ser atribuídos diretamente aos usuários, ou indiretamente por meio de atribuições, outro mecanismo que pode facilitar o trabalho de um DBA ao conceder privilégios aos usuários.

No final desta seção, abordaremos os recursos do Virtual Private Database (VPD) do Oracle e como ele pode ser usado para fornecer um controle mais preciso sobre quais partes de uma tabela podem ser vistas por um usuário, com base em um conjunto de credenciais definidas pelo DBA e atribuídas aos usuários. Para ajudar a tornar os conceitos mais claros, examinaremos uma implementação de um VPD do início ao fim.

Gerenciamento de perfil

Parece que nunca há capacidade de CPU ou espaço em disco, ou largura de banda de E/S suficientes para executar uma consulta do usuário. Como todos esses recursos são inerentemente limitados, o Oracle fornece um mecanismo para controlar a quantidade deles que um usuário pode usar. Um *perfil* Oracle é um conjunto nomeado de limites de recursos que proporciona este mecanismo.

Tabela 9-3 *Tabelas e visões de dicionários de dados relativos a usuários*

Visão de dicionários de dados	Descrição
DBA_USERS	Contém nomes de usuários, senhas criptografadas, status de contas e tablespaces padrão.
DBA_TS_QUOTAS	Uso e limites do espaço em disco por usuário e tablespace, para usuários que tem quotas que não são UNLIMITED.
DBA_PROFILES	Perfis que podem ser atribuídos a usuários com limites atribuídos aos perfis.
USER_HISTORY$	Histórico de senhas com nomes de usuários, senhas criptografadas e datestamps. Usada para impor regras de reutilização de senhas caso você configure o parâmetro de inicialização RESOURCE_LIMIT como TRUE e limite a reutilização da senha usando os parâmetros **password_reuse_*** do comando **alter profile**.

Além disso, os perfis podem ser usados como um mecanismo de autorização para controlar como as senhas de usuário são criadas, reutilizadas e validadas. Por exemplo, talvez queiramos impor um comprimento mínimo de senha, juntamente com um requisito de que haja pelo menos uma combinação de maiúsculas e minúsculas nela. Nesta seção, falaremos sobre como os perfis gerenciam senhas e recursos.

O comando CREATE PROFILE

O comando **create profile** realiza uma tarefa dupla; podemos criar um perfil para limitar o tempo de conexão para 120 minutos:

```
create profile lim_connect limit
     connect_time 120;
```

Da mesma maneira, podemos limitar o número de vezes consecutivas que um login pode falhar antes da conta ser bloqueada:

```
create profile lim_fail_login limit
     failed_login_attempts 8;
```

Ou, podemos combinar os dois tipos de limites em um único perfil:

```
create profile lim_connectime_faillog limit
     connect_time 120
     failed_login_attempts 8;
```

A maneira como o Oracle responde a um dos limites de recursos que está sendo excedido depende do tipo deste. Quando um dos limites de tempo de conexão ou de tempo ocioso é alcançado (como CPU_PER_SESSION), a transação em andamento sofre rollback e a sessão é desconectada. Para a maioria dos outros limites de recursos (como PRIVATE_SGA), a transação atual sofre rollback, um erro é retornado para o usuário e ele tem a opção de aplicar um commit ou rollback na transação. A operação é abortada se exceder um limite para uma única chamada (como LOGICAL_READS_PER_CALL), a instrução atual sofre rollback e um erro é retornado para o usuário. O restante da transação permanece intacto; o usuário então tem a opção de aplicar um commit, rollback ou tentar completar a transação sem exceder os limites da instrução.

O Oracle fornece o perfil DEFAULT, que é aplicado a qualquer usuário novo se nenhum outro perfil for especificado. A seguinte consulta executada na visão de dicionários de dados DBA_PROFILES revela os limites para o perfil DEFAULT:

```
SQL> select * from dba_profiles
  2      where profile = 'DEFAULT';

PROFILE          RESOURCE_NAME              RESOURCE LIMIT
---------------- -------------------------- -------- -------------
DEFAULT          COMPOSITE_LIMIT            KERNEL   UNLIMITED
DEFAULT          SESSIONS_PER_USER          KERNEL   UNLIMITED
DEFAULT          CPU_PER_SESSION            KERNEL   UNLIMITED
DEFAULT          CPU_PER_CALL               KERNEL   UNLIMITED
DEFAULT          LOGICAL_READS_PER_SESSION  KERNEL   UNLIMITED
DEFAULT          LOGICAL_READS_PER_CALL     KERNEL   UNLIMITED
DEFAULT          IDLE_TIME                  KERNEL   UNLIMITED
DEFAULT          CONNECT_TIME               KERNEL   UNLIMITED
DEFAULT          PRIVATE_SGA                KERNEL   UNLIMITED
DEFAULT          FAILED_LOGIN_ATTEMPTS      PASSWORD 10
DEFAULT          PASSWORD_LIFE_TIME         PASSWORD 180
```

```
DEFAULT          PASSWORD_REUSE_TIME        PASSWORD UNLIMITED
DEFAULT          PASSWORD_REUSE_MAX         PASSWORD UNLIMITED
DEFAULT          PASSWORD_VERIFY_FUNCTION   PASSWORD NULL
DEFAULT          PASSWORD_LOCK_TIME         PASSWORD 1
DEFAULT          PASSWORD_GRACE_TIME        PASSWORD 7

16 rows selected.
```

As únicas constraints reais no perfil DEFAULT limitam o número de tentativas malsucedidas de login consecutivas (FAILED_LOGIN_ATTEMPTS) a dez antes de a conta ser bloqueada e o número de dias de utilização de uma senha antes de ser alterada (PASSWORD_LIFE_TIME) a 180. Nenhuma função de verificação de senha está ativada.

Perfis e controle de senhas

Na Tabela 9-4 estão os parâmetros de perfil relativos a senhas. Todas as unidades de tempo são especificadas em dias (para especificar qualquer um desses parâmetros em minutos, por exemplo, divida por 1440):

```
SQL> create profile lim_lock limit password_lock_time 5/1440;
Profile created.
```

Tabela 9-4 *Parâmetros de perfil relativos a senhas*

Parâmetro de senhas	Descrição
FAILED_LOGIN_ATTEMPTS	O número de tentativas de login que podem falhar antes que a conta seja bloqueada.
PASSWORD_LIFE_TIME	O número de dias que a senha pode ser usada antes que deva ser alterada. Se a senha não for alterada dentro do tempo definido no parâmetro PASSWORD_ GRACE_TIME, ela deverá ser alterada antes do login ser permitido.
PASSWORD_REUSE_TIME	O número de dias que um usuário deve esperar antes de reutilizar uma senha; este parâmetro é usado juntamente com o parâmetro PASSWORD_REUSE_MAX.
PASSWORD_REUSE_MAX	O número de alterações de senha que é necessário ocorrer antes que possa ser reutilizada; este parâmetro é usado juntamente com o parâmetro PASSWORD_REUSE_TIME.
PASSWORD_LOCK_TIME	O número de dias que a conta fica bloqueada após o número de tentativas definido no parâmetro FAILED_ LOGIN_ATTEMPTS. Após este período de tempo, a conta é automaticamente desbloqueada.
PASSWORD_GRACE_TIME	O número de dias após o qual uma senha expirada deve ser alterada. Se ela não for alterada dentro deste período de tempo, a conta é expirada e a senha deve ser alterada antes que o usuário possa efetuar login com êxito.
PASSWORD_VERIFY_ FUNCTION	Um script PL/SQL que fornece uma rotina de verificação de senha avançada. Se o parâmetro for especificado como NULL (o padrão), nenhuma verificação de senha será executada.

Neste exemplo, uma conta será bloqueada por cinco minutos após o número especificado de falhas de login.

Um valor de parâmetro **unlimited** significa que não há limites sobre o quanto do recurso determinado pode ser utilizado. **default** significa que este parâmetro assume seus valores a partir do perfil DEFAULT. Os parâmetros **password_reuse_time** e **password_reuse_max** devem ser usados juntos; a configuração de um sem o outro não tem nenhum efeito útil. No exemplo a seguir, criamos um perfil que configura **password_reuse_time** como 20 dias e **password_reuse_max** como 5:

```
create profile lim_reuse_pass limit
    password_reuse_time 20
    password_reuse_max 5;
```

Para usuários com este perfil, suas senhas poderão ser reutilizadas após 20 dias se for alterada ao menos cinco vezes. Se você especificar um valor para um deles e UNLIMITED para o outro, o usuário nunca poderá reutilizar a senha.

Como na maioria das outras operações, os perfis podem ser facilmente gerenciados com o Oracle Enterprise Manager. A Figura 9-4 mostra um exemplo de como alterar o perfil DEFAULT para desconectar o usuário após apenas 15 minutos de inatividade.

Se quiséssemos fornecer um controle mais rígido sobre o modo como as senhas são criadas e reutilizadas, como uma combinação de caracteres maiúsculos e minúsculos em cada uma, precisaríamos ativar o limite PASSWORD_VERIFY_FUNCTION em cada perfil no qual este controle

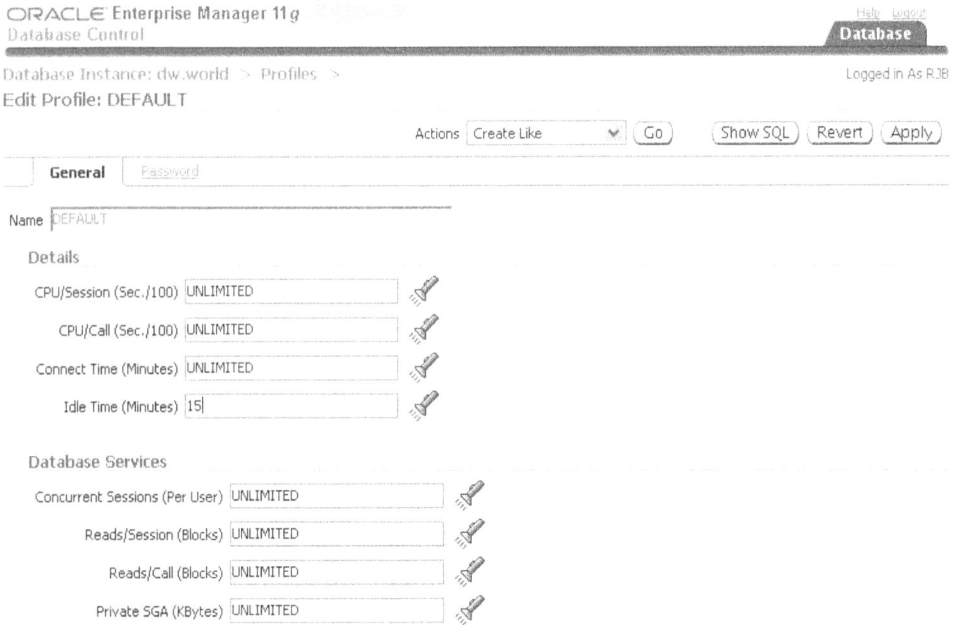

Figura 9-4 *Alterando os limites de senhas com o Oracle Enterprise Manager.*

faça sentido. O Oracle fornece um template para impor uma política de senhas corporativa. Ele está localizado em $ORACLE_HOME/rdbms/admin/utlpwdmg.sql.

Algumas seções importantes desse script estão listadas a seguir:

```sql
CREATE OR REPLACE FUNCTION verify_function_11G
  (username varchar2,
   password varchar2,
   old_password varchar2)
   RETURN boolean IS
    n boolean;
    m integer;
    differ integer;
    isdigit boolean;
    ischar boolean;
    ispunct boolean;
    db_name varchar2(40);
    digitarray varchar2(20);
    punctarray varchar2(25);
    chararray varchar2(52);
    i_char varchar2(10);
    simple_password varchar2(10);
    reverse_user varchar2(32);

BEGIN
   digitarray:= '0123456789';
   chararray:= 'abcdefghijklmnopqrstuvwxyzABCDEFGHIJKLMNOPQRSTUVWXYZ';
. . .
   -- Verifica se a senha é o nome do usuário invertido
   FOR i in REVERSE 1..length(username) LOOP
     reverse_user:= reverse_user || substr(username, i, 1);
   END LOOP;
   IF NLS_LOWER(password) = NLS_LOWER(reverse_user) THEN
     raise_application_error(-20003, 'Password same as username reversed');
   END IF;
. . .
   -- Tudo ok, retorna TRUE;
   RETURN(TRUE);
END;
/

-- Este script altera os parâmetros padrão para o Password Management
-- Com isto, todos os usuários do sistema terão o Password Management
-- habilitado e definido para os seguintes valores a menos que outro
-- perfil seja criado com valores de parâmetros diferentes ou UNLIMITED
-- e atribuído ao usuário.

ALTER PROFILE DEFAULT LIMIT
PASSWORD_LIFE_TIME 180
```

```
PASSWORD_GRACE_TIME 7
PASSWORD_REUSE_TIME UNLIMITED
PASSWORD_REUSE_MAX UNLIMITED
FAILED_LOGIN_ATTEMPTS 10
PASSWORD_LOCK_TIME 1 PASSWORD_VERIFY_FUNCTION verify_function_11G;
```

O script fornece as seguintes funcionalidades para complexidade de senhas:

- Verifica se a senha não é igual ao nome de usuário.
- Verifica se a senha tem ao menos quatro caracteres de comprimento.
- Verifica se a senha não é uma palavra simples e óbvia, como ORACLE ou DATABASE.
- Exige que a senha contenha uma letra, um dígito e uma marca de pontuação.
- Verifica se as senhas são diferentes das anteriores em pelo menos três caracteres.

Para usar esta política, a primeira etapa é personalizar o script com as suas próprias alterações. Por exemplo, você talvez queira ter diversas funções de verificação diferentes, uma para cada país ou departamento, para corresponder os requisitos de complexidade de senha do banco de dados dos sistemas operacionais em uso em um país ou departamento específico. Portanto, é possível renomear essa função como VERIFY_FUNCTION_ US_MIDWEST, por exemplo. Além disso, você talvez queira alterar a lista de palavras simples para incluir nomes de departamentos ou prédios da sua empresa.

Uma vez que a função seja compilada com êxito, é possível alterar um perfil existente para usar esta função com o comando **alter profile** ou criar um novo que use essa função.

No exemplo a seguir, estamos alterando o perfil DEFAULT para usar a função VERIFY_ FUNCTION_US_MIDWEST:

```
SQL> alter profile default limit
  2        password_verify_function verify_function_us_midwest;
Profile altered.
```

Para todos os usuários existentes ou novos que estão usando o perfil DEFAULT, suas senhas serão verificadas pela função VERIFY_FUNCTION_US_ MIDWEST. Se a função retornar um valor diferente de TRUE, a senha não será permitida e o usuário deverá especificar uma diferente. Se um usuário tiver uma senha atual que não esteja acordo com as regras desta função, ela ainda será válida até que seja alterada, quando uma nova deverá ser validada pela função.

Perfis e controle de recursos

A lista de opções de controle de recursos de perfis que podem aparecer após CREATE PROFILE *nome_de_perfil* LIMIT é explicada na Tabela 9-5. Cada um desses parâmetros pode ser um inteiro, UNLIMITED ou DEFAULT.

Como nos parâmetros relativos a senhas, UNLIMITED significa que não há limite sobre o quanto do recurso específico pode ser usado. DEFAULT significa que este parâmetro assume os valores do perfil DEFAULT.

O parâmetro COMPOSITE_LIMIT permite controlar um grupo de limite de recursos quando os tipos de recursos normalmente usados variam muito. Ele permite que um usuário use muito tempo de CPU, mas não muitas operações de E/S de disco durante uma sessão e vice-versa durante outra sessão, sem ser desconectado.

Por padrão, todos os custos dos recursos são zero:

Tabela 9-5 *Parâmetros de perfis relativos a recursos*

Parâmetro de recurso	Descrição
SESSIONS_PER_USER	O número máximo de sessões que um usuário pode ter simultaneamente
CPU_PER_SESSION	O tempo máximo de CPU permitido por sessão, em centésimos de segundo
CPU_PER_CALL	O tempo máximo de CPU para operações de parse, execute ou fetch de uma instrução, em centésimos de segundo
CONNECT_TIME	O tempo máximo total decorrido, em minutos
IDLE_TIME	O tempo máximo de inatividade contínua em uma sessão, enquanto uma consulta ou outra operação não está em andamento
LOGICAL_READS_PER_SESSION	O número total de blocos de dados lidos por sessão, a partir da memória ou do disco
LOGICAL_READS_PER_CALL	O número máximo de blocos de dados lidos para uma uma operação de parse, execute ou fetch.
COMPOSITE_LIMIT	Custo total do recurso, em *unidades de serviço*, de acordo com uma soma ponderada de CPU_PER_SESSION, CONNECT_TIME, LOGICAL_READS_PER_SESSION e PRIVATE_SGA
PRIVATE_SGA	Quantidade máxima de memória que uma sessão pode alocar no shared pool, em bytes, kilobytes ou megabytes

```
SQL> select * from resource_cost;

    RESOURCE_NAME                    UNIT_COST
    -------------------------------- ----------
    CPU_PER_SESSION                           0
    LOGICAL_READS_PER_SESSION                 0
    CONNECT_TIME                              0
    PRIVATE_SGA                               0

4 rows selected.
```

Para ajustar os pesos atribuídos aos custos dos recursos, use o comando ALTER RESOURCE COST. Neste exemplo, nós alteramos os pesos para que CPU_PER_SESSION favoreça o uso da CPU em relação ao tempo de conexão por um fator de 25 para 1. Em outras palavras, um usuário terá mais probabilidade de ser desconectado por causa do uso da CPU do que pelo tempo de conexão:

```
SQL> alter resource cost
  2     cpu_per_session 50
  3     connect_time 2;
Resource cost altered.

SQL> select * from resource_cost;

    RESOURCE_NAME                    UNIT_COST
```

```
CPU_PER_SESSION                             50
LOGICAL_READS_PER_SESSION                    0
CONNECT_TIME                                 2
PRIVATE_SGA                                  0

4 rows selected.
```

A próxima etapa será criar um novo perfil ou modificar um existente para usar um limite composto:

```
SQL> create profile lim_comp_cpu_conn limit
  2       composite_limit 250;

Profile created.
```

Como resultado, os usuários atribuídos ao perfil LIM_COMP_CPU_CONN terão seus recursos de sessão limitados usando a fórmula a seguir para calcular o custo:

```
composite_cost = (50 * CPU_PER_SESSION) + (2 * CONNECT_TIME);
```

Na Tabela 9-6, forneceremos alguns exemplos do uso de recursos para ver se o limite composto de 250 é excedido.

Os parâmetros PRIVATE_SGA e LOGICAL_READS_PER_SESSION não são usados neste exemplo, portanto a menos que eles sejam especificados na definição do perfil, eles assumem como padrão os valores estabelecidos no perfil DEFAULT. A finalidade de usar limites compostos é dar aos usuários alguma tolerância nos tipos de consultas ou DML que executarem. Em alguns dias, eles podem executar muitas consultas que efetuam diversos cálculos, mas não acessam muitas linhas da tabela; em outros dias, podem fazer muitas varreduras integrais de tabela, mas não permanecerem conectados durante muito tempo. Nessas situações, não queremos limitar um usuário por um único parâmetro, mas pelo uso ponderado dos recursos e pela disponibilidade de cada recurso no servidor.

Privilégios de sistema

Um *privilégio de sistema* é um direito para executar uma ação em qualquer objeto no banco de dados, assim como outros privilégios que não envolvem nenhum objeto, mas sim procedimentos como executar jobs em lote, alterar os parâmetros do sistema, criar atribuições e até mesmo conectar-se ao banco de dados. Existem 206 privilégios de sistema no release 1 do Oracle 11g. Todos eles podem ser encontrados na tabela do dicionário de dados SYSTEM_PRIVILEGE_MAP:

Tabela 9-6 *Cenários de uso de recursos*

CPU (Segundos)	Conexão (Segundo)	Custo composto	Excedido?
0,05	100	(50*5) + (2*100) = 450	Sim
0,02	30	(50*2) + (2*30) = 160	Não
0,01	150	(50*1) + (2*150) = 350	Sim
0,02	5	(50*2) + (2*5) = 110	Não

```
SQL> select * from system_privilege_map;

 PRIVILEGE NAME                                              PROPERTY
---------- -------------------------------------------- ----------
        -3 ALTERSYSTEM                                           0
        -4 AUDIT SYSTEM                                          0
        -5 CREATE SESSION                                        0
        -6 ALTER SESSION                                         0
        -7 RESTRICTED SESSION                                    0
       -10 CREATE TABLESPACE                                     0
       -11 ALTER TABLESPACE                                      0
       -12 MANAGE TABLESPACE                                     0
       -13 DROP TABLESPACE                                       0
       -15 UNLIMITED TABLESPACE                                  0
       -20 CREATE USER                                           0
       -21 BECOME USER                                           0
       -22 ALTER USER                                            0
       -23 DROP USER                                             0
. . .
      -318 INSERT ANY MEASURE FOLDER                             0
      -319 CREATE CUBE BUILD PROCESS                             0
      -320 CREATE ANY CUBE BUILD PROCESS                         0
      -321 DROP ANY CUBE BUILD PROCESS                           0
      -322 UPDATE ANY CUBE BUILD PROCESS                         0
      -326 UPDATE ANY CUBE DIMENSION                             0
      -327 ADMINISTER SQL MANAGEMENT OBJECT                      0
      -350 FLASHBACK ARCHIVE ADMINISTER                          0

206 rows selected.
```

A Tabela 9-7 lista alguns desses privilégios do sistema mais comuns, junto com uma breve descrição de cada um deles.

Concedendo privilégios do sistema

Os privilégios são concedidos para um usuário, função ou PUBLIC usando o comando **grant** e são revogados usando o comando **revoke**. PUBLIC é um grupo especial que inclui todos os usuários do banco de dados e é um atalho conveniente para conceder privilégios a todos no banco de dados.

Para conceder ao usuário SCOTT a habilidade de criar stored procedures e sinônimos, use um comando como o seguinte:

```
SQL> grant create procedure, create synonym to scott;
Grant succeeded.
```

Revogar os privilégios é muito fácil:

```
SQL> revoke create synonym from scott;
Revoke succeeded.
```

Se você deseja permitir que os beneficiados pelos privilégios concedam estes mesmos a outros usuários, inclua **with admin option** quando concedê-los. No exemplo anterior, queremos que

Tabela 9-7 *Privilégios comuns do sistema*

Privilégio do sistema	Capacidade
ALTER DATABASE	Faz alterações ao banco de dados, como alterar o seu estado de MOUNT para OPEN ou recuperá-lo
ALTER SYSTEM	Emite instruções ALTER SYSTEM: muda para o próximo grupo de redo logs e altera os parâmetros de inicialização do sistema no SPFILE.
AUDIT SYSTEM	Emite instruções AUDIT.
CREATE DATABASE LINK	Cria links de banco de dados para bancos remotos.
CREATE ANY INDEX	Cria um índice em qualquer esquema; CREATE INDEX é concedido junto com CREATE TABLE para o esquema do usuário.
CREATE PROFILE	Cria um perfil de recurso/senha.
CREATE PROCEDURE	Cria uma função, procedure ou pacote no seu próprio esquema.
CREATE ANY PROCEDURE	Cria uma função, procedure ou pacote em qualquer esquema.
CREATE SESSION	Conecta ao banco de dados.
CREATE SYNONYM	Cria um sinônimo privado no seu próprio esquema.
CREATE ANY SYNONYM	Cria um sinônimo privado em qualquer esquema.
CREATE PUBLIC SYNONYM	Cria um sinônimo público.
DROP ANY SYNONYM	Descarta um sinônimo privado em qualquer esquema.
DROP PUBLIC SYNONYM	Descarta um sinônimo público.
CREATE TABLE	Cria uma tabela no seu próprio esquema.
CREATE ANY TABLE	Cria uma tabela em qualquer esquema.
CREATE TABLESPACE	Cria um novo tablespace no banco de dados.
CREATE USER	Cria um esquema/conta de usuário.
ALTER USER	Faz alterações a um esquema/conta de usuário.
CREATE VIEW	Cria uma visão no seu próprio esquema.
SYSDBA	Cria uma entrada no arquivo de senhas externo, se ativado; além disso, executa startup/shutdown, altera, cria e recupera um banco de dados, cria um SPFILE e conecta quando o banco está no modo RESTRICTED SESSION.
SYSOPER	Cria uma entrada no arquivo de senhas externo, se ativado; além disso, executa startup/shutdown, altera e recupera um banco de dados, cria um SPFILE e conecta quando o banco de dados está no modo RESTRICTED SESSION.

o usuário SCOTT seja capaz de conceder o privilégio CREATE PROCEDURE a outros usuários. Para realizar isso, precisamos conceder novamente o privilégio CREATE PROCEDURE:

```
SQL> grant create procedure to scott with admin option;
Grant succeeded.
```

Agora o usuário SCOTT pode emitir o comando **grant create procedure**. Observe que se a permissão de SCOTT para conceder seus privilégios a outros for revogada, os usuários a quem foi concedido os mantêm.

Visões de dicionários de dados de privilégios do sistema

A Tabela 9-8 contém as visões de dicionários de dados relativas a privilégios do sistema.

Privilégios de objeto

Ao contrário de um privilégio do sistema, um privilégio de objeto é um direito para executar um tipo de ação em um objeto específico, como uma tabela ou uma seqüência que não está no esquema do usuário. Como nos privilégios do sistema, você usa os comandos **grant** e **revoke** para conceder e revogar privilégios a objetos.

Como nos privilégios do sistema, você pode conceder privilégios para PUBLIC ou a um usuário específico. Um usuário com o privilégio de objeto pode passá-lo para outros concedendo-o com a cláusula **with grant option**.

> **CUIDADO**
> *Somente conceda privilégios de objeto ou sistema para PUBLIC quando ele for realmente solicitado por todos os atuais e futuros usuários do banco de dados.*

Alguns objetos do esquema, como clusters e índices, contam com privilégios de sistema para controlar o acesso. Nesses casos, o usuário pode alterar esses objetos se ele possuí-los ou tiver o privilégio do sistema ALTER ANY CLUSTER ou ALTER ANY INDEX.

Um usuário com objetos no seu esquema tem automaticamente todos os privilégios de objeto sobre os mesmos e pode conceder qualquer privilégio sobre esses objetos a qualquer outro usuário ou atribuição, com ou sem a cláusula **grant option**.

Na Tabela 9-9 estão os privilégios disponíveis para os diferentes tipos de objetos; alguns só são aplicáveis a certos tipos de objetos. Por exemplo, o privilégio INSERT só faz sentido com tabelas, visões e visões materializadas; o privilégio EXECUTE, por outro lado, é aplicável a funções, procedures e pacotes, mas não a tabelas.

Tabela 9-8 *Visões de dicionários de dados para privilégios do sistema*

Visão de dicionários de dados	Descrição
DBA_SYS_PRIVS	Privilégios do sistema definidos para atribuições e usuários
SESSION_PRIVS	Todos os privilégios do sistema em vigor para este usuário durante a sessão, concedidos diretamente ou por meio de uma atribuição
ROLE_SYS_PRIVS	Privilégios da sessão atual concedidos a um usuário por meio de uma atribuição

Tabela 9-9 *Privilégios de objeto*

Privilégio de Objeto	Funcionalidade
ALTER	Pode alterar uma definição de tabela ou seqüência.
DELETE	Pode excluir linhas de uma tabela, visão ou visão materializada.
EXECUTE	Pode executar uma função procedure, com ou sem um pacote.
DEBUG	Permitido para visualizar o código PL/SQL em triggers definidos em uma tabela ou instruções SQL que referenciam uma tabela. Para tipos de objeto, este privilégio permite acesso a todas as variáveis públicas e privadas, método e tipos definidos no tipo de objeto.
FLASHBACK	Permite consultas de flashback em tabelas, visões e visões materializadas usando as informações de undo mantidas.
INDEX	Pode criar um índice em uma tabela.
INSERT	Pode inserir linhas em uma tabela, visão ou visão materializada.
ON COMMIT REFRESH	Pode criar uma visão materializada que se atualiza após um commit (refresh-on-commit) baseada em uma tabela.
QUERY REWRITE	Pode criar uma visão materializada para reescrita de consultas baseado em uma tabela.
READ	Pode ler o conteúdo do diretório do sistema operacional usando uma definição DIRECTORY do Oracle.
REFERENCES	Pode criar uma constraint de chave estrangeira que referencia outra chave única ou chave primária da tabela.
SELECT	Pode ler linhas em uma tabela, visão ou visão materializada, além de ler os valores atuais ou os próximos valores em uma seqüência.
UNDER	Pode criar uma visão baseada em uma visão existente.
UPDATE	Pode atualizar linhas em uma tabela, visão ou visão materializada.
WRITE	Pode gravar informações em um diretório do sistema operacional usando a definição DIRECTORY do Oracle.

Vale a pena observar que os privilégios DELETE, UPDATE e INSERT não podem ser concedidos a visões materializadas a menos que elas sejam atualizáveis. Alguns desses privilégios de objeto se sobrepõem aos privilégios do sistema; por exemplo, se você não tiver um privilégio de objeto FLASHBACK em uma tabela, ainda poderá executar consultas de flashback se tiver o privilégio de sistema FLASHBACK ANY TABLE.

No exemplo a seguir, o DBA concede a SCOTT acesso completo à tabela HR.EMPLOYEES, mas permite que ele passe apenas o privilégio de objeto SELECT a outros usuários:

```
SQL> grant insert, update, delete on hr.employees to scott;
Grant succeeded.
SQL> grant select on hr.employees to scott with grant option;
Grant succeeded.
```

Observe que se o privilégio SELECT na tabela HR.EMPLOYEES for revogado de SCOTT, ele também será revogado de todos a quem ele concedeu o privilégio.

Privilégios de tabela

Os tipos de privilégios que podem ser concedidos sobre uma tabela dividem-se em duas categorias abrangentes: operações DML e operações DDL. As operações DML incluem **delete**, **insert**, **select** e **update**, ao passo que as operações DDL incluem adicionar, descartar e alterar colunas na tabela, além de criar índices na tabela.

Ao conceder operações DML em uma tabela, é possível restringir essas operações somente a determinadas colunas. Por exemplo, se quisermos permitir que SCOTT veja e atualize todas as linhas e colunas na tabela HR.EMPLOYEES, exceto a coluna SALARY, precisamos primeiro revogar o privilégio SELECT existente na tabela:

```
SQL> revoke update on hr.employees from scott;
Revoke succeeded.
```

Em seguida, permitiremos que SCOTT atualize todas as colunas exceto a coluna SALARY:

```
SQL> grant update (employee_id, first_name, last_name, email,
  2                phone_number, hire_date, job_id, commission_pct,
  3                manager_id, department_id)
  4  on hr.employees to scott;

Grant succeeded.
```

SCOTT poderá atualizar todas as colunas na tabela HR.EMPLOYEES exceto a SALARY:

```
SQL> update hr.employees set first_name = 'Stephen' where employee_id = 100;
1 row updated.
SQL> update hr.employees set salary = 50000 where employee_id = 203;
update hr.employees set salary = 50000 where employee_id = 203
       *
ERROR at line 1:
ORA-01031: insufficient privileges
```

Esta operação também é fácil de executar com a ferramenta OEM baseada na Web, conforme demonstrado na Figura 9-5.

Privilégios de visões

Os privilégios sobre as visões são similares àqueles concedidos sobre as tabelas. As linhas em uma visão podem ser selecionadas, atualizadas, excluídas ou inseridas, assumindo que a visão é atualizável. Para criar uma visão, primeiro será preciso o privilégio do sistema CREATE VIEW (para criar uma visão no seu esquema) ou o privilégio de sistema CREATE ANY VIEW (para criar uma visão em qualquer esquema). Para criar a visão, também é necessário ter pelo menos os privilégios de objeto SELECT nas tabelas subjacentes, junto com INSERT, UPDATE e DELETE, caso queira executar essas operações na visão e ela for atualizável. Alternativamente, você pode ter os privilégios SELECT ANY TABLE, INSERT ANY TABLE, UPDATE ANY TABLE ou DELETE ANY TABLE se os objetos subjacentes não estiverem no seu esquema.

Para permitir que outras pessoas usem sua visão, tenha também permissões nas tabelas-base dela com a cláusula WITH GRANT OPTION, ou tenha os privilégios de sistema com a cláusula WITH ADMIN OPTION.

Por exemplo, para criar uma visão na tabela HR.EMPLOYEES, é preciso receber o privilégio de objeto SELECT com a cláusula WITH GRANT OPTION em HR.EMPLOYEES, ou possuir o privilégio de sistema SELECT ANY TABLE com a cláusula WITH ADMIN OPTION.

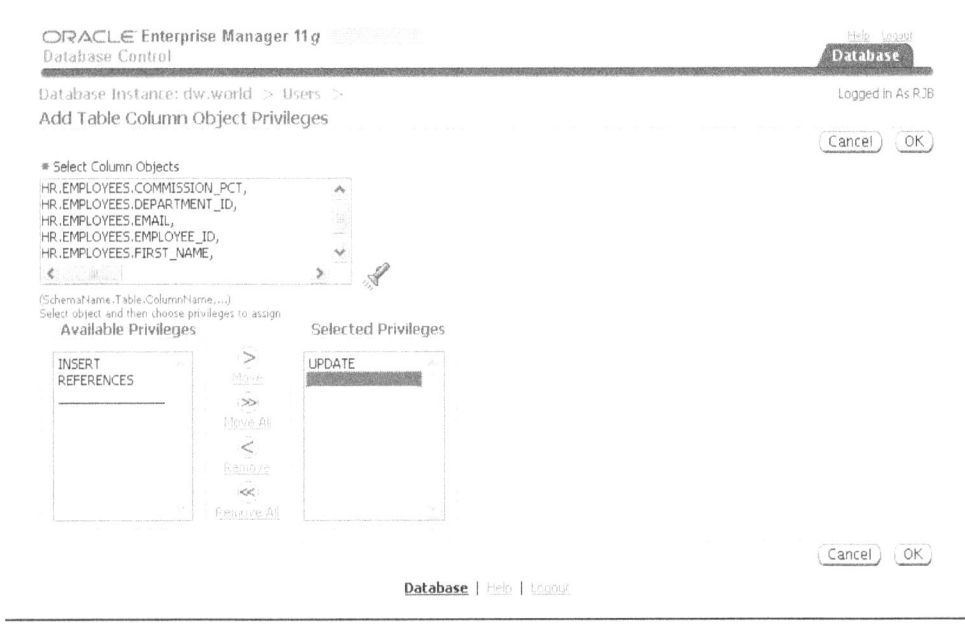

Figura 9-5 *Concedendo privilégios de coluna no Oracle Enterprise Manager.*

Privilégios de procedures

Para procedures, funções e pacotes que contêm os dois primeiros, o privilégio EXECUTE é o único que pode ser aplicado. Desde o Oracle8i, procedures e funções podem ser executadas a partir da perspectiva do definer (*quem define*) o criador da procedure ou função, ou do *invoker* (*quem chama*), o usuário que está executando estas mesmas.

Uma procedure com direitos de definer é executada como se o criador desta a estivesse executando, com todos os seus privilégios sobre os objetos referenciados na mesma. Essa é uma boa maneira de impor constraints sobre objetos de bancos de dados privados: outros usuários recebem permissões EXECUTE na procedure e nenhuma permissão sobre os objetos referenciados. Como resultado, o criador da procedure pode controlar o modo como os outros usuários acessam os objetos.

De modo inverso, uma procedure com direitos de invoker requer que o usuário que a inicia tenha direitos diretos, como SELECT e UPDATE, a todos os objetos referenciados por ela. A procedure pode referenciar uma tabela não qualificada denominada ORDERS e se todos os usuários do banco de dados a possuírem, a mesma procedure poderá ser usada por qualquer usuário que tenha sua própria tabela ORDERS. Outra vantagem de usar as procedures com direitos de invoker é que as atribuições são ativadas dentro delas. Estas últimas serão discutidas com mais detalhes mais adiante neste capítulo.

Por padrão, uma procedure é criada com direitos de definer. Para especificar que uma procedure usa direitos de invoker, inclua as palavras-chave **authid current_user** na sua definição, conforme o exemplo a seguir:

```
create or replace procedure process_orders (order_batch_date date)
authid current_user as
begin
    -- processa a tabela ORDERS do usuário utilizando direitos de invoker,
    -- todas as atribuições estão aplicadas
end;
```

Para criar uma procedure, um usuário deve ter os privilégios de sistema CREATE PROCEDURE ou CREATE ANY PROCEDURE. Para a procedure ser compilada corretamente, o usuário deve ter os privilégios diretos em relação a todos os objetos referenciados nela, mesmo que as atribuições sejam ativadas em tempo de execução em uma com direitos de invoker para obter esses mesmos privilégios. Para permitir que outros usuários acessem uma procedure, você concede privilégios EXECUTE sobre ela ou o pacote.

Visões de dicionários de dados para privilégios de objetos

Diversas visões de dicionários de dados contêm informações sobre privilégios de objetos atribuídos aos usuários. A Tabela 9-10 lista as visões mais importantes que contêm informações sobre privilégios de objetos.

Criando, designando e mantendo atribuições

Uma *atribuição* é um grupo nomeado de privilégios, seja de sistema ou de objeto, ou uma combinação dos dois, que ajuda a facilitar a sua administração. Em vez de conceder privilégios de sistema ou objeto individualmente para cada usuário, é possível conceder um grupo de privilégios de sistema ou objeto a uma atribuição e, por sua vez, a atribuição pode ser concedida ao usuário. Isso reduz grandemente a quantidade de overhead administrativo envolvida na manutenção de privilégios para os usuários. A Figura 9-6 mostra como uma atribuição pode reduzir o número de comandos **grant** (e, no final das contas, de comandos **revoke**) que precisam ser executados quando ela é usada para agrupar privilégios.

Se os privilégios para um grupo de pessoas autorizado por uma atribuição precisam ser alterados, somente os privilégios da atribuição precisam ser alterados. Esses usuários usam automaticamente os privilégios novos ou alterados. As atribuições podem ser ativadas seletivamente por um usuário; algumas atribuições podem ser ativadas automaticamente no login. Além disso, as senhas podem ser usadas para proteger uma atribuição, adicionando outro nível de autenticação às capacidades do banco de dados.

Na Tabela 9-11 estão as atribuições mais comuns que são automaticamente fornecidas com o banco de dados, junto com uma breve descrição de que privilégios vêm com cada uma.

As atribuições CONNECT, RESOURCE e DBA são fornecidas principalmente para compatibilidade com versões anteriores do Oracle; elas poderão não existir nas suas versões futuras. O administrador do banco de dados deve criar atribuições personalizadas usando privilégios concedidos a essas atribuições como um ponto de partida.

Tabela 9-10 *Visões de dicionários de dados sobre privilégios de objeto*

Visão de dicionários de dados	Descrição
DBA_TAB_PRIVS	Privilégios de tabela concedidos a atribuições e usuários. Inclui o usuário que concedeu o privilégio a essas, com ou sem GRANT OPTION.
DBA_COL_PRIVS	Privilégios de coluna concedidos a atribuições ou usuários, contendo o nome da coluna e o tipo de privilégio na coluna.
SESSION_PRIVS	Todos os privilégios de sistema em vigor para esse usuário durante a sessão, concedidos diretamente ou via uma atribuição.
ROLE_TAB_PRIVS	Para a sessão atual, privilégios concedidos em tabelas via atribuições.

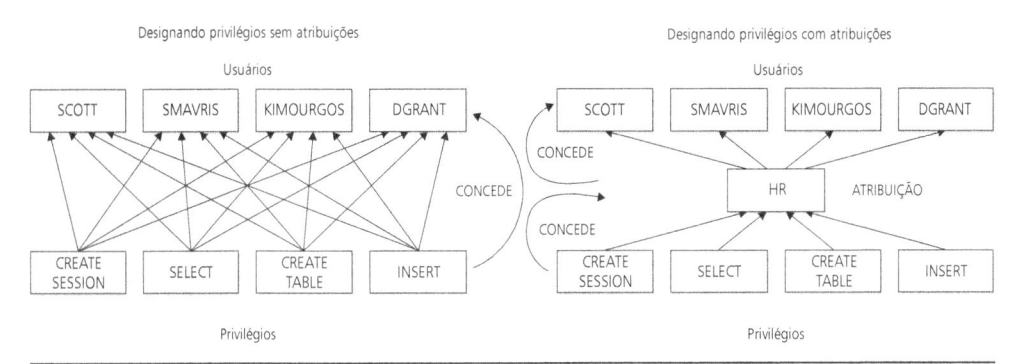

Figura 9-6 *Usando atribuições para gerenciar privilégios.*

Tabela 9-11 *Atribuições predefinidas do Oracle*

Nome da atribuição	Privilégios
CONNECT	Anterior ao Oracle Database 10g release 2: ALTER SESSION, CREATE CLUSTER, CREATE DATABASE LINK, CREATE SEQUENCE, CREATE SESSION, CREATE SYNONYM, CREATE TABLE, CREATE VIEW. Normalmente, esses privilégios são dados a um usuário geral do banco de dados, permitindo que ele se conecte e crie tabelas, índices e visões. Oracle Database 10g release 2 e posterior: somente CREATE SESSION.
RESOURCE	CREATE CLUSTER, CREATE INDEXTYPE, CREATE OPERATOR, CREATE PROCEDURE, CREATE SEQUENCE, CREATE TABLE, CREATE TRIGGER, CREATE TYPE. Esses privilégios são normalmente usados para desenvolvedores de aplicações que podem estar codificando funções e procedures PL/SQL.
DBA	Todos os privilégios de sistema com a cláusula WITH ADMIN OPTION. Permite que uma pessoa com a atribuição DBA conceda privilégios de sistema a outras.
DELETE_CATALOG_ROLE	Não tem nenhum privilégio de sistema, mas apenas privilégios de objeto (DELETE) em SYS.AUD$ e FGA_LOG$. Em outras palavras, essa função permite que um usuário remova os registros de auditoria do rastreamento de auditoria para auditoria regular ou fina.
EXECUTE_CATALOG_ROLE	Privilégios de execução em vários pacotes, procedures e funções do sistema, como DBMS_FGA e DBMS_RLS.
SELECT_CATALOG_ROLE	Privilégio de SELECT em 1.638 tabelas de dicionários de dados.
EXP_FULL_DATABASE	EXECUTE_CATALOG_ROLE, SELECT_CATALOG_ROLE e privilégios de sistema como BACKUP ANY TABLE e RESUMABLE. Permite que um usuário com essa atribuição exporte todos os objetos do banco de dados.
IMP_FULL_DATABASE	Similar a EXP_FULL_DATABASE, com muito mais privilégios de sistema, como CREATE ANY TABLE, para permitir a importação de um banco de dados inteiro exportado anteriormente.
AQ_USER_ROLE	Permissão de execução para as rotinas necessárias do Advanced Queuing, como DBMS_AQ.

(continua...)

Tabela 9-11 *Atribuições predefinidas do Oracle (continuação)*

Nome da atribuição	Privilégios
AQ_ADMINISTRATOR_ROLE	Gerenciador de filas do Advanced Queuing.
SNMPAGENT	Usado pelo Enterprise Manager Intelligent Agent.
RECOVERY_CATALOG_OWNER	Usado para criar um usuário que possua catálogo de recuperação para backup e recuperação RMAN.
HS_ADMIN_ROLE	Fornece acesso a tabelas HS_* e o pacote DBMS_HS para administrar o Oracle Heterogeneous Services.
SCHEDULER_ADMIN	Fornece acesso ao pacote DBMS_SCHEDULER, junto com privilégios para criar jobs em lote.

Criando ou descartando uma atribuição

Para criar uma atribuição, use o comando **create role** e tenha o privilégio de sistema CREATE ROLE. Em geral, isso só é concedido a administradores de bancos de dados ou administradores de aplicação.

Aqui está um exemplo:

```
SQL> create role hr_admin not identified;
Role created.
```

Por padrão, não é necessária nenhuma senha ou autenticação para ativar ou usar uma atribuição; portanto, a cláusula **not identified** é opcional.

Como na criação de usuários, é possível autorizar o uso de uma atribuição por uma senha (autorização de banco de dados com **identified by** *password*), pelo sistema operacional (**identified externally**), ou pelos serviços de rede ou diretório (**identified globally**).

Além desses métodos familiares, uma atribuição pode ser autorizada pelo uso de um pacote: isso é conhecido como usar uma *atribuição de aplicação segura (secure application role)*. Esse tipo de atribuição usa uma procedure dentro do pacote para ativá-la. Em geral, a atribuição é ativada somente sob certas condições: O usuário está conectando via interface Web ou a partir de certo endereço IP, ou em um determinado período do dia. Aqui está uma atribuição que é ativada usando uma procedure:

```
SQL> create role hr_clerk identified using hr.clerk_verif;
Role created.
```

A procedure HR.CLERK_VERIF não precisa existir quando a atribuição é criada; entretanto, ela deve estar compilada e válida quando um usuário a quem essa atribuição foi concedida precisar ativá-la. Em geral, com atribuições de aplicação segura, ela não é ativada por padrão para o usuário. Para especificar que todas as atribuições estão ativadas por padrão, exceto para a atribuição de aplicação segura, use o comando a seguir:

```
SQL> alter user kshelton default role all except hr_clerk;
User altered.
```

Dessa maneira, quando a aplicação HR inicia, ela pode ativar a atribuição executando um comando **set role hr_ clerk**, chamando a procedure HR.CLERK_VERIF. O usuário não precisa conhecer a atribuição ou a procedure que a ativa; portanto, nenhum acesso aos objetos e privilégios fornecidos por ela estão disponíveis para o usuário fora da aplicação.

Descartar uma atribuição é tão fácil quanto criá-la:

```
SQL> drop role keypunch_operator;
Role dropped.
```

Todos os usuários que têm essa atribuição perderão os privilégios concedidos a ela na próxima vez que se conectarem ao banco de dados. Se estiverem conectados no momento, manterão os privilégios até que se desconectem do banco de dados.

Concedendo privilégios a uma atribuição

A concessão de um privilégio a uma atribuição é muito simples; você usa o comando **grant** para fazê-lo, exatamente como concederia um privilégio a um usuário:

```
SQL> grant select on hr.employees to hr_clerk;
Grant succeeded.
SQL> grant create table to hr_clerk;
Grant succeeded.
```

Neste exemplo, concedemos um privilégio de objeto e um privilégio de sistema à atribuição HR_CLERK. Na Figura 9-7, nós podemos usar o OEM para adicionar mais privilégios de objeto e sistema à atribuição.

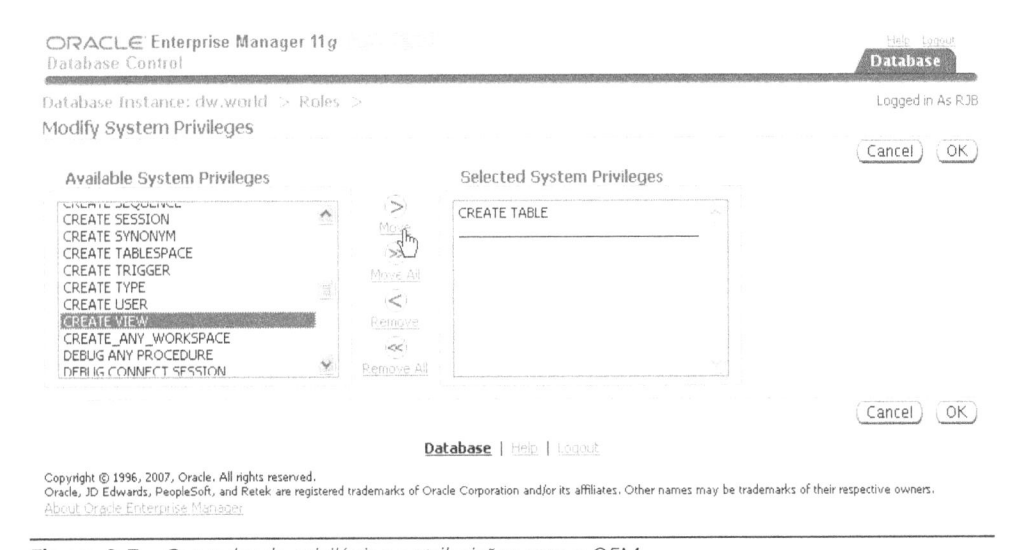

Figura 9-7 *Concedendo privilégios a atribuições com o OEM.*

Concedendo ou revogando atribuições

Uma vez que tenhamos os privilégios de sistema e objetos desejados concedidos à atribuição, podemos concedê-la a um usuário usando uma sintaxe familiar:

```
SQL> grant hr_clerk to smavris;
Grant succeeded.
```

Todos os outros privilégios concedidos à atribuição HR_CLERK no futuro serão automaticamente utilizáveis por SMAVRIS porque esta foi concedida a SMAVRIS.

As atribuições podem ser concedidas a outras atribuições; isso permite que um DBA tenha uma hierarquia delas, facilitando a sua administração. Por exemplo, podemos ter atribuições denominadas DEPT30, DEPT50 e DEPT100, cada uma delas tendo privilégios de objeto para tabelas de propriedade de cada um desses departamentos. Um funcionário no departamento 30 será designado à atribuição DEPT30, etc. O presidente da empresa gostaria de ver as tabelas de todos os departamentos; mas em vez de conceder privilégios individuais à atribuição ALL_DEPTS, podemos conceder as atribuições de departamento a ALL_DEPTS:

```
SQL> create role all_depts;
Role created.
SQL> grant dept30, dept50, dept100 to all_depts;
Grant succeeded.
SQL> grant all_depts to sking;
Grant succeeded.
```

A atribuição ALL_DEPTS também pode conter privilégios de objeto e sistema individuais que não se aplicam a departamentos individuais, como privilégios de objeto em tabelas de entrada de pedidos ou tabelas de contas a receber.

Revogar uma atribuição de um usuário é muito similar a revogar os privilégios de um usuário:

```
SQL> revoke all_depts from sking;
Revoke succeeded.
```

Os privilégios revogados não estarão mais disponíveis para os usuários na próxima vez que se conectarem ao banco de dados. Entretanto, vale a pena observar que se outra atribuição contiver privilégios sobre os mesmos objetos da atribuição descartada, ou se os privilégios sobre os objetos forem concedidos diretamente, o usuário manterá esses privilégios sobre os objetos até que esses ou todas as outras concessões sejam explicitamente revogadas.

Atribuições padrão

Por padrão, todas as atribuições concedidas a um usuário são ativadas quando ele se conecta. Se uma atribuição for usada somente dentro do contexto de uma aplicação, ela pode poderá estar desativada quando o usuário se conectar; então ele poderá ativá-la ou desativá-la dentro da aplicação. Se o usuário SCOTT tem as atribuições CONNECT, RESOURCE, HR_CLERK e DEPT30 e especificarmos que HR_CLERK e DEPT30 não serão ativadas por padrão, poderemos usar algo como:

```
SQL> alter user scott default role all
  2>      except hr_clerk, dept30;
User altered.
```

Quando SCOTT se conecta ao banco de dados, ele tem automaticamente todos os privilégios concedidos por todas as atribuições, exceto HR_CLERK e DEPT30. SCOTT pode ativar explicitamente uma atribuição na sua sessão usando **set role**:

```
SQL> set role dept30;
Role set.
```

Quando ele tiver terminado de acessar as tabelas para o departamento 30, poderá desativar a atribuição na sua sessão:

```
SQL> set role all except dept30;
Role set.
```

NOTA
O parâmetro de inicialização MAX_ENABLED_ROLES tornou-se obsoleto desde o Oracle 10g. Ele é mantido somente para compatibilidade com versões anteriores.

Atribuições ativadas por senha

Para melhorar a segurança no banco de dados, o DBA pode definir uma senha para uma atribuição. A senha é definida quando a atribuição é criada:

```
SQL> create role dept99 identified by d99secretpw;
Role created.
SQL> grant dept99 to scott;
Grant succeeded.
SQL> alter user scott default role all except hr_clerk, dept30, dept99;
User altered.
```

Quando o usuário SCOTT é conectado ao banco de dados, a aplicação que ele está usando solicitará uma senha, ou ele poderá inserir a senha quando ativar a atribuição:

```
SQL> set role dept99 identified by d99secretpw;
Role set.
```

Visões de dicionários de dados relativas a atribuições

Na Tabela 9-12 estão listadas as visões de dicionários de dados relativas a atribuições.

Tabela 9-12 *Visões de dicionários de dados relativas a atribuições*

Visão de dicionários de dados	Descrição
DBA_ROLES	Todas as atribuições e se elas exigem uma senha.
DBA_ROLE_PRIVS	Atribuições concedidas a usuários ou à outras atribuições.
ROLE_ROLE_PRIVS	Atribuições concedidas à outras atribuições.
ROLE_SYS_PRIVS	Privilégios de sistema que foram concedidos à atribuições.
ROLE_TAB_PRIVS	Privilégios de tabela e coluna que foram concedidos à atribuições.
SESSION_ROLES	Atribuiçõesatualmente em vigor para a sessão. Disponível para cada sessão de usuário.

A visão DBA_ROLE_PRIVS é uma boa maneira de descobrir quais atribuições foram concedidas a um usuário e também descobrir se eles podem passá-la para outro usuário (ADMIN_OPTION), e se essa atribuição é ativada por padrão (DEFAULT_ROLE):

```
SQL> select * from dba_role_privs
  2  where grantee = 'SCOTT';

GRANTEE         GRANTED_ROLE          ADMIN_OPTION DEFAULT_ROLE
-----------     --------------------  ------------ ------------
SCOTT           DEPT30                NO           NO
SCOTT           DEPT50                NO           YES
SCOTT           DEPT99                NO           YES
SCOTT           CONNECT               NO           YES
SCOTT           HR_CLERK              NO           NO
SCOTT           RESOURCE              NO           YES
SCOTT           ALL_DEPTS             NO           YES
SCOTT           DELETE_CATALOG_ROLE   NO           YES

8 rows selected.
```

Da mesma maneira, podemos descobrir quais atribuições foram concedidas à atribuição ALL_DEPTS:

```
SQL> select * from dba_role_privs
 2> where grantee = 'ALL_DEPTS';

GRANTEE         GRANTED_ROLE          ADMIN_OPTION DEFAULT_ROLE
-----------     --------------------  ------------ ------------
ALL_DEPTS       DEPT30                NO           YES
ALL_DEPTS       DEPT50                NO           YES
ALL_DEPTS       DEPT100               NO           YES

3 rows selected.
```

A visão de dicionário de dados ROLE_ROLE_PRIVS também pode ser usada para obter essas informações; ela só pode conter informações sobre atribuições concedidas à atribuições e não as sobre DEFAULT_ROLE.

Para descobrir os privilégios concedidos a usuários sobre uma tabela ou colunas da tabela, podemos escrever duas consultas:

Uma para recuperar os privilégios concedidos diretamente e outra para recuperar os privilégios concedidos indiretamente via uma atribuição. A recuperação de privilégios concedidos diretamente é simples:

```
SQL> select dtp.grantee, dtp.owner, dtp.table_name,
  2         dtp.grantor, dtp.privilege, dtp.grantable
  3  from dba_tab_privs dtp
  4  where dtp.grantee = 'SCOTT';

GRANTEE       OWNER      TABLE_NAME       GRANTOR       PRIVILEGE     GRANTABLE
-----------   --------   --------------   -----------   -----------   ---------
SCOTT         HR         EMPLOYEES        HR            SELECT        YES
SCOTT         HR         EMPLOYEES        HR            DELETE        NO
SCOTT         HR         EMPLOYEES        HR            INSERT        NO

4 rows selected.
```

Para recuperar os privilégios da tabela concedidos via atribuições, precisamos fazer a junção de DBA_ROLE_PRIVS e ROLE_TAB_PRIVS. A primeira possui as atribuições concedidas ao usuário e a segunda possui os privilégios concedidos às atribuições:

```
SQL> select drp.grantee, rtp.owner, rtp.table_name,
  2         rtp.privilege, rtp.grantable, rtp.role
  3  from role_tab_privs rtp
  4       join dba_role_privs drp on rtp.role = drp.granted_role
  5  where drp.grantee = 'SCOTT';

GRANTEE     OWNER    TABLE_NAME       PRIVILEGE    GRANTABLE   ROLE
----------  -------  ---------------  -----------  ----------  --------------
SCOTT       HR       EMPLOYEES        SELECT       NO          HR_CLERK
SCOTT       HR       JOBS             SELECT       NO          JOB_MAINT
SCOTT       HR       JOBS             UPDATE       NO          JOB_MAINT
SCOTT       SYS      AUD$             DELETE       NO          DELETE_CATA
                                                               LOG_ROLE
SCOTT       SYS      FGA_LOG$         DELETE       NO          DELETE_CATA
                                                               LOG_ROLE

5 rows selected.
```

No caso dos privilégios de SCOTT, observe que ele tem o privilégio SELECT na tabela HR.EMPLOYEES tanto via um comando **grant direto** quanto via uma atribuição. A revogação de um dos privilégios ainda o deixará com acesso à tabela HR.EMPLOYEES até que ambos os privilégios tenham sido removidos.

Usando um VPD para implementar políticas de segurança de aplicações

Um Virtual Private Database (VPD) combina controle de acesso refinado imposto pelo servidor com um contexto de aplicação segura. As funções orientadas à contexto retornam um predicado – uma cláusula **where** – que é automaticamente anexado a todas as instruções **select** ou a outras instruções DML. Em outras palavras, uma instrução **select** em uma tabela, visão ou sinônimo controlado por um VPD retornará um subconjunto de linhas com base em uma cláusula **where** gerada automaticamente pela função de política de segurança em vigor pelo contexto da aplicação. O principal componente de um VPD é a segurança em nível de linha (RLS, row-level security), também conhecido como controle de acesso refinado (FGAC, fine-grained access control).

Como um VPD gera os predicados de maneira transparente durante o parse da instrução, a política de segurança é imposta de forma consistente, independe de o usuário estar executando consultas ad hoc, recuperando os dados de uma aplicação ou os visualizando a partir do Oracle Forms. Como o Oracle Server aplica o predicado à instrução no momento do parse, a aplicação não precisa usar tabelas e visões especiais para implementar a política. Como resultado, o Oracle pode otimizar a consulta usando índices, visões materializadas e operações paralelas onde, do contrário, não seria possível.

Portanto, usar um VPD pode incorrer em menos overhead do que uma consulta cujos resultados são filtrados por meio de aplicações ou outros meios.

Do ponto de vista da manutenção, as políticas de segurança podem ser definidas com uma função de política que seria difícil criar usando atribuições e privilégios. Da mesma maneira, um Application Server Provider (ASP) talvez precise configurar apenas um banco de dados para atender a vários clientes da mesma aplicação, com uma política de VPD para garantir que os funcionários de um cliente possam ver apenas seus dados.

O DBA pode manter um banco de dados maior com um pequeno número de políticas de VPD em vez de um individual para cada cliente.

A partir do Oracle Database 10g é possível utilizar operações de VPD em nível de colunas. Dessa forma, um DBA pode restringir o acesso a uma coluna ou colunas específicas em uma tabela. A consulta retorna o mesmo número de linhas, mas se o contexto do usuário não permitir acesso à coluna ou às colunas, valores NULL serão retornados na coluna ou colunas restritas.

As políticas de VPD podem ser estáticas, sensíveis ao contexto ou dinâmicas. As políticas estáticas e sensíveis ao contexto podem melhorar grandemente o desempenho porque elas não precisam chamar a função de diretiva cada vez que uma consulta for executada, porque são armazenadas em cache para uso posterior na sessão. Antes do Oracle Database 10g, todas as políticas eram dinâmicas; em outras palavras, a função de diretiva era executada toda vez que uma instrução SQL contendo a tabela VPD de destino era interpretada (parsed). As políticas estáticas são avaliadas uma vez durante o login e permanecem em cache durante toda a sessão, independente do contexto da aplicação. Com políticas sensíveis ao contexto, a função de política será chamada no momento do parse da instrução se o contexto da aplicação mudar – por exemplo, uma política impõe a regra de negócio que "funcionários só podem ver seus próprios históricos de salário, mas os gerentes podem ver todos os salários de seus funcionários". Se o funcionário que executa a instrução não mudou, a função de política não precisa ser chamada novamente, reduzindo assim a quantidade de overhead devido à imposição da política de VPD.

Você cria os contextos da aplicação usando o comando **create context** e o pacote DBMS_RLS gerencia as políticas de VPD. A função usada para retornar os predicados para impor a política é criada como qualquer outra função, exceto que a função tem dois parâmetros necessários e retorna uma VARCHAR2. Mais adiante neste capítulo, discutiremos com mais detalhes essas funções e faremos um exemplo de VPD usando os esquemas de exemplo fornecidos durante a instalação do banco de dados Oracle.

Contexto da aplicação

Usando o comando **create context**, você pode criar o nome dos atributos definidos pela aplicação que serão usados para impor sua política de segurança, junto com o nome de pacote para as funções e procedures usadas para configurar o contexto de segurança para a sessão do usuário. Aqui está um exemplo:

```
create context hr_security using vpd.emp_access;

create or replace pacote emp_access as
   procedure set_security_parameters;
end;
```

Neste exemplo, o nome do contexto é HR_SECURITY e o pacote usado para configurar as características ou atributos para o usuário durante as sessões é denominado EMP_ACCESS. A procedure SET_SECURITY_PARAMETERS será chamada no trigger de logon. Como o contexto HR_SECURITY é vinculado apenas ao EMP_ACCESS, nenhuma outra procedure pode alterar os atributos da sessão.

Isso garante um contexto de aplicação seguro que não pode ser alterado pelo usuário ou por qualquer outro processo após conectar-se ao banco de dados.

Em um pacote típico usado para implementar o contexto da aplicação, você usa o contexto USERENV para recuperar as informações sobre a sessão do usuário. Na Tabela 9-13 estão alguns dos parâmetros mais comuns do contexto USERENV.

Tabela 9-13 *Parâmetros de contexto comuns do USERENV*

Parâmetro	Valor de retorno
CURRENT_SCHEMA	O esquema padrão para a sessão
DB_NAME	O nome do banco de dados conforme especificado no parâmetro de inicialização DB_NAME
HOST	O nome da máquina a partir da qual o usuário está conectado
IP_ADDRESS	O endereço IP a partir do qual o usuário está conectado
OS_USER	A conta de sistema operacional que iniciou a sessão do banco de dados
SESSION_USER	O nome de usuário do banco de dados autenticado

Por exemplo, a listagem a seguir chama SYS_CONTEXT para recuperar o nome de usuário e o IP_ADDRESS da sessão do banco de dados:

```
declare
     username        varchar2(30);
     ip_addr         varchar2(30);
begin
     username:= SYS_CONTEXT('USERENV','SESSION_USER');
     ip_addr:= SYS_CONTEXT('USERENV','IP_ADDRESS');
     -- outros processamentos entram aqui
end;
```

Similarmente, a função SYS_CONTEXT pode ser usada dentro de uma instrução SQL **select**:

```
SQL> select SYS_CONTEXT('USERENV','SESSION_USER') username from dual;

USERNAME
-------------------------
KSHELTON
```

Usando alguma combinação do contexto USERENV e informações de autorização no banco de dados, usamos DBMS_SESSION.SET_CONTEXT para atribuir valores aos parâmetros no contexto da aplicação que criamos:

```
dbms_session.set_context('HR_SECURITY','SEC_LEVEL','HIGH');
```

Neste exemplo, a variável de contexto da aplicação SEC_LEVEL está configurada como HIGH no contexto HR_SECURITY. O valor pode ser atribuído com base em várias condições, incluindo uma tabela de mapeamento que atribui níveis de segurança baseada no ID do usuário.

Para garantir que as variáveis de contexto estão configuradas para cada sessão, podemos usar um trigger de logon para chamar a procedure associada ao contexto. Conforme mencionado anteriormente, as variáveis no contexto só podem ser configuradas ou alteradas dentro do pacote atribuído. Aqui está um exemplo de trigger de logon que chama a procedure para configurar o contexto:

```
create or replace trigger vpd.set_security_parameters
   after logon on database
begin
   vpd.emp_access.set_security_parameters;
end;
```

Neste exemplo, a procedure SET_SECURITY_PARAMETERS fará as chamadas necessárias para DBMS_SESSION.SET_CONTEXT.

Dentro do Oracle Enterprise Manager, use o Policy Manager para configurar contextos e grupos de políticas, conforme demonstrado na Figura 9-8.

Implementação da política de segurança

Uma vez que a infra-estrutura está pronta para configurar o ambiente de segurança, a próxima etapa é definir a função ou funções usadas para gerar o predicado que será anexado a cada instrução **select** ou comando DML nas tabelas protegidas. A função usada para implementar a geração de predicados tem dois argumentos: o proprietário do objeto que está sendo protegido e o nome do objeto dentro do esquema dele. Uma função pode manipular a geração de predicados para apenas um tipo de operação, como **select**, ou pode ser aplicável a todos os comandos DML, dependendo de como essa função está associada à tabela protegida. O exemplo a seguir mostra um corpo de pacote que contém as duas funções – uma que será usada para controlar o acesso a partir de instruções **select** e a outra para qualquer outra instrução DML:

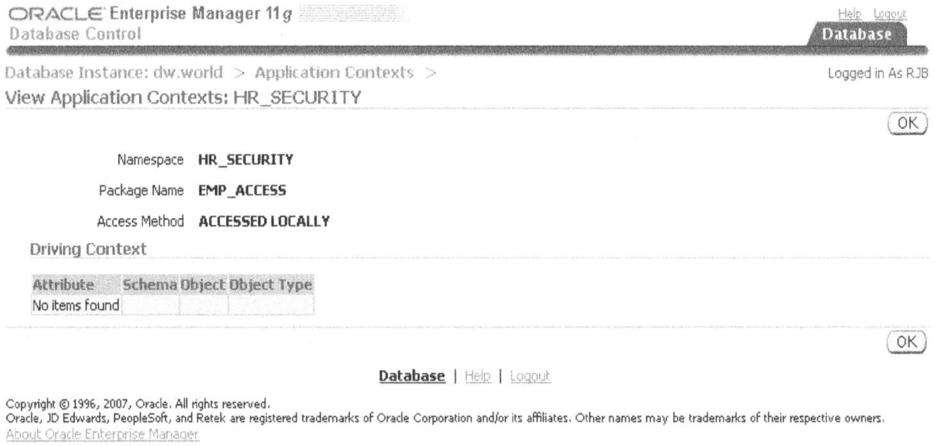

Figura 9-8 *Oracle Policy Manager.*

```
create or replace pacote body get_predicates is

    function emp_select_restrict(owner varchar2, object_name varchar2)
         return varchar2 is
      ret_predicate    varchar2(1000);  -- parte da cláusula WHERE
begin
    -- permitir que apenas alguns funcionários vejam linhas nas tabelas
    --... verificar as variáveis de contexto e definir o predicado
    return ret_predicate;
end emp_select_restrict;

    function emp_dml_restrict(owner varchar2, object_name varchar2)
         return varchar2 is
      ret_predicate varchar2(1000); -- parte da cláusula WHERE
    begin
        -- permitir que apenas alguns funcionários façam mudanças na tabela
        --... verificar as variáveis de contexto e definir o predicado
        return ret_predicate;
    end emp_dml_restrict;

end; -- pacote body
```

Cada função retorna uma string contendo uma expressão que é adicionada a uma cláusula **where** para uma instrução **select** ou um comando DML. O usuário ou aplicação nunca vê o valor dessa cláusula WHERE; ela é automaticamente adicionada ao comando no momento do parse da instrução.

O desenvolvedor deve garantir que as funções sempre retornem uma expressão válida. Do contrário, qualquer acesso a uma tabela protegida sempre falhará, conforme mostra o exemplo a seguir:

```
SQL> select * from hr.employees;
select * from hr.employees
              *
ERROR at line 1:
ORA-28113: policy predicate has error
```

A mensagem de erro não diz qual é o predicado e todos os usuários são impedidos de acessar a tabela até que a sua função seja corrigida. Dicas sobre como depurar uma função de predicado são apresentadas mais adiante neste capítulo.

Usando DBMS_RLS

O pacote DBMS_RLS contém vários subprogramas que um DBA usa para manter as políticas de segurança associadas às tabelas, visões e sinônimos. Na Tabela 9-14 estão os subprogramas disponíveis no pacote DBMS_RLS. Qualquer usuário que precise criar ou administrar políticas precisa ter privilégio EXECUTE concedido no pacote SYS.DBMS_RLS.

Neste capítulo, abordaremos os subprogramas mais comumente usados, ADD_POLICY DROP_ POLICY. A sintaxe de ADD_POLICY é a seguinte:

Tabela 9-14 *Subprogramas do pacote DBMS_RLS*

Subprograma	Descrição
ADD_POLICY	Adiciona uma política fine-grained access control (FGAC, política controle de acesso refinada) a um objeto.
DROP_POLICY	Descarta uma política FGAC de um objeto.
REFRESH_POLICY	Efetua o reparse em todas as instruções em cache associadas à política.
ENABLE_POLICY	Ativa ou desativa uma política FGAC.
CREATE_POLICY_GROUP	Cria um grupo de políticas.
ADD_GROUPED_POLICY	Adiciona uma política a um grupo de políticas.
ADD_POLICY_CONTEXT	Adiciona o contexto para a aplicação atual.
DELETE_POLICY_GROUP	Exclui um grupo de políticas.
DROP_GROUPED_POLICY	Descarta uma política de um grupo de políticas.
DROP_POLICY_CONTEXT	Descarta um contexto para a aplicação ativa.
ENABLE_GROUPED_POLICY	Ativa ou desativa um grupo de políticas.
DISABLE_GROUPED_POLICY	Desativa um grupo de políticas.
REFRESH_GROUPED_POLICY	Efetua o reparse em todas as instruções em cache associadas ao grupo de políticas.

```
DBMS_RLS.ADD_POLICY
(
        object_schema          IN varchar2 null,
        object_name            IN varchar2,
        policy_name            IN varchar2,
        function_schema        IN varchar2 null,
        policy_function        IN varchar2,
        statement_types        IN varchar2 null,
        update_check           IN boolean false,
        enable                 IN boolean true,
        static_policy          IN boolean false,
        policy_type            IN binary_integer null,
        long_predicate         IN in Boolean false,
        sec_relevant_cols      IN varchar2,
        sec_relevant_cols_opt  IN binary_integer null
);
```

Observe que alguns parâmetros têm valores padrão BOOLEAN e que os menos usados estão quase no final da lista. Isso torna a sintaxe de qualquer chamada específica para DBMS_RLS. ADD_POLICY mais fácil de escrever e entender para a maioria dos casos.

A descrição e uso de cada parâmetro são fornecidos na Tabela 9-15.

Usar o parâmetro sec_relevant_cols é útil quando você não se importa que os usuários vejam apenas parte de uma linha; eles não verão as colunas que podem conter informações confidenciais, como o Social Security Number ou o salário. No exemplo a seguir, iremos configurar a primeira política de segurança que definiremos para filtrar dados confidenciais para a maioria dos funcionários da empresa.

Tabela 9-15 *Parâmetros DBMS_RLS.ADD_POLICY*

Parâmetro	Descrição
object_schema	O esquema que contém a tabela, visão ou sinônimo a ser protegido pela política. Se esse valor for NULL, o esquema do usuário que chama a procedure será usado.
object_name	O nome da tabela, visão ou sinônimo a ser protegido pela política.
policy_name	O nome da política a ser adicionada a este objeto. Ele deve ser único para cada objeto que está sendo protegido.
function_schema	O esquema proprietário da função de política; se esse valor for NULL, o esquema do usuário que chama a procedure será usado.
policy_function	O nome da função que gerará o predicado para a política no object_name. Se a função for parte do pacote, o seu nome também deve ser especificado aqui para qualificar o nome da função de política.
statement_types	Os tipos de instruções aos quais a política se aplica. Os valores permitidos, separados por vírgula, podem ser qualquer combinação de SELECT, INSERT, UPDATE, DELETE e INDEX. Por padrão, todos os tipos são aplicados exceto INDEX.
update_check	Para os tipos INSERT ou UPDATE, esse parâmetro é opcional e assume o padrão como FALSE. Se ele for TRUE, a política também será verificada para as instruções INSERT ou UPDATE quando uma operação SELECT ou DELETE está sendo verificada.
enable	Este parâmetro assume TRUE como padrão e indica se a política está ativada quando ela é adicionada.
static_policy	Se este parâmetro for TRUE, a política produzirá a mesma string de predicado para qualquer um que acessar o objeto, exceto para o usuário SYS ou qualquer usuário com o privilégio EXEMPT ACCESS POLICY. O padrão é FALSE.
policy_type	Sobrescreverá static_policy se este valor não for NULL. Os valores permitidos são STATIC, SHARED_STATIC, CONTEXT_SENSITIVE, SHARED_CONTEXT_SENSITIVE e DYNAMIC.
long_predicate	Este parâmetro assume FALSE como padrão. Se ele for TRUE, a string de predicado pode ter até 32K bytes de comprimento. Do contrário, o limite é de 4000 bytes.
sec_relevant_cols	Impõe um VPD em nível de coluna. Aplica-se somente a tabelas e visões. As colunas protegidas são especificadas em uma lista com vírgulas ou espaços como delimitadores. A política será aplicada somente se as colunas confidenciais especificadas estiverem na consulta ou na instrução DML. Por padrão, todas as colunas são protegidas.
sec_relevant_cols_opt	Permite que linhas em uma consulta filtrada pelo VPD em nível de coluna ainda apareçam no conjunto de resultados, com valores NULL retornados para as colunas confidenciais. O padrão para este parâmetro é NULL; do contrário, você deve especificar DBMS_RLS.ALL_ROWS para mostrar todas as colunas com NULLs para as colunas confidenciais.

No exemplo a seguir, aplicaremos uma política denominada EMP_SELECT_RESTRICT à tabela HR.EMPLOYEES. O esquema VPD é proprietário da função get_predicates.emp_select_restrict.

A política se aplica explicitamente às instruções SELECT na tabela; entretanto, com UPDATE_CHECK configurado como TRUE, os comandos **update** ou **delete** também serão verificados quando as linhas são inseridas ou atualizadas na tabela.

```
dbms_rls.add_policy (
        object_schema =>      'HR',
        object_name =>        'EMPLOYEES',
        policy_name =>        'EMP_SELECT_RESTRICT',
        function_schema =>    'VPD',
        policy_function =>    'get_predicates.emp_select_restrict',
        statement_types =>    'SELECT',
        update_check =>       TRUE,
        enable =>             TRUE
);
```

Como não configuramos static_policy, ele assume FALSE como padrão, significando que a diretiva é dinâmica e é verificada toda vez que uma instrução **select** está em parse. Esse era o único comportamento disponível antes Oracle Database 10g.

Usar o subprograma ENABLE_POLICY é uma maneira fácil de desativar a política temporariamente sem ter de, mais tarde, vinculá-la novamente à tabela:

```
dbms_rls.enable_policy(
        object_schema =>      'HR',
        object_name =>        'EMPLOYEES',
        policy_name =>        'EMP_SELECT_RESTRICT',
        enable =>             FALSE
);
```

Se várias políticas são especificadas para o mesmo objeto, uma condição AND é adicionada entre cada predicado. Se, em vez disso, você precisar ter uma condição OR entre predicados para várias políticas, é muito provável que seja preciso examinar a política. A lógica de cada política precisa ser combinada dentro de uma única política com uma condição OR entre cada parte do predicado.

Criando um VPD

Nesta seção, examinaremos uma implementação completa de um VPD do início ao fim. Esse exemplo conta com os esquemas de exemplo instalados com o Oracle Database 10g e 11g. Especificamente, vamos implementar uma política FGAC na tabela HR.EMPLOYEES para restringir o acesso baseado no status do gerente e o número de departamento do funcionário. Se você for um funcionário, poderá ver sua linha na tabela HR.EMPLOYEES; se for um gerente, poderá ver as linhas referentes a todos os funcionários que se reportam diretamente a você.

DICA
Se não possui os esquemas de exemplo instalados no seu banco de dados, poderá criá-los usando os scripts encontrados no esquema $ORACLE_HOME/demo/.

Uma vez que os esquemas de exemplo estejam prontos, precisaremos criar no banco de dados alguns usuários que querem ver suas linhas na tabela HR.EMPLOYEES.

```
create user smavris identified by smavris702;
grant connect, resource to smavris;

create user dgrant identified by dgrant507;
grant connect, resource to dgrant;

create user kmourgos identified by kmourgos622;
grant connect, resource to kmourgos;
```

O usuário KMOURGOS é o gerente de todos os balconistas e DGRANT é um dos seus funcionários. O usuário SMAVRIS é o HR_REP da empresa.

Nas etapas a seguir, concederemos os privilégios SELECT sobre a tabela HR.EMPLOYEES para todos no banco de dados e criaremos uma tabela de pesquisa que mapeará os números de ID dos funcionários para suas contas nesse banco. A procedure que configura as variáveis de contexto para a sessão de usuário usará esta tabela para atribuir o ID do funcionário à variável que será usada na função de política para gerar o predicado.

```
grant select on hr.employees to public;

create table hr.emp_login_map (employee_id, login_acct)
   as select employee_id, email from hr.employees;

grant select on hr.emp_login_map to public;
```

Em seguida, criaremos uma conta de usuário denominada VPD que tem privilégios para criar contextos e manter as funções de política:

```
create user vpd identified by vpd439;
grant connect, resource, create any context, create public synonym to vpd;
```

Conectando ao esquema VPD, nós criaremos um contexto denominado HR_SECURITY e definiremos o pacote e a procedure usados para configurar o contexto para a aplicação:

```
connect vpd/vpd439@dw;

create context hr_security using vpd.emp_access;

create or replace pacote vpd.emp_access as
    procedure set_security_parameters;
end;
```

Lembre-se de que as procedures no pacote VPD.EMP_ACCESS são as únicas que podem configurar as variáveis de contexto. O corpo do pacote para VPD.EMP_ACCESS é o seguinte:

```
create or replace pacote body vpd.emp_access is

--
-- No login do usuário, execute set_security_parameters para
-- retornar o nome do usuário, que corresponde a coluna EMAIL
-- na tabela HR.EMPLOYEES.
-- O contexto USERENV é predefinido para características do usuário, como
-- username, endereço IP da máquina aonde a conexão é feita, etc.
```

```
--
-- para esta procedure, vamos usar aprenas SESSION_USER
-- para o contexto USERENV
--
   procedure set_security_parameters is
      emp_id_num      number;
      emp_login       varchar2(50);
   begin

      -- username do banco de dados corresponde ao campo email na tabela
      -- HR.EMPLOYEES
      emp_login:= sys_context('USERENV','SESSION_USER');

      dbms_session.set_context('HR_SECURITY','USERNAME',emp_login);

      -- retorna o id do usuário, para que os direitos de gerente
      -- possam ser definidos mas sem excluir os usuários que não estão
      -- na tabela EMPLOYEES
      begin
         select employee_id into emp_id_num
            from hr.emp_login_map where login_acct = emp_login;

         dbms_session.set_context('HR_SECURITY','EMP_ID',emp_id_num);
      exception
         when no_data_found then
            dbms_session.set_context('HR_SECURITY','EMP_ID',0);
      end;

      -- Consultas futuras irão restringir as linhas com base em emp_id

   end; -- procedure

end; -- corpo da pacote
```

Alguns comentários sobre essa procedure valem a pena ser observados. Recuperamos o esquema do usuário examinando o contexto USERENV que, por padrão, é ativado para todos eles, e o atribuímos à variável USERNAME no contexto HR_SECURITY recentemente criado. A variável EMP_ID do contexto HR_SECURITY é determinada por uma pesquisa na tabela de mapeamento HR.EMP_LOGIN_MAP. Não queremos que a procedure termine com um erro, caso os usuários conectados não estejam na tabela de mapeamento; em vez disso, atribuímos um EMP_ID igual a 0, o que proibirá o acesso à tabela HR.EMPLOYEES quando o predicado for gerado na função de política.

Nas etapas seguintes, concedemos a todos os usuários do banco de dados o privilégio EXECUTE no pacote e criamos um sinônimo para ele a fim de simplificar a chamada quando precisarmos executá-lo:

```
grant execute on vpd.emp_access to PUBLIC;
create public synonym emp_access for vpd.emp_access;
```

Para garantir que o contexto seja definido para cada usuário durante a conexão, conectaremos como SYSTEM e criaremos um trigger de logon para configurar as variáveis no contexto:

```
connect system/nolongermanager@dw as sysdba;

create or replace trigger vpd.set_security_parameters
   after logon on database
begin
   vpd.emp_access.set_security_parameters;
end;
```

Como esse trigger é executado para cada usuário que se conecta ao banco de dados, é de vital importância que o código seja testado para cada classe sua, ou até para todos os usuários do banco de dados. Se o trigger falhar com um erro, os usuários regulares não conseguirão se conectar.

Até aqui, temos nosso contexto definido, a procedure usada para configurar as variáveis de contexto e um trigger que a chama automaticamente. Efetuando login como um dos três usuários definidos anteriormente, podemos consultar o conteúdo do contexto:

```
SQL> connect smavris/smavris702@dw
Connected.

SQL> select * from session_context;

NAMESPACE                 ATTRIBUTE                 VALUE
------------------------  ------------------------  ------------------------
HR_SECURITY               USERNAME                  SMAVRIS
HR_SECURITY               EMP_ID                    203

2 rows selected.
```

Observe o que acontece quando SMAVRIS tenta passar-se por outro funcionário:

```
SQL> begin
  2     dbms_session.set_context('HR_SECURITY','EMP_ID',100);
  3  end;

begin
*
ERROR at line 1:
ORA-01031: insufficient privileges
ORA-06512: at "SYS.DBMS_SESSION", line 94
ORA-06512: at line 2
```

Apenas o pacote VPD.EMP_ACCESS tem permissão para configurar ou alterar as variáveis no contexto. As etapas finais incluem definir as procedures que gerarão o predicado e atribuir uma ou mais dessas à tabela HR.EMPLOYEES. Como o usuário VPD, que já é proprietário das procedures de contexto, configuraremos o pacote que determina os predicados:

```
connect vpd/vpd439@dw;

create or replace pacote vpd.get_predicates as

   -- nota - funções de segurança sempre tem dois parâmetros,
   -- table owner name e table name

   function emp_select_restrict
```

```
            (owner varchar2, object_name varchar2) return varchar2;

    -- outras funções podem ser escritas aqui para INSERT, DELETE, etc.
end get_predicates;


create or replace pacote body vpd.get_predicates is

    function emp_select_restrict
        (owner varchar2, object_name varchar2) return varchar2 is

        ret_predicate varchar2(1000); -- part of WHERE clause

    begin
        -- permitir que o usuário veja apenas a sua linha ou seus
           subordinados imediatos
        ret_predicate:= 'EMPLOYEE_ID = ' ||
                        sys_context('HR_SECURITY','EMP_ID') ||
                        ' OR MANAGER_ID = ' ||
                        sys_context('HR_SECURITY','EMP_ID');
        return ret_predicate;
    end emp_select_restrict;

end; -- corpo da pacote
```

Uma vez que anexemos a função a uma tabela com DBMS_RLS, ela gerará uma string de texto que pode ser usada em uma cláusula WHERE cada vez que é acessada. A string sempre parecerá com algo como:

```
EMPLOYEE_ID = 124 OR MANAGER_ID = 124
```

Como nos pacotes que configuram o ambiente de contexto, precisamos permitir o acesso do usuário a este pacote:

```
grant execute on vpd.get_predicates to PUBLIC;
create public synonym get_predicates for vpd.get_predicates;
```

E por último, mas certamente não menos importante, anexaremos a função de política à tabela usando a procedure DBMS_RLS.ADD_POLICY:

```
dbms_rls.add_policy (
         object_schema    =>  'HR',
         object_name      =>  'EMPLOYEES',
         policy_name      =>  'EMP_SELECT_RESTRICT',
         function_schema  =>  'VPD',
         policy_function  =>  'get_predicates.emp_select_restrict',
         statement_types  =>  'SELECT',
         update_check     =>  TRUE,
         enable           =>  TRUE
);
```

Os funcionários podem acessar a tabela HR.EMPLOYEES como anteriormente, mas só verão suas linhas e as dos funcionários que trabalham para eles, se estas existirem. Conectando-se como KMOURGOS, tentamos recuperar todas as linhas da tabela HR.EMPLOYEES, mas só vemos KMOURGOS e os funcionários que se reportam diretamente a ele:

```
SQL> connect kmourgos/kmourgos622@dw;
Connected.
SQL> select employee_id, first_name, last_name,
  2         email, job_id, salary, manager_id from hr.employees;

EMPLOYEE_ID FIRST_NAME LAST_NAME   EMAIL      JOB_ID       SALARY MANAGER_ID
----------- ---------- ----------- ---------- ---------- -------- ----------
        124 Kevin      Mourgos     KMOURGOS   ST_MAN         5800        100
        141 Trenna     Rajs        TRAJS      ST_CLERK       3500        124
        142 Curtis     Davies      CDAVIES    ST_CLERK       3100        124
        143 Randall    Matos       RMATOS     ST_CLERK       2600        124
        144 Peter      Vargas      PVARGAS    ST_CLERK       2500        124
        196 Alana      Walsh       AWALSH     SH_CLERK       3100        124
        197 Kevin      Feeney      KFEENEY    SH_CLERK       3000        124
        198 Donald     OConnell    DOCONNEL   SH_CLERK       2600        124
        199 Douglas    Grant       DGRANT     SH_CLERK       2600        124

9 rows selected.
```

Para o usuário DGRANT, a história é diferente:

```
SQL> connect dgrant/dgrant507@dw;
Connected.
SQL> select employee_id, first_name, last_name,
  2         email, job_id, salary, manager_id from hr.employees;

EMPLOYEE_ID FIRST_NAME LAST_NAME   EMAIL      JOB_ID       SALARY MANAGER_ID
----------- ---------- ----------- ---------- ---------- -------- ----------
        199 Douglas    Grant       DGRANT     SH_CLERK       2600        124

1 row selected.
```

DGRANT consegue ver somente sua própria linha, porque ele não gerencia ninguém na empresa. No caso de SMAVRIS, vemos resultados similares da consulta:

```
SQL> connect smavris/smavris702@dw;
Connected.
SQL> select employee_id, first_name, last_name,
  2         email, job_id, salary, manager_id from hr.employees;

EMPLOYEE_ID FIRST_NAME LAST_NAME   EMAIL      JOB_ID       SALARY MANAGER_ID
----------- ---------- ----------- ---------- ---------- -------- ----------
        203 Susan      Mavris      SMAVRIS    HR_REP         6500        101

1 row selected.
```

Mas espere, SMAVRIS está no departamento HR e deve conseguir ver *todas as linhas da tabela*. Além disso, ele deve ser a única pessoa a ver as informações de salário para todos os funcionários. Como resultado, precisamos alterar nossa função de política para dar SMAVRIS e a outros funcionários do departamento HR acesso completo à tabela HR.EMPLOYEES. Além disso, podemos usar constraints em nível de coluna na atribuição de política para retornar o mesmo número de linhas, mas com os dados confidenciais retornados como valores NULL.

Para facilitar o acesso à tabela HR.EMPLOYEES pelos funcionários do departamento HR, primeiro precisamos alterar nossa tabela de mapeamento para incluir a coluna JOB_ID. Se esta última tem um valor igual a HR_REP, o funcionário está no departamento HR. Primeiro desativaremos a política em vigor e criaremos a nova tabela de mapeamento:

```
SQL> begin
  2     dbms_rls.enable_policy(
  3          object_schema =>     'HR',
  4          object_name   =>     'EMPLOYEES',
  5          policy_name   =>     'EMP_SELECT_RESTRICT',
  6          enable        =>     FALSE
  7     );
  8  end;
PL/SQL procedure successfully completed.

SQL> drop table hr.emp_login_map;
Table dropped.

SQL> create table hr.emp_login_map (employee_id, login_acct, job_id)
  2     as select employee_id, email, job_id from hr.employees;
Table created.

SQL> grant select on hr.emp_login_map to public;
Grant succeeded.
```

A procedure que estamos usando para configurar as variáveis de contexto, VPD.EMP_ACCESS, precisa de outra variável adicionada que indique o nível de segurança do usuário que acessa a tabela. Alteraremos a instrução SELECT e faremos outra chamada para DBMS_SESSION.SET_CONTEXT, como a seguir:

```
    . . .
        emp_job_id varchar2(50);
    . . .
            select employee_id, job_id into emp_id_num, emp_job_id
                from hr.emp_login_map where login_acct = emp_login;

            dbms_session.set_context('HR_SECURITY','SEC_LEVEL',
                case emp_job_id when 'HR_REP' then 'HIGH' else 'NORMAL' end );
    . . .
```

Sempre que o funcionário tem um cargo HR_REP, a variável de contexto SEC_LEVEL é configurada como HIGH em vez de NORMAL. Na nossa função de política, precisamos verificar essa nova condição conforme a listagem a seguir:

```
create or replace pacote body vpd.get_predicates is

    function emp_select_restrict

    (owner varchar2, object_name varchar2) return varchar2 is
```

```
        ret_predicate varchar2(1000); -- parte da cláusula WHERE

begin
   -- permitir que os funcionários vejam apenas as suas linhas ou
      subordinados diretos,
      -- a não ser que eles tenham um nível de segurança alto
      if sys_context('HR_SECURITY','SEC_LEVEL') = 'HIGH' then
         ret_predicate:= ''; -- sem constraints na cláusula WHERE
      else
         ret_predicate:= 'EMPLOYEE_ID = ' ||
                          sys_context('HR_SECURITY','EMP_ID') ||
                          ' OR MANAGER_ID = ' ||
                          sys_context('HR_SECURITY','EMP_ID');
      end if;
      return ret_predicate;
   end emp_select_restrict;

end; -- corpo do pacote
```

Como a política é dinâmica, o predicado é gerado cada vez que uma instrução SELECT é executada, portanto não precisamos fazer uma atualização da primeira. Quando o usuário SMAVRIS, que é funcionário do HR, executar a consulta, ele verá todas as linhas na tabela HR.EMPLOYEES:

```
SQL> connect smavris/smavris702@dw;
Connected.
SQL> select employee_id, first_name, last_name,
  2         email, job_id, salary, manager_id from hr.employees;

EMPLOYEE_ID FIRST_NAME  LAST_NAME   EMAIL    JOB_ID      SALARY MANAGER_ID
----------- ----------- ----------- -------- ----------- ------ ----------
        100 Steven      King        SKING    AD_PRES      24000
        101 Neena       Kochhar     NKOCHHAR AD_VP        17000        100
. . .
        204 Hermann     Baer        HBAER    PR_REP       10000        101
        205 Shelley     Higgins     SHIGGINS AC_MGR       12000        101
        206 William     Gietz       WGIETZ   AC_ACCOUNT    8300        205

107 rows selected.
```

Como você poderia esperar, o nível de segurança do SMAVRIS dentro do contexto HR_SECURITY é HIGH:

```
SQL> connect smavris/smavris702
Connected.

SQL> select sys_context('HR_SECURITY','SEC_LEVEL') from dual;

SYS_CONTEXT('HR_SECURITY','SEC_LEVEL')
--------------------------------------------------------------
HIGH

SQL>
```

Entretanto, DGRANT só poderá ainda ver sua linha na tabela porque seu nível de segurança dentro do contexto HR_SECURITY é NORMAL:

```
SQL> connect dgrant/dgrant507@dw;
Connected.

SQL> select employee_id, first_name, last_name,
  2          email, job_id, salary, manager_id from hr.employees;

EMPLOYEE_ID FIRST_NAME LAST_NAME    EMAIL     JOB_ID      SALARY MANAGER_ID
----------- ---------- ----------   --------- ----------  ------ ----------
        199 Douglas    Grant        DGRANT    SH_CLERK      2600        124

1 row selected.

SQL> select sys_context('HR_SECURITY','SEC_LEVEL') from dual;

SYS_CONTEXT('HR_SECURITY','SEC_LEVEL')
---------------------------------------------------------------
NORMAL
```

Para impor o requisito que somente funcionários HR podem ver as informações de salários, precisamos fazer uma pequena alteração na função de política e ativar a política com constraints em nível de coluna:

```
dbms_rls.add_policy (
        object_schema => 'HR',
        object_name => 'EMPLOYEES',
        policy_name => 'EMP_SELECT_RESTRICT',
        function_schema => 'VPD',
        policy_function => 'get_predicates.emp_select_restrict',
        statement_types => 'SELECT',
        update_check => TRUE,
        enable => TRUE,
        sec_relevant_cols => 'SALARY',
        sec_relevant_cols_opt => dbms_rls.all_rows
);
```

O último parâmetro, SEC_RELEVANT_COLS_OPT, especifica a constante de pacote DBMS_RLS.ALL_ROWS para indicar que ainda queremos ver todas as linhas nos nossos resultados de consulta, mas com as colunas relevantes (nesse caso SALARY) retornando valores NULL. Do contrário, não veríamos nenhuma linha nas consultas que contêm a coluna SALARY.

Depurando uma política VPD

Mesmo se você não estiver recebendo um "ORA-28113: policy predicate has error" ou um "ORA-00936: missing expression", pode se muito útil ver o predicado real sendo gerado no momento do parse da instrução. Existem duas maneiras de depurar seus predicados, ambas têm suas vantagens e desvantagens.

O primeiro método usa as visões de desempenho dinâmico V$SQLAREA e V$VPD_POLICY. Conforme os nomes implicam, V$SQLAREA contém as instruções SQL atualmente no shared pool, juntamente com as estatísticas de execução atuais. A visão V$VPD_POLICY lista todas as políticas que atualmente são impostas no banco de dados, junto com o predicado. A junção das duas tabelas, de acordo com o exemplo a seguir, nos dá as informações que precisamos para ajudar a depurar todos os problemas que temos com os resultados da consulta:

```
SQL> select s.sql_text, v.object_name, v.policy, v.predicate
  2     from v$sqlarea s, v$vpd_policy v
  3     where s.hash_value = v.sql_hash;

SQL_TEXT                     OBJECT_NAM POLICY               PREDICATE
------------------------     ---------- -------------------- ------------------
select employee_id, first    EMPLOYEES  EMP_SELECT_RESTRICT  EMPLOYEE_ID = 199
_name, last_name, email,                                     OR MANAGER_ID = 199
job_id, salary, manager_i
d from hr.employees

select employee_id, first    EMPLOYEES  EMP_SELECT_RESTRICT
_name, last_name, email,
job_id, salary, manager_i
d from hr.employees

SQL>
```

Se adicionamos uma junção à visão V$SESSION nesta consulta, podemos identificar qual usuário estava executando a SQL. Isso é especialmente importante na segunda instrução SQL: não há predicado aplicado a ela; portanto, tudo o que podemos inferir é que um dos funcionários HR executou a consulta. Há uma desvantagem para este método: se o banco de dados estiver extremamente ocupado, os comandos desse tipo podem ser deletados do shared pool para dar espaço à outros comandos desse tipo antes de você conseguir uma chance de executar esta consulta. O outro método usa o comando **alter session** para gerar um arquivo texto de rastreamento contendo grande parte das informações da consulta anterior. Aqui estão os comandos para configurar o rastreamento:

```
SQL> begin
  2     dbms_rls.refresh_policy;
  3  end;
PL/SQL procedure successfully completed.

SQL> alter session set events '10730 trace name context forever, level 12';
Session altered.
```

O evento 10730 é definido para rastrear os predicados de políticas RLS (row-level security). Outros eventos comuns que podem ser rastreados são 10029 e 10030 para logon/logoff de sessão, 10710 para rastrear acesso ao índice de bitmap e 10253 para simular erros de gravação para redo logs, entre outros. Após a sessão ser alterada, o usuário DGRANT executa esta consulta:

```
SQL> select employee_id, first_name, last_name,
  2     email, job_id, salary, manager_id from hr.employees;

EMPLOYEE_ID FIRST_NAME  LAST_NAME   EMAIL     JOB_ID      SALARY MANAGER_ID
----------- ----------  ----------  --------  --------    ------ ----------
        199 Douglas     Grant       DGRANT    SH_CLERK      2600        124

1 row selected.
```

Aqui está o exame da parte inferior do arquivo de rastreamento no diretório especificado pelo parâmetro de inicialização USER_DUMP_DEST (DIAGNOSTIC_DEST no Oracle Database 11*g*):

```
Trace file
/u01/app/oracle/diag/rdbms/dw/dw/trace/dw_ora_31128.trc
Oracle Database 11g Enterprise Edition
                   Release 11.1.0.6.0 - Production
With the Partitioning, OLAP, Data Mining and
                   Real Application Testing options
ORACLE_HOME = /u01/app/oracle/product/11.1.0/db_1
System name:    Linux
Node name:      dw
Release:        2.6.9-55.0.2.0.1.EL
Version:        #1 Mon Jun 25 14:24:38 PDT 2007
Machine:        i686
Instance name: dw
Redo thread mounted by this instance: 1
Oracle process number: 40
Unix process pid: 31128, image: oracle@dw (TNS V1-V3)

*** 2007-08-12 12:48:37.852
*** SESSION ID:(120.9389) 2007-08-12 12:48:37.852
*** CLIENT ID:() 2007-08-12 12:48:37.852
*** SERVICE NAME:(SYS$USERS) 2007-08-12 12:48:37.852
*** MODULE NAME:(SQL*Plus) 2007-08-12 12:48:37.852
*** ACTION NAME:() 2007-08-12 12:48:37.852

-------------------------------------------------------------
Logon user      : DGRANT
Table/View      : HR.EMPLOYEES
Policy name     : EMP_SELECT_RESTRICT
Policy function: VPD.GET_PREDICATES.EMP_SELECT_RESTRICT
RLS view:
SELECT "EMPLOYEE_ID","FIRST_NAME","LAST_NAME",
"EMAIL","PHONE_NUMBER",
"HIRE_DATE","JOB_ID","SALARY","COMMISSION_PCT","MANAGER_ID",
"DEPARTMENT_ID" FROM "HR"."EMPLOYEES"
"EMPLOYEES" WHERE (EMPLOYEE_ID = 199 OR MANAGER_ID = 199)
-------------------------------------------------------------
```

A instrução SQL original mais o predicado anexado são claramente mostrados no arquivo de rastreamento. A desvantagem de usar esse método é que, embora um usuário possa ser capaz de acessar as visões de desempenho dinâmico, um desenvolvedor pode não ter acesso ao diretório de dump do servidor. Como resultado, o DBA talvez precise estar envolvido quando tentar depurar os problemas de predicado. Certifique-se de desativar o rastreamento quando concluir a depuração para reduzir o overhead e o espaço em disco associado a essas operações (ou apenas fazer logoff!):

```
SQL> alter session set events '10730 trace name context off';
Session altered.
```

Tabela 9-16 *Tipos de Auditoria*

Tipo de auditoria	Descrição
Auditoria de instruções	Audita as instruções SQL por tipo de instrução, independente dos objetos do esquema específico que estão sendo acessados. Um ou mais usuários também podem ser especificados no banco de dados para serem auditados em relação a uma instrução específica.
Auditoria de privilégios	Audita os privilégios do sistema, como CREATE TABLE ou ALTER INDEX. Como na auditoria de instruções, a auditoria de privilégios pode especificar um ou mais usuários específicos como o alvo da auditoria.
Auditoria de objeto de esquema	Audita instruções específicas que operam em um objeto de esquema específico (por exemplo, instruções UPDATE na tabela DEPARTMENTS). A auditoria de objeto de esquema sempre se aplica a todos os usuários do banco de dados.
Auditoria refinada	Audita o acesso à tabela e privilégios com base no conteúdo dos objetos que estão sendo acessados. Usa o pacote DBMS_FGA para configurar uma diretiva em uma tabela específica.

AUDITORIA

O Oracle usa vários métodos de auditoria diferentes para monitorar que tipos de privilégios estão sendo usados, assim como que objetos estão sendo acessados. A auditoria não impede o uso desses privilégios, mas pode fornecer informações úteis para descobrir abusos e má utilização dos mesmos. Na Tabela 9-16, resumimos os diferentes tipos de auditoria em um banco de dados Oracle.

Nas próximas seções, examinaremos como um DBA pode gerenciar auditorias sobre uso de privilégios de sistema e de objeto. Quando a granularidade é necessária, um DBA pode usar auditoria refinada para monitorar o acesso a determinadas linhas ou colunas de uma tabela e não apenas auditar se ela foi acessada.

Locais de auditoria

Os registros de auditoria podem ser enviados para a tabela de banco de dados SYS.AUD$ ou um arquivo do sistema operacional. Para ativar uma auditoria e especificar o local onde os seus registros serão gravados, o parâmetro de inicialização AUDIT_TRAIL é configurado como um dos valores a seguir:

Valor do Parâmetro	Ação
NONE, FALSE	Desativa a auditoria.
OS	Ativa a auditoria. Envia seus registros para um arquivo de sistema operacional.
DB, TRUE	Ativa a auditoria. Envia os seus registros para a tabela SYS.AUD$.
DB_EXTENDED	Ativa a auditoria. Envia os seus registros para a tabela SYS.AUD$ e registra as informações adicionais nas colunas CLOB SQLBIND e SQLTEXT
XML	Ativa a auditoria e grava todos os seus registros no formato XML.

EXTENDED   Ativa a auditoria e registra todas as colunas no seu rastreamento, incluindo os valores SqlText e SqlBind.

O parâmetro AUDIT_TRAIL não é dinâmico; o banco de dados deve ser reiniciado para que uma alteração no seu parâmetro entre em vigor. Ao auditar a tabela SYS.AUD$, o tamanho da tabela deve ser cuidadosamente monitorado para não impactar nos requisitos de espaço referentes a outros objetos no tablespace SYS. Recomenda-se que as linhas em SYS.AUD$ sejam periodicamente arquivadas e a tabela truncada. O Oracle fornece a atribuição DELETE_CATALOG_ROLE para ser usada com uma conta especial em um job em lote para arquivar e truncar a tabela de auditoria.

Auditoria de instruções

Todos os tipos de auditoria usam o comando **audit** para ativar a auditoria e **noaudit** para desativá-la. Para auditoria de instruções, o formato do comando **audit** é parecido com o seguinte:

```
AUDIT cláusula_da_instrução_sql_ BY {SESSION | ACCESS}
     WHENEVER [NOT] SUCCESSFUL;
```

A *cláusula_da_instrução_sql* contém várias informações diferentes, como o tipo de instrução SQL que queremos auditar e quem estamos auditando.

Além disso, podemos querer auditar a ação toda vez que ela acontecer (**by access**) ou apenas uma vez (**by session**). O padrão é **by session**.

Às vezes, queremos auditar as ações bem-sucedidas: instruções que não geram uma mensagem de erro. Para essas instruções, adicionamos **whenever successful**. Outras vezes, só nos importamos se os comandos que usam as instruções auditadas falham, devido às violações de privilégios, espaço insuficiente no tablespace ou erros de sintaxe. Para essas instruções, usamos **whenever not successful**.

Para a maioria das categorias de métodos de auditoria, podemos especificar **all** em vez de tipos de instruções ou objetos individuais, se quisermos verdadeiramente que todos os tipos de acesso a uma tabela ou quaisquer privilégios de um determinado usuário sejam auditados.

Os tipos de instruções que podemos auditar, com uma breve descrição das instruções que são abordadas em cada categoria, estão listados na Tabela 9-17. Se **all** for especificado, qualquer instrução nessa lista será auditada. Entretanto, os tipos de instruções na Tabela 9-18 não entram na categoria **all** ao ativar a auditoria; eles devem ser explicitamente especificados em quaisquer comandos **audit**.

Alguns exemplos ajudarão a tornar todas essas opções muito mais claras. No nosso banco de dados de exemplo, o usuário KSHELTON tem privilégios sobre todas as tabelas no esquema HR e outros esquemas. Ele tem permissão para criar índices em algumas dessas tabelas, mas queremos saber quando os índices são criados, caso tenhamos algum problema de desempenho relativo aos planos de execução que sejam alterados. Podemos auditar a criação de índices por KSHELTON com o comando a seguir:

```
SQL> audit index by kshelton;
Audit succeeded.
```

Tabela 9-17 *Instruções auditáveis na categoria ALL*

Opção de instrução	Operações SQL
ALTER SYSTEM	Todas as opções ALTER SYSTEM, como alterar dinamicamente os parâmetros de instância, alternar para o próximo grupo de arquivos de log e terminar as sessões de usuário.
CLUSTER	CREATE, ALTER, DROP ou TRUNCATE um cluster.
CONTEXT	CREATE ou DROP um CONTEXT.
DATABASE LINK	CREATE ou DROP um link de banco de dados.
DIMENSION	CREATE, ALTER ou DROP uma dimensão.
DIRECTORY	CREATE ou DROP um diretório.
INDEX	CREATE, ALTER ou DROP um índice.
MATERIALIZED VIEW	CREATE, ALTER ou DROP uma visão materializada.
NOT EXISTS	Falha da instrução SQL devido a objetos referenciados não existentes.
PROCEDURE	CREATE ou DROP FUNCTION, LIBRARY, Pacote, Pacote BODY ou PROCEDURE.
PROFILE	CREATE, ALTER ou DROP um perfil.
PUBLIC DATABASE LINK	CREATE ou DROP um link de banco de dados público.
PUBLIC SYNONYM	CREATE ou DROP um sinônimo público.
ROLE	CREATE, ALTER, DROP ou SET uma atribuição.
ROLLBACK SEGMENT	CREATE, ALTER ou DROP um segmento de rollback.
SEQUENCE	CREATE ou DROP uma seqüência.
SESSION	Logons e logoffs.
SYNONYM	CREATE ou DROP sinônimos.
SYSTEM AUDIT	AUDIT ou NOAUDIT de privilégios de sistema.
SYSTEM GRANT	GRANT ou REVOKE privilégios e atribuições de sistema.
TABLE	CREATE, DROP ou TRUNCATE uma tabela.
TABLESPACE	CREATE, ALTER ou DROP um tablespace.
TRIGGER	CREATE, ALTER (ativar/desativar), DROP triggers; ALTER TABLE com ENABLE ALL TRIGGERS ou DISABLE ALL TRIGGERS.
TYPE	CREATE, ALTER e DROP tipos e corpos de tipos.
USER	CREATE, ALTER ou DROP um usuário.
VIEW	CREATE ou DROP uma visão.

Tabela 9-18 *Tipos de instruções especificadas explicitamente*

Opção de instrução	Operações SQL
ALTER SEQUENCE	Qualquer comando ALTER SEQUENCE.
ALTER TABLE	Qualquer comando ALTER TABLE.
COMMENT TABLE	Adiciona um comentário a uma tabela, visão, visão materializada ou qualquer uma de suas colunas.
DELETE TABLE	Excluir linhas de uma tabela ou visão.
EXECUTE PROCEDURE	Executa uma procedure, função ou quaisquer variáveis ou cursores dentro de um pacote.
GRANT DIRECTORY	GRANT ou REVOKE um privilégio em um objeto DIRECTORY.
GRANT PROCEDURE	GRANT ou REVOKE um privilégio em uma procedure, função ou pacote.
GRANT SEQUENCE	GRANT ou REVOKE um privilégio em uma seqüência.
GRANT TABLE	GRANT ou REVOKE um privilégio em um tabela, visão ou visão materializada.
GRANT TYPE	GRANT ou REVOKE um privilégio em um TYPE.
INSERT TABLE	INSERT INTO uma tabela ou visão.
LOCK TABLE	Comando LOCK TABLE em uma tabela ou visão.
SELECT SEQUENCE	Qualquer comando que referencia CURRVAL ou NEXTVAL da seqüência.
SELECT TABLE	SELECT FROM uma tabela, visão ou visão materializada.
UPDATE TABLE	Executa UPDATE em uma tabela ou visão.

Mais tarde no mesmo dia, KSHELTON cria um índice na tabela HR.JOBS:

```
SQL> create index job_title_idx on hr.jobs(job_title);
Index created.
```

Verificando o rastreamento de auditoria na visão de dicionários de dados DBA_AUDIT_TRAIL, vemos que KSHELTON de fato criou um índice às 17:15h do dia 12 de agosto:

```
SQL> select username, to_char(timestamp,'MM/DD/YY HH24:MI') Timestamp,
  2     obj_name, action_name, sql_text from dba_audit_trail
  3  where username = 'KSHELTON';

USERNAME    TIMESTAMP        OBJ_NAME        ACTION_NAME     SQL_TEXT
----------  ---------------  --------------  --------------  ------------------
KSHELTON    08/12/07 17:15   JOB_TITLE_IDX   CREATEINDEX     create index hr.
                                                             job_title_idx on
                                                             hr.jobs(job_title)

1 row selected.
```

NOTA

A partir do Oracle Database 11g, as colunas SQL_TEXT e SQL_BIND em DBA_AUDIT_TRAIL somente serão preenchidas se o parâmetro de inicialização AUDIT_TRAIL for configurado como DB_EXTENDED. Por padrão, o valor de AUDIT_TRAIL é DB.

Para desativar a auditoria para KSHELTON na tabela HR.JOBS, usamos o comando **noaudit**, como a seguir:

```
SQL> noaudit index by kshelton;
Noaudit succeeded.
```

Também podemos auditar rotineiramente os logins bem-sucedidos e malsucedidos. Isso requer dois comandos **audit**:

```
SQL> audit session whenever successful;
Audit succeeded.
SQL> audit session whenever not successful;
Audit succeeded.
```

O exame do rastreamento de auditoria revela uma tentativa de login falha pelo usuário RJB em 10 de agosto:

```
SQL> select username, to_char(timestamp,'MM/DD/YY HH24:MI') Timestamp,
  2      obj_name, returncode, action_name, sql_text from dba_audit_trail
  3  where action_name in ('LOGON','LOGOFF')
  4      and username in ('SCOTT','RJB','KSHELTON')
  5  order by timestamp desc;

USERNAME   TIMESTAMP         OBJ_NAME    RETURNCODE ACTION_NAME      SQL_TEXT
---------  ---------------   ---------   ---------- ---------------  --------
KSHELTON   08/12/07 17:04                         0 LOGON
SCOTT      08/12/07 16:10                         0 LOGOFF
RJB        08/12/07 11:35                         0 LOGON
RJB        08/12/07 11:35                         0 LOGON
RJB        08/11/07 22:51                         0 LOGON
RJB        08/11/07 22:51                         0 LOGOFF
RJB        08/11/07 21:55                         0 LOGOFF
RJB        08/11/07 21:40                         0 LOGOFF
RJB        08/10/07 22:52                         0 LOGOFF
RJB        08/10/07 22:52                         0 LOGOFF
RJB        08/10/07 22:52                      1017 LOGON
RJB        08/10/07 12:23                         0 LOGOFF
SCOTT      08/03/07 04:18                         0 LOGOFF

13 rows selected.
```

O RETURNCODE representa a mensagem de erro ORA. Uma mensagem ORA-1017 indica que uma senha incorreta foi inserida. Observe que se estivermos interessados apenas em logons e logoffs, podemos usar a visão DBA_AUDIT_SESSION.

A auditoria de instruções também inclui operação de startup e shutdown. Embora possamos auditar o comando **shutdown immediate** na tabela SYS.AUD$, não é possível fazer o mesmo com o comando **startup** em SYS.AUD$, pois o banco de dados tem de ser inicializado antes que as linhas possam ser adicionadas a esta tabela. Para esses casos, podemos examinar o diretório especificado no parâmetro de inicialização AUDIT_FILE_DEST para ver um registro de operação de startup executada pelo administrador do sistema (por padrão, este parâmetro contém $ORACLE_HOME/admin/dw/adump). Aqui está um arquivo de texto criado quando o banco de dados foi inicializado com o comando **startup**:

```
Oracle Database 11g Enterprise Edition Release 11.1.0.6.0 - Production
With the Partitioning, OLAP, Data Mining
                 and Real Application Testing options
ORACLE_HOME = /u01/app/oracle/product/11.1.0/db_1
System name:    Linux
Node name:      dw
Release:        2.6.9-55.0.2.0.1.EL
Version:        #1 Mon Jun 25 14:24:38 PDT 2007
Machine:        i686
Instance name: dw
Redo thread mounted by this instance: 1
Oracle process number: 44
Unix process pid: 28962, image: oracle@dw (TNS V1-V3)

Sun Aug 12 11:57:36 2007
ACTION : 'CONNECT'
DATABASE USER : '/'
PRIVILEGE : SYSDBA
CLIENT USER : oracle
CLIENT TERMINAL : pts/2
STATUS : 0
```

Neste exemplo, o banco de dados foi inicializado por um usuário conectado como **oracle** no sistema host e conectado à instância com autenticação do sistema operacional. Abordaremos os problemas adicionais de auditoria do administrador de sistema na próxima seção.

Auditoria de privilégios

A auditoria de privilégios do sistema tem a mesma sintaxe básica que a de instruções, exceto que na *cláusula_da_instrução_sql* iremos especificar os privilégios de sistema em vez das instruções. Por exemplo, talvez queiramos conceder o privilégio ALTER TABLESPACE a todos os nossos DBAs, mas queremos gerar um registro de auditoria quando isso acontecer. O comando para permitir a auditoria neste privilégio é similar ao de instruções:

```
SQL> audit alter tablespace by access whenever successful;
Audit succeeded.
```

Cada vez que o privilégio ALTER TABLESPACE é utilizado com êxito, uma linha é adicionada a SYS.AUD$. Uma auditoria especial está disponível para os administradores do sistema que usam os privilégios SYSDBA e SYSOPER ou se conectam com o usuário SYS. Para ativar esse nível extra de auditoria, configure o parâmetro de inicialização AUDIT_SYS_OPERATIONS como TRUE. Os registros de auditoria são enviados para o mesmo local dos registros de auditoria do sistema operacional; portanto, esse local depende do sistema operacional. Todas as instruções SQL executadas durante o uso de um desses privilégios, assim como instruções SQL executadas como o usuário SYS, são enviadas para o local de auditoria do sistema operacional.

Auditoria de objetos de esquema

A auditoria de acesso a vários objetos do esquema é similar à de instruções e privilégios:

```
AUDIT cláusula_de_objeto_de_esquema BY {SESSION | ACCESS}
     WHENEVER [NOT] SUCCESSFUL;
```

A **cláusula_de_objeto_de_esquema** especifica um tipo e o acesso de objeto que está sendo acessado.

Quatorze tipos diferentes de operação em objetos específicos podem ser auditados; eles estão listados na Tabela 9-19.

Se quisermos auditar todos os comandos **insert** e **update** na tabela HR.JOBS, independentemente de quem está fazendo a atualização e a cada vez que a ação ocorrer, poderemos usar o comando **audit** como a seguir:

```
SQL> audit insert, update on hr.jobs by access whenever successful;
Audit successful.
```

O usuário KSHELTON decide adicionar duas novas linhas à tabela HR.JOBS:

```
SQL> insert into hr.jobs (job_id, job_title, min_salary, max_salary)
   2  values ('IN_CFO','Internet Chief Fun Officer', 7500, 50000);
1 row created.

SQL> insert into hr.jobs (job_id, job_title, min_salary, max_salary)
   2  values ('OE_VLD','Order Entry CC Validation', 5500, 20000);
1 row created.
```

Tabela 9-19 *Opções de auditoria de objeto*

Opção de objeto	Descrição
ALTER	Altera uma tabela, seqüência ou visão materializada
AUDIT	Audita comandos em qualquer objeto
COMMENT	Adiciona comentários às tabelas, visões ou visões materializadas
DELETE	Exclui linhas de uma tabela, visão ou visão materializada
EXECUTE	Executa uma procedure, função ou pacote
FLASHBACK	Executa operações de flashback em uma tabela ou visão
GRANT	Concede privilégios sobre qualquer tipo de objeto
INDEX	Cria um índice em uma tabela ou visão materializada
INSERT	Insere linhas em uma tabela, visão ou visão materializada
LOCK	Bloqueia uma tabela, visão ou visão materializada
READ	Executa uma operação de leitura no conteúdo de um objeto DIRECTORY
RENAME	Renomeia uma tabela, visão ou procedure
SELECT	Seleciona linhas em uma tabela, visão, seqüência ou visão materializada
UPDATE	Atualiza uma tabela, visão ou visão materializada

Examinando a visão DBA_AUDIT_TRAIL, vemos os dois comandos **insert** na sessão de KSHELTON:

```
USERNAME    TIMESTAMP       OWNER     OBJ_NAME    ACTION_NAME
SQL_TEXT
----------  --------------  --------  ----------  ---------------
------------------------------------------------------------------
KSHELTON    08/12/07 22:54  HR        JOBS        INSERT
insert into hr.jobs (job_id, job_title, min_salary, max_salary)
values ('IN_CFO','Internet Chief Fun Officer', 7500, 50000);
KSHELTON    08/12/07 22:53  HR        JOBS        INSERT
insert into hr.jobs (job_id, job_title, min_salary, max_salary)
values ('OE_VLD','Order Entry CC Validation', 5500, 20000);
KSHELTON    08/12/07 22:51                        LOGON

3 rows selected.
```

Auditoria refinada

Iniciando no Oracle9*i*, a auditoria tornou-se muito mais ajustada e precisa com a introdução de auditoria refinada de objetos (fine-grained object auditing), ou FGA. A FGA é implementada por um pacote PL/SQL denominado DBMS_FGA. Com a auditoria padrão, você pode facilmente descobrir quais objetos foram acessados e por quem, mas não sabe quais colunas ou linhas foram acessadas. A auditoria refinada resolve esse problema não somente especificando um predicado, ou uma cláusula **where**, para quais linhas precisam ser acessadas, mas também uma coluna ou colunas na tabela que está sendo acessada. Isso pode reduzir significativamente o número de entradas na tabela de auditoria ao auditar apenas o acesso a ela caso acesse determinadas linhas e colunas.

O pacote DBMS_FGA tem quatro procedimentos:

ADD_POLICY	Adiciona uma política de auditoria usando uma coluna de auditoria e predicado
DROP_POLICY	Descarta a política de auditoria
DISABLE_POLICY	Desativa a política de auditoria mas mantém a política associada à tabela ou visão
ENABLE_POLICY	Ativa uma política

O usuário TAMARA normalmente acessa a tabela HR.EMPLOYEES diariamente para pesquisar endereços de e-mail de funcionários. Os administradores do sistema suspeitam que TAMARA está visualizando as informações de salários dos gerentes, portanto eles configuram uma diretiva FGA para auditar qualquer acesso à coluna SALARY de qualquer pessoa que seja um gerente:

```
begin
    dbms_fga.add_policy(
        object_schema   =>   'HR',
        object_name     =>   'EMPLOYEES',
        policy_name     =>   'SAL_SELECT_AUDIT',
        audit_condition =>   'instr(job_id,''_MAN'') > 0',
        audit_column    =>   'SALARY'
    );
end;
```

Os registros de auditoria para uma auditoria refinada podem ser acessados com a visão de dicionários de dados DBA_ FGA_AUDIT_TRAIL. Se você normalmente precisa ver as linhas de auditoria padrão e as linhas de auditoria refinada, a visão de dicionários de dados DBA_COMMON_AUDIT_TRAIL combina as linhas de ambos os tipos de auditorias.

Para continuar nosso exemplo, o usuário TAMARA executa duas consultas SQL como a seguir:

```
SQL> select employee_id, first_name, last_name, email from hr.employees
  2     where employee_id = 114;

EMPLOYEE_ID FIRST_NAME              LAST_NAME                   EMAIL
----------- ----------------------- --------------------------- --------------
        114 Den                     Raphaely                    DRAPHEAL

1 row selected.

SQL> select employee_id, first_name, last_name, salary from hr.employees
  2     where employee_id = 114;

EMPLOYEE_ID FIRST_NAME              LAST_NAME                       SALARY
----------- ----------------------- --------------------------- ----------
        114 Den                     Raphaely                         11000

1 row selected.
```

A primeira consulta acessa um gerente, mas não a coluna SALARY. A segunda consulta é igual à primeira, mas de fato acessa a coluna SALARY e, portanto, aciona a diretiva FGA, gerando apenas uma linha no rastreamento de auditoria:

```
SQL> select to_char(timestamp,'mm/dd/yy hh24:mi') timestamp,
  2          object_schema, object_name, policy_name, statement_type
  3  from dba_fga_audit_trail
  4  where db_user = 'TAMARA';

TIMESTAMP       OBJECT_SCHEMA OBJECT_NAME  POLICY_NAME      STATEMENT_TYPE
--------------- ------------- ------------ ---------------- --------------
08/12/07 18:07  HR            EMPLOYEES    SAL_SELECT_AUDIT SELECT

1 row selected.
```

Como configuramos o controle de acesso refinado no nosso exemplo VPD anteriormente neste capítulo para impedir o uso não-autorizado da coluna SALARY, precisamos checar nossas funções de diretiva para ter certeza de que suas informações ainda estão sendo corretamente restritas. A auditoria refinada, junto com a auditoria padrão, é uma boa maneira de garantir que nossas políticas de autorização estão, antes de tudo, configuradas corretamente.

Visões de dicionários de dados relativas à auditoria

A Tabela 9-20 contém as visões de dicionários de dados relativas à auditoria.

Tabela 9-20 *Visões de dicionários de dados referentes à auditoria*

Visão de dicionários de dados	Descrição
AUDIT_ACTIONS	Contém descrições dos códigos dos tipos de ações do rastreamento de auditoria, como INSERT, DROP VIEW, DELETE, LOGON e LOCK.
DBA_AUDIT_OBJECT	Rastreamento de auditoria relativo a objetos no banco de dados.
DBA_AUDIT_POLICIES	Políticas de auditoria refinada no banco de dados.
DBA_AUDIT_SESSION	Todos os registros de auditoria referentes a CONNECT e DISCONNECT.
DBA_AUDIT_STATEMENT	Entradas de rastreamento de auditoria referentes aos comandos GRANT, REVOKE, AUDIT, NOAUDIT e ALTER SYSTEM.
DBA_AUDIT_TRAIL	Contém entradas de rastreamento de auditoria padrão. USER_AUDIT_TRAIL contém linhas de auditoria somente para usuários conectados.
DBA_FGA_AUDIT_TRAIL	Entradas de rastreamento de auditoria para políticas de auditoria refinada.
DBA_COMMON_AUDIT_TRAIL	Combina linhas de auditoria refinadas e padrão em uma visão.
DBA_OBJ_AUDIT_OPTS	Opções de auditoria em vigor para objetos de banco de dados.
DBA_PRIV_AUDIT_OPTS	Opções de auditoria em vigor para privilégios de sistema.
DBA_STMT_AUDIT_OPTS	Opções de auditoria em vigor para instruções.

Protegendo o rastreamento de auditoria

O próprio rastreamento de auditoria necessita ser protegido, especialmente se usuários que não pertencem ao sistema precisarem acessar a tabela SYS.AUD$. A atribuição DELETE_ANY_CATALOG é uma das maneiras com a qual os usuários não-SYS podem ter acesso ao rastreamento de auditoria (por exemplo, para arquivar e truncar o rastreamento de auditoria de forma a garantir que ele não cause impacto nos requisitos de espaço para outros objetos no tablespace SYS).

Para configurar a auditoria no seu próprio rastreamento, conecte- se como SYSDBA e execute o seguinte comando:

```
SQL> audit all on sys.aud$ by access;
Audit succeeded.
```

Agora, todas as ações em relação à tabela SYS.AUD$, incluindo **select**, **insert**, **update** e **delete**, serão registradas nela própria. Mas, você pode perguntar, e se alguém excluir os registros de auditoria que identificam o acesso à tabela SYS.AUD$? As linhas na tabela são excluídas, mas outra linha é inserida, registrando a exclusão delas. Portanto, sempre haverá alguma evidência de atividade, intencional ou acidental, em relação à tabela SYS.AUD$. Além disso, se AUDIT_SYS_ OPERATIONS for configurado como true, todas as sessões que usam **as sysdba**, **as sysoper,** ou se conectam como o próprio SYS serão registradas em logs no local de auditoria do sistema operacional, ao qual presumivelmente nem mesmo os DBAs do Oracle não teriam acesso. Como resultado, temos muitas defesas prontas para garantir que estaremos registrando toda a atividade privilegiada no banco de dados, junto com quaisquer tentativas para ocultar essa atividade.

Ativando a auditoria aprimorada

A partir do Oracle Database 11*g,* o Database Configuration Assistant (DBCA) facilita a ativação da auditoria padrão (aprimorada). Embora haja algum overhead para registrar informações de auditoria, requisitos de compliance como aqueles definidos na legislação americana Sarbanes-Oxley requerem um monitoramento estrito de todas as operações corporativas, incluindo as relacionadas à segurança no banco de dados.

Você pode usar o DBCA para configurar a auditoria padrão quando criar um banco de dados ou depois que ele já está criado. Usar o DBCA para configurar a auditoria padrão depois que um banco de dados já está criado é útil quando já foram alteradas muitas das suas configurações e é preciso redefinir as opções dela para os valores de linha de base.

Além de configurar o valor do parâmetro de inicialização AUDIT_TRAIL como DB, as configurações de auditoria padrão auditam o próprio comando **audit role**. Além disso, é possível ver os privilégios auditados por padrão na página Oracle Enterprise Manager Audit Settings na guia Audited Privileges; a Figura 9-9 mostra os privilégios padrão auditados além de dois outros criados anteriormente neste capítulo.

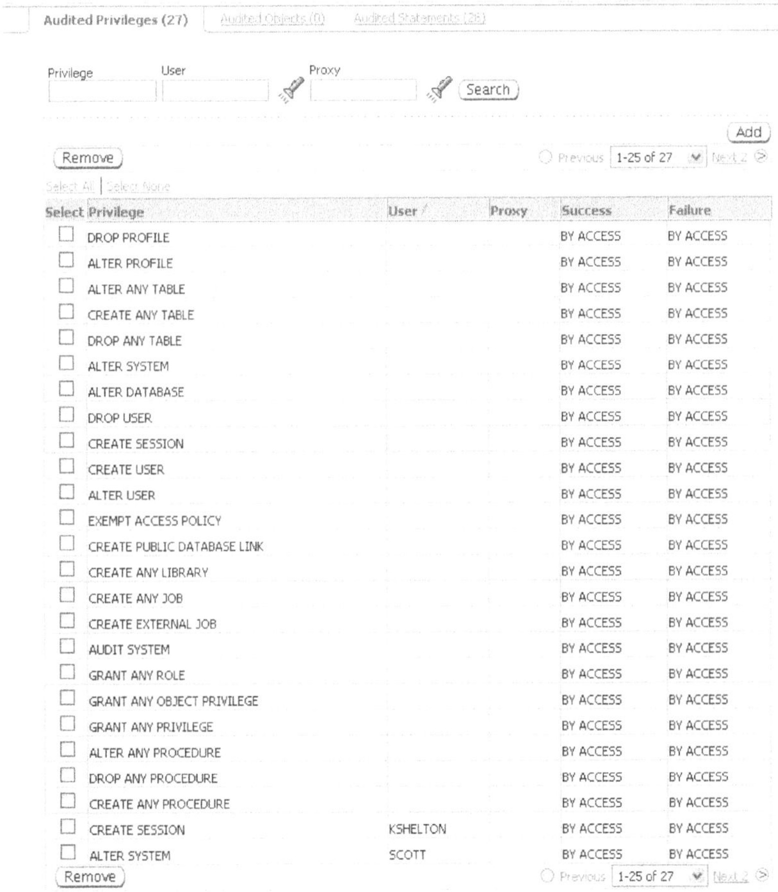

Select	Privilege	User	Proxy	Success	Failure
☐	DROP PROFILE			BY ACCESS	BY ACCESS
☐	ALTER PROFILE			BY ACCESS	BY ACCESS
☐	ALTER ANY TABLE			BY ACCESS	BY ACCESS
☐	CREATE ANY TABLE			BY ACCESS	BY ACCESS
☐	DROP ANY TABLE			BY ACCESS	BY ACCESS
☐	ALTER SYSTEM			BY ACCESS	BY ACCESS
☐	ALTER DATABASE			BY ACCESS	BY ACCESS
☐	DROP USER			BY ACCESS	BY ACCESS
☐	CREATE SESSION			BY ACCESS	BY ACCESS
☐	CREATE USER			BY ACCESS	BY ACCESS
☐	ALTER USER			BY ACCESS	BY ACCESS
☐	EXEMPT ACCESS POLICY			BY ACCESS	BY ACCESS
☐	CREATE PUBLIC DATABASE LINK			BY ACCESS	BY ACCESS
☐	CREATE ANY LIBRARY			BY ACCESS	BY ACCESS
☐	CREATE ANY JOB			BY ACCESS	BY ACCESS
☐	CREATE EXTERNAL JOB			BY ACCESS	BY ACCESS
☐	AUDIT SYSTEM			BY ACCESS	BY ACCESS
☐	GRANT ANY ROLE			BY ACCESS	BY ACCESS
☐	GRANT ANY OBJECT PRIVILEGE			BY ACCESS	BY ACCESS
☐	GRANT ANY PRIVILEGE			BY ACCESS	BY ACCESS
☐	ALTER ANY PROCEDURE			BY ACCESS	BY ACCESS
☐	DROP ANY PROCEDURE			BY ACCESS	BY ACCESS
☐	CREATE ANY PROCEDURE			BY ACCESS	BY ACCESS
☐	CREATE SESSION	KSHELTON		BY ACCESS	BY ACCESS
☐	ALTER SYSTEM	SCOTT		BY ACCESS	BY ACCESS

Figura 9-9 *Exibindo os privilégios auditados usando o OEM.*

TÉCNICAS DE CRIPTOGRAFIA DE DADOS

A criptografia de dados pode melhorar a segurança tanto dentro quanto fora do banco de dados. Um usuário pode ter uma necessidade legítima de acessar a maioria das colunas da tabela, mas se uma das colunas estiver criptografada e ele não conhecer a chave de criptografia, as informações não serão utilizáveis. A mesma preocupação é verdadeira para informações que precisam ser enviadas com segurança por uma rede. As técnicas que foram apresentadas até aqui neste capítulo, incluindo autenticação, autorização e auditoria, garantem acesso legítimo aos dados a partir de um usuário de banco de dados, mas não impedem o acesso de um usuário do sistema operacional que tenha acesso aos arquivos desse sistema que compõem o próprio banco de dados.

Os usuários podem se valer de dois métodos de criptografia de dados: usando o pacote DBMS_CRYPTO, uma substituição do Oracle Database 10g para o pacote DBMS_OBFUSCATION_TOOLKIT encontrado no Oracle9i e o Transparent Data Encryption, que armazena chaves de criptografia globalmente e inclui métodos para criptografar tablespaces inteiros.

Pacote DBMS_CRYPTO

Lançado no Oracle 10g, o pacote DBMS_CRYPTO substitui o DBMS_OBFUSCATION_TOOLKIT e inclui o algoritmo de criptografia Advanced Encryption Standard (AES), que substitui o Data Encryption Standard (DES).

As procedures dentro do DBMS_CRYPTO podem gerar chaves privadas ou você pode especificar sua própria chave. Ao contrário do DBMS_OBFUSCATION_TOOLKIT, que só pode criptografar tipos de dados RAW ou VARCHAR2, o DBMS_CRYPTO pode criptografar tipos BLOB e CLOB.

Transparent Data Encryption

O Transparent Data Encryption (TDE, criptografia transparente de dados), é um sistema de controle de acesso baseado em chaves que conta com um módulo externo para impor a autorização. Cada tabela com colunas criptografadas tem sua própria chave de criptografia, que, por sua vez, é criptografada por uma chave mestra para o banco de dados e armazenada criptografada dentro dele próprio. Já a chave mestra não é armazenada no banco de dados. A ênfase é sobre a palavra *transparente* – usuários autorizados não precisam especificar senhas ou chaves quando acessam colunas criptografadas em uma tabela ou em um tablespace criptografado.

- Embora o TDE tenha sido significativamente melhorado no Oracle Database 11g, existem ainda algumas constraints sobre seu uso; Por exemplo, as colunas que usam constraints de chave estrangeira não podem ser criptografadas, visto que cada tabela tem uma chave de criptografia de coluna única. Isso normalmente não deve ser um problema, porque as chaves usadas nas constraints de chave estrangeira devem ser únicas, não inteligentes e geradas pelo sistema. As chaves corporativas e outros atributos corporativos de uma tabela são candidatos mais prováveis para a criptografia e normalmente não participam nos relacionamentos de chave estrangeira com outras tabelas. Outros tipos e recursos de banco de dados também não são qualificados para o Transparent Data Encryption:
- Tipos de índices que não sejam do tipo árvore B
- Pesquisa de índices de varredura por faixa
- BFILEs (objetos externos)
- Logs de visão materializada
- Synchronous Change Data Capture

CAPÍTULO 9   SEGURANÇA E AUDITORIA DE BANCO DE DADOS   **367**

- Tablespaces transportáveis
- Utilitários originais de importação/exportação (Oracle9*i* e anterior)

Alternativamente, use DBMS_CRYPTO para criptografar manualmente esses tipos e recursos.

NOTA
A partir do Oracle Database 11g, grandes objetos internos, como os tipos BLOB e CLOB agora podem ser criptografados.

Criando um Oracle Wallet

É possível criar um wallet para o Transparent Data Encryption usando o Oracle Enterprise Manager. Selecione a guia Server e, em seguida, clique no link Transparent Data Encryption abaixo de Security Heading. Você verá a página da Figura 9-10. Neste exemplo, ainda não há um wallet criado. O arquivo sqlnet.ora armazena o local do wallet usando a variável ENCRYPTION_WALLET_LOCATION. Se essa variável não existir no sqlnet.ora, o wallet será criado no $ORACLE_HOME/ admin/ *database_name*/wallet, que neste exemplo é /u01/app/oracle/admin/dw/wallet.

Para criar a chave de criptografia e colocá-la no wallet, crie uma senha de wallet que deve ter ao menos dez caracteres de comprimento, uma combinação de letras maiúsculas e minúsculas, números e pontuação. Clique em OK para criar o wallet e verá a página da Figura 9-11.

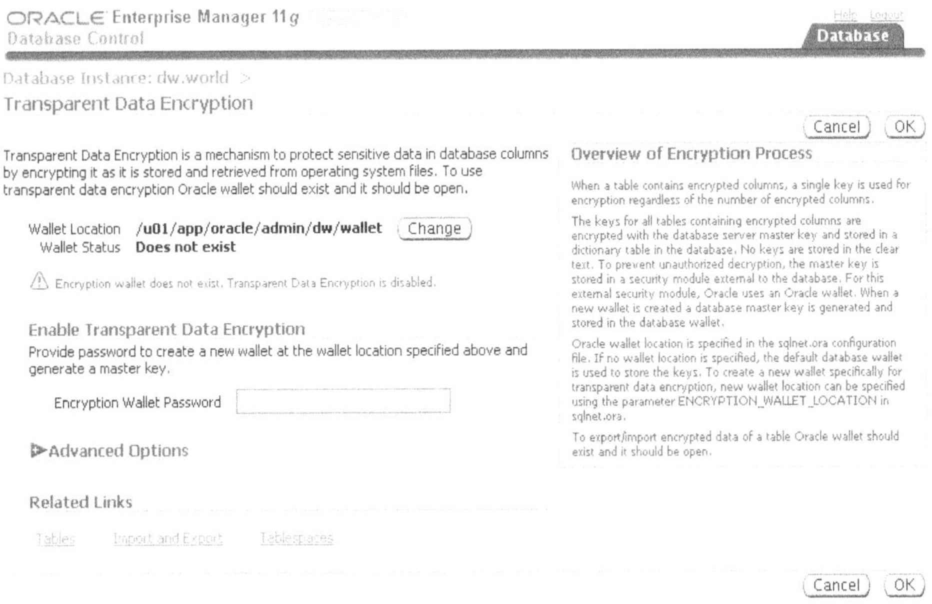

Figura 9-10   *Transparent Data Encryption: criando um wallet.*

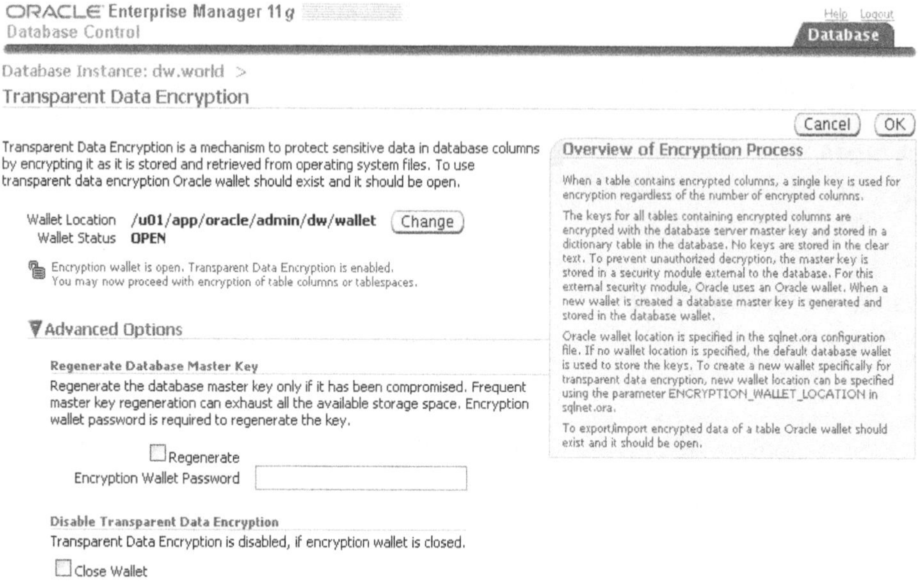

Figura 9-11 *Transparent Data Encryption: o wallet está aberto.*

Se sua chave mestra tornar-se comprometida, você poderá usar a página da Figura 9-10 para recriar a chave mestra. Também é possível fechar o wallet – desativando o Transparent Data Encryption – e impedir o acesso a quaisquer tablespaces ou colunas de tabela criptografadas.

Os comandos SQL para criar, abrir e fechar um wallet são muito simples e provavelmente levam menos tempo para serem digitados do que usando o Oracle Enterprise Manager. Para criar uma nova chave e criar o wallet se ele ainda não existir, use o comando **alter system** como a seguir:

```
SQL> alter system set encryption key identified by "Uni123#Lng";
System altered.
SQL>
```

Observe a importância de colocar a chave do wallet key entre aspas; do contrário, a senha mapeará todas os caracteres como minúsculos e o wallet não será aberto. Depois que a instância do banco de dados for reiniciada, será necessário abrir o wallet com o comando **alter system** se essa tarefa não for automática:

```
SQL> alter system set encryption wallet open identified by "Uni123#Lng";
System altered.
SQL>
```

Finalmente, você pode desativar o acesso a todas as colunas criptografadas no banco de dados a qualquer momento pelo fechamento do wallet:

```
SQL> alter system set encryption wallet close;
```

```
System altered.
SQL>
```

Faça backups freqüentes do seu wallet e não se esqueça da chave do wallet (ou o administrador de segurança – que pode ser uma função separada da função do DBA – também não deverá esquecer a chave do wallet), porque a perda desse ou da sua senha do impedirá a descriptografia de todas as colunas ou tablespaces criptografados.

Criptografando uma tabela

Uma coluna ou colunas podem ser criptografadas em uma ou mais tabelas com a adição da chave **encrypt** após os tipos de dados da coluna em um comando **create table** ou após o seu nome em uma coluna já existente. Por exemplo, para criptografar a coluna SALARY da tabela EMPLOYEES, use este comando:

```
SQL> alter table employees modify (salary encrypt);
Table altered.
SQL>
```

Todos os usuários que tinham privilégios para acessar esta coluna no passado ainda têm o mesmo acesso à coluna SALARY – ela é completamente transparente para os usuários. A única diferença é que a coluna SALARY é indecifrável para qualquer pessoa que acessar o arquivo do sistema operacional contendo a tabela EMPLOYEES.

Criptografando um tablespace

Para criptografar um banco de dados inteiro, o parâmetro de inicialização COMPATIBLE deve ser configurado como 11.1.0.0.0 – o padrão para o Oracle Database 11g. Se o banco de dados foi atualizado de versões anteriores e o parâmetro COMPATIBLE for alternado para 11.1.0.0.0, a alteração será irreversível.

Um tablespace existente não pode ser criptografado; para criptografar o seu conteúdo, é preciso criar um novo tablespace com a opção ENCRYPTION e copiar ou mover os objetos existentes para ele. O Oracle Enterprise Manager facilita a criação do novo tablespace criptografado. Na Figura 9-12, é criado um novo tablespace denominado USERS_CRYPT com um tamanho de 500MB, localizado em um grupo de discos ASM.

Clicando no botão Encryption Options, é possível ver os status do wallet criado anteriormente (ele deve ser aberto para criar um tablespace criptografado) e selecionar o algoritmo de criptografia que será usado para o tablespace. Após clicar em Continue, conforme mostrado na Figura 9-13, retorne para criar a página Create Tablespace.

Clicando em Show SQL, você verá o comando SQL que o Oracle Enterprise Manager usará para criar o tablespace:

```
CREATE SMALLFILE TABLESPACE "USERS_CRYPT"
  DATAFILE'+DATA' SIZE 500M LOGGING EXTENT MANAGEMENT LOCAL
  SEGMENT SPACE MANAGEMENT AUTO NOCOMPRESS ENCRYPTION
  USING 'AES256' DEFAULT STORAGE(ENCRYPT)
```

Clique em Return e, em seguida, clique em OK; o Oracle Enterprise Manager cria o tablespace.

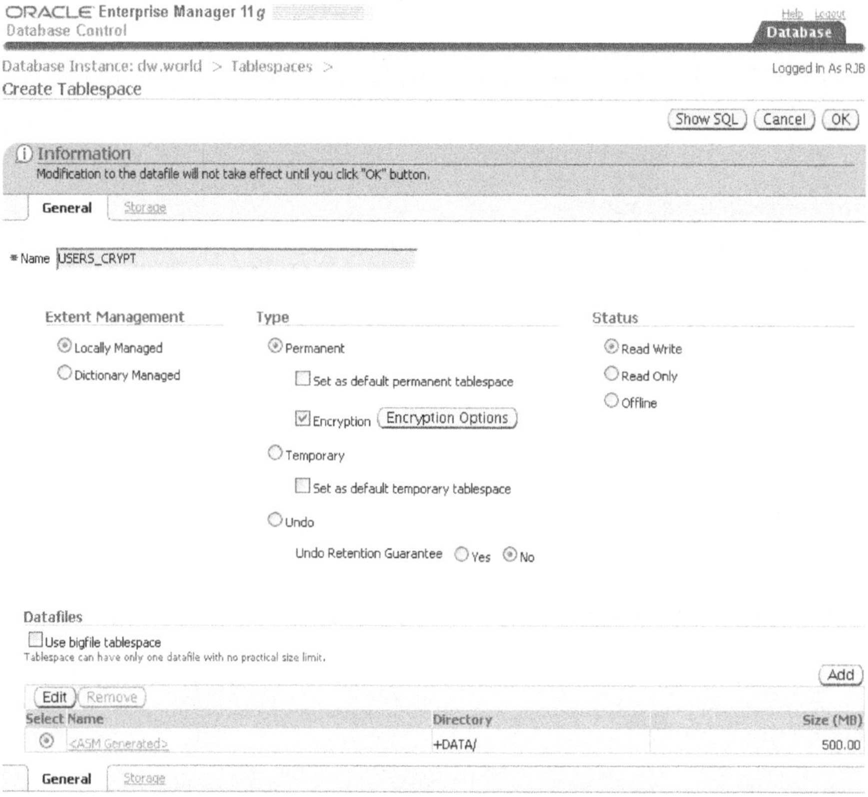

Figura 9-12 *Criando um tablespace criptografado.*

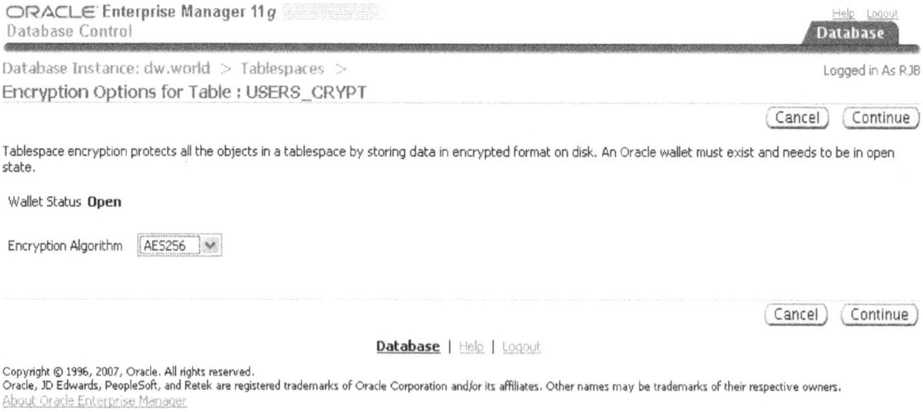

Figura 9-13 *Especificando as opções do tablespace criptografado.*

PARTE III

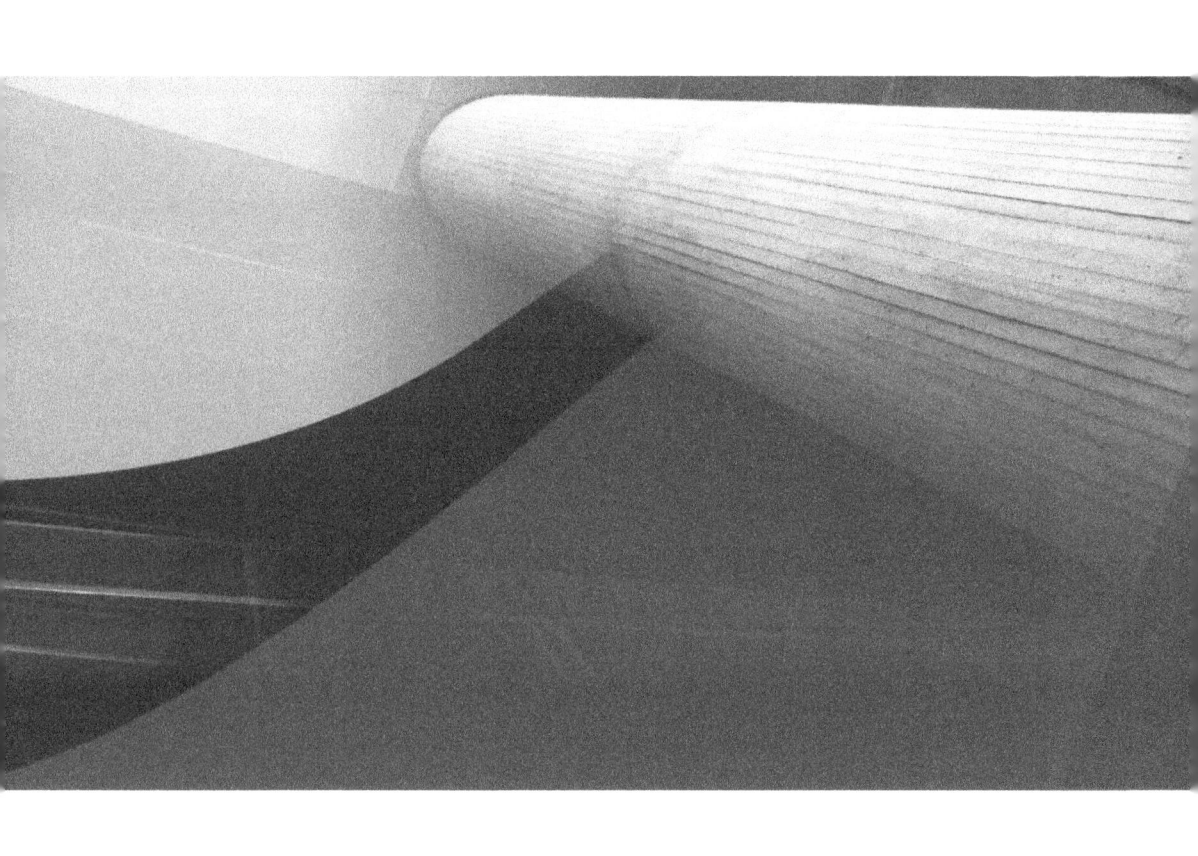

Alta disponibilidade

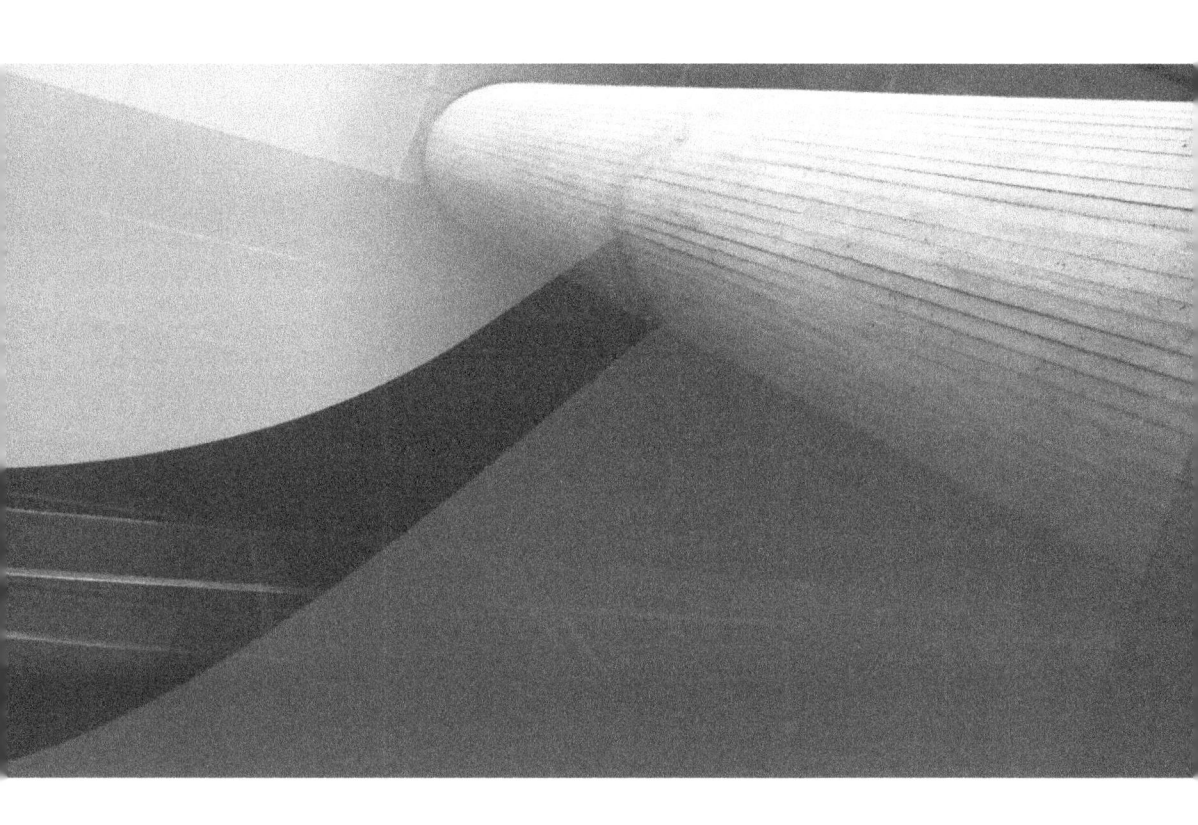

CAPÍTULO 10

Real Application Clusters

No Capítulo 4, apresentamos uma visão geral do Automatic Storage Management (ASM) e do Oracle Managed Files (OMF), e como eles podem facilitar a administração, otimizar o desempenho e melhorar a disponibilidade. Adicione um ou mais volumes de disco a um VLDB (very large database) para crescimento rápido sem parar a instância.

No Capítulo 6, falamos sobre tablespaces bigfile e como eles não só permitem que o tamanho total do banco de dados seja muito maior do que nas versões anteriores do Oracle, mas também facilitam a administração movendo o ponto de manutenção do arquivo de dados para o tablespace. O Capítulo 15 irá se focar no Oracle Net, fornecendo os conceitos básicos para garantir que seus clientes possam acessar os servidores de banco de dados de maneira eficiente e rápida. O Capítulo 16 irá expandir nossa abordagem de tablespaces bigfile, além de apresentar outras ferramentas para facilitar o gerenciamento de grandes bancos de dados, como tablespaces transportáveis, suporte a tabelas particionadas e o Oracle Data Pump.

À medida que seus bancos de dados aumentam e o número de usuários cresce, a necessidade de disponibilidade torna-se ainda mais importante. O Real Application Clusters (RAC) irá unir o OMF, os tablespaces bigfile, uma infra-estrutura de rede robusta e o ASM em elementos chave da sua arquitetura. Neste capítulo, revisaremos muitos desses recursos de banco de dados, mas com ênfase em como eles podem ser aproveitados em um ambiente RAC.

Este capítulo foca em vários tópicos do RAC, incluindo como configurar seu ambiente de sistema operacional – parâmetros de kernel, configuração de rede e contas de usuários. Serão executadas as instalações necessárias para dar suporte ao RAC, como o Cluster Ready Services (CRS) para criar um ambiente clusterizado, assim como várias opções de instalação dentro do Oracle Universal Installer (OUI) para configurar sua rede, o armazenamento compartilhado e a instalação do software de banco de dados tanto para o CRS quanto para o próprio banco de dados Oracle 11g.

Durante a instalação do RAC, você pode configurar o agente do Enterprise Manager e o Enterprise Manager Database Control para gerenciar seu cluster. O EM Database Control estende a funcionalidade disponível para administrar uma única instância fornecendo uma camada de gerenciamento de cluster para as instâncias Oracle e a configuração de cluster subjacente a partir de uma única interface Web.

Nos capítulos seguintes, apresentaremos outras maneiras de garantir alta disponibilidade e recuperabilidade do banco de dados: o Capítulo 13 fará um exame detalhado do Oracle Data Guard para funcionalidades de failover rápido e o Capítulo 17 abordará o Oracle Streams para replicação avançada. No Capítulo 14, concluiremos nossa discussão sobre as opções de Flashback iniciadas no Capítulo 7, mostrando como executar o Flashback Drop e o Flashback Database, além de como usar o LogMiner para desfazer transações individuais.

VISÃO GERAL DO REAL APPLICATION CLUSTER

Um Real Application Cluster é altamente disponível e escalável. A falha de um nó do cluster não afeta as sessões dos clientes ou a disponibilidade do cluster até que o seu último nó falhe; o único impacto que um nó perdido tem no cluster é uma ligeira degradação no tempo de resposta, dependendo do número total de nós nele.

Um banco de dados RAC tem algumas desvantagens. Os custos de licenciamento são mais altos, porque cada nó do cluster precisa ter sua própria licença Oracle. A proximidade física dos nós do cluster devido aos seus requisitos de alta velocidade de interconexão significa que um desastre natural pode pará-lo; usar um banco de dados remoto em standby pode ajudar a resolver algumas dessas preocupações. Você terá de avaliar o custo da alta disponibilidade (ou da falta dela) comparado ao aumento de custo e um ligeiro aumento de manutenção para o RAC.

> **NOTA**
> *Um "cluster estendido" ou um cluster que usa a tecnologia RAC em uma rede remota (WAN) protege contra a perda de um centro de dados inteiro, mas ele aumenta os custos de infra-estrutura, visto que os sistemas de armazenamento já redundantes devem ser duplicados em todos os sites e a largura de banda da rede deve ser suficientemente alta para suportar as tarefas de sincronização durante os períodos de pico das transações.*

Nas próximas seções, abordaremos alguns requisitos de hardware e software para um banco de dados RAC e detalharemos a configuração de rede e os requisitos de armazenamento em disco para construir um cluster com êxito.

Configuração de hardware

Uma discussão completa de todas as configurações de hardware RAC possíveis está além do escopo deste livro. O ideal é possuir ao menos dois, preferivelmente três nós para um RAC, cada um deles com redundância de fontes de energia, placas de rede, CPUs dual-core e memória com correção de erro; essas são as características desejáveis para qualquer tipo de servidor, não apenas um servidor Oracle. Quanto maior o número de nós configurados no cluster, menor será o impacto no desempenho quando um deles falhar.

O subsistema de discos compartilhados também deve ter redundância de hardware – várias fontes de energia, disco com RAID, etc. Equilibre a redundância do disco compartilhado com os tipos de grupos de discos que criará para o RAC. A redundância mais alta incorporada no hardware de subsistema de discos pode potencialmente reduzir a quantidade de redundância de software que especificado quando da criação dos grupos de discos do banco de dados.

Configuração de software

Embora as soluções de clusterização do Oracle estejam disponíveis desde a versão 6, só na versão 10*g* houve uma solução de clusterware nativo que unisse mais firmemente o banco de dados à solução de gerenciamento de volume. O Cluster Ready Services (CRS) é a solução de clusterização que pode ser usada em todas as principais plataformas em vez de um clusterware de terceiros ou fornecedor de SO.

O CRS é instalado antes do RDBMS e deve estar no seu próprio diretório, referenciado como o CRS_HOME. Se for usar apenas uma única instância, mas planejar clusterizá-la no futuro, será útil instalar o CRS primeiro para que seus componentes que são necessários para o ASM e o RAC estejam na estrutura de diretório RDBMS. Se não instalar o CRS primeiro, terá de executar algumas etapas adicionais mais tarde para remover os executáveis de processo relativos ao CRS do diretório inicial do banco de dados.

Após os CRS ser instalado, instale o software de banco de dados no diretório inicial, referenciado como o ORACLE_HOME. Em algumas plataformas, como Microsoft Windows, esse diretório pode ser um diretório comum a todos os nós, ao passo que outras plataformas, como o Linux, requerem o OCFS versão 2.*x* ou posterior. Do contrário, cada nó terá sua própria cópia dos executáveis binários.

Configuração de rede

Cada nó em um RAC tem pelo menos três endereços IP: um para a rede pública, um para a interconexão de rede privada e outro endereço IP para dar suporte ao failover rápido no caso de uma falha de nó. Como resultado, no mínimo duas placas de rede físicas são necessárias para dar suporte ao RAC; placas adicionais são usadas para fornecer redundância na rede pública e, assim, um caminho de rede alternativo para as conexões de entrada. Para a rede privada, as placas de rede adicionais podem aumentar o desempenho fornecendo mais largura de banda total para o tráfego de interconexões. A Figura 10-1 mostra um RAC de dois nós com uma placa de rede em cada nó para a interconexão privada e uma placa de rede em cada nó para conectar à rede pública.

A rede pública é usada para todas as conexões de rotina com o servidor; a rede interconectada, ou rede privada, suporta a comunicação entre os nós no cluster, como suas informações de status e os blocos de dados compartilhados entre eles. Essa interface deve ser a mais rápida possível e nenhum outro tipo de comunicação entre os nós deve ocorrer na interface privada; do contrário, o desempenho do RAC poderá sofrer.

A rede IP virtual é o endereço atribuído ao processo listener Oracle e dá suporte ao *rapid connect-time failover (failover rápido em tempo de conexão)*, que é capaz de alternar o tráfego da rede e a conexão Oracle para uma instância diferente no RAC, muito mais rapidamente do que uma solução de alta disponibilidade de terceiros.

Armazenamento em disco

A unidade de disco compartilhada pode ou não ser um dispositivo RAID para dar suporte à redundância; o mais importante é que as suas controladoras e conexões ao storage compartilhado sejam multiplexadas para garantir a alta disponibilidade. Se os discos na unidade compartilhada não forem espelhados, use os recursos de espelhamento do ASM para fornecer os benefícios de desempenho e disponibilidade.

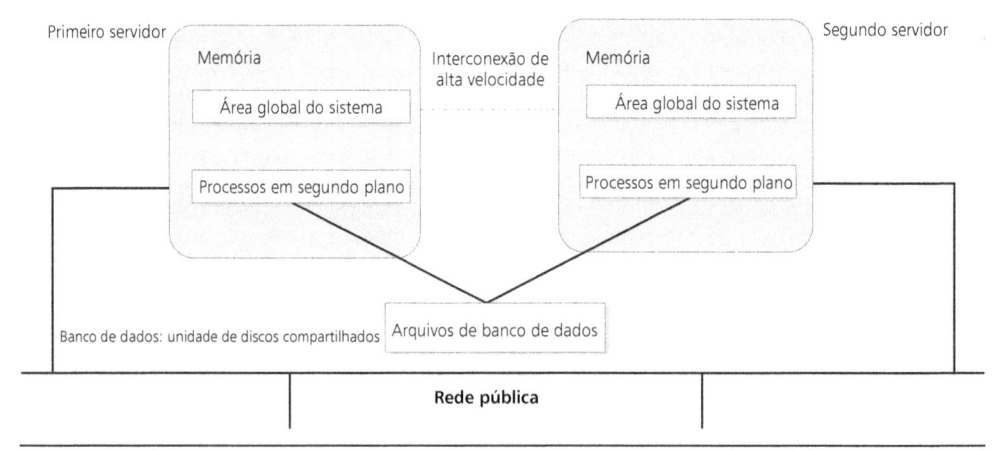

Figura 10-1 *Configuração de rede RAC.*

Tabela 10-1 *Discos raw para grupos de discos ASM, o Voting Disk e o OCR Disk*

Dispositivo raw, ASM ou nome do arquivo de sistema	Nome do dispositivo físico	Capacidade	Finalidade
DVOL1	/dev/sdc1	10GB	ASM Disk #1: +DATA1
DVOL2	/dev/sdd1	10GB	ASM Disk #1: +DATA1
RVOL1	/dev/sde1	10GB	ASM Disk #2: +RECOV1
RVOL2	/dev/sdf1	10GB	ASM Disk #2: +RECOV1
/dev/raw/raw5	/dev/sdg1	512MB	OCR Disk
/dev/raw/raw6	/dev/sdh1	512MB	Voting Disk
/dev/raw/raw7	/dev/sdi1	512MB	Espelhamento de OCR Disk
/dev/raw/raw8	/dev/sdj1	512MB	Espelhamento de Voting Disk
/u01	/dev/sdk1	8GB	Binários Oracle compartilhados
/dev/raw/raw9	/dev/sdl1	512MB	Segundo Espelhamento do Voting Disk

Para fins de exemplo neste capítulo, usaremos um servidor Linux com a configuração de dispositivos listada na Tabela 10-1. Esses discos residem em um dispositivo de armazenamento compartilhado SCSI e têm o mesmo nome de dispositivo em cada nó do cluster.

Existem cinco discos raw que têm 512MB reservados para o voting disk, o OCR disk e seus espelhos (um espelho para o OCR disk e dois espelhos para o voting disk); falaremos das utilizações para esses discos na seção "Cluster Ready Services". O sistema de arquivos compartilhados /u01 usa o Oracle Cluster File System (OCFS2) para compartilhar os seus arquivos executáveis entre todos os nós do cluster, economizando duplicação e tempo de instalação dos mesmos executáveis Oracle em cada nó do cluster.

INSTALAÇÃO E CONFIGURAÇÃO

Para os exemplos deste capítulo, usaremos o Oracle Enterprise Linux (baseado no Red Hat Enterprise Linux) para instalar o RAC e demonstrar seus recursos. Entretanto, a maioria, se não todas, as dicas, técnicas e métodos de instalação apresentados neste capítulo serão aplicáveis a outras plataformas Unix-like e mesmo a instalações baseadas em Windows.

DICA
O Oracle Enterprise Linux engloba muitos recursos que não estão inclusos nas distribuições Red Hat, como OCFS2 e a biblioteca ASMlib. O mais importante é que o Oracle Enterprise Linux é suportado e firmemente integrado com o Oracle Unbreakable Linux, um programa de suporte para o Oracle em soluções Linux através do Oracle MetaLink.

Mostraremos como configurar um RAC de três nós; embora um RAC de dois nós possa demonstrar a maioria de seus recursos. Você precisará de um RAC de três nós para ver como os restantes no cluster ainda podem operar como um RAC e recuperar a perda de um único nó do cluster. Na prática, quanto mais nós no cluster, menos impacto haverá no throughput quando um deles falhar.

Em cada nó, o software Oracle residirá em um ORACLE_HOME compartilhado; o banco de dados e os arquivos de recuperação usarão discos ASM configurados com o Oracle ASMLib e o OCR e os voting disks usarão dispositivos raw.

> **NOTA**
> *Como uma alternativa para o ASM e discos raw, o Oracle Cluster File System (OCFS) versão 2.x, disponível em http://oss.oracle.com, pode ser usado para armazenar arquivos de banco de dados e executáveis Oracle em um sistema de arquivos compartilhado e comum.*

Finalmente, assumiremos que os discos compartilhados são acessíveis por meio do mesmo nome de nó no diretório /dev e que cada nó do cluster pode acessar o disco compartilhado simultaneamente; a instância ASM em um deles coordenará automaticamente o acesso ao disco compartilhado.

Configuração de sistema operacional

A primeira etapa é preparar o sistema operacional. Instale o Oracle Enterprise Linux e todas as suas opções. A pequena quantidade de espaço em disco que você pode economizar é rapidamente compensada quando, mais tarde, um componente estiver faltando e for necessário localizar os CDs de instalação para obtê-lo. Uma vez que tudo esteja instalado, certifique-se de aplicar todos os patches do Oracle Unbreakable Linux Network para tirar proveito de todas as melhorias de segurança e desempenho, embora o Oracle 11g terá a mesma performance no Red Hat Enterprise Linux versões 4 e 5.

Requisitos de memória e disco

Para cada nó do cluster, o mínimo recomendável é de 1GB. O espaço de swap deve ter pelo menos duas vezes esse valor, ou 2GB. Para uma instalação bem-sucedida, deve haver ao menos 400MB livres no sistema de arquivos /tmp.

O próprio software Oracle requer aproximadamente 4GB de espaço em disco e os arquivos de banco de dados padrão requerem outros 1,5GB; o aumento do seu banco de dados dependerá, é claro, das aplicações que serão usadas.

No seu subsistema de discos compartilhados, é necessário duas partições especiais: uma para um Voting Disk e outra para o Oracle Cluster Registry (OCR). O voting disk é usado pelo software de clusterização do Oracle, Cluster Ready Services (CRS), para arbitrar a propriedade do cluster no caso de uma falha na rede privada. O OCR disk é usado para manter todos os metadados sobre o cluster: a sua configuração e a configuração do seu banco de dados.

Parâmetros de kernel

A maioria dos parâmetros de kernel, por padrão, está configurada corretamente para o Oracle com exceção de alguns; verifique se esses parâmetros na Tabela 10-2 estão configurados para os valores fornecidos na tabela.

> **NOTA**
> *Para plataformas de 64-bits, se sua SGA for maior que 2GB, o valor referente a kernel.shmall deve ser pelo menos igual ao valor do parâmetro de inicialização SGA_MAX_SIZE.*

Você pode confirmar que esses valores estão em vigor usando o comando a seguir:

```
[root@oc1 ~]# /sbin/sysctl -a |
              egrep 'sem|shm|file-max|ip_local|rmem|wmem'
net.ipv4.ip_local_port_range = 1024      65000
net.core.rmem_default = 4194304
net.core.wmem_default = 262144
net.core.rmem_max = 4194304
net.core.wmem_max = 262144
vm.hugetlb_shm_group = 0
kernel.sem = 250       32000       100       128
kernel.shmmni = 4096
kernel.shmall = 2097152
kernel.shmmax = 2147483648
fs.file-max = 65536
[root@oc1 ~]#
```

Em uma instalação Oracle Enterprise Linux padrão, alguns desses parâmetros já estão configurados. Para aqueles valores que variam da Tabela 10-2, simplesmente anexe o nome do parâmetro e o valor da saída do exemplo anterior ao arquivo /etc/sysctl.conf e, em seguida, execute o comando **/sbin/sysctl -p** para alterá-los imediatamente. Após a próxima reinicialização, os valores especificados no /etc/sysctl.conf serão automaticamente configurados.

Tabela 10-2 *Valores mínimo dos parâmetros de kernel do Oracle Database 11g*

Parâmetro de kernel	Valor
kernel.shmall	2097152
kernel.shmmax	Mínimo entre a metade do tamanho da memória física e 4GB
kernel.shmmni	4096
kernel.sem	250 32000 100 128
fs.file-max	Mínimo de 512 * PROCESSES
net.ipv4.ip_local_port_range	1024 65000
rmem_default	4194304
rmem_max	4194304
wmem_default	262144
wmem_max	262144

Configuração de rede

Cada nó em um RAC requer ao menos duas placas de rede; uma placa para conectar-se à rede pública para comunicação dos clientes e outra para a rede privada entre os nós de um cluster. Para os exemplos deste capítulo, usaremos o arquivo /etc/hosts a seguir:

```
# Do not remove the following line, or various programs
# that require network functionality will fail.
127.0.0.1   localhost.localdomain localhost

    192.168.2.95    dw
    192.168.2.91    oe4          # Oracle Linux Enterprise 4

    192.168.2.81    asmw
    192.168.2.82    asinfra

    192.168.2.68    phpxe        # with Oracle Database XE
    192.168.2.65    officedesktop    # some good shares are here

    192.168.2.101   oc1          #public1
    192.168.1.101   poc1         #private1
    192.168.2.176   voc1         #virtual1

    192.168.2.102   oc2          #public2
    192.168.1.102   poc2         #private2
    192.168.2.177   voc2         #virtual2

    192.168.2.103   oc3          #public3
    192.168.1.103   poc3         #private3
    192.168.2.178   voc3         #virtual3
```

Neste ponto, vale a pena observar dois comentários. Se só precisamos de duas placas de rede em cada servidor; por que existe um endereço "virtual" para cada nó? Os endereços virtuais suportam failover rápido em tempo de conexão, um conceito que exploraremos mais detalhadamente neste capítulo. Todas as conexões de clientes usam esses endereços virtuais para suas conexões e cada listener de nó RAC ouvirá em nós virtuais, em vez de em nomes de nós públicos. Observe também que cada endereço virtual deve estar na mesma subnet do endereço público; a rede de interconexão privada, entretanto, está na sua própria subnet privada.

> **DICA**
> *Antes de prosseguir com as instalações do software Oracle, certifique-se de que você pode conectar-se a partir de cada nó do cluster a todos os outros nós usando o comando **ssh** sem solicitar uma senha para o usuário oracle; além disso, verifique se **ssh <hostname> <command>** não retorna um banner de login.*

Contas de usuários

Além da conta root, a única conta necessária no seu servidor Linux é a conta Oracle; de fato, em um ambiente de produção, não é recomendável nenhuma outra conta de usuário no servidor para evitar qualquer acesso inadvertido ou intencional aos arquivos de banco de dados críticos, arquivos de controle, executáveis ou arquivos de senha.

Os grupos oinstall e dba devem existir em cada nó do cluster, além do usuário oracle. Use os comandos a seguir para criá-los caso ainda não existam e atribua o usuário oracle a ambos os grupos, com oinstall como o grupo principal:

```
[root@oc1 ~]# /usr/sbin/groupadd oinstall
[root@oc1 ~]# /usr/sbin/groupadd dba
[root@oc1 ~]# /usr/sbin/useradd -g oinstall -G dba oracle
[root@oc1 ~]# passwd oracle
Changing password for user oracle.
New password:
Retype new password:
passwd: all authentication tokens updated successfully.
[root@oc1 ~]#
```

Para o usuário oracle, configure o ambiente padrão no script de logon; este exemplo de script de logon assume o shell bash (Bourne Again Shell) no Oracle Enterprise Linux:

```
#.bash_profile

# Get the apelidoes and functions
if [ -f ~/.bashrc ]; then
        . ~/.bashrc
fi

# User specific environment and startup programs
PATH=$PATH:$HOME/bin
export PATH
unset USERNAME
umask 022
ORACLE_BASE=/u01/app/oracle
# ORACLE_HOME is set after installation with OUI.
# ORACLE_HOME=$ORACLE_BASE/product/11.1.0/db_1
# ORACLE_SID different on each node;
# same database, different instance.
ORACLE_BASE=/u01/app/oracle
ORACLE_HOME=$ORACLE_BASE/product/11.1.0/db_1
ORACLE_SID=rac1
PATH=$ORACLE_HOME/bin:$PATH
export ORACLE_BASE ORACLE_HOME ORACLE_SID PATH
```

Certifique-se de que o valor para ORACLE_SID seja único em cada nó. À medida que instalamos os produtos adicionais, como CRS, e criamos as instâncias RAC, faremos alterações neste script de logon conforme apropriado.

Para configurar a equivalência de usuários entre nós no cluster, use o arquivo.rhosts ou /etc/hosts.equiv para dar suporte aos comandos **rsh** e **rcp**; melhor ainda, e mais seguro, garanta que **ssh** e **scp** estão configurados para todos os nós do cluster. A partir do Oracle 10g, o OUI usa o **ssh** e **scp**, se possível, e recorre ao **rsh** e **rcp,** se necessário. A configuração do **ssh** usando o utilitário **ssh-keygen** está além do escopo deste livro; consulte seu administrador de sistema Unix ou Linux para configurar o **ssh** e **scp**.

Diretórios de softwares

Como estamos usando o ASM nesses exemplos para armazenamento RAC, apenas um diretório, /u01/app/oracle, precisa ser criado no armazenamento local para estocar o Oracle Database e o software CRS. O volume de disco no qual esse diretório reside deve ter ao menos 4GB de espaço para o banco de dados e o software CRS. Use esses comandos para criar esse diretório e atribuir as permissões corretas:

```
[root@oc1 ~]# mkdir -p /u01/app/oracle
[root@oc1 ~]# chown -R oracle:oinstall /u01/app /u01/app/oracle
[root@oc1 ~]# chmod -R 775 /u01/app/oracle
[root@oc1 ~]# chown -R oracle:oinstall /u01/app
```

Biblioteca ASMLib

A biblioteca ASMLib para Linux é uma biblioteca de suporte para instância ASM no Oracle Database 10g e posterior. Embora seja possível referenciar os discos raw diretamente quando criar grupos de discos ASM dentro dessa instância, a ASMLib proporciona vários benefícios:

- É possível gerenciar os discos ASM no nível do sistema operacional; não é necessário referenciar os discos raw no instalador.
- O uso da ASMLib reduz o tempo de inicialização a instância ASM.
- Os nomes de volumes são consistentes, enquanto os nomes de dispositivos raw podem diferir de servidor para servidor; um nome de volume identifica mais facilmente o dispositivo de disco em um determinado volume.
- O desempenho dos grupos de discos ASM é melhorado.

Após a instalação dos pacotes ASMLib **oracleasm**, configure cada nó no seu cluster usando o comando **oracleasm** conforme a seguir:

```
[root@oc1 ~]# /etc/init.d/oracleasm configure
Configuring the Oracle ASM library driver.

This will configure the on-boot properties of the Oracle ASM library
driver. The following questions will determine whether the driver is
loaded on boot and what permissions it will have. The current values
will be shown in brackets ('[]'). Hitting <ENTER> without typing an
answer will keep that current value. Ctrl-C will abort.

Default user to own the driver interface []: oracle
Default group to own the driver interface []: oinstall
Start Oracle ASM library driver on boot (y/n) [n]: y
Fix permissions of Oracle ASM disks on boot (y/n) [y]: y
Writing Oracle ASM library driver configuration:          [ OK ]
Loading module "oracleasm":                               [ OK ]
Mounting ASMlib driver filesystem:                        [ OK ]
Scanning system for ASM disks:                            [ OK ]
[root@oc1 ~]#
```

Certifique-se de remover ou marcar como comentário (usando o símbolo # no início da linha) as linhas que possuem definições de discos raw em cada nó do cluster, no arquivo /etc/sysconfig/rawdevices, para os discos raw que serão usados para os grupos de discos ASM:

```
# raw device bindings
# format:  <rawdev> <major> <minor>
```

```
#              <rawdev> <blockdev>
# example: /dev/raw/raw1 /dev/sda1
#              /dev/raw/raw2 8 5
#/dev/raw/raw1 /dev/sdc1
#/dev/raw/raw2 /dev/sdd1
#/dev/raw/raw3 /dev/sde1
#/dev/raw/raw4 /dev/sdf1
/dev/raw/raw5 /dev/sdg1
/dev/raw/raw6 /dev/sdh1
/dev/raw/raw7 /dev/sdi1
/dev/raw/raw8 /dev/sdj1
/dev/raw/raw9 /dev/sdl1
```

Os dispositivos raw restantes serão usados como OCR disk, voting disk e espelhamentos para cada um destes, e não são gerenciados por meio da biblioteca oracleasm.

Em qualquer nó do cluster, marque os discos usando o comando **oracleasm createdisk**; use o comando **oracleasm listdisks** para ver os discos ASM disponíveis:

```
[root@oc1 ~]# /etc/init.d/oracleasm createdisk DVOL1 /dev/sdc1
Marking disk "/dev/sdc1 as an ASM disk:              [ OK ]
[root@oc1 ~]# /etc/init.d/oracleasm createdisk DVOL2 /dev/sdd1
Marking disk "/dev/sdd1" as an ASM disk:             [ OK ]
[root@oc1 ~]# /etc/init.d/oracleasm createdisk RVOL1 /dev/sde1
Marking disk "/dev/sde1" as an ASM disk:             [ OK ]
[root@oc1 ~]# /etc/init.d/oracleasm createdisk RVOL2 /dev/sdf1
Marking disk "/dev/sdf1" as an ASM disk:             [ OK ]
[root@oc1 ~]# /etc/init.d/oracleasm listdisks
DVOL1
DVOL2
RVOL1
RVOL2
[root@oc1 ~]#
```

Para os nós restantes no cluster, é possível detectar e registrar automaticamente os discos ASM usando o comando **oracleasm scandisks da** biblioteca ASMLib:

```
[root@oc2 ~]# /etc/init.d/oracleasm scandisks
Scanning system for ASM disks: [ OK ]
[root@oc2 ~]# /etc/init.d/oracleasm listdisks
DVOL1
DVOL2
RVOL1
RVOL2
[root@oc2 ~]#
```

O driver ASMLib busca automaticamente os dispositivos livres para os discos registrados no ASM, quando o serviço oracleasm começa durante a inicialização do sistema.

Aqui está um breve resumo das opções do comando **oracleasm**:

- **start, stop, restart** Inicia, pára ou reinicia o serviço oracleasm.
- **enable, disable** Ativa ou desativa a carga automática do driver oracleasm na inicialização do sistema.
- **configure** Reconfigura as opções de inicialização ou o proprietário do driver oracleasm.

- **createdisk** Marca um dispositivo de disco para uso com o driver oracleasm.
- **deletedisk** Desmarca um dispositivo de disco. Não desmarque um que esteja atualmente em um grupo de discos ASM.
- **querydisk** Determina se um disco específico é marcado pelo driver oracleasm.
- **listdisks** Lista todos os discos anexados ao servidor e que estão marcados para uso pelo oracleasm.
- **scandisks** Identifica os discos marcados para uso pelo cluster como discos oracleasm.

Instalação de software

Para criar um cluster de 2 nós ou um de 16 nós, o procedimento é o mesmo; se você configurou seus servidores conforme detalhado nas seções anteriores. As instalações que executará a seguir serão automaticamente replicadas para cada nó que for especificado nas telas de configuração do Cluster Ready Services e no próprio software Oracle Database.

Portanto, a discussão a seguir está dividida em três partes: o CRS para preparar o ambiente de clusterização, a instalação do software Oracle Database 11g e a criação de uma instância do banco de dados em cada nó do cluster. À medida que avançarmos pelas telas de cada instalação, veremos os conceitos e as explicações necessárias para que esteja preparado para fazer os ajustes no seu ambiente depois que as primeiras forem concluídas.

Em muitos casos, as etapas de instalação para o software de banco de dados, o próprio banco de dados e o ASM são similares ou idênticas àquelas vistas nos Capítulos 1 e 4, e encontram-se detalhadas no apêndice. Nas seções a seguir, focalizaremos as diferenças que você verá em uma instalação RAC.

Cluster Ready Services

Conforme mencionado anteriormente neste capítulo, o CRS deve ser instalado no seu próprio diretório inicial denominado CRS_HOME. Como parte da instalação do CRS, será preciso configurar dois locais particulares que não são específicos para nenhuma instância, mas são usados pelo próprio cluster: o Oracle Cluster Registry e o voting disk. O *Oracle Cluster Registry (OCR)* é o local onde o cluster armazena seus metadados e 256MB é a quantidade mínima de espaço em disco requerido para armazená-los.

O *voting disk* é usado pelo cluster para resolver situações onde um ou mais nós do cluster perdem o contato com outros nós na interconexão privada. Dessa maneira, impede-se que um nó ou um grupo de nós grave nos arquivos de discos compartilhados porque ele assume que está controlando o storage compartilhado. Como no disco OCR, o voting disk requer um mínimo de 256MB de espaço em disco livre no dispositivo.

Os locais do disco OCR e do voting disk devem ser em dispositivos raw separados, mesmo quando se está usando o ASM para seus outros arquivos de banco de dados; entretanto, se você está usando o OCFS, o disco OCR e o voting disk podem existir como arquivos em um volume desse. No exemplo a seguir, usaremos dispositivos raw para o disco OCR e para o voting disk; esse é o método recomendado pela Oracle.

A partir do Oracle Database 10g Release 2, o comando runcluvfy.sh verifica se a memória do servidor, a equivalência de usuários, as interfaces de rede, os pacotes necessários e a conectividade entre os nós no cluster estão configurados corretamente para uma instalação CRS. Execute o comando a seguir, substituindo uma lista dos nomes de nós do seu cluster por **oc1,oc2,oc3**:

```
./runcluvfy.sh stage -pre crsinst -n oc1,oc2,oc3 -verbose
```

O software CRS no CD ou DVD ou no arquivo de instalação para download tem aproximadamente 250MB. Após montar o CD ou expandir o arquivo ZIP, execute o script ./runInstaller como o usuário oracle. A primeira tela que você verá após a tela de boas-vindas e a tela de localização do Oracle Inventory é mostrada na Figura 10-2.

A instalação do CRS é similar à instalação de um banco de dados; é especificado um diretório home para os arquivos executáveis. Neste caso, será usada uma variável de diretório home deno-

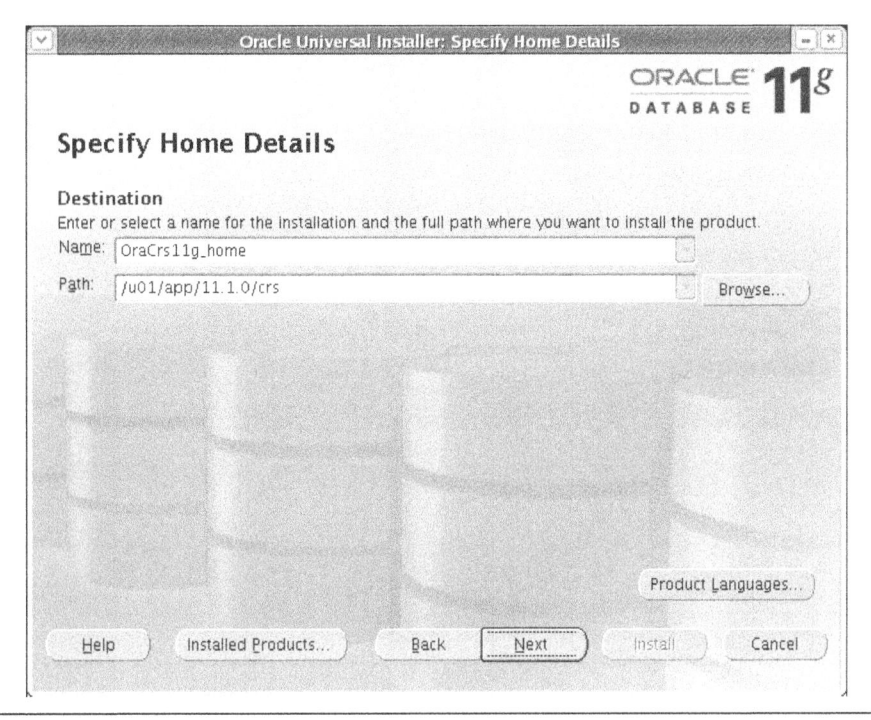

Figura 10-2 *Locais de arquivos executáveis.*

minada CRS_HOME (com um nome OUI padrão igual a OraCrs11g_home e um nome de caminho igual a /u01/app/11.1.0/crs), que deve ser diferente do diretório home do Oracle Database.

Depois que o OUI executa várias verificações de pré-requisitos, como memória, conectividade de rede e versões anteriores do CRS, forneça um nome para o cluster junto com os nomes de nós público, privado e virtual. Como pode ser visto na Figura 10-3, especifique o nome do cluster como shc1 e forneça nomes de nó público e privado conforme definido no arquivo /etc/hosts que vimos anteriormente neste capítulo. Se você planeja gerenciar vários clusters usando o Enterprise Manager Grid Control, certifique-se de atribuir um nome único a cada cluster.

Na próxima tela de instalação, mostrada na Figura 10-4, é especificado qual dos seus dispositivos de rede deverá ser usado como a interface pública (para conectar-se à rede pública), e qual será usado na interconexão privada para dar suporte ao Cache Fusion* e ao heartbeat do cluster. Conforme observado anteriormente, é possível ter mais de uma interface pública e mais de uma interface privada; nesta tela você também pode marcar uma interface para que ela não seja usada pelo CRS.

Na Figura 10-5, é especificado /dev/raw/raw5 como o disco raw para o Oracle Cluster Registry e /dev/raw/raw7 como o local de espelhamento; a partir do Oracle Database 10g Release 2, você pode usar o CRS (em vez de um sistema de gerenciamento de discos externo, como o RAID) para espelhar seu disco OCR e melhorar ainda mais a disponibilidade. O OCR é um repositório de metadados para a configuração do cluster, controlando informações como onde um serviço específico está em execução, se ele está em execução, etc.

---

* N. de R.T.: Funcionalidade do RAC que permite que todos os nós de um cluster compartilhem as informações de memória (SGA). Dessa forma, quando uma consulta é enviada à instância rodando no nó A, essa instância irá verificar se a mesma consulta encontra-se na SGA dos outros nós do cluster antes de fazer o acesso ao disco. Embora esse método seja mais lento do que acessar a SGA local, ainda é muito mais rápido do que fazer uma leitura em disco em um dispositivo de armazenamento compartilhado.

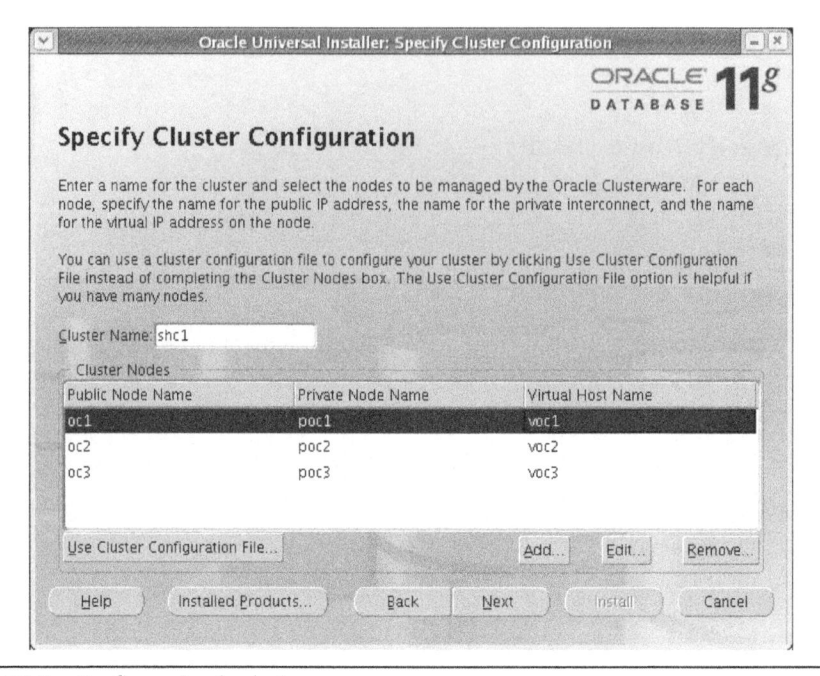

Figura 10-3 *Configuração de cluster.*

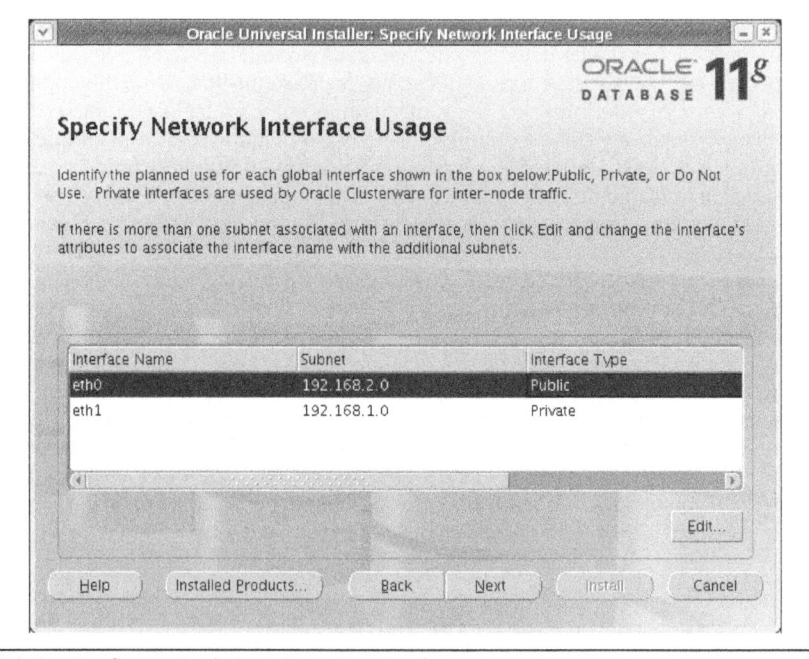

Figura 10-4 *Configuração de interconexão privada.*

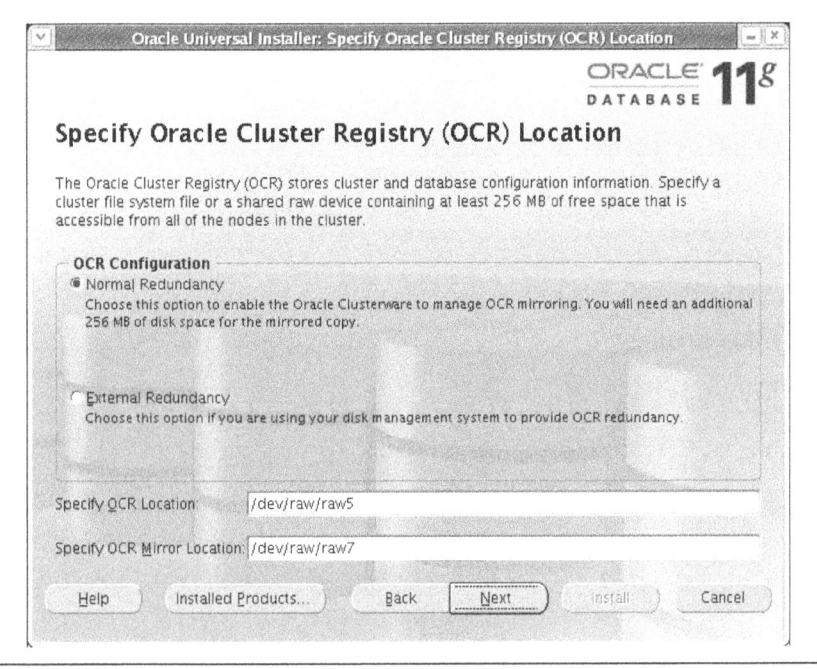

Figura 10-5 *Oracle Cluster Registry.*

De maneira similar, é especificado o local do voting disk para o CRS. Na Figura 10-6, você especifica /dev/raw/raw6 e /dev/raw/raw8 como os discos raw para o voting disk. É possível especificar até dois dispositivos de espelhamento adicionais para o voting disk usando o OUI. Os processos conhecidos como *Cluster Synchronization Services (CSS)* o usam para arbitrar a propriedade do cluster e as comunicações entre processos em um desses ambientes. Em um ambiente de instância única, o CSS facilita as comunicações entre a instância ASM e a instância RDBMS.

Depois que a tela de resumo da pré-instalação mostrada na Figura 10-7 aparece, clique no botão Install e a instalação começará. Além de instalar o software no nó onde iniciou a instalação, a estrutura de diretório instalada é copiada para cada nó no cluster, ou para um local de discos compartilhados se estiver sendo usado um sistema de arquivos, como o OCFS2 para os binários Oracle compartilhados.

Figura 10-6 *Local do Voting Disk.*

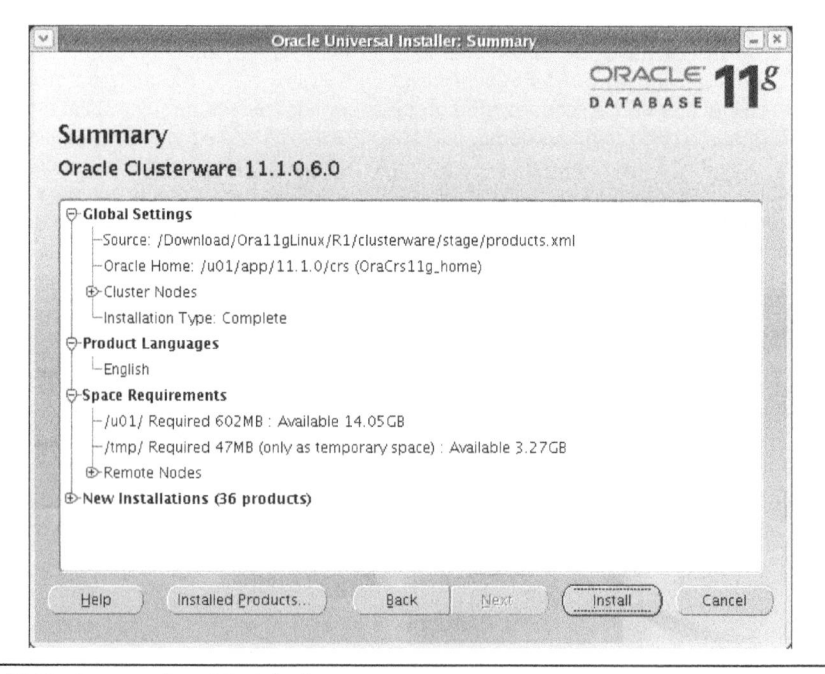

Figura 10-7 *Resumo da pré-instalação.*

CAPÍTULO 10   REAL APPLICATION CLUSTERS   **389**

Após concluir a instalação, você é solicitado a executar dois scripts como root em cada nó do cluster:

- /u01/app/oraInventory/orainstRoot.sh
- /u01/app/11.1.0/crs/root.sh

Aqui está a saída da execução dos comandos no primeiro nó:

```
[root@oc1 ~]# /u01/app/oraInventory/orainstRoot.sh
Changing permissions of /u01/app/oraInventory to 770.
Changing groupname of /u01/app/oraInventory to oinstall.
The execution of the script is complete
[root@oc1 ~]# /u01/app/11.1.0/crs/root.sh
WARNING: directory '/u01/app/11.1.0' is not owned by root
WARNING: directory '/u01/app' is not owned by root
Checking to see if Oracle CRS stack is already configured
/etc/oracle does not exist. Creating it now.

Setting the permissions on OCR backup directory
Setting up Network socket directories
Oracle Cluster Registry configuration upgraded successfully
The directory '/u01/app/11.1.0' is not owned by root. Changing owner to root
The directory '/u01/app' is not owned by root. Changing owner to root
Successfully accumulated necessary OCR keys.
Using ports: CSS=49895 CRS=49896 EVMC=49898 and EVMR=49897.
node <nodenumber>: <nodename> <private interconnect name> <hostname>
node 1: oc1 poc1 oc1
node 2: oc2 poc2 oc2
node 3: oc3 poc3 oc3
Creating OCR keys for user 'root', privgrp 'root'..
Operation successful.
Now formatting voting device: /dev/raw/raw6
Now formatting voting device: /dev/raw/raw8
Now formatting voting device: /dev/raw/raw9
Format of 3 voting devices complete.
Startup will be queued to init within 30 seconds.
Adding daemons to inittab
Expecting the CRS daemons to be up within 600 seconds.
Cluster Synchronization Services is active on these nodes.
        oc1
Cluster Synchronization Services is inactive on these nodes.
        oc2
        oc3
Local node checking complete. Run root.sh on remaining nodes to
   start CRS daemons.
[root@oc1 ~]#
```

O disco OCR e o voting disk são inicializados na primeira vez que esse script é executado. Ao executar o script nos outros dois nós, são vistos resultados similares, exceto que não há as duas inicializações anteriores; aqui está a saída para o segundo nó, oc2:

```
[root@oc1 ~]# ssh oc2
root@oc2's password:
Last login: Sat Aug 18 23:29:06 2007 from oc1
```

```
[root@oc2 ~]# /u01/app/oraInventory/orainstRoot.sh
Changing permissions of /u01/app/oraInventory to 770.
Changing groupname of /u01/app/oraInventory to oinstall.
The execution of the script is complete
[root@oc2 ~]# /u01/app/11.1.0/crs/root.sh
WARNING: directory '/u01/app/11.1.0' is not owned by root
WARNING: directory '/u01/app' is not owned by root
Checking to see if Oracle CRS stack is already configured
. . .
node <nodenumber>: <nodename> <private interconnect name> <hostname>
node 1: oc1 poc1 oc1
node 2: oc2 poc2 oc2
node 3: oc3 poc3 oc3
clscfg: Arguments check out successfully.

NO KEYS WERE WRITTEN. Supply -force parameter to override.
-force is destructive and will destroy any previous cluster
configuration.
Oracle Cluster Registry for cluster has already been initialized
Startup will be queued to init within 30 seconds.
Adding daemons to inittab
Expecting the CRS daemons to be up within 600 seconds.
Cluster Synchronization Services is active on these nodes.
        oc1
        oc2
Cluster Synchronization Services is inactive on these nodes.
        oc3
Local node checking complete. Run root.sh on remaining nodes to
start CRS daemons.
[root@oc2 ~]#
```

No terceiro e último nó do nosso cluster, são vistas mensagens similares com a confirmação de que os processos CRSD e EVMD foram iniciados, junto com os recursos VIP, GSD e ONS em todos os nós no cluster:

```
[root@oc2 ~]# ssh oc3
root@oc3's password:
Last login: Sat Aug 18 23:31:29 2007 from oc2
[root@oc3 ~]# /u01/app/oraInventory/orainstRoot.sh
Changing permissions of /u01/app/oraInventory to 770.
Changing groupname of /u01/app/oraInventory to oinstall.
The execution of the script is complete
[root@oc3 ~]# /u01/app/11.1.0/crs/root.sh
. . .
Cluster Synchronization Services is active on these nodes.
        oc1
        oc2
        oc3
Cluster Synchronization Services is active on all the nodes.
Waiting for the Oracle CRSD and EVMD to start
Waiting for the Oracle CRSD and EVMD to start
Oracle CRS stack installed and running under init(1M)
```

```
Running vipca(silent) for configuring nodeapps

Creating VIP application resource on (3) nodes....
Creating GSD application resource on (3) nodes....
Creating ONS application resource on (3) nodes....
Starting VIP application resource on (3) nodes....
Starting GSD application resource on (3) nodes....
Starting ONS application resource on (3) nodes....

Done.
[root@oc3 ~]#
```

NOTA
Uma discussão sobre o CRSD, o EVMD e os recursos de aplicação de clusterização está além do escopo deste livro; consulte o livro Oracle Database 11g High Availability with RAC, Flashback & Data Guard, de Hart e Jesse, da Oracle Press (McGraw-Hill).

Após executar os scripts como o usuário root, o OUI executa o utilitário de verificação de cluster (como fizemos manualmente antes da instalação) para verificar se esse está operando corretamente. Faça a verificação se o CRS está ativo e configurado corretamente a qualquer momento executando o comando **cluvfy**:

```
[oracle@oc1 oracle]$ cd /u01/app/11.1.0/crs/bin
[oracle@oc1 bin]$ cluvfy comp crs -n oc1,oc2,oc3

Verifying CRS integrity

Checking CRS integrity...

Checking daemon liveness...
Liveness check passed for "CRS daemon".

Checking daemon liveness...
Liveness check passed for "CSS daemon".

Checking daemon liveness...
Liveness check passed for "EVM daemon".

Checking CRS health...
CRS health check passed.

CRS integrity check passed.
Verification of CRS integrity was successful.
[oracle@oc1 ~]$
```

A saída do comando **cluvfy** mostra que o cluster composto dos nós oc1, oc2 e oc3 está saudável e com todos os serviços em execução. O comando **crs_stat** também pode fornecer um bom resumo do status do cluster:

```
[oracle@oc1 ~]$ crs_stat -t
Name           Type         Target    State     Host
------------------------------------------------------------
ora.oc1.gsd    application  ONLINE    ONLINE    oc1
```

```
ora.oc1.ons    application    ONLINE    ONLINE    oc1
ora.oc1.vip    application    ONLINE    ONLINE    oc1
ora.oc2.gsd    application    ONLINE    ONLINE    oc2
ora.oc2.ons    application    ONLINE    ONLINE    oc2
ora.oc2.vip    application    ONLINE    ONLINE    oc2
ora.oc3.gsd    application    ONLINE    ONLINE    oc3
ora.oc3.ons    application    ONLINE    ONLINE    oc3
ora.oc3.vip    application    ONLINE    ONLINE    oc3
[oracle@oc1 ~]$
```

Instalação do software de banco de dados

Uma vez que o software do cluster esteja funcionando com êxito em cada nó, já é possível instalar o software do banco de dados no mesmo diretório em cada nó. Nesta seção, focalizaremos principalmente as partes da instalação do software de banco de dados que diferem da instalação da instância única que foi executada no Capítulo 1.

Embora possamos criar um banco de dados ao mesmo tempo em que instalamos o software Oracle, por enquanto só faremos o último e executaremos o Database Configuration Assistant mais tarde para criar o banco de dados. A partir do diretório raiz dos arquivos de instalação do banco de dados, execute o script ./runInstaller como o usuário oracle, exatamente como fez para a instalação do CRS. A primeira tela que aparecerá após a tela de boas-vindas, a tela de localização do Oracle Inventory e a tela Installation Type é mostrada na Figura 10-8.

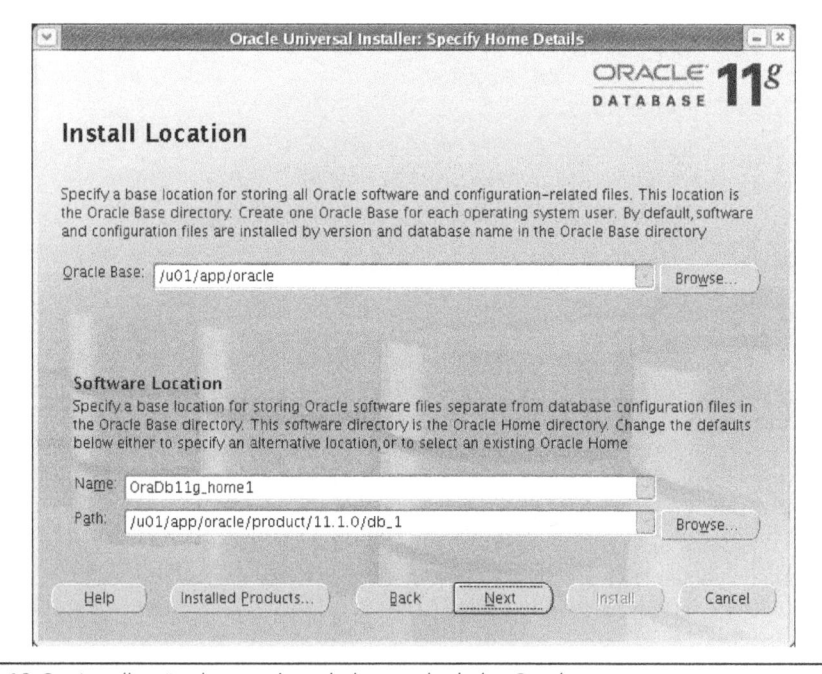

Figura 10-8 *Localização dos arquivos do banco de dados Oracle.*

Embora seja possível instalar o software em qualquer diretório, certifique-se de que este esteja disponível para o usuário oracle em todos os nós no cluster. Além disso, certifique-se de que este diretório não é o mesmo da instalação do CRS.

Conforme mostrado na Figura 10-9, se o instalador detectar um software de clusterização executando no nó, ele fornecerá a opção de instalar o software no cluster inteiro ou executar uma instalação de única instância. Nesse caso, selecione todos os nós configurados anteriormente como parte do cluster para suas instâncias de banco de dados RAC. Depois disso o instalador confirma que o ambiente para o software Oracle Database está configurado corretamente, como mostra a Figura 10-10.

A tela da Figura 10-11 dá a opção de criar o banco de dados imediatamente, configurar o ASM, ou instalar somente o software do primeiro. Conforme mencionamos anteriormente neste capítulo, vamos instalar primeiro o software e, em seguida, usar o Database Configuration Assistant (DBCA) para configurar uma instância do ASM em cada nó e criar o banco de dados compartilhado.

Após clicar em Next, selecione os grupos do sistema operacional que são usados para criar e manter um banco de dados usando a autenticação de sistema operacional:

- Grupo Database Administrator (OSDBA): dba
- Grupo Database Operator (OSOPER): oinstall
- Grupo ASM administrator (OSASM): oinstall

A tela de resumo que aparece na Figura 10-12 é quase idêntica àquela vista em uma instalação de única instância, exceto que está sendo instalado o software em mais de um nó no cluster.

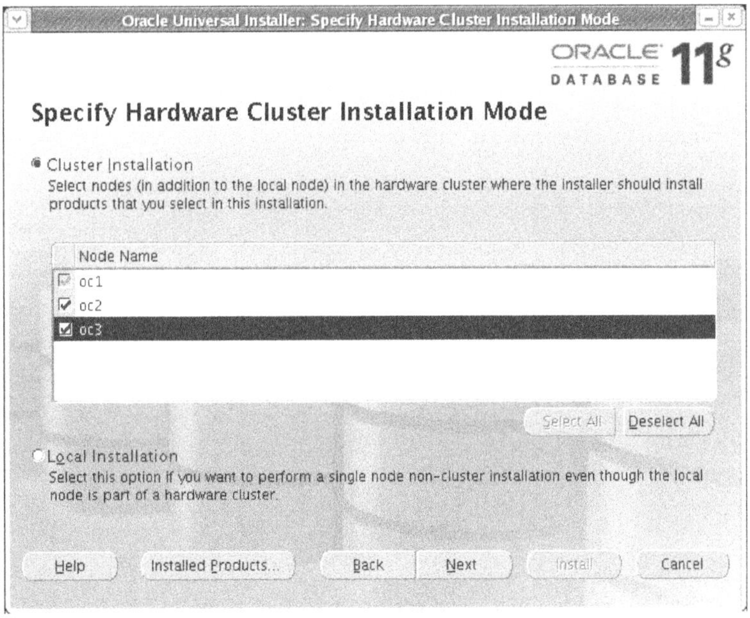

Figura 10-9 *Localizações dos nós no cluster de hardware.*

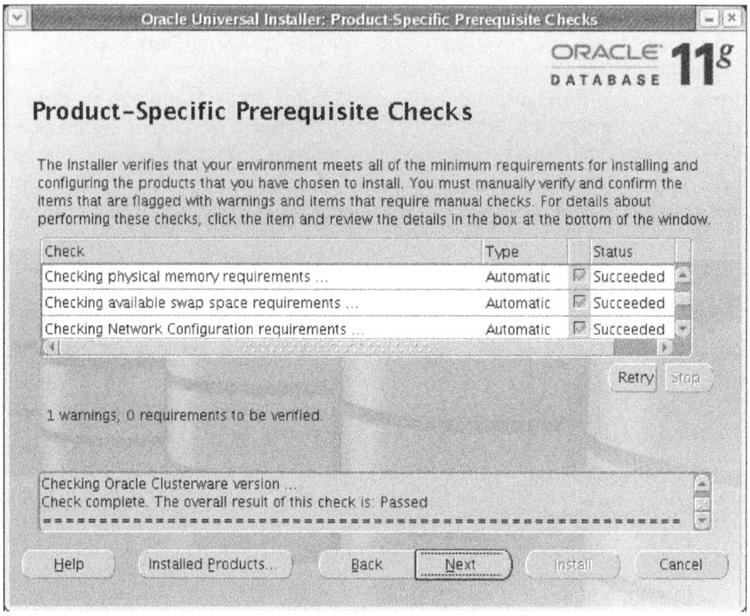

Figura 10-10 *Verificações de configuração de plataforma.*

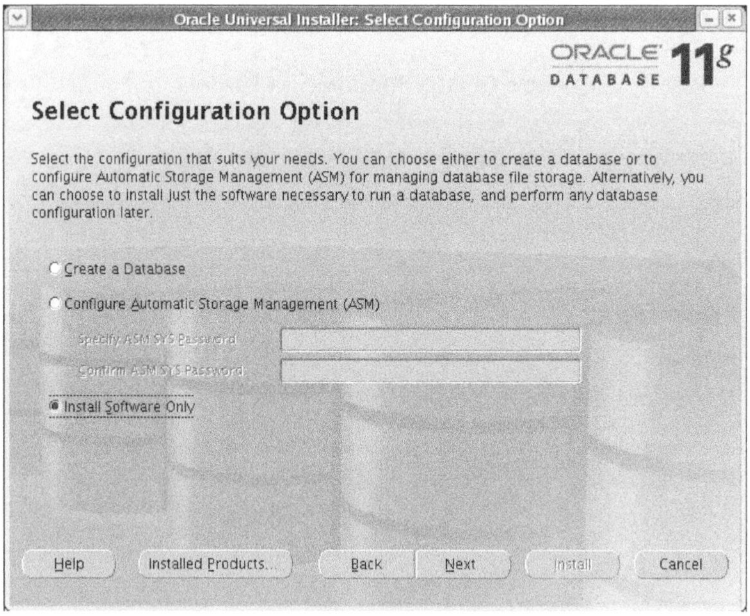

Figura 10-11 *Opções de configuração de banco de dados.*

Summary
Oracle Database 11g 11.1.0.6.0

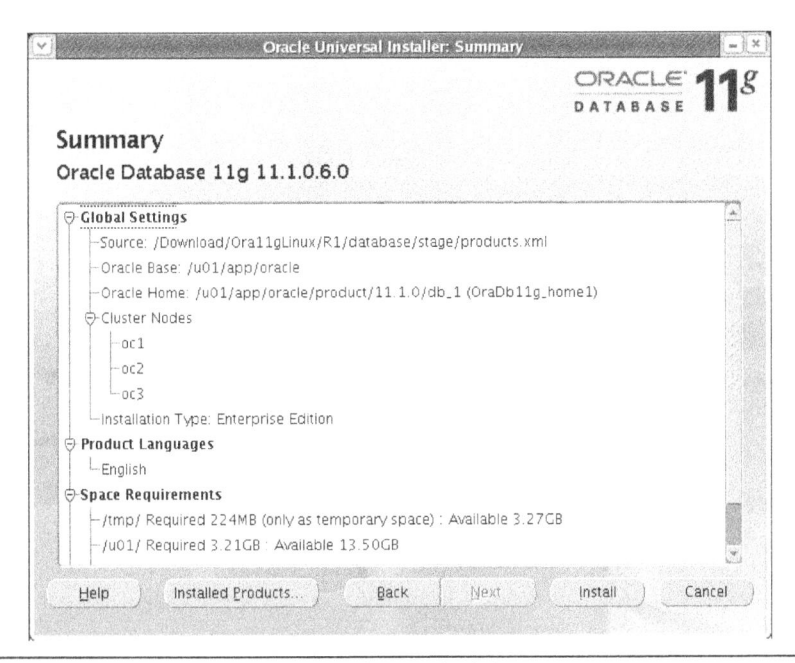

- Global Settings
  - Source: /Download/Ora11gLinux/R1/database/stage/products.xml
  - Oracle Base: /u01/app/oracle
  - Oracle Home: /u01/app/oracle/product/11.1.0/db_1 (OraDb11g_home1)
  - Cluster Nodes
    - oc1
    - oc2
    - oc3
  - Installation Type: Enterprise Edition
- Product Languages
  - English
- Space Requirements
  - /tmp/ Required 224MB (only as temporary space) : Available 3.27GB
  - /u01/ Required 3.21GB : Available 13.50GB

Figura 10-12 *Resumo de pré-instalação do banco de dados.*

As telas subseqüentes detalham o progresso da instalação. Na conclusão, será solicitado que seja executado um novo script root.sh em cada nó no cluster. Aqui estão os resultados da execução do script no primeiro nó (você deve estar conectado como root para executar este script):

```
[root@oc1 ~]# /u01/app/oracle/product/11.1.0/db_1/root.sh
Running Oracle 11g root.sh script...

The following environment variables are set as:
    ORACLE_OWNER= oracle
    ORACLE_HOME= /u01/app/oracle/product/11.1.0/db_1

Enter the full pathname of the local bin directory: [/usr/local/bin]:
   Copying dbhome to /usr/local/bin...
   Copying oraenv to /usr/local/bin...
   Copying coraenv to /usr/local/bin...

Creating /etc/oratab file...
Entries will be added to the /etc/oratab file as needed by
Database Configuration Assistant when a database is created
Finished running generic part of root.sh script.
Now product-specific root actions will be performed.
Finished product-specific root actions.
[root@oc1 ~]#
```

Criando o banco de dados RAC com o Database Creation Assistant

Iniciar o Database Creation Assistant (DBCA) para criar um banco de dados RAC é muito parecido com iniciá-lo para um banco de dados de única instância. Se detectar um software de cluster instalado, ele fornece a opção de instalar um banco de dados RAC ou um banco de dados de única instância, como você pode ver na Figura 10-13, após o DBCA ser iniciado:

```
[oracle@oc1 ~] dbca &
```

Após selecionar a opção para criar um banco de dados, aparecerá a caixa de diálogo mostrada na Figura 10-14; selecione os nós que participarão do cluster. Nesse caso, selecione todos os nós.

Na próxima tela, escolha o tipo de banco de dados: data warehouse, objetivos gerais ou processamento de transações, ou personalizado. Para fins de criação de um RAC, o tipo de banco de dados que for selecionado não alterará a configuração do cluster.

Na etapa 4 do DBCA, nomeie o banco de dados do cluster e adicione um prefixo SID, exatamente como faria com uma instalação de banco de dados standalone. A Etapa 5 pergunta se você deseja configurar seu RAC para usar o EM Database Control e configurar o banco de dados com o Enterprise Manager ou o Grid Control. Especifique seu servidor de e-mail e o endereço de e-mail para notificação. Na Etapa 6, especifique a senha para as contas privilegiadas no banco de dados: SYS, SYSTEM, DBSNMP e SYSMAN. Na Etapa 7, especifique o ASM como seu método de armazenamento de arquivos do banco de dados. Finalmente, na Etapa 8, especifique os parâmetros para a instância ASM, como foi feito no Capítulo 4.

As instâncias do Automatic Storage Management (ASM), embora disponíveis para o gerenciamento de armazenamento com instâncias Oracle standalone, são ideais para serem usadas com RAC. O ASM elimina a necessidade de configurar dispositivos raw (os dispositivos raw são

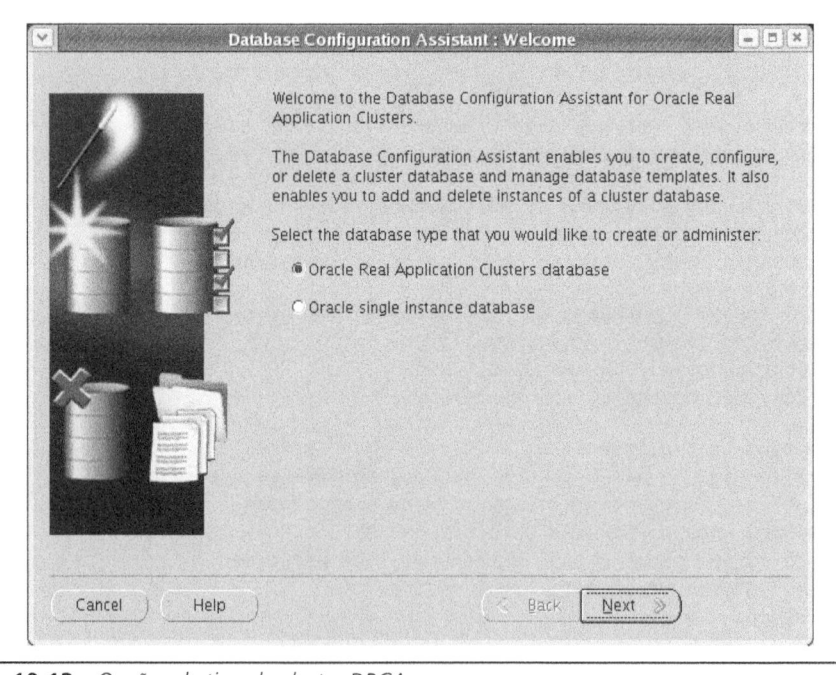

Figura 10-13 *Opções de tipo de cluster DBCA.*

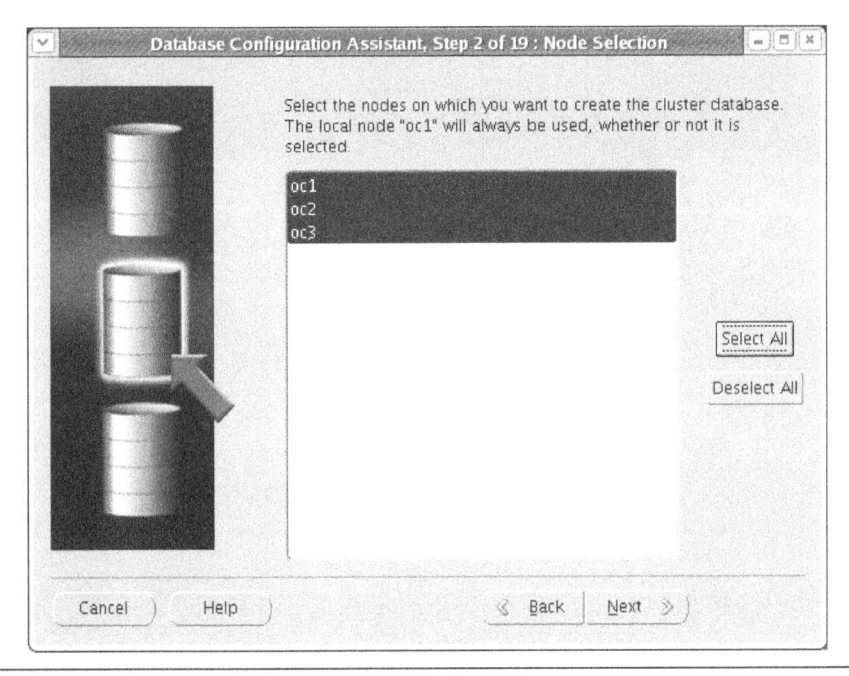

Figura 10-14 *Nós a serem incluído para a instalação RAC.*

mapeados uma vez dentro de uma instância ASM e subseqüentemente estão disponíveis para todos os nós no cluster) e a necessidade de um sistema de arquivos de cluster para arquivos de banco de dados. Os sistemas de arquivos de cluster, como o Oracle Cluster File System (OCFS), ainda estão disponíveis se você quiser seu ORACLE_HOME neste tipo de sistema em vez de uma cópia em cada nó no cluster. Entretanto, as melhores práticas do Oracle recomendam que cada nó tenha sua própria cópia local do software Oracle. Para obter mais detalhes sobre como configurar e usar o ASM, consulte o Capítulo 4. Se você usar o ASM, ele só precisará ser configurado uma vez, durante essas etapas.

NOTA
O OCFS versão 2.x fornece suporte a um Oracle Home compartilhado.

As próximas telas controlam o progresso da criação da instância ASM. Após concluir este processo, você será solicitado a criar o primeiro grupo de discos ASM, conforme pode ver na Figura 10-15. Escolha dois dos dispositivos raw disponíveis para serem o grupo de discos DATA1 usando redundância normal.

Observe que tivemos de especificar /dev/oracleasm/disks/* como o Disk Discovery Path para que o OUI pudesse reconhecer os grupos de discos da biblioteca ASMLib que criamos anteriormente neste capítulo. Adicionalmente, crie o grupo de discos RECOV1 usando os dois grupos de discos restantes; esse grupo de discos será usado para espelhar o arquivo de controle e os arquivos de redo log, assim como hospedar a Flash Recovery Area. Na Figura 10-16, especifique DATA1 como o grupo de discos para o armazenamento de banco de dados. Na Figura 10-17, especifique RECOV1 para a Flash Recovery Area.

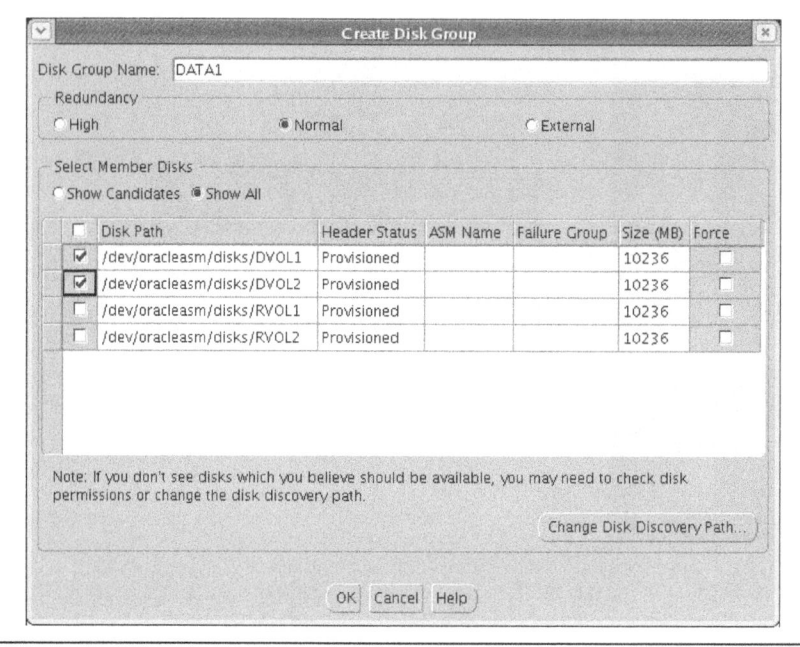

Figura 10-15 *Criando o disco raw ASM #1.*

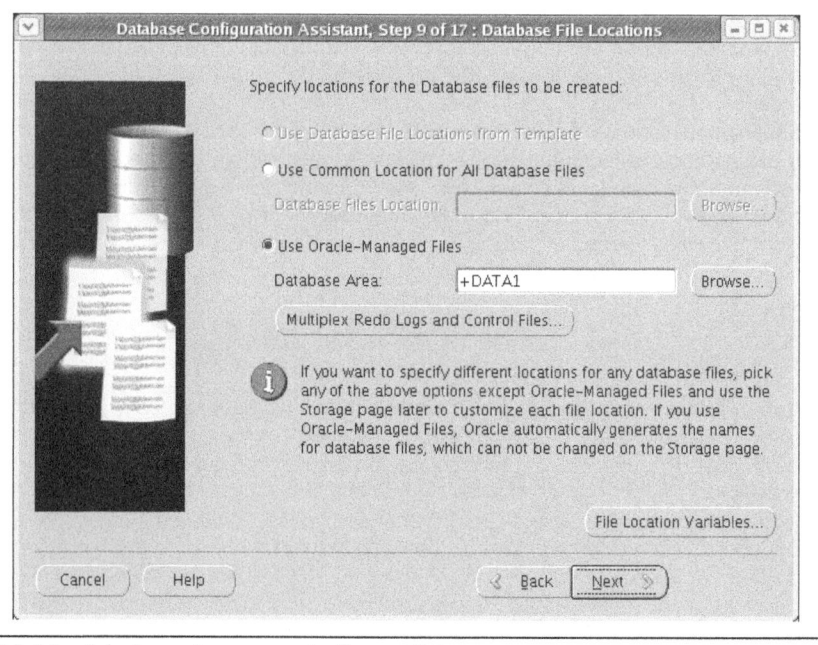

Figura 10-16 *Selecionando o grupo de discos ASM para armazenamento.*

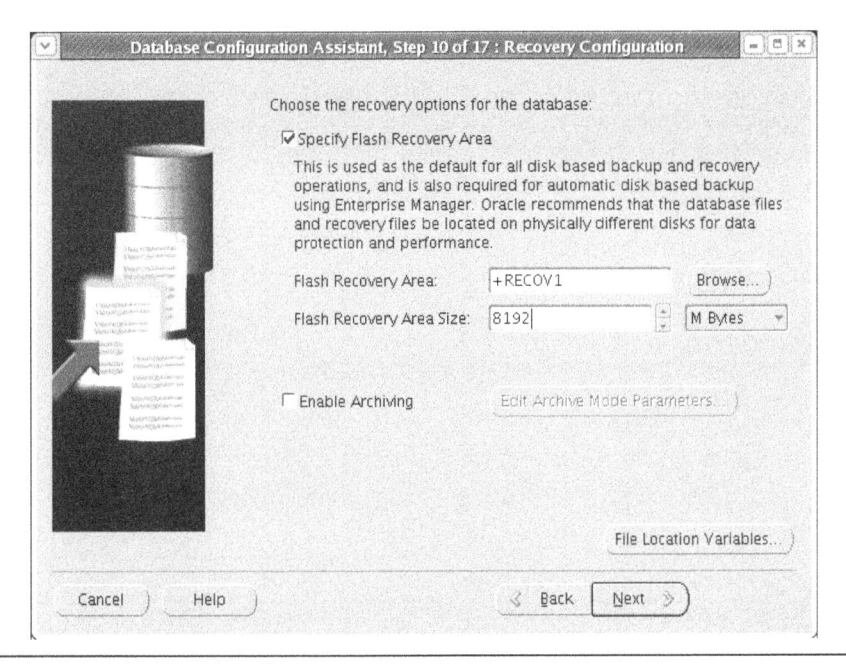

Figura 10-17 *Selecionando o disco ASM para a Flash Recovery Area.*

Como parte do processo de criação do banco de dados, o OUI cria vários serviços no tnsnames.ora, um para o banco de dados de cluster (com o balanceamento de carga ativado) e um para cada instância, como aparece nesta listagem:

```
# Generated by Oracle configuration tools.

RAC =
  (DESCRIPTION =
    (ADDRESS = (PROTOCOL = TCP)(HOST = voc1)(PORT = 1521))
    (ADDRESS = (PROTOCOL = TCP)(HOST = voc2)(PORT = 1521))
    (ADDRESS = (PROTOCOL = TCP)(HOST = voc3)(PORT = 1521))
    (LOAD_BALANCE = yes)
    (CONNECT_DATA =
      (SERVER = DEDICATED)
      (SERVICE_NAME = rac.world)
    )
  )

LISTENERS_RAC =
  (ADDRESS_LIST =
    (ADDRESS = (PROTOCOL = TCP)(HOST = voc1)(PORT = 1521))
    (ADDRESS = (PROTOCOL = TCP)(HOST = voc2)(PORT = 1521))
    (ADDRESS = (PROTOCOL = TCP)(HOST = voc3)(PORT = 1521))
  )
```

```
RAC3 =
  (DESCRIPTION =
    (ADDRESS = (PROTOCOL = TCP)(HOST = voc3)(PORT = 1521))
    (CONNECT_DATA =
      (SERVER = DEDICATED)
      (SERVICE_NAME = rac.world)
      (INSTANCE_NAME = rac3)
    )
  )

RAC2 =
  (DESCRIPTION =
    (ADDRESS = (PROTOCOL = TCP)(HOST = voc2)(PORT = 1521))
    (CONNECT_DATA =
      (SERVER = DEDICATED)
      (SERVICE_NAME = rac.world)
      (INSTANCE_NAME = rac2)
    )
  )

RAC1 =
  (DESCRIPTION =
    (ADDRESS = (PROTOCOL = TCP)(HOST = voc1)(PORT = 1521))
    (CONNECT_DATA =
      (SERVER = DEDICATED)
      (SERVICE_NAME = rac.world)
      (INSTANCE_NAME = rac1)
    )
  )
```

Observe que cada nó no banco de dados RAC tem sua própria entrada para que você possa conectar-se a um nó específico quando necessário. Observe também que os nomes de host para cada nó estão usando os nomes de nós virtuais em vez dos nomes de nós físicos.

Executar o Oracle Network Configuration Assistant (**netca**) em um nó RAC fornece muito mais opções para failover de serviço. Neste exemplo, criamos um serviço denominado racsvc com rac1 como o nó preferencial de todas as conexões. Porém, em caso de falha em rac1, são utilizados rac2 ou rac3 como os nós preferenciais, como é possível ver na entrada resultante em tnsnames.ora:racsvc:

```
(description =
  (address = (protocol = tcp)(host = voc1)(port = 1521))
  (address = (protocol = tcp)(host = voc2)(port = 1521))
  (address = (protocol = tcp)(host = voc3)(port = 1521))
  (load_balance = yes)
  (connect_data =
    (server = dedicated)
    (service_name = racsvc.world)
    (failover_mode =
      (type = select)
      (method = basic)
      (retries = 180)
      (delay = 5)
    )
  )
)
```

A entrada para racsvc tem alguns parâmetros adicionais para FAILOVER_MODE; esses módulos e seus valores são definidos na lista a seguir:

- **type** O tipo de failover. A especificação de **session** cria uma nova sessão para o cliente, mas isso não preserva a posição em um cursor quando uma instrução SELECT está sendo executada. Especificar **select** preserva o estado do cursor durante uma instrução desse tipo, mas envolve um overhead extra no cliente. O padrão, **none**, desativa a funcionalidade de failover.
- **method** A velocidade com que o failover ocorre. O uso de um valor **basic** estabelece conexões quando o failover ocorre e isso não acarreta nenhum overhead no(s) servidor(es) de backup. Um valor **preconnect** fornece um failover mais rápido, mas como o nome implica, usa recursos no(s) servidor(es) de backup mesmo quando não há nenhum cenário de failover ativo.
- **retries** O número de tentativas de conexão após um failover.
- **delay** A quantidade de tempo, em segundos, de espera entre as tentativas de conexão quando um cenário de failover está ativo.

Posteriormente neste capítulo, mostraremos como conectar-se ao serviço racsvc garante alta disponibilidade para as conexões clientes quando o mesmo se conecta a um nó e ele falha.

A próximas telas são iguais às telas de uma instalação de banco de dados de única instância; consulte o apêndice para obter as opções disponíveis sobre elas. A Figura 10-18 resume a instalação do banco de dados de cluster, que inclui a localização do SPFILE do banco de dados no grupo de discos DATA1.

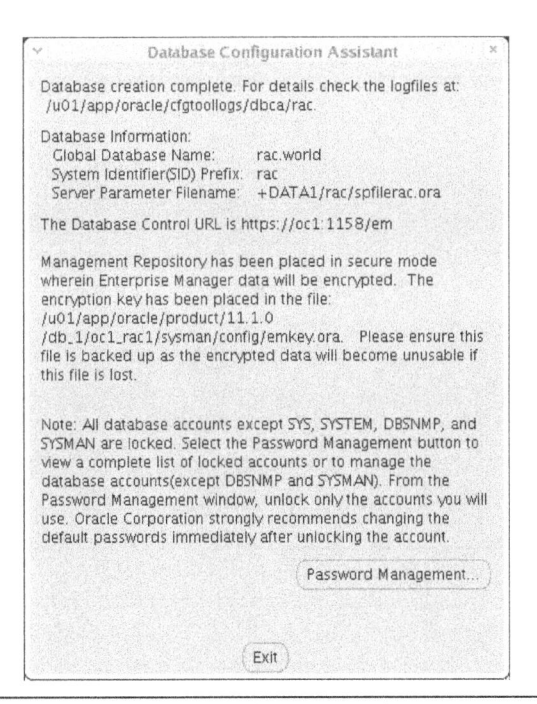

Figura 10-18 *Criação completa do banco de dados RAC pelo DBCA.*

Uma vez que a instalação esteja concluída, o EM Database Control é automaticamente configurado e iniciado, exatamente como acontece em uma instalação de única instância; entretanto, o cluster inteiro pode ser gerenciado e não apenas nós individuais.

> **NOTA**
> A instalação e configuração do Enterprise Manager Grid Control 11g está além do escopo deste livro; consulte o livro Oracle Database 11g High Availability with RAC, Flashback & Data Guard para obter mais informações.

Na Figura 10-19, veja as características de um dos membros de redo log para o cluster; observe que um dos membros está no grupo de discos DATA1 e o outro no grupo de discos RECOV1. Como cada grupo de discos está espelhado em dois dispositivos raw diferentes, temos o equivalente a uma redundância 'quadridirecional', ou de quatro vias, para os membros do seu grupo de redo log.

CARACTERÍSTICAS DO RAC

Uma instância RAC é, de várias maneiras, diferente de uma instância standalone; nesta seção, conheceremos os parâmetros de inicialização que são específicos para um banco de dados desse tipo. Além disso, mostraremos algumas das visões de dicionários de dados e visões de desempenho dinâmico que são exclusivas para um banco de dados RAC ou têm colunas que somente são preenchidas quando a instância é parte de um deles.

Figura 10-19 *Membros do grupo de redo log do EM DB RAC Control.*

Características do arquivo de parâmetros do servidor

Como vimos anteriormente na seção "Criando o banco de dados RAC com o Database Configuration Assistant", o arquivo de parâmetros do servidor (SPFILE) reside no grupo de discos DATA1 e, por isso, é compartilhado por cada nó no cluster. Dentro do SPFILE, é possível atribuir diferentes valores a determinados parâmetros para cada instância. Em outras palavras, o valor de um parâmetro de inicialização pode diferir entre as instâncias. Se um parâmetro de inicialização é o mesmo para todos os nós no cluster, ele recebe um prefixo "*."; do contrário, recebe um prefixo com o nome do nó.

Neste exemplo, a memória física no servidor do cluster oc2 é temporariamente reduzida devido a outras aplicações que estão sendo executadas no momento no servidor (o ideal, contudo, é que você não tenha nada em execução no servidor exceto o Oracle!). Portanto, para reduzir as demandas da instância no servidor, altere o valor do parâmetro MEMORY_TARGET para a instância rac2:

```
SQL> select sid, name, value
  2  from v$spparameter where name = 'memory_target';

SID         NAME                  VALUE
----------  --------------------  ----------------
*           memory_target         423624704

SQL> alter system set memory_target = 256m sid='rac2';

System altered.

SQL> select sid, name, value
  2  from v$spparameter where name = 'memory_target';

SID         NAME                  VALUE
----------  --------------------  ----------------
*           memory_target         423624704
rac2        memory_target         268435456
```

Uma vez que o problema de memória esteja resolvido, é possível restaurar o tamanho do shared pool na instância rac2 como a seguir:

```
SQL> alter system set memory_target = 404m sid='rac2';

System altered.
SQL>
```

Uma alternativa mais simples para redefinir o valor com o mesmo valor do restante do cluster é usar a opção **reset** do comando **alter system**:

```
SQL> alter system reset memory_target sid = 'rac2';

System altered.

SQL> select sid, name, value
  2  from v$spparameter where name = 'memory_target';
```

```
SID          NAME                   VALUE
----------   --------------------   ----------------
*            memory_target          423624704

SQL>
```

Parâmetros de inicialização relativos ao RAC

Diversos parâmetros de inicialização são usados em um ambiente RAC. Embora esses parâmetros de inicialização existam em qualquer instância, em um ambiente de única instância eles são nulos ou têm um valor igual a 1 (por exemplo, INSTANCE_NUMBER). Na Tabela 10-3, temos uma visão geral de alguns desses parâmetros de inicialização relativos ao RAC.

Visões de desempenho dinâmico

Em um ambiente de única instância, todas as visões de desempenho dinâmico que começam com V$ têm uma visão correspondente começando com GV$, com a coluna adicional INST_ID sempre configurada como 1. Para um ambiente RAC com dois nós, as visões GV$ têm duas vezes mais linhas que as visões V$ correspondentes; para um RAC de três nós, há três vezes mais linhas, e assim por diante. Nas seções seguintes, examinaremos algumas das visões de desempenho dinâmico V$ que mostram o mesmo conteúdo, independentemente do nó ao qual você está conectado, junto com algumas das visões GV$ que podem mostrar o conteúdo das visões V$ de cada nó sem conectar-se explicitamente a ele.

Visões comuns de arquivos de banco de dados

Algumas visões de desempenho dinâmico são iguais quer você esteja em um ambiente RAC ou em um ambiente de única instância; a configuração do ASM é um exemplo perfeito disso. Nesta consulta, executada em qualquer instância de banco de dados no cluster, se deseja verificar se to-

Tabela 10-3 *Parâmetros de inicialização relativos ao RAC*

Parâmetro de inicialização	Descrição
INSTANCE_NUMBER	Número único que identifica essa instância no cluster.
INSTANCE_NAME	O nome único dessa instância dentro do cluster; em geral, o nome do cluster com um sufixo numérico.
CLUSTER_DATABASE	Esse parâmetro será TRUE se essa instância estiver participando em um ambiente RAC.
CLUSTER_DATABASE_INSTANCES	O número de instâncias configuradas para esse cluster, esteja ela ativa ou não.
ACTIVE_INSTANCE_COUNT	Especifica a instância primária em um cluster de dois nós; do contrário, é o número de instâncias no cluster.
CLUSTER_INTERCONNECTS	Especifica a rede usada para tráfego IPC do cluster.
MAX_COMMIT_PROPAGATION_DELAY	Controla a rapidez com que as transações que sofreram commit são propagadas para outros nós. Este valor está obsoleto a partir do Oracle Database 11g.

dos os arquivos desse banco estão armazenados em um dos dois grupos de discos ASM, +DATA1or +RECOV1:

```
SQL> select name from v$datafile union
  2  select name from v$tempfile union
  3  select member from v$logfile union
  4  select name from v$controlfile union
  5  select name from v$flashback_database_logfile;

NAME
---------------------------------------------------------
+DATA1/rac/controlfile/current.260.631034951
+DATA1/rac/datafile/example.264.631035151
+DATA1/rac/datafile/sysaux.257.631034659
+DATA1/rac/datafile/system.256.631034649
+DATA1/rac/datafile/undotbs1.258.631034665
+DATA1/rac/datafile/undotbs2.265.631035931
+DATA1/rac/datafile/undotbs3.266.631035935
+DATA1/rac/datafile/users.259.631034665
+DATA1/rac/onlinelog/group_1.261.631034959
+DATA1/rac/onlinelog/group_2.262.631034973
+DATA1/rac/onlinelog/group_3.269.631036295
+DATA1/rac/onlinelog/group_4.270.631036303
+DATA1/rac/onlinelog/group_5.267.631036273
+DATA1/rac/onlinelog/group_6.268.631036281
+DATA1/rac/tempfile/temp.263.631035129
+RECOV1/rac/controlfile/current.256.631034953
+RECOV1/rac/onlinelog/group_1.257.631034965
+RECOV1/rac/onlinelog/group_2.258.631034977
+RECOV1/rac/onlinelog/group_3.261.631036301
+RECOV1/rac/onlinelog/group_4.262.631036307
+RECOV1/rac/onlinelog/group_5.259.631036277
+RECOV1/rac/onlinelog/group_6.260.631036285

22 rows selected.

SQL> show parameter spfile

NAME                 TYPE        VALUE
-------------------- ----------- --------------------------
spfile               string      +DATA1/rac/spfilerac.ora
SQL>
```

Visões de desempenho dinâmico de cluster

As visões GV$ facilitam a visualização das características de cada instância em uma única instrução SELECT, enquanto, ao mesmo tempo, filtram os nós que você não deseja ver. Essas visões também tornam mais fácil agregar os totais para alguns ou todos os nós do cluster, como neste exemplo:

```
SQL> select nvl(to_char(inst_id),'TOTAL') INST#,
  2         count(inst_id) sessions from gv$session
```

```
     3          group by rollup(inst_id)
     4          order by inst_id;

INST#      SESSIONS
--------   ----------
1                48
2                48
3                44
TOTAL           140

4 rows selected.
```

A partir desta consulta, é possível ver o número de sessões por instância e o número total de instâncias para o cluster usando a visão GV$SESSION.

MANUTENÇÃO DO RAC

A maioria das operações de manutenção que são executadas em uma instância de único nó se aplicam diretamente a um ambiente RAC de múltiplos nós. Nesta seção, examinaremos os seus conceitos básicos de manutenção – incluindo como inicializá-lo e uma discussão sobre como os redo logs e os tablespaces de undo funcionam – e, em seguida, analisaremos um cenário de falha de instância usando o Transparent Application Failover (TAF), além de reconstruir um nó com falha e adicioná-lo novamente ao cluster.

Inicializando um RAC

A inicialização de um RAC não é muito diferente da inicialização de uma instância standalone. Os nós em um RAC podem inicializar em qualquer ordem e podem ser desligados e inicializados a qualquer momento com um impacto mínimo no restante do cluster. Durante a inicialização do banco de dados, a instância ASM inicia em primeiro lugar e monta os grupos de discos compartilhados; em seguida, a instância RDBMS inicia e une-se ao cluster.

No Unix, o arquivo /etc/oratab pode ser modificado para inicializar as instâncias automaticamente (tanto a instância ASM quanto a instância RDBMS) em cada cluster:

```
# This file is used by ORACLE utilities. It is created by root.sh
# and updated by the Database Configuration Assistant when creating
# a database.

# A colon, ':', is used as the field terminator. A new line terminates
# the entry. Lines beginning with a pound sign, '#', are comments.
#
# Entries are of the form:
# $ORACLE_SID:$ORACLE_HOME:<N|Y>:
#
# The first and second fields are the system identifier and home
# directory of the database respectively. The third filed indicates
# to the dbstart utility that the database should, "Y", or should not,
# "N", be brought up at system boot time.
#
# Multiple entries with the same $ORACLE_SID are not allowed.
#
```

```
#
+ASM1:/u01/app/oracle/product/11.1.0/db_1:Y
rac:/u01/app/oracle/product/11.1.0/db_1:Y
```

Redo Logs em um ambiente RAC

Como em uma instância de único nó, os redo logs online são usados para recuperação de instância em um ambiente RAC. Cada instância nesse ambiente tem seu próprio conjunto de arquivos de redo log online que são usados para efetuar roll forward usando o tablespace de undo nas informações dos redo logs e rollback nas transações iniciadas naquele nó e que não sofreram commit.

Mesmo antes da instância que falhou ser reiniciada, uma das instâncias sobreviventes detecta a falha na primeira e usa os arquivos de redo log online para garantir que nenhuma transação que sofreu commit seja perdida. Se este processo for concluído antes da instância que falhou reiniciar, a instância reiniciada não precisará de recuperação. Mesmo que mais de uma instância falhe, tudo o que é necessário para a recuperação das instância é um nó restante. Se todas as instâncias em um RAC falharem, a primeira que for inicializada executará a sua recuperação para o banco de dados usando os arquivos de redo log online de todas as instâncias do cluster.

Se a recuperação de mídia for necessária e o banco de dados inteiro precisar ser recuperado, todas as instâncias com exceção de uma devem ser desligadas e ela deve ser executada a partir de uma única instância. Se você estiver recuperando arquivos de banco de dados não críticos, todos os nós poderão estar ativos desde que os tablespaces que contêm os arquivos a serem recuperados estejam marcados como OFFLINE.

Tablespaces de undo em um ambiente RAC

Como nos redo logs, cada instância em um ambiente RAC deve ter seu próprio tablespace de undo em um grupo de disco ou unidade compartilhada. Este tablespace de undo é usado para aplicar rollback em transações durante operações normais ou durante uma recuperação de instância. Além disso, o tablespace de undo é usado por outros nós no cluster para dar suporte à consistência de leitura para transações que estão lendo linhas em uma tabela no nó rac2, enquanto um processo de entrada de dados no nó rac1 faz atualizações nesta mesma e ainda não efetuou commit na transação. O usuário no rac2 precisa ver os dados da imagem do "antes" armazenada no tablespace de undo do nó rac1. Este é o motivo pelo qual todos os tablespaces de undo devem estar visíveis para todos os nós do cluster.

Cenários de failover e TAF

Se você configurou seu cliente corretamente e a instância à qual ele está conectado falha, esta última é rapidamente trocada para outra instância no cluster e o processamento pode continuar com um ligeiro atraso no tempo de resposta.

Aqui está a entrada no tnsnames para o serviço racsvc que criamos anteriormente:

```
racsvc =

(description =
  (address = (protocol = tcp)(host = voc1)(port = 1521))
  (address = (protocol = tcp)(host = voc2)(port = 1521))
  (address = (protocol = tcp)(host = voc3)(port = 1521))
  (load_balance = yes)
  (connect_data =
    (server = dedicated)
```

```
        (service_name = racsvc.world)
        (failover_mode =
         (type = select)
         (method = basic)
         (retries = 180)
         (delay = 5)
        )
       )
      )
```

Veremos o que acontece com uma sessão conectada ao cluster, no caso de uma falha de instância, e como se reconhece essa falha. Primeiro, conecte-se ao cluster via racsvc para descobrir qual o nó e a instância ao qual está conectado:

```
SQL> connect rjb/rjb@racsvc;
Connected.
SQL> select instance_name, host_name, failover_type,
  2       failover_method, failed_over
  3  from v$instance
  4  cross join
  5  (select failover_type, failover_method, failed_over
  6  from v$session
  7  where username = 'RJB');

INSTANCE_NAME HOST_NAME FAILOVER_TYPE FAILOVER_METHOD FAILED_OVER
------------- --------- ------------- --------------- -----------
rac1          oc1       SELECT        BASIC           NO

SQL>
```

Você está usando as colunas da visão V$INSTANCE para fornecer o nome de instância e o nome de host ao qual está conectado e, em seguida, fazendo uma junção com a visão V$SESSION e recuperando as colunas relativas ao failover, que só são preenchidas em um ambiente RAC. Nesse caso, a sessão ainda não falhou e o tipo de failover é BASIC, conforme especificado quando o serviço foi criado.

Em seguida, efetue um shutdown na instância rac1, a partir de outra sessão, enquanto ainda estiver conectado à primeira sessão:

```
SQL> connect system/manager@rac1
Connected.
SQL> shutdown immediate
Database closed.
Database dismounted.
ORACLE instance shut down.
SQL>
```

De volta à sua sessão de usuário, você executa novamente a consulta para descobrir a que nó está conectado:

```
SQL> select instance_name, host_name, failover_type,
  2       failover_method, failed_over
  3  from v$instance
  4  cross join
  5  (select failover_type, failover_method, failed_over
```

```
  6  from v$session
  7  where username = 'RJB');

INSTANCE_NAME   HOST_NAME   FAILOVER_TYPE   FAILOVER_METHOD   FAILED_OVER
-------------   ---------   -------------   ---------------   -----------
rac3            oc3         SELECT          BASIC             YES

SQL>
```

Se uma consulta estava em execução na hora que a instância foi desligada, ela entrará em pausa por um segundo ou dois e, em seguida, continuará como se nada tivesse acontecido. Se o conjunto de resultados for muito grande e já foi recuperado grande parte do conjunto de resultados, a pausa será um pouco maior porque a primeira parte do conjunto de resultados deverá ser consultada novamente e descartada.

Cenário de falha do nó RAC

Uma das vantagens de um ambiente RAC é sua capacidade de adicionar ou remover nós para atender às contínuas demandas de recursos. Um servidor subutilizado em uma unidade de negócio pode ser necessário em outra unidade que está entrando no seu período de pico de processamento. Adicionar ou remover um nó em um ambiente RAC também pode ser determinado pela falha desses; enquanto os nós restantes no cluster estiverem atendendo solicitações em andamento, é possível reparar ou substituir o que está em falta e adicioná-lo de volta ao cluster sem parar o seu restante.

Nesta seção, mostraremos as etapas necessárias para remover os metadados de um nó a partir do registro de cluster e, em seguida, reconstruir o nó e adicioná-lo de volta ao cluster. A premissa neste cenário é que o disco rígido local do terceiro nó do cluster está danificado e não pode ser reparado; portanto, você reconstruirá o nó a partir do zero e irá adicioná-lo ao registro de cluster. Após esta etapa, você reinstalará o software Oracle e criará a instância como parte do cluster de banco de dados.

Remover a instância

Mesmo que a instância do servidor que falhou não esteja disponível, você ainda deve remover todos os traços dela nos nós restantes no cluster. Use o comando **srvctl** para remover a instância do cluster, como neste exemplo:

```
[oracle@oc1 ~]$ srvctl remove instance -d rac -i rac3
Remove instance rac3 for the database rac? (y/[n]) y
[oracle@oc1 ~]$
```

O parâmetro **-d rac e**specifica o banco de dados a ser modificado e o **-i rac3** especifica a instância a ser removida do RAC.

Remover o nó do cluster

Para remover o próprio servidor do cluster, execute o comando **rootdeltetenode.sh** a partir do diretório CRS_HOME, especificando o nome e o número do nó atribuído pelo CRS, como no exemplo a seguir:

```
[root@oc1 root] # cd /u01/app/11.1.0/crs/bin
[root@oc1 bin]#./olsnodes -n
oc1     1
oc2     2
oc3     3
[root@oc1 bin]# cd../install
```

```
[root@oc1 install]#./rootdeletenode.sh oc3,3
clscfg: EXISTING configuration version 4 detected.
. . .
Successfully deleted 13 values from OCR.
Key SYSTEM.css.interfaces.nodeoc3 marked for deletion is not there.
Ignoring.
Successfully deleted 5 keys from OCR.
Node deletion operation successful.
'oc3,3' deleted successfully
[root@oc1 install]# cd../bin
[root@oc1 bin]#./olsnodes -n
oc1     1
oc2     2
[root@oc1 bin]#
```

Também é preciso remover o nó da lista de localizações mantida pelo Oracle Universal Installer (OUI). No diretório $ORACLE_BASE/oraInventory/ContentsXML, identifique todos os arquivos que fazem referência ao nó excluído, como este exemplo no arquivo inventory.xml:

```
<HOME NAME="OraCrs11g_home" LOC="/u01/app/11.1.0/crs"
      TYPE="O" IDX="1" CRS="true">
  <NODE_LIST>
    <NODE NAME="oc1"/>
    <NODE NAME="oc2"/>
    <NODE NAME="oc3"/>
  </NODE_LIST>
</HOME>
```

NOTA
Consulte o MetaLink para obter outras procedures específicas para o seu ambiente que talvez precisem ser executadas para remover um nó de um cluster.

Observe que você especificou o nome do nó do servidor que hospeda a instância. Existem agora somente dois nós no seu ambiente clusterware CRS.

Instale o software de sistema operacional

A próxima etapa é reinstalar o software do servidor e preparar o ambiente como foi feito nos exemplos anteriores deste capítulo, na seção "Configuração do sistema operacional". Ao final deste processo, terão sido criados os diretórios Oracle junto com a conta de usuário oracle, mas sem o software de banco de dados e do CRS instalados. Você também atribuirá os endereços IP público, privado e virtual usando os mesmos endereços usados quando esse nó foi criado pela primeira vez. Como resultado, você não precisará alterar o arquivo /etc/hosts nos nós remanescentes no cluster.

Adicione o nó ao cluster com o CRS

O nó está pronto para ser adicionado ao cluster na camada de clusterware de modo que os outros nós o considerem como sendo uma parte sua novamente. A partir de um dos nós remanescentes no cluster, vá para $CRS_HOME/oui/bin e execute o comando **addNode.sh**, que inicia o OUI e solicita o novo nó como se você estivesse especificando um terceiro nó durante a instalação inicial.

Após apresentar um resumo dos nós existentes e do que deve ser adicionado, clique em Next e os arquivos CRS serão copiados para o novo nó. Para iniciar os seus serviços, você será solicitado a executar o script rootaddnode.sh no nó ativo e o script root.sh no novo nó; a saída é muito similar à que foi vista na execução do /u01/app/oraInventory/orainstRoot.sh e do /u01/ app/11.1.0/crs/root.sh durante a instalação inicial do cluster.

Instale o software Oracle no novo nó
Nesta etapa, você copiará o software Oracle de um dos nós existentes no cluster para o novo nó. A partir de $ORACLE_HOME/oui/bin execute o script addNode.sh. Certifique-se de que está no diretório $ORACLE_HOME e não no $CRS_HOME.

O OUI iniciará no modo Add Node e depois das telas iniciais, aparecerá a tela Specify Cluster Nodes, onde será adicionado o novo nó oc3.

Depois de ver a tela de resumo, similar à tela da instalação do CRS, clique em Next para copiar o software Oracle para o novo nó. Após concluir esta etapa, será solicitada a execução do script root.sh no novo nó. Na etapa final do procedimento, as informações atualizadas do cluster são salvas no OCR disk.

Crie uma nova instância Oracle
Para criar a instância Oracle no novo nó, siga estas etapas:

1. Execute o DBCA a partir de um nó existente e escolha um banco de dados RAC.
2. Na próxima tela, escolha Instance Management e adicione uma instância ao cluster existente.
3. Em seguida, escolha em qual cluster de banco de dados o novo nó será adicionado. Como podemos ver, a única opção disponível é o banco de dados deste capítulo. Forneça nome de usuário Oracle e uma senha com privilégios SYSDBA para continuar, conforme mostrado aqui.

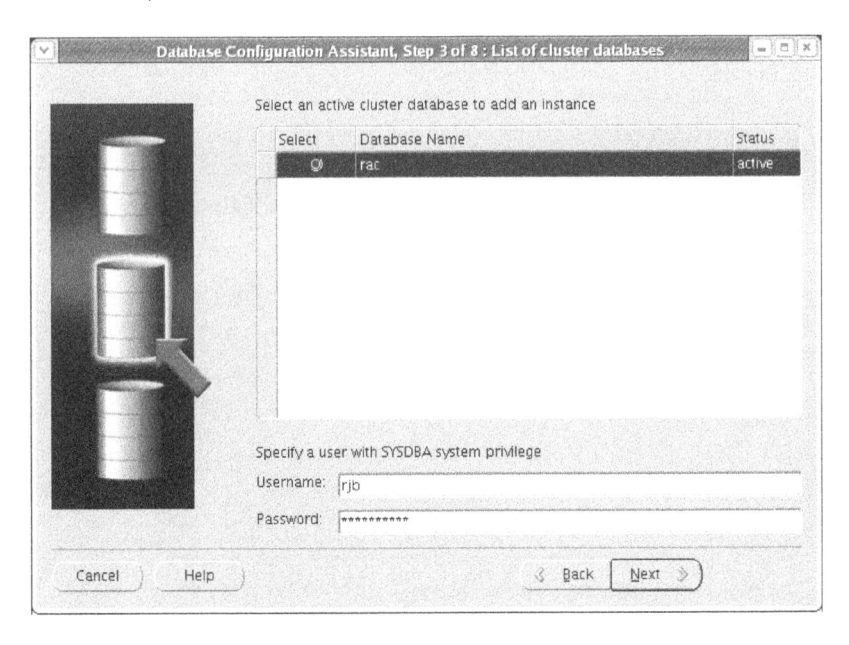

4. Confirme as instâncias existentes no cluster e clique em Next.
5. Na próxima tela, você será solicitado a informar o novo nome de instância. O OUI propõe um nome baseado na configuração de cluster existente, como vemos aqui.

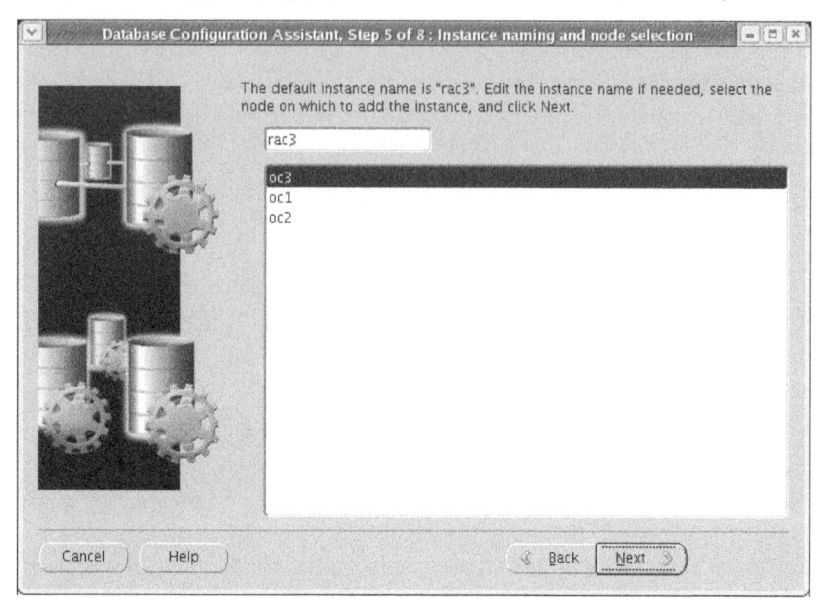

6. Nesta etapa, aparecerão os serviços de cluster existentes; atualize os serviços com o novo nome de nó conforme apropriado.
7. Nesta última etapa, especifique os tablespaces, os arquivos de dados e grupos de redo log que serão adicionados para esta instância; neste caso, um tablespace de undo, o arquivo de dados para o tablespace e dois grupos de redo log, mostrados aqui.

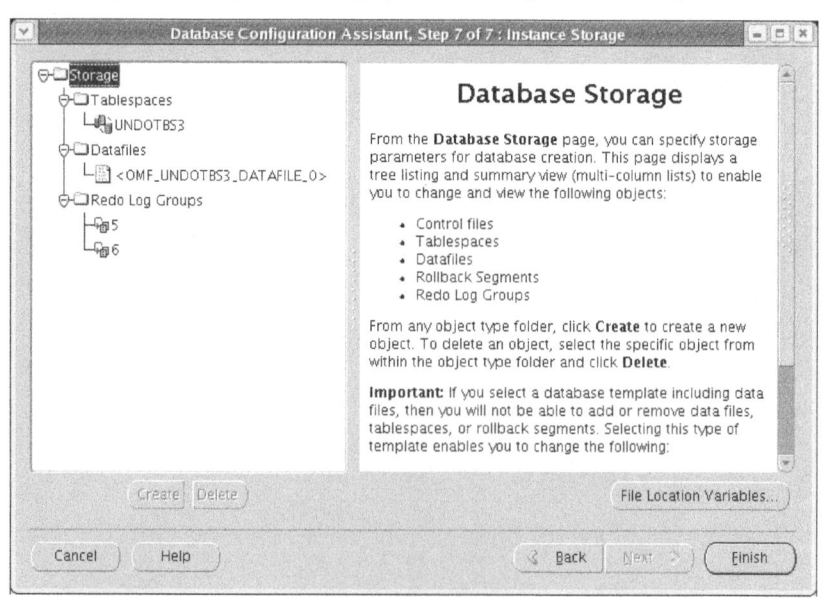

8. Uma tela de confirmação aparece quando a instância está ativa e em execução; o cluster mais uma vez tem três nós:

```
SQL> select inst_id from gv$instance;

INST_ID
-------
      1
      2
      3
```

Ajustando um nó RAC

A primeira etapa é ajustar a instância. Se uma instância individual não estiver ajustada corretamente, o desempenho do RAC inteiro não será otimizado. Use o Automatic Workload Repository (AWR) para ajustar uma instância como se ela não fizesse parte de um cluster.

Usando o EM Database Control, é possível aproveitar ainda mais as estatísticas do AWR para produzir relatórios com base no RAC. Na Figura 10-20, veja como o EM Database Control facilita a análise do desempenho do cache global compartilhado assim como o do cache de cada instância.

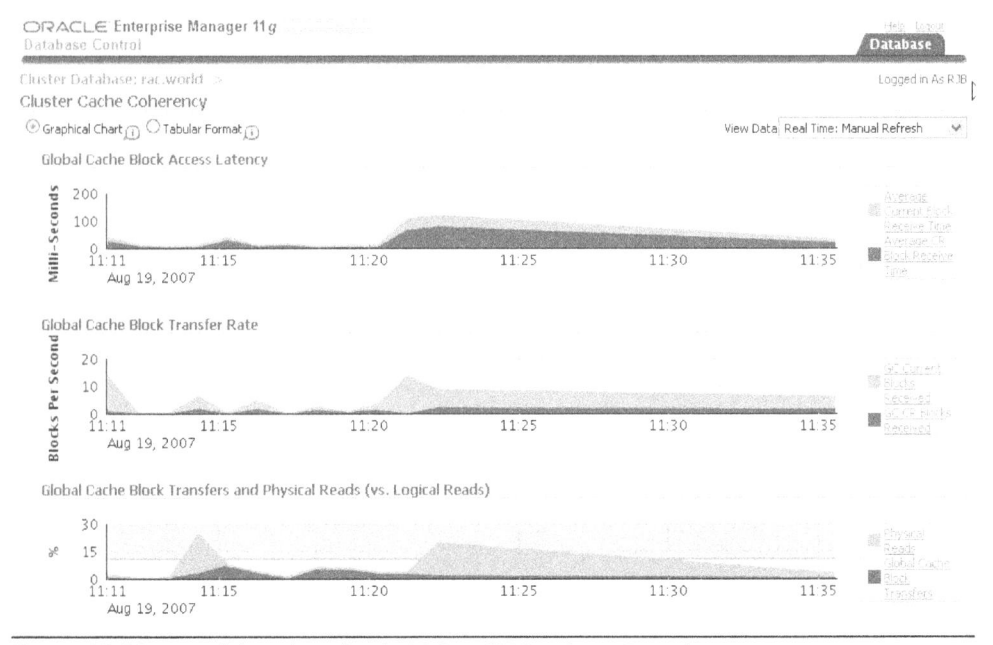

Figura 10-20 *Estatísticas de cache do RAC no EM Database Control.*

Gerenciamento do tablespace

Em um ambiente RAC, o gerenciamento de tablespace é quase o mesmo que um de única instância. Há ainda apenas um banco de dados e um conjunto de tablespaces a serem gerenciados; só que há mais de uma instância acessando os tablespaces.

O Automatic Segment Space Management (ASSM), introduzido no Oracle9*i*, melhora a usabilidade dos tablespaces em um ambiente RAC. Como não há mais necessidade de se preocupar com um número maior de freelists e grupos de freelist para dar suporte à várias instâncias e, portanto, mais gravações simultâneas em uma tabela, a adição dessas ao cluster não requer necessariamente reorganizações de tabela.

CAPÍTULO 11

Opções de backup e recuperação

O Oracle fornece vários procedimentos e opções de backup que ajudam a proteger o banco de dados. Se forem corretamente implementadas, essas opções permitirão que você faça backup de seus bancos de dados e os recupere de maneira fácil e eficiente.

Os recursos de backup do Oracle incluem backups lógicos e físicos, sendo que ambos têm diversas opções disponíveis. Este capítulo não detalhará cada opção e cenário de recuperação possível; em vez disso, focaremos as melhores opções da maneira mais eficaz possível. Veremos como integrar melhor os procedimentos de backup disponíveis entre si e com os backups de sistema operacional. Também veremos os detalhes das opções para o Data Pump Export and Import, que foram introduzidas no Oracle Database 10g.

RECURSOS

Existem três métodos de backup em um banco de dados Oracle: exportações, backups offline e backups online. Uma exportação é um backup *lógico* do banco de dados; os outros dois métodos são backups *físicos* de arquivos. Nas seções a seguir, veremos a descrição de cada uma dessas opções. A ferramenta padrão (e preferencial) para backups físicos é o utilitário Recovery Manager (RMAN) do Oracle; consulte o Capítulo 12 para obter detalhes sobre a implementação e uso do RMAN.

Uma estratégia de backup robusta inclui backups físicos e lógicos. Em geral, os bancos de dados de produção contam com backups físicos como seus métodos principais e os backups lógicos servem como o método secundário. Para bancos de dados de desenvolvimento e para alguns ambientes com pouco movimento de dados, os backups lógicos oferecem uma solução viável. É preciso entender as implicações e usos de ambos os backups lógico e físico para desenvolver a solução mais apropriada para suas aplicações.

BACKUPS LÓGICOS

Um *backup lógico* de banco de dados envolve ler um conjunto de seus registros e gravá-los em um arquivo. Esses registros são lidos independentemente de seus locais físicos. No Oracle, o utilitário Data Pump Export executa esse tipo de backup de banco de dados. Para recuperar usando o arquivo gerado a partir de um Data Pump Export, use o Data Pump Import.

NOTA
Os utilitários Import e Export do Oracle, disponíveis antes do Oracle Database 10g, ainda são fornecidos como parte da instalação do Oracle 11g. Os usuários dos utilitários Export e Import antigos são estimulados a substituir suas utilizações pelo Data Pump Export e Data Pump Import.

O utilitário Data Pump Export do Oracle consulta o banco de dados, incluindo o dicionário de dados e grava a saída em um arquivo XML denominado *arquivo de dump de exportação*. Você pode exportar o banco de dados inteiro, usuários específicos, tablespaces ou tabelas específicas. Durante as exportações, é possível escolher exportar ou não as informações de dicionários de dados associadas às tabelas, como concessões, índices e constraints. O arquivo gravado pelo Data Pump Export conterá os comandos necessários para recriar completamente todos os objetos e dados escolhidos.

Depois de exportados via Data Pump Export, os dados podem importados via o utilitário Data Pump Import. O Data Pump Import lê o arquivo dump criado pelo Data Pump Export e executa os comandos encontrados aí. Por exemplo, esses comandos podem incluir um comando **create table**, seguido por um comando **insert** para carregar os dados na tabela.

> **NOTA**
> *O Data Pump Export and Import pode usar uma conexão de rede para uma operação de exportação e importação simultânea, evitando o uso dos arquivos de sistema operacional intermediários e reduzindo o tempo total dessas operações.*

Os dados que foram exportados não precisam ser importados no mesmo banco de dados ou no mesmo esquema que foi usado para gerar o arquivo de dump de exportação. Use o arquivo de dump de exportação para criar um conjunto duplicado de objetos exportados sob um esquema diferente ou em um banco de dados separado.

É possível importar todos ou parte dos dados exportados. Se você importar o arquivo de dump de exportação inteiro a partir de uma exportação completa, todos os objetos de banco de dados, incluindo tablespaces, arquivos de dados e usuários, serão criados durante esse procedimento. Entretanto, é sempre útil criar previamente os tablespaces e usuários para especificar a distribuição de objetos no banco de dados.

Se importar apenas parte dos dados do arquivo de dump de exportação, os tablespaces, arquivos de dados e usuários que possuirão e armazenarão esses dados devem ser configurados antes da importação.

BACKUPS FÍSICOS

Os backups físicos envolvem copiar os arquivos que constituem o banco de dados. Eles também são referenciados como *backups de sistema de arquivos* porque envolvem o uso de comandos de backup do sistema operacional. O Oracle dá suporte a dois tipos de backups de arquivos diferentes: *backups offline* e *backups online* (também conhecidos como *backups a frio* e a *quente*, respectivamente). Use o utilitário RMAN (consulte o Capítulo 12) para executar backups físicos. Opcionalmente, é possível escolher gravar seus próprios scripts para executar backups físicos, mas isso impedirá que você obtenha as muitas vantagens da abordagem RMAN.

Backups offline

Os backups offline consistentes ocorrem quando o banco de dados é desligado normalmente (isto é, não devido a uma falha de instância) usando a opção **normal**, **immediate** ou **transactional** do comando **shutdown**. Enquanto o banco de dados está "offline," os arquivos a seguir devem ser copiados em backup:

- Todos os arquivos de dados.
- Todos os arquivos de controle.
- Todos os arquivos de redo log arquivados.
- O arquivo init.ora ou arquivo de parâmetros do servidor (SPFILE).

> **CUIDADO**
> *Você nunca, jamais, deverá ou precisará fazer backups de arquivos de redo log online. Embora haja um pequena economia de tempo ao restaurar a partir de um backup a frio após um shutdown limpo, o risco de perder transações confirmadas supera a conveniência. Seus redo logs online devem ser espelhados e multiplexados para que você (virtualmente) nunca perca o arquivo de log online atual.*

Fazer backup destes arquivos enquanto o banco de dados está fechado fornece uma imagem completa dele no momento em que foi fechado. O conjunto completo desses arquivos poderá ser recuperado a partir de backups em uma data posterior e o banco de dados será capaz de funcionar. Não é válido executar um backup de sistema de arquivos do banco de dados enquanto ele está aberto, a menos que um backup online esteja sendo executado. Os backups offline que ocorrem depois que o banco de dados foi abortado também serão considerados inconsistentes e podem requerer mais esforço para serem usados durante as recuperações se estiverem utilizáveis.

Backups online

Você pode usar os backups online para qualquer banco de dados que esteja em execução no modo ARCHIVELOG. Neste modo, os redo logs online são arquivados, criando um log de todas as transações dentro do banco de dados.

O Oracle grava nos arquivos de redo log online de maneira cíclica: após preencher o primeiro arquivo de log, ele começa a gravar no segundo, até que ele esteja cheio e, em seguida, começa a gravar no terceiro. Uma vez que o último arquivo de redo log online esteja cheio, o processo em segundo plano LGWR (Log Writer) começa a sobrescrever o conteúdo do primeiro arquivo.

Quando o Oracle está executando no modo ARCHIVELOG, o processo em segundo plano ARCH (Archiver) faz uma cópia de cada arquivo de redo log antes de sobrescrevê-lo. Esses arquivos de redo log arquivados são em geral gravados em um dispositivo de disco. Os arquivos de redo log arquivados também podem ser gravados diretamente em um dispositivo de fita, mas o espaço em disco está se tornando tão barato que o custo adicional de arquivar nele é compensado pela economia de tempo e trabalho quando uma operação de recuperação de desastre precisar ocorrer.

> **NOTA**
> *A maioria dos bancos de dados de produção, particularmente aqueles que dão suporte às aplicações de processamento de transações, deve ser executado no modo ARCHIVELOG.*

É possível executar backups dos sistemas de arquivos de um banco de dados enquanto ele esteja aberto e executando no modo ARCHIVELOG. Um backup online envolve configurar cada tablespace em um estado de backup, fazer backups de seus arquivos de dados e, em seguida, restaurar os tablespaces ao seu estado normal.

> **NOTA**
> *Ao usar o utilitário Recovery Manager (RMAN) fornecido pelo Oracle, não é necessário colocar manualmente cada tablespace em um estado de backup. O RMAN lê os blocos de dados da mesma maneira que o Oracle usa para fazer consultas.*

O banco de dados pode ser totalmente recuperado a partir de um backup online e pode, por meio dos redo logs arquivados, ser recuperado para qualquer ponto no tempo antes da falha. Quando o banco de dados é, então, aberto, todas as transações encerradas com commit que estavam nele na hora da falha são restauradas e todas as transações que não foram encerradas com commit sofrem rollback.

Enquanto o banco de dados está aberto, é possível fazer backup dos seguintes arquivos:

- Todos os arquivos de dados.
- Todos os arquivos de redo log arquivados.
- Um arquivo de controle, via **alter database backup controlfile.**
- O arquivo de parâmetros do servidor (SPFILE).

> **NOTA**
> O RMAN faz backup automaticamente do arquivo de controle e do SPFILE sempre que o banco de dados inteiro ou o tablespace SYSTEM são copiados em backup.

Os procedimentos de backup online são muito poderosos por duas razões. Primeiro, eles fornecem uma recuperação completa até um ponto no tempo. Segundo, eles permitem que o banco de dados permaneça aberto durante o backup do sistema de arquivos. Mesmo os bancos de dados que não podem ser desligados devido aos requisitos de usuário ainda podem ter backups de sistemas de arquivos. Manter o banco de dados aberto também impede que a System Global Area (SGA) da instância do banco de dados seja apagada quando ele for desligado e reiniciado. Impedir que a memória SGA seja apagada melhorará o desempenho do banco de dados porque reduzirá o número de E/Ss físicas requeridas por ele.

> **NOTA**
> Você pode usar o recurso **flashback database**, introduzido no Oracle Database 10g, para retornar o banco de dados no tempo sem precisar de backups físicos. Para usar o comando **flashback database**, é preciso ter um Flash Recovery Area definido, estar executando no modo ARCHIVELOG e ter emitido o comando **alter database flashback on** enquanto o banco de dados foi montado, mas não aberto. Os logs gravados na Flash Recovery Area são usados pelo Oracle durante a operação **flashback database**.

USANDO O DATA PUMP EXPORT AND IMPORT

Introduzido com o Oracle Database 10g, o Data Pump fornece um utilitário para extração e importação de dados baseado em servidor. Seus recursos incluem melhorias significativas na arquitetura e na funcionalidade sobre os utilitários Import e Export originais. O Data Pump permite que você pare e reinicie os jobs, consulte o status dos jobs em execução e limite os dados que são exportados e importados.

> **NOTA**
> Os arquivos do Data Pump são incompatíveis com aqueles gerados pelo utilitário Export original.

O Data pump executa como um processo de servidor, beneficiando os usuários de muitas maneiras. O processo cliente que inicia o job pode desconectar-se e, mais tarde, reconectar-se a ele. O desempenho é melhorado (quando comparado ao export/import original) porque os dados não precisam mais ser processados por um programa cliente. As extrações e cargas do Data Pump podem ser executadas de forma paralela, melhorando ainda mais o desempenho.

Neste capítulo, você verá como usar o Data Pump, junto com as descrições e exemplos de suas principais opções. Um tratamento mais completo do Data Pump (e mais exemplos) no contexto do gerenciamento de grandes bancos de dados pode ser encontrado no Capítulo 16, "Gerenciando grandes bancos de dados".

Criando um diretório

O Data Pump requer a criação de diretórios para os arquivos de dados e de log que ele cria e lê. Use o comando **create directory** para criar o ponteiro de diretório dentro do Oracle para o diretório externo que você usará. Os usuários que acessarão os arquivos do Data Pump devem ter privilégios READ e WRITE no diretório.

Antes de iniciar, verifique se o diretório externo existe e se o usuário que emitirá o comando **create directory** tem o privilégio de sistema CREATE ANY DIRECTORY.

> **NOTA**
> Em uma instalação padrão do Oracle Database 10g ou 11g, um objeto de diretório denominado DATA_PUMP_DIR é criado e aponta para o diretório $ORACLE_BASE/admin/database_name/dpdump.

O exemplo a seguir cria um objeto de diretório denominado DPXFER na instância Oracle **dw** que referencia o diretório de sistema de arquivos /Temp/DataPumpXfer e concede acesso READ e WRITE ao usuário RJB:

```
SQL> create directory DPXFER as '/Temp/DataPumpXfer';

Directory created.

SQL> grant read, write on directory DPXFER to rjb;

Grant succeeded.

SQL>
```

O usuário RJB pode agora usar o diretório DPXFER para os jobs do Data Pump. O diretório /Temp/DataPumpXfer existe no servidor de origem ou em qualquer servidor da rede, desde que cada servidor possa acessar o diretório e as suas permissões permitam acesso de leitura/gravação pelo usuário oracle (proprietário dos arquivos executáveis Oracle).

No servidor **oc1**, o administrador cria um diretório com o mesmo nome que referencia o mesmo sistema de arquivos da rede, exceto que os privilégios no diretório são concedidos ao usuário HR:

```
SQL> create directory DPXFER as '/Temp/DataPumpXfer';

Directory created.

SQL> grant read,write on directory DPXFER to HR;

Grant succeeded.

SQL>
```

Opções do Data Pump Export

O Oracle fornece um utilitário denominado **expdp** que serve como interface ao Data Pump. Se você tem experiência anterior com o utilitário Export, algumas dessas opções lhe serão familiares. Entretanto, alguns recursos significativos estão disponíveis somente via Data Pump. A Tabela 11-1 mostra os parâmetros de entrada de linha de comando para **expdp** quando um job é criado.

Conforme detalhado na Tabela 11-1, cinco modos de exportações do Data Pump são suportados:

- **Full**   Exporta todos os dados e metadados do banco de dados.
- **Schema**   Exporta dados e metadados de esquemas de usuário específicos.
- **Tablespace**   Exporta dados e metadados de tablespaces.
- **Table**   Exporta dados e metadados de tabelas e partições de tabelas.
- **Transportable Tablespace**   Exporta metadados de tablespaces específicos na preparação de transporte desse de um banco de dados para outro.

TABELA 11-1 *Parâmetros de entrada de linha de comando para **expdp***

Parâmetro	Descrição
ATTACH	Conecta uma sessão de cliente a um job do Data Pump Export atualmente em execução.
COMPRESS	Especifica que dados serão compactados: ALL, DATA_ONLY, METADATA_ONLY, NONE.
CONTENT	Filtra o que será exportado: DATA_ONLY, METADATA_ONLY ou ALL.
DATA_OPTIONS	Se configurado como XML_CLOBS, então as colunas XML-Type serão exportadas descompactadas.
DIRECTORY	Especifica o diretório de destino para o arquivo de log e o conjunto de arquivos dump.
DUMPFILE	Especifica os nomes e diretórios para os arquivos de dump.
ENCRYPTION	Nível de criptografia da saída: ALL, DATA_ONLY, ENCRYPTED_COLUMNS_ONLY, METADATA_ONLY, NONE.
ENCRYPTION_ALGORITHM	O método de criptografia para executar a criptografia: AES128, AES192, EAS256.
ENCRYPTION_MODE	Usa uma senha ou o Oracle wallet ou ambos: os valores são DUAL, PASSWORD, TRANSPARENT.
ESTIMATE	Determina o método a ser usado para estimar o tamanho do arquivo dump (BLOCKS ou STATISTICS).
ESTIMATE_ONLY	Um sinalizador Y/N é usado para instruir o Data Pump se os dados devem ser exportados ou apenas estimados.
EXCLUDE	Especifica os critérios para excluir objetos e dados da exportação.
FILESIZE	Especifica o tamanho de arquivo máximo de cada arquivo de dump da exportação.
FLASHBACK_SCN	O SCN para o banco de dados a partir do qual será feito o flashback durante a exportação.
FLASHBACK_TIME	O timestamp para o banco de dados a partir do qual será feito o flahsback durante a exportação. FLASHBACK_TIME e FLASHBACK_SCN são mutuamente exclusivos.
FULL	Diz ao Data Pump para exportar todos os dados e metadados em uma exportação no modo Full.
HELP	Exibe uma lista de comandos e opções disponíveis.
INCLUDE	Especifica os critérios pelos quais objetos e dados serão exportados.
JOB_NAME	Especifica um nome para o job; o padrão é gerado pelo sistema.
LOGFILE	O nome e o diretório opcional para o log de exportação.
NETWORK_LINK	Especifica o link de banco de dados de origem para um job do Data Pump que exporta um banco de dados remoto.

(continua)

TABELA 11-1 *Parâmetros de entrada de linha de comando para* **expdp** *(continuação)*

Parâmetro	Descrição
NOLOGFILE	Um sinalizador Y/N é usado para suprimir a criação do arquivo de log.
PARALLEL	Configura o número de processos paralelos para o job do Data Pump Export.
PARFILE	Nomeia o arquivo de parâmetros a ser usado, se houver algum.
QUERY	Filtra as linhas das tabelas durante a exportação.
REMAP_DATA	Especifica uma função que pode transformar uma coluna ou colunas nos dados, para testar ou mascarar dados confidenciais.
REUSE_DUMPFILES	Sobrescreve os arquivos de dump existentes.
SAMPLE	Especifica uma porcentagem de blocos de dados para selecionar facilmente uma porcentagem de linhas em cada tabela.
SCHEMAS	Nomeia os esquemas a serem exportados para uma exportação no modo Schema.
STATUS	Exibe o status detalhado do job do Data Pump.
TABLES	Lista as tabelas e partições a serem exportadas para um modo de exportação Table.
TABLESPACES	Lista os tablespaces a serem exportados.
TRANSPORT_FULL_CHECK	Especifica se os tablespaces a serem exportados devem primeiramente ser verificados como um conjunto autocontido.
TRANSPORT_TABLESPACES	Especifica uma exportação no modo Transportable Tablespace.
TRANSPORTABLE	Exporta metadados somente para uma exportação no modo de tabela.
VERSION	Especifica a versão dos objetos de banco de dados a serem criados para que o conjunto de arquivos de dump configurado possa ser compatível com releases anteriores do Oracle. As opções são COMPATIBLE, LATEST e os números de versão do banco de dados (nunca menor que 9.2).

NOTA
É preciso ter o privilégio de sistema EXP_FULL_DATABASE para executar uma exportação Full ou uma exportação Transportable Tablespace.

Quando você submeter um job, o Oracle fornecerá um nome gerado pelo sistema. Se um nome for especificado para o job por meio do parâmetro JOB_NAME, tenha certeza de que o nome do job não entrará em conflito com o nome de alguma tabela ou visão no seu esquema. Durante os jobs do Data Pump, o Oracle criará e atualizará uma tabela mestre até o fim deles. A tabela mestre terá o mesmo nome que o job do Data Pump, para que seu nome não entre em conflito com os objetos existentes.

Durante esse procedimento, você pode executar os comandos listados na Tabela 11-2 por meio da interface do Data Pump.

TABELA 11-2 *Parâmetros para o modo interativo do Data Pump Export*

Parâmetro	Descrição
ADD_FILE	Adiciona arquivos de dump.
CONTINUE_CLIENT	Sai do modo interativo e entra modo de logging.
EXIT_CLIENT	Sai da sessão cliente, mas deixa o job do Data Pump Export do servidor em execução.
FILESIZE	Redefine o tamanho padrão para arquivos de dump subseqüentes.
HELP	Exibe a ajuda online para a importação.
KILL_JOB	Elimina o job atual e desconecta as sessões clientes relacionadas.
PARALLEL	Altera o número de processos paralelos para o job do Data Pump Export.
START_JOB	Reinicia o job conectado.
STATUS	Exibe um status detalhado do job do Data Pump.
STOP_JOB	Interrompe o job para reinicialização posterior.

Iniciando um job do Data Pump Export

Você pode armazenar seus parâmetros de job em um arquivo de parâmetros, referenciado por meio de PARFILE do **expdp**. Por exemplo, você pode criar um arquivo denominado dp_rjb.par com as entradas a seguir:

```
directory=dpxfer
dumpfile=metadata_only.dmp
content=metadata_only
```

O diretório lógico do data pump para esta exportação é o DPXFER, que criamos anteriormente no capítulo. A exportação só terá metadados; o nome do arquivo de dump, metadata_only.dmp, reflete o conteúdo do arquivo. Para iniciar um job do data pump usando este arquivo de parâmetros, execute o seguinte comando:

```
expdp rjb/rjb parfile=dp_rjb.par
```

O Oracle, então, passará as entradas dp_rjb.par para o job do Data Pump Export. Um Data Pump Export do tipo esquema (o tipo padrão) será executado e a saída (somente metadados, sem linhas de tabela) será gravada em um arquivo no diretório DPXFER. Esta é a saída do comando **expdp**:

```
[oracle@dw ~]$ expdp rjb/rjb parfile=dp_rjb.par

Export: Release 11.1.0.6.0 - Production on Saturday, 25 August, 2007 9:45:57

Copyright (c) 2003, 2007, Oracle. All rights reserved.

Connected to: Oracle Database 11g Enterprise Edition
               Release 11.1.0.6.0 - Production
```

```
With the Partitioning, OLAP, Data Mining and Real Application Testing
options
Starting "RJB"."SYS_EXPORT_SCHEMA_01": rjb/******** parfile=dp_rjb.par
Processing object type SCHEMA_EXPORT/USER
Processing object type SCHEMA_EXPORT/SYSTEM_GRANT
Processing object type SCHEMA_EXPORT/ROLE_GRANT
Processing object type SCHEMA_EXPORT/DEFAULT_ROLE
Processing object type SCHEMA_EXPORT/PRE_SCHEMA/PROCACT_SCHEMA
Processing object type SCHEMA_EXPORT/TABLE/TABLE
Processing object type SCHEMA_EXPORT/TABLE/INDEX/INDEX
Processing object type SCHEMA_EXPORT/TABLE/CONSTRAINT/CONSTRAINT
Processing object type SCHEMA_EXPORT/TABLE/INDEX/STATISTICS/INDEX_STATISTICS
Processing object type SCHEMA_EXPORT/TABLE/COMMENT
Processing object type SCHEMA_EXPORT/POST_SCHEMA/PROCACT_SCHEMA
Master table "RJB"."SYS_EXPORT_SCHEMA_01" successfully loaded/unloaded
******************************************************************************
Dump file set for RJB.SYS_EXPORT_SCHEMA_01 is:
  /Temp/DataPumpXfer/metadata_only.dmp
Job "RJB"."SYS_EXPORT_SCHEMA_01" successfully completed at 09:48:12
[oracle@dw ~]$
```

O arquivo de saída, conforme mostrado na listagem, é denominado metadata_only.dmp. O arquivo de dump contém um cabeçalho binário e entradas XML para a recriação das estruturas do esquema RJB. Durante a exportação, o Data Pump criou e usou uma tabela externa denominada SYS_EXPORT_SCHEMA_01.

NOTA
Os arquivos de dump não sobrescreverão os arquivos de dump existentes no mesmo diretório a menos que você use o parâmetro REUSE_DUMPFILES.

É possível usar vários diretórios e arquivos de dump para uma única exportação Data Pump. Dentro da configuração do parâmetro DUMPFILE, liste o diretório junto com o nome de arquivo, neste formato:

```
DUMPFILE=directory1:file1.dmp,
         directory2:file2.dmp
```

Usar vários diretórios no parâmetro DUMPFILE tem duas vantagens: o job do Data Pump pode usar processos paralelos (usando o parâmetro PARALLEL), além de distribuir o arquivo dump para onde houver espaço em disco disponível. Também é possível usar a variável de substituição %U na especificação do nome de arquivo para criar vários arquivos dump que podem gravar em vários processos automaticamente. Mesmo que apenas um processo esteja gravando o arquivo de dump, o uso da variável de substituição %U em combinação com o parâmetro FILESIZE limitará o tamanho de cada arquivo.

Parando e reiniciando os jobs em execução

Após ter iniciado um job do Data Pump Export, a janela cliente usada para iniciar o job pode ser fechada. Como é baseada em servidor, a exportação continuará a executar. É possível, então, conectar-se ao job pode ser fechada, verificar seu status e alterá-lo. Por exemplo, inicie o job via **expdp**:

```
expdp rjb/rjb parfile=dp_rjb.par
```

Pressione CTRL-C para a sair da exibição de log e o Data Pump retornará ao prompt do **expdb**:

Capítulo 11 Opções de backup e recuperação

    Export>

Volte para o prompt do sistema operacional usando o comando **exit_client**:

    Export> **exit_client**

Posteriormente, será possível reiniciar o cliente e conectá-lo ao job em execução atualmente sob seu esquema:

    expdp rjb/rjb attach

Se você deu um nome ao seu job do Data Pump Export (ou identificou o nome do job no arquivo de log quando ele iniciou), especifique o nome como parte do parâmetro **attach**. Por exemplo, se nomeou o job como RJB_JOB, conecte-se a ele pelo nome:

    expdp rjb/rjb attach=RJB_JOB

Quando você se conecta a um job em execução, o Data Pump exibe o status dele: seus parâmetros de configuração básica e seu status atual. É possível, então, emitir o comando **continue_client** para ver as entradas de log à medida em que elas são geradas ou alterar o job em execução:

    Export> **continue_client**

Além disso, você pode parar um job usando o comando **stop_job**:

    Export> **stop_job**

O job não é cancelado, apenas suspenso. Com o job parado, é possível adicionar outros arquivos de dump em novos diretórios por meio da opção ADD_FILE e, então, reiniciar o job usando **start_job**:

    Export> **START_JOB**

Especifique a localização de um arquivo de log para exportação por meio do parâmetro LOGFILE. Se você não especificar um valor para LOGFILE, o arquivo de log será gravado no mesmo diretório do arquivo dump.

Exportando de outro banco de dados

Use o parâmetro NETWORK_LINK para exportar a partir de um banco de dados diferente. Se você está conectado ao banco de dados HQ e tem um link para o banco DW, o Data Pump pode usar esse link para conectar-se ao banco de dados DW e extrair seus dados.

> **NOTA**
> *Se o banco de dados de origem for somente leitura, o seu usuário deve ter um tablespace gerenciado localmente atribuído como temporário; do contrário, o job falhará.*

No seu arquivo de parâmetros ou na linha de comando **expdp**, configure o parâmetro NETWORK_LINK como o nome do link de banco de dados. O job do Data Pump Export gravará os dados a partir do banco de dados remoto para o diretório definido no seu banco de dados local.

Usando EXCLUDE, INCLUDE e QUERY

Você pode excluir ou incluir conjuntos de tabelas no Data Pump Export via as opções EXCLUDE e INCLUDE, e excluir objetos por tipo e por nome. Se um objeto for excluído, todos os seus objetos dependentes também serão excluídos. O formato da opção EXCLUDE é

```
EXCLUDE=object_type[:name_clause] [,...]
```

NOTA
Você não pode especificar EXCLUDE se especificar CONTENT=DATA_ONLY.

Por exemplo, para excluir o esquema MARTHAG de uma exportação integral, o formato da opção EXCLUDE é o seguinte:

```
EXCLUDE=SCHEMA:"='MARTHAG'"
```

NOTA
É possível especificar mais de uma opção EXCLUDE dentro do mesmo job do Data Pump Export.

A opção EXCLUDE no exemplo anterior contém uma condição limitante dentro de um conjunto de aspas. A variável *object_type* pode ser qualquer tipo de objeto Oracle, incluindo uma concessão, índice ou tabela. A variável *name_clause* restringe o valor retornado. Por exemplo, para excluir da exportação todas as tabelas cujos nomes começam com TEMP, use a cláusula EXCLUDE a seguir:

```
EXCLUDE=TABLE:"LIKE 'TEMP%'"
```

Ao inserir esta cláusula na linha de comando no Linux, talvez seja preciso usar caracteres de escape para que as aspas e outros caracteres especiais sejam passados corretamente para o Oracle. Seu comando **expdp** será similar a este:

```
expdp rjb/rjb EXCLUDE=TABLE:\"LIKE \'TEMP%\'\"
```

NOTA
Este exemplo mostra parte da sintaxe, não a sintaxe completa para o comando.

Se não for fornecido um valor para *name_clause*, todos os objetos do tipo especificado serão excluídos. Por exemplo, para excluir todos os índices, seria usada uma cláusula EXCLUDE similar a esta:

```
expdp rjb/rjb EXCLUDE=INDEX
```

Para obter uma lista dos objetos que podem ser filtrados, consulte as visões de dicionários de dados DATABASE_EXPORT_OBJECTS, SCHEMA_ EXPORT_OBJECTS e TABLE_EXPORT_OBJECTS. Se o valor *object_type* for CONSTRAINT, todas as constraints serão excluídas, com exceção de NOT NULL. Além disso, as constraints necessárias para que uma tabela seja criada com êxito, como uma constraint de chave primária para uma tabela organizada por índice, não podem ser excluídas. Se o valor de *object_type* for USER, as definições de usuário serão excluídas, mas os objetos dentro dos esquemas de usuário ainda serão exportados. Use o *object_ type* SCHEMA, conforme mostrado no exemplo anterior, para excluir um usuário e todos os seus objetos. Se o valor de *object_type* for GRANT, todas as concessões de objetos e de privilégios de sistema serão excluídos.

Uma segunda opção, INCLUDE, também está disponível. Quando INCLUDE é usado, apenas aqueles objetos que passam os critérios são exportados; todos os outros são excluídos. INCLUDE e EXCLUDE são mutuamente exclusivos. O formato para INCLUDE é

```
INCLUDE = object_type[:name_clause] [,...]
```

NOTA
Não é possível especificar INCLUDE se você especificar CONTENT=DATA_ONLY.

Por exemplo, para exportar duas tabelas específicas e todas as procedures, seu arquivo de parâmetros incluirá duas linhas similares às seguintes:

```
INCLUDE=TABLE:"IN ('BOOKSHELF','BOOKSHELF_AUTHOR')"
INCLUDE=PROCEDURE
```

Quais linhas serão exportadas para os objetos que atendem aos critérios de EXCLUDE ou INCLUDE? Por padrão, todas as linhas são exportadas para cada tabela. Use a opção QUERY para limitar as linhas retornadas. Este é o formato para esse parâmetro:

```
QUERY = [schema.][table_name:] query_clause
```

Se não forem especificados valores para as variáveis *schema* e *table_name*, *query_clause* será aplicada a todas as tabelas exportadas. Como *query_clause* normalmente incluirá nomes de colunas específicas, você deve ter cuidado quando selecionar as tabelas a serem incluídas na exportação. É possível especificar um valor QUERY para um única tabela, conforme mostrado no exemplo a seguir:

```
QUERY=BOOKSHELF:'"where rating > 2"'
```

Como um resultado, o arquivo de dump só conterá linhas da tabela BOOKSHELF que atendam ao critério QUERY bem como quaisquer critérios INCLUDE ou EXCLUDE. Aplique também esses filtros durante um job Data Pump Import subseqüente, conforme descrito na próxima seção.

OPÇÕES DO DATA PUMP IMPORT

Para importar um arquivo dump exportado via Data Pump Export, use o Data Pump Import. Como no processo de exportação, o processo de importação é executado como um job baseado em servidor que pode ser gerenciado enquanto executa. Você pode interagir com o Data Pump Import por meio da interface de linha de comando, um arquivo de parâmetros e uma interface interativa. A Tabela 11-3 lista os parâmetros referentes à interface de linha de comando.

Como no Data Pump Export, cinco modos são suportados no Data Pump Import:

- **Full** Importa todos os dados de metadados do banco de dados.
- **Schema** Importa dados e metadados para esquemas específicos do usuário.
- **Tablespace** Importa dados e metadados para tablespaces.
- **Table** Importa dados e metadados para tabelas e partições de tabelas.
- **Transportable Tablespace** Importa metadados para tablespaces específicos na preparação para transportar um tablespace a partir do banco de dados de origem.

Se nenhum modo for especificado, o Data Pump Import tenta carregar o arquivo de dump inteiro.

TABELA 11-3 *Parâmetros de linha de comando do Data Pump Import*

Parâmetro	Descrição
ATTACH	Conecta o cliente a uma sessão do servidor no modo interativo.
CONTENT	Filtra o que é importado: ALL, DATA_ONLY ou METADATA_ONLY.
DATA_OPTIONS	Especifica como resolver certas exceções. No Oracle Database 11g, a única opção válida é SKIP_CONSTRAINT_ERRORS.
DIRECTORY	Especifica a localização do conjunto de arquivos de dump e o diretório de destino para os arquivos de log e SQL.
DUMPFILE	Especifica os nomes e, opcionalmente, os diretórios do conjunto de arquivos de dump.
ENCRYPTION_PASSWORD	Especifica a senha usada para criptografar a exportação durante uma operação do Data Pump Export.
ESTIMATE	Determina o método usado para estimar o tamanho do arquivo de dump (BLOCKS ou STATISTICS).
EXCLUDE	Exclui objetos e dados da exportação.
FLASHBACK_SCN	O SCN para o banco de dados a partir do qual será feito o flashback durante a importação.
FLASHBACK_TIME	O timestamp para o banco de dados a partir do qual será feito o flashback durante a importação.
FULL	Um sinalizador Y/N usado para especificar se você deseja importar o arquivo de dump completo.
HELP	Exibe a ajuda online para a importação.
INCLUDE	Especifica os critérios para os objetos a serem importados.
JOB_NAME	Especifica um nome para o job; o padrão é gerado pelo sistema.
LOGFILE	O nome e o diretório para o log de importação.
NETWORK_LINK	Especifica o link de banco de dados de origem para um job do Data Pump que importa um banco de dados remoto.
NOLOGFILE	Um sinalizador Y/N é usado para suprimir a criação do arquivo de log.
PARALLEL	Configura o número de processos paralelos para o job do Data Pump Import job.
PARFILE	Nomeia o arquivo de parâmetros a ser usado, se houver.
PARTITION_OPTIONS	NONE cria as partições com as mesmas características das partições de origem. MERGE mescla as partições em uma tabela e DEPARTITION cria uma nova tabela para cada partição de origem.
QUERY	Filtra as linhas das tabelas durante a importação.
REMAP_DATA	Remapeia o conteúdo das colunas usando uma função definida pelo usuário antes da coluna ser inserida no banco de dados de destino.
REMAP_DATAFILE	Altera o nome do arquivo de dados de origem para o arquivo de dados de destino nos comandos **create library**, **create tablespace** e **create directory** durante a importação.
REMAP_SCHEMA	Importa os dados exportados do esquema de origem para o esquema de destino.
REMAP_TABLE	Renomeia uma tabela durante a importação.
REMAP_TABLESPACE	Importa os dados exportados do tablespace de origem para o tablespace de destino.
REUSE_DATAFILES	Especifica se os arquivos de dados existentes devem ser reutilizados pelos comandos **create tablespace** durante as importações de modo Full.
SCHEMAS	Nomeia os esquemas a serem exportados para uma importação de modo Schema.

(continua...)

TABELA 11-3 *Parâmetros de linha de comando do Data Pump Import (continuação)*

SKIP_UNUSABLE_INDEXES	Um sinalizador Y/N. Se estiver configurado como Y, a importação não carrega dados nas tabelas cujos índices estão configurados para o estado Index Unusable.
SQLFILE	Nomeia o arquivo para o qual o DDL para a importação será gravado. Os dados e os metadados não serão carregados no banco de dados de destino.
STATUS	Exibe um status detalhado do job do Data Pump.
STREAMS_CONFIGURATION	Um sinalizador Y/N usado para especificar se as informações sobre a configuração Streams devem ser importadas.
TABLE_EXISTS_ACTION	Instrui como o Import deve proceder se a tabela que está sendo importada já existir. Os valores são SKIP, APPEND, TRUNCATE e REPLACE. O padrão será APPEND se CONTENT=DATA_ONLY; do contrário, o padrão será SKIP.
TABLES	Lista as tabelas para uma importação no modo Table.
TABLESPACES	Lista os tablespaces para uma importação no modo Tablespace.
TRANSFORM	Direciona as alterações para os atributos ou armazenamento de segmentos durante a importação.
TRANSPORT_DATAFILES	Lista os arquivos de dados a serem importados durante um importação no modo Transportable Tablespace.
TRANSPORT_FULL_CHECK	Especifica se os tablespaces que estão sendo importados devem primeiramente ser verificados como um conjunto autocontido.
TRANSPORT_TABLESPACES	Lista os tablespaces a serem importados durante uma importação no modo Transportable Tablespace.
TRANSPORTABLE	Especifica se a opção transportable deve ser usada com uma importação no modo tabela (ALWAYS ou NEVER).
VERSION	Especifica a versão dos objetos de banco de dados a serem criados para que o conjunto de arquivos de dump possa ser compatível com releases anteriores do Oracle. As opções são COMPATIBLE, LATEST e números de versão de banco de dados (nunca menor que 10.0.0). Válido somente para NETWORK_LINK e SQLFILE.

NOTA
O diretório para o arquivo de dump e o arquivo de log já deve existir; consulte a seção anterior sobre o comando **create directory**.

A Tabela 11-4 lista os parâmetros que são válidos no modo interativo do Data Pump Import. Grande parte dos parâmetros do Data Pump Import são os mesmos disponíveis para o Data Pump Export. Nas seções a seguir, veremos como iniciar um job de importação, junto com as descrições das principais opções exclusivas para o Data Pump Import.

TABELA 11-4 *Parâmetros para o modo interativo do Data Pump Import*

Parâmetro	Descrição
CONTINUE_CLIENT	Sai do modo interativo e entra no modo de logging. O job será reinicializado se estiver ocioso.
EXIT_CLIENT	Sai da sessão cliente, mas deixa executando o job Data Pump Import do servidor.
HELP	Exibe a ajuda online para a importação.
KILL_JOB	Elimina o job atual e desconecta as sessões cliente relacionadas.
PARALLEL	Altera o número de processos paralelos para o job do Data Pump Import.
START_JOB	Reinicia o job.
STATUS	Exibe um status detalhado do job do Data Pump.
STOP_JOB	Interrompe o job para reinicialização posterior.

Iniciando um job do Data Pump Import

Um job do Data Pump Import pode ser iniciado por meio do executável **impdp** fornecido com o Oracle Database 11*g*. Use os parâmetros de linha de comando para especificar o modo de importação e as localizações de todos os arquivos. Armazene os valores de parâmetros em um arquivo de parâmetros e, em seguida, o referencie por meio da opção PARFILE.

No primeiro exemplo de exportação deste capítulo, usando o esquema RJB, o arquivo de parâmetros denominado rjb_ dp.par (copiado para o destino e renomeado como rjb_dp_imp.par) continha as seguintes entradas:

```
directory=dpxfer
dumpfile=metadata_only.dmp
content=metadata_only
```

Se o objeto de diretório Oracle tiver o mesmo nome no banco de dados de destino, você poderá reutilizar o mesmo arquivo de parâmetros. Para criar os objetos do esquema RJB em um esquema diferente no banco de dados de destino, use o parâmetro REMAP_SCHEMA como a seguir:

```
REMAP_SCHEMA=source_schema:target_schema
```

Também é possível alterar o tablespace de destino usando a opção REMAP_TABLESPACE. Antes de iniciar a importação, crie um novo usuário KFC como a seguir:

```
SQL> grant resource, connect to kfc identified by kfc;
Grant succeeded.
SQL>
```

Em seguida, adicione o parâmetro REMAP_SCHEMA ao final do arquivo de parâmetros que copiou do banco de dados de origem:

```
directory=dpxfer
dumpfile=metadata_only.dmp
```

```
content=metadata_only
remap_schema=RJB:KFC
```

NOTA
Todos os arquivos de dump devem ser especificados na hora em que o job for iniciado.

Agora, estamos prontos para iniciar o job de importação. Como está alterando o proprietário original do esquema, você deve ter privilégios de sistema IMP_FULL_DATABASE. Os jobs do Data Pump Import são iniciados por meio do utilitário **impdp**; aqui está o comando, incluindo o arquivo de parâmetros revisado:

```
impdp system/verylongpassword parfile=dp_rjb_import.par
```

O Oracle agora executará a importação e exibirá seu progresso. Como a opção NOLOGFILE não foi especificada, o arquivo de log para a importação será colocado no mesmo diretório do arquivo de dump e receberá o nome import.log. Verifique o sucesso da importação conectando-se ao esquema KFC e examinando os objetos. Este é o arquivo de log do comando **impdp**:

```
[oracle@oc1 ~]$ impdp rjb/rjb parfile=dp_rjb_import.par

Import: Release 11.1.0.6.0 - Production
        on Saturday, 25 August, 2007 13:22:07

Copyright (c) 2003, 2007, Oracle. All rights reserved.

Connected to: Oracle Database 11g Enterprise Edition
           Release 11.1.0.6.0 - Production
With the Partitioning, Real Application Clusters, OLAP, Data Mining
and Real Application Testing options

Master table "RJB"."SYS_IMPORT_FULL_01" successfully loaded/unloaded
Starting "RJB"."SYS_IMPORT_FULL_01": rjb/******** parfile=dp_rjb_import.par
Processing object type SCHEMA_EXPORT/USER
ORA-31684: Object type USER:"KFC" already exists
Processing object type SCHEMA_EXPORT/SYSTEM_GRANT
Processing object type SCHEMA_EXPORT/ROLE_GRANT
Processing object type SCHEMA_EXPORT/DEFAULT_ROLE
Processing object type SCHEMA_EXPORT/PRE_SCHEMA/PROCACT_SCHEMA
Processing object type SCHEMA_EXPORT/POST_SCHEMA/PROCACT_SCHEMA
Job "RJB"."SYS_IMPORT_FULL_01" completed with 1 error(s) at 13:22:32

[oracle@oc1 ~]$
```

O único erro durante o comando **impdp** foi que o usuário KFC já existe; ele foi criado explicitamente antes e essa mensagem de erro pode ser ignorada com segurança.

E se uma tabela que está sendo importada já existir? Neste exemplo, com a opção CONTENT configurada como METADATA_ONLY, por padrão, a tabela seria ignorada. Se a opção CONTENT fosse configurada como DATA_ONLY, os novos dados seriam anexados aos dados da tabela existente. Para alterar esse comportamento, use a opção TABLE_EXISTS_ACTION. Os valores válidos para TABLE_EXISTS_OPTION são SKIP, APPEND, TRUNCATE e REPLACE.

Parando e reinicializando os jobs em execução

Após ter iniciado um job Data Pump Import, feche a janela cliente usada para iniciar o job. Como é baseada em servidor, a importação continuará a execução. Você poderá então conectar-se ao job, verificar seu status e alterá-lo:

```
impdp rjb/rjb parfile=rjb_dp_import.par
```

Pressione **CTRL-C** para sair da exibição de log e o Data Pump Import retornará ao prompt de importação:

```
Import>
```

Saia para o sistema operacional usando o comando **exit_client**:

```
Import> exit_client
```

Mais tarde, reinicialize o cliente e conecte-se ao job em execução atualmente sob seu esquema:

```
impdp rjb/rjb attach
```

Se você deu um nome ao seu job Data Pump Import, especifique o nome como parte do parâmetro **attach**. Ao conectar-se a um job em execução, o Data Pump Import exibirá o status do job – seus parâmetros de configuração básica e seu status atual. Então, emita o comando **continue_client** para ver as entradas de log à medida que elas são geradas ou alterar o job em execução.

```
Import> continue_client
```

É possível parar temporariamente um job usando o comando **stop_job**:

```
Import> stop_job
```

Enquanto o job está parado, você pode aumentar seu paralelismo via a opção **parallel** e, em seguida, reiniciá-lo:

```
Import> start_job
```

EXCLUDE, INCLUDE e QUERY

O Data Pump Import, como o Data Pump Export, permite que você restrinja os dados processados por meio do uso das opções EXCLUDE, INCLUDE e QUERY, conforme descrito anteriormente neste capítulo. Como você pode usar essas opções tanto na exportação quanto na importação, é possível ser muito flexível nas suas importações. Por exemplo, você pode escolher exportar uma tabela inteira, mas importar somente parte dela – as linhas que correspondem aos seus critérios QUERY. Você pode escolher exportar um esquema inteiro, mas quando recuperar o banco de dados via importação, incluir somente as tabelas mais necessárias para que o tempo de inatividade da aplicação possa ser minimizado. EXCLUDE, INCLUDE e QUERY fornecem recursos poderosos para desenvolvedores e administradores de banco de dados durante os jobs de exportação e importação.

Transformando objetos importados

Além de alterar ou selecionar esquemas, tablespaces, arquivos de dados e linhas durante a importação, você pode alterar os requisitos de armazenamento e atributos de segmento durante a importação por meio da opção TRANSFORM. O formato para TRANSFORM é o seguinte:

```
TRANSFORM = transform_name:value[:object_type]
```

A variável *transform_name* pode ter um valor SEGMENT_ATTRIBUTES ou STORAGE. A variável *value* pode ser usada para incluir ou excluir atributos de segmento (atributos físicos, como atributos de armazenamento, tablespaces e registro em log). A variável *object_type* é opcional, mas se especificada, ela deve ter um destes valores:

- CLUSTER
- CONSTRAINT
- INC_TYPE
- INDEX
- ROLLBACK_SEGMENT
- TABLE
- TABLESPACE
- TYPE

Por exemplo, os requisitos de armazenamento de objetos podem ser alterados durante uma exportação/importação; a opção QUERY pode ser usada para limitar as linhas importadas ou importar somente os metadados sem os dados da tabela. Para eliminar as cláusulas de armazenamento exportado de tabelas importadas, adicione a seguinte instrução ao arquivo de parâmetros:

```
transform=storage:n:table
```

Para eliminar o tablespace exportado e as cláusulas de armazenamento de todas as tabelas e índices, use o seguinte:

```
transform=segment_attributes:n
```

Quando os objetos forem importados, eles serão atribuídos ao tablespace padrão do usuário e usarão os parâmetros de armazenamento do tablespace padrão.

Gerando SQL

Em vez de importar dados e objetos, você pode gerar SQL para os objetos (sem os dados) e armazená-los em um arquivo no seu sistema operacional. O arquivo será gravado no arquivo e diretório especificados via opção SQLFILE. O formato da opção SQLFILE é o seguinte:

```
SQLFILE=[directory_object:]file_name
```

NOTA
Se você não especificar um valor para a variável directory_object, o arquivo será criado no diretório do arquivo de dump.

Abaixo podemos ver o mesmo arquivo de parâmetros usado para a importação anteriormente neste capítulo, modificado para criar somente o SQL:

```
directory=dpxfer
dumpfile=metadata_only.dmp
sqlfile=sql.txt
```

Observe que não precisamos do **content=metadata_only** ou do parâmetro **remap_schema**, porque tudo o que queremos fazer é criar instruções SQL.

```
impdp rjb/rjb parfile=dp_rjb_import_sql.par
```

No arquivo sql.txt que o processo de importação cria, veremos as entradas para cada um dos tipos de objeto dentro do esquema. Aqui está um excerto do arquivo:

```
-- CONNECT RJB
ALTER SESSION SET EDITION = "ORA$BASE";
. . .
-- new object type path: SCHEMA_EXPORT/TABLE/TABLE
CREATE TABLE "RJB"."EMPLOYEE_ARCHIVE"
    (   "EMPLOYEE_ID" NUMBER(6,0),
        "FIRST_NAME" VARCHAR2(20),
        "LAST_NAME" VARCHAR2(25) NOT NULL ENABLE,
        "EMAIL" VARCHAR2(25) NOT NULL ENABLE,
        "PHONE_NUMBER" VARCHAR2(20),
        "HIRE_DATE" DATE NOT NULL ENABLE,
        "JOB_ID" VARCHAR2(10) NOT NULL ENABLE,
        "COMMISSION_PCT" NUMBER(2,2),
        "MANAGER_ID" NUMBER(6,0),
        "DEPARTMENT_ID" NUMBER(4,0)
    ) PCTFREE 10 PCTUSED 40 INITRANS 1 MAXTRANS 255 NOCOMPRESS LOGGING
    STORAGE(INITIAL 65536 NEXT 1048576 MINEXTENTS 1 MAXEXTENTS 2147483645
    PCTINCREASE 0 FREELISTS 1 FREELIST GROUPS 1 BUFFER_POOL DEFAULT)
TABLESPACE "USERS";

-- new object type path: SCHEMA_EXPORT/TABLE/GRANT/OWNER_GRANT/OBJECT_
GRANT
GRANT SELECT ON "RJB"."EMPLOYEE_ARCHIVE" TO "HR";
. . .
BEGIN
dbms_cube_exp.schema_info_imp_beg(1, '11.01.00.00.00');
dbms_cube_exp.schema_info_imp_loop(1, '11.01.00.00.00',
        '<?xml version="1.0" encoding="UTF-16"?>
<Metadata Version="1.0">
</Metadata>');
dbms_cube_exp.schema_info_imp_end(1, '11.01.00.00.00');
COMMIT;
END;
```

A saída do SQLFILE é um arquivo de texto, portanto é possível editá-lo, usá-lo com o SQL*Plus ou SQL Developer, ou mantê-lo como documentação das estruturas de banco de dados da sua aplicação.

Comparando o Data Pump Export/Import com os utilitários Export/Import

Os utilitários Export e Import originais ainda estão disponíveis por meio dos executáveis **exp** e **imp**. Como mostrado neste capítulo, existem muitas maneiras nas quais o Data Pump Export/Import oferecem capacidades superiores sobre os utilitários Export e Import originais. A arquitetura baseada em servidor do Data Pump leva a ganhos de desempenho e a uma melhor gerenciabilidade. A partir do Oracle Database 11*g*, todos os recursos disponíveis nos utilitários Export e Import originais estão disponíveis no Data Pump. Portanto, o utilitário de exportação original não é mais suportado para uso geral; entretanto, talvez seja preciso usá-lo para importar dados em uma versão do Oracle anterior à 10*g*.

Implementando backups offline

Um backup offline é um backup físico dos arquivos de banco de dados executado após o shutdown limpo deste último, por meio dos comandos **shutdown normal**, **shutdown immediate** ou **shutdown transactional**. Embora o banco de dados esteja desligado, cada um dos arquivos ativamente usados por ele é copiado em backup. Esses arquivos fornecem uma imagem completa do banco de dados no estado em que ele estava no momento em que foi desligado.

> **NOTA**
> *Não conte com um backup offline executado após um* **shutdown abort**, *porque ele pode ser inconsistente. Se você precisar executar um* **shutdown abort**, *deve reiniciar o banco de dados e executar um* **shutdown** *normal ou um* **shutdown immediate** *ou um* **shutdown transactional** *antes de começar seu backup offline.*

Os arquivos a seguir devem ser copiados em backup durante um backup a frio:

- Todos os arquivos de dados.
- Todos os arquivos de controle.
- Todos os arquivos de redo log arquivados.
- Arquivo de parâmetros de inicialização ou arquivo de parâmetros de servidor (SPFILE).
- Arquivo de senhas.

Se você estiver usando raw devices para o armazenamento de banco de dados, com ou sem ASM, terá que fazer backup desses dispositivos assim como usar comandos do sistema operacional, como dd em combinação com um utilitário de compactação, como neste exemplo:

```
dd if=/dev/sdb | gzip > /mnt/bkup/dw_sdb_backup.img.gz
```

Durante uma recuperação, um backup offline pode restaurar o banco de dados ao ponto no tempo no qual ele estava antes de ser desligado. Os backups offline em geral executam uma parte do planejamento de recuperação de desastres, porque são autocontidos e podem ser mais simples para restaurar em um servidor de recuperação do que outros tipos de backups. Se o banco de dados está em execução no modo ARCHIVELOG, aplique os redo logs arquivados mais recentes ao backup offline restaurado para trazê-lo de volta até o ponto no tempo em que ocorreu uma falha de mídia ou uma perda completa do banco de dados. Conforme enfatizamos anteriormente, a necessidade de backups a frio é minimizada ou eliminada se você usa RMAN; seu banco de dados talvez nunca precise ser desligado para um backup a frio (a menos que ocorra um desastre – e nesse caso, certifique-se de criar também um banco de dados RAC).

Implementando backups online

Os backups offline consistentes só podem ser executados enquanto o banco de dados está desligado. Entretanto, você pode executar backups de arquivos físicos de um banco de dados enquanto ele está aberto, desde que esteja executando no modo ARCHIVELOG e o backup esteja correto. Esses backups são referenciados como *backups online*.

O Oracle grava nos arquivos de redo log online de modo cíclico: após preencher o primeiro arquivo de log, ele começa a gravar no segundo, até que ele fique cheio e, então, comece a gravar no terceiro. Uma vez que o último arquivo de redo log online esteja preenchido, o processo em segundo plano LGWR (Log Writer) começa a sobrescrever o conteúdo do primeiro arquivo de redo log.

Quando o Oracle está executando no modo ARCHIVELOG, o processo em segundo plano ARCH faz uma cópia de cada arquivo de redo log depois que o processo LGWR acaba de gravar nele. Esses arquivos de redo log arquivados são, em geral, gravados em um dispositivo de disco. Em vez disso, eles também podem ser gravados diretamente em um dispositivo de fita, mas isso tende a demandar muita intervenção do operador.

Iniciando

Para fazer uso da capacidade ARCHIVELOG, primeiramente coloque o banco de dados nesse modo. Antes de iniciar o banco de dados no modo ARCHIVELOG, certifique-se de estar usando uma das configurações a seguir, listadas da mais recomendada para a menos recomendada:

- Ative o arquivamento somente para a área de recuperação flash e use espelhamento no disco que contém essa mesma. O parâmetro DB_RECOVERY_FILE_DEST especifica a localização do sistema de arquivos ou grupo de discos ASM que contém a área de recuperação flash. Se você configurou seu Oracle Database 11g usando as mesmas opções da instalação contida no apêndice deste livro, criou a área de recuperação flash em um grupo de discos ASM espelhado.

- Ative o arquivamento para a área de recuperação flash e configure ao menos um parâmetro LOG_ARCHIVE_DEST_n para outro local fora da área de recuperação flash.

- Configure ao menos dois parâmetros LOG_ARCHIVE_DEST_n para arquivar em destinos que não são áreas de recuperação flash

NOTA
Se o parâmetro de inicialização DB_RECOVERY_FILE DEST for especificado e nenhum parâmetro LOG_ARCHIVE_DEST_n for especificado, então LOG_ ARCHIVE_DEST_10 é implicitamente configurado como a área de recuperação flash.

Nos exemplos a seguir, assumimos que a melhor configuração, uma única área de recuperação flash espelhada, foi selecionada. A listagem a seguir mostra as etapas necessárias para colocar um banco de dados no modo ARCHIVELOG; em primeiro lugar, faça shutdown do banco de dados e, em seguida, emita estes comandos:

```
SQL> startup mount;
SQL> alter database archivelog;
SQL> alter database open;
```

NOTA
Para ver o redo log online ativo no momento e seu número de seqüência, consulte a visão dinâmica V$LOG.

Se você ativar o arquivamento, mas não especificar nenhum local de arquivamento, os arquivos de log arquivados residirão em um local padrão, que irá depender da plataforma; em plataformas Unix e Linux o local padrão é $ORACLE_HOME/dbs.

Cada um dos arquivos de redo log arquivados contém os dados de um único online. Eles são numerados seqüencialmente, na ordem em que foram criados. O tamanho dos arquivos de redo log arquivados varia, mas ele não excede o tamanho desses arquivos online.

Se o diretório de destino dos arquivos de redo log arquivados não tiver espaço, os processos ARC*n* pararão de processar os dados do redo log online e o próprio banco de dados parará. Esta situação pode ser resolvida adicionando mais espaço ao disco de destino do arquivo de redo log arquivado ou fazendo backup dos seus arquivos e, em seguida, removendo-os desse diretório. Se você estiver usando a área de recuperação flash para seus arquivos de redo log arquivados, o banco de dados emitirá um alerta de advertência se o espaço disponível nessa área de for menor que 15% e um alerta crítico quando o espaço disponível for menor que 3%. Executar uma ação no nível de 15%, como aumentar o tamanho ou alterar o local da área de recuperação flash, pode muito provavelmente evitar quaisquer interrupções de serviço, assumindo que não haja processos descontrolados consumindo espaço na mesma.

O parâmetro de inicialização DB_RECOVERY_FILE_DEST_SIZE também pode auxiliar no gerenciamento do tamanho da área de recuperação flash. Embora seu objetivo principal seja limitar a quantidade de espaço em disco usada por essa área no grupo de discos especificado ou no diretório de sistema de arquivos. Ela pode ser temporariamente aumentada uma vez que um alerta é recebido para dar ao DBA um tempo adicional para alocar mais espaço em disco para o grupo de discos ou realocar a sua área.

Além de receber alertas de advertência ou críticos, você pode ser um pouco mais proativo no monitoramento do tamanho da área de recuperação flash usando a visão de desempenho dinâmico V$RECOVERY_FILE_DEST para ver o espaço total usado e o exigível no sistema de arquivos de destino. Além disso, é possível usar a visão de desempenho dinâmico V$FLASH_RECOVERY_AREA_USAGE para ver uma análise de uso por tipo de arquivo:

```
SQL> select * from v$recovery_file_dest;

NAME                 SPACE_LIMIT SPACE_USED SPACE_RECLAIMABLE NUMBER_OF_FILES
-------------------- ----------- ---------- ----------------- ---------------
+RECOV                8589934592 1595932672          71303168              13

SQL> select * from v$flash_recovery_area_usage;

FILE_TYPE       PERCENT_SPACE_USED PERCENT_SPACE_RECLAIMABLE NUMBER_OF_FILES
--------------- ------------------ ------------------------- ---------------
CONTROL FILE                  .12                         0               1
REDO LOG                     1.87                         0               3
ARCHIVED LOG                  .83                         1               7
BACKUP PIECE                15.75                         0               2
IMAGE COPY                      0                         0               0
FLASHBACK LOG                   0                         0               0
FOREIGN ARCHIVE                 0                         0               0
D LOG

7 rows selected.

SQL>
```

Neste exemplo, a área de recuperação está com uma utilização menor que 20%, com a porcentagem maior devido a backups RMAN.

Executando backups de banco de dados online

Uma vez que um banco de dados esteja executando no modo ARCHIVELOG, é possível fazer o backup enquanto ele estiver aberto e disponível para os usuários. Essa capacidade permite que uma disponibilidade de banco de dados ininterrupta seja conseguida ao mesmo tempo em que garante a sua recuperabilidade.

Embora os backups online possam ser executados durante as horas de trabalho normal, eles devem ser programados para as horas de menor atividade de usuários por várias razões. Em primeiro lugar, os backups online usarão os comandos do sistema operacional para fazer cópias de arquivos físicos e esses comandos usarão os recursos de E/S disponíveis no sistema (impactando o desempenho do sistema para os usuários interativos). Segundo, embora os tablespaces estejam sendo copiados em backup, a maneira como a transações são gravadas nos arquivos de redo log arquivados muda. Quando você coloca um tablespace no modo "backup online", o processo DBWR grava todos os blocos no cache de buffer que pertença a qualquer arquivo que possa fazer parte do tablespace de volta no disco. Quando os blocos forem lidos de volta na memória e, em seguida, alterados, eles serão copiados para o buffer de log na primeira vez que uma alteração for feita. Desde que estejam no cache de buffer, eles não serão recopiados para o arquivo de redo log online. Isso usará uma grande quantidade adicional de espaço no diretório de destino do arquivo de redo log arquivado.

> **NOTA**
> É possível criar um arquivo de comandos para executar seus backups online, mas é preferível usar o RMAN por diversas razões: ele mantém um catálogo dos seus backups, permite que você gerencie seu repositório de backups e permite executar backups incrementais do banco de dados.

Siga estas etapas para executar um backup de banco de dados online ou backups de tablespaces individuais:

1. Configure o banco de dados no estado de backup (antes do Oracle 10g, a única opção era ativar o backup tablespace por tablespace) usando o comando **alter tablespace... begin backup** para cada tablespace ou **alter database begin backup** para colocar todos os tablespaces no modo de backup online.
2. Faça o backup dos arquivos de dados usando os comandos do sistema operacional.
3. Configure o banco de dados de volta para seu estado normal emitindo o comando **alter tablespace... end backup** para cada tablespace ou **alter database end backup** para todos os tablespaces no banco de dados.
4. Arquive os redo logs não arquivados para que o redo necessário para recuperar o backup do tablespace backup seja usado emitindo o comando **alter system archive log current**.
5. Faça o backup dos arquivos de redo log arquivados. Se necessário, compacte ou exclua os arquivos já copiados em backup para liberar espaço no disco.
6. Faça o backup do arquivo de controle.

Consulte o Capítulo 12 para obter detalhes sobre a automação do RMAN deste processo.

Integração dos procedimentos de backup

Como existem vários métodos para fazer backup do banco de dados Oracle, não há necessidade de ter um único ponto de falha na sua estratégia de backup. Dependendo das características do seu banco de dados, um método deve ser escolhido e ao menos um dos restantes deve ser usado como um backup para o seu método de backup principal.

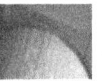

NOTA
Ao considerar backups físicos, também avalie o uso do RMAN para executar backups físicos incrementais.

Nas seções a seguir, você verá como escolher o método de backup principal para seu banco de dados, como integrar os backups lógicos e físicos e como integrar os backups de banco de dados com os de sistema. Para obter estratégias de backup específicas para bancos de dados muito grandes, consulte o Capítulo 16. Para obter detalhes sobre o RMAN, consulte o Capítulo 12.

Integração dos backups lógico e físico

Qual o método de backup é apropriado para ser usado como o método de backup principal do seu banco de dados? Quando decidir, você deve levar em conta as características de cada método:

Método	Tipo	Características de recuperação
Data Pump Export	Lógico	Pode recuperar qualquer objeto de banco de dados ao seu status a partir do momento em que ele foi exportado.
Backups offline	Físico	Podem recuperar o banco de dados ao seu status a partir do momento em que ele foi desligado. Se o banco de dados estiver executando no modo ARCHIVELOG, você pode recuperá-lo a um status em qualquer ponto no tempo.
Backups online	Físico	Podem recuperar o banco de dados ao seu status em qualquer ponto no tempo.

Os backups offline são o método menos flexível de fazer backup de banco de dados se ele estiver executando no modo NOARCHIVELOG. Os backups offline são um snapshot de um ponto no tempo do banco de dados. Além disso, como eles são um backup físico, os DBAs não podem recuperar seletivamente os objetos lógicos (como tabelas) a partir deles. Embora haja ocasiões em que eles são apropriados (como para recuperação de desastres), os backups offline em geral devem ser usados como uma contingência no caso do método principal falhar. Se você está executando o banco de dados no modo ARCHIVELOG (fortemente recomendado), pode usar os backups offline como a base para uma recuperação de mídia, mas um backup online normalmente seria mais fácil de usar para recuperação em uma situação desse tipo.

Dos dois métodos remanescentes, qual é o mais apropriado? Para ambientes de produção, a resposta é quase sempre backups online. Os backups online, com o banco de dados em execução no modo ARCHIVELOG, permitem recuperá-lo no ponto imediatamente anterior à falha do sistema ou a um erro do usuário. Usar uma estratégia baseada no Data Pump Export o limitaria somente a retornar aos dados como eles estavam na última vez em que foram exportados. Considere o tamanho do banco de dados e quais objetos provavelmente serão recuperados. Dado um cenário de recuperação padrão, como a perda de um disco, quanto tempo isso levará para acontecer? Se um arquivo for perdido, a maneira mais rápida de recuperá-lo é em geral por meio de um backup físico, o que novamente favorece os backups online sobre as exportações.

Se o banco de dados for pequeno, o volume de transações for muito baixo e a disponibilidade não for um problema, então os backups offline podem atender às suas necessidades. Se está preocupado apenas com uma ou duas tabelas, poderá usar o Data Pump Export para copiá-las em backup seletivamente. Entretanto, se o banco de dados for muito grande, o tempo de recuperação necessário para o Data Pump Export/Import pode ser proibitivo. Para ambientes grandes e com poucas transações, os backups offline podem ser apropriados.

Independente da sua escolha para o método de backup principal, a implementação final deve incluir um backup físico e algum tipo de backup lógico, seja via Data Pump Export ou via replicação. Essa redundância é necessária porque esses métodos validam diferentes aspectos do banco de dados:

O Data Pump Export valida se os dados estão logicamente corretos e se os backups físicos estão fisicamente corretos. Uma boa estratégia de backup de banco de dados integra os backups lógicos e físicos. A freqüência e o tipo de backup executado irão variar com base nas características do seu uso. Outras atividades do banco de dados podem exigir backups ad hoc. Os backups ad hoc podem incluir backups offline antes de executar as atualizações e exportações de banco de dados durante a migração de aplicações entre esses.

Integração de backups de banco de dados e de sistema operacional

Conforme descrito neste capítulo, as atividades de backup do DBA envolvem várias tarefas normalmente atribuídas a um grupo de gerenciamento de sistemas: monitoramento de uso do disco, manutenção de fitas, etc. Em vez de duplicar esses esforços, é melhor integrá-los; concentre-se no alinhamento baseado em processos da sua empresa. A estratégia de backup de banco de dados deve ser modificada para que os backups de sistemas de arquivos da equipe de gerenciamento de sistemas cuidem de toda a manipulação de fitas, permitindo a você centralizar os processos de controle de produção no seu ambiente.

A centralização dos processos de controle de produção em geral são realizadas dedicando unidades de disco como locais de destino para backups de arquivos físicos. Em vez de os arquivos serem copiados em backup em unidades de fita, eles são gravados em outros discos no mesmo servidor. Esses discos devem ser especificados como de backups pelos sistemas de arquivos regulares da equipe de gerenciamento de sistemas. O DBA não precisa executar um job de backup de fita separado. Entretanto, ele precisa verificar se as procedures de backup da equipe de gerenciamento de sistemas foram executadas corretamente e concluídas com êxito.

Se seu ambiente de banco de dados inclui informações fora dele, como arquivos de dados para tabelas externas ou arquivos acessados por tipos de dados BFILE, então determine como efetuará backup desses arquivos de modo que eles forneçam dados consistentes no caso de uma recuperação. Os backups desses arquivos texto devem ser coordenados com os de seus bancos de dados e também devem ser integrados a qualquer planejamento de recuperação de desastres.

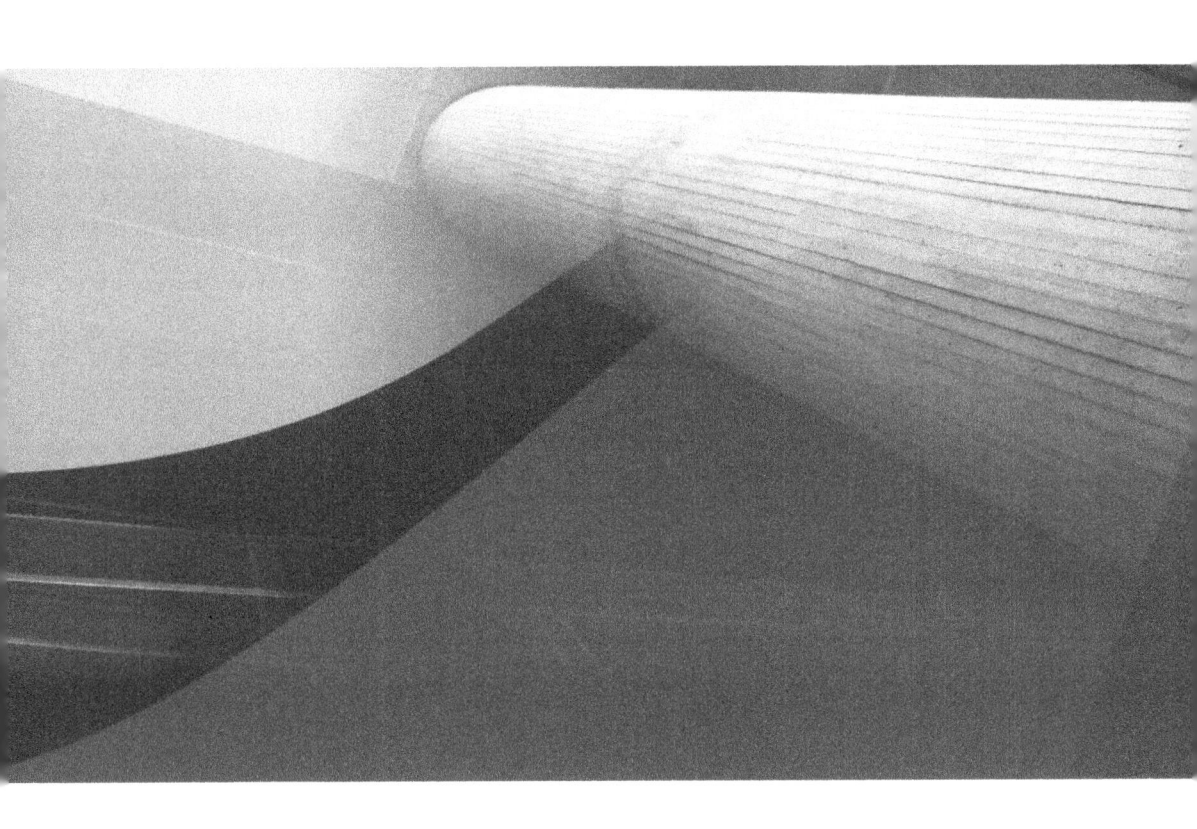

CAPÍTULO 12

Usando o Recovery Manager (RMAN)

No Capítulo 11, discutimos várias maneiras diferentes nas quais podemos fazer backups e proteger o banco de dados de danos acidentais, inadvertidos ou deliberados. Os backups físicos do banco de dados garantem que nenhuma transação encerrada com commit seja perdida e que podemos restaurá-lo a partir de qualquer backup anterior até o ponto atual no tempo ou em qualquer ponto intermediário. Os backups lógicos permitem que o DBA ou um usuário capture o conteúdo dos objetos de banco de dados individuais em um ponto específico no tempo, fornecendo uma opção de recuperação alternativa quando uma operação de restauração completa teria um impacto muito grande no restante do banco de dados.

O Recovery Manager (RMAN) do Oracle coloca o backup e a recuperação em um novo nível de proteção e facilidade de uso. Desde seu lançamento no Oracle versão 8, houve diversas melhorias e otimizações importantes que podem tornar o RMAN um recurso que pode conter soluções para praticamente todos os ambientes de banco de dados. Além das melhorias da interface de linha de comando do RMAN no Oracle 10g, toda a sua funcionalidade também foi incluída na interface Web do Oracle Enterprise Manager (OEM), permitindo a um DBA monitorar e executar operações de backup quando somente uma conexão de navegador Web estiver disponível.

Neste capítulo, usaremos vários exemplos das operações RMAN, usando tanto a sintaxe de linha de comando quanto a interface OEM da Web. Os exemplos executarão o processo desde a configuração do ambiente RMAN até o backup e a recuperação e validação dele próprio. Discutiremos alguns detalhes sobre como o RMAN gerencia os metadados associados ao banco de dados e seus backups. Finalmente, abordaremos tópicos diversos, como o uso do RMAN para catalogar backups feitos fora do seu ambiente.

O Oracle Database 11g traz ainda mais funcionalidade para um ambiente RMAN. O Data Recovery Advisor opera de maneira proativa detectando problemas com o banco de dados antes de uma falha de aplicação, assim como de maneira reativa para analisar a falha e fornecer ao menos uma opção de reparo que minimizará o tempo de inatividade, se houver algum. Em virtualmente todos os cenários, o Data Recovery Advisor usa o RMAN para suas operações de reparo, incorporando novos comandos, como **list failure**, **change failure**, **advise failure** e **repair failure**. Além disso, ele dá suporte à localização de failover para arquivos de redo log armazenados quando a área de recuperação flash está cheia. Finalmente, o comando **duplicate** agora dá suporte à criação de um banco de dados duplicado ou um banco de dados standby físico sem usar os arquivos de backup de banco de dados; isso reduz enormemente a quantidade de tempo necessária para criar uma cópia desse banco.

Devido à grande variedade de sistemas de gerenciamento de backup em fita disponível, a discussão de qualquer configuração específica de hardware esta além do escopo deste livro. Em vez disso, o foco deste capítulo será no uso da área de recuperação flash, uma área dedicada alocada no disco para armazenar cópias baseadas nele de todos os tipos de objetos que o RMAN pode fazer backup. A área de recuperação flash é nova no Oracle 10g.

Para todos os exemplos deste capítulo, usaremos um catálogo de recuperação com o RMAN. Embora grande parte da funcionalidade deste último esteja disponível apenas por meio do uso do arquivo de controle do banco de dados de destino. Benefícios como ser capaz de armazenar scripts RMAN e recursos de recuperação adicionais excedem de longe o custo relativamente baixo de manter uma conta desse usuário em um banco de dados diferente.

RECURSOS E COMPONENTES DO RMAN

O RMAN é mais do que apenas um cliente executável que pode ser usado com uma interface Web. Ele abrange vários outros componentes, incluindo o banco de dados do qual será feito o backup (o banco de dados de destino), um catálogo de recuperação opcional, uma área de recuperação flash opcional e um software de gerenciamento de mídia para dar suporte aos sistemas de backup em fita. Nós examinaremos rapidamente cada um desses tópicos nesta seção.

Muitos recursos do RMAN não têm equivalentes nos métodos de backup apresentados no Capítulo 11. Vamos comparar as vantagens e as desvantagens de usar o RMAN versus os métodos de backups mais tradicionais.

Componentes do RMAN

O primeiro e mínimo componente no ambiente RMAN é o executável de mesmo nome. Ele está disponível junto com outros utilitários Oracle no diretório $ORACLE_HOME/bin e é instalado por padrão tanto com as edições Standard e Enterprise do Oracle 11*g*. A partir de uma linha de comando, você pode chamar o RMAN com ou sem argumentos de linha de comando; no exemplo a seguir, vamos iniciá-lo usando a autenticação do sistema operacional sem conectar a um catálogo de recuperação:

```
[oracle@dw ~]$ rman target /
RMAN>
```

Os argumentos de linha de comando são opcionais; também podemos especificar nosso banco de dados de destino e um catálogo de recuperação a partir do prompt **RMAN>**. Na Figura 12-1, você pode ver como acessar os recursos do RMAN a partir do Oracle Enterprise Manager.

O RMAN não será muito útil a menos que tenhamos de fazer backup de um banco de dados. Um ou mais bancos de dados de destino podem ser classificados no catálogo de recuperação. Além disso, o arquivo de controle que está sofrendo backup contém informações sobre os que foram executados por esse gerenciado. A partir do cliente RMAN, você também pode emitir os comandos SQL para aquelas operações que não podem ser executadas com os seus comandos RMAN nativos.

O catálogo de recuperação do RMAN contém a localização dos dados de recuperação, suas próprias definições de configuração e o esquema do banco de dados de destino, seja usando o arquivo de controle, seja um repositório dedicado em um banco separado. No mínimo, o arquivo de controle do banco de dados de destino contém esses dados para ser capaz de armazenar scripts e manter uma cópia. Possuir um catálogo de recuperação é altamente recomendado; neste capítulo, todos os exemplos farão uso de um.

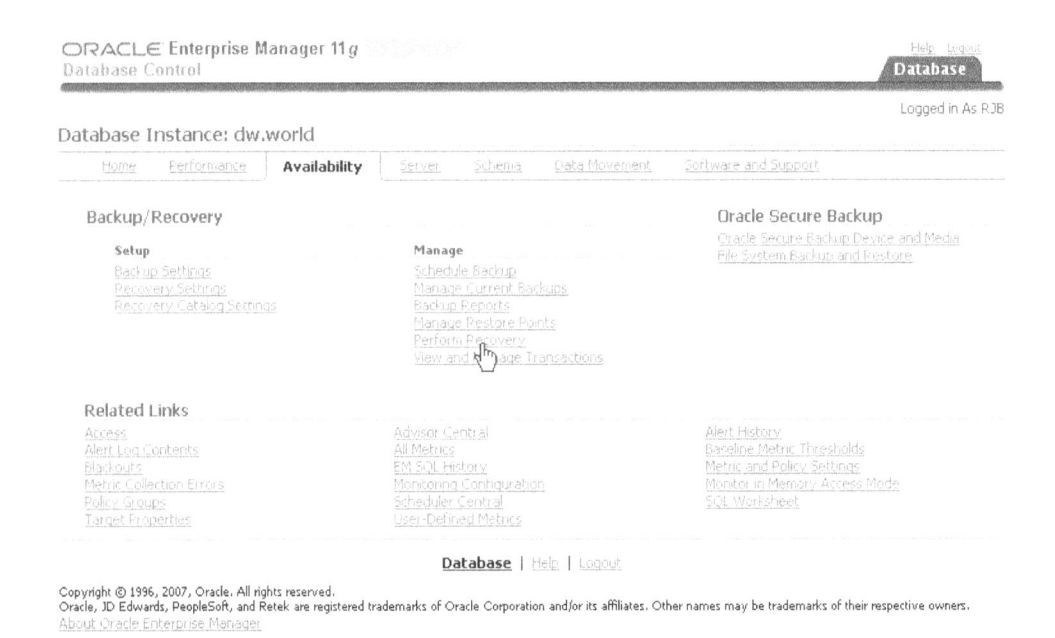

Figura 12-1 *Acessando a funcionalidade RMAN a partir do OEM.*

A partir do Oracle 10g, a *área de recuperação flash* simplifica o backup e recuperação baseados em disco definindo um local nele para armazenar todos os backups RMAN. Junto com a localização, o DBA pode também especificar um limite superior para a quantidade de espaço em disco usada na área de recuperação flash. Uma vez que uma política de retenção seja definida com o RMAN, ele gerenciará automaticamente os arquivos de backup excluindo os obsoletos tanto do disco quanto da fita. Os parâmetros de inicialização relativos à área de recuperação flash serão abordados nesta seção.

Para acessar toda mídia não baseada em disco, como fita e DVD-ROM, o RMAN utiliza um software de gerenciamento de mídia de terceiros para mover arquivos de backup entre esses dispositivos offline e near-line, requisitando automaticamente a montagem e a desmontagem das mídias apropriadas para dar suporte às operações de backup e restauração. Grande parte dos principais fornecedores de hardware e software de gerenciamento de mídia tem drivers de dispositivo que suportam diretamente o RMAN.

RMAN vs. métodos de backup tradicionais

Existem poucas razões para não usar o RMAN como sua principal ferramenta de gerenciamento de backups. Aqui estão alguns dos seus principais recursos que não estão disponíveis com os métodos de backup tradicionais ou têm constraints significativas ao seu uso:

- **Ignorar blocos não usados** Os blocos que nunca receberam gravação, como os acima de marca d'água superior (HWM) em uma tabela, não são copiados em backup pelo RMAN quando esse é um conjunto de backups do RMAN. Os métodos tradicionais não têm como saber quais blocos foram usados.

- **Compactação de backup** Além de ignorar os blocos que nunca foram usados, o RMAN também pode usar um modo de compactação binária específico do Oracle para economizar espaço no dispositivo de backup. Embora as técnicas de compactação específicas do sistema operacional estejam disponíveis com os métodos de backup tradicionais, o algoritmo de compactação usado pelo RMAN é personalizado para maximizar a dos formatos típicos de dados encontrados nos blocos do Oracle. Embora haja um ligeiro aumento no tempo de CPU durante um backup compactado ou uma operação de recuperação RMAN, a quantidade de mídia usada para backup pode ser significativamente reduzida, assim como a largura de banda da rede se ele for executado através desta última. Múltiplas CPUs podem ser configuradas para um backup RMAN para ajudar a reduzir o overhead de compactação.

- **Backups com o banco de dados aberto** Os backups de tablespaces podem ser executados no RMAN sem usar a cláusula **begin/end backup** com **alter tablespace**. Se estiver usando o RMAN ou um método de backup tradicional, entretanto, o banco de dados deve estar no modo ARCHIVELOG.

- **Backups incrementais verdadeiros** Para qualquer backup incremental do RMAN, os blocos não alterados desde o último backup não serão gravados no seu arquivo. Isso economiza uma quantidade significativa de espaço em disco, tempo de E/S e tempo de CPU. Para operações de restauração e recuperação, o RMAN suporta *backups atualizados incrementalmente. Os blocos de dados de um backup incremental são aplicados a um anterior para reduzir potencialmente a quantidade de tempo e o número de arquivos que precisam ser acessados para executar uma operação de recuperação.* Nós abordaremos um exemplo deste tipo de backup mais tarde neste capítulo.

- **Recuperação em nível de bloco** Para evitar potencialmente o tempo de inatividade durante uma operação de recuperação, o RMAN dá suporte à *recuperação em nível de bloco* para operações que só precisam restaurar ou reparar um número pequeno de blocos identificados como corrompidos durante a operação de backup. O restante do tablespace e dos objetos dentro dele podem permanecer online enquanto o RMAN repara os blocos danificados. As linhas de uma tabela que não estão sendo reparadas permanecem disponíveis para as aplicações e usuários.

- **Múltiplos canais de E/S** Durante uma operação de backup ou recuperação, o RMAN pode utilizar muitos canais de E/S, via processos de sistema operacional separados, para uma execução simultânea. Os métodos de backup tradicionais, como um comando **cp** do Unix ou um **export** do Oracle, são, em geral, operações single-threaded.
- **Independência de plataforma** os backups gravados com os comandos RMAN serão sintaticamente idênticos independentemente da plataforma de hardware ou software utilizada, sendo a única diferença a configuração do canal de gerenciamento de mídia. Por outro lado, um script Unix com muitos comandos **cp** não executará muito bem se o script de backup for migrado para uma plataforma Windows.
- **Suporte a gerenciadores de fita** Todos os principais sistemas de backup corporativos são suportados no RMAN através de um driver de gerenciamento de mídia de terceiros, fornecido pelo fabricante do backup de fita.
- **Catálogo** Um registro de todos os backups RMAN são gravados no arquivo de controle do banco de dados e opcionalmente em um catálogo de recuperação armazenado em um banco de dados diferente. Isso torna as operações de restauração e recuperação relativamente simples comparadas ao controle manual de backups em nível de sistema operacional usando os comandos "copy".
- **Recursos de script** Os scripts RMAN podem ser salvos em um catálogo de recuperação para serem restaurados durante uma sessão de backup. A firme integração da linguagem de script, a facilidade de manutenção dos scripts no RMAN e a facilidade de agendamento do Oracle fazem deles uma opção melhor do que armazenar os tradicionais scripts de sistema operacional em um diretório com os mecanismos de agendamento nativo desse sistema.
- **Backups criptografados O** RMAN usa a criptografia de backup integrada ao Oracle Database 11g para armazenar backups criptografados. Esse tipo de armazenamento em fita requer o Advanced Security Option.

Em alguns casos limitados, um método de backup tradicional pode ter uma vantagem sobre o RMAN; por exemplo, ele não dá suporte ao backup de arquivos de senhas e outros arquivos que não são de banco de dados, como tnsnames.ora, listener.ora e sqlnet.ora. Entretanto, esses arquivos são de natureza relativamente estática e podem ser facilmente copiados em backup e restaurados usando um método de backup tradicional, como o comando **cp** do Unix.

Tipos de backup

O RMAN dá suporte a vários métodos de backup diferentes, dependendo das suas necessidades de disponibilidade, o tamanho desejado da janela de recuperação e quanto tempo de inatividade você pode tolerar enquanto o banco de dados ou uma parte dele está envolvida em uma operação de recuperação.

Backups consistentes e inconsistentes

Um backup físico pode ser classificado como *consistente* ou *inconsistente*. Em um backup consistente, todos os arquivos de dados têm o mesmo SCN; em outras palavras, todas as alterações nos redo logs foram aplicadas aos arquivos. Como um banco de dados aberto sem transações não encerradas com commit pode ter alguns blocos sujos no cache de buffer, é raro que um backup dele possa ser considerado consistente. Como resultado, os backups consistentes são adotados quando o banco de dados é desligado normalmente ou em um estado MOUNT.

Por outro lado, um backup inconsistente é executado quando um banco de dados está aberto e os usuários o estão acessando. Como os SCNs dos arquivos de dados em geral não são correspondentes quando um backup inconsistente está ocorrendo, uma operação de recuperação executada por meio desse tipo de backup deve contar com os arquivos de redo log online e armazenados para trazer o banco de dados para um estado consistente antes de ser aberto. Como resultado, um banco de dados deve estar no modo ARCHIVELOG para usar um método de backup inconsistente.

Backups completos e incrementais

Os backups completos incluem todos os blocos de cada arquivo de dados dentro de um tablespace ou um banco de dados; ele é essencialmente uma cópia bit por bit de um ou mais arquivos no banco de dados. Tanto o RMAN quanto um comando de sistema operacional podem ser usados para executar um backup completo, embora os backups executados fora do RMAN devam ser catalogados com ele antes que possam ser usados em sua operação de recuperação.

No Oracle 11g, *os* backups incrementais podem ser do nível 0 ou nível 1. Um backup de nível 0 é completo de todos os blocos no banco de dados e pode ser usado junto com os backups de nível 1 incrementais, diferenciais ou incrementais cumulativos em uma operação de recuperação. Uma vantagem distinta ao usar um backup incremental em uma estratégia de recuperação é que os arquivos de redo log online e arquivados talvez não sejam necessários para restaurar um banco de dados ou tablespace para um estado consistente; os backups incrementais podem ter alguns ou todos os blocos necessários. Um exemplo da utilização dos backups incrementais de nível 0 e nível 1 será apresentado mais tarde neste capítulo. Esse tipo de backup só pode ser executado com o RMAN.

Cópias-imagem

As cópias-imagem são backups completos criados pelos comandos do sistema operacional ou pelos comandos **backup as copy do** RMAN. Embora um backup completo criado com um comando **cp do** Unix possa ser registrado posteriormente no catálogo do RMAN como um backup de banco de dados, fazer o mesmo backup de cópia-imagem no RMAN tem a vantagem de verificar os blocos corrompidos à medida que eles são lidos e registrar as informações sobre esses blocos no dicionário de dados. As cópias-imagem são o formato de arquivo de backup padrão nesse gerenciador.

Esse é um excelente recurso do RMAN do Oracle 11g pela seguinte razão: se você adicionar outro arquivo de dados a um tablespace, precisará também lembrar de adicionar o novo arquivo ao comando **cp** do seu script Unix. Por meio da criação de cópias-imagem usando o RMAN, todos os arquivos de dados serão automaticamente incluídos no backup. Esquecer de adicionar o novo arquivo de dados a um script Unix tornará, no melhor dos casos, uma situação de recuperação extremamente inconveniente e, no pior, um desastre.

Conjuntos de backup e Componentes de backup

Ao contrário das cópias-imagens, que podem ser criadas em grande parte dos ambientes de backup, os conjuntos de backup podem ser criados e restaurados somente com o RMAN. Um *conjunto de backup* é um backup RMAN de parte ou de todo um banco de dados, consistindo em um ou mais *componentes de backup*. Cada componente de backup pertence a somente um conjunto de backup e pode conter backups de um ou muitos arquivos de dados no banco de dados. Todos os seus conjuntos e componentes são registrados no repositório RMAN, o mesmo de qualquer outro iniciado do RMAN.

Backups compactados

Para qualquer backup RMAN do Oracle11g que cria um conjunto de backup, a compactação está disponível para reduzir a quantidade de espaço em disco ou fita necessário para armazená-lo. Os backups compactados só são utilizáveis pelo RMAN e não precisam de nenhum processamento especial quando usados em uma operação de recuperação; o RMAN **o descompacta** automaticamente. A criação de backups compactados é tão fácil quanto especificar **as compressed backupset** no comando **backup do** RMAN.

VISÃO GERAL DE COMANDOS E OPÇÕES RMAN

Nas próximas seções, examinaremos o conjunto básico de comandos que serão usadas regularmente.

Mostraremos como facilitar ainda mais seu trabalho persistindo algumas das configurações em uma sessão RMAN; além disso, configuraremos a política de retenção e o repositório que usaremos para armazenar os seus metadados.

No final desta seção, examinaremos os parâmetros de inicialização relativos aos backups RMAN e à área de recuperação flash.

Comandos usados com freqüência

A Tabela 12-1 fornece uma lista dos comandos RMAN mais comuns que serão usados regularmente, junto com algumas opções e advertências para cada um deles. Para obter uma lista completa de todos os comandos RMAN e suas sintaxes, consulte o *Oracle Database Backup and Recovery Reference, 11g Release 1*.

Se os backups usam uma área de recuperação flash (apresentada no Capítulo 11), você pode fazer backup do banco de dados sem qualquer outra configuração RMAN explícita executando o comando a seguir:

```
RMAN> backup database;
```

Observe que este é um backup completo e pode ser usado com arquivos de redo log armazenados para recuperar um banco de dados. Entretanto, esse não é um backup de nível 0 e não pode ser usado como parte de uma estratégia de backup incremental. Consulte a seção "Operações de backup" mais tarde neste capítulo.

Configurando um repositório

Quer você use um repositório para os metadados de um ou de cem bancos de dados, a sua configuração é muito simples e só precisa ser feita uma vez. Os exemplos a seguir assumem que temos uma instalação padrão de um banco de dados Oracle 11g. O próprio banco de dados do repositório pode ser usado para outras aplicações se não houver uma degradação significativa de desempenho quando o RMAN precisar atualizar os metadados nele.

CUIDADO
Não é aconselhável o uso de um banco de dados de destino RMAN para o repositório. A sua perda impede qualquer chance de uma recuperação bem-sucedida do banco de dados usando o RMAN, porque os metadados do repositório são perdidos junto com ele.

A seqüência de comandos a seguir cria um tablespace e um usuário para manter os metadados no banco de dados do repositório. Neste e nos exemplos subseqüentes, um banco de dados com um SID igual a **rac**, o banco de dados RAC que criamos no Capítulo 10, é usado para todas as operações de repositório.

TABELA 12-1 *Comandos RMAN mais comuns*

Comando RMAN	Descrição
@	Executa um script de comando RMAN no nome de caminho especificado depois do caractere @. Se nenhum caminho for especificado, o caminho assumido é o diretório a partir do qual o RMAN foi chamado.
ADVISE FAILURE	Exibe opções de reparo para a falha encontrada.
BACKUP	Executa um backup RMAN, com ou sem redo logs arquivados. Executa backups de arquivos de dados, cópias de arquivo de dados ou executa um backup incremental nível 0 e nível 1. Executa backup de um banco de dados inteiro ou de um único tablespace ou arquivo de dados. Valida os blocos que foram copiados em backup com a cláusula VALIDATE.
CATALOG	Adiciona informações sobre cópias de arquivos e backups gerenciados pelo usuário ao repositório.
CHANGE	Altera o status de um backup no repositório RMAN. Útil para excluir explicitamente um backup de uma operação de restauração ou recuperação, ou para notificar o RMAN de que um arquivo de backup foi inadvertida ou deliberadamente removido por um comando do sistema operacional fora dele.
CONFIGURE	Configura os parâmetros persistentes para o RMAN. Os parâmetros configurados estão disponíveis durante toda a sessão subseqüente, a menos que eles sejam explicitamente apagados ou modificados.
CONVERT	Converte os formatos de arquivos de dados para transportar os tablespaces ou os bancos de dados inteiros entre plataformas.
CREATE CATALOG	Cria um catálogo de repositório contendo metadados RMAN para um ou mais bancos de dados de destino. É altamente recomendável que esse catálogo não seja armazenado nesse mesmo tipo de banco de dados.
CROSSCHECK	Verifica o registro dos backups no repositório RMAN em relação aos arquivos reais no disco ou fita. Os objetos são sinalizados como EXPIRED, AVAILABLE, UNAVAILABLE ou OBSOLETE. Se o objeto não estiver disponível para o RMAN, ele será marcado como UNAVAILABLE.
DELETE	Exclui os arquivos de backup ou os copia e os marca como DELETED no arquivo de controle do banco de dados de destino. Se um repositório for usado, o registro do arquivo de backup será removido.
DROP DATABASE	Exclui o banco de dados de destino do disco e remove seu registro.
DUPLICATE	Usa os backups do banco de dados de destino (ou usa o ativo) para criar um duplicado.
FLASHBACK DATABASE	Executa uma operação Flashback Database, nova no Oracle 10g. O banco de dados é restaurado até um ponto no passado pelo SCN ou número de seqüência de log, usando logs de flashback para desfazer as alterações anteriores a estes últimos e, depois, os redo logs arquivados são aplicados para trazer o banco de dados de volta a um estado consistente.

(continua...)

TABELA 12-1 *Comandos RMAN mais comuns (continuação)*

Comando RMAN	Descrição
LIST	Exibe as informações sobre conjuntos de backup e cópias-imagem registradas no arquivo de controle do banco de dados de destino ou repositório. Consulte REPORT para identificar os relacionamentos complexos entre os conjuntos de backup.
RECOVER	Executa uma recuperação completa ou incompleta em um arquivo de dados, um tablespace ou o banco de dados inteiro. É possível também aplicar backups incrementais a uma cópia-imagem de arquivo de dados para atualizá-la até um ponto no tempo.
REGISTER DATABASE	Registra um banco de dados de destino no repositório RMAN.
REPAIR FAILURE	Repara uma ou mais falhas registradas no repositório de diagnóstico automático (ADR, automated diagnostic repository).
REPORT	Executa uma análise detalhada do repositório RMAN. Por exemplo, este comando pode identificar quais arquivos precisam de um backup para atender à política de retenção ou quais arquivos de backup podem ser excluídos.
RESTORE	Restaura arquivos de cópias-imagem ou conjuntos de backup para o disco, normalmente após uma falha de mídia. Pode ser usado para validar uma operação de restauração sem executar realmente a restauração especificando a opção PREVIEW.
RUN	Executa uma seqüência de instruções RMAN como um grupo entre { e }. Permite que você sobrescreva os parâmetros RMAN padrão para a duração da execução do grupo.
SET	Configura as definições de configuração do RMAN para a duração da sessão dele, como disco alocado ou canais de fita. As configurações persistentes são atribuídas com CONFIGURE.
SHOW	Mostra todas as configurações definidas no RMAN ou somente as configurações individuais.
SHUTDOWN	Faz o shutdown do banco de dados de destino a partir do RMAN. Idêntico ao comando SHUTDOWN dentro do SQL*Plus.
STARTUP	Inicializa o banco de dados de destino. Esse comando tem as mesmas opções e funções do comando STARTUP do SQL*Plus.
SQL	Executa comandos SQL que não podem ser executados diretamente ou indiretamente usando comandos RMAN padrão; por exemplo, pode executar **sql 'alter tablespace users offline immediate';** antes de restaurar e recuperar o tablespace USERS.
TRANSPORT TABLESPACE	Cria conjuntos de tablespaces transportáveis a partir do backup para um ou mais tablespaces.
VALIDATE	Examina um conjunto de backup e informa se seus dados estão intactos e consistentes.

O tablespace que armazena o banco de dados de repositório requer ao menos 125MB para armazenar as entradas do catálogo de recuperação; aqui está uma relação dos requisitos de espaço por tablespace:

- 90MB no tablespace SYSTEM
- 5MB no tablespace TEMP
- 5MB no tablespace UNDO
- 15MB no tablespace RMAN padrão para cada banco de dados registrado no catálogo de recuperação
- 1MB para cada arquivo de redo log online

Iniciar com um espaço livre disponível de 125MB, na maioria dos casos, será suficiente para o primeiro ano, e permitir extensões adicionais de 50MB cada será suficiente no longo prazo, dependendo de quantos bancos de dados são gerenciados no catálogo de recuperação. No geral, isso representa uma quantidade muito pequena de espaço em disco quando comparada aos terabytes do seu data warehouse.

Conecte-se ao banco de dados de repositório com privilégios SYSDBA e crie a conta RMAN e o catálogo de recuperação no tablespace RMAN conforme a seguir:

```
[oracle@oc1 ~]$ sqlplus / as sysdba

SQL*Plus: Release 11.1.0.6.0 -
         Production on Tue Aug 28 20:56:24 2007

Copyright (c) 1982, 2007, Oracle. All rights reserved.

Connected to:
Oracle Database 11g Enterprise Edition Release 11.1.0.6.0 -
   Production
With the Partitioning, Real Application Clusters, OLAP,
   Data Mining and Real Application Testing options

SQL> create tablespace rman datafile '+data1'
  2 size 125m autoextend on next 50m maxsize 500m;

Tablespace created.

SQL> grant recovery_catalog_owner to rman identified by rman;

Grant succeeded.

SQL> alter user rman default tablespace rman
  2 quota unlimited on rman;

User altered.

SQL>
```

Agora que a conta de usuário RMAN já existe no banco de dados de repositório, podemos iniciar o RMAN, conectar ao catálogo e inicializar o repositório com o comando **create catalog**:

```
[oracle@dw ~]$ rman catalog rman/rman@rac

Recovery Manager: Release 11.1.0.6.0 -
    Production on Tue Aug 28 21:24:30 2007

Copyright (c) 1982, 2007, Oracle. All rights reserved.

connected to recovery catalog database

RMAN> create catalog;

recovery catalog created

RMAN>
```

Desse ponto em diante, usar um repositório é tão fácil quanto especificar a sua senha e o nome de usuário na linha de comando RMAN com o parâmetro **catalog**, ou usar o comando **connect catalog** em uma sessão RMAN. Dentro do Oracle Enterprise Manager, você pode persistir as credenciais do repositório conforme demonstrado na Figura 12-2.

Nas sessões OEM futuras, todas as operações de backup ou recuperação RMAN usarão automaticamente o catálogo de recuperação.

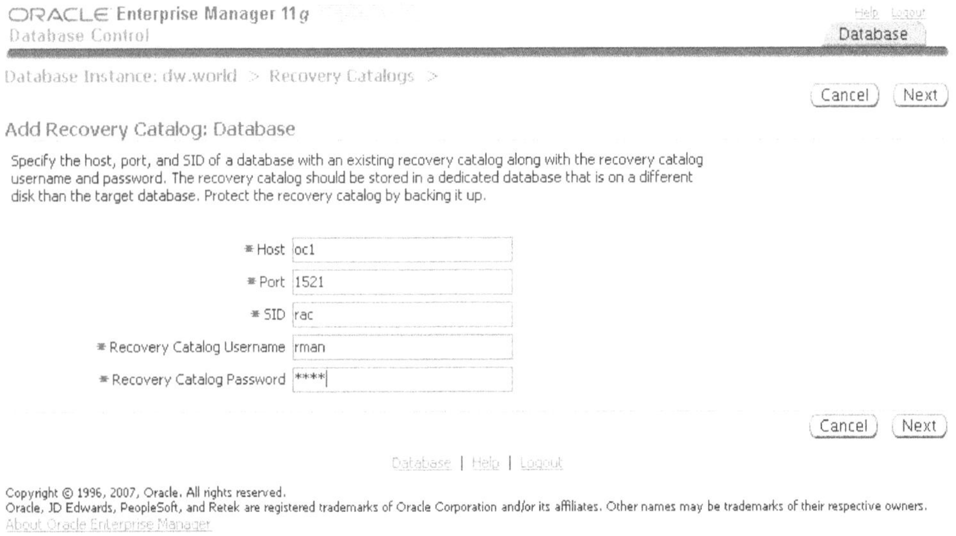

Figura 12-2 *Persistindo as credenciais do repositório RMAN.*

Registrando um banco de dados

Para cada banco de dados para qual o RMAN executar um backup ou recuperação, precisamos fazer um registro no repositório RMAN; essa operação guarda informações, como o esquema do banco de dados de destino e o seu ID de banco de dados único (DBID) do banco de dados de destino. O banco de dados de destino só precisa ser registrado uma vez; as sessões RMAN subseqüentes que se conectarem a ele referenciarão automaticamente os metadados corretos no repositório.

```
[oracle@dw ~]$ rman target / catalog rman@rac

Recovery Manager: Release 11.1.0.6.0 -
     Production on Tue Aug 28 21:34:08 2007

Copyright (c) 1982, 2007, Oracle. All rights reserved.

connected to target database: DW (DBID=3048318127)
recovery catalog database Password: **********
connected to recovery catalog database

RMAN> register database;

database registered in recovery catalog
starting full resync of recovery catalog
full resync complete

RMAN>
```

No exemplo precedente, conectamos ao banco de dados de destino, usando a autenticação de sistema operacional, e ao repositório, com autenticação de senha. Todos os bancos de dados registrados com o repositório devem ter DBIDs únicos; tentar registrar o banco de dados novamente resulta na seguinte mensagem de erro:

```
RMAN> register database;

RMAN-00571: ===========================================================
RMAN-00569: =============== ERROR MESSAGE STACK FOLLOWS ===============
RMAN-00571: ===========================================================
RMAN-03009: failure of register command on default channel
     at 08/28/2007 21:38:44
RMAN-20002: target database already registered in recovery catalog

RMAN>
```

Persistindo as configurações RMAN

Para facilitar o trabalho do DBA, várias configurações RMAN podem ser *persistidas*. Em outras palavras, estas configurações permanecerão válidas entre sessões RMAN. No exemplo a seguir, nós usamos o comando **show** para exibir as configurações padrão do gerenciador:

```
RMAN> show all;

RMAN configuration parameters for database with db_unique_name DW are:
CONFIGURA RETENTION POLICY TO REDUNDANCY 1; # default
CONFIGURA BACKUP OPTIMIZATION OFF; # default
CONFIGURA DEFAULT DEVICE TYPE TO DISK; # default
```

```
CONFIGURA CONTROLFILE AUTOBACKUP OFF; # default
CONFIGURA CONTROLFILE AUTOBACKUP FORMAT FOR DEVICE TYPE DISK TO '%F';
    # default
CONFIGURA DEVICE TYPE DISK PARALLELISM 1 BACKUP TYPE TO BACKUPSET; #
default
CONFIGURA DATAFILE BACKUP COPIES FOR DEVICE TYPE DISK TO 1; # default
CONFIGURA ARCHIVELOG BACKUP COPIES FOR DEVICE TYPE DISK TO 1; # default
CONFIGURA MAXSETSIZE TO UNLIMITED; # default
CONFIGURA ENCRYPTION FOR DATABASE OFF; # default
CONFIGURA ENCRYPTION ALGORITHM 'AES128'; # default
CONFIGURA COMPRESSION ALGORITHM 'BZIP2'; # default
CONFIGURA ARCHIVELOG DELETION POLICY TO NONE; # default
CONFIGURA SNAPSHOT CONTROLFILE NAME TO
'/u01/app/oracle/product/11.1.0/db_1/dbs/snapcf_dw.f'; # default
RMAN>
```

Todos os parâmetros que estão configurados com seus valores padrão têm **# default** no final da definição de configuração. Estes parâmetros são fáceis de rever e alterar por meio do OEM, conforme demonstrado na Figura 12-3. Nas próximas seções, examinaremos algumas das configurações RMAN persistentes mais comuns.

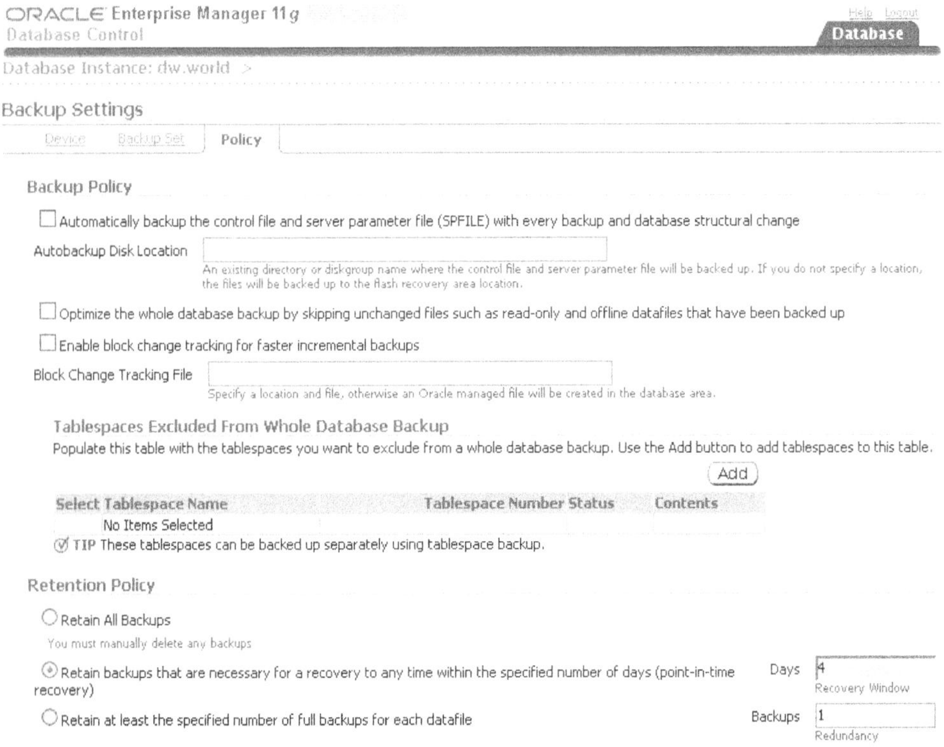

Figura 12-3 *Parâmetros RMAN persistentes no OEM.*

Política de retenção

Os backups podem ser automaticamente retidos e gerenciados usando um dos dois métodos: por uma *janela de recuperação* ou por *redundância*. Usando uma janela de recuperação, o RMAN reterá quantos backups forem necessários para trazer o banco de dados até o ponto no tempo dentro dela. Por exemplo, com uma Janela de Recuperação de sete dias, o RMAN manterá suficientes cópias-imagens, backups incrementais e redo logs arquivados para garantir que o banco de dados possa ser restaurado e recuperado até qualquer ponto no tempo dentro dos últimos sete dias. Todos os backups que não forem necessários para dar suporte a esta janela de recuperação serão marcados como OBSOLETE e serão automaticamente removidos pelo RMAN, caso uma área de recuperação flash seja usada e o espaço em disco for necessário para novos backups.

Por outro lado, uma política de retenção de redundância direciona o RMAN para guardar o número especificado de backups ou cópias de cada arquivo de dados e arquivo de controle. Quaisquer cópias ou backups extras além do número especificado são marcados como OBSOLETE. Como em uma janela de recuperação, os backups obsoletos são automaticamente removidos se o espaço em disco for necessário e uma área de recuperação flash for usada. Do contrário, use o comando **delete obsolete** para remover os arquivos de backup e atualizar o catálogo.

Se a política de retenção for configurada como NONE, nenhuma cópia ou backup será considerado como obsoleta e o DBA deve remover manualmente os backups desnecessários do catálogo e do disco.

No exemplo a seguir, configuraremos a política de retenção para uma janela de recuperação de quatro dias (a partir de uma política de redundância padrão de 1 cópia):

```
RMAN> configure retention policy to recovery window of 4 days;

new RMAN configuration parameters:
CONFIGURA RETENTION POLICY TO RECOVERY WINDOW OF 4 DAYS;
new RMAN configuration parameters are successfully stored
RMAN>
```

Tipo de dispositivo

Se o tipo de dispositivo padrão estiver configurado como DISK e nenhum parâmetro de nome de caminho for especificado, o RMAN usará a área de recuperação flash para todos os backups; é possível facilmente sobrescrever a localização de backup de disco no OEM, como pode ser visto na Figura 12-4. Como em muitas tarefas de administração do Oracle 11g, não há necessidade de alocar ou desalocar um canal específico para backups, a menos que você esteja usando um dispositivo de fita.

Embora configurar um dispositivo de fita seja específico para cada instalação, em termos gerais, nós o configuramos como a seguir:

```
RMAN> configure channel device type sbt
2>     parms='ENV=(<vendor specific arguments>)';
```

NOTA
sbt é o tipo de dispositivo usado para qualquer subsistema de backup de fita, independente do fornecedor.

Embora possamos usar a área de recuperação flash para restaurar e recuperar inteiramente nosso banco de dados do disco, em algum ponto ela se torna ineficiente para manter todos os nossos backups no disco, especialmente se temos uma grande janela de recuperação. Como resultado, podemos fazer cópias dos nossos arquivos de backup para a fita e o RMAN, obedientemente, monitorará onde eles estão localizados, caso precisemos restaurar ou recuperar o banco de dados

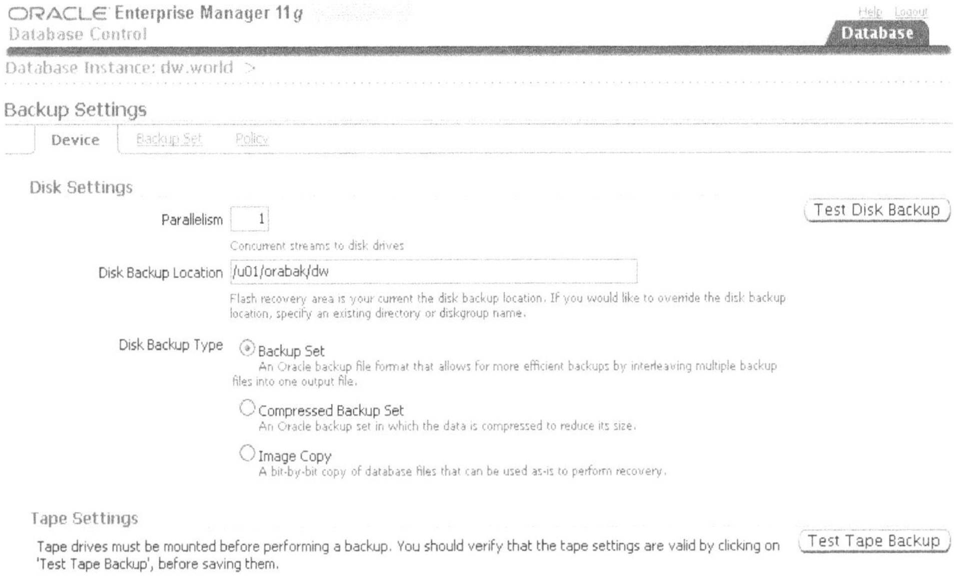

Figura 12-4 *Configurando o destino do backup usando o OEM.*

da fita, ou restaurar os redo logs arquivados para efetuar rollforward em uma cópia-imagem na área de recuperação flash.

Autobackup do arquivo de controle

Por causa da importância do arquivo de controle, precisamos fazer seu backup pelo menos com a freqüência com que ele é alterado devido às modificações na estrutura do banco de dados. Por padrão, o backup do arquivo de controle não ocorre automaticamente. Esse é um padrão estranho, considerando a importância do arquivo de controle e o pouco espaço em disco necessário para o seu backup. Felizmente, o RMAN pode ser facilmente configurado para fazer o backup do arquivo de controle de forma automática, seja a qualquer hora em que um backup bem-sucedido for registrado no repositório, seja quando uma alteração estrutural afetar o conteúdo do arquivo de controle (em outras palavras, nos casos em que um backup do arquivo de controle tiver que ocorrer para garantir uma recuperação bem-sucedida, se e quando uma operação de recuperação for necessária).

```
RMAN> configure controlfile autobackup on;

new RMAN configuration parameters:
CONFIGURA CONTROLFILE AUTOBACKUP ON;
new RMAN configuration parameters are successfully stored

RMAN>
```

Todo backup RMAN, a partir deste ponto, incluirá automaticamente uma cópia do arquivo de controle; e ele também será copiado em backup sempre que um novo tablespace for criado ou outro arquivo de dados for adicionado a um tablespace existente.

Compactação de backup

Quando o espaço em disco é escasso, se você tem um banco de dados muito grande e alguma capacidade de CPU extra, faz sentido compactar os backups para economizar espaço. Os arquivos são descompactados automaticamente durante uma operação de restauração e recuperação.

```
RMAN> configure device type disk backup type to compressed backupset;

new RMAN configuration parameters:
CONFIGURA DEVICE TYPE DISK BACKUP TYPE TO
    COMPRESSED BACKUPSET PARALLELISM 1;
new RMAN configuration parameters are successfully stored

RMAN>
```

Compactar os conjuntos de backup talvez não seja necessário caso o sistema de arquivos do sistema operacional tenha compactação ativada ou se o hardware do dispositivo de fita os compactar automaticamente. Entretanto, o algoritmo de compactação do RMAN está ajustado para fazer backup de forma eficiente dos blocos de dados do Oracle e, como resultado, ele pode fazer um trabalho melhor de compactação dos conjuntos de backup.

Parâmetros de inicialização

Vários parâmetros de inicialização são usados para controlar os backups RMAN. Abordaremos alguns dos parâmetros mais importantes nesta seção.

CONTROL_FILE_RECORD_KEEP_TIME

Um registro de todos os backups RMAN é mantido no arquivo de controle de destino, que especifica o número de dias que eles serão mantido nesse arquivo. Após esse tempo, o RMAN começará a reutilizar os registros mais antigos do que esse período de retenção. Se for preciso gravar um novo registro de backup e o período de retenção não tiver sido atingido, o RMAN tentará expandir o tamanho do arquivo de controle. Em geral, esse procedimento é bem-sucedido porque o tamanho do arquivo de controle é relativamente pequeno se comparado a outros objetos de banco de dados. Entretanto, se não houver espaço disponível para essa expansão, o RMAN reutilizará o registro mais antigo no arquivo de controle e gravará uma mensagem no log de alerta.

Como regra geral, você deve configurar CONTROL_FILE_RECORD_KEEP_TIME com vários dias além da sua janela de recuperação real para garantir que os registros de backup sejam mantidos no arquivo de controle. O padrão é 7 dias.

DB_RECOVERY_FILE_DEST

Este parâmetro especifica o local da área de recuperação flash. Ela deve estar localizada em um sistema de arquivos diferente de todos os do banco de dados, arquivos de controle ou arquivos de redo log, online ou arquivados. Se o disco com os arquivos de dados for perdido, a área de recuperação flash também será perdida, eliminando as vantagens de seu uso.

DB_RECOVERY_FILE_DEST_SIZE

O parâmetro DB_RECOVERY_FILE_DEST_SIZE especifica um limite superior para a quantidade de espaço usada para a área de recuperação flash. O sistema de arquivos subjacente pode ter mais ou menos espaço do que essa quantidade de espaço especificada; o DBA deve garantir que ao menos essa quantidade de espaço esteja disponível para os backups. Observe que esta é a quantidade de espaço de recuperação somente para este banco de dados; se diversos deles compartilharem o mesmo grupo de discos ASM como suas áreas de recuperação flash, a soma de todos os valores de DB_RECOVERY_FILE_DEST_ SIZE não deve exceder ao espaço disponível no grupo de discos.

No nosso banco de dados de data warehouse, **dw**, a área de recuperação flash é definida no grupo de discos +**RECOV** com um tamanho máximo de 8GB. Quando esse limite é atingido, o RMAN remove automaticamente os backups obsoletos e gera um alerta no log de alerta quando a quantidade de espaço ocupada pelos backups não obsoletos estiver dentro de 10% do valor especificado em DB_RECOVERY_FILE_DEST_SIZE.

Os parâmetros DB_RECOVERY_FILE_DEST e DB_RECOVERY_FILE_DEST_SIZE são ambos dinâmicos; eles podem ser instantaneamente alterados enquanto a instância está em execução para responder às mudanças na disponibilidade de espaço em disco.

VISÕES DE DESEMPENHO DINÂMICO E DICIONÁRIO DE DADOS

Diversas visões de desempenho dinâmico e dicionário de dados do Oracle contêm informações específicas para operações RMAN, tanto no banco de dados de destino quando no banco de dados de catálogo. Na Tabela 12-2 estão as principais visões relativas ao RMAN. Cada uma delas será abordada mais detalhadamente neste capítulo.

TABELA 12-2 *Visões de desempenho dinâmico e dicionário de dados do RMAN*

Visão	Descrição
RC_*	Visões do catálogo de recuperação do RMAN. Existem somente no banco de dados do repositório RMAN e contêm informações de recuperação para todos os bancos de dados de destino.
V$RMAN_STATUS	Exibe os jobs RMAN em andamento e concluídos.
V$RMAN_OUTPUT	Contém mensagens geradas pelas sessões RMAN e cada comando dele executado dentro da sessão.
V$SESSION_LONGOPS	Contém o status de operações administrativas de longa duração que executam por mais de seis segundos; inclui estatísticas e consultas de longa duração, além de operações de backup e recuperação RMAN.
V$DATABASE_BLOCK_CORRUPTION	Blocos corrompidos detectados durante uma sessão RMAN.
V$FLASH_RECOVERY_AREA_USAGE	A porcentagem de espaço usado pelo tipo de objeto na área de recuperação flash.
V$RECOVERY_FILE_DEST	O número de arquivos, o espaço usado, o espaço que pode ser exigido e o limite de espaço para a área de recuperação flash.
V$RMAN_CONFIGURATION	Os parâmetros de configuração RMAN com os valores não padrão para este banco de dados.

As visões RC_* somente existem em um banco de dados que é usado como um repositório RMAN; as visões V$ existem e têm linhas em qualquer banco de dados cujo backup tenha sido executado com o uso do RMAN. Para destacar esta diferença, examinaremos a visão V$RMAN_CONFIGURATION no banco de dados de destino:

```
SQL> connect rjb/rjb@dw
Connected.
SQL> select * from v$rman_configuration;

    CONF# NAME                              VALUE
--------- -------------------------------   -------------------------------
        1 RETENTION POLICY                  TO RECOVERY WINDOW OF 4 DAYS
        2 CONTROLFILE AUTOBACKUP            ON
        3 DEVICE TYPE                       DISK BACKUP TYPE TO COMPRESSED
                                            BACKUPSET PARALLELISM 1

SQL>
```

Observe que estes são os três parâmetros RMAN persistentes que alteramos anteriormente. O banco de dados do catálogo de recuperação mantém esses valores não-padrão na visão RC_RMAN_CONFIGURATION para todos os bancos de dados registrados com RMAN:

```
SQL> connect rman/rman@rac
Connected.
SQL> select db_key, db_unique_name, name, value
  2    from rman.rc_rman_configuration;

 DB_KEY DB_UNIQUE_NAME    NAME VALUE
------- ----------------- ------------------------- ------------------
--
        1 dw              CONTROLFILE AUTOBACKUP    ON
      1                   RETENTION POLICY          TO RECOVERY WINDOW O
                                                    F 4 DAYS
        1 dw              DEVICE TYPE               DISK BACKUP TYPE TO
                                                    COMPRESSED BACKUPSET
                                                    PARALLELISM 1

3 rows selected.
```

Se estivéssemos usando o RMAN para fazer backup de outro banco de dados, essa visão conteria outros valores para DB_KEY e DB_UNIQUE_NAME referentes a outros bancos de dados de destino com parâmetros RMAN não-padrão. Como não estamos usando o RMAN para fazer backup do banco de dados **rac**, as visão V$RMAN_* estão vazias.

OPERAÇÕES DE BACKUP

Nesta seção, examinaremos alguns exemplos para fazer backup do banco de dados de destino de várias maneiras: executaremos dois tipos de backups completos, criaremos cópias-imagens de arquivos de banco de dados selecionados, investigaremos como os backups incrementais funcionam e detalharemos ainda mais a compactação de backup, a otimização de backup incremental e a área de recuperação flash.

Continuaremos a usar nosso banco de dados data warehouse, **dw**, como o banco de dados de destino, com o banco de dados **rac** como o repositório RMAN.

Backups de banco de dados completo
No nosso primeiro exemplo de um backup de banco de dados completo, usaremos os conjuntos de backup para copiar todos os arquivos deste último, incluindo o SPFILE, na área de recuperação flash:

```
RMAN> backup as backupset database spfile;

Starting backup at 29-AUG-07
allocated channel: ORA_DISK_1
channel ORA_DISK_1: SID=111 device type=DISK
channel ORA_DISK_1: starting full datafile backup set
channel ORA_DISK_1: specifying datafile(s) in backup set
input datafile file number=00002 name=+DATA/dw/datafile/sysaux.257.630244581
input datafile file number=00001 name=+DATA/dw/datafile/system.256.630244579
input datafile file number=00006
    name=+DATA/dw/datafile/users_crypt.267.630456963
input datafile file number=00005
    name=+DATA/dw/datafile/example.265.630244801
input datafile file number=00003 name=+DATA/dw/datafile/
undotbs1.258.630244583
input datafile file number=00004 name=+DATA/dw/datafile/
users.259.630244583
channel ORA_DISK_1: starting piece 1 at 29-AUG-07
channel ORA_DISK_1: finished piece 1 at 29-AUG-07
piece handle=+RECOV/dw/backupset/2007_08_29/
    nnndf0_tag20070829t181238_0.292.63190
    775 tag=TAG20070829T181238 comment=NONE
channel ORA_DISK_1: backup set complete, elapsed time: 00:02:26
channel ORA_DISK_1: starting full datafile backup set
channel ORA_DISK_1: specifying datafile(s) in backup set
including current SPFILE in backup set
channel ORA_DISK_1: starting piece 1 at 29-AUG-07
channel ORA_DISK_1: finished piece 1 at 29-AUG-07
piece handle=+RECOV/dw/backupset/2007_08_29/
    nnsnf0_tag20070829t181238_0.293.631908931 tag=TAG20070829T181238
    comment=NONE
channel ORA_DISK_1: backup set complete, elapsed time: 00:00:02
Finished backup at 29-AUG-07

Starting Control File and SPFILE Autobackup at 29-AUG-07
piece handle=+RECOV/dw/autobackup/2007_08_29/
    s_631908935.294.631908947 comment=NONE
Finished Control File and SPFILE Autobackup at 29-AUG-07

RMAN> sql 'alter system archive log current';
sql statement: alter system archive log current
RMAN>
```

O comando **alter system** garante que arquivamos os logs para todas as transações, incluindo aquelas ocorridas durante a execução do backup; isso garante que podemos executar uma recuperação de mídia após restaurá-lo.

Observe que o backup do SPFILE é executado duas vezes, a segunda vez junto com o arquivo de controle. Como configuramos **configure controlfile autobackup** como **on**, o backup do arquivo de controle e do SPFILE é executado automaticamente sempre que fazemos qualquer outro tipo de backup ou a estrutura do banco de dados é alterada. Como resultado, não precisamos especificar o SPFILE no comando **backup**.

Verificando a área de recuperação flash com a ferramenta **asmcmd**, vemos muitos nomes estranhos de arquivos referentes a redo logs recentemente arquivados e o backup completo do banco de dados que acabamos de executar:

```
SQL> connect / as sysdba
Connected.
SQL> show parameter db_recovery

NAME                                 TYPE        VALUE
------------------------------------ ----------- --------------------
db_recovery_file_dest                string      +RECOV
db_recovery_file_dest_size           big integer 8G
SQL> select name from v$database;

NAME
------------------
DW

SQL> exit
[oracle@dw ~]$ asmcmd
ASMCMD> ls
DATA/
RECOV/
ASMCMD> cd recov/dw
ASMCMD> ls
ARCHIVELOG/
AUTOBACKUP/
BACKUPSET/
CONTROLFILE/
ONLINELOG/
ASMCMD> ls -l backupset
Type  Redund  Striped  Time            Sys  Name
                                       Y    2007_08_25/
                                       Y    2007_08_29/
ASMCMD> ls -l backupset/2007_08_29
Type        Redund  Striped  Time Sys Name
BACKUPSET   MIRROR  COARSE   AUG 29 18:00:00 Y
nnndf0_TAG20070829T181238_0.292.631908775
BACKUPSET   MIRROR  COARSE   AUG 29 18:00:00 Y
nnsnf0_TAG20070829T181238_0.293.631908931
ASMCMD> ls -l archivelog
Type     Redund  Striped  Time         Sys  Name
                                       Y    2007_08_25/
                                       Y    2007_08_26/
                                       Y    2007_08_27/
                                       Y    2007_08_28/
                                       Y    2007_08_29/
```

```
ASMCMD> ls -l archivelog/2007_08_29
Type         Redund  Striped  Time              Sys Name
ARCHIVELOG   MIRROR  COARSE   AUG 29 00:00:00   Y
                                                    thread_1_seq_100.289.631843233
ARCHIVELOG   MIRROR  COARSE   AUG 29 07:00:00   Y
                                                    thread_1_seq_101.290.631869317
ARCHIVELOG   MIRROR  COARSE   AUG 29 14:00:00   Y
                                                    thread_1_seq_102.291.631893633
ARCHIVELOG MIRROR COARSE AUG 29 18:00:00 Y
                                                    thread_1_seq_103.295.631908977
ASMCMD> ls -l autobackup
Type   Redund  Striped  Time                Sys  Name
                                            Y    2007_08_29/
ASMCMD> ls -l autobackup/2007_08_29
Type         Redund  Striped  Time              Sys  Name
AUTOBACKUP   MIRROR  COARSE   AUG 29 18:00:00   Y    s_631908935.294.631908947
ASMCMD>
```

Como alternativa, é possível usar o comando **list** do RMAN par ver esses backups à medida que são catalogados no arquivo de controle do banco de dados de destino e no repositório RMAN. Existem quatro conjuntos de backup, um para o backup de banco de dados completo anterior e outros três: um completo mais recente contendo os próprios arquivos de dados, um para o backup SPFILE explícito e um para o backup SPFILE implícito e o arquivo de controle.

```
RMAN> list backup by backup;
List of Backup Sets
===================

BS Key  Type LV Size       Device Type Elapsed Time Completion Time
-------  ---- -- ---------- ----------- ------------ ---------------
163     Full    1.25G      DISK        00:03:57     25-AUG-07
        BP Key: 165  Status: AVAILABLE  Compressed: NO  Tag:
                                                    TAG20070825T215501
        Piece Name:
+RECOV/dw/backupset/2007_08_25/
            nnndf0_tag20070825t215501_0.271.631576525
  List of Datafiles in backup set 163
  File LV Type Ckp SCN    Ckp Time   Name
  ---- -- ---- ---------- ---------- ----
  1       Full 2315404    25-AUG-07
+DATA/dw/datafile/system.256.630244579
  2       Full 2315404    25-AUG-07
+DATA/dw/datafile/sysaux.257.630244581
  3       Full 2315404    25-AUG-07
+DATA/dw/datafile/undotbs1.258.630244583
  4       Full 2315404    25-AUG-07
+DATA/dw/datafile/users.259.630244583
  5       Full 2315404    25-AUG-07
+DATA/dw/datafile/example.265.630244801
  6       Full 2315404    25-AUG-07
+DATA/dw/datafile/users_crypt.267.630456963
```

```
BS Key  Type LV Size        Device Type Elapsed Time Completion Time
------- ---- -- ----------- ----------- ------------ ---------------
164     Full    9.36M       DISK        00:00:19     25-AUG-07
        BP Key: 166   Status: AVAILABLE  Compressed: NO  Tag:
                                                      TAG20070825T215501
        Piece Name:
+RECOV/dw/backupset/2007_08_25/
ncsnf0_tag20070825t215501_0.272.631576759
  SPFILE Included: Modification time: 25-AUG-07
  SPFILE db_unique_name: DW
  Control File Included: Ckp SCN: 2315588      Ckp time: 25-AUG-07

BS Key  Type LV Size        Device Type Elapsed Time Completion Time
------- ---- -- ----------- ----------- ------------ ---------------
229     Full    1.28G       DISK        00:02:33     29-AUG-07
        BP Key: 231   Status: AVAILABLE  Compressed: NO  Tag:
                                                      TAG20070829T181238
        Piece Name:
+RECOV/dw/backupset/2007_08_29/ nnndf0_tag20070829t181238_0.292.631908775
  List of Datafiles in backup set 229
  File LV Type Ckp SCN    Ckp Time   Name
  ---- -- ---- ---------- ---------- ----
  1       Full 2741782    29-AUG-07
+DATA/dw/datafile/system.256.630244579
  2       Full 2741782    29-AUG-07
+DATA/dw/datafile/sysaux.257.630244581
  3       Full 2741782    29-AUG-07
+DATA/dw/datafile/undotbs1.258.630244583
  4       Full 2741782    29-AUG-07
+DATA/dw/datafile/users.259.630244583
  5       Full 2741782    29-AUG-07
+DATA/dw/datafile/example.265.630244801
  6       Full 2741782    29-AUG-07
+DATA/dw/datafile/users_crypt.267.630456963

BS Key  Type LV Size        Device Type Elapsed Time Completion Time
------- ---- -- ----------- ----------- ------------ ---------------
230     Full    80.00K      DISK        00:00:12     29-AUG-07
        BP Key: 232   Status: AVAILABLE  Compressed: NO  Tag:
                                                      TAG20070829T181238
            Piece Name: +RECOV/dw/backupset/2007_08_29/
nnsnf0_tag20070829t181238_0.293.631908931
  SPFILE Included: Modification time: 28-AUG-07
  SPFILE db_unique_name: DW

BS Key  Type LV Size        Device Type Elapsed Time Completion Time
------- ---- -- ----------- ----------- ------------ ---------------
244     Full    9.48M       DISK        00:00:11     29-AUG-07
        BP Key: 246   Status: AVAILABLE  Compressed: NO  Tag:
                                                      TAG20070829T181535
        Piece Name:
+RECOV/dw/autobackup/2007_08_29/
```

```
s_631908935.294.631908947
  SPFILE Included: Modification time: 28-AUG-07
SPFILE db_unique_name: DW
Control File Included: Ckp SCN: 2741907          Ckp time: 29-AUG-07

RMAN>
```

Um dos backups completos pode ser usado junto com os redo logs arquivados (armazenados, por padrão, na área de recuperação flash que reside no grupo de discos ASM +RECOV) para recuperar o banco de dados em qualquer ponto no tempo até a última transação encerrada com commit.

A Figura 12-5 mostra um backup de banco de dados inteiro configurado para executar usando OEM, observe que é possível visualizar, copiar ou editar o script RMAN que ele gera.

Exibir o conteúdo do catálogo é muito simples no OEM. A Figura 12-6 mostra os resultados equivalentes ao comando **list backup by backup**.

Os comandos **list** e **report** serão abordados com mais detalhes neste capítulo.

Tablespace

Após adicionar um tablespace ao banco de dados, a execução de um backup imediato também reduzirá o tempo necessário para restaurá-lo posteriormente, caso haja uma falha de mídia. Além disso, é possível fazer backup de um tablespace individual em um banco de dados muito grande no qual ele não pode ser executado todo de uma vez. Novamente, a criação de um conjunto de backup ou cópia-imagem de um tablespace em intervalos frequentes reduzirá a quantidade de redo que precisará ser aplicado a um backup mais antigo do tablespace no caso de uma falha de

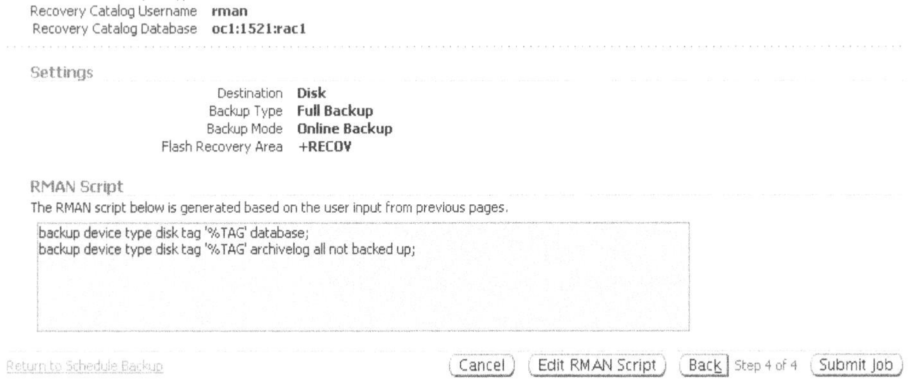

Figura 12-5 *Configuração do job de backup com OEM.*

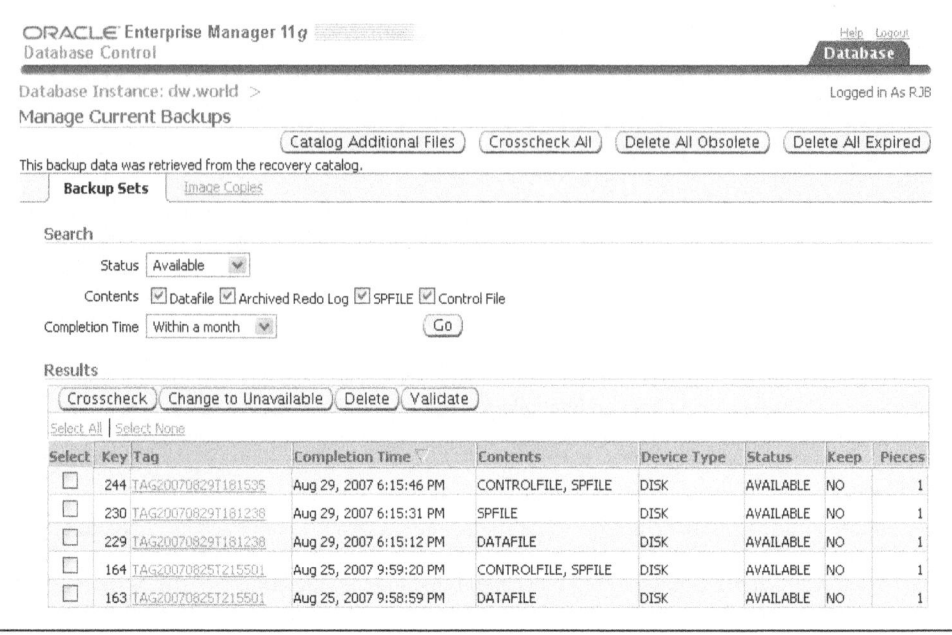

Figura 12-6 *Exibe as informações de um conjunto de backup com OEM.*

mídia. Por exemplo, em um ambiente com três tablespaces grandes – USERS, USERS2 e USERS3 – junto com os tablespaces padrão SYSTEM e SYSAUX, você poderá fazer backup dos tablespaces SYSTEM e SYSAUX no domingo, USERS na segunda-feira, USERS2 na quarta-feira e USERS3 na sexta-feira. As falhas de quaisquer mídias que contenham arquivos de dados de um desses tablespaces usarão um backup que não tenha mais de uma semana de existência, além de contar com os arquivos de redo log online e arquivados intermediários para a recuperação. No nosso próximo exemplo, adicionamos um tablespace ao banco de dados **dw** para dar suporte a um novo conjunto de star schemas:

```
SQL> create tablespace inet_star
  2  datafile '+DATA' size 100m
  3  autoextend on next 50m maxsize 500m;
Tablespace created.
```

Em uma sessão RMAN, faremos backup do tablespace junto com o arquivo de controle. Nesse caso, é crítico que façamos o backup do arquivo de controle porque ele contém a definição para o novo tablespace.

```
RMAN> report schema;

starting full resync of recovery catalog
full resync complete
Report of database schema for database with db_unique_name DW
```

```
List of Permanent Datafiles
===========================
File Size(MB) Tablespace            RB segs Datafile Name
---- -------- -------------------   ------- ------------------------
1    750      SYSTEM                YES
                                    +DATA/dw/datafile/system.256.630244579
2    803      SYSAUX                NO
                                    +DATA/dw/datafile/sysaux.257.630244581
3    60       UNDOTBS1              YES
                                    +DATA/dw/datafile/undotbs1.258.630244583
4    5        USERS                 NO
                                    +DATA/dw/datafile/users.259.630244583
5    100      EXAMPLE               NO
                                    +DATA/dw/datafile/example.265.630244801
6    500      USERS_CRYPT           NO
                                    +DATA/dw/datafile/users_crypt.267.630456963
7    100      INET_STAR             NO
                                    +DATA/dw/datafile/inet_star.268.632004213

List of Temporary Files
=======================
File Size(MB) Tablespace            Maxsize(MB) Tempfile Name
---- -------- -------------------   ----------- -------------------
1    60       TEMP                  32767
                                    +DATA/dw/tempfile/temp.264.630244787

RMAN> backup as backupset tablespace inet_star;

Starting backup at 30-AUG-07
allocated channel: ORA_DISK_1
channel ORA_DISK_1: SID=152 device type=DISK
channel ORA_DISK_1: starting full datafile backup set
channel ORA_DISK_1: specifying datafile(s) in backup set
input datafile file number=00007
name=+DATA/dw/datafile/inet_star.268.632004213
channel ORA_DISK_1: starting piece 1 at 30-AUG-07
channel ORA_DISK_1: finished piece 1 at 30-AUG-07
piece handle=+RECOV/dw/backupset/2007_08_30/
        nnndf0_tag20070830t204700_0.302.63200435
        tag=TAG20070830T204700 comment=NONE
channel ORA_DISK_1: backup set complete, elapsed time: 00:00:03
Finished backup at 30-AUG-07

Starting Control File and SPFILE Autobackup at 30-AUG-07
piece handle=+RECOV/dw/autobackup/2007_08_30/s_632004440.303.632004453
comment=NONE
Finished Control File and SPFILE Autobackup at 30-AUG-07

RMAN>
```

Na Figura 12-7, vemos novos registros de backup RMAN no repositório – um para o tablespace (registrado como um conjunto de backup de arquivo de dados único) e uma para o backup automático do arquivo de controle/SPFILE.

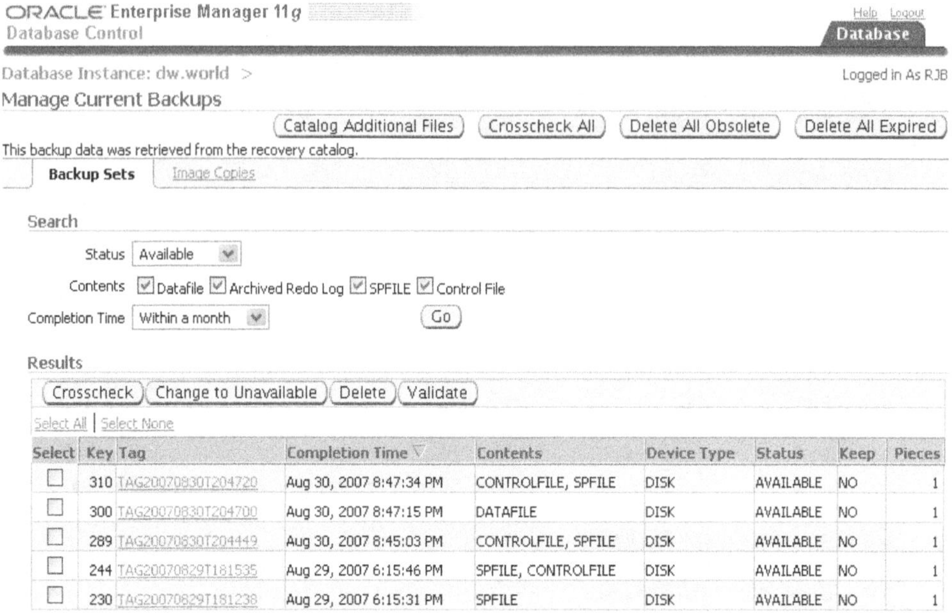

Figura 12-7 *Arquivos de backup do tablespace no OEM.*

Arquivos de dados

Você pode fazer backups dos arquivos de dados individuais tão facilmente quanto faz o de um tablespace. Se for impraticável fazer backup de um tablespace inteiro com uma sessão RMAN, é possível fazê-lo de arquivos de dados individuais, dentro de um tablespace, ao longo de um período de dias. Os arquivos de redo log arquivados cuidarão do restante durante a operação de recuperação. Aqui está um exemplo de um backup de um único arquivo de dados dentro de um tablespace não-ASM:

```
RMAN> backup as backupset datafile
  2>        '/u04/oradata/ord/oe_trans_06.dbf';
```

Cópias-imagem

Até este ponto, estivemos usando backups de conjuntos de backup; por outro lado, as cópias-imagem fazem cópias bit a bit do tablespace especificado ou do banco de dados inteiro. Existem duas vantagens distintas em usar o RMAN para executar backups de cópia-imagem: primeiro, ele é registrado automaticamente no repositório RMAN. Segundo, todos os blocos são verificados contra corrupção à medida que são lidos e copiados no destino do backup. Outro lado benéfico de fazer cópias-imagem é que as cópias podem ser usadas sem alteração fora do RMAN se, por alguma razão, a operação de recuperação precisar ocorrer fora dele.

No exemplo a seguir, nós faremos outro backup do tablespace INET_STAR, dessa vez como uma cópia-imagem:

```
RMAN> backup as copy tablespace inet_star;
Starting backup at 30-AUG-07
using channel ORA_DISK_1
channel ORA_DISK_1: starting datafile copy
input datafile file number=00007
name=+DATA/dw/datafile/inet_star.268.632004213
output file name=+RECOV/dw/datafile/inet_star.304.632005047
tag=TAG20070830T205713 RECID=2 STAMP=632005118
channel ORA_DISK_1: datafile copy complete, elapsed time: 00:01:14
Finished backup at 30-AUG-07

Starting Control File and SPFILE Autobackup at 30-AUG-07
piece handle=+RECOV/dw/autobackup/2007_08_30/
        s_632005123.305.632005135 comment=NONE
Finished Control File and SPFILE Autobackup at 30-AUG-07

RMAN>
```

As cópias-imagem só podem ser criadas nos tipos de dispositivo DISK. Na Figura 12-8, executamos o mesmo backup com o OEM. Como configuramos anteriormente o tipo de backup padrão como **compressed backupset**, sobrescrevemos o valor padrão em uma tela de configuração anterior para este backup.

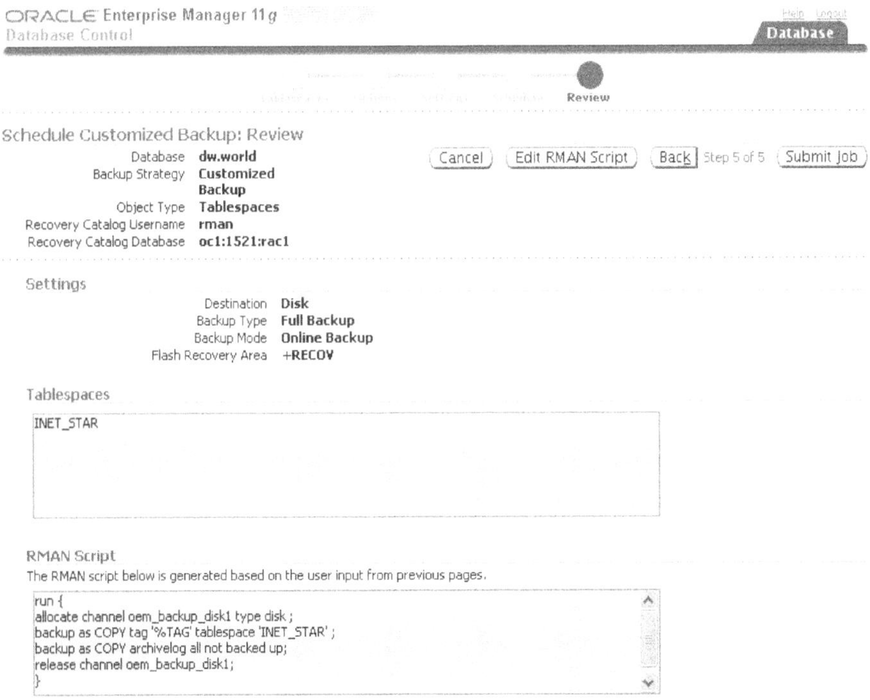

Figura 12-8 *Backup de cópia-imagem de um tablespace usando o OEM.*

Backup de arquivo de controle e do SPFILE

Para fazer backup do arquivo de controle e do SPFILE manualmente, use o comando RMAN a seguir:

```
RMAN> backup current controlfile spfile;

Starting backup at 30-AUG-07
starting full resync of recovery catalog
full resync complete
using channel ORA_DISK_1
channel ORA_DISK_1: starting compressed full datafile backup set
channel ORA_DISK_1: specifying datafile(s) in backup set
including current control file in backup set
channel ORA_DISK_1: starting piece 1 at 30-AUG-07
channel ORA_DISK_1: finished piece 1 at 30-AUG-07
piece handle=+RECOV/dw/backupset/2007_08_30/
ncnnf0_tag20070830t220903_0.311.632009363 tag=TAG20070830T220903
comment=NONE
channel ORA_DISK_1: backup set complete, elapsed time: 00:00:07
channel ORA_DISK_1: starting compressed full datafile backup set
channel ORA_DISK_1: specifying datafile(s) in backup set
including current SPFILE in backup set
channel ORA_DISK_1: starting piece 1 at 30-AUG-07
channel ORA_DISK_1: finished piece 1 at 30-AUG-07
piece handle=+RECOV/dw/backupset/2007_08_30/
nnsnf0_tag20070830t220903_0.312.632009383 tag=TAG20070830T220903
comment=NONE
channel ORA_DISK_1: backup set complete, elapsed time: 00:00:01
Finished backup at 30-AUG-07

Starting Control File and SPFILE Autobackup at 30-AUG-07
piece handle=+RECOV/dw/autobackup/2007_08_30/
s_632009385.313.632009397 comment=NONE
Finished Control File and SPFILE Autobackup at 30-AUG-07

RMAN>
```

Observe que como já tínhamos **autobackup** configurado como **on**, nós realmente executamos dois backups do arquivo de controle e do SPFILE. O segundo backup do arquivo de controle, entretanto, tem um registro do primeiro e do SPFILE.

Redo Logs arquivados

Mesmo quando os redo logs arquivados são enviados para vários destinos, incluindo a área de recuperação flash, devido à natureza crítica deles, queremos fazer backup das cópias do logs para fita ou outro destino de disco. Uma vez que o backup esteja concluído, temos a opção de deixar o logs no local, excluir somente os que o RMAN usou para esse fim ou excluir todas as cópias do logs arquivados que foram copiados em backup para a fita.

No exemplo seguinte, faremos backup de todos os arquivos de log arquivados na área de recuperação flash e, em seguida, iremos removê-los do disco:

```
RMAN> backup device type sbt archivelog all delete input;
```

Se os arquivos de log arquivados estão sendo enviados para vários locais, então apenas um conjunto de arquivos de redo é excluído. Se quisermos que todas as cópias sejam excluídas, usaremos **delete all input** em vez de **delete input**. No Oracle Database 11g, *arquivos de log arquivados corrompidos ou ausentes não impedem um backup RMAN bem-sucedido* dos logs arquivados como nos releases anteriores. Desde que um dos destinos desses arquivos tenha um arquivo de log válido para um determinado número de seqüência de log, o backup será bem-sucedido.

O backup ou a exclusão apenas dos arquivos de redo log arquivados mais antigos pode ser realizado por meio da especificação de uma faixa de dados no comando **backup archivelog**:

```
RMAN> backup device type sbt
  2>        archivelog from time 'sysdate-30' until time 'sysdate-7'
  3>        delete all input;
```

No exemplo anterior, todos os logs de redo arquivados com mais de uma semana, e não mais de três semanas, são copiados para fita e excluídos do disco. Além disso, é possível especificar uma faixa usando SCNs ou números de seqüência de log.

Backups incrementais

Uma estratégia alternativa aos backups completos com redo logs arquivados é usar com eles os *backups incrementais* para recuperação. O backup incremental inicial é conhecido como de *nível 0*. Cada backup incremental após o inicial (também conhecido como backup incremental *nível 1*) contém somente blocos alterados e como resultado leva menos tempo e espaço. Os backups incrementais nível 1 podem ser *cumulativos* ou *diferenciais*. Um backup cumulativo registra todos os blocos alterados desde o backup incremental inicial; um backup diferencial registra todos os blocos alterados desde o último backup incremental, seja ele um backup incremental nível 0 ou nível 1.

Quando houver vários tipos diferentes de backups no catálogo, como cópias-imagem, conjuntos de backup de tablespace e backups incrementais, o RMAN escolherá a melhor combinação deles para recuperar e restaurar de maneira mais eficiente o banco de dados. O DBA ainda tem a opção de impedir que o RMAN use um backup específico (por exemplo, se o DBA achar que este backup está corrompido e será rejeitado pelo RMAN durante a operação de recuperação).

A decisão entre usar backups cumulativos ou diferenciais é baseada parcialmente em onde você deseja gastar os ciclos de CPU e na quantidade de espaço em disco disponível. Usar backups cumulativos significa que cada backup incremental se tornará progressivamente maior e mais demorado até que outro nível 0 seja executado, mas durante uma operação de restauração e recuperação, somente dois conjuntos de backup serão necessários. Por outro lado, os backups diferenciais somente registram as alterações desde o último backup, portanto cada conjunto deles poderá ser menor ou maior do que o anterior, sem nenhuma sobreposição nos blocos de dados que já sofreram o processo. Entretanto, uma operação de restauração e recuperação pode demorar se for preciso restaurar a partir de vários conjuntos de backup em vez de apenas dois.

Seguindo nosso exemplo com o banco de dados **dw**, descobrimos que vários arquivos estão fora da nossa política de retenção de quatro dias; em outras palavras, arquivos que precisam de mais de quatro dias de redo logs arquivados para recuperar o banco de dados:

```
RMAN> report need backup;

    RMAN retention policy will be applied to the command
    RMAN retention policy is set to recovery window of 4 days
    Report of files whose recovery needs more than 4 days of archived logs
```

```
File Days  Name
---- ----- -------------------------------------------------------
1    5     +DATA/dw/datafile/system.256.630244579
2    5     +DATA/dw/datafile/sysaux.257.630244581
3    5     +DATA/dw/datafile/undotbs1.258.630244583
4    5     +DATA/dw/datafile/users.259.630244583
5    5     +DATA/dw/datafile/example.265.630244801
6    5     +DATA/dw/datafile/users_crypt.267.630456963
7    5     +DATA/dw/datafile/inet_star.268.632004213
8    5     +DATA/dw/datafile/inet_intl_star.269.632009933

RMAN>
```

Para remediar essa situação, podemos fazer outro backup completo ou podemos adotar uma política de backup incremental que poderá ser mais fácil de implementar e manter. Para configurar esse processo, precisamos executar primeiro um backup incremental nível 0:

```
RMAN> backup incremental level 0
2>       as compressed backupset database;

Starting backup at 30-AUG-07
using channel ORA_DISK_1
channel ORA_DISK_1: starting compressed incremental level 0
datafile backup set
channel ORA_DISK_1: specifying datafile(s) in backup set
input datafile file number=00002 name=+DATA/dw/datafile/
sysaux.257.630244581
input datafile file number=00001 name=+DATA/dw/datafile/
system.256.630244579
input datafile file number=00006
        name=+DATA/dw/datafile/users_crypt.267.630456963
input datafile file number=00005
        name=+DATA/dw/datafile/example.265.630244801
input datafile file number=00007
        name=+DATA/dw/datafile/inet_star.268.632004213
input datafile file number=00003
        name=+DATA/dw/datafile/undotbs1.258.630244583
input datafile file number=00008
        name=+DATA/dw/datafile/inet_intl_star.269.632009933
input datafile file number=00004
        name=+DATA/dw/datafile/users.259.630244583
channel ORA_DISK_1: starting piece 1 at 30-AUG-07
channel ORA_DISK_1: finished piece 1 at 30-AUG-07
piece handle=+RECOV/dw/backupset/2007_08_30/
        nnndn0_tag20070830t222903_0.315.632010557
        tag=TAG20070830T222903 comment=NONE
channel ORA_DISK_1: backup set complete, elapsed time: 00:01:36
Finished backup at 30-AUG-07

Starting Control File and SPFILE Autobackup at 30-AUG-07
piece handle=+RECOV/dw/autobackup/2007_08_30/
        s_632010654.316.632010665 comment=NONE
Finished Control File and SPFILE Autobackup at 30-AUG-07

RMAN>
```

A qualquer momento após este backup nível 0, poderemos executar um backup diferencial nível 1 incremental:

```
RMAN> backup as compressed backupset
2>         incremental level 1 database;
```

O tipo de backup incremental padrão é diferencial; a palavra-chave **differential** não é necessária nem permitida. Entretanto, para executar um backup cumulativo, nós adicionamos a palavra-chave **cumulative**:

```
RMAN> backup as compressed backupset
2>         incremental level 1 cumulative database;
```

O tipo de atividade do banco de dados pode também ditar se você deve usar backups cumulativos ou diferenciais. Em um ambiente OLTP com atividade intensa de inserção e atualização, os backups incrementais podem ser mais gerenciáveis em termos de uso de espaço em disco. Para um ambiente de data warehouse com alterações pouco freqüentes, uma política de backup diferencial pode ser mais ajustável. Comparado ao uso dos arquivos de redo log, ambos os tipos de backups incrementais são, de longe, superiores em termos de tempo de recuperação de um banco de dados. Ambos os casos atendem a política de retenção do RMAN:

```
RMAN> report need backup;

starting full resync of recovery catalog
full resync complete
RMAN retention policy will be applied to the command
RMAN retention policy is set to recovery window of 4 days
Report of files whose recovery needs more than 4 days of archived logs
File Days  Name
---- ----- -----------------------------------------------------
RMAN>
```

Backups atualizados incrementalmente

Um backup *atualizado incrementalmente* pode potencialmente tornar uma operação de recuperação e restauração de maneira ainda mais eficiente passando as alterações de um backup incremental nível 1 para um backup de imagem incremental nível 0. Se a atualização for executada diariamente, então, qualquer operação de recuperação poderá exigir, no máximo, a cópia-imagem atualizada, um backup incremental nível 1 e os redo logs online e arquivados mais recentes. O exemplo a seguir usa um script RMAN que pode ser agendado para executar sempre na mesma hora diariamente para dar suporte a uma estratégia de backup atualizado incrementalmente:

```
run
{
    recover copy of database with tag 'incr_upd_img';
    backup incremental level 1
        for recover of copy with tag 'incr_upd_img' database;
}
```

A parte principal de ambos os comandos dentro do script **run** é a cláusula **recover copy**. Em vez de fazer uma recuperação dos arquivos de dados do banco de dados real, estamos recuperando uma *cópia* do arquivo de dados de um banco de dados *aplicando os backups incrementais*. O uso de uma *tag* com um backup RMAN nos permite aplicar o backup incremental à cópia-imagem correta. As tags permitem que os DBAs referenciem facilmente um backup específico para operações de limpeza de catálogo e backup; se o comando **backup** não fornecê-la, ela será gerada automaticamente para o conjunto de backup e será única nos específicos para o banco de dados de destino.

Os fundamentos das operações de recuperação padrão e os recursos de script RMAN serão abordados mais tarde neste capítulo.

Os assistentes de backup do OEM facilitam a automatização de uma estratégia de backup atualizado incrementalmente.

Nas próximas figuras, abordaremos as etapas necessárias para configurar esta estratégia dentro do OEM.

Na Figura 12-9, especificamos a estratégia de backup do nosso banco de dados.

O banco de dados está aberto, o modo archivelog está ativado e os backups seguirão as diretrizes sugeridas pela Oracle para sua estratégia de procedimento. A outra opção no menu é Customized. A Figura 12-10 mostra a próxima etapa no processo de configuração de backup: um resumo do nome do banco de dados, a estratégia selecionada, para onde os backups serão enviados, o catálogo de recuperação em uso e uma rápida explicação de como o backup será executado.

Na Figura 12-11, especificamos quando os backups serão iniciados e a que hora do dia serão executados. Embora o seu job possa executar a qualquer hora do dia, como estamos executando um backup a quente (o banco de dados está aberto e os usuários podem processar transações), queremos minimizar o impacto possível sobre o tempo de resposta DML e de consultas agendando o job para um período de tempo com baixa atividade. A Figura 12-12 nos dá outra chance de rever como o backup será executado e onde ele residirá.

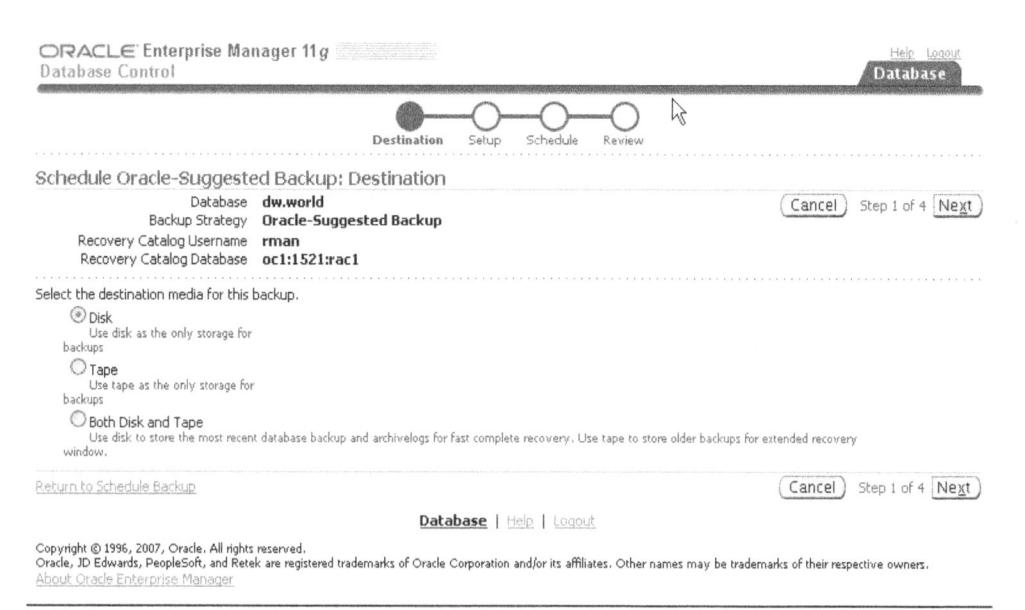

Figura 12-9 *Seleção da estratégia de backup OEM.*

CAPÍTULO 12   Usando o Recovery Manager (RMAN)   **473**

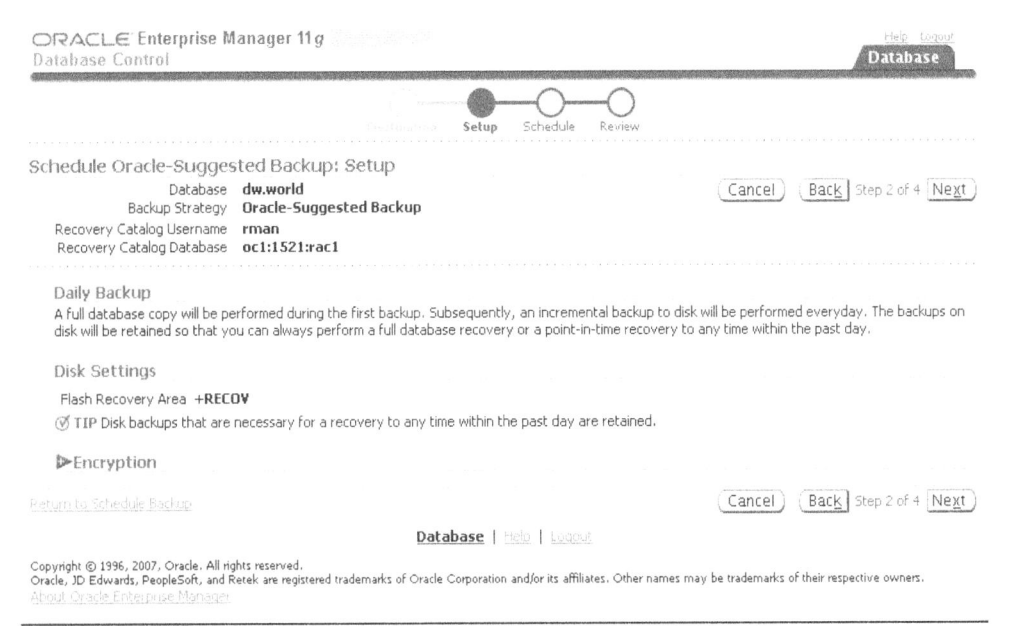

Figura 12-10   *Resumo da configuração de backup OEM.*

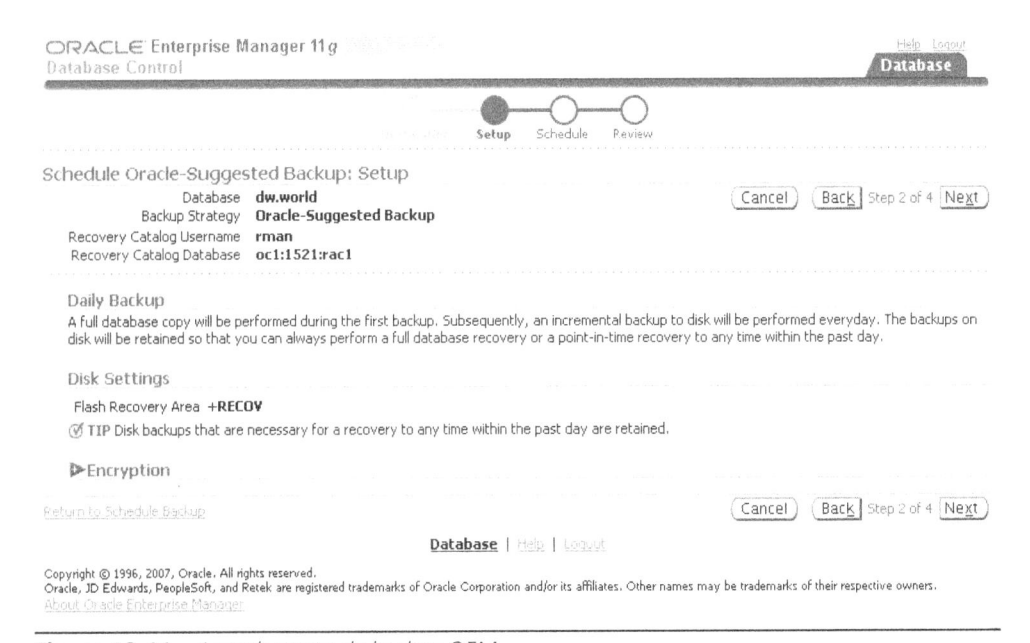

Figura 12-11   *Agendamento de backup OEM.*

Figura 12-12 *Resumo de backup do OEM.*

Na parte inferior da janela do navegador está o script RMAN que será agendado para executar diariamente (consulte a Figura 12-13). Coincidentemente, ele é muito semelhante ao script RMAN que apresentamos anteriormente nesta seção.

Rastreando alterações nos blocos de backup incremental

Outra maneira de melhorar o desempenho dos backups incrementais é ativar o *rastreamento de alterações em blocos*. Para um backup incremental tradicional, o RMAN deve inspecionar cada bloco de tablespace ou arquivo de dados no qual será feito backup para verificar se o bloco foi alterado desde que o último foi efetuado. Para um banco de dados muito grande, o tempo que ele leva para varrer os blocos nele pode facilmente exceder o tempo que ele leva para executar o backup real.

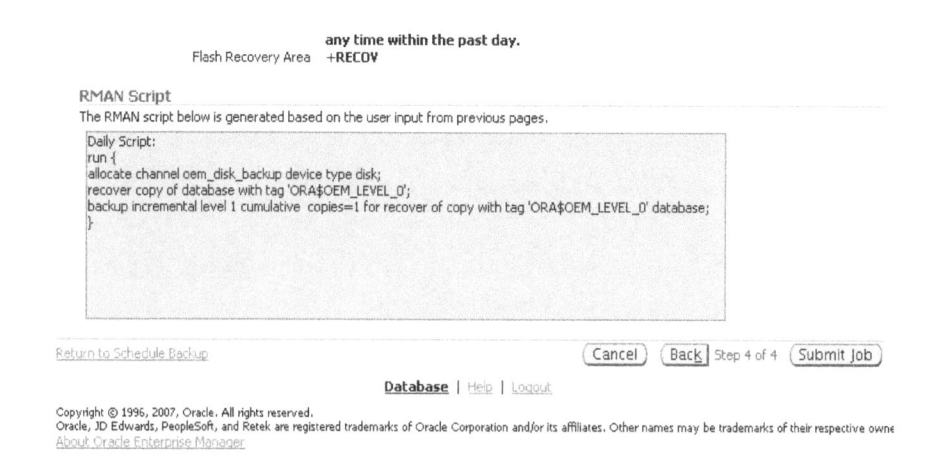

Figura 12-13 *Script de backup do OEM.*

Habilitando o rastreamento de alterações em blocos, o RMAN sabe quais deles foram alterados usando o *arquivo de rastreamento de alterações*. Embora haja algum overhead no uso e manutenção de espaço do arquivo de rastreamento cada vez que um bloco é alterado, vale a pena considerar o tradeoff caso backups incrementais sejam executados freqüentemente no banco de dados. No exemplo a seguir, nós criamos um arquivo de rastreamento de alterações de blocos no grupo de discos DATA e habilitamos o rastreamento de alterações em blocos:

```
SQL> alter database enable block change tracking
  2       using file '+DATA';

Database altered.

SQL> exit
[oracle@dw ~]$ asmcmd
ASMCMD> cd data/dw
ASMCMD> ls
CHANGETRACKING/
CONTROLFILE/
DATAFILE/
ONLINELOG/
PARAMETERFILE/
TEMPFILE/
spfiledw.ora
ASMCMD> cd changetracking
ASMCMD> ls -s
Block_Size Blocks Bytes Space Name
       512 22657 11600384 25165824 ctf.270.632356105
ASMCMD>
```

A próxima vez que um backup for executado, o RMAN só terá de usar o conteúdo do arquivo ctf.270.632356105 (um arquivo nomeado pelo OMF no diretório DW/CHANGETRACKING do grupo de discos DATA) para determinar quais blocos precisam sofrer backup. O espaço necessário para o arquivo de rastreamento de alterações em blocos é de aproximadamente 1/250.000 o tamanho do banco de dados.

A visão de desempenho dinâmico V$BLOCK_CHANGE_TRACKING contém o nome e o tamanho do arquivo de rastreamento de alterações e também a informação se o rastreamento de alterações em blocos está habilitado:

```
SQL> select filename, status, bytes from v$block_change_tracking;

FILENAME                                         STATUS      BYTES
------------------------------------------------ ----------  ----------
+DATA/dw/changetracking/ctf.270.632356105        ENABLED     11599872
SQL>
```

Compactação de backup

Como aprendemos anteriormente neste capítulo, nós podemos configurar a compactação de backup como o padrão para seus conjuntos ou especificar explicitamente a compactação em um comando **backup** RMAN (para os objetivos deste exemplo, o backup foi executado em 3 de setembro de 2007):

```
RMAN> backup as compressed backupset database;
```

Comparando o tamanho dos arquivos de dados com o conjunto de backup, podemos ver a quantidade de compactação que conseguimos por um overhead adicional de CPU:

```
ASMCMD> cd +DATA
ASMCMD> du DW
Used_MB     Mirror_used_MB
  2675 5361
ASMCMD> cd +RECOV/dw/backupset
ASMCMD> ls
2007_08_25/
2007_08_29/
2007_08_30/
2007_09_03/
ASMCMD> du 2007_09_03
Used_MB     Mirror_used_MB
   241              483
ASMCMD>
```

Os arquivos de banco de dados ocupam cerca de 2,7GB no grupo de discos +DATA; o conjunto de backup compactado no RMAN vem com 241MB, que está bem acima de uma taxa de compactação de 90%.

Usando uma área de recuperação flash

Anteriormente neste capítulo, abordamos os parâmetros de inicialização necessários para configurar a área de recuperação flash: DB_RECOVERY_FILE_DEST e DB_RECOVERY_FILE_DEST_SIZE. Esses dois parâmetros são dinâmicos, permitindo que o DBA altere o destino RMAN para backups ou a quantidade de espaço permitido eles na área de recuperação flash sem reiniciar a instância.

Para facilitar um cenário de recuperação completamente baseado em disco, a área de recuperação flash deve ser suficientemente grande para suportar uma cópia de todos os arquivos de dados, arquivos de backup incremental, redo logs online, redo logs arquivados que não estão em fita, backups automáticos de arquivo de controle e backups SPFILE. Usar uma janela de recuperação maior ou menor ou ajustar a política de redundância exigirá um ajuste da área de recuperação flash. Se a área de recuperação flash tiver um tamanho limitado devido a constraints de espaço em disco, no mínimo deve haver espaço suficiente para armazenar os arquivos de log armazenados que ainda não foram copiados para fita.

A visão de desempenho dinâmico V$RECOVERY_FILE_DEST exibe informações sobre o número de arquivos na área de recuperação flash, a quantidade de espaço que está sendo usada no momento e a quantidade total de espaço disponível nela.

A área de recuperação flash usa automaticamente o OMF. Como parte da estrutura de gerenciamento simplificada do Oracle 11g, não é preciso configurar explicitamente nenhum dos parâmetros de inicialização do LOG_ARCHIVE_DEST_n se houver só a necessidade de um local para os arquivos de redo log armazenados. Se o banco de dados estiver no modo ARCHIVELOG e uma área de recuperação flash for definida, o parâmetro de inicialização LOG_ARCHIVE_DEST_10 está implicitamente definido como a área de recuperação flash.

Como você viu nos muitos exemplos anteriores, o RMAN usa a área de recuperação flash de maneira muito organizada – com diretórios separados para logs arquivados, conjuntos de backup, cópias-imagem, arquivos de rastreamento de alterações em blocos e backups automáticos do arquivo de controle e SPFILE. Além disso, cada subdiretório é subdividido por datas, facilitando a localização de um conjunto de backup ou uma cópia-imagem quando a necessidade surgir.

Vários bancos de dados podem compartilhar a mesma área de recuperação flash, mesmo um banco de dados principal e standby. Ainda que com o mesmo DB_NAME, desde que o parâmetro DB_UNIQUE_NAME seja diferente, não haverá conflitos. O RMAN usa o DB_UNIQUE_NAME para distinguir os backups entre os bancos de dados que usam a mesma área de recuperação flash.

Validando backups

Ter vários backups de imagem ou arquivos de redo log armazenados suficientes para suportar uma janela de recuperação não terá tanto valor se houver problemas com os arquivos de banco de dados ou arquivos de controle ativos. O comando RMAN **backup validate database** simulará um backup, verificando a existência dos arquivos especificados, garantindo que eles não estejam corrompidos. Nenhum arquivo de backup será criado. Este comando será útil em um cenário onde é possível verificar os problemas com o banco de dados ou redo logs arquivados proativamente, dando a você uma oportunidade de corrigir os problemas antes da operação de backup real ou programar um horário noturno adicional para reparar os problemas encontrados durante o dia. No exemplo a seguir, validaremos o banco de dados inteiro junto com os redo logs arquivados depois que um dos arquivos de redo log é perdido acidentalmente:

```
ASMCMD> cd 2007_08_27
ASMCMD> ls
thread_1_seq_91.280.631681211
thread_1_seq_92.281.631708219
thread_1_seq_93.282.631730443
thread_1_seq_94.283.631749691
thread_1_seq_95.284.631750213
ASMCMD> rm *95.*
You may delete multiple files and/or directories.
Are you sure? (y/n) y
ASMCMD>
. . .
RMAN> backup validate database archivelog all;

Starting backup at 04-SEP-07
using channel ORA_DISK_1
archived log +RECOV/dw/archivelog/2007_08_27/
     thread_1_seq_95.284.631750213
     not found or out of sync with catalog
trying alternate file for archived log of thread 1 with sequence 95
channel ORA_DISK_1: starting compressed archived log backup set
channel ORA_DISK_1: specifying archived log(s) in backup set
input archived log thread=1 sequence=77 RECID=1 STAMP=631556992
. . .
List of Control File and SPFILE
===============================
File Type    Status Blocks          Failing     Blocks Examined
------------ ------ --------------- ---------------
SPFILE       OK     0               2
Control File OK     0               602
Finished backup at 04-SEP-07
RMAN>
```

O comando **backup validate** identificou um arquivo de redo log arquivado que não está mais na área de recuperação flash. Ele pode ter sido arquivado em fita fora do RMAN ou pode ter sido inadvertidamente excluído (nesse caso, parece que o arquivo de log foi excluído intencionalmente). Examinando o registro de data do arquivo de log, vemos que ele está fora da nossa janela de recuperação de quatro dias, portanto ele não é um arquivo crítico em termos de recuperabilidade.

A sincronização da área de recuperação flash e do catálogo com o comando **crosscheck** será abordada mais adiante neste capítulo; uma vez que tenhamos corrigido o problema de referência cruzada que acabamos de descobrir, podermos executar o restante da validação:

```
RMAN> backup validate database archivelog all;
Starting backup at 04-SEP-07
using channel ORA_DISK_1
channel ORA_DISK_1: starting compressed archived log backup set
channel ORA_DISK_1: specifying archived log(s) in backup set
input archived log thread=1 sequence=77 RECID=1 STAMP=631556992
input archived log thread=1 sequence=78 RECID=3 STAMP=631556992
input archived log thread=1 sequence=79 RECID=5 STAMP=631556995
input archived log thread=1 sequence=80 RECID=7 STAMP=631556998
input archived log thread=1 sequence=81 RECID=9 STAMP=631557001
input archived log thread=1 sequence=82 RECID=11 STAMP=631557001
input archived log thread=1 sequence=83 RECID=13 STAMP=631566057
input archived log thread=1 sequence=84 RECID=16 STAMP=631578707
input archived log thread=1 sequence=85 RECID=18 STAMP=631590167
input archived log thread=1 sequence=86 RECID=20 STAMP=631607160
input archived log thread=1 sequence=87 RECID=22 STAMP=631623660
input archived log thread=1 sequence=88 RECID=24 STAMP=631643444
. . .
channel ORA_DISK_1: starting compressed full datafile backup set
channel ORA_DISK_1: specifying datafile(s) in backup set
input datafile file number=00002 name=+DATA/dw/datafile/sysaux.257.630244581
input datafile file number=00001 name=+DATA/dw/datafile/system.256.630244579
input datafile file number=00006
        name=+DATA/dw/datafile/users_crypt.267.630456963
input datafile file number=00005
        name=+DATA/dw/datafile/example.265.630244801
input datafile file number=00007
        name=+DATA/dw/datafile/inet_star.268.632004213
input datafile file number=00003
        name=+DATA/dw/datafile/undotbs1.258.630244583
input datafile file number=00008
        name=+DATA/dw/datafile/inet_intl_star.269.632009933
input datafile file number=00004 name=+DATA/dw/datafile/users.259.630244583
channel ORA_DISK_1: backup set complete, elapsed time: 00:01:05
. . .
channel ORA_DISK_1: backup set complete, elapsed time: 00:00:01
List of Control File and SPFILE
===============================
File Type    Status Blocks Failing Blocks Examined
------------ ------ --------------- ----------------
SPFILE       OK     0               2
Control File OK     0               602
Finished backup at 04-SEP-07
RMAN>
```

Nenhum erro foi encontrado durante a validação; o RMAN leu cada bloco de cada arquivo de redo log arquivado e cada arquivo de dados para garantir que eles estavam legíveis e não tinham blocos corrompidos. Entretanto, nenhum backup foi realmente gravado em um disco ou canal de fita.

OPERAÇÕES DE RECUPERAÇÃO

Todo bom plano de backup inclui um plano de recuperação de desastres para que possamos recuperar os arquivos de dados e logs dos backups e restaurar os arquivos de banco de dados. Nesta seção, examinaremos vários aspectos diferentes das operações de recuperação do RMAN.

O RMAN pode executar operações de restauração e recuperação em vários níveis de refinamento e a maioria delas podem ser executadas enquanto o banco de dados está aberto e disponível para os usuários. Podemos recuperar blocos, tablespaces e arquivos de dados individuais ou mesmo um banco de dados inteiro. Além disso, o RMAN tem vários métodos de validar uma operação de restauração sem executar uma recuperação real nos arquivos de dados do banco de dados.

Recuperação de mídia em bloco

Quando há somente uma pequena quantidade de blocos a serem recuperados em um banco de dados, o RMAN pode executar uma *recuperação de mídia em bloco* em vez de uma recuperação de arquivo de dados completa. A recuperação de mídia em bloco minimiza o tempo de aplicação de redo log e reduz ainda mais a quantidade de E/S necessária para recuperar somente o bloco ou blocos em questão. Enquanto a recuperação de mídia em bloco está em andamento, os arquivos de dados afetados podem permanecer online e disponíveis para os usuários.

> **NOTA**
> A recuperação de mídia em bloco só está disponível a partir da aplicação RMAN.

Existem várias maneiras nas quais a corrupção de bloco é detectada. Durante uma operação de leitura e gravação de uma instrução **insert** ou **select**, o Oracle pode detectar se um bloco está corrompido, gravar um erro em um arquivo de rastreamento de usuário e abortar a transação. Um comando **backup** ou **backup validate do** RMAN pode registrar os blocos corrompidos em uma visão de desempenho dinâmico V$DATABASE_BLOCK_CORRUPTION.

Além disso, os comandos SQL **analyze table** e **analyze index** podem encontrar blocos corrompidos. Para recuperar um ou mais blocos de dados, o RMAN deve saber o número do arquivo de dados e o número do bloco dentro do arquivo de dados. Essas informações estão disponíveis em um arquivo de rastreamento do usuário, como no exemplo a seguir:

```
ORA-01578: ORACLE data block corrupted (file # 6, block # 403)
ORA-01110: data file 6: '/u09/oradata/ord/oe_trans01.dbf'
```

Alternativamente, o bloco pode aparecer na visão V$DATABASE_BLOCK_CORRUPTION após um comando **backup do** RMAN; as colunas FILE# e BLOCK# fornecem as informações necessárias para executar o comando **recover**. A coluna CORRUPTION_TYPE identifica o tipo de corrupção no bloco, como FRACTURED, CHECKSUM ou CORRUPT. A correção do bloco é facilmente realizada no RMAN:

```
RMAN> recover datafile 6 block 403;

Starting recover at 04-SEP-07
using channel ORA_DISK_1

starting media recovery
```

```
media recovery complete, elapsed time: 00:00:01

Finished recover at 04-SEP-07

RMAN>
```

Um bloco corrompido deve ser completamente restaurado; em outras palavras, todas as operações de redo até o SCN mais recente em relação ao bloco de dados devem ser aplicadas antes que ele possa ser considerado utilizável outra vez.

NOTA
*O comando **blockrecover**, disponível nos releases anteriores do RMAN, foi descontinuado no Oracle Database 11g em favor do comando recover; a sintaxe do comando é a mesma.*

Restaurando um arquivo de controle

No caso raro de você perder todas as cópias do seu arquivo de controle, fica fácil restaurá-lo quando um catálogo de recuperação é usado; inicie a instância com **nomount** (visto que não temos um arquivo de controle a ser lido com **mount**) e emita o seguinte comando RMAN:

```
RMAN> restore controlfile;
```

Se não está usando um catálogo de recuperação, pode adicionar a cláusula **from '<filename>'** ao comando para especificar a localização do arquivo de controle mais recente:

```
RMAN> restore controlfile from '/u11/oradata/ord/bkup.ctl';
```

Após restaurar os arquivos de controle, execute uma recuperação de mídia completa e abra o banco de dados com a opção **resetlogs**. A recuperação de mídia completa pode ser executada por meio do RMAN ou dos métodos descritos no Capítulo 11.

Restaurando um tablespace

Se o disco que contém os arquivos de dados de um tablespace falhar ou ficar corrompido, é possível recuperá-lo enquanto o banco de dados permanece aberto e disponível. A única exceção é o tablespace SYSTEM. No nosso banco de dados **dw**, suponha que o disco que contém os arquivos de dados do tablespace USERS tenha danificado. Após o primeiro telefonema dos usuários (que aconteceu antes do OEM nos notificar o erro), pudemos verificar uma visão de desempenho dinâmico V$DATAFILE_HEADER para ver quais arquivos de dados precisam de recuperação:

```
SQL> select file#, status, error, tablespace_name, name
  2     from v$datafile_header;

 FILE# STATUS  ERROR        TABELASPACE_NAME    NAME
------ ------- ------------ ------------------- -------------------------
     1 ONLINE               SYSTEM              +DATA/dw/datafile/system.
                                                256.630244579
     2 ONLINE               SYSAUX              +DATA/dw/datafile/sysaux.
                                                257.630244581
     3 ONLINE               UNDOTBS1            +DATA/dw/datafile/undotbs
                                                1.258.630244583
     4 ONLINE  FILE NOT
             FOUND
```

```
         5 ONLINE            EXAMPLE              +DATA/dw/datafile/example
                                                  .265.630244801
         6 ONLINE            USERS_CRYPT          +DATA/dw/datafile/users_c
                                                  rypt.267.630456963
         7 ONLINE            INET_STAR            +DATA/dw/datafile/inet_st
                                                  ar.268.632004213
         8 ONLINE            INET_INTL_STAR       +DATA/dw/datafile/inet_in
                                                  tl_star.269.632009933

8 rows selected.
```

O log de alerta (e a sessão onde você executou o comando **startup**) fornecerá outro indício na próxima vez que tentar iniciar o banco de dados com um arquivo de dados ausente ou corrompido:

```
ORA-01157: cannot identify/lock data file 4 - see DBWR trace file
ORA-01110: data file 4: '+DATA/dw/datafile/users.259.630244583'
```

Após substituir a unidade de disco, iniciamos uma sessão RMAN e descobrimos que o arquivo número 4 corresponde ao tablespace USERS:

```
RMAN> report schema;

Report of database schema for database with db_unique_name DW

List of Permanent Datafiles
===========================
File Size(MB) Tablespace           RB segs Datafile Name
---- -------- -------------------- ------- ------------------------
1    750      SYSTEM               YES
                        +DATA/dw/datafile/system.256.630244579
2    826      SYSAUX               NO
                        +DATA/dw/datafile/sysaux.257.630244581
3    60       UNDOTBS1             YES
                        +DATA/dw/datafile/undotbs1.258.630244583
4    5        USERS                NO
                        +DATA/dw/datafile/users.259.630244583
5    100      EXAMPLE              NO
                        +DATA/dw/datafile/example.265.630244801
6    500      USERS_CRYPT          NO
                        +DATA/dw/datafile/users_crypt.267.630456963
7    100      INET_STAR            NO
                        +DATA/dw/datafile/inet_star.268.632004213
8    50       INET_INTL_STAR       NO
                        +DATA/dw/datafile/inet_intl_star.269.632009933

List of Temporary Files
=======================
File Size(MB) Tablespace           Maxsize(MB) Tempfile Name
---- -------- -------------------- ----------- --------------------
1    60       TEMP                 32767
                        +DATA/dw/tempfile/temp.264.630244787

RMAN>
```

Para restaurar e recuperar o tablespace, o forçamos a ficar offline, o restauramos e recuperamos e o trazemos de volta para o estado online:

```
RMAN> sql 'alter tablespace users offline immediate';
sql statement: alter tablespace users offline immediate

RMAN> restore tablespace users;

Starting restore at 04-SEP-07
using channel ORA_DISK_1

channel ORA_DISK_1: starting datafile backup set restore
channel ORA_DISK_1: specifying datafile(s) to restore from backup set
channel ORA_DISK_1: restoring datafile 00004 to
                    +DATA/dw/datafile/users.259.630244583
channel ORA_DISK_1: reading from backup piece
+RECOV/dw/backupset/2007_09_04/
                    nnndf0_tag20070904t215119_0.266.632440295
channel ORA_DISK_1: piece handle=+RECOV/dw/backupset/2007_09_04/
                    nnndf0_tag20070904t215119_0.266.632440295
                    tag=TAG20070904T215119
channel ORA_DISK_1: restored backup piece 1
channel ORA_DISK_1: restore complete, elapsed time: 00:00:03
Finished restore at 04-SEP-07
starting full resync of recovery catalog
full resync complete

RMAN> recover tablespace users;

Starting recover at 04-SEP-07
using channel ORA_DISK_1

starting media recovery
media recovery complete, elapsed time: 00:00:01
Finished recover at 04-SEP-07

RMAN> sql 'alter tablespace users online';

sql statement: alter tablespace users online

RMAN>
```

O comando **restore** copiou a imagem ou a cópia do conjunto de backup mais recente dos arquivos de dados do tablespace USERS nos seus locais originais; o comando **recover** aplicou o redo a partir dos arquivos de redo log ou backups incrementais para trazer os objetos do tablespace que sofreu backup para o SCN mais recente.

Uma vez que o tablespace está novamente online, estará disponível para ser usado outra vez, sem a perda de nenhuma transação encerrada com commit nas suas tabelas.

Restaurando um arquivo de dados

Restaurar um arquivo de dados é uma operação muito similar a restaurar um tablespace. Uma vez que o arquivo de dados ausente ou corrompido seja identificado por meio da visão V$DATAFILE_HEADER, os comandos RMAN são muito similares aos do exemplo anterior; o tablespace é colocado offline, os arquivos de dados são restaurados e recuperados e o tablespace é trazido de volta para o estado online. Se apenas o arquivo número 7 tiver sido perdido, os comandos **recover** e **restore** são tão simples quanto estes:

```
RMAN> restore datafile 7;
RMAN> recover datafile 7;
```

Usando o OEM, o procedimento também é muito simples. Na Figura 12-14, configuramos a restauração do arquivo de dados selecionando o arquivo de dados ausente (#7) no tablespace INET_STAR.

Na Figura 12-15, temos a opção de restaurar o arquivo de dados para um local alternativo; nesse caso, nós queremos restaurá-lo para o local original. Se a unidade de disco falha contendo o arquivo de dados não puder ser reparada, poderemos especificar um local alternativo para o arquivo de dados.

Antes que o job RMAN seja submetido, temos mais uma chance de examinar a configuração do job na Figura 12-16. A Figura 12-17 mostra os comandos RMAN que serão executados para efetuar a operação solicitada.

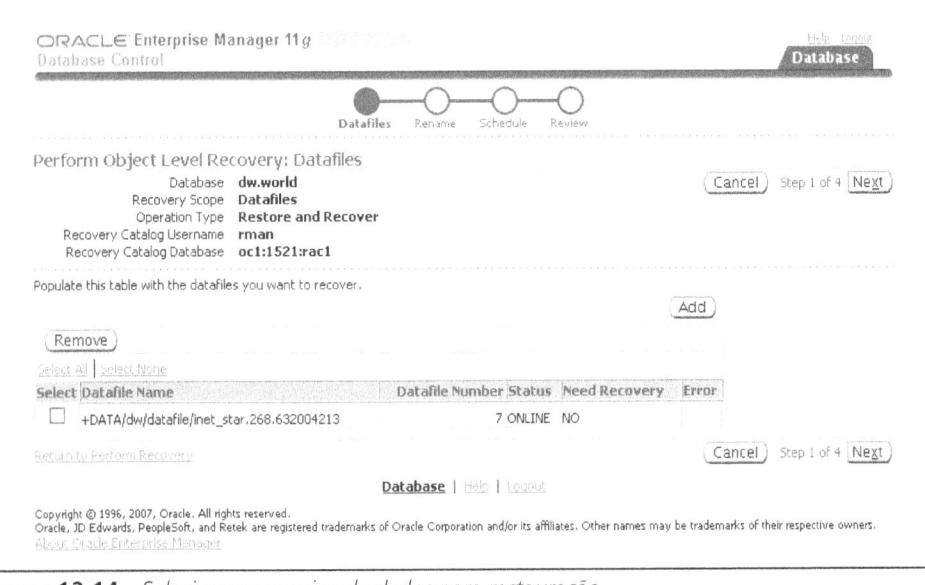

Figura 12-14 *Selecionar o arquivo de dados para restauração.*

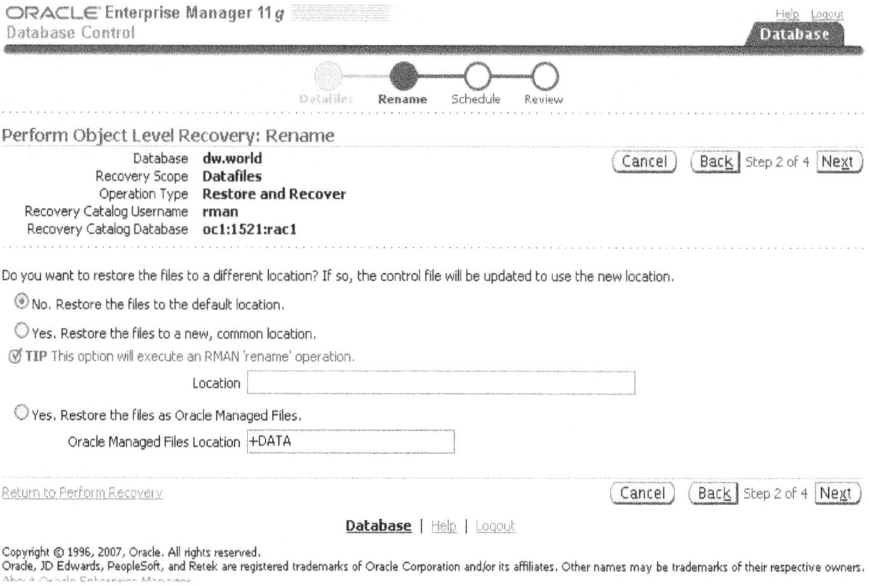

Figura 12-15 *Especificar um local para o arquivo de dados restaurado.*

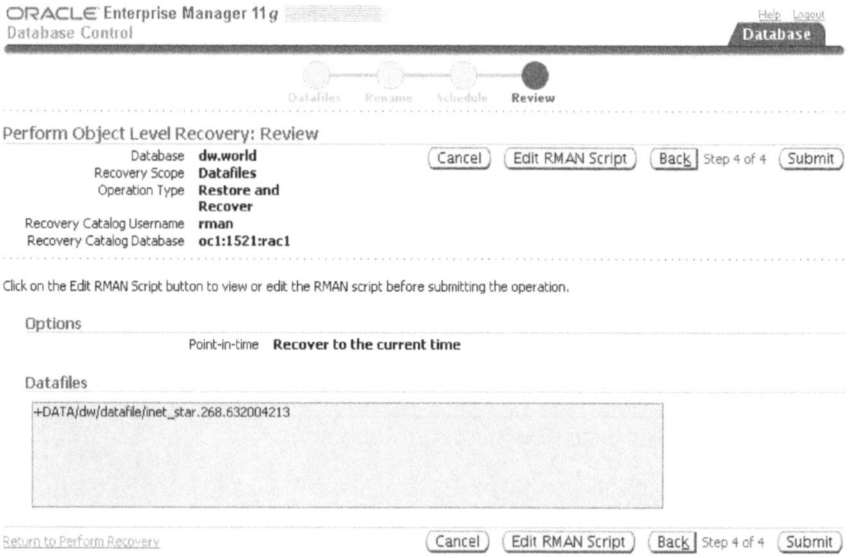

Figura 12-16 *Examinar as opções de restauração.*

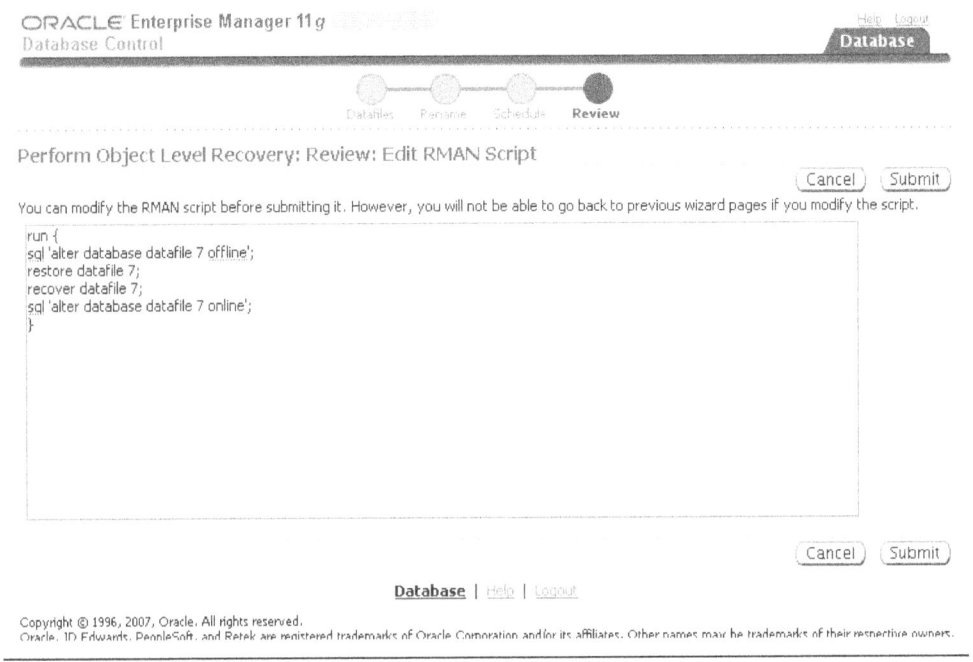

Figura 12-17 *Comandos do RMAN para as opções de restauração.*

Restaurando um banco de dados inteiro

Embora a perda de um banco de dados inteiro seja um evento sério e desastroso, ter uma política sólida de backup e recuperação, como descrevemos anteriormente neste capítulo, pode trazer o banco de dados para a transação confirmada mais recente com um mínimo de esforço. No cenário a seguir, nós perdemos todos os arquivos de dados. Entretanto, como temos o arquivo de controle e os arquivos redo log online multiplexados em muitos discos diferentes, nós os teremos disponíveis durante a operação de restauração e recuperação do RMAN. Alternativamente, é possível restaurar os arquivos de controle ou copiar os arquivos de redo log online em outros destinos antes de montar o banco de dados. Se isso não for viável porque os locais dos discos alternativos não estão disponíveis, você pode alterar seu arquivo de parâmetros ou o SPFILE para indicar que arquivos ainda estão disponíveis.

A operação de restauração e recuperação inteira pode ser executada dentro do RMAN; primeiro, o iniciamos e abrimos o banco de dados no modo **mount**, exatamente como usamos o comando **startup mount** em um prompt SQL*Plus:

```
[oracle@oltp oracle]$ rman target / catalog rman/rman@rac

Recovery Manager: Release 11.1.0.6.0 -
              Production on Tue Sep 4 22:36:05 2007

Copyright (c) 1982, 2007, Oracle. All rights reserved.

connected to target database (not started)
```

```
recovery catalog database Password:
connected to recovery catalog database

RMAN> startup mount

Oracle instance started
database mounted

Total System Global Area      422670336 bytes
Fixed Size                      1300352 bytes
Variable Size                 360712320 bytes
Database Buffers               54525952 bytes
Redo Buffers                    6131712 bytes
starting full resync of recovery catalog
full resync complete
RMAN>
```

O RMAN conecta-se ao banco de dados e o identifica como estando indisponível; isso é o mesmo que conectar-se ao SQL*Plus e ver a mensagem "Connected to an idle instance" (Conectado a uma instância ociosa). As próximas etapas são restaurar e recuperar o banco de dados:

```
RMAN> restore database;
Starting restore at 04-SEP-07
using channel ORA_DISK_1

channel ORA_DISK_1: starting datafile backup set restore
channel ORA_DISK_1: specifying datafile(s) to restore from backup set
channel ORA_DISK_1: restoring datafile 00001 to
+DATA/dw/datafile/system.256.630244579
channel ORA_DISK_1: restoring datafile 00002 to
+DATA/dw/datafile/sysaux.257.630244581
channel ORA_DISK_1: restoring datafile 00003 to
+DATA/dw/datafile/undotbs1.258.630244583
channel ORA_DISK_1: restoring datafile 00004 to
+DATA/dw/datafile/users.259.632441707
channel ORA_DISK_1: restoring datafile 00005 to
+DATA/dw/datafile/example.265.630244801
channel ORA_DISK_1: restoring datafile 00006 to
+DATA/dw/datafile/users_crypt.267.630456963
channel ORA_DISK_1: restoring datafile 00007 to
+DATA/dw/datafile/inet_star.268.632004213
channel ORA_DISK_1: restoring datafile 00008 to
+DATA/dw/datafile/inet_intl_star.269.632009933
channel ORA_DISK_1: reading from backup piece
+RECOV/dw/backupset/2007_09_04/
        nnndf0_tag20070904t215119_0.266.632440295
channel ORA_DISK_1: piece
handle=+RECOV/dw/backupset/2007_09_04/
        nnndf0_tag20070904t215119_0.266.63244295
        tag=TAG20070904T215119
channel ORA_DISK_1: restored backup piece 1
channel ORA_DISK_1: restore complete, elapsed time: 00:03:11
Finished restore at 04-SEP-07
```

```
RMAN> recover database;
Starting recover at 04-SEP-07
using channel ORA_DISK_1

starting media recovery

archived log for thread 1 with sequence 142
    is already on disk as file
    +RECOV/dw/archivelog/2007_09_04/
    thread_1_seq_142.265.632440415
archived log for thread 1 with sequence 143
    is already on disk as file
    +RECOV/dw/archivelog/2007_09_04/
    thread_1_seq_143.349.632442295
archived log for thread 1 with sequence 144
    is already on disk as file
    +RECOV/dw/archivelog/2007_09_04/
    thread_1_seq_144.350.632442297
archived log for thread 1 with sequence 145
    is already on disk as file
    +RECOV/dw/archivelog/2007_09_04/
    thread_1_seq_145.351.632442303
archived log file
    name=+RECOV/dw/archivelog/2007_09_04/
    thread_1_seq_142.265.632440415 thread=1 sequence=142
archived log file
    name=+RECOV/dw/archivelog/2007_09_04/
    thread_1_seq_143.349.632442295 thread=1 sequence=143
media recovery complete, elapsed time: 00:00:35
Finished recover at 04-SEP-07
starting full resync of recovery catalog
full resync complete
RMAN> alter database open;
database opened
RMAN>
```

O banco de dados agora está aberto e disponível para uso. O RMAN selecionará o meio mais eficiente de executar a operação selecionada, minimizando o número de arquivos acessados ou o volume de E/S de disco para colocar o banco de dados novamente em um estado consistente o mais rápido possível. No exemplo anterior, o RMAN usou arquivos de redo log arquivados e o conjunto de backup do banco de dados inteiro para recuperar este último. Durante a operação de recuperação, o RMAN pode precisar restaurar os redo logs arquivados a partir da fita; para limitar a quantidade de espaço em disco usada durante a operação de recuperação, o comando **recover** usado no exemplo anterior poderá usar as opções a seguir:

```
RMAN> recover database delete archivelog maxsize 2gb;
```

O parâmetro **delete archivelog** direciona o RMAN para remover os arquivos de log arquivados no disco e que foram restaurados a partir da fita para esta opção de recuperação; o parâmetro **maxsize 2gb** restringe a quantidade de espaço que pode ser ocupada pelos arquivos de log arquivados em qualquer ponto no tempo a 2GB. No nosso banco de dados **dw**, esses dois parâmetros não são necessários; todos os arquivos de log arquivados para recuperar o banco de dados são mantidos na área de recuperação flash no disco para dar suporte à política de retenção definida.

Validando as operações de restauração

Anteriormente neste capítulo, validamos os blocos de dados nos arquivos de dados que queremos fazer backup. Nesta seção, adotaremos o enfoque oposto e validaremos os backups que já foram feitos. Também descobriremos no RMAN quais conjuntos de backup, cópias-imagem e redo logs arquivados seriam usados em uma operação de recuperação sem executar realmente a recuperação.

RESTORE PREVIEW

O comando **restore preview** fornecerá uma lista de arquivos que o RMAN usará para executar a operação solicitada; a visualização também indicará, por exemplo, se um volume de fita será solicitado. Nenhum arquivo será realmente restaurado; somente o catálogo de recuperação é consultado para determinar quais arquivos são necessários. No exemplo a seguir, queremos descobrir o que RMAN usará se precisarmos recuperar o tablespace USERS:

```
RMAN> restore tablespace users preview;

Starting restore at 04-SEP-07
using channel ORA_DISK_1


List of Backup Sets
===================


BS Key  Type LV Size       Device Type Elapsed Time Completion Time
------- ---- -- ---------- ----------- ------------ ---------------
744     Full    239.34M    DISK        00:01:45     04-SEP-07
        BP Key: 747   Status: AVAILABLE  Compressed: YES  Tag: TAG20070904T215119
        Piece Name: +RECOV/dw/backupset/2007_09_04/nnndf0_tag20070904t215119_0.266.632440295
  List of Datafiles in backup set 744
  File LV Type Ckp SCN    Ckp Time  Name
  ---- -- ---- ---------- --------- ----
  4       Full 3472960    04-SEP-07 +DATA/dw/datafile/users.259.632441707

List of Archived Log Copies for database with db_unique_name DW
=====================================================================
Key     Thrd Seq     S Low Time
------- ---- ------- - ---------
806     1    142     A 04-SEP-07
        Name: +RECOV/dw/archivelog/2007_09_04/thread_1_seq_142.265.632440415
833     1    143     A 04-SEP-07
        Name: +RECOV/dw/archivelog/2007_09_04/thread_1_seq_143.349.632442295
831     1    144     A 04-SEP-07
        Name: +RECOV/dw/archivelog/2007_09_04/thread_1_seq_144.350.632442297
835     1    145     A 04-SEP-07
        Name: +RECOV/dw/archivelog/2007_09_04/thread_1_seq_145.351.632442303
Media recovery start SCN is 3472960

Recovery must be done beyond SCN 3472960 to clear datafile fuzziness
Finished restore at 04-SEP-07
RMAN>
```

Para a operação de restauração, o RMAN precisará usar um conjunto de backup para um único arquivo de dados no tablespace; os arquivos de redo log arquivados serão usados para trazê-lo até o SCN atual. Se for necessário executar uma operação de restauração imediatamente e um dos arquivos que o RMAN solicitar esse propósito estiver offline, você poderá usar o comando **change... unavailable** para marcar um conjunto de backup como indisponível e, em seguida, executar novamente o comando **restore tablespace... preview** para ver se o RMAN pode usar conjuntos de backup baseados em disco para atender à solicitação.

RESTORE VALIDATE
O comando **restore... preview** não lê os conjuntos de backup reais, somente as informações do catálogo; se quisermos validar se aqueles estão legíveis e não corrompidos, usamos o comando **restore... validate**. Como na maioria dos outros comandos RMAN, podemos executar a validação para um arquivo de dados, um tablespace ou o banco de dados inteiro. No exemplo a seguir, executaremos uma validação nos mesmos conjuntos de backup que o RMAN reportou no exemplo anterior para o tablespace USERS:

```
RMAN> restore tablespace users validate;
Starting restore at 04-SEP-07
using channel ORA_DISK_1
channel ORA_DISK_1: starting validation of datafile backup set
channel ORA_DISK_1: reading from backup piece
+RECOV/dw/backupset/2007_09_04/
   nnndf0_tag20070904t230656_0.354.632444895
channel ORA_DISK_1: piece
handle=+RECOV/dw/backupset/2007_09_04/
   nnndf0_tag20070904t230656_0.354.632444895 tag=TAG20070904T230656
channel ORA_DISK_1: restored backup piece 1
channel ORA_DISK_1: validation complete, elapsed time: 00:02:13
Finished restore at 04-SEP-07
RMAN>
```

Todos os blocos dos conjuntos de backup foram lidos para garantir que eles podem ser utilizado em uma operação de restauração para o tablespace USERS.

Recuperação pontual
O RMAN pode ser usado para implementar uma *recuperação pontual,* ou restaurar e recuperar um banco de dados a um timestamp ou SCN antes do ponto no qual uma falha sua ocorreu. Como você já viu no Capítulo 11, uma recuperação pontual (PITR, point in time recovery) pode ser útil para fazer a recuperação de um erro de usuário ocorrido ontem, quando uma tabela foi descartada, mas que só foi detectado hoje. Usando o PITR, podemos recuperar o banco de dados a um ponto no tempo imediatamente antes do momento em que a tabela foi descartada.

Usar o PITR tem a desvantagem de perder todas as outras alterações feitas ao banco de dados a partir do ponto no qual o banco de dados foi restaurado; essa desvantagem precisa ser avaliada em relação às conseqüências da tabela descartada. Se ambas as opções forem indesejáveis, outros métodos como Flashback Table, Flashback Database ou recuperação pontual de tablespace (TSPITR, tablespace point in time recovery) devem ser considerados como uma alternativa para recuperar esses tipos de erros de usuário.

Data Recovery Advisor
No dia-a-dia atarefado do DBA, você pode tomar conhecimento de uma falha de banco de dados (normalmente a partir de um telefonema ou e-mail do usuário), mas sem saber a causa específica; usando o Data Recovery Advisor, novo no Oracle Database 11*g*, é possível conhecer os detalhes da falha sem verificar o log de alerta ou os arquivos de rastreamento. O Data Recovery Advisor

está disponível na linha de comando RMAN ou no Oracle Enterprise Manager, como veremos nos parágrafos a seguir.

Neste cenário, o arquivo de dados para o tablespace XPORT_DW foi excluído acidentalmente pelo administrador de sistema; na próxima vez que um dos usuários tentar criar uma tabela nesse tablespace, ele recebe esta mensagem:

```
SQL> create table daily_lineitem
  2  tablespace xport_dw
  3  as select * from oe.lineitem_table;
as select * from oe.lineitem_table
                 *
ERROR at line 3:
ORA-01658: unable to create INITIAL extent for segment
   in tablespace XPORT_DW
SQL>
```

Você recebe uma mensagem instantânea do usuário notificando sobre a falha e como já está na interface de linha de comando do RMAN, usa o comando **list failure** para ver que problema poderia ser:

```
RMAN> list failure;

List of Database Failures
=========================

Failure ID Priority Status    Time Detected Summary
---------- -------- --------- ------------- -------
1022       HIGH     OPEN      05-SEP-07     One or more non-system
                                            datafiles are corrupt
```

Há apenas uma falha, portanto você analisará a falha usando o Failure ID e a opção **detail** do comando **list failure**:

```
RMAN> list failure 1022 detail;

List of Database Failures
=========================

Failure ID Priority Status    Time Detected Summary
---------- -------- --------- ------------- -------
1022       HIGH     OPEN      05-SEP-07     One or more non-system
                                            datafiles are corrupt
  Impact: See impact for individual child failures
  List of child failures for parent failure ID 1022
  Failure ID Priority Status    Time Detected Summary
  ---------- -------- --------- ------------- -------
  1025       HIGH     OPEN      05-SEP-07     Datafile 9:
                     '/u02/oradata/xport_dw.dbf' is corrupt
                     Impact: Some objects in tablespace
                     XPORT_DW might be unavailable
```

Informações similares estão disponíveis no OEM; a Figura 12-18 mostra a página do OEM quando você clica no link Perform Recovery, como fez anteriormente neste capítulo.

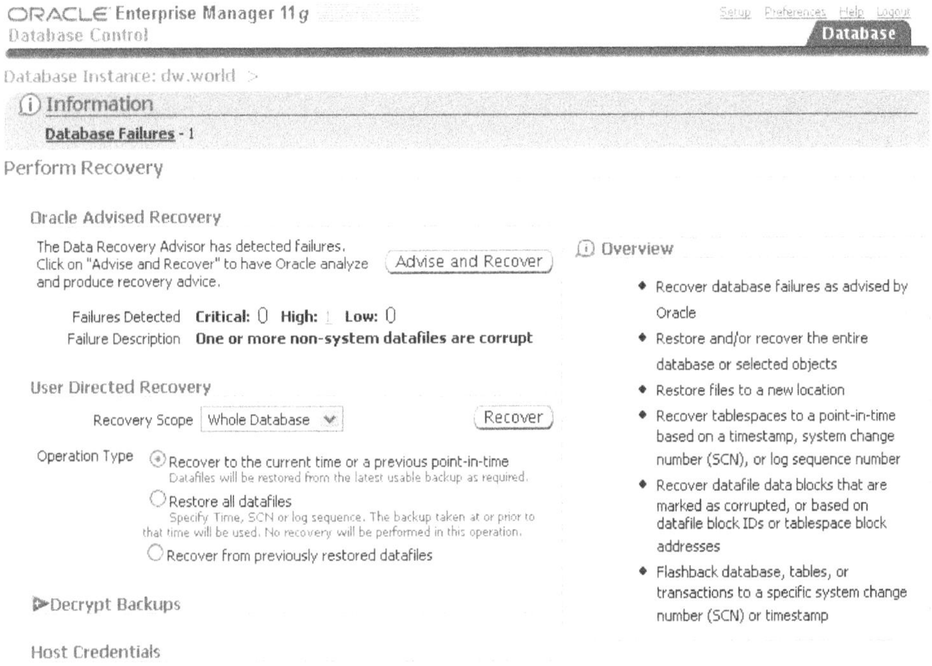

Capítulo 12 Usando o Recovery Manager (RMAN)

Figura 12-18 *Interface do Recovery Advisor do OEM.*

Na sua sessão RMAN, use o comando **advise failure** para ver um curso de ação possível:

```
RMAN> advise failure;

List of Database Failures
=========================

Failure ID Priority Status    Time Detected  Summary
---------- -------- --------- -------------- -------
1022       HIGH     OPEN      05-SEP-07      One or more non-system
                                             datafiles are corrupt
  Impact: See impact for individual child failures
  List of child failures for parent failure ID 1022

  Failure ID Priority Status    Time Detected  Summary
  ---------- -------- --------- -------------- -------
  1025       HIGH     OPEN      05-SEP-07      Datafile 9:
                     '/u02/oradata/xport_dw.dbf' is corrupt
                     Impact: Some objects in tablespace
                     XPORT_DW might be unavailable

analyzing automatic repair options; this may take some time
using channel ORA_DISK_1
analyzing automatic repair options complete
```

```
Mandatory Manual Actions
========================
no manual actions available

Optional Manual Actions
========================
no manual actions available

Automated Repair Options
========================
Option Repair Description
------ ------------------
1      Restore and recover datafile 9
       Strategy: The repair includes complete media recovery with no data loss
       Repair script: /u01/app/oracle/diag/rdbms/dw/dw/hm/reco_3725543542.hm

RMAN>
```

Ao clicar no botão Advise And Recover exibido na Figura 12-19 são obtidas as mesmas informações, como se poderia esperar; a Figura 12-20 mostra o script RMAN que o OEM executará para recuperar a partir da falha de mídia.

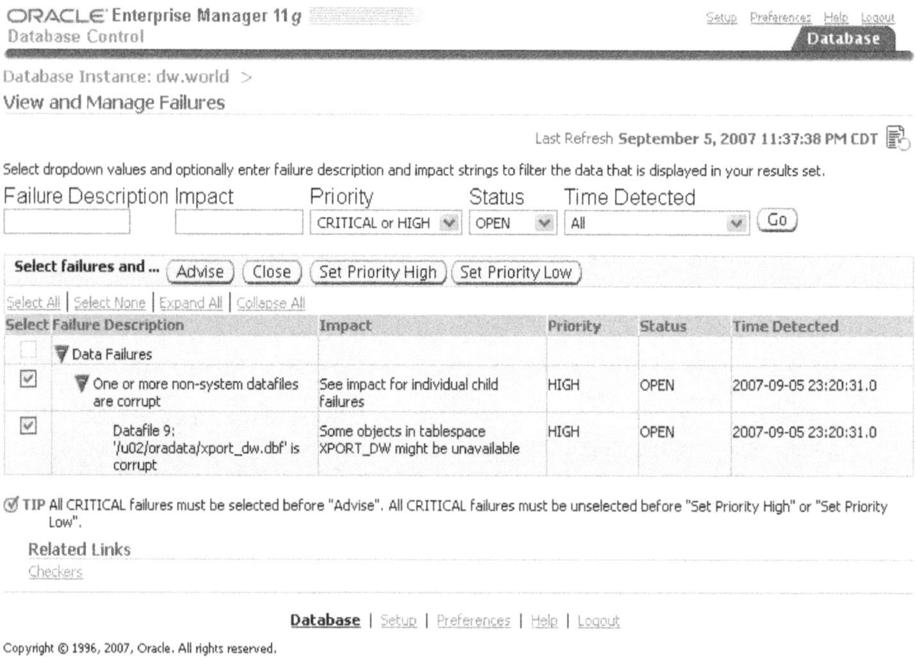

Figura 12-19 *Ações recomendadas do Recovery Advisor do OEM.*

CAPÍTULO 12   USANDO O RECOVERY MANAGER (RMAN)   **493**

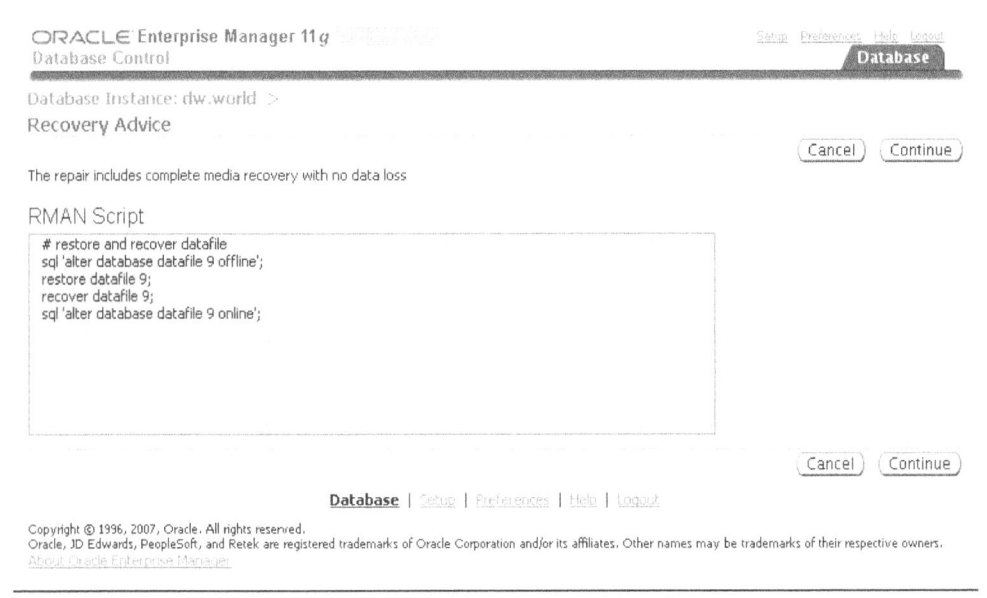

```
ORACLE Enterprise Manager 11g                          Setup  Preferences  Help  Logout
Database Control                                                         Database

Database Instance: dw.world >
Recovery Advice
                                                              Cancel    Continue
The repair includes complete media recovery with no data loss

RMAN Script
  # restore and recover datafile
  sql 'alter database datafile 9 offline';
  restore datafile 9;
  recover datafile 9;
  sql 'alter database datafile 9 online';



                                                              Cancel    Continue
                  Database | Setup | Preferences | Help | Logout
Copyright © 1996, 2007, Oracle. All rights reserved.
Oracle, JD Edwards, PeopleSoft, and Retek are registered trademarks of Oracle Corporation and/or its affiliates. Other names may be trademarks of their respective owners.
About Oracle Enterprise Manager
```

Figura 12-20   *Resumo do comando RMAN do Recovery Advisor do OEM.*

De qualquer forma, você executa uma recuperação de tablespace simples e direta no RMAN usando as recomendações do /u01/app/oracle/diag/rdbms/dw/dw/hm/reco_3725543542.hm, que, não por acaso, são as mesmas recomendações vistas na Figura 12-20:

```
RMAN> sql 'alter database datafile 9 offline';

sql statement: alter database datafile 9 offline

RMAN> restore datafile 9;

Starting restore at 05-SEP-07
using channel ORA_DISK_1

channel ORA_DISK_1: starting datafile backup set restore
channel ORA_DISK_1: specifying datafile(s) to restore from backup set
channel ORA_DISK_1: restoring datafile 00009 to /u02/oradata/xport_dw.dbf
channel ORA_DISK_1: reading from backup piece
+RECOV/dw/backupset/2007_09_05/nnndf0_tag20070905t230653_0.304.632531225
channel ORA_DISK_1: piece
handle=+RECOV/dw/backupset/2007_09_05/
nnndf0_tag20070905t230653_0.304.632531225 tag=TAG20070905T230653
channel ORA_DISK_1: restored backup piece 1
channel ORA_DISK_1: restore complete, elapsed time: 00:00:03
Finished restore at 05-SEP-07
RMAN> recover datafile 9;
```

```
Starting recover at 05-SEP-07
using channel ORA_DISK_1

starting media recovery
media recovery complete, elapsed time: 00:00:02

Finished recover at 05-SEP-07

RMAN> sql 'alter database datafile 9 online';

sql statement: alter database datafile 9 online

RMAN>
```

OPERAÇÕES DIVERSAS

Nas próximas seções, abordaremos alguns dos outros recursos do RMAN, além das operações de backup, restauração e recuperação. Mostraremos como registrar a existência de outros backups executados fora do banco de dados e executar manutenção no catálogo. Nós também daremos alguns outros exemplos dos comandos **list** e **report**.

Catalogando outros backups

Oportunamente, queremos que o catálogo de recuperação inclua backups feitos fora do RMAN, como cópias-imagem feitas com comandos do sistema operacional ou com o comando **asmcmd**, como neste exemplo:

```
ASMCMD> pwd
+DATA/dw/datafile
ASMCMD> ls
EXAMPLE.265.630244801
INET_INTL_STAR.269.632009933
INET_STAR.268.632004213
SYSAUX.257.630244581
SYSTEM.256.630244579
UNDOTBS1.258.630244583
USERS.259.632441707
USERS_CRYPT.267.630456963
ASMCMD> cp USERS.259.632441707 /u02/oradata/USERS.259.632441707
source +DATA/dw/datafile/USERS.259.632441707
target /u02/oradata/USERS.259.632441707
copying file(s)...
file, /u02/oradata/USERS.259.632441707, copy committed.
ASMCMD>
```

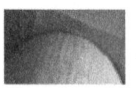

CUIDADO
As cópias-imagem criadas com os comandos do sistema operacional devem ser executadas enquanto o banco de dados está desligado ou usando os comandos **alter tablespace... begin/end backup**.

É fácil registrar no RMAN essa cópia de imagem do tablespace USERS usando o comando **catalog**:

```
RMAN> catalog datafilecopy '/u02/oradata/USERS.259.632441707';
starting full resync of recovery catalog
full resync complete
cataloged datafile copy
datafile copy file name=/u02/oradata/
    USERS.259.632441707 RECID=11 STAMP=632447886
RMAN>
```

Agora que a cópia de imagem está registrada no repositório RMAN, ela pode ser considerada para uso nas operações de restauração e recuperação do tablespace USERS.

Manutenção de catálogo

Anteriormente neste capítulo, nós discutimos o uso do comando **backup validate** para garantir que todos os arquivos que poderiam ser usados em uma operação de backup estivessem disponíveis, legíveis e não corrompidos. Neste exemplo, descobrimos que tínhamos um desacordo entre o que o catálogo reportava e os redo logs arquivados localizados no disco; alguns redo logs arquivados antigos foram inadvertidamente removidos do disco durante uma operação de limpeza. Neste seção, examinaremos algumas operações de manutenção que precisaríamos executar para colocar o catálogo em sincronia com o que existe realmente no disco.

```
RMAN> backup validate database archivelog all;
Starting backup at 05-SEP-07
allocated channel: ORA_DISK_1
channel ORA_DISK_1: SID=121 device type=DISK
archived log +RECOV/dw/archivelog/2007_08_27/
thread_1_seq_95.284.631750213 not found or out of sync with catalog
trying alternate file for archived log of thread 1 with sequence 95
...
```

Nossa primeira tentativa de corrigir o problema foi remover todos os arquivos obsoletos situados fora da nossa janela de recuperação de quatro dias, mantendo um dia adicional de logs, visto que temos muito espaço na área de recuperação flash.

```
RMAN> delete obsolete recovery window of 5 days;

using channel ORA_DISK_1
Deleting the following obsolete backups and copies:
Type                 Key    Completion Time    Filename/Handle
-------------------- ------ ------------------ --------------------
Archive Log          131    25-AUG-07
    /u01/app/oracle/product/11.1.0/db_1/dbs/arch1_83_630244724.dbf
Archive Log          133    25-AUG-07
    /u01/app/oracle/product/11.1.0/db_1/dbs/arch1_84_630244724.dbf
Archive Log          134    25-AUG-07
    +RECOV/dw/archivelog/2007_08_25/thread_1_seq_84.273.631578703
Archive Log          135    26-AUG-07
    /u01/app/oracle/product/11.1.0/db_1/dbs/arch1_85_630244724.dbf
...
Archive Log          976    05-SEP-07
/u01/app/oracle/product/11.1.0/db_1/dbs/arch1_81_630244724.dbf
```

```
Archive Log          977     05-SEP-07
/u01/app/oracle/product/11.1.0/db_1/dbs/arch1_82_630244724.dbf
Do you really want to delete the above objects (enter YES or NO)? yes
deleted archived log
archived log file
name=/u01/app/oracle/product/11.1.0/db_1/dbs/arch1_83_630244724.dbf
RECID=13 STAMP=631566057
deleted archived log
archived log file
name=/u01/app/oracle/product/11.1.0/db_1/dbs/arch1_84_630244724.dbf
RECID=15
STAMP=631578707
deleted archived log
. . .
Deleted 79 objects
RMAN-06207: WARNING: 1 objects could not be deleted for DISK channel(s) due
RMAN-06208:            to mismatched status. Use CROSSCHECK command to fix
 status
RMAN-06210: List of Mismatched objects
RMAN-06211: ==========================
RMAN-06212:    Object Type Filename/Handle
RMAN-06213: --------------- -----------------------------------------
RMAN-06214: Archivelog
+RECOV/dw/archivelog/2007_08_27/thread_1_seq_95.284.631750213
RMAN>
```

Embora tenhamos removido muitos arquivos obsoletos da área de recuperação flash, o catálogo e o conteúdo do disco ainda não estavam em sincronia; o RMAN sugere que usemos o comando **crosscheck** para remediar o problema:

```
RMAN> crosscheck archivelog all;

released channel: ORA_DISK_1
allocated channel: ORA_DISK_1
channel ORA_DISK_1: SID=121 device type=DISK
validation failed for archived log
archived log file
name=+RECOV/dw/archivelog/2007_08_27
    /thread_1_seq_95.284.631750213 RECID=38 STAMP=631750217
validation succeeded for archived log
archived log file
name=/u01/app/oracle/product/11.1.0/db_1/dbs/arch1_114_630244724.dbf
RECID=75 STAMP=632020373
...
archived log file name=/u01/app/oracle/product/11.1.0/db_1/dbs/
arch1_147_630244724.dbf
RECID=141 STAMP=632444769
validation succeeded for archived log
archived log file
name=+RECOV/dw/archivelog/2007_09_04/thread_1_seq_147.353.632444769
RECID=142 STAMP=632444769
Crosschecked 69 objects
RMAN>
```

Os redo logs arquivados ausentes agora estão marcados como EXPIRED no catálogo e não serão considerados durante a validação de backups ou na execução de operações de restauração ou recuperação. Todos os arquivos de dados que o RMAN poderá considerar para uma operação de backup, incluindo os redo logs arquivados, estão disponíveis e legíveis.

REPORT e LIST

Em todo este capítulo, vimos vários exemplos de como extrair informações do catálogo de recuperação, caso ele resida no arquivo de controle do banco de dados de destino ou em um repositório de banco de dados de catálogo. Nós usamos os comandos **list** e **report**. A principal diferença entre esses comandos está na sua complexidade: o comando **list** exibe informações sobre conjuntos de backup e cópias-imagem no repositório assim como o conteúdo de scripts armazenados no catálogo de repositório:

```
RMAN> list backup summary;

List of Backups
===============
Key     TY LV S Device Type Completion Time #Pieces #Copies Compressed Tag
------- -- -- - ----------- --------------- ------- ------- ---------- ---
487     B  0  A DISK        30-AUG-07       1       1       YES
                                                            TAG20070830T222903
509     B  F  A DISK        30-AUG-07       1       1       NO
                                                            TAG20070830T223054
624     B  F  A DISK        03-SEP-07       1       1       NO
                                                            TAG20070903T133622
661     B  F  A DISK        03-SEP-07       1       1       YES
                                                            TAG20070903T224442
677     B  F  A DISK        03-SEP-07       1       1       NO
                                                            TAG20070903T224753
744     B  F  A DISK        04-SEP-07       1       1       YES
                                                            TAG20070904T215119
768     B  F  A DISK        04-SEP-07       1       1       NO
                                                            TAG20070904T215311
889     B  F  A DISK        04-SEP-07       1       1       YES
                                                            TAG20070904T230656
915     B  F  A DISK        04-SEP-07       1       1       NO
                                                            TAG20070904T230932

RMAN>
```

Por outro lado, o comando **report** executa uma análise mais detalhada das informações no catálogo de recuperação; como em um dos nossos exemplos anteriores, usamos **report** para identificar quais os arquivos de banco de dados necessários para satisfazer à nossa política de retenção. No exemplo a seguir, descobrimos como os arquivos se apresentavam em 30/8/07 e, em seguida, consultamos o status atual desses arquivos de dados:

```
RMAN> report schema at time='30-aug-07';

Report of database schema for database with db_unique_name DW

List of Permanent Datafiles
===========================
File Size(MB) Tablespace           RB segs Datafile Name
---- -------- -------------------- ------- ------------------------
1    750      SYSTEM               YES
                                   +DATA/dw/datafile/system.256.630244579
```

```
2       829       SYSAUX                    NO
                           +DATA/dw/datafile/sysaux.257.630244581
3       60        UNDOTBS1                  YES
                           +DATA/dw/datafile/undotbs1.258.630244583
4       5         USERS                     NO
                           +DATA/dw/datafile/users.259.632441707
5       100       EXAMPLE                   NO
                           +DATA/dw/datafile/example.265.630244801
6       500       USERS_CRYPT               NO
                           +DATA/dw/datafile/users_crypt.267.630456963

List of Temporary Files
=======================
File Size(MB) Tablespace            Maxsize(MB) Tempfile Name
---- -------- --------------------- ----------- --------------------
1       60        TEMP                         32767
                           +DATA/dw/tempfile/temp.264.630244787

RMAN> report schema;
Report of database schema for database with db_unique_name DW

List of Permanent Datafiles
===========================
File Size(MB) Tablespace              RB segs Datafile Name
---- -------- ---------------------   ------- -----------------------
1       750       SYSTEM                    YES
                           +DATA/dw/datafile/system.256.630244579
2       829       SYSAUX                    NO
                           +DATA/dw/datafile/sysaux.257.630244581
3       60        UNDOTBS1                  YES
                           +DATA/dw/datafile/undotbs1.258.630244583
4       5         USERS                     NO
                           +DATA/dw/datafile/users.259.632441707
5       100       EXAMPLE                   NO
                           +DATA/dw/datafile/example.265.630244801
6       500       USERS_CRYPT               NO
                           +DATA/dw/datafile/users_crypt.267.630456963
7       100       INET_STAR                 NO
                           +DATA/dw/datafile/inet_star.268.632004213
8       50        INET_INTL_STAR            NO
                           +DATA/dw/datafile/inet_intl_star.269.632009933
List of Temporary Files
=======================
File Size(MB) Tablespace            Maxsize(MB) Tempfile Name
---- -------- --------------------- ----------- --------------------
1       60        TEMP                         32767
                           +DATA/dw/tempfile/temp.264.630244787
RMAN>
```

Em algum ponto entre 30/8/07 e hoje, criamos os tablespaces INET_STAR e INET_ INTL_STAR.

CAPÍTULO 13

Oracle Data Guard

O Oracle Data Guard fornece uma solução para alta disponibilidade, melhor desempenho e failover automático. O Oracle Data Guard pode ser usado para criar e manter vários bancos de dados standby para um banco de dados primário. Os bancos de dados standby podem ser iniciados no modo somente leitura para dar suporte à geração de relatórios de usuários e, em seguida, retornados ao modo standby. As alterações feitas ao banco de dados primário podem ser automaticamente transmitidas dele para os bancos de dados standby com a garantia de que nenhum dado será perdido no processo. Os servidores do banco de dados standby podem estar fisicamente separados do servidor primário.

Neste capítulo, você verá como administrar um ambiente Oracle Data Guard, junto com exemplos de arquivos de configuração para um ambiente Data Guard.

ARQUITETURA DO DATA GUARD

Em uma implementação Data Guard, um banco de dados em execução no modo ARCHIVELOG é designado como o primário para uma aplicação. Um ou mais bancos de dados standby, acessíveis via Oracle Net, fornecem recursos de failover. O Data Guard transmite automaticamente informações de redo para os bancos de dados standby onde elas são aplicadas. Como resultado, o banco de dados standby estará consistente em relação às transações do banco de dados primário.

Dependendo de como o processo de aplicação de redo é configurado, os bancos de dados standby podem estar sincronizados com o banco de dados primário ou estar atrasados em relação a ele. A Figura 13-1 mostra uma implementação Data Guard padrão.

Os dados do redo log são transferidos para os bancos de dados Standby via Log Transport Services, conforme definido por meio das configurações dos parâmetros de inicialização. O Log Apply Services aplica as informações de redo aos bancos de dados standby. Um terceiro conjunto de serviços, Role Management Services, simplifica o processo de fazer o banco de dados Standby desempenhar a função de banco de dados primário.

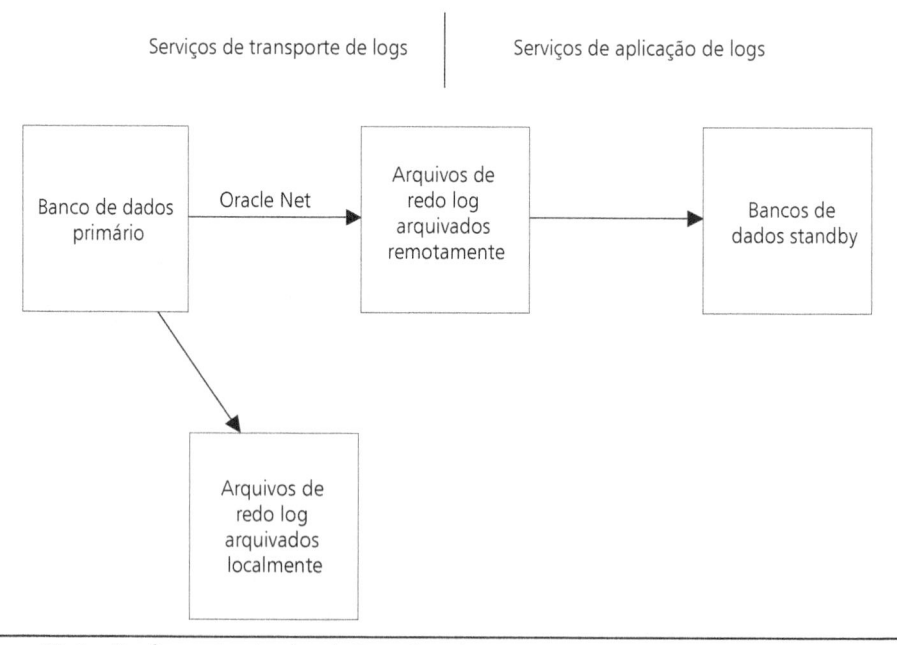

Figura 13-1 *Configuração simples do Data Guard.*

> **NOTA**
> O banco de dados primário pode ser uma implementação de única instância ou um Real Application Clusters de várias instâncias.

Bancos de dados standby físicos versus lógicos

Dois tipos de bancos de dados standby são suportados: standbys físicos e standbys lógicos. Um banco de dados *standby físico* tem as mesmas estruturas de um banco de dados primário. Um banco de dados *standby lógico* pode ter diferentes estruturas internas (como índices adicionais usados para geração de relatórios). Um banco de dados standby lógico sincronizado com o primário transformando os dados de redo em instruções SQL que são executadas no banco de dados standby.

Os bancos de dados standby físicos e lógicos atendem a diferentes finalidades. Um banco de dados standby físico é uma cópia bloco por bloco do banco de dados primário, portanto ele pode ser usado para backups de banco de dados no lugar dele. Durante uma recuperação de desastre, o standby físico se parece exatamente com o banco de dados primário que ele substitui.

Como um banco de dados standby lógico suporta estruturas de banco de dados adicionais, ele pode mais facilmente ser usado para suportar requisitos de geração de relatórios específicos que, do contrário, sobrecarregariam o banco de dados primário. Além disso, o processo de rolling upgrade dos bancos de dados primário e standby podem ser executados com um mínimo de tempo de inatividade quando os bancos de dados standby lógicos são usados. O tipo de standby a ser usado depende das suas necessidades; muitos ambientes começam usando bancos de dados standby físicos para recuperação de desastre e, em seguida, acrescentam os lógicos adicionais para dar suporte aos requisitos de geração de relatórios e de negócios específicos.

> **NOTA**
> O sistema operacional e a arquitetura de plataforma nos bancos principals e standby não precisam ser idênticos no Oracle Database 11g. As estruturas de diretório para bancos de dados principais e standby podem diferir, mas você deve minimizar as diferenças para simplificar os processos de administração e failover. Se o standby estiver localizado no mesmo servidor do primário, use uma estrutura de diretórios diferente para os dois bancos de dados e eles não podem compartilhar o mesmo diretório de arquivos de log. Além disso, o Oracle Data Guard só está disponível no Oracle Enterprise Edition.

Modos de proteção de dados

Ao configurar os bancos de dados primário e standby, é necessário determinar o nível de perda de dados que seja aceitável para a empresa. No banco de dados primário, você definirá suas áreas de destino de log de arquivamento e ao menos uma delas fará referência ao site remoto pelo banco de dados standby. Os atributos ASYNC, SYNC, ARCH, LGWR, NOAFFIRM e AFFIRM da configuração de parâmetro LOG_ARCHIVE_DEST_*n* (consulte a Tabela 13-1, mais adiante neste capítulo) para o banco de dados standby direcionarão o Oracle Data Guard para selecionar entre vários modos de operação:

- no modo **maximum protection** (ou "sem perda de dados"), ao menos um local standby deve ser gravado antes que uma transação sofra commit no banco de dados primário, ele efetua shutdown caso o local de log do banco de dados standby esteja indisponível.

- No modo **maximum availability**, ao menos um local standby deve ser gravado antes que uma transação sofra commit no banco de dados primário. Se o primeiro não estiver disponível, o banco de dados primário não efetua shutdown. Quando a falha é corrigida, o redo que foi gerado a partir dela é transportado e aplicado aos bancos de dados standby.

- No modo **maximum performance** (o padrão), as transações podem sofrer commit antes das suas informações de redo serem enviadas aos locais standby. Os commits no banco de dados primário ocorrem assim que as gravações para os redo logs online locais são concluídas. As gravações para os locais standby são manipuladas pelo processo ARCH por padrão.

Uma vez que tenha decidido o tipo de standby e o modo de proteção de dados para sua configuração, você poderá criar seu banco de dados standby.

ATRIBUTOS DO PARÂMETRO LOG_ARCHIVE_DEST_n

Conforme ilustrado nas seções a seguir, as configurações do Oracle Data Guard contam com vários atributos dentro do parâmetro LOG_ARCHIVE_DEST_n. A Tabela 13-1 resume os atributos disponíveis para este parâmetro. Em quase todos os casos os atributos formam pares; em alguns casos o segundo membro do par serve simplesmente para anular a configuração.

Tabela 13-1 *Atributos de parâmetro LOG_ARCHIVE_DEST_n*

Atributo	Descrição
AFFIRM e NOAFFIRM	AFFIRM garante que todas as E/Ss de disco para os arquivos de redo log arquivados ou arquivos de redo log standby no servidor standby sejam executadas de forma sincronizada e concluídas com êxito antes que o processo log writer (LGWR) possa continuar. Por isso, o LGWR espera antes de gravar os arquivos de redo log online locais no banco de dados primário. AFFIRM é necessário para que não haja nenhuma perda de dados. NOAFFIRM indica que todas as E/Ss para arquivos de redo log arquivados e arquivos de redo log standby devem ser executados de forma assíncrona; os arquivos de redo log online no banco de dados primário podem ser reutilizados antes que a E/S do disco no servidor standby seja concluída.
ALTERNATE e NOALTERNATE	ALTERNATE especifica um destino LOG_ARCHIVE_DEST_n alternativo para ser usado quando o destino de arquivamento original falhar.
ARCH e LGWR	ARCH, o padrão, especifica que esse processo é responsável pela transmissão dos dados de redo para os destinos de arquivamento. LGWR especifica que o processo LGWR execute operações de transporte de log.
DB_UNIQUE_NAME e NODB_UNIQUE_NAME	DB_UNIQUE_NAME especifica o nome de banco de dados único para o destino.
DELAY e NODELAY	DELAY especifica um retardo de tempo entre o arquivamento dos dados de redo no site standby e a aplicação do arquivo de redo log armazenado ao banco de dados standby. DELAY pode ser usado para proteger o banco de dados standby de dados principais corrompidos e errados. Se nem DELAY nem NODELAY for especificado, NODELAY é o padrão.
DEPENDENCY e NODEPENDENCY	DEPENDENCY permite que você transmita dados de redo para um destino que, então, compartilha seus arquivos de redo log arquivados entre vários bancos de dados standby. Use os atributos REGISTER e SERVICE ao configurar DEPENDENCY.
LOCATION e SERVICE	Cada destino *deve* especificar o atributo LOCATION ou SERVICE para identificar um diretório de disco local (via LOCATION) ou um destino de banco de dados remoto onde Log Transport Services possa transmitir os dados de redo (via SERVICE).
MANDATORY e OPTIONAL	Se um destino for OPTIONAL, o arquivamento neste destino poderá falhar, porém o arquivo de redo log online ficará disponível para ser reutilizado e poderá eventualmente ser sobrescrito. Se a operação de arquivamento de um destino MANDATORY falhar, os arquivos de redo log online não poderão ser sobrescritos.

(continua...)

Tabela 13-1 *Atributos de parâmetro LOG_ARCHIVE_DEST_n (continuação)*

Atributo	Descrição
MAX_FAILURE e NOMAX_FAILURE	MAX_FAILURE especifica o número máximo de tentativas de reabertura antes do banco de dados primário desistir permanentemente do banco de dados standby.
NET_TIMEOUT e NONET_TIMEOUT	NET_TIMEOUT especifica o número de segundos que o processo log writer no sistema primário esperará pelo status do processo do servidor de rede antes de terminar a conexão. O valor padrão é de 180 segundos.
QUOTA_SIZE e NOQUOTA_SIZE	QUOTA_SIZE indica o número máximo de blocos de 512 bytes de armazenamento físico em um dispositivo de disco que pode ser usado por um destino local.
QUOTA_USED e NOQUOTA_USED	QUOTA_USED identifica o número de blocos de 512 bytes de dados que foram arquivados em um destino específico.
REGISTER e NOREGISTER	REGISTER indica que o local do arquivo de redo log arquivado deve ser registrado no destino correspondente.
REOPEN e NOREOPEN	REOPEN especifica o número mínimo de segundos (o padrão é 300 segundos) antes que os processos arquivadores (ARCn) ou o processo log writer (LGWR) deve tentar acessar novamente um destino que falhou anteriormente.
SYNC e ASYNC	SYNC e ASYNC especificam que as E/Ss de rede devem ser feitas de modo síncrono ou assíncrono ao usar o processo log writer (LGWR). O padrão é SYNC=PARALLEL, que deve ser usado quando há vários destinos com o atributo SYNC. Todos os destinos devem usar o mesmo valor.
TEMPLATE e NOTEMPLATE	TEMPLATE define uma especificação de diretório e template de formato para nomes de arquivos de redo log arquivados ou arquivo de redo log standby nesse destino. Você pode especificar esses atributos no arquivo de parâmetro de inicialização primário ou standby, mas o atributo se aplica apenas à atribuição de banco de dados que está arquivando.
VALID_FOR	VALID_FOR identifica quando o Log Transport Services pode transmitir dados de redo para destinos baseados nos seguintes fatores: (1) se o banco de dados está atualmente em execução na atribuição primária ou standby, e (2) se os arquivos de redo log online, os arquivos de redo log standby ou ambos estão atualmente sendo arquivados no banco de dados nesse destino. O valor padrão para este atributo é VALID_FOR=(ALL_LOGFILES, ALL_ROLES). Outros valores incluem PRIMARY_ROLE, STANDBY_ROLE, ONLINE_LOGFILES e STANDBY_LOGFILE.
VERIFY e NOVERIFY	VERIFY indica que um processo arquivador deve verificar a exatidão do conteúdo de um arquivo de redo log arquivado concluído. O padrão é NOVERIFY.

CRIANDO A CONFIGURAÇÃO DO BANCO DE DADOS STANDBY

É possível usar o SQL*Plus, o Oracle Enterprise Manager (OEM) ou as ferramentas específicas do Data Guard para configurar e administrar as configurações do Data Guard. Os parâmetros dependerão da configuração que for escolhida.

Se os bancos de dados primário e standby estiverem no mesmo servidor, será necessário configurar um valor para o parâmetro DB_UNIQUE_NAME. Como as estruturas de diretório para os dois bancos de dados serão diferentes, renomeie manualmente os arquivos ou defina os valores para os parâmetros DB_FILE_NAME_CONVERT e LOG_FILE_NAME_CONVERT no banco de dados standby. Configure nomes de serviços únicos para os bancos de dados primário e standby por meio do parâmetro de inicialização SERVICE_NAMES.

Se os bancos de dados primário e standby estiverem em servidores separados, é possível usar as mesmas estruturas de diretório para cada um deles, evitando a necessidade de parâmetros de conversão de nome de arquivo. Se for usada uma estrutura de diretório diferente para os arquivos de banco de dados, será preciso definir os valores para os parâmetros DB_FILE_NAME_CONVERT e LOG_FILE_NAME_CONVERT no banco de dados standby.

Nos bancos de dados standby físicos, todos os redos são provenientes do banco de dados primário. Quando os bancos de dados standby físicos estão abertos no modo somente leitura, nenhum redo é gerado. O Oracle Data Guard, entretanto, usa os arquivos de redo log arquivados para dar suporte à replicação de dados e comandos SQL usados para atualizar os bancos de dados standby.

> **NOTA**
> Para cada banco de dados standby, você deve criar um arquivo de redo log standby para armazenar os dados de redo recebidos do banco de dados primário.

Preparando o banco de dados primário

No banco de dados primário, certifique-se de ter configurados os valores para os seguintes parâmetros que influenciam a transferência dos dados de redo log. Os cinco primeiros parâmetros, listados em seguida, são padrão para a maioria dos bancos de dados; configure REMOTE_LOGIN_PASSWORDFILE como EXCLUSIVE para dar suporte ao acesso remoto dos usuários com privilégio SYSDBA.

DB_NAME	O nome do banco de dados. Use o mesmo nome para todos os bancos de dados standby e o banco de dados primário.
DB_UNIQUE_NAME	O nome único para o banco de dados. Este valor deve ser diferente para cada banco de dados standby e deve ser diferente do banco de dados primário.
SERVICE_NAMES	Nomes de serviços para os bancos de dados; configure nomes de serviços separados para os bancos de dados primário e standby.
CONTROL_FILES	O local dos arquivos de controle.
REMOTE_LOGIN_ PASSWORDFILE	Configure como EXCLUSIVE ou SHARED. Defina a mesma senha para SYS tanto no banco de dados primário quanto no standby.

Os parâmetros LOG_ARCHIVE listados em seguida, configuram o modo como o Log Transport Services trabalha.

LOG_ARCHIVE_CONFIG	Dentro do parâmetro DB_CONFIG, lista os bancos de dados primário e standby.
LOG_ARCHIVE_DEST_1	O local dos arquivos de redo log arquivados do banco de dados primário.
LOG_ARCHIVE_DEST_2	O local remoto usado para os arquivos de redo log standby.
LOG_ARCHIVE_DEST_STATE_1	Configure como ENABLE.
LOG_ARCHIVE_DEST_STATE_2	Configure como ENABLE para ativar o transporte de log.
LOG_ARCHIVE_FORMAT	Especifica o formato do nome do arquivo de log de arquivamento.

Para este exemplo, assuma que o banco de dados primário tem um valor para DB_UNIQUE_NAME igual a 'headqtr' e o banco de dados standby físico tem um valor para DB_UNIQUE_NAME igual a 'salesofc'. Os valores para SERVICE_NAMES podem ser iguais aos valores usados para DB_UNIQUE_NAME, mas isso não é obrigatório. Na verdade, o valor de SERVICE_NAMES pode ser exclusivo para um único nó em uma instância RAC.

A configuração do parâmetro LOG_ARCHIVE_CONFIG pode ser parecida com esta:

```
LOG_ARCHIVE_CONFIG='DG_CONFIG=(headqtr,salesofc)'
```

Existem duas entradas para LOG_ARCHIVE_DEST_n – uma para a cópia local dos arquivos de redo log arquivados e uma segunda para a cópia remota que será enviada para o banco de dados standby físico:

```
LOG_ARCHIVE_DEST_1=
  'LOCATION=/arch/headqtr/
   VALID_FOR=(ALL_LOGFILES,ALL_ROLES)
   DB_UNIQUE_NAME=headqtr'
LOG_ARCHIVE_DEST_2=
  'SERVICE=salesofc
   VALID_FOR=(ONLINE_LOGFILES,PRIMARY_ROLE)
   DB_UNIQUE_NAME=salesofc'
```

O parâmetro LOG_ARCHIVE_DEST_1 especifica o local dos arquivos de redo log arquivados para o banco de dados primário (conforme especificado por meio do parâmetro DB_UNIQUE_NAME). O parâmetro LOG_ARCHIVE_ EST_2 fornece o nome de serviço do banco de dados standby físico como seu local. Para cada um desses destinos, o parâmetro LOG_ARCHIVE_DEST_STATE_n correspondente deve ter um valor igual a 'ENABLE'.

Os parâmetros relativos à atribuição standby incluem os parâmetros FAL (Fetch Archive Log) usados antes do Oracle Database 10g para resolver lacunas no intervalo de logs de arquivamento copiados para os bancos de dados standby:

> **DICA**
> *Os parâmetros FAL_SERVER e FAL_CLIENT devem ambos ser definidos em cada nó para que estejam prontos para retornar às suas atribuições originais após uma alternância de atribuição.*

FAL_SERVER	Especifica o nome de serviço do servidor FAL (em geral, o banco de dados primário).
FAL_CLIENT	Especifica o nome de serviço do cliente FAL (o banco de dados standby que recupera os logs).
DB_FILE_NAME_CONVERT	Se os bancos de dados primário e standby usam estruturas de diretório diferentes, especifica o caminho e o nome de arquivo dos arquivos de dados do banco de dados primário, seguido pelo local do banco de dados standby.
LOG_FILE_NAME_CONVERT	Se os bancos de dados primário e standby usarem estruturas de diretório diferentes, especifica o caminho e o nome de arquivo dos arquivos de log do banco de dados primário, seguido pelo local do banco de dados standby.
STANDBY_FILE_MANAGEMENT	Configure como AUTO.

As configurações de exemplo para estes parâmetros são mostradas na listagem a seguir:

```
FAL_SERVER=headqtr
FAL_CLIENT=salesofc
LOG_FILE_NAME_CONVERT=
'/arch/headqtr/','/arch/salesofc/','/arch1/headqtr/','/arch1/salesofc/'
STANDBY_FILE_MANAGEMENT=AUTO
```

Se o banco de dados primário ainda não estiver no modo ARCHIVELOG, ative o arquivamento emitindo o comando **alter database archivelog** enquanto o banco estiver montado mas não aberto. Além disso, ative FORCE LOGGING no banco primário para garantir que todas as gravações diretas não registradas em log serão propagadas ao banco de dados standby, utilizando o comando **alter database force logging**.

Uma vez que os parâmetros relativos a log tenham sido configurados, é possível iniciar o processo de criação do banco de dados standby.

Etapa 1: Fazer backup dos arquivos de dados do banco de dados primário
Em primeiro lugar, execute um backup físico do banco de dados primário. O Oracle recomenda o uso do utilitário RMAN para fazer backup do database; é possível usar o comando **duplicate** dentro do RMAN para automatizar o processo de criação do banco de dados standby.

Etapa 2: Criar um arquivo de controle para o banco de dados Standby
No banco de dados primário, emita o comando a seguir para gerar um arquivo de controle que será usado para o banco de dados standby:

```
alter database create standby controlfile as '/tmp/salesofc.ctl';
```

Observe que você especifica o diretório e o nome de arquivo onde deseja que o arquivo de controle seja criado.

Além disso, não use o mesmo diretório e nome de arquivo de controle que você usou para o banco de dados primário.

Etapa 3: Crie um arquivo de inicialização para o banco de dados standby
No banco de dados primário, crie um arquivo de parâmetros a partir do arquivo de parâmetros do servidor:

```
create pfile='/tmp/initsalesofc.ora' from spfile;
```

Edite este arquivo de inicialização para configurar os valores apropriados para o banco de dados standby. Configure os valores do banco de dados standby para DB_UNIQUE_NAME, SERVICE_NAMES, CONTROL_FILES, DB_FILE_ NAME_CONVERT, LOG_FILE_NAME_CONVERT, LOG_ARCHIVE_DEST_n, INSTANCE_NAME, FAL_SERVER e FAL_CLIENT. As conversões de nome de arquivo devem ser iguais às do banco de dados primário – você deseja converter os nomes de arquivo do banco de dados primário para o formato do banco de dados standby quando as informações de redo forem aplicadas:

```
LOG_ARCHIVE_DEST_1=
   'LOCATION=/arch/salesofc/
   VALID_FOR=(ALL_LOGFILES,ALL_ROLES)
   DB_UNIQUE_NAME=salesofc'
LOG_ARCHIVE_DEST_2=
   'SERVICE=headqtr
   VALID_FOR=(ONLINE_LOGFILES,PRIMARY_ROLE)
```

No ambiente standby, o parâmetro LOG_ARCHIVE_DEST_1 aponta para seu destino de log de arquivamento local e LOG_ARCHIVE_DEST_2 aponta para o nome de serviço do banco de dados primário. Se as atribuições dos dois bancos de dados forem alternadas, o primário original será capaz de funcionar como o standby. Enquanto o banco de dados standby estiver executando no modo standby, o valor de LOG_ARCHIVE_ DEST_2 será ignorado.

> **NOTA**
> Configure o parâmetro COMPATIBLE com o mesmo valor tanto para banco de dados primário quanto para o standby. Para tirar vantagem dos novos recursos no Oracle 11g, configure o valor COMPATIBLE como 11.0.0 ou superior. Depois que o parâmetro COMPATIBLE for configurado como 11.0.0, não será possível redefini-lo com um valor mais baixo.

Etapa 4: Copie os arquivos de banco de dados para o local do banco de dados standby

Copie os arquivos de dados da Etapa 1, o arquivo de controle da Etapa 2 e o arquivo de inicialização standby da Etapa 3 para o local do banco de dados standby. Coloque os arquivos nos diretórios apropriados (conforme definido pelos parâmetros CONTROL_FILES, DB_FILE_NAME_CONVERT e LOG_FILE_NAME_CONVERT).

Alternativamente, use um backup RMAN do banco de dados primário para criar os arquivos de banco de dados standby.

Etapa 5: Configure o ambiente do banco de dados standby

Neste ponto, os arquivos estão nos locais corretos. É preciso criar os serviços e variáveis de ambiente apropriados para permitir que uma instância acesse os arquivos. Por exemplo, em um ambiente Windows use o utilitário **oradim** para criar um novo serviço, conforme mostrado neste exemplo:

```
ORADIM -NEW -SID salesofc -INTPWD oracle -STARTMODE manual
```

Em seguida, crie um arquivo de senhas para o banco de dados standby por meio do utilitário ORAPWD (consulte o Capítulo 2 para obter detalhes sobre a criação de um novo arquivo de senhas).

Em seguida, crie os parâmetros e serviços do Oracle Net necessários para acessar o banco de dados standby.

No ambiente standby, crie um serviço listener do Oracle Net para o banco de dados standby. No arquivo sqlnet.ora do servidor standby, configure o parâmetro SQLNET.EXPIRE_TIME como 1 para ativar a detecção de conexão interrompida após um minuto. Consulte o Capítulo 15 para obter mais detalhes sobre as conexões do Oracle Net.

Em seguida, crie uma entrada de nome de serviço para o banco de dados standby no arquivo tnsnames.ora e, em seguida, distribua esta configuração para os servidores do banco de dados primário e standby.

Se o banco de dados primário tem uma wallet de criptografia, copie a wallet para o sistema de banco de dados standby e o configure para usar esta wallet; ela deve ser copiada a partir do banco de dados primário para todos os bancos de dados standby sempre que a chave de criptografia mestre for atualizada.

Por último, crie um arquivo de parâmetros do servidor por meio do comando **create spfile from pfile**, passando o nome e o local do arquivo de parâmetros standby como entrada para este comando.

Etapa 6: Inicie o banco de dados standby

No SQL*Plus, inicie o banco de dados standby no modo **mount**, como mostrado no exemplo a seguir:

```
startup mount;
```

> **NOTA**
> Você pode adicionar novos arquivos temporários aos tablespaces temporários no banco de dados standby. A adição de arquivos temporários dará suporte às operações de classificação necessárias à atividade de geração de relatórios dentro do banco de dados standby.

Embora seja opcional, a Oracle recomenda que você crie um redo log online em cada banco de dados standby para reduzir a quantidade de tempo que será necessário para a transição deste último para a atribuição de banco de dados primário.

Inicie o processo de aplicação de redo no banco de dados standby usando o comando **alter database** a seguir:

```
alter database recover managed standby database
using current logfile disconnect from session;
```

Etapa 7: Verifique a configuração

Para testar a configuração, vá para o banco de dados primário e force a ocorrência de uma alternância de log com o comando **alter system**, conforme mostrado aqui:

```
alter system switch logfile;
```

Os dados de redo log do banco de dados primário devem, então, ser copiados para o local standby. No banco de dados standby, é possível consultar a visão V$ARCHIVED_LOG ou usar o comando **archive log list** para ver quais logs arquivados foram aplicados ao banco de dados. Conforme novos logs forem recebidos do banco de dados primário e aplicados ao standby, novas linhas serão adicionadas à listagem no V$ARCHIVED_LOG.

Criando bancos de dados standby lógicos

Os bancos de dados standby lógicos seguem a maioria das etapas usadas para criar bancos de dados standby físicos. Como eles contam com a reexecução de comandos SQL, os bancos de dados standby lógicos têm constraints maiores sobre suas utilizações. Se alguma das suas tabelas no banco de dados primário usar os tipos de dados a seguir, elas serão ignoradas durante o processo de aplicação de redo:

- BFILE
- ROWID
- UROWID
- User-defined datatype
- Object types
- REFs
- Varying arrays
- Nested tables
- XMLtype

Adicionalmente, as tabelas que usam compressão e os esquemas que são instalados com o software Oracle são ignoradas durante a aplicação de redo. A visão DBA_LOGSTDBY_UNSUPPORTED lista os objetos que não são suportados para os bancos de dados standby lógicos. A visão DBA_LOGSTDBY_ SKIP lista os esquemas que serão ignorados.

Um banco de dados standby lógico não é idêntico ao banco de dados primário. Cada transação que é executada no banco de dados standby lógico deve ser o equivalente lógico da transação que foi executada no banco de dados primário. Portanto, certifique-se de que suas tabelas têm as constraints apropriadas – chaves primárias, constraints únicas, constraints de verificação e chaves estrangeiras – desse modo, as linhas apropriadas podem ser alvo de atualização no banco de dados standby lógico. Você pode consultar a visão DBA_LOGSTDBY_NOT_UNIQUE para listar as tabelas que não possuem chave primária nem constraints únicas no banco de dados primário.

Para criar um banco de dados standby lógico, siga as etapas delineadas no restante desta seção.

Etapa 1: Crie um banco de dados standby físico

Seguindo as etapas da seção anterior deste capítulo, crie um banco de dados standby físico. Após criá-lo e inicializá-lo, pare o Redo Apply no standby físico para evitar a aplicação de alterações além do redo que contém informações adicionais de log:

```
alter database recover managed standby database cancel;
```

Etapa 2: Ative o registro em log adicional

O registro em log adicional no banco de dados primário gera informações adicionais no redo log. Essas informações são, então, usadas durante o processo de aplicação de redo no banco de dados standby para garantir que as linhas corrigidas são afetadas pelo SQL gerado. Para adicionar a chave primária e as informações de índice único aos dados de redo, emita o comando a seguir no banco de dados primário:

```
execute dbms_logstdby.build;
```

Esse procedimento espera que todas as transações sejam concluídas; se houver transações de longa duração no banco de dados primário, esse processo não será concluído até que elas sofram commit ou rollback.

Etapa 3: Transição do standby físico para um standby lógico

Os arquivos de redo log têm as informações necessárias para converter seu banco de dados físico em um banco de dados lógico; execute este comando para continuar a aplicação dos dados de redo log ao banco de dados standby físico até o momento em que você estiver pronto para converter para um standby lógico:

```
alter database recover to logical standby new_db_name;
```

O Oracle armazena automaticamente o nome do seu novo banco de dados standby lógico, **new_db_name**, no SPFILE. Por outro lado, este comando gera uma mensagem lembrando que é necessário alterar o parâmetro DB_NAME no seu arquivo de parâmetros de inicialização após o shutdown do banco de dados. Bancos de dados standby físicos operam no modo somente leitura; bancos de dados standby lógicos são abertos para gravações e geram seus próprios dados de redo. No arquivo de inicialização do banco de dados standby lógico, especifique os destinos para os dados de redo do banco de dados standby lógico (LOG_ARCHIVE_DEST_1) e o redo de entrada do banco de dados primário (neste exemplo, LOG_ARCHIVE_DEST_3 será usado para evitar conflitos com a configuração LOG_ARCHIVE_DEST_2 anterior). Você não quer que um banco de dados standby lógico tenha o destino de LOG_ARCHIVE_DEST_2 ativado e apontando de volta para banco de dados primário.

Faça shutdown e inicialize o banco de dados e altere estes parâmetros:

```
shutdown;
startup mount;
```

Etapa 4: Inicie o banco de dados standby lógico

Abra o banco de dados standby lógico usando seu arquivo de parâmetros de inicialização ou o SPFILE como a seguir:

```
alter database open resetlogs;
```

Como essa é a primeira vez que o banco de dados é aberto após ser convertido para um standby, o seu nome global é ajustado para corresponder ao novo parâmetro de inicialização DB_NAME.

Etapa 5: Inicie o processo de aplicação de redo
No banco de dados standby lógico, você pode agora iniciar o processo de aplicação de redo:

```
alter database start logical standby apply immediate;
```

Para ver os logs que foram recebidos e aplicados ao banco de dados standby lógico, consulte a visão DBA_LOGSTDBY_LOG. É possível consultar a visão V$LOGSTDBY para ver o log de atividades do processo de aplicação de redo do standby lógico. O banco de dados standby lógico agora está disponível para ser usado.

USANDO APLICAÇÃO EM TEMPO REAL
Por padrão, os dados de redo não são aplicados a um banco de dados standby até que o arquivo de redo log standby seja arquivado. Quando o recurso aplicação é usado em tempo real, os dados de redo são aplicados ao banco de dados standby quando forem recebidos, reduzindo o tempo de sincronização entre os bancos de dados e reduzindo potencialmente o tempo necessário para fazer failover para o banco de dados standby.

Para ativar a aplicação em tempo real em um banco de dados standby físico, execute o comando a seguir no banco de dados standby:

```
alter database recover managed standby database
using current logfile;
```

Para um banco de dados standby lógico, o comando a ser usado é

```
alter database start logical standby apply immediate;
```

A coluna Recovery_Mode da visão V$ARCHIVE_DEST_STATUS terá um valor igual a 'MANAGED REAL-TIME APPLY' se a aplicação em tempo real estiver ativada.

Como mostrado anteriormente neste capítulo, a aplicação de redo pode ser ativada em um banco de dados standby físico por meio do comando

```
alter database recover managed standby database disconnect;
```

A palavra-chave **disconnect** permite que o comando execute em segundo plano após você desconectar-se da sua sessão Oracle. Quando você inicia uma sessão em primeiro plano e emite o mesmo comando sem a palavra-chave **disconnect**, o controle não retorna ao prompt de comando até que a recuperação seja cancelada por outra sessão. Para parar a aplicação de redo em um banco de dados standby físico – quer em uma sessão em segundo plano quer em uma sessão de primeiro plano – use o comando a seguir:

```
alter database recover managed standby database cancel;
```

Para um banco de dados standby lógico, o comando que pára o Log Apply Services é

```
alter database stop logical standby apply;
```

GERENCIANDO INTERVALOS NAS SEQÜÊNCIAS DE LOG DE ARQUIVAMENTO
Se um banco de dados standby não tiver recebido um ou mais logs arquivados gerados pelo banco de dados primário, ele não terá um registro completo das transações do mesmo. O Oracle Data Guard detecta automaticamente o intervalo na seqüência de log de arquivamento; ele resolve o problema copiando a seqüência ausente dos arquivos de log para o destino standby. Antes do Ora-

cle 10g, o cliente e servidor FAL (Fetch Archive Log) eram usados para resolver intervalos no banco de dados primário.

Para determinar se há um intervalo no seu banco de dados standby físico, consulte a visão V$ARCHIVE_GAP. Para cada intervalo, essa visão reportará o número de seqüência mais baixo e o mais alto do conjunto de logs que está faltando no banco de dados standby. Se houver alguma razão pela qual o Oracle Data Guard não for capaz de copiar os logs, copie os arquivos manualmente para o ambiente do banco de dados standby físico e os registre usando o comando **alter database register logfile `filename`**; você pode então iniciar o processo de aplicação de redo. Depois que os logs forem aplicados, verifique novamente a visão V$ARCHIVE_ GAP para ver se há outros intervalos a serem resolvidos.

GERENCIANDO ATRIBUIÇÕES – SWITCHOVERS E FAILOVERS

Cada banco de dados participante de uma configuração Data Guard tem uma atribuição – pode ser um banco de dados primário ou um banco de dados standby. Em algum ponto, essas atribuições talvez precisem ser trocadas. Por exemplo, caso ocorra uma falha de hardware no servidor do banco de dados primário, você pode fazer failover para o banco de dados standby. Dependendo das suas opções de configuração, pode haver alguma perda de dados durante um failover.

Um segundo tipo de alteração de atribuição é denominada *switchover*. Isso ocorre quando o banco de dados primário alterna as atribuições com um banco de dados standby e ele se torna o novo banco de dados primário.

Durante um switchover, não deve ocorrer perda de dados. Os switchovers e failovers requerem intervenção manual por um administrador de banco de dados.

Switchovers

Os switchovers são alterações de atribuições planejadas, em geral para permitir atividades de manutenção a serem executadas no servidor do banco de dados primário. Um banco de dados standby é escolhido para atuar como o novo banco de dados primário, o switchover ocorre e as aplicações agora gravam seus dados no novo banco de dados primário. Posteriormente, você pode alternar os bancos de dados de volta às suas atribuições originais.

> **NOTA**
> É possível executar switchovers com um banco de dados standby lógico ou um banco de dados standby físico; o banco de dados standby físico é a opção preferencial.

E se você tiver definido vários bancos de dados standby? Quando um dos bancos de dados standby físicos torna-se o novo banco de dados primário, os outros bancos de dados standby devem ser capazes de receber seus dados de redo log a partir do novo banco de dados primário. Nesta configuração, você deve definir os parâmetros LOG_ARCHIVE_DEST_*n* para permitir que aqueles sites standby recebam dados a partir do local do novo banco de dados primário.

> **NOTA**
> Verifique se o banco de dados que se tornará o novo banco de dados primário está executando no modo ARCHIVELOG.

Nas seções seguintes, você verá as etapas necessárias para executar um switchover para um banco de dados standby. O banco de dados standby deve estar ativamente aplicando dados de redo log antes do switchover, uma vez que isso minimizará o tempo necessário para concluir o switchover.

Switchovers para bancos de dados standby físicos

Os switchovers são iniciados no banco de dados primário e concluídos no banco de dados standby. Nesta seção, você verá as etapas para executar um switchover em um banco de dados standby físico. Não há perda de dados durante um switchover.

Comece verificando se o banco de dados primário é capaz de executar um switchover. Consulte a visão V$DATABASE para obter o valor da coluna SWITCHOVER_STATUS:

```
select switchover_status from v$database;
```

Se o valor da coluna SWITCHOVER_STATUS for algo diferente de TO STANDBY, não será possível executar o switchover (em geral, devido a um problema de configuração ou hardware). Se o valor da coluna for SESSIONS ACTIVE, termine as sessões de usuário ativas. Os valores válidos para a coluna Switchover_Status são mostrados na Tabela 13-2.

No banco de dados primário, inicie sua transição para a atribuição do banco de dados standby físico com o seguinte comando:

```
alter database commit to switchover to physical standby;
```

Como parte da execução deste comando, o Oracle fará backup do arquivo de controle do banco de dados primário para um arquivo de rastreamento. Neste ponto, faça shutdown do banco de dados primário e monte-o:

```
shutdown immediate;
startup mount;
```

O banco de dados primário está preparado para o switchover; agora vá para o banco de dados standby físico que servirá como o novo banco de dados primário.

No banco de dados standby físico, verifique o status do switchover na visão V$DATABASE; seu status deve ser TO PRIMARY (consulte a Tabela 13-2). Você pode agora alternar o banco de dados standby físico para o primário por meio do comando a seguir:

```
alter database commit to switchover to primary;
```

Tabela 13-2 *Valores de SWITCHOVER_STATUS*

Switchover_Status	Valor
NOT ALLOWED	O banco de dados atual não é um banco de dados primário com bancos de dados standby.
PREPARING DICTIONARY	Este banco de dados standby lógico envia seus dados de redo para o banco de dados primário e a outros bancos de dados standby para preparar o switchover.
PREPARING SWITCHOVER	Usado para configurações standby lógicas enquanto os dados de redo são aceitos para o switchover.
RECOVERY NEEDED	Este banco de dados standby não recebeu a solicitação de switchover.
SESSIONS ACTIVE	Há sessões SQL ativas no banco de dados primário; elas devem ser desconectadas antes de continuar.
SWITCHOVER PENDING	Válido para bancos de dados standby nos quais a solicitação de switchover de banco de dados primário foi recebida, mas não processada.
SWITCHOVER LATENT	O switchover não completou e volta para o banco de dados primário.
TO LOGICAL STANDBY	Este banco de dados primário recebeu um dicionário completo de um banco de dados standby lógico.
TO PRIMARY	Este banco de dados standby pode alternar para um banco de dados primário.
TO STANDBY	Este banco de dados primário pode alternar para um banco de dados standby.

Se você adicionar a cláusula **with session shutdown wait**, a instrução não retornará para o prompt SQL> até que o switchover seja concluído. Inicie o banco de dados usando a palavra chave open:

```
alter database open;
```

O banco de dados concluiu sua transição para a atribuição de banco de dados primário. Em seguida, inicie os serviços de aplicação de redo nos bancos de dados standby, caso eles já não estejam em execução em segundo plano:

```
alter database recover managed standby database using current logfile
    disconnect from session;
```

Switchovers para bancos de dados standby lógicos

Os switchovers são iniciados no banco de dados primário e concluídos no banco de dados standby. Nesta seção, serão vistas as etapas para executar um switchover para um banco de dados standby lógico.

Comece verificando se o banco de dados primário é capaz de executar um switchover. Consulte a visão V$DATABASE para obter o valor da coluna Switchover_Status:

```
select switchover_status from v$database;
```

Para o switchover ser concluído, o status deve ser TO STANDBY, TO LOGICAL STANDBY ou SESSIONS ACTIVE.

No banco de dados primário, emita o comando a seguir para preparar o banco de dados primário para o switchover:

```
alter database prepare to switchover to logical standby;
```

No banco de dados standby lógico, emita o comando a seguir:

```
alter database prepare to switchover to primary;
```

Neste ponto, o banco de dados standby lógico começará transmitindo seus dados de redo para o banco de dados primário atual e para os outros bancos de dados standby na configuração. Neste ponto, os dados de redo do banco de dados standby lógico são enviados, mas não aplicados.

No banco de dados primário, você deve agora verificar se os dados do dicionário foram recebidos do banco de dados standby lógico. O valor da coluna SWITCHOVER_STATUS na visão V$DATABASE deve ser TO LOGICAL STANDBY no banco de dados primário antes que você possa continuar para a próxima etapa. Quando esse valor de status for mostrado no banco de dados primário, alterne o banco de dados primário para a atribuição standby lógica:

```
alter database commit to switchover to logical standby;
```

Não é necessário fazer shutdown e reiniciar o banco de dados primário antigo. Você deve agora voltar para o banco de dados standby lógico original e verificar seu valor SWITCHOVER_STATUS na visão V$DATABASE (ela deve ser TO PRIMARY). Então, conclua o switchover; no banco de dados standby lógico original, emitindo o seguinte comando:

```
alter database commit to switchover to primary;
```

O banco de dados standby lógico original agora é o banco de dados primário. No novo banco de dados standby lógico (o antigo banco de dados primário), inicie o processo de aplicação de redo:

```
alter database start logical standby apply immediate;
```

O switchover agora está concluído.

Failovers para bancos de dados standby físicos

Os failovers ocorrem quando o banco de dados primário não pode mais ser parte da configuração do mesmo. Nesta seção, serão vistas as etapas necessárias para fazer o failover de um banco de dados standby físico para a atribuição de banco de dados primário em uma configuração Data Guard.

No banco de dados standby, primeiramente tente identificar e resolver todos os intervalos nos arquivos de redo log arquivados (consulte a seção "Gerenciando intervalos nas seqüências de log de arquivamento", anteriormente neste capítulo).

Você talvez precise copiar e registrar manualmente os arquivos de log para serem usados pelo banco de dados standby. No banco de dados standby, conclua o processo de recuperação. Se você configurou o banco de dados standby para ter arquivos de redo log standby, o comando a ser executado é:

```
alter database recover managed standby database finish;
```

Se não houver um arquivo de redo log standby, execute o comando a seguir:

```
alter database recover managed standby database finish
skip standby logfile;
```

Uma vez que a operação de recuperação standby tenha concluído, execute o switchover usando o comando a seguir:

```
alter database commit to switchover to primary;
```

Faça shutdown e reinicie o novo banco de dados primário para concluir a transição. O banco de dados primário antigo não faz mais parte da configuração Data Guard. Se deseja recriar o banco de dados primário antigo e usá-lo como um banco de dados standby, deve criá-lo tal seguindo as etapas fornecidas anteriormente neste capítulo.

Failovers para bancos de dados standby lógicos

Os failovers ocorrem quando o banco de dados primário não pode mais fazer parte da configuração do mesmo. Nesta seção, serão vistas as etapas necessárias para fazer um failover de um banco de dados standby lógico para a atribuição de banco de dados primário em uma configuração Data Guard.

No banco de dados standby, primeiramente tente identificar e resolver todos os intervalos nos arquivos de redo log arquivados (consulte a seção "Gerenciando intervalos nas seqüências de log de arquivamento" anteriormente neste capítulo). Você talvez precise copiar e registrar manualmente os arquivos de log para serem usados pelo banco de dados standby. Consulte a visão DBA_LOGSTDBY_LOG para obter detalhes sobre os logs remanescentes a serem aplicados. Se o processo de aplicação de redo não estava ativo no banco de dados standby lógico, inicie-o usando o comando a seguir:

```
alter database start logical standby apply nodelay finish;
```

Em seguida, ative os locais remotos para os arquivos de redo log que o banco de dados standby lógico gera. Você talvez precise atualizar os parâmetros LOG_ARCHIVE_ DEST_STATE_n do banco de dados standby lógico para que os outros bancos de dados standby na configuração recebam o redo gerado no original. Então, ative o banco de dados standby lógico original como o novo banco de dados primário por meio do comando a seguir:

```
alter database activate logical standby database finish apply;
```

Se houver outros bancos de dados standby lógicos que fazem parte da configuração Data Guard, você talvez precise recriá-los ou usar os links de banco de dados para adicioná-los à nova configuração. Primeiramente, crie um link em cada um dos bancos de dados que atuará como um banco de dados standby lógico para o novo banco de dados primário. O comando **alter session disable guard** permite ignorar os processos do Data Guard dentro da sua sessão. A conta de banco de dados usada pelo link de banco de dados deve ter a atribuição SELECT_ CATALOG_ROLE:

```
alter session disable guard;
create database link salesofc
   connect to username identified by password using 'salesofc';
alter session enable guard;
```

Verifique o link selecionando a visão DBA_LOGSTDBY_PARAMETERS no banco de dados remoto (o novo banco de dados primário).

Em cada banco de dados standby lógico, inicie agora o processo de aplicação de redo com base no novo banco de dados primário:

```
alter database start logical standby apply new primary salesofc;
```

ADMINISTRANDO OS BANCOS DE DADOS

Nas seções a seguir, serão vistas as etapas necessárias para executar as ações de manutenção padrão nos bancos de dados que fazem parte da configuração Data Guard, incluindo operações de inicialização e shutdown.

Inicialização e shutdown de bancos de dados standby físicos

Quando você inicializa um banco de dados standby físico, deve iniciar o processo de aplicação de redo. Em primeiro lugar, monte o banco de dados:

```
startup mount;
```

Em seguida, inicie o processo de aplicação de redo:

```
alter database recover managed standby database
   disconnect from session;
```

Use a cláusula **using current logfile** no lugar da cláusula **disconnect from session** para iniciar a aplicação em tempo real.

Para fazer shutdown do banco de dados standby, primeiramente pare o Log Apply Services. Consulte a visão V$MANAGED_STANDBY; se o Log Apply Services estiver listado, cancele-o usando o comando a seguir:

```
alter database recover managed standby database cancel;
```

Você pode então fazer shutdown do banco de dados.

Abrindo os bancos de dados standby físicos no modo somente leitura

Para fazer o banco de dados standby físico abrir para operações de leitura, primeiramente cancele todas as operações de aplicação de log no banco de dados:

```
alter database recover managed standby database cancel;
```

Em seguida, abra o banco de dados:

```
alter database open;
```

Gerenciando arquivos de dados em ambientes Data Guard

Conforme observado anteriormente neste capítulo, você deve configurar o parâmetro de inicialização STANDBY_FILE_MANAGEMENT como AUTO. A configuração deste parâmetro simplifica a administração do ambiente Data Guard, porque os arquivos adicionados ao ambiente primário podem ser automaticamente propagados para os bancos de dados standby físicos. Quando este parâmetro é configurado como AUTO, todos os novos arquivos de dados criados no banco de dados primário são automaticamente criados nos bancos de dados standby; quando o parâmetro é configurado como MANUAL, você deve criar manualmente os novos arquivos de dados nos banco de dados standby.

Quando STANDBY_FILE_MANAGEMENT for configurado como MANUAL, siga estas etapas para adicionar um arquivo de dados a um tablespace:

1. Adicione o novo arquivo de dados ao banco de dados primário.
2. Altere o tablespace do arquivo de dados para que ele fique offline.
3. Copie o arquivo de dados para o local standby.
4. Altere o tablespace do arquivo de dados mais uma vez para que ele fique novamente online.

Para adicionar um novo tablespace usando o gerenciamento de arquivos manual, siga as mesmas etapas – crie o tablespace, coloque-o offline, copie seus arquivos de dados para o local standby e, em seguida, altere o tablespace para que ele fique online. Se estiver usando o gerenciamento de arquivos automático, só precisará criar o novo tablespace no banco de dados primário para ele ser propagado para os bancos de dados standby.

Para descartar um tablespace, simplesmente o faça no banco de dados primário e force uma alternância de log por meio do comando **alter system switch logfile**. É possível, então, descartar o arquivo no sistema operacional nos ambientes primário e standby.

As alterações feitas aos nomes dos arquivos de dados não são propagadas, mesmo que você esteja usando o gerenciamento automático de arquivos. Para renomear um arquivo de dados em uma configuração Data Guard, coloque o tablespace offline e renomeie o arquivo de dados no sistema operacional no servidor primário. Use o comando **alter tablespace rename datafile** no banco de dados primário para apontar para o novo local do arquivo de dados.

Coloque o tablespace novamente online com o comando **alter tablespace** *tablespace_name* **online**. No banco de dados standby, consulte a visão V$ARCHIVED_LOG para verificar todos os logs que foram aplicados e, em seguida, interrompa os serviços de aplicação de redo:

```
alter database recover managed standby database cancel;
```

Faça shutdown do banco de dados standby e renomeie o arquivo no servidor standby. Em seguida, use o comando **startup mount** para montar o banco de dados standby. Com o banco de dados montado, mas não aberto, use o comando **alter database rename file** para apontar para o novo local de arquivo no servidor standby. Finalmente, reinicie o processo de aplicação de redo:

```
alter database recover managed standby database
   disconnect from session;
```

Executando DDL em um banco de dados standby lógico

Conforme ilustrado anteriormente neste capítulo, é possível desativar temporariamente o Data Guard em um banco de dados standby lógico. Quando for necessário executar operações DDL (como a criação de novos índices para melhorar o desempenho da consulta), siga as mesmas etapas básicas:

1. Pare a aplicação de redo no banco de dados standby lógico.
2. Desative o Data Guard.

3. Execute os comandos DDL.
4. Ative o Data Guard.
5. Reinicie o processo de aplicação de redo.

Por exemplo, para criar um novo índice, inicie desativando os recursos Data Guard:

```
alter database stop logical standby apply;
alter session disable guard;
```

Neste ponto, você pode executar suas operações DDL. Após concluir, reative os recursos Data Guard:

```
alter session enable guard;
alter database start logical standby apply;
```

O banco de dados standby lógico reiniciará seu processo de aplicação de redo, enquanto o índice estará disponível para seus usuários de consulta.

CAPÍTULO 14

Outros recursos para alta disponibilidade

Neste capítulo, veremos os detalhes de implementação para recursos que podem melhorar significativamente a disponibilidade das suas aplicações de banco de dados. Alguns desses recursos, como o LogMiner, são melhorias de recursos disponíveis nas versões anteriores do Oracle. Outros, como o uso da lixeira e o comando **flashback database**, foram introduzidos no Oracle Database 10g e melhorados no Oracle Database 11g. Outras opções de flashback, como Flashback Table e Flashback Query, que contam somente com dados de undo, foram totalmente abordados no Capítulo 7. Neste capítulo, veremos como usar os seguintes recursos para melhorar a disponibilidade do seu banco de dados:

- Flashback Drop
- Flashback Database
- LogMiner
- As opções de reorganização online de objetos

A funcionalidade de Flashback Drop conta com um recurso introduzido no Oracle Database 10g, a lixeira, que se comporta de modo muito parecido com uma lixeira do sistema operacional Windows: se houver espaço suficiente no tablespace, os objetos descartados podem ser restaurados ao seu esquema original com todos os índices e constraints intactos. O Flashback Database utiliza os dados armazenados na área de recuperação flash, uma nova área de armazenamento também introduzida no Oracle Database 10g. O LogMiner, disponível desde o Oracle9i, utiliza os arquivos de redo log arquivados para ver as alterações feitas em tabelas, índices e outras estruturas de banco de dados (operações DDL) ao longo do tempo.

RECUPERANDO TABELAS DESCARTADAS USANDO O FLASHBACK DROP

Quando uma tabela é descartada (e seus índices, constraints e tabelas aninhadas associados), o Oracle não libera imediatamente o espaço em disco dela para ser usado por outros objetos no tablespace. Em vez disso, os objetos são retidos na *lixeira* até serem eliminados pelo proprietário ou até que o espaço ocupado pelos objetos descartados seja necessário para novos objetos.

Neste exemplo, considere a tabela AUTHOR, definida como a seguir:

```
SQL> describe AUTHOR

Name                   Null?    Type
-----------------      -------- -----------------------
AUTHORNAME             NOT NULL VARCHAR2(50)
COMMENTS                        VARCHAR2(100)
```

Agora, pressuponha que a tabela foi descartada acidentalmente. Isso pode acontecer quando um usuário com privilégios sobre uma tabela existente em vários ambientes deseja descartá-la em um ambiente de desenvolvimento, mas está apontando para o banco de dados de produção quando o comando é executado.

```
SQL> drop table AUTHOR cascade constraints;

Table dropped.
```

Como a tabela pode ser recuperada? A partir do Oracle Database 10g, uma tabela descartada não desaparece completamente. Seus blocos ainda são mantidos no seu tablespace e são levados em consideração na quota de espaço. É possível ver os objetos descartados consultando a visão de dicionário de dados RECYCLEBIN. Observe que o formato da coluna OBJECT_NAME pode diferir entre as versões:

```
SQL> select object_name, original_name, operation, type, user,
  2  can_undrop, space from recyclebin;

OBJECT_NAME                       ORIGINAL_NAME         OPERATION
-------------------------------   -------------------   ---------
TYPE                      USER              CAN_UNDROP     SPACE
-----------------------   ---------------   ----------   --------

BIN$OyXS+NT+J47gQKjAXwJcSA==$0   AUTH_NAME_IDX         DROP
INDEX                     HR                NO                384

BIN$OyXS+NT/J47gQKjAXwJcSA==$0   AUTHORS               DROP
TABLE                     HR                YES              1152

SQL>
```

RECYCLEBIN é um sinônimo público para a visão de dicionário de dados USER_RECYCLEBIN, mostrando as entradas da lixeira referentes ao usuário atual. Os DBAs podem ver todos os objetos descartados por meio da visão de dicionário de dados DBA_RECYCLEBIN.

Como mostrado na listagem anterior, um usuário descartou a tabela AUTHOR e seu índice de chave primária associado. Embora tenham sido descartados, eles ainda estão disponíveis para flashback. O índice não pode ser recuperado por si mesmo (seu valor da coluna CAN_UNDROP é 'NO', embora o valor CAN_UNDROP da tabela AUTHOR seja 'YES').

Use o comando **flashback table to before drop** para recuperar a tabela da lixeira:

```
SQL> flashback table AUTHOR to before drop;

Flashback complete.
```

A tabela foi restaurada, junto com suas linhas, índices e estatísticas.

O que acontece se você descartar a tabela AUTHOR, recriá-la e, em seguida, descartá-la novamente? A lixeira conterá as duas tabelas. Cada entrada na lixeira será identificada por meio do seu SCN e o timestamp do descarte.

> **NOTA**
> O comando **flashback table to before drop** não recupera constraints referenciais.

Para eliminar entradas antigas da lixeira, use o comando **purge**. É possível eliminar todos os seus objetos descartados, todos os objetos descartados no banco de dados, (se você for um DBA), todos os objetos em um tablespace específico ou todos os objetos de um usuário particular em um tablespace específico. Use a cláusula **rename to** do comando **flashback table** para renomear a tabela quando efetuar o flashback. Por padrão, a lixeira está ativada no Oracle Database 10g e no 11g. Use o parâmetro de inicialização RECYCLEBIN para ativar e desativar a lixeira; você também pode ativar e desativar a lixeira no nível da sessão, como neste exemplo:

```
alter session set recyclebin = off;
```

Desativar temporariamente a funcionalidade da lixeira não afeta seus objetos atuais; mesmo quando ela está desativada, ainda é possível recuperar seus objetos atuais. Somente objetos descartados enquanto a lixeira está desativada não podem ser recuperados.

O COMANDO FLASHBACK DATABASE

O comando **flashback database** retorna o banco de dados a um tempo passado ou SCN, fornecendo uma alternativa rápida para executar uma recuperação de banco de dados incompleta. Após uma operação **flashback database**, para ter acesso de gravação ao banco de dados que sofreu flashback, é preciso reabri-lo com um comando **alter database open resetlogs**. Você deve ter o privilégio de sistema SYSDBA para usar o comando **flashback database**.

> **NOTA**
> O banco de dados deve ser colocado no modo FLASHBACK com o comando **alter database flashback on**. O banco de dados deve ser montado no modo exclusivo, mas não deve estar aberto quando esse comando for executado.

A sintaxe para o comando **flashback database** é o seguinte:

```
flashback [standby] database [database]
{ to {scn | timestamp} expr
| to before {scn | timestamp } expr
}
```

É possível usar a cláusula **to scn** ou **to timestamp** para configurar o ponto em que o flashback de todo o banco de dados deve ser feito. É possível fazer flashback usando o comando **to before** como um ponto crítico (como uma transação que produziu alterações involuntárias em múltiplas tabelas). Use a pseudocoluna ORA_ ROWSCN para ver os SCNs das transações de linhas mais recentes.

Se ainda não fez isso, será necessário fazer o shutdown do seu banco de dados e ativar o flashback durante o processo de inicialização usando esta seqüência de comandos:

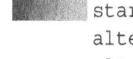

```
startup mount exclusive;
alter database archivelog;
alter database flashback on;
alter database open;
```

> **NOTA**
> Você deve ativar a recuperação de mídia por meio do comando **alter database archivelog** antes de executar o comando **alter database flashback on**.

Duas configurações de parâmetros de inicialização controlam a quantidade de dados de flashback que é retida no banco de dados. O parâmetro de inicialização DB_FLASHBACK_RETENTION_TARGET configura o limite máximo (em minutos) de tempo que pode ser retrocedido no flashback do banco de dados. O parâmetro de inicialização DB_RECOVERY_ FILE_DEST configura o tamanho da área de recuperação flash (consulte o Capítulo 12 para obter mais informações sobre como configurar a área de recuperação flash). Observe que o comando **flashback table** usa dados já armazenados no tablespace de undo (ele não cria entradas adicionais), ao passo que o comando **flashback database** conta com os os logs de flashback armazenados na área de recuperação flash.

É possível determinar o quanto retroceder o flashback do banco de dados consultando a visão V$FLASHBACK_DATABASE_LOG. A quantidade de dados de flashback retida no banco de dados é controlada pelo parâmetro de inicialização e o tamanho da área de recuperação flash. A listagem a seguir mostra as colunas disponíveis na visão V$FLASHBACK_DATABASE_LOG e exemplo de conteúdo:

```
SQL> describe V$FLASHBACK_DATABASE_LOG

 Name                                      Null?    Type
 ----------------------------------------- -------- -------
 OLDEST_FLASHBACK_SCN                               NUMBER
 OLDEST_FLASHBACK_TIME                              DATE
 RETENTION_TARGET                                   NUMBER
 FLASHBACK_SIZE                                     NUMBER
 ESTIMATED_FLASHBACK_SIZE                           NUMBER

SQL> select * from V$FLASHBACK_DATABASE_LOG;

OLDEST_FLASHBACK_SCN OLDEST_FL RETENTION_TARGET FLASHBACK_SIZE
-------------------- --------- ---------------- --------------
ESTIMATED_FLASHBACK_SIZE
------------------------
             5903482 27-SEP-07             1440        8192000
                       0
```

Verifique o status de flashback do banco de dados consultando a visão V$DATABASE; a coluna FLASHBACK_ ON terá um valor igual a 'YES' se o flashback for ativado para o banco de dados:

```
select current_scn, flashback_on from V$DATABASE;

CURRENT_SCN FLA
----------- ---
    5910734 YES
```

Com o banco de dados aberto por cerca de uma hora, verifique se os dados de flashback estão disponíveis e, em seguida, efetue o flashback – você perderá todas as transações ocorridas durante esse período:

```
shutdown;
startup mount exclusive;
flashback database to timestamp sysdate-1/24;
```

Observe que o comando **flashback database** requer que o banco de dados esteja montado no modo exclusivo, o que afetará sua participação em um cluster RAC (consulte o Capítulo 10).

Quando executa o comando **flashback database**, o Oracle verifica se todos os arquivos de redo log arquivados e online necessários estão disponíveis. Se os logs estiverem disponíveis, os arquivos de dados online são revertidos ao tempo ou SCN especificado.

Se não houver dados online suficientes nos logs de arquivamento e na área de flashback, será preciso usar os métodos tradicionais de recuperação de banco de dados para recuperar os dados. Por exemplo, você talvez precise usar um método de recuperação de sistema de arquivos, seguido por um rolling forward dos dados.

Uma vez que o flashback tenha concluído, abra o banco de dados usando a opção **resetlogs** para ter acesso de gravação ao banco de dados:

```
alter database open resetlogs;
```

Para desativar a opção de flashback no banco de dados, execute o comando **alter database flashback off** quando ele estiver montado, mas não aberto:

```
startup mount exclusive;
alter database flashback off;
alter database open;
```

É possível usar as opções de flashback para executar diversas ações – recuperar dados antigos, reverter uma tabela aos seus dados anteriores, manter um histórico de alterações linha a linha e restaurar rapidamente um banco de dados inteiro. Todas essas ações serão muito simplificadas se o banco de dados for configurado para dar suporte ao Automatic Undo Management (AUM). Além disso, observe que o comando **flashback database** requer a modificação do status do banco de dados. Embora esses requisitos possam apresentar uma sobrecarga adicional para os DBAs, os benefícios envolvidos, em termos da quantidade de recuperações necessárias e a velocidade com a qual elas podem ser completadas, podem ser enormes.

USANDO O LOGMINER

O Oracle usa os arquivos de redo log online para controlar cada alteração que é feita aos dados do usuário e ao dicionário de dados. As informações armazenadas no arquivos de redo log são usadas para recriar o banco de dados, em parte ou no todo, durante a recuperação. Para ativar a recuperação do banco de dados a um ponto no tempo depois que o backup foi feito, mantenha cópias arquivadas dos arquivos de redo log. O utilitário LogMiner fornece uma visão vital das modificações que ocorreram no seu banco de dados.

Ao usar o LogMiner, você vê as alterações feitas (o SQL_*redo*) e o SQL que pode ser usado para reverter essas alterações (o SQL_*undo*). Assim, é possível rever o histórico do banco de dados sem aplicar realmente nenhum redo log e obter o código para reverter alguma transação problemática. Usando o LogMiner, pode ser detectada a transação na qual a primeira corrupção ocorreu para que se possa determinar o ponto correto no tempo ou o SCN (System Change Number) para ser usado como o ponto de uma recuperação de banco de dados.

Se houvesse um número pequeno de transações que precisasse ser revertida, antes do LogMiner, seria preciso restaurar a tabela a um estado anterior e aplicar os arquivos de log arquivados para avançá-la até o momento exato antes da corrupção. Ao restaurar a tabela e aplicar os arquivos de log arquivados, você correria o risco de perder as transações posteriores que gostaria de reter. Agora o LogMiner pode ser usado para reverter somente as transações que são problemáticas sem perder as transações posteriores válidas.

O LogMiner na sua forma original tinha algumas limitações associadas ao seu uso. Com o enfoque original, só era possível rever um arquivo de log de cada vez e a interface para a ferramenta era incômoda de usar. No Oracle9*i*, uma revisão importante da interface foi implementada e a funcionalidade foi bastante melhorada, incluindo o LogMiner Viewer para ser usado com o Oracle Enterprise Manager. Tanto o enfoque manual para usar o LogMiner quanto o OEM LogMiner Viewer serão apresentados nesta seção.

Como o LogMiner funciona

Para executar o utilitário LogMiner, é necessário possuir o privilégio EXECUTE no pacote DMBS_LOGMNR ou a atribuição EXECUTE_CATALOG_ROLE. O LogMiner requer um dicionário de dados para traduzir totalmente o conteúdo do arquivo de redo log e traduzir os identificadores de objetos internos e tipos de dados de nomes de objetos e formatos de dados externos. Se um dicionário de dados não estiver disponível, o LogMiner retornará os dados no formato hexadecimal e as informações de objetos como IDs de objetos internos.

Há três opções para se obter um dicionário de dados para ser usado pelo LogMiner:

- Extrair as informações do dicionário de dados para um arquivo texto.
- Extrair o dicionário de dados para arquivos de redo log.
- Usar o dicionário de dados online do banco de dados atual.

A análise do LogMiner em geral exige que o dicionário de dados em uso seja gerado a partir do mesmo banco de dados que gerou os arquivos de redo log. Entretanto, se você está usando um formato de arquivo texto ou o dicionário de dados de arquivos de redo log, é possível fazer a análise dos arquivos de redo log a partir do banco de dados no qual o LogMiner está executando ou de outro similar. Se, no entanto, você estiver usando o catálogo online no banco de dados atual, só poderá analisar os arquivos de redo log a partir do banco de dados atual.

Como o LogMiner pode ser executado a partir de um banco de dados em arquivos de redo log de outro banco, os conjuntos de caracteres usados em ambos devem ser correspondentes. A plataforma de hardware também deve corresponder àquela usada quando os arquivos de redo log foram gerados.

Extraindo o dicionário de dados

Um problema potencial com a extração de dicionário de dados para um arquivo texto é que, embora você esteja extraindo o dicionário de dados, outra pessoa pode estar emitindo instruções DDL. Desse modo, o dicionário de dados extraído pode não estar sincronizado com o banco de dados. Quando um arquivo texto é usado para armazenar o dicionário de dados, são necessários menos recursos de sistema do que quando arquivos de redo log são usados. Ao extrair o dicionário de dados para arquivos de redo log, nenhuma instrução DDL poderá ser processada durante o período em que o dicionário de dados é extraído. Portanto, o dicionário estará sincronizado com o banco de dados; o processo de extração faz mais uso de recursos, mas é mais rápido. Para extrair o dicionário de dados para um arquivo texto ou para arquivos de redo log, use a procedure DBMS_LOGMNR_D.BUILD. O arquivo de dicionário de dados é colocado em um diretório. Portanto, é preciso ter permissão de gravação no diretório no qual o arquivo será colocado. Para definir o local do diretório, use o parâmetro de inicialização UTL_FILE_DIR. Por exemplo, para especificar o local D:\Oracle\Ora10\database como o local para a saída do LogMiner, coloque a seguinte entrada no arquivo de parâmetros:

```
UTL_FILE_DIR= D:\Oracle\Ora10\database
```

NOTA
Você não pode alterar dinamicamente o parâmetro UTL_FILE_DIR usando o comando **alter system***. É preciso modificar o arquivo de inicialização e, em seguida, parar e reiniciar o banco de dados.*

Para executar a procedure DBMS_LOGMNR_D.BUILD, especifique um nome de arquivo para o dicionário, o nome de caminho do diretório para o arquivo e se deseja que o dicionário seja gravado em um arquivo texto ou em arquivos de redo log. Para extrair o dicionário de dados para um arquivo texto localizado no diretório G:\Oracle\Ora10\database com o nome de arquivo mydb_dictionary, emita o seguinte comando:

```
execute DBMS_LOGMNR_D.BUILD
  ('mydb_dictionary.ora',
  'G:\Oracle\Ora10\database',
  options=>DBMS_LOGMNR_D.STORE_IN_FLAT_FILE);
```

O DBMS_LOGMNR_D.STORE_IN_REDO_LOGS pode ser usado como outra opção. Uma vez que você tenha o dicionário armazenado em um arquivo texto, pode copiá-lo para outra plataforma para executar o LogMiner. Talvez seja necessário executar o dbmslmd.sql em outro banco de dados para estabelecer o ambiente correto. Em um sistema Unix, o arquivo dbmslmd.sql pode ser encontrado no diretório $ORACLE_HOME\rdbms\admin.

Analisando um ou mais arquivos de redo log

Para analisar os arquivos de redo log usando o LogMiner, siga estas etapas:

1. Obtenha uma lista de arquivos de redo log disponíveis usando a visão V$LOGMNR_LOGS.
2. Inicie o utilitário LogMiner usando a procedure DBMS_LOGMNR.START_LOGMNR. Consulte a Tabela 14-2, mais adiante nesta seção, para os parâmetros START_LOGMNR.
3. Consulte a visão V$LOGMNR_CONTENTS para ver os resultados.
4. Após ter terminado de visualizar os redo logs, emita o comando a seguir para finalizar a sessão:

```
execute DBMS_LOGMNR.END_LOGMNR;
```

Os subprogramas disponíveis para o pacote DBMS_LOGMNR estão descritos na Tabela 14-1. A Tabela 14-2 mostra os parâmetros para a procedure START_LOGMNR.

Tabela 14-1 *Subprogramas DBMS_LOGMNR*

Subprograma	Descrição
ADD_LOGFILE	Adiciona um arquivo à lista de arquivos arquivados a serem processados
START_LOGMNR	Inicializa o utilitário LogMiner
END_LOGMNR	Completa e termina uma sessão LogMiner
MINE_VALUE (*função*)	Retorna o valor da coluna undo ou redo do nome de coluna especificado pelo parâmetro COLUMN_NAME para qualquer linha retornada da visão V$LOGMNR_CONTENT
COLUMN_PRESENT (*função*)	Determina se os valores da coluna undo ou redo são válidos para o nome de coluna especificado pelo parâmetro COLUMN_NAME para qualquer linha retornada da visão V$LOGMNR_CONTENT
REMOVE_LOGFILE	Remove um arquivo de log da lista de arquivos de log a serem processados pelo LogMiner

Tabela 14-2 *Valores para as opções START_LOGMNR*

Opções	Descrição
COMMITTED_DATA_ONLY	Se esta opção estiver configurada, somente DMLs correspondentes a transações encerradas com commit são retornados.
SKIP_CORRUPTION	Pula qualquer corrupção encontrada no arquivo de redo log durante uma seleção na visão V$LOGMNR_CONTENTS. Esta opção só funciona se um bloco no arquivo redo log estiver corrompido; ela não funcionará caso a corrupção esteja no bloco de cabeçalho.
DDL_DICT_TRACKING	Ativa o LogMiner para atualizar o dicionário de dados interno se um evento DDL ocorrer, para garantir que as informações de SQL_REDO e SQL_UNDO sejam mantida e corretas.
DICT_FROM_ONLINE_CATALOG	Instrui o LogMiner a usar o dicionário de dados online em vez de um arquivo texto ou arquivo de redo log armazenado no dicionário.
DICT_FROM_REDO_LOGS	Instrui o LogMiner a utilizar o dicionário de dados armazenado em um ou mais arquivos de redo log.
NO_SQL_DELIMITER	Instrui o LogMiner a não inserir o delimitador SQL (;) ao final das instruções SQL reconstruídas.
NO_ROWID_IN_STMT	Instrui o LogMiner a não incluir a cláusula ROWID nas instruções SQL reconstruídas.
PRINT_PRETTY_SQL	Instrui o LogMiner a formatar o SQL reconstruído para facilitar a leitura.
CONTINUOUS_MINE	Instrui o LogMiner a adicionar automaticamente arquivos de redo log para localizar os dados de interesse. Especifique o SCN inicial, data ou o primeiro log para ser extraído. O LogMiner deve ser conectado à mesma instância de banco de dados que está gerando os arquivos de redo log.

Para criar uma lista de arquivos de redo log que estão disponíveis para análise, execute a procedure DBMS_LOGMNR.ADD_LOGFILE com a opção NEW como a seguir; este exemplo usa um sistema de arquivos Linux:

```
execute DBMS_LOGMNR.ADD_LOGFILE(
   LogFileName=> '/oracle/ora10/redo01.ora',
   Options=> DBMS_LOGMNR.NEW);
execute DBMS_LOGMNR.ADD_LOGFILE(
   LogFileName=> '/oracle/ora10/redo02.ora',
   Options=> DBMS_LOGMNR.NEW);
```

É possível especificar o local do arquivo de dicionário de dados como a seguir:

```
execute DBMS_LOGMNR.ADD_LOGFILE(
DictFileName=> '/oracle/ora10/dictionary.ora',
```

Após ter dito ao LogMiner o local do dicionário de dados e ter adicionado os arquivos de redo log, você pode começar a analisar os arquivos de redo log usando o pacote DBMS_LOGMNR. START_LOGMNR.

Por exemplo, o comando a seguir analisa os arquivos de log ao longo de um intervalo de tempo:

```
execute DBMS_LOGMNR.START_LOGMNR(
DictFileName => '/oracle/dictionary.ora',
StartTime => TO_DATE('01-SEP-2007 12:45:00', DD-MON-YYYY HH:MI:SS')
EndTime => TO_DATE('01-OCT-2007 00:00:00', DD-MON-YYYY HH:MI:SS'));
```

NOTA
O uso do timestamp não garantirá a ordem dos registros de redo. Você deve usar os números SCN para garantir a ordem dos registros.

Os valores SCN podem ser usados para filtrar os dados como a seguir:

```
execute DBMS_LOGMNR.START_LOGMNR(
DictFileName => '/oracle/dictionary.ora',
StartScn => 125,
EndScr => 300);
```

Se você não inserir as horas de início e de término ou uma faixa de números SCN, o arquivo inteiro será lido para todas as instruções **select** que forem emitidas.

Para examinar o código de redo e undo, selecione as colunas SQL_REDO e SQL_UNDO como a seguir:

```
select sql_redo, sql_undo
   from V$LOGMNR_CONTENTS;
```

O OEM Server Manager Console pode ser usado para inicializar o LogMiner Viewer baseado em Java para visualizar os redo logs e os redo logs arquivados. Para inicializar o LogMiner Viewer em uma plataforma Windows, use a opção Start | Programs | Oracle_Home | Oracle Enterprise Manager Console. Uma vez que você tenha se conectado ao OEM Server Console baseado em Java (Oracle Database 10g e anterior), selecione o banco de dados no qual deseja executar o LogMiner Viewer. Verifique se o banco de dados foi iniciado.

Para iniciar o LogMiner Viewer, selecione o banco de dados e clique com o botão direito do mouse. Mova o cursor para a opção Related Tools e, em seguida, o mova para a opção LogMiner Viewer. Quando a tela LogMiner Viewer Console for exibida, crie uma consulta de objeto clicando no ícone superior no painel de ícones ou selecione Create Query no menu suspenso Object. O LogMiner Viewer procura automaticamente os arquivos de redo log armazenados nos quais criar uma consulta. Se não houver nenhum arquivo de redo log armazenado disponível, você receberá uma mensagem de erro. É possível criar opções de filtro (criando critérios de consulta), vendo o SCN inicial e final para cada arquivo de redo log disponível e escolher as colunas a serem exibidas. O OEM LogMiner Viewer pode simplificar o processo de examinar o conteúdo do arquivo de log. Além disso, você pode usar as telas do Grid Control para acessar e visualizar a saída LogMiner.

Recursos do LogMiner introduzidos no Oracle Database 10g

As melhorias a seguir agora estão disponíveis, se você usou o LogMiner com versões anteriores ao Oracle Database 10g, .

Como mostrado anteriormente na Tabela 14-1, DBMS_LOGMNR agora tem uma procedure REMOVE_LOGFILE que remove os arquivos da lista a ser analisada. Não use mais a opção REMOVEFILE da procedure ADD_LOGFILE.

A opção NO_ROWID_IN_STMT (consulte a Tabela 14-2) do START_LOGMNR pode ser usada para filtrar a cláusula **rowid** a partir de comandos SQL reconstruídos.

Você pode expandir o registro em arquivo de log suplementar por meio do comando **alter database** para incluir alterações **foreign key** ou **all** para as linhas. O uso dessas configurações aumentará a quantidade de dados gravados nos arquivos de redo log.

O registro em log adicional no nível de tabela pode ser expandido para controlar a chave primária, a chave estrangeira, o índice único e todas as alterações. Você também pode usar a opção **no log** para impedir que uma coluna em um grupo de logs definido pelo usuário seja registrada em arquivo de log.

Consulte o Oracle Utilities Guide para obter mais detalhes sobre como usar o LogMiner e seus procedimentos.

Recursos do LogMiner introduzidos no Oracle Database 11g

Até o Oracle Database 11g, um DBA tinha de usar a console LogMiner baseada em Java, que era difícil de instalar e não era completamente integrada ao Oracle Enterprise Manager Database Control. A integração com o OEM DB Control facilita o uso por meio da integração de uma operação de mineração de logs baseada em tarefa com o Flashback Transaction. A Figura 14-1 mostra a interface OEM para o LogMiner.

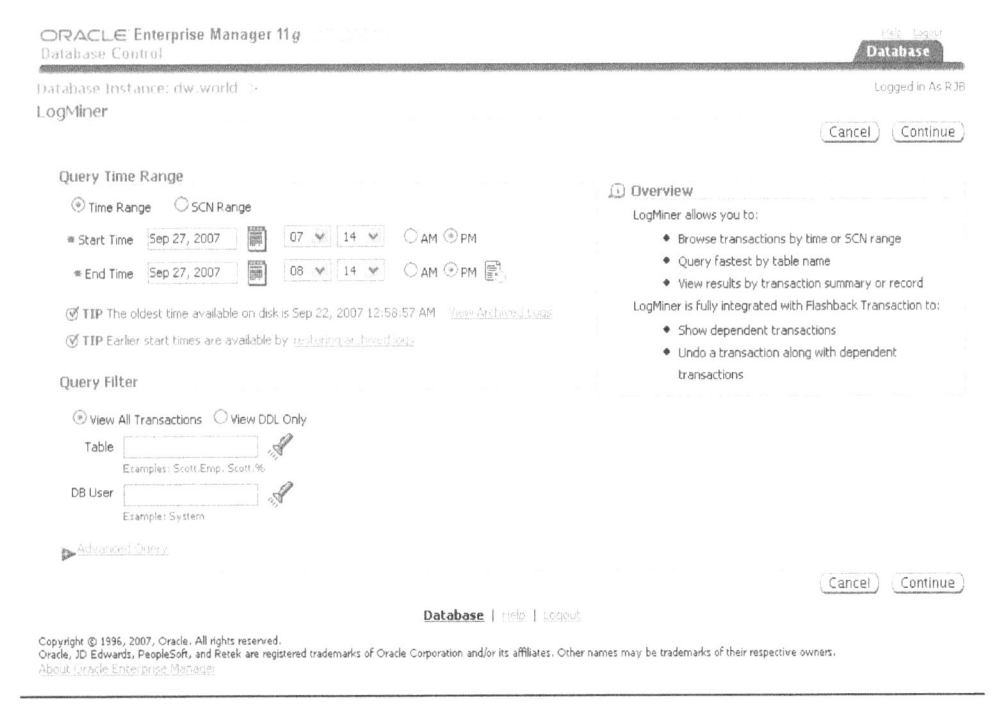

Figura 14-1 *OEM LogMiner e a interface Flashback Transaction.*

REORGANIZAÇÃO ONLINE DE OBJETOS

É possível reorganizar muitos objetos de banco de dados de forma online. As opções incluem o seguinte:

- Criação online de índices.
- Reconstrução online de índices.
- Aglutinação online de índices.
- Reconstrução online de tabelas organizadas por índice.
- Utilização do pacote DBMS_REDEFINITION para redefinição online de uma tabela.

Nas seções a seguir, você verá exemplos de cada uma dessas operações.

Criando índices online

Você pode criar e reconstruir índices enquanto as tabelas base continuam acessíveis aos usuários finais. As operações DDL não são permitidas enquanto o índice está sendo reconstruído. Para contruir um índice online, use a cláusula **online** do comando **create index**, conforme mostrado no exemplo a seguir:

```
create index AUTH$NAME on AUTHOR (AuthorName) online;
```

Reconstruindo índices online

Quando você usa a cláusula **rebuild** do comando **alter index** é usada, o Oracle aproveita o índice existente como a origem de dados para o novo índice. Como resultado, é preciso ter o espaço adequado para armazenar duas cópias do índice enquanto a operação está ocorrendo. Use o comando **alter index rebuild** para alterar as características de armazenamento e atribuição de tablespace de um índice.

Para reconstruir um índice online, use a cláusula **rebuild online** do comando **alter index**, conforme mostrado no exemplo a seguir:

```
alter index AUTH$NAME rebuild online;
```

Aglutinando índices online

Um índice pode ser aglutinado para recuperar seu espaço interno. Ao aglutinar um índice, você não pode movê-lo para outro tablespace (como pode fazer com uma reconstrução). A aglutinação não requer espaço de armazenamento para várias cópias do índice, portanto ela pode ser útil quando estiver tentando reorganizar um índice em um ambiente com constraint de espaço.

Para aglutinar um índice, use a cláusula **coalesce** do comando **alter index**. Todos as aglutinações de índices são operações online. A seguir está um exemplo de aglutinação:

```
alter index AUTH$NAME coalesce;
```

Reconstruindo tabelas organizadas por índice online

É possível usar o comando **alter table... move online** para reconstruir uma tabela organizada por índice online. O segmento de dados overflow, se presente, é reconstruído se você especificar a palavra-chave **overflow**. Por exemplo, se a tabela BOOKSHELF for uma tabela organizada por índice, você pode reconstruí-la online por meio do comando a seguir:

```
alter table BOOKSHELF move online;
```

Ao usar este comando, você não pode executar DML paralelo. Além disso, a opção move online só está disponível para tabelas organizadas por índice não-particionadas.

Redefinindo tabelas online

Uma definição de tabela pode ser alterada enquanto é acessada pelos usuários da aplicação. Por exemplo, você pode particionar uma tabela não particionada previamente enquanto ela está sendo usada – uma capacidade significativa para aplicações OLTP de alta disponibilidade.

A partir do Oracle Database 11g, existem algumas constraints sobre quais tipos de tabelas não podem ser redefinidas online. Aqui estão as principais constraints:

- Após redefinir uma tabela com seus logs, as visões materializadas dependentes devem sofrer uma atualização completa.
- A tabela de overflow de uma IOT deve ser redefinida ao mesmo tempo em que a IOT base.
- Tabelas com controle de acesso refinado não podem ser redefinidas online.
- Tabelas com colunas BFILE não podem ser redefinidas online.
- Tabela com colunas LONG e LONG RAW podem ser redefinidas, mas as colunas LONG e LONG RAW devem ser convertidas para CLOBs e BLOBs.
- Tabelas nos esquemas SYS e SYSTEM não podem ser redefinidas online.
- Tabelas temporárias não podem ser redefinidas online.

O exemplo a seguir mostra as etapas envolvidas na redefinição de uma tabela online. Em primeiro lugar, verifique se a tabela pode ser redefinida. Para este exemplo, a tabela CUSTOMER será criada no esquema SCOTT e, então, redefinida:

```
create table CUSTOMER
   (Name    VARCHAR2(25) primary key,
    Street  VARCHAR2(50),
    City    VARCHAR2(25),
    State   CHAR(2),
    Zip     NUMBER);
```

Em seguida, verifique se a tabela pode ser redefinida executando a procedure CAN_REDEF_TABLE do pacote DBMS_REDEFINITION. Seus parâmetros de entrada são o nome de usuário e o nome da tabela:

```
execute DBMS_REDEFINITION.CAN_REDEF_TABLE('SCOTT','CUSTOMER');
```

A tabela é uma candidata à redefinição online se a procedure retornar a mensagem

```
PL/SQL procedure successfully completed.
```

Se retornar um erro, a tabela não poderá ser redefinida online e a mensagem de erro informará o motivo.

Em seguida, crie uma tabela provisória, no mesmo esquema, com os atributos desejados da tabela redefinida. Por exemplo, nós podemos particionar a tabela CUSTOMER (para simplificar este exemplo, as cláusulas **tablespace** e **storage** para as partições não são mostradas):

```
create table CUSTOMER_INTERIM
   (Name    VARCHAR2(25) primary key,
```

```
        Street   VARCHAR2(50),
        City     VARCHAR2(25),
        State    CHAR(2),
        Zip      NUMBER)
partition by range (Name)
(partition PART1 values less than ('L'),
 partition PART2 values less than (MAXVALUE))
;
```

Agora você pode executar a procedure START_REDEF_TABLE do pacote DBMS_REDEFINITION para iniciar o processo de redefinição. Suas variáveis de entrada são: dono do esquema, tabela a ser redefinida, nome da tabela provisória e mapeamento de colunas (similar à lista de nomes de coluna em uma instrução SELECT). Se nenhum mapeamento de coluna for fornecido, todos os nomes e definições de coluna na tabela original e na tabela provisória devem ser iguais.

```
execute DBMS_REDEFINITION.START_REDEF_TABLE -
   ('SCOTT','CUSTOMER','CUSTOMER_INTERIM');
```

Em seguida, crie todos os triggers, índices, concessões ou constraints necessários na tabela provisória. Neste exemplo, a chave primária já foi definida na CUSTOMER_INTERIM; é possível adicionar chaves estrangeiras, índices secundários e concessões neste ponto do processo de redefinição. Crie chaves estrangeiras desativadas até que o processo de redefinição esteja concluído.

NOTA
Para evitar essa etapa manual, a procedure COPY_TABLE_DEPENDENTS pode ser usada para criar todos os objetos dependentes na tabela provisória. Os objetos dependentes suportados por este método incluem triggers, índices, concessões e constraints.

Quando o processo de redefinição é concluído, os índices, triggers, concessões e constraints na tabela provisória irão substituir aqueles da tabela original. Neste ponto, as constraints referenciais desativadas na tabela provisória serão ativadas.

Para concluir a redefinição, execute a procedure FINISH_REDEF_TABLE do pacote DBMS_REDEFINITION. Seus parâmetros de entrada são o nome do esquema, o nome da tabela original e o nome da tabela provisória:

```
execute DBMS_REDEFINITION.FINISH_REDEF_TABLE -
   ('SCOTT','CUSTOMER','CUSTOMER_INTERIM');
```

Verifique a redefinição consultando o dicionário de dados:

```
select table_name, high_value
  from DBA_TAB_PARTITIONS
  where owner = 'SCOTT';

TABLE_NAME                 HIGH_VALUE
----------------------     -----------------------
CUSTOMER                   MAXVALUE
CUSTOMER                   'L'
```

Para abortar o processo após executar a procedure START_REDEF_TABLE, execute a procedure ABORT_REDEF_TABLE (os parâmetros de entrada são o nome do esquema, o nome da tabela original e o nome da tabela provisória).

PARTE IV

O Oracle em rede

CAPÍTULO 15

O Oracle Net

Distribuir recursos de computação por vários servidores e compartilhar informações entre redes aumenta em muito o valor dos recursos de computação disponíveis. Em vez de atuar de forma isolada, o servidor torna-se um ponto de entrada para intranets, para a Internet e sites da Web.

A ferramenta de rede do Oracle, o Oracle Net, pode ser usada para conectar-se a bancos de dados distribuídos. O Oracle Net facilita o compartilhamento de dados entre bancos de dados, mesmo que eles estejam em tipos diferentes de servidores executando em diferentes sistemas operacionais e protocolos de comunicação. Ele também permite que sejam criadas aplicações cliente/servidor; o servidor poderá, então, funcionar principalmente para E/S de banco de dados enquanto a aplicação pode ser implementada em um servidor de aplicações de camada intermediária. Além disso, os requisitos de apresentação de dados de uma aplicação podem ser movidos para os front-ends de máquinas cliente. Neste capítulo, veremos como configurar, administrar e ajustar o Oracle Net e o Oracle Net Services.

As instruções de instalação e configuração para o Oracle Net dependem do hardware específico, do sistema operacional e do software de comunicação que você está usando. O material fornecido aqui ajudará a aproveitar ao máximo a sua rede de bancos de dados, independente da sua configuração.

VISÃO GERAL DO ORACLE NET

O uso do Oracle Net distribui a carga de trabalho associada às aplicações de banco de dados. Como muitas consultas de bancos de dados são executadas por meio de aplicações, uma aplicação baseada em servidor força o servidor a suportar os requisitos de CPU da aplicação e os de E/S do banco de dados (consulte a Figura 15-1*a*). O uso da configuração cliente/servidor (também referenciada como uma *arquitetura de duas camadas*) permite que essa carga seja distribuída entre duas máquinas. A primeira, denominada *cliente,* dá suporte à aplicação que inicia a solicitação ao banco de dados. A máquina back-end na qual o banco de dados reside é denominada *servidor*. O cliente suporta o ônus da apresentação de dados, ao passo que o servidor de banco de dados dá suporte às consultas, não às aplicações. Essa distribuição dos requisitos dos recursos é mostrada na Figura 15-1*b*.

Quando o cliente envia uma solicitação de banco de dados ao servidor, este recebe e executa a instrução SQL que é passada para ele. Os resultados da instrução SQL, mais todas as mensagens de erro retornadas, são então enviados de volta para o cliente. Os recursos exigidos pela máquina cliente fizeram com que a configuração cliente/servidor, às vezes, fosse chamada de *arquitetura fat-client*. Embora os custos de estações de trabalho tenham caído consideravelmente ao longo dos últimos anos, o impacto de custo para uma empresa ainda pode ser substancial.

A arquitetura mais comum e de maior custo-benefício usada com o Oracle Net é configuração *thin-client* (também referenciada como *arquitetura de três camadas*). O código da aplicação é hospedado e executado por meio de applets Java em um servidor separado do servidor de banco de dados. Os requisitos de recursos da máquina cliente tornam-se muito baixos e o custo é bastante reduzido. O código da aplicação torna-se isolado do banco de dados. A Figura 15-2 mostra a configuração thin-client.

O cliente se conecta ao servidor de aplicações. Após o cliente ser validado, o download do código de gerenciamento de exibição para o cliente é efetuado na forma de applets Java. Uma

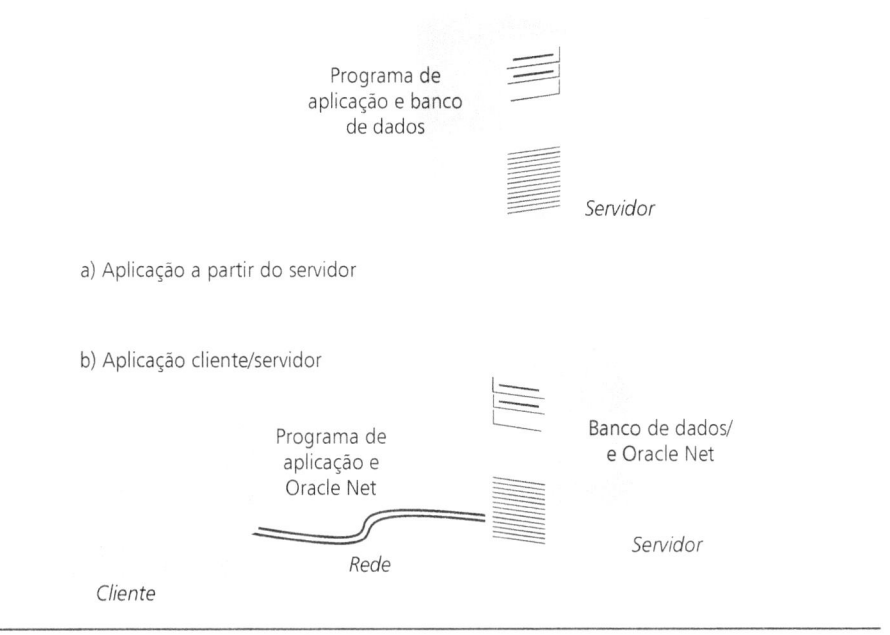

```
                    Programa de
                   aplicação e banco
                      de dados

                                        Servidor

a) Aplicação a partir do servidor


b) Aplicação cliente/servidor

              Programa de              Banco de dados/
              aplicação e                e Oracle Net
              Oracle Net

                                        Servidor
                        Rede
     Cliente
```

Figura 15-1 *Arquitetura cliente/servidor.*

solicitação de banco de dados é enviada, a partir do cliente, através do servidor de aplicações para o servidor de banco de dados que, então, recebe e executa a instrução SQL que é passada para ele. Os resultados da instrução SQL, além de todas as mensagens de erro retornadas, são enviados de volta para o cliente por meio do servidor de aplicações. Em algumas versões da arquitetura de três camadas, parte do processamento da aplicação é executada no servidor de aplicações e o restante é executado em um servidor de banco de dados. A vantagem de uma arquitetura thin-client é que você tem pouca manutenção e requisitos de recursos no cliente, manutenção centralizada e requisitos de recursos médios no servidor de aplicações e requisitos de recursos altos, mas poucas atividades de manutenção em um ou mais servidores de banco de dados back-end.

Além das implementações cliente/servidor e thin-client, as configurações *servidor/servidor* são freqüentemente necessárias. Neste tipo de ambiente, bancos de dados em servidores separados compartilham dados entre si. É possível, então, isolar fisicamente cada um dos servidores sem isolá-los logicamente. Uma implementação típica desta arquitetura envolve os servidores das sedes corporativas que se comunicam com servidores de departamentos em vários locais. Cada servidor dá suporte às aplicações cliente, mas também tem a capacidade de se comunicar com outros servidores na rede. Esta arquitetura é mostrada na Figura 15-3.

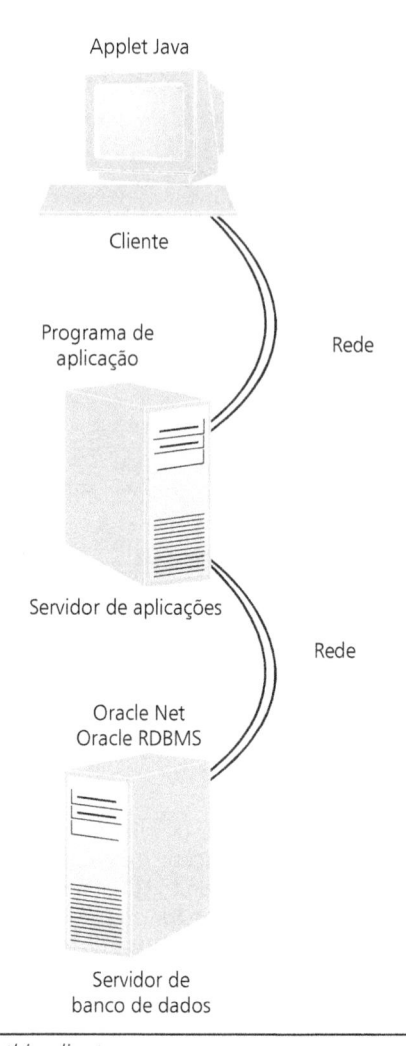

Figura 15-2 *Arquitetura thin-client.*

Quando um dos servidores envia uma solicitação de banco de dados para outro servidor, o servidor emissor atua como um cliente. O servidor receptor executa a instrução SQL passada para ele e retorna os resultados junto com as mensagens de erro para o emissor.

Quando é executado em clientes e servidores, o Oracle Net permite que solicitações de bancos de dados sejam feitas a partir de um banco de dados (ou aplicação) para serem passadas para um outro em um servidor separado. Na maioria dos casos, as máquinas podem funcionar tanto como clientes quanto como servidores; as únicas exceções são os sistemas operacionais com arquiteturas de usuário único, como appliances de rede. Nesses casos, essas máquinas só podem funcionar como clientes.

O resultado final de uma implementação Oracle Net é a capacidade de se comunicar com todos os bancos de dados que são acessíveis por meio da rede. Você pode então criar sinônimos que forneçam às aplicações uma verdadeira transparência de rede: o usuário que submete a consulta

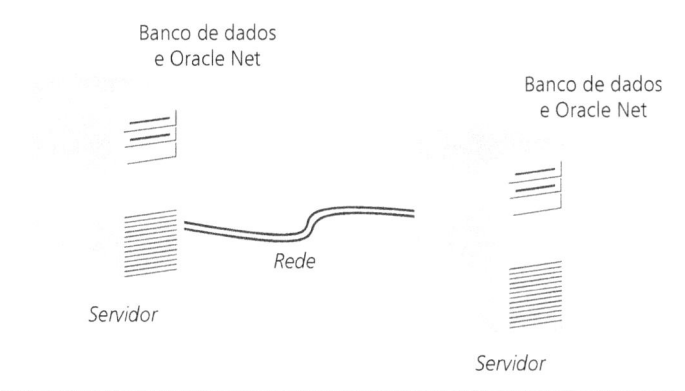

Figura 15-3 *Arquitetura servidor/servidor.*

não saberá o local dos dados que é usado para resolvê-la. Neste capítulo, serão vistos os principais métodos e arquivos de configuração usados para gerenciar as comunicações entre bancos de dados, junto com exemplos de utilização. Você verá exemplos mais detalhados do gerenciamento de banco de dados distribuído no Capítulo 17.

Cada objeto em um banco de dados é identificado exclusivamente por seu proprietário e nome. Por exemplo, só haverá uma tabela denominada EMPLOYEE de propriedade do usuário HR; não pode haver duas tabelas com o mesmo nome e tipo dentro do mesmo esquema.

Nos bancos de dados distribuídos, duas camadas adicionais de identificação de objetos devem ser adicionadas. Em primeiro lugar, o nome da instância que acessa o banco de dados deve ser identificado. Em seguida, o nome do servidor no qual a instância reside deve ser identificado. A combinação dessas quatro partes do nome de objeto – seu servidor, sua instância, seu proprietário e seu nome – resulta em um *nome de objeto global*. Para acessar uma tabela remota, é preciso saber o nome de objeto global da tabela. Os DBAs e os administradores de aplicações podem configurar os caminhos de acesso para automatizar a seleção de todas as quatro partes do nome de objeto global. Nas seções subseqüentes, veremos como configurar os caminhos de acesso usados pelo Oracle Net.

A base do Oracle Net é o Transparent Network Substrate (TNS), que resolve todos os problemas de conectividade no nível de servidor. O Oracle Net utiliza arquivos de configuração no cliente e no servidor para gerenciar a conectividade do banco de dados. Se eles usam protocolos de comunicação diferentes, o Oracle Connection Manager (descrito em uma seção posterior neste capítulo) gerencia as conexões. A combinação do Oracle Connection Manager e do TNS permite que as conexões Oracle Net sejam feitas independentemente do sistema operacional e do protocolo de comunicações executado por cada servidor. O Oracle Net também tem a capacidade de enviar e receber solicitações de dados de modo assíncrono; isso o permite suportar a arquitetura de servidor compartilhado.

Descritores de conexão

As partes servidor e instância do nome de objeto global de um objeto no Oracle Net são identificadas por meio de um *descritor de conexão*. Um descritor de conexão especifica o protocolo de comunicação, o nome do servidor e o nome de serviço da instância a ser usado quando executar a consulta. Devido à independência de protocolo do Oracle Net, o descritor também inclui informações de conectividade de hardware. O formato genérico para um descritor de conexão do Oracle Net é mostrado no exemplo a seguir, que usa o protocolo TCP/IP e especifica uma conexão a uma instância denominada LOC em um servidor denominado HQ (observe que as palavras-chave são específicas para o protocolo):

```
(DESCRIPTION=
   (ADDRESS=
      (PROTOCOL=TCP)
      (HOST=HQ)
      (PORT=1521))
   (CONNECT DATA=
      (SERVICE_NAME=LOC)))
```

Neste descritor de conexão, o protocolo está configurado como TCP/IP, o servidor (HOST) está configurado como HQ e a porta naquele host que deve ser usada para a conexão é a 1521 (que é a atribuição de porta registrada no Oracle para o Oracle Net). O nome da instância é especificado em uma parte separada do descritor como a atribuição SID. O nome da instância ou SID pode ser especificado, mas nenhum dos dois é exigido quando o nome do serviço é especificado. Quando isso acontece, o nome da instância só é necessário se você quiser conectar-se a uma instância específica no ambiente de RAC. O parâmetro SID é usado quando o nome de serviço não é especificado como parte dos parâmetros de inicialização do banco de dados. A estrutura para esse descritor é consistente em todos os protocolos. Além disso, os descritores podem ser gerados automaticamente por meio do Net Configuration Assistant. Como foi previamente observado, as palavras-chave usadas pelos descritores de conexão são específicas para o protocolo. As palavras-chave a serem usadas e os valores a serem atribuídos são fornecidos na documentação específica para o sistema operacional do Oracle Net.

Nomes de serviço de rede

Os usuários não precisam digitar um descritor de conexão toda vez que quiserem acessar os dados remotos. Em vez disso, o DBA pode configurar os *nomes de serviço de rede* (ou *apelidos*), que referenciam esses descritores de conexão.

Os nomes de serviço são armazenados em um arquivo denominado tnsnames.ora. Esse arquivo deve ser copiado para todos os servidores na rede de banco de dados. Todo cliente e servidor de aplicação deve ter uma cópia deste arquivo.

No servidor, o arquivo tnsnames.ora deve estar localizado no diretório especificado pela variável de ambiente TNS_ADMIN. O arquivo normalmente é armazenado em um diretório comum, como o diretório $ORACLE_HOME/network/admin nos sistemas Unix ou Linux. Para um servidor ou cliente Windows NT/2000/XP/Vista, o diretório é o \network\admin abaixo do diretório home do software Oracle.

Um exemplo de entrada no arquivo tnsnames.ora é mostrado na listagem a seguir. Este exemplo atribui um nome de serviço de rede LOC ao descritor de conexão fornecido anteriormente:

```
LOC =(DESCRIPTION=
   (ADDRESS=
      (PROTOCOL=TCP)
      (HOST=HQ)
      (PORT=1521))
   (CONNECT DATA=
      (SERVICE_NAME=LOC)))
```

Um usuário que deseja se conectar à instância LOC no servidor HQ pode agora usar o nome de serviço de rede LOC, conforme mostrado neste exemplo:

```
sqlplus hr/hr@LOC;
```

O símbolo @ diz ao banco de dados para usar o nome de serviço de rede que o acompanha para determinar onde efetuar logon. Se o nome de usuário e senha estiverem corretos para esse banco de dados, uma sessão será aberta e o usuário poderá começar a usá-lo.

Os nomes de serviço de rede criam apelidos para os descritores de conexão, portanto não é necessário fornecer ao nome de serviço de rede o mesmo nome da instância. Por exemplo, você pode fornecer à instância LOC o nome de serviço PROD ou TEST, dependendo do seu uso no seu ambiente. O uso de sinônimos para melhorar ainda mais a transparência de local será descrito na seção "Usando links de banco de dados" posteriormente neste capítulo.

Substituindo o tnsnames.ora pelo Oracle Internet Directory

Um *diretório* é um banco de dados eletrônico especializado no qual são armazenadas informações sobre um ou mais objetos. Seu catálogo de endereços eletrônico é um exemplo de um diretório. Em cada uma das entradas de endereço de e-mail estão informações sobre o nome do contato, endereço de email, endereços residencial e comercial, etc. É possível usar o catálogo de endereços para localizar uma pessoa específica com quem você queira se corresponder.

A Oracle fornece uma ferramenta de banco de dados eletrônico denominada Oracle Internet Directory (OID) para ser usada na resolução de localizações de usuário, servidor e banco de dados assim como senhas e o armazenamento de outras informações importantes. A partir do Oracle9*i*, a ênfase passou do suporte a muitos arquivos tnsnames.ora separados em máquinas distribuídas para o suporte de um ou mais diretórios em máquinas centralizadas. Consulte a seção "Nomeação de diretório com o Oracle Internet Directory," posteriormente neste capítulo, para obter mais informações sobre o OID.

Listeners

Cada servidor de banco de dados na rede deve conter um arquivo listener.ora. O arquivo listener.ora lista os nomes e endereços de todos os processos listener na máquina e as instâncias que eles suportam. Os processos listener recebem conexões de clientes Oracle Net. Um arquivo desse tipo tem quatro partes:

- Seção de cabeçalho
- Lista de endereços de protocolo
- Definições de instância
- Parâmetros operacionais

O arquivo listener.ora é gerado automaticamente pela ferramenta Oracle Net Configuration Assistant (**netca** no Linux). Você pode editar o arquivo resultante desde que siga suas regras de sintaxe. A listagem a seguir mostra exemplos de seções de um arquivo listener.ora – uma definição de endereço e uma definição de instância:

```
LISTENER =
  (ADDRESS_LIST =
    (ADDRESS=
     (PROTOCOL=IPC)
     (KEY= loc.world)
    )
    (ADDRESS=
    (PROTOCOL=TCP)
    (HOST= HR)
    (PORT=1521)
```

```
      )
    )
   SID_LIST_LISTENER =
    (SID_DESC =
      (GLOBAL_DBNAME = loc.world)
      (ORACLE_HOME = D:\oracle\ora11)
      (SID_NAME = loc)
    )
   )
```

A primeira parte dela contém a lista de endereços de protocolos – uma entrada por instância. A lista de endereços de protocolo define os endereços nos quais um listener irá aceitar conexões, incluindo uma seção de definição de endereços de comunicação entre processos (IPC, InterProcess Calls). Neste caso, o listener está ouvindo conexões para o serviço identificado como loc.world, bem como quaisquer solicitações provenientes da máquina HR na PORT(A) 1521 usando o protocolo TCP/IP. O sufixo.world é o nome de domínio padrão para conexões Oracle Net. A partir do Net8, o nome de domínio padrão foi alterado para ser uma string NULL.

NOTA
O uso do SID_LIST_LISTENER não é obrigatório no Oracle Database 10g e no 11g; ele só é obrigatório nas versões anteriores do Oracle Net se você monitorar e gerenciar a instância com o Oracle Enterprise Manager.

A segunda parte da lista, começando com a cláusula SID_LIST_LISTENER, identifica o nome do banco de dados global conforme definido no arquivo init.ora para ele. O diretório home do software Oracle para cada instância que o listener está atendendo e o nome da instância ou SID. O GLOBAL_ DBNAME compreende o nome e o domínio do banco de dados. O descritor SID_LIST é retido para registro de banco de dados estático, para compatibilidade com as versões anteriores e para ser usado pelo Oracle Enterprise Manager. Os bancos de dados são registrados dinamicamente com o listener na sua inicialização; uma instalação padrão do Oracle Database 11g (e do Oracle Database 10g) no Linux só inclui um arquivo listener.ora com o parâmetro LISTENER, como neste arquivo listener.ora do banco de dados DW usado nos exemplos em todo este livro:

```
# listener.ora Network Configuration File:
 /u01/app/oracle/product/11.1.0/db_1/network/admin/listener.ora
# Generated by Oracle configuration tools.

LISTENER =
  (DESCRIPTION_LIST =
    (DESCRIPTION =
      (ADDRESS = (PROTOCOL = TCP)(HOST = dw)(PORT = 1521))
    )
  )
```

Para o listener no servidor dw (para a instância de banco de dados DW), este arquivo listener.ora não precisa nem mesmo existir, a menos que você queira adicionar outros deles ou fornecer entradas de registro estáticas. Se não houver um arquivo listener.ora, o nome do listener padrão será LISTENER, o valor padrão para PROTOCOL será TCP, o parâmetro HOST assumirá como padrão o nome de host do servidor e o valor padrão para PORT (o número de porta TCP/IP) será 1521.

NOTA
Se for alterado o diretório home do software Oracle para uma instância, será preciso alterar o arquivo listener.ora para o servidor.

Parâmetros do listener.ora

O arquivo listener.ora suporta um grande número de parâmetros. Cada um deles deve ter o nome do listener como sufixo. Por exemplo, o nome do listener padrão é LISTENER, assim o parâmetro LOG_FILE recebe o nome de LOG_FILE_LISTENER. Os parâmetros do listener.ora estão listados na Tabela 15-1.

Tabela 15-1 *Parâmetros do arquivo listener.ora*

Parâmetro	Descrição
DESCRIPTION	Serve como um container para os endereços de protocolo do listener.
ADDRESS	Especifica um endereço único de protocolo de listener. Incorporado em um parâmetro DESCRIPTION.
QUEUESIZE	Especifica o número de solicitações de conexão simultâneas que o listener pode aceitar em TCP/IP ou IPC.
RECV_BUF_SIZE	Especifica, em bytes, o espaço em buffer para operações de recebimento das sessões. Incorporado em um parâmetro DESCRIPTION.
SEND_BUF_SIZE	Especifica, em bytes, o espaço em buffer para operações de envio das sessões. Incorporado em um parâmetro DESCRIPTION.
SID_LIST	Lista as descrições SID; configura informações de serviços para o listener; necessário para o OEM, Oracle7, Oracle8 release 8.0, chamadas de procedures externas e serviços heterogêneos.
SID_DESC	Especifica as informações de serviço para uma instância ou serviço específico. Incorporado no parâmetro SID_LIST.
ENVS	Especifica as variáveis de ambiente para o listener a serem configuradas antes de executar um programa de servidor dedicado ou um executável especificado por meio do parâmetro PROGRAM. Incorporado no parâmetro SID_DESC.
GLOBAL_DBNAME	Identifica o serviço de banco de dados. Incorporado em um parâmetro SID_DESC.
ORACLE_HOME	Especifica o diretório home do software Oracle para o serviço. Incorporado em um parâmetro SID_DESC.
PROGRAM	Nomeia o programa executável de serviço. Incorporado em um parâmetro SID_DESC.
SID_NAME	Especifica o nome da instância Oracle para o serviço. Incorporado no parâmetro SID_DESC.
SDU	Especifica o tamanho de unidade de dados da sessão (SDU, session data unit) para transferências de pacotes de dados. Os valores são 512 a 32768 bytes. Incorporado em um parâmetro SID_DESC.
ADMIN_RESTRICTIONS_nome_do_listener	Desativa a modificação em tempo de execução dos parâmetros do listener. Os valores são ON e OFF (o padrão).

(continua)

Tabela 15-1 *Parâmetros do arquivo listener.ora (continuação)*

Parâmetro	Descrição
INBOUND_CONNECT_TIMEOUT_nome_do_listener	Especifica o tempo, em segundos, para o cliente concluir sua solicitação de conexão para o listener depois que a conexão de rede foi estabelecida.
LOG_DIRECTORY_nome_do_listener	Especifica o diretório de destino para o arquivo de log do listener.
LOG_FILE_nome_do_listener	Nomeia o arquivo de log do listener.
LOGGING_nome_do_listener	*Ativa ou desativa o registro de log do listener.*
PASSWORDS_nome_do_listener	Especifica uma senha criptografada para o processo listener. A senha pode ser gerada por meio do Listener Control Utility (lsnrctl) ou Oracle Net Manager.
SAVE_CONFIG_ON_STOP_nome_do_listener	Parâmetro TRUE ou FALSE para especificar se as alterações de configuração em tempo de execução são automaticamente salvas no arquivo listener.ora.
SSL_CLIENT_AUTHENTICATION_nome_do_listener	Parâmetro TRUE ou FALSE para especificar se um cliente é autenticado usando SSL.
STARTUP_WAIT_TIME_nome_do_listener	Obsoleto; não configure.
TRACE_DIRECTORY_nome_do_listener	Especifica o diretório de destino do arquivo de rastreamento do listener.
TRACE_FILE_nome_do_listener	Nomeia o arquivo de rastreamento do listener.
TRACE_FILELEN_nome_do_listener	Especifica o tamanho, em KB, dos arquivos de rastreamento do listener.
TRACE_FILENO_nome_do_listener	Configura o número de arquivos de rastreamento a serem usados para o rastreamento do listener; quando este parâmetro é usado com TRACE_FILELEN_nome_do_listener, os arquivos são usados de maneira cíclica.
TRACE_LEVEL_nome_do_listener	Ativa o rastreamento em níveis específicos. Os valores são OFF (o padrão), USER, ADMIN e SUPPORT.
TRACE_TIMESTAMP_nome_do_listener	Adiciona um timestamp a cada evento de rastreamento. Os valores são ON, OFF, TRUE e FALSE.
WALLET_LOCATION	Especifica o local dos certificados, chaves e credenciais de autenticação e assinatura usados pelo SSL para conexões seguras. Para o parâmetro WALLET_LOCATION, você pode especificar os subparâmetros SOURCE, METHOD, METHOD_DATA, DIRECTORY, KEY, PROFILE e INFILE.

Os parâmetros do listener podem se modificados depois que ele for iniciado. Se você usar a opção SAVE_CONFIG_ON_STOP, todas as alterações feitas a um listener em execução serão gravadas no seu arquivo listener.ora. Consulte os exemplos sobre como controlar o comportamento do listener mais adiante neste capítulo.

USANDO O ORACLE NET CONFIGURATION ASSISTANT

O Oracle Net Configuration Assistant executa as etapas iniciais de configuração de rede após a instalação do software Oracle e cria automaticamente os arquivos de configuração padrão básicos. Você pode usar a ferramenta Oracle Net Manager para administrar os serviços de rede. As ferramentas têm interfaces de usuário gráficas para configurar os seguintes elementos:

- Listener
- Resolução de nomes
- Nomes de serviço de rede local
- Uso do diretório

Figura 15-4 mostra a tela inicial do Oracle Net Configuration Assistant. Conforme mostrado na Figura 15-4, "Listener configuration" é a opção padrão.

Configurando o Listener

Usando o Oracle Net Configuration Assistant, um listener pode ser configurado de maneira rápida e fácil. Ao selecionar as opções do Listener Configuration, você pode escolher adicionar, reconfigurar, excluir ou renomear um listener. Após selecionar a opção Add, a primeira etapa é selecionar um nome de listener. A Figura 15-5 mostra a tela Listener Name com o nome de listener padrão, LISTENER, exibido.

Após selecionar um nome de listener, você deve selecionar um protocolo. O protocolo padrão selecionado é TCP. A Figura 15-6 mostra a tela de seleção de protocolos.

Uma vez que um protocolo tenha sido selecionado, designe um número de porta na qual o novo listener ouvirá. O número de porta padrão apresentado é 1521, mas é possível designar outra porta. As três próximas telas incluem um prompt para configurar outro listener, uma solicitação para indicar um listener que você deseja iniciar e uma confirmação de que a configuração de listener está concluída para este listener.

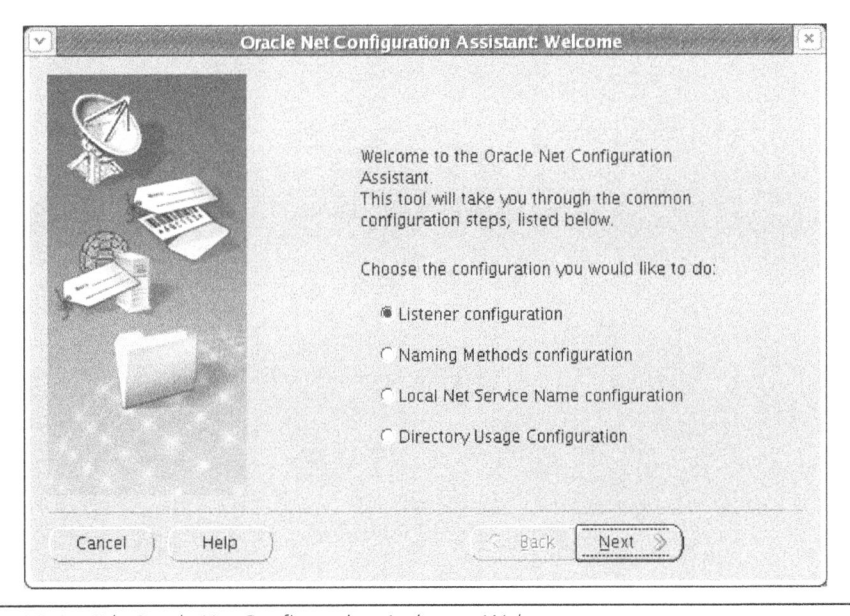

Figura 15-4 *Tela Oracle Net Configuration Assistant: Welcome.*

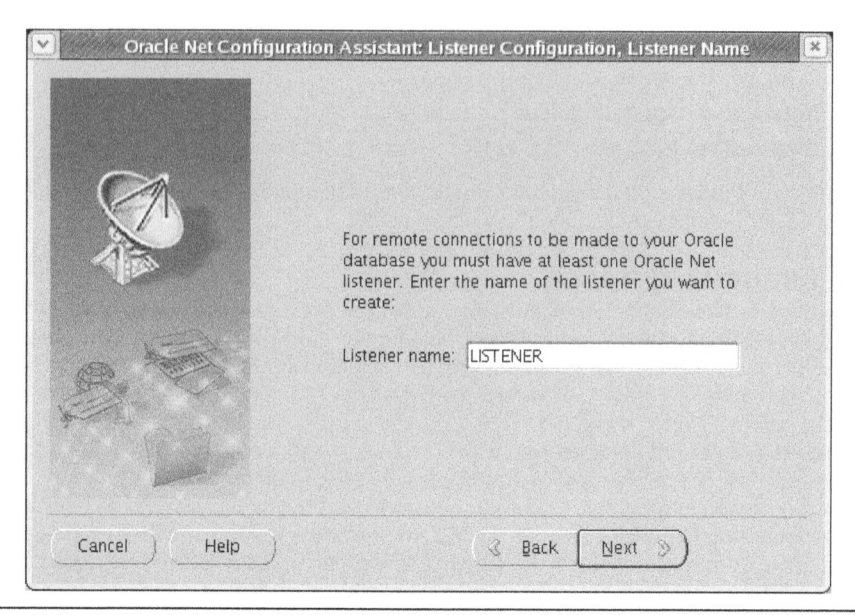

Figura 15-5 *Tela Listener Configuration, Listener Name.*

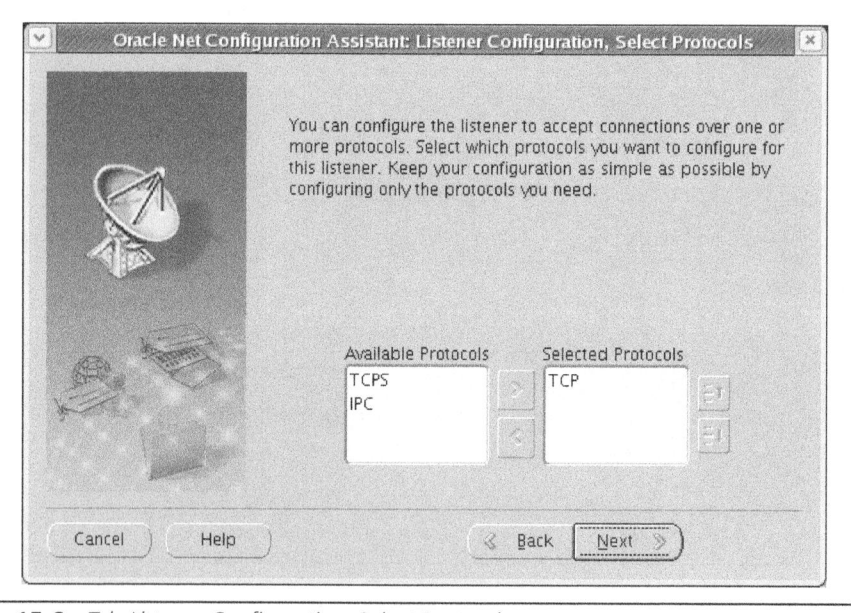

Figura 15-6 *Tela Listener Configuration, Select Protocols.*

Configuração de resolução de nomes

A opção de Configuração de resolução de nomes do Oracle Net Configuration Assistant configura os nomes de serviços de rede. Existem muitas opções disponíveis para resolução de nomes. Algumas delas estão listadas abaixo:

Local	O arquivo tnsnames.ora
Host Name	Usa um serviço de nomes TCP. Não é possível usar um pool de conexão ou o Oracle Connection Manager com esta opção.
Sun NIS, DCE CDS, Directory	Serviços de nomes externos.

Se aceitar a opção Host Name, você verá uma tela de informações avisando que o nome do Host Name não requer nenhuma configuração adicional "neste momento". Esta tela informará que, sempre que adicionar um serviço de banco de dados no futuro, uma entrada deve ser criada no seu sistema de resolução de nome de host TCP/IP.

Uma vez que tenha selecionado a resolução de nomes, o Oracle Net Configuration Assistant exibirá uma tela de confirmação.

Configuração de nomes de serviço de rede local

As opções de configuração de nomes de serviço de rede local do Oracle Net Configuration Assistant podem ser usadas para gerenciar nomes de serviço de rede. Cinco opções estão disponíveis para a ferramenta de configuração de nomes de serviço de rede local do Oracle Net Configuration Assistant:

- Adicionar
- Reconfigurar
- Excluir
- Renomear
- Testar

Para a opção Adicionar, primeiramente é preciso especificar a versão do banco de dados que será acessada e o nome do serviço. Uma vez inserido o nome de serviço global ou SID, será solicitado a inserção do protocolo, o nome do host e a porta do listener. A próxima tela oferece a opção de verificar se o banco de dados Oracle especificado foi alcançado com êxito. Você pode escolher pular ou executar o teste de conexão. Uma vez escolhido testar a conexão e o teste ter sido completado com êxito, ou optado por pular o teste, será solicitada a especificação do nome de serviço para o novo serviço de rede. Por padrão, o nome de serviço inserido anteriormente é usado, mas é possível especificar um nome diferente se for decidido assim. Finalmente, o sistema notifica que seu novo nome de serviço local foi criado com êxito e um prompt pergunta se você deseja configurar outro.

É possível usar a opção Reconfigurar para selecionar e modificar um nome de serviço de rede existente. Você será solicitado a selecionar um nome de serviço de rede existente. A tela Database Version, a tela do nome de serviço e a tela Select Protocols são usadas, bem como a tela TCP/IP Protocol. A opção para testar a conexão de banco de dados é oferecida, assim como a tela do nome de serviço de rede para permitir que você renomeie o serviço de rede que irá configurar.

A opção Testar permite verificar se suas informações de configuração estão corretas, se o banco de dados especificado pode ser alcançado e se uma conexão bem sucedida pode ser usada.

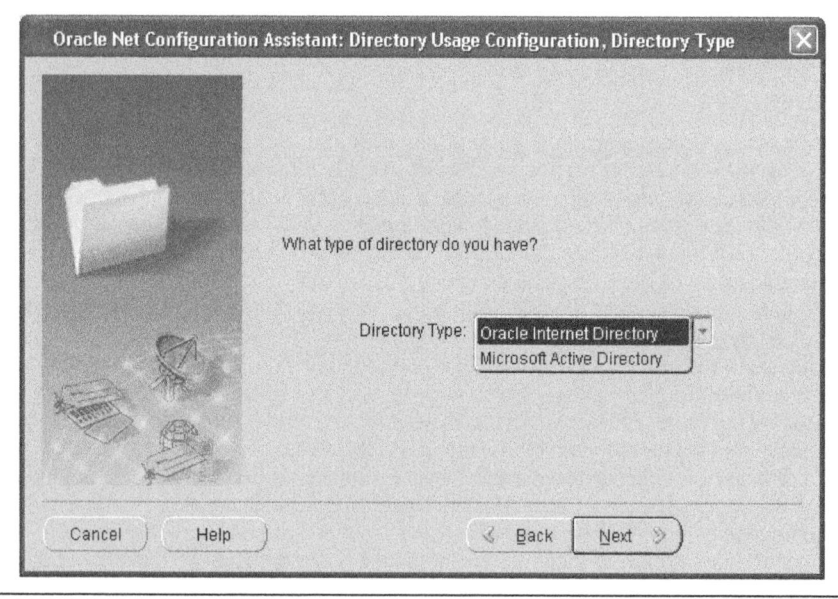

Configuração de uso de diretório

Um serviço de diretório fornece um repositório central de informações na rede. As formas mais comuns de diretório dão suporte ao Lightweight Directory Access Protocol (LDAP). Um servidor LDAP pode fornecer os seguintes recursos:

- Armazenar nomes de serviço de rede e suas resoluções de local
- Fornecer links de bancos de dados globais e apelidos
- Atuar como uma "central de trocas" de informações de configuração de clientes em toda a rede
- Auxiliar na configuração de outros clientes
- Atualizar automaticamente os arquivos de configuração de cliente
- Hospeda as informações de cliente, como nomes de usuário e senhas

A opção Directory Usage Configuration dá suporte ao Oracle Internet Directory e ao Microsoft Active Directory. A janela de seleção de diretório é mostrada na Figura 15-7 em um ambiente Windows.

Em seguida, será solicitado o fornecimento do nome de host, porta e porta SSL do local do serviço de diretório; essa janela é mostrada na Figura 15-8. Por padrão, a porta é 389 e a porta SSL é 636. Uma vez que você tenha especificado essas informações, a ferramenta tentará conectar-se ao seu repositório de diretório e verificar se foi estabelecido um esquema e um contexto. Caso ainda não tenha sido feito, você receberá uma mensagem de erro instruindo-o como fazê-lo.

Figura 15-7 *Configuração de uso de diretório.*

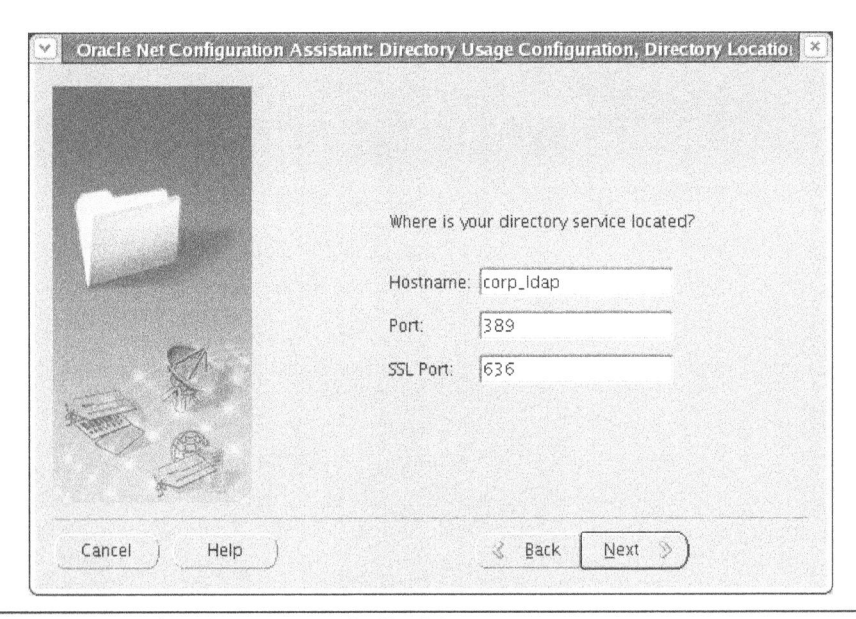

Figura 15-8 *Especificando um serviço de diretório LDAP.*

Na segunda opção, "Select the directory server you want to use, and configure the directory server for Oracle usage...," são recebidos os mesmos prompts iniciais para selecionar o tipo de diretório e inserir o nome de host e as portas. Uma vez que as informações são verificadas, se o diretório ainda não contiver o esquema necessário, você terá a oportunidade de criá-lo.

Para executar esta tarefa, é preciso ter os privilégios apropriados. Por padrão, o nome de usuário inicial com privilégios apropriados para a criação de esquema referente ao Oracle Internet Directory é "cn=orcladmin" e a senha é "welcome". Você deve alterar a senha na primeira oportunidade.

A terceira e quarta opções permitem a configuração individual de um esquema e de um contexto.

USANDO O ORACLE NET MANAGER

Há uma sobreposição entre o Oracle Net Configuration Assistant mostrado na seção anterior e o utilitário Oracle Net Manager. As duas ferramentas podem ser usadas para configurar um listener ou um nome de serviço de rede. Ambos facilitam a configuração de serviço de nomes, perfil local e serviço de diretório. O Oracle Net Manager não é muito fácil de usar, mas fornece uma alternativa de configuração mais detalhada. O Oracle Net Manager é iniciado no Linux com o comando **netmgr**.

Como mostrado na Figura 15-9, a tela de abertura do Oracle Net Manager lista a funcionalidade básica que ele fornece, conforme a seguir:

- **Naming**   Define nomes simples para identificar o local de um serviço.
- **Naming Methods**   Define o modo como os nomes simples são mapeados para os descritores de conexão.
- **Listeners**   Dá suporte à criação e configuração de listeners.

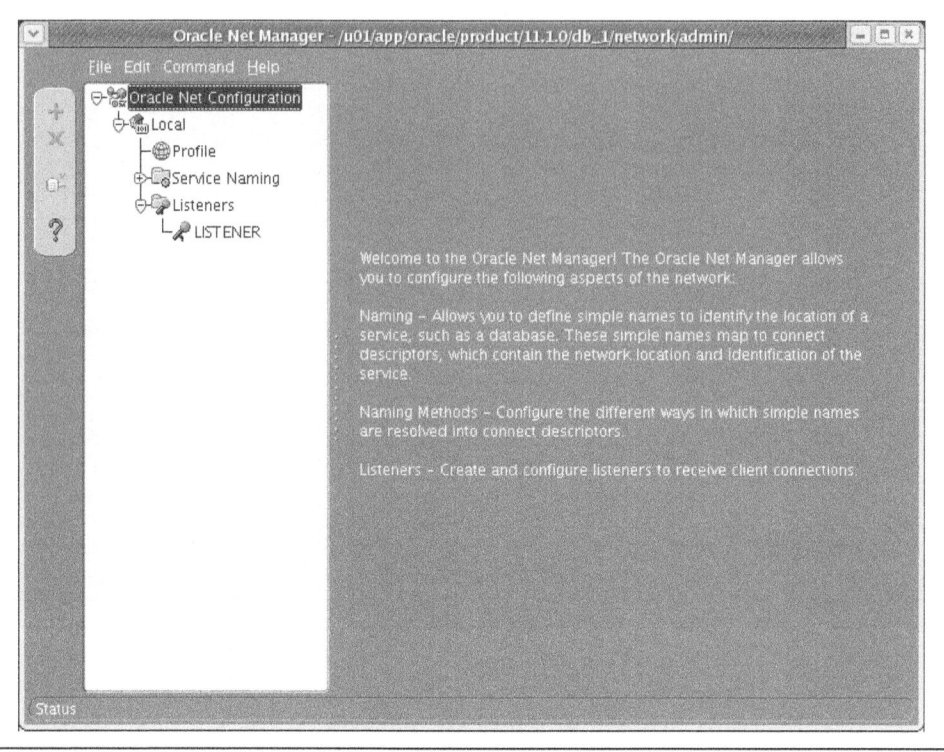

Figura 15-9   *Janela de configuração do Oracle Net Manager Console.*

É possível usar o Oracle Net Manager para gerenciar seus arquivos de configuração e testar suas conexões. Opções como Oracle Advanced Security podem ser gerenciadas por meio do Oracle Net Manager. A opção Oracle Advanced Security fornece uma criptografia integral de dados em um ambiente distribuído. Por padrão, seus dados irão trafegar em texto simples pela rede, a menos que você use a criptografia do Oracle ou um criptografia baseada em hardware.

Um novo nome de serviço de rede pode ser criado para o arquivo tnsnames.ora por meio do Oracle Net Service Names Wizard. Após especificar um nome de serviço de rede, você será solicitado a selecionar o protocolo de rede que deseja usar. As opções são:

- TCP/IP (Internet Protocol)
- TCP/IP with SSL (Secure Internet Protocol)
- Named Pipes (Microsoft Networking)
- IPC (Local Database)

O Oracle Net Manager solicitará cada um dos parâmetros necessários para estabelecer uma conexão de banco de dados e modificará o arquivo tnsnames.ora local para refletir as informações fornecidas. Devem ser fornecidas informações sobre host, número de porta, nome de serviço ou SID (dependendo da versão do Oracle) e o tipo de conexão (banco de dados padrão, servidor compartilhado ou servidor dedicado). Finalmente, haverá a oportunidade de testar o novo nome de serviço.

Os nomes de serviço de rede existentes podem ser testados através da seleção de um nome de serviço de rede nas listas de serviços exibidas e, em seguida, da seleção da opção Test Connection no menu. Quanto mais simples forem suas configurações de cliente e servidor e quanto mais fiel você for aos valores padrão, mais simples será o gerenciamento dos arquivos de configuração. O Oracle Net Manager simplifica a administração desse arquivo. Um aviso: se estiver usando o listener para ouvir conexões da Internet através de um firewall, certifique-se de não ter deixado algum ouvindo na porta padrão, 1521, porque uma falha no seu firewall poderá permitir uma possível reconfiguração remota do listener. Um listener não seguro usando valores padrão pode permitir que um hacker obtenha informações do banco de dados que poderão comprometer o seu site.

INICIANDO O PROCESSO LISTENER DO SERVIDOR

O processo listener é controlado pelo utilitário Listener Control, executado por meio do comando **lsnrctl**. As opções disponíveis para o comando **lsnrctl** são descritas na próxima seção. Para iniciar o listener, use este comando:

```
lsnrctl start
```

Esse comando iniciará o listener padrão (denominado LISTENER). Se você quiser iniciar um listener com um nome diferente, inclua esse nome de listener com o segundo parâmetro no comando **lsnrctl**.

Por exemplo, se for criado um listener denominado MY_LSNR, ele poderá ser iniciado por meio do comando:

```
lsnrctl start my_lsnr
```

Na próxima seção são encontradas descrições de outros parâmetros disponíveis para o utilitário Listener Control.

Após iniciar um listener, você pode verificar se ele está no ar usando a opção **status** do utilitário Listener Control. O comando a seguir pode ser usado para executar esta verificação:

```
[oracle@dw ~]$ lsnrctl status

LSNRCTL for Linux: Version 11.1.0.5.0 - Beta on 08-AUG-2007 19:58:40

Copyright (c) 1991, 2007, Oracle. All rights reserved.

Connecting to (DESCRIPTION=(ADDRESS=(PROTOCOL=TCP)(HOST=dw)(PORT=1521)))
STATUS of the LISTENER
------------------------
Apelido                   LISTENER
Version                   TNSLSNR for Linux: Version 11.1.0.5.0 - Beta
Start Date                02-AUG-2007 19:06:23
Uptime                    6 days 0 hr. 52 min. 17 sec
Trace Level               off
Security                  ON: Local OS Authentication
SNMP                      OFF
Listener Parameter File
   /u01/app/oracle/product/11.1.0/db_1/network/admin/listener.ora
Listener Log File
   /u01/app/oracle/diag/tnslsnr/dw/listener/alert/log.xml
Listening Endpoints Summary...
```

```
            (DESCRIPTION=(ADDRESS=(PROTOCOL=tcp)(HOST=dw)(PORT=1521)))
Services Summary...
Service "+ASM" has 1 instance(s).
  Instance "+ASM", status READY, has 1 handler(s) for this service...
Service "+ASM_XPT" has 1 instance(s).
  Instance "+ASM", status READY, has 1 handler(s) for this service...
Service "dw.world" has 1 instance(s).
  Instance "dw", status READY, has 1 handler(s) for this service...
Service "dwXDB.world" has 1 instance(s).
  Instance "dw", status READY, has 1 handler(s) for this service...
Service "dw_XPT.world" has 1 instance(s).
  Instance "dw", status READY, has 1 handler(s) for this service...
The command completed successfully
[oracle@dw ~]$
```

Se o listener tiver um nome diferente de LISTENER no arquivo listener.ora, é preciso adicionar o nome dele ao comando status. Por exemplo, se o nome do listener for MY_LSNR, o comando será

```
lsnrctl status my_lsnr
```

A saída do comando mostrará se o listener foi iniciado e os serviços que ele suporta no momento, conforme definido pelo seu arquivo listener.ora. O arquivo de parâmetros do listener e o local do seu arquivo de log serão exibidos.

Para ver os processos do sistema operacional envolvidos, use o comando a seguir. Este exemplo usa o comando **ps -ef do** Unix para listar os processos ativos do sistema. O parâmetro **grep tnslsnr** elimina as linhas que não contêm o termo "tnslsnr."

```
[oracle@dw ~]$ ps -ef | grep tnslsnr
oracle 5931 1 0 Aug04? 00:00:46
/u01/app/oracle/product/11.1.0/db_1/bin/tnslsnr LISTENER -inherit
oracle 25124 23035 0 20:02 pts/2 00:00:00 grep tnslsnr
[oracle@dw ~]$
```

Essa saída mostra dois processos: o processo listener e o processo que o está verificando. O sistema operacional quebrou a primeira linha de retorno, gerando duas linhas de informação.

CONTROLANDO O PROCESSO LISTENER DO SERVIDOR

O utilitário Listener Control, **lsnrctl**, pode ser usado para iniciar, parar e modificar o processo listener no servidor de banco de dados. Suas opções de comando estão listadas na Tabela 15-2. Cada um desses comandos pode ser acompanhado por um valor; exceto para o comando **set password**, esse valor será um nome de listener. Se nenhum nome de listener for especificado, o nome padrão (LISTENER) será usado. Uma vez no **lsnrctl**, você pode alterar o listener que será modificado por meio do comando **set current_listener**.

DICA
As melhores práticas da Oracle dizem para sempre usar uma senha do listener no Oracle9i, mas nunca no Oracle Database 10g ou 11g; para o Oracle Database 10g e posterior, o modo de autenticação padrão para o listener é a autenticação do SO local, que requer que o administrador do listener seja um membro do grupo dba local.

Tabela 15-2 *Comandos do utilitário Listener Control (lsnrctl)*

Comando	Descrição
CHANGE_PASSWORD	Define uma nova senha para o listener. Você será solicitado a inserir a senha antiga do listener.
EXIT	Sai do **lsnrctl**.
HELP	Exibe uma lista de opções do comando **lsnrctl**. Opções adicionais podem ser vistas por meio dos comandos **help set** e **help show**.
QUIT	Sai do **lsnrctl**.
RELOAD	Permite que você modifique os serviços do listener depois que ele for iniciado. Obriga o SQL*Net a ler e usar o arquivo listener.ora mais atual.
SAVE_CONFIG	Novo a partir do Net8. Cria um backup do arquivo listener.ora existente e, em seguida, atualiza esse arquivo com parâmetros alterados por meio do **lsnrctl**.
SERVICES	Exibe os serviços disponíveis, junto com seus históricos de conexão. Também lista se cada serviço está ativado para acesso DBA remoto ou autologin.
SET	Define os valores dos parâmetros. As opções incluem o seguinte: **current_listener** altera o processo listener cujos parâmetros estão sendo definidos ou mostrados. **displaymode** altera o formato e nível de detalhes para os comandos **services** e **status**. **inbound_connect_timeout** define o tempo, em segundos, para o cliente completar sua conexão com o listener antes de sofrer um timeout. **log_directory** define o diretório para o arquivo de log do listener. **log_file** define o nome do arquivo de log do listener. **log_status** define se o registro em log está ativado ou desativado. **password** define a senha do listener. **raw_mode** altera o formato **displaymode** para mostrar todos os dados; só use **raw_mode** junto com o Oracle Support. **save_config_on_stop** salva suas alterações de configuração feitas ao arquivo listener.ora quando você sai do **lsnrctl**. **startup_waittime** define o número de segundos que o listener aguarda antes de responder a um comando **lsnrctl start**. **trc_directory** define o diretório para o arquivo de rastreamento do listener. **trc_file** define o nome do arquivo de rastreamento do listener. **trc_level** define o nível de rastreamento (ADMIN, USER, SUPPORT ou OFF). Consulte **lsnrctl trace**.
SHOW	Mostra as configurações de parâmetros atuais. As opções são iguais às opções do comando **set** com a omissão somente do comando **password**.

(continua...)

Tabela 15-2 *Comandos do utilitário Listener Control (lsnrctl) (continuação)*

Comando	Descrição
SPAWN	Gera um programa que executa com um apelido no arquivo listener.ora.
START	Inicia o listener.
STATUS	Fornece informações de status sobre o listener, incluindo a hora em que foi iniciado, seu nome de arquivo de parâmetro, seu arquivo de log e os serviços que ele suporta. Isso pode ser usado para consultar o status de um listener em um servidor remoto.
STOP	Pára o listener.
TRACE	Define o nível de rastreamento do listener para uma das quatro opções: OFF, USER (rastreamento limitado), ADMIN (nível alto de rastreamento) ou SUPPORT (para o Suporte Oracle).
VERSION	Exibe as informações de versão para o listener, TNS e os adaptadores de protocolo.

NOTA
*As opções para **lsnrctl** podem ser introduzidas ou removidas com cada nova versão do Oracle Net.*

Você pode inserir o comando **lsnrctl** sozinho para acessar o shell do utilitário **lsnrctl**, a partir do qual todos os outros comandos podem, então, ser executados.

As opções de comando listadas na Tabela 15-2 proporcionam um grande controle sobre o processo listener, conforme mostrado nos exemplos a seguir. Na maioria desses exemplos, o comando **lsnrctl** é primeiramente inserido sozinho. Isso coloca o usuário no utilitário **lsnrctl** (conforme indicado pelo prompt LSNRCTL). O restante dos comandos são inseridos a partir deste utilitário. Os exemplos a seguir mostram o uso do utilitário **lsnrctl** para parar, iniciar e gerar informações de diagnóstico sobre o listener.

Para parar o listener:

```
lsnrctl
LSNRCTL> set password lsnr_password
LSNRCTL> stop
```

Para listar as informações de status para o listener:

```
lsnrctl status
```

Para listar o status de um listener em outro host, adicione um nome de serviço a partir desse host como um parâmetro do comando **status**. O exemplo a seguir usa o nome de serviço HQ mostrado anteriormente neste capítulo:

```
lsnrctl status hq
```

Para listar as informações de versão sobre o listener:

```
lsnrctl version
```

Para listar informações sobre os serviços suportados pelo listener:

```
lsnrctl
LSNRCTL> set password lsnr_password
LSNRCTL> services
```

> **NOTA**
> *A partir do Oracle Database 10g Release 1, o nome padrão para um listener em um ambiente de banco de dados RAC é LISTENER_HOSTNAME.*

O Oracle Connection Manager

O componente Oracle Connection Manager do Oracle Net atua como um roteador para estabelecer os links de comunicação de banco de dados entre protocolos de rede incompatíveis, assim como tira vantagem da multiplexação e controle de acesso.

A vantagem de um Oracle Connection Manager é que todos os servidores não têm de usar o mesmo protocolo de comunicação. Cada servidor pode usar o protocolo de comunicação que melhor se ajuste ao seu ambiente e ainda será capaz de transferir os dados entre outros bancos de dados. Essa comunicação ocorre independente dos protocolos usados nos servidores remotos; o Oracle Connection Manager resolve as diferenças entre os protocolos. Os protocolos suportados pelo Oracle Connection Manager são IPC, Named Pipes, SDP, TCP/IP e TCP/IP com SSL. Vários caminhos de acesso podem ser usados para resolver diferentes solicitações de clientes. O Oracle Connection Managers selecionará o caminho mais apropriado com base na sua disponibilidade e na carga de rede. O custo relativo de cada caminho é especificado por meio do utilitário Network Manager quando o Oracle Connection Managers é configurado.

Em um ambiente da intranet, o Oracle Connection Manager pode ser usado como um firewall para o tráfego Oracle Net. Podem ser estabelecidas regras de filtragem para ativar ou desativar o acesso específico de clientes usando o Oracle Connection Manager. As regras de filtragem podem ser baseadas em qualquer um dos seguintes critérios:

- Nomes de host de destino ou endereços IP para servidores.
- Nome de serviço do banco de dados de destino.
- Nomes do host de origem ou endereços IP para clientes.
- Se o cliente estiver usando a opção Oracle Advanced Security.

O Oracle Connection Manager é usado para melhorar a segurança do firewall filtrando o acesso do cliente baseado em um ou mais aspectos das regras de filtragem preestabelecida. Por exemplo, você poderá especificar que um endereço IP tenha o acesso negado usando o parâmetro CMAN_RULES no arquivo cman.ora.

O arquivo sqlnet.ora pode ser usado para especificar diagnósticos adicionais além do diagnóstico padrão fornecido.

Usando o Connection Manager

O Oracle Net usa o Connection Manager para dar suporte a conexões em redes homogêneas, reduzindo o número de conexões físicas mantidas pelo banco de dados. Dois processos principais e um utilitário de controle estão associados ao Connection Manager, conforme a seguir:

CMGW	O processo de gateway que atua como um hub para o Connection Manager.
CMADMIN	Um processo multithread responsável por todas as tarefas administrativas.
CMCTL	Um utilitário que permite funções de gerenciamento básicas para a administração do Oracle Control Manager.

O processo CMGW

O processo Connection Manager Gateway (CMGW) registra-se com o processo CMADMIN e ouve as solicitações de conexões de entrada. Por padrão, esse processo ouve na porta 1630 usando o protocolo TCP/IP. O processo CMGW inicia as solicitações de conexão para os listeners a partir de clientes e transmite os dados entre o cliente e o servidor.

O processo CMADMIN

O processo multithread Connection Manager Administrative (CMADMIN) executa muitas tarefas e funções. Ele processa os registros CMGW e registra as informações de endereçamento de rota de origem dele e dos listeners. O processo CMADMIN é incumbido de identificar todos os processos listener que dão suporte a pelo menos um banco de dados. Usando o Oracle Internet Directory, o CMADMIN executa as seguintes tarefas:

- Localizar servidores locais.
- Monitorar listeners registrados.
- Manter as informações de endereços de cliente.
- Atualizar periodicamente o cache do Connection Manager dos serviços disponíveis.

O processo CMADMIN gerencia as informações da rota de origem sobre o CMGW e listeners.

Configurando o Oracle Connection Manager

O arquivo cman.ora, localizado por padrão no diretório $ORACLE_HOME/network/admin em um sistema Unix e no diretório %ORACLE_HOME%\network\admin no sistema Windows, contém parâmetros de configuração para o Oracle Connection Manager. O arquivo contém endereços de protocolo do processo gateway do listener, parâmetros de controle de acesso e parâmetros de perfil ou controle.

O conjunto completo de parâmetros do cman.ora é mostrado na Tabela 15-3.

Tabela 15-3 *Parâmetros do arquivo cman.ora*

Parâmetro	Descrição
ADDRESS	Especifica o endereço de protocolo (como o protocolo, o host e a porta) do Connection Manager.
RULE	Especifica uma lista de regras de controle de acesso para filtrar as conexões de entrada. Os subparâmetros permitem nomes de host de origem e de destino, endereços IP e nomes de serviço a serem filtrados.
PARAMETER_LIST	Especifica os valores de atributo ao sobrescrever as configurações padrão. O restante dos parâmetros nesta listagem são subparâmetros na configuração PARAMETER_LIST.
ASO_AUTHENTICATION_FILTER	Especifica se as configurações de autenticação do Oracle Advanced Security devem ser usadas pelo cliente. O padrão é OFF.
CONNECTION_STATISTICS	Especifica se o comando SHOW_CONNECTIONS exibe estatísticas de conexão. O padrão é NO.

(continua...)

Tabela 15-3 *Parâmetros do arquivo cman.ora (continuação)*

Parâmetro	Descrição
EVENT_GROUP	Especifica quais grupos de eventos são registrados em arquivo de log. O padrão é nenhum.
IDLE_TIMEOUT	Especifica a quantidade de tempo, em segundos, que uma conexão estabelecida pode permanecer ativa sem transmitir dados. O padrão é 0.
INBOUND_CONNECT_TIMEOUT	Especifica, em segundos, quanto tempo o listener do Oracle Connection Manager esperará por uma conexão válida a partir de um cliente ou outra instância do Oracle Connection Manager. O padrão é 0.
LOG_DIRECTORY	Especifica o diretório de destino para os arquivos de log do Oracle Connection Manager. O padrão é o subdiretório /network/log sob o diretório home do Oracle.
LOG_LEVEL	Especifica o nível de registro em log (OFF, USER, ADMIN ou SUPPORT). O padrão é SUPPORT.
MAX_CMCTL_SESSIONS	Especifica o número máximo de sessões locais ou remotas simultâneas do utilitário de controle do Oracle Connection Manager permitido para uma determinada instância. O padrão é 4.
MAX_CONNECTIONS	Especifica o número máximo de conexões que um processo de gateway pode gerenciar. O padrão é 256.
MAX_GATEWAY_PROCESSES	Especifica o número máximo de processos gateway que uma instância do Oracle Connection Manager suporta. O padrão é 16.
MIN_GATEWAY_PROCESSES	Especifica o número mínimo de processos de gateway que uma instância do Oracle Connection Manager deve suportar. O padrão é 2.
OUTBOUND_CONNECT_TIMEOUT	Especifica, em segundos, o período de tempo que a instância do Oracle Connection Manager espera por uma conexão válida ser estabelecida com o servidor de banco de dados ou com outra instância do Oracle Connection Manager. O padrão é 0.
PASSWORD_instance_name	A senha criptografada da instância, se configurada.
REMOTE_ADMIN	Especifica se o acesso remoto a um Oracle Connection Manager é permitido. O padrão é NO.
SESSION_TIMEOUT	Especifica o período máximo, em segundos, permitido para uma sessão de usuário. O padrão é 0.
TRACE_DIRECTORY	Especifica o diretório para os arquivos de rastreamento. O padrão é o subdiretório /network/trace sob o diretório home do Oracle.

(continua...)

Tabela 15-3 *Parâmetros do arquivo cman.ora (continuação)*

Parâmetro	Descrição
TRACE_FILELEN	Especifica, em KB, o tamanho do arquivo de rastreamento. O padrão é 0.
TRACE_FILENO	Especifica o número de arquivos de rastreamento, usados ciclicamente. O padrão é 0.
TRACE_LEVEL	Especifica o nível de rastreamento (OFF, USER, ADMIN ou SUPPORT). O padrão é OFF.
TRACE_TIMESTAMP	Adiciona um timestamp a cada evento nos arquivos de rastreamento. O padrão é OFF.

O utilitário Connection Manager Control (CMCTL)

O utilitário Connection Manager Control fornece acesso administrativo ao CMADMIN e CMGW. O Connection Manager é iniciado por meio do comando **cmctl**. A sintaxe do comando é

```
cmctl command process_type
```

O comando de inicialização padrão a partir do sistema operacional é o seguinte:

```
cmctl start cman
```

Os comandos são divididos em quatro tipos básicos:

- Comandos operacionais, como **start**
- Comandos modificadores, como **set**
- Comandos de informações, como **show**
- Operações de utilitários de comandos, como **exit**

Usando o parâmetro REMOTE_ADMIN, você pode controlar, mas não iniciar, gerenciadores remotos. Ao contrário do utilitário Listener discutido anteriormente neste capítulo, você não pode configurar interativamente uma senha para o Oracle Connection Manager. Para configurar uma senha para essa ferramenta, coloque um senha de texto simples no arquivo cman.ora. As opções de comando disponíveis para o comando **cmctl** são mostrados na Tabela 15-4.

Se o Connection Manager for iniciado, qualquer cliente que tenha o parâmetro SOURCE_ROUTE configurado como YES no seu arquivo tnsnames.ora pode usar o Connection Manager. O Connection Manager reduz os requisitos de recursos do sistema mantendo as conexões lógicas enquanto reutiliza as conexões físicas.

Nomeando diretórios com o Oracle Internet Directory

O Oracle Internet Directory facilita o suporte a servidores compatíveis com LDAP para o gerenciamento centralizado de resolução de nomes de rede em uma rede Oracle distribuída. Para o gerenciamento localizado, é possível ainda usar o arquivo tnsnames.ora.

O arquivo ldap.ora, localizado no diretório $ORACLE_HOME/network/admin em um sistema Unix e no diretório %ORACLE_HOME%\network\admin em um ambiente Windows, armazena os parâmetros de configuração para acessar um servidor de diretório. O Oracle suporta o Oracle Internet Directory e Microsoft Active Directory.

Tabela 15-4 *Opções do comando cmctl.*

Comando	Descrição
ADMINISTER	Seleciona uma instância do Oracle Connection Manager. O formato é **administer -c** seguido do nome da instância, com uma cláusula **using** *password* opcional.
CLOSE CONNECTIONS	Termina as conexões. Podem ser especificados origem, destino, serviço, estado e ID do processo gateway para as conexões a serem finalizadas.
EXIT	Sai do utilitário Oracle Connection Manager Control.
HELP	Lista todos os comandos CMCTL.
QUIT	Sai do utilitário Oracle Connection Manager Control.
RELOAD	Relê dinamicamente parâmetros e regras do arquivo cman.ora.
RESUME GATEWAYS	Reinicia os processos de gateway suspensos.
SAVE_PASSWORD	Salva a senha atual no arquivo de parâmetros de configuração cman.ora.
SET	Exibe uma lista de parâmetros que podem ser modificados no CMCTL. É possível configurar valores para aso_authentication_filter, connection_statistics, event, idle_timeout, inbound_connect_timeout, log_directory, log_level, outbound_connect_timeout, password, session_timeout, trace_directory e trace_level.
SHOW	Exibe uma lista de parâmetros cujos valores podem ser exibidos. Você pode mostrar cada um dos valores listando-os especificamente depois do comando SHOW (por exemplo, SHOW TRACE_LEVEL).
SHOW ALL	Exibe os valores de todos os parâmetros e regras.
SHOW DEFAULTS	Exibe as configurações de parâmetros padrão.
SHOW EVENTS	Exibe os eventos.
SHOW GATEWAYS	Exibe o status atual dos processos gateway específicos.
SHOW PARAMETERS	Exibe as configurações de parâmetros atuais.
SHOW RULES	Exibe a lista de controle de acesso atual.
SHOW SERVICES	Exibe as informações sobre os serviços Oracle Connection Manager, incluindo gerenciadores de gateway e o número de conexões.
SHOW STATUS	Exibe as informações básicas sobre a instância e suas estatísticas atuais.
SHOW VERSION	Exibe a versão atual e o nome do utilitário CMCTL.
SHUTDOWN	Efetua o shutdown de processos gateway específicos ou da instância Oracle Connection Manager inteira.
STARTUP	Inicia o Oracle Connection Manager.
SUSPEND GATEWAY	Impede que os processos gateway aceitem novas conexões cliente.

Para resolver um descritor de conexão usando um servidor de diretórios centralizado, estas são as etapas:

1. O Oracle Net, representando o cliente, contata o servidor de diretório para obter a resolução do identificador de conexão para um descritor de conexão.
2. O servidor de diretório aceita o identificador de conexão, localiza o descritor de conexão associado e retorna o descritor para o Oracle Net.
3. O Oracle Net usa o descritor resolvido para fazer a solicitação de conexão para o listener correto.

O servidor de diretório usa uma estrutura em árvore na qual armazena seus dados. Cada nó da árvore é uma *entrada*. Uma estrutura hierárquica de entradas é usada, denominada *árvore de informações de diretório (DIT, directory information tree)* e cada entrada é identificada por um único *nome distinto (DN, distinguished name)* que informa ao servidor de diretório exatamente onde a entrada reside. As DITs podem ser estruturadas para usar um Domain Name System (DNS) existente, linhas organizacionais ou geográficas, ou esquema de nomes da Internet.

Usando uma DIT que está organizada ao longo de linhas organizacionais, por exemplo, o DN para o servidor HR pode ser este: (dn: cn=HR, cn=OracleContext, dc=us, dc=ourcompany, dc=com). O componente mais baixo de um DN é colocado na extremidade esquerda da DIT e movido progressivamente para cima na árvore. A ilustração mostra a DIT para este exemplo.

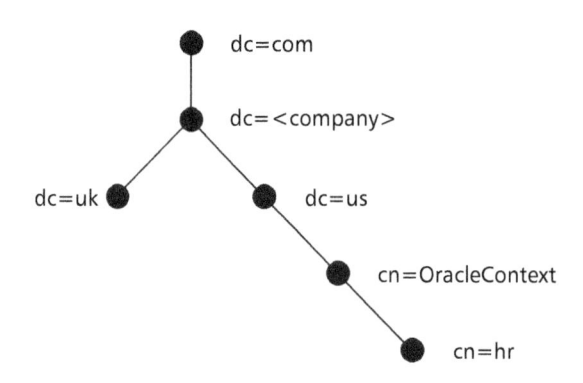

Os atributos LDAP comumente usados são os seguintes:

- **CommonName (cn)** Nome comum de uma entrada
- **Country (c)** Nome de país
- **Domain component (dc)** Componente do domínio
- **Organization (o)** Nome da organização
- **OrganizationalUnitName (ou)** Nome da unidade na organização

NOTA
O valor cn=OracleContext é uma entrada especial no servidor de diretórios que dá suporte aos recursos compatíveis de diretório, como nomeação de diretório. O Oracle Context é criado por meio do Oracle Net Configuration Assistant discutido anteriormente neste capítulo.

Configurando um Oracle Internet Directory

Conforme detalhado anteriormente, é possível usar o Oracle Net Configuration Assistant ou o Oracle Net Manager para executar as tarefas de configuração iniciais. Uma vez que o esquema de diretório e o Oracle Context tenham sido estabelecidos, comece a registrar os nomes de serviço com o serviço de diretório usando o Oracle Net Manager. A área Oracle Context é a raiz da subárvore de diretório onde todas as informações relevantes para o software Oracle são armazenadas.

Quando o Oracle Context é instalado, duas entidades são criadas: OracleDBCreators e OracleNetAdmins. A entidade OracleDBCreators é criada com um DN igual a (cn=OracleDBCreators, cn=OracleContext). Qualquer usuário que seja um membro do OracleDBCreators pode registrar uma entrada de servidor de banco de dados ou uma entrada de cliente de diretório usando o Oracle Database Configuration Assistant.

Um usuário atribuído como um membro do OracleNetAdmins pode criar, modificar e excluir nomes de serviço de rede e modificar atributos do Oracle Net dos servidores de banco de dados usando o Oracle Net Manager. Se você for um administrador de diretórios, pode adicionar usuários a esses grupos.

Os clientes que querem pesquisar informações no diretório devem atender aos seguintes requisitos mínimos:

- Devem ser configurados para usar o servidor de diretório.
- Devem ser capazes de acessar as entradas do Oracle Net no Oracle Context.
- Devem ter autenticação anônima com o servidor de diretório.

Os clientes podem usar nomes comuns de servidores de banco de dados e entradas de serviço de rede para executar pesquisas, ou informações de localização de diretório adicionais podem ser requeridas na string de conexão.

USANDO CONEXÃO FÁCIL PARA RESOLUÇÃO DE NOMES

Conforme mencionado anteriormente neste capítulo, a partir do Oracle Database 10g, você pode usar conexão fácil para resolução de nomes, eliminando a necessidade de arquivos de nomes de serviços em um ambiente TCP/IP; na verdade, você talvez não precise de um arquivo tnsnames.ora. Os clientes podem se conectar a um servidor de banco de dados especificando as informações de conexão completas nas suas strings de conexão, neste formato com o comando **connect do** SQL*Plus:

```
connect nome_de_usuário/senha@[///]host[:porta]
        [/nome_de_serviço][/servidor][/nome_da_instância]
```

Os elementos identificadores de conexão são os seguintes:

Elemento	Descrição
//	Opcional. Especifique // para uma URL.
Host	Obrigatório. Especifica o nome do host ou o endereço IP.
Porta	Opcional. Especifica a porta ou usa o padrão (1521).
Nome_de_serviço	Opcional. Especifica o nome do serviço. O valor padrão é o nome de host do servidor de banco de dados.
servidor	Opcional. Também conhecido como connect_type no OCI, especifica o tipo de gerenciador de serviço: dedicado, compartilhado ou em pool.
nome_da_instância	Opcional. Corresponde ao parâmetro de inicialização INSTANCE_NAME.

Por exemplo, faça a conexão ao serviço LOC com esta sintaxe:

```
connect nome_de_usuário/senha@hq:1521/loc
```

Para usar conexão fácil para resolução de nomes, é necessário ter o software Oracle Net Services 10*g* (ou posterior) instalado no seu cliente. O protocolo TCP/IP deve estar sendo usado e nenhum dos recursos que requer um descritor de conexão avançado é suportado.

CUIDADO
Os clientes e banco de dados Oracle Database 11g não suportam mais o uso do Oracle Names; entretanto, as versões anteriores do cliente podem ainda usar o Oracle Names para resolver os nomes de um banco de dados Oracle Database 10g.

Para conexões URL ou JDBC, use uma barra dupla (//) como prefixo do identificador de conexão:

```
connect username/password@[//][host][:port][/service_name]
```

A conexão fácil para resolução de nomes é automaticamente configurada na instalação. No seu arquivo sqlnet.ora, certifique-se de que EZCONNECT está adicionado à lista de valores na listagem de parâmetros NAME.DIRECTORY_PATH; o conteúdo padrão do sqlnet.ora para instalações cliente do Oracle Database 11*g* e posteriores tem estas duas linhas:

```
SQLNET.AUTHENTICATION_SERVICES= (NTS)
NAMES.DIRECTORY_PATH= (TNSNAMES, EZCONNECT)
```

Em outras palavras, ao resolver nomes de serviço, o cliente Oracle primeiro tentará uma pesquisa usando o arquivo tnsnames.ora, depois usará a conexão fácil.

USANDO LINKS DE BANCO DE DADOS

É preciso criar *links de banco de dados* para dar suporte freqüente às conexões usadas para bancos de dados remotos.

Os links de banco de dados especificam o descritor de conexão a ser usado para esta última e também podem especificar o nome de usuário para conectar-se no banco de dados remoto.

Um link de banco de dados é normalmente usado para criar objetos locais (como visão e sinônimos) que acessam bancos de dados remotos via comunicações servidor/servidor. Os sinônimos locais para objetos remotos fornecem transparência de localização aos usuários locais. Quando um link de banco de dados é referenciado por uma instrução SQL, ele abre uma sessão no banco de dados remoto e executa essa instrução.

Os dados são retornados e a sessão remota pode permanecer aberta, caso ela seja necessária novamente. Os links de banco de dados podem ser criados como links públicos (por DBAs, tornando os links disponíveis para todos os usuários no banco de dados local) ou como links privados.

O exemplo a seguir cria um link de banco de dados privado denominado HR_LINK:

```
create database link HR_LINK
connect to HR identified by HR
using 'loc';
```

O comando **create database link**, conforme mostrado neste exemplo, tem três parâmetros:

- O nome do link (HR_LINK, neste exemplo)

- A conta à qual se conectar
- O nome do serviço de rede

Um link público de banco de dados pode ser criado adicionando a palavra-chave **public** ao comando **create database link**, conforme mostrado no exemplo a seguir:

```
create public database link HR_LINK
    connect to HR identified by HR
using 'loc';
```

> **NOTA**
> As melhores práticas para os links de bancos de dados públicos recomendariam a inclusão da cláusula using, mas não a cláusula **connect to**. Seria possível, então, criar um link de banco de dados privado com o mesmo nome que inclua a cláusula **connect to**, mas não a cláusula **using**. As alterações subsequentes ao nome de serviço para os dados exigiriam a recriação apenas do link público, enquanto os links privados e as senhas de usuário permaneceriam inalteradas.

Se a instância LOC for movida para um servidor diferente. Os links de banco de dados para o novo local do LOC poderão ser redirecionados simplesmente com a distribuição de um arquivo tnsnames.ora que contenha a modificação ou com a revisão da listagem no servidor de diretórios. A entrada revisada para o arquivo tnsnames.ora ou para o servidor de diretório pode ser gerada usando a ferramenta Oracle Net Configuration Assistant ou o Oracle Net Manager, descrito anteriormente neste capítulo.

Para usar esses links, simplesmente adicione-os como sufixos aos nomes de tabela nos comandos. O exemplo a seguir cria uma visão local de uma tabela remota, usando o link de banco de dados HR_LINK:

```
create view LOCAL_EMPLOYEE_VIEW
as
select * from EMPLOYEE@HR_LINK
where Office='ANNAPOLIS';
```

A cláusula **from** neste exemplo refere-se ao EMPLOYEE@HR_LINK. Como o link de banco de dados HR_LINK especifica o nome do servidor, o nome da instância e o nome do proprietário, o nome de objeto global para a tabela é conhecido. Se nenhum nome de conta tivesse sido especificado, o nome de conta do usuário teria sido usado. Se o HR_LINK foi criado sem uma cláusula **connect to**, o nome de usuário e senha atuais serão usados para conectar-se ao banco de dados remoto.

Neste exemplo, uma visão foi criada para limitar os registros que usuários podem recuperar. Se nenhuma constraint for necessária, um sinônimo poderá ser usado. Isso é mostrado no exemplo a seguir:

```
create public synonym EMPLOYEE for EMPLOYEE@HR_LINK;
```

Os usuários locais que consultam o sinônimo público local EMPLOYEE terão automaticamente suas consultas redirecionadas para a tabela EMPLOYEE na instância LOC no servidor HQ. A transparência do local foi, assim, alcançada.

Por padrão, uma única instrução SQL pode usar até quatro links de banco de dados. Esse limite pode ser aumentado por meio do parâmetro OPEN_LINKS no SPFILE do banco de dados ou no arquivo init.ora. Se este valor foi configurado como 0, nenhuma transação distribuída será permitida.

AJUSTANDO O ORACLE NET

O ajuste das aplicações Oracle Net é razoavelmente simples: sempre que possível, reduza a quantidade de dados que é enviada pela rede, particularmente para aplicações que processam transações online. Além disso, reduza o número de vezes que os dados são solicitados no banco de dados. Os procedimentos básicos que devem ser aplicados incluem:

- O uso de objetos distribuídos, como visões materializadas, para replicar dados estáticos para bancos de dados remotos.
- O uso de procedimentos para reduzir a quantidade de dados enviada pela rede. Em vez dos dados serem enviados de um lado para ou outro, apenas o status de erro do procedimento é retornado.
- O uso de servidores homogêneos sempre que possível para eliminar a necessidade de gerenciadores de conexão.
- Somente para aplicações OLTP, o uso de servidores compartilhados para dar suporte a mais clientes com menos processos.

O tamanho do buffer usado pelo Oracle Net deve aproveitar os tamanhos de pacotes usados pelos protocolos de rede (como TCP/IP). Se enviar grandes pacotes de dados pela rede, eles podem ser fragmentados. Como cada pacote contém informações de cabeçalho, a redução da fragmentação do pacote reduz o tráfego da rede.

É possível ajustar o tamanho do buffer da camada de serviços. A especificação para o buffer de dados da camada de serviços é denominada SDU (Session Data Unit); se ela for alterada, isso deve ser especificado nos arquivos de configuração do cliente e servidor. O Oracle Net cria dados em buffers do tamanho da SDU, portanto a alteração desse tamanho pode melhorar seu desempenho. O tamanho padrão para a SDU é 8KB no Oracle Database 11g e 2KB nas versões anteriores. Se você for enviar freqüentemente mensagens maiores, poderá aumentar a SDU (até um máximo de 32KB).

Para configurar o cliente para usar uma SDU não padrão, adicione a nova configuração da SDU aos arquivos de configuração do cliente. Para que a alteração se aplique a todas as conexões, adicione o parâmetro a seguir ao arquivo sqlnet.ora:

```
DEFAULT_SDU_SIZE=32767
```

Para a alteração ser aplicada a somente nomes de serviços específicos, modifique suas entradas no arquivo tnsnames.ora:

```
LOC =(DESCRIPTION=
    (SDU=32767)
    (ADDRESS=
      (PROTOCOL=TCP)
      (HOST=HQ)
      (PORT=1521))
    (CONNECT_DATA=
      (SERVICE_NAME=LOC)))
```

No servidor de banco de dados, defina a configuração da SDU padrão no arquivo sqlnet.ora:

```
DEFAULT_SDU_SIZE=32767
```

Para processos de servidor compartilhados, adicione a configuração da SDU à configuração DISPATCHERS no arquivo de parâmetros de inicialização da instância:

```
DISPATCHERS="(DESCRIPTION=(ADDRESS=(PROTOCOL=tcp))(SDU=32767))"
```

Para processos de servidor dedicados, edite as entradas no arquivo listener.ora:

```
SID_LIST_listener_name=
  (SID_LIST=
   (SID_DESC=
   (SDU=32767)
   (SID_NAME=loc)))
```

O Oracle Net Services fornece suporte ao protocolo SDP para redes de alta velocidade Infini-Band. As aplicações que usam SDP colocam grande parte da carga de mensagens na placa de interface de rede, reduzindo assim os requisitos de CPU da aplicação. Se estiver usando uma rede de alta velocidade InfiniBand (como as que são usadas para comunicações entre as camadas da sua aplicação), consulte a documentação do Oracle para obter detalhes sobre configuração de hardware e software.

Limitando o uso de recursos

Para limitar o impacto causado ao seu sistema por usuários não autorizados, reduza a duração pela qual os recursos podem ser mantidos antes da autenticação. Os parâmetros de limite de tempo listados anteriormente neste capítulo ajudam a reduzir os problemas de desempenho causados por esses acessos não autorizados. No arquivo listener.ora, configure o parâmetro INBOUND_CONNECT_TIMEOUT_*nome_do_listener* para finalizar as conexões que não estão autenticadas pelo listener dentro do período de tempo especificado. As conexões com falhas serão registradas no arquivo de log do listener. No arquivo sqlnet.ora do servidor, configure o parâmetro SQLNET.INBOUND_CONNECT_TIMEOUT para finalizar as tentativas de conexão que não podem estabelecer e autenticar conexões dentro do intervalo específico. Configure o parâmetro SQLNET.INBOUND_CONNECT_TIMEOUT no servidor com um valor mais alto que o do parâmetro INBOUND_CONNECT_TIMEOUT_*nome_do_listener* no arquivo listener.ora.

Depurando os problemas de conexão

As conexões do Oracle Net requerem que diversos mecanismos de comunicação sejam adequadamente configurados. As conexões envolvem comunicação host-a-host, identificação adequada de serviços e bancos de dados e configuração correta dos processos servidor do listener. Caso haja problemas de conexão durante o uso do Oracle Net, é importante eliminar o máximo possível desses componentes.

Inicie certificando-se de que o host que a conexão está tentando acessar é acessível via rede. Isso pode ser verificado por meio do comando **ssh**:

```
ssh host_name
```

Se esse comando for bem-sucedido, você será solicitado a fornecer um nome de usuário e senha no host remoto. Se o comando **ping** estiver disponível, será possível usá-lo. O comando a seguir verificar se o host remoto está disponível e retornará uma mensagem de status:

```
ping host_name
```

Se o host estiver disponível na rede, a próxima etapa será verificar se o listener está executando; pode ser usado o utilitário **tnsping** fornecido pelo Oracle para verificar a conectividade do Oracle Net a um listener de banco de dados remoto. O utilitário **tnsping** tem dois parâmetros – o nome de serviço a ser conectado e o número de conexões a ser tentado. A saída do **tnsping** incluirá uma listagem mostrando o tempo necessário para conectar-se ao banco de dados remoto.

Por exemplo, para determinar se o banco de dados Oracle no servidor Linux identificado pelo nome de serviço dw no seu arquivo tnsnames.ora local é acessível a partir de um cliente Windows, use o comando **tnsping** como a seguir:

```
C:\> tnsping dw

TNS Ping Utility for 32-bit Windows:
    Version 11.1.0.4.0 - Beta on 08-AUG-2007 21:39:42

Copyright (c) 1997, 2006, Oracle. All rights reserved.

Used parameter files:
C:\app\Administrator\product\11.1.0\client_1\network\admin\sqlnet.ora

Used EZCONNECT adapter to resolve the apelido
Attempting to contact (DESCRIPTION=(CONNECT_DATA=(SERVICE_NAME=))
    (ADDRESS=(PROTOCOL=TCP)(HOST=192.168.2.95)(PORT=1521)))

OK (0 msec)
C:\>
```

Observe como o comando **tnsping** sob o Windows usou a conexão fácil para obter o endereço TCP/IP do servidor dw, preencheu os valores padrão e localizou a instância Oracle DW no servidor Linux com êxito.

Além do **tnsping**, você pode usar o utilitário **trcroute** para descobrir o caminho que uma conexão percorre para um banco de dados remoto. O utilitário **trcroute** (similar ao utilitário **traceroute** do Linux) informa os endereços TNS de cada nó que ele percorre e informa todos os erros ocorridos. O formato do comando é o seguinte:

```
trcroute net_service_name
```

Nas comunicações cliente/servidor, os mesmos princípios para depurar problemas de conexão são aplicados. Em primeiro lugar, verifique se o host remoto é acessível; a maioria dos softwares de comunicações para clientes incluem um comando **telnet** ou **ping**. Se o host remoto não estiver acessível, o problema poderá estar no cliente. Verifique se *outros* clientes são capazes de acessar o host no qual o banco de dados reside. Se eles conseguirem, o problema é isolado para o cliente. Se não conseguirem, o problema está no servidor, que juntamente com seus processos de listener e suas instâncias de banco de dados devem ser verificados.

CAPÍTULO 16

Gerenciando grandes bancos de dados

No Capítulo 6, falamos sobre tablespaces bigfile e como eles não apenas permitem que o tamanho total do banco de dados seja muito maior do que nas versões anteriores do Oracle, mas também facilitam a administração movendo o ponto de manutenção do arquivo de dados para o tablespace.

No Capítulo 4, apresentamos uma visão geral do Automatic Storage Management (ASM) e como ele pode facilitar a administração, melhorar o desempenho e a disponibilidade. O DBA pode adicionar um ou mais volumes de disco a um VLDB (Very Large Database) em rápido crescimento sem desativar a instância.

Neste capítulo, reexaminaremos muitos desses recursos de banco de dados, mas com uma ênfase no modo como eles podem ser aproveitados em um ambiente VLDB. Embora esses recursos forneçam benefícios em todas as instalações Oracle, eles são especialmente úteis em bancos de dados cujo recurso usado com mais intensidade é a quantidade de espaço em disco alocado. Em primeiro lugar, examinaremos os conceitos inerentes aos tablespaces bigfile e detalharemos o modo como eles são construídos usando um novo formato ROWID. Veremos também como os tablespaces transportáveis têm uma vantagem evidente em um ambiente VLDB porque ignoram algumas etapas de exportação/importação obrigatórias nas versões anteriores ao Oracle9*i* para mover o conteúdo de um tablespace de um banco de dados para outro. Quando o tamanho dos tablespaces em um ambiente VLDB aproxima-se dos exabytes, tanto o espaço adicional necessário para uma operação tradicional de exportação e importação quanto o tempo necessário para executar a exportação tornam-se proibitivos. Se você estiver usando o Oracle 11*g*, seus tablespaces poderão até mesmo ser transportáveis entre diferentes plataformas de hardware e software com um mínimo ou nenhum esforço extra.

Em seguida, revisaremos os vários tipos de tabelas não tradicionais (não baseadas em heap) que freqüentemente são aproveitadas em um ambiente VLDB. As tabelas organizadas por índice (IOTs, index-organized tables) combinam os melhores recursos de uma tabela tradicional com o rápido acesso de um índice a um segmento; examinaremos alguns exemplos de como as IOTs podem agora ser particionadas no Oracle 11*g*. *As tabelas temporárias globais reduzem drasticamente o uso do espaço* no tablespace de undo e nos redo logs para fins de recuperação porque o seu conteúdo somente persiste para a duração de uma transação ou uma sessão. As tabelas externas facilitam o acesso aos dados em um formato não-Oracle como se os dados estivessem nelas; a partir do Oracle 10*g, as tabelas* externas podem ser criadas usando o Oracle Data Pump, abordado no final deste capítulo. Finalmente, a quantidade de espaço ocupado por uma tabela pode ser muito reduzida por meio de um algoritmo de compactação interno quando as linhas são importadas usando o SQL*Loader com carga de caminho direto e instruções **create table as select**.

O particionamento de tabelas e índices não melhora apenas o desempenho das consultas, mas também a gerenciabilidade das tabelas em um ambiente VLDB, permitindo a execução de operações de manutenção em uma partição enquanto os usuários acessam outras partições da mesma tabela. Abordaremos todos os diferentes tipos de esquemas de particionamento, incluindo alguns dos novos recursos de particionamento do Oracle 10*g*: índices globais particionados por hash, IOTs particionadas por lista e suporte à LOB em todos os tipos de IOTs particionadas. O Oracle 11*g* traz ainda mais opções de particionamento para a tabela: lista-hash composta, lista-lista, lista-faixa e faixa-faixa. Outros novos esquemas de particionamento no Oracle Database 11*g* incluem o particionamento de intervalos automatizados, particionamento de referência, particionamento controlado por aplicação e particionamento de coluna virtual.

Os índices de bitmap, disponíveis desde o Oracle 7.3, proporcionam benefícios de consulta não apenas para tabelas com colunas de baixa cardinalidade, mas também para índices especiais denominados *índices de join de bitmap que fazem o pré-join de duas ou mais tabelas em uma ou mais colunas*. O Oracle 10*g* remove um dos obstáculos restantes para usar os índices de bitmap em um ambiente pesado, de inserção, atualização ou exclusão de linhas individuais: a redução dos problemas de desempenho devido a questões de fragmentação de índice de bitmap.

O Oracle Data Pump, novo no Oracle 10*g*, é uma evolução das funções tradicionais de importação e exportação. Um dos muitos recursos suportados pelo Oracle Data Pump é a exportação diretamente para outra instância; além disso, a maioria das suas operações ocorre no servidor em vez do cliente.

CRIANDO TABLESPACES EM UM AMBIENTE VLDB

As considerações para a criação de tablespaces em um banco de dados pequeno (na faixa de um terabyte ou menor) também se aplicam aos VLDBs: a distribuição de E/S entre vários dispositivos, o uso de um gerenciador de volumes lógico (LVM) com funcionalidades de RAID ou uso de ASM. Nesta seção, apresentaremos mais detalhes e exemplos de tablespaces bigfile. Como ele contém apenas um único arquivo de dados, o formato ROWID para objetos armazenados em um tablespace bigfile é diferente, permitindo um tamanho de tablespace equivalente a 128 Terabytes, dependendo do tamanho de bloco do tablespace.

Os tablespaces bigfile são mais adequados para um ambiente que usa ASM, Oracle-Managed Files (OMF) e Recovery Manager (RMAN) com uma área de recuperação flash. Consulte o Capítulo 4 para obter uma revisão detalhada do ASM; o Capítulo 12 apresenta o RMAN a partir de uma perspectiva de linha de comando e do EM Database Control e aproveita a área de recuperação flash para todos os backups. Finalmente, o Capítulo 6 descreve o OMF a partir de uma perspectiva de gerenciamento.

Nas próximas seções, apresentaremos uma visão detalhada da criação de um tablespace bigfile e especificaremos suas características; além disso, discutiremos o impacto dos tablespaces bigfile sobre os parâmetros de inicialização e as visões de dicionário de dados. Finalmente, veremos como o utilitário **dbverify** foi revisado no Oracle 10g para permitir que você analise um único arquivo de dados bigfile usando processos paralelos.

Conceitos básicos do tablespace bigfile

Usando tablespaces bigfile com um tamanho de bloco igual a 32K, um arquivo de dados pode ter até 128 terabytes, com um tamanho máximo de banco de dados de 8 exabytes (EB). Por outro lado, um banco de dados que usa somente tablespaces smallfile pode ter um tamanho de arquivo de dados máximo de 128 gigabytes (GB) e, por isso, um tamanho máximo de banco de dados de 8 petabytes (PB). Como um tablespace bigfile só pode ter um arquivo de dados, você nunca precisará decidir se adicionará um ou aumentará automaticamente o único do tablespace.

Se estiver usando ASM e OMF, nem será necessário saber o nome do único arquivo de dados. Dado que o número máximo de arquivos de dados em um banco de dados na maioria das plataformas é 65.533 e o número de blocos em um arquivo de dados em um tablespace bigfile é 2^{32}, é possível calcular a quantidade máxima de espaço (M) em um único banco de dados Oracle como o número máximo de arquivos de dados (D) multiplicado pelo número máximo de blocos por arquivo de dados (F) multiplicado pelo tamanho de bloco do tablespace (B):

$$M = D * F * B$$

Portanto, o tamanho máximo do banco de dados, dado o tamanho de bloco máximo e o número máximo de arquivos de dados é de 65.533 arquivos * 4.294.967.296 blocos por arquivo de dados * tamanho de bloco de 32.768 = 9.223.231.299.366.420.480 = 8EB. Para um tablespace smallfile, o número de blocos em um arquivo de dados do tablespace smallfile é de apenas 2^{22}. Portanto, nosso cálculo resulta em 65.535 arquivos de dados * 4.194.304 blocos por arquivo de dados * tamanho de bloco de 32.768 = 9.007.061.815.787.520 = 8PB.

Na Tabela 16-1, é possível ver uma comparação dos tamanhos máximos de arquivos de dados para tablespaces smallfile e tablespaces bigfile dado o tamanho de bloco do tablespace. Se por alguma razão seu tamanho de banco de dados chegar a oito exabytes, talvez queira considerar algum arquivamento de tabela ou dividir o banco de dados em vários bancos de dados com base na função. Com até mesmo os maiores bancos de dados comerciais Oracle do mundo na faixa de petabytes* em 2007, não deve ser atingido o limite de 8EB em um futuro próximo!

---

* N. de R.T.: O maior banco de dados comercial do mundo, registrado pela Oracle, é o do Yahoo!, que em 2005 contava com 100 Terabytes de informação. No início de 2008, o tamanho da base estava estimado em 250 TB.

Tabela 16-1 *Tamanhos máximos de arquivos de dados de tablespaces*

Tamanho de bloco do tablespace	Tamanho máximo do arquivo de dados smallfile	Tamanho máximo do arquivo de dados bigfile
2K	8GB	8TB
4K	16GB	16TB
8K	32GB	32TB
16K	64GB	64TB
32K	128GB	128TB

CRIANDO E MODIFICANDO TABLESPACES BIGFILE

Este é um exemplo de criação de um tablespace bigfile em um ambiente não-ASM:

```
SQL> create bigfile tablespace dmarts
  2     datafile '+DATA' size 2500g
  3     autoextend on next 500g maxsize unlimited
  4     extent management local autoallocate
  5     segment space management auto;

Tablespace created.
```

No exemplo, você pode ver que **extent management** e **segment space management** estão explicitamente configurados, muito embora **auto** seja o padrão para o gerenciamento de espaço de segmento; tablespaces bigfile devem ser criados como gerenciados localmente com gerenciamento de espaço de segmento automático. Como a diretiva de alocação padrão para tablespaces bigfile e smallfile é **autoallocate**, não é necessário especificá-la. Como uma regra geral, **autoallocate** é melhor para tablespaces cujos usos de tabela e padrões de crescimento são indeterminados; conforme destacado no Capítulo 5, você usa o gerenciamento de extensão **uniform** somente se souber a quantidade precisa de espaço necessária para cada objeto no tablespace assim como o número e tamanho das extensões.

Embora o arquivo de dados para esse tablespace bigfile esteja configurado para auto-estender indefinidamente, o volume de disco onde o arquivo de dados reside pode ter o espaço limitado; quando isso ocorrer, o tablespace talvez precise ser realocado para um volume de disco diferente. Portanto, usar o ASM pode trazer vantagens: você pode adicionar facilmente outro volume de disco ao grupo onde o arquivo de dados reside e o Oracle redistribuirá automaticamente o seu conteúdo e permitirá que o tablespace cresça – tudo isso ocorre enquanto o banco de dados (e o próprio tablespace) está disponível para os usuários. Por padrão, os tablespaces são criados como de smallfile; você pode especificar o seu tipo padrão quando o banco de dados é criado ou a qualquer momento com o comando **alter database**, como neste exemplo:

```
SQL> alter database set default bigfile tablespace;
Database altered.
```

Formato ROWID do tablespace bigfile

Para facilitar um maior espaço de endereçamento para tablespaces bigfile, um novo formato ROWID estendido é usado para linhas de tabelas neles. Em primeiro lugar, examinaremos o formato ROWID para tablespaces smallfile nas versões anteriores do Oracle e para o Oracle 11*g*. O formato para um ROWID smallfile consiste em quatro partes:

Tabela 16-2 *Formato ROWID smallfile*

Componente de ROWID smallfile	Definição
OOOOOO	Número de objeto de dados que identifica o segmento de banco de dados (como tabela, índice ou visão materializada)
FFF	Número de arquivo de dados relativo dentro do tablespace do arquivo de dados que contém a linha
BBBBBB	O bloco de dados que contém a linha, relativa ao arquivo de dados
RRR	Número de slot ou o número de linha, da linha dentro de um bloco

    OOOOOO FFF BBBBBB RRR

A Tabela 16-2 define cada parte de um ROWID smallfile.

Por outro lado, um tablespace bigfile só tem um arquivo de dados e seu número relativo é sempre 1024. Como o número de arquivo de dados relativo é fixo, ele não precisa fazer parte do ROWID; como resultado, a parte dele usada para o número de arquivos de dados relativo pode ser usado para expandir o tamanho do campo do número de blocos. A concatenação do número de arquivo de dados relativo do smallfile (FFF) e o número de bloco de dados do smallfile (BBBBBB) resultam em uma nova construção denominada *número de bloco codificado* (*encoded block number*). Portanto, o formato de ROWID bigfile consiste em apenas três partes:

    OOOOOO LLLLLLLL RRR

A Tabela 16-3 define cada parte de um ROWID bigfile.

DBMS_ROWID E TABLESPACES BIGFILE

Como dois tipos diferentes de tablespaces agora podem coexistir no banco de dados junto com seus formatos ROWID correspondentes, algumas alterações ocorreram no pacote DBMS_ROWID.

Os nomes das procedures no pacote DBMS_ROWID são os mesmos e operam como antes, exceto para um novo parâmetro, TS_TYPE_IN, que identifica o tipo de tablespace ao qual uma linha específica pertence: TS_TYPE_IN pode ser BIGFILE ou SMALLFILE.

Tabela 16-3 *Formato ROWID bigfile*

Componente de ROWID bigfile	Definição
OOOOOO	Número de objeto de dados que identifica o segmento de banco de dados (como tabela, índice ou visão materializada)
LLLLLLLL	Número de bloco codificado, relativo ao tablespace e único dentro do tablespace
RRR	Número de slot ou o número de linha, da linha dentro de um bloco

Para um exemplo de extração de ROWIDs de uma tabela em um tablespace bigfile, temos uma tabela denominada OE.ARCH_ORDERS em um tablespace bigfile denominado DMARTS:

```
SQL> select tablespace_name, bigfile from dba_tablespaces
  2       where tablespace_name = 'DMARTS';

TABLESPACE_NAME                    BIG
------------------------------     ---
DMARTS                             YES
```

Como nas tabelas em tablespaces smallfile nas versões anteriores do Oracle e do Oracle 11g, é possível extrair o ROWID inteiro com o uso da sua pseudo-coluna, observando que o seu formato é diferente para tabelas bigfile, embora o comprimento do ROWID permaneça o mesmo. Essa consulta também extrairá o número de bloco no formato decimal:

```
SQL> select rowid,
  2       dbms_rowid.rowid_block_number(rowid,'BIGFILE') blocknum,
  3       order_id, customer_id
  4   from oe.arch_orders
  5   where rownum < 11;

ROWID                 BLOCKNUM    ORDER_ID CUSTOMER_ID
------------------    --------    --------  -----------
AAASAVAAAAAAAUAAA           20        2458          101
AAASAVAAAAAAAUAAB           20        2397          102
AAASAVAAAAAAAUAAC           20        2454          103
AAASAVAAAAAAAUAAD           20        2354          104
AAASAVAAAAAAAUAAE           20        2358          105
AAASAVAAAAAAAUAAF           20        2381          106
AAASAVAAAAAAAUAAG           20        2440          107
AAASAVAAAAAAAUAAH           20        2357          108
AAASAVAAAAAAAUAAI           20        2394          109
AAASAVAAAAAAAUAAJ           20        2435          144
10 rows selected.
```

Para a linha com o ORDER_ID igual a 2358, o número de objeto de dados é AAASAV, o número de bloco codificado é AAAAAAAU e o número de linha da linha, ou slot, no bloco é AAE; o número de bloco decimal convertido é 20.

NOTA
Os ROWIDs usam codificação na base 64.

As outras procedures no pacote DBMS_ROWID que usam a variável TS_TYPE_IN para especificar o tipo de tablespace são ROWID_INFO e ROWID_RELATIVE_FNO.

A procedure ROWID_INFO retorna cinco atributos para o ROWID especificado via parâmetros de saída. Na Tabela 16-4 você pode ver os parâmetros da procedure ROWID_INFO.

Tabela 16-4 *Parâmetros ROWID_INFO*

Parâmetro ROWID_INFO	Descrição
ROWID_IN	ROWID a ser descrito
TS_TYPE_IN	Tipo de tablespace (SMALLFILE ou BIGFILE)
ROWID_TYPE	Retorna o tipo de ROWID (restrito ou estendido)
OBJECT_NUMBER	Retorna o número de objeto de dados
RELATIVE_FNO	Retorna o número de arquivo relativo
BLOCK_NUMBER	Retorna o número de bloco neste arquivo
ROW_NUMBER	Retorna o número de linha neste bloco

No exemplo a seguir, usaremos um bloco PL/SQL anônimo para extrair os valores de OBJECT_NUMBER, RELATIVE_FNO, BLOCK_NUMBER e ROW_NUMBER para uma linha na tabela OE.ARCH_ORDERS:

```
variable object_number number
variable relative_fno number
variable block_number number
variable row_number number

declare
   oe_rownum rowid;
   rowid_type number;
begin
   select rowid into oe_rownum from oe.arch_orders
      where order_id = 2358 and rownum = 1;
   dbms_rowid.rowid_info (rowid_in => oe_rownum,
      ts_type_in => 'BIGFILE',
      rowid_type => rowid_type,
      object_number =>:object_number,
      relative_fno =>:relative_fno,
      block_number =>:block_number,
      row_number =>:row_number);
end;

PL/SQL procedure successfully completed.

SQL> print

OBJECT_NUMBER
-------------
        73749
```

```
         RELATIVE_FNO
         ------------
                 1024

         BLOCK_NUMBER
         ------------
                   20

         ROW_NUMBER
         ----------
                  4
SQL>
```

Observe que o valor de retorno para RELATIVE_FNO é sempre 1024 para um tablespace bigfile e o BLOCK_NUMBER é 20, como visto no exemplo anterior que usou a função DBMS_ROWID.ROWID_BLOCK_NUMBER.

Usando DBVERIFY com tablespaces bigfile

O utilitário DBVERIFY, disponível desde o Oracle versão 7.3, verifica a integridade lógica de um banco de dados offline. Os arquivos só podem ser arquivos de dados; DBVERIFY não pode analisar arquivos de redo log online ou arquivados. Nas versões anteriores do Oracle, DBVERIFY podia analisar os arquivos de dados de um tablespace paralelamente gerando vários comandos desse tipo. Entretanto, como um tablespace bigfile tem apenas um arquivo de dados, DBVERIFY foi melhorado para analisar partes desses arquivos de um tablespace bigfile em paralelo.

Usando o comando **dbv** no prompt do Unix ou Windows, é possível usar dois novos parâmetros: START e END, representando o primeiro e o último bloco, respectivamente, do arquivo a ser analisado. Como resultado, é necessário saber quantos blocos estão no arquivo de dados do tablespace bigfile; a visão de desempenho dinâmico V$DATAFILE pode nos auxiliar, como vemos no exemplo a seguir:

```
SQL> select file#, blocks, name from v$datafile;

     FILE#     BLOCKS NAME
---------- ---------- -------------------------------------------------
         1      96000 +DATA/dw/datafile/system.256.630244579
         2     109168 +DATA/dw/datafile/sysaux.257.630244581
         3       7680 +DATA/dw/datafile/undotbs1.258.630244583
         4        640 +DATA/dw/datafile/users.259.632441707
         5      12800 +DATA/dw/datafile/example.265.630244801
         6      64000 +DATA/dw/datafile/users_crypt.267.630456963
         7      12800 +DATA/dw/datafile/inet_star.268.632004213
         8       6400 +DATA/dw/datafile/inet_intl_star.269.632009933
         9       6400 /u02/oradata/xport_dw.dbf
        10       3200 +DATA/dw/datafile/dmarts.271.633226419

10 rows selected.
```

No próximo exemplo, veremos como analisar o arquivo de dados #9, o arquivo de dados de outro tablespace bigfile no nosso banco de dados, XPORT_DW. No prompt de comando do sistema operacional, o arquivo pode ser analisado com cinco processos paralelos, cada um deles processando 1500 blocos, exceto para o último:

```
$ dbv file=/u02/oradata/xport_dw.dbf start=1 end=1500 &
[1] 6444
$ dbv file=/u02/oradata/xport_dw.dbf start=1501 end=3000 &
[2] 6457
$ dbv file=/u02/oradata/xport_dw.dbf start=3001 end=4500 &
[2] 6466
$ dbv file=/u02/oradata/xport_dw.dbf start=4501 end=6000 &
[2] 6469
$ dbv file=/u02/oradata/xport_dw.dbf start=6001 &
[5] 6499
```

No quinto comando, nós não especificamos **end=**; se **end=** não for especificado, pressupõe-se que o arquivo de dados estará sendo analisado do ponto inicial ao final do arquivo. Todos os cinco comandos são executados em paralelo. A saída desses comandos para similar ao seguinte:

```
DBVERIFY: Release 11.1.0.6.0 -
        Production on Sat Sep 15 15:15:42 2007
Copyright (c) 1982, 2007, Oracle. All rights reserved.

DBVERIFY - Verification starting: FILE = /u02/oradata/xport_dw.dbf

DBVERIFY - Verification complete

Total Pages Examined         : 1500
Total Pages Processed  (Data)  : 1476
Total Pages Failing    (Data)  : 0
Total Pages Processed  (Index) : 0
Total Pages Failing    (Index) : 0
Total Pages Processed  (Other) : 24
Total Pages Processed  (Seg)   : 0
Total Pages Failing    (Seg)   : 0
Total Pages Empty            : 0
Total Pages Marked Corrupt   : 0
Total Pages Influx           : 0
Total Pages Encrypted        : 0
Highest block SCN            : 4464912 (0.4464912)
```

Considerações de parâmetros de inicialização para tablespace bigfile

Embora não haja novos parâmetros de inicialização específicos para tablespaces bigfile, os valores de um parâmetro de inicialização e um parâmetro para o comando **create database** podem potencialmente ser reduzidos porque apenas um arquivo de dados é necessário para cada tablespace bigfile. O parâmetro de inicialização é DB_FILES e o parâmetro do comando **create database** é MAXDATAFILES.

DB_FILES e tablespaces bigfile

Como você já sabe, DB_FILES é o número máximo de arquivos de dados que podem ser abertos para este banco de dados. Se você usar tablespaces bigfile em vez de tablespaces smallfile, o valor deste parâmetro poderá ser menor; como resultado, como há menos arquivos de dados a serem mantidos, os requisitos de memória são menores na System Global Area (SGA).

MAXDATAFILES e tablespaces bigfile

Ao criar um novo banco de dados ou um novo arquivo de controle, você pode usar o parâmetro MAXDATAFILES para controlar o tamanho da seção desse arquivo alocado para manter informações sobre arquivos de dados. Usando tablespaces bigfile, é possível reduzir o tamanho do arquivo de controle e o espaço necessário no SGA para informações de arquivos de dados; o mais importante é que o mesmo valor para MAXDATAFILES que usa tablespaces bigfile significa que o tamanho total do banco de dados pode ser maior.

Alterações de dicionários de dados para tablespace bigfile

As alterações às visões de dicionários de dados devido aos tablespaces bigfile incluem uma nova linha em DATABASE_ PROPERTIES e uma nova coluna em DBA_TABLESPACES e USER_TABLESPACES.

DATABASE_PROPERTIES e tablespaces bigfile

A visão de dicionários de dados DATABASE_PROPERTIES, como o nome implica, contém diversas características sobre o banco de dados, como nomes de tablespaces padrão e permanente e várias configurações NLS. Devido aos tablespaces bigfile, há uma nova propriedade em DATABASE_ PROPERTIES denominada DEFAULT_TBS_TYPE que indica o tipo de tablespace padrão para o banco de dados se nenhum tipo for especificado em um comando **create tablespace**. No exemplo a seguir, você pode encontrar o tipo padrão para novos tablespaces:

```
SQL> select property_name, property_value, description
  2      from database_properties
  3  where property_name = 'DEFAULT_TBS_TYPE';

PROPERTY_NAME          PROPERTY_VALUE      DESCRIPTION
-----------------      ---------------     -----------------------
DEFAULT_TBS_TYPE       BIGFILE             Default tablespace type

1 row selected.
```

*_TABLESPACES, V$TABLESPACE e tablespaces bigfile

As visões de dicionários de dados DBA_TABLESPACES e USER_TABLESPACES têm uma nova coluna denominada BIGFILE. O valor desta coluna é YES se o tablespace correspondente for um tablespace bigfile, como visto na consulta feita em DBA_TABLESPACES anteriormente neste capítulo. A visão de desempenho dinâmico V$TABLESPACE também contém esta coluna.

TIPOS AVANÇADOS DE TABELA ORACLE

Muitos outros tipos de tabela proporcionam benefícios em um ambiente VLDB. Tabelas organizadas por índice, por exemplo, eliminam a necessidade de uma tabela e seu índice correspondente, substituindo-os por uma estrutura única parecida com um índice, mas que contém dados como uma tabela. As tabelas temporárias globais criam uma definição comum disponível para todos os usuários de banco de dados. Em um VLDB, é preferível que haja uma tabela temporária global compartilhada por milhares de usuários do que cada usuário criar sua própria definição de tabela, gerando potencialmente pressão por mais espaço no dicionário de dados. As tabelas externas permitem que você use arquivos texto fora do banco de dados sem realmente armazenar os dados em uma tabela Oracle.

As tabelas particionadas, como o nome implica, armazenam tabelas e índices em partições separadas para manter a sua alta disponibilidade enquanto o tempo de manutenção permanece baixo. Finalmente, as visões materializadas agregam previamente os resultados da consulta de uma visão e armazenam os resultados da consulta em uma tabela local; as consultas que usam a visão materializada podem ser executadas significativamente mais rápido porque os resultados de executar a visão não precisam ser recriados. Abordaremos todos esses tipos de tabela com vários níveis de detalhe nas seções a seguir.

Tabelas organizadas por índice

Dados de tabela e índice podem ser armazenados juntos em uma tabela organizada por índice *(IOT, index-organized table)*. *Como nas IOTs, as colunas indexadas não são armazenadas duas vezes (uma vez na tabela e uma vez no índice), as reduções de espaço em disco são significativas;* as colunas indexadas são armazenadas apenas uma vez na IOT juntamente com as colunas não indexadas. As IOTs são adequadas para tabelas cujo método de acesso principal é através da chave primária, embora a criação de índices em outras colunas seja permitida para melhorar o acesso por essas colunas.

No exemplo a seguir, você criará uma IOT com uma chave primária (composta) de duas partes:

```
create table oe.sales_summ_by_date
    (   sales_date date,
        dept_id number,
        total_sales number(18,2),
        constraint ssbd_pk primary key
            (sales_date, dept_id))
    organization index tablespace xport_dw;
```

Cada entrada na IOT contém uma data, um número de departamento e uma quantidade total de vendas para o dia. Essas três colunas estão armazenadas em cada linha da IOT, mas ela está construída com base somente na data e no número de departamento. Somente um segmento é usado para armazenar uma IOT; se você criar um índice secundário nela, um novo segmento será criado.

Como a linha inteira em uma IOT é armazenada como o próprio índice, não há um RO-WID para cada linha; a chave primária identifica as linhas nela. Em vez disso, o Oracle cria *ROWIDs lógicos* derivados do valor da chave primária que são usados para dar suporte a índices secundários na IOT.

Não é necessária nenhuma sintaxe especial para usar uma IOT; embora seja construída e mantida de maneira muito parecida com um índice, ela se porta como uma tabela para qualquer instrução SQL **select** ou outras instruções DML. Além disso, as IOTs podem ser particionadas; as informações sobre como particionar IOTs serão apresentadas posteriormente neste capítulo, na seção "Tabelas particionadas organizadas por índice".

Tabelas temporárias globais

As tabelas temporárias estão disponíveis desde o Oracle8*i*. Elas são temporárias no sentido dos seus dados armazenados, não no sentido da definição da própria tabela. O comando **create global temporary table** cria uma tabela temporária; todos os usuários que têm permissões na tabela em si podem executar DML em uma tabela temporária. Entretanto, cada usuário vê apenas seus próprios dados nela. Quando um usuário trunca uma tabela temporária, somente os dados inseridos por esse usuário são removidos da tabela. As tabelas temporárias globais são úteis em situações em que um grande número de usuários precisa de uma tabela para armazenar dados temporários para suas sessões ou transações, embora só precisem de uma definição de tabela no dicionário de dados. As tabelas temporárias globais têm a vantagem adicional de reduzir a necessidade de espaço de redo ou undo para as suas entradas em um cenário de recuperação. As entradas em uma tabela temporária global, por sua natureza, não são permanentes e, portanto, não precisam ser recuperadas durante uma recuperação de instância ou mídia.

Existem dois tipos diferentes de dados temporários em uma tabela temporária: temporários para a duração da transação e temporários para a duração da sessão. A longevidade dos dados temporários é controlada pela cláusula **on commit**; **on commit delete rows** remove todas as linhas da tabela temporária quando um comando **commit** ou **rollback** forem emitidos e **on**

commit preserve rows mantém as linhas na tabela além dos limites da transação. Entretanto, quando a sessão do usuário é concluída, todas as linhas do usuário na tabela temporária são removidas.

No exemplo a seguir, crie uma tabela temporária global para armazenar somente os totais intermediários para a duração da transação. Este é o comando SQL para criar a tabela:

```
SQL> create global temporary table subtotal_hrs
  2      (emp_id number,
  3       proj_hrs number)
  4  on commit delete rows;

Table created.
```

Para os objetivos deste exemplo, você criará uma tabela permanente que armazena as horas totais por funcionário e por projeto para um determinado dia. Aqui está o comando SQL para a tabela permanente:

```
SQL> create table total_hours (emp_id number, wk_dt date, tot_hrs number);
```

No cenário a seguir, use a tabela temporária global para manter resultados intermediários e, no final da transação, armazenar os totais na tabela TOTAL_HOURS. A seqüência de comandos ficará da seguinte forma:

```
SQL> insert into subtotal_hrs values (101, 20);
1 row created.

SQL> insert into subtotal_hrs values (101, 10);
1 row created.

SQL> insert into subtotal_hrs values (120, 15);
1 row created.

SQL> select * from subtotal_hrs;

    EMP_ID   PROJ_HRS
---------- ----------
       101         20
       101         10
       120         15

SQL> insert into total_hours
  2      select emp_id, sysdate, sum(proj_hrs) from subtotal_hrs
  3        group by emp_id;
2 rows created.

SQL> commit;
Commit complete.

SQL> select * from subtotal_hrs;
no rows selected

SQL> select * from total_hours;
```

```
    EMP_ID WK_DT     TOT_HRS
---------- --------- ----------
       101 19-AUG-04 30
       120 19-AUG-04 15

SQL>
```

Observe que após a instrução **commit**, as linhas são mantidas na tabela TOTAL_HOURS, mas não são mantidas em SUBTOTAL_HRS porque especificamos **on commit delete rows** quando criamos a tabela.

NOTA
Instruções DDL podem ser executadas em uma tabela temporária global desde que, no momento, não existam sessões inserindo linhas na mesma.

Há alguns pontos a serem lembrados durante o uso de tabelas temporárias. Embora seja possível criar um índice nela, as entradas do índice são descartadas junto com as linhas de dados, como em uma tabela regular. Além disso, devido à natureza temporária dos dados em uma tabela temporária, nenhuma informação de redo referente a recuperação é gerada para DML nessas tabelas. Entretanto, as informações de undo são criadas no tablespace de undo e informações de redo para proteger o undo. Se tudo o que você faz nas suas tabelas temporárias globais é inserir e selecionar, muito pouco redo é gerado. Como a definição da tabela em si não é temporária, ela persiste entre sessões até que seja explicitamente descartada.

Tabelas externas

Às vezes, você deseja acessar dados que residem fora do banco de dados em um formato de texto, mas deseja usá-los como se fossem uma tabela no banco de dados. Embora seja possível usar um utilitário como o SQL*Loader para carregar a tabela no banco de dados, os dados podem ser muito voláteis ou a sua base de usuários talvez não conheça a ferramenta SQL*Loader do Windows ou Unix. Para resolver essas necessidades, use *tabelas externas* que são somente leitura, cuja definição é armazenada dentro do banco de dados, mas cujos dados permanecem externos a ele. Existem algumas desvantagens ao usar tabelas externas: não é possível indexar tabelas externas e executar instruções **update**, **insert** e **delete** em uma tabela desse tipo. Entretanto, em um ambiente data warehouse onde uma tabela externa é lida na sua totalidade para uma operação de mesclagem com uma tabela existente, essas desvantagens não se aplicam.

Uma tabela externa poderia ser usada para coletar sugestões de funcionários em um front-end baseado na Web que não tenha acesso ao banco de dados de produção; neste exemplo, crie uma tabela externa que referencie um arquivo baseado em texto contendo dois campos: o ID do funcionário e o comentário.

Primeiramente, é necessário criar um *objeto de diretório* para apontar para o diretório do sistema operacional onde o arquivo de texto está armazenado. Neste exemplo, você criará o diretório EMPL_COMMENT_DIR para referenciar um diretório no sistema de arquivos Unix, conforme a seguir:

```
SQL> create directory empl_comment_dir as
  2      '/u10/Employee_Comments';
Directory created.
```

O arquivo de texto neste diretório é denominado empl_sugg.txt e se parece com este:

```
$ cat empl_sugg.txt
101, The cafeteria serves lousy food.
138, We need a raise.
```

```
112, There are not enough bathrooms in Building 5.
138, I like the new benefits plan.
$
```

Como este arquivo de texto tem dois campos, a tabela externa deve ser criada com duas colunas, a primeira sendo o número do funcionário e a segunda sendo o texto dos comentários. Este é o comando **create table**:

```
SQL> create table empl_sugg
  2      (employee_id number,
  3       empl_comment varchar2(250))
  4   organization external
  5      (type oracle_loader
  6       default directory empl_comment_dir
  7       access parameters
  8       (records delimited by newline
  9       fields terminated by ','
 10       (employee_id char,
 11       empl_comment char)
 12       )
 13       location('empl_sugg.txt')
 14      );
Table created.
SQL>
```

As três primeiras linhas do comando parecem um comando **create table** padrão. A cláusula **organization external** especifica que os dados da tabela estão armazenados fora do banco de dados. O uso da cláusula **oracle_ loader** especifica o driver de acesso para criar e carregar uma tabela externa como somente leitura. O arquivo especificado na cláusula **location**, empl_sugg.txt, está localizado no diretório Oracle **empl_comment_ dir**, criado anteriormente. **access parameters** especifica que cada linha da tabela está na sua própria linha no arquivo de texto e que os campos no arquivo de texto estão separados por uma vírgula.

NOTA
Usar o driver de acesso **oracle_datapump** *em vez do* **oracle_loader** *permite descarregar seus dados em uma tabela externa; além dessa descarga inicial, a tabela externa torna-se acessível para acesso leitura somente através do driver de acesso* **oracle_datapump** *e tem as mesmas constraints que uma tabela externa criada com o driver de acesso* **oracle_loader**.

Uma vez criada a tabela, os dados tornam-se imediatamente acessíveis em uma instrução **select**, como se fossem carregados em uma tabela real, conforme vemos neste exemplo:

```
SQL> select * from empl_sugg;

EMPLOYEE_ID EMPL_COMMENT
----------- ----------------------------------------
        101 The cafeteria serves lousy food.
        138 We need a raise.
        112 There are not enough bathrooms in Building 5.
        138 I like the new benefits plan.

SQL>
```

Todas as alterações feitas no arquivo de texto estarão automaticamente disponíveis na próxima vez que a instrução **select** for executada.

Tabelas particionadas

Em um ambiente VLDB, as tabelas particionadas ajudam a tornar o banco de dados mais disponível e de melhor manutenção. Esse tipo de tabela é dividida em partes mais gerenciáveis, denominadas *partições* que podem ser divididas em *subpartições*. Os índices correspondentes em tabelas particionadas podem ser não-particionados, particionados da mesma maneira que a tabela ou particionados de maneira diferente da tabela. As tabelas particionadas podem também melhorar o desempenho do banco de dados: cada partição de uma tabela desse tipo pode ser acessada usando execução paralela. Vários servidores de execução paralela podem ser atribuídos a diferentes partições da tabela ou a diferentes partições de índice.

Por razões de desempenho, cada partição de uma tabela pode e deve residir no seu próprio tablespace.

Outros atributos de uma partição, como características de armazenamento, podem diferir; entretanto, as constraints e tipos de dados de colunas para cada partição devem ser idênticos. Em outras palavras, atributos como tipo de dados e constraints de verificação são definidos em nível de tabela, não em nível de partição. Outras vantagens de armazenar partições de uma tabela particionada em tablespaces separados incluem:

- Reduzir a possibilidade de corrupção de dados em mais de uma partição, caso um tablespace seja danificado.
- Cada partição pode ser copiada em backup e recuperada independentemente.
- Há maior controle sobre o mapeamento de dispositivos de partição-para-físico para equilibrar a carga de E/S.

   Mesmo em um ambiente ASM, cada partição poderá ser colocada em um grupo de discos diferente; entretanto, geralmente, a Oracle recomenda dois grupos de discos, uma para os dados do usuário e outro para os dados de flashback e recuperação.

O particionamento é transparente para aplicações e não é necessária nenhuma alteração nas instruções SQL para tirar vantagem dele. Entretanto, em situações onde especificar uma partição seria vantajoso, podem ser especificados tanto o nome da tabela quanto o nome da partição em uma instrução SQL; isso melhora tanto o parse quanto o desempenho da instrução **select**. Exemplos de sintaxe usando os nomes de partição explícitos em uma instrução **select** serão encontrados mais tarde neste capítulo, na seção "Dividindo, adicionando e descartando partições".

Criando tabelas particionadas

Vários métodos de particionamento estão disponíveis no banco de dados Oracle e alguns desses são novos no Oracle 10*g*, como tabelas organizadas por índice (IOTs) particionadas por lista; outros métodos são novos no Oracle 11*g*, como particionamento lista-hash composto, lista-lista, lista-faixa e faixa-faixa. Nas próximas seções, abordaremos os conceitos básicos do particionamento de faixa, particionamento hash, particionamento de lista, seis tipos de particionamento composto, assim como particionamento de intervalo, particionamento de referência, particionamento controlado por aplicação e particionamento de coluna virtual. Veremos também como compactar seletivamente as partições dentro da tabela para economizar espaço em disco e E/S.

Usando particionamento por faixa   O particionamento por faixa é usado para mapear linhas para partições baseadas em faixas de uma ou mais colunas na tabela que está sendo particionada. Além disso, as linhas a serem particionadas devem ser igualmente distribuídas entre cada partição, como por meses do ano ou trimestre. Se a coluna que está sendo particionada for distorcida (por exemplo, por população dentro de cada código de estado), outro método de particionamento pode ser mais apropriado.

Para usar o particionamento de faixa, é preciso especificar os três critérios a seguir:

- Método de particionamento (faixa)
- Particionamento de coluna ou colunas
- Limites para cada partição

No exemplo a seguir, você deseja particionar a tabela de solicitação de catálogo CAT_REQ por estação, resultando em um total de quatro partições por ano:

```
create table cat_req
    (cat_req_num        number not null,
     cat_req_dt         date not null,
     cat_cd             number not null,
     cust_num           number null,
     req_nm             varchar2(50),
     req_addr1          varchar2(75),
     req_addr2          varchar2(75),
     req_addr3          varchar2(75))
partition by range (cat_req_dt)
    (partition cat_req_spr_2007
         values less than (to_date('20070601','YYYYMMDD'))
         tablespace prd01,
     partition cat_req_sum_2007
         values less than (to_date('20070901','YYYYMMDD'))
         tablespace prd02,
     partition cat_req_fal_2007
         values less than (to_date('20071201','YYYYMMDD'))
         tablespace prd03,
     partition cat_req_win_2008
         values less than (maxvalue)
         tablespace prd04);
```

No exemplo anterior, o método de particionamento é **range**, a coluna de particionamento é REQ_ DATE e a cláusula **values less than** especifica o limite superior que corresponde às datas para cada estação do ano: março a maio (partição CAT_REQ_SPR_2007), junho a agosto (partição CAT_ REQ_SUM_2007), setembro a novembro (partição CAT_REQ_FAL_2007) e dezembro a fevereiro (partição CAT_REQ_WIN_2008). Cada partição é armazenada no seu próprio tablespace – PRD01, PRD02, PRD03 ou PRD04.

Use **maxvalue** para selecionar *quaisquer* valores de dados após 1/12/2007; se **to_date('200 80301','YYYYMMDD')** foi especificado como o limite superior para a quarta partição, qualquer tentativa de inserir linhas com valores de data após 28/2/2008 falhará. Por outro lado, *todas as linhas inseridas com datas antes de* 1/6/2007 terminarão na partição CAT_REQ_SPR_2007, até mesmo as linhas com uma data de solicitação de catálogo igual a 1/10/1963. Esse é um caso em que uma aplicação de front-end pode fornecer alguma ajuda na verificação de datas, tanto no limite mínimo quanto no limite máximo do intervalo de datas. A visão de dicionários de dados DBA_TAB_ PARTITIONS mostra os componentes da partição da tabela CAT_REQ, conforme é possível ver na consulta a seguir:

```
SQL> select table_owner, table_name,
  2         partition_name, tablespace_name
  3  from dba_tab_partitions
  4  where table_name = 'CAT_REQ';
```

```
TABLE_OWNER      TABLE_NAME      PARTITION_NAME         TABLESPACE_NAME
---------------  --------------  ---------------------  ---------------
OE               CAT_REQ         CAT_REQ_FAL_2007       PRD03
OE               CAT_REQ         CAT_REQ_SPR_2007       PRD01
OE               CAT_REQ         CAT_REQ_SUM_2007       PRD02
OE               CAT_REQ         CAT_REQ_WIN_2008       PRD04

4 rows selected.
```

A localização das datas usadas na cláusula **values less than** quando a tabela particionada foi criada pode ser feita na mesma visão de dicionários de dados, conforme você pode ver na consulta a seguir:

```
SQL> select partition_name, high_value
  2     from dba_tab_partitions
  3     where table_name = 'CAT_REQ';

PARTITION_NAME         HIGH_VALUE
-------------------    ----------------------------------------
CAT_REQ_FAL_2007       TO_DATE(' 2007-12-01 00:00:00', 'SYYYY-M
                       M-DD HH24:MI:SS', 'NLS_CALENDAR=GREGORIA
                       N')

CAT_REQ_SPR_2007       TO_DATE(' 2007-06-01 00:00:00', 'SYYYY-M
                       M-DD HH24:MI:SS', 'NLS_CALENDAR=GREGORIA
                       N')

CAT_REQ_SUM_2007       TO_DATE(' 2007-09-01 00:00:00', 'SYYYY-M
                       M-DD HH24:MI:SS', 'NLS_CALENDAR=GREGORIA
                       N')

CAT_REQ_WIN_2008       MAXVALUE

4 rows selected.
```

De maneira similar, é possível usar a visão de dicionários de dados DBA_PART_KEY_COLUMNS para localizar as colunas usadas para particionar a tabela, como no exemplo a seguir:

```
SQL> select owner, name, object_type, column_name,
  2     column_position from DBA_PART_KEY_COLUMNS
  3     where owner = 'OE' and name = 'CAT_REQ';

OWNER      NAME            OBJECT_TYPE     COLUMN_NAME      COL
---------  --------------  --------------  ---------------  ---
OE         CAT_REQ         TABLE           CAT_REQ_DT       1

1 row selected.
```

Você irá aprender a modificar as partições de uma tabela particionada mais adiante neste capítulo, na seção "Gerenciando partições".

Usando particionamento hash   O particionamento hash é uma boa opção se a distribuição dos seus dados não se ajustar facilmente a um esquema de particionamento de faixa ou o número de linhas na tabela for desconhecido, mas de qualquer forma queremos aproveitar os benefícios inerentes das tabelas particionadas. As linhas são distribuídas igualmente para duas ou mais partições com base em um algoritmo de hashing interno usando a chave de partição como entrada. Quanto mais distintos forem os valores na coluna de particionamento, melhor a distribuição de linhas entre as partições.

Para usar o particionamento de hash, é preciso especificar os três critérios a seguir:

- Método de particionamento (hash)
- Coluna ou colunas de particionamento
- O número de partições e uma lista de tablespaces de destino nos quais armazenar as partições.

Para este exemplo, uma nova tabela de clientes está sendo criada cuja chave primária é gerada usando uma seqüência. Você deseja que as novas linhas sejam distribuídas igualmente entre quatro partições; por isso, o particionamento de hash será a melhor escolha. Este é o SQL usado para criar uma tabela particionada por hash:

```
create table oe.cust
     (cust_num            number not null primary key,
      ins_dt              date,
      first_nm            varchar2(25),
      last_nm             varchar2(35),
      mi                  char(1),
      addr1               varchar2(40),
      addr2               varchar2(40),
      city                varchar2(40),
      state_cd            char(2),
      zip_cd              varchar2(10))
partition by hash (cust_num)
partitions 4
store in (prd01, prd02, prd03, prd04);
```

Não é preciso necessariamente especificar o mesmo número de partições existente nos tablespaces; se forem especificadas mais partições do que tablespaces, eles serão reutilizados para partições subseqüentes no modo rodízio. Porém, se forem especificadas menos partições do que tablespaces, os tablespaces extras no final da lista serão ignorados.

Se você executar as mesmas consultas que foram executadas para o particionamento de faixa, talvez encontre alguns resultados inesperados, como poderá ver nesta consulta:

```
SQL> select partition_name, tablespace_name, high_value
  2  from dba_tab_partitions
  3  where table_name = 'CUST';

PARTITION_NAME            TABLESPACE_NAME HIGH_VALUE
------------------------- --------------- --------------------
SYS_P1130                 PRD01
SYS_P1131                 PRD02
SYS_P1132                 PRD03
SYS_P1133                 PRD04

4 rows selected.
```

Como o particionamento de hash está sendo usado, a coluna HIGH_VALUE é NULL.

DICA
A Oracle recomenda que o número de partições em uma tabela hash particionada seja uma potência de 2 para conseguir uma distribuição uniforme de linhas em cada tabela; o Oracle usa bits de ordem baixa da chave de partição para determinar a partição de destino para a linha.

Usando particionamento por lista O particionamento por lista fornece um controle explícito de como cada valor na sua coluna mapeia para uma partição especificando valores distintos a partir dela.

Em geral, o particionamento por faixa não é adequado para valores distintos que não têm uma faixa consecutiva e natural de valores, como códigos de estado. O particionamento por hash não é adequado para atribuir valores distintos a uma partição específica porque, por sua natureza, esse tipo de hash pode mapear vários valores distintos relacionados em partições diferentes.

Para usar o particionamento de lista, você deve especificar os três critérios a seguir:

- Método de particionamento (lista)
- Coluna de particionamento
- Nomes de partição, com cada partição associada a uma lista distinta de valores literais que a coloca na partição

NOTA
A partir do Oracle 10g, o particionamento de lista pode ser usado para tabelas com colunas LOB.

No exemplo a seguir, o particionamento de lista será usado para registrar informações de vendas para o data warehouse em três partições com base na região de vendas: a Midwest, o litoral ocidental e o restante do país. Aqui está o comando **create table**:

```
create table oe.sales_by_region_by_day
      (state_cd char(2),
       sales_dt date,
       sales_amt number(16,2))
partition by list (state_cd)
   (partition midwest values ('WI','IL','IA','IN','MN')
         tablespace prd01,
    partition westcoast values ('CA','OR','WA')
         tablespace prd02,
    partition other_states values (default)
         tablespace prd03);
```

As informações de vendas para os estados de Wisconsin, Illinois e outros estados da região Midwestern serão armazenadas na partição **midwest**; os estados da California, Oregon e Washington terminarão na partição **westcoast** . Qualquer outro valor para código de estado, como **MI**, terminará na partição **other_states** no tablespace PRD03.

Usando particionamento composto por faixa-hash Como o nome implica, o particionamento por faixa-hash usa o particionamento por faixa para dividir as linhas usando o método de faixa e, em seguida, subparticiona as linhas dentro de cada faixa usando o método de hash. O **particionamento composto por faixa-hash** é bom para dados históricos com o benefício adicional de uma maior gerenciabilidade e posicionamento de dados dentro de um número maior de partições totais.

Para usar o particionamento composto por faixa-hash, é necessário especificar os seguintes critérios:

- Método de particionamento principal (faixa)
- Coluna(s) de particionamento por faixa

- Nomes de partição identificando os limites da partição
- Método de subparticionamento (hash)
- Subparticionamento de coluna(s)
- Número de subpartições para cada partição ou nome de subpartição

No exemplo a seguir, você irá monitorar os aluguéis de ferramentas de casa e jardim. Cada ferramenta é identificada por um número de ferramenta único. Em um dado momento, somente cerca de 400 ferramentas estarão disponíveis para aluguel, embora possa haver pouco mais de 400 temporariamente. Para cada partição, queremos usar o particionamento por hash para cada uma das oito subpartições, usando o nome da ferramenta no algoritmo de hashing.

As subpartições serão distribuídas por quatro tablespaces: PRD01, PRD02, PRD03 e PRD04. Aqui está o comando **create table** para criar a tabela particionada por faixa-hash:

```
create table oe.tool_rentals
   (tool_num      number,
    tool_desc     varchar2(50),
    rental_rate   number(6,2))
partition by range (tool_num)
   subpartition by hash (tool_desc)
   subpartition template (subpartition s1 tablespace prd01,
                          subpartition s2 tablespace prd02,
                          subpartition s3 tablespace prd03,
                          subpartition s4 tablespace prd04,
                          subpartition s5 tablespace prd01,
                          subpartition s6 tablespace prd02,
                          subpartition s7 tablespace prd03,
                          subpartition s8 tablespace prd04)
(partition tool_rentals_p1 values less than (101),
 partition tool_rentals_p2 values less than (201),
 partition tool_rentals_p3 values less than (301),
 partition tool_rentals_p4 values less than (maxvalue));
```

As partições por faixa são somente lógicas; existe um total de 32 partições físicas, uma para cada combinação de partição e subpartição lógica na lista de template. Observe a cláusula **subpartition template**; o template é usado para criar as subpartições em cada partição que não tem uma especificação de subpartição explícita. Usar templates traz economia real de tempo e redução dos erros de digitação, se as subpartições forem explicitamente especificadas para cada partição. Alternativamente, a cláusula a seguir pode ser especificada, caso não haja necessidade de subpartições explicitamente nomeadas:

```
subpartitions 8 store in (prd01, prd02, prd03, prd04)
```

As informações de partição física estão disponíveis em DBA_TAB_SUBPARTITIONS, assim como para qualquer tabela particionada. Na listagem abaixo podemos ver uma consulta para localizar os componentes de partição da tabela TOOL_RENTALS:

```
SQL> select table_name, partition_name, subpartition_name,
  2  tablespace_name
  3  from dba_tab_subpartitions
  4  where table_name = 'TOOL_RENTALS';
```

```
TABLE_NAME         PARTITION_NAME        SUBPARTITION_NAME      TABLESPACE
---------------    --------------------  ---------------------  ----------
TOOL_RENTALS       TOOL_RENTALS_P1       TOOL_RENTALS_P1_S1     PRD01
TOOL_RENTALS       TOOL_RENTALS_P1       TOOL_RENTALS_P1_S2     PRD02
TOOL_RENTALS       TOOL_RENTALS_P1       TOOL_RENTALS_P1_S3     PRD03
TOOL_RENTALS       TOOL_RENTALS_P1       TOOL_RENTALS_P1_S4     PRD04
TOOL_RENTALS       TOOL_RENTALS_P1       TOOL_RENTALS_P1_S5     PRD01
TOOL_RENTALS       TOOL_RENTALS_P1       TOOL_RENTALS_P1_S6     PRD02
TOOL_RENTALS       TOOL_RENTALS_P1       TOOL_RENTALS_P1_S7     PRD03
TOOL_RENTALS       TOOL_RENTALS_P1       TOOL_RENTALS_P1_S8     PRD04
TOOL_RENTALS       TOOL_RENTALS_P2       TOOL_RENTALS_P2_S1     PRD01
TOOL_RENTALS       TOOL_RENTALS_P2       TOOL_RENTALS_P2_S2     PRD02
. . .
TOOL_RENTALS  TOOL_RENTALS_P4  TOOL_RENTALS_P4_S8  PRD04

32 rows selected.
```

No nível de partição lógica, ainda precisamos consultar a tabela DBA_TAB_PARTITIONS para obter valores de faixa, conforme pode ser visto na consulta a seguir:

```
SQL> select table_name, partition_name,
  2          subpartition_count, high_value
  3    from dba_tab_partitions
  4   where table_name = 'TOOL_RENTALS';

TABLE_NAME         PARTITION_NAME        SUBPARTITION_COUNT    HIGH_VALUE
---------------    --------------------  --------------------  ----------
TOOL_RENTALS       TOOL_RENTALS_P1                        8    101
TOOL_RENTALS       TOOL_RENTALS_P2                        8    201
TOOL_RENTALS       TOOL_RENTALS_P3                        8    301
TOOL_RENTALS       TOOL_RENTALS_P4                        8    MAXVALUE

4 rows selected.
```

Além disso, observe que o nome da partição ou o nome da subpartição pode ser especificado para executar a consulta apenas na partição declarada, como nestes dois exemplos:

```
select * from oe.tool_rentals partition (tool_rentals_p1);
select * from oe.tool_rentals subpartition (tool_rentals_p3_s2);
```

Na primeira consulta, um total de oito subpartições são pesquisadas, de TOOL_RENTALS_P1_S1 até TOOL_RENTALS_P1_S8; na segunda consulta, apenas uma das 32 subpartições é pesquisada.

Usando particionamento composto faixa-lista Similar ao particionamento composto faixa-hash, o particionamento composto faixa-lista usa o particionamento de faixa para dividir primeiramente as linhas usando o método de faixa e, em seguida, subparticionar as linhas dentro de cada faixa usando o método de lista. O particionamento composto de faixa-lista é bom para posicionar os dados históricos em cada partição lógica, as subdividindo ainda mais usando um conjunto de valores descontínuos ou diferentes.

NOTA
O particionamento de faixa-lista é novo a partir do Oracle 10g.

Para usar o particionamento composto de faixa-lista, é necessário especificar os seguintes critérios:

- Método de particionamento principal (faixa)
- Coluna(s) de particionamento por faixa
- Nomes de partição identificando os limites da partição
- Método de subparticionamento (lista)
- Coluna de subparticionamento
- Os nomes de partição, com cada partição associada a uma lista distinta de valores literais que a coloca na partição

No exemplo a seguir, expandiremos o exemplo de particionamento de lista anterior "Vendas por região" e tornaremos a tabela particionada mais escalável, usando a data das vendas para particionamento por faixa e o código de estado para o subparticionamento. Este é o comando **create table** para executar este procedimento:

```
create table sales_by_region_by_quarter
     (state_cd        char(2),
      sales_dt        date,
      sales_amt       number(16,2))
partition by range (sales_dt)
     subpartition by list (state_cd)
       (partition q1_2007 values less than (to_date('20070401','YYYYMMDD'))
          (subpartition q1_2007_midwest values ('WI','IL','IA','IN','MN')
              tablespace prd01,
           subpartition q1_2007_westcoast values ('CA','OR','WA')
              tablespace prd02,
           subpartition q1_2007_other_states values (default)
              tablespace prd03
       ),
       partition q2_2007 values less than (to_date('20070701','YYYYMMDD'))
          (subpartition q2_2007_midwest values ('WI','IL','IA','IN','MN')
              tablespace prd01,
           subpartition q2_2007_westcoast values ('CA','OR','WA')
              tablespace prd02,
           subpartition q2_2007_other_states values (default)
              tablespace prd03
       ),
       partition q3_2007 values less than (to_date('20071001','YYYYMMDD'))
          (subpartition q3_2007_midwest values ('WI','IL','IA','IN','MN')
              tablespace prd01,
           subpartition q3_2007_westcoast values ('CA','OR','WA')
              tablespace prd02,
           subpartition q3_2007_other_states values (default)
              tablespace prd03
       ),
```

```
        partition q4_2007 values less than (maxvalue)
          (subpartition q4_2007_midwest values ('WI','IL','IA','IN','MN')
                tablespace prd01,
           subpartition q4_2007_westcoast values ('CA','OR','WA')
                tablespace prd02,
           subpartition q4_2007_other_states values (default)
                tablespace prd03
          )
        );
```

Cada linha armazenada na tabela SALES_BY_REGION_BY_QUARTER é colocada em uma das 12 subpartições, dependendo primeiramente da data das vendas, que limita a seleção da subpartição a três subpartições. O valor do código de estado, então, determina qual das três subpartições será usada para armazenar a linha. Se uma data de vendas cair depois do final de 2007, ela será colocada em uma das subpartições da Q4_2007 até que seja criada uma nova partição e subpartições para Q1_2008.

A reorganização de tabelas particionadas será abordada neste capítulo.

Usando particionamento composto por lista-hash, lista-lista e lista-faixa O uso do particionamento composto por lista-hash, lista-lista e lista-faixa é similar ao uso do particionamento por faixa-hash, faixa-lista e faixa-faixa conforme discutido anteriormente nesta seção, exceto que é usada a cláusula partition by list em vez da cláusula partition by range como a principal estratégia de particionamento.

NOTA
O particionamento composto por lista-hash e todos os métodos de particionamento subseqüentes neste capítulo são novos a partir do Oracle 11g.

Como exemplo, recriaremos a tabela sales_by_region_by_quarter (que usa um esquema faixa-lista) usando um esquema de particionamento lista-faixa, conforme a seguir:

```
create table sales_by_region_by_quarter
        (state_cd          char(2),
         sales_dt          date,
         sales_amt         number(16,2))
    partition by list (state_cd)
        subpartition by range(sales_dt)
            (partition midwest values ('WI','IL','IA','IN','MN')
              (
                subpartition midwest_q1_2007 values less than
                    (to_date('20070401','YYYYMMDD')),
                subpartition midwest_q2_2007 values less than
                    (to_date('20070701','YYYYMMDD')),
                subpartition midwest_q3_2007 values less than
                    (to_date('20071001','YYYYMMDD')),
                subpartition midwest_q4_2007 values less than (maxvalue)
              ),
            partition westcoast values ('CA','OR','WA')
              (
               subpartition westcoast_q1_2007 values less than
                    (to_date('20070401','YYYYMMDD')),
```

```
              subpartition westcoast_q2_2007 values less than
                  (to_date('20070701','YYYYMMDD')),
              subpartition westcoast_q3_2007 values less than
                  (to_date('20071001','YYYYMMDD')),
              subpartition westcoast_q4_2007 values less than (maxvalue)
            ),
           partition other_states values (default)
            (
              subpartition other_states_q1_2007 values less than
                  (to_date('20070401','YYYYMMDD')),
              subpartition other_states_q2_2007 values less than
                  (to_date('20070701','YYYYMMDD')),
              subpartition other_states_q3_2007 values less than
                  (to_date('20071001','YYYYMMDD')),
              subpartition other_states_q4_2007 values less than (maxvalue)
            )
           );
```

Esse esquema de particionamento alternativo fará sentido se os gerentes regionais executarem suas análises por data somente dentro das suas regiões.

Usando o particionamento composto faixa-faixa   Como o nome implica, o método de particionamento faixa-faixa usa uma faixa de valores em duas colunas da tabela. Ambas as colunas poderiam ser utilizadas em uma tabela particionada por faixa, mas não precisam ter os mesmos tipos de dados. Por exemplo, uma tabela de análise médica pode usar uma coluna da faixa principal de datas de nascimento de clientes e uma coluna da faixa secundária de pesos em onças de pacientes ao nascer. Veja a seguir um exemplo de uma tabela de pacientes usando esses dois atributos:

```
create table patient_info
    (patient_id number,
     birth_date date,
     birth_weight_oz number)
  partition by range (birth_date)
    subpartition by range (birth_weight_oz)
      (
        partition bd_1950 values less than (to_date('19501231','YYYYMMDD'))
         (
           subpartition bd_1950_4lb values less than (64),
           subpartition bd_1950_6lb values less than (96),
           subpartition bd_1950_8lb values less than (128),
           subpartition bd_1950_12lb values less than (192),
           subpartition bd_1950_o12lb values less than (maxvalue)
         ),
        partition bd_1960 values less than (to_date('19601231','YYYYMMDD'))
         (
           subpartition bd_1960_4lb values less than (64),
           subpartition bd_1960_6lb values less than (96),
           subpartition bd_1960_8lb values less than (128),
           subpartition bd_1960_12lb values less than (192),
           subpartition bd_1960_o12lb values less than (maxvalue)
```

```
      ),
    partition bd_1970 values less than (to_date('19701231','YYYYMMDD'))
      (
        subpartition bd_1970_4lb values less than (64),
        subpartition bd_1970_6lb values less than (96),
        subpartition bd_1970_8lb values less than (128),
        subpartition bd_1970_12lb values less than (192),
        subpartition bd_1970_o12lb values less than (maxvalue)
      ),
    partition bd_1980 values less than (to_date('19801231','YYYYMMDD'))
      (
        subpartition bd_1980_4lb values less than (64),
        subpartition bd_1980_6lb values less than (96),
        subpartition bd_1980_8lb values less than (128),
        subpartition bd_1980_12lb values less than (192),
        subpartition bd_1980_o12lb values less than (maxvalue)
      ),
    partition bd_1990 values less than (to_date('19901231','YYYYMMDD'))
      (
        subpartition bd_1990_4lb values less than (64),
        subpartition bd_1990_6lb values less than (96),
        subpartition bd_1990_8lb values less than (128),
        subpartition bd_1990_12lb values less than (192),
        subpartition bd_1990_o12lb values less than (maxvalue)
      ),
    partition bd_2000 values less than (to_date('20001231','YYYYMMDD'))
      (
        subpartition bd_2000_4lb values less than (64),
        subpartition bd_2000_6lb values less than (96),
        subpartition bd_2000_8lb values less than (128),
        subpartition bd_2000_12lb values less than (192),
        subpartition bd_2000_o12lb values less than (maxvalue)
      ),
    partition bd_2010 values less than (maxvalue)
      (
        subpartition bd_2010_4lb values less than (64),
        subpartition bd_2010_6lb values less than (96),
        subpartition bd_2010_8lb values less than (128),
        subpartition bd_2010_12lb values less than (192),
        subpartition bd_2010_o12lb values less than (maxvalue)
      )
    );
```

Usando particionamento por intervalo O particionamento por intervalo automatiza a criação de novas partições por faixa. Por exemplo, November, 2007 quase sempre seguirá October, 2007, portanto usar o particionamento por intervalo do Oracle economiza seu esforço de criar e manter novas partições quando necessário.

Aqui temos um exemplo de uma tabela particionada por faixa com quatro partições e uma definição de intervalo de um mês:

```
create table order_hist_interval
   (order_num      NUMBER(15),
    cust_id        NUMBER(12),
    order_dt       date,
    order_total    NUMBER(10,2)
)
partition by range (order_dt)
interval(numtoyminterval(1,'month'))
  (partition p0 values less than (to_date('20051231','YYYYMMDD')),
   partition p1 values less than (to_date('20060701','YYYYMMDD')),
   partition p2 values less than (to_date('20061231','YYYYMMDD')),
   partition p3 values less than (to_date('20070701','YYYYMMDD'))
  );
```

As linhas inseridas com uma ORDER_DT igual a July 1, 2007 ou anterior residirá em uma das quatro partições iniciais da tabela ORDER_HIST_INTERVAL. As linhas inseridas com uma ORDER_DT após July 1, 2007, acionarão a criação de uma nova partição com uma faixa de um mês cada; o limite superior de cada nova partição sempre será o primeiro dia do mês, com base no valor do limite superior da partição mais alta. Examinando o dicionário de dados, essa tabela é parecida com uma tabela particionada por faixa, em uma versão anterior ao Oracle 11g:

```
SQL> select table_name, partition_name, high_value
  2  from dba_tab_partitions
  3  where table_name = 'ORDER_HIST_INTERVAL';

TABLE_NAME                      PARTITION_NAME
------------------------------  ------------------------------
HIGH_VALUE
-------------------------------------------------------------------
ORDER_HIST_INTERVAL             P0
TO_DATE(' 2005-12-31 00:00:00', 'SYYYY-MM-DD HH24:MI:SS',
ORDER_HIST_INTERVAL             P1
TO_DATE(' 2006-07-01 00:00:00', 'SYYYY-MM-DD HH24:MI:SS'
ORDER_HIST_INTERVAL             P2
TO_DATE(' 2006-12-31 00:00:00', 'SYYYY-MM-DD HH24:MI:SS',
ORDER_HIST_INTERVAL             P3
TO_DATE(' 2007-07-01 00:00:00', 'SYYYY-MM-DD HH24:MI:SS',

SQL>
```

Entretanto, suponha que seja adicionada uma linha referente a November 11, 2007, como neste exemplo:

```
SQL> insert into order_hist_interval
  2  values (19581968,1963411,to_date('20071111','YYYYMMDD'),420.11);

1 row created.

SQL>
```

Agora existe uma nova partição, como você poderá ver quando consultar novamente a tabela DBA_TAB_PARTITIONS:

```
SQL> select table_name, partition_name, high_value
  2  from dba_tab_partitions
  3  where table_name = 'ORDER_HIST_INTERVAL';
```

```
TABLE_NAME                      PARTITION_NAME
------------------------------  ------------------------------
HIGH_VALUE
--------------------------------------------------------------
ORDER_HIST_INTERVAL             P0
TO_DATE(' 2005-12-31 00:00:00', 'SYYYY-MM-DD HH24:MI:SS',
ORDER_HIST_INTERVAL             P1
TO_DATE(' 2006-07-01 00:00:00', 'SYYYY-MM-DD HH24:MI:SS'
ORDER_HIST_INTERVAL             P2
TO_DATE(' 2006-12-31 00:00:00', 'SYYYY-MM-DD HH24:MI:SS',
ORDER_HIST_INTERVAL             P3
TO_DATE(' 2007-07-01 00:00:00', 'SYYYY-MM-DD HH24:MI:SS',
ORDER_HIST_INTERVAL             SYS_P41
TO_DATE(' 2007-12-01 00:00:00', 'SYYYY-MM-DD HH24:MI:SS',

SQL>
```

Observe que as partições para July, August, September e October não serão criadas até que as linhas do histórico de pedidos sejam inseridas contendo os dados incluídos nesses meses.

Usando particionamento por referência O particionamento por referência aproveita os relacionamentos pai-filho entre tabelas para otimizar as características de partição e facilitar a manutenção de tabelas que freqüentemente sofrem join. Neste exemplo, o particionamento definido para a tabela pai ORDER_HIST é herdado pela tabela ORDER_ITEM_HIST:

```
create table order_hist
    (order_num       NUMBER(15),
     cust_id         NUMBER(12),
     order_dt        date,
     order_total     NUMBER(10,2),
  constraint order_hist_pk primary key(order_num)
  )
  partition by range (order_dt)
    (partition q1_2007 values less than (to_date('20070401','YYYYMMDD')),
     partition q2_2007 values less than (to_date('20070701','YYYYMMDD')),
     partition q3_2007 values less than (to_date('20071001','YYYYMMDD')),
     partition q4_2007 values less than (to_date('20080101','YYYYMMDD'))
    )
;

create table order_item_hist
    (order_num number(15),
     line_item_num number(3),
     product_num number(10),
     item_price number(8,2),
     item_qty number(8),
  constraint order_item_hist_fk
     foreign key (order_num) references order_hist(order_num)
  )
  partition by reference(order_item_hist_fk)
;
```

O Oracle cria automaticamente as partições correspondentes com o mesmo nome para a tabela ORDER_ ITEM_HIST conforme a tabela ORDER_HIST.

Usando particionamento controlado por aplicação (sistema) O particionamento controlado por aplicação, também conhecido como particionamento por sistema, conta com a lógica da aplicação para colocar as linhas na partição apropriada. Apenas os nomes de partição e os números das partições são especificados quando a tabela é criada, como neste exemplo:

```
create table order_hist_sys_part
    (order_num NUMBER(15),
     cust_id NUMBER(12),
     order_dt date,
     order_total NUMBER(10,2)
    )
    partition by system
       (partition p1 tablespace users1,
        partition p2 tablespace users2,
        partition p3 tablespace users3,
        partition p4 tablespace users4
       )
;
```

Todas as instruções **insert** nesta tabela devem especificar o número da partição; do contrário, a instrução **insert** falhará. Veja um exemplo:

```
SQL> insert into order_hist_sys_part
  2   partition (p3)
  3   values (49809233,93934011,sysdate,122.12);

1 row created.

SQL>
```

Usando particionamento por coluna virtual As colunas virtuais, disponíveis no Oracle Database 11g, também podem ser usadas como uma chave de partição. Qualquer método de partição que usa uma coluna regular pode usar uma coluna virtual. Neste exemplo, crie uma tabela particionada para itens de pedido com base no seu custo total, em outras palavras, o número de itens multiplicado pelo seu preço:

```
create table line_item_value
    (order_num number(15) not null,
     line_item_num number(3) not null,
     product_num number(10),
     item_price number(8,2),
     item_qty number(8),
     total_price as (item_price * item_qty)
    )
    partition by range (total_price)
    (
       partition small values less than (100),
       partition medium values less than (500),
       partition large values less than (1000),
       partition xlarge values less than (maxvalue)
    );
```

Tabelas particionadas compactadas As tabelas particionadas podem ser compactadas exatamente como as não-particionadas. Além disso, as partições de uma tabela particionada podem ser seletivamente compactadas. Por exemplo, talvez você só queira compactar as partições mais antigas e acessadas com menos freqüência de uma tabela particionada e deixar a partição mais recente descompactada para minimizar a sobrecarga da CPU ao recuperar dados recentes. Neste exemplo, criaremos uma nova versão da tabela CAT_REQ que foi criada anteriormente neste capítulo, compactando somente as duas primeiras partições. Aqui está o comando SQL:

```
create table cat_req_2

       (cat_req_num        number not null,
        cat_req_dt         date not null,
        cat_cd             number not null,
        cust_num           number null,
        req_nm             varchar2(50),
        req_addr1          varchar2(75),
        req_addr2          varchar2(75),
        req_addr3          varchar2(75))
   partition by range (cat_req_dt)
       (partition cat_req_spr_2007
            values less than (to_date('20070601','YYYYMMDD'))
            tablespace prd01 compress,
        partition cat_req_sum_2007
            values less than (to_date('20070901','YYYYMMDD'))
            tablespace prd02 compress,
        partition cat_req_fal_2007
            values less than (to_date('20071201','YYYYMMDD'))
            tablespace prd03 nocompress,
        partition cat_req_win_2008
            values less than (maxvalue)
            tablespace prd04 nocompress);
```

Não é preciso especificar **nocompress**, porque este é o padrão. Para descobrir quais partições estão compactadas, você pode usar a coluna COMPRESSION na tabela de dicionário de dados DBA_TAB_PARTITIONS, como é possível ver no exemplo a seguir:

```
SQL> select table_name, partition_name, compression
  2  from dba_tab_partitions
  3  where table_name = 'CAT_REQ_2';

TABLE_NAME           PARTITION_NAME         COMPRESS
----------------     --------------------   --------
CAT_REQ_2            CAT_REQ_FAL_2007       DISABLED
CAT_REQ_2            CAT_REQ_SPR_2007       ENABLED
CAT_REQ_2            CAT_REQ_SUM_2007       ENABLED
CAT_REQ_2            CAT_REQ_WIN_2008       DISABLED

4 rows selected.
```

Indexando partições

Os índices locais em partições refletem a estrutura da tabela subjacente e, em geral, são mais fáceis de manter do que os índices não-particionados ou particionados globais. Os índices locais são *equiparticionados* com a tabela particionada subjacente; em outras palavras, ele é particionado nas mesmas colunas que a tabela subjacente e, portanto, tem os mesmo número de partições e os mesmos limites que esta última.

Os índices particionados globais são criados independentemente do esquema de particionamento da tabela subjacente e podem ser particionados usando o particionamento por faixa ou particionamento por hash. Nesta seção, mostraremos primeiro como criar um índice particionado local; em seguida, como criar índices globais particionados por faixa e por hash. Além disso, veremos como economizar espaço em um índice particionado usando a compactação de chave.

Criando índices particionados locais Um índice particionado local é muito simples de configurar e manter porque o seu esquema de particionamento é idêntico ao esquema da tabela base. Em outras palavras, o número de partições do índice é igual ao número de partições e subpartições da tabela; além disso, para uma das suas linhas, a entrada de índice é sempre armazenada na partição ou subpartição de índice correspondente.

A Figura 16-1 mostra os relacionamentos entre um índice local particionado e uma tabela particionada. O número de partições na tabela é exatamente o mesmo número de partições no índice.

No exemplo a seguir, crie um índice local na tabela CUST feita anteriormente neste capítulo. Esta é a instrução SQL que recupera as partições de tabela para a tabela CUST:

```
SQL> select partition_name, tablespace_name, high_value
  2  from dba_tab_partitions
  3  where table_name = 'CUST';

PARTITION_NAME        TABLESPACE_NAME  HIGH_VALUE
--------------------  ---------------  --------------------
SYS_P1130             PRD01
SYS_P1131             PRD02
SYS_P1132             PRD03
SYS_P1133             PRD04

4 rows selected.
```

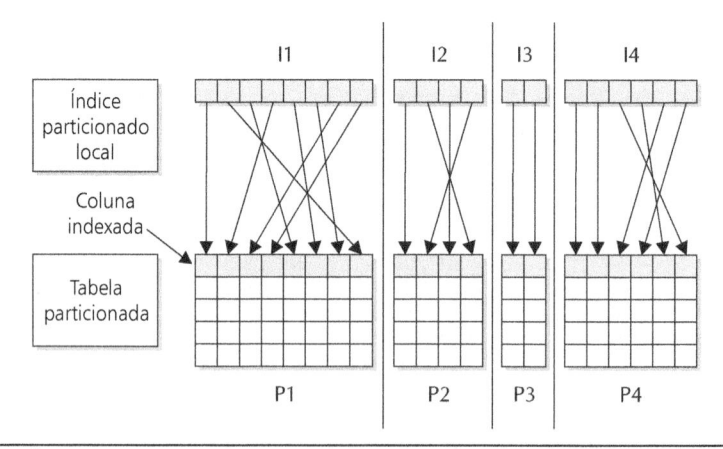

Figura 16-1 *Índice particionado local em uma tabela particionada.*

O comando para criar o índice local nessa tabela é muito simples e direto, como pode ser visto neste exemplo:

```
SQL> create index oe.cust_ins_dt_ix on oe.cust (ins_dt)
  2          local store in (idx_1, idx_2, idx_3, idx_4);
Index created.
```

As partições de índice são armazenadas em quatro tablespaces – IDX_1 até IDX_4 – para melhorar ainda mais o desempenho da tabela, porque cada partição de índice é armazenada em um tablespace separado de qualquer uma das partições da tabela. As partições desse índice são localizadas consultando DBA_IND_PARTITIONS, como a seguir:

```
SQL> select partition_name, tablespace_name from dba_ind_partitions
  2        where index_name = 'CUST_INS_DT_IX';

PARTITION_NAME        TABLESPACE_NAME
--------------------  ----------------
SYS_P1130             IDX_1
SYS_P1131             IDX_2
SYS_P1132             IDX_3
SYS_P1133             IDX_4

4 rows selected.
```

Observe que as partições de índice são automaticamente nomeadas da mesma maneira que suas partições de tabela correspondentes. Um dos benefícios dos índices locais é que quando uma nova partição de tabela é criada, a partição de índice correspondente é criada automaticamente; da mesma maneira, ao descartar uma partição de tabela, a partição de índice também é descartada automaticamente sem invalidar quaisquer outras partições de índice, como seria o caso de um índice global.

Criando índices globais particionados por faixa A criação de índices globais particionados por faixa envolve regras similares àquelas usadas durante a criação de tabelas particionadas por faixa. Em um exemplo anterior, você criou uma tabela particionada por faixa denominada CAT_REQ que continha quatro partições baseada na coluna CAT_REQ_DT. Neste exemplo, será criado um índice global particionado que conterá apenas duas partições (em outras palavras, *não*-particionado da mesma maneira que a tabela correspondente):

```
create index cat_req_dt_ix on oe.cat_req(cat_req_dt)
   global partition by range(cat_req_dt)
   (partition spr_sum_2007
     values less than (to_date('20070901','YYYYMMDD'))
        tablespace idx_4,
   partition fal_win_2007
     values less than (maxvalue)
        tablespace idx_8);
```

Observe que os dois tablespaces especificados para armazenar as partições para o índice são diferentes dos tablespaces usados para armazenar as partições de tabela. Se ocorrer alguma atividade DDL na tabela subjacente, os índices globais serão marcados como UNUSABLE e precisarão ser reconstruídos a menos que você inclua a cláusula update global indexes (o padrão é invalidar os índices globais). Na seção "Gerenciando partições", mais adiante neste capítulo, examinaremos a cláusula update index quando operações de manutenção de partição estiverem em execução nos índices particionados.

A Figura 16-2 mostra o relacionamento entre um índice global particionado e uma tabela particionada. O número de partições na tabela pode ou não ser igual ao número de partições do índice.

Criando índices globais particionados por hash   Como nos índices globais particionados por faixa, as instruções para criação de índices globais particionados por hash compartilham a sintaxe das instruções de criação de tabelas particionadas por hash. Os índices globais particionados por hash podem melhorar o desempenho em situações em que um pequeno número de blocos de folhas de índice não particionados experimentam uma alta disputa em um ambiente OLTP. As consultas que usam uma igualdade ou um operador IN na cláusula WHERE podem ser significativamente beneficiadas por esse tipo de índice.

> **NOTA**
> Os índices globais particionados por hash são novos no Oracle 10g.

A partir do nosso exemplo, é possível criar um índice global particionado por hash na coluna ZIP_CD, usando um particionamento por hash para a tabela CUST:

```
create index oe.cust_zip_cd_ix on oe.cust(zip_cd)
    global partition by hash(zip_cd)
     (partition z1 tablespace idx_1,
      partition z2 tablespace idx_2,
      partition z3 tablespace idx_3,
      partition z4 tablespace idx_4,
      partition z5 tablespace idx_5,
      partition z6 tablespace idx_6,
      partition z7 tablespace idx_7,
      partition z8 tablespace idx_8);
```

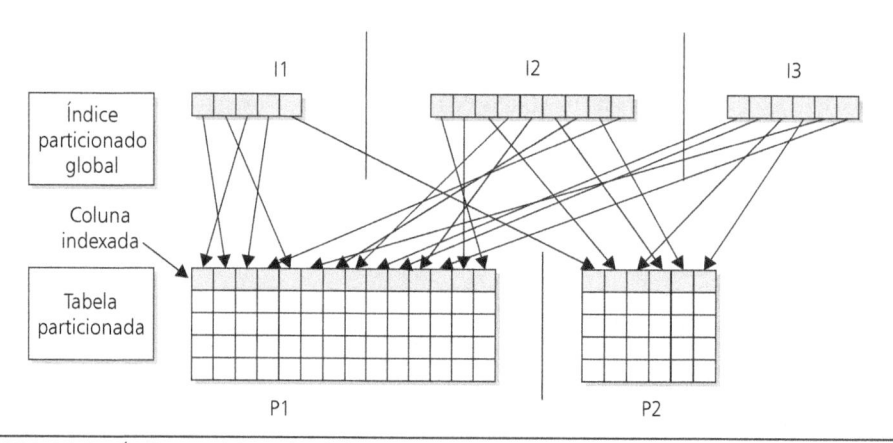

FIGURA 16-2   *Índice particionado global em uma tabela particionada.*

Observe que a tabela CUST é particionada usando a coluna CUST_NUM e coloca suas quatro partições em PRD01 até PRD04. Essa partição de índice usa a coluna ZIP_CD para a função de hashing e armazena suas oito partições em IDX_1 até IDX_8.

Criando índices globais não-particionados Criar um índice global não-particionado é igual a criar um índice regular em uma tabela não-particionada; a sintaxe é idêntica. A Figura 16-3 mostra o relacionamento entre um índice global não-particionado e uma tabela particionada.

Usando compactação de chave em índices particionados Se seu índice não é único e tem um grande número de valores repetidos para chave ou chaves de índice, use a compactação de chave no índice exatamente como faz em um índice não-particionado tradicional. Quando apenas a primeira instância da chave de índice é armazenada, o uso de espaço em disco e a E/S são reduzidos. No exemplo a seguir, veja como é fácil criar um índice particionado compactado:

```
create index oe.cust_ins_dt_ix on oe.cust (ins_dt)
compress local
store in (idx_1, idx_2, idx_3, idx_4);
```

Você pode especificar que uma partição de índice mais ativa não seja compactada usando NOCOMPRESS, que pode economizar uma quantidade considerável de CPU para entradas de índice recentes que são acessadas com mais freqüência do que outras no índice.

Tabelas organizadas por índice particionadas

As tabelas organizadas por índice (IOTs) podem ser particionadas usando o método de particionamento por faixa, lista ou hash. A criação de tabelas organizadas por índice particionadas é sintaticamente similar à criação de tabelas organizadas por heap particionadas. Nesta seção, abordaremos algumas diferenças sobre como as IOTs particionadas são criadas e usadas.

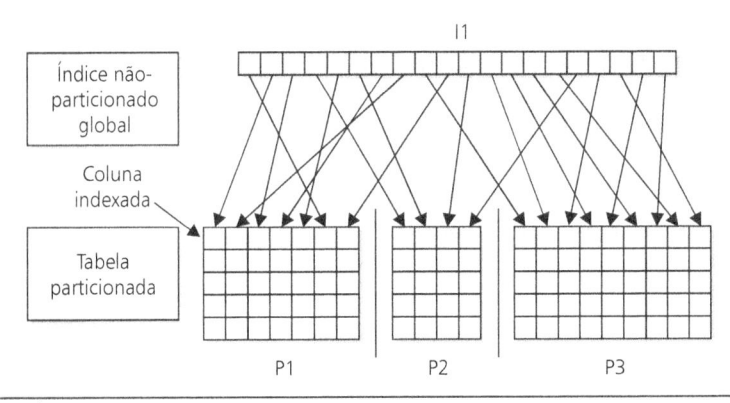

Figura 16-3 *Índice não-particionado global em uma tabela particionada.*

Para uma IOT particionada, as cláusulas **organization index**, **including** e **overflow** são usadas como se fossem para IOTs padrão. Na cláusula **partition**, a cláusula **overflow** pode ser especificada assim como quaisquer outros atributos do segmento de overflow para uma partição.

A partir do Oracle 10g, não há mais a constraint de que o conjunto de colunas de particionamento deve ser um subconjunto das colunas chave primárias da IOT; além disso, o particionamento LIST é suportado além do particionamento por faixa e por hash. Nos releases anteriores do Oracle, as colunas LOB eram suportadas somente nas IOTs particionadas por faixa; a partir do Oracle 10g, elas são suportadas também em métodos de particionamento por hash e por lista.

Gerenciando partições

Quatorze operações de manutenção podem ser executadas em uma tabela particionada, incluindo dividir uma partição, mesclar partições e adicionar uma nova partição. Essas operações podem ou não estar disponíveis dependendo do esquema de particionamento usado (faixa, hash, lista ou um dos seis métodos compostos). Para partições compostas, essas operações às vezes se aplicam à partição e à subpartição e, às vezes, somente à subpartição.

Para índices particionados, existem sete tipos diferentes de operações de manutenção que variam dependendo do método de particionamento (faixa, hash, lista ou composto) e do índice ser global ou local. Além disso, cada tipo de índice particionado pode suportar atualizações automáticas quando o esquema de particionamento é alterado, reduzindo assim as ocorrências de índices não-utilizáveis.

Nas próximas seções, veremos um gráfico conveniente para tabelas e índices particionados que mostra que tipos de operações são permitidos em quais tipos de partição.

Para algumas das operações de manutenção mais comuns, daremos alguns exemplos de como elas são usadas, estendendo alguns dos exemplos que apresentamos anteriormente neste capítulo.

Manutenção de partições de tabela   Para dar manutenção em uma ou mais partições ou subpartições de tabela, use o comando **alter table** exatamente como seria feito em uma tabela não particionada. Na Tabela 16-5 estão os tipos de operações de tabela particionada e as palavras-chave que seriam usadas para executá-las. O formato do comando **alter table** é o seguinte:

```
alter table <tablename> <partition_operation> <partition_operation_options>;
```

A Tabela 16-6 contém as operações da subpartição.

> **CUIDADO**
> *O uso da cláusula* **add partition** *só funciona se não houver entradas existentes para novas partições na partição* **default**.

Em muitos casos, as operações de manutenção de tabela particionada invalidam o índice subjacente; embora sempre seja possível reconstruir o índice manualmente, **update indexes** pode ser especificado no comando de manutenção de partição de tabela. Embora a operação de manutenção de tabela seja demorada, o benefício mais significativo de usar **update indexes** é manter o índice disponível durante a operação de manutenção de partição.

Tabela 16-5 *Operações de manutenção para tabelas particionadas*

Operação da partição	Faixa & faixa composta-*	Intervalo & intervalo composto-*	Hash	Lista & lista composta-*	Referência
Adiciona uma partição	ADD PARTITION				
	ADD PARTITION	ADD PARTITION	ADD PARTITION	N/A	
Aglutina uma partição	N/A	N/A	COALESCE PARTITION	N/A	N/A
Descarta uma partição	DROP PARTITION	DROP PARTITION	DROP PARTITION	N/A	N/A
Troca uma partição	EXCHANGE PARTITION	EXCHANGE PARTITION	EXCHANGE PARTITION	EXCHANGE PARTITION	EXCHANGE PARTITION
Mescla partições	MERGE PARTITIONS	MERGE PARTITIONS	N/A	MERGE PARTITIONS	N/A
Modifica atributos padrão	MODIFY DEFAULT ATTRIBUTES	MODIFY DEFAULT ATTRIBUTES	MODIFY DEFAULT ATTRIBUTES	MODIFY DEFAULT ATTRIBUTES	MODIFY DEFAULT ATTRIBUTES
Modifica atributos reais	MODIFY PARTITION	MODIFY PARTITION	MODIFY PARTITION	MODIFY PARTITION	MODIFY PARTITION
Modifica partições por lista: adiciona valores	N/A	N/A	N/A	MODIFY PARTITION ... ADD VALUES	N/A
Modifica partições por lista: descarta valores	N/A	N/A	N/A	MODIFY PARTITION ... DROP VALUES	N/A
Move a partição	MOVE PARTITION	MOVE PARTITION	MOVE PARTITION	MOVE PARTITION	MOVE PARTITION
Renomeia uma partição	RENAME PARTITION	RENAME PARTITION	RENAME PARTITION	RENAME PARTITION	RENAME PARTITION
Divide uma partição	SPLIT PARTITION	SPLIT PARTITION	N/A	SPLIT PARTITION	N/A
Trunca uma partição	TRUNCATE PARTITION	TRUNCATE PARTITION	TRUNCATE PARTITION	TRUNCATE PARTITION	TRUNCATE PARTITION

Dividindo, adicionando e descartando partições Em muitos ambientes, uma tabela com partições temporais conterá as linhas equivalentes aos quatro trimestres mais recentes. Quando o novo trimestre se inicia, uma nova partição é criada e a partição mais antiga é arquivada e descartada. No exemplo a seguir, você dividirá a última partição da tabela CAT_REQ que criou anteriormente neste capítulo em uma data específica e atualizará a nova partição com **maxvalue**, fazendo backup da partição mais antiga e, em seguida, descartará a partição mais antiga.

Tabela 16-6 *Operações de manutenção para subpartições de tabelas particionadas*

Operação da partição	*-Faixa composta	*-Hash composto	*-Lista composta
Adicionar uma subpartição	MODIFY PARTITION ... ADD SUBPARTITION	MODIFY PARTITION ... ADD SUBPARTITION	MODIFY PARTITION ... ADD SUBPARTITION
Aglutinar uma subpartição	N/A	MODIFY PARTITION ... COALESCE SUBPARTITION	N/A
Descartar uma subpartição	DROP SUBPARTITION	N/A	DROP SUBPARTITION
Trocar uma subpartição	EXCHANGE SUBPARTITION	N/A	EXCHANGE SUBPARTITION
Mesclar subpartições	MERGE SUBPARTITIONS	N/A	MERGE SUBPARTITIONS
Modificar atributos padrão	MODIFY DEFAULT ATTRIBUTES FOR PARTITION	MODIFY DEFAULT ATTRIBUTES FOR PARTITION	MODIFY DEFAULT ATTRIBUTES FOR PARTITION
Modificar atributos reais	MODIFY SUBPARTITION	MODIFY SUBPARTITION	MODIFY SUBPARTITION
Modificar subpartições por lista: adicionar valores	N/A	N/A	MODIFY SUBPARTITION ... ADD VALUES
Modificar subpartições por lista: descartar valores	N/A	N/A	MODIFY SUBPARTITION ... DROP VALUES
Mover uma subpartição	MOVE SUBPARTITION	MOVE SUBPARTITION	MOVE SUBPARTITION
Renomear uma subpartição	RENAME SUBPARTITION	RENAME SUBPARTITION	RENAME SUBPARTITION
Dividir uma subpartição	SPLIT SUBPARTITION	N/A	SPLIT SUBPARTITION
Truncar uma subpartição	TRUNCATE SUBPARTITION	TRUNCATE SUBPARTITION	TRUNCATE SUBPARTITION

Aqui estão os comandos que podem ser usados:

```
SQL> alter table oe.cat_req split partition
  2     cat_req_win_2008 at (to_date('20080101','YYYYMMDD')) into
  3     (partition cat_req_win_2008 tablespace prd04,
  4     partition cat_req_spr_2008 tablespace prd01);
Table altered.

SQL> create table oe.arch_cat_req_spr_2007 as
```

```
    2    select * from oe.cat_req partition(cat_req_spr_2007);
Table created.

SQL> alter table oe.cat_req
    2    drop partition cat_req_spr_2007;
Table altered.
```

A visão de dicionários de dados DBA_TAB_PARTITIONS reflete o novo esquema de particionamento, como é possível ver neste exemplo:

```
SQL> select partition_name, high_value
    2    from dba_tab_partitions
    3   where table_name = 'CAT_REQ';

PARTITION_NAME           HIGH_VALUE
------------------       ----------------------------------------
CAT_REQ_FAL_2007         TO_DATE(' 2007-12-01 00:00:00', 'SYYYY-M
                         M-DD HH24:MI:SS', 'NLS_CALENDAR=GREGORIA
                         N')

CAT_REQ_SUM_2007         TO_DATE(' 2007-09-01 00:00:00', 'SYYYY-M
                         M-DD HH24:MI:SS', 'NLS_CALENDAR=GREGORIA
                         N')

CAT_REQ_WIN_2008         TO_DATE(' 2008-01-01 00:00:00', 'SYYYY-M
                         M-DD HH24:MI:SS', 'NLS_CALENDAR=GREGORIA
                         N')
CAT_REQ_SPR_2008         MAXVALUE

4 rows selected.
```

Observe que se você tiver descartado alguma partição além da mais antiga, a próxima partição mais alta "ocupará a folga" e conterá todas as novas linhas que residiam na que foi descartada. Independentemente da descartada, as linhas da partição não estão mais na tabela particionada. Para preservar as linhas, use **merge partition** em vez de **drop partition**.

Aglutinando uma partição de tabela Você pode aglutinar uma partição em uma tabela particionada por hash para distribuir o seu conteúdo da partição para as restantes e reduzir o número dessas em pelo menos um. Para a nova tabela CUST criada anteriormente neste capítulo, é possível executar esse procedimento em uma única etapa fácil:

```
SQL> alter table oe.cust coalesce partition;
Table altered.
```

O número de partições em CUST agora é três em vez de quatro:

```
SQL> select partition_name, tablespace_name
    2    from dba_tab_partitions
    3   where table_name = 'CUST';

PARTITION_NAME           TABLESPACE
------------------       ----------
SYS_P1130                PRD01
```

```
SYS_P1131              PRD02
SYS_P1132              PRD03

3 rows selected.
```

Mesclando duas partições de tabela É possível descobrir através de vários advisors Oracle que uma partição de uma tabela particionada é pouco ou nunca usada. Nessa situação, você talvez queira combinar duas partições para reduzir seu esforço de manutenção. Neste exemplo, combine as partições MIDWEST e WESTCOAST na tabela particionada SALES_BY_REGION_BY_DAY em uma única partição, MIDWESTCOAST:

```
SQL> alter table oe.sales_by_region_by_day
  2   merge partitions midwest, westcoast
  3   into partition midwestcoast tablespace prd04;
Table altered.
```

Examinando a visão de dicionários de dados DBA_TAB_PARTITIONS, veja que a tabela agora tem apenas duas partições:

```
SQL> select table_name, partition_name, tablespace_name, high_value
  2    from dba_tab_partitions
  3   where table_owner = 'OE' and
  4         table_name = 'SALES_BY_REGION_BY_DAY';

TABLE_NAME                  PARTITION_NAME       TABLESPACE HIGH_VALUE
--------------------------- -------------------- ---------- --------------------
SALES_BY_REGION_BY_DAY      MIDWESTCOAST         PRD04      'WI', 'IL', 'IA', 'IN
                                                            ', 'MN', 'CA', 'OR',
                                                            'WA'
SALES_BY_REGION_BY_DAY      OTHER_STATES         PRD03      default

2 rows selected.
```

Gerenciando as partições de índice Para dar manutenção em uma ou mais partições ou subpartições de índice, use o comando **alter index** exatamente como faria em um índice não particionado. A Tabela 16-7 lista os tipos de operações de índice particionados e as palavras-chave que seriam usadas para executá-los para os diferentes tipos de índices particionados (faixa, hash, lista e composto). O formato do comando **alter index** é

```
alter index <indexname> <partition_operation> <partition_operation_options>;
```

Como nos comandos de manutenção de partição de tabela, nem todas as operações estão disponíveis para cada tipo de partição de índice. Observe que muitas das opções de manutenção de partição de índice não se aplicam a partições de índice local. Por sua natureza, uma partição de índice local corresponde ao esquema de particionamento da tabela e será alterado quando for modificado o esquema de particionamento da tabela.

Dividindo uma partição de índice global Dividir uma partição de índice global é muito parecido com dividir uma partição de tabela. Uma partição de índice global específica pode ser uma área de alta concorrência devido às entradas de índice que estão sendo armazenadas nela. Como em uma partição de tabela, ela pode ser dividida em duas ou mais partições. No

Tabela 16-7 *Operações de manutenção para índices particionados*

Operação da partição	Tipo de índice	Faixa	Hash/lista	Composto
Adicionar uma partição	Global	N/A	ADD PARTITION (hash)	N/A
	Local	N/A	N/A	N/A
Descartar uma partição	Global	DROP PARTITION	N/A	N/A
	Local	N/A	N/A	N/A
Modificar os atributos padrão	Global	MODIFY DEFAULT ATTRIBUTES	N/A	N/A
	Local	MODIFY DEFAULT ATTRIBUTES	MODIFY DEFAULT ATTRIBUTES	MODIFY DEFAULT ATTRIBUTES [FOR PARTITION]
Modificar os atributos reais	Global	MODIFY PARTITION	N/A	N/A
	Local	MODIFY PARTITION	MODIFY PARTITION	MODIFY [SUB]PARTITION
Reconstruir uma partição	Global	REBUILD PARTITION	N/A	N/A
	Local	REBUILD PARTITION	REBUILD PARTITION	REBUILD SUBPARTITION
Renomear uma partição	Global	RENAME PARTITION	N/A	N/A
	Local	RENAME PARTITION	RENAME PARTITION	RENAME [SUB]PARTITION
Dividir uma partição	Global	SPLIT PARTITION	N/A	N/A
	Local	N/A	N/A	N/A

exemplo a seguir, uma das partições do índice global OE.CAT_REQ_DT_IX será dividida em duas partições:

```
SQL> alter index oe.cat_req_dt_ix split partition
  2      fal_win_2007 at (to_date('20071201','YYYYMMDD')) into
  3        (partition fal_2007 tablespace idx_7,
  4         partition win_2008 tablespace idx_8);
Index altered.
```

As entradas de índice para a partição FAL_WIN_2007 agora residirão em duas novas partições, FAL_2007 e WIN_2008.

Renomeando uma partição de índice local   A maioria das características de um índice local é atualizada automaticamente quando a partição de tabela correspondente é modificada. Entretanto, algumas operações talvez ainda precisem ser executadas em uma partição de índice local, como reconstruir ou renomear uma partição que foi originalmente nomeada com um nome padrão atribuído pelo sistema. Neste exemplo, as partições de índice local no índice OE.CUST_INS_DT_IX serão renomeadas usando nomes mais significativos:

```
SQL> alter index oe.cust_ins_dt_ix
  2      rename partition sys_P1130 to cust_ins_dt_ix_P1;
Index altered.

SQL> alter index oe.cust_ins_dt_ix
  2      rename partition sys_P1131 to cust_ins_dt_ix_P2;
Index altered.

SQL> alter index oe.cust_ins_dt_ix
  2      rename partition sys_P1132 to cust_ins_dt_ix_P3;
Index altered.
```

Gerenciando partições com o EM Database Control

A criação e o gerenciamento de partições de tabelas e índices usando o EM Database Control economiza seu tempo e o protege de possíveis erros. Nas páginas Web exibidas nas figuras a seguir, mostraremos as etapas necessárias para criar uma tabela particionada para dar suporte a um novo sistema de entrada de pedidos e cotações. Na Figura 16-4, na página Create Table, é especificado o nome da tabela, o esquema onde a tabela residirá e o tablespace. Também são especificados os nomes de coluna e seus atributos.

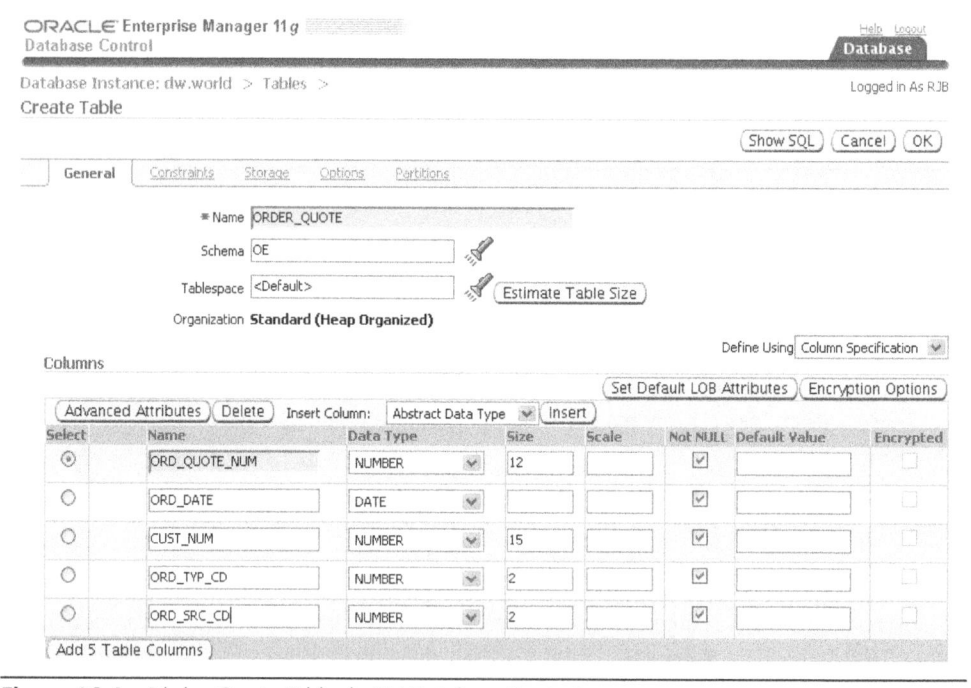

Figura 16-4 *Página Create Table do EM Database Control.*

Até aqui, apenas criamos uma tabela baseada em heap padrão sem particionamento. Entretanto, ao clicar na guia Partitions, podemos especificar o método de particionamento conforme mostrado na Figura 16-5.

Para a tabela ORDER_QUOTE, você escolherá o particionamento por faixa porque usará a coluna ORD_DATE para colocar cada linha em uma partição específica. Na Figura 16-6, na página Create Range Partitions: Partitioning Columns, você especifica quais colunas usar para o particionamento usando o método por faixa. Nesse caso, você usará apenas uma coluna, ORD_DATE.

Após clicar em Next, continuaremos na página Partitioning Specification, conforme apresentado na Figura 16-7. Inicialmente, queremos criar 12 partições, uma partição para cada mês de 2007. Como resultado, você especifica 12 para o número de partições, 1/1/2007 como a data inicial e um mês para cada partição.

Na Figura 16-8, são especificados os tablespaces usados para armazenar as partições. Nesse caso, você aceita o padrão: o tablespace especificado originalmente para tabela antes do particionamento ser especificado, o que nesse caso é o tablespace padrão do banco de dados. A outra opção nesta página é para distribuir as partições entre vários tablespaces.

Após clicar em Next, a página Partition Definitions aparece, como na Figura 16-9, onde os nomes das partições, os valores máximos de cada faixa e o tablespace são apresentados. Nesta página é possível fazer alterações aos nomes ou locais das partições – por exemplo, a alteração do nome de cada partição para incluir o valor máximo para a chave de partição.

Clicar em Finish o retorna à página Create Table, como mostra a Figura 16-10. Essa é uma nova oportunidade de alterar as características da tabela particionada.

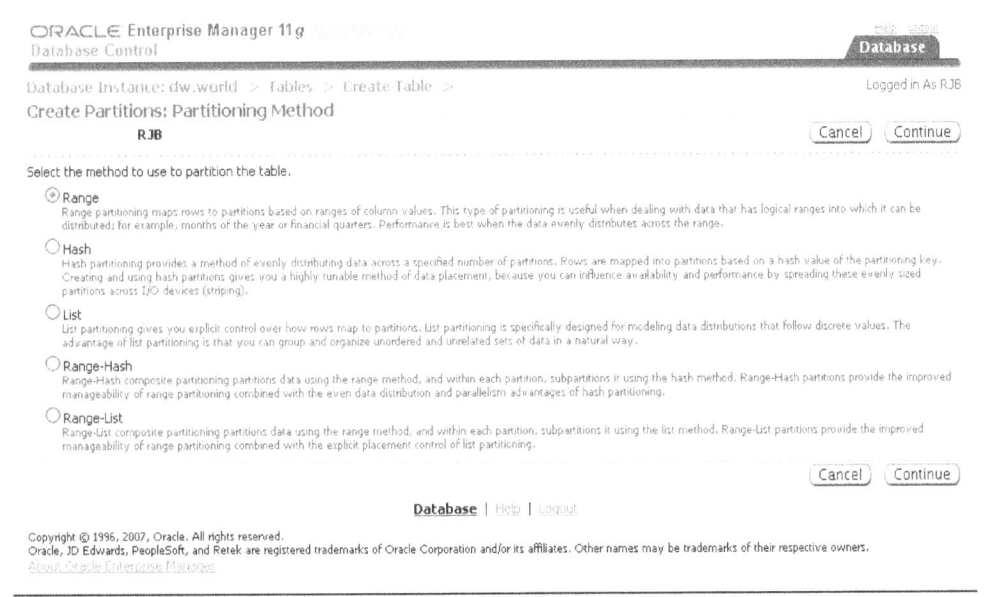

Figura 16-5 *Página Partitioning Method do EM Database Control.*

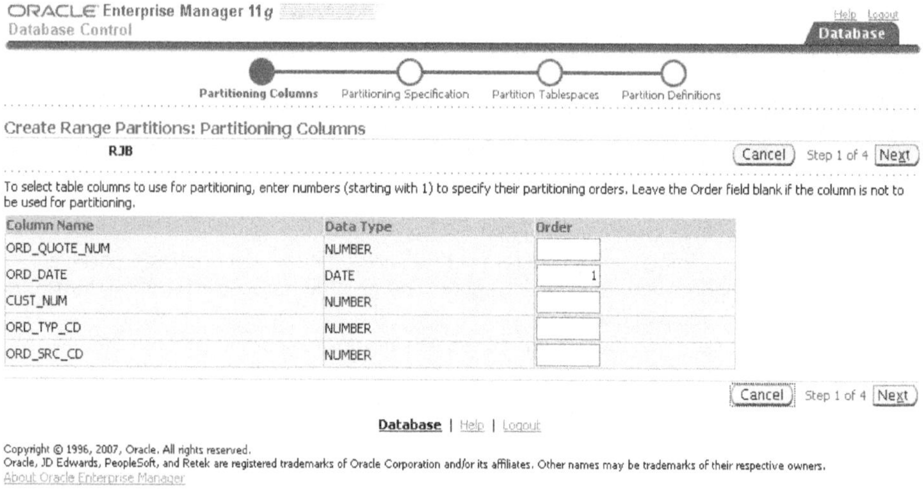

608 Parte IV O Oracle em Rede

Create Range Partitions: Partitioning Columns
RJB

To select table columns to use for partitioning, enter numbers (starting with 1) to specify their partitioning orders. Leave the Order field blank if the column is not to be used for partitioning.

Column Name	Data Type	Order
ORD_QUOTE_NUM	NUMBER	
ORD_DATE	DATE	1
CUST_NUM	NUMBER	
ORD_TYP_CD	NUMBER	
ORD_SRC_CD	NUMBER	

Figura 16-6 *Página Partitioning Columns do EM Database Control.*

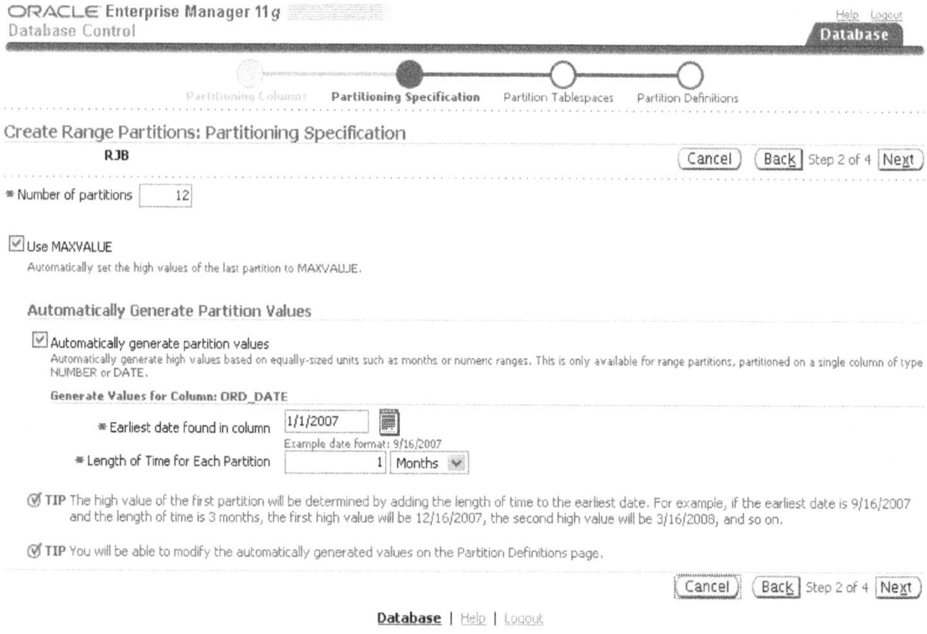

Create Range Partitions: Partitioning Specification
RJB

* Number of partitions: 12

☑ Use MAXVALUE
Automatically set the high values of the last partition to MAXVALUE.

Automatically Generate Partition Values

☑ Automatically generate partition values
Automatically generate high values based on equally-sized units such as months or numeric ranges. This is only available for range partitions, partitioned on a single column of type NUMBER or DATE.

Generate Values for Column: ORD_DATE

* Earliest date found in column: 1/1/2007
Example date format: 9/16/2007
* Length of Time for Each Partition: 1 Months

💡 TIP The high value of the first partition will be determined by adding the length of time to the earliest date. For example, if the earliest date is 9/16/2007 and the length of time is 3 months, the first high value will be 12/16/2007, the second high value will be 3/16/2008, and so on.

💡 TIP You will be able to modify the automatically generated values on the Partition Definitions page.

Figura 16-7 *Página Partitioning Specification do EM Database Control.*

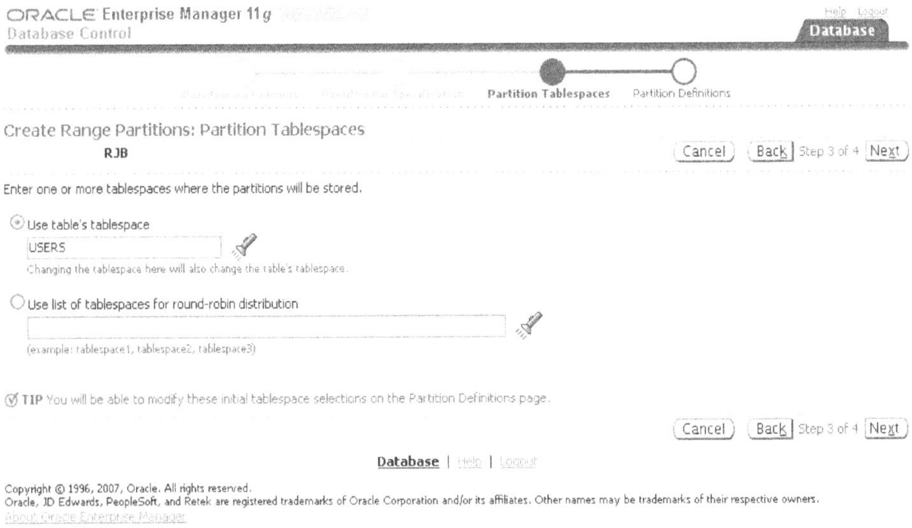

CAPÍTULO 16   GERENCIANDO GRANDES BANCOS DE DADOS   **609**

Figura 16-8   *Página Partition Tablespaces do EM Database Control.*

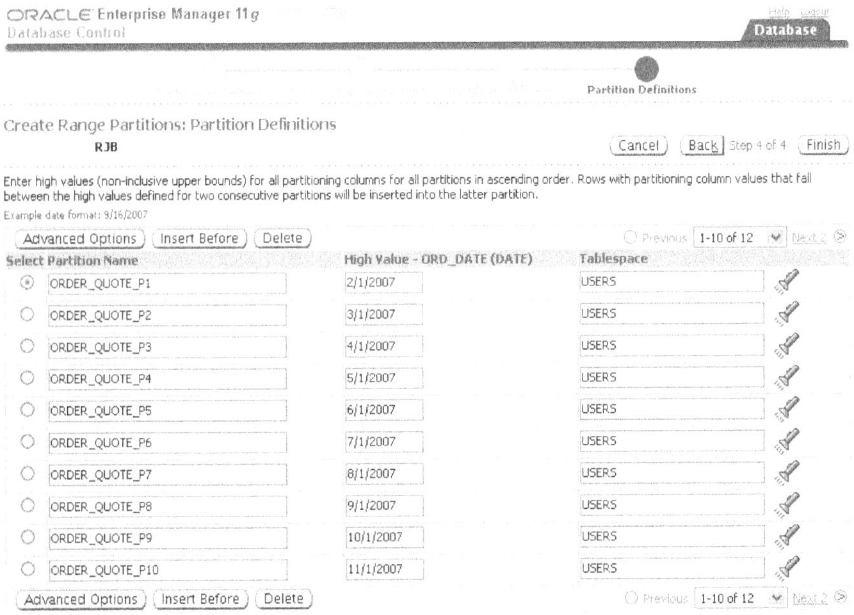

Figura 16-9   *Página Partition Definitions do EM Database Control.*

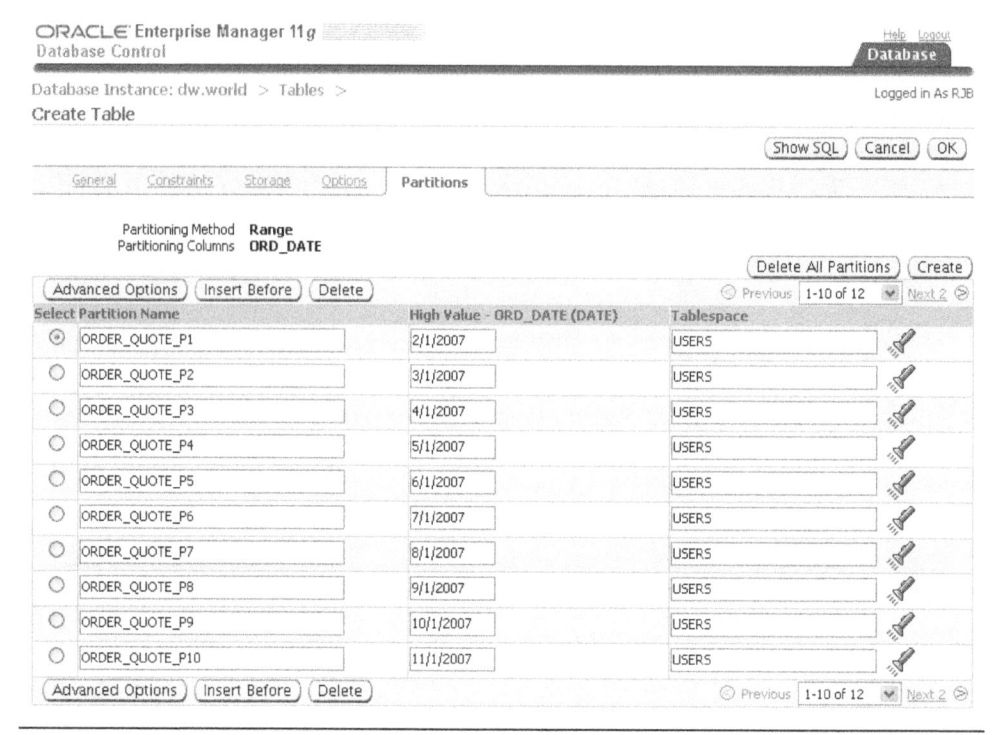

Figura 16-10 *Página de Resumo Create Table do EM Database Control.*

Esta página contém também um botão Show SQL para que seja possível ver o comando SQL que será executado para criar a tabela particionada. Este é o comando:

```
CREATE TABLE "OE"."ORDER_QUOTE"
      ("ORD_QUOTE_NUM" NUMBER(12),
       "ORD_DATE" DATE,
       "CUST_NUM" NUMBER(15),
       "ORD_TYP_CD" NUMBER(1),
       "ORD_SRC_CD" NUMBER(1))
  TABLESPACE "USERS" PARTITION BY RANGE ("ORD_DATE")
    (PARTITION "ORDER_QUOTE_P1"
       VALUES LESS THAN (TO_DATE('2/1/2007','MM/DD/YYYY')),
     PARTITION "ORDER_QUOTE_P2"
       VALUES LESS THAN (TO_DATE('3/1/2007','MM/DD/YYYY')),
     PARTITION "ORDER_QUOTE_P3"
       VALUES LESS THAN (TO_DATE('4/1/2007','MM/DD/YYYY')),
     PARTITION "ORDER_QUOTE_P4"
       VALUES LESS THAN (TO_DATE('5/1/2007','MM/DD/YYYY')),
     PARTITION "ORDER_QUOTE_P5"
       VALUES LESS THAN (TO_DATE('6/1/2007','MM/DD/YYYY')),
     PARTITION "ORDER_QUOTE_P6"
       VALUES LESS THAN (TO_DATE('7/1/2007','MM/DD/YYYY')),
```

```
       PARTITION "ORDER_QUOTE_P7"
           VALUES LESS THAN (TO_DATE('8/1/2007','MM/DD/YYYY')),
       PARTITION "ORDER_QUOTE_P8"
           VALUES LESS THAN (TO_DATE('9/1/2007','MM/DD/YYYY')),
       PARTITION "ORDER_QUOTE_P9"
           VALUES LESS THAN (TO_DATE('10/1/2007','MM/DD/YYYY')),
       PARTITION "ORDER_QUOTE_P10"
           VALUES LESS THAN (TO_DATE('11/1/2007','MM/DD/YYYY')),
       PARTITION "ORDER_QUOTE_P11"
           VALUES LESS THAN (TO_DATE('12/1/2007','MM/DD/YYYY')),
       PARTITION "ORDER_QUOTE_P12" VALUES LESS THAN (MAXVALUE));
```

Ao clicar em Create o comando SQL é executado e confirma que a tabela particionada foi criada, como você pode ver na Figura 16-11.

Editar as características de uma tabela particionada é tão fácil quanto criar a tabela particionada. Conforme mostrado na Figura 16-12, na página Edit Table: OE.ORDER_QUOTE, selecione a guia Partitions e a partição ORDER_QUOTE_P4 para alterar suas características. Quando seleciona uma partição (nesse caso, ORDER_QUOTE_P4) e clica em Advanced Options, você tem a capacidade de alterar as características da partição como faria em uma tabela baseada em heap não particionada. Na Figura 16-13, a opção de compactação é alterada somente para esta partição; quando as linhas são inseridas durante uma inserção de caminho direto, as linhas neste segmento são compactadas para economizar espaço com apenas um ligeiro aumento no overhead para descompactar as linhas quando elas forem recuperadas.

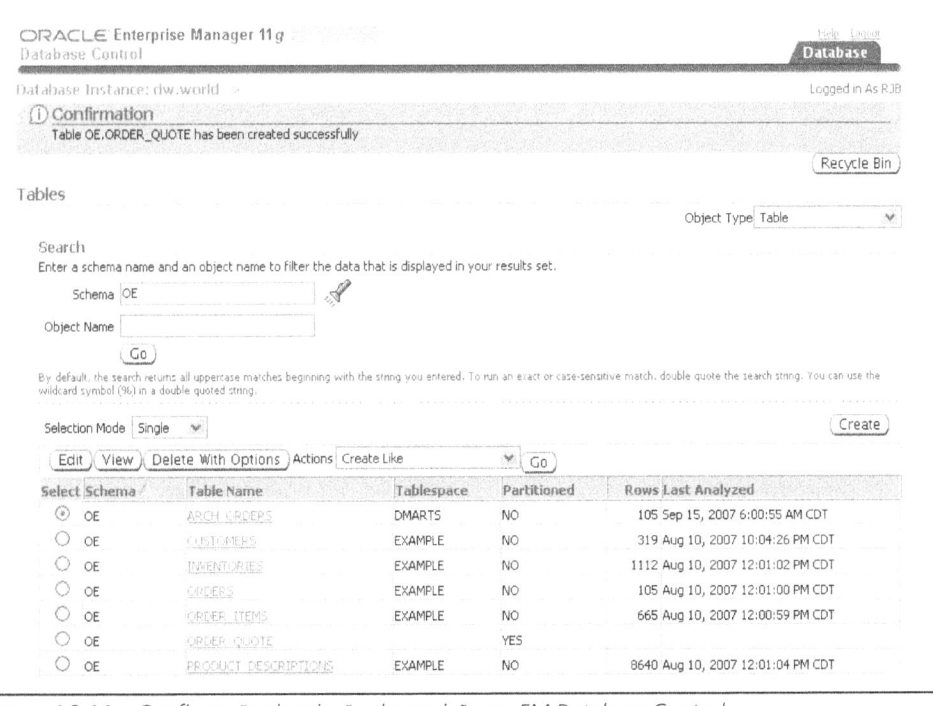

Figura 16-11 *Confirmação da criação da partição no EM Database Control.*

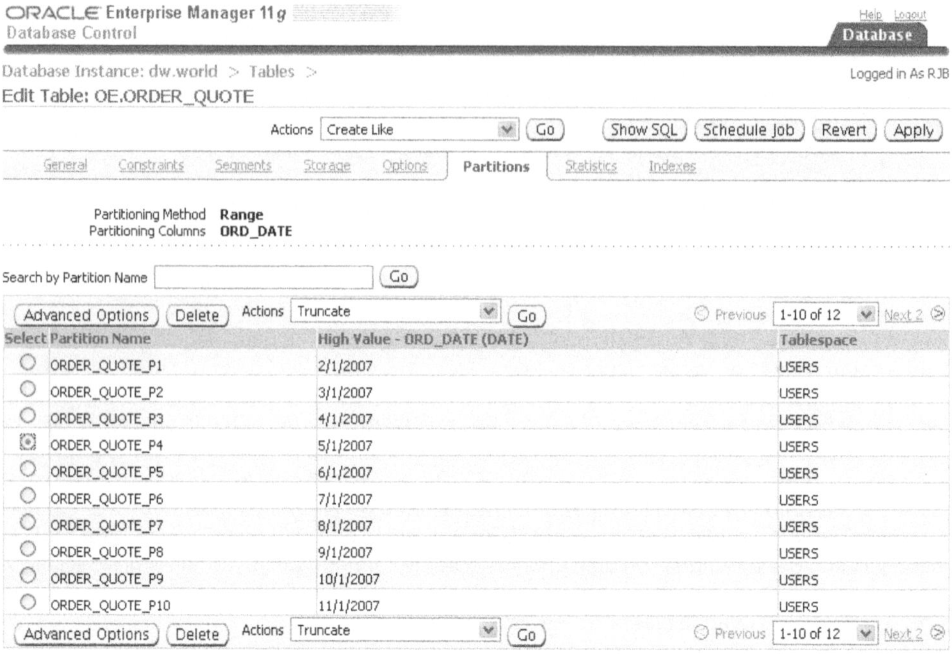

612 PARTE IV O ORACLE EM REDE

ORACLE Enterprise Manager 11g
Database Control

Database Instance: dw.world > Tables >
Edit Table: OE.ORDER_QUOTE

Logged in As RJB

Actions [Create Like] (Go) (Show SQL) (Schedule Job) (Revert) (Apply)

General Constraints Segments Storage Options **Partitions** Statistics Indexes

Partitioning Method **Range**
Partitioning Columns **ORD_DATE**

Search by Partition Name [   ] (Go)

(Advanced Options) (Delete) Actions [Truncate] (Go)   Previous 1-10 of 12 Next 2

Select	Partition Name	High Value - ORD_DATE (DATE)	Tablespace
○	ORDER_QUOTE_P1	2/1/2007	USERS
○	ORDER_QUOTE_P2	3/1/2007	USERS
○	ORDER_QUOTE_P3	4/1/2007	USERS
⦿	ORDER_QUOTE_P4	5/1/2007	USERS
○	ORDER_QUOTE_P5	6/1/2007	USERS
○	ORDER_QUOTE_P6	7/1/2007	USERS
○	ORDER_QUOTE_P7	8/1/2007	USERS
○	ORDER_QUOTE_P8	9/1/2007	USERS
○	ORDER_QUOTE_P9	10/1/2007	USERS
○	ORDER_QUOTE_P10	11/1/2007	USERS

(Advanced Options) (Delete) Actions [Truncate] (Go)   Previous 1-10 of 12 Next 2

Figura 16-12 *Página OE.ORDER_QUOTE.*

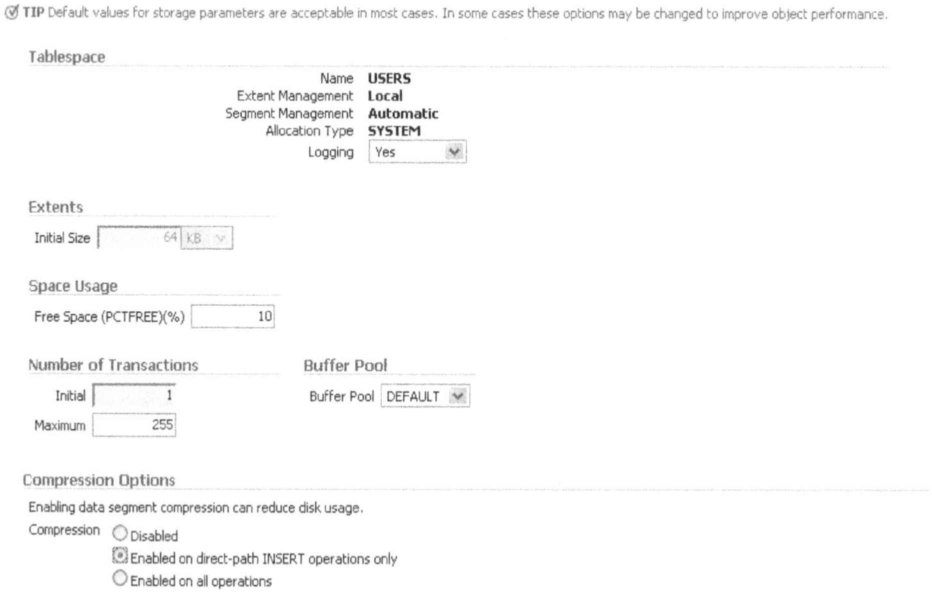

TIP Default values for storage parameters are acceptable in most cases. In some cases these options may be changed to improve object performance.

Tablespace
Name **USERS**
Extent Management **Local**
Segment Management **Automatic**
Allocation Type **SYSTEM**
Logging [Yes]

Extents
Initial Size [64] kB

Space Usage
Free Space (PCTFREE)(%) [10]

Number of Transactions
Initial [1]
Maximum [255]

Buffer Pool
Buffer Pool [DEFAULT]

Compression Options
Enabling data segment compression can reduce disk usage.
Compression ○ Disabled
⦿ Enabled on direct-path INSERT operations only
○ Enabled on all operations

Figura 16-13 *Opções avançadas de armazenamento de partição do EM Database Control.*

Visões materializadas

Outro tipo de tabela, denominada *visão materializada*, compartilha as características de uma tabela e uma visão. Ela é muito parecida com uma visão porque deriva seus resultados a partir de uma consulta em uma ou mais tabelas e é parecida com uma tabela porque persiste o conjunto de resultados de uma visão em um segmento. As visões materializadas são úteis tanto em sistemas OLTP quanto em sistemas DSS[*]. As consultas freqüentes de usuários em relação a dados operacionais podem usar as visões materializadas em vez da junção repetida de muitas tabelas altamente normalizadas e, em um ambiente data warehouse, os dados históricos podem ser agregados antecipadamente para fazer consultas DSS executarem em uma fração do tempo que seria necessário para agregar os dados no momento da execução da consulta. Os dados em uma visão materializada podem ser atualizados por demanda ou incrementalmente, dependendo da necessidade da empresa. Dependendo da complexidade da instrução SQL subjacente da visão, a visão materializada pode ser atualizada rapidamente com as alterações incrementais por meio de um *log de visão materializada*.

Para criar uma visão materializada, utilize o comando **create materialized view**; a sintaxe para este comando é similar à criação de uma visão normal. Como uma visão materializada armazena o resultado de uma consulta, também é possível especificar os parâmetros de armazenamento para a visão como se estivesse criando uma tabela. No comando **create materialized view**, também é especificado como a visão será atualizada. A visão materializada pode ser atualizada por demanda ou sempre que uma das tabelas base for alterada. Além disso, você pode forçar uma visão materializada a usar logs dela para uma atualização incremental ou pode forçar sua reconstrução completa quando ocorrer uma atualização.

As visões materializadas podem ser automaticamente usadas pelo otimizador caso ele determine que uma específica já tenha os resultados de uma consulta que um usuário submeteu. O usuário não precisa nem mesmo saber que suas consultas estão usando a visão materializada diretamente em vez das tabelas base. Entretanto, para usar a reescrita de consultas, o usuário deve ter o privilégio de sistema QUERY REWRITE e é necessário configurar o valor do parâmetro de inicialização QUERY_REWRITE_ENABLED como TRUE.

USANDO ÍNDICES DE BITMAP

Uma alternativa para os índices de árvore B, denominados *índices de bitmap*, fornecem benefícios de otimização em ambientes que freqüentemente executam joins em colunas com baixa cardinalidade. Nesta seção, examinaremos os conceitos básicos de índices de bitmap, criaremos um índice de bitmap e mostraremos como eles podem ser criados antecipadamente em relação às colunas em duas ou mais tabelas.

Entendendo os índices de bitmap

Um índice de bitmap é extremamente útil em um ambiente VLDB quando a coluna que está sendo indexada tem um número muito baixo de valores possíveis, como sexo, onde eles são normalmente 'M' e 'F'. Um *índice de bitmap* usa uma string de uns e zeros binários para representar a existência ou não-existência de um valor de coluna específico. O uso de índices de bitmap faz, de maneira muito eficiente, múltiplas operações AND e OR em diversas colunas da tabela em uma consulta. Os índices de bitmap são comuns em data warehouse e outros ambientes VLDB onde existem muitas colunas de baixa cardinalidade. Os comandos DML são executados em grande quantidade e as condições da consulta freqüentemente usam colunas com índices de bitmap.

Os requisitos de espaço para um índice de bitmap são poucos desde que a cardinalidade seja baixa. Por exemplo, um índice de bitmap na coluna GENDER da tabela EMPLOYEES conteria dois bitmaps com um comprimento igual ao número de linhas na tabela. Se a tabela EMPLOYEES tivesse 15 linhas, os bitmaps para a coluna GENDER poderiam ter a aparência a seguir:

---

[*] N. de R.T.: Decision Support Systems, um termo pelo qual as ferramentas de Business Intelligence (BI) são referenciadas. Sistemas DSS incluem ferramentas de relatórios, análises etc.

```
GENDER_BM_IX:
    F: 1 1 0 1 1 1 0 0 0 1 0 1 1 1 0
    M: 0 0 1 0 0 0 1 1 1 0 1 0 0 0 1
```

Como você pode ver, o tamanho do índice de bitmap é diretamente proporcional à cardinalidade da coluna que está sendo indexada. Um índice de bitmap na coluna LAST_NAME da tabela de funcionários seria significativamente maior e grande parte dos benefícios de um índice de bitmap nesse caso poderia ser superado pelo espaço consumido pelo índice. Embora haja exceções para toda regra, a cardinalidade pode ser de até 10% das linhas e os índices ainda funcionarão bem; em outras palavras, uma tabela com 1000 linhas e 100 valores distintos em uma coluna específica provavelmente ainda se beneficiará de um índice de bitmap.

> **NOTA**
> *O otimizador do Oracle converte dinamicamente as entradas do índice de bitmap para ROWIDs durante o processamento da consulta. Isso permite que o otimizador use índices de bitmap com índices de árvore B em colunas que têm muitos valores distintos.*

Antes do Oracle 10g, o desempenho de um bitmap freqüentemente se deteriorava ao longo do tempo com atividade DML freqüente em relação à tabela que contém o índice de bitmap. Para tirar vantagem das melhorias feitas à estrutura interna dos índices de bitmap, configure o parâmetro de inicialização COMPATIBLE como 10.0.0.0 ou maior. Os índices de bitmap que executavam ineficientemente antes do parâmetro COMPATIBLE ser ajustado devem ser reconstruídos; os índices de bitmap que executavam adequadamente antes do parâmetro COMPATIBLE ser alterado executarão melhor ainda depois da alteração.

Todos os novos índices de bitmap criados após o parâmetro COMPATIBLE ser ajustado aproveitarão todos os melhoramentos.

Usando índices de bitmap

Os índices de bitmap são fáceis de criar; a sintaxe é idêntica à da criação de qualquer outro índice, com a adição da palavra-chave BITMAP. No exemplo a seguir, será adicionada uma coluna GENDER à tabela EMPLOYEES e, em seguida, criado um índice de bitmap nela:

```
SQL> alter table hr.employees
  2     add (gender char(1));
Table altered.

SQL> create bitmap index
  2     hr.gender_bm_ix on hr.employees(gender);
Index created.
```

Usando índices de join de bitmap

A partir do Oracle9i, pode ser criado um tipo melhorado de índice de bitmap denominado *índice de join de bitmap*. Um índice de join de bitmap é um índice que representa a junção entre duas ou mais tabelas. Para cada valor de uma coluna na primeira tabela da junção, o índice de join de bitmap armazena os ROWIDs das linhas correspondentes nas outras tabelas com o mesmo valor da coluna na primeira.

Os índices de join de bitmap são uma alternativa às visões materializadas que contém uma condição de join; o armazenamento necessário para guardar os ROWIDs relativos pode ser significativamente menor do que o necessário para guardar o resultado da própria visão.

Neste exemplo, você descobre que o departamento HR freqüentemente faz o join das tabelas EMPLOYEES e DEPARTMENTS na coluna DEPARTMENT_ID. Como uma alternativa à criação de uma visão materializada, é decidido criar um índice de join de bitmap. Este é o comando SQL para criar um índice de join de bitmap:

```
SQL> create bitmap index
  2        hr.emp_dept_bj_ix on hr.employees(hr.departments.department_id)
  3    from hr.employees, hr.departments
  4    where hr.employees.department_id = hr.departments.department_id;
Index created.
```

Existem algumas constraints sobre os índices de join de bitmap:

- Apenas uma das tabelas no índice de join de bitmap pode ser atualizada simultaneamente por diferentes transações quando esse índice está sendo usado.
- Nenhuma tabela pode aparecer mais de uma vez no join.
- Os índices de join de bitmap não podem ser criados em uma IOT ou uma tabela temporária.
- Um índice de join de bitmap não pode ser criado com o atributo UNIQUE.
- As colunas do join usadas para o índice devem ser a chave primária ou ter uma constraint UNIQUE na tabela que está sendo juntada à tabela com o índice de bitmap.

ORACLE DATA PUMP

O Oracle Data Pump, novo no Oracle 10g, fornece funcionalidade similar aos utilitários de exportação (**exp**) e importação (**imp**) originais, mas a infra-estrutura para o Data Pump Export and Import é mais centrada no servidor.

De fato, os utilitários **exp** e **imp** originais somente devem ser usados se for preciso importar um conjunto de dump de uma versão anterior do Oracle para o banco de dados Oracle 10g, ou se for preciso exportar um conjunto de dump de um banco de dados Oracle 10g a ser importado em uma versão anterior do Oracle. Vimos uma breve introdução do Oracle Data Pump no Capítulo 11 do ponto de vista da recuperação de dados; abordaremos os recursos do Data Pump neste capítulo a partir da perspectiva de um VLDB.

Os novos clientes de linha de comando, **expdp** e **impdp**, usam DBMS_METADATA para extrair as definições de objeto do dicionário de dados como XML ou DDL, ou usam DBMS_DATA-PUMP para executar a transferência de metadados e dados de um banco de dados para outro. Todo o processamento do Data Pump Export and Import é feito no servidor em vez de no cliente, o que requer objetos de diretório nos bancos de dados de origem e de destino.

Aqui estão alguns dos outros melhoramentos e recursos sobre os utilitários **exp** e **imp** originais:

- O job que exporta ou importa pode controlar o número de segmentos paralelos usados para o job.
- Um job Data Pump pode ser reiniciado caso falhe ou seja interrompido.
- A exportação e a importação são suportadas pela rede sem usar os conjuntos de arquivos de dump.
- É possível se conectar e desconectar a um job em execução a partir de um processo cliente.
- O espaço necessário pode ser estimado, sem realmente executar a exportação.
- Você pode especificar a versão de banco de dados dos objetos a serem exportados ou importados.
- Suporte para filtragem refinada de metadados, assim como filtragem de dados em tabela por tabela.

Nós também abordaremos as tablespaces transportáveis usando os recursos do Data Pump e o pacote DBMS_FILE_TRANSFER para criar e mover um conjunto de dump do tablespace para outro banco de dados.

Data Pump Export

O Data Pump Export, ou apenas *Export,* descarrega dados e metadados em um conjunto de arquivos do sistema operacional denominado um *conjunto de arquivos de dump*. O conjunto de arquivos de dump só é legível pelo Data Pump Import. Ele consiste em um ou mais arquivos que contêm metadados, dados e informações de controle, e é gravado em um formato binário proprietário. **expdp** é usado na linha de comando do sistema operacional para iniciar o Export.

A exportação pode descarregar dados em vários modos diferentes, dependendo de que tipos de objetos você está exportando, desde uma única tabela até o banco de dados inteiro. Os modos suportados são Full Export, Schema, Table, Tablespace e Transportable Tablespace.

Modo Full Export

Um exportação completa usa o parâmetro **full** para o comando **expdp**. O banco de dados inteiro é descarregado; é preciso ter a atribuição EXP_FULL_DATABASE para exportar o banco de dados inteiro.

Modo Schema

São exportados um ou mais esquemas com o parâmetro **schemas** no comando **expdp**; esse é o padrão. Possuindo a atribuição EXP_FULL_DATABASE, é possível exportar qualquer esquema; do contrário, só será possível exportar seu próprio esquema.

Modo Table

O modo table do comando **expdp** exporta um conjunto especificado de tabelas; use o parâmetro **tables** com o comando **expdp**. Se você tem a atribuição EXP_FULL_DATABASE, pode exportar tabelas de qualquer esquema; do contrário, só poderá exportá-las do seu próprio esquema.

Modo Tablespace

É preciso ter a atribuição EXP_FULL_DATABASE para exportar um tablespace inteiro. O modo tablespace é essencialmente um atalho para exportar todas as tabelas dentro de um ou mais tablespaces especificados. Quaisquer objetos dependentes das tabelas que residem nos tablespaces especificados são exportados mesmo que residam em outro. Use o parâmetro **tablespaces** com o comando **expdp** para especificar um ou mais tablespaces a serem exportados.

Modo Transportable Tablespace

Transportar um tablespace exporta somente os metadados para os objetos dentro de um ou mais deles. Ao contrário do modo tablespace, os objetos dentro dele devem ser completamente autocontidos. Use o parâmetro **transport_tablespaces** na linha de comando **expdp** para especificar os tablespaces.

Uma vez criado o conjunto de dump como metadados, copie os arquivos de dados do(s) tablespace(s) a serem transportados para o servidor de destino para serem "plugados" no banco de dados de destino usando o comando **impdp**.

Posteriormente neste capítulo, na seção "Usando tablespaces transportáveis", será visto como transportar um tablespace de um banco de dados para outro usando objetos de diretório, **expdp** e **impdp**.

Como em muitos outros modos, o modo tablespace transportável requer a existência da atribuição EXP_ FULL_DATABASE.

Data Pump Import

O Data Pump Import, ou apenas *Import,* carrega um arquivo de dump de exportação criado com o Data Pump Export em um sistema de destino. A importação é iniciada na linha de comando do sistema operacional usando o comando **impdp**.

Os modos disponíveis para a importação correspondem aos modos disponíveis na exportação: Full Import, Schema, Table, Tablespace e Transportable Tablespace.

Modo Full Import
Um modo de importação completo usa o parâmetro **full** na linha de comando **impdp**. Quando uma importação completa é executada, o conjunto inteiro de arquivos de dump (ou o banco de dados inteiro, quando executar uma importação pela rede sem um conjunto de arquivos de dump) é carregado no destino. É preciso ter a atribuição IMP_FULL_DATABASE se outro banco de dados estiver sendo importado diretamente ou se o conjunto de arquivos de dump for exportado usando a atribuição EXP_ FULL_DATABASE.

Modo Schema
O parâmetro **schemas** é usado com o comando **impdp** para importar os objetos no seu próprio esquema ou, se tiver a atribuição IMP_FULL_DATABASE, em qualquer número de esquemas no conjunto de arquivos de dump.

Modo Table
Para importar tabelas específicas a partir de um conjunto de arquivos de dump que contém uma operação de exportação completa de esquema, tablespace ou somente tabela, use o parâmetro **tables** com o comando **impdp**. A origem também pode ser outro banco de dados. Se as tabelas que você estiver importando não estiverem no seu esquema, é necessário ter a atribuição IMP_FULL_DATABASE.

Modo Tablespace
O parâmetro **tablespaces** é usado na linha de comando **impdp** para importar um ou mais deles no banco de dados atual. A origem para a importação do tablespace pode ser uma exportação sua, uma exportação de banco de dados completo, uma exportação de esquema, uma exportação modo tabela ou outro banco de dados.

Modo Transportable Tablespace
Usando o parâmetro **transport_tablespaces**, os metadados são importados de um conjunto de arquivos de dump do tablespace transportável ou de outro banco de dados. O parâmetro **transport_datafiles** referencia o local onde os arquivos de dados para o tablespace transportado estão localizados.

Usando tablespaces transportáveis

Os tablespaces transportáveis facilitam a movimentação de grandes volumes de dados de uma só vez entre bancos de dados; o Oracle 10g fornece vários melhoramentos para tablespaces transportáveis, facilitando a movimentação de dados entre bancos de dados que residem em plataformas de hardware e software diferentes. O Data Pump Export e Import desempenham papéis importantes no transporte de um tablespace entre bancos de dados.

> **NOTA**
> *A partir do Oracle Database 10g, os tablespaces transportáveis não precisam mais ser marcados como somente leitura se for usado um backup de tablespaces RMAN com o comando RMAN* **transport tablespace** *para executar o transporte; o backup do tablespace pode, portanto, ser executado enquanto o tablespace estiver aberto para leitura e gravação.*

No cenário a seguir, será usado o comando **expdp** e **impdp** junto com DBMS_FILE_TRANSFER para copiar o tablespace XPORT_DW do banco de dados **dw** para o banco de dados **rac1**. Veja um resumo das etapas:

1. Configure os diretórios nos bancos de dados de origem e de destino para os conjuntos de arquivos de dump e os arquivos de dados do tablespace (configuração de uma única vez).
2. Verifique a autoconsistência do tablespace com DBMS_TTS.TRANSPORT_SET_CHECK.

3. Use **expdp** para criar os metadados para o tablespace XPORT_DW.
4. Use DBMS_FILE_TRANSFER para copiar os conjuntos de arquivos de dump e os arquivos de dados para o banco de dados de destino.
5. No banco de dados de destino, use **impdp** para "plugar" o tablespace.

Configurar objetos de diretório

No banco de dados de origem, **dw**, é necessário criar os objetos de diretório que armazenarão o conjunto de arquivos de dump assim como um objeto de diretório que aponta para o local onde o arquivo de dados referente ao tablespace XPORT_DW está armazenado. Aqui estão os comandos SQL no banco de dados **ord**; o diretório do sistema de arquivos /Temp é comum a todos os servidores:

```
SQL> create directory src_dpump_dir as '/Temp';
Directory created.
SQL> create directory src_dbf_dir as '/u02/oradata';
Directory created.
```

DICA
*Se o tablespace de origem ou de destino estiver armazenado em um grupo de discos ASM, você deve usar **ftp** com o diretório virtual /sys/asm no repositório XML DB, DBMS_FILE_TRANSFER ou o comando **cp** no utilitário **asmcmd**.*

No banco de dados de destino, **rac1**, serão executados comandos similares, como a seguir:

```
SQL> create directory dest_dpump_dir as '/Temp';
Directory created.
SQL> create directory dest_dbf_dir as '/u05/oradata';
Directory created.
```

Esses objetos de diretório são persistentes e você pode usá-los no futuro para outras operações Data Pump ou de transferência de arquivos.

Verificar a autoconsistência do tablespace

Antes de transportar o tablespace XPORT_DW, é preciso verificar se todos os objetos no tablespace são autocontidos com a procedure DBMS_TTS.TRANSPORT_SET_CHECK, como a seguir:

```
SQL> exec dbms_tts.transport_set_check('xport_dw', TRUE);
PL/SQL procedure successfully completed.
SQL> select * from transport_set_violations;
no rows selected
```

Não encontrar nenhuma linha em TRANSPORT_SET_VIOLATIONS significa que o tablespace não tem objetos dependentes externos ou quaisquer outros objetos de propriedade do SYS. Essa visão é recriada cada vez que você executa DBMS_TTS.TRANSPORT_SET_CHECK.

Use expdp para criar metadados

No banco de dados **ord**, você executará o comando **expdp** para exportar os metadados associados ao tablespace XPORT_DW após tornar o tablespace XPORT_DW somente leitura:

```
SQL> alter tablespace XPORT_DW read only;
Tablespace altered.
```

Para executar **expdp**, abra o prompt de comando do sistema operacional e execute a exportação dos metadados, como a seguir:

```
[oracle@dw ~]$ expdp rjb/rjb dumpfile=expdat.dmp
     directory=src_dpump_dir transport_tablespaces=xport_dw

Export: Release 11.1.0.6.0 -
    Production on Sunday, 16 September, 2007 11:59:41

Copyright (c) 2003, 2007, Oracle. All rights reserved.

Connected to: Oracle Database 11g Enterprise Edition
    Release 11.1.0.6.0 - Production
With the Partitioning, OLAP, Data Mining
    and Real Application Testing options

Starting "RJB"."SYS_EXPORT_TRANSPORTABLE_01": rjb/********
 dumpfile=expdat.dmp directory=src_dpump_dir transport_tablespaces=xport_dw
Processing object type TRANSPORTABLE_EXPORT/PLUGTS_BLK
Processing object type TRANSPORTABLE_EXPORT/TABLE
Processing object type TRANSPORTABLE_EXPORT/POST_INSTANCE/PLUGTS_BLK
Master table "RJB"."SYS_EXPORT_TRANSPORTABLE_01" successfully
    loaded/unloaded
******************************************************************************
Dump file set for RJB.SYS_EXPORT_TRANSPORTABLE_01 is:
  /Temp/expdat.dmp
******************************************************************************
Datafiles required for transportable tablespace XPORT_DW:
  /u02/oradata/xport_dw.dbf

Job "RJB"."SYS_EXPORT_TRANSPORTABLE_01" successfully completed at 12:00:51

[oracle@dw ~]$ ls -l /Temp/exp*
-rwxrwxrwx 1 root root 86016 Sep 16 12:00 /Temp/expdat.dmp
-rwxrwxrwx 1 root root  1089 Sep 16 12:00 /Temp/export.log
[oracle@dw ~]$
```

Use DBMS_FILE_TRANSFER para copiar os arquivos

Nesta etapa, você copiará o arquivo de dados do tablespace para o banco de dados remoto usando DBMS_FILE_TRANSFER, como a seguir (embora o diretório /Temp possa ser usado para esta etapa também):

```
SQL> execute dbms_file_transfer.put_file(
  2      'src_dbf_dir', 'xport_dw.dbf',
  3      'dest_dbf_dir', 'xport_dw.dbf', 'rac1');
PL/SQL procedure successfully completed.
```

Se o tablespace foi criado usando OMF, você terá de usar o valor DB_FILE_CREATE_DEST e pesquisar um pouco ou usar as visões de desempenho dinâmico V$DATAFILE e

V$TABLESPACE, para monitorar o subdiretório real e o nome do arquivo de dados no sistema operacional do host.

Use impdp para importar metadados

Na etapa final, **impdp** será executada no banco de dados de destino para ler o arquivo de metadados e "plugar" o arquivo de dados do tablespace. Esta é a saída desta operação:

```
[oracle@oc1 ~]$ impdp rjb/rjb directory=dest_dpump_dir
     dumpfile=expdat.dmp transport_datafiles=/u05/oradata/xport_dw.dbf

Import: Release 11.1.0.6.0 -
     Production on Sunday, 16 September, 2007 12:59:30

Copyright (c) 2003, 2007, Oracle. All rights reserved.

Connected to: Oracle Database 11g Enterprise Edition
      Release 11.1.0.6.0 - Production
With the Partitioning, Real Application Clusters, OLAP,
Data Mining and Real Application Testing options
Master table "RJB"."SYS_IMPORT_TRANSPORTABLE_01"
successfully loaded/unloaded
Starting "RJB"."SYS_IMPORT_TRANSPORTABLE_01": rjb/********
     directory=dest_dpump_dir dumpfile=expdat.dmp
     transport_datafiles=/u05/oradata/xport_dw.dbf
Processing object type TRANSPORTABLE_EXPORT/PLUGTS_BLK
Processing object type TRANSPORTABLE_EXPORT/TABLE
Processing object type TRANSPORTABLE_EXPORT/POST_INSTANCE/PLUGTS_BLK
Job "RJB"."SYS_IMPORT_TRANSPORTABLE_01" successfully completed at 12:59:44

[oracle@oc1 ~]$ sqlplus / as sysdba

SQL*Plus: Release 11.1.0.6.0 - Production on Sun Sep 16 13:01:11 2007
Copyright (c) 1982, 2007, Oracle. All rights reserved.

Connected to:
Oracle Database 11g Enterprise Edition Release 11.1.0.6.0 - Production

With the Partitioning, Real Application Clusters, OLAP,
Data Mining and Real Application Testing options

SQL> select * from v$tablespace;

       TS# NAME                     INC BIG FLA ENC
---------- ------------------------ --- --- --- ---
         0 SYSTEM                   YES NO  YES
         1 SYSAUX                   YES NO  YES
         2 UNDOTBS1                 YES NO  YES
         4 USERS                    YES NO  YES
         3 TEMP                     NO  NO  YES
         6 EXAMPLE                  YES NO  YES
         5 UNDOTBS2                 YES NO  YES
         7 UNDOTBS3                 YES NO  YES
         9 RMAN                     YES NO  YES
        11 XPORT_DW                 YES NO  YES
```

```
10 rows selected.

SQL> alter tablespace xport_dw read write;

Tablespace altered.
SQL>
```

Observe que é necessário alterar o tablespace de READ ONLY para READ WRITE; quando um tablespace é transportado para outro banco de dados, por padrão a cópia do tablespace está online, mas somente leitura. Também é necessário alterar o tablespace de origem de volta para READ WRITE após a conclusão do transporte do tablespace se o colocou no modo somente leitura durante uma operação de transporte de tablespace não RMAN.

CAPÍTULO 17

Gerenciando bancos de dados distribuídos

Em um ambiente distribuído, os bancos de dados em servidores separados (hosts) podem ser acessados durante uma única transação ou consulta. Cada servidor pode ser fisicamente isolado sem ser logicamente isolado de outros servidores.

Uma implementação típica de banco de dados distribuído envolve os servidores corporativos da matriz que replicam para os servidores dos departamentos em vários locais. Cada banco de dados suporta aplicações cliente locais e também a capacidade de comunicar-se com outros bancos de dados na rede. Essa arquitetura é mostrada na Figura 17-1.

O Oracle Net permite que essa arquitetura torne-se uma realidade. Em execução em todos os servidores, o Oracle Net permite que as solicitações de banco de dados feitas a partir de um banco de dados (ou aplicação) sejam passadas para outro banco de dados em um servidor separado. Com essa funcionalidade, é possível comunicar-se com todos os bancos de dados acessíveis por meio da sua rede. Podem ser criados sinônimos que fornecem uma verdadeira transparência de rede para as aplicações; o usuário que submete uma consulta não saberá o local dos dados que são usados para resolvê-la.

O Oracle pode ser configurado para dar suporte à replicação multimestre (na qual todos os bancos de dados envolvidos são proprietários dos dados e podem servir como a origem da propagação de dados) ou a replicação de único mestre (na qual apenas um banco de dados é proprietário dos dados). Ao projetar uma configuração de replicação, tente restringir o máximo possível a propriedade dos dados. À medida que o número de origens de propagação aumenta, o potencial para a ocorrência de erros também aumenta, assim como a potencial carga de trabalho de administração.

Nas seções a seguir, você verá exemplos de diferentes capacidades de replicação, seguida pelas técnicas de gerenciamento.

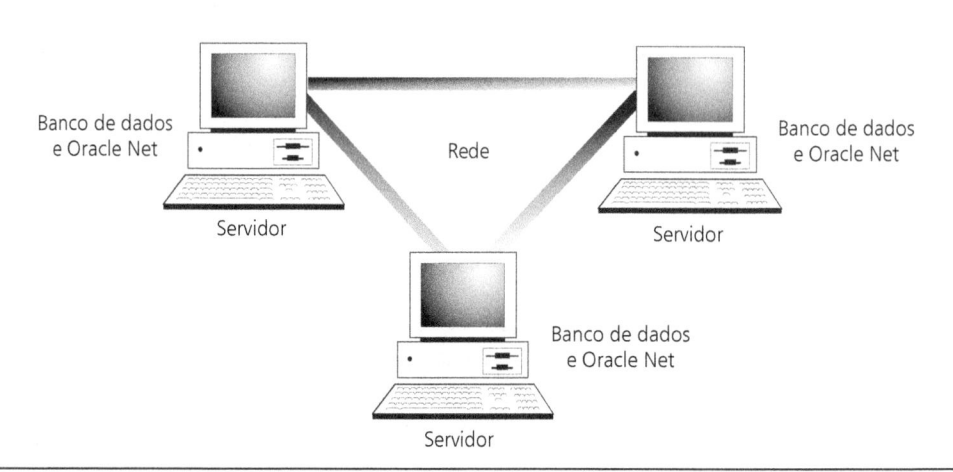

Figura 17-1 *Arquitetura servidor/servidor.*

CONSULTAS REMOTAS

Para consultar um banco de dados remoto, crie um *link* no banco de dados que será a origem da consulta. O link de banco de dados especifica o nome do serviço para o banco de dados remoto e também pode especificar o nome de usuário para conectar-se a ele. Quando um link de banco de dados é referenciado por uma instrução SQL, o Oracle abre uma sessão no banco de dados remoto, executa a instrução SQL lá e retorna os dados. Podem ser criados links de banco de dados como links públicos (criados pelos DBAs, tornando-os disponíveis para todos os usuários no banco de dados local) ou como links privados.

O exemplo a seguir cria um link de banco de dados público denominado HR_LINK:

```
create public database link HR_LINK
connect to HR identified by employeeservices202
using 'hq';
```

NOTA
A partir do Oracle Database 11g, as senhas diferenciam minúsculas e maiúsculas a menos que você configure o parâmetro de inicialização SEC_CASE_SENSITIVE_LOGON como FALSE (o padrão é TRUE).

O comando **create database link** mostrado neste exemplo tem vários parâmetros:

- A palavra-chave opcional **public**, que permite ao DBAs criar links para todos os usuários em um banco de dados. Uma palavra-chave adicional, **shared**, será descrita posteriormente neste capítulo.
- O nome do link (HR_LINK, neste exemplo).
- A conta à qual se conectar. O link de banco de dados pode ser configurado para usar o nome de usuário e senha locais no banco de dados remoto. Esse link conecta a um nome de usuário fixo.
- O nome do serviço (hq, neste exemplo).

Para usar o link recém criado, simplesmente adicione-o como um sufixo aos nomes de tabela nos comandos. O exemplo a seguir consulta uma tabela remota usando o link de banco de dados HR_LINK:

```
select * from EMPLOYEES@hr_link
    where office = 'ANNAPOLIS';
```

Quando essa consulta for executada, o Oracle estabelecerá uma sessão via link de banco de dados HR_LINK e consultará a tabela EMPLOYEES nesse banco de dados. A cláusula **where** será aplicada às linhas EMPLOYEES e as linhas correspondentes serão retornadas. A execução da consulta é mostrada graficamente na Figura 17-2.

A cláusula **from** neste exemplo refere-se a EMPLOYEES@HR_LINK. Como o link de banco de dados HR_LINK específica o nome do servidor, a instância do servidor e o nome do proprietário, o nome completo da tabela é conhecido. Se nenhum nome de conta for especificado no link de banco de dados, o nome e senha do usuário no banco de dados local será usado durante a tentativa de conectar-se ao banco de dados remoto. O gerenciamento dos links de banco de dados será descrito na seção "Gerenciando dados distribuídos", mais adiante neste capítulo.

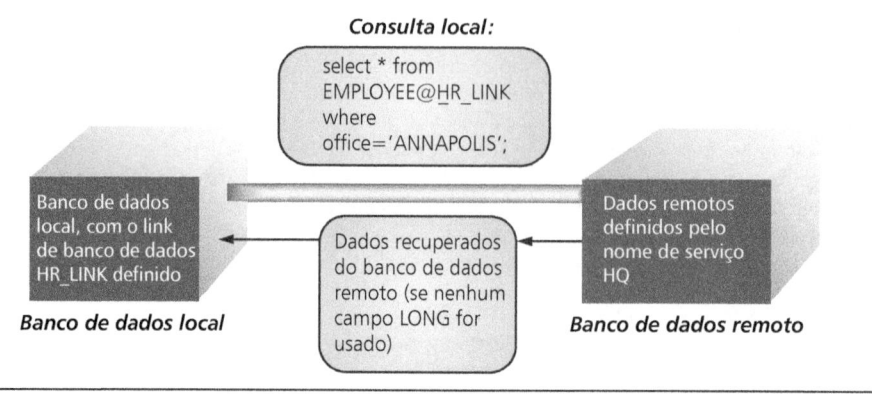

Figura 17-2 *Exemplo de consulta remota.*

MANIPULAÇÃO DE DADOS REMOTOS: TWO-PHASE COMMIT

Para dar suporte à manipulação de dados entre vários bancos de dados, o Oracle conta com o *Two-Phase Commit (2PC)*. O 2PC permite que grupos de transações entre diversos nós sejam tratados como uma unidade; todas as transações são confirmadas com o comando **commit** ou todas sofrem rollback. Um conjunto de transações distribuídas é mostrado na Figura 17-3. Nessa figura, duas transações **update** são executadas. A primeira transação **update** é executada em uma tabela local (EMPLOYEES); a segunda, é executada em uma tabela remota (EMPLOYEES@HR_LINK). Depois

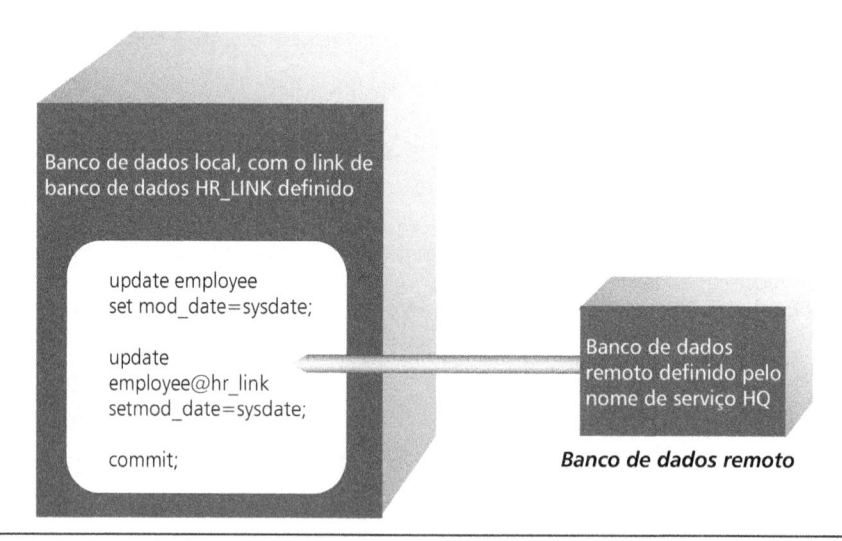

Figura 17-3 *Exemplo de transação distribuída.*

que as duas transações são executadas, um único **commit** é então executado. Se uma das transações não puder ser encerrada com **commit**, ambas sofrerão rollback.

As transações distribuídas resultam em dois benefícios importantes: os bancos de dados em outros servidores podem ser atualizados e aquelas transações podem ser agrupadas com outras em uma unidade lógica. O segundo benefício ocorre devido ao uso do 2PC pelo banco de dados. Aqui estão as duas fases:

A fase de preparação Um nó inicial denominado *coordenador global* notifica todos os sites envolvidos na transação para estarem prontos para executar um commit ou rollback na transação.

A fase de commit Se não houver nenhum problema com a fase de preparação, todos os sites efetuam commit nas suas transações. Se ocorre uma falha na rede ou no nó, todos os sites aplicarão rollback nas suas transações.

O uso do 2PC é transparente para os usuários. Se o nó que inicia a transação esquecer a transação, uma terceira fase, a fase do *esquecimento*, será executada. O gerenciamento detalhado das transações distribuídas será discutido na seção "Gerenciando transações distribuídas", mais adiante neste capítulo.

REPLICAÇÃO DE DADOS DINÂMICOS

Para melhorar o desempenho das consultas que usam dados de bancos de dados remotos, você talvez queira replicar esses dados no servidor local. Existem várias opções para fazer isso, dependendo dos recursos Oracle que você está usando.

Os *triggers de bancos de dados* podem ser usados para replicar dados de uma tabela para outra. Por exemplo, depois de cada operação **insert** em uma tabela, um trigger pode ser disparado para inserir esse mesmo registro em outra tabela – e essa pode estar em um banco de dados remoto. Assim, é possível triggers para forçar a replicação de dados em configurações simples. Se os tipos de transações em tabelas base não puderem ser controlados, o código do trigger necessário para executar a replicação será inaceitavelmente complicado.

Ao usar os recursos distribuídos do Oracle, você poderá usar as *visões materializadas* para replicar dados entre bancos de dados. Não é necessário replicar uma tabela inteira ou limitar-se a dados de apenas uma. Ao replicar uma única tabela, você talvez queira usar uma cláusula **where** para restringir quais registros serão replicados e pode executar operações **group by** nos dados. Também é possível juntar a tabela com outras tabelas e replicar o resultado das consultas.

> **NOTA**
> *Você não pode usar as visões materializadas para replicar dados usando os tipos de dados LONG, LONG RAW ou tipos definidos pelo usuário.*

Os dados na visão materializada local de tabelas remotas precisarão ser renovados. O intervalo de atualização para a visão materializada pode ser especificado e o banco de dados cuidará automaticamente dos procedimentos de replicação. Em muitos casos, o banco de dados pode usar um *log de visão materializada* para enviar somente os dados das transações (alterações à tabela); do contrário, o banco de dados executará atualizações completas na visão materializada local. A replicação dinâmica de dados via visões materializadas é mostrada na Figura 17-4.

Use o Data Guard para criar e gerenciar um banco de dados standby cujo conteúdo é atualizado sempre que os dados do banco de dados principal são alterados. O banco de dados standby pode ser usado como um banco de dados somente leitura para dar suporte aos requisitos de relatórios e, então, retornado ao seu status como um banco de dados standby.

Consulte o Capítulo 13 para obter detalhes sobre o uso e gerenciamento de bancos de dados standby.

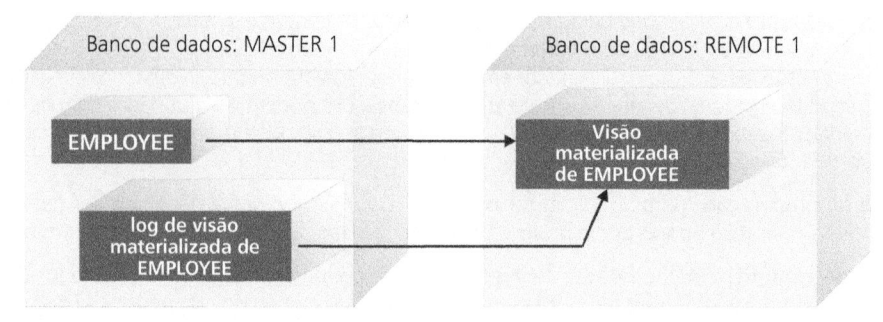

(a) Uma visão materializada simples; logs de visão materializada podem ser usados.

(b) Uma visão materializada complexa.

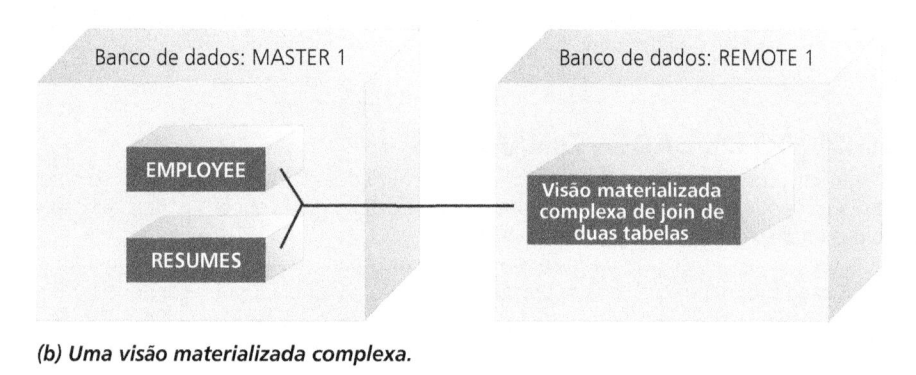

Figura 17-4 *Replicação com visões materializadas.*

GERENCIANDO DADOS DISTRIBUÍDOS

Antes de se preocupar com o gerenciamento de transações em bancos de dados remotos, é preciso obter os dados e torná-los globalmente acessíveis a outros bancos de dados. As seções a seguir descrevem as tarefas de gerenciamento de requisitos: implementar a transparência de localização e gerenciar os links de bancos de dados, triggers e visões materializadas.

NOTA
Os exemplos deste capítulo assumem que você está usando arquivos tnsnames.ora para a resolução de nomes de serviço de banco de dados.

A infra-estrutura: implementando a transparência de localização

Para projetar adequadamente seus bancos de dados distribuídos para uso em longo prazo, inicie fazendo a localização física dos dados transparente para as aplicações. O nome de uma tabela dentro de um banco de dados é único dentro do esquema que a possui. Entretanto, um banco de dados remoto pode ter uma conta com o mesmo nome, e esta conta pode possuir uma tabela com o mesmo nome.

Em bancos de dados distribuídos, duas camadas adicionais de identificação de objeto devem ser adicionadas. Em primeiro lugar, o nome da instância que acessa o banco de dados deve ser identificado. Em seguida, o nome do host no qual a instância reside deve ser identificado. Juntar essas quatro partes do nome do objeto – seu host, sua instância, seu proprietário e seu nome – resulta em um *nome de objeto global*. Para acessar uma tabela remota, é necessário conhecer esse nome de objeto global da tabela.

O objetivo da transparência de localização é tornar as primeiras três partes do nome de objeto global – o host, a instância e o esquema – transparentes para o usuário. As três primeiras partes do nome de objeto global são especificadas por meio dos links de banco de dados, por isso qualquer esforço na implementação da transparência de localização deve começar aí. Em primeiro lugar, considere um link de banco de dados típico:

```
create public database link HR_LINK
    connect to HR identified by employeeservices202
    using 'hq';
```

> **NOTA**
> *Se o parâmetro de inicialização GLOBAL_NAMES estiver configurado como TRUE, o nome do link de banco de dados deve ser igual ao nome global do banco de dados remoto.*

Usando um nome de serviço (neste exemplo, HQ), o nome da instância e do host permanecem transparentes para o usuário. Esses nomes são resolvidos por meio do arquivo tnsnames.ora do host local.

Uma entrada parcial neste arquivo para o nome de serviço HQ é mostrada na listagem a seguir:

```
HQ =(DESCRIPTION=
    (ADDRESS=
        (PROTOCOL=TCP)
        (HOST=HQ_MW)
        (PORT=1521))
    (CONNECT DATA=
        ((SERVICE_NAME=LOC)))
```

As duas linhas em negrito nessa listagem preenchem as duas partes que faltam no nome de objeto global. Quando um usuário referencia o nome de serviço HQ, o nome do host é HQ_MW e o nome de serviço é LOC. O SERVICE_NAME pode ser o nome da instância do banco de dados remoto. Ele é especificado pelo parâmetro de inicialização SERVICE_NAMES e pode incluir vários serviços. O valor padrão para SERVICE_NAME é DB_UNIQUE_NAME.DB_DOMAIN. Em um ambiente de banco de dados RAC, cada nó pode ter nomes de serviço adicionais além do nome de serviço. Um serviço especificado por SERVICE_NAMES executa em diversas (ou em todas, ou em apenas uma) instâncias RAC. INSTANCE_NAME poderia ser especificado no arquivo tnsnames.ora em vez de SERVICE_NAME se quisesse uma instância de banco de dados específica.

Esse arquivo tnsnames.ora usa parâmetros para o protocolo TCP/IP; outros protocolos podem usar palavras chave diferentes, mas seu uso é o mesmo. As entradas do tnsnames.ora fornecem transparência para os nomes de servidor e de instância.

O link de banco de dados HR_LINK criado por meio do código dado anteriormente nesta seção fornecerá a transparência para as duas primeiras partes do nome de objeto global. Mas, e se os dados fossem movidos do esquema HR ou a senha dessa conta mudar HR mudar? O link de banco de dados teria de ser descartado e recriado. O mesmo seria verdade se fosse necessário uma segurança em nível de conta; talvez fosse necessário criar e manter vários links de banco de dados.

Para resolver a transparência da parte do esquema do nome de objeto global, modifique a sintaxe do link do banco de dados. Considere o link de banco de dados na listagem a seguir:

```
create public database link HR_LINK
    connect to current_user
    using 'hq';
```

Esse link de banco de dados usa a cláusula **connect to current_user**. Ele usará o que é conhecido como um link de banco de dados de *usuário conectado*: o banco de dados remoto autentica a solicitação de conexão usando as credenciais do usuário no servidor onde ele executa a consulta. Os exemplos anteriores foram de conexões de *usuário fixo* – as mesmas credenciais são usadas para autenticar a solicitação de conexão independente do usuário que faz a solicitação. Aqui está um exemplo do uso de link de banco de dados de usuário conectado; ele parece idêntico ao link de banco de dados de usuário fixo:

```
select * from EMPLOYEES@HR_LINK;
```

Quando o usuário referenciar este link, o banco de dados tentará resolver o nome de objeto global na ordem a seguir:

1. Ele pesquisará o arquivo tnsnames.ora local para determinar o nome de host, porta e nome de instância ou serviço apropriados.
2. Verificará o link de banco de dados para uma especificação **connect to**. Se a cláusula **connect to current_ user** fórmula encontrada, ele tentará conectar-se ao banco de dados especificado usando o nome de usuário e senha do *usuário conectado*.
3. Pesquisará a cláusula **from** da consulta para obter o nome do objeto.

Os links de usuário conectados são freqüentemente usados para acessar tabelas cujas linhas podem ser restritas de acordo com o nome de usuário que as está acessando. Por exemplo, se o banco de dados remoto tivesse uma tabela denominada HR.EMPLOYEES e cada funcionário tivesse permissão para ver suas próprias linhas, um link de banco de dados com uma conexão específica, como

```
create public database link HR_LINK
connect to HR identified by employeeservices202
using 'hq';
```

iria fazer login como a conta HR (o proprietário da tabela). Se essa conexão específica for usada, não será possível restringir a visão dos registros dos usuários no host remoto. Entretanto, se um link de usuário conectado for usado e uma visão for criada no host remoto usando a pseudo-coluna USER, então somente os dados desse usuário serão retornados do último. Um exemplo de link de banco de dados e de uma visão deste tipo é mostrado na listagem a seguir:

```
-- No banco de dados local:
--
create public database link HR_LINK
connect to current_user
using 'hq';

create view REMOTE_EMP as
   select * from EMPLOYEES@HR_LINK
   where login_id=USER;
```

De qualquer maneira, os dados que estão sendo recuperados podem ser restringidos. A diferença é que quando um link de usuário conectado é usado, os dados podem ser restringidos com base no nome de usuário no banco de dados remoto. Se uma conexão fixa for usada, os dados poderão ser restringidos após serem retornados ao banco de dados local.

O link de usuário conectado reduz a quantidade de tráfego de rede necessário para resolver a consulta e adiciona outro nível de transparência de localização aos dados.

> **NOTA**
> Se você estiver usando os recursos Virtual Private Database do Oracle Database, poderá restringir o acesso a linhas e colunas sem manter visões para essa finalidade. Consulte o Capítulo 9 para obter detalhes sobre as opções Virtual Private Database.

Os links de banco de dados de usuário conectado fazem surgir um conjunto diferente de questões de manutenção. O arquivo tnsnames.ora deve estar sincronizado entre os servidores (o que, por sua vez, direciona à adoção de uma solução LDAP como o OID) e as combinações nome de usuário/senha em múltiplos bancos de dados devem estar sincronizadas. Esses problemas serão tratados nas próximas seções.

Domínios de bancos de dados

Um *serviço de nome de domínio* permite que os hosts em uma rede sejam organizados hierarquicamente. Cada nó dentro da organização é denominado um *domínio* e cada um deles é rotulado por sua função. Essas funções podem incluir COM para empresas e EDU para educação. Cada domínio pode ter muitos subdomínios. Portanto, a cada host será dado um nome único dentro da rede; seu nome contém informações sobre como ele se ajusta na hierarquia da rede. Os nomes de host em uma rede, em geral, têm até quatro partes; a parte que fica mais à esquerda é o nome do host e o restante do nome mostra o domínio ao qual o host pertence.

Por exemplo, um host pode ter como nome HQ.MYCORP.COM. Neste exemplo, o host é denominado HQ e identificado como parte do subdomínio MYCORP do domínio COM.

A estrutura do domínio é significativa por duas razões. Primeiro, o nome do host é parte do nome do objeto global. Segundo, o Oracle permite que a versão DNS do nome de host seja esecificada nos nomes de link de banco de dados, simplificando o gerenciamento das conexões de banco de dados distribuídos.

Para usar nomes DNS nos links de banco de dados, é necessário adicionar dois parâmetros ao seu arquivo de inicialização do banco de dados. O primeiro deles, DB_NAME, deve ser configurado como o nome da instância. O segundo parâmetro, DB_DOMAIN, é configurado como o nome DNS do host do banco de dados ou é configurado como WORLD, por padrão; o valor não pode ser NULL. DB_DOMAIN especifica o domínio de rede no qual o host reside. Se um banco de dados denominado LOC é criado no servidor HQ.MYCORP.COM, suas entradas serão

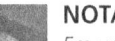

```
DB_NAME = loc
DB_DOMAIN = hq.mycorp.com
```

> **NOTA**
> Em um ambiente RAC, o INSTANCE_NAME não pode ser igual ao DB_NAME. Em geral, um número seqüencial é anexado ao DB_NAME para cada instância. Consulte o Capítulo 10 para obter mais informações sobre como configurar um banco de dados RAC.

Para habilitar o uso do nome de domínio do banco de dados, configure o parâmetro GLOBAL_NAMES como TRUE no seu SPFILE ou no arquivo de parâmetros de inicialização, como neste exemplo:

```
GLOBAL_NAMES = true
```

> **NOTA**
> GLOBAL_NAMES é configurado como FALSE por padrão no Oracle Database 10g e 11g.

Uma vez que esses parâmetros estejam configurados, o banco de dados deve ser desligado e reiniciado para que as alterações em DB_NAME ou DB_DOMAIN entrem em vigor.

> **NOTA**
> *Se você configurar GLOBAL_NAMES como TRUE, todos os nomes de link deverão seguir as regras descritas nesta seção; em outras palavras, GLOBAL_NAMES garante que os links de banco de dados tenham o mesmo nome que o banco de dados ao qual você irá se conectar ao usá-lo.*

Ao usar este método de criação de nomes de bancos de dados globais, os nomes dos links de bancos de dados são iguais aos dos bancos de dados para o qual eles apontam. Portanto, um link de banco de dados que aponta para a instância de banco de dados LOC listada anteriormente seria nomeado como LOC.HQ.MYCORP.COM. Aqui está um exemplo:

```
CREATE PUBLIC DATABASE LINK loc.hq.mycorp.com
USING 'LOCSVC';
```

LOCSVC é o nome de serviço no arquivo tnsnames.ora. O Oracle anexará o valor DB_DOMAIN do banco de dados local ao nome do link de banco de dados. Por exemplo, se o banco de dados estiver no domínio HQ.MYCORP.COM e o link de banco de dados é denominado LOC, o link de banco de dados resolverá como LOC.HQ.MYCORP.COM sempre que for referenciado.

O uso de nomes de bancos de dados globais estabelece um link entre o nome, o domínio e os nomes dos links de banco de dados. Por sua vez, isso facilita a identificação e o gerenciamento dos links de banco de dados.

Por exemplo, é possível criar um link de banco de dados público (sem string de conexão, como mostrado no exemplo anterior) em cada banco de dados que aponta para outro desses. Os usuários em um banco de dados não precisam mais adivinhar o link apropriado a ser usado; se eles souberem o nome do banco de dados global, saberão o nome do seu link. Se uma tabela for movida de um banco de dados para outro, ou se um banco de dados for movido de um host para outro, será fácil determinar qual dos links antigos deve ser descartado e recriado. O uso de nomes de bancos de dados globais faz parte da migração de bancos de dados individuais para verdadeiras deles.

Usando links de bancos de dados compartilhados

Quando uma configuração de servidor compartilhado é usada para as conexões de banco de dados e sua aplicação emprega muitas conexões de link de banco de dados simultâneas, talvez seja mais vantajoso usar os *links de bancos de dados compartilhados*. Um link de banco de dados compartilhado usa conexões de servidor compartilhadas para dar suporte às conexões de link de banco de dados.

Se houver múltiplos acessos de links de bancos de dados simultâneos em um banco de dados remoto, use os links de bancos de dados compartilhados para reduzir o número de conexões de servidor necessárias.

Para criar um link de banco de dados compartilhado, use a palavra-chave **shared** no comando **create database link**. Conforme mostrado na listagem a seguir, também será necessário especificar um esquema e senha para o banco de dados remoto:

```
create shared database link HR_LINK_SHARED
   connect to current_user
   authenticated by HR identified by employeeservices202
   using 'hq';
```

O link de banco de dados HR_LINK_SHARED usa o nome de usuário e senha do usuário conectado quando acessa o banco de dados HQ, porque esse link especifica a cláusula **connect to current_user**. A cláusula **authenticated by** é obrigatória em links compartilhados para impedir tentativas não autorizadas de uso desses links. Neste exemplo, a conta usada para autenticação é uma conta de usuário da aplicação, mas você também pode usar um esquema vazio (no qual nenhum usuário irá se conectar) para autenticação. A conta de autenticação deve ter o privilégio de sistema CREATE SESSION. Quando os usuários utilizarem o link HR_LINK_SHARED, as conexões usarão a conta HR no banco de dados remoto.

> **NOTA**
> *O nome de usuário e a senha de autenticação são visíveis para os usuários que tiverem acesso à tabela SYS.LINK$ no Oracle Database 10g Release 1 ou anterior.*

Se a senha na conta de autenticação for alterada, será necessário descartar e recriar cada link de banco de dados que faz referência à conta. Para simplificar a manutenção, crie uma conta que seja usada apenas para autenticação de conexões de link de banco de dados compartilhado. A conta deve ter somente o privilégio CREATE SESSION; ela não deve ter nenhum privilégio em nenhuma uma das tabelas da aplicação.

Se sua aplicação usa links de bancos de dados com pouca freqüência, use os links de bancos de dados tradicionais sem a cláusula **shared**. Sem a cláusula **shared**, cada conexão de link de banco de dados requer uma conexão separada ao banco de dados remoto. Em geral, use links de bancos de dados compartilhados quando o número de usuários que acessam o link de banco de dados for muito maior que o número de processos do servidor no banco de dados local.

Gerenciando links de banco de dados

As informações sobre os links de banco de dados públicos podem ser recuperadas por meio da visão de dicionário de dados DBA_DB_LINKS. Os links de banco de dados privados podem ser visualizados por meio da visão de dicionário de dados USER_DB_LINKS. Sempre que possível, separe seus usuários entre bancos de dados por aplicação, desse modo, eles podem compartilhar os mesmos links de banco de dados públicos. Como benefício, esses usuários normalmente também serão capazes de compartilhar concessões e sinônimos públicos.

As colunas da visão de dicionário de dados DBA_DB_LINKS são listadas na tabela a seguir. A senha do link a ser usada não pode ser visualizada via DBA_DB_LINKS; a partir do Oracle Database 10g Release 2, ela é criptografada na tabela SYS.LINK$.

Nome da coluna	Descrição
OWNER	O proprietário do link de banco de dados
DB_LINK	O nome do link de banco de dados (como HR_LINK nos exemplos deste capítulo)
USERNAME	O nome da conta a ser usada para abrir uma sessão no banco de dados remoto se uma conexão específica for usada
HOST	A string de conexão que será usada para conectar-se ao banco de dados remoto
CREATED	A data de criação do link de banco de dados

> **NOTA**
> *O número de links de banco de dados que pode ser usado por uma única consulta é limitado pelo parâmetro OPEN_LINKS no arquivo de inicialização do banco de dados. Seu valor padrão é 4.*

As tarefas administrativas envolvidas nos links de banco de dados dependem do nível ao qual a transparência de localização foi implementada nos seus bancos de dados. No melhor cenário, os links de usuário conectados são usados com nomes de serviço ou apelidos; o gerenciamento mínimo de links neste cenário requer um arquivo tnsnames.ora consistente entre todos os hosts no domínio (ou todos os hosts que usam o mesmo servidor LDAP para resolução de nome) e quais combinações de conta de usuário/senha são iguais dentro do domínio.

A sincronização da combinação de contas de usuário/senha entre bancos de dados pode ser difícil, mas existem diversas alternativas. Em primeiro lugar, obrigue que todas as alterações às senhas de contas de usuário passem por uma autoridade central. Essa autoridade central teria a responsabilidade de atualizar a senha referente à conta em todos os bancos de dados existentes na rede – uma tarefa demorada mas valiosa.

Segundo, audite as alterações de senha feitas por meio do comando **alter user** auditando o uso desse comando (consulte o Capítulo 9). Se uma senha de usuário é alterada em um banco de dados, ela deve ser alterada em todos os bancos de dados disponíveis na rede e que são acessados via links de usuários conectados. Se alguma parte do nome de objeto global – como um nome de usuário – estiver embutido no link de banco de dados, uma alteração que afete essa parte do nome de objeto global irá exigir que o link de banco de dados seja descartado e recriado. Por exemplo, se a senha de usuário HR fosse alterada, o link de banco de dados HR_LINK com uma conexão específica definida anteriormente seria descartado com

```
drop database link HR_LINK;
```

e o link precisaria ser recriado usando a nova senha da conta:

```
create public database link HR_LINK
    connect to HR identified by employeeservices404
    using 'hq';
```

Um link de banco de dados não pode ser criado em outra conta de usuário. Suponha que tente criar um link de banco de dados na conta OE, conforme mostrado aqui:

```
create database link OE.HR_LINK
    connect to HR identified by OE2HR
    using 'hq';
```

Nesse caso, o Oracle não criará o link de banco de dados HR_LINK na conta OE. Em vez disso, o Oracle criará um denominado OE.HR_LINK na conta que executou o comando **create database link**. Para criar links de banco de dados privados, é preciso estar conectado ao banco de dados com a conta que será a proprietária do link.

NOTA
Para ver quais links estão em uso no momento na sua sessão, consulte V$DBLINK.

Gerenciando triggers de bancos de dados

Se o uso da replicação de dados requer alterações sincronizadas em múltiplos bancos de dados, use triggers de bancos de dados para replicar os dados de uma tabela para outra. Os triggers de bancos de dados são executados quando ações específicas acontecem. Os triggers podem ser executados para cada linha de uma transação, para uma transação inteira como uma unidade, ou quando ocorrem eventos do sistema. Ao lidar com a replicação de dados, você normalmente se preocupará com os triggers que afetam cada linha de dados.

Antes de criar um trigger relacionado à replicação, você deve criar um link de banco de dados para o trigger a ser usado. Nesse caso, o link será criado no banco de dados que é *proprietário* dos dados, acessíveis ao proprietário da tabela que está sendo replicada:

```
create public database link TRIGGER_LINK
    connect to current_user
    using 'rmt_db_1';
```

Esse link, denominado TRIGGER_LINK, usa o nome de serviço RMT_DB_1 para especificar a conexão a um banco de dados remoto. O link tentará conectar-se ao banco de dados RMT_DB_1 usando o mesmo nome de usuário e senha da conta que usa o link.

O trigger mostrado na listagem a seguir usa este link. O trigger é acionado após cada linha ser inserida na tabela EMPLOYEES. Como o trigger é executado após a linha ter sido inserida, os dados desta última já terão sido validados no banco de dados local. O trigger insere a mesma linha em uma tabela remota com a mesma estrutura, usando o link de banco de dados TRIGGER_LINK definido há pouco. A tabela remota já deve existir.

```
create trigger COPY_DATA
    after insert on EMPLOYEES
    for each row
    begin
        insert into EMPLOYEES@TRIGGER_LINK
        values
        (:new.Empno,:new.Ename,:new.Deptno,
         :new.Salary,:new.Birth_Date,:new.Soc_Sec_Num);
    end;
/
```

Esse trigger usa a palavra-chave **new** para referenciar os valores da linha que acabou de ser inserida na tabela local EMPLOYEES.

NOTA
Se você usa replicação baseada em trigger, seu código do trigger deve levar em conta as condições de erro potenciais no site remoto, como valores de chave duplicados, problemas de gerenciamento de espaço ou um shutdown do banco de dados.

```
select Trigger_Type,
       Triggering_Event,
       Table_Name
  from DBA_TRIGGERS
 where Trigger_Name = 'COPY_DATA';
```

O exemplo de saída dessa consulta é o seguinte:

```
TYPE                TRIGGERING_EVENT        TABLE_NAME
----------------    ----------------------  ------------
AFTER EACH ROW      INSERT                  EMPLOYEES
```

É possível consultar o texto do trigger na DBA_TRIGGERS, conforme mostrado neste exemplo:

```
set long 1000
select Trigger_Body
  from DBA_TRIGGERS
 where Trigger_Name = 'COPY_DATA';
```

```
TRIGGER_BODY
--------------------------------------------------
begin
    insert into EMPLOYEES@TRIGGER_LINK
    values
    (:new.Empno,:new.Ename,:new.Deptno,
    :new.Salary,:new.Birth_Date,:new.Soc_Sec_Num);
end;
```

Teoricamente, é possível criar um trigger para replicar todas as permutações possíveis de ações de manipulação de dados no banco de dados local, mas rapidamente isso se torna difícil de gerenciar. Para um ambiente complexo, deve-se considerar o uso de visões materializadas. Para as circunstâncias limitadas descritas anteriormente, os triggers são uma solução muito fácil de implementar.

> **NOTA**
> *Se você usar triggers para replicação de dados, o sucesso de uma transação no banco de dados mestre depende do sucesso da transação remota.*

Gerenciando visões materializadas

As visões materializadas podem ser usadas para agregar, fazer junção prévia ou replicar dados. Em um ambiente de banco de dados corporativo, os dados geralmente fluem a partir de um banco de dados de processamento de transações online para um data warehouse. Normalmente, os dados são pré-formatados, limpos ou, de outro modo, processados e, em seguida, movidos para o data warehouse. De lá, eles podem ser copiados para outros bancos de dados ou data marts. As visões materializadas podem ser usadas para pré-computar e armazenar informações agregadas em um banco de dados, para replicar dinamicamente os dados entre bancos de dados distribuídos e sincronizar atualizações de dados em ambientes replicados. Em ambientes de replicação, as visões materializadas permitem acesso local a dados que normalmente teriam de ser acessados remotamente. Uma visão materializada pode ser baseada em outra visão materializada.

Em bancos de dados grandes, as visões materializadas ajudam a melhorar o desempenho de consultas que envolvem agregações (incluindo soma, contagem, média, variância, desvio padrão, mínimo e máximo) ou join de tabelas. O otimizador do Oracle reconhecerá automaticamente se a visão materializada pode ser usada para satisfazer à consulta – um recurso conhecido como *reescrita de consulta*.

> **NOTA**
> *Para obter melhores resultados, certifique-se de que as estatísticas na visão materializada são mantidas atualizadas. A partir do Oracle Database 10g, as estatísticas em todos os objetos de bancos de dados são coletadas regularmente durante as janelas de manutenção predefinidas como parte da infra-estrutura de tarefas de manutenção automatizadas (AutoTask).*

É possível usar parâmetros de inicialização para configurar o otimizador para reescrever consultas automaticamente, de modo que as visões materializadas possam ser usadas sempre que possível. Como as visões materializadas são transparentes para as aplicações SQL, elas podem ser descartadas ou criadas sem nenhum impacto na execução do código SQL. É possível também criar visões materializadas particionadas e basear as visões materializadas em tabelas particionadas.

Ao contrário da visões regulares, as visões materializadas armazenam dados e ocupam espaço físico no seu banco de dados. Elas são preenchidas com dados gerados de suas consultas base e são renovados por demanda ou por meio de agendamento. Portanto, sempre que os dados acessados pela consulta base forem alterados, as visões materializadas devem ser renovadas para refletir as alterações dos dados. A freqüência de renovação dos dados depende da quantidade de latência de dados que sua empresa pode tolerar nos processos suportados pelas visões materializadas. Será visto como estabelecer uma taxa de renovação mais adiante neste capítulo.

A visão materializada criará vários objetos no banco de dados. Para criar a visão materializada o usuário deve ter os privilégios CREATE MATERIALIZED VIEW, CREATE TABLE e CREATE VIEW assim como o privilégio SELECT em todas as tabelas que são referenciadas, mas são de propriedade de outro esquema. Se a visão materializada for criada em outro esquema, o usuário que a irá criar deve ter o privilégio CREATE ANY MATERIALIZED VIEW e o privilégio SELECT para as tabelas que são referenciadas nela, caso as tabelas sejam de propriedade de outro esquema. Para ativar a reescrita de consulta em uma visão materializada que referencie tabelas em outro esquema, o usuário que irá ativá-la deve ter o privilégio GLOBAL QUERY REWRITE ou ter o privilégio QUERY REWRITE explicitamente concedido sobre qualquer tabela referenciada em outro esquema. O usuário também deve ter o privilégio UNLIMITED TABLESPACE. As visões materializadas podem ser criadas no banco de dados local e extrair os dados dos bancos de dados mestre, ou podem residir no mesmo banco de dados no qual os dados estão localizados.

Se você planeja usar o recurso reescrita de consulta, deve colocar a entrada a seguir no seu arquivo de parâmetros de inicialização:

```
QUERY_REWRITE_ENABLED=TRUE
```

NOTA
Se o parâmetro OPTIMIZER_FEATURES_ENABLE for definido como 10.0.0 ou superior, o parâmetro QUERY_REWRITE_ENABLED assume TRUE como padrão.

Um segundo parâmetro, QUERY_REWRITE_INTEGRITY, define o grau no qual o Oracle deve impor a reescrita de consulta. No nível mais seguro, o Oracle não usa transformações de reescrita de consulta que contam com relacionamentos não obrigatórios. Os valores válidos para QUERY_REWRITE_INTEGRITY são ENFORCED (o Oracle impõe e garante a consistência e a integridade), TRUSTED (as regravações de consulta são suportadas para relacionamentos declarados) e STALE_TOLERATED (a reescrita de consulta é suportada mesmo se as visões materializadas forem inconsistentes com seus dados subjacentes). Por padrão, o parâmetro QUERY_ REWRITE_INTEGRITY é configurado como ENFORCED.

Decisões para visões materializadas

Antes de criar uma visão materializada, deve-se tomar várias decisões, incluindo:

- Se a visão materializada deve ser preenchida com dados durante ou depois da criação
- Com que freqüência a visão materializada será renovada
- Que tipos de renovações serão executadas
- Se um log de visão materializada deve ser mantido ou não

É possível ter os dados carregados para visão materializada durante a sua criação usando a opção **build immediate** do comando **create materialized view** ou pode adicionar a cláusula **build deferred** para criá-la previamente, mas não preenchê-la até ser usada pela primeira vez. A vantagem de preencher a visão na criação é que os dados estarão imediatamente disponíveis quando for tornada a visão materializada disponível. Entretanto, se a visão materializada não for usada imediatamente e os dados subjacentes forem alterados rapidamente, os dados nela se tornarão obsoletos rapidamente. Se você esperar para ter a visão materializada preenchida, ela não será preenchida com dados até que o pacote DBMS_MVIEW.REFRESH seja automaticamente executado. Seus usuários terão que esperar a visão ser preenchida antes que algum dado seja retornado, provocando assim uma degradação de desempenho. Se uma visão padrão já existe e você deseja convertê-la em uma visão materializada, é possível usar a opção de palavra-chave **prebuilt**.

É necessário decidir que quantidade de dados obsoletos é tolerável em termos das necessidades da sua empresa. Fundamente sua decisão na freqüência com que os dados são alterados na tabela na qual a visão materializada é baseada. Se sua administração não precisar basear suas decisões em informações atualizadas a cada instante, será possível renovar sua visão materializada a cada hora ou uma vez ao dia. Se houver uma necessidade crítica de dados absolutamente precisos o tempo todo, talvez renovações rápidas posam ser executadas a cada cinco minutos durante o dia e noite.

Ao especificar um método de renovação durante a criação da visão materializada, use uma das quatro formas a seguir: **refresh complete**, **refresh fast**, **refresh force** e **never refresh**. Na renovação rápida, os logs de visão materializada são usados para monitorar as alterações de dados ocorridas na tabela desde a última renovação. Somente as informações alteradas são preenchidas de volta na visão materializada, periodicamente, com base nos critérios de renovação que foram estabelecidos. O log de visão materializada é mantido no mesmo banco de dados e esquema da tabela mestre para a visão materializada. Como a renovação rápida só se aplica às alterações feitas desde a última renovação, o tempo decorrido para executá-la, em geral, deve ser curto.

Em uma renovação completa, os dados na visão materializada são completamente substituídos cada vez que a renovação é executada. O tempo necessário para executar uma renovação completa da visão materializada pode ser substancial. A renovação pode ser executada toda vez que as transações forem confirmadas na tabela mestre (**refresh on commit**) ou somente quando a procedure DBMS_MVIEW.REFRESH for executada (**refresh on demand**).

Quando é especificada uma renovação no modo force, o processo de renovação primeiramente avalia se uma renovação rápida pode ser executada ou não. Se não puder, uma renovação completa será executada. Se especificar **never refresh** como a opção de renovação, a visão materializada não será renovada. Se você não tiver um log de visão materializada criado e preenchido, somente renovações completas poderão ser executadas.

Criando uma visão materializada

Um exemplo de comando usado para criar uma visão materializada é mostrado na listagem a seguir. Neste exemplo, a visão materializada recebe um nome (STORE_DEPT_SAL_MV) e seus parâmetros de armazenamento são especificados assim como seu intervalo de renovação e o tempo no qual ela será preenchida com dados. Neste caso, a visão materializada é instruída a usar a opção de renovação completa e não preencher os dados até que a procedure DBMS_MVIEW.REFRESH seja executada. A reescrita de consulta está ativada.

A consulta base dessa visão materializada é a seguinte:

```
create materialized view STORE_DEPT_SAL_MV
tablespace MVIEWS
build deferred
refresh complete
enable query rewrite
as
select d.DNAME, sum(SAL) as tot_sum
  from DEPT d, EMP e
 where d.DEPTNO = e.DEPTNO
group by d.DNAME;
```

> **NOTA**
> Uma consulta de visão materializada não pode referenciar tabelas ou visões que são propriedade do usuário SYS.

O exemplo a seguir mostra a criação de uma visão materializada usando a cláusula **refresh fast on commit**. Para dar suporte às renovações rápidas quando ocorrerem confirmações, será preciso criar um log de visão materializada na tabela base. Consulte "Gerenciando logs de visão materializada" mais tarde neste capítulo para obter detalhes.

```
create materialized view STORE_DEPT_SAL_MV
    tablespace MYMVIEWS
    parallel
    build immediate
    refresh fast on commit
    enable query rewrite
    as
    select d.DNAME, sum(SAL) as tot_sum
      from DEPT d, EMP e
     where d.DEPTNO = e.DEPTNO
    group by d.DNAME;
```

Nesse exemplo, a mesma consulta base é usada, mas a visão materializada é criada com **refresh fast on commit** para que uma renovação rápida ocorra toda vez que uma transação encerrar com commit em qualquer uma das consultas base. Essa visão materializada será preenchida com dados na criação e as linhas inseridas serão carregadas paralelamente. A reescrita de consulta também será ativada.

> **NOTA**
> A opção de renovação rápida não será usada a menos que um log de visão materializada seja criado na tabela base para ela. O Oracle pode executar renovações rápidas de tabelas que sofreram join em visões materializadas.

Para esses dois exemplos, a visão materializada usa os parâmetros de armazenamento padrão do seu tablespace. Os parâmetros de armazenamento da visão materializada podem ser alteradas por meio do comando **alter materialized view**, conforme neste exemplo:

```
alter materialized view STORE_DEPT_SAL_MV pctfree 5;
```

As duas operações usadas com mais freqüência em um visão materializada são execução de consulta e renovação rápida. Cada uma dessas ações requer diferentes recursos e tem diferentes requisitos de desempenho. É possível indexar a tabela base da visão materializada; por exemplo, adicionar um índice para melhorar o desempenho da consulta. Se você tiver uma visão materializada que só usa condições de join e renovação rápida, os índices nas colunas de chave primária poderão melhorar as operações de atualização rápida. Se sua visão materializada usar tanto joins quanto agregações e está configurada para renovação rápida, conforme mostrado no último exemplo, um índice será criado automaticamente para ela a menos que você especifique **using no index** no comando **create materialized view**.

Para descartar uma visão materializada, use o comando **drop materialized view**:

```
drop materialized view STORE_DEPT_SAL_MV;
```

USANDO DBMS_MVIEW E DBMS_ADVISOR

Existem vários pacotes fornecidos que podem ser usados para gerenciar e avaliar as visões materializadas, incluindo o DBMS_MVIEW, DBMS_ADVISOR e DBMS_DIMENSION.

Os subprogramas do pacote DBMS_MVIEW são mostrados na Tabela 17-1; esse pacote é usado para executar tarefas de gerenciamento, como avaliação, registro e renovação de uma visão materializada.

Tabela 17-1 *Subprogramas DBMS_MVIEW*

Subprograma	Descrição
BEGIN_TABLE_REORGANIZATION	Um processo para preservar os dados necessários para que uma renovação da visão materializada seja executada, usado antes de reorganizar a tabela mestre.
END_TABLE_REORGANIZATION	Garante que a tabela mestre da visão materializada está no estado adequado e que ela é válida, no final da reorganização de uma tabela mestre.
ESTIMATE_MVIEW_SIZE	Estima o tamanho de uma visão materializada, em bytes e linhas.
EXPLAIN_MVIEW	Explica o que é possível com uma visão materializada existente ou proposta. (Pode ser renovada rapidamente? Tem reescrita de consulta disponível?)
EXPLAIN_REWRITE	Explica por que uma consulta não pôde ser reescrita, ou quais visões materializadas serão usadas se ela for reescrita.
I_AM_A_REFRESH	O valor do estado do pacote I_AM_REFRESH é retornado, chamado durante a replicação.
PMARKER	Usado para o rastreamento de alteração de partição (Partition Change Tracking). Retorna um marcador de partição de um RowID.
PURGE_DIRECT_LOAD_LOG	Usado com data warehousing, esse subprograma elimina linhas do log do utilitário direct loader depois que elas não são mais necessárias em uma visão materializada.
PURGE_LOG	Elimina linhas do log de visão materializada.
PURGE_MVIEW_FROM_LOG	Elimina linhas do log de visão materializada.
REFRESH	Renova uma ou mais visões materializadas que não são membros do mesmo grupo de renovação.
REFRESH_ALL_MVIEWS	Renova todas as visões materializadas que não refletem as alterações feitas à sua tabela mestre ou à visão materializada mestre.
REFRESH_DEPENDENT	Renova todas as visões materializadas baseadas em tabela que dependem de uma tabela mestre ou visão materializada mestre especificada. A lista pode conter uma ou mais tabelas mestre ou visões materializadas mestre.
REGISTER_MVIEW	Ativa a administração de uma visão materializada individual.
UNREGISTER_MVIEW	Usado para remover o registro de uma visão materializada em um site mestre ou site de visão materializada mestre.

Para renovar uma única visão materializada, use DBMS_MVIEW.REFRESH. Seus dois principais parâmetros são o nome da visão materializada a ser renovada e o método a ser usado. Para o método, 'c' pode ser especificado para uma renovação completa (complete refresh), 'f' para uma renovação rápida (fast refresh) e '?' para force. Aqui temos um exemplo:

```
execute DBMS_MVIEW.REFRESH('store_dept_sal_mv','c');
```

Se várias visões materializadas estão sendo renovadas por meio de uma única chamada para DBMS_MVIEW.REFRESH, liste os nomes de todas as visões materializadas no primeiro parâmetro e seus métodos de atualização correspondentes no segundo parâmetro, como neste exemplo:

```
execute DBMS_MVIEW.REFRESH('mv1,mv2,mv3','cfc');
```

Neste exemplo, a visão materializada MV2 será renovada por meio de uma renovação rápida, ao passo que as outras sofrerão renovação completa.

É possível usar uma procedure separada no pacote DBMS_MVIEW para renovar todas as visões materializadas que são agendadas para serem renovadas automaticamente. Essa procedure, denominada REFRESH_ALL, renovará cada visão materializada separadamente. Ela não aceita parâmetros. A listagem a seguir mostra um exemplo da sua execução:

```
execute DBMS_MVIEW.REFRESH_ALL;
```

Como as visões materializadas serão renovadas via REFRESH_ALL consecutivamente, elas não são todas renovadas ao mesmo tempo (em outra palavras, não em paralelo). Portanto, um falha de banco de dados ou servidor durante essa procedure pode fazer com que as visões materializadas locais fiquem dessincronizadas entre si. Nesse caso, simplesmente execute novamente essa procedure depois que o banco de dados for recuperado. Como alternativa, crie grupos de renovação, conforme descrito na próxima seção.

Usando o SQL Access Advisor

A partir do Oracle Database 10g, o SQL Access Advisor pode ser usado para gerar recomendações para a criação e indexação de visões materializadas. O SQL Access Advisor pode recomendar índices específicos (e tipos de índice) para melhorar o desempenho de joins e outras consultas. O SQL Access Advisor também pode gerar recomendações para alterar uma visão materializada de modo que ela suporte reescrita de consultas ou renovações rápidas. O SQL Access Advisor pode ser executado a partir do Oracle Enterprise Manager ou por meio de execuções do pacote DBMS_ADVISOR.

> **NOTA**
> Para obter melhores resultados do pacote DBMS_ADVISOR, você deve coletar estatísticas sobre todas as tabelas, índices e colunas de join antes de gerar recomendações.

Para usar o SQL Access Advisor, a partir do Oracle Enterprise Manager ou por meio do DBMS_ADVISOR, execute as etapas a seguir:

1. Crie uma tarefa.
2. Defina a carga de trabalho.
3. Gere recomendações.
4. Visualize e implemente as recomendações.

Uma tarefa pode ser criada de duas maneiras: executando a procedure DBMS_ADVISOR. CREATE_TASK ou usando a procedure DBMS_ADVISOR.QUICK_TUNE (conforme mostrado na próxima seção).

A carga de trabalho consiste em uma ou mais instruções SQL, mais estatísticas e atributos relacionados à instrução. A carga de trabalho pode incluir todas as instruções SQL para uma aplicação. O SQL Access Advisor classifica as entradas na carga de trabalho de acordo com as estatísticas e a importância corporativa.

A carga de trabalho é criada por meio da procedure DBMS_ADVISOR.CREATE_SQLWKLD. Para associar uma carga de trabalho a uma tarefa-pai do supervisor, use a procedure DBMS_ADVISOR.ADD_SQLWKLD_REF. Se uma carga de trabalho não for fornecida, o SQL Access Advisor poderá gerar e usar uma hipotética com base nas dimensões definidas no seu esquema.

Uma vez que exista uma tarefa e uma carga de trabalho esteja associada a ela, gere recomendações por meio da procedure DBMS_ADVISOR.EXECUTE_TASK. O SQL Access Advisor considerará a carga de trabalho e as estatísticas do sistema e tentará gerar recomendações para ajustar a aplicação. Veja as recomendações executando a função DBMS_ADVISOR.GET_TASK_SCRIPT ou por meio de visões de dicionário de dados. Cada recomendação pode ser visualizada via USER_ADVISOR_RECOMMENDATIONS (existem também versões "ALL" e "DBA" disponíveis desta visão). Para relacionar recomendações a uma instrução SQL, será necessário usar a visão USER_ADVISOR_SQLA_WK_STMTS e o USER_ADVISOR_ACTIONS.

NOTA
Consulte o Capítulo 6 para obter mais exemplos sobre como usar o pacote DBMS_ADVISOR.

Quando você executa a procedure GET_TASK_SCRIPT, o Oracle gera um arquivo SQL executável que conterá os comandos necessários para criar, alterar ou descartar os objetos recomendados. Reveja o script gerado antes para executá-lo, observando particularmente as especificações de tablespace. Mais tarde neste capítulo, veremos como usar a procedure QUICK_TUNE para simplificar o processo do supervisor de ajuste para um único comando.

Para ajustar uma única instrução SQL, use a procedure QUICK_TUNE do pacote DBMS_ADVISOR. O QUICK_TUNE tem dois parâmetros de entrada, um nome de tarefa e uma instrução SQL. O uso do QUICK_TUNE protege o usuário das etapas envolvidas na criação de cargas de trabalho e tarefas via DBMS_ADVISOR. Por exemplo, a chamada de procedure a seguir avalia uma consulta:

```
execute DBMS_ADVISOR.QUICK_TUNE(DBMS_ADVISOR.SQLACCESS_ADVISOR, -
    'MV_TUNE','SELECT PUBLISHER FROM BOOKSHELF');
```

NOTA
O usuário que executa este comando precisa do privilégio de sistema ADVISOR.

As recomendações geradas pelo QUICK_TUNE podem ser visualizadas por meio da visão de dicionário de dados USER_ADVISOR_ACTIONS, mas são mais fáceis de ler se as procedures DBMS_ADVISOR forem usadas para gerar um arquivo de script. A recomendação neste exemplo é criar uma visão materializada para dar suporte à consulta. Como apenas uma instrução SQL foi fornecida, essa recomendação é dada isoladamente e não considera nenhum outro aspecto do banco de dados ou aplicação.

Você pode usar a procedure CREATE_FILE para automatizar a geração de um arquivo que contém os scripts necessários para implementar as recomendações. Em primeiro lugar, crie um objeto de diretório para armazenar o arquivo:

```
create directory scripts as 'e:\scripts';
grant read on directory scripts to public;
grant write on directory scripts to public;
```

Em seguida, execute a procedure CREATE_FILE. Ela tem três variáveis de entrada: o script (gerado pelo GET_TASK_SCRIPT, para o qual é passado o nome da tarefa), o diretório de saída e o nome do arquivo a ser criado.

```
execute DBMS_ADVISOR.CREATE_FILE(DBMS_ADVISOR.GET_TASK_SCRIPT('MV_TUNE'),-
   'SCRIPTS','MV_TUNE.sql');
```

O arquivo MV_TUNE.sql criado pela procedure CREATE_FILE conterá comandos similares àqueles mostrados na listagem a seguir. Dependendo da versão específica do Oracle, as recomendações podem ser diferentes.

```
Rem   Username:          PRACTICE
Rem   Task:              MV_TUNE
Rem

set   feedback 1
set   linesize 80
set   trimspool on
set   tab off
set   pagesize 60

whenever sqlerror CONTINUE

CREATE MATERIALIZED VIEW "PRACTICE"."MV$$_021F0001"
    REFRESH FORCE WITH ROWID
    ENABLE QUERY REWRITE
    AS SELECT PRACTICE.BOOKSHELF.ROWID C1,
"PRACTICE"."BOOKSHELF"."PUBLISHER" M1
FROM PRACTICE.BOOKSHELF;

begin
  dbms_stats.gather_table_stats('"PRACTICE"',
'"MV$$_021F0001"',NULL,dbms_stats.auto_sample_size);
end;
/

whenever sqlerror EXIT SQL.SQLCODE

begin
dbms_advisor.mark_recommendation('MV_TUNE',1,'IMPLEMENTED');
end;
/
```

A procedure MARK_RECOMMENDATION permite anotar a recomendação para que ela possa ser ignorada durante as gerações de script subseqüentes. As ações válidas para MARK_ RECOMMENDATION incluem ACCEPT, IGNORE, IMPLEMENTED e REJECT.

A procedure TUNE_MVIEW do pacote DBMS_ADVISOR pode ser usada para gerar recomendações para a reconfiguração das suas visões materializadas. TUNE_MVIEW gera dois conjuntos de resultados de saída, um para a criação de novas visões materializadas e a outra para a remoção de visões materializadas criadas anteriormente. O resultado final deve ser um conjunto de visões materializadas que podem ser renovadas rapidamente, substituindo aquelas visões materializadas que não podem ser renovadas rapidamente. A saída da procedure TUNE_MVIEW pode ser visualizada por meio da visão de dicionário de dados USER_TUNE_MVIEW ou pode gerar seus scripts por meio das procedures GET_TASK_SCRIPT e CREATE_FILE mostradas nas listagens anteriores.

Os programas fornecidos para o pacote DBMS_ADVISOR são mostrados na Tabela 17-2.

Tabela 17-2 *Subprogramas DBMS_ADVISOR*

Subprocedure	Descrição
ADD_SQLWKLD_REF	Adicionar uma referência de carga de trabalho a uma tarefa do Advisor.
ADD_SQLWKLD_STATEMENT	Adiciona uma única instrução a uma carga de trabalho.
CANCEL_TASK	Cancela uma operação de tarefa em execução no momento.
CREATE_FILE	Cria um arquivo externo a partir de uma variável PL/SQL CLOB.
CREATE_OBJECT	Cria um novo objeto de tarefa.
CREATE_SQLWKLD	Cria um novo objeto de carga de trabalho.
CREATE_TASK	Cria uma nova tarefa do Advisor no repositório.
DELETE_SQLWKLD	Exclui um objeto de carga de trabalho inteiro.
DELETE_SQLWKLD_REF	Exclui um objeto de carga de trabalho inteiro.
DELETE_SQLWKLD_STATEMENT	Exclui uma ou mais instruções de uma carga de trabalho.
DELETE_TASK	Exclui a tarefa especificada do repositório.
EXECUTE_TASK	Executa a tarefa especificada.
GET_REC_ATTRIBUTES	Recupera os atributos de recomendação específicos de uma tarefa.
GET_TASK_SCRIPT	Cria e retorna um script SQL executável de recomendações do Advisor.
IMPORT_SQLWKLD_SCHEMA	Importa dados para uma carga de trabalho a partir do cache SQL atual.
IMPORT_SQLWKLD_SQLCACHE	Importa dados para uma carga de trabalho a partir do cache SQL atual.
IMPORT_SQLWKLD_STS	Importa dados para uma carga de trabalho a partir de um conjunto de ajuste SQL.
IMPORT_SQLWKLD_SUMADV	Importa dados para uma carga de trabalho a partir do cache SQL atual.
IMPORT_SQLWKLD_USER	Importa dados para uma carga de trabalho a partir do cache SQL atual.
INTERRUPT_TASK	Pára a tarefa em execução no momento, finalizando suas operações como faria em uma saída normal.
MARK_RECOMMENDATION	Configura o status de anotação referente a uma recomendação específica.
QUICK_TUNE	Executa uma análise em uma única instrução SQL.

(continua)

Tabela 17-2 *Subprogramas DBMS_ADVISOR (continuação)*

Subprocedure	Descrição
RESET_TASK	Redefine uma tarefa ao seu estado inicial.
SET_DEFAULT_SQLWKLD_PARAMETER	Importa dados para uma carga de trabalho a partir de uma evidência de esquema.
SET_DEFAULT_TASK_PARAMETER	Modifica um parâmetro de tarefa padrão.
SET_SQLWKLD_PARAMETER	Configura o valor de um parâmetro de carga de trabalho.
SET_TASK_PARAMETER	Configura o valor de parâmetro da tarefa especificada.
TUNE_MVIEW	Mostra como decompor uma visão materializada em duas ou mais visões ou como reformulá-la de modo que ela seja mais proveitosa para renovação rápida e reescrita de consulta.
UPDATE_OBJECT	Atualiza um objeto de tarefa.
UPDATE_REC_ATTRIBUTES	Atualiza uma recomendação existente para a tarefa especificada.
UPDATE_SQLWKLD_ATTRIBUTES	Atualiza um objeto de carga de trabalho.
UPDATE_SQLWKLD_STATEMENT	Atualiza uma ou mais instruções SQL em uma carga de trabalho.
UPDATE_TASK_ATTRIBUTES	Atualiza os atributos de tarefa.

Um pacote adicional, DBMS_DIMENSION, fornece estas duas procedures:

DESCRIBE_DIMENSION	Mostra a definição da dimensão da entrada, incluindo proprietário, nome, níveis, hierarquias e atributos.
VALIDATE_DIMENSION	Verifica se os relacionamentos especificados em uma dimensão estão corretos.

É possível usar o pacote DBMS_DIMENSION para validar e exibir a estrutura das suas dimensões.

Impondo integridade referencial entre visões materializadas

A integridade referencial entre duas tabelas relacionadas, ambas com visões materializadas simples baseadas nelas, pode não ser imposta nas suas visões. Se as tabelas forem renovadas em momentos diferentes ou se transações ocorrerem em tabelas mestre durante a renovação, é possível que as visões materializadas daquelas não reflitam a integridade referencial das tabelas mestre.

Se, por exemplo, as tabelas EMPLOYEES e DEPARTMENTS estiverem relacionadas entre si por meio de uma ligação de chave primário/chave estrangeira, então as visões materializadas simples dessas tabelas poderão conter violações desse relacionamento, incluindo chaves estrangeiras sem as chaves primárias correspondentes. Neste exemplo, isso poderá significar a existência de funcionários da visão materializada EMPLOYEES com valores DEPTNO que não existem na visão materializada DEPARTMENTS.

Esse problema tem várias soluções possíveis. Em primeiro lugar, estabeleça uma hora para que as renovações ocorram quando as tabelas mestre não estiverem em uso. Segundo, execute as renovações manualmente (consulte a próxima seção para obter informações) imediatamente após bloquear as tabelas mestre ou desativar o banco de dados. Terceiro, você pode efetuar o join das tabelas na visão materializada, criando uma complexa que será baseada nas tabelas mestre (que serão relacionadas corretamente entre si). Quarto, obrigue que as atualizações da visão materializada ocorram quando as transações forem encerradas com commit no banco de dados primário.

O uso de grupos de renovação fornece outra solução para o problema de integridade diferencial. A coleta de visões materializadas relacionadas em *grupos de renovação*. A finalidade de um grupo de renovação é coordenar as programações de renovação de seus membros. As visões materializadas cujas tabelas mestre tenham relacionamentos com outras tabelas mestre são boas candidatas a membros de grupos de atualização. Coordenar as programações de renovação das visões materializadas também manterá a integridade referencial das suas tabelas mestre. Se os grupos de renovação não forem usados, os dados nas visões materializadas podem ficar inconsistentes em relação à integridade referencial das tabelas mestre.

A manipulação dos grupos de renovação é executada por meio do pacote DBMS_REFRESH. As procedures deste pacote são MAKE, ADD, SUBTRACT, CHANGE, DESTROY e REFRESH, conforme mostrado nos exemplos a seguir. As informações sobre grupos de renovação existentes podem ser consultadas nas visões de dicionário de dados USER_REFRESH e USER_REFRESH_CHILDREN.

NOTA
As visões materializadas que pertencem a um grupo de renovação não precisam pertencer ao mesmo esquema, mas precisam estar armazenadas no mesmo banco de dados.

Você pode criar um grupo de renovação executando a procedure MAKE do pacote DBMS_REFRESH, cujos parâmetros de chamada são mostrados aqui:

```
DBMS_REFRESH.MAKE
   (name IN VARCHAR2,
    list IN VARCHAR2, |
    tab IN DBMS_UTILITY.UNCL_ARRAY,
    next_date IN DATE,
    interval IN VARCHAR2,
    implicit_destroy IN BOOLEAN := FALSE,
    lax IN BOOLEAN := FALSE,
    job IN BINARY_INTEGER := 0,
    rollback_seg IN VARCHAR2 := NULL,
    push_deferred_rpc IN BOOLEAN := TRUE,
    refresh_after_errors IN BOOLEAN := FALSE,
    purge_option IN BINARY_INTEGER := NULL,
    parallelism IN BINARY_INTEGER := NULL,
    heap_size IN BINARY_INTEGER := NULL);
```

Todos os parâmetros desta procedure, exceto os quatro primeiros, têm valores padrão que são geralmente aceitáveis. Os parâmetros **list** e **tab** são mutuamente exclusivos. O comando a seguir pode ser usado para criar um grupo de renovação para visões materializadas cujos nomes são LOCAL_EMP e LOCAL_DEPT:

```
execute DBMS_REFRESH.MAKE
   (name => 'emp_group', -
    list => 'local_emp, local_dept', -
    next_date => SysDate, -
    interval => 'SysDate+7');
```

NOTA
*O parâmetro **list**, que é o segundo parâmetro da listagem, tem aspas simples no início e no fim, e não tem aspas intermediárias. Neste exemplo, duas visões materializadas – LOCAL_EMP e LOCAL_DEPT – são passadas para a procedure por meio de um único parâmetro.*

O comando anterior criará um grupo de renovação denominado EMP_GROUP, com duas visões materializadas como seus membros. O nome do grupo de renovação está entre apóstrofos, como está a **list** de membros – mas não cada membro.

Se o grupo de renovação receber uma visão materializada que já é membro de outro grupo de renovação (por exemplo, durante uma movimentação de uma visão materializada de um grupo de renovação antigo para um grupo de renovação recentemente criado), você deve configurar o parâmetro **lax** como TRUE. Uma visão materializada só pode pertencer a um grupo de renovação de cada vez.

Para adicionar visões materializadas a um grupo de renovação existente, use a procedure ADD do pacote DBMS_REFRESH, cujos parâmetros estão a seguir:

```
DBMS_REFRESH.ADD
   (name IN VARCHAR2,
    list IN VARCHAR2, |
     tab IN DBMS_UTILITY.UNCL_ARRAY,
    lax IN BOOLEAN:= FALSE);
```

Como na procedure MAKE, o parâmetro **lax** da procedure ADD não precisa ser especificado, a menos que uma visão materializada esteja sendo movida entre dois grupos de renovação. Quando essa procedure é executada com o parâmetro **lax** configurado como TRUE, a visão materializada é movida para o novo grupo de renovação e é automaticamente excluída do grupo antigo.

Para remover visões materializadas de um grupo de renovação existente, use a procedure SUBTRACT do pacote DBMS_REFRESH, como no exemplo a seguir:

```
DBMS_REFRESH.SUBTRACT
   (name IN VARCHAR2,
    list IN VARCHAR2, |
     tab IN DBMS_UTILITY.UNCL_ARRAY,
    lax IN BOOLEAN:= FALSE);
```

Como nas procedures MAKE e ADD, uma única visão materializada ou uma lista de visões materializadas (separadas por vírgulas) podem servir como entrada para a procedure SUBTRACT. Você pode alterar a programação de renovação para um grupo de renovação por meio da procedure CHANGE do pacote DBMS_REFRESH; estes são os parâmetros:

```
DBMS_REFRESH.CHANGE
   (name IN VARCHAR2,
    next_date IN DATE:= NULL,
    interval IN VARCHAR2:= NULL,
    implicit_destroy IN BOOLEAN:= NULL,
    rollback_seg IN VARCHAR2:= NULL,
    push_deferred_rpc IN BOOLEAN:= NULL,
    refresh_after_errors IN BOOLEAN:= NULL,
    purge_option IN BINARY_INTEGER:= NULL,
    parallelism IN BINARY_INTEGER:= NULL,
    heap_size IN BINARY_INTEGER:= NULL);
```

O parâmetro **next_date** é análogo à cláusula **start with** no comando **create materialized view**. Por exemplo, para alterar a programação de EMP_GROUP para que ele seja replicado a cada três dias, você pode executar o comando a seguir (que especifica um valor NULL para o parâmetro **next_date**, deixando esse valor inalterado):

```
execute DBMS_REFRESH.CHANGE
   (name => 'emp_group',
```

```
            next_date => null,
            interval => 'SysDate+3');
```

Após esse comando ser executado, o ciclo de renovação para o grupo de atualização EMP_GROUP será executado a cada três dias.

> **NOTA**
> As operações de renovação em grupos de renovação podem ser mais demoradas se comparadas às renovações da visão materializada. As renovações de grupos também podem exigir um significativo espaço de segmento de undo para manter a consistência dos dados durante seu processo.

Você pode atualizar manualmente um grupo de renovação por meio da procedure REFRESH do pacote DBMS_REFRESH. A procedure REFRESH aceita o nome do grupo de renovação como seu único parâmetro.

O comando mostrado aqui atualizará o grupo de atualização denominado EMP_GROUP:

```
execute DBMS_REFRESH.REFRESH('emp_group');
```

Para excluir um grupo de renovação, use a procedure DESTROY do pacote DBMS_REFRESH, conforme mostrado no exemplo a seguir. Seu único parâmetro é o nome do grupo de renovação.

```
execute DBMS_REFRESH.DESTROY(name => 'emp_group');
```

É possível também destruir implicitamente o grupo de renovação. Se você configurar o parâmetro **implicit_destroy** como TRUE ao criar o grupo com a procedure MAKE, o grupo de renovação será excluído (destruído) quando seu último membro for removido do grupo (geralmente por meio da procedure SUBTRACT).

> **NOTA**
> Para obter estatísticas de desempenho relativas às renovações da visão materializada, consulte V$MVREFRESH.

Gerenciando logs de visão materializada

Um *log de visão materializada* é uma tabela que mantém um registro das modificações feitas na tabela mestre em uma visão materializada. Ele é armazenado no mesmo banco de dados da tabela mestre e só usado pelas visões materializadas simples. Os dados no log de visão materializada são usados durante renovações rápidas. Se você vai usar renovação rápida, crie o log de visão materializada antes de criar a visão materializada. Para criar um log de visão materializada, é preciso ser capaz de criar um trigger AFTER ROW na tabela, portanto precisa dos privilégios CREATE TRIGGER e CREATE TABLE. Você não pode especificar um nome para o log de visão materializada.

Como o log de visão materializada é uma tabela, ele tem um conjunto completo de cláusulas de armazenamento de tabelas disponível para ele. O exemplo a seguir mostra a criação de um log de visão materializada em uma tabela denominada EMPLOYEES:

```
create materialized view log on EMPLOYEES
    tablespace DATA_2;
```

O valor **pctfree** para o log de visão materializada pode ser configurado com um valor muito baixo (até mesmo 0), porque não haverá atualizações para essa tabela. O tamanho do log de visão materializada depende do número de alterações que serão processadas durante cada renovação. Quanto mais freqüentemente forem renovadas todas as visões materializadas que referenciam a tabela mestre, menor o espaço necessário para o log.

É possível modificar os parâmetros de armazenamento para o log de visão materializada por meio do comando **alter materialized view log**. Ao usar esse comando, especifique o nome da tabela mestre. Um exemplo de alteração de log de visão materializada da tabela EMPLOYEES é mostrado na listagem a seguir:

```
alter materialized view log on EMPLOYEES pctfree 10;
```

Para descartar um log de visão materializada, use o comando **drop materialized view log**, como neste exemplo:

```
drop materialized view log on EMPLOYEES;
```

Esvaziando o log de visão materializada

O log de visão materializada contém dados temporários; os registros são inseridos no log, usados durante as renovações e, em seguida, excluídos. Se diversas visões materializadas usarem a mesma tabela mestre, elas compartilharão o mesmo log de visão materializada. Se uma das visões materializadas não for renovada por um longo período, o log de visão materializada poderá não excluir nenhum de seus registros. Como resultado, os requisitos de espaço do log de visão materializada aumentarão.

Para reduzir o espaço usado pelas entradas de log, você pode usar a procedure PURGE_LOG do pacote DBMS_MVIEW. PURGE_LOG aceita três parâmetros: o nome da tabela mestre, uma variável **num** e um sinalizador DELETE. A variável **num** especifica o número de visões materializadas menos recentemente renovadas cujas linhas serão removidas do seu log.

Por exemplo, se você tem três visões materializadas que usam o log e uma delas não é renovada há muito tempo, você usaria um valor **num** igual a 1. A listagem a seguir mostra um exemplo da procedure PURGE_LOG. Neste exemplo, o log de visão materializada da tabela EMPLOYEES terá removido as entradas requeridas pela visão materializada menos recentemente utilizada:

```
execute DBMS_MVIEW.PURGE_LOG
    (master => 'EMPLOYEES',
      num => 1,
      flag => 'DELETE');
```

Para dar ainda mais suporte aos esforços de manutenção, o Oracle fornece duas opções específicas de visão materializada para o comando **truncate**; se você deseja truncar a tabela mestre sem perder suas entradas de log de visão materializada, pode usar o comando **truncate** com opções, como a seguir:

```
truncate table EMPLOYEES preserve materialized view log;
```

Se as visões materializadas da tabela EMPLOYEES forem baseadas nos valores de chave primária (o comportamento padrão), os seus valores de log ainda serão válidos após uma exportação/importação da tabela EMPLOYEES. Entretanto, se as visões materializadas da tabela EMPLOYEES fossem baseadas nos valores de ROWID, o log de visão materializada seria inválido após uma exportação/importação da tabela base (visto que diferentes ROWIDs provavelmente serão atribuídos durante a importação). Nesse caso, trunque o log de visão materializada quando truncar a tabela base, como neste exemplo:

```
truncate table EMPLOYEES purge materialized view log;
```

Que tipo de renovações podem ser executadas?

Para ver quais tipo de renovação ou capacidades de reescrita são possíveis para suas visões materializadas, consulte a tabela MV_CAPABILITIES_TABLE. As capacidades podem ser alteradas entre as versões, portanto reavalie suas capacidades de renovação acompanhando as atualizações do software Oracle. Para criar essa tabela, execute o script utlxmv.sql localizado no diretório $ORACLE_HOME/rdbms/admin.

As colunas de MV_CAPABILITIES TABLE são mostradas aqui:

```
desc MV_CAPABILITIES_TABLE

Name                                      Null?    Type
----------------------------------------- -------- ----------------
STATEMENT_ID                                       VARCHAR2(30)
MVOWNER                                            VARCHAR2(30)
MVNAME                                             VARCHAR2(30)
CAPABILITY_NAME                                    VARCHAR2(30)
POSSIBLE                                           CHAR(1)
RELATED_TEXT                                       VARCHAR2(2000)
RELATED_NUM                                        NUMBER
MSGNO                                              NUMBER(38)
MSGTXT                                             VARCHAR2(2000)
SEQ                                                NUMBER
```

Para preencher a tabela MV_CAPABILITIES, execute a procedure DBMS_MVIEW.EXPLAIN_MVIEW, usando o nome da visão materializada como o valor de entrada, como neste exemplo:

```
execute DBMS_MVIEW.EXPLAIN_MVIEW('local_category_count');
```

O script utlxmv.sql fornece orientação sobre a interpretação dos valores de coluna, como nesta listagem:

```
CREATE TABLE MV_CAPABILITIES_TABLE
    (STATEMENT_ID      VARCHAR(30),  -- Identificador de instrução única fornecido pelo
                                     --    cliente
    MVOWNER            VARCHAR(30),  -- NULL para EXPLAIN_MVIEW baseado em SELECT
    MVNAME             VARCHAR(30),  -- NULL para EXPLAIN_MVIEW baseado em SELECT
    CAPABILITY_NAME    VARCHAR(30),  -- Um nome descritivo da capacidade
                                     --    específica:
                                     -- REWRITE
                                     --    Pode fazer ao menos uma reescrita de
                                     --       correspondência de texto
                                     --    completa
                                     -- REWRITE_PARTIAL_TEXT_MATCH
                                     --    Pode fazer ao menos reescrita de
                                     --       correspondência de texto
                                     --    completa e parcial
                                     -- REWRITE_GENERAL
                                     --    Pode fazer todas as formas de reescrita
                                     -- REFRESH
                                     --    Pode fazer ao menos renovação completa
                                     -- REFRESH_FROM_LOG_AFTER_INSERT
                                     --    Pode fazer renovação rápida a partir de um log
                                     --       de mv
                                     --    ou alterar a tabela de captura ao menos
                                     --    quando as operações de atualização forem
                                     --    restritas a INSERT
                                     -- REFRESH_FROM_LOG_AFTER_ANY
                                     --    pode fazer renovação rápida a partir de um log
                                     --       de mv
                                     --    ou alterar a tabela de captura após qualquer
                                     --    combinação de atualizações
                                     -- PCT
                                     --    Pode fazer Enhanced Update Tracking na
```

```
                                -- tabela nomeada na coluna RELATED_NAME.
                                -- EUT é necessário para renovação
                                -- rápida após operações de
                                -- manutenção particionada na tabela
                                -- nomeada na coluna RELATED_NAME
                                -- e fazer reescrita tolerada não obsoleta
                                -- quando a mv estiver parcialmente
                                -- obsoleta em relação à tabela
                                -- nomeada na coluna RELATED_NAME.
                                -- EUT também pode às vezes ativar renovação
                                -- rápida de atualizações para a tabela
                                -- nomeada na coluna RELATED_NAME
                                -- quando a renovação rápida a partir de um log
                                --    de mv
                                -- ou quando alterar a tabela de captura não for
                                -- possível
POSSIBLE        CHARACTER(1),   -- T = capacidade é possível
                                -- F = capacidade não é possível
RELATED_TEXT    VARCHAR(2000),  -- Proprietário.tabela.coluna, nome de apelido etc.
                                -- relacionados a essa mensagem. O
                                -- significado específico dessa coluna
                                -- depende da coluna MSGNO. Consulte
                                -- a documentação para
                                -- DBMS_MVIEW.EXPLAIN_MVIEW() para obter detalhes
RELATED_NUM     NUMBER,         -- Quando há um valor numérico
                                -- associado a uma linha, ele entra aqui.
                                -- O significado específico dessa coluna
                                -- depende da coluna MSGNO. Consulte
                                -- a documentação do
                                -- DBMS_MVIEW.EXPLAIN_MVIEW() para detalhes
MSGNO           INTEGER,        -- Quando disponível, mensagem QSM #
                                -- explicando por que não é possível ou mais
                                -- detalhes quando ativado.
MSGTXT          VARCHAR(2000),  -- Texto associado a MSGNO.
SEQ             NUMBER);        -- Útil na cláusula ORDER BY quando
                                -- selecionar nesta tabela.
```

Uma vez que a procedure EXPLAIN_MVIEW tenha sido executada, consulte a MV_CAPABI-LITIES_TABLE para determinar suas opções:

```
select Capability_Name, Msgtxt
  from MV_CAPABILITIES_TABLE
 where Msgtxt is not null;
```

Para a visão materializada LOCAL_BOOKSHELF, a consulta retorna o seguinte:

```
CAPABILITY_NAME
-------------------------------
MSGTXT
------------------------------------------------------------
PCT_TABLE
relation is not a partitioned table

REFRESH_FAST_AFTER_INSERT
the detail table does not have a materialized view log

REFRESH_FAST_AFTER_ONETAB_DML
```

```
                see the reason why REFRESH_FAST_AFTER_INSERT is disabled

                REFRESH_FAST_AFTER_ANY_DML
                see the reason why REFRESH_FAST_AFTER_ONETAB_DML is disabled

                REFRESH_FAST_PCT
                PCT is not possible on any of the detail tables in the
                materialized view

                REWRITE_FULL_TEXT_MATCH
                query rewrite is disabled on the materialized view

                REWRITE_PARTIAL_TEXT_MATCH
                query rewrite is disabled on the materialized view

                REWRITE_GENERAL
                query rewrite is disabled on the materialized view

                REWRITE_PCT
                general rewrite is not possible or PCT is not possible on
                any of the detail tables

                PCT_TABLE_REWRITE
                relation is not a partitioned table

                10 rows selected.
```

Como a cláusula **query rewrite** não foi especificada durante a criação dessa visão materializada, as capacidades de reescrita de consulta são desativadas na tabela LOCAL_BOOKSHELF. As capacidades de renovação rápida não são suportadas, porque a tabela base não tem um log de visão materializada. Se alterar sua visão materializada ou sua tabela base, você deve gerar novamente os dados em MV_ CAPABILITIES_TABLE para ver as novas opções.

Conforme mostrado na listagem anterior, a visão materializada LOCAL_BOOKSHELF não pode usar uma renovação rápida porque sua tabela base não tem um log de visão materializada. Aqui estão algumas outras constraints que limitarão sua habilidade de usar renovações rápidas:

- A visão materializada não deve conter referências a expressões não repetitivas, como SYSDATE e ROWNUM.
- A visão materializada não deve conter referências a tipos de dados RAW ou LONG RAW.
- Para visões materializadas baseadas em joins, os ROWIDs de todas as tabelas na lista **from** devem ser parte da lista **select**.
- Se houver joins externas, todas as joins devem ser conectadas por **and**s, a cláusula **where** não deve ter nenhuma seleção e constraints UNIQUE devem existir nas colunas de join da tabela de join interna.
- Para visões materializadas baseadas em agregações, os logs de visão materializadas devem conter todas as colunas das tabelas referenciadas, devem especificar as cláusulas **rowid** e **including new values** e devem especificar a cláusula **sequence**.

Consulte o *Oracle Database Data Warehousing Guide 11g Release 1 (11.1)* para obter constraints adicionais relativas às renovações rápidas de agregações complexas.

> **NOTA**
> *Você pode especificar uma cláusula* **order by** *no comando* **create materialized view**. *A cláusula* **order by** *só afetará a criação inicial da visão materializada; não afetará as atualizações.*

Usando visões materializadas para alterar os caminhos de execução de consulta

Para um banco de dados grande, uma visão materializada pode oferecer vários benefícios de desempenho. As visões materializadas podem ser usadas para influenciar o otimizador a alterar os caminhos de execução para consultas. Esse recurso, denominado *reescrita de consulta,* permite que o otimizador use uma visão materializada no lugar da tabela consultada por ela, mesmo se a visão materializada não for nomeada na consulta.

Por exemplo, se você tem uma grande tabela SALES, pode criar uma visão materializada que sumarize esses dados por região. Se um usuário consulta a tabela SALES para a sumarização dos dados dela para uma região, o Oracle pode redirecionar essa consulta para usar sua visão materializada no lugar dessa tabela. Como um resultado, é possível reduzir o número de acessos em relação às tabelas maiores, melhorando assim o desempenho do sistema. Além disso, como os dados na visão materializada já estão agrupados por região, a sumarização não precisa ser executada na hora que a consulta é emitida.

NOTA
Você deve especificar **enable query rewrite** *na definição da visão materializada para a visão a ser usada como parte de uma operação de reescrita de consulta.*

Para usar efetivamente a capacidade de reescrita de consulta, crie uma dimensão que defina as hierarquias dentro dos dados da tabela. Para executar o comando **create dimension**, é preciso ter o privilégio de sistema CREATE DIMENSION. Neste exemplo, países fazem parte de continentes, por isso podem ser criadas tabelas e dimensões para suportar essa hierarquia:

```
create dimension GEOGRAPHY
    level COUNTRY_ID      is COUNTRY.Country
    level CONTINENT_id    is CONTINENT.Continent
    hierarchy COUNTRY_ROLLUP (
        COUNTRY_ID           child of
        CONTINENT_ID
    join key COUNTRY.Continent references CONTINENT_id);
```

Para ativar uma visão materializada para reescrita de consulta, coloque todas as tabelas mestre da visão materializada no esquema desta e tenha o privilégio de sistema QUERY REWRITE. Em geral, é preciso criar visões materializadas no mesmo esquema que as tabelas nas quais elas são baseadas; do contrário, será necessário gerenciar as permissões e concessões necessárias para criar e manter as visões materializadas.

NOTA
Você pode ativar ou desativar a reescrita de consulta no nível da instrução SQL por meio das dicas REWRITE e NOREWRITE. Ao usar a dica REWRITE, é possível especificar as visões materializadas para o otimizador considerá-las.

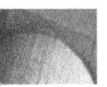

NOTA
As decisões de reescrita de consulta são baseadas nos custos dos diferentes caminhos de execução, portanto suas estatísticas devem ser mantidas atualizadas.

Para a reescrita de consulta ser ativada, é necessário configurar os seguintes parâmetros de inicialização:

- OPTIMIZER_MODE = ALL_ROWS ou FIRST_ROWS ou FIRST_ROWS_n
- QUERY_REWRITE_ENABLED = TRUE
- QUERY_REWRITE_INTEGRITY = STALE_TOLERATED, TRUSTED, ou ENFORCED

Por padrão, QUERY_REWRITE_INTEGRITY é configurado como ENFORCED; nesse modo, todas as constraints devem ser validadas. O otimizador só usa dados renovados das visões materializadas e só usa aqueles relacionamentos que são baseados em constraints de chave primária, única ou estrangeira ENABLED e VALIDATED. No modo TRUSTED, o otimizador confia que os dados na visão materializada estão renovados e os relacionamentos declarados em dimensões e constraints estão corretos. No modo STALE_TOLERATED, o otimizador usa visões materializadas que são válidas, mas contêm dados obsoletos, assim como aquelas que contêm dados de renovação recentes.

Se QUERY_REWRITE_ENABLED for configurada como FORCE, o otimizador reescreverá as consultas para usar visões materializadas mesmo quando o custo estimado da consulta original for mais baixo.

Se ocorrer uma reescrita de consulta, o plano de execução para a consulta listará a visão materializada como um dos objetos acessados, junto com uma operação listada como "MAT_VIEW REWRITE ACCESS". A procedure DBMS_MVIEW.EXPLAIN_REWRITE pode ser usada para ver se é possível reescrever uma consulta e quais visões materializadas estariam envolvidas. Se a consulta não puder ser reescrita, a procedure documentará as razões.

EXPLAIN_REWRITE aceita três parâmetros de entrada – a consulta, um nome de visão materializada e um identificador de instrução – e pode armazenar sua saída em uma tabela. O Oracle fornece o comando **create table** para a tabela de saída em um script denominado utlxrw.sql no diretório $ORACLE_HOME/rdbms/admin.

O script utlxrw.sql cria uma tabela denominada REWRITE_TABLE.

É possível consultar REWRITE_TABLE para obter o custo original, o custo de reescrita e a decisão do otimizador.

A coluna MESSAGE exibirá as razões para a decisão do otimizador.

Se você usou a opção **build deferred** do comando **create materialized view** ou **alter materialized view**, o recurso da reescrita de consulta não será ativado até que a visão materializada seja renovada pela primeira vez.

> **NOTA**
> *Se variáveis de bind forem usadas dentro da consulta, o otimizador não a reescreverá, mesmo que a reescrita de consulta tenha sido ativada.*

GERENCIANDO TRANSAÇÕES DISTRIBUÍDAS

Uma única unidade lógica pode incluir transações em relação a vários bancos de dados. Por exemplo, uma instrução **commit** pode ser executada após duas tabelas em bancos de dados separados terem sido atualizadas. O Oracle manterá transparente a integridade entre os dois bancos de dados garantindo que todas as transações envolvidas sejam confirmadas com o comando **commit** ou revertidas (usando o comando **rollback** ou uma falha de sessão) como um grupo.

Isso é realizado automaticamente por meio do mecanismo Two-Phase Commit (2PC) do Oracle. A primeira fase do 2PC é a fase de *preparação*. Nessa fase, cada nó envolvido em uma transação prepara os dados que ela precisará para confirmar ou reverter os dados. Uma vez preparado, diz-se que um nó está "em dúvida". Os nós notificam o nó inicial da transação (conhecido como *coordenador global*) do seu status.

Uma vez que todos os nós estejam preparados, a transação entra na fase de confirmação e todos eles são instruídos a confirmar sua parte da transação lógica com o comando **commit**. Os bancos de dados confirmam os dados no mesmo tempo lógico, preservando a integridade dos dados distribuídos.

Resolvendo transações em dúvida

As transações executadas em bancos de dados independentes podem falhar devido a problemas com o servidor de banco de dados; por exemplo, pode haver uma falha de mídia. Trabalhar com bancos de dados distribuídos aumenta o número de causas de falhas possíveis durante um conjunto de transações relacionadas.

Quando uma transação distribuída está pendente, uma entrada para essa transação aparece na visão de dicionário de dados DBA_2PC_PENDING. Quando a transação é concluída, seu registro na DBA_2PC_PENDING é removido. Se a transação estiver pendente, mas não for capaz de ser concluída, seu registro permanecerá em DBA_2PC_PENDING.

O processo em segundo plano RECO (Recoverer) verifica periodicamente as transações distribuídas que falharam em ser concluídas na visão DBA_2PC_PENDING. Usando essas informações, o processo RECO em um nó tentará automaticamente recuperar a parte local de uma transação em dúvida. Ele tenta estabelecer as conexões com quaisquer outros bancos de dados envolvidos na transação e resolver as partes distribuídas da transação. As linhas relacionadas na visão DBA_2PC_PENDING em cada banco de dados são, então, removidas.

> **NOTA**
> *Você pode ativar e desativar o processo RECO por meio das cláusulas* **enable distributed recovery** *e* **disable distributed recovery** *do comando* **alter system**.

A recuperação de transações distribuídas é executada automaticamente pelo processo RECO. É possível recuperar manualmente as partes locais de uma transação distribuída, mas isso normalmente resulta em dados inconsistentes entre os bancos de dados distribuídos. Se uma recuperação local for executada, os dados remotos ficarão dessincronizados.

Para minimizar o número de recuperações distribuídas necessárias, pode-se influenciar o modo como a transação distribuída é processada. O processamento da transação é influenciado por meio do uso da *força do ponto de commit* para informar ao banco de dados como estruturar a transação.

Força do Ponto de Commit

Cada conjunto de transações distribuídas pode referenciar múltiplos hosts e bancos de dados. Destes, um host e um banco de dados normalmente podem ser escolhidos como sendo o mais confiável ou o que possui os dados mais críticos. Esse banco de dados é conhecido como o *local do ponto de commit*. Se os dados sofrerem commit nele deverão sofrer commit em todos os outros bancos de dados. Se a transação no local do ponto de commit falhar, as transações nos outros nós serão revertidas. O local do ponto de commit também armazena as informações sobre o status da transação distribuída.

O local do ponto de commit será selecionado pelo Oracle com base na força do ponto de commit de cada banco de dados. Essa configuração é executada via arquivo de inicialização, como mostrado no exemplo a seguir:

```
COMMIT_POINT_STRENGTH=100
```

Os valores para o parâmetro COMMIT_POINT_STRENGTH são configurados em uma escala relativa aos outros nós que participam das transações distribuídas. No exemplo anterior, o valor é configurado como 100 (o padrão é 1). Se outro banco de dados tivesse um valor igual a 200 para este parâmetro, esse banco de dados seria o local do ponto de commit para uma transação distribuída envolvendo aqueles dois bancos de dados. O COMMIT_ POINT_STRENGTH não pode exceder 255.

Como a escala é relativa, você deve configurar uma escala específica do site. Configure o ponto de commit no seu banco de dados mais confiável como 200. Depois, classifique os outros servidores e bancos de dados com relação ao banco de dados mais confiável. Se, por exemplo, outro banco de dados for apenas 80% tão confiável quanto o mais confiável, atribua a ele uma força do ponto de commit igual a 160 (80% de 200). Fixar um banco de dados único no ponto definitivo (nesse caso, 200) permite que o restante dos bancos de dados seja classificado em uma escala uniforme. Essa escala resultará no local do ponto de commit mais apropriado sendo usado para cada transação.

MONITORANDO BANCOS DE DADOS DISTRIBUÍDOS

Diversas medidas de desempenho de ambiente devem ser levadas em conta para bancos de dados:

- O desempenho do host
- A distribuição de E/S em discos e controladores
- O uso de memória disponível

Para bancos de dados distribuídos, também considere os seguintes pontos:

- A capacidade da rede e seu hardware
- A carga nos segmentos de rede
- O uso de caminhos de acesso físico diferentes entre hosts

Nenhum desses pontos pode ser medido no banco de dados. O foco dos esforços de monitoramento para bancos de dados distribuídos deixa de ser centrado no banco de dados para ser centrado na rede. O banco de dados torna-se uma parte do ambiente monitorado, em vez da única parte que é monitorada.

Ainda é necessário monitorar os aspectos do banco de dados que são críticos para seu sucesso, como espaço livre nos tablespaces. Entretanto, o *desempenho* dos bancos de dados distribuídos não pode ser medido exceto como parte do desempenho da rede que os suporta. Portanto, todos os testes relacionados a desempenho, como testes de stress, devem ser coordenados com a equipe de gerenciamento de rede. Essa equipe também pode ser capaz de verificar a eficácia das suas tentativas de reduzir a carga do banco de dados na rede.

O desempenho dos hosts individuais pode normalmente ser monitorado via um pacote de monitoramento de rede. Esse monitoramento é executado em um modo de cima para baixo, da rede para o host para o banco de dados.

Use o sistema de monitoramento descrito no Capítulo 6 como uma extensão para os monitores de rede e host.

AJUSTANDO OS BANCOS DE DADOS DISTRIBUÍDOS

Quando você está ajustando um banco de dados independente, o objetivo é reduzir a quantidade de tempo que ele leva para encontrar os dados. Conforme descrito no Capítulo 8, é possível usar várias estruturas e opções do banco de dados para aumentar a probabilidade de que os dados serão encontrados no cache de buffer ou via um índice.

Ao trabalhar com bancos de dados distribuídos, tem uma consideração adicional: como os dados agora estão sendo recuperados, mas também estão sendo enviados pela rede, o desempenho de uma consulta é composta do desempenho dessas duas etapas. É preciso, portanto, considerar os modos nos quais os dados estão sendo transferidos pela rede, com o objetivo de reduzir o tráfego da rede.

Uma maneira simples de reduzir o tráfego da rede é replicar os dados de um nó para outro. Isso pode ser feito manualmente (via o comando SQL*Plus **copy**) ou automaticamente pelo banco de dados (via visões materializadas). A replicação de dados melhora o desempenho das consultas em bancos de dados remotos acessando os dados através da rede uma vez – em geral, durante um período lento no host local. As consultas locais podem usar a cópia local de dados, eliminando o tráfego da rede que, do contrário, seria necessário.

Vamos considerar uma tarefa simples – selecionar um valor em uma seqüência. Um empresa criou uma aplicação distribuída na qual uma novo valor de seqüência é gerado para cada linha. Entretanto, a seqüência é local considerando que a inserção está sendo executada em um banco de dados remoto. Como o trigger que gerou o valor da seqüência é executado para cada linha, cada inserção gera uma operação remota para gerar o próximo valor da seqüência. O impacto desse design é aparente quando um arquivo de rastreamento de sessão é examinado:

```
SELECT NEWID_SEQ.NEXTVAL
FROM
  DUAL

call       count       cpu    elapsed        disk       query     current        rows
-------  -------  --------  ---------  ----------  ----------  ----------  ----------
Parse          1      0.01       0.13           0           0           0           0
Execute       53      0.01       0.01           0           0           0           0
Fetch         53      0.06       6.34           0         159           0          53
-------  -------  --------  ---------  ----------  ----------  ----------  ----------
total        107      0.09       6.50           0         159           0          53

Misses in library cache during parse: 0
Optimizer goal: CHOOSE

Rows     Execution Plan
-------  ---------------------------------------------------
      0  SELECT STATEMENT   GOAL: CHOOSE
      0   SEQUENCE (REMOTE)
      0    TABLE ACCESS (FULL) OF 'DUAL'

Elapsed times include waiting on following events:
  Event waited on                             Times   Max. Wait  Total Waited
  ------------------------------------------  Waited  ---------  ------------
  SQL*Net message to dblink                      53       0.00          0.00
  SQL*Net message from dblink                    53       0.13          6.29
```

Nesse caso, a consulta é muito simples – ela seleciona o próximo valor da seqüência na tabela DUAL. Mas a seqüência é remota (como visto no plano de execução), portanto o tempo necessário para recuperar os valores é de 6,29 segundos para 53 linhas, de um total de 6,5 segundos. Para ajustar a aplicação, é necessário reduzir o número de viagens (como executando operações em lote em vez de operações linha por linha) ou eliminar o componente de arquitetura remota do **insert**. Se o objeto remoto (a seqüência) e o objeto local (a tabela DUAL) podem residir no mesmo banco de dados, os tempos de espera associados às operações remotas podem ser eliminados.

> **NOTA**
> *A partir do Oracle Database 10g, a tabela DUAL é uma tabela interna, não uma tabela física, e por isso, não gerará obtenções consistentes contanto que você não use * como a lista de coluna em uma consulta que referencie DUAL.*

Em geral, dois problemas surgem com soluções replicadas: primeiro, os dados locais podem tornar-se dessincronizados com os dados remotos. Esse é um problema padrão com dados derivados; ele limita a utilidade dessa opção para tabelas cujos dados são razoavelmente estáticos. Mesmo que uma visão materializada simples seja usada com um log desse tipo, os dados não serão renovados continuamente – somente de acordo com o agendamento.

O segundo problema com a solução de dados replicados é que a cópia da tabela talvez não seja capaz de passar atualizações de volta para a tabela mestre. Isto é, se uma visão materializada somente leitura é usada para fazer uma cópia local de uma tabela remota, o snapshot não pode ser atualizado. Se está usando visões materializadas, pode usar as atualizáveis para enviar alterações de volta para o site mestre, ou pode usar as graváveis para suportar a propriedade de dados local.

Todas as atualizações que forem processadas nas réplicas também devem ser executadas em tabelas mestre. Se a tabela for atualizada freqüentemente, então a replicação de dados não melhorará seu desempenho a menos que esteja usando as opções de replicação multimestre do Oracle. Quando mútiplos sites tem dados próprios, os usuários podem fazer alterações em qualquer banco de dados designado como um proprietário dos dados. O gerenciamento da replicação multimestre do Oracle possui muitos detalhes e requer a criação de um ambiente de banco de dados (com links de banco de dados, etc) especificamente projetado para suportar replicação multidirecional dos dados. Consulte a documentação de replicação do Oracle para obter detalhes sobre como implementar um ambiente multimestre.

O desempenho das renovações, em geral, não preocupará seus usuários. O que pode preocupá-los são a validade e atualidade dos dados. Se as tabelas remotas forem freqüentemente modificadas e forem de tamanho considerável, você praticamente será forçado a usar visões materializadas simples com logs de visão materializada para manter os dados atuais. A execução de renovações completas no meio de um dia de trabalho, em geral, é inaceitável. Portanto, é a *freqüência* das renovações em vez do tamanho delas que determina que tipo de visão materializada servirá melhor para os usuários. Afinal de contas, os usuários estão mais preocupados com o desempenho do sistema enquanto eles o estiverem usando; as renovações executadas à noite não os afeta diretamente. Se as tabelas precisarem ser freqüentemente sincronizadas, use visões materializadas simples com logs de visão materializada.

Conforme foi observado anteriormente neste capítulo, é possível indexar as tabelas subjacentes que são criadas pela visão materializada no banco de dados local. A indexação deve também ajudar a melhorar o desempenho da consulta, ao custo de diminuir a performance das renovações.

Outros meios de reduzir o tráfego de rede, via chamadas de procedures remotas, são descritos no Capítulo 8. Esse capítulo também inclui informações sobre como ajustar o SQL e o design da aplicação. Se o banco de dados foi estruturado adequadamente, ajustar a maneira como a aplicação processa os dados resultará em melhorias de desempenho mais significativas.

APÊNDICE

Instalação e configuração

A instalação do Oracle Database 10g é fácil; a do Oracle Database 11g é ainda mais fácil. Neste apêndice, daremos uma visão geral do que é necessário fazer antes de iniciar o processo de instalação, incluindo a configuração do software do sistema operacional e o hardware do servidor. Não há uma versão do Oracle Database 11g que se ajuste a todas as necessidades; descreveremos brevemente que opções estão disponíveis em cada edição.

Em seguida, examinaremos o processo de instalação do software Oracle Database 11g usando o Oracle Universal Installer (OUI), criando, então, um banco de dados com o Database Creation Assistant (DBCA).

Embora seja possível criar um novo banco de dados usando o OUI, a execução do DBCA como uma etapa separada proporciona um pouco mais de flexibilidade na configuração.

Por último, forneceremos as etapas para a criação de um banco de dados manualmente; a menos que haja alguma razão muito específica para fazer tudo em uma linha de comando, você pode executar a maioria das tarefas de instalação e configuração usando as ferramentas GUI do Oracle.

INSTALAÇÃO DO SOFTWARE

Embora o software de instalação do Oracle torne-se cada vez mais fácil de usar, é muito tentador abrir a caixa de CDs (ou fazer download das imagens ISO) e iniciar imediatamente a instalação. Isso pode ser bom, caso você queira experimentar alguns novos recursos de banco de dados, porém, é necessário muito mais planejamento para executar uma instalação bem sucedida sem muito retrabalho ou mesmo uma reinstalação completa daqui a um mês. Apesar dos detalhes completos de todas as opções possíveis de uma instalação do Oracle Database 11g estarem além do escopo deste livro, nós abordaremos os fundamentos de uma instalação Oracle usando o Oracle Universal Installer (OUI) junto com um template básico para fazer uma instalação manual do banco de dados usando o comando **create database**. Em qualquer caso, um exame completo do guia de instalação referente à sua plataforma específica é outro ponto importante para uma implantação bem-sucedida do banco de dados Oracle.

Confira abaixo um checklist dos pontos que podem ser tratados ou resolvidos antes de iniciar a instalação:

- Determine o nome do banco de dados local e qual domínio conterá este banco de dados. Esses nomes são configurados nos parâmetros de inicialização DB_NAME e DB_DOMAIN.

- Para o primeiro projeto a usar o banco de dados, estime o número de tabelas e índices, bem como seus tamanhos, para planejar as estimativas de espaço em disco além do que é necessário para o tablespace SYSTEM, ferramentas e software Oracle.

- Planeje as localizações dos arquivos de dados físicos no disco do servidor para maximizar o desempenho e recuperabilidade. Quanto mais discos físicos, melhor. Se um RAID ou uma área de armazenamento anexada à rede (NAS, network-attached storage) for usado para os arquivos de dados, considere o uso do OMF para gerenciar o local dos arquivos de dados. Melhor ainda, se houver memória adicional para dar suporte a uma instância Automatic Storage Management (ASM), o gerenciamento de armazenamento redundante será mais fácil, caso você não tenha RAID. Examine e entenda os parâmetros de inicialização básicos e planeje usar um SPFILE antes de entrar em operação, caso não use um SPFILE de imediato.

- Selecione o conjunto de caracteres do banco de dados, junto com um conjunto de caracteres alternativo. Embora seja fácil manter os conjuntos de caracteres padrão na instalação, você talvez precise considerar onde os usuários de banco de dados estão localizados e seus requisitos de idioma. Os conjuntos de caracteres só podem ser alterados após a instalação se o novo conjunto de caracteres for um super-conjunto do conjunto de caracteres existente.

- Decida qual o tamanho do bloco de banco de dados padrão. O tamanho de bloco padrão definido pelo DB_ BLOCK_SIZE não pode ser alterado sem a reinstalação do banco de dados. Embora sua decisão não seja crítica para uma expansão futura do banco de dados, porque o Oracle pode suportar tablespaces com vários tamanhos de bloco, ter um tamanho de bloco padrão dimensionado incorretamente possa reduzir o desempenho das operações que usam os tablespaces SYSTEM, TEMP ou SYSAUX.
- Certifique-se de que todos os usuários não-administrativos tenham um tablespace não SYSTEM como seus tablespaces padrão. Nenhum objeto de usuário jamais deve ser armazenado no tablespace SYSTEM.
- Essa recomendação é fácil de implementar usando as configurações de tablespace permanente padrão e de tablespace temporário padrão do Oracle.O Automatic Undo Management é imprescindível para facilitar a administração de informações de undo das transações. O espaço extra necessário no tablespace de undo é um investimento em produtividade que vale a pena para o DBA e para os usuários.
- Planeje uma estratégia de backup e recuperação. Decida com que freqüência deverá ser feito o backup do banco de dados; use mais de um método para fazer o backup dele. Uma das perguntas importantes a ser feita ao selecionar uma estratégia de backup é por quanto tempo nosso banco de dados pode ficar parado?
- Se o banco de dados só processa trabalhos em lote durante a noite, então um backup completo a cada semana e backups incrementais diários provavelmente serão suficientes. Se seu banco de dados for usado para executar um site da Web que venda produtos para clientes em todo o mundo, 24 horas por dia, todos os dias, e o custo de ficar parado está na casa das centenas de milhares de dólares por minuto, então provavelmente o investimento em um ambiente Oracle Real Applications Cluster (RAC) e no Data Guard para recuperação de desastres seria justificável. A familiaridade com alguns sites importantes é imprescindível. O Oracle Technology Network (OTN), em http://otn.oracle.com, tem informações valiosas, incluindo documentos, ferramentas grátis, códigos de exemplo e a versão online do *Oracle Magazine*. Não há nenhum custo para usar o OTN; basta registrar-se no site.

Comprar uma licença do software de banco de dados Oracle é um bom começo, mas um contrato de suporte Oracle com suporte Web é a chave para uma instalação e implantação bem sucedidas. Usar o serviço Metalink da Oracle (http://metalink.oracle.com) significa que você talvez nunca tenha de deixar os limites do seu navegador para manter seu banco de dados ativo e funcionando. Por meio do Metalink, você pode enviar uma solicitação de suporte, pesquisar outras solicitações de suporte, fazer download de patches, fazer download de documentos e pesquisar o banco de dados de erros.

Uma instalação inicial bem sucedida do software é a primeira etapa. O ambiente de banco de dados cresce e evolui a cada nova exigência de negócio e de aplicação que surja. Para obter mais informações sobre como planejar com êxito a implementação de um grande projeto de desenvolvimento com banco de dados, consulte o Capítulo 5.

Visão geral das opções de licenciamento e instalação

Independentemente da plataforma de software e hardware na qual o Oracle está sendo instalado, os tipos de instalação que podem ser executadas são as mesmas:

- **Enterprise Edition** Essa é a versão mais extensível e completa em termos de funcionalidades do banco de dados Oracle. Inclui recursos como Flashback Database e permite adicionar outras funcionalidades licenciadas à parte, como o Oracle Spatial, Real Application Clusters, Oracle OLAP, Oracle Label Security e Oracle Data Mining.
- **Standard Edition** Essa edição fornece um bom subconjunto de recursos do Enterprise Edition, incluindo o Real Application Clusters para até quatro CPUs(*), mas itens adicionais, como o Oracle Label Security, não podem ser adicionados ao Standard Edition.

- **Standard Edition One** Essa edição fornece os mesmos recursos da Standard Edition, exceto o Real Application Clusters e está limitado a um único servidor com um máximo de duas CPUs.
- **Personal Edition** Permite o desenvolvimento de aplicações que executarão na Standard ou Enterprise Edition. Essa edição não pode ser usada em um ambiente de produção.
- **Express Edition** O Oracle Database Express Edition é uma versão básica do banco de dados Oracle que é simples de instalar e gerenciar, e gratuita para desenvolver, implantar e distribuir com suas aplicações. Suporta o uso de uma CPU (ou uma CPU dual-core) e está restrita a somente 1GB de RAM e 4GB de espaço em disco para dados de usuário. O uso da Express Edition torna fácil, se não trivial, a atualização do Oracle Database para outra edição.

No Oracle 10g e 11g, o licenciamento do Oracle Database só é feito por CPU ou usuário nomeado, e não existe mais a opção de licenciamento de usuário simultâneo. Portanto, o DBA deve usar o parâmetro de inicialização LICENSE_MAX_USERS para especificar o número de usuários que pode ser criado no banco de dados. Como resultado, os parâmetros LICENSE_MAX_SESSIONS e LICENSE_SESSIONS_WARNING estão obsoletos no Oracle 10g.

Usando o OUI para instalar o software Oracle

O *Oracle Universal Installer (OUI)* é usado para instalar e gerenciar todos os componentes Oracle nas camadas cliente e servidor. É possível desinstalar qualquer produto Oracle usando o OUI.

Durante a instalação do servidor, você escolherá a versão do Oracle Database 11g a partir da lista da seção anterior: Enterprise Edition, Standard Edition ou Standard Edition One.

É recomendável que seja criado um banco de dados inicial quando solicitado durante a instalação. A criação do banco de dados inicial é uma boa maneira de certificar-se de que o ambiente do servidor está configurado corretamente, bem como examinar alguns dos novos recursos do Oracle Database 11g. O banco de dados inicial também pode ser um bom candidato a um repositório Grid Control para o Enterprise Manager ou o Recovery Manager.

Em um determinado ponto da instalação do software, o *Database Configuration Assistant (DBCA)* assume e solicita os parâmetros necessários para dimensionar e configurar seu banco de dados. As etapas da instalação na próxima seção pressupõem que já foi concluída a instalação do software e criado um banco de dados inicial; nós criaremos e configuraremos um segundo banco de dados no mesmo servidor com o DBCA.

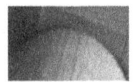

NOTA
A partir do Oracle 10g, o DBCA pode configurar nós em um ambiente Real Application Clusters.

Usando o DBCA para criar um banco de dados

No prompt de comando do sistema operacional, inicie o DBCA digitando **dbca**. Nas subseções a seguir, nós forneceremos dicas e orientações adicionais para a maioria das janelas durante a criação do banco de dados.

Opções do DBCA

Após uma janela de boas-vindas inicial, você é apresentado a cinco opções:

- **Create a Database** Essa é razoavelmente simples; um novo banco de dados é criado a partir do zero usando um comando **create database,** ou fazendo uma restauração RMAN de um template de banco de dados com muitas opções que poderiam não ser necessárias.

- **Configure Database Options in a Database** Alguns dos parâmetros do sistema para uma instalação de banco de dados existente podem ser alterados, como alterar do modo de servidor dedicado para servidor compartilhado, ou alterar as configurações padrão de auditoria novas no Oracle Database 11g.
- **Delete a Database** Essa também é razoavelmente simples e muito perigosa. Ela fará shutdown do banco de dados e excluirá todos os arquivos de dados e arquivos de controle associados ao banco de dados. É necessário ter uma senha SYS ou SYSTEM para dar prosseguimento a essa opção, se você não estiver usando autenticação do sistema operacional.
- **Manage Templates** Essa opção permite adicionar, modifica ou excluir os templates. Durante uma sessão DBCA, uma vez que todos os parâmetros de banco de dados tenham sido coletados, há a possibilidade de salvar suas configurações como um template. Em muitos casos, os templates predefinidos que o Oracle fornece não são exatamente perfeitos para seu ambiente e é uma economia de tempo ser capaz de salvar suas opções de banco de dados para seleção como um template em uma sessão DBCA futura.
- **Configure Automatic Storage Management?** Essa opção pode ser usada para criar, modificar ou excluir grupos de discos em uma instância ASM para um banco de dados existente ou a ser instalado em breve.

Selecionando um template de banco de dados

Na Figura A-1, vemos a lista de templates disponíveis. Se você criou seus próprios templates nas sessões DBCA anteriores, eles também aparecerão nessa janela.

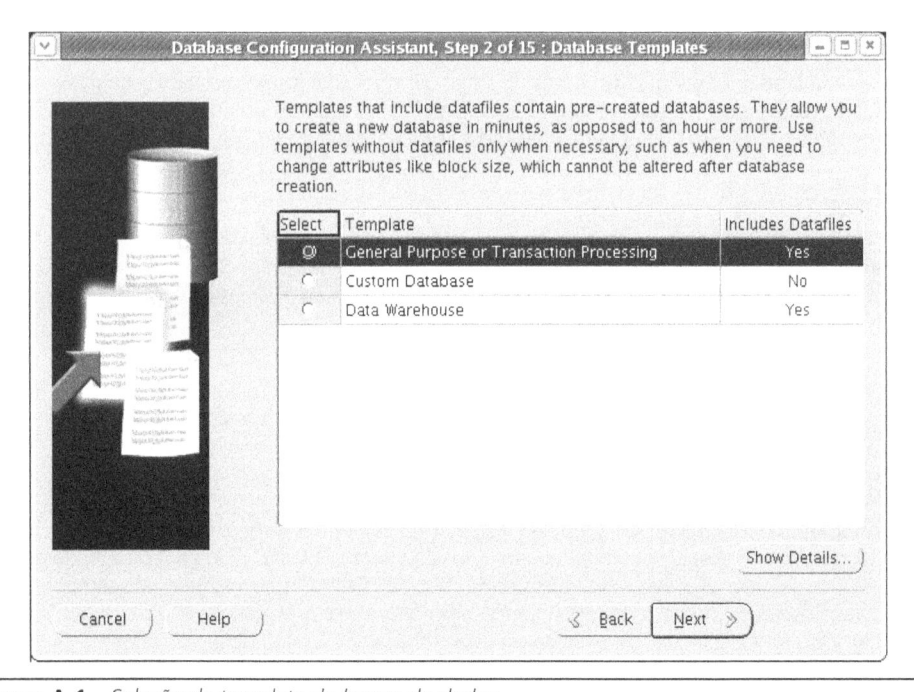

Figura A-1 *Seleção de template de banco de dados.*

As opções de template são as seguintes:

- **Custom Database** Use essa opção se você tiver executado muitas instalações e já conhece os valores de todas as opções necessárias para o banco de dados. Essa opção é boa se um novo template estiver sendo criado a partir do zero ou existir muitos requisitos específicos para a configuração do banco de dados.
- **Data Warehouse** Esse template é para ambientes de banco de dados onde os usuários estão executando várias consultas complexas que juntam muitas tabelas grandes para emissão de relatórios, previsões e análises.
- **General Purpose or Transaction Processing** Use este template em ambientes 24/7 onde o número de usuários for alto, as transações forem pesadas mas curtas, e a grande quantidade de atividade for de criação e atualização. Este template também é apropriado para um banco de dados com finalidades gerais, como desenvolvimento ou teste.

Nessa instalação, vamos escolher o template General Purpose or Transaction Processing. Ele combina os recursos dos ambientes de data warehouse e OLTP em um único banco de dados; use essa opção se precisar usar esse banco de dados em ambos os ambientes. Entretanto, teoricamente, qualquer banco de dados que criar deve ser configurado e ajustado para os tipos de usuários e transações do banco de dados.

Identificação do banco de dados

Na etapa 3 do DBCA, será identificado o nome da instância junto com o nome do banco de dados global. Se você digitar o nome de banco de dados totalmente qualificado, ele usará como nome da instância, ou *Oracle System Identifier (SID),* todos os caracteres até o primeiro ponto. A Figura A-2 mostra a janela Database Identification.

Observe a diferença entre SID, nome de instância e banco de dados. É possíveis ter um ou mais bancos de dados em um servidor; cada banco de dados pode ter uma ou mais instâncias abrindo cada banco de dados. Os nomes de instância que usam o mesmo banco de dados devem ser únicos. No servidor, se houver mais de uma instância com o mesmo nome (mas abrindo bancos de dados diferentes), o SID associado à instância deve ser único.

DICA
Se o nome de banco de dados global precisar ser alterado no futuro, você deverá usar o comando **alter database** *para alterá-lo, além de alterá-lo no arquivo de parâmetro de inicialização. O nome do banco de dados global é armazenado no dicionário de dados quando o banco de dados é criado.*

A menos que possua um domínio existente, use o nome de domínio padrão.world. Verifique com seu administrador de sistemas se um nome de banco de dados global específico deve ser usado.

Opções de gerenciamento

A próxima janela, mostrada na Figura A-3, especifica as opções de gerenciamento de banco de dados disponíveis. Se desejar configurar serviços Web para controlar esse banco de dados com o Oracle Enterprise Manager Web, marque a primeira caixa. Se houver um serviço de gerenciamento Grid Control executando na rede (conhecido como *Enterprise Manager Repository agent* nas versões anteriores do Oracle), existe a opção de especificar qual serviço de gerenciamento controlará esse banco de dados.

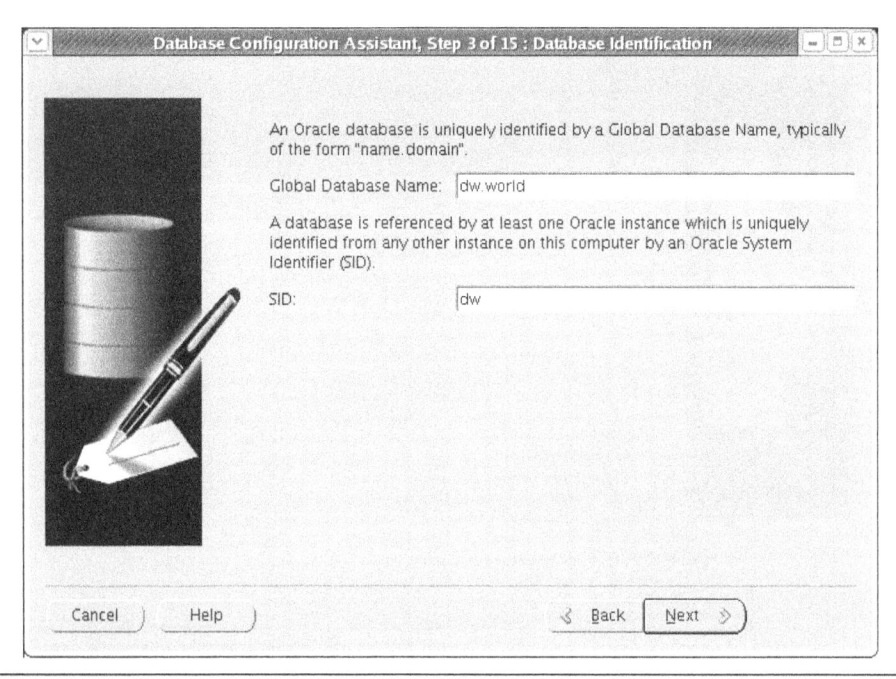

Figura A-2 *Janela Database Identification.*

Se não houver um serviço de gerenciamento Grid Control disponível, o banco de dados pode ser gerenciado localmente com o Database Control. Dentro da opção Database Control, é possível especificar para onde os alertas, avisos e outras notificações de banco de dados são enviados estabelecendo um endereço de email e o nome do servidor que encaminhará as mensagens. Se você quiser configurar backups diários automatizados, especifique a hora do dia para os backups.

No nosso exemplo, não temos agentes de serviço de gerenciamento Grid Control disponíveis, portanto escolhemos o Database Control para gerenciar nossa interface Enterprise Manager. Nós também especificamos o endereço de email para onde queremos que nossos alertas de servidor sejam enviados (nesse caso, dba@example.com). Após clicar em Next, você será solicitado a executar o utilitário **netca** para criar um listener padrão caso ainda não haja um listener configurado nesse servidor. Nas páginas de configuração do netca, selecione o listener padrão denominado LISTENER com um protocolo TCP e o número de porta padrão igual a 1521.

Credenciais de banco de dados

Na Figura A-4, as senhas iniciais são fornecidas para as contas de usuário administrativo. Após a instalação, certifique-se de criar ao menos uma conta com privilégios DBA para ser usada em vez de SYS ou SYSTEM para as tarefas administrativas diárias.

Se você quiser usar senhas diferentes para as contas SYS, SYSTEM, DBSNMP e SYSMAN, pode fazer isso nesta janela; mais adiante na instalação, depois que o banco de dados for criado, haverá a oportunidade de alterar as senhas para todas as aproximadamente 40 contas de usuário criadas em uma instalação típica.

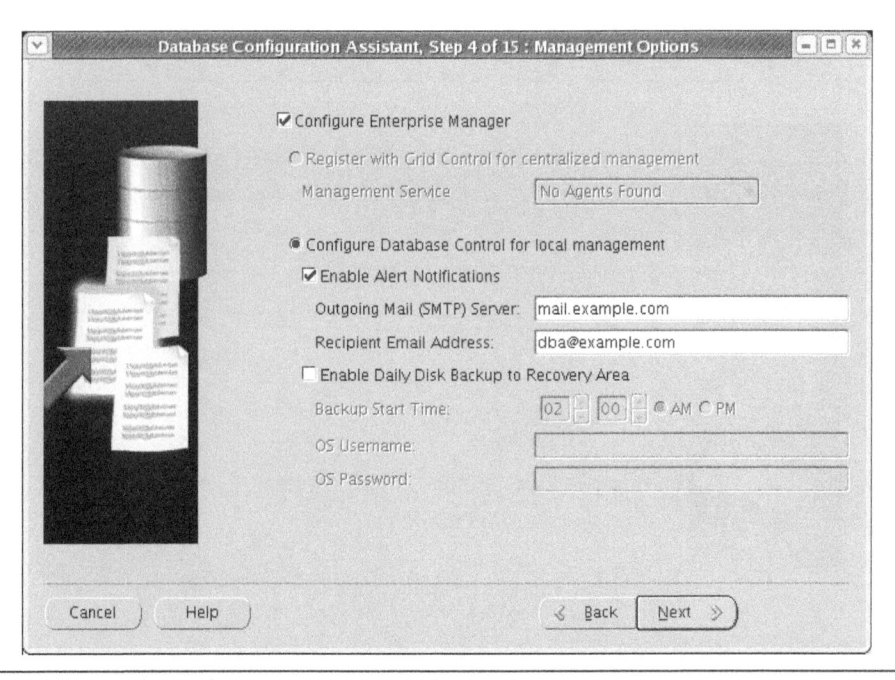

Figura A-3 *Janela Database Management Options.*

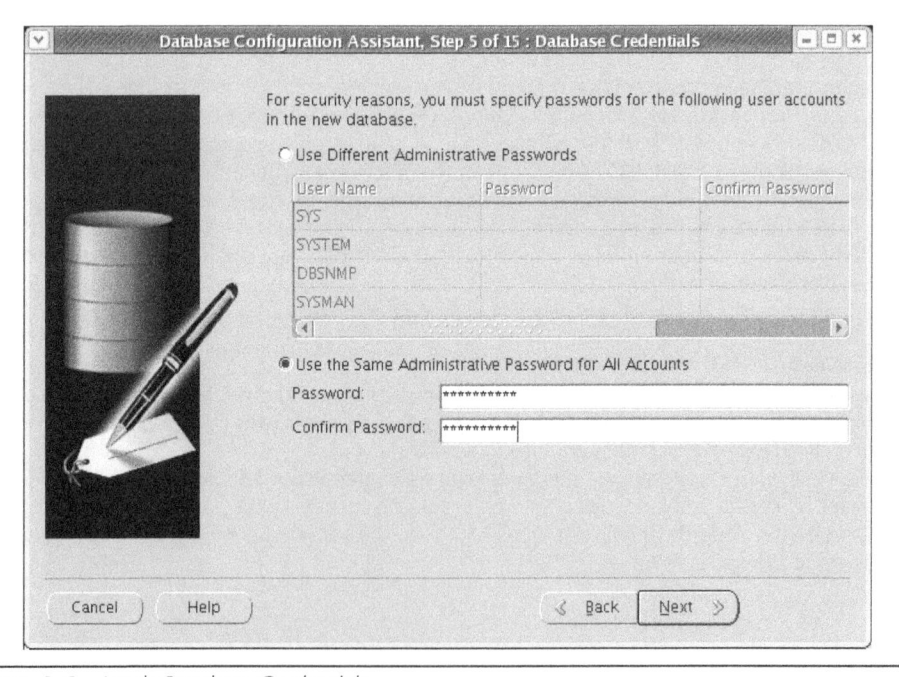

Figura A-4 *Janela Database Credentials.*

Opções de armazenamento

O banco de dados pode usar vários métodos diferentes para armazenar arquivos de dados, arquivos de controle e arquivos de redo log. Se há memória extra para dedicar a outra instância de banco de dados para gerenciar o espaço em disco, escolha o ASM. Uma instância de gerenciamento do ASM é razoavelmente leve; normalmente, ela usará cerca de 100MB de RAM e somente espaço em disco suficiente para um SPFILE. Se você está em um ambiente Real Application Clusters e não tem um sistema de arquivos de cluster disponível (como o OCFS), então escolha Raw Devices. A Figura A-5 mostra essas opções na janela Storage Options.

Localizações de arquivos

A próxima janela depois que seu ambiente ASM é configurado, mostrada na Figura A-6, é onde os locais dos arquivos de dados, arquivos de controle e arquivos de redo log são selecionados, assim como os locais de arquivamento, backup e recuperação. Você pode usar os locais fornecidos com o template, fornecer seu próprio local único para todos os arquivos ou configurar o OMF (Oracle-Managed Files) para este banco de dados. Em todos os casos, existe a opção de ajustar esses locais em uma etapa posterior. Nesse exemplo, o grupo de discos ASM +DATA é usado para armazenar todos os arquivos.

O Oracle 10g trouxe o conceito da área de recuperação flash (Flash Recovery Area). Esse é um local dedicado no disco, separado do local dos arquivos operacionais do banco de dados, contendo os arquivos de backup do RMAN. É recomendável usar uma área de recuperação flash para que o RMAN possa gerenciar mais facilmente as operações de backup e recuperação. Conforme mencionado anteriormente neste capítulo, certifique-se de que a área de recuperação flash seja grande o suficiente para armazenar ao menos duas cópias de todos os arquivos de dados, backups incrementais, arquivos de controle, SPFILEs e arquivos de redo log arquivados que ainda estão no disco. A Figura A-7 mostra a janela onde o local da área de recuperação flash é especificado junto com seu tamanho. Neste exemplo, a área de recuperação flash residirá no grupo de discos ASM +RECOV com um tamanho máximo de 8GB.

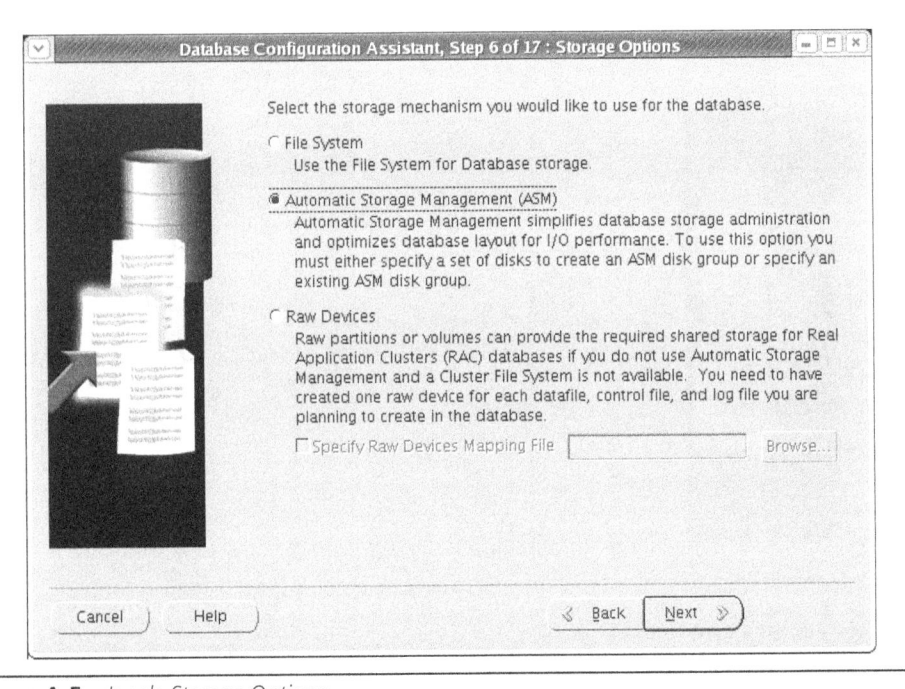

Figura A-5 *Janela Storage Options.*

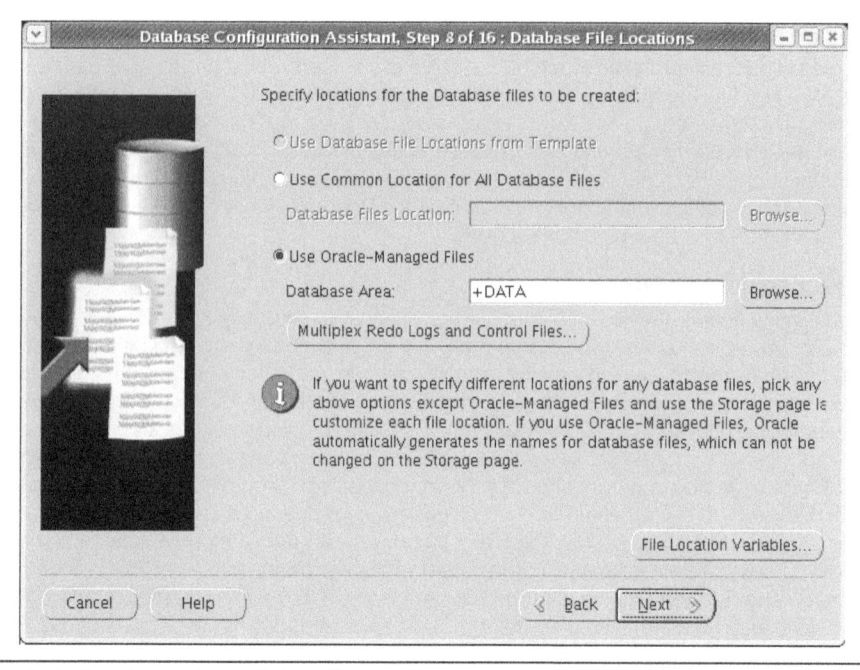

Figura A-6 *Janela Database File Locations.*

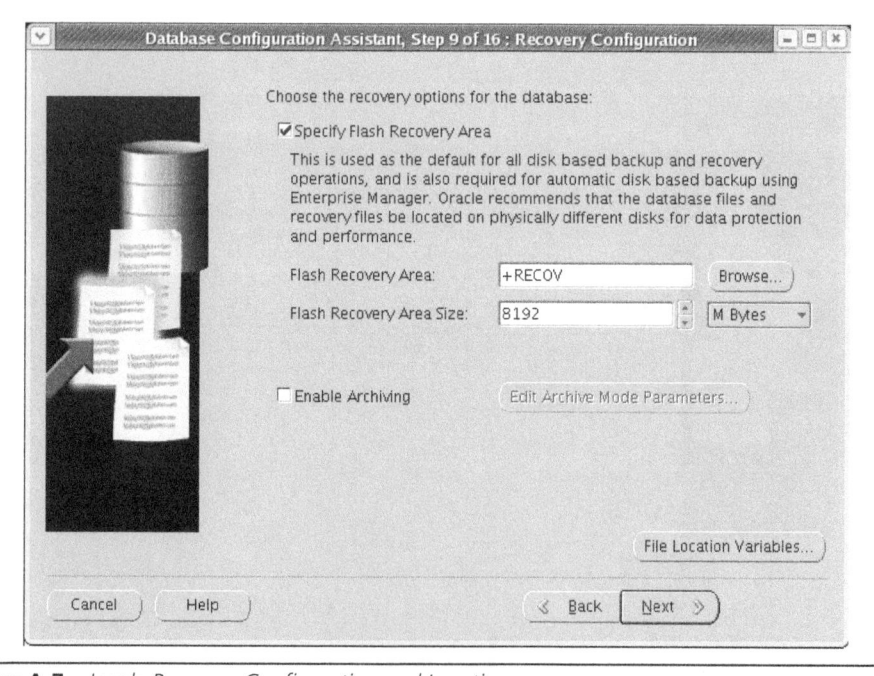

Figura A-7 *Janela Recovery Configuration and Locations.*

É possível também ativar o modo ARCHIVELOG, assim como especificar o local ou locais para os arquivos de redo log arquivados. É recomendável deixar o arquivamento desativado até que o banco de dados seja instalado, porque isso aumentará o tempo de criação dele. Os parâmetros para o modo ARCHIVELOG podem ser facilmente alterados depois que o banco de dados estiver ativo e em execução. Consulte o Capítulo 11 para obter detalhes sobre como configurar o destino do log de arquivamento e ativar o modo ARCHIVELOG.

Componentes do banco de dados

Na etapa 10 da sessão DBCA, você irá decidir se deseja instalar os esquemas de exemplo. É recomendável que os esquemas de exemplo sejam instalados para fins de teste. Muitos tutoriais e guias de estudo (bem como este livro!) contam com os esquemas de exemplo em um banco de dados de teste. Eles também são úteis porque os exemplos demonstram quase todos os tipos e construtores disponíveis no banco de dados, variando de índices de bitmap a tabelas clusterizadas e tipos de objetos. A janela mostrada na Figura A-8 permite que a instalação dos esquemas de exemplo seja especificada. A segunda guia dessa janela dá a opção de especificar outros scripts que são necessários para executar neste banco de dados uma vez que ele seja criado, como scripts para criar tablespaces para aplicações existentes, contas de usuário especiais etc.

> **NOTA**
> *Os esquemas de exemplo não devem ser instalados em um banco de dados de produção por razões de segurança e desempenho.*

Se você escolher não instalar os esquemas de exemplo neste momento, eles podem ser criados por meio de scripts localizados no diretório $ORACLE_HOME/demo/schema após o banco de dados ter sido criado.

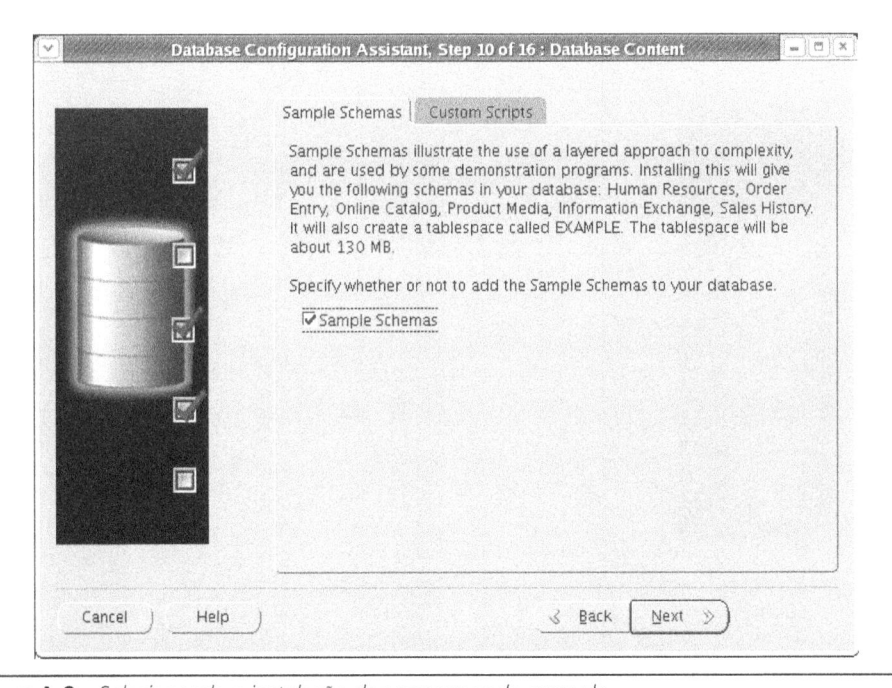

Figura A-8 *Selecionando a instalação dos esquemas de exemplo.*

Parâmetros de inicialização

As guias na Figura A-9 permitem que você ajuste os parâmetros de inicialização para o banco de dados. Nas seções anteriores deste capítulo, descrevemos muitos dos parâmetros de inicialização básicos que um DBA precisa entender. A menos que possua requisitos de memória específicos, como outras aplicações com uso intenso de memória em execução no mesmo servidor, selecione o botão de opção Typical para especificar 40% da memória do sistema para as áreas SGA e PGA combinadas. Se selecionar Automatic Memory Management, o Oracle realocará automaticamente a memória dentro da SGA e entre a SGA e PGA para obter um desempenho otimizado. Nessa mesma janela é possível clicar no botão All Initialization Parameters para rever as configurações de todos os outros parâmetros de inicialização.

Configurações de segurança

Na janela da Figura A-10, você pode ativar ou desativar as configurações aprimoradas de segurança padrão, que são novas no Oracle Database 11g. As configurações de segurança padrão ativam a auditoria para muitos privilégios de sistema diferentes, como criar uma sessão (conectando-se ao banco de dados) e criar ou descartar usuários, perfis ou procedures. Se essa auditoria criar um problema de desempenho, o DBCA pode ser executado após o banco de dados ter sido criado para desativar essas configurações aprimoradas de auditoria. Para obter mais informações sobre segurança e auditoria, consulte o Capítulo 9.

Armazenamento de banco de dados

Na janela Database Storage do DBCA na Figura A-11, você pode examinar e revisar os locais dos arquivos de controle, arquivos de dados e arquivos de redo log, bem como multiplexar os arquivos de controle e criar grupos de arquivos de redo log. Os nomes e locais dos arquivos de controle nessa janela determinam o valor de CONTROL_FILES no arquivo de parâmetros de inicialização ou SPFILE.

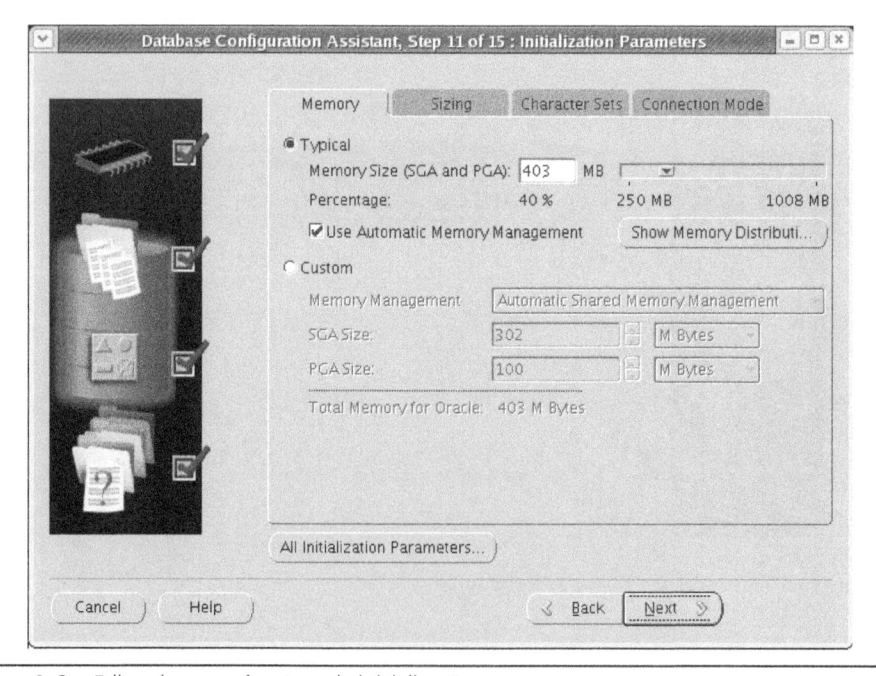

Figura A-9   *Editando os parâmetros de inicialização.*

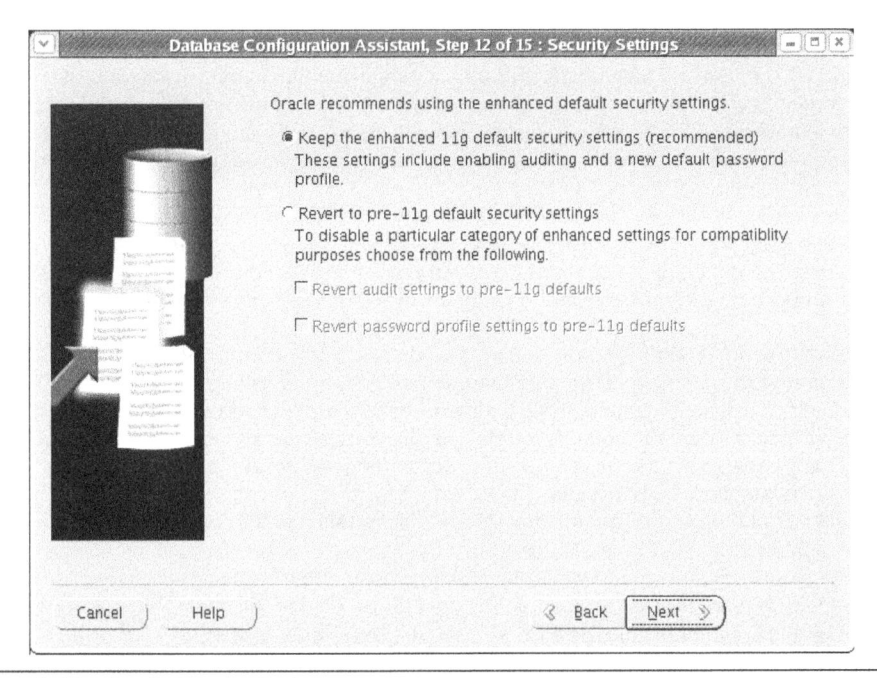

Figura A-10 *Janela Security Settings.*

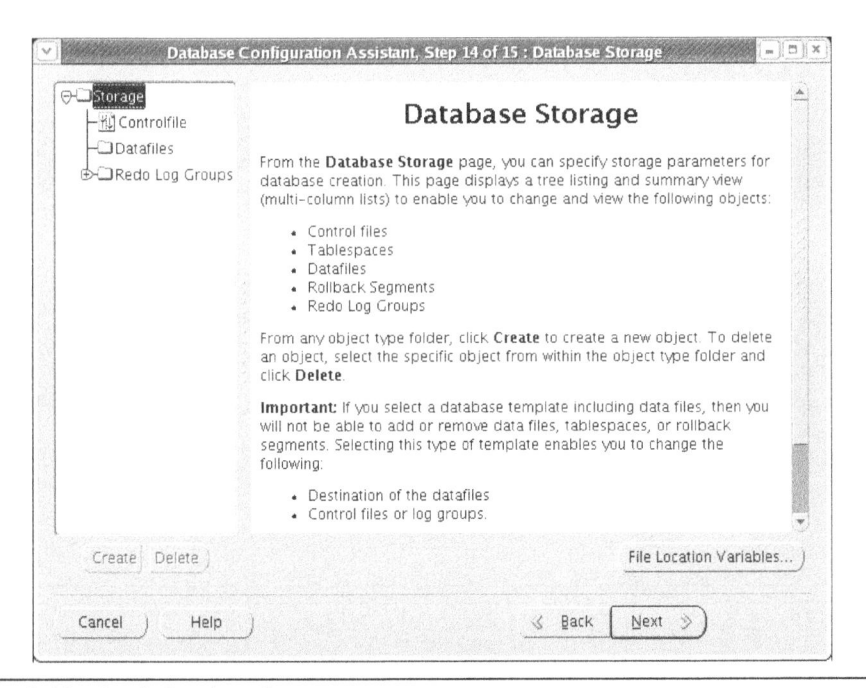

Figura A-11 *Janela Database Storage.*

Opções de criação

Na Figura A-12, estamos prontos para criar o banco de dados. Além disso, podemos usar as informações fornecidas nas janelas anteriores e salvá-las em um template. Em caso de dúvida, salve-as como um template; o armazenamento necessário para essa ação é mínimo e ele pode ser facilmente excluído mais tarde executando novamente o DBCA. A geração de scripts de criação de banco de dados também é uma boa prática para que você possa documentar mais facilmente as opções usadas ao criar um banco de dados; o armazenamento necessário para os scripts também são triviais quando comparados ao valor da documentação.

Antes do banco de dados ser criado, um resumo em HTML do seu template é apresentado e você tem a opção de salvar esse relatório como um arquivo HTML para fins de documentação.

Completando a instalação

Após clicar em OK na janela HTML Summary, o DBCA executa as tarefas para criar o banco de dados e iniciar a instância. Um conjunto padrão de scripts é executado quando o banco de dados inicia pela primeira vez; isso inclui os scripts que criam esquemas simples, mais quaisquer scripts personalizados que possam ter sido especificados anteriormente. A Figura A-13 mostra o DBCA executando as tarefas de inicialização.

Uma vez que os scripts de inicialização e criação tenham sido concluídos, uma janela de resumo é apresentada dando o local do arquivo de log para essa instalação. É recomendável examinar esse arquivo de log para garantir que não houveram erros inesperados durante a instalação. Você também deve salvar esse arquivo de log com outras documentações deste banco de dados; ele pode ser útil como uma linha de base para instalações futuras.

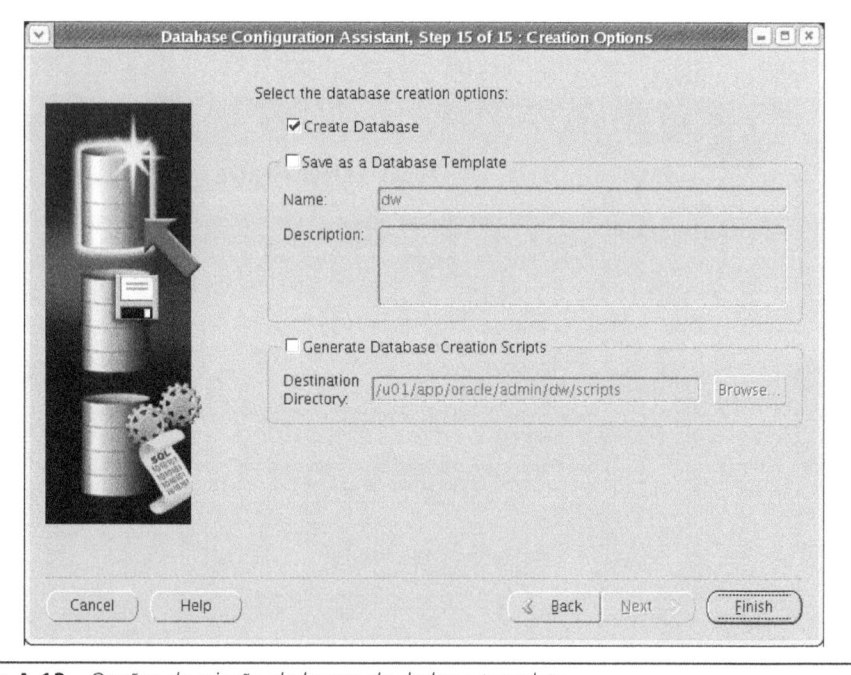

Figura A-12 *Opções de criação de banco de dados e template.*

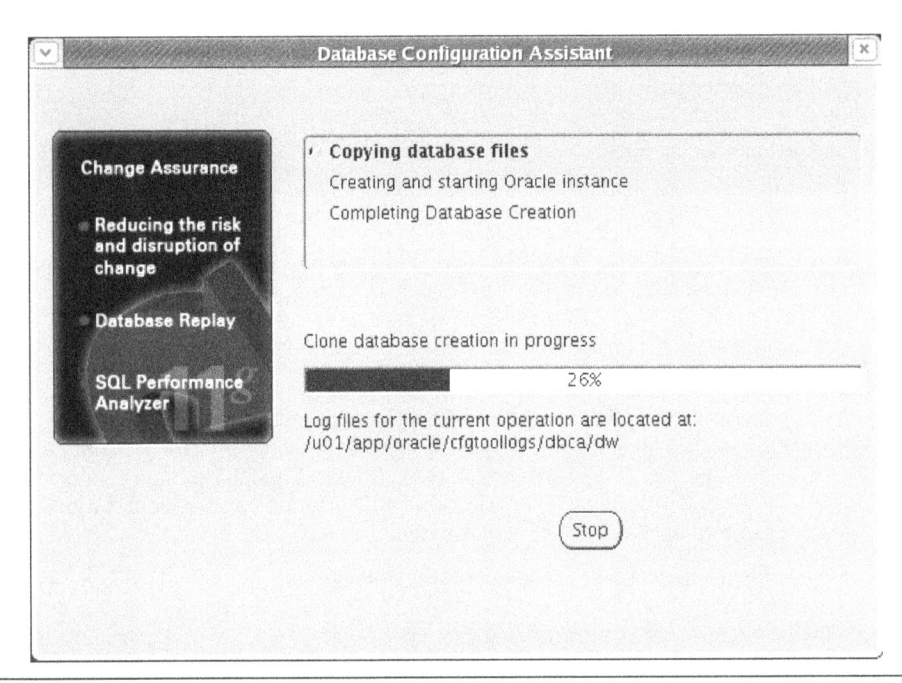

Figura A-13 *Criando e iniciando a instância Oracle.*

CRIANDO MANUALMENTE UM BANCO DE DADOS

Em algumas situações, é preferível criar manualmente um banco de dados em vez de usar o DBCA. Por exemplo, um DBA pode precisar criar o mesmo banco de dados em 20 servidores diferentes ou o banco de dados pode precisar de alguns parâmetros no comando **create database** que não são ajustáveis por meio do DBCA. O Oracle fornece um script de criação de banco de dados que pode ser personalizado para uma instalação manual. Alternativamente, o DBA pode usar o DBCA para salvar um script de banco de dados em um arquivo, que pode ser editado mais tarde e executado na linha de comando do SQL*Plus.

Estas são as etapas básicas necessárias para criar um banco de dados manualmente. Algumas dessas etapas dependem do sistema operacional e da plataforma. Certifique-se de rever o guia de instalação referente à sua plataforma específica antes de tentar uma instalação manual. Por exemplo, no Windows, você precisará executar o utilitário oradim.exe para criar o processo em segundo plano do Oracle e para configurar os valores relevantes no Registro.

1. Decida sobre uma estrutura de diretório para o banco de dados; é recomendável que você trabalhe com os padrões Optimal Flexible Architecture (OFA) do Oracle ao colocar seus arquivos no disco. Consulte o Capítulo 4 para obter mais informações sobre o OFA.

2. Selecione um Oracle SID para distinguir essa instância de todas as outras que executam neste servidor. Freqüentemente, é igual ao nome de banco de dados especificado no parâmetro de inicialização DB_NAME. Em um prompt de comando Windows, digite o seguinte:

```
set ORACLE_SID=dw
```

Sob o Unix, você usará

export ORACLE_SID=dw

ou

setenv ORACLE_SID=dw

dependendo do seu shell de comando padrão.

3. Estabeleça um método de autenticação para conectar usuários privilegiados ao banco de dados. Use o utilitário de linha de comando **orapwd** para criar um arquivo de senha para que o Oracle autentique usuários privilegiados e configure o parâmetro de inicialização REMOTE_ LOGIN_PASSWORDFILE como EXCLUSIVE. Se estiver usando autenticação de sistema operacional, não há necessidade de um arquivo de senha; configure REMOTE_LOGIN_PASSWORDFILE como NONE.

4. Crie um arquivo de parâmetros de inicialização e, ao menos inicialmente para a instalação, coloque-o no local padrão da sua plataforma. Sob o Unix, o local padrão é $ORACLE_HOME/dbs; sob o Windows é o $ORACLE_HOME\database. Aqui está um excerto para o arquivo de inicialização criado pelo DBCA quando você especifica a opção para salvar os scripts de criação de banco de dados:

```
###########################################
# Cache and I/O
###########################################
db_block_size=8192

###########################################
# Cursors and Library Cache
###########################################
open_cursors=300

###########################################
# Database Identification
###########################################
db_domain=world
db_name=dw

###########################################
# File Configuration
###########################################
db_create_file_dest=+DATA
db_recovery_file_dest=+RECOV
db_recovery_file_dest_size=2147483648

###########################################
# Miscellaneous
###########################################
compatible=11.1.0.0.0
diagnostic_dest=/u01/app/oracle
memory_target=422576128

###########################################
# Processes and Sessions
###########################################
processes=150
```

```
##########################################
# Security and Auditing
##########################################
audit_file_dest=/u01/app/oracle/admin/dw/adump
audit_trail=db
remote_login_passwordfile=EXCLUSIVE
```

5. Conecte-se à instância usando o SQL*Plus, conforme mostrado aqui:

   ```
   sqlplus /nolog
   connect SYS/password as sysdba
   ```

   Observe que embora a própria instância exista, não há muito que possamos fazer com ela porque ainda não iniciamos o banco de dados.

6. Crie um arquivo de parâmetros de servidor (SPFILE). Se o arquivo de inicialização está no local padrão, esse comando criará o SPFILE:

   ```
   create spfile from pfile;
   ```

7. Inicie a instância usando o seguinte comando:

   ```
   startup nomount
   ```

   Note que como não ainda não temos um banco de dados criado, essa é a única opção que podemos usar com o comando startup.

8. Emita a instrução **create database**. Aqui temos um exemplo:

   ```
   CREATE DATABASE dw
      USER SYS IDENTIFIED BY clarkson404
      USER SYSTEM IDENTIFIED BY kelly68
      LOGFILE GROUP 1 ('/u02/oracle11g/oradata/dw/redo01.log') SIZE 100M,
              GROUP 2 ('/u04/oracle11g/oradata/dw/redo02.log') SIZE 100M,
              GROUP 3 ('/u06/oracle11g/oradata/dw/redo03.log') SIZE 100M
      MAXLOGFILES 5
      MAXLOGMEMBERS 5
      MAXLOGHISTORY 1
      MAXDATAFILES 100
      MAXINSTANCES 1
      CHARACTER SET US7ASCII
      NATIONAL CHARACTER SET AL16UTF16
      DATAFILE '/u01/oracle11g/oradata/dw/system01.dbf' SIZE 325M REUSE
      EXTENT MANAGEMENT LOCAL
      SYSAUX DATAFILE '/u01/oracle11g/oradata/dw/sysaux01.dbf'
         SIZE 325M REUSE
      DEFAULT TABLESPACE USERS01
         DATAFILE '/u01/oracle11g/oradata/dw/users01.dbf'
         SIZE 500M REUSE
      DEFAULT TEMPORARY TABLESPACE temp01
         TEMPFILE '/u01/oracle11g/oradata/dw/temp01.dbf'
         SIZE 100M REUSE
      UNDO TABLESPACE undotbs
         DATAFILE '/u02/oracle11g/oradata/dw/undotbs01.dbf'
         SIZE 400M REUSE AUTOEXTEND ON MAXSIZE UNLIMITED;
   ```

   Depois que o comando create database é concluído com êxito, o banco de dados é montado e aberto para uso.

9. Crie tablespaces adicionais para usuários, índices e aplicações.

10. Construa as visões de dicionário de dados com o scripts fornecidos catalog.sql e catproc.sql encontrados no $ORACLE_HOME/rdbms/admin. O script catalog.sql cria visões em relação às tabelas de dicionário de dados, visões de desempenho dinâmico e sinônimos públicos para a maioria das visões.
Ao grupo PUBLIC é concedido acesso somente leitura às visões. O script catproc.sql configura o PL/SQL.

11. Faça backup do banco de dados usando um backup a frio ou use o Recovery Manager (RMAN).
No caso de uma falha de banco de dados nos estágios iniciais da implantação, você tem um banco de dados completo e em execução para o qual retornar e muito provavelmente não terá de recriar o banco de dados a partir do zero.

Índice

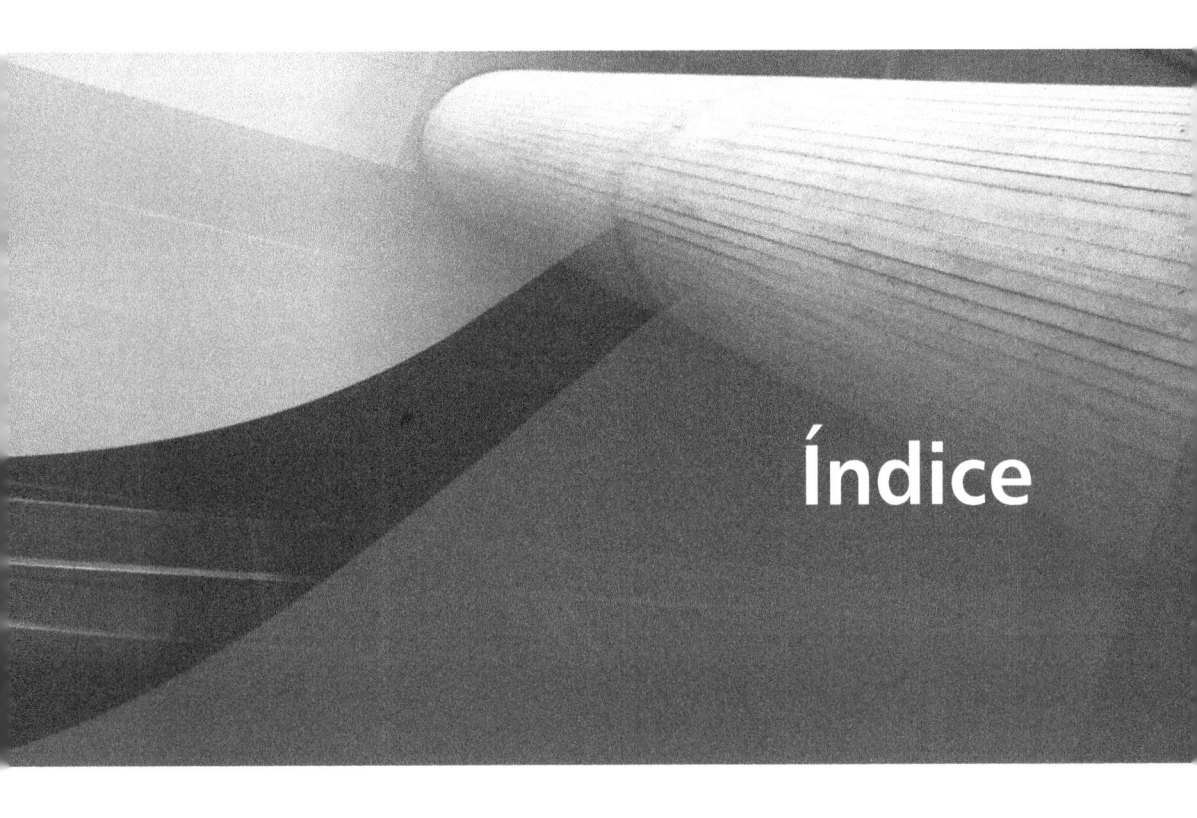

*_TABLESPACES, 576
2PC, 625–627

A

acesso a arquivo externo, 47-49
ADR. *Consulte* Automatic Diagnostic Repository (ADR)
ajustando, 298-300
  distribuição de requisitos de CPU, 267-269
  projeto de aplicação eficiente, 268-270
  projeto de tabela eficiente, 266-268
ajustando acesso aos dados, 281-282
  aumentando tamanho de bloco Oracle, 283-285
  identificando linhas encadeadas, 282-284
  tablespaces gerenciados localmente, 281-283
  usando tabelas organizadas por índice, 284-287
ajustando bancos de dados distribuídos, 656–658
ajustando manipulação de dados, 286-287
  exclusões de grandes quantidades, 289-291
  inserções de grandes quantidades, 286-290
  movimentações de grandes quantidades de dados, 287-289
  usando a opção SQL*Loader Direct Path, 286-288
  usando o comando truncate, 289-291
  usando partições, 290-291
  usando tabelas externas, 287-289
ajustando o armazenamento físico, 291-292
  usando ASM, 291-292
  usando dispositivos raw, 291-292

ajustando o Oracle Net, 564–566
ajustando SQL, 270-272
  clusters, 272-273
  consultas de equivalência, 272-273
  consultas por faixa, 271-272
  impacto da ordem nas taxas de carga, 271-273
  índices baseados em função, 272-274
  índices concatenados, 270-271
  índices de bitmap, 272-273
  índices de texto, 273-274
  índices reversos, 272-273
  planos de execução, 273-276
  varreduras integrais de tabela, 270-271
  varreduras por faixa do índice, 270-272
ajustando um nó RAC, 413
ajustando uso de memória, 275-280
  compute statistics, opção, 281-282
  especificando o tamanho da SGA, 279-281
  usando o otimizador baseado em custo, 280-282
ambiente de servidor dedicado, 59
ambientes de bancos de dados distribuídos, 624
  ajustando bancos de dados distribuídos, 656–658
  consultas remotas, 625-626
  gerenciando links de bancos de dados, 633–634
  gerenciando triggers de bancos de dados, 634–636
  gerenciando visões materializadas, 636–639
  impondo a transparência de localização, 628–633
  monitorando bancos de dados distribuídos, 656
  renovações, 649-653

replicação de dados dinâmica, 627–628
transações distribuídas, 653–656
Two-Phase Commit, 625–627
usando visões materializadas para alterar caminhos de execução de consulta, 652–654
ambientes VLDB, 568
  criando tablespaces em, 569–576
  e tabelas externas, 579–581
  e tabelas organizadas por índice, 576–577
  e tabelas temporárias globais, 576–579
  índices de bitmap, 613–615
  tabelas particionadas, 581–612
apelidos, 539–541
aplicação em tempo real, 510-511
ARCn, 60-61
área de código de software, 59
arquitetura de duas camadas, 536–537
arquitetura de três camadas, 536–537
arquitetura fat-client, 536–537
arquitetura thin-client, 536-*538*
arquivando, Flashback Data Archive, 259–263
arquivo de monitoramento de alteração, 475
arquivos de backup, 52
arquivos de bancos de dados, 92-94
arquivos de controle, 50-52
  backup, 468
  movendo, 120-123
  multiplexando, 54-55
  restaurando, 480-481
arquivos de dados, 49–50
  adicionando a um tablespace smallfile, 106–108
  ambientes, 516
  backup, 466
  cláusulas de extensão, 102
  descartando de um tablespace, 108–115
  gerenciando no Data Guard
  movendo com ALTER DATABASE, 116–117
  movendo com ALTER TABLESPACE, 117–118
  movendo com EM Database Control, 118
  redimensionando, 100–115
  restaurando, 483–485
arquivos de log de alerta, 52
arquivos de log de rastreamento, 52
arquivos de redo log, 50
  analisando com LogMiner, 525-529
  em um ambiente RAC, 406–407
  multiplexando, 54-56
arquivos de redo log arquivados
  backup, 468–469
  gerenciamento de, 208-209
  multiplexando, 56-57
arquivos de redo log online, movendo, 118–119
arquivos de senha, 53, 304–307
ASM. *Consulte* Automatic Storage Management (ASM)
ASM_DISKGROUPS, parâmetro, 126
ASM_DISKSTRING, parâmetro, 126
ASM_POWER_LIMIT, parâmetro, 126

ASM_PREFERRED_READ_FAILURE_GROUPS, parâmetro, 126
asmcmd, comando, 140-143
ASMLib, biblioteca, 382–384
ASSM. *Consulte* Automatic Segment Space Management (ASSM)
atribuições, 63–64, 330
  ativada por senha, 335
  atribuições de aplicação seguras, 331–332
  concedendo atribuições, 334-335
  concedendo privilégios a uma atribuição, 332-333
  criando atribuições, 331-333
  descartando atribuições, 332-333
  padrão, 334-335
  predefinida, 331-332
  revogando atribuições, 334-335
  visões de dicionários de dados, 335–337
atualizando para o Oracle Database 11g
  após atualizar, 82-83
  atualização direta, 75
  atualização manual, 74, 75, 77-81
  com o Oracle Data Pump, 74-76
  com os utilitários Export e Import, 74, 81-82
  copiando dados de uma versão anterior, 74-76, 81-83
  Database Upgrade Assistant (DBUA), 74-78
  escolhendo um método de atualização, 75-76
  etapas anteriores à atualização, 75-77
  opções, 74–75
auditoria, 64, 302-303, 355–356
  auditoria de instruções, 356, 358–360
  auditoria de objeto de esquema, 361–362
  auditoria de privilégios, 360
  auditoria melhorada, 364–365
  locais, 355–356, 358
  protegendo o monitoramento de auditoria, 364
  refinada, 64-65, 362–363
  tipos, 355–356
  visões de dicionários de dados, 363–364
autenticação, 302-305
  alterando usuários, 313–315
  autenticação de administrador de banco de dados, 304–307
  autenticação de banco de dados, 304-305
  autenticação de sistema operacional, 307–308
  criando usuários, 312–*314*
  descartando usuários, 315
  no cliente, 310-311
  Oracle Identity Management (IM), 310-311
  rede, 308–309
  tornando-se outro usuário, 315–316
  três camadas, 310-311
  visões de dicionários de dados relativas a usuários, 316
AUTOEXTEND, atributo, 188–189
Automatic Database Diagnostic Monitor, executando relatórios, 296-*298*
Automatic Diagnostic Repository (ADR), gerenciando alertas e arquivos de rastreamento com, 218-221
Automatic Segment Space Management (ASSM), 193

Automatic SQL Tuning Advisor, 296-299
Automatic Storage Management (ASM), 53-55, 122-123, 203-204, 660-661
 acessando uma instância ASM, 125-126
 administrando grupos de disco, 131-143
 apelidos, 128-130
 apelidos com nomes de template, 129-130
 arquitetura, 122-124
 componentes de instância, 125–127
 criando objetos usando, 204-206
 criando uma instância ASM, 123-126
 espelhando, 122-123
 formatos de nome de arquivo, 127-130
 iniciar e fazer shutdown da instância, 126–127
 instâncias, 204-205
 nomes incompletos, 129-130
 nomes numéricos, 128-129
 nomes totalmente qualificados, 128-129
 parâmetros de inicialização, 125–126
 processos de segundo plano, 204-205
 rebalanceamento automático, 122-123
 redundância de grupos de discos, 203-205
 tipos de arquivo e templates, 129–131
 usando para ajustar o armazenamento físico, 291–292
 visões de desempenho dinâmico, 127
Automatic Undo Management, 661
 e segmentos de rollback, 32
 migrando para, 263–264
Automatic Workload Repository, 211-214, 294-296
 executando relatórios ADDM, 296-*298*
 gerando relatórios, 296-297
 linhas de base, 295-297
 snapshots, 295-296
 usando Automatic SQL Tuning Advisor, 296-299
autorização, 302-303, 316
 atribuições, 330–337
 controle de perfis e recursos, 321-323
 controle de perfis e senhas, 317–321
 create profile, comando, 317–318
 gerenciamento de perfil, 316–317
 privilégios de objetos, 326–330
 privilégios de sistema, 322-327
AWR. *Consulte* Automatic Workload Repository

B

backup
 arquivos de controle, 468
 arquivos de dados, 466
 arquivos de redo log arquivados, 468–469
 backups atualizados incrementalmente, 471–474
 backups compactados, 446-447, 475-476
 backups completos de bancos de dados, 459–463
 backups completos e incrementais, 446-447
 backups consistentes e inconsistentes, 445-447
 backups incrementais, 469-472
 capacidades, 416
 catalogando backups feitos fora do RMAN, 493-496
 cópias-imagem, 446-447, 466–467
 e instalação de software, 661
 integrando backups de banco de dados e sistema operacional, 440
 integrando backups lógico e físico, 439–440
 monitoramento de alteração de bloco, 474–475
 SPFILE, 468
 tablespaces, 463–466
 validando backups, 477-479
 Consulte também exportação; importação; RMAN
backups físico, 417–419
 integrando backups lógico e físico, 439–440
backups lógicos, 416–417
 integrando backups lógico e físico, 439–440
backups offline, 62, 417–418
 implementando, 435
backups online, 63, 418–419
 implementando, 435–438
bancos de dados
 definição, 28-29
 restaurando, 485-487
 Consulte também bancos de dados standby lógicos; bancos de dados standby físicos; VLDB ambientes
bancos de dados remotos, 48-49
bancos de dados standby
 configuração, 503-510
 físico vs. lógico, 501
 Consulte também Data Guard; bancos de dados standby lógicos; bancos de dados standby físicos
bancos de dados standby físicos
 abrindo no modo somente leitura, 515
 failovers para, 514-515
 iniciar e fazer shutdown, 515
 switchovers para, 511–513
bancos de dados standby lógicos, 508-510
 executando DDL em, 516-517
 failovers para, 514-515
 switchovers para, 513
blocos, 30-31
blocos de dados, 190–193
blocos nomeados, 46-47
buffer de redo log, 58

C

cabeçalhos, 190-191
cache de biblioteca, 57-58
cache de dicionário de dados, 58
cache de disco, 153-155
caches de buffer, 57-58
cardinalidade, 42-43
chamadas de procedure remotas, 294-295
chamadas recursivas, 58
chaves de partição, 38-39
CKPT, 60-61
classificações, eliminando classificações desnecessárias, 152-153
Cluster Ready Services (CRS), 375-376
 adicionando um nó a um cluster com CRS, 410–411

instalação, 384–392
Consulte também Real Application
Cluster Synchronization Services (CSS), 387
clusters, 272-273
clusters de hash, 37-38
  clusters de hash classificados, 37-39
clusters estendidos, 375-376
CMADMIN, processo, 556
CMCTL, 558
  opções de comando, 559
CMGW, processo, 556
compartilhamento de cursor, forçando, 182-184
COMPATIBLE, parâmetro, 67-69
composite faixa-hash particionamento, 585-587
composite partições, 39-40
compute statistics, opção, 281-282
configuração cliente/servidor, 536-537
configuração de servidor compartilhado, 59
conjuntos de backup, 52, 446-447
Connection Manager. *Consulte* Oracle Connection Manager
consistência de leitura, 233–234
  vs. DML bem-sucedido, 246-248
constraints, 39-41
  desativando, 289-290
  integridade baseada em trigger, 41-42
  integridade inline complexa, 41-42
  regra null, 40-41
  valores de chave primária, 40-41
  valores de coluna única, 40-41
  valores de integridade referencial, 41-42
consultas de equivalência, 272-273
consultas de faixa, 271-272
consultas remotas, 625-626
contas de usuários
  alterando usuários, 313–315
  criando usuários, 312–*314*
  descartando usuários, 315
  tornando-se outro usuário, 315–316
  visões de dicionários de dados, 316
CONTROL_FILE_RECORD_KEEP_TIME, parâmetro, 456
CONTROL_FILES, parâmetro, 68-69
coordenador global, 627
cópias-imagem, 446-447, 466-467
CPU, distribuição de requisitos de CPU, 267-269
CREATE DATABASE, comando, 234–235
create profile, comando, 317–318
CREATE TABLESPACE, comando, 235
criação de banco de dados
  com DBCA, 662–673
  manual, 673–676
criptografia de dados, 366
  criando um wallet Oracle, 366-369
  DBMS_CRYPTO, pacote, 366
  tabelas, 368-369
  tablespaces, 368–370
  transparente, 366–370
CRS. *Consulte* Cluster Ready Services (CRS)

D

Data Guard
  abrindo bancos de dados standby físicos no modo somente leitura, 515
  aplicação em tempo real, 510-511
  arquitetura, 500–501
  bancos de dados standby lógicos vs. físicos, 501
  criando a configuração de banco de dados standby, 503-510
  criando bancos de dados standby lógicos, 508-510
  executando DDL em um banco de dados standby lógico, 516-517
  failovers, 514-515
  gerenciando arquivos de dados, 516
  gerenciando atribuições, 511–515
  gerenciando lacunas em seqüencias de log de arquivamento, 510-511
  iniciar e fazer shutdown de bancos de dados standby físicos, 515
  LOG_ARCHIVE_DEST_n, atributos de parâmetro, 502–503
  modos de proteção de dados, 501–502
  preparando o banco de dados primário, 504-509
  switchovers, 511–513
Data Pump, 74-76, 615
Data Pump Export, 416–417, 419, 616
  comparando ao utilitário Export original, 434-435
  criando um diretório, 419–420
  exportando de outro banco de dados, 425-426
  iniciando a Data Pump export job, 423–427
  opções, 420–423
  parando e reiniciando jobs em execução, 424-426
  usando EXCLUDE, INCLUDE and QUERY, 425–427
Data Pump Import, 419, 616–617
  comparando ao utilitário Import original, 434-435
  gerando SQL, 433-435
  iniciando um job de importação Data Pump, 430-435
  opções, 427–430
  parando e reiniciando jobs em execução, 432
  transformando objetos importados, 432–433
  usando EXCLUDE, INCLUDE e QUERY, 432
Data Recovery Advisor, 489-494
Database Creation Assistant. *Consulte* DBCA
Database Resource Manager, 160-164
  alternando grupos de consumidores, 164-165
  distribuição de requisitos de CPU, 267-268
Database Upgrade Assistant (DBUA), 74-78
database writer process. *Consulte* DBWn
DATABASE_PROPERTIES, 576
DB_BLOCK_SIZE, parâmetro, 69-70
DB_CACHE_SIZE, parâmetro, 69-70
DB_DOMAIN, parâmetro, 68-69
DB_FILES, 575
DB_NAME, parâmetro, 68-69
DB_nK_CACHE_SIZE, parâmetro, 69-70
DB_RECOVERY_FILE_DEST, parâmetro, 68-69, 456
DB_RECOVERY_FILE_DEST_SIZE, parâmetro, 68-69, 456–457

DB_UNIQUE_NAME, parâmetro, 126
DBA_ALERT_HISTORY, 197-198
DBA_EXTENTS, 195-197
DBA_FREE_SPACE, 196-197
DBA_LMT_FREE_SPACE, 196-197
DBA_OUTSTANDING_ALERTS, 197-198
DBA_SEGMENTS, 195-196
DBA_TABLESPACES, 194-196
DBA_THRESHOLDS, 196-198
DBCA
  armazenamento de banco de dados, 670, *671*
  ativando auditoria melhorada, 364–365
  completando a instalação, 672, *673*
  componentes de banco de dados, 669
  configurações de segurança, 670, *671*
  credenciais de banco de dados, 665, *666*
  criando um banco de dados com, 662–673
  criando um banco de dados RAC, 396–402
  gerenciamento de opções, 664–666
  identificação de banco de dados, 664, *665*
  locais de arquivos, 667–669
  opções, 662–663
  opções de armazenamento, 667
  opções de criação, 672
  parâmetros de inicialização, 670
  selecionando um template de banco de dados, 663–664
DBMS_ADVISOR, 640–649
DBMS_CRYPTO, pacote, 366
DBMS_FLASHBACK, 249–251
DBMS_MVIEW, 640–649
DBMS_RLS, 340–342, 344
DBMS_ROWID e tablespaces bigfile, 571–574
DBMS_SCHEDULER, automatizando e simplificando o processo de notificação, 222-223
DBUA. *Consulte* Database Upgrade Assistant (DBUA)
DBVERIFY, 574–575
DBWn, 60-61
DCE. *Consulte* Distributed Computing Environment (DCE)
desativando bancos de dados, 180-182
descritores de conexão, 539–540
desenvolvimento de pacote, 183-184
  aceitação de procedures de teste, 185-186
  ajustando objetivos, 184-185
  gerando diagramas, 183-184
  planos de execução, 184-186
  requisitos de dados, 184-185
  requisitos de espaço, 183-184
  requisitos de segurança, 184-185
  requisitos de versão, 184-185
  testando, 185-186
desenvolvimento iterativo, 181-182
  definições de colunas iterativas, 182-183
  forçando compartilhamento de cursor, 182-184
dicas, 153-154
dimensionando, 172-173
dimensionando objetos, 167
  estimando requisitos de espaço para índices, 169-171
  estimando requisitos de espaço para tabelas, 168-170
  estimando valor adequado para pctfree, 170-172
  impacto do tamanho da extensão no desempenho, 168-169
  índices de bitmap, 171-173
  índices de chave invertida, 171-172
  partições, 172-173
  razões para, 167
  regras de cálculo de espaço, 167–168
  tabelas contendo objetos grandes (LOBs), 172-173
  tabelas organizadas por índice, 172-173
diretórios de linha, 190-191
Diretórios de tabelas, 190-191
dispositivos raw, 291-292
Distributed Computing Environment (DCE), 309
DML, vs. consistência de leitura, 246-248
domínios de bancos de dados, 631-633

E

eliminação de partição, 154-155
EM Database Control
  adicionando um arquivo de dados a um tablespace smallfile, 106–108
  ajustando um nó RAC, 413
  criando um tablespace de undo, 235-239
  e grupos de disco ASM, 138–140
  gerenciando partições, 606–612
  movendo arquivos de dados, 118
  redimensionando um arquivo de dados em um tablespace smallfile, 102–106
Enterprise Edition, 661
entregáveis padrão, 157-160
esquemas, 45-46
estatísticas, 153-154
estruturas de armazenamento físico, 48–49
  arquivos de backup, 52
  arquivos de controle, 50-52
  arquivos de dados, 49–50
  arquivos de log arquivados, 51-52
  arquivos de log de alerta, 52
  arquivos de log de rastreamento, 52
  arquivos de parâmetros de incialização, 51–52
  arquivos de redo log, 50
  arquivos de senha, 53
  Oracle Managed Files (OMF), 53
estruturas de armazenamento lógico, 30
  blocos, 30-31
  extensões, 30-31
  segmentos, 30-32
  tablespaces, 30–31
estruturas de bancos de dados lógicos
  acesso a arquivo externo, 47-49
  constraints, 39-42
  índices, 41-43
  links de bancos de dados e bancos de dados remotos, 48-49
  perfis, 45-46
  PL/SQL, 46-48
  seqüências, 46-47

sinônimos, 46-47
tabelas, 32-40
usuários e esquemas, 45-46
visões, 42-46
estruturas de memória, 56-57
   area de código de software, 59
   processos em segundo plano, 59–61
   Program Global Area (PGA), 59
   System Global Area (SGA), 56–58
EXAMPLE, tablespace, 96-97
exclusões de grandes quantidades, usando o comando truncate, 289-291
executáveis de software, 91-93
exportação, 62
   atualizando para o Oracle Database 11*g*, 74-76, 81-82
Express Edition, 662
extensões, 30-31, 190-191, 193-194
   impacto do tamanho da extensão no desempenho, 168-169
extensões incrementais, 193
extensões iniciais, 193

F

failover de tempo de conexão rápido, 376-377
failovers, 514-515
Flash Recovery Area, 475-476, 667
Flashback, 234, 247-248
   Data Archive, 259–263
   DBMS_FLASHBACK, 249–251
   Drop, 520–522
   e LOBs, 263
   Query, 247–249
   Table, 251-256
   Transaction Blackout, 251
   Transaction Query, 258-259
   Version Query, 255-259
flashback database, comando, 522–524
força do ponto de commit, 654–656
funções, 46-48

G

gerenciamento de espaço
   alocação excessiva ou insuficiente do espaço de undo, 188-190
   Automatic Storage Management (ASM), 203–206
   Automatic Workload Repository, 211-214
   considerações de gerenciamento de undo, 205-207
   espaço insuficiente para segmentos temporários, 188-189
   espaço livre e usado por tablespace e arquivo de dados, 221-223
   executando sem espaço disponível em um tablespace, 188-189
   gerenciamento de arquivo de redo log arquivado, 208-209
   gerenciamento de espaço do sistema operacional, 220-221
   gerenciando alertas e arquivos de rastreamento com ADR, 218-221
   níveis de aviso, 214-216
   Resumable Space Allocation, 215-219
   scripts, 220-223
   Segment Advisor, 209-212, 224–228
   segmentos que não podem alocar extensões adicionais, 220-222
   SYSAUX, monitoramento e uso, 206-209
   tablespaces bigfile, 201-204
   tablespaces e segmentos fragmentados, 189-190
   tablespaces gerenciados localmente, 199-201
   Undo Advisor, 211-214, 228–230
   usando DBMS_SCHEDULER para automatizar e simplificar notificação, 222-223
   usando monitoramento e controle de job OEM, 224–230
   usando OMF para gerenciar espaço, 200-203
   uso de índice, 213-215
granulares, 57-58
grupos de disco, 131
   alterando, 136–138
   arquitetura, 131
   asmcmd, comando, 140-143
   e EM Database Control, 138–140
   espelhando, 132-133
   grupos de falha, 132-133
   rebalanceamento dinâmico, 132–135
   redundância, 203-205
   redundância alta, 132-133
   redundância externa, 132-133
   redundância normal, 132-133
   resincronização rápida de espelhamento, 135–136
   striping no modo coarse, 131
   striping no modo fine, 131
grupos de tablespaces temporários, 89–91

I

identificadores de objeto (OIDs), 176-177
IM. *Consulte* Oracle Identity Management (IM)
importação, 62
   atualizando para o Oracle Database 11*g*, 74-76, 81-82
índices, 41-42
   aglutinando online, 530
   criando online, 530
   desativando, 288-290
   e gerenciamento de espaço, 213-215
   estimando requisitos de espaço para, 169-171
   impacto da ordem nas taxas de carga, 271-273
   indexando partições, 595–599
   índices globais não-particionados, 599
   índices globais particionados por faixa, 597–598
   índices globais particionados por hash, 598–599
   índices particionados locais, 596–597
   reconstruindo online, 530
   usando compactação de chave em índices particionados, 599
   varreduras por faixa do índice, 270-272

índices baseados em função, 42-43, 272-274
índices compostos, 270-271
índices concatenados, 270-271
índices de bitmap, 42-43, 272-273, 613-615
   dimensionando, 171-173
índices de chave invertida, 42, 171-172
índices de join de bitmap, 42-43, 614-615
índices de texto, 273-274
índices não únicos, 42
índices particionados, 39-40
índices reversos, 272-273
índices únicos, 42
inserções de grandes quantidades
   armadilhas comuns e dicas bem-sucedidas, 288-290
   usando a opção SQL*Loader Direct Path, 286-288
instalação de software, 660-661
   opções de instalação, 661-662
   usando Oracle Universal Installer (OUI), 662
INSTANCE_TYPE, parâmetro, 126
instâncias
   ASM, 204-205
   componentes de instância ASM, 125–127
   criando uma instância ASM, 123–126
   definição, 28-29
   iniciar e fazer shutdown, 126–127
integridade baseada em trigger, 41-42
integridade inline, 41-42
integridade inline complexa, 41-42
intervalos de renovação, 290-291
IOTs. *Consulte* tabelas organizadas por índice

J

janela de recuperação, 454-455
Java, pool, 58
JAVA_POOL_SIZE, parâmetro, 70-71

K

Kerberos, 309

L

Label Security, 64-65
large pool, 58
LARGE_POOL_SIZE, parâmetro, 70-71, 126
least recently used (LRU), algoritmos, 275-276
leituras lógicas, eliminando, 149-151
LGWR, 60-61
licenciamento, 661–662
linhas de base, 295-297
linhas encadeadas, identificando, 282-284
links compartilhados de bancos de dados, 632-633
links de bancos de dados, 48-49, 562–563, 625
list, comando, 496-498
lista-hash, lista-lista e lista-faixa compostos
   particionamento, 588–590
listeners, 541-543
   listener.ora, parâmetros, 543-544

LMTs. *Consulte* tablespaces gerenciados localmente
LOBs
   dimensionando tabelas contendo, 172-173
   e Flashback, 263
Log Writer. *Consulte* LGWR
LOG_ARCHIVE_DEST_n, atributos de parâmetro, 502–503
LogMiner, 524–525
   analisando um ou mais arquivos de redo log, 525-529
   extraindo o dicionário de dados, 525-526
   recursos introduzidos no Oracle Database 11g, 529
   recursos introduzidos no Oracle Database 34g, 528–529
logs de visão materializada, 648–649

M

manipulação de dados, ajustando, 286-291
MAXDATAFILES, 576
Mean Time to Recovery (MTTR), 60-61
melhores práticas de projeto de aplicação
   aceitação de procedures de teste, 159-160
   ampliando os objetivos, 158-159
   armazenando dados da maneira como os usuários os consultarão, 151-152
   banco de dados físico, diagrama, 158-159
   dividindo consultas grandes em seus componentes atômicos, 151-153
   dividindo e conquistando dados, 154-156
   eliminando a necessidade de segmentos de undo de consultas, 152-154
   eliminando classificações desnecessárias, 152-153
   eliminando leituras lógicas, 149-151
   entidade-relacionamento (E-R), diagrama, 158-159
   entregáveis padrão, 157-160
   evitando conexões repetidas ao banco de dados, 151-152
   evitando o uso de segmentos temporários, 154-155
   evitando viagens ao banco de dados, 150-151
   fazendo o mínimo possível, 148-152
   informando ao banco de dados o que ele precisa saber, 153-154
   mantendo estatísticas atualizadas, 153-154
   maximizando throughput no ambiente, 153-155
   objetivos, 158-159
   paralelismo, 155-156
   partições, 154-156
   planos de execução, 159-160
   projetando para throughput, 154-155
   projeto de aplicação eficiente, 268-270
   requisitos de dados, 159-160
   requisitos de espaço, 158-159
   requisitos de segurança, 158-160
   sugerindo onde necessário, 153-154
   testando, 155-158
   tornando o mais simples possível, 151-154
   usando cache de disco, 153-155
   usando os índices certos, 151-152
   usando poucos processadores mais rápidos, 154-155

usando um tamanho grande de bloco de banco de dados, 154-155
visões materializadas, 155-156
Consulte também desenvolvimento iterativo; desenvolvimento de pacote
MEMORY_TARGET, parâmetro, 69-70
Metalink, 661
migração de linha, 171-172, 283-284
modos de proteção de dados, 501-502
monitoramento de alteração de bloco, 474-475
movimentações de grandes quantidades de dados, usando tabelas externas, 287-289
MTTR. *Consulte* Mean Time to Recovery (MTTR)
multiplexando, 53
　manual, 54-57
　Consulte também Automatic Storage Management (ASM)

N

nomeação com conexão fácil, 561-562
nomes de bancos de dados, 660-661
nomes de objetos globais, 539, 629
nomes de serviço de rede, 539-541
null, regra, 40-41

O

Optimal Flexible Architecture (OFA), 91-92
　ambiente ASM, 94-95
　ambiente não ASM, 91-94
　arquivos de bancos de dados, 92-94
　convenções de nomes compatível com OFA, 93-94
　executáveis de software, 91-93
Oracle Cluster File System (OCFS2), 376-378
Oracle Connection Manager, 555-558
Oracle Data Pump. *Consulte* Data Pump
Oracle Enterprise Manager (OEM), 65-66
　monitoramento e controle de job, 224-230
Oracle Identity Management (IM), 310-311
Oracle Internet Directory
　nomeação de diretórios, 558-561
　substituindo tnsnames.ora por, 541
Oracle Managed Files (OMF), 30, 53
　gerenciando espaço com, 200-203
　parâmetros de inicialização, 201-203
　usando para tablespaces de undo, 239
Oracle Net
　ajustando, 564-566
　comandos do utilitário Listener Control, 553-554
　configuração de resolução de nomes, 547
　controlando o processo listener do servidor, 551-555
　denominação de diretórios com Oracle Internet Directory, 558-561
　depurando problemas de conexão, 565-566
　descritores de conexão, 539-540
　Directory Usage Configuration, 548-549
　iniciando o processo listener do servidor, 550-552
　limitando uso de recurso, 565
　links de bancos de dados, 562-563
　listeners, 541-546
　Local Net Service Name Configuration, 547
　nomeação com conexão fácil, 561-562
　nomes de serviço de rede, 539-541
　Oracle Connection Manager, 555-558
　Oracle Net Configuration Assistant, 544-549
　Oracle Net Manager, 549-551
　substituindo tnsnames.ora pelo Oracle Internet Directory, 541
　visão geral, 536-539
Oracle Network Configuration Assistant, 400
Oracle Streams, 65-66
Oracle System Identifier (SID), 664
Oracle Technology Network (OTN), 661
Oracle Universal Installer (OUI), 662
otimizador baseado em custo, 280-282

P

pacotes, 47-48
paralelismo, 155-156, 267-269
Parallel Query e distribuição de requisitos de CPU, 267-268
parâmetros de inicialização, 51-52, 66-67
　avançados, 70-71
　básicos, 66-71
　para tablespaces de undo, 240-242
　parâmetros de inicialização ASM, 125-126
　Real Application Clusters (RACs), 404
　tablespaces bigfile, 575-576
partes de backup, 446-447
particionamento controlado por aplicação (sistema) de, 594
particionamento de colunas virtuais, 594
particionamento de referência, 593-594
particionamento faixa-faixa composto, 590-592
particionamento faixa-lista composto, 586-589
particionamento por intervalo, 591-593
partições, 154-156, 290-291
partições de faixa, 39-40, 581-583
partições de hash, 39-40, 584-585
partições de lista, 39-40, 585
Partitioning Option, 155-156
pctfree, estimando o valor adequado de, 170-172
perfis, 45-46
　create profile, comando, 317-318
　e controle de recurso, 321-323
　e controle de senha, 317-321
　gerenciamento, 316-317
permissões, Flashback Data Archive, 261-263
Personal Edition, 662
PGA. *Consulte* Program Global Area (PGA)
PITR, 489
PKI. *Consulte* Public Key Infrastructure (PKI)
PL/SQL, 46-47
　pacotes, 47-48
　procedures/funções, 46-48
　triggers, 47-48
planos de execução, 273-276

PMON (Process Monitor), 59-61
privilégios, 63–64
   auditoria, 360
   concendo privilégios a uma atribuição, 332-333
privilégios de objetos, 63-64, 326–327
   privilégios de procedure, 329–330
   privilégios de tabela, 328-329
   privilégios de visão, 328
   visões de dicionários de dados, 330
privilégios de sistema, 63-64, 322–324
   auditoria, 360
   concedendo, 324-327
   privilégios de sistema comuns, 325
   visões de dicionários de dados, 326-327
procedures, 46-48
   privilégios, 329–330
processadores, 154-155
Processamento FIFO, 38-39
processamento primeiro a entrar, primeiro a sair. *Consulte* processamento FIFO
PROCESSES, parâmetro, 70-71
processo arquivador. *Consulte* ARCn
processo checkpoint. *Consulte* CKPT
processo recuperador. *Consulte* RECO
processos em segundo plano, 59-61, 204-205
Program Global Area (PGA), 59
Public Key Infrastructure (PKI), 309

Q

quarta forma normal, 266-267
quotas, 313

R

RACs. *Consulte* Real Application Clusters (RACs)
RADIUS, 309
Real Application Clusters (RACs), 28-29, 64-66, 374-375
   adicionando um nó a um cluster com CRS, 410–411
   ajustando um nó RAC, 413
   armazenamento em disco, 376-378
   arquivos de redo log, 406-407
   ASMLib, biblioteca, 382–384
   características de arquivo de parâmetro de servidor, 403–404
   cenário de falha de nó, 409–413
   cenários de failover e TAF, 406–409
   Cluster Ready Services (CRS), 375-376, 384–392
   Cluster Synchronization Services (CSS), 387
   clusters de extensão, 375-376
   configuração de hardware, 375-376
   configuração de rede, 375-377, 380
   configuração de software, 375-376
   configuração do sistema operacional, 378–384
   contas de usuários, 380–381
   criando Banco de dados RAC com o DBCA, 396–402
   criando uma nova instância Oracle, 411–413
   desvantagens, 374-375
   diretórios de software, 382-383
   distribuição de requisitos de CPU, 267-268
   failover de tempo de conexão rápido, 376-377
   gerenciamento de tablespace, 414
   iniciando um RAC, 405-407
   instalação de software, 384–402
   instalação de software de sistema operacional, 410
   instalação do software de banco de dados, 392–395
   instalando software Oracle em um novo nó, 411
   Oracle Cluster File System (OCFS2), 376-378
   Oracle Cluster Registry, 378-379, 384
   parâmetros de inicialização, 404
   parâmetros de kernel, 378-379
   removendo um nó de um cluster, 409–410
   removendo uma instância, 409
   requisitos de memória e disco, 378-379
   tablespaces de undo, 406-407
   visões de desempenho dinâmico, 404-406
   voting disk, 378-379, 384
RECO, 60-61
Recovery Manager. *Consulte* RMAN
recuperação
   e instalação de software, 661
   e tablespaces de undo, 234
   restaurando um arquivo de controle, 480-481
   restaurando um arquivo de dados, 483–485
   restaurando um banco de dados inteiro, 485-487
   restaurando um tablespace, 480–482
   Consulte também backup; exportação; importação; RMAN
recuperação de mídia de bloco, 478-481
recuperação pontual, 489
redimensionando tablespaces e arquivos de dados, 100-101
   tablespaces bigfile, 115
   tablespaces smallfile, 100–115
redução de tráfego, 292-293
   replicação de dados usando visões materializadas, 292-294
   usando chamadas de procedure remotas, 294-295
redundância, 454-455
   grupos de disco, 203-205
reescrita de consulta, 652-654
renovações, 649-653
reorganização de objeto online
   aglutinando índices online, 530
   criando índices online, 530
   reconstruindo índices online, 530
   reconstruindo tabelas organizadas por índice online, 530–531
   redefinindo tabelas online, 531–532
replicação de dados dinâmica, 627–628
replicação de dados usando visões materializadas, 292-294
report, comando, 496–498
repositório de gerenciamento, 65-66
   Consulte também Oracle Enterprise Manager(OEM)
resincronização rápida de espelhamento, 135–136
restore preview, comando, 488–489
restore validate, comando, 489

Resumable Space Allocation, 215-219
RMAN, 63, 442
  abrir backups de banco de dados, 444-445
  arquivo de controle e backup SPFILE, 468
  arquivos de redo log arquivados, 468–469
  backup automático de arquivo de controle, 455
  backup de arquivos de dados, 466
  backup de tablespace, 463–466
  backups atualizados incrementalmente, 471–474
  backups compactados, 446-447
  backups completos de bancos de dados, 459–463
  backups completos e incrementais, 446-447
  backups consistentes e inconsistentes, 445-447
  backups criptografados, 445
  backups incrementais, 444-445, 469-472
  backups online, 418
  capacidades de script, 445
  catalogando, 445
  catalogando outros backups, 493-496
  comandos, 447–449
  compactação de backup, 444-445, 456, 475-476
  componentes, 443–445
  configurando um repositório, 447–451
  conjuntos de backup e partes de backup, 446-447
  controle de alteração de bloco de backup incremental, 474–475
  cópias-imagem, 446-447, 466–467
  Data Recovery Advisor, 489-494
  Flash Recovery Area, 475-476
  ignorando blocos não usados, 444-445
  independência de plataforma, 445
  janela de recuperação, 454-455
  list, comando, 496-498
  manutenção de catálogo, 494-497
  monitoramento de alteração de bloco, 474–475
  múltiplos canais de E/S, 445
  parâmetros de inicialização, 456–457
  persistindo configurações RMAN, 452–456
  política de retenção, 454-455
  recuperação de bloco, 444-445
  recuperação de mídia de bloco, 478-481
  recuperação de ponto no tempo, 489
  redundância, 454-455
  registrando um banco de dados, 452
  report, comando, 496-498
  restaurando um arquivo de controle, 480-481
  restaurando um arquivo de dados, 483–485
  restaurando um banco de dados inteiro, 485-487
  restaurando um tablespace, 480-482
  suporte ao gerenciador de fita, 445
  tipo de dispositivo, 454-455
  tipos de backup, 445–447
  validando backups, 477-479
  validando operações de restauração, 488–489
  visões de desempenho dinâmico, 457–458
  visões de dicionários de dados, 457–458
  vs. métodos de backup tradicionais, 444-445
rollback, 233-234

S

SAME, 291-292
SCN, 60-61
Secure Sockets Layer. *Consulte* SSL
Segment Advisor, 209-212, 224–228
segmentos, 30-31, *190-191*, 193-195
  segregação de segmento, 96-97
  fragmentados, 189-190
  Consulte também Automatic Segment Space Management (ASSM)
segmentos de dados, 30-31
segmentos de índice, 30-31
segmentos de rollback, 32
segmentos de undo
  alocação excessiva ou insuficiente de espaço de undo, 188-190
  eliminando a necessidade de consulta, 152-154
segmentos temporários, 32, 193-195
  espaço insuficiente para, 188-189
  evitando o uso de, 154-155
segurança
  não banco de dados, 303-304
  para tipos de dados abstratos, 178-180
seqüências, 46-47
SGA. *Consulte* System Global Area (SGA)
SGA_TARGET, parâmetro, 69-70
shared pool, 57-58
SHARED_POOL_SIZE, parâmetro, 70-71
SID. *Consulte* Oracle System Identifier (SID)
sinônimos, 46-47
sistemas operacionais, autenticação, 307–308
SMON, 59
snapshots, 295-296
SPFILE, backup, 468
SQL
  gerando SQL de jobs de importação Data Pump, 433-435
  perfis, 167
  Consulte também Automatic SQL Tuning Advisor; ajustando SQL
SQL Access Advisor, 641–645
SQL*Loader, Direct Path, opção, 286-288
SSL, 308–309
Standard Edition, 661
STATSPACK, 294-296
  Consulte também Automatic Workload Repository
streams pool, 58
STREAMS_POOL_SIZE, parâmetro, 70-71
striping no modo coarse, 131
striping no modo fine, 131
suspendendo bancos de dados, 180-182
switchovers, 511–513
SYSAUX, tablespace, 77-78, 87–89, 95-96
  monitoramento e uso, 206-209
SYSTEM, tablespace, 87, 95-96
System Change Number. *Consulte* SCN
System Global Area (SGA), 28-29, 56-58
  buffer de redo log, 58

cache de biblioteca, 57-58
cache de dicionário de dados, 58
caches de buffer, 57-58
Java, pool, 58
Large pool, 58
shared pool, 57-58
specificando o tamanho de, 279-281
streams pool, 58
System Monitor. *Consulte* SMON

T

tabelas, 32
  clusters de hash, 37-38
  clusters de hash classificados, 37-39
  criptografando, 368-369
  estimando requisitos de espaço para, 168-170
  Flashback Table, 251-256
  índices particionados, 39-40
  privilégios, 328-*329*
  projeto eficiente de tabela, 266-268
  recuperando tabelas descartadas usando Flashback Drop, 520-522
  redefinindo online, 531-532
  Consulte também tabelas organizadas por índice; tabelas particionadas
tabelas base, 44-45
tabelas clusterizadas, 37-38
tabelas de objetos, 35-36
tabelas externas, 36, 287-289
  e ambientes VLDB, 579-581
tabelas organizadas por índice, 35, 41-42, 172-173, 284-287
  e ambientes VLDB, 576-577
  particionadas, 599
  reconstruindo online, 530-531
tabelas particionadas, 38-40, 581
  aglutinando partições de tabela, 603-604
  criando, 581
  dividindo, adicionando e descartando partições, 601-603
  dividindo partições de índice global, 604-605
  gerenciando com EM Database Control, 606-612
  indexando partições, 595-599
  manutenção de partições de índice, 604
  manutenção de partições de tabela, 600-601
  mesclando partições, 604
  particionamento controlado por aplicação (system), 594
  particionamento de colunas virtuais, 594
  particionamento de referência, 593-594
  particionamento faixa-faixa composto, 590-592
  particionamento faixa-hash composto, 585-587
  particionamento faixa-lista composto, 586-589
  particionamento hash, 584-585
  particionamento lista-hash, lista-lista e lista-faixa compostos, 588-590
  particionamento por faixa, 581-583
  particionamento por intervalo, 591-593
  particionamento por lista, 585
  renomeando partições de índice local, 604-606
  tabelas particionadas compostas, 595
tabelas particionadas compostas, 595
tabelas relacionais, 33-34
tabelas temporárias, 35, 172-174
tabelas temporárias globais e VLDB
  ambientes, 576-579
tablespaces, 30-31
  backup, 463-466
  criando em um ambiente VLDB, 569-576
  criptografia, 368-370
  descartando um arquivo de dados de um tablespace, 108-115
  EXAMPLE, tablespace, 96-97
  executando sem espaço livre em um tablespace, 188-189
  fragmentado, 189-190
  gerenciando em um ambiente RAC, 414
  redimensionando, 100-115
  reorganizando, 109-115
  restaurando, 480-482
  segregação de segmento, 96-97
  SYSAUX, tablespace, 77-78, 87-89, 95-96
  SYSTEM, tablespace, 87, 95-96
  tablespaces de instalação, 95-97
  TEMP, tablespace, 95-96
  UNDOTBS1, tablespace, 96-97
  USERS, tablespace, 96-97
  Consulte também Optimal Flexible Architecture (OFA)
tablespaces bigfile, 30, 86-87, 91-92, 201-204
  alterações de dicionários de dados, 576
  conceitos básicos, 569-571
  criando e modificando, 570-571
  e DBMS_ROWID, 571-574
  parâmetros de inicialização, 575-576
  redimensionando, 100-101, 115
  ROWID, formato, 570-571
  usando DBVERIFY com, 574-575
tablespaces de undo, 86-87, 89, 233-234
  alocação excessiva ou insuficiente de espaço de undo, 188-190
  considerações de gerenciamento, 205-207
  consistência de leitura, 233-234
  consistência de leitura vs. DML bem-sucedido, 246-248
  controlando o uso de undo, 246-247
  criando, 234-239
  descartando, 238-239
  dimensionando e monitorando, 244-247
  e recuperação de banco de dados, 234
  em um ambiente RAC, 406-407
  Flashback, 234, 247-263
  modificando, 239
  múltiplos, 241-245
  parâmetros de inicialização, 240-242
  rollback, 233-234
  Undo Advisor, 245-246

usando OMF para, 239
visões de desempenho dinâmico, 240
tablespaces gerenciados localmente, 30-31, 199-201, 281-283
tablespaces gerenciados por dicionários, 30-31
tablespaces permanentes, 86–89
tablespaces smallfile
  redimensionando, 100
  redimensionando usando ALTER DATABASE, 100–102
  redimensionando usando EM Database Control, 102–108
tablespaces temporários, 86-87, 89–91
  padrão, 194-195
tablespaces transportáveis, 617-621
tamanho de bloco, 154-155
  aumentando, 283-285
  padrão, 660-661
taxas de carga, impacto da ordem em, 271-273
TEMP, tablespace, 95-96
templates, selecionando, 663–664
terceira forma normal, 266-267
testando, 155-158, 185-186
throughput, projetando para, 154-155
tipos de dados
  equivalentes a ANSI, 34
  internos, 33–34
tipos de dados abstratos, 174-175
  indexando atributos, 179-181
  segurança para, 178-180
  usando visões de objetos, 174–178
TNS. *Consulte* Transparent Network Substrate (TNS)
tópicos armazenados, 164–166
  editando, 166-167
  perfis SQL, 167
transações, 232-234
  Flashback Transaction Blackout, 251
  Flashback Transaction Query, 258-259
  resolvendo transações em dúvida, 654-655
  transações distribuídas, 653–656
transações distribuídas, 653–656
transações em dúvida, 654-655
Transparent Data Encryption, 366–370
  Consulte também criptografia de dados
Transparent Network Substrate (TNS), 539
triggers, 47-48, 627, 634–636
  desativando, 288-290
triggers de bancos de dados, 627, 634–636
triggers de sistema, 217-219
truncate, comando, 289-291
Two-Phase Commit, 625–627

U

Undo Advisor, 211-214, 228–230, 245-246
UNDO_MANAGEMENT, parâmetro, 70-71, 240-242
UNDO_RETENTION, parâmetro, 241-242

UNDO_TABLESPACE, parâmetro, 70-71, 240-242
UNDOTBS1, tablespace, 96-97
USERS, tablespace, 96-97
uso de memória, ajustando, 275-282
usuários, 45-46
usuários conectados, 630
usuários fixos, 630

V

V$ALERT_TYPES, 197-199
V$OBJECT_USAGE, 198-199
V$SORT_SEGMENT, 198-199
V$TABLESPACE, 576
V$TEMPSEG_USAGE, 198-199
V$UNDOSTAT, 198-199
validando backups, 477-479
valor de chave de cluster, 37-38
valores de chave primária, 40-41
valores de coluna única, 40-41
valores de integridade referencial, 41-42
varreduras integrais de tabela, 270-271
varreduras por faixa do índice, 270-272
versão, 181-182
Very Large Databases. *Consulte* ambientes VLDB
Virtual Private Database, 64-65, 337–338
  criando contextos de aplicação, 338-340
  criando um VPD, 342, 344–352
  desenvolvendo uma política VPD, 352–354
  implementação de política de segurança, 339–341
  usando DBMS_RLS, 340–342, 344
visões, 42-45
  privilégios, 328
visões de desempenho dinâmico, 127, 197-199
  RMAN, 457–458
  visões de tablespace de undo, 240
visões de dicionários de dados, 194-198
  atribuições, 335–337
  auditoria, 363–364
  contas de usuários, 316
  Flashback Data Archive, 261
  privilégios de objetos, 330
  privilégios de sistema, 326-327
  RMAN, 457–458
visões de objetos, 45-46, 174–178
visões materializadas, 42-46, 155-156, 292–294, 613-614, 627–628
  alterando caminhos de execução de consulta, 652-654
  gerenciando, 636–639
  integridade referencial, 645–648
visões regulares, 44-45
VPD. *Consulte* Virtual Private Database

W

wallets, criando, 366-369